北京汉阅传播
Beijing Han-read Culture

A
HISTORY
OF
GREECE

希腊史

Ⅰ

[英]伯里 著　　陈思伟 译　　晏绍祥 审校

吉林出版集团股份有限公司

目 录

伯里和他的《希腊史》| 001
序　言 | 001
引言：希腊与爱琴海 | 001

第一章　希腊的发端与英雄时代

- 第一节　希腊人溯源 | 009
- 第二节　爱琴文明：克里特 | 011
- 第三节　迈锡尼文明（前1600年—前1100年）| 023
- 第四节　阿凯亚人与特洛伊战争 | 040
- 第五节　荷马史诗 | 048
- 第六节　政治与社会组织 | 051
- 第七节　多利亚人的征服 | 056
- 第八节　希腊人在爱琴海东部的扩散 | 064
- 第九节　希腊君主制的衰落与共和制的兴起 | 075
- 第十节　腓尼基与希腊的交流 | 078
- 第十一节　希腊人对早期希腊史的重构 | 081

第二章　希腊的扩张

- 第一节　希腊殖民的起因和特征 | 091
- 第二节　优克辛海、普罗蓬提和爱琴海北部地区的殖民地 | 095
- 第三节　西部地中海的殖民地 | 099
- 第四节　贸易和海事活动的增加 | 116
- 第五节　吕底亚对希腊的影响 | 122
- 第六节　埃及的开放 | 126
- 第七节　库列涅 | 129
- 第八节　希腊世界公众的不满情绪 | 131

第三章　斯巴达的崛起　贵族政体的衰落

- 第一节　斯巴达及其政体 | 137
- 第二节　斯巴达征服美塞尼亚 | 144
- 第三节　斯巴达的内部发展及其制度 | 149
- 第四节　克里特的政体 | 157
- 第五节　阿尔哥斯的霸权和衰落　奥林匹亚赛会 | 161
- 第六节　民主运动　立法者和僭主 | 166
- 第七节　中希腊的僭主政治 | 171
- 第八节　神圣战争　泛希腊赛会 | 182

第四章　阿提卡的统一和雅典民主制的奠基

- 第一节　阿提卡的统一 | 191
- 第二节　雅典共和国的建立 | 197

- 第三节　公元前 7 世纪的贵族政治 ｜ 200
- 第四节　梭伦立法与民主制的奠基 ｜ 211

第五章　公元前 6 世纪雅典的崛起

- 第一节　萨拉米斯和尼萨亚的征服 ｜ 225
- 第二节　庇西特拉图治下的雅典 ｜ 228
- 第三节　斯巴达的发展和伯罗奔尼撒同盟 ｜ 239
- 第四节　庇西特拉图家族的倒台和斯巴达的干预 ｜ 242
- 第五节　国王克利奥蒙尼与斯巴达的第二次干预 ｜ 246
- 第六节　克里斯提尼改革 ｜ 248
- 第七节　民主制的第一次胜利 ｜ 254

第六章　波斯向爱琴海的推进

- 第一节　波斯的崛起和吕底亚王国的灭亡 ｜ 261
- 第二节　波斯对亚洲希腊人的征服 ｜ 272
- 第三节　波斯对埃及的征服　萨摩斯的波利克拉特斯 ｜ 276
- 第四节　大流士治下的伊奥尼亚 ｜ 279
- 第五节　大流士远征欧洲：征服色雷斯 ｜ 284
- 第六节　伊奥尼亚人反抗波斯的起义 ｜ 288
- 第七节　大流士的第二次和第三次欧洲远征　马拉松战役 ｜ 295
- 第八节　雅典与埃吉那的争端 ｜ 307
- 第九节　雅典民主制的发展 ｜ 310
- 第十节　即将成为海上强国的雅典 ｜ 313

地图目录

- 图1-1　米诺斯时代的克里特 | 012
- 图1-3　特洛伊卫城及周边主要考古地层分布状况 | 015
- 图1-8　梯林斯卫城平面图 | 026
- 图1-13　晚期希腊底 III C 时的主要聚居地 | 036
- 图1-14　阿尔哥利斯西部地形 | 039
- 图1-19　古典时代希腊各方言分布图 | 061
- 图1-20　前11世纪—前8世纪希腊人在爱琴海东岸的殖民地 | 065
- 图2-1　希腊人的和腓尼基人的殖民地 | 092
- 图2-2　希腊人在优克辛海的殖民地 | 098
- 图2-3　大希腊与西西里 | 102
- 图2-4　西西里各部族大致分布情况 | 105
- 图2-5　公元前500年前后的第勒尼安海周边地区 | 106
- 图2-8　瑙克拉提斯及周边的尼罗河三角洲 | 128
- 图3-2　古典时代的拉哥尼亚和美塞尼亚 | 145
- 图3-4　古典时代的伯罗奔尼撒半岛 | 162
- 图3-5　奥林匹亚平面图 | 163
- 图3-8　利兰丁平原及周边地区 | 174
- 图4-1　阿提卡和雅典 | 192
- 图6-1　古典时代塞浦路斯岛上的10个王国 | 262

|| 地图目录　005

- 图 6-4　波斯帝国及御道 | 281
- 图 6-6　马拉松的地貌及战前双方布置 | 297
- 图 6-7　马拉松战役示意图 | 300

插图目录

- 图 1-2　法埃斯图斯圆盘 B 面 | 013
- 图 1-4　克诺索斯"御座厅"陈设复原图 | 018
- 图 1-5　克诺索斯王宫的斗牛壁画 | 020
- 图 1-6　梯林斯卫城正门入口及城墙 | 024
- 图 1-7　迈锡尼的狮门实景图 | 025
- 图 1-9　修复后的一座派罗斯圆顶墓外观 | 029
- 图 1-10　迈锡尼武士双耳杯 | 031
- 图 1-11　迈锡尼彩釉陶瓶 | 032
- 图 1-12　瓦菲奥"公牛杯" | 033
- 图 1-15　米科诺斯陶瓶 | 047
- 图 1-16　公元前 16 世纪青铜匕首上的猎狮场景 | 048
- 图 1-17　阿喀琉斯之盾 | 049
- 图 1-21　出土于恩科米的迈锡尼风格黄金玛瑙项链 | 073
- 图 1-22　现存最早的希腊语铭文 | 081
- 图 2-6　阿提卡黑画陶上的商船 | 119
- 图 2-7　腓尼基人的二列桨船 | 121
- 图 2-9　阿尔凯西拉斯陶杯画像 | 130
- 图 3-1　拉凯戴梦的政治结构 | 138
- 图 3-3　正在训练的斯巴达年轻人 | 152
- 图 3-6　萨福和阿尔凯俄斯 | 170

- 图 3-7　欧律斯透斯藏到瓮里 | 172
- 图 3-9　德尔斐神庙遗址及其附近地形 | 183
- 图 4-2　雅典卫城远眺 | 193
- 图 4-3　雅典娜与波塞冬 | 195
- 图 4-4　古风时代晚期提秀斯的形象 | 196
- 图 4-5　从卫城俯瞰战神山 | 202
- 图 4-6　狄皮伦陶瓶（公元前 8 世纪中期）| 205
- 图 4-7　复原后刻写梭伦法律条文的阿克索涅斯 | 218
- 图 5-1　斯基泰弓箭手 | 231
- 图 5-2　陶画中的狄奥尼索斯 | 238
- 图 5-3　弑僭主者 | 244
- 图 6-2　古典时代小亚细亚的地理区划 | 266
- 图 6-3　希腊陶画上的克洛伊索斯 | 271

伯里和他的《希腊史》

晏绍祥（首都师范大学）

西方人撰写希腊史的尝试,最远也许可追溯到历史之父希罗多德。他的《历史》既是当时希腊人所知道的那个世界的历史,也是希腊世界的通史。他的笔触上及传说中的米诺斯王,下到他自己所处的时代（公元前478年）。那些居住在黑海、小亚细亚、爱琴海北岸、西西里和大希腊,以及北非地区的希腊人的历史,得到了与本土希腊人历史同等的对待。在他之后,虽然修昔底德的断代史传统一度受到青睐,续篇不断,但在埃弗鲁斯（Ephorus）和西西里的狄奥多鲁斯（Diodorus Siculus）的著作中,我们仍能看到通史传统的延续。可惜他们的著作都没有完整地流传到今天。埃弗鲁斯的著作仅有少数残篇,连轮廓都难以恢复。狄奥多鲁斯的著作也大多失传,但还能看出个大概框架。他的叙述上起希腊传说中的远古,下到自己所处的时代,于西部希腊人的历史叙述尤详。

近代西方撰写古代希腊通史的努力,似乎始自18世纪的英国。在此之前,法国空想社会主义者马布里（Abbe de Mably）曾撰写《希腊史论》（Observations on the Greeks）,罗林（Charles Rollin）的《古代史》（The Ancient History of the Egyptians, Carthaginians, Assyrians, Babylonians, Medes and Persians, Macedonians and Grecians）中,也有关于古希腊史的系统叙述。不过前者更多地把古代希腊作为自己阐发政治思想的噱头,后者大

多遵从古代文献,缺乏足够的历史批判精神。只有在英国,希腊史才真正成为一个供人们研究的对象。莫米利亚诺曾经提到,欧洲大陆上的学生阅读的希腊史,最初大多出自英国人之手。[1] 最早的一种,就目前能看到的资料而言,可能是牛津大学林肯学院的托马斯·亨德(Thomas Hind)的著作。1707年,他出版了一部上起希腊的传说时代,下到伯罗奔尼撒战争爆发止的《希腊史》(*The History of Greece*)。他的著述体现出最初的历史批判精神,在序言中明确区分了传说时代和历史时期,并把古代奥林匹亚赛会开始的公元前776年作为希腊信史的开端,预示了19世纪中期格罗特(George Grote)的看法。戈德史密斯(Oliver Goldsmith)的《希腊史》(*History of Greece*)同样对传统持怀疑态度,对传说时代仅给予了很少的篇幅,第二章就到了斯巴达的莱库古改革。在他们之后,希腊史受到越来越多的注意。罗伯逊(William Robertson)和斯坦延(Temple Stanyan)先后出版了他们各自的《古希腊史》(前者为 *History of Ancient Greece*,后者为 *The Grecian History: From the Earliest Times to the Death of Philip*),苏格兰王室历史学家格利斯(John Gillies)也出版了两卷本的《古代希腊史》(*The History of Ancient Greece*)。在此之前两年,米特福德(William Mitford)《希腊史》(*History of Greece*)的第一卷已经面世,到1810年该书8卷出齐,是为近代第一部多卷本古希腊通史性著作。因米特福德之书具有相当的学识,特别是其对民主政治的批评,颇合害怕法国革命的英国人口味,一度广受欢迎。虽然如此,这些著作对古代文献的批评仍嫌不足,而关于古代希腊史的下限,也是百花齐放,有写到希腊化时代末期的,有写到马其顿的腓力之死的,也有写到伯罗奔尼撒战争爆发的,个别的还有写到罗马帝国时代的。

---

[1] Arnaldo Momigliano, *Studies on Modern Scholarship*, Berkeley and Los Angeles: University of California Press, 1994, p. 16.

19世纪历史学的专业化，资料的积累和专题性研究的拓展，让希腊史研究越来越专门和细致，对资料的批判，也愈益深入。反映到通史著述上，一个重要的表现是有关著作的篇幅稳步增长，而对史料本身的研究，成为史学家的基本任务。桑沃尔（Connop Thirwall）的《希腊史》为8卷，已经对古代文献表现出某种程度的怀疑，而且开启了为民主政治辩护的传统。但他过于持重，在讨论完民主政治的优点后，总不忘提醒人们它的弱点，导致叙述平淡，观点过于四平八稳，因而影响不够显著。格罗特（George Grote）的鸿篇巨著《希腊史》为12卷。格罗特最大的贡献，一是对资料本身的批判，直接抛弃了传统，公开宣布古代希腊的信史只能从公元前776年开始。二是为雅典民主政治辩护。他系统清理了古代作家在民主政治问题上的各种偏见，在智者运动、苏格拉底的审判、雅典在伯罗奔尼撒战争中的策略与失败等主要问题上，都提出了与其前驱颇为不同的看法，在西方学术界和思想界产生了巨大影响。用莫米利亚诺的话说，此后欧洲大陆和英国的希腊史研究，基本围绕着格罗特展开，不是支持他的论点，就是与他论战。[①]

格罗特的巨著出版后，古希腊史的面貌的确与过去不同了。在英国，直到19世纪末，格罗特的观点基本左右着希腊史研究。海德拉姆（John Headlam）关于雅典抽签选举的著述，大多是对格罗特观点的细化和深入；齐默恩（Alfred Zimmern）转换视角，更多地从国家制度与文化、文明发展的关系入手，为雅典民主制度写出了一首赞美诗；只有保守的格兰迪（G. B. Grundy），才能在20世纪初年初次对格罗特提出严肃的挑战。欧洲大陆上，杜里伊（Victor Duruy）4卷的《希腊史》精神上接近格罗特，并一度遭遇批评。但据他自称，在格罗特的著作出版后，他的日子好过了

---

① Arnaldo Momigliano, *Studies on Modern Scholarship*, pp. 19~28.

不少。科修斯（Ernst Curtius）和贝洛赫（J. Beloch）的同名著作（*Griechische Geschichte*）各4卷，但篇幅都不小，大多超过两千页，有些甚至超过3000页。科修斯曾长期在德国主持考古发掘，其著作主要是希腊文化史，于希腊景物描写尤其擅长，带有抒情和感伤的韵味；贝洛赫以研究人口问题起家，以解读和批判古代文献见长，观点上更倾向于批判而非赞同民主政治。布佐尔特（Georg Busolt）擅长的是希腊政治史，曾写有《拉凯戴蒙人及其同盟》（*Die Lakedaimonier und Ihre Bundesgenossen*）、《希腊人的国家》（*Griechische Staatskunde*）等重要著作，其《希腊史》（*Griechische Geschichte*）以学术性知名，对资料的批评和观点都很有可观，但该书同样篇幅宏大，原本计划写到喀罗尼亚战役，但写了3卷4册，只写到伯罗奔尼撒战争。迈耶（Eduard Meyer）的《古代史》（*Geschichte des Altertums*）有5卷，其相当部分与古希腊史有关，但也只写到公元前4世纪初。

然而，上述这些著作多附有大量注释，包含众多资料批判和学术史探讨的内容，是地道的研究性专著。阅读这样的著作，不仅耗时，考验一个人的忍耐力，而且需要有比较扎实的古典文献学和历史学基础，它们的读者，多数只能是那些专业研究者。可是，大量的社会读者，包括学校中学习古典学的大学生们，显然无此能力和条件。因此，社会需要一部篇幅适中、能够反映学术进展的单卷本希腊史。

有意思的是，完成该任务的居然是伯里。所以用"居然"，是因为伯里当时并不以希腊史研究见长。他生于1861年，4岁开始学习拉丁文，10岁开始学习古希腊语，后来还学了包括俄语、希伯莱语和叙利亚语在内的多种语言。他大学时的专业是古典文献学和道德哲学，但对诗歌有浓厚的兴趣，尤其喜欢勃朗宁。1882年，他以优异成绩从都柏林大学毕业，1885年成为该校教师，1893年年仅32岁时晋升为教授。他虽然校勘和编辑了优里庇德斯和品达的作品，但并不以希腊史见长。确立他在史学界声誉的,是他的晚期罗马帝国史研究。1889年,时年不过28岁的他出版了两卷的《晚期罗马帝国:从阿卡狄乌斯到爱里尼》(History of the Later Roman Empire from Arcadius to Irene),后来还陆续出版了《东罗马帝国史:从爱里尼垮台到巴塞尔一世登基》(History of the Eastern Roman Empire from the Fall of Irene to the Accession of Basil I)、《晚期罗马帝国史:从提奥多西一世之死到查士丁尼之死》(History of the Later Roman Empire from the Death of Theodosius I to the Death of Justinian),把东罗马的历史从罗马帝国分裂一直写到9世纪中期。此外,他校勘和注释了吉本的《罗马帝国衰亡史》,为这部名作锦上添花。除晚期罗马帝国外,他还涉足西方思想史,写有《思想自由史》(已有中译本。宋桂煌译,吉林人民出版社,1999)和《进步的观念》(已有中译本。范祥涛译,上海三联书店,2005)和《圣帕特里克传》。他主编了《剑桥古代史》,参与了《剑桥中世纪史》和《剑桥近代史》的写作与规划,可能是英国学者中唯一同时为剑桥的三部历史写稿的学者。在希腊史领域,他最主要的著作是1909年出版的《希腊历史学家》(The Greek Historians)。[1] 但那是在他写出自己的《希腊史》8年后,受哈佛大学邀请所做的讲座的讲稿。因此,在《希腊史》之前,他不曾写过有关古希腊史的任何专著。

但是,正是这本看似出自外行之手的单卷本《希腊史》,成为迄今为止西方最为成功的学术著作之一。我们只要看看该书重印的次数,便能发现它受欢迎的程度。1900年7月,它由麦克米兰公司初版,当年10月即重印。在1913年该书第二版出版之前,先后重印了8次。第二版推出

---

[1] 有关伯里生平和著述情况,主要参考了下述论著:古奇:《十九世纪历史学与历史学家》,下册,商务印书馆,1989,第747、760页;汤普逊:《历史著作史》,下卷第四分册,商务印书馆,1992,第721~725页;晏绍祥:《古典历史研究史》,上卷,北京大学出版社,2013年,第163~164页;John Cannon, et al. eds. *The Blackwell Dictionary of Historians*, Oxford: Basil Blackwell, 1988, pp. 59~60。

后，该书仍广受欢迎，到1951年第三版推出之前，12次重印。哪怕是在第一次世界大战和1929—1933年的世界经济危机期间，它也平均每两年重印一次。1927年作者去世，此后该书陆续推出了修订第三版和第四版，仍然畅销不衰。1975年，该书经罗素·梅格斯（Russell Meiggs）修订出了第四版。新版主要根据考古新进展改写了其中的第一章和第二章，即关于爱琴文明和早期希腊的两章，并增补了参考文献。其他正文一仍其旧，只是在注释中对最近的发展做了说明。修订版似乎更受欢迎，截至1980年，每年重印一次。时至今日，该书仍是西方大学历史和古典学本科教学的基本教材。笔者曾就希腊史教材的版本问题，先后与原美国宾夕法尼亚大学格拉姆（A. J. Graham）教授和英国牛津大学罗森博士（Elizabeth Rawson）交流，他们都不约而同地表示，虽然哈蒙德（N. G. L. Hammond）和西利（R. Sealey）[1]都各自出版了他们的希腊史，但在教学时，他们仍选用伯里之书作为教材。盖因哈蒙德《公元前322年之前的希腊史》虽然出自权威的希腊史家之手，提供了某些最新的研究成果，且在脚注中提供了古典文献的来源，但格拉姆和罗森都不约而同地表示，该书的可靠程度较伯里稍逊。罗森更具体指出，如果你追踪哈蒙德提供的古典文献出处，有时可能会找不到相关记载！西利的著作主要是关于古代希腊城邦的，缺少了爱琴文明部分，另外，其框架可能也有不如人意之处。笔者当年初入希腊史之门时，导师胡锺达先生要求我们阅读的，仍是伯里这本书。

  在古史学界，伯里此书也得到相当高的评价。古奇认为："伯里是唯一其他利用大量新资料的人，这部比较简明的总结既有科学性，又有通俗性，是一篇出色的导论。"[2]汤普逊评价道，"这位拜占廷学者站得高看

---

[1] 分别是 A History of Greece to 322 B. C, Oxford: Clarendon Press, 1959, 2nd ed. 1967和 A History of Greek City-States 700—338 B. C., Berkeley and Los Angles: University of California Press, 1979。
[2] 古奇：《十九世纪历史学与历史学家》，下册，商务印书馆，1989年，第747页。

得远,写了一本最好的古希腊史教程。"[1]1951年该书修订第三版出版时,知名古史学家卡瑞甚至认为,经历50年之后,尽管希腊史研究已经转向社会和经济领域,但这部以政治和军事为主要内容的著作,似乎变成可以与格罗特的《希腊史》比肩的经典了,因为伯里"兴趣的范围超越了他的时代,总体上恰当地处理了希腊文明的多样性"。[2] 此后,尽管西方出版了不少单卷本的希腊史著作,如波麦罗伊等的《古代希腊:政治、社会与文化史》(上海三联书店,2010年)、莫里斯和鲍威尔的《希腊人:历史、文化和社会》(格致出版社,2014年)等,在诸多问题上,吸收了20世纪以来古希腊史研究多方面的成果,特别是在早期希腊史和公元前4世纪部分以及社会经济史方面的成果,使希腊史变得更具综合性,但伯里这部著作仍未失去其价值。

　　古代希腊的历史到底应当包括哪些内容,以何者为主线,在伯里的时代,甚至在今天,都不是不言自明的。以公元前4世纪为例,《剑桥古代史》第1版的第6卷是把那个时期作为希腊城邦衰落、马其顿统一希腊的时代;而该书第2版彻底颠覆了这个框架,希腊大陆不过是爱琴海世界乃至地中海世界的一部分,波斯、埃及、迦太基和黑海地区等,都先后被纳入进来,城邦此时并未衰落,马其顿的扩张,则被视为利用了此前希腊人某些创造的结果。伯里从20世纪初年就多少留意到希腊世界的多样性问题,把古代希腊人而不是巴尔干半岛上的希腊人作为他的中心,注意在希腊大陆之外,适当纳入其他地区的历史,包括小亚细亚、意大利和西西里的希腊人的历史,对这些地区的地位和影响,都给予了适当的注意。在上下时限问题上,众所周知,在伯里写作希腊史之时,迈锡

---

[1] 汤普逊:《历史著作史》,下卷第四分册,商务印书馆,1992年,第724页。
[2] M. Cary, "Bury's History of Greec Revised", *The Classical Review*, vol. 2, No. 3/4 (1952), p.191.

尼文明虽然已经被发现了20多年,但一些重要的遗址如派罗斯等仍深埋地下,线形文字B尚未公之于世,克里特文明还等待着伊文斯去发掘,有关的研究尚未充分开展。但作为一个历史学家,伯里敏锐地意识到,史前希腊将随着考古发掘的进展,其面貌发生巨大变化,因此他在《序言》中告诫读者,他所说的一切都只能是暂时的。有关的描述,只能是一些主要的特征。尽管如此,他仍力所能及地对史前希腊的历史发展进行了描述和归纳。至于下限,伯里大体尊崇19世纪以来的习惯,将其确定在马其顿亚历山大大帝去世之时。选定这个时间为下限的理由,很大程度上是因为随着希腊城邦独立的丧失,西方人所欣赏的希腊城邦的自由与民主,逐渐从历史中隐退。希腊化时代各君主国的相互混战及其被罗马征服的历史,如古奇曾经指出的那样,无论对格罗特,还是对伯里这样的自由主义者来说,都难以写得精彩。喀罗尼亚战役不仅意味着希腊霸权在雅典、斯巴达和底比斯之后落入马其顿人之手,而且落入了非希腊人(马其顿人被希腊人视为外国人)之手。尽管亚里士多德那样的希腊人可能并未马上意识到希腊城邦和独立从此终结,但希腊历史自此和城邦时代告别,则是事实。伯里的选择,至今仍是众多希腊史学者的一般选择。

其次是地域上的取舍。他明确指出,因为文献的缺失,古风时代以雅典和斯巴达为中心的希腊历史显然不能充分反映当时的实际,读者必须注意此时小亚细亚、西西里和大希腊的希腊人所扮演的重要角色。因此,虽然在有关古风时代的4章中,雅典和斯巴达占了3章,但第二章大体交代了古风希腊历史发展的一般趋势,在有关雅典和斯巴达的三章中,除叙述两邦早期的历史外,分别涉及立法运动、僭主政治、泛希腊性质的赛会、小亚细亚的理性主义等内容。到古典时代,撇开有关希波战争的两章不论,雅典占据了公元前5—前4世纪即一般所说的古典时代的中心。关于公元前5世纪的4章,基本都与雅典有关。但在有关公元前4世纪的各章中，斯巴达、雅典、底比斯、叙拉古和马其顿轮番占据舞台中心。色萨利和卡利亚的试验，也吸引了他的注意。伯里甚至认为，希腊历史的中心或者未来属于这些地区。他把西西里历史视为一个整体，即整个希腊历史一部分的做法，而非打断正常叙述的孤零零的一或两章，尤其值得称道。[①]虽然弗里曼（Edward A. Freeman）和后来的德国学者霍莫（Adolf Holms）等人都曾写出过专门的西西里史，但如何把西西里纳入希腊历史的总体框架，至今都仍是一个尚未完全解决的问题。伯里是西方较早认识到西西里历史重要性的古史学家。他对整个著作大纲的安排，应当说大体符合历史的实际，既反映了雅典在公元前5世纪作为政治、经济和文化中心的特征，也照顾到公元前4世纪希腊历史多中心的现实。

第三是内容上的取舍。在今人看来，一部综合性的古代希腊史，当然应包含政治、经济、社会与文化等多个方面。伯里也承认，经济和文化，特别是文化对古代希腊具有相当的重要性，但限于篇幅，他只是偶尔涉及，而以政治和军事史为主。这里有19世纪史学传统的影响，也有篇幅上的考虑。如果把希腊人文化上的成就纳入，有关哲学、文学和艺术的讨论不免占去大量篇幅，反会冲淡政治史的主题。所以在其《序言》中，伯里宣布，他只会触及那些与政治史联系特别密切的宗教与文化现象。从全书的布局看，伯里大体遵守了他给自己确定的原则，但有关宗教和文化的发展，特别是一些关键的阶段，如俄耳菲斯主义、伊奥尼亚的理性主义、伯里克利时代的智者运动、亚里士多德等，仍然出现在了本书中，有些是作为政治变迁的原因，有些是作为政治变迁的结果，是政治史的一个有机组成部分。这样的处理，虽然可能对希腊人不够公正，更不能让今人感到完全满意，但强化了该书的核心框架，让它具有了修昔底德的风格：集

---

① Ronald M. Burrows, "Bury's History of Greece", *The Classical Review*, vol. 14, No. 9（Dec., 1900）, p. 462.

中在自己的主题上，其他所有内容，无论多么有趣，一律舍弃。该书一直受到推崇，这也许是重要原因之一。

尊重文献，叙事平实，可能是该书最显著的特点。伯里可能是朗克主义的信徒，对历史的科学特征笃信不疑，认为"历史是一门科学，不多也不少"，并在研究中努力实践。科学性的保证，来自对文献的批判和解读。古奇也认为，《希腊史》的优点之一，是对原始文献的利用。文献的充实与否，直接影响到篇幅的分配。文献相对较少的古风时代只有4章，以大体交代历史线索为满足。公元前5世纪，雅典的文献相对充分，不可避免地成为叙述的中心。但是，他并未让公元前5世纪的篇幅大得遮蔽其他时代。到公元前4世纪，非雅典的文献逐渐增加，同时也因为历史中心在不断转移，其他地区得到的篇幅相应增加。不过伯里对于文献并不是一味轻信，他有自己的立场和原则。这里以第三章关于早期斯巴达历史的论述为例略做说明。

有关早期斯巴达的古代文献稀少，同时代的文献几乎没有，后代的记载因为所谓的斯巴达奇迹的干扰，存在对斯巴达严重理想化的倾向，但关于其政治制度和社会结构的论述，颇有文献传世。因此，该章的论述以斯巴达的政治和社会结构为中心，他首先概述了斯巴达的政治制度，接着是对美塞尼亚的征服及其影响，以及斯巴达政体与克里特政体的比较。在这里，我们能清楚地看到柏拉图、亚里士多德、希罗多德、修昔底德以及色诺芬等人的影子。像柏拉图和亚里士多德一样，伯里认为斯巴达政体具有混合性质，其中包含着君主制、贵族制和民主制的因素，并且把它与克里特政体进行了比较。准此而论，他的观点与古代文献没有本质冲突。但对这些现象的解释，体现了伯里的洞察力。关于监察官的权力，他认为有一个发展过程，他们最初本为国王指定的、分担司法职能的官员，在平民与王权和贵族的冲突中，他们的权力逐渐增强，到公元前7世纪才赢得了政治上的重要性,其典型表现,是监察官与国王之间誓言的交换。所以,监察官具有民主特征,是人民的代表。至于斯巴达混合政体形成的原因,伯里承认那是斯巴达保守的结果,但觉得斯巴达与其他希腊城邦的差异,在于当其他城邦废止王政时,斯巴达削减了国王的权力;在其他城邦走向民主时,斯巴达确实授予了人民代表巨大权威,但仍保留了世袭王权和贵族议事会。关于斯巴达和克里特政体,他认为两者之间最明显的区别,是克里特政体中没有任何民主色彩。他看到斯巴达的制度与风俗与其社会结构之间存在密切联系,但又认为不仅如此,因为在古代希腊人看来,斯巴达那种政体最具简朴而完善的美感。斯巴达政体所以得到希腊人无限的景仰,正在于此。

持论平允,少有惊人之论。作为一部面向社会和大学生的教科书(该书最初就是作为教科书出版的),将希腊历史的轮廓用平实的语言叙述出来,当然是最重要的。全书的主体是叙事,将古代希腊人的历史,从史前按部就班地一直叙述到亚历山大大帝之死,其中包含大量具体的史实。如前所述,在叙述时,他更愿意用希腊人的资料来叙述希腊史。关于希波战争和伯罗奔尼撒战争的叙述,他基本遵从希罗多德、修昔底德和色诺芬,尤其是关于伯罗奔尼撒战争的叙述,他几乎亦步亦趋地追随了修昔底德。不过希腊历史上的许多问题并无定论,有些问题上的争论还相当激烈。对一些问题,例如对雅典民主的评价,关于伯罗奔尼撒战争的责任与交战各方的战略,对智者的评价,亚里士多德对城邦的推崇,不免涉及价值判断。在这些地方,伯里从他一个自由主义者和理性主义者的立场出发,确实做出了自己的分析。

在雅典民主政治问题上,他大体追随格罗特,对伯里克利多有推崇,对雅典的扩张行动不乏肯定;对智者,则指出他们的坏名声,可能来自社会的偏见,完全是非历史的,因为他们传播了思想,极大地丰富了希腊人的知识，虽然相互之间观点很有差异，但"他们都是理性主义者，启蒙的传播者"。对公元前4世纪的雅典民主，他显然充满了钦佩之情，"在推翻三十僭主后，民主派的政治家在处理他们遇到的困难时，显示了智慧和稳健，与其他希腊人国家在面对类似危机时的暴力和复仇恰成对照。"民主政治恢复后的大赦，有助于民主派和寡头派的和解，"特拉叙布鲁斯（Thrasybulus）和他的同僚在这个问题上表现出的策略和智慧，是对他们国家最大的贡献。再无任何寡头派阴谋威胁到雅典国家内部的和平；再无任何公民——如果他不是一个哲学玄想者——会质疑民主政治。"对于雅典人判决苏格拉底死刑，他像格罗特一样，认为苏格拉底本是民主政治的产儿，在回应指控时不够完美，所以根据雅典法律，对他的判决并无不当，"没有比苏格拉底更好的人，但他的控告人也是完全正确的"。它表现的是"古老秩序的精神对个人主义兴起的抗议"。①

在伯罗奔尼撒战争问题上，他指出仅战争名称本身，就显示了历史学家对雅典的同情，因为修昔底德从未使用过这个称呼。在伯罗奔尼撒人看来，这场战争也许更应该称为"阿提卡战争"。对于战争责任，他指出，雅典决心不顾希腊的反对维持自己的海上帝国，在这个意义上她应当对战争的爆发负责。但仅此而已，雅典根本没有征服和统治全希腊的意图和野心，更不能说雅典政治领袖为摆脱国内危机，蓄意发动战争。至于伯罗奔尼撒方面，他认为科林斯是主要煽动者，斯巴达不过是个三心二意的领袖，被盟友的鞭子赶着前行。这种各打五十板的看法，在某种意义上是修昔底德说法的伯里版本，今天的不少学者可能不会太赞成，但支持者，即使在今天，可能也不会太少。甚至在论及雅典远征西西里失败时，伯里似乎仍保持了他的平常心。他认为远征并不像最初看起来那么

---

① J. B. Bury, *A History of Greece to the Death of Alexander the Great,* 2nd ed., London: Macmillian, 1913, pp. 566, 573.

疯狂,所有条件都有利;雅典人的向西扩张,是其控制东部地中海地区后的自然行动。它所以失败,是因为雅典人错误地把它委托给了尼西阿斯以及召回亚西比德,它表明雅典的政体或者运作确实有些问题,而依赖公民大会指挥这样一场远征,也的确对远征失败产生了影响。对于指挥远征的尼西阿斯,他承认此公是一个勇敢的士兵,一个和蔼的人,但作为政治家和将军,都过于腼腆,且受到迷信的影响,"如果脑子更好一点,他也许就不会让他的国家灭亡了。"对于雅典人远征叙拉古的失败和全军覆没,"雅典人的悲剧性命运在我们心中激起了如此深刻的同情,以至于我们几乎忘记了同情因解放而欣喜的叙拉古的儿子们。但他们值得我们同情,他们已经经历了一场严酷的考验,消灭了强大的、意在剥夺他们自由的入侵者"。① 后来,他还谈到了西西里钱币打造技术的完美,并将其与希腊本土的历史加以比较。在其他众多问题上,伯里的看法大体相类,表现得似乎不偏不倚。相对平允但不乏精彩的论证,可能是该书受到欢迎的另一个重要原因。

《希腊史》出版至今已100多年。在此期间,希腊史的许多领域都取得了新进展,② 其中最明显的是在早期希腊史领域。爱琴文明研究有了长足发展。1900年,伊文斯发现了克里特的克诺索斯王宫。此后,英国考古队与其他国家的考古学者先后在克里特和爱琴海中的岛屿上,发现了大量的宫殿遗址和文物,揭示出一个全新的文明。伊文斯还根据克里特文物与埃及和西亚文物的对应关系,对克里特文明做了开创性的研究,确立了它的年代学框架。在希腊大陆上,1939年布列根在派罗斯的发现具有决定性意义,他发现了传说中的所谓涅斯托尔的王宫,以及大量泥版

---

① J. B. Bury, *A History of Greece to the Death of Alexander the Great*, p. 467.
② 有关20世纪以来希腊史研究的进展,请参看拙著《古典历史研究史》(北京大学出版社,2013年)以及黄洋与笔者合著的《希腊史研究入门》(北京大学出版社,2010年)。

文书，并将它们公之于世，为学术界的研究提供了最为充分的第一手资料。1952年，英国年轻的建筑工程师文特里斯（M. Ventris）与剑桥大学的柴德威克（J. Chadwick）合作，成功解读了迈锡尼的线形文字B，从而把爱琴文明研究置于牢固的文献和考古基础之上。关于荷马与迈锡尼世界的关系，如今的人们已经有了全新的认识。荷马的描写，更多地代表着古典希腊文明的起点而不是爱琴文明的残余。关于古风时代的希腊，如今人们关注的是希腊城邦的形成。东方文明对希腊的影响，近20年来得到越来越多的强调。在阿尔米那和塞浦路斯等地的发掘，表明希腊与东方的联系，可能早在公元前9世纪就已开始，远早于伯里设想的公元前7世纪，其影响的路径，也不仅仅是通过吕底亚，还应包括西亚和埃及。关于希腊金属钱币产生的年代，因为新的定年方法的采用，也被下移到公元前6世纪。亚里士多德有关梭伦币制改革的记载，为考古证据所否定。在古典希腊史领域，20世纪上半期麦瑞特（B. D. Meritt）等人有关雅典帝国贡金的研究，让我们对雅典帝国的认识，有了很大的提升。琼斯、芬利等人有关古代经济和政治的新看法，很大程度上改变了雅典民主政治一贯的恶劣形象。20世纪后期有关伯罗奔尼撒战争以及城邦危机的研究，也部分改变了公元前4世纪希腊黯淡无光的历史图景。但总体上看，伯里有关古风和古典时代希腊历史的总体框架，仍然是合理而且有说服力的。哈蒙德《公元前322年以前的希腊史》并未能取代伯里，西利的《希腊城邦史：公元前700—前338年》更无此可能。最近出版的波麦罗伊（Sarah Pomeroy, et al）等撰写的希腊史，确实汲取了20世纪以来的新成果，也更具综合性，把经济、妇女和家庭等内容纳入历史之中，并把古代希腊的历史叙述到了希腊化时代末期。在编写方法上，也借鉴了伯里的某些做法。但伯里对政治史和希腊历史总体进程的把握，对中国的读者来说，仍具有重要的意义。

序　言

　　在确定本书的形式和特征时，我坚持两条基本原则。其一，当撰写一部以原始材料为基础的历史著作时，为了充分展现作者对历史事件的独到认识和见解，人们理所当然地很容易将其写成洋洋洒洒的多卷本鸿篇巨著。但事实上，将其压缩成为篇幅适中的单卷本，或许更加适用。鉴于此，当我们撰写一部全新的希腊史时，这种尝试虽然更费心力，但似乎很有价值。其二，就历史而言，那些能够吸引具有专业素养学者兴趣的著作，在我看来，也是增长年轻学者学识见闻的最佳素材。因此，虽然我的目标是针对教学，但本书面对的读者并不只是学生，因而不受教材或大学学科的限制，所涉猎的范围将更加广泛。

　　鉴于笔者研究所限，对文学、艺术、哲学、宗教缺乏深入研究，因此，只有当上述内容与本书研究主题——政治史——密切相关或能直接阐释该主题时，笔者才会对上述内容有所涉及。虽然细心的读者可能会发现笔者有时会随意阐发，不受此原则的限制，但本原则似仍可推而广之，因为如今我们已能轻松获取诸多精深的艺术、文学、哲学研究著作。在一部简短的政治史著作中，散布着几处相互间没有太大关联的讨论艺术和文学的章节，虽然这些讨论很有必要，但就艺术和文学而言，难免显得草率而拙劣，因而这些章节既无太大用处，也缺乏艺术性。

如今学界已有不少价值颇高的研究古代政治制度的专著,使笔者可厘清雅典及其他城邦政治制度的发展脉络,从而避免对若干细节进行烦琐考证。读者也可自行阅读希腊诸贤的传奇故事,从中探知关于希腊地理和雅典地貌的描述。关于雅典的地貌和希腊的地理状况,读者还可参阅大量相关的优秀研究成果。

借此便利,我必须向读者强调两点注意事项。其一,关于史前时代。这是第一章即将讨论的问题。过去 20 年来,考古学家在爱琴海诸岛及沿岸地区收集到大量史前希腊文明的证据,这些证据使历史工作者面临着一系列棘手的问题。如今,对于这些问题,最有能力研究者的观点仍大相径庭,未完全达成一致。任何一刻都可能出现新成果,要求人们重新解释这些材料,从而推翻原有的审慎结论。正在克里特——这个终于回归希腊世界的岛屿——进行的考古发掘可能会带来意想不到的结果,彻底推翻原有结论。因此,除继续采用讨论存疑的方法外,我们不可能圆满地描述史前的希腊。鉴于本书的性质,对各个问题进行深入讨论超出了写作范围。因此,任何一个作者都只能根据出土的成果,描述史前文化的主要特征;在含蓄表达保留意见的情况下,努力结合考古证据和希腊人的传统文献材料,陈述那些笔者认为言之成理的当前学界对相关问题的一般性结论。无疑,诸多问题仍然模糊不清且缺乏定论。更重要的是,与早期希腊人所作所为相关的文献史料大多保留在神话传说中,要将事实本身从中剥离出来绝非易事,这增加了学者们的解读难度。在第一章中,笔者将对以下问题进行特别强调:居于希腊地区的前希腊人的重要性、希腊历史进程中多种族的混合性、"伊奥尼亚人"迁徙时间的前移、所谓"迈锡尼"文化与荷马史诗所描写的文化之间的关联性等。*

其二,雅典斯巴达中心论。自埃弗鲁斯(Ephorus)以来,各类希腊历史著作都存在这个问题。因为现代人知识的局限性,希腊历史的早期阶段,即公元前7世纪至前6世纪,无疑被严重扭曲并被人们置于一种错误的视角加以考察。此时(甚至接下来的几个世纪,该地区也几乎从学者们研究视线中消失了),小亚细亚西海岸城市是希腊世界最重要、最文明开化的地区。然而,当这些城市处于发展最伟大的时期,我们也只不过偶尔拥有惊鸿一瞥的证据。直到波斯势力推进到爱琴海地区,我们才对她们有所了解;但此时,这些城邦在希腊世界的地位已不再独占鳌头。因此,本应对小亚细亚希腊人进行大书特书的篇章却被有关希腊本土发展的内容所独占。结果造成这样一种错觉,即公元前7世纪和前6世纪希腊的历史主要且仅仅是关于雅典、斯巴达及其近邻城邦的。同样地,该时段意大利和西西里新兴希腊城邦的成长历史也被层层迷雾所笼罩。遗憾的是,这种错误史观并不因人们认识到错误就会得到纠正。以雅典、斯巴达及其邻近城邦为中心书写历史的观念仍将持续,因为"缺席者总是错误的"(Les absents ont toujours tort)。

第一章后面的注释和参考文献中,笔者将说明借鉴了哪些相关问题现代研究成果。此外,我还将特别表达对格罗特(Grote)、弗里曼及其《西西里史》(Freeman, *History of Sicily*)、布佐尔特(Bulsolt)、贝洛赫(Beloch)、E. 迈耶及其《古代史》(E. Meyer, *Geschichte des Altertums*)、

---

* 作者感叹李奇威(Ridgeway)教授承诺的关于迈锡尼的专著仍未出版。但随着文特里斯和柴德威克对线形文字B的成功释读,我们对迈锡尼时代的了解更加丰富。Michael Ventris and John Chadwick. *Documents in Mycenaean Greek (2nd ed.),* Cambridge: Cambridge University Press, 1973.近年来,关于迈锡尼世界最权威的著作仍是John Chadwick, *The Mycenaean World*,Cambridge: Cambridge University Press, 1976.——译者注

德洛伊森（Droysen）等人的致意。* 虽然写作过程中笔者也参考了其他一些享有盛名的学者的作品，其中既有英文著作也有其他语言的著作，但上述学者及其作品让我受益更多。使我获益最多的当数维拉莫威兹－莫伦多夫（U. von Wilamowitz-Mollendorff）教授。虽然他并未撰写过一本严格意义上的希腊史，但他对希腊史的研究做出了难以估量的巨大贡献。虽然笔者并不完全认同其观点，但对他倡导的研究方法深表赞同，对其著作所展现的美德深感钦佩。**

写作过程中，笔者还得到几位朋友的无私帮助。该书有幸得到玛哈菲（Mahaffy）先生的批评指正；先生是这方面的大家，曾详尽批阅本书的校样稿。第一章因为迈尔斯（J. L. Myres）先生绘制的克里特—迈锡尼遗址地图而更加丰富。*** 塞西尔·斯密斯（Cecil Smith）先生帮助我到大英博物馆收集整理相关插图。佩西·加丁内尔（Percy Gardner）教授从牛津美术馆诸多藏品中精心准备了本书所需的若干图片。

本书所有平面图和大多数地图（包括巴克特里亚和印度西北地区的地图）皆先由笔者草绘初稿，然后延请技艺精湛的专业制图师沃克尔（Walker）先生和包托尔（Boutall）先生准确绘制。对于不是由笔者亲自草绘的平面图和地图，在插图列表中都已注明出处。几乎所有钱币的复

---

* George Grote, *A History of Greece; from the Earliest Period to the Close of the Generation Contemporary with Alexander the Great*(12 vols.), London: John Murray, 1846—1856; Edward Augustus Freeman, *History of Sicily*, (4 vols.) , London: Macmillan, 1891—1894; Georg Busolt, *Griechische Geschichte bis zur Schlacht bei Chaeroneia*, (3 Bände in 4.), Gotha: Perthes, 1885—1904; *Die Griechische Staats-, Kriegs- und Privataltertümer* (2 Bände) , Nördlingen: Beck, 1887; Karl Julius Beloch, *Griechische Geschichte*(4 Bände), Lipsig, Duncker & Humblot, 1893—1904; *Die Bevölkerung der griechisch-römischen Wet*, Lipsig, Duncker & Humblot, 1886（这两部著作曾多次再版，其中《希腊史》在1893—1967年中以5种语言发行88个版次；《希腊罗马世界的人口》在1886—1979年间再版38次）； Eduard Meyer, *Geschichte des Altertums*(5 Bände) , Stuttgart-Berlin, 1884—1902; Johann Gustav Droysen, *Geschichte Alexanders des Grossen*, Berlin, 1833; *Geschichte des Hellenismus*, Hamburg, 1836—1843.——译者注

** 关于维拉莫威兹对古典学的贡献，可参阅维拉莫威兹：《古典学的历史》，陈恒译，北京：生活、读书、新知三联书店，2008年，前言。——译者注

*** 因为视觉效果及古希腊史研究的不断发展，伯里使用的地图、图片和钱币图案稍显滞后。本书采用的相关图片资料皆来自相关的研究成果或博物馆网站。——译者注

制画都基于大英博物馆的藏品。

我还要感谢克拉克（Clark）先生及出版社的诸位先生。对于他们的感激之情，想必有幸在该出版社出版作品的同仁都深怀同感。

J.B. 伯里

【1】引言：希腊与爱琴海

随着故事的展开，我们将逐渐熟悉希腊地区的河流山川、溪谷海湾、海岛峡湾，在此没有必要进行任何详尽描述。尽管如此，在最初之时，仍有必要抓住希腊地理的基本特征。正是这些特征造就了希腊人的历史而非其他。希腊人的历史与居住地的特征是如此紧密相连，以至于不能将其历史与其所处的大陆和海洋分开考虑。

西班牙、意大利、伊利里亚这三个巨大的突出部是南欧的主要组成部分。东边的伊利里亚如果在色萨利北部突然终止，而其延伸出来的部分——希腊沉入了海底，那么它与西边的西班牙将极其相似。如果这样，那么伊利里亚半岛将不过是一大块陆地，一个角落几乎与亚洲的海岸相连，正如西班牙与非洲大陆隔海相望一样。然而，作为伊利里亚向南的延长部分，希腊半岛有着完全不同的自然形貌，异于西班牙半岛的方形和意大利半岛的楔形，从而使东西地中海海盆呈现出显著差异。希腊留给人印象最深刻的是众多的海岬和岛屿。其实，它本可随伊利里亚的自然延伸，成为一块坚实完整的大陆，不过可能规模稍小。因此，整体而言，可把希腊当作一个多山的海角，中部被一条巨大的裂谷一分为二，整个东部被撕裂成一块块残片。虽然希腊的地形架构起伏不定且相当破碎，但仍可从中探寻到人类活动发展的脉络。奥林玻斯山（Olympus）、奥萨山

> 伊利里亚半岛或称巴尔干半岛

> 希腊的地理特征
> 科林斯地峡

> 山脉构架

（Ossa）和佩利昂山（Pelion）成为色萨利东部的屏障；优卑亚岛上的山脉和爱琴海诸岛（如同优卑亚岛拖着的一条尾巴）形成一条延绵不断的山系，守卫着这个坚实海角的东海岸；品都斯山脉（Pindus）将色萨利与埃皮鲁斯分隔开来，廷菲雷斯图斯山（Tymphrestus）和科拉克斯山（Corax）是其最高的山峰；上述山脉向东南延伸，【2】形成了帕那苏斯山（Parnassus）、赫利孔山（Helicon）和基泰隆山（Cithaeron）；其余脉成为阿提卡境内及周边诸岛的山丘（假如它们没有延伸入海，这些岛屿将成为阿提卡的一部分）；类似的，伯罗奔尼撒半岛诸山也是埃皮鲁斯境内山脉的延续。如果充分发挥想象力，将岛屿周边陆地抬升，即可重构出希腊的地貌和大陆到爱琴海诸山系的菱形构图。如果希腊果真具有上述想象的地形地貌，其历史必将被完全改写；但这种想象的菱形构图有助于理解希腊文明在多大程度上受惠于大自然偶发的恩泽。陡峻的海岬、幽深的海湾和鳞次栉比的岛屿决定了海路是希腊人向外扩展的主要方式；可以说，发展海上力量是他们不得已的无奈之举。

假想的重构

希腊大陆最令人注目的自然特征是那一道将其一分为二的幽深海湾。南部理应被视为一座岛屿，正如其希腊名称"伯罗普斯之岛"表明的那样。但在海湾东侧尽头，一道狭窄的陆桥使其与大陆相连。这种地貌特征对希腊历史极具重要性，其重要性可从三个方面得到充分反映：海湾的存在、地峡的存在和地峡与大陆的连接处在东而不在西。其一，显而易见的是，海湾的存在会产生双重影响。它使海洋深入内陆，大幅度增加了希腊的海岸线，使那些原本地处内陆山地的居民能够濒海而居；此外，海湾使南部希腊成为一座海岛，自成一体，从而使这里与北部希腊形成鲜明对照，使她具备了一定程度的封闭性。其二，如果"伯罗普斯之岛"确是一座岛屿，并无地峡与大陆相连，那么从远古时代开始，爱琴海沿岸及伊奥尼亚海沿岸的居民将可以持续进行直接交往。希腊东西海岸的距

重要的地理特征。I. 巨大的海峡，科林斯海湾

离将会更短,商船和战船将直接横贯中希腊,而不必绕过伯罗奔尼撒半岛进行冗长而乏味的航行。地峡的消失将会对交通线和商业中心产生革命性影响。希腊历史上的战争将会在其他地方进行。【3】一则现代事例是说明地峡重要性的最好例证,尽管该事例的规模更大。如果移除南北美洲大陆中间的地峡,思考随之而对商路和全球海军作战带来的变化,即可理解科林斯地峡的重要性。其三,如果连接伯罗奔尼撒的路桥在海峡的西端而非东端,海峡两岸地区与爱琴海、东方的商贸将会更容易和更便捷,希腊大陆西北部地区的文明进程将可能更加迅速和深入,而波奥提亚、阿提卡无法从伯罗奔尼撒半岛获益,将可能走上一条不同的发展道路。

爱琴海海盆的性质特征是希腊历史发展的另一决定性因素。爱琴海上散布着不计其数的岛屿,这意味着不同地区之间居民的交往更加频繁。如前所述,基克拉底斯群岛与希腊大陆属于同一个地质架构,一直延伸到小亚细亚,并与其沿岸岛屿交汇,从而形成某种形式的岛屿之桥,吸引着希腊的船舶驶往亚洲。事实上,小亚细亚的西海岸在自然形态上更接近欧洲而非其本身所在的大陆,很快这些地区就成为希腊世界的一部分,爱琴海成为希腊世界真正的中心。

II. 爱琴海

尽管希腊大陆西部地区的海湾和岛屿不及东部地区丰富,但这里也不乏良港,因此,也是商贸和文明发展的有利地区。从科基拉岛到意大利半岛脚后跟的距离并不遥远,西部希腊人也有一个完全开放的世界等着他们去闯荡。然而,在历史发展的早期阶段,那里还是一片蛮荒之地,并无文明成果能够馈赠给希腊人;此时,东部沿海的希腊人仰视着亚洲,希冀从东方的不朽文明中汲取营养。在历史发展初期,西部的落后与东部的欣欣向荣形成鲜明对比,但起决定作用的不是海岸的构造,而是它们离亚洲的距离远近。此后,伊奥尼亚海成为商旅辐辏之地,海岸边繁荣的

西部希腊

引言:希腊与爱琴海　003

城邦林立，其文明开化程度完全可与其他城邦比肩。

III. 非洲视角下的希腊，上新世存在于地中海的陆桥：1. 在直布罗陀；2. 意大利—西西里—突尼斯

非洲北部沿海地区与地中海三大半岛相对而立，在南部欧洲的历史进程中起着举足轻重的作用。很久以前，该地区就与欧洲历史的发展联系在一起，地质状况清楚表明了这种联系的存在。远古时代，欧洲西部与非洲北部曾有路桥相通，形成连续不断的陆地，我们可将其称为欧罗巴—利比亚大陆。这块古老大陆上可能居住着同一种族的居民，【4】但当海水倒灌形成现在的地中海后，他们便分散居住于沿岸各地。西西里岛是这座陆桥仅存的残留，成为意大利出入非洲的阶梯。西班牙无须任何岛屿作为阶梯便可跨越海峡。

IV. 希腊适宜小国寡民的城邦存在

希腊是一个山川溪谷遍布的国度，境内几乎没有值得一提的平原和河流。希腊破碎的地貌非常适宜相互独立的共同体的存在，每一个共同体皆可通过群山形成的屏障保护自身免受邻邦侵略。希腊的历史就是若干独立小邦的历史，这种历史不可能在其他地貌环境下产生。某种程度而言，虽然世界各国的政治史都受地理环境影响，但希腊受此影响更加显著；与其他因素一道，破碎的地貌阻碍着国家统一进程的实现。不同岛屿之间可以结合成国家，海洋虽然也如陆地上的山脉一样，影响着统一的完成，但组建一个海上帝国未必比建立一个陆上帝国更加困难。同样地，山川限制着陆上便捷交通的发展，但破碎的海岸线和众多的岛屿却有助于海上交往。

气候与物产

没有任何山脉可以阻断来自优克辛海的寒风；它经小亚细亚吹到希腊海岸，使色雷斯成为苦寒之地。就此而言，希腊的气候条件颇为严峻，稍显清冷，造就了希腊人旺盛的活力和充沛的精力。此外，希腊绝非富庶丰产之地，没有面积开阔、水源良好的大片平原，精耕细作的溪谷未必能产出人们指望的作物。在这片土地上，大麦的收成远胜于小麦。因此，农夫不得不辛勤劳作。土地的性质必然促使人们发展航海事业。一方面，海

外富庶的土地吸引着冒险者，特别是当人口增加、生存压力加大时，它的吸引力就更加强大。另一方面，希腊必须从海外大规模进口粮食以弥补本土产粮的不足。即使德墨特尔未将其最大的恩惠施予希腊，该国大部分地区上葡萄和橄榄仍生长茂盛，它们的栽植是古代希腊农作的一个主要特征。

第一章

希腊的发端与英雄时代

第一节　希腊人溯源

【5】欧洲文明发端于希腊,我们可将希腊的历史追溯到3000多年前。公元前13世纪,从色萨利以北山区到南部阿尔哥斯、拉哥尼亚、美塞尼亚,遍及整个希腊半岛的居民都讲希腊语。但如试图追溯并发现这些操习希腊语的民族来自何方,迁入这块土地已历时多久时,我们就会发现几乎没有一个问题能有确定无疑的答案。

如今我们所知的最早文献记录——荷马的《伊利亚特》,涉及的是公元前13世纪的希腊人及其文明。此时,在所有希腊人中,最突出、势力最强大的是阿凯亚人。但是,阿凯亚人的势力和地位是最近才获得的。此前,其他支派的希腊人或许也曾获得过类似的地位,尽管他们的影响力可能不及阿凯亚人。根据传统说法,皮拉斯吉人是生活在希腊地区的土著居民,他们一度统治着希腊的大部分地区。*但是,对于他们是否属于

阿凯亚人征服前生活在希腊的希腊人

---

* 希腊人到来之前,生活在爱琴海周边的族群包括皮拉斯吉人、勒勒吉人、卡里亚人、德里奥皮斯人(Dryopes)、米尼亚人、考科奈斯人(Caucones)等。他们操习的可能并非希腊语,大体都可划归为农业民族,过着定居生活。可参阅保罗·麦克金德里克:《会说话的希腊石头》,晏绍祥译,杭州:浙江人民出版社,2000年,第13—35页;陈思伟,《希腊神灵伦理缺位现象探源》,《古代文明》,2010年第2期,第107—108页;吴素梅:《古希腊土著民族探源》,《世界民族》,2003年第5期,第44—52页。——译者注

第一章　希腊的发端与英雄时代

希腊人仍存争议,有学者认为他们操习的并非希腊语。自有记忆以来,阿卡狄亚的山地居民就居住在那里,操着纯正的希腊语。他们吹嘘说,自月亮女神诞生以来,他们就生活在阿卡狄亚群山之中。

<small>希腊人的到来</small>

虽然可以肯定,在阿凯亚人时代(公元前13世纪到前12世纪)之前,希腊人就已生活在这块土地上,但是,希腊半岛并不总是仅仅属于希腊人。希腊人最初到来的情况已被其子孙后代遗忘殆尽,现代学者也无法确定其时间。学者们推断,入侵者的老家位于巴尔干半岛西北地区。*

<small>前希腊人</small>

他们南迁的人口如此之多,以至于使新发现地方的土著语言完全消失。被希腊人征服的居民学会了这种新语言,并将他们自身的语言完全遗忘。但土著居民称呼某些山川和岩石的名字却永远保存了下来。【6】科林斯、梯林斯、帕那苏斯、奥林玻斯、阿尔涅、拉里萨都是希腊人从土著居民那里继承过来的名称。在小亚细亚西海岸也发现了一些类似名称,这表明那里的原初居民与希腊的土著居民属于同一种族,散布在爱琴海的东西海岸。

<small>时间</small>

希腊人移居到希腊地区历经了3000年,这种观点想必不会有太大谬误。他们的征服是一批又一批人通过逐渐渗透而非一大拨移民通过一次战争完成的,该过程历经多个世纪。** 公元前2000年前后,作为印欧人的天神,宙斯受到希腊人广泛而持久的崇拜和祭祀。

<small>宙斯,即梵文中的Dyaus,拉丁语中的Diespiter</small>

<small>历史上的希腊人是一支混血民族</small>

在历史上,这批完全忘记其远古世系的希腊人并不是这些入侵者的

---

* 近百年来,学界对于"希腊人来自何方",他们"何时来到希腊"等一系列问题仍存很大争议。大体看来,就起源地而言,有巴克特里亚说、普里皮亚沼泽说、南俄说、亚美尼亚说等;就到达时间而言,有公元前2100年说、公元前1900年说、公元前1600年说及公元前1200年说。但学界通行的观点认为希腊人是在公元前1900年前后从南俄多瑙河下游到里海大草原一带侵入的。相关问题的研究综述可参阅Robert Drews, *The Coming of the Greeks,* Princeton: Princeton University Press, 1988, pp. 3—45. ——译者注

** 一部分考古学家强调希腊人是通过和平方式来到巴尔干半岛南部的。因为在阿尔哥利斯的列尔纳等地并没有发现暴力破坏的痕迹。但从公元前1948年前后,新风格的陶器开始出现,新的葬式开始流行,这暗示着新居民的到来。参阅麦克金德里克:《会说话的希腊石头》,第35页。但大概在这个时段,特洛伊II被毁,优卑亚的优特瑞西斯和列那花砖房遭到浩劫,因此,伯克特认为,这批操印欧语的原始希腊人大概是通过暴力手段迁入的。见Walter Burkert, *Greek Religion,* Harvard: Harvard University Press, 1985, 16—18. ——译者注

唯一子嗣。被征服者并未完全被消灭或清除。有学者强调土著居民被彻底清除，新来者拥有了一片全新的洁净空间；不过，这种观点无疑是错误的。这源于他们对希腊人的语言和种族的错误推导，认为希腊人、罗马人、凯尔特人、日耳曼人、斯拉夫人、伊利里亚人、弗里吉亚人、亚美尼亚人、波斯人、古代印度人都是雅利安人的后代，都操同类的语言，因此文化更优越。正如其后历史发展证明的那样，希腊语充满活力，富于技巧，[①]拥有土著语言难以企及的优势，因此能完全取代原来的语言。无论在哪个地方，一旦希腊人定居下来，希腊语将很快成为当地的通用语言。但是，语言的消失并不意味着原有居民的灭绝。在希腊人定居或征服的土地上，所有人都操希腊语，并忘记他们原来的语言。新旧居民逐渐融合，[②]征服者的印欧诸神不得不最终与土著的神灵协调共生。

希腊语的胜利并不意味着历史上的希腊人血统的纯正

第二节　爱琴文明：克里特

　　我们可以相信，如果自可以追溯的时代开始，希腊本土居住着的都是希腊人，那么在附近海域存在着一种伟大的非希腊文明。【7】该文明的影响力远超其外在的物质财富，当今人们对这种文明的了解远胜于那时的希腊人。直到不久之前，人们才意识到"爱琴文明"的存在。正如其名称表明的那样，这种文明蓬勃生长在克里特岛、米洛斯岛及爱琴海的其他岛屿上。这种文明发端于远古石器时代，到公元前三千纪末，克里特的实力和辉煌甚至可以与声名更响亮的埃及文明和巴比伦文明一较雄

爱琴文明

克里特

---

① 其活力可从现代人恢复使用希腊语时并未对其进行太大变化而得到证明。如果对照现代英语和高尔（Gower）时代的英语，当代使用的希腊语与色诺芬时代所用的希腊语的差异要小很多。在中世纪，人们使用希腊语而不用斯拉夫语，这证明希腊语的技巧性。定居于伯罗奔尼撒的斯拉夫人放弃原来的语言，采用希腊语，但他们并未掌握阿尔巴尼亚语。
② 或许可以做这样的推断，即希腊人与土著居民的融合对于希腊方言的形成有着决定性的作用。此后，伊利里亚人和其他民族的入侵使该进程进一步加快。

长。不少展现克里特文明伟大成就的纪念物已被挖掘出土。尽管希腊传统中对克里特的海上实力有一定记忆，但没有人会预料到该岛曾是一个生活和艺术高度发达、类型各异的文明中心，其文明远播地中海及周边地区。

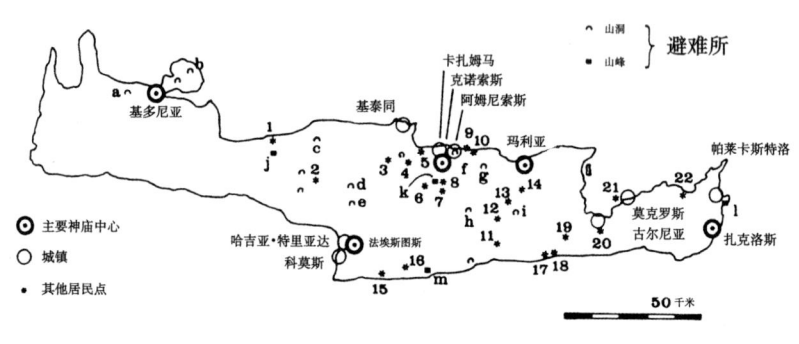

图 1-1 米诺斯时代的克里特

（据 Rodney Castleden, *Minoan Life in Bronze Age Crete,* London and New York: Routledge, 2001, p. 76 编译）

在公元前三千纪，克里特经历了从石器时代到金属时代的发展。我们可以发现同质文化的遗迹遍布全岛，其中，最具影响的是克诺索斯和法埃斯图斯这两个最强统治者驻留的城市。克诺索斯位于克里特岛北侧海岸的中部，在卡伊拉图斯河（Cairatos）之畔，距离海岸只有几里之遥。公元前 2000 年前后，人们傍山修建了一座巨大的宫殿；法埃斯图斯位于克里特岛的南部，几乎与此同时，也修建了一座宫殿式居所。① 这两座宫殿存在了几百年。此时，克里特标志性的艺术品是成熟的多彩陶器。现存器物记载下克里特艺术家的制作流程。例如，在一幅壁画中，一个被涂成蓝色的男孩拾起白色的番红花放入陶瓶中。

克诺索斯和法埃斯图斯；第一王宫时期，约公元前 2000 年

---

① 本节提到的克里特岛各地名可参见图 1-1 "米诺斯时代的克里特"。

克里特文明最令人感兴趣的一个事实是当时的人们已具备书写能力。他们最初使用的是象形文字,即每个图画符号,【9】如牛首、门、眼睛等分别代表一个字符。① 后来,他们也采用了线形文字系统,即每个字符代表一个音节。(法埃斯图斯圆盘 B 面参见图1-2) 在一件出土于狄克泰山的饮器祭品上刻画着此类字符,此时该山已成为一处圣所,后来的希腊人将其与宙斯的出生联系在一起。

书写系统。1. 象形文字,公元前2000年之前;2. 早期线形文字,公元前1600年之前

图 1-2　法埃斯图斯圆盘 B 面(现存于赫拉克利昂考古博物馆)

对于用此文字书写文献的具体内容我们一无所知。不过,它可能并不属于印欧语系,或许与吕西亚人或小亚细亚西部古代居民的语言同

语言

---

① 发现于克里特岛最不同寻常的图画文字物品是出土于法埃斯图斯的一件陶瓦圆盘。圆盘的两面都按螺旋形不间断地写满了图画文字。或许该圆盘是一件模子,学者推断上面的文字是一首宗教颂诗。不过也有可能该圆盘并非克里特所产,或许是从吕西亚进口而来。

|| 第一章　希腊的发端与英雄时代　　013

源。后来,当整座岛屿都希腊化后,东部地区还有人讲一种奇怪的语言。现存的此类材料数量有限,学者们只可拼读,但无法破译其内容。自然,学者们推断,它与前希腊时代的居民所讲的是同一种语言。

克诺索斯第一王宫时代的结束,约公元前1700年

约公元前1700年,克里特历史上这段辉煌文明告一段落,克诺索斯和法埃斯图斯的宫殿遭受部分损毁。很有可能这是岛内革命而非外族入侵的结果。此前与埃及频繁而密切的交往也中断了100多年。不过,新王朝很快占据克诺索斯,进一步发展当地的文明,开启了克里特历史上更辉煌灿烂的发展阶段。

基克拉底斯文明

米洛斯

爱琴文明在克里特岛达到顶峰,但在周边基克拉底斯群岛的某些岛屿上文明也在独立发展,特别值得注意的是米洛斯岛。从米洛斯岛的重要定居点菲拉科皮可探寻它持续发展的各个阶段。米洛斯岛盛产黑曜石,在石器时代及其以后的时代,人们对这种石材都有大量的需求,用其制作刀具和矛尖。这种石材大量出口,远达埃及,这或许能解释米洛斯岛早期的繁荣。考古发现表明,希腊东海岸地区都不同程度受到这种海岛文化的影响。

特洛伊,即今希萨利克山。特洛伊I

还需将视线转向爱琴海北部的一个要塞,自公元前三千纪末开始,这座要塞就已矗立在特洛伊山丘上,镇守着赫勒斯滂的入口处。但这并不是这座辉煌山丘上的第一座城池。(特洛伊卫城及周边主要考古地层分布状况,参见图1-3)该山丘海拔大约160英尺,【10】离斯卡曼德河岸不远。防御最早定居点的粗陋城墙由未经打磨的石头垒建而成,现仍可找到一些残存遗迹。在此发现了一些原始陶器和石质器物。一块白色斧形软玉表明,在那个遥远时代,地中海地区已与远东有一定的交流往来,因为这块白玉肯定来自中亚地区,不过这种交流非常缓慢且并不持久(特洛伊II)。在这座原始城镇的废墟上兴起了一座大城。这座城池下面铺设有坚固的石质地基,上面环绕着太阳烤制的土砖修建的城墙。

城墙上有三座城门，转角处建有塔楼。此时，城内的居民还生活在金石并用时代，青铜还是稀有物品，陶器主要由手工制造。但是，从发现的精工制造的黄金饰品可见，此处颇为富庶。最值得注意的是这座古老城池的宫殿构造。【11】在爱琴文明发端的最初阶段，宫殿各房屋的构造已与1000多年后荷马描述的完全相同。经过外门，会进入一座庭院，里面建有祭坛；穿过庭院，进入一间正方形门廊；由此再进入大厅，大厅正中央的炉床里燃烧着熊熊圣火。①

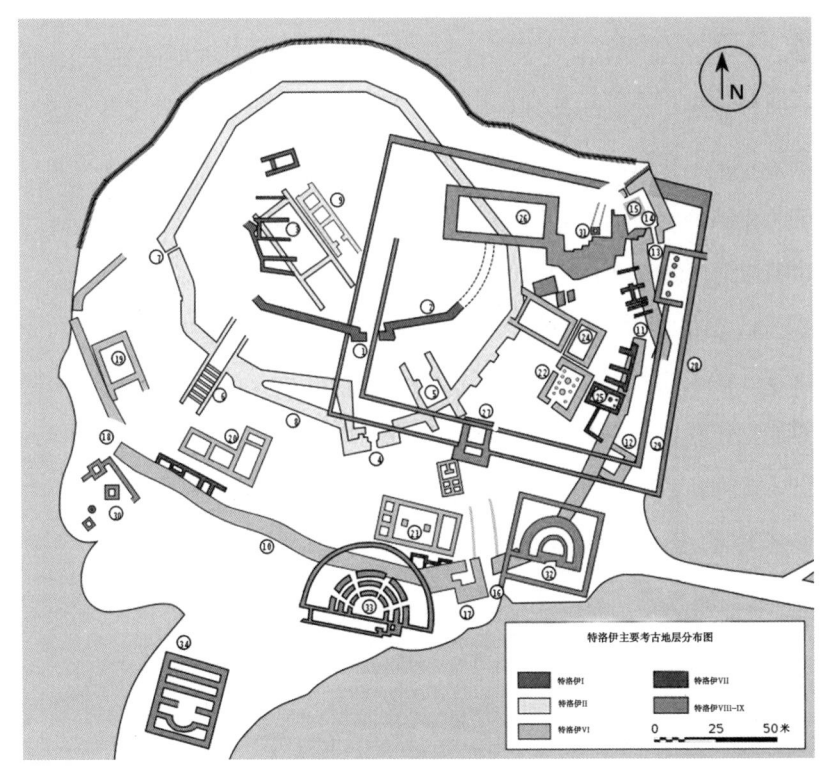

图1-3 特洛伊卫城及周边主要考古地层分布状况

（据 Michael Wood, *At Walls of Troy and Mycenaer*, Oxford: Osprey, 2010, p.14 编译）

---

① 在附近的建筑里，不但有门廊，而且在外面还有一间前厅。这些与荷马的描述一模一样。

|| 第一章 希腊的发端与英雄时代 015

毁灭，约公元前2000年

然而，敌人的战火毁掉了这座城市，文献并未留下任何它存在过的痕迹。七八个世纪后，这里兴起了那座著名的城市。从那座城市的前身中或许可以找到普里阿摩斯王朝历代国王繁荣富庶的秘密。

相对的年代顺序

或许有人会问，在缺乏文献资料的指引下，如何确定爱琴文明不同阶段的顺序，并确定每一阶段的大致年代。在断定石器时代和青铜时代这个主要时间分界线后，陶器的形制和工艺成为确定每个阶段相对年代的主要依据。从最简单的陶质器皿和简单的手工模具陶，到具有高度艺术性的、由陶轮制作的精工模具陶器，皆可按一定先后顺序准确排列。因此，某一器物的年代可由同一个地层发现陶片所处的时间序列决定。而一旦根据陶片确定该器物的年代后，又可将这件器物作为确定其他遗物的另外一个参照标准。通过这种方法，从石器时代晚期开始，克里特文明的历史被划分为三个主要阶段，即早期米诺、中期米诺和晚期米诺，每一个阶段又被分为三个时期。①

绝对年代

正是因为与埃及的交流为断定克里特历史事件的大致准确年代提供了一种可能手段，易言之，这种交流使克里特的纪年与整个地中海世界的纪年联系起来。【12】因为在埃及阿比多斯（Abydos）辛努塞特三世（或称塞索斯特里斯三世）法老的陵墓中发现了一件克里特生产的多彩陶皿，由此可以推断，中期米诺 II 的大致时间是在公元前1880年前

---

① 下表大致对中期米诺和晚期米诺阶段的年代进行了划分，同时参照同时段埃及的时代年表：
中期米诺I. 前2100年—前1900年（第11王朝，前2160年—前2000年）
中期米诺II. 前1900年—前1700年（第12王朝，前2000年— ）
中期米诺III. 前1700年—前1600年
晚期米诺I. 前1600年—前1500年（第18王朝，前1580年— ）
晚期米诺II. 前1500年—前1400年（图特摩斯三世，前1500年—
　　　　　　　　　　　　　　　　　阿蒙霍特普二世，前1450年—
　　　　　　　　　　　　　　　　　阿蒙霍特普三世，前1414年— ）
晚期米诺III. 前1400年—前1100年（阿蒙霍特普四世，即埃赫那吞，前1374年—前1360年
　　　　　　　　　　　　　　　　　第19王朝，前1321年—
　　　　　　　　　　　　　　　　　拉美西斯二世，前1292年—
　　　　　　　　　　　　　　　　　门普塔，前1225年—前1215年
　　　　　　　　　　　　　　　　　拉美西斯三世，前1198年—前1167）

后。此外，在克诺索斯王宫发现了一尊以闪绿石雕刻的埃及人物小雕像，上面以埃及象形文字刻着此人的名字。从形制和式样看，这是埃及第12或13王朝的作品，即公元前19世纪下半叶。①

公元前1600年前后，一个新王朝（或许与此前的王朝属于同一种族）开始统治克诺索斯。宫殿得到重建，而且规模更加宏大，虽然宫殿陈设更奢华，但其建筑风格没有任何变化。公元前1500年前后，人们对宫殿进行大范围的改造。整座宫殿建筑占地达5英亩，外面并未修建围墙防御，因为宫殿的主人确信其船队完全可以抵御外来的入侵者。中央庭院的东西两侧修建着众多的房间和走廊，形成一个迷宫，从存留至今的楼梯看，部分建筑甚至高达三至四层。每座宫殿正厅的一侧都有一个开启的竖井（或称"采光井"）为大厅提供光线，这种竖井三面封闭，另外一面朝向大厅，人们用两根或三根柱子将其隔开。宫殿内建有浴室，其下用管道铺设着良好的排水系统；克诺索斯王宫的排水系统可能比其他地方类似设施的效果更佳，直到相当晚近才被超越。如果宫殿只是用作王室成员的住所，那么就不必修建得如此庞大。其作用理应不只是居所，它不但是周边地区或者整个克里特岛的政府所在地，而且是整个海上帝国的首府。从档案室找到的财政文献看，帝国的政府机构精细地管理各条业务线。我们可以合理地推断，高度发达的行政管理机构需要数量众多的房间作为办公场所。国王从属地征收的丰厚贡金都保存在宫殿里，王室成员所需的日常物品和用于出口的物品也在宫殿里制造生产。在宫殿中，还发现一架榨取橄榄油的榨油机和若干口巨大的储油罐，【13】这表明，宫殿不但为自身提供烹饪和照明的油料，而且国王还可能从事油料贸易；此时，油料出口可能是克里特的主要出口物品之一。宫殿还需为

此后的克诺索斯王宫

---

① 关于埃及第11、第12王朝及其后王朝的年代存有争议，但学界大致达成一致，认为第12王朝（塞索斯特里斯三世是该王朝的一位法老）开始于公元前2000年前后，第11王朝存在的时间或许是公元前2160年—前2000年。

第一章 希腊的发端与英雄时代　017

服务于国王的雕刻师和画师提供食宿。现已发掘出了雕刻师的工作间，这证明王宫壁画可能是现场完成的。

御座厅　　在这座宽敞的宫殿里，最著名的房间之一是"御座厅"，从中央庭院经过一个前厅即可到达。（克诺索斯"御座厅"的陈设复原参见图1-4）国王的御座是一张石质座椅，上面饰有多彩图案。王座之前，沿墙壁两侧摆放着长椅。在这间大厅里，国王与大臣们讨论家国大事。大厅旁边的房

图1-4　克诺索斯"御座厅"陈设复原图

壁画　　间完全敞开，里面建有一个大水池，四壁饰有埃及风格的山水画——河流、莎草、棕榈，展现出埃及的人文风情。整座宫殿大多数的大厅和楼道皆饰以各种壁画，其内容包括庄严的游行，欢乐的男女，市井生活，但鲜

风尚　　见战争场面。此时的社会风尚在一系列的小型壁画中得到生动的展现。妇女们慵懒地站在庭院里或阳台上，长发经过精心修饰，妆容精致，长袖

蓬松、飘逸的荷叶边长裙，配着紧身上衣，凸显出袅娜的风姿，她们似乎是当时最前卫时尚的追随者。现存最引人注目的是一位身材高挑帅气的侍酒人，他与在埃及底比斯发现的一幅绘画中所反映的克里特人（埃及人称为凯弗提乌人）属于同一种族，这幅画呈现了公元前15世纪克里特人向法老图特摩斯三世觐献礼物的场景。

图特摩斯，公元前1500年—前1450年

在宫殿北侧入口附近，后来的统治者修建了一座剧场，里面大致可容纳400名观众。修建剧场并非克诺索斯人的独创，在此之前，法埃斯图斯的宫殿中已修有剧场。与后来的剧场布置不同，演奏区域并非半圆形，而呈矩形。表演内容可能主要是宗教性舞蹈，纪念克里特的大母神，有时可能在此举行拳击比赛。从壁画和宝石刻画看，克里特最盛行的娱乐项目是斗牛比赛。但剧场的空间不够开阔，选手们无法在此表演在牛背上翻越腾挪的杂耍。斗牛表演非常盛行，有时妇女也会参加这项危险的竞赛。在一幅壁画中，一位小姑娘正抓住牛角，身体倒立，半悬空中。（克诺索斯王宫的斗牛壁画参见图1-5）国王也会参加一些比较安静的娱乐项目。宫殿里发现了一张做工精美、设计优雅的镶饰游戏桌。这张桌子由象牙制成，【14】上面镶嵌着金箔和水晶，水晶以深蓝色珐琅和银白色锡箔装饰，蓝白相间，非常漂亮。①

剧场

斗牛

在这座巨大宫殿的山脚，紧邻河畔，距北入口以东大约130码处，有一座规模较小的宫殿。学者们推断，这可能是国王的夏宫。尽管规模稍小，但同样奢华。在此发现了一只华丽的彩绘陶瓶，代表着公元前16世纪克诺索斯制陶技术的最高水平。遗憾的是，该陶瓶因从楼上一间屋子掉下而摔坏。装饰瓶上的纸草和莲花颜色靓丽，形象突出，表现出它们的枝繁叶茂，茁壮优美。在这座较小的宫殿里，也有一间"御座厅"。这是一

克诺索斯的小王宫

---

① 在塞浦路斯的萨拉米斯旧城发现了另外一张由象牙制作的游戏桌；不少学者认为，发现于迈锡尼卫城的一座坟墓中的一些水晶饰板也是类似游戏桌的部分残片。用来玩这种无名游戏的象牙桌残片在克诺索斯王宫也有发现。

第一章 希腊的发端与英雄时代

图 1-5　克诺索斯王宫的斗牛壁画

间柱式大厅,长度超过 12 英尺,其设施的安排类似于罗马法庭。

法埃斯图斯的王宫　　法埃斯图斯王宫重建于公元前 16 世纪。与克诺索斯一样,其宫殿也无防御设施,且二者建筑设计和风格几乎一模一样。在正中也有一个巨大的庭院,周边是柱式的接待厅和贮藏室,西边有一个较小的庭院。法埃斯图斯王宫与众不同之处在于,其入口处的大门更加壮观,沿着一条宽 45 英寸的 12 级台阶拾级而上才可抵达。虽然该王宫在规模上不及克诺索斯迷宫,四壁也没有如此华丽和丰富的壁画,但其外部看起来更加宏伟。这座宫殿依山而建,屋宇层层叠嶂,错落有致。2 英里外,在现名圣特里亚达(Hagia Triada)的地方,发现了一座精心建造的别墅,这可能是为满足周边王国的统治者而修建的娱乐场所。①

克里特的市镇　　离克诺索斯王宫不远处一定曾有一座人丁兴旺的城镇。现已出土的

---

① 值得注意的是,在圣特里亚达发掘出许多公元前16世纪的艺术珍品,但在法埃斯图斯却并未出土什么特别值得一提的物件。

克里特市镇主要集中在岛屿东部,发掘成果呈现出普通城镇居民和工匠的日常生活情况。例如,现发掘出一处木匠的居所,里面有他工作时的常用工具,包括凿、锯、锥、钉等。①【15】但是,对于诸如克诺索斯这样繁荣城市的外观,我们只能发挥想象力,根据宫殿里发现的马赛克画推断私人住宅的外部样式。这些房屋大多为多层建筑,也有少数仅有两层或一层;每扇窗户一般分为四到六格;顶层只有开口并无窗户,大概也用作阳台。克里特的建筑样式与如今埃及的房屋极为相似。

此时,并无证据表明克里特存在公共神庙建筑。宫殿里有圣所,克里特人大概通常是在室内神龛前履行宗教义务。他们崇拜的主神是一位自然女神,希腊人称其为瑞亚(Rhea),或许克里特人对她也是如此称呼。在艺术作品中常常出现祭祀场景,有时狮子成为女神的守卫者,有时鸽子成为女神的化身,有专门的女祭司为其服务。这位女神也常与一位男神同时出现,这可能是其配偶或者儿子,但男神的地位无疑低于女神。后来的希腊人认为,这位男神是瑞亚的儿子宙斯,由瑞亚在伊达山的山洞里养育长大。与两位神灵相伴的还有双面斧,克里特人认为这是神灵偶像的存在形式。在小亚细亚西部的卡里亚也发现了类似的双面斧崇拜。克诺索斯迷宫里双面斧是如此之多,以至于有学者将该宫殿称为"双面斧宫"。鉴于卡里亚人称双面斧为Lybrys,学者们推断这座宫殿就此被称为了利布林图斯(Labyrinthos),也即迷宫。由此可解释一则奇怪的希腊神话的起源,即克诺索斯国王米诺斯为何将吞食海外供奉童男童女的怪物米诺陶(Minotaur)关在迷宫里。或许宫殿复杂而奇妙的设计本身就是一个未解之谜。

宗教

母神

迷宫

---

① 这些物品出土于高尼亚(Gournia,但其古代的名字未知),该城于公元前1500年前后被焚毁。另外在帕莱卡斯特罗(Palaikastro)也有发现,根据城市规划图判断,可能是古代的赫莱亚(Heleia)。

第一章 希腊的发端与英雄时代

后来的线形文字	长久以来,克里特人已经熟悉书写这种艺术形式。在稍后的时段,人们发明并使用一种全新且更先进的线形文字书写体系。国王们借此保存下更精准的记录和账目。在克诺索斯王宫中已发现成百上千册书写文档。这些文档记载于一块块较小的菱形泥版上,【16】装入木箱,加盖封印。虽然现无法解读这些文档,但仍可识别其中的数字符号。克里特人使用十进制,并使用分数。从频繁使用的数字和数字中间插入的物品看,许多文档与贮藏物品的账目有关。克里特有固定的计量制,其重量单位可
重量单位	能受惠于巴比伦王国,使用巴比伦的轻量制塔兰特,但这种计量制是通过何种渠道到达克里特还未可知。克里特人还拥有自己的金属货币。考
货币	古还发现块状的金银和铸块青铜,只有交换时频繁使用它们,人们才可能将其制成如此形状。
克里特国王的权力范围及影响	克诺索斯国王的权力和显赫地位到公元前15世纪达到顶峰。无疑,他们是克里特岛最富有且最有权威的人,或许他们已成为法埃斯图斯和岛上其他城市的盟主,这些地方出土了许多令人称道的爱琴文明遗物。克里特的舰船控制着爱琴海,统治着爱琴海诸岛,其文明散播到希腊大陆,下面还将进一步讨论这个问题。通过贸易和殖民,克里特人的影响力辐射到更远的地方。自远古以来,克里特与埃及之间就已存在商贸往来。此时,这种交往更加固定而频繁。岛上生产的橄榄油和陶器大量出口到尼罗河地区。"凯弗提乌人和海上诸岛民的国王"为第18王朝的法老
凯弗提乌人,埃及人对克里特人的称呼	敬献礼物。在各个时代皆可探寻到埃及对克里特文明的影响。学者们一般认为,居于巴勒斯坦南部的菲利士丁人就是来自克里特的殖民者。[①]在西西里岛和西班牙发现的遗物证明,克诺索斯人曾向这些地方输出产品并在遥远的西方建立殖民地,以此传播其文明。

---

① 加沙的古名为米诺亚。在阿摩基斯、西弗诺斯、帕罗斯也有地方名为米诺亚,这些是克里特人统治这些岛屿的明证。

此后的希腊人将克里特在爱琴海建立的霸权与海上霸主米诺斯联系起来。然而，这种联系未免自相矛盾。荷马史诗中，米诺斯是阿凯亚人在克里特的统治者，其统治时间比特洛伊战争的爆发早两代人（即公元前13世纪）。后来，有希腊学者指出，历史上有两位国王名为米诺斯，前者的统治时间在公元前15世纪末。【17】然而，没有更早的证据可以表明有一个所谓米诺斯一世的存在。①

米诺斯

第三节　迈锡尼文明（前1600年—前1100年）

大约从公元前16世纪到前12世纪末，在希腊人的土地上兴起一种文明；这种文明与克里特文明近似，无疑深受其影响。记录该文明的标志是石质的历史遗迹，有的竖立在地面超过3000年，有的则是通过考古发掘才得以重见阳光。近年来，充满好奇心的欧洲人在寻找自身的文化根源时，将古人的日常用品和放置于逝者坟墓的奢侈品发掘出来。这一时代之后，希腊就进入荷马史诗反映的时代。

迈锡尼文明的相关记录

数量最多且最重要的考古成果出自伯罗奔尼撒半岛东部的迈锡尼和梯林斯。迈锡尼位于阿尔哥斯平原，镇守着平原东端群山的入口处；梯林斯位于平原最低处，靠近海岸。很久以来，爱琴海沿岸最富裕、最强大的城市当数迈锡尼，整个隶属于它的文明也被称为"迈锡尼文明"。②公元前14世纪，希腊人在这里修建王宫，取代了此前的居所，现在，考古学家已在迈锡尼和梯林斯发现了王宫遗址。

---

①　《伊利亚特》第二卷的"船表"保存下公元前1200年前后希腊各邦海上实力的基本情况。但根据该"船表"，此时的克里特舰队实力并不特别突出。克里特派出了80条战船，这一数目比派罗斯派出的90条少，更无法与阿尔哥利斯（180条，而且还借给阿卡狄亚50条）、色萨利（220条）相提并论。
②　迈锡尼文明这一称呼在发现克里特之前就已使用，现在，人们习惯使用这一称呼以便于区分希腊大陆和克里特岛上的米诺斯文明。

梯林斯的要塞

　　两座要塞中，梯林斯的历史相对久远，在爱琴海居民刚走出石器时代的初期发挥着重要作用。梯林斯城建在一块长条形的巨石上，离海大约有 1.5 英里，周边曾为沼泽。从北向南，山势逐渐增高，梯林斯人填筑起三座要塞，并在最南的要塞上建造王宫。整座卫城被坚固的石墙环绕，垒制围墙的石头层层叠放，规则有序，但未经精雕细磨。石头间的裂缝浇灌

凯克罗佩安式建筑，正门

上黏土泥灰。这种建筑样式被称为凯克罗佩安（Cyclopean），【18】得名于传说故事中受邀从吕西亚前往梯林斯修筑城墙的泥瓦匠凯克罗普斯。（梯林斯卫城正门入口及城墙请参见图 1-6）卫城的正门朝东，一条通道将城外据点与王宫的城墙连接在一起。如果敌人向正门推进，将毫无屏障、完全暴露在驻扎于城墙塔楼的守卫者攻击下。卫城西边有一座边门，一条长长的石质阶梯直通王宫后面。但是，一个奇怪的特征使梯林斯卫

城墙式内庭

城异于希腊其他古代要塞。卫城南面的城墙不断延伸，结果将贮藏室包

图 1-6　梯林斯卫城正门入口及城墙

括其中。贮藏室的门朝封闭的地道开口。这些封闭的地道也修建在城墙内，里面有窗户可瞭望和观察城外情况。

  迈锡尼城堡离海岸大约有 12 英里，修建于阿尔哥斯平原的东北边缘。该城堡建于山谷之中，背靠一座海拔约 900 英尺的山丘。整座卫城的外形呈三角形，大部分城墙模仿梯林斯，仍采用凯克罗佩安式。但是，也开始出现另一种新的建筑风格。修建城门和一些塔楼的石头先经粗略修凿后，才按矩形整齐垒放在一起。① 在迈锡尼并未发现梯林斯式的贮藏室和地道。但经东北部一条半圆形的石质通道走出城墙后，再沿着一条泥质地下小道即可到达山脚。这里有一眼四季长流的泉水流入一个水池，以便能随时供应城内所需的水源。一旦城堡被围，人们不需担心供水问题。迈锡尼城堡有两座城门。正门在西，隐藏在城墙的拐角处。这里的城墙从西北东南走向突然转向正西方向，可控制和围住通向城门的道路。城门的楣梁是一块长方形巨石，楣梁承担的城墙重量被上面的一个三角形隔空分解。隔空处置放着一座石雕，两只母狮在一根石柱两旁相向而立，它们的前爪趴伏在柱基上。② 这两只母狮守卫着这座城堡，因此，这道城门也被称为"狮门"。（迈锡尼狮门实景图参见图 1-7）

迈锡尼城墙

琢石砌体结构

水池

狮门，开始于公元前 14 世纪

图 1-7　迈锡尼的狮门实景图

---

① 西侧城墙也有多边形石质建筑，此时，石头并非垒筑成平面，而是尺寸不一的各种多边形。这些石头切割准确而恰当，叠合在一起没有裂隙。但这种工程出现的时间要晚得多。
② 此类造型也见于宝石刻画。有时一位男性雕像代替了柱子。这表明了人们对柱子的崇拜（Baetyl worship）。

梯林斯王宫，公元前14世纪初

梯林斯山上的废墟有助于复原王宫的平面图。此时建筑的一个主要特征是将妇女的居室与男人的住所分开，该原则一直是希腊历史上家居建筑设计的主要特征。（梯林斯王宫布局图，参见图1-8）【20】然而，梯林斯王宫引人注目的是国王的居所与王后的寝宫并排建在宫殿中央。不过二者不能直接相通，需从不同入口进入。① 王后与国王寝宫的设计与

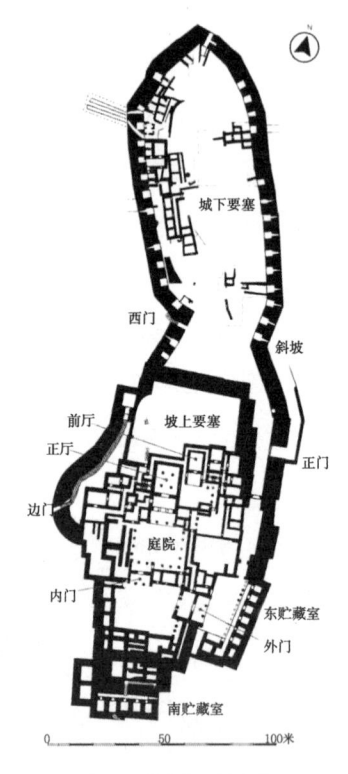

图1-8 梯林斯卫城平面图

（据 Cynthia W. Shelmerdine ed., *The Cambridge Companion to the Aegean Bronze Age*, Cambridge: Cambridge University Press, 2010, p.267 编译）

---

① 事实上，梯林斯妇女寝宫的位置并未能完全确认，但本书所指之处的可能性仍然很高。

特洛伊发现的那座砖制老城及荷马的描述几乎相同。在国王寝宫外的庭院中有一座柱廊包围的神龛，正对大门的门廊是正室的前厅。双开的大门正对着前厅，由此进入会客厅；穿过装着帘饰的门道，跨过一块巨大的石质门槛即可进入国王的寝宫。在寝宫的正中是一张圆形炉床，周边有四根木质柱子支撑着扁平的火塘。①

迈锡尼的宫殿建在山丘的最高处，虽然其平面设计并不完全清楚，但总体和细节上仍与梯林斯类似。从保留下的火塘看，上有红蓝白三色的螺旋形或三角形纹饰。室内地面铺设有细磨水泥；室外庭院的地面里，人们在水泥中混入小鹅卵石将其加固。有时，地面还会饰以彩色图案以增加室内的明亮度。在室内墙壁上嵌入雕刻的饰带和壁画是迈锡尼建筑的常见风格。在梯林斯王宫前厅墙壁上的雪花石膏饰带中，工匠们间入蓝色玻璃（cyanus），两处宫殿的国王寝宫都饰有壁画。

在某些方面，梯林斯和迈锡尼宫殿的结构设计与克里特迷宫颇为不同。前者外面有城墙保护，而克诺索斯和法埃斯图斯并无类似的防御设施。在气候相对温暖的克里特，手提式火盆足以温暖房间，因此，设计房间时，没有必要在屋顶开孔排烟；但希腊大陆气候变化更加剧烈，有必要在大厅中央屋顶留出一个通风口以便排放屋内固定火塘产生的浓烟。【21】该大厅及其周边柱廊是王宫最重要的组成部分，整个大厅的光线由上面获得；但克诺索斯和法埃斯图斯颇具特色的"采光井"并未出现在大陆诸城堡中。

除城堡和王宫外，其他最引人注目的遗迹当数迈锡尼国王的墓地。迈锡尼人一般不会采用火葬，而是将死者埋入坟墓中。最初，卫城里的贵族及其家属葬于城堡所在的山丘。在狮门之南紧邻城墙的地方，考古学

庭院、柱廊、前厅、正厅

迈锡尼王宫，约公元前1400年装饰

克里特王宫与迈锡尼王宫的不同

坟墓

卫城的竖井墓，公元前16世纪

---

① 也有可能其中一根会升到火塘以上，这样将有助于排出燃烧时产生的浓烟。

第一章　希腊的发端与英雄时代　　027

家发现了王室的坟地,其中六座坟墓自埋葬后就未受外人的打扰,这些坟墓都是竖井墓,是人们竖直凿岩掘挖而出的。随葬品主要是墓主人的武器,有的男子脸上还戴着古老的面罩。女性墓主人头戴金冠,旁边摆放着丰富的饰品和日常生活用品。每座坟墓之上都有一块墓碑,一些墓碑上还雕刻有字画。

<small>圆顶墓,公元前15世纪—前14世纪</small>

不久,这种简单的墓葬形式已不能体现迈锡尼诸王的富庶和尊荣,他们希望拥有更加宏伟庄严的长眠之所。但有学者认为,或许他们被另一支部族推翻,由此带来新的墓葬形式。在迈锡尼对面山丘上,考古学家发现了九座圆顶墓。(修复后的一座派罗斯圆顶墓外观参见图1-9)其中最大的一座被称为"阿特柔斯的宝藏",该名称源于人们对这座圆顶建筑功用的错误认识。此类圆顶墓在希腊其他地方也有发现。它由三部

<small>名为阿特柔斯宝库的坟墓。圆顶墓与竖井墓</small>

分构成,即甬道、入口和圆顶墓室。一条石质甬道直达坟墓的入口,由此才能进入圆拱形的墓室,墓室的外形看似一座中空的倾斜小山。在某些墓室里面(当然这是特别情况),还可能有一间方形侧厅。"阿特柔斯的宝藏"入口的外观颇富特点,表面是一层色彩丰富的大理石;四周是雪花膏石质的深灰色石柱,上有锯齿形和螺旋形纹饰;每根柱子都有精工雕刻的柱头。两块巨大门楣石上方采用了与"狮门"类似的图案和设计,减压的三角形内填以红色斑岩。类似蜂窝形的拱形墓顶由经过仔细凿边和连接的石块砌成,随着墓顶的上升,石头越来越薄,最终在顶部加盖一块薄石。墓壁按一定样式饰以铜质的圆形花朵。侧厅入口的构造与墓门类似,也有石质门柱,侧厅凿石而成,【23】壁上有雪花膏石雕刻的碟饰。另一座圆顶墓①的甬道尽头有两根雪花膏石柱,与多利亚式神庙的柱式非常类似。

---

① 这座坟墓常被称为克吕泰墨斯特拉(Clytemnestra)之墓。

图 1-9　修复后的一座派罗斯圆顶墓外观

　　国王墓葬区外,还发掘出平民的相对简陋的坟墓。迈锡尼卫城下有几座村镇,每座村镇分别保留着某些方面的认同感,并有各自的墓地。迈锡尼(或许同时代的其他城镇)代表着从村落向城镇的过渡时代,即若干较小的共同体聚居一处,由同一座要塞提供保护。这些村民的坟墓构建与王室的圆顶墓大致相似。他们在岩石中凿出方形墓穴,外面也有一条甬道通往墓门。不同之处在于其墓顶并非圆形而是三角形山墙。这些坟墓中发现的葬品表明,其中大多数可能比卫城圆顶墓主人所处的时代更晚,与后世的拱形墓可能处于同一时代。

平民的墓葬

　　从深埋于卫城山王家墓葬的金银珠宝可见迈锡尼王国多么富庶。如果此后所有圆顶墓都未曾遭到盗墓贼的洗劫,我们可能还会发掘出更多的珍宝。但对研究古代文明的学者而言,陶器制品、武器装备、日常用具及其他青铜制品比金银珠宝更有价值。幸运的是,在王室墓葬和山下的

第一章　希腊的发端与英雄时代　029

低矮平民墓葬中，发掘出数量颇丰的日常用器。从这些人们日常使用的器具及工匠的制作技艺中，可以推断出那时人们的着装、武器、饰品，从而大致推导出迈锡尼人的艺术品位和生产能力。

青铜时代　　迈锡尼处于青铜时代，即便在其文明发展的晚期，铁器仍然相当稀有且价格昂贵，人们只将它用于制作装饰品（例如戒指）或钱币。在迈锡尼时代发展初期，石器并未完全从人们视野中消失，黑曜石仍被广泛用作箭头。不过青铜是此时希腊所有器具最常用的质材。迈锡尼人抗击敌人的武器有剑、矛、弓等；防御性装备主要有大型盔甲，可能多由皮革制成；由牛皮蒙制盾牌如同一座防御塔从颈部到脚部保护着武士的全身，但如果手提这种盾牌，人们的行动会非常笨拙，需经过专门的军事训练才可能掌握。王公们驾驶着二马战车奔赴战场，【24】车上有供其站立的车箱，前面有柳条编制的齐胸矮墙。①一件银器残片（出土于迈锡尼平民的一座石掘墓葬）展现了在一座山城前战斗的场景，防御墙上，妇女们目不转睛地关注着战斗的进展，并不断舞动双手大声呐喊。在晚期，人们开始逐渐使用圆盾。在迈锡尼出土的诸多陶器中，有一个巨大的陶罐。陶罐的一面描绘着一位妇女目送6位从头到脚全副武装的武士，手持圆盾，奔赴战场的场景；另一面的图片不怎么清楚，【25】因为是黄底黑褐色的人物，但大致反映出男人参战的场景。②在宝石和印章刻画中也可发现武装战士的画面。该时段最值得注意的武士像是一幅5名战士一手持矛一手拿圆盾的彩色墓碑画。（迈锡尼武士双耳杯参见图1-10）

---

① 到公元前二千纪中期，爱琴海沿岸诸国已广泛使用马匹。在克诺索斯发现的一方公元前16世纪的印章上就刻有一匹马乘坐船舶的画面。
② 画面上部的盾牌是圆形的，但画面下部为了形成半圆形并让武士的大腿露出来，盾牌被迫缩短。

图 1-10　迈锡尼武士双耳杯（前 1200 年—前 1100 年）
现存于雅典国家考古博物馆

此时，男人都蓄着长发，但不会让其自由散落，而是束紧或编成发辫。在墓穴中发现有剃须刀，但与克里特人经常修面不同，迈锡尼人经常留着长须。不能肯定他们是否会如克里特人一样仅系一条狮皮围裙而赤裸全身。在迈锡尼文明晚期，人们身着贴身束腰长裙，肩披斗篷，并将其用别针与长袍固定在一起。出身高贵的妇女上着紧身衬衣，下穿宽大裙袍。前额的饰品是她们体现个性装扮的主要地方。妇女们通常高束头发，用金环将其盘起，让发梢在脑后自然下垂。王室墓室发现的饰品表明，迈锡尼王后戴着金光闪闪的各种饰品。

着装

根据迈锡尼的陶器可以推断其制作日期是处于文明发生稍早还是稍晚时期，从而有助于判断主要事件的先后顺序，【27】例如，平原地区的圆顶墓比卫城山上的竖井墓要晚。

该时段的相对时间顺序

公元前二千纪的彩绘陶器可分为两类，即无釉陶和彩釉陶。无釉陶的纹饰主要是线条和螺旋形，出现时间较早，当彩釉陶臻于完善时，无釉

无釉陶和彩釉陶

陶就完全淡出人们的视野。彩釉陶制作工艺的萌生，即早期粗糙彩釉制品的出现，可以从无釉陶的兴盛到衰落的发展历程中探得一些蛛丝马迹，此时迈锡尼人开始与其他人制造的更新式的制作款式相竞争。在其发展的鼎盛时期，迈锡尼彩釉陶主要采用暖色调，从黄色到深褐色，有时烧制成深红色。（迈锡尼彩釉陶瓶参见图1-11）此时，陶工们具有创作新装饰画的冲动，图案不再是线条或螺旋形，蔬菜、动物出现在陶画中，尤其以海生动植物，如鱼、水母、海草等最为人们所爱。此外，斯芬克斯、鹰头狮（griffin）、荷花及其他东方和埃及的物品，虽然在迈锡尼其他饰品中有所

图1-11　迈锡尼彩釉陶瓶（公元前15世纪）

出土于阿尔哥利斯普洛斯姆那2号墓

出现,但陶工们还很少模仿。一种奇怪的"假颈瓶"是迈锡尼最具特色的陶器之一,【29】这种陶瓶的颈部没有开口,只是在侧边有一个喷口。

我们还可依据石质工具和铁器确定迈锡尼时代发掘物的相对时间。譬如,在一座墓穴中发现有黑曜石制成的箭头但并无铁器,而在另一座墓穴中没有发现石器但有铁质指环,由此即可比较准确地推断前者比后者的出现时间早。铁制品的出现是时间靠后的一个标志。

<small>石质工具和铁器</small>

正是因为上述标志性物品,我们才可以肯定竖井墓中的统治者先于圆顶墓里的国王,铁拉岛上发现的遗物属于"迈锡尼时代"初期。

总体而言,迈锡尼和梯林斯是希腊大陆青铜文明给人印象最深刻的遗迹。紧邻斯巴达,在优罗塔斯河东岸高地上,有一座没有城墙的城堡,后世希腊人将其与麦涅劳斯王联系起来,后来,该城堡毁于一场大火。距此不远的阿米克莱(Amyclae)曾是拉哥尼亚河谷最重要的地区。在此发掘出一处贵族墓葬,与"阿特柔斯宝藏"不同,该墓穴还未被盗掘。在该墓穴的地下室中,除其他诸多珍宝外,【31】还发掘出现在已出土的所有克里特式工艺品中最珍贵的文物——两个金杯;这两个金杯的制作技艺无与伦比,将被捕获的公牛及其咆哮的形象表现得栩栩如生。(瓦菲奥"公牛杯"参见图1-12)

<small>麦涅拉伊昂</small>

<small>位于瓦菲奥的墓穴</small>

<small>公牛之杯</small>

图1-12 瓦菲奥"公牛杯"

晚期希腊底Ⅱ时期,1888年出土于瓦菲奥的一座圆顶墓,现藏于雅典国家考古博物馆

|| 第一章 希腊的发端与英雄时代 033

阿提卡	阿提卡也有不少迈锡尼时代的遗址。雅典卫城有几块巨石，据称是古代王宫的遗物。更加可信的是，卫城城墙的地基可能确实是迈锡尼时代的物事。雅典人称该城墙为皮拉吉克（Pelargic）或皮拉斯吉克（Pelasgic），该名称记录下居住于此的古代居民，即皮拉斯吉人。居于雅典的皮拉斯吉人并非是雅典平原上的唯一居民。平原最北端一座圆顶墓的主人可能是古代阿卡奈的王公。阿提卡南部托利库斯（Thoricus）统治者的陵寝与此属于同一风格，埃琉西斯也发现了类似的坟墓。在阿提卡其他许多地方也发掘出该时代的墓葬遗址。普拉西埃（Prasiae）许多石墓的形制与迈锡尼村镇平民的墓穴非常近似。
雅典	
阿卡奈、托利库斯、埃琉西斯、普拉西埃	
卡德米亚	波奥提亚也留下一些令人印象深刻的遗物。在底比斯的卫城卡德米亚，发掘出一处宫殿遗址，墙上遗留下壁画的痕迹。科派斯沼泽西岸居住着一支民族，关于他们巨额财富的谚语流传至今；他们居住的城市名为奥科麦努斯，与迈锡尼一道，在荷马史诗中以"多金"而著称。其宫殿的壁画描绘着斗牛场上的比赛和柱式圣所，无疑，这里的画师与在克诺索斯作画的人属于同一流派。在卫城山脚下，有一位国王建起的一座巨大圆顶墓，后代的希腊人将其视为一处宝库。虽比"阿特柔斯宝藏"稍逊，但其规模与之也相差不大。墓穴里还有一间墓室，石质屋顶上装饰着图案怪异的浅浮雕，曲折环绕的螺旋条纹，配以扇形树叶，周边辅以莲形圆花，给人以地毯的效果。装饰奥科麦努斯墓室的图案也同样被画师们绘制在内墙上，装饰梯林斯国王的宫殿；画师们也曾尝试将此类图案用于克里特王宫的屋顶和墓室中。不过，希腊屋顶和壁画使用的寻常图案几乎全部借鉴自埃及，①【32】在埃及底比斯墓葬的顶室有着几乎同样的图案。在波奥提亚地区，奥科麦努斯统治者的实力可能最强大，但在科派斯
米尼亚人统治的奥科麦努斯	
埃及的影响	

---

① 同样的图案也见于月亮谷（Wadi Halfa）对岸图特摩斯三世神庙墙壁上的女神服饰上。此外，在努比亚石墓顶上也有此类图案。

沼泽的邻近地区还有几处要塞，无从判断这些人是敌是友。奥科麦努斯位于科派斯湖西岸，最初建在水中隆起的一块巨石上。现在仍能见到巨石边缘残存的要塞城墙和王宫的地基石，但是此地的名称已不得而知。对该无名城堡的统治者和奥科麦努斯的王公而言，旁边这座巨大湖泊的变化无常是他们最为关注的永恒主题。这座湖泊，更准确地说是沼泽，养育着他们的土地，却没有河流将湖水排入大海。北岸的普托昂山将湖泊与大海分隔开来，几条地下河渗过大山，将湖水排入其中。为了将湖水引入地下河，人们修建了连通科派斯湖与地下河的运河，并在两岸修建要塞，保护运河不受破坏。

此外，在派罗斯、琉卡斯、凯法伦尼亚等地（荷马史诗中涅斯托尔和奥德修斯的故乡）也发现了迈锡尼时代的遗迹，这表明伊奥尼亚海岸及周边岛屿也未远离迈锡尼文化圈。

公元前14世纪初，在爱琴海东南端罗德岛上的伊阿吕苏斯（Ialysus）也出现了一个迈锡尼的共同体。在此出土了一处古代墓葬群，水平的石质墓室外有规划整齐的道路，宽大的墓室入口，四边形的墓室，这一切与迈锡尼的墓葬颇为近似。在此出土的陶器属于品质上佳的迈锡尼彩釉陶，但并没有更早时期陶器的出土，这表明此地的文明并非逐渐进化的结果，而是随殖民者的迁入，从他们原来居住地引进的。

当克里特文明已完全改变南部希腊时，色萨利的居民还处于石器时代，过着尚未开化的原始生活。【33】这块地方一直相对蛮荒，甚至当后来南部地区的爱琴文明开始渗入后，该地区仍从未走向繁荣。色萨利地区并无任何富庶的城市或坚固的城墙，几座小型的圆顶墓是英雄时代在此留下的唯一记录。

从上述关于特征及传播范围的简短考察可见，"迈锡尼文明"是克里特文明发展的结果，但她也有自身特点。迈锡尼文明兴盛和衰亡的时

| 第一章　希腊的发端与英雄时代　035

科派斯湖上的城堡，又称格拉

科派斯湖的排水系统

西部希腊

罗德岛上的伊阿吕苏斯

色萨利

帕加萨附近狄米尼的墓葬等

间分别是公元前 16 世纪和公元前 11 世纪。(晚期希腊底 IIIC 时的主要聚居地参见图 1-13)在其结束后,希腊就进入铁器时代;因为直到公元前 11 世纪,人们才开始将铁用于制作武器和日常工具。在铁器的使用上,

图 1-13 晚期希腊底 III C 时的主要聚居地

(据 Robin Osborne, *Greece in the Making 1200—469 B.C*, London and New York: Routledge, 2009, p.37 编译)

公元前16世纪—前13世纪及其后时代迈锡尼的陶器

不但克里特而且埃及,也都可提供年代学上的证据。早在公元前 16 世纪,迈锡尼的陶器已出现在埃及底比斯的壁画中。在埃及一座建于公元前 15 世纪,毁于前 13 或前 12 世纪的城镇古罗布(Gurob)中,出土了许多从爱琴海地区进口的"假颈瓶",从制作风格上看,此类陶瓶出现的时间较晚。不但在埃及而且在爱琴海沿岸地区,都有两地交流的证据。在迈锡尼

埃及在爱琴海的证据。在迈锡尼和伊阿吕苏斯发现的蜣螂形宝石和陶瓷上的图特摩斯三世的名号:共 5 件

王家墓室里,发现了三块陶片,其中一块刻着制作者的姓名,另外两块标有法老图特摩斯三世的图案,一块蜣螂形宝石上刻有皇后提伊的名讳。奇怪的是,在罗德岛的伊阿吕苏斯的墓葬中,也发现了刻有图特摩斯三世的蜣螂形宝石。虽然仅凭一件偶然重合的器物——蜣螂形宝石无法得

出有说服力的推论,但这一巧合至少说明在这位法老统治时期,埃及与爱琴海周边地区有着频繁的交往。至迟在公元前 14 世纪初的房形墓和圆顶墓时期,这种交流就已开始。在迈锡尼卫城下的一座石墓中发现的一柄宝剑锋刃上,镶饰着埃及的生活场景,几只埃及獴正在河里抓捕鸭子;这样的场景只能存在于尼罗河地区,但宝剑的制作工艺是希腊样式而非埃及式,这无疑证明爱琴地区的工匠对埃及有着相当程度的了解。

对于迈锡尼文明兴起最简单而可能的解释是应将她与克里特文明联系起来。公元前 1600 年后,随着文明的扩展,许多克里特人在希腊东部各地定居下来,并在阿尔哥利斯和波奥提亚等地确立了克里特文化的优势地位。有证据表明,克里特人在上述地区建立有定居点并确立了统治地位。譬如,【34】在麦加拉外海有一座岛屿名为米诺亚,这可能是来自米诺斯之岛的人在此建立定居点的证明。① 传说中,卡德摩斯是底比斯的建城者,欧罗巴是米诺斯的母亲,他们都是腓尼克斯(Phoenix)的孩子;而且卡德摩斯还是文字的发明者,这可能是为了纪念引入克里特的书写形式。虽然传说将欧罗巴视为一个腓尼基人,但在最初的版本中,她本是一位克里特公主。不过因为是腓尼克斯之女,她本人也被转变成为一个腓尼基人。其实,希腊人已经忘记,早在很久之前,他们就已熟知来自推罗和西顿的商人,并习惯将棕红皮肤的克里特人称为腓尼凯斯(Phoenikes),即"红皮肤人"。但上述推论成立的先决条件是,能够证明米诺斯是公元前 16 世纪或前 15 世纪克里特的统治者。

或许庇护于克里特羽翼下的一些小王国逐渐强大,结果她们摆脱了米诺斯王的权威,不再缴纳贡赋。尽管有这样的推论,但公元前 15 世纪克

---

① 在拉哥尼亚东海岸也有一个名叫米诺亚的地方。

第一章 希腊的发端与英雄时代

克诺索斯的毁灭,约前1400年

诺索斯、迈锡尼及其继承者之间的相互关系及历史脉络并不为人知晓。大约在公元前1400年,克诺索斯势力衰微,克里特的辉煌走到了尽头。宏伟的宫殿被大火焚毁,岛上其他著名城镇似乎也遭到同样的悲惨命运。① 普遍遭受到的毁灭昭示着灾难可能是由入侵者带来的,但入侵者也只是毁灭者,当他们摧毁这个伟大文明后就乘船离开了克里特。

无法确定谁是破坏者

到底是谁摧毁了克里特文明,现仍无确凿的证明。有学者认为是阿凯亚人,正如下面即将谈到,他们于公元前13世纪兴起于希腊,后在克里特建立定居点,并统治着该岛。但是,虽然阿凯亚人可能与克诺索斯的毁灭有关,虽然此后一个半世纪里他们是克里特占据优势的居民,但没有证据能证明他们向南推进的时间有那么早。而且,原有的克里特文明并未完全戛然而止,只不过那里的统治者没有那么富裕,文明处于不断地衰退中。有人重新住进克诺索斯和圣特里亚达的王宫,并着手进行一些修缮重建工作。不能完全排除居于阿尔哥利斯平原的王公是克里特的破坏者,因为此时他们已日渐成为克诺索斯诸王的竞争对手。总之,在克诺索斯衰败后,前阿凯亚人统治的阿尔哥利斯成为爱琴文明最具实力的力量。

迈锡尼国王的权力

迈锡尼到地峡的大道

虽然我们对于史前希腊世界各小国王之间的相互关系几乎一无所知,【36】但"多金的"迈锡尼的突出地位似乎可以确信无疑。迈锡尼的相对富裕可从其墓葬中的珍宝远远超过爱琴海地区其他墓葬得到证明。迈锡尼人不但富有,而且影响力已超出其直接控制的区域。这可从迈锡尼到科林斯的道路系统窥见一斑。该道路系统由迈锡尼一位国王所建,它们虽然并不宽阔但是非常牢固;其中两条向西延伸,相汇于克利奥奈(Cleonae),另外一条向东延伸,到达泰涅亚(Tenea)。路面以巨型石块为

---

① 克里特伟大时代最后的遗存是发现于哈吉亚·特里亚达刻有提伊皇后的圣甲壳虫宝石。

基础,逢山开路,遇水搭桥。鉴于道路的宽度不足供四轮马车通行,从迈锡尼运往地峡的物品可能需用骡背驮运。(阿尔哥利斯西部地形参见图1-14)如果迈锡尼境内发现的大量彩釉陶确实是本地所产,而非有学者认为的那样从海外输入,那么,制陶业可能是迈锡尼财富的一个重要来源。难以断定迈锡尼是否已获得整个阿尔哥斯平原的统治权,也无法推断它与梯林斯的关系。但有一条道路向南延伸到一座小山,后来,这

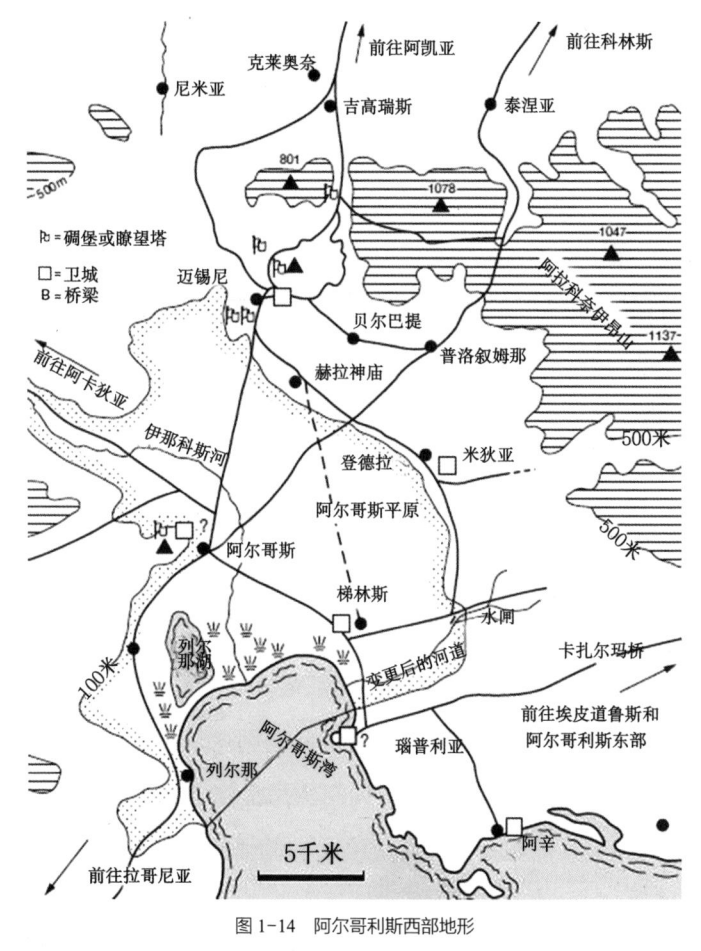

图1-14 阿尔哥利斯西部地形

(据 Rodney Castleden, *Myceneans Life in Bronze Age,* London and New York: Routledge, 2005, p.36 编译)

到赫拉尼昂的道路

里成为著名的赫拉神庙所在地；可以想见，至少此时该地已在迈锡尼的控制之下。这里还出土了三座圆顶墓，这也可彰显此地的重要性。梯林斯有人居住的历史比迈锡尼更为久远，有证据表明是梯林斯国王最初

梯林斯与迈锡尼

将位于平原尽头的迈锡尼山作为一个防御据点的所在地，以便以此抵抗来自北方敌人的入侵。位于拉里萨山下的阿尔哥斯也是一个战略要

阿尔哥斯

地，公元前13世纪，梯林斯可能并不隶属于迈锡尼，而在阿尔哥斯管辖之下。①

爱琴海地区的国家资源稀少

  关于爱琴海诸邦的势力和财富，仅凭考古遗物无法完全复原。这些城市规模较小，处于"一日之内即可横穿一个国家"的时代。奴隶不但在田地里为国王耕作，而且还为国王修建城堡和陵墓。与埃及和东方国家的势力相比，这些王国的资源是多么微薄，统治面积是多么狭小！如果埃及或巴比伦的君主统治了希腊，仅凭他们控制的奴隶，就可修建一条穿越科林斯地峡的运河，从而将希腊大陆隔开的东西海域贯通，方便贸易，促进发展。【37】但是，不仅迈锡尼这样的远古小国无法完成，后来的希腊小邦也没有足够的财富实施这个计划。

第四节　阿凯亚人与特洛伊战争

阿凯亚人

  无法确定阿凯亚人什么时候在希腊半岛开始占据着统治地位。传统认为，阿凯亚人是一支古老的希腊部族，最初居于色萨利和斯佩凯乌斯（Spercheus）平原。但近年来，有学者认为他们并非希腊人，而是一支来自多瑙河流域操印欧语的民族。大约在公元前15世纪，他们征服了北部希腊，但很快被其被征服者征服，学会了希腊语和希腊式的生活方式。他

---

① 如果《伊利亚特》第二卷的船表可信，那么可以证明提丢斯（Tydues）是阿尔哥斯和梯林斯王，而阿特柔斯家族是迈锡尼王。

们不事征伐，随遇而安。在色萨利，他们安于当地的贫困和落后；在伯罗奔尼撒，乐于享受富足而奢侈的生活。在此后迈锡尼文明的残存地，我们仍能见到他们从北方带来的新习俗的存在和产生的潜移默化影响，譬如使用长剑、圆盾和胸针（fibulae）等。然而，这种对于外族入侵者大胆的推断否定了希腊人存在的哪怕些许模糊的记忆，似乎既不能解释阿凯亚人兴起并统治希腊各地的事实，也不能找到有力的证据表明该时段有外族从北方大规模迁入。因此，比较保险的推论是阿凯亚人仍属于希腊人，正是在希腊人的频繁活动过程中，他们地位逐渐上升，最终在南希腊登上王位，获得统治地位。

可以肯定的是，最迟到公元前13世纪，阿凯亚人已获得阿尔哥斯的统治权，并在克里特建立起若干定居点。根据希腊传统，荷马笔下的阿尔哥斯王族世系始于公元前13世纪，是由弗里吉亚人伯罗普斯开创的。[①] 其子阿特柔斯继承王位，并育有二子，阿伽门农和麦涅劳斯，他们成为阿凯亚人的代表。[②] 但时至今日，学者们尚未厘清该家族与弗里吉亚的联系有何深意。

【38】无论事情的经过如何，公元前13世纪到前12世纪，阿凯亚人在许多地方获得统治权，成为希腊最显赫的统治者。其中，阿尔哥斯的统治者势力最大。因此，公元前12世纪的吟游诗人用阿凯亚人或阿尔哥斯人指代所有希腊人。有时他们也使用一个模糊的词语"达奈人"（Danaoi）代替希腊人。达奈人的传说也主要与阿尔哥斯有关，他们可能是最早居

---

① 伯罗普斯娶奥诺玛俄斯（Oenomaus）之女希波达米娅为妻；而麦涅劳斯娶了廷达瑞斯（Tyndareus）之女海伦。
② 传统认为，克里特的阿凯亚人来自色萨利。公元前12世纪初，伊多麦纽斯（Idomeneus）成为克里特的统治者，其父是丢卡利翁（Deucalion）。丢卡利翁是北希腊色萨利的地名，是希腊人名祖希伦的故乡。可以认为，阿凯亚人在克里特获得统治地位的时间大致与他们在阿尔哥斯的活动时间相同，同样也是通过联姻方式获得的。

住于该地的希腊人。①

居于北部希腊——后来的色萨利——的阿凯亚人大概是英雄时代伟大的海上冒险家。他们与希腊早期探寻优克辛海的记忆相关，这就是英雄们乘坐"阿尔哥"号舰船到黑海探险的传奇故事。并不能从历史文献中找出是哪一支部族最先具有阿凯亚人的名称。埃及文献中记载他们与其他② 来自"海上的民族"一道在公元前1223年入侵埃及，此时法老门普塔（Mernptah）当政。最值得阿凯亚人骄傲的伟业是他们将居于南北的希腊人联合起来，进行远征特洛伊的壮举。

> 在埃及的阿凯瓦沙人

阿凯亚人的名号尤其与色萨利南部的弗提亚（Phthia）及其以南地区相关，主要包括斯普凯乌斯河平原，最远可达奥埃塔山（Oeta M.）。有趣的是斯普凯乌斯地区是希腊（Hellas）之名的发源地，一支名为希伦（Hellenes）的小部族居住在此，后来所有希腊人都以此为名。或许阿凯亚人入侵此地后，征服了这支最初移入的希腊人。

> 小亚细亚西海岸从特洛亚德到吕西亚都在爱琴海文明范围之外

从希腊人保存下来的地名看，或许爱琴海东西两岸及其中岛屿上的居民一度操非常相近的语言。小亚细亚西海岸及周边的山地居民称呼其海角、【39】山岳、河流时的词汇与希腊大陆及爱琴海上岛民称呼它们时所用的词根和词语构成类似。但奇怪的是，我们所考察的文明传播到小亚细亚的边上却突然停顿下来。阿凯亚文明只传播到罗德岛及其南北的几座小岛，从未波及对面的大陆。居于小亚细亚沿海、介于北部特洛亚德（Troad）和南部吕西亚之间的民族有麦奥尼亚人（Maeonians）、卡里亚人、勒勒吉人（Leleges）。一个重要原因在于，虽然上述民族与居于爱琴

---

① 达奈乌斯（Danaus）是达奈奥伊（Danaoi）的阳性名称，该传说与埃及有一定联系。学者普遍认为这支民族就是埃及文献中的达奈乌那人（Danaua），公元前1400年到前1200年间，他们在埃及充任雇佣兵或者入侵者。
② 他们被合称为鲁库人（Luku），包括吕西亚人、萨达奈人（Shardana）、萨卡尔萨人（Shakalsha）、图尔萨人（Tursha）。有学者认为后三者分别是指后世地中海地区的萨西尼亚人（Sardinians）、西凯尔人（Sikels）和第勒尼安人（Tyrrhenians）。

海岛屿和希腊大陆的居民保持着密切关系,但这些地区在此前就不属于迈锡尼世界的一部分。特洛亚德以南和爱琴海东岸地区自行发展,并无迈锡尼时代的宫殿和城堡,列斯堡、开俄斯、萨摩斯等岛屿也是如此。有学者认为上述地区与爱琴海西岸的希腊大陆可能存在持续而兴盛的商贸交流,但考古证据表明这方面的材料相当稀疏少见。此地的居民拒不接受青铜时代爱琴文明的成果。

最合理的解释是大陆内部存在一个强大的国家控制着小亚细亚,其控制势力甚至直达海边,不许外来者在此建立定居点。这个强大的国家就是赫梯。在卡帕多西亚西北的波加兹—凯乌伊(Boghaz-Keui)发现了赫梯王国首都的遗址。该帝国从公元前2000年持续到公元前800年,大约在克诺索斯衰落时,赫梯的势力向南扩张,征服了叙利亚,并在此建立第二个首都卡赫美什(Carchemish)。赫梯与巴比伦之间有着密切的政治联系,从波加兹—凯乌伊出土的材料看,赫梯人书写的泥版文书都使用两种语言——赫梯语和巴比伦语。赫梯人享有对特洛亚德和小亚细亚西部沿海地区的统治权。他们甚至有可能是摧毁特洛伊泥砖要塞的始作俑者。爱琴海世界与美索不达米亚之间的相互影响有可能就是通过赫梯人传递的。向南扩张的赫梯人与谋求控制叙利亚的埃及人产生了冲突,战争在所难免。公元前1287年,对立双方在卡叠什(Cadesh)爆发了一场大战,其中特洛亚德的达尔达诺斯人(Dardanians,也即特洛伊人)也在战争中为他们的赫梯主子而战。然而,此时赫梯的势力已经开始衰落。因受新近蜂拥而至的欧洲入侵者袭扰,【40】远及桑加利乌斯河谷的小亚细亚西北地区正力图摆脱赫梯人的控制。入侵者是弗里吉亚人,他们与达尔达诺斯人属于同一种族,与色雷斯人之间有着千丝万缕的联系,因此,可将他们视为印欧语系弗里吉亚—色雷斯语族的一支。

早期特洛伊城堡被毁灭后的几个世纪里,该地未能重新恢复原来的

赫梯帝国

即普泰里亚

弗里吉亚人的入侵,公元前13世纪

特洛伊 V　　　　光彩。虽然在同一地点相继建立了三个定居点，但是只能称其为村落而非城市，所起作用并不突出。如此长时段的间隔大概是她受到赫梯人猜忌性政策的影响。此后，出现了一座石质城堡，但我们对此知之甚少。不久，这座城堡也消失了。公元前16世纪末，一座伟大而坚固的城池重新出现，普里阿摩斯将统治该城，特洛伊的传奇和历史也将在此书写。

特洛伊 VI　　　　新特洛伊城的荣耀即将成为家喻户晓的名词传遍欧洲各地。该城建于原已被夷为平地的旧城遗址上，但新城的面积要大得多，城内的房屋

城墙

房舍
层层叠叠，外有精心修葺的石质防御城墙，城内最高处为卫城。如同迈锡尼一样，处于制高点的卫城应是王宫所在地。从出土的房屋地基看，城市整体设计简洁，如同原来的泥砖城市和迈锡尼、梯林斯王宫一样。城墙建有三座或四座城门，正门处于东南方，一座防护塔楼建在城外，与城门呈

特洛伊式建筑
掎角之势。特洛伊城建造者的技艺比阿尔哥利斯诸城简陋城墙的建造者更高超，其技艺已属于一个新时代。

特洛伊的属国　　　　据估计，特洛伊人统辖的范围不但包括特洛伊平原，还包括斯卡曼德河上游河谷地区、伊达山区（这是荷马笔下埃涅阿斯的故乡），东边的格拉尼库斯河和埃塞普斯河（Aesepus）平原也在其统治之下。伊达山以南建有许多城堡，居住着皮拉斯吉的部族，他们可能是该地区的原住民，如今也被特洛伊人征服。①

特洛伊人势力和
财富的来源
　　　　尽管特洛伊人建城于此，但其势力和财富并非得益于肥沃的土地和该地区出产的任何自然资源。斯卡曼德河冲积形成的小平原不能吸引人们到此定居，周边沿岸也无良港可供船舶停靠。【41】有学者认为，特洛伊人的财富主要源于就近的海峡，当船舶从爱琴海驶向优克辛海时，海

---

① 其中最出名的城市是位于西海岸的拉里萨、佩达苏斯（Pedasos，即后世的阿苏斯）、吕尼苏斯（Lyrnessos，即后世的安坦多鲁斯）、底比斯。皮拉斯吉人的部族中，也包含着勒勒吉人和西利西亚人。

峡狭窄多变的航道困扰着海上贸易者,夏季盛行的风向不定,时而从北吹向南,时而从西北吹向东南,时而又从东北吹向西南,迫使商船经常滞留赫勒斯滂数天甚至数周。水手们被迫在此抛锚,补充来自斯卡曼德河和贝斯卡湾(Besika Bay)的淡水。对于水手们的需求,斯卡曼德河平原的统治者有权决定是欣然提供还是横加阻止。因此,特洛伊控制着经由赫勒斯滂的海上贸易。此外,特洛伊还是东西方贸易的交汇之地。来自色雷斯和派奥尼亚(Paeonia)的葡萄酒、刀剑、白马、黄金;来自帕弗拉哥尼亚和优克辛南部海岸的木材、白银、朱砂、野驴;来自南方麦奥尼亚、卡里亚、吕西亚的商品等皆需运抵此处交换。麦奥尼亚人是著名的奴隶贩子,他们居于海尔姆斯河(Hermus)畔的萨狄斯平原,后来在此建立了吕底亚王国。卡里亚人居于米利都和麦安德(Maeander)河谷地区,他们是技艺高超的象牙工。吕西亚人是唯利是图的商人,埃及和叙利亚的奢侈品主要由他们运往爱琴海北部沿岸地区。

特洛伊人秉承的政策是对运往赫勒斯滂沿岸的所有物品征收重税。据学者推断,特洛伊平原每年会举办一次盛大的集市贸易,来自各地的商人乘坐海船或驱赶驴队将商品运往这里。对特洛伊国王而言,他们可以从中获得一笔丰厚的市场税。但并无可靠证据表明特洛伊每年都举办此类国际性的集会贸易。①

虽然缺乏有力的证据,无法完全接受上述推论,但很明显,在达达尼尔海峡的入口处确实存在着一个强盛的王国,可以直接干预出入于普罗蓬提斯海和优克辛海的其他力量。赫拉克勒斯洗劫特洛伊的传说在一定程度上反映了希腊人对特洛伊城阻碍他们进出上述海洋的不满。从

———
① 特洛伊战争中,运送货物到赫勒斯滂的各个部族似乎都是特洛伊的盟友。

第一章 希腊的发端与英雄时代　　045

该传说中又引出了阿尔哥英雄的传说。当阿尔哥英雄航行到伊奥尔库斯（Iolcus）时，赫拉克勒斯也登船加入他们的队伍。但当船舶行驶到海峡时，赫拉克勒斯离开大队，独自捣毁了特洛伊城；此时，特洛伊国王为普里阿摩斯之父拉奥麦冬（Loamedon）。

特洛伊是小亚细亚西海岸最强大的势力，【41】它与吕西亚一北一南限制着阿凯亚人向东扩张的野心。阿凯亚人在小亚细亚西海岸及周边岛屿建立定居点的企图昭然若揭，特洛伊城陷落后，上述地区很快就涌现出大批希腊城市。

大约公元前12世纪初，阿凯亚人已经为一次大规模的远征做好了充分准备，试图以此根除他们向东扩张的主要障碍。① 虽然无法断定希腊诸城组成的同盟或帝国存在了多久，但她们大多承认迈锡尼的霸权；而且，毋庸置疑，迈锡尼阿凯亚人的国王，阿特柔斯之子阿伽门农，成功赢得了希腊北部和南部地区主要国王和王公的支持，达成了希腊人之间的合作；事实上，弗提亚和色萨利的阿凯亚统治者对阿伽门农远征计划的兴趣尤其浓厚，阿尔哥斯战船正是由此出发开往特洛伊的。特洛伊战争是爱琴海东西两岸的战争。根据诗人的说法，特洛伊被围城9年，最终普里阿摩斯的城池被攻陷。（米科诺斯陶瓶参见图1-15）特洛伊城的陷落是希腊人开启普罗蓬提斯海和优克辛海航线的必要前奏，很快，希腊人开始在爱琴海东海岸及周边岛屿建立殖民地。此后，特洛伊的山丘上虽仍有人居住，但其重要性已不可同日而语，她不过是留在人们心中的一个美好记忆而已。

特洛伊战争，传统上特洛伊陷落的时间为公元前1183年，大体正确

---

① 希腊诗人将特洛伊战争爆发的根源归于夺回斯巴达国王麦涅劳斯的妻子——被普里阿摩斯之子帕里斯掠走的希腊美女海伦。这种说法或许确有一些历史依据，但这种偶然事故只可能是战争爆发的一个借口。

图1-15 米科诺斯陶瓶（约公元前670年，存于米科诺斯考古博物馆，馆藏第2240号）

现存最早的特洛伊木马陶画像

表1-1　克里特、大陆希腊、基克拉底斯、特洛伊年代对照表*

公元前	克里特	希腊大陆	基克拉底斯	特洛伊	公元前
3000 2900	早期米诺斯I	早期希腊底I（色萨利青铜时代早期I）	凯罗斯山洞	特洛伊I	3000 2900
2800 2700 2600	早期米诺斯II	早期希腊底II（色萨利青铜时代早期II）	凯罗斯—叙罗斯（重叠？）	特洛伊II	2800 2700 2600
2500 2400	早期米诺斯III	早期希腊底III（勒夫坎地I—II）		特洛伊III—V	2500 2400
2300 2200	中期米诺斯I A		菲拉可比I		2300 2200
2100 2000	中期米诺斯I B 中期米诺斯II A	中期希腊底		特洛伊VI	2100 2000
1900 1800	中期米诺斯III A-B		青铜时代中期（菲拉可比II A—B）		1900 1800
1700	后期米诺斯I A	后期希腊底I			1700
1600	后期米诺斯II	后期希腊底II A		特洛伊VII A	1600
1500	后期米诺斯III A1	后期希腊底II B			1500
1400 1300 1200 1100 1000	后期米诺斯III B 后期米诺斯III C 残余米诺斯（前1000年后为原始几何陶）	后期希腊底III A1 后期希腊底III A2 后期希腊底III B1 后期希腊底III B2 后期希腊底III C（残余迈锡尼） 黑暗时代地方风格的陶器		后期原始几何陶	1400 1300 1200 1100 1000

* 主要依据保罗·麦克金德里克：《会说话的希腊石头》，第17页。——译者注

第五节　荷马史诗

英雄时代晚期人们的生活方式、物质环境、社会组织结构、政治地理版图都反映在归于荷马的诗歌中。虽然创作《伊利亚特》和《奥德赛》的诸位诗人所生活的年代或许不会早于公元前9世纪，*但是，其创作素材却得自古老的叙事诗，这些口传叙事诗歌自特洛伊战争刚结束的那个时代就已开始流传。青铜时代结束后，希腊世界的生活状况和政治图景已发生彻底改变，除非是一位充分占有所需材料的专业古典学者，一般人，无论他的想象力有多么丰富，也很难复原一个烟消云散的古代文明连续不断的发展过程。【43】但荷马呈现的就是一部连续不断的发展图景，该图景的主要特征和令人称道的细节与近期出土的文物常能契合，下面将讲述相关内容。（公元前16世纪青铜匕首上的猎狮场景参见图1-16）

图1-16　公元前16世纪青铜匕首上的猎狮场景

（据 Oliver Dickinson, *The Aegean Bronze Age*, Cambridge: Cambridge Univeristy Press, 1994, p.100）

---

* 关于荷马问题、荷马史诗反映的时代问题、荷马社会的性质、政治制度、军事组织、家庭生活、宗教等相关问题的深入研究，可参阅晏绍祥：《荷马社会研究》，上海：上海三联书店，2006年版。——译者注

史诗中记载的宫殿构造与在迈锡尼、梯林斯、特洛伊、波奥提亚等地发现的宫殿大体相近。荷马笔下英雄的装备及盾牌上的人物画像与迈锡尼时代的宝石刻画和陶器画像反映的内容几乎一模一样。梯林斯王宫通风口上的蓝色饰带证明诗人笔下记载的阿尔基诺斯（Alcinous）大厅蓝色玻璃饰带并非空穴来风。他描绘的涅斯托尔金杯上有两只鸽子停栖在两旁的杯柄，类似的杯子已在迈锡尼的王家墓葬中出土。工匠为阿喀琉斯巨盾绘制的内容在迈锡尼和克里特发现的工艺品上也有反映。阿喀琉斯的盾牌由铜、锡、银、金等制成，盾牌呈圆形，中间为一个环形，形成三个同心圆。盾牌的中心是大地、海洋和天空，"不知疲倦的太阳和一轮望月满圆，以及繁密地布满天空的各种星座"。*（阿喀琉斯之盾参见图1-17）第一个圆环的主题是战争与和平。既有反映城市和平时期的场

赫淮斯托斯为阿喀琉斯制作的盾牌，见《伊利亚特》，第8卷

图1-17　阿喀琉斯之盾

（据 Charles Knight, *The Penny Magazine of the Society for the Diffusion of Useful Knowledge*, 1832）

---

* Hom. *Iliad*, 18, 484—485.译文引自荷马：《伊利亚特》，罗念生，王焕生译，北京：人民文学出版社，2012年版，第438页。——译者注

|| **第一章　希腊的发端与英雄时代**　　049

景，人们愉快地宴饮，新娘在火炬的照耀下穿过街道去往她的新房，长老们正在处理一宗公案；也反映了另一座城市被包围时的场景和战争的画面。第二个圆环的主题是一年四季的乡间生活。春耕时节，在耕完黝黑的田垄后，农夫美美地喝上一杯葡萄美酒；国王注视着农民替他收割牧草，准备一场盛大的丰收庆典；葡萄收获时节的欢庆场景，"无忧无虑的少男少女心情欢畅，精编的篮筐提着累累甜美的硕果"（*Iliad* 18. 567~568），他们载歌载舞，一位儿童弹奏着竖琴①，唱着歌颂利努斯*的挽歌；【44】牧人守护着牛群，猎狗正追赶着两头狮子，这两头狮子在潺潺的溪流边逮住了一头公牛；山谷里宽广的牧场和牧羊人的小屋。最外的圆环填满了盾牌，"威力巨大的俄克阿诺斯河"流淌着，凡人的生命也在他循环的大川中走向终结。无疑，盾牌的整个画面设想出自诗人的想象，但爱琴海地区确实曾有工匠尝试过描绘类似的战争与和平场面。譬如，在一块克里特出土的饰板（可能用来装饰一口柏木制成的衣柜）上，已有前述攻城的画面；一个滑石瓶上的装饰画可能反映了收获庆典的情景；一个银质大口杯上饰有围城的场面②；迈锡尼出土的一把匕首刀锋上的图画是金属镶嵌工艺高度发达的最好例证。《伊利亚特》中也曾提到过书写。在贝勒罗丰（Bellerophon）的故事中，他把"折叠的蜡板上写着的致命话语"（*Iliad* 6. 168）从阿尔哥斯送到吕西亚。直到不久前学者们才考证出，即便在英雄时代仍有人具有书写的技艺，这证明荷马写作这些段落时并不会产生丝毫时代错位的负罪感。

> 哈吉亚·特里亚达的瓶画

> σήματα λυγρά

> 土葬与火葬

不可否认，在一种习俗上，两个时代存在重大差异。迈锡尼时代的诸

---

① 克里特人发明了七弦琴。在圣特拉亚达发现的一座石棺的葬礼场景中，一位男子弹奏着这种乐器。
* 利努斯（Linus）是一位早夭的美少年，他因受热而死，是生命力的化身，利努斯歌具有挽歌的性质。——译者注
② 参见原书第25页的图画。

多坟茔证明,那时的人们并无火葬习俗;但在荷马时代的希腊,人们总是实行火葬。除了在一处提到对尸体进行防腐处理外,诗人完全忽略不同时代葬式的差异。在后来的时代,两种葬式都同样存在于希腊。现在还搞不清楚两个时代为何会采取不同葬式。

荷马式的游吟技艺可能是希腊的一种古老传统,从公元前12世纪开始,歌颂特洛伊战争诸英雄的叙事诗歌在全希腊都有吟唱者。对阿喀琉斯的赞颂和《伊利亚特》其他主题的吟唱表明北希腊是早期游吟诗人的故乡之一,这也是阿喀琉斯统治的王国弗提亚所在地。南希腊迈锡尼、阿尔哥斯、斯巴达、派罗斯等地的宫廷中,肯定也能听到关于特洛伊叙事诗歌的吟唱。很久之后,这些诗歌激发出荷马创作史诗的灵感。

游吟技艺

《奥德赛》

第六节 政治与社会组织

从荷马史诗中可一瞥雅利安人及其分支民族(包括希腊人、罗马人、日耳曼人等)共同继承的早期政治制度。【45】在此制度下,国王处于政治权力的中心地位。但他不能完全按其意愿统治一切,共同体里贵族长老组成议事会,为国王提供咨询。经议事会和国王共同审议后的决定将提交全体人民组成的公民大会。国王、议事会、公民大会这三种基本要素后来发展成为欧洲政体的基本形制,成为各种形式的君主制、寡头制、民主制的最初萌芽。

古代雅利安的制度

但在远古时代,这种政治组织形式非常松散脆弱。原始社会最具影响力的社会组织是家族。我们最初接触到的希腊人就是以家族为单位的共同体。他们以氏族为单位结成村落,其实,氏族就是一个范围更大的家庭,所有氏族成员都出自一个共同祖先,通过共同的血缘关系联系在一起。最初,氏族首长手握有本氏族所有成员的生杀大权;随着城邦权威的

家族组织形式

γένος,罗马人称为 gens

|| 第一章 希腊的发端与英雄时代　　051

Φυλή，罗马人称为 tribus
δήμος

增长，家族的相对独立性降低，氏族首长的权力才逐渐消散。但与亚洲的史前时代不同，希腊各村镇并非处于与世隔绝的独立状态，往往隶属于一个更大的共同体，即部落之中。部落居民就是一个小王国的所有公民，无疑这是王国最简单的形式；每一个部落居住的区域被称为一个德谟（deme）；当某位国王势力强大，赢得对周边王国或德谟的控制后，就开始出现由多个部落组成的共同体；在这个范围更大的共同体中，每个部落不得不将原有的政体合并于城邦共同遵循的政体之下，但在坚持统一的前提下，她仍会努力保持其独特的身份认同。

Φράτρα，氏族、胞族和部落是雅利安人的基本制度

一般而言，几个家族会组成一个"胞族"（phratra），同一胞族拥有共同的宗教习俗。氏族、胞族、部落是源于雅利安祖先的社会基本组织结构，并可能为其他雅利安支系所共有，因为在罗马人和日耳曼人社会中也发现了类似的组织结构。氏族是罗马社会的基础，譬如，罗马的朱利氏族（Julian gens）与阿提卡的阿尔克迈昂氏族（genos of Alcmaeonids）起着类似的重要作用。罗马人也称 phyle 为部落，但称 phratry 为库里亚（curia），即一百人。从荷马的描述中可见胞族的重要性，一个被驱逐的人既无兄弟相亲，也无火坛以续香火（hearth）。

家族土地所有权

【46】家族的重要性还可从希腊人分配征服土地的方式中得到生动体现。土地不属于任何自由公民个体，也不属于整个共同体。部落或部落联盟的国王根据共同体中家族的数量将所有土地划分为面积相等的条块，每个家族通过抽签获得本家族应得的部分。在家族分得土地后，由氏族首长负责管理，但他无权将其转让。土地属于整个家族而非任何个人。似乎希腊人的土地占有权不是取决于个人在征服战争中的贡献，而取决于宗教情感。每个家族在所在地域内埋葬死者，死者有权永远占有埋葬之地，理所当然，墓地周边的土地属于死者在世的家属，他们负责保护并照管逝者的坟茔。

国王同时是部落的最高祭司、最高法官和战争的最高统帅。除在特定场合需要专门的祭司外，国王履行并主持部落的一般性宗教仪式；他宣布判决结果，如果有人蒙冤受屈，并向他提请裁决时，国王将秉公处理；国王还需统兵打仗。国王由某一家族世袭产生，该家族宣称是某一位神灵的后裔。他被认为是共同体的保护神，正如荷马所言，"人们将他奉为德谟的天神"。一般而言，王位父子相承，但也不排除人们将能否胜任国王当作选任的条件，民众可能会拒绝接受一位败祖离家、无法胜任的儿子成为新国王。一旦拥有国王的权杖，他将享有诸多特权，譬如，宴会时坐在上座；优先选取并获得大份的战利品和祭礼食物；除按常规在家族分得的土地外，还为其专门划出一份土地作为王家领地。

　　然而，国王所起的作用往往模糊不清，任何提议如未经长老批准，国王将无权凭其意志一意孤行。他必须听取长老议事会的意见并征得他们的同意。严格地讲，长老是每个氏族的族长，因此，他们的意见代表着整个部落的意志，如果共同体不止一个部落，那么他们将代表整个共同体的意志。然而，作为一个不言自明的基本事实，必须承认某些氏族比另外一些氏族拥有更显赫的地位，他们宣称自己是宙斯的后裔，【47】因此成为部落中的显贵。而议事会就是由这些显贵组成的。拥有强大权力的长老议事会成为后世贵族政体的雏形。

　　在希腊后来的发展中，比国王和议事会更重要的政治组织是公民大会，民主制即发端于此。所有部落的自由男性，如果是多个部落组成的国家，那么国内所有自由男性，聚集在一起，听取或鼓掌表决国王或长老议事会的提案。公民大会并不定期召开，而是由国王随时召集。在听取和表决的过程中，公民大会无权讨论或提出建议。公民大会并未完全与战士大会区分开来，国王提议发动对敌人的战争时，战士们也是通过沉默或鼓掌欢呼做出决定的，这与公民大会上人民表达意愿的方式完全相同。

巴塞琉斯，也即国王	
σκηπτοῦχος βασιλεύς	
βυλή, 即议事会	
贵族阶级	
民众集会	
军队就是公民大会	

第一章　希腊的发端与英雄时代　　053

因此，公民大会并未作为一个与军队不同的组织形式出现。因此，阿伽门农在特洛伊平原主持一次宣布战和决议的战士会议，这几乎就等同于召开了一次公民大会，因为这不仅是一次战士按政治形式组织的集会，也是完全意义上的公民大会。与罗马的百人团大会（Comitia）和英国的公众集会（gemot）一样，三者都源于雅利安人类似的古老集会。

王友 　国王身边有一帮王友（或称侍臣），他们为国王提供服务，与国王保持着密切的个人关系，并在大多情况下住在王宫里。王友制度类似于从英国国王那里领受采邑的领主。如果王权在希腊一直坚持下来，也会如英国一样，王友将会发展成为一个新的贵族阶层，其地位的获得，不是取决于出身，而是依据为国王提供服务的多寡，由国王自主遴选。

　　根据归于荷马的叙事诗反映的内容看，虽然此类原始形态的君主制度正在逐渐削弱，但它仍以某些外在形式表现在宗教活动中；因为希腊世界的宗教变革一直落后于政治发展的步伐。居于阿克西乌斯（Axius）

君主政体的古老形式在马其顿流传了下来 　河谷地区的马其顿人将古老的荷马式王权制度保存下来，一直持续到古典时代，后来国王的权力不断得到加强。在希腊人征服和扩张的传奇（始于凯斯特河，终于希法西斯河）行将结束之际，马其顿人对其政体进行一番奇怪的变革，荷马式政体再次回归到人们的视野中。无论是少数人统治还是多数人统治，所有政体都源自这种古老的君主制；当所有的政

亚历山大大帝 　体都已过时，【48】马其顿无畏的战士（亚历山大大帝）恰如阿伽门农和阿喀琉斯一样，在王友的支持下完成了始于阿凯亚人征服特洛伊的伟大事业，如同阿凯亚国王一样统治着他的人民。

　　荷马时代，希腊国家的政治组织结构就是如此简单而松散。希腊鲜见广土众民的共同体，但征服过程中，也不断有规模较大的城邦出现。在

城市的出现：公元前10—前9世纪 　王政时代晚期，政体结构出现了新变化，这将决定着希腊未来的历史发展方向。松散的村落逐渐聚在一起，城市开始出现、成型并有显著发展。

平原和河谷地区的居民受到诱惑，离开分散的村庄，在某个地方毗邻而居，这些地方大多能得到国王城堡的荫庇。最初，诱使他们居住在一起的原因可能是：因身处乱世，结邻而居可以相互保护，正如上文提到的迈锡尼卫城下几个村镇的结合体。有时，毗邻而居的若干村落共同修建一座城墙；有时，人们认为卫城上的城堡足以保护他们的安全。从乡村到城市的转变虽然常见，但并非绝对。许多人仍生活在乡村，直到很久之后，他们才结成城市。城市化的进程得到国王的支持和推动，强势的国王可能经常采取强制措施推动这一进程的实现。但是，他们推进城市化进程的决定却未必是明智之举；因为该过程逐渐侵蚀着君主政体的基础，为君主制的废除铺平了道路。自然，城市共和国倾向于实行共和制。

有些部族，比如爱利斯人继续生活在村庄

　　英雄时代，城邦并未完全从原来的社会组织中凸显出来。城市并未制定法律，未按法律的规定治理和维持国家。任何维系社会稳定所必须的限制措施或规范个人行为的规定和惯例还主要依靠宗教惩戒强化。虽然某些犯罪行为可以通过神判法解决，但血亲复仇仍是家族之事而非共同体的事务。国王掌管的司法事务主要通过仲裁的方式完成。一个陌生人，除非与到达地的某个成员有客谊关系，受到"好客之神宙斯"的庇佑，否则他将不受任何保护，可能随时被杀而客死他乡。此时，人们的财富主要由牛群和羊群组成；希腊人虽已耕种稼穑，农业已成为财富的基础，但希腊的土地相对贫瘠，无法为人们创造出更多财富。一副盔甲或一个奴隶价值多少，都是通过多少头牛来表示。海上劫掠是一种寻常的营生，在有组织的海上力量强大到足以镇压他们之前，海盗行为似乎不可避免。【49】从事此类营生的人是如此常见，以至于人们不以为耻。当水手到达一片陌生的海岸时，当地人往往会脱口而出："你们是谁，陌生的客人，船走水路，打哪儿过来？是有何公干，还是任意远游，像那海盗一般航行海

国家还未与部落区分开来，（法治θέμιστες）

血亲复仇

对待陌生人的态度，客谊之宙斯

财富

海盗

第一章　希腊的发端与英雄时代　055

上,拿性命冒险,浪走,给异邦的族民致送邪难?"①

第七节 多利亚人的征服

可以认为,在特洛伊战争结束两代人之后,希腊的英雄时代就已结束。其后是大约两百年的黑暗时代,此时,古老的文明消失殆尽,希腊人扩散到整个爱琴海地区,希腊本土政治发生着翻天覆地的巨大变化。*

铁器时代　希腊向新时代的转变正好与青铜时代向铁器时代转变相对应。爱琴海地区古老的陶器制作风格也被一种高贵的几何形装饰风格取代,因此,在艺术史上,人们习惯将这一时代称为"几何陶时代"。

伊利里亚人的入侵　从希腊北界入侵的伊利里亚人带来的压力可能是上述变化产生的主要原因。多利亚人可能是伊利里亚人的一支,从此时起他们开始出现在希腊历史之中,并对希腊社会诸多变化发挥着主导作用。(古典时代希腊各方言分布图参见图1-19)与此前来自北方的入侵者——阿凯亚人不同,多利亚人摧毁沿途的文明而不是吸收其成果;他们不是骑乘战马,而是步行作战;而且他们使用铁制武器。**

I. 摧毁了埃托利亚文明　伊利里亚人向南推进带来的压力对埃托利亚产生了致命影响。荷马史诗从一个侧面反映出埃托利亚临海地区的繁荣与兴旺。史诗中"临海城

---

① *Ody.* 3.71—74.中译参照陈中梅译注:《奥德赛》,南京:译林出版社,2003年,第63页。

* 近40年来,学者们对于希腊"黑暗时代"一说提出强有力的挑战,强调迈锡尼文明与希腊城邦文明之间的承继关系,认为在所谓"黑暗时代",文明并未中止,不同地区之间的交流一定程度上得以延续。相关综述和讨论参见黄洋:《迈锡尼、"黑暗时代"与希腊城邦的兴起》,《世界历史》,2010年第3期;《古代地中海世界的综合研究——对所谓"黑暗时代"的挑战》,《世界历史》,1994年第4期。——译者注

** 近年来,学者们对于是否存在多利亚人入侵的问题进行了激烈争论,形成了"回归说"、"入侵说"、"土著说"等几种主要观点。回归说无疑是多利亚人的一种自我宣传,不足以信。A.斯诺德格拉斯、J.霍尔、N.G.L.哈蒙德等人是"入侵说"的主要代表,他们从社会组织结构、生活方式、生产工具、陶器品质、丧葬形式等方面的变化强调突发性的侵略战争存在的可能性;J.柴德威克、V.德斯伯鲁、J.胡克等是土著说的支持者,他们从语言、社会力量对比等角度试图证明多利亚人不过是迈锡尼的被压迫民族,上述突发性变化是希腊内部阶级斗争的结果;即便是入侵说的支持者,学者们对于多利亚人入侵的时间和方式也提出了公元前1200年、前1120年、前950年等几种不同的看法。国内学者对此问题的相关讨论可参阅王以欣:《神话与历史》,北京:商务印书馆,2006年,第471—490页。——译者注

镇普琉戎（Pleuron）、多山的卡吕冬"和该地区其他强盛的城市与英雄时代的文明齐头并进；埃托利亚人麦莱亚格尔（Meleager）的传奇和卡吕冬捕猎野猪的故事成为整个希腊民族神话的重要遗产。那时，埃托利亚沿海地区以盛产葡萄酒而著称，对于葡萄园的自豪感可从富有传奇色彩的国王奥伊诺毛斯（Oenomaus）或奥伊涅乌斯（Oeneus）的名称中得到证明。但在此后希腊历史发展进程中，一切都发生了变化。埃托利亚被视为一块半开化的地区，那里的居民尽管仍然操希腊语，但他们在科学和文明的发展上已被希腊其他地区落下了很多个世纪。与埃托利亚相邻的地区也是如此。埃皮鲁斯，至少是埃皮鲁斯的大部分地区，早在人们将宙斯崇拜引入多多那时就已经希腊化；但突然间，该地区陷入了相对蛮荒的境地，只有多多那圣所形只影单地成为文明的前哨阵地，并在此后成为整个希腊世界最著名最庄严的宗教圣地。【50】对于上述地区衰落的唯一解释是伊利里亚人的侵入和征服。在希腊发展过程中，埃托利亚和埃皮鲁斯的掉队既非懒惰或退化，也非地理位置处于劣势，而是因为他们遭受了粗暴而野蛮的民族沉重打击，其文明成果被彻底摧毁，而未被入侵者吸收和消化。在后来的历史进程中，埃托利亚和埃皮鲁斯的居民已大体被同化为伊利里亚人。

奥伊诺毛斯或奥伊涅乌斯

　　伊利里亚人的入侵将原有的希腊居民赶走，导致他们不得不在异乡另觅家园。横渡科林斯湾并非难事，因此，埃托利亚的移民辗转前往佩奈乌斯（Peneus R.）河畔并定居于此，自称为爱利斯或"山谷的居民"（Dalesmen）。他们征服了在此定居的第一批希腊人埃派亚人（Epeans），并逐渐将势力扩张到阿尔菲俄斯河（Alpheus）周边地区。这是一片平坦的开阔地，但沿海没有良港，历史上从未成为一支有影响的海上力量。居于半岛西部平原的这支希腊人以信奉英雄伯罗普斯而著称。在阿尔菲俄斯河畔的比萨城（Pisa）伯罗普斯崇拜深深扎下了根。后来，随着希腊人扩散到地中海各地，该地遂成为希腊世界的宗教圣地之一，来自希腊世

爱利斯人

伯罗奔尼撒名称的来历

界各个角落的人被吸引到宙斯的圣域,祭祀他们的大神(也是雅利安人的天神),人们奉献牺牲,举办竞技赛会。即便比萨更名为奥林匹亚而享有更加显赫的名声时,即便奥林匹亚宙斯神殿和祭坛的光辉盖过该地其他任何设施后,伯罗普斯的庙堂仍香火不断,获得人们的献祭。虽然只有奥林匹亚等几个城镇的居民把伯罗普斯当作神灵祭拜,而在其他地方他只被视为一个传奇英雄,但他的大名却成为希腊最为人熟悉的地名而长存于世。① 当伯罗普斯仍被人们当作神灵广泛崇拜时,"伯罗普斯之岛"的名称可能源自海湾的对岸而非半岛本身,譬如埃托利亚;后来,人们广泛使用这一名称,自此以后,该名称固定指代南部希腊。

II. 色萨利人的入侵和色萨利的组成

伊利里亚人给埃皮鲁斯带来的压力可能与两次影响深远的移民运动密切相关。【51】一支名为佩塔罗伊(Petthaloi)的落后希腊部族(操其他方言的人称他们为色萨罗伊人)跨过群山来到佩利昂(Pelion)和品都斯山交界的西部角落定居下来。由于占据着有利位置,他们迅速征服了整个色萨利平原,驱赶着阿凯亚人一直向南,直到皮提亚的群山之中;从此之后,这支阿凯亚人在希腊历史上再也没能发挥过任何值得一提的作用。色萨利之名远播整个平原,至今这里仍被称为色萨利。克兰农(Crannon)、帕加萨、拉里萨、菲莱成为那些养马贵族的领地,他们统治着周边地区。被征服者沦为农奴,被称为佩涅斯泰(Penestae,即劳动者),他们承担着歉收的风险,耕种着土地,向领主缴纳固定的粮油。不过他们也有一定权利,领主不得将他们卖到海外,也不能任意将他们处死。尽管身份低微,但他们在一件事情上取得了对征服者的胜利,即阿凯亚方言成为当地的通用语。色萨利的征服者放弃了原有的词汇,学习臣民的讲话方式,在稍作修改后,变成了自己的语言。因此,历史上,色萨利方言与小

---

① 有学者推断伯罗普斯是一支名为伯罗佩斯(Pelopes)部族的名祖,伯罗奔尼撒半岛就是伯罗佩斯人的岛屿。但这个推断可能并不成立。关于阿提卡凯克罗普斯的相关推演则有不同基础。

亚细亚的阿凯亚移民者的语言非常相近。当巩固在佩奈乌斯河谷的地位后，色萨利人开始向北挤压佩海比人（Perrhaebi）的生存空间，向东入侵玛格涅泰斯（Magnetes），向南与居于弗提亚的阿凯亚人作战，并将他们降为纳贡的臣服者。对于色萨利各国王的历史，我们知之甚少。后来，整个色萨利分为四部分，即西南的色萨利奥提斯（Thessaliotis），这是色萨利人最早定居的地方，也是入侵者的老巢；南部阿凯亚人居住的弗提奥提斯（Phthiotis）；皮拉斯吉奥提斯（Pelasgiotis），该地名记录下古老的原住民皮拉斯吉人①在此残存的痕迹；希斯提埃奥提斯（Histiaeotis），即希斯提埃亚人（Histiaeans）的土地，但在历史上这支部族并没有一个独立的认同。色萨利土地上的小王公结成一种非常松散的政治组织。和平时期，该组织处于蛰伏状态；一旦面临着战争的急迫状态，他们将选出一位共同的统帅塔古斯（tagos）。

然而，并非所有人都受到新来领主的奴役。一部分阿凯亚人向南迁徙，最后到达伯罗奔尼撒半岛，【52】定居于科林斯湾南部沿海地区，自此以后，这里就被称为阿凯亚。因此，希腊就存在一北一南两个阿凯亚——北部仅限于弗提亚山区的阿凯亚和南部的新阿凯亚。显然，随着色萨利人的入侵，也有一批阿凯亚人迁入优卑亚；根据传统的说法，北部的希斯提埃亚（Histiaea）和中部的厄律特利亚（Eretria）皆是来自色萨利的移民所建，其他证据表明，该传统具有极大的可信度。

赫利孔山和基泰隆山周边地区也经历着类似的震荡，从而引发了奥林玻斯山和奥特利斯山（Othrys）周边地区的混乱，社会也相应发生着巨大改变。波奥提亚人的老家在埃皮鲁斯波昂山（Boeon, Mt.）地区，他

居于伯罗奔尼撒半岛的南部阿凯亚聚居区

色萨利的希斯提埃亚人和其他人在优卑亚建立希斯提埃和厄律特利亚

波奥提亚人的征服

---

① 皮拉斯吉这一称呼的起源和意义仍未厘清。希腊的埃皮鲁斯、色萨利、阿提卡、伯罗奔尼撒半岛都与皮拉斯吉颇有渊源。现在学界主要有两种观点。其一，皮拉斯吉人是前希腊人；其二，他们是前阿凯亚的希腊人。但勒勒吉人和特洛伊的臣民也被称为皮拉斯吉人（参见原书第40页），这证明第二种观点值得商榷。

|| 第一章　希腊的发端与英雄时代　　059

们也因此而得名。波奥提亚人的方言与色萨利人的语言极为近似,都具有西北方言的若干特征,而西北方言正是最初的入侵者所操的语言。从西部或北部到达中希腊后,波奥提亚人首先占领了他们后来生活地区的西部。① 从喀罗尼亚和科罗奈（Coronea）出发,他们随后占据卡德摩斯之城底比斯,然后试图将势力扩张到整个地区。波奥提亚人虽然将其声名播及整个地区,使该地区被称为波奥提亚,但他们并未能如色萨利人一样成功赢得对整个地区的完全控制权。富有的奥科麦努斯王国仍在此后数百年内享有独立,直到公元前6世纪才建立起貌合神离的波奥提亚同盟。因为征服者人数相对较少,所以在波奥提亚实行的政策也不同于色萨利。被征服者并未被降为农奴;他们甚至未适应和采用原有居民的语言,而是将征服者和被征服者的语言结合起来,形成新的波奥提亚方言,这与色萨利地区也很不相同。

由波奥提亚人的征服所引发的移民运动　　波奥提亚人的征服无疑会导致原来居住于此的民族游荡到其他地区,这可用来解释为何在小亚细亚伊奥尼亚聚居区内有大量卡德米亚人、莱巴戴人（Lebadea）和其他部族。【53】此外,波奥提亚人的到来或许使周边一些部族相应受到影响,被迫改变了居住地。②

IV. 多利亚人　　波奥提亚以西,在佛基斯与帕那苏斯山之间,各部族杂糅聚居。其中就有多利亚人。最初时,从奥埃塔山到科林斯湾之间（包括佛基斯的大部）面积广阔的山区都是属于多利亚人的土地。不久,他们中的绝大部分人远赴他处,寻找更肥沃的住所。但仍有一小部分人留了下来,居住在

多利斯　　奥埃塔山与帕那苏斯山之间的小盆地中,他们保留下多利斯的美名;不

---

① 当追述历史时,希腊人一致将波奥提亚与色萨利人的征服联系在一起,认为二者存在因果关系。他们认为,并试图证明,波奥提亚人最初生活在色萨利,后受色萨利的压力被迫南迁于此。无疑,在到达波奥提亚之前,他们曾在色萨利境内短期停留。
② 据说阿邦泰斯人（Abantes）从佛基斯迁入优卑亚北部地区,居于奥埃塔山的德利奥佩斯人（Dryopes）迁到了优卑亚南部地区,并由此出发,在阿尔哥利斯湾建立了阿辛（Asine）和赫耳米奥涅（Hermione）两个殖民地。

过，他们在希腊历史发展进程中再也没有发挥任何作用。似乎多利亚人也占据着"阿波罗的石门槛"——德尔斐，并保留下几户人家成为阿波罗的祭司，为神服务。当多利亚的流浪者离开后，佛基斯人重新活跃起来。不过他们未能征服多利斯（Doris）；他们也曾多次尝试重夺对德尔斐的控制权，但不得不经常与周边其他部族竞争。后来，洛克里人一分为三，佛基斯人楔入其中。在佛基斯以西是奥佐利亚的洛克里人（Ozalian Locrians），他们居于科林斯湾北部沿岸地区；另外两支居于佛基斯东北的优卑亚海之滨。稍北的一支洛克里人在《伊利亚特》中扮演着重要角色，他们的领袖是英雄阿贾克斯，统治着特隆尼昂（Thronion）和奥普斯（Opus）；另外一支住在优卑亚海峡之畔的狭长地带。佛基斯人希望得到一个入海口，结果将东洛克里人一分为二。

德尔斐的多利亚人祭司

佛基斯

洛克里：1. 奥佐利亚；2. 奥彭提亚；3. 埃皮克奈米狄亚

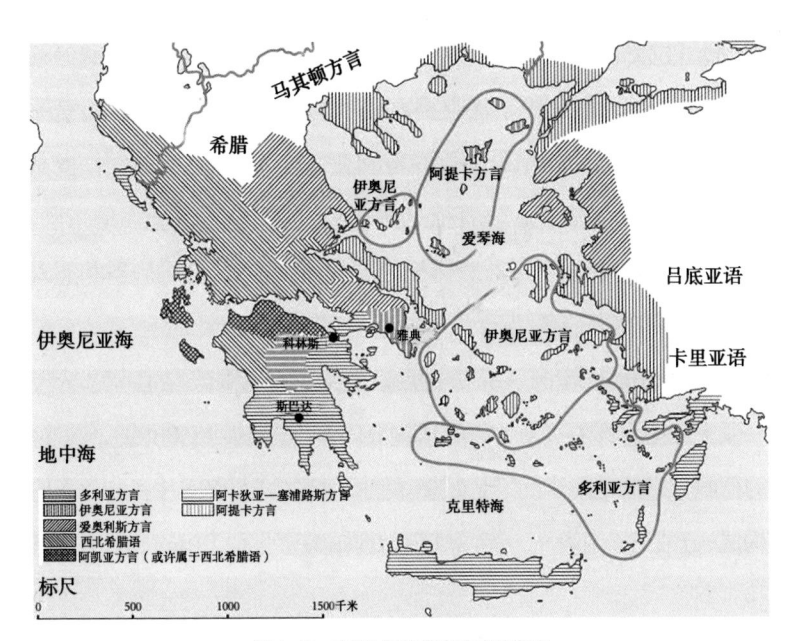

图1-19 古典时代希腊各方言分布图

（据 Roger D. Woodard, "Greek Dialects", R. D. Woodard ed., *The Ancient Languages of Europe*, Cambridge: Cambridge University Press, 2008, map 1 编译）

多利亚人离开帕那苏斯地区可能是一个渐进的过程。他们修造舰船,跨过科林斯湾,来到伯罗奔尼撒半岛;瑙帕克图(Naupactus)——意为"造船的地方",记录着他们的冒险历程;然后他们乘船绕行伯罗奔尼撒半岛,到达希腊东南地区。其中一批冒险者为民族众多的克里特岛注入新因子;另一批人到达铁拉岛和米洛斯岛。还有一批人继续向东航行,到达爱琴海的尽头,在小亚细亚南部沿岸地区(庞菲利亚)建立了家园。该地区被蛮族包围,为希腊人所遗忘。【54】在此后的希腊历史发展进程中,他们离群索居,不再占据一席之地。但他们仍保留下自己的语言和部落名称,即庞菲利亚人(Pamphylians)。这一名称记录下他们的多利亚出身,任何多利亚人都知道庞菲利亚是他们的三个部落之一。

> 多利亚人在克里特和爱琴海岛屿上的定居点;庞菲利亚

多利亚人征服的另一个地方是伯罗奔尼撒半岛。他们发现半岛的北部和西部无法征服,因此转而经营南部和东部。为此,一共爆发了三次战争,征服了拉哥尼亚、阿尔哥利斯和科林斯。多利亚人占据着肥沃的欧罗塔斯(Eurotas)河谷,为了保存多利亚人的纯正血统,他们将所有原住民降为奴隶。可能入侵拉哥尼亚的多利亚人比其他地方都要多。多利亚人区别于其他希腊人的显著特征是被我们称为"优秀品质"的东西,这种"优秀品质"在拉哥尼亚获得充分的表现和发展,这里的多利亚人似乎保存着更加纯正的多利亚品质。

> 多利亚人征服拉哥尼亚

在阿尔哥利斯,情况并不完全相同。在经历一场艰苦的战斗后,入侵的多利亚人在国王泰麦努斯(Temenus)的率领下登陆阿尔哥利斯;*最终他们的征服带来的是融合而不是奴役。阿尔哥斯的城邦确实按多利亚人的形式构成,分成三个部落——希莱斯(Hylleis)、庞菲利(Pamphylli)、狄玛涅

> 征服阿尔哥斯

---

* 在古希腊城市名常与城市所在地区采用同样的名称,譬如叙拉古、科基拉、米利都,但有的如雅典所在地区称为阿提卡,斯巴达所在地区称为拉哥尼亚,麦加拉所在地区称为麦加利德,科林斯所在地区称为科林提亚,阿尔哥斯所在地区称为阿尔哥利斯。——译者注

斯（Dymanes）；此外，再难见到其他的征服痕迹。一般认为，是多利亚人的征服才推翻了迈锡尼人的统治。的确，迈锡尼和梯林斯都被突然的大火焚毁。至此以后，居于阿尔哥斯高峻卫城的多利亚人毫无争议地成为阿尔哥斯平原的统治者。多利亚人在南部希腊的征服取得如此伟大的功业，以至于没有卫城也不修城墙，斯巴达也能成为拉哥尼亚当之无愧的统治者。

摧毁迈锡尼和梯林斯的城堡

多利亚人的战船也驶入萨洛尼克湾（Saronic Gulf）。这次冒险是在一位名为"流浪者"（Ἀλήτης）的传奇王子带领下进行的。他在地峡登陆，占领了出入半岛的钥匙、地峡的制高点——科林斯卫城，科林斯城由此开始发展成形。与阿尔哥利斯类似，这里没有臣属者，征服者与被征服者之间并无明显差别。科林斯位于两海之间，优越的地理位置决定着这里的居民主要从事商业。从科林斯的历史可见，多利亚人颇有胆识且精明能干，具备优秀商人的必要素质。

征服科林斯，"骑士"之子"流浪者"

离开阿尔哥斯后，多利亚人在北边的阿索普斯（Asopus）河畔建立了两个重要的城镇，即下游的西吉昂（Sicyon）和上游的弗琉斯（Phlius）。

西吉昂和弗琉斯

【55】在格拉涅亚山（Geraneia M.）以北，一座多利亚城市逐渐兴起；导致该城兴盛的原因我们不得而知；从这座城市的卫城山顶可俯瞰萨拉米斯岛的西海岸。该城名为尼萨（Nisa）。英雄时代，卫城山顶曾建有一座王宫，因而此地逐渐被冠称为麦加拉，即"王宫"之义。除上述两个名称外，在历史上这座城市并无他名。从旧称①推断，这可能与其港口尼萨亚（Nisaea）有关。以此后的历史发展中，多利亚人的城市麦加拉在政治上与伯罗奔尼撒半岛的联系比更遥远的北希腊多。但在多利亚人到来之前，麦加拉虽被基泰隆山西端的群山阻隔，但仍被视为波奥提亚的一部分。

尼萨＝麦加拉

从萨洛尼克湾沿岸各地都可看到一座岛屿上的圆锥形山峰，这座岛

---

① 这一名称在《伊利亚特》第二卷第508行的船表中保留了下来。

屿也注定会成为多利亚人的土地。埃吉那岛被来自埃皮道鲁斯的多利亚移民者征服,但在阿尔哥利斯被征服之后的两百多年里,征服者对埃吉那可能并未产生什么影响。毫无疑问,埃吉那也经历过原有居民与新到移民的融合过程,【56】经过这一过程,整座岛屿成为胆识超人、勇于冒险的海上航行者的乐土。

> 尼萨的港口

> 埃吉那的多利亚化,约公元前800年

克里特和拉哥尼亚的发展形成一套独特的政治制度,这种制度似乎是多利亚人所独有,然而在阿尔哥斯和科林斯却并未发现。不过,所有多利亚城市似乎都记住了他们的共同根源,至少,拉哥尼亚的征服表明,对于地处帕那苏斯高地那个微不足道的母邦多利斯,多利亚人都心存敬意。所有地区的多利亚人都会将城邦分成三个部落,这有助于维持多利亚人的自我认同意识。不过,或许在爱琴海的另一端,一个新多利斯的兴起才提升了多利亚的声名,使其在全民族范围内具有了永恒的重要意义。

第八节 希腊人在爱琴海东部的扩散

早在英雄时代行将结束时,希腊人就已在爱琴海诸岛扩散开来,并开始在小亚细亚西海岸建立定居点;在此后大约一个半世纪的时间里,这一过程仍在继续。多利亚人的入侵和希腊北部原住居民的被迫迁徙大大推进了这一进程的步伐;此外,即便没有受到外部的强大压力,但受人口的增长和对小亚细亚沿海平原肥沃土地觊觎心的推动,移民过程可能也在所难免。如今小亚细亚已不存在任何强大帝国对移民的限制和干预,赫梯帝国已经衰落,撤出了西部地区,此后再也没能重新回来,甚至在荷马史诗中,她也未能从遥远的地平线中出现过。(前11世纪—前8世纪希腊人在爱琴海东岸的殖民地参见图1-20)

自特洛伊战前迈锡尼人在罗德岛建立城市后,最先跨过爱琴海寻找新家园的是阿凯亚人，紧随他们而来的是居住在色萨利平原和山区的居民及斯佩凯乌斯平原的希腊人。从陆地环绕的海湾帕加萨出发，他们开启了远航的征程，但后来的传统一般将第一批希腊海上探险者与伊阿沃尔科斯港（Iavolkos）联系在一起。①

沃罗湾

伊阿尔科斯

图 1-20　前 11 世纪—前 8 世纪希腊人在爱琴海东岸的殖民地

（据 Jacques Vanschoonwinkel, "Greek Migrations to Aegean Antalia in the Early Dark Age", Gocha R.Tsetskhladze ed., *Greek Colonisation, Volume One*, Leiden: Brill, 2006, p.116 编译）

---

① 根据阿尔哥英雄传说，色萨利的英雄们就是从伊阿沃尔科斯港出发，开始寻找金羊毛的历程。

|| 第一章　希腊的发端与英雄时代　065

爱奥利斯人　　作为战友和同盟者，爱奥利斯人也与阿凯亚人一同开拔航行。有学者认为，爱奥利斯人不过就是阿凯亚人的另一个称呼。[①] 不过大多数学者认为，【57】更可靠的是，虽然二者关系密切，但爱奥利斯人毕竟不同于阿凯亚人。现已无从考证那些横渡爱琴海的人是色萨利的居民还是居于科林斯湾北岸沿海平原的爱奥利斯人。可以肯定，爱奥利斯人最初曾与埃托利亚人在科林斯湾北部沿岸长期作战，最终埃托利亚人占据了上风，并将这一区域命名为埃托利亚。或许，埃托利亚人带来的压力迫使他们决定搏上性命与阿凯亚人一道在海外寻找新的家园。

阿凯亚—爱奥利斯人的殖民　　阿凯亚和爱奥利斯的冒险者乘船驶达的地方是小亚细亚北部、列斯堡岛及其对岸特洛亚德的沿岸地区。他们在亚细亚的土地上建立了第一批希腊人的城镇，从而开启了进军亚洲的历程；1000 年以后，希腊的征服者抵达了印度洋。与希腊本土一样，小亚细亚西海岸特别适合航海民族居住。

小亚细亚沿岸的地理特征　　群山之间是一道道宽阔的河谷；群山的尽头与大海相接成为海岬，形成一个个幽深的海湾；海岬延伸入海，海岛与海岬遥相呼应。海尔姆斯河谷和卡伊库斯（Caicus）河谷被群山约束在北边，群山延伸入海，直达列斯堡岛；分隔海尔姆斯河谷与凯斯特河谷的山脉潜行远达开俄斯岛；分隔凯斯特河谷与麦安德（Maeander）河谷的山脉止于萨摩斯岛；麦安德河谷以南也有众多海湾和岛屿，不过没有大江大河的分割，大陆上的山脉也自然破碎。希腊人是如何占据海尔姆斯河谷和卡伊库斯河下游地区，除最终结果外，其他我们一概不知。入侵者从米西亚（Mysian）土著手中夺得沿岸的土地，并占据着若干个易守难攻的要塞，譬如，皮塔涅（Pitane）、米利那（Myrina）、库麦（Cyme）、埃盖（Aegae）、老士麦那（Old Smyrna）等。此外，他们还溯河而上，在海尔姆斯河岸建立了玛格涅西亚

---

① Αἰόλος（Αἰολεύς）是 Ἀχ-Αἰός 的短名。

（Magnesia）。无疑，这一切并非一蹴而就，而是经过多年的奋斗，从母邦不断移民的结果。

继阿凯亚人之后，又兴起了一次移民浪潮。这批移民者来自阿提卡和阿尔哥利斯沿岸，他们建立的殖民地主要在阿凯亚殖民地以南。在海尔姆斯河与凯斯特河之间的叉状半岛上，在半岛之外的开俄斯岛上，在凯斯特河与麦安德河之间的海岬上，在萨摩斯岛和拉特摩斯山（Latmos M.）以南的半岛上，散布着伊奥尼亚人建立的城市，组成了一个与北部不同的聚居区。每组殖民地有一个共同的名称，【59】鉴于阿凯亚人是北部的主要居民，因此人们将北部聚居区称为阿凯亚，但在此居住的阿凯亚人已非原始时代的阿凯亚人。如果若干座城市或殖民地只是因为属于相同的部族和操类似的方言而非政治的要求聚合在一起时，他们一般不会选择使用一个共同的名字。但是，有时来自外面的人可能会赋予他们一个共同的名称，将他们当作一个团体，尽管各个成员城邦会极力维护自身的认同，外人却难以察觉其中的差异。这时，因为某种偶然的原因，人们挑选出其中一个成员的名称作为整个团体的名称。因此，我们看到，人们使用了爱奥利亚而非阿凯亚作为小亚细亚北部希腊聚居区的名称；正如我们的国度使用英格兰而非萨克森（Saxony）作为国名一样。位置稍南、面积更大的殖民地被称为伊阿沃涅斯（Iavones）或伊奥涅斯（Iones），这也是他们对自己的称呼，不过这时，称呼他们时，人们一般省略其中的字母 v。《伊利亚特》中，伊阿沃涅斯人，即"穿着飘逸束腰长袍的人"，被当作是波奥提亚人的一支，用以指代雅典人；但该名称可能并非希腊语，而是小亚细亚人对希腊殖民者的称呼。

然而，认为二者从一开始就界线分明的看法或许是错误的。其一，二者在时间上有重合。最晚建立的爱奥利斯殖民地可能晚于伊奥尼亚人最早建立的殖民地。其二，南北两处聚居区的殖民者来自的地域可能也具

爱奥利斯人的殖民区

伊奥尼亚人的殖民区

二者的区别与重合

┃┃ 第一章 希腊的发端与英雄时代 067

有重合性。除来自埃托利亚的人外,尽管居于爱奥利斯的殖民者主要来自北希腊奥埃塔山周边地区,但也可能包括着一些来自波奥提亚和优卑亚的居民。譬如,爱奥利斯的殖民地库麦可能就得名于优卑亚岛上的库麦城。此外,除偶尔一些来自克里特和南希腊其他地方的希腊人外,尽管伊奥尼亚的殖民者主要来自阿提卡和阿尔哥利斯沿海地区,也不乏有来自北希腊的人。其三,从地理范围看,南北两个聚居区也有重合。譬如,从地理角度看,福凯亚(Phocaea)位于海尔姆斯河以北的海岬上,理应属于爱奥利斯,但人们却将其归入伊奥尼亚殖民地。从名字上,一些殖民于此的人可能来自佛基斯。再如,到伊奥尼亚北部的泰奥斯(Teos)最初移民的是阿凯亚人,但后来伊奥尼亚人重新殖民。【60】开俄斯岛最初讲一种类似爱奥利斯的方言,但后来完全伊奥尼亚化。

伊奥尼亚人的殖民

与阿凯亚人建立的殖民地一样,对于伊奥尼亚各殖民地人员的组成、建立的先后顺序及他们与吕底亚原住民之间的关系,我们几乎一无所知。位置稍北的克拉佐门奈和泰奥斯位于开俄斯岛对岸半岛最窄处的南侧;开俄斯城位于开俄斯岛的东端,与其相对的大陆上是殖民地厄律特莱(Erythrae);厄律特莱意为"深红色",源自一种紫红色的海螺,这是推罗商人的独家商品。莱贝都斯(Lebedus)和科洛丰(Colophon)位于半岛最东端沿海,离凯斯特河口不远。稍南,建立了阿尔特米斯之城以弗所。凯斯特河两岸是一个名为"亚细亚牧场"的平原,出于某种偶然的原因,这块平原被赋予了地球上一个大洲的名称。以弗所以南,米卡勒山(Mycale M.)北麓是伊奥尼亚人的宗教圣地;这里有一座赫利孔的波塞冬(Heliconian Podeidon)神庙。当北起福凯亚,南及米利都的伊奥尼亚人意识到他们属于同一部族,了解到他们共同拥有的伟大荣耀后,决定培养相互间的团结精神。萨摩斯岛与米卡勒山隔海而立。赫拉崇拜是萨摩斯岛的宗教特色,由此证明该殖民地最初的建立有阿尔哥斯人的贡献。米卡勒山以南麦安德河之畔坐落着米乌斯（Myus）和普列涅（Priene）两座城市。海岸向东迅速退却至拉特摩斯山脚，地形突然向西延伸，形成一个海角，海角北端是米利都城（Miletus）及其显赫一时的深水良港。上溯麦安德河，人们建起一座内陆城市玛格涅西亚（Magnesia）；爱奥利斯人在海尔姆斯河上也建了一座同名城市，不可将二者混为一谈。虽然麦安德河上的玛格涅西亚被视为一座伊奥尼亚人的城市，但它并非由伊奥尼亚人所建，而是来自色萨利的玛格涅泰斯人（Magnetes）的劳动成果。除阿提卡和阿尔哥利斯的伊奥尼亚人外，来自优卑亚和波奥提亚的移民也参与到伊奥尼亚殖民地的开拓中。① 居于上述地区的土著，【61】譬如勒勒吉人、玛托尼安人（Matonians）、卡里亚人等，可能并未进行长期抵抗，在一些地方，当地人，譬如米利都的卡里亚人，与希腊殖民者逐渐融合。

殖民者将古老的海洋传统带到了新希腊；但在他们的故乡，这一传统备受多利亚人入侵者的压制。他们带来的文化传统有助丰富伊奥尼亚文明的形成，几个世纪后，当文字记载的历史出现时，这些丰富的文明成果让我们惊叹不已。伊奥尼亚人还带去了吟游诗歌和那些与特洛伊有关的，纪念阿喀琉斯、阿伽门农和奥德修斯伟业的叙事诗。在伊奥尼亚，希腊的英雄叙事诗进入一个崭新的发展阶段，一位禀赋超人的诗人横空出世，创作出世界上第一部最伟大的史诗。大约在公元前9世纪，荷马创作

荷马，约公元前850年

---

① 以下的例子可清楚展现伊奥尼亚殖民地的开拓状况。前面为殖民地名，后者为母邦名：福凯亚——佛基斯；克拉佐门奈——克利奥奈（Cleonae）和弗琉斯；萨摩斯——阿尔哥利斯；开俄斯——优卑亚；厄律特莱——波奥提亚和优卑亚；泰奥斯（最初是来自色萨利的阿凯亚人）——阿提卡和波奥提亚；莱贝都斯——波奥提亚；科洛丰——皮鲁斯（Pylus，在美塞尼亚）；以弗所——阿尔哥利斯及其他地方的人；普勒涅——卡德米亚人和阿卡狄亚人；米乌斯——阿提卡；米利都——阿提卡。这十二城被称为伊奥尼亚的十二邦（Dodecapolis）。庆祝阿帕图里亚节（Apaturia）是检验是否属于伊奥尼亚人的重要标志，以弗所和科洛丰人不会庆祝这一节日，这表明伊奥尼亚因素在这两座城市不太浓厚。伊奥尼亚方言吸纳了优卑亚、基克拉底斯群岛和伊奥尼亚殖民地的语言表达方式；而优卑亚方言深受周边方言的影响（尤其是波奥提亚方言）；基克拉底斯群岛的语言与伊奥尼亚非常接近，二者的主要差异是伊奥尼亚方言中无送气音符（spiritus asper，例如A）。希罗多德说伊奥尼亚方言本身又可分为四种次级方言。从铭文来看，书面语的差异并不明显。

了《伊利亚特》。然而，诗人的伟名却有一个卑下的含义，"荷马"本义为"人质"。如果略作深究，或许青年时代，他曾在当地纷争中被扣为人质。荷马可能生活在崎岖不平的开俄斯岛，曾经描绘当地清晨的太阳从海平面上升起时的情景。自他以后，兴起了一大批伪托荷马之名的开俄斯游吟诗人。荷马为我们讲述了从阿喀琉斯的愤怒到赫克托尔之死的故事，中间穿插着许多古代叙事诗流传下来的与特洛伊相关的故事。传统认为，荷马是《伊利亚特》和《奥德赛》这两部伟大史诗的作者。无论是与不是，本书都不会花更多的时间将两部史诗的创作分开对待。

有批评者认为，如今我们所见的《伊利亚特》并非荷马创作的原本，他的诗歌更加短小，后来的诗人在荷马的基础上进行了重塑和添加，新添加部分并未能完全继续其优点。批评者对《奥德赛》也持类似的观点。这就是所谓的荷马问题，至今该问题仍未得到满意的一致答案。无论如何，即便整部《伊利亚特》并不完全出自荷马的手笔（这并未得到证明），那他也是史诗之父；从此以后，史诗和简单的英雄叙事诗分道扬镳。与所有伟大的诗作一样，荷马的作品完全是人为创作的结果，具有高度的艺术性。可能也正是他将《伊利亚特》谋付诸梓。① 荷马及其后来者在宫廷里为伊奥尼亚的王公吟唱他所创作的诗歌，【62】他们使用伊奥尼亚方言，自由处理原来以阿凯亚方言流传下来的诗歌。最后，《伊利亚特》完全转变成为伊奥尼亚的形式，最终获得伊奥尼亚人的认可，而与其对应的阿凯亚方言的古老诗歌则被人们遗忘。这一转变并非尽善尽美，有时因与伊奥尼亚方言的韵律并不相符，作者不得不使用爱奥利斯方言取而代之。尽管如此，这一改变需要高超的技艺。或许这些伊奥尼亚诗人也进行过卓有成效的尝试，力图使史诗的内容与一个更加优雅时代的品位

《伊利亚特》形成文字

阿凯亚人史诗的伊奥尼亚化

删改

---

① 参阅原书第70页。

和道德观念相适应。《伊利亚特》中鲜见早期文学作品中原始人的野蛮和粗鲁,只在几则故事的背景中残留下些许的丑陋和野蛮,但这一切被巧妙地掩盖起来。另一方面,伊奥尼亚的诗人们如实地保留了他们唱颂的那一个远古时代应具有的氛围,保留下古代人的行为方式、社会环境和地理状况。只是在偶尔的情况下,时代错位会偷偷溜进来;如果我们前后连贯地品读,就可轻易将这些错位挑出来。譬如,《奥德赛》中,诗人非常不明智地使用了谚语"黑铁的一丝光芒即可招致冲突",透露了他生活在铁器时代,因为只有在人们长期使用铁质武器后,这句成语才可能有意义。然而,诗人却尽力保留青铜时代的武器、装备和习俗。

_{一些无意的时代错位}

荷马将特洛伊战争作为希腊民族的一宗伟业保存在人们的记忆中。在希腊人看来,《伊利亚特》绝不只是一部伊奥尼亚人的诗歌,而是属于整个希腊民族;自流传以来,这部史诗对提升希腊人的民族情感和民族团结具有强大的影响。作为与特洛伊战争相关的传奇故事,尽管故事场景的三分之一都在仙岛上,对于整个民族不具直接影响,但《奥德赛》仍被视为一部民族的史诗。此后,人们编撰了一系列史诗,其内容大多描述《伊利亚特》之前或之后的事件,讲述参加特洛伊战争的希腊英雄们随后的经历,这些史诗表明,经过特洛伊战争,希腊民族意识开始觉醒。这些诗歌的作者大多模糊不清,后代学者有时会胡乱归类,[①] 有一些被归到荷马名下。与《伊利亚特》和《奥德赛》一起,这些诗歌在时间上组成了一系列的故事,因此被称为"编年史诗"(Epic Cycle)。

《伊利亚特》成为全民族的史诗

编年史诗,约公元前750年—前600年

伊奥尼亚人并未最终完成希腊人在小亚细亚的殖民过程。在征服伯罗奔尼撒半岛东部后,多利亚人继续向海外扩张,并在伊奥尼亚以南的小亚细亚沿岸建立了一组殖民地。【63】卡里亚人的势力已向南扩张到

小亚细亚的新多利斯

勒勒吉人被局限于明狄安海角

---

① 参阅原书第110页。

Ⅱ 第一章 希腊的发端与英雄时代　　071

泰麦拉（阿萨尔里克）的圆顶墓，晚期迈锡尼文化

与吕西亚交界之处，给居于卡利姆那岛（Calymna）对岸海角（明都斯海角）上的勒勒吉人带来了压力。从出土于泰麦拉（Termera）墓葬中的陶器看，这里的勒勒吉人曾参与到爱琴文明的最后一个阶段。这些墓葬呈圆形，但并未在地面修建圆顶，其形制与迈锡尼的圆顶墓类似。半岛许多地方都出土了类似的墓葬，这是勒勒吉人留下的最令人惊异的纪念物。

卡里亚

米利都以南的许多陡峻海岬、科斯岛、罗德岛被来自阿尔哥利斯、拉哥尼亚、科林斯、克里特的殖民者所占据。大陆上哈利卡那苏斯（Halicarnassus）是最重要的多利亚殖民地，但该城由他们与卡里亚人一同建立，是一座半卡里亚化的城市。这座新多利斯声名日炽，为居于奥埃塔山区的老多利斯增光添彩；该地区所有多利亚城邦都是独立的，但由于具有共同的特里奥皮亚的阿波罗（Triopian Apollo）崇拜，她们拥有共同的宗教兴趣和宗教情感。卡里亚人是一支精力充沛的民族，为这片土地留下了深深的印迹，以至于很快人们就忘记这里并非其故土。卡里亚人操习舟楫，成为一支颇具实力的海上力量；后来，地中海世界盛传卡里亚人一度拥有海上霸权，虽然没人能说出他们的成就究竟有哪些。据称，卡里亚人也为战争艺术作出了贡献，他们最先使用盾柄、胸甲和盾牌纹饰，虽然这些成就仍未能完全得到证实。

吕西亚

希腊人在小亚细亚西海岸绘制了一条完全的彩色镶带。多利亚人试图偷偷绕道西南角，与庞菲利亚连成一片，但他们的尝试受到了遏制，吕西亚人成为他们无法逾越的一道障碍。吕西亚人并非雅利安人，虽然不少人对此有错误的认识，他们的语言与卡里亚人类似。对其正确的称呼应当是特里米利人（Trmmili）。"吕西亚"一词是希腊人及其他人对他们的称呼，希腊人将吕西亚人的主神特雷米利安（Tremilian）视为吕西

亚的阿波罗（Apollo Lykios）。① 虽然希腊未能在吕西亚建立殖民地,但整个爱琴海,除北部边缘地区外（在此,未来希腊人的扩张将陷入困境）,都已成为他们的势力范围。【64】重要的是,在基本特征上,亚洲希腊人的殖民进程不同于多利亚人对伯罗奔尼撒的入侵。伊奥尼亚人和多利亚人建立的定居点是殖民运动的榜样。成群结队的移民者背井离乡,将母邦抛在身后,在此寻找他们新的安身立命之所。另一方面,多利亚人的殖民运动带有浓厚的流民特征。整个民族流散各地,寻找新的农田和牧场。除非是出于礼貌,那些仅有少数几个人居住的帕那苏斯山谷中国土已几乎不能称为他们的父母之邦;整个民族已流散居于他处。

在希腊人还未完成小亚细亚西海岸的殖民运动时,另一批移民者离开伯罗奔尼撒半岛,到更遥远的东方寻找他们的乐园。塞浦路斯岛位于三大洲之间,从此时起,岛上也开始接收来自欧洲的移民。青铜时代,塞浦路斯为爱琴海周边各国供应铜矿和木材,但直到克诺索斯霸权行将结束之时,她才开始分享到爱琴文明的优秀成果。此后,来自爱琴海地区的殖民者抵达塞浦路斯,发展出既具有克里特—迈锡尼特征又保留本土独特性的艺术风格。（出土于恩科米的迈锡尼风格黄金玛瑙项链,参见图1-21）塞浦路斯东部萨拉米斯出土的墓葬表明,【65】公元前14世纪,

塞浦路斯：恩科米（Enkomi）的爱琴文明

图 1-21 出土于恩科米的迈锡尼风格黄金玛瑙项链（约前 1400 年—前 1200 年,不列颠博物馆）

① 也不能排除下面的观点（如今普遍被人们接受）,即拉美西斯二世和门普塔时期入侵埃及的海上民族卢库（Luku）人就是吕西亚人。

第一章 希腊的发端与英雄时代　　073

希腊人的殖民，公元前11世纪腓尼基人的殖民地	爱琴文明在此是多么繁荣。此时塞浦路斯人已学会铁器制造工艺，也开始使用铁器。该岛离小亚细亚、叙利亚、埃及都不远，优越的地理位置为商业发展提供了有利条件，为塞浦路斯人带来了财富。然而，在亚欧之间的斗争中，此地必将成为一个角力场。第一批到此拼搏的是来自伯罗奔尼撒的希腊人，大概因多利亚人的入侵，他们被迫流浪他乡。几乎与此同时，腓尼基人也开始在岛上建立定居点，主要包括中部的阿玛图斯、基提昂、伊达利昂、塔玛苏斯和拉帕图斯，其中一些城市似乎是由希腊人与腓尼基人联合建立的，这与小亚细亚沿岸希腊人与卡里亚人的混合类似。
希腊—腓尼基文明 塞浦路斯的阿芙洛狄特	随着两个民族与土著居民的融合，逐渐形成一种新的塞浦路斯文化。鸽子相伴的大母神是塞浦路斯人和克里特人古已有之的崇拜，希腊人将她等同于阿芙洛狄特（Aphrodite），塞浦路斯成为女神众所周知的故乡。
塞浦路斯方言	塞浦路斯的希腊移民者操阿卡狄亚方言，但这并不意味着他们的故乡就是阿卡狄亚。在多利亚人到来并形成其方言之前，伯罗奔尼撒沿海和中部地区的居民操一种稍有变化的阿卡狄亚方言；前往塞浦路斯殖民
萨拉米斯	的人中有一部分来自拉哥尼亚和阿尔哥利斯。[①] 殖民者中的一些人来自阿提卡湾的萨拉米斯，他们赋予新家园萨拉米斯之名。殖民者到来后，发现当地仍使用与克里特的文字非常相似的线形文字，这种文字可能是
塞浦路斯的音节文字	从爱琴文明的其他区域引入的。这种音节文字不能很好地表达希腊语，但殖民者很好地将其纳为己用。虽然用塞浦路斯文书写的希腊语非常笨拙，但直到其他地方的希腊人都已学会使用一种更好的表达手段后，当地人才放弃了这种音节文字。
年代记	如果回顾希腊早期的历史，我们发现，虽然可以排列出一份相对完

---

① 帕弗斯（Paphos）人似乎来自阿卡狄亚，拉帕图斯人来自拉哥尼亚，库利昂人（Curion）来自阿尔哥利斯。但是，任何一个殖民地无疑都混杂居住着来自其他地方的人。传统上，塞浦路斯上的梭利人来自阿提卡。

整的大事年表,但其中只有一个时间节点是精确的,即阿凯亚人劫掠埃及,然而该事件不具太大的重要性。【65】对于其中的重要事件和变化,只能给出一个大致时间界限:

操希腊语的民族到达希腊	公元前 3 千纪
克里特在爱琴海的霸权	约前 2200 年—前 1400 年
克诺索斯的陷落	约前 1600 年
阿凯亚人在伯罗奔尼撒建立诸小国	前 1300 年—前 1250 年
阿凯亚人劫掠埃及	约前 1223 年
特洛伊战争	公元前 12 世纪初
色萨利人的征服 波奥提亚人的征服 阿凯亚人殖民小亚	公元前 12 世纪末
伊奥尼亚人在小亚开始殖民 多利亚人征服伯罗奔尼撒半岛和克里特 多利亚人在小亚开始殖民 希腊殖民塞浦路斯	公元前 11 世纪

第九节　希腊君主制的衰落与共和制的兴起

在王政时期,希腊人征服了爱琴海沿岸各地及其岛屿,并建立了城邦。君主制对希腊历史发挥着两大贡献。在随后的变革中,希腊人从分散的村庄移居城市;无疑,国王的出发点既是基于自身的考虑,也是出于民众安全的考量。国王认为,将所有人置于眼皮底下,有助于强化自身的权力;但这样一来,国王将更直接地处于人民的监督下。在范围更小的城市里,国王的无能、弱点和行为失当将更易被人注意到,他将会受到更

君主制对希腊的贡献

对城市生活的影响

君主制的衰落：原因

多的指责和批判。城市生活不适合采用荷马所言的"人民的牧者"式的父权统治。此外，那些对国王统治心怀不满的民众将可能有更多的机会聚在一起，大发牢骚或受人蛊惑，更有可能策划针对国王的阴谋。上述因素或许有助于理解为何在公元前8世纪，希腊更多城邦中，王权逐渐走向衰落乃至退出历史舞台，民主制取而代之。【67】对于这一变革的真实过程我们仍不得而知，只能做出可能的推断，但可以肯定，转向城市生活是引发变革的深层次原因。革命具有了普遍性，各地都受到传染并迅速传播开来。但不同城邦有不同的理由，最终形成了各自不同的形态。在一些城邦，严重的统治失误导致国王被暴力废黜；在另一些城邦，如果王位传到一个婴儿或软弱的人手中，贵族将承担起废除王政的使命；在更多城邦，变化经历了一个缓慢而漫长的过程。国王不但通过建立城市强化了权威，而且还通过各种措施强化和明确原来属于雅利安统治者的各项模糊权力，有时他们甚至会罔顾议事会的建议，寻求建立绝对权威。当国王强化王权的企图太过明显时，议事会里的长老就会奋起反抗，迫使国王与人民订立契约，按照法律的规定行事。有证据表明，确实存在类似的契约。在此后的时间里，古老的君主政体仍存在于遥远的摩罗西亚（Molossia），国王必须向人民庄严宣誓，保证他们将按照法律规定行使统治权。还有一些城邦严格限定了国王的权力，结果，国王大部分的权力遭到剥夺。这种限制可能会持续发展，直到最终国王尽管仍保留了名号，但事实上已成为城邦的一个官职；其真正的权力转移到了其他机构中。君主以有限特权形式存在的明显事例是斯巴达；作为一种官职存在的事例是雅典。值得注意的是，君主权力已受到严格限制，进一步达成契约已非难事。虽然国王是最高的立法者，但城邦内其他氏族或部落的首长也可制定法律或审判案件。虽然国王是最高祭司，但除他之外，还有其他某些家族固定充当祭司。因此，国王并非司法和宗教的唯一源泉。

荷马史诗中的一个事件生动地描绘出国王寻求强化控制权时的激烈斗争。因为诗人同情国王,所以他用讥讽的口吻描写了一位滑稽而可憎的乡下老粗,此人口齿伶俐,生性鲁莽。这位名叫特尔西提的士兵当众指责国王的不当行为和错误政策。这一插曲不可能在城邦出现之前出现,特尔西提无疑是城市的产物。奥德修斯责骂了他的鲁莽行为,并挥棒追打他。【68】在同一幕的另一个地方,奥德修斯宣布了一条基本原则,"多头制不是好制度,应当让一个人称君主,当国王……"(*Ili*. II.204~205)这一句话与特尔西提一样出名。该准则会赢得游吟歌手的掌声,因为他在君王的宫廷宴会上歌唱,其受众正是那些力图加强中央集权,削弱部落首领职权的国王。一旦君主制被废除,政府将落入那些极力要求废除王权的人——城邦贵族手中。贵族与其他民众的区别是下文即将开始讨论的基本事实。当贵族肩负起政府,成为城邦的统治者时,贵族统治的共和制度就此出现。有时,权力并没有落入所有部落的贵族手中,而是仅限于国王所属部落。科林斯就是此类制度的典型,其王族巴奇亚德(Bacchiads)成为统治者。在大多数情况下,贵族政体与全体贵族的统治相重合;但在一些情况下,譬如科林斯,贵族政体只包括一部分贵族,这是最狭隘的寡头政体。

在社会发展的这个阶段,贵族阶层是城邦的神经和肌肉。出身是检验一个人是否优秀的最佳标准,权贵的统治是真正的贵族制,是最好的政府组织形式。他们曾受过统治术的专门训练,父子相传;他们曾有统治的实践经验;虽然没有出现过伟大人物,因为对贵族制而言大人物总是危险的,但政府是由掌握知识和技术的人员管理。像科林斯那样的封闭贵族制易于突变成为暴政;当轮到贵族制交班放权,让位于新政体时,社会呈现出急剧堕落和退化的征兆。但总体而言,在贵族政体阶段,社会发展受益于贵族杰出能力的指导,希腊共和政体呈现出兴旺繁荣的

> 特尔西提的故事,参见《伊利亚特》第二卷

> 共和制的兴起

> 权贵的统治

第一章　希腊的发端与英雄时代　077

发展态势。

共和政体的兴起将带领我们进入一个新的历史发展时期。贵族政体的城邦即将继续完成由国王开始的事业,这一点非常重要。此时,社会发展取得两大突出成就:在爱琴海周边地区建立希腊城邦和完善政治机构。就前者而言,它是希腊人在爱琴海周边扩张的继续。但新的殖民运动呈现出全新的不同特征;这些新特征的出现主要源于本次殖民运动之前城邦生活业已产生;因此,它是从君主制向共和制转换时期的产物,是贵族制城邦有组织推动的结果,从而更富有系统性。【69】就后者而言,政治机构的创建继续推进着由国王开创的统一进程,各种散漫因素相继被纳入城市之中,因而城邦得以强化和巩固。当王政被废除或被纳入城邦官职体系后,由占据统治地位的权贵家族统治的共和国取而代之,但他们受严格的任期限制;因此他们不得不制定规则,明确官职的任命方式,权责分配和管辖范围。他们还需创设新机构取代已名存实亡的三种权力机构。需要补充的是,在贵族统治下,法律观念开始出现于人们的头脑中,且日渐明晰,传统习俗逐渐具备了法律的形式。荷马史诗中,司法审判只能求助于国王或法官;在贵族政体行将结束时,出现了立法者,贵族政体已为立法者制定、完善和赋予法律具体内容准备好了材料。

旁注:
贵族政体的两大成就:1. 殖民运动,参阅第二章第1~3节
2. 政治组织
3. 法制的发展

第十节　腓尼基与希腊的交流

希腊人注定会成为一个伟大的航海民族。但在到达爱琴海的海岸后,学习从事海上事务花费了他们很长时间,很久之后他们才能涉足古老的海上霸国克里特到达过的地方。特洛伊战争结束后的几个世纪里,爱琴海与东方的贸易部分地管控在其他人的手里。在这片开阔的海域里,占据优势地位的是叙利亚海岸的西顿和推罗,他们与犹太人、阿拉伯

旁注:腓尼基人在希腊的贸易

人、亚述人一样同属闪米特人种。与犹太人一样,这些沿海居民似乎与生俱来就拥有经商的天赋;他们最初居于红海沿岸,后迁居到地中海地区。希腊人是从他们的称呼"腓尼凯斯"(Phoenikes,即"皮肤红色的人")中了解到这些古铜色的闪米特商人,最初,他们将该名词用于指代克里特人,结果造成了一些混乱。在传奇故事中,卡德摩斯和欧罗巴本为克里特人,后来被转变成为腓尼基人。

没有确切证据能证明腓尼基人曾在爱琴海中建立过霸权。荷马诗歌的相关证据表明,英雄时代的商业活动与后世希腊人的类似活动之间或许间隔大约两百年。其间,没有哪一个希腊城邦的海上力量强大到足以把外来商人驱离希腊人的海域。因此,贸易活动大概是由希腊商人和推罗商人共同经营的。【70】不但腓尼基商人会到希腊经商,希腊人也会远航到叙利亚和塞浦路斯。① 当然,卡里亚人也具备一定的海上力量。下章中将讲述推罗人和西顿人在西地中海建立新腓尼基的过程。对于爱琴海沿岸,他们似乎并未进行过认真尝试,除罗德岛的卡米鲁斯(Camirus)和基特拉岛(Cythera)外,至少他们并未试图在其他地方建立永久殖民地。他们可能在科斯、尼叙罗斯(Nisyros)、厄律特莱及其他出产紫色海螺的地方建有临时商站;有学者推测,腓尼基人最先涉足过西弗诺斯和塔索斯的金矿,甚至也曾对阿提卡的银矿产生过兴趣;甚至有人推断在科林斯地峡、雅典卫城山脚、甚至内陆的底比斯建立过定居点。但是,他们在上述地区建立定居点的推断缺乏更充分的证据和可能性。无疑,腓尼基人会在沿海地区或者岛屿上建立集市,但迦南人不可能定居于希腊,更无可能在希腊人中注入闪米特人的血液。希腊不是巴尔神(Baal)与宙斯搏斗的地方。他们的商船确实曾装载着叙利亚的优质亚麻布、西

腓尼基人并未在希腊建立定居点,只有一些商站

---

① 西顿的优势地位大约在公元前10世纪时就已终结,但这一时间仍不确定。其后,菲力斯丁人打败了西顿,并获得短暂的优势。之后,推罗人的时代就已开始。

第一章 希腊的发端与英雄时代   079

顿精致的杯盏、塞浦路斯的精美银饰、各种奢侈品和装饰品从南向北穿行于爱琴海的大小岛屿，持续两个世纪商业交往足以解释腓尼基对希腊施加的各种影响。从阿芙洛狄特和其他希腊女神的崇拜中可见叙利亚阿斯塔特（Astarte）女神的影响；虽然认为腓尼基神灵麦尔卡特（Melkart）被引入希腊成为英雄麦利凯泰斯（Melicertes）的看法是错误的，但在许多地方，该神灵与赫拉克勒斯具有相似性。活跃的商贸活动可能是伊奥尼亚繁荣的城市驱动的结果。腓尼基人将伊奥尼亚之名（Iavan 或 Iavones）作为对所有希腊人的称呼，并将该名称传播到叙利亚。

> 腓尼基人称希腊人为伊阿万或伊阿沃涅斯

> 公元前9世纪希腊字母的发明，源于腓尼基字母

与腓尼基人给予希腊乃至欧洲另一难以估量的帮助相比，上述所有一切都微不足道。他们给予了希腊人最有用的工具——字母文字，促使希腊走向文明。大约在公元前9世纪初，不可能更晚，腓尼基字母被希腊人按口头表达形式加工塑造。【71】在汲取过程中，希腊人表现出他们过人的天赋。腓尼基和其他闪米特字母都只有辅音字母，希腊人加入元音字母。他们挑出希腊语中没有相应读音的辅音音符，然后把这些多余的符号用来代表元音。后来，其中有几个字母传播到希腊世界的各个地方，虽然在某些细节上稍有不同，但它们仍大致遵循几个基本原则。可以推断，这些基本原则可能是伊奥尼亚人制定出来的。总之，伊奥尼亚人很早就引入了文字，大约在公元前9世纪，诗人们已经开始使用文字书写诗歌。现在我们所能见到的最早希腊文字书写在公元前7世纪的一只阿提卡陶瓶上，上面的文字表明，该陶瓶将奖给最曼妙的舞者。（现存最早的希腊语铭文参见图1-22）现在缺乏更早的铭文，这并不出人意料。最初的文字只是用于记载官方档案，将其用于日常或文学目的还是很久之后的事情。文字是闪米特人赠予欧洲最珍贵的礼物。

图 1-22　现存最早的希腊语铭文（大约公元前 740 年,现存于雅典国家考古博物馆）

上面的铭文是 ὃς νῦν | ὀρχη|στῶν πάν|των ἀτα|λώτατα | παίζει τῷ τόδε

第十一节　希腊人对早期希腊史的重构

有必要了解希腊人是怎样认识他们的早期历史的。虽然他们所建构的早期历史主要以具有传奇色彩的故事为基础且缺乏历史意识,但这仍然相当重要,因为他们对于过去的看法影响着他们对于当下的认识。希腊人对于过去传奇的确信完全是基于他们的经验认识;传奇事件经常以现实经历为基础;某个城邦宣称对某地拥有主权,其依据或许与古代某位世出神灵的英雄某次据称的征服或统治有关。①

---

① 格罗特（G. Grote）已用我们所处时代的历史证明了这一点。直到17世纪,英格兰国王仍坚信他们是特洛伊英雄布鲁泰（Brute）的后裔。在1301年的一份官方起草文件中,该传说仍被用来作为英格兰国王有权继承英格兰的支撑材料。

谱系　　　　　在人们对历史的好奇心还不太深厚时,显贵家族考察过去的最初首要动机是力图证明其谱系始于某位神灵。为此,他们竭力将自身的血统与英雄出生的祖先联系起来,尤其是赫拉克勒斯和其他参加过特洛伊战争的武士。正是因为如此,特洛伊战争被视为全民族的伟业,赫拉克勒斯最初虽只与阿尔哥利斯相关,但后来也被当作全民族的英雄。【72】希腊人将其历史建立在谱系之上,根据谱系确定主要事件的时间顺序,认

编年史诗　为每三代为 100 年。后世荷马颂诗作者为确立传奇事件的相互关系做出了一定贡献,但公元前 8 世纪归于赫西俄德的诗歌才梳理出英雄时代传

归于赫西俄德的　奇故事的历史脉络。此类诗歌现已大多遗失,但正是在此基础上,公元前
诗歌
散文作家　　6 世纪—前 5 世纪的散文作家(或称故事作家)进一步将其补充完整并精心编辑,从而形成完整体系,其中最具影响的当数米利都人赫卡泰乌斯(Hecataeus)和阿尔哥斯人阿库西劳斯(Acusilaus)。虽然他们的作品早已不见踪影,但通过后世的编撰家和注疏家的记述,其主要内容仍比较完整地流传至今。

希腊民族的分支　　　首先必须明白希腊民族的各个分支是如何建立其认同的。整个希腊民族的名称"希伦人"(Hellenes)①源自他们共同的名祖,居于色萨利的英雄"希伦"(Hellen)。②后来,希腊人解释说他们分为不同的支脉。严格意义上讲,他们本可以继续前溯,根据不同分支所操的不同方言,找到某种划分标准,厘清不同分支之间的亲缘关系,最后确立两三个分支,使每个城邦都可以从中探祖寻根。但是,当远眺爱琴海对岸东部希腊人时,他们发现那似乎就是自身的反射,即希腊人的子孙被分成三个不同支派,爱奥利斯人、伊奥尼亚人、多利亚人。这一分类简单明了,他们分别出

---

① 参阅原书第98页。
② 希伦及其子孙被置于色萨利,这是因为荷马史诗中描写的"希伦涅斯"人居住在色萨利地区。有的传说认为希伦是宙斯之子,有的认为他是丢卡利翁(Deucalion)之子,而丢卡利翁则是普罗米修斯与潘多拉之子。

希腊史 Ⅰ

自爱奥鲁斯（Aeolus）、伊翁（Ion）和多鲁斯（Dorus）三个家庭,这三人显然是希伦的儿子。然而,这种划分存在问题,即如何将荷马记载的阿凯亚人包含其中,他们显然不属于爱奥利斯人、伊奥尼亚人或多利亚人,因为这三者在《伊利亚特》中都未曾出现。因此,按照安排,希伦有三个儿子,即爱奥鲁斯、多鲁斯和克苏图斯（Xuthus）,伊翁和阿凯乌斯是克苏托斯的儿子。①【73】借助语言和传统,如今可以轻松将希腊民族的发展贴上这样的标签,复杂多样的方言就被强归为三个人为的分支系统中。②

在希腊人看来,特洛伊战争和多利亚人对伯罗奔尼撒半岛的征服是两大关键性的事件。后世的所有一切都指向这两件大事,所有其他事情都与这两件大事有关。在阿尔哥斯,人们创作出一个多利亚人征服的奇怪版本,后来几乎被所有人采信。从中,可一览无遗地透视希腊人重构过去的动机和方法。泰麦尼德斯（Temenids）是阿尔哥斯的王族,其名称得自埃吉米乌斯（Aegimius）,而埃吉米乌斯是多利亚人制度的奠基者。但是,随着赫拉克勒斯的名声和荣耀与日俱增,泰麦尼德斯家族力图将其与赫拉克勒斯联系起来。通过高超的技艺,他们成功解决了这个难题。多利亚的三个部落借用三位名祖的名号,即叙鲁斯（Hyllus）、庞菲鲁斯（Pamphylus）、狄曼（Dyman）,而这三人都是埃吉米乌斯之子。但根据阿尔哥斯的新版故事,叙鲁斯其实是赫拉克勒斯的儿子。据说当埃吉米乌斯为色萨利王时,赫拉克勒斯曾帮助他打败了拉皮泰人（Lapiths）,因其英勇的行为,赫拉克勒斯获赠王国土地的三分之一。当赫拉克勒斯去世后,他的孩子们托庇于色萨利,埃吉米乌斯将叙鲁斯收为

多利亚人的征服被视为赫拉克勒斯后代的回归

---

① 将伊翁和阿凯乌斯视为兄弟,其目的或许是希腊人相信,因为多利亚人的入侵,阿凯亚人和伊奥尼亚人一同离开伯罗奔尼撒,前往小亚细亚殖民。
② 不是四种,因为阿凯亚人已被压缩和分解。

|| 第一章　希腊的发端与英雄时代　　083

养子,确保他能继承其父应得的三分之一国土。不过,后来叙鲁斯的儿子们并未能要回赫拉克勒斯在伯罗奔尼撒应得的土地,直到他的曾孙泰麦努斯(Temenus)、克莱斯丰泰斯(Cresphontes)和阿利斯托德姆斯(Aristodemus)才实现了这个愿望。与许多多利亚人一道,他们从瑙帕克图跨过科林斯湾,在一位名为奥克叙鲁斯(Oxylus)的独眼埃托利亚人带领下,征服了除阿卡狄亚之外的整个伯罗奔尼撒半岛。他们将爱利斯作为酬劳赠予奥克叙鲁斯。居于半岛的阿凯亚并未移民海外,而是撤退至半岛北部沿岸,即历史上的阿凯亚。经过抽签,半岛其他被征服地分别划归三兄弟统治:美塞尼亚归克莱斯丰泰斯,拉哥尼亚归阿利斯托德姆斯,阿尔哥斯归泰麦努斯。希腊人又增添了一段神话,解释为何斯巴达会出现两个王族。那就是在阿利斯托德姆斯寿终正寝后,拉哥尼亚由其双生子平分,即优利斯提尼斯(Eurysthenes)和普罗克勒斯(Procles)。

因此,多利亚的征服不过是恢复被篡夺权力的正当之举。阿尔哥斯和斯巴达王族放弃了他们的多利亚人出身,而将其与赫拉克勒斯的血脉联系起来;通过赫拉克勒斯,又与前多利亚人的阿尔哥利斯统治者联系在一起。

希腊各地本来都有地方神话和传说,【74】每个故事独立成章,互不相关。有时这些故事被诗人和散文作家采纳并加以改编,以便能与整个神话体系相适应。但在更多情况下,这些故事虽然彼此千差万别,无法兼容,但仍被人们毫无批判地接受,从而继续存在下来。在几个地方,甚至还可见到荷马的诗歌、赫西俄德的神话故事与现在普遍接受的故事并不一致的情况。根据现行版本,卡德摩斯是底比斯城的创建者;但是,在《奥德赛》中,底比斯城是由安菲翁和泽图斯(Amphion and Zethus)建立的。在一个版本中,科林斯的起源可追溯到海洋之神俄开阿努斯(Oceanus)之女埃菲莱(Ephyre);但在另一个版本中,该城的创立者却是爱奥鲁斯之子西叙弗斯（Sisyphus）。按众所周知的谱系，前多利亚人的阿尔哥斯与希伦及其子嗣并无联系。阿尔哥斯之名源自一条流经该城的人格化河流伊那库斯（Inachus），与大多数河流一样，他被视为海洋之神俄开阿努斯的儿子；阿尔哥斯为其重孙；伊俄（Io）则是其女儿，达奈奥伊（Danaoi）为伊俄所生。由此可见，前多利亚人的阿尔哥斯人并非希腊人，更非希伦的子嗣。如果该传说确可当作信史，他们应当追溯到伊翁，因为阿尔哥利斯受到强烈的伊奥尼亚因素的影响。

　　大多数情况下，希腊人会将自身与希伦及其子孙联系起来。大多数希腊人的血统可追溯到爱奥鲁斯。鉴于他育有七儿五女，将联系梳理得大致可信并不困难。埃托利亚的神话围绕爱奥鲁斯之女卡利凯（Calyce）展开；其子西叙弗斯建立了科林斯；色萨利英雄阿德麦图斯（Admetus）和伊阿宋（Jason）是他另外一个儿子克莱泰乌斯（Cretheus）之子。在该谱系中，最有趣的当数居于米利都及伊奥尼亚其他城市的科德利德（Codrid）家族与爱奥鲁斯建立的联系。他们一方面将血统追溯到波塞冬，同时也认为自己源自希伦。他们流传下来的传奇故事是：爱奥鲁斯之子萨尔摩纽斯（Salmoneus）的女儿为波塞冬育有一对孪生子，佩利亚斯（Pelias）和涅琉斯（Neleus）。由于佩利亚斯在色萨利的伊奥尔库斯（Iolcus）继承了王位，涅琉斯只得外出，在伯罗奔尼撒半岛西南的派罗斯（Pylus）建立自己的王国。涅琉斯去世后，其子涅斯托尔继位；年老时，他参加了特洛伊战争，并在战争中发挥着重要的作用。涅斯托尔之后的第四位继承者为麦兰图斯（Melanthus），当多利亚人入侵伯罗奔尼撒半岛时，他撤退到雅典，成为雅典国王，著名的雅典国王科德鲁斯（Codrus）就是他的儿子。后来，科德鲁斯之子涅琉斯率领伊奥尼亚人移居小亚细亚。通过这种方式，一系列古老的传统被编织成为一则故事。该故事最早出现在伊奥尼亚，后在阿提卡获得人们的广泛接受，并影响着雅典人对其早期历

> 爱奥鲁斯的后裔

> 涅琉斯的后裔

> 伊奥尼亚方言称为Νειλεύς，爱奥利斯方言称为Νηλεύς

史的认识。

　　希腊人并不满足于将其神话故事仅局限于自己的国家和民族,【75】还试图将他们的祖先及其传奇故事与异邦外族联系起来,这与希腊人在其他方面严格区分希腊与蛮族的意识形成鲜明对比。在伊俄的神话中,居于阿尔哥斯的达奈人成为埃及人的堂兄弟。因与宙斯相爱,伊俄成为达奈乌斯和埃及普图斯(Ageyptus)的祖母,而这二人分别为希腊人和埃及人的名祖。底比斯卡德米亚人的名祖卡德摩斯被认为是一位腓尼基人,为找寻其姊妹欧罗巴,他离开家乡,最终到波奥提亚定居。伯罗普斯的神话故事也广为流传,据称伯罗普斯是弗里吉亚的西皮鲁斯(Sipylus)国王坦塔罗斯的儿子,他迁居到伯罗奔尼撒半岛,开创了阿尔哥斯王室的世系,阿伽门农就来自该家族。科林斯神话将其早期历史与科尔奇斯联系起来,认为太阳神的后裔阿伊泰斯(Aeetes)是该地区的首任国王,其女美狄亚是这片国土的女继承者。由于人们已经把赢得希腊主导权之前的故土完全淡忘,所以为了寻找其祖先的迁居地,他们只能将目光转向东方而非北方。

埃及

腓尼基

弗里吉亚

科尔奇斯

阿玛宗人的传说　　希腊人最确信无疑的神话是关于阿玛宗人的故事,该神话具有全民族的意义,但相关神话的产生却怪异且含混不清。一般认为,阿玛宗人是英雄时代强壮而勇猛的女战士,居于亚洲,远离男人,是希腊英雄强有力的敌手。就词源学而言,阿玛宗本义为"无乳者"。希腊人认为,为了便于拉弓引箭,她们会烧掉自己的右乳。《伊利亚特》中普里阿摩斯讲述他如何在弗里吉亚与阿玛宗人战斗(*Ili*. III.189);柏勒罗丰最艰巨的任务就是杀死阿玛宗人(*Ili*. VI. 186)。在后来的荷马颂诗中,阿玛宗女王彭泰西莱(Penthesilea)成为阻止进攻特洛伊的希腊英雄前进路上的一个可怕对手;夺取阿玛宗女王的金腰带是赫拉克勒斯的十二件伟业之一。上述冒险都发生在小亚细亚;尽管上述阿玛宗女人身处不同地区,但其家乡

《伊利亚特》第三卷及第六卷

《埃提奥皮斯》(*Aethiopis*)

都在希腊人的殖民地阿米苏斯（Amisus）附近的泰尔墨冬河（Thermodon R.）流域。阿玛宗人也会攻击希腊人。据称，因为提秀斯掳走了她们的女王安提奥佩（Antiope），阿玛宗人长途奔袭，入侵雅典。在雅典城，发生了一场激烈的战斗，经过长时间的奋勇搏斗，她们最终被击败。在举办纪念提秀斯的节庆上，雅典人也会祭祀阿玛宗人；雅典城西有一座建筑称为阿玛宗奈昂（Amazoneion）。【76】与特洛伊战争一样，阿玛宗人的故事也被伊索克拉底和柏拉图等人笃信无疑。希腊人与阿玛宗人的战斗是希腊雕塑家喜爱的主题；与特洛伊战争、阿尔哥英雄远航一样，阿玛宗人的故事切合了希腊人对于希腊与亚洲悠远而漫长的斗争构想。

阿玛宗人入侵阿提卡

赫拉克勒斯的十二件伟业、特洛伊战争、阿尔哥英雄的远航、卡德摩斯的故事、俄狄浦斯的身世、阿尔哥英雄阿德拉斯图斯（Adrastus）两次围攻底比斯城及其他我们耳熟能详的著名传奇故事，都属于希腊神话的组成部分，对上述传奇故事完全正确的阐释已超出我们现在的能力。但我们必须意识到，后来的希腊人对它们确信无疑，将它们当作信史讨论。因此，许多传奇故事可能确有真实的历史基础，不管其基础是多么的微薄。其中，特洛伊战争最具有历史价值，阿尔哥英雄的远航和卡德摩斯的故事也包含着对真实事件的一些朦胧记忆。英雄时代，底比斯与阿尔哥斯之间可能确有竞争，并因此引发了双方的战争。

两大强劲动力促使这些历史性传奇的诞生，即希腊家族和城市寻根问祖的习惯，以及希腊人对城市、河流、泉水等自然物人格化的天性。当开始具有族群、语言共同体的强烈意识并开始思考过去时，他们自然会努力地将各种不同的传奇故事协调一致；既然这些传奇故事是信史，它们必须前后一致。最后，人们将其纳入一个历代相继的时间谱系中。米利都人赫卡泰乌斯认为一代有40年；但一般认为三代人约有100年。根据最终被大众普遍接受的谱系，特洛伊战争爆发于公元前1184年；在赫拉克勒斯子孙率领下,多利亚人入侵伯罗奔尼撒半岛的时间是公元前1104年。这两个时间节点与现代学者们采用最先进的研究方法得出的时间非常接近,事实本身很有可能就是如此。

该时段的主要事件及发生时间

(据公元前220前后埃拉托色尼的研究)

卡德摩斯	前1313年
伯罗普斯	前1283年
赫拉克勒斯	前1261年—前1209年
阿尔哥英雄的远征	前1225年
【77】七雄征底比斯	前1213年
特洛伊的陷落	前1184年
征服色萨利、波奥提亚	前1124年
爱奥利斯人移民	前1124年
赫拉克勒斯子孙的回归	前1104年
科德鲁斯去世	前1044年
伊奥尼亚殖民	前1044年
斯巴达莱库古改革	前885年

第二章

希腊的扩张

第一节　希腊殖民的起因和特征

【79】除希腊本土和爱琴海沿岸外,虽然我们无法确定希腊人在色雷斯、黑海沿岸、意大利、西西里、西班牙、高卢等其他地区开始扩张的时间,但到公元前6世纪,殖民进程已经完成。(希腊和腓尼基殖民地参见图2-1)希腊人的殖民运动不能只被视为一种单独或孤立的现象,它是早期希腊人在爱琴海诸岛和小亚细亚沿岸扩张的继续;不过,对于早期殖民的细节,希腊人本身早已忘记;因此,我们也无法完全知晓相关细节。

希腊殖民运动的起因不能只归于商业利益。当然,在大多数情况下,商业利益是原因之一,至少在殖民黑海的过程中,这是主导动因。希腊和腓尼基殖民的主要差异是,腓尼基人的目标仅仅是促进商业的发展,只有在某些特定情况下,譬如迦太基,殖民地才会超越商站或作坊,成为人们的固定居所;除商业利益外,希腊的殖民地还用以满足人们的其他需求。在传奇故事中,人们用诗意的语言讴歌"阿尔哥英雄的远航"和"奥德修斯的回乡之旅",赞颂他们的冒险精神。正是同样的冒险精神,而非任何商业利益,推进了英国的殖民运动。

> 希腊殖民地与腓尼基殖民地的区别

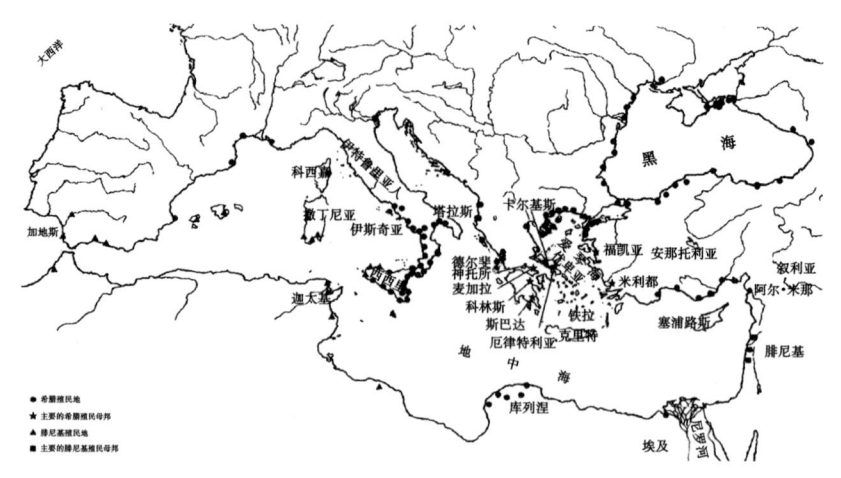

图 2-1 希腊人的和腓尼基人的殖民地（约公元前 800 年—前 500 年）

（据 Thomas R. Martin, *Ancient Greece from Prehistory to Hellenistic Times*, New Haven and London: Yale Univerity Press, p.54 编译）

希腊殖民运动的原因：1. 商业；2. 土地制度；3. 政治条件；4. 特殊因素

　　当然，有时商业为殖民铺平了道路，殖民者往往会循着商人开辟的道路前进。米利都人冒险前往优克辛海的危险水域，并在此发现了许多良港和适宜建城的诱人场所。返回后，商人们就组织一批批希腊人前往殖民。冒险、贪婪、不满现状的人总是比比皆是。但是，至少在早期，特殊土地制度引发的人口过剩是迫使希腊人移民的重要原因。希腊土地制度与独立自主和冒险精神极其相宜。在此制度下，通过各种方式，【80】个人无法获得对共同财产的享有权，最终被排除在宗族外。土地的缺乏为殖民做好了充分准备。此外，公元前 8 世纪—前 7 世纪，大多数希腊城邦的政治氛围有利于殖民。如前所述，此时希腊盛行贵族政体。有时，尽管名义上国王是首脑，但他不过是贵族中的第一人，贵族团体才是真正的掌权者。有时，政府采用封闭的贵族制，实权掌握在某个家族手中，例如科林斯的巴奇亚德家族。无论是哪种情况，统治阶级的成员与普通自由民众之间的差异越来越大，相互之间的沟壑越来越深。统治者独断专行的趋势日盛，他们压迫大众，丝毫不掩饰对人民大众的轻慢。在米提列涅，事情已发展到不可收拾的地步。主要的掌权者彭提利德（Penthilids）家族横行乡里，手持棍棒，在街上随意击杀他们不喜欢的公民。在此情况下，人们受尽统治者的侮辱，对他们来说，城邦已无足轻重。他们强烈渴望离开父母之邦，加入海外殖民者的队伍，建立一个属于他们的新城邦，过一个自主自治的生活。此外，殖民海外对不属于寡头圈子的其他贵族也有强烈的吸引力。事实上，政治上的不满情绪是希腊殖民运动的直接动因；易言之，殖民运动是贵族政体的守护神。如果不存在这种排解不满的渠道，或者这种渠道不合希腊人的胃口，贵族政体不可能持续这么长久。统治者也明智地认识到鼓励殖民与他们的利益息息相关。

> 殖民运动是贵族制城邦的安全保障

除上述一般性因素外，还不能忽略某些特殊原因。譬如，在分析米利都及伊奥尼亚南部城邦殖民时，也必须考虑东方因素；伊奥尼亚北部城邦可以向吕底亚扩展；但南部的卡里亚过于强大，希腊人无法在此扩张；出于同样的原因，吕西亚成为罗德斯人进一步扩展的障碍。否则，罗德岛和米利都就不太可能将移民送到如此遥远的地方。

无论移民到哪里，希腊人都会保留其风俗和语言，建立新的希腊城邦。殖民活动看似一小撮希腊人跑到遥远的优克辛海沿岸、极西的高卢或伊比利亚半岛地处蛮荒的海边安身立命，但其实殖民活动并非只是私人事务，殖民者与"母邦"之间的亲密关系得到用心维护。即便政治上的不满是导致移民逃离的主导因素，但是，远离故土的庄重感，新建城邦与母邦崇拜同一神灵的宗教感情会不断在人们的心中涌现，【81】从而使双方最终达成和解。殖民者会从城邦公共火塘取得圣火，在他们新建家园的火塘中使圣火燃续不灭。每逢宗教节庆，子邦与母邦的联系尤为密切，子邦会通过各种形式表达对母邦的孝敬之情。在通常情况下，当殖

> 殖民地与母邦的关系

神谕

民地生根发芽,再建新殖民地时,根据惯例,孙邦的首领(oecist)将会来自母邦。因此,当麦加拉的殖民地拜占廷计划建立自己的殖民地麦塞姆布里亚(Mesembria)时,仍需在麦加拉寻找一位首领。殖民的政治重要性因宗教而被神圣化。无论何时,在建立新殖民地之前,人们必须向德尔斐的皮提亚求取神谕,这已成为必不可少的宗教仪式。希腊最古老的神托所是多多那的宙斯神庙。其祭司和神谕的解释者被称为塞利(Selli),《伊利亚特》中曾有提及。在《奥德赛》中,多多那是西部希腊诸国王问询宙斯意志必须前往的地方,人们认为,宙斯住在"高高的橡树上"。但是,埃皮鲁斯高地上橡树遮掩的圣所离希腊太遥远,不可能成为他们问询神谕的主要神托所。德尔斐的皮提亚-阿波罗[①]的神庙位于希腊中心,其精明的祭司使阿波罗的预言具备了最高权威性,德尔斐也成为希腊世界至高无上的预言发布地。其他神灵也可预言未来,譬如,居于离德尔斐不远的波奥提亚莱巴戴的英雄特罗弗尼乌斯(Trophonius);居于格拉埃斯的英雄安菲亚劳斯(Amphiaraus)。但是,他们都无法对德尔斐的阿波罗构成威胁。最迟到公元前7世纪,阿波罗已成为全希腊的顾问。[②]

通过1.与非希腊人的交往;2.不同城邦的联合,殖民运动促进了希腊人的团结意识

值得注意的是,殖民运动有利于促进希腊人团结意识的形成,这主要通过两种方式实现。其一,随着殖民地在位于边缘的蛮荒之地的广泛散播,希腊人能够更全面地比较他们和野蛮人的差异,进而比较二者政体的不同。定居于小亚细亚的希腊人与非希腊人成为近邻,自然,他们会深切地感受到希腊人之间的共同特征。对波奥提亚或阿提卡的居民来说,这种对比显得颇为怪异,因为周边全是希腊人,他们能注意到的最多也只能是地区性差异。随着子邦在世界各地的建立和扩散,欧洲希腊人的团结意识日渐强烈。其二,殖民运动导致不同城邦的希腊人相互联系

---

① 《奥德赛》(*Ody.* 8.80)中也曾提到德尔斐神谕。
② 预言产生的影响可参阅原书第152页。

加强。【82】当一位首领决定组织一批殖民者建立一座新城邦时,他往往无法在本邦找到足够的人员参加,因此,不得不从其他城邦征召志同道合者;结果许多殖民活动最终成为不同城邦的联合行动,包含着来自不同城邦不同部族的公民。事实上,该特征并非仅限于殖民时代后期,也是此前希腊人在小亚细亚殖民时的基本特征,这也是关于早期殖民可以确定的为数不多的几个事实之一。

第二节 优克辛海、普罗蓬提和爱琴海北部地区的殖民地

阿尔哥英雄远航并夺取金羊毛的传奇故事以一种轻松愉快的形式记录下希腊水手第一次闯入优克辛海的令人难以忘怀的日子。由于惯于在岛屿之间的海峡和爱琴海上进行短距离航行,当穿过博斯普鲁斯海峡后,希腊人认为他们航行在无边无际的大海上,于是将其称为本都(Pontos,即"主要的"之义)。即便他们已沿其海岸绕行一周后,他们可能仍认为这片海域渺无边际,因为他们不知道伊斯特河(Ister)、塔那伊斯河(Tanais)、达那普利斯河(Danapris)等大江大河会通向哪里。进入赫勒斯滂海峡后,有一片相对开阔的海域与博斯普鲁斯海峡的狭窄水道相连,他们形象地将其称为普罗蓬提(Propontis,即"本都的门厅")。因为周边到处是小溪和海湾,欧里庇德斯愉快地将其描写为"无垠大海上的水之钥匙"。即便是经验丰富的水手,本都对他们的船舶来讲也是一片暗藏危险的海域;或许正是因为如此,这片海域被人称为"优克辛",即"好客"之义,因为根据希腊传统,人们会为不利于己的力量取一个吉祥的名字。① 当优克辛海的范围和方向还未被人知晓时,人们就已开始小

阿尔哥英雄的传说

本都,即黑海

普罗蓬提

---

① 但这一解释绝非肯定。

《奥德赛》的重要性	心翼翼地探索它的海岸，这可能就是奥德修斯海上流浪故事的最初原型。根据人们的想象，他从特洛伊航行进入本都，在本都海域内到处漂荡后，终于通过陆路经色雷斯和埃皮鲁斯回到了伊大卡。如今我们所见的《奥德赛》是由许多不同的传奇诗歌组成，奥德修斯的航行路线被掩盖起来。喀耳刻（Circe）的仙岛被搬到了遥远的东方，逝者的冥土被转换
亚速夫海峡	为大西洋。但根据神话，喀耳刻是太阳神的女儿、拥有金羊毛的国王阿伊泰斯的姊妹，因此，她的岛屿应位于科尔奇斯周边海域。【83】西麦利人（Cimmerians）以东影子的世界理应到克里米亚的博斯普鲁斯附近去寻找。诗歌最后部分提到了西西里岛，也提到了位于通往西地中海的航线上的伊大卡岛及伊奥尼亚海上其他岛屿。这反映出希腊人已开始朝此方向扩张。但是，与奥德修斯最初漂泊相关的是希腊人对优克辛海的探索，而不是西方世界。
	对于出现在本都海岸的第一批希腊城市的具体情况，我们并不太清楚。（希腊人在优克辛海建立的殖民地参见图2-2）米利都是先行者，
麦加拉的殖民地	销售米利都绵羊毛制品的商人或许早在本都南岸建立了一些商站。科尔奇斯的亚麻、铁和银制品、奴隶等是他们购回的主要物品。但直到公元前
拜占廷，公元前660年	7世纪上半叶麦加拉人在博斯普鲁斯海峡口建立卡尔克顿和拜占廷后，希腊人在本都的殖民活动才正式开始。拜占廷扼黑海商贸要冲；但是，希腊人并未完全认识到此地的巨大商业价值和政治价值，直到1000多年后其价值才完全释放出来。为纪念再造者，帝国将这座城市重新命名为君士坦丁堡，并使其成为继罗马之后的帝国首都，此后该城对罗马的地位构成了严重的挑战。这是小邦麦加拉在希腊历史上的首次登场，同时代任何一个城邦的作为都不及麦加拉人在博斯普鲁斯建立定居点的影
卡尔克顿	响更加深远。根据故事，麦加拉人最初建立了卡尔克顿，但他们并没有认
塞林布里亚；赫拉克利亚	识到海峡对岸的巨大优越性。当他们前去德尔斐问询时，神谕责备他们

是"瞎子"。此后,他们在拜占廷以西普罗蓬提的北岸建立了塞林布里亚(Selymbria);向东,他们在比提尼亚(Bithynia)沿岸建立了本都的赫拉克利亚(Heraclea in Pontus)。

麦加拉人的殖民事业激励着米利都人,他们决定抢先占领本都沿岸其他最佳位置。在本都南部最北端伸出一块细长的海角,形成两个天然良港,是殖民的绝佳位置,米利都人在此建立了辛诺普(Sinope)。继续向东,在前往黑海最东端行进到一半路程处,法西斯河(Phasis R.)从高加索山脚流入大海,米利都人在此建立了特拉佩宗(Trapezus)。【85】在博斯普鲁斯海峡,麦加拉人已抢得先机,但米利都人也获得了一些补偿。他们在赫勒斯滂海峡塞斯托斯对岸建立了阿比多斯(Abydus);在普罗蓬提海南岸发现了一块类似于辛诺普的突出海岬,同样形成两座良港,米利都人在此建立了居齐库斯(Cyzicus),后来半岛被他们变成一座岛屿,该城钱币上的图案表明,金枪鱼是他们贸易的主要物品之一。赫勒斯滂海峡北端的兰普萨库斯(Lampsacus)曾是腓尼基人的商品制造地,在米利都人殖民的同时,伊奥尼亚的另一个城邦——福凯亚在此建立城市,钱币上有羽翼的海马图案表明,该城居民精于海事业务,这是她后来富裕和繁荣的根基。帕里翁(Parion)的建立是米利都与厄律特莱合作的结晶;克拉佐门奈与米利都联合,在色雷斯的克尔松尼斯半岛颈部建立了卡尔迪亚(Cardia),成为抵御色雷斯人进攻的前沿要塞。来自列斯堡的希腊人在赫勒斯滂海峡南部沿岸的斯卡曼德河谷平原建立了许多爱奥利斯人的小城镇。

米利都的殖民地

辛诺普

特拉佩宗

阿比多斯

居齐库斯

福凯亚的殖民地:兰普萨库斯

米利都和厄律特莱的殖民地:帕里翁和卡尔迪亚

第二章 希腊的扩张

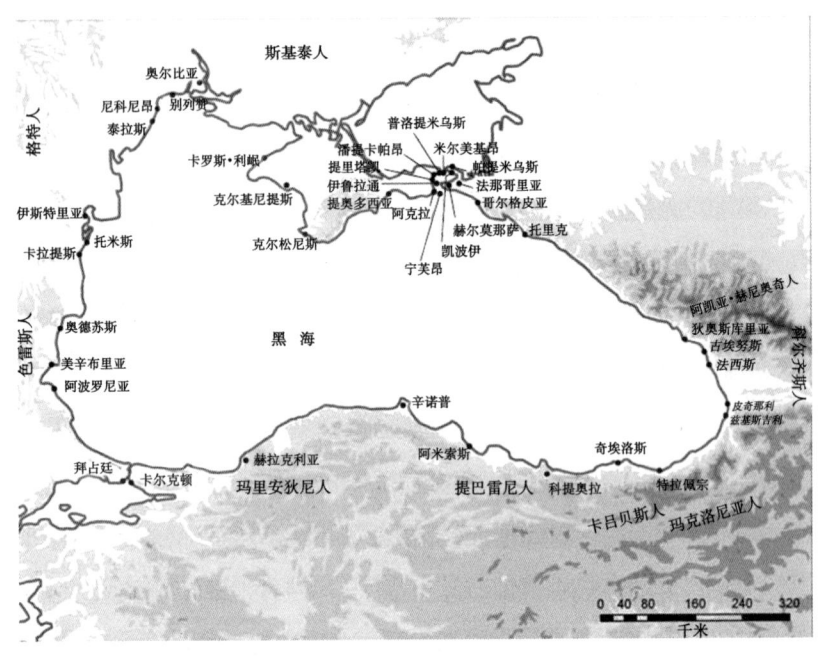

图 2-2　希腊人在优克辛海的殖民地

（据 Kurt Raaflaub, Hans van Wees ed., *A Companion to Archaic Greece*, Malden: Wiley Blackwell, 2009, map 11 编译）

本都地区的其他殖民地：狄奥斯库利亚斯、法西斯、潘提卡帕昂、塔那伊斯、赫拉克利亚、奥尔比亚、奥德苏斯、美塞姆布利亚

　　希腊人的殖民地还出现在优克辛海更边远的地方。在位于黑海最东的具有传奇色彩的城镇科尔奇斯，人们建立了狄奥斯库利亚斯（Dioscurias）和法西斯（Phasis）；在陶里人的克尔松尼斯（Tauric Chersonesus，也即"半岛"，今克里米亚）麦奥提克湖（Maeotic L.，即今亚速海）流入优克辛海的海峡两岸，希腊人建立了潘提卡帕昂（Panticapaeum）和法那哥利亚（Phanagoria）；并在塔那伊斯（Tanais）河口建立了同名城市；在半岛西侧，他们建立了赫拉克利亚（也称克尔松尼斯），1000多年后，该城仍保留着古代希腊城市的基本形貌；此外，希腊人还在第聂伯河口建立了奥尔比亚（Olbia），并在黑海西岸相继建立了奥德苏斯（Odessus）、伊斯特鲁斯（Istrus）、美塞姆布利亚（Mesembria）等城市，从而使希腊殖民城市完成了对黑

海的环绕。

优克辛海和普罗蓬提海是海神阿喀琉斯的管辖区,因与特洛伊的传说联系在一起,其声名更盛。在本都沿岸,阿喀琉斯被视为"本都海的统治者"而受到崇拜;在多瑙河口附近一座无人居住的、名为琉凯(Leuce,其义为"闪亮的岛屿")的荒岛上,有阿喀琉斯的神庙,据说海鸟是这座神庙的守卫者。

本都地区对阿喀琉斯的崇拜,琉凯岛的神庙

如果说米利都和麦加拉在把希腊世界的边界向赫勒斯滂以东地区的扩张过程中发挥着最显著的作用,那么在向爱琴海西北角推进的过程中,优卑亚占据着主导地位。斯西亚图斯(Sciathus)和佩帕莱图斯(Peparethus)这两座贫瘠的岛屿是从优卑亚到马其顿的桥梁。在马其顿的爱琴海沿岸,阿克西乌斯河(Axius)与斯特里梦(Strymon)河之间,一个巨大的三岔海角向前伸出。卡尔基斯人在这三座海角上建立了许多城市,以至于整个半岛被命名为卡尔基狄克(Chalcidice)。但是,半岛上一些主要城市却由其他城邦所建,譬如,最西的帕列涅(Pallene)半岛上的波提狄亚(Potidaea)为科林斯所建。【86】中间的半岛名为斯托尼亚(Sithonia);东部半岛名为阿克泰(Acte),阿托斯(Athos)山位于半岛最东端。帕列涅半岛上的一些殖民地由厄律特利亚(Eretria)所建;阿克泰半岛北部的城镇由依附于厄律特利亚的安德罗斯(Andros)所建。尽管不能将这里称为卡尔基斯的城市,但仍可视之为优卑亚的城市。在泰尔玛(Thermaic)湾西侧,优卑亚人在马其顿土地上还建有了皮德那(Pydna)和麦托涅(Methone)两座城市。

卡尔基斯人的殖民

卡尔基狄克

科林斯的殖民地波提狄亚

皮德那和麦托涅

第三节 西部地中海的殖民地

在《奥德赛》稍后的章节可以发现西西里和意大利相关地区的情况,

|| 第二章 希腊的扩张   099

这是提及上述地区的最早文献材料,时间大约为公元前8世纪,诗人提到了西凯尔人（Sicels）和斯卡尼亚岛（Sicania）;在另一则文献中,也提到了泰麦萨（Temesa),希腊商人在此可买到托斯坎奈（Tuscan）所产的铜,这是文献中首次提到意大利地名。公元前7世纪末,在西西里东海岸和塔林顿湾周边地区,已密密麻麻地建立起一系列的希腊城邦。这些殖民地可分为三种类别:

其一,优卑亚人建立的城邦,在西西里岛和意大利半岛都有分布;

其二,阿凯亚人建立的城邦,全部位于意大利半岛;

其三,多利亚人建立的城邦,除特殊情况外,主要集中于西西里岛。

上述城邦建立时间的先后顺序并不确凿,我们无法断定最早的殖民地是建立在岛屿上还是在大陆上。

奥德修斯在西地中海　　如前所述,关于奥德修斯海上历险的最古老传说是以初有涉足的黑海地区为背景。史诗中反映的生活留给人们的印象最为深刻,很快赢得了希腊人的喜爱。当他们开始航行前往西西里和意大利海域时,希腊人的历险故事就从东转向了西,随着编年史诗的进一步发展,人们采纳了新的冒险线路。在希腊人对意大利还只是一知半解时,半岛南部的海角被想象为"圣岛"[①];墨西拿海峡被等同于斯库拉（Scylla）和卡利布狄斯（Charybdis）;利帕拉（Lipara）岛变成了爱奥鲁斯之岛;凯克罗佩斯的老巢在烈火喷发的埃特那火山。法伊西亚人（Phaeacian）居住的斯奇里亚岛（Scheria）被认为是科基拉;地狱之门在库麦;受塞壬（Sirens）女仙诱惑者变成的石头堆放在索伦托（Sorrento）。对西部地中海地理状况的第一印象不但影响着《奥德赛》最终版本的成型,而且诗人还通过《奥德赛》的创作折射出时人对西部地中海地理的认识。【87】位于拉丁姆

---

① 这种表达方式保存在赫西俄德的《神谱》中。

的海角获得了科尔奇斯女巫喀耳刻（Circei）的名字，这是荷马史诗在该地颇具魅力的明证。奥德修斯不是公元前8世纪前唯一一位乘坐希腊船舶西行的英雄，克里特国王米诺斯和能工巧匠代达罗斯（Daedalus）与西西里也有一定联系。赫拉克勒斯被认为是最早到西地中海航行的希腊人，他抵达大地的边缘，太阳由此沉入大海，他曾站在大地的边缘，看着俄开阿诺斯河汹涌流淌。因他之故，地中海入口处两岸的悬崖被命名为赫拉克勒斯柱。

据说，希腊水手在西部海域最早建立的殖民地是坎帕尼亚海岸的库麦城。（大希腊与西西里，参见图2-3）传统上将该城的建立的时间确定为公元前1000年之前，这一时间受到当代学者的普遍质疑。即便我们将建城时间大大推后，将其视为意大利半岛建立最早的希腊城市的传统说法仍大体正确。无论如何，库麦建城最早，且地理位置非常特殊。卡尔基斯、厄律特利亚、库麦（位于优卑亚东海岸的城市）都是曾显赫一时但后来衰落的城市，有的城市后来甚至沦为了村庄。上述三城曾联合行动，招募一批居于希腊大陆塔那格拉附近的格莱亚人（Graeans）准备殖民意大利。他们最初抵达皮提库萨岛（Pithecusae），不久，在一块多石高地上成功殖民，在这个地方，意大利海岸急骤东转形成那不勒斯湾。此地是为一块风水宝地，虽然没有港口，但易守难攻，敌人只能把战船拖到山下的沙滩。接着，他们占据了海角环绕的港口，并在此建立了一座名为狄卡埃奇亚（Dicaearchia）的城镇，此为波提奥利（Puteoli）的雏形；在稍远的东边，他们建了那不勒斯，即"新城"（Neapolis）。

与这些希腊文明前哨接触的意大利人是奥皮坎斯人（Opicans），他们是古意大利人种中一支举足轻重的部族。殖民者与原住民交往频繁，取得了显著的成效；在该地区，库麦显得势单力孤，因为有强大的伊特鲁里亚人存在，希腊人未能进一步向北建立殖民地，向南，直到后来建立了

优卑亚的殖民地：库麦

建立时间

建立者

地点

狄卡埃奇亚和尼亚波利斯

第二章　希腊的扩张　101

图 2-3　大希腊与西西里

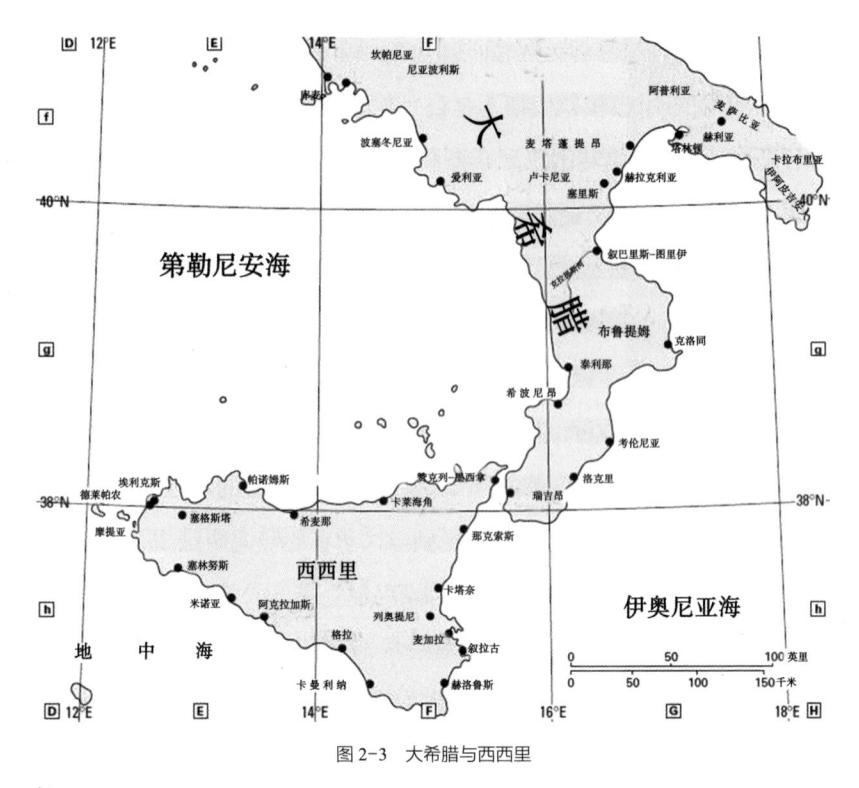

（据 C.Dewald and J. Marincola eds., *Cambridge Companion to Herodotus*, Cambridge University Press, 2006, map 5 编译）

波塞冬尼亚（Posidonia），才出现一支可与其一较高下的力量，因此，库麦在该地发挥着广泛而潜移默化的作用。库麦的显性历史进程不值得大书特书，这里并未发生大规模的战争或内斗，但她却在欧洲文明史上占据着重要而毋庸置疑的地位。优卑亚的库麦城为欧洲人带去了如今人们使用的字母体系，拉丁人正是从库麦人那里学会了书写。【88】伊特鲁里亚人也独自从他们那里学会了使用字母，并按其发音的需要将其略作修改后传给了奥斯坎人（Oscans）和翁布里亚人（Umbrians）。而且，库麦人还把希腊神灵和希腊宗教介绍给邻近的意大利各民族。赫拉克勒斯、阿波罗、卡斯托尔、波吕丢克斯等在意大利众所周知，甚至被认为是意大

> 库麦在欧洲历史中的重要性
>
> 意大利的字母系统
>
> 引入希腊神灵

利的原生神灵。库麦城阿波罗的女祭司西比尔（Sibyls）发布的神谕被认为暗藏着罗马兴衰的命运。

也正是因为库麦，西欧人才有了希腊（Hellas）和希腊人（Hellenes）的称呼。最初与拉丁人接触时，希腊人并无共同的名称。尽管后来对他们统一的名称是"希腊人"，但在当时该名称只与某一个特定的部落有关。理所当然地，陌生人会用称呼他们最初接触到希腊人的名称称呼后来接触到的同类人，并将该名称推而广之，继而将其用以称呼所有希腊人。奇怪的是，意大利库麦城最初的殖民者并非卡尔基斯人，也非厄律特利亚人，甚至不是来自优卑亚的库麦人，而是格莱亚人。拉丁人及其他当地居民称这些殖民者为格拉伊（Graii），格莱西（Graeci）是格拉伊的常用派生词。如今我们称呼 Greece 为希腊，而不是其他源自库麦、厄律特利亚、卡尔基斯的其他词汇，无疑这完全是出于某种非常偶然的巧合。西部地中海人所称呼的 Greece 得自波奥提亚的一个无足轻重的地区，希腊人自称的 Hellas 源自色萨利一片很小的区域。事情确实就是那么偶然。但是，西欧人根据他们最先接触那座城市的人来称呼希腊人，而与希腊人最初接触的那支民族注定会在将来教化并统治整个西欧数十个世纪，这却绝非偶然。

接下来，优卑亚希腊人建立定居点的地方不在意大利而在西西里。就地理构造而言，正如伯罗奔尼撒是巴尔干半岛的延伸一样，西西里岛是意大利半岛的延伸；但其历史重要性更多取决于该岛所处的另一地理现实。该岛位于地中海的中央，将海洋分为东西两部分；这座岛屿与生俱来是一个多民族汇聚的场所，被称为"永恒的问题"的亚欧各民族之间的斗争也部分地发生在西西里土地上。在历史上，西西里本土并无任何强大的力量。该岛的伟大应归因于来自其他地方的殖民（而非移民）。因为它是连接欧洲与非洲的纽带，吸引着来自两洲的定居者；【89】又因其

希腊名称的来源

来自波奥提亚的格莱亚人

西西里及其在历史中的地位

第二章 希腊的扩张   103

紧邻意大利半岛,总是成为半岛上成功的统治者试图攫取的目标。

<small>西坎人</small>

西西里岛上最早的居民是西坎人(Sicans),他们自认为是当地的土著居民,现已无任何资料证明他们何时到达岛上,也无证据可以推断他们来自何方或所属种族。按常理推断,他们可能来自意大利。该岛也因为这一批人的到来而被称为西坎尼亚(Sicania)。接着迁居该岛的是西凯尔人(Sicels),我们对于他们的了解相对更多。因为在意大利半岛最南端的脚趾处发现了西凯尔人,由此可以证明传统看法的正确性,即他们的确是来自意大利的移民。也有一些不太可靠的证据表明他们所操的语言与古代意大利人类似,属于广义的拉丁语。西凯尔和西坎的名字近似,人们自然会得出结论,认为两支部族属于类似的民族,拥有相近的语言。

<small>西凯尔人</small>

<small>西坎人和西凯尔人属于同一民族?答案未定</small>

但是,名字的相似性往往富有欺骗性,一个值得注意的事实是,虽然希腊人乐于建立词语类似性的理论,但他们总是仔细区分西坎人和西凯尔人在民族上的不同。另外一种联系也有可能,认为西凯尔人是西坎人留在意大利的居民,经过若干世纪,在与拉丁人和其他民族的交流中,他们逐渐意大利化。后来移民到西西里时,他们已不承认在遥远的过去移居岛上的居民是其同胞。这一推论也未必靠得住。全岛被分成了两个国家,西部的西坎尼亚和东部的西凯利亚;在西坎人的重压下,西凯尔人在东部地区勉力挣扎。《奥德赛》中谈到了西坎尼亚;或许居于库麦的希腊人通过史诗已经知晓该地。很早以前,西坎尼亚受到一支名为埃利米亚人(Elymians)的神秘民族侵袭,有人说他们来自意大利,也有人说来自小亚细亚北部,更可能的是,他们是伊比利亚的民族。最终,埃利米亚人占据着岛屿西北角的一小块土地。

<small>埃利米亚人</small>

在这块微型大洲上居住着三个民族,不久这里将成为希腊人和腓尼基人角逐的战场。(西西里各部族大致分布情况参见图2-4)西凯尔人的数量最多,地位最重要;在历史上,位于西北一个海角上的叙卡

<small>西坎人的地盘</small>

拉（Hykkara）是西坎人唯一一座重要城市。位于南部海岸的米诺亚原本属于西坎人，后被希腊人占据。离米诺亚不远的内陆城镇卡米库斯（Carmicus）在早期是一座重要的要塞。埃利米亚人在塞格斯塔（Segesta）和埃利克斯（Eryx）的城镇比西坎人的城镇更加重要。岛屿东部地区最初隶属于西凯利亚，从北部海岸中央的凯法罗狄翁（Cephaloedium）到东南角的内陆城镇摩提卡（Motyca）密布着西凯尔人的堡垒，【91】其中最著名的有阿吉利翁（Agyrium）、肯图里帕（Centuripa）、摩甘提那（Morgantina），尤以赫那（Henna）最为出名。

埃利米亚人的城镇

西凯尔人的城镇

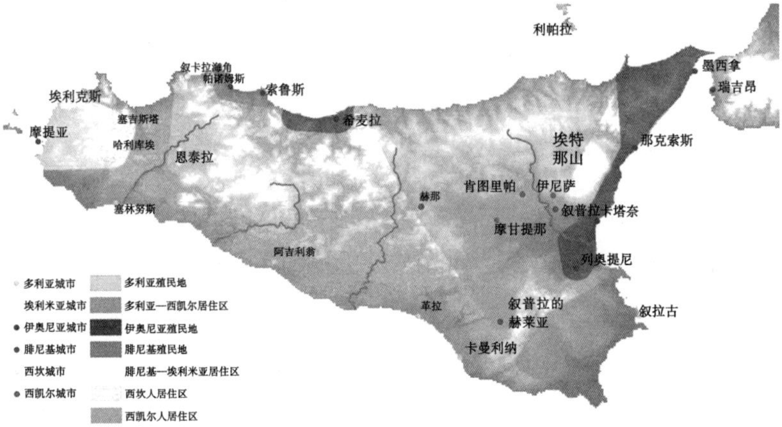

图 2-4　西西里各部族大致分布情况

（按 Jeremy Dummett, Syracuse: *City of Legends*, London: I.B.Tauris & Co Ltd, 2010, p. xiv 编译）

很早以前，来自腓尼基的商人就已在西西里岛海岸建立一些加工作坊。（公元前 500 年前后的第勒尼安海周边地区，参见图 2-5）最初他们并未建立能称为城市的永久定居点。对腓尼基商人而言，西西里岛是他们去往更遥远的西方殖民地途中的短暂停留地。经此出发，他们前往他施（Tarshish）寻求金银珠宝，并在将欧非二洲隔开的海峡（直布罗陀海峡）外建立了最早的殖民地加的斯（Gades）。接着，腓尼基人在西西里对面的

腓尼基人

在西班牙的殖民地：加的斯

非洲：希波和乌提卡

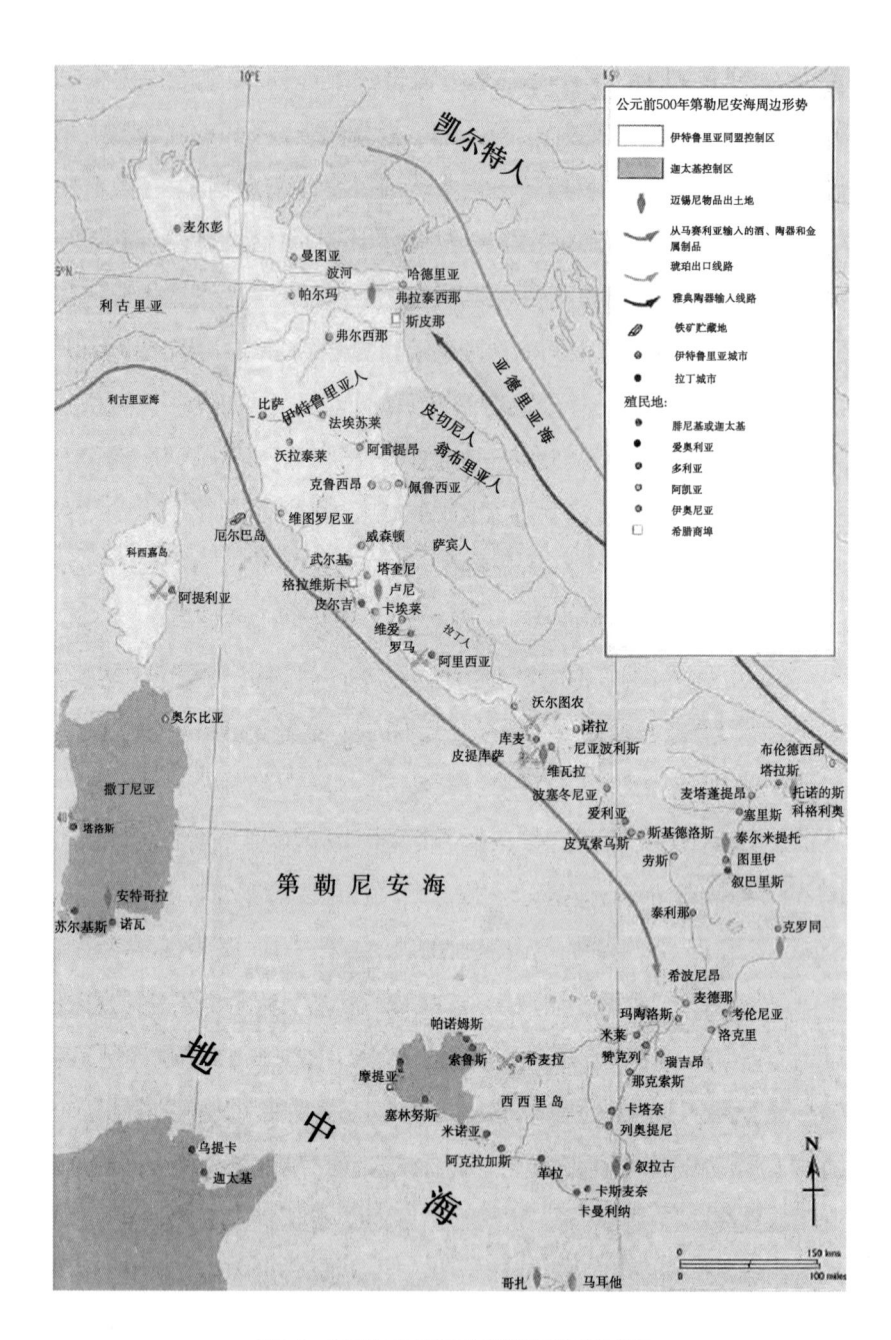

图 2-5　公元前 500 年前后的第勒尼安海周边地区

（据 Robert Morkot, *Historical Atlas of Ancient Greece*, London: Penguin Books, 1996, p.55 编译）

非洲大陆建立了另外一批殖民地；他们在此建立的殖民地对西西里岛的命运起着决定性影响。在西西里东海岸的商站可能是由来自亚洲的腓尼基人所建，某些商站（至少西海岸的商站）是由来自更近的新近移民非洲的腓尼基人所建。北非殖民地希波（Hippo）和乌提卡（Utica）的建立时间早于迦太基，她们可能是腓尼基人在西西里所建永久定居点的父邦。① 岛屿东端腓尼基人没有牢固的立足点，他们既无法将西凯尔土著逐出，也无法在其地盘安家，只能伪装成商人出现在这些地区。当希腊人到来，并开始认真着手建立真正意义的城市时，腓尼基人就消失在人们的视线之外，几乎没有留下什么表明他们曾经来过这里的痕迹。

在西西里的商站

　　与意大利一样，西西里的历史也是随希腊人的到来才真正开始的。在卡尔基斯人和阿波罗神谕的指引下，希腊人来到了西西里。面朝希腊的东海岸是希腊人最先建立定居点的地方，这是再自然不过的事，因为西西里东岸有着与希腊海岸线非常近似的特征。最初在此移居的是卡尔基斯人和随其前往的那克索斯的伊奥尼亚人。他们选择的地方位于埃特那山以北的一块岬角上，这里并不那么令人印象深刻，其地形与位于高地之上的库麦非常不同。与库麦一样，他们在此建立的城市不是以领头的卡尔基斯人命名，而以不那么出名的同伴为城市命名，称为那克索斯。作为希腊人在西西里的第一座城市，那克索斯存在的时间还不到300年。【92】将其毁灭的并不是城市旁边高耸入云、危险异常的埃特那山火山，而是环伺旁边的希腊强邦。作为希腊人在岛上的第一个家园，那克索斯总是被赋予某种神圣的意韵，西西里岛后来也成为希腊世界一颗闪

希腊人

那克索斯，传统的建城时间是公元前735年

它的毁灭

---

① 具体讨论参见原书第94页。并无明确证据表明腓尼基在西部西西里建立殖民地的具体时间，或许比希腊人稍晚；因为，如果腓尼基在此殖民的时间更早，他们将会占据那些后来属于希腊人的位置更佳的地方。但该论证并不能盖棺定论。一方面，必须考虑西凯尔人的因素。或许在西坎人的土地上立足会更容易；或许腓尼基人曾在西凯尔人的地盘有过尝试，但未获成功，而希腊人却成功了。另一方面，如果腓尼基人的城市仅源于原有的加工作坊地，希腊人可能将这些作坊地摧毁，如果没有希腊人的破坏，任其自由发展，这些地方也可能发展成为城市。

第二章　希腊的扩张　　107

建城者阿波罗的祭坛

耀的明珠。在最先登陆的地方，希腊人为建城者阿波罗（Archegetes）建起一座祭坛；根据传说，他们遭遇逆风，在阿波罗的庇佑下，才终于抵达西西里海岸。习惯上，到达西西里后，来自希腊本土的使节首先必须向阿波罗祭坛献祭。在埃特那山南麓的丰沃平原上，卡尔基斯人不久建立了卡塔奈（Catane），该城邻近海岸，城后围绕着起伏的群山，保护着城市的安全；但是，由于埃特那火山，卡塔奈经常遭受破坏。内陆城市列奥提尼（Leontini）位于卡塔奈平原最南端，城内有两座山丘，因此有东西两座卫城。为了得到这些土地，列奥提尼人定然与西凯尔人进行过激烈的争夺，或许卡塔奈人有时也曾加入战团。卡尔基斯人还占据着岛屿的东北角，获得了岛屿与大陆之间海峡的控制权。在海峡边上一块外形类似镰刀的低地上，库麦人与卡尔基斯合建了一座城市，并根据地形将其命名为赞克列（Zancle）。赞克列的港口被岩石组成的弧形防波堤环绕，后来城邦打造钱币时，刻上了一把镰刀和一只游弋其中的海豚，其中，镰刀状物象征着城市的港口。100 年后，一批美塞尼亚的移民来到这里，他们的到来使城市发生了改变，最终城市原来的名字被墨西拿（Messana）取代。

卡塔奈，公元前 728 年

列奥提尼，公元前 728 年

赞克列，约公元前 715 年

= 美塞涅

米莱

希麦拉，公元前 648 年

从赞克列出发，优卑亚人在岛屿东北部的另一个海角上建起了一座名为米莱（Mylae）的要塞；公元前 7 世纪中期，他们又建了希麦拉城（Himera）；她是西西里北部海岸唯一的一座希腊城市，但存在的时间不足 250 年，后被腓尼基人毁灭。对赞克列而言，海峡对岸，即意大利半岛最南端，必须得掌控在友邦（瑞吉昂）之手。因此，赞克列人鼓动母邦在此建立了瑞吉昂（Rhegion），美塞尼亚人也参与了这次殖民活动。

多利亚人的殖民地

当卡尔基斯人在西西里岛东北部建立一连串殖民地时，多利亚人也开始在东南一带获得立足之地；在此后的历史中，这里成为多利亚人的活动区域。多利亚人建立的最早城市后来成为西西里岛上最伟大的城市。公元前 8 世纪末，在阿齐亚斯（Archias）带领下，科林斯殖民者建立了叙拉古（Syracuse），它注定会成为西西里岛上希腊诸城市的领袖。几乎与此同时，科林斯也在科基拉（Corcyra）殖民；伊奥尼亚海上的岛屿成为他们向西开拓的中转站。上述两个殖民地谁先谁后，我们也不得而知；【93】传统并未试图做出区分，而是将其置于同一年中。但是，在这两个地方，科林斯人都驱逐了此前抵达的希腊移民，即优卑亚人，在科基拉被逐的是厄律特利亚人，在叙拉古的是卡尔基斯人。

叙拉古,传统建城时间为公元前734年

科基拉,传统建城时间为公元前734年

叙拉古的大港、周边岛屿和山丘构成西西里东海岸最引人入胜的地方，对最早到来的殖民者不可能没有吸引力。卡尔基斯人首先占据了奥提吉亚岛（Ortygia，即"鹌鹑岛"），这可能是他们从西凯尔人或腓尼基人手中夺得的；在此后很长时间里，那里还保留着对卡尔基斯人的记忆，岛上一口喷泉与其故乡阿雷图萨（Arethusa）永远地联系在一起。卡尔基斯人占据此岛很可能发生在那克索斯建立后，并受其影响。科林斯人大概也是多年之后才取代了卡尔基斯人。不过，一旦占据了叙拉古，他们就有效地阻止了卡尔基斯人向列奥提尼以南扩张的势头。

奥提吉亚岛

阿雷图萨喷泉

早期，麦加拉人也曾向西航行，试图寻找新的家园。经过多次不成功的努力后，在叙拉古以北海岸边，他们终于建立起一座属于自己的城市。西部的麦加拉傍叙普拉山（Hybla）而建，西凯尔的土著也可能参与了建设过程。该城也是东海岸最靠北的多利亚城市。但与其母邦一样，叙布拉的麦加拉将建立一个新殖民地，其声名远胜建立者本身。公元前 7 世纪中叶，麦加拉人派人前往母邦，邀请与他们一道在西西里岛西南部联合建立一个新殖民地。这个殖民地就是塞林努斯（Selinus），她是西西里岛上希腊人最西的前哨阵地。正如其钱币所吹嘘的那样，该城位于海岸边的一座矮丘上，以野芹而得名。如果说麦加拉的建立是出于西凯尔人的一片好意，那么塞林努斯的建立则可能是以牺牲西坎人为代价的。与此同

叙普拉的麦加拉,传统建城时间为公元前728年

塞林努斯,公元前628年

|| 第二章 希腊的扩张 109

> 罗德岛人的革拉，传统建城时间为公元前688年
>
> 叙拉古的阿卡莱、卡斯门奈、卡曼利纳，公元前595年

时，东南角散布着一连串的多利亚人城市，虽然这些城市的兴起不如北部卡尔基斯人的城市那么迅速。这似乎是因为西凯尔人在此进行了更坚定的抵抗。公元前7世纪初，罗德岛人和克里特人建立了革拉城（Gela），这是一个西凯尔名字，该城建立在海岸与内陆平原之间的一座狭长山丘上。此后，叙拉古人相继建立了阿卡莱（Acrae）和卡斯门奈（Casmenae）。这两座城市一直处于强大母邦阴影的笼罩下，从来未曾拥有太多独立。但半个世纪后，由于位置更远，同样由叙拉古建立的卡曼利纳（Camarina）在政治上更加独立。

> 革拉的阿克拉斯，即罗马的阿格里真坦，现吉尔根特，公元前581年

多利亚人在西西里建立的最后一座城市在声名上仅次于第一座城市。革拉人在母邦罗德岛找到了一位领袖，在他的带领下，殖民者在革拉与塞林努斯的正中间建立了巍峨的阿克拉加斯（Acragas）。这座城市很快成为西西里岛上仅次于叙拉古的第二重要城市，并成为叙拉古强有力的竞争者。阿克拉加斯坐落于近海的一座山顶上，在远离城市的地方，有一座小而可怜的港口，历史上"牧羊的阿克拉加斯"从来没有成为一个海上强国，其钱币上的图标是老鹰和螃蟹。

> 西坎人

在建立殖民地和确立对西西里岛统治地位的过程中，希腊人主要与西凯尔人打交道。在极西几个殖民地的建立过程中，希腊人也必须对付西坎人。这些更古老的居民被迫从海岸后撤，退居到内陆山区的城堡中。西西里岛太大且具有强烈的大陆特征，新来者不可能完全征服整座岛屿。腓尼基人也暂时不会给希腊人带来任何麻烦，他们建立的生产作坊和庙宇未能在岛上生根，随着这支决心在岛上过定居生活的陌生人到来，腓尼基人只得离去。与爱琴海的情况类似，他们有时也会留下一些宗教崇拜的遗迹。不过，腓尼基人并未放弃岛屿的西部角落，而此时希腊人也不打算在这里建立殖民地。在西部地区，腓尼基人保有三座如今看来颇具城市特征的定居点，即帕诺姆斯（Panormus）、索鲁斯（Solus）、摩提

> 三座腓尼基的城市：帕诺姆斯、索鲁斯、摩提亚

亚（Motya），其义分别为"港口"、"岩石"、"岛屿"。帕诺姆斯位于一片肥沃的平原上，北边有赫克泰山（Hercte M.，即如今的"圣山"）的保护；索鲁斯位于帕诺姆斯以东；摩提亚是一座小岛，位于西海岸的一个小海湾中。帕诺姆斯与摩提亚之间是埃利米亚人的地盘，他们主要的城市塞格斯塔（Segesta，希腊人称为埃吉斯塔）可以称为一座真正意义上的城市；埃利克斯（Eryx）位置更靠西，高高耸立在海岸边，但城市本身并不靠海，这是埃利米亚人的防卫前哨。在埃利克斯，人们崇拜自然女神，后被视为希腊人的阿芙洛狄特。【95】埃利米亚人与腓尼基人交好，因此，岛屿西部地区成为腓尼基人的天下。内陆地区留给西凯尔人和西坎人，沿海地区将成为希腊人与腓尼基人角力的舞台。不过，在西西里，角力双方的方向正好易位，亚洲人在西，欧洲人在东。但是，公元前7世纪双方的角力还远未开始，西西里岛的面积仍然足够广阔，能够使希腊人和迦南人和平共处。

埃利米亚人及其城镇

　　前述地中海的三个半岛中，在朱利乌斯·恺撒时代之前，中间那一个半岛所得之名称（意大利）从未向北远及波河流域，该名称最初仅指很小一块区域。公元前5世纪，修昔底德将意大利之名用来指涉现代的卡拉布里亚（Calabria），即半岛南部最窄处的西侧。当希腊人到达时，当地的居民是西凯尔人和奥诺特里亚人（Oenotrians）。半岛脚跟处住着伊利里亚人，据模糊的历史记忆，他们曾在希腊早期历史上扮演过重要角色。伊利里亚人居于亚德里亚海两岸，先于希腊人到达了意大利。卡拉布里亚人属于伊利里亚人种，麦萨比人（Messapians）与他们混居于此。一部分居于巴尔干的麦萨比人的命运与希腊人联系在一起，他们渗入洛克里和波奥提亚，甚至有人到达了伯罗奔尼撒半岛。公元前8世纪末，在西凯尔人和奥诺特里亚人居住的海岸地区，来自伯罗奔尼撒半岛的阿凯亚人发现了一块适宜建立殖民的最佳位置。如前所述，伊奥尼亚海诸岛是希

阿凯亚人的殖民地。意大利之名的原意

也称麦萨皮奥伊或麦塔皮奥伊

第二章　希腊的扩张　　111

腊人向西迈进的踏脚石,科林斯人在科基拉建立殖民地,而阿凯亚人在扎金苏斯(Zacynthus)也拥有定居地。他们在意大利建立的首批殖民地是叙巴里斯(Sybaris)和克罗同(Croton),这两座相互竞争的城市都以富裕著称。叙巴里斯位于克拉提斯(Crathis)河畔一块沼泽丛生但肥沃异常的平原上。很快,城邦的势力越过狭窄的半岛,在西海岸建立了拉奥斯(Laos)和斯基德鲁斯(Scidrus)两座城镇,控东西二海。因为掌控着通过西地中海的陆上交通,第勒尼安海(Tyrrhenian)沿岸的叙巴里斯港口加快了米利都贵重商品的流通,冲击着卡尔基斯人独占的经意大利与西西里之间海峡的贸易,招致了他们的嫉妒。农业和过境贸易成为叙巴里斯人惊人财富的基础。对奢华生活的无度追求使叙巴里斯人尽人皆知。*波塞冬尼亚(Posidonia)是叙巴里斯人在半岛西部海岸建立的另一座城市,该城因波塞冬的神庙和玫瑰闻名。另外有人说,该城由被阿凯亚人逐逐的特洛伊曾人(Troezenians)所建。

【96】从叙巴里斯向南,就来到克罗同。随着海岸继续向南延展,将到达拉基尼安(Lacinian)海角,上面建有庄严的赫拉神庙,这也是在意大利定居的希腊人共同的宗教崇拜中心。与其他阿凯亚殖民地不同,克罗同拥有深水良港,这也是塔兰托湾西海岸的唯一良港。然而克罗同的繁荣不是取决于海上贸易而是农耕和畜牧。从该城最早银币上的德尔斐三足鼎图案可见,德尔斐的神灵对该城的建立不只是礼节性的关心,而是非常在意。与叙巴里斯一样,克罗同也扩展了她的管辖地域,建立了几个殖民地。对克罗同而言,第勒尼安海边的泰利那(Terina)和泰麦萨(Temesa)的作用类似于叙巴里斯的拉奥斯和斯基德鲁斯。①

---

* 在英语中,sybarite和sybaritc是奢华无度和纵情享乐的代名词。据埃利亚努斯(Ael. *VH.*)的一则轶闻说,一位叙巴里斯人每天睡觉前都要在床上撒满玫瑰花瓣,如果一片花瓣折叠了,他就不能入睡。——译者注

① 克罗同另外一处殖民地是潘多西亚(Pandosia),后来该城还征服了伊奥尼亚的城镇斯库莱提昂(Scylletion,也称斯库拉基昂)。

考伦尼亚（Caulonia）是位置最南的阿凯亚殖民地，与西洛克里接壤，该城可能也是克罗同人所建。西洛克里地处西凯尔人居住区内，不能肯定由哪一个洛克里城邦所建，因此有学者推断可能是由三个城邦联合组建。与其阿凯亚邻居类似，西洛克里以农业为主，并在半岛西部海岸建立了麦德玛（Medma）和希波尼昂（Hipponion）。

考伦尼亚，洛克里人的殖民地，埃皮泽斐利亚人的洛克里

麦德玛和希波尼昂

尽管阿凯亚人的城邦与洛克里人的城邦时有争端，但与多利亚人的城邦相比，二者的共同之处更多，因此，为简便起见，可将洛克里人的城邦归入阿凯亚殖民地的范畴。如果排除多利亚人在塔兰托海湾最北端一个小型避风港内建立的塔林顿（Tarentum，亦称塔拉斯），意大利南部沿岸城邦几乎都具有同样的性质。【97】塔拉斯（Taras）之所以引人注目，是因为它是多利亚人在海外建立的最伟大的殖民地。与叙巴里斯类似，该城因周边的一条小溪得名，据说由帕泰尼埃（Partheniae）所建，但其义所指为何，至今仍没有明确的解释。有理由相信来自伯罗奔尼撒的前多利亚人是第一批定居于此的殖民者。但在此后一个未知的时间，拉哥尼亚人占领了该地，并使其成为一座多利亚人城市。因此，人们杜撰出各种故事，力图将帕泰尼埃与斯巴达联系起来。据称，由于与美塞尼亚经年的战争，斯巴达男性公民长年不能回家，斯巴达妇女与希洛特结合生下了孩子。这些孩子就被称为帕泰尼埃或"处女之子"。他们长大后图谋反叛，失败后被逐出斯巴达；在神谕的指引下，他们来到塔拉斯殖民。法兰图斯（Phalanthus）最初为塔林顿土著的神灵，引入波塞冬崇拜后，他被降为英雄。塔林顿钱币上，有法兰图斯骑在一头海豚上的形象；根据"处女之子"的故事，他成为率领人们离开拉哥尼亚来此殖民的领袖。

多利亚人的殖民地塔拉斯，传统建城时间为公元前707年

第一批建立者为"处女之子"；第二批建立者为拉哥尼亚人。将二者联系起来的传奇故事

法兰图斯与波塞冬

塔林顿的繁荣一部分取决于人们在肥沃土地上的辛勤耕耘，但主要来自发达的制造业。其纺织品和羊毛染制品享有盛名，其陶瓷制品也分布广泛。因此，应当将塔拉斯看成一个工业城邦而非农业城邦。优越的位

置使她与卡拉布里亚半岛的居民保持着密切的联系,但麦萨比人建立的城镇布伦泰西昂(Brentesion)成为她的强劲敌手。布伦泰西昂在港湾东部建立了卡利波利斯(Callipolis)和叙德鲁斯(Hydrus),此处并无希腊人与其竞争。塔拉斯人在港湾另一侧发展的企图被谨慎的叙巴里斯人提前侦知并百般干扰。叙巴里斯人担心多利亚人可能会潜入并占领由布拉达努斯(Bradanus)河和塞里斯(Siris)河滋养的肥沃土地。因此,叙巴里斯人邀请希腊本土的阿凯亚人在布拉达努斯河畔建立了殖民地麦塔蓬提昂(Metapontion),该城因殖民者为麦萨比人而得名,作为位置最靠北的阿凯亚人城市,它是一个农业城邦,有效切断了塔拉斯向西扩张的路径。但是,几乎与此同时,阿凯亚人的敌手占据了一个他们企图排挤塔拉斯人的地方。公元前 7 世纪中叶,科洛丰人在塞里丝河畔建立了一个殖民地,这个伊奥尼亚人的城邦对阿凯亚人构成了威胁,可能会切断他们的城市链,并使麦塔蓬提昂与其他姊妹城邦分隔开来。这是该时段伊奥尼亚人企图在该区域建立殖民地的唯一例证,【98】有趣的是,诗人阿尔基洛库斯(Archilochus)可能也参加了这次远征。但是,他们的努力最终化为泡影。虽然事实本身不太清楚,但仍有理由相信,该地最终落入了阿凯亚人之手,并建立了一座阿凯亚人的城市塞里斯。与叙巴里斯、克罗同、洛克里类似,塞里斯在第勒尼安海沿岸也建有城市,但可能并非其子邦。基于共同的利益,塞里斯与皮克苏斯(Pyxus)保持着密切的联系,她们发行共同的钱币,或许还开辟了一条颇具竞争力的陆上通道。

这样,塔兰托湾西海岸镶嵌着一条阿凯亚人的城市链,一端是西洛克里,另一端是多利亚人所建的塔拉斯。与卡尔基斯人和科林斯人建立的城市不同,这些城市的共同特征是财富主要来自大陆而非海洋,城邦富裕公民是土地所有者而非商人,最初吸引他们前来这些极西之地的是肥沃的土地。当地的土著西凯人和奥诺特里亚人不喜好战争,并未阻止希腊人在此殖民,最后也服从了他们的统治。不过,居于卡拉布里亚的伊阿皮吉安人(Iapygians)和麦萨比人脾气更加火暴,最后来自斯巴达尚武的殖民者才成功地建立塔拉斯。

通常,人们将这些城市与其在第勒尼安海沿岸的附属城市视为一个整体,该地逐渐获得"大希腊"(Magna Graecia)之名;不过,似乎称为"大阿凯亚"更适合,因为这样才可与希腊本土阿凯亚人的聚居区相对照;不得不承认,与其他情况类似,最终能广泛流传的名字往往取自少数人。居于斯佩凯乌斯平原的那一支古老的希腊人——希伦人此前已被阿凯亚人征服,但是征服的事实逐渐被人淡忘,后来两支民族共同前往西地中海地区建立新城市,这样,希伦人的名称在大希腊一带日渐出名。虽然将塔兰托湾周边希腊人的殖民区称为大希腊并非小事,但是,与希伦人之名扩及所有希腊种族相比,大希腊的称呼确实是小事一桩。没有任何人劝导希腊人将希伦人确定为他们共同的名称;如果刻意要寻找一个共同的名称,他们很可能会选择"阿凯亚人",因为荷马已从相当宽泛的意义上开始使用这一名称,他们自己肯定也会不假思考地使用该名。但是,居于意大利中部的野蛮民族最先使用 Graes 称呼他们,居于半岛南部的蛮族则使用希伦人,并将此名作为对来自同一种族的殖民者和陌生人的共同称呼。【99】蛮族对他们的称呼被殖民者带回母邦,希腊商人认识到这一称呼的重要性,并将该名称作为区别于蛮族的对应存在。最初在西地中海使用时,希伦人的指代范围比较模糊;但当传回东部母邦时,它已被赋予了新的意义,成为人们普遍接受且广泛使用的名称。传说中的英雄希伦成为整个希腊民族的名祖,多利亚人、伊奥尼亚人、爱奥利斯人的祖先都源自希伦。恰如最初的爱奥利斯人和伊奥尼亚人一样,希伦人完全丧失了他们的独立认同;不过,他们的名称将会永远保留在人们使用的语言中,而那些比他们更加强大的部族的名称却只能存在于

ή μεγάλη Ἑλλάς

对希腊人称呼来历的推断

人们的记忆中。*

第四节　贸易和海事活动的增加

贵族共和政体的时代见证了希腊世界面貌的彻底改变。希腊人向东西两个方向的殖民扩张是改变的一个重要部分，其他改变也因殖民运动的开展应运而生。尽管殖民地在政治上独立于母邦，但是她在很多方面也影响着母邦。

土地占有的家族体制　如前所述，家庭财产制度有利于殖民运动的开展。然而，作为该制度的受害者，殖民者不可能将原来的制度引入新建立的殖民地中，因此，新的个人财产所有权制度最初可能在殖民地中得以建立和规范。其榜样作用影响着母邦，这与其他因素一道逐渐侵蚀着原来家庭制度的基础。一方面，随着城邦的日益强大，家族的力量越来越小。当城邦首领，不管是国王还是共和制的政府，被视为令人生畏的权威时，城邦就会使家族长的声望相形见绌，家族的影响力也随之弱化。另一方面，根据惯例，每一个家族成员都会分得一份地产，他有权管理并使用该地产，不必担心产权被他人分割；虽然他并不拥有该地产的所有权，无权将土地随意处置，但去世时，他有权以同样条件将这份地产传给他的儿子，这已成为社会发展的大势所趋。显然，这种实践有利于土地私人所有权的最终确立。此外，与家族地产不可分割相伴随，私人财产所有权事实上已获得部分承

---

* 霍尔认为在大殖民时代，并无太强烈的希腊民族认同感；在古代，至少在大殖民时代，所谓的希腊民族认同可能是一个错位的时代概念，是学者将现代民族国家概念不恰当运用到古代社会的结果。霍尔认为，在殖民城邦中，殖民者与当地人通婚及希腊语与被殖民地区的语言混合运用是寻常之事，不可能形成强烈的希腊人的认同感。这种认同感是公元前5世纪希波战争的产物，"大希腊"一说甚至是波利比乌斯的创造（Polybius 2. 39. 1）。关于Hellas, Hellenes, Greece, Greek等名称的发展脉络及希腊民族认同的最初发端等相关问题的最新研究成果，还可参阅 J. Hall, "How 'Greek' were the Early Western Greeks", K. Lomas ed., *Greek Identity in the Western Mediterranean*, Leiden: Brill, 2004, pp. 35—50.——译者注

认。此时，尤其在山坡上，存在大量未分配的荒地，"野兽常出没其间"。【100】如果一个人精力充沛，能够将其中一块荒地改良耕种庄稼，新开垦的土地将成为他的私有财产，因为该土地不属于任何人。旧土地制度的消失，家族大地产的解体，土地私有制的确立已不可避免。但是，这一改变并未通过立法的手段最终完成，上述渐进的发展过程也并未保留在现存的文献中，无法进一步厘清。只有在私人土地所有制完全成为既成事实后，相应的法律才会应运而生，并从司法角度进一步规范土地的买卖，确认并允许私人自由馈赠土地。

波奥提亚诗人赫西俄德描绘了该时段希腊乡村生活的真实画面。赫西俄德本是阿斯克拉（Ascra）附近的一位农夫。其父从爱奥利斯的库麦移居于此，垦殖了赫利孔山坡上的一块荒地；父亲去世后，土地分给他的两个儿子，佩尔塞斯和赫西俄德，但两兄弟并不是平均分配；赫西俄德指责佩尔塞斯贿赂当地的长官，获得了更大的一块地产。然而，佩尔塞斯管理不善，家道中落。赫西俄德写下长诗《工作与时日》，劝谕像其兄弟一样奢侈享乐的农夫，告诉他们什么才是发展农业、提振家庭经济的万世良策。他对待生活的态度相当悲观，这表明波奥提亚已陷入严重的社会困境中。导致社会困境的主要原因是贵族的压迫，也即那些他称为"热衷于受贿的"王公。诗人用悲观的眼光看待过去，认为黄金时代、白银时代、青铜时代都已逝去，英雄时代也随特洛伊战争的结束而终结，如今人类生活在黑铁时代，他们"白天陷入没完没了的劳累和烦恼，夜晚沉浸在无穷无尽的疲倦和悲哀中"，"我愿在这之前已经死去，或者在这之后才降生"。诗人对于农夫日常生产有详尽的指导，播种收获的时令、田间地头的其他农事、农具的制作和样式，最后是日常生活的各种至理名言。

赫西俄德的诗歌是研究古风时代希腊社会生活的重要史料；此外，赫西俄德的重要性还体现在他是第一位为老百姓代言的诗人。在欧洲历

赫西俄德《工作与时日》中描写的公元前8世纪波奥提亚小农生活

赫西俄德诗歌的历史重要性

第二章 希腊的扩张

史上，我们第一次听到了劳工阶层的声音，明白他们的利益诉求；这是一种无言的声音，它忠告其他劳动者要在逆境中努力奋斗；革命的时代还未到来。然而，不满情绪已萦绕空中，诗人忠告执掌权柄的王公要秉公执法，这样，土地才可能结出累累硕果。在形式和风格上，赫西俄德的新诗虽仍受荷马诗歌的影响，但他敏锐地认识到他是在为新时代做注释，为人们提供新的信息。与荷马不同，诗人将自己推向了前台；【101】宣称缪斯不但教会人们讲述美丽的虚构故事，也教会人们讲述真实的事情；通过这种方式，诗人将自己与荷马区分开来。在另一首诗歌《神谱》中，诗

神谱

人记述说，当他在赫利孔山坡牧羊时，宙斯的女儿们教会了赫西俄德创作，并赠给他一根奇妙的月桂枝。月桂枝现已成为游吟诗人的象征，他们不再弹奏竖琴伴唱，而是手拿月桂背诵史诗。缪斯女神传给阿斯克拉的牧羊人魔力，让他能预知过去和未来，赋予他歌颂受诸神庇佑民族的重任。在《神谱》中，他歌唱世界是如何形成的，诸神和大地、河流与大洋、繁星与天空是如何出现的；唱颂在混沌初开的无尽太空中，大地、冥土、

赫西俄德的宇宙观

爱神之间的宇宙运行法则；值得注意的是，他介绍的最古老神系中就已出现了抽象化的观念，如爱、记忆、睡眠。对世界起源的思索，将流行的神话纳入一个完整体系的尝试，标志着希腊人的智力发展到一个新阶段。

归于赫西俄德的诗歌

其他各种各样的游吟诗人也曾托赫西俄德之名创作出许多作品，如前所述，① 归于赫西俄德的诗歌对于塑造希腊人的思想观念及其早期历史具有决定性作用。

　　波奥提亚一直是没有进取精神的小农的乐土；尽管其父来自爱奥利斯，赫西俄德对于商业和海上冒险并无好感。（阿提卡黑画陶上的商船参见图 2-6）但贸易增长是这个时代最重要的社会现象，殖民地反作用

---

① 参阅原书第72页。

于母邦,助推着母邦的发展。希腊世界范围的扩大引发并便利了希腊商贸的扩展,同时也促进手工业的发展。之前,希腊人主要依靠农耕和畜牧为生;而今,许多人的财富主要来自手工业。他们为西方的殖民地提供油料、羊毛制品、金属制品、陶瓷制品等,与腓尼基商人展开激烈的竞争,将东方的产品逐出了希腊市场。

图 2-6 阿提卡黑画陶上的商船（约公元前 520 年,卢浮宫第 322 号）

希腊的商贸主要取决于海上运输,人们通常忽视陆上道路建设。即便在此后的时代,除了从雅典到埃琉西斯、德尔斐及沿海地区到奥林匹斯的圣道外,希腊没有铺建其他道路。希腊人是谨慎的航海者,他们认为除每年的夏末外,其他时间即便在熟悉水域航行也相当危险。赫西俄德用形象的诗句描绘了人们对海洋的普遍恐惧:【102】"夏至之后的 50 天,直到夏季结束,是航海的最佳时节。这时候,你的船只不会受到损坏,大海也不会淹死你的水手,除非波塞冬或宙斯意欲将你毁灭。那时,和风轻拂,大海宜人。尽快把你的货物装到船上,把快船推到海里,无须顾忌。但你要尽快返家,不要等到新鲜的葡萄酒上市,秋雨季节来临。当冬天即将

希腊的道路

航行的危险

|| 第二章 希腊的扩张 119

来临时，伴随着宙斯的滂沱秋雨，可怕的南风搅动着海面，使大海暴烈无比。"① 就在此时，人们发明了锚，从而使航海技术大大向前推进。

<small>造船技术的进步</small>　　以航海为业的城邦发现有必要建造战船保护城邦免受海盗的滋扰。希腊战船最初的类型通常是五十桨船（penteconter），这是一种狭长的海船，船上有25排座椅，每排坐两人。公元前8世纪之前，人们几乎还未使用此类战船。荷马时代希腊的战船通常更小，只有二十桨，但在史诗

<small>50 桨船</small>　中五十桨船已作为一种新奇的好东西出现在人们视野中。在《伊利亚特》中，由埃勾斯演化而成的海洋之神布利亚柔斯（Briareus）可能就是指一种新型战船，因其有100只手，所以速度极快；《奥德赛》中的法伊基亚人是航海的行家里手，他们的船舶有50条桨。公元前8世纪末，腓尼基人的造船技术取得革命性进展。他们制造的船舶有一高一低上下两层座椅，在船舶长度没有增加的情况下，桨手人数倍增，航行速度也相

<small>二列桨船</small>　应提高。（腓尼基人的二列桨船参见图2-7）然而，此类"二列桨"船（bireme）在希腊从未获得广泛使用，腓尼基人很快将其改进为"三列桨"船（trireme），即在原来的基础上再加一层橹桨。② 一艘三列桨战船由170名桨手摇橹驱动，最终三列桨船成为希腊人广泛使用的正规战船，虽然在科林斯人第一次引进此类战船的相当长时间后，五十桨战船仍被人们普遍使用。不能因为三列桨船的广泛使用就抹杀那位不知姓名的"二

<small>直到公元前500年，三列桨战船才被广泛使用</small>　列桨"船发明者的功劳，他新奇的思想仍值得称道。可以肯定的是，在公元前7世纪，无论哪次海战，人们主要使用的是五十桨战船。但是，无论

<small>冲撞角（embolos）</small>　五十桨战船还是三列桨战船都采用一项新技术，在船首装上青铜撞击装置；这项技术对战船未来的发展产生了深刻影响，这种攻击型的装置决

---

① Hes. Op. 665—677. 所引是译者据希腊文所译。
② 制作此类战船的技术现已丧失，现代的船舶制造工艺未能复制出一艘三列桨战船。在以后的时间里，希腊人还制造了更多层桨的战船，譬如五层桨、十层桨乃至四十层桨。

图 2-7　腓尼基人的二列桨船（大约公元前 700 年，尼尼微的浮雕画像）
（据 L. Casson, *Ships and Seamanship in the Ancient World*, John Hopkins University Press, 1995, fig. 76）

定着后来希腊海战的特色。

　　希腊人坚信希腊两大海上强国的第一次正规海战发生在公元前 7 世纪中叶，交战双方是科林斯及其子邦科基拉。【103】如果这一传统看法正确，那么可以肯定，这次海战是由双方争夺前往意大利、西西里和亚得里亚海沿岸的贸易而引发的。不过，科林斯主要的商业对手是优卑亚的城邦卡尔基斯和厄律特利亚。在东方贸易中，岛国埃吉那发挥着积极作用，尽管她本身并无殖民地，但仍成为希腊最富裕的商业城邦。雅典也拥有一定的海上力量，但此时她的工业规模还相当弱小，直到很久以后，她的商业才足够发达，最终引起周边邻邦的激烈竞争。此时，发展工商业最积极的是伊奥尼亚的希腊人。

传统认为公元前 664 年发生在科林斯与科基拉之间的海战

第二章　希腊的扩张

第五节　吕底亚对希腊的影响

无论是好还是坏，小亚细亚的希腊人大体独立于邻近的内陆国家。虽然与内陆地区的贸易促进了伊奥尼亚的繁荣，但一旦一个强大的蛮族国家兴起，伊奥尼亚的独立地位就可能受到严重威胁。公元前 7 世纪初，希腊人与弗里吉亚王国和麦奥尼亚（Maeonia）王国交流频繁，关系融洽。弗里吉亚国王弥达斯（Midas）为德尔斐的阿波罗敬献了一张御座；弗里吉亚人和吕底亚人都采用希腊的字母；希腊人借鉴了他们的音乐并将其传说纳入希腊神话体系。

<small>弥达斯的献祭，约前 700 年</small>

浓厚的弗里吉亚因素渗入吕底亚，并最终占据上风。在荷马的诗歌中，并无吕底亚人，而只有麦奥尼亚人，无疑，他们是来自弗里吉亚的殖民者或者征服者。公元前 7 世纪初，麦奥尼亚王朝统治着吕底亚，其国王之名——坎道勒斯（Candaules）就是一个麦奥尼亚名字，意为"猎狗的项圈"。此前，雅利安人征服者（他们操雅利安语）在此为王已有若干世纪；传统上，希腊人将坎道勒斯家族的祖先追溯到赫拉克勒斯。但是，该家族很快走向衰败；巨吉斯（Gyges），一位来自孟纳戴（Mermnadae）氏族的吕底亚人，谋杀了坎道勒斯并成功夺得王位。这次暴动开启了吕底亚发展的新时期，自此后，这个国家可以真正称为吕底亚王国而非麦奥尼亚王国。麦奥尼亚王朝期间，吕底亚可能已开始向南扩张到麦安德河谷。巨吉斯继位后向北拓展到普罗蓬提海，在此修建达斯库利昂（Dascylion）城，并征服了特洛亚德。他还试图将爱琴海作为王国的西界，【104】让希腊城市向他俯首称臣。因此，他沿赫尔姆斯河谷西下与士麦那作战，沿凯斯特河谷与科洛丰作战，沿麦安德河谷与米利都和玛格涅西亚作战。对于上述战斗，现只留下些许残留线索。可能科洛丰和玛格涅西亚被攻陷，但其他城市打退了入侵者。诗人敏涅姆斯（Mimnermus）唱颂一位武士（或许就是其

<small>吕底亚的麦奥尼亚王朝，由所谓的赫拉克勒斯后裔所建</small>

<small>巨吉斯（公元前 687 年—前 652 年）篡夺王位</small>

<small>巨吉斯的征服</small>

祖父）如何在赫尔姆斯平原为吕底亚骑士制造着巨大的伤亡。

但巨吉斯进攻其希腊邻邦的计划因来自世界另一端的一次重击而被突然中断，这次冲击对希腊人和吕底亚人同样影响重大。黑海北岸的麦奥提斯湖（Maeotis L.，即今亚速海）周边地区居住着西麦利人（Cimmerians），在《奥德赛》中他们也曾出现。因来自东方的一支斯基泰部族斯科罗泰人（Scolotae）入侵，他们被逐出了因其得名（现仍以此为名）的家园。因为流离失所，西麦利人流荡到优克辛海南岸，至于他们的行进路线是从东方经里海沿岸还是从西边经多瑙河，现已不得而知。一方面，他们似乎最先出现在小亚细亚东部地区；另一方面，他们的帮手中似乎有不少色雷斯部族，其中包括特莱利亚人（Trerians）、埃多尼亚人（Edonians）、提尼亚人（Thynians）等。可能的事实是他们从东海岸来到小亚细亚，侵入小亚细亚西部地区，然后再邀约来自色雷斯的盟友相助。在打败辛诺普的米利都殖民者后，他们将该地作为主要定居地。他们还试图攻打强大的亚述帝国，亚述国王阿萨尔哈冬（Assarhaddon）讲述他是如何"打败西麦利王泰乌斯帕（Teuspa）及其所有军队"。不过，西麦利人还是推翻了弗里吉亚末王弥达斯的统治，并在公元前7世纪中叶进攻吕底亚。为了应对西麦利人的危险，巨吉斯向亚述寻求帮助。但在尼尼微，好战的亚述国王阿萨尔哈冬已被崇尚和平、追求高雅的阿舒尔巴尼巴（Assurbanipal）取代；亚述新王对精致奢华生活的追求成为希腊人的笑料，将其称为萨达那帕鲁斯（Sardanapalus）。不过，吕底亚君王还是不得不承认亚述国王的最高统治权；在亚述人的帮助下，巨吉斯打败了西麦利人，并将俘获的酋首绑缚到尼尼微。不过，巨吉斯无法容忍成为他国的附庸，他背叛了对亚述的忠诚，派遣手下的伊奥尼亚和卡里亚的雇佣军前往埃及，帮助埃及摆脱亚述的控制。此时，巨吉斯的权力达到顶峰；同时，他也因财富众多而声名赫赫。【105】与弗里吉亚国王弥达斯一样，

> 西麦利人（克里米亚人）的入侵

> 西麦利人被亚述打败，公元前679年

> 巨吉斯的权力和财富

|| 第二章　希腊的扩张　　123

他也派人前往德尔斐朝圣并敬献祭品，其中包括 6 只黄金调酒钵。诗人阿尔基洛库斯曾见证过巨吉斯的伟业，他诗中一位人物宣称，他"对巨吉斯黄金铸就的财富毫不在乎"。

巨吉斯之死　　不久，西麦利人重启战端，这次命运的天平发生了轮转。战斗中，巨吉斯被杀身亡；除卫城外，吕底亚首都萨狄斯全被攻占；阿舒尔巴尼巴心满意足地看着吕底亚落入西麦利人之手。不久，西麦利人又突袭希腊人的城市。以弗所诗人卡利努斯（Callinus）听见西麦利人的马蹄声，激励他的同胞与敌人战斗；以弗所经受住了西麦利人的攻击，但城墙外的阿尔特米斯神庙却被大火焚毁。西麦利人及其来自色雷斯的盟友摧毁了麦安德河上的玛格涅西亚。这帮野蛮人给人们留下了深刻的印象。他们配备着巨大的长剑，腰挂长长的箭筒，头戴斯基泰人的曲檐帽子；狂吠的猎犬紧跟着战马。这就是他们在后世希腊艺术家笔下的形象，克拉佐门奈出土的一口石棺保存下了他们的样子。不过，危险终于过去，阿尔迪斯

吕底亚国王阿尔迪斯（Ardys）继承了吕底亚王位，最终将西麦利人逐出其国土，并成功将势力扩张到卡帕多西亚（Cappadocia），最远达到了哈里斯河（Halys R.）。

吕底亚的钱币　　此时，吕底亚人的一项发明使商业发生了革命性的变革。欧洲应将钱币的发明归功于吕底亚人。历史上，巴比伦人、腓尼基人和埃及人都曾使用黄金和白银作为交换媒介，并在金银两种金属之间确定了一定的比率。一块一定重量的金属一旦加盖上国家的章印以保证有宣称的重量和纯度时，钱币就此产生。这一个关键步骤是由吕底亚人率先完成的，大约在公元前 7 世纪初巨吉斯统治期间，就已出现了最早的钱币。吕底亚钱币是由当地的白金制成，更准确地说是合金，【106】即金银合金，其中

合金斯塔特尔　　黄金所占分量更高。在古代，人们认为一块萨狄斯白金的价值 10 倍于同

等重量的白银,同时,等于四分之三同等重量的黄金。[①] 米利都和萨摩斯很快采用了这种新发明,并迅速将其传播到小亚细亚其他城市。不久,埃吉那和优卑亚的两座主要城市也创立了货币体系;逐渐地,所有希腊城邦放弃了按牛的数量计算价值的原始习惯,大多数城邦拥有自己的钱币。[*]但是,除西弗诺斯岛和塔索斯外,希腊地区黄金稀缺;因此,希腊人皆以白银铸造钱币。钱币的发明正好出现在希腊商业活动急剧上升的发展时期,因此具有重大意义。它不但便利了商贸,而且有利于财富的积累。不过,还得经过许多代人后,新体系才能最终完全取代原来的财富计算方法。

希腊人的重量单位引自巴比伦和腓尼基。但是,当埃吉那和优卑亚岛上的城市确定其币制时,她们并未采用上述二地的银本位制。埃吉那的标准银币相对较重,名为斯塔特尔,每枚重量为 192 格令(grain),价值约超过 1 弗罗林(florin)[**],伯罗奔尼撒全境及北希腊采用这种埃吉那币制;优卑亚的标准银币同样名为斯塔特尔,但每枚相对较轻,重量为 130 格令,这与巴比伦标准金币的重量相同。优卑亚币制最初的使用范围仅限于优卑亚、萨摩斯和其他几个地方,公元前 7 世纪科林斯人在对其

埃吉那和优卑亚币制

---

① 吕底亚的钱币有两种进位制。一种用于国内交换,以巴比伦的进位制为基础;另一种用于对外贸易,以腓尼基人取自希腊人的进位制为基础。

* 但是,不能夸大完备货币体系出现的时间。考古材料表明,公元前560年前后,在离吕底亚不远的城邦以弗所,硬币体系仍未完备:虽已呈块状,但有的金属块上只有单面压印,有的仅压印简单的条纹,只有少数压印了完备的图案和标志。在小亚之外的地区,早期硬币发展和传播方式并不完全明晰。但无论如何,公元前6世纪下半叶,随着海上贸易的增长,港口税的增加;城市化的发展,建筑业的繁荣,生产专业化的显现,对原料和劳动力需求的增加,促进地区交流更加频繁;最关键的是,出于战争和支付雇佣兵薪水的需要,原有以大麦、牲口、贵金属混用的货币体系已不能适应时代发展的要求。C.Howgego, *Ancient History From Coins*, London and New York: Routledge, 1995, pp.14—18; Gill Davis, "Dating the Drachmas in Solon's Laws", *Historia*, vol. 61, 2012 (2), p. 134. 由城邦统一打造的、有固定形制和价值的贵金属硬币大量出现并迅速传播,成为广泛使用的交换介质。直到公元前500年前后,希腊大陆、意大利、西西里及小亚地中海沿岸等地,相继形成了相对完备的硬币体系。J.Kroll & N.M.Waggoner, "Dating the Earliest Coins of Athens, Corinth and Aegina", *American Journal of Archaeology*, vol.88, 1984 (4), pp. 325—340, esp. p.339. ——译者注

** Grain, 英美制最小的重要单位,每格令约合0.0648克; florin, 英王爱德华三世于1344年发行的一种金币,重108格令,约合6.99828克。——译者注

希腊钱币的宗教特征

稍加改进后,也使用这一币制,后来雅典人也采用该币制。①

希腊人最突出的特色是其钱币最初与宗教密切相连;据推断,神庙里的祭司对于推动钱币的使用至关重要。*【107】为了便于保管,人们习惯将珍宝存放在诸神的圣所里;诸神也拥有大量祭品;自然,祭司会专门研究如何准确称量贵金属。每个希腊城邦发行的钱币上都打制有该邦钟爱神灵的雕像或标志。最初,神灵通常也以其标志物的形式出现;后来,钱币上会打制上该神灵的头像。萨狄斯吕底亚的金币、米利都和其他伊奥尼亚城市的银币上都刻有一头狮子;厄律特利亚的钱币上有母牛和哺乳的小牛;埃吉那钱币上有一只海龟,居齐库斯钱币上有一尾金枪鱼。所有这些图标都是女神的标志,不管是阿芙洛狄特、赫拉还是阿尔特米斯,希腊人都将她们等同于腓尼基人的女神阿斯塔特。

第六节 埃及的开放

米利都商人及其追随者日渐富裕,因为他们是吕底亚人与地中海其他地区交流的中间人。一方面,吕底亚人将米利都人生产的货物运往小亚细亚内陆及更遥远的东方地区销售;另一方面,米利都的大商船满载货物驶往地中海西部地区及优克辛海沿岸。而且,大约在吕底亚人发明钱币为世界贸易打开一片崭新的前景时,新的区域也对米利都人开放,让他们有机会获得更多财富,一直满怀猜忌之心的埃及人也对希腊商人

---

① 参阅原书第175页。
* 关于希腊钱币出现的原因争议颇多。范·雷登强调钱币的出现既是一种现实需要也是为了满足一种意识形态的要求,是城邦为支付雇佣兵工资、满足神庙祭司的管理、确立城邦的独立意识、促进商品和市场交换的需求而发行的。相关研究成果和研究现状,可参阅Sitta von Reden, "Money, Law, and Exchange: Coinage in the Greek Polis", *The Journal of Hellenic Studies*, vol. 117, 1997, pp. 154—176.不过近年来的考古成果表明,即便古风时代晚期,钱币的出现大概也并非完全是满足支付雇佣兵工资、城邦财富的储存及确立城邦的独立地位等非经济功能。在大额钱币出现时,小额辅币可能也几乎同时出现。参见H. Kim, "Small Change and the Moneyed Economy", in P. Cartledge et al eds., *Money, Labour and Land,* London and New York: Routledge, 2002, pp. 44—51.——译者注

敞开了国门。

亚述国王阿萨尔哈冬的最大功业是征服埃及。那时埃及已分裂成无数个小王国；在埃及被征服后，这些小王国的国君成为亚述的诸侯，继续统治着原来的地方。但外族统治仅持续了25年，下埃及萨伊斯（Sais）国王普萨麦提库斯（Psammetichus）领导人们反抗阿舒尔巴尼巴的统治。一方面，在其统治末期，阿舒尔巴尼普忙于镇压苏锡安那（Susiana）埃兰人的暴乱；另一方面，普萨麦提库斯得到身穿重甲的伊奥尼亚和卡里亚雇佣军的鼎力支持。在这些"来自海上的青铜甲士"的帮助下，他使埃及摆脱亚述人的统治，并征服其他诸侯，重新将整个埃及纳入他的统治之下。因普萨麦提库斯可能具有利比亚血统，该王朝被称为利比亚王朝。王朝定都萨伊斯，获得了希腊、卡里亚、叙利亚、腓尼基雇佣军的支持，势力日盛。普萨麦提库斯修建了一座名为达弗奈（Daphnae，埃及原名为Defenneh，为了发音顺畅，希腊人对其进行了改变）的城堡供希腊士兵居住。（瑙克拉提斯及周边的尼罗河三角洲，参见图2-8）【108】在达弗奈的废墟，出土了许多与外邦驻军相关的遗物。普萨麦提库斯及其继承者完全抛弃此前埃及法老奉行的狭隘自闭的对外政策，在某些方面成为300年后统治这块土地的希腊化托勒密王朝的先驱者。他们让埃及的贸易对世界开放，允许希腊人在埃及永久定居。普萨麦提库斯之子尼科开通运河，将红海与尼罗河连接起来；他还试图凿穿将红海与地中海分隔的地峡，这项宏伟工程留待今人方得完成*；他的舰队自由航行于塞浦路斯和阿拉伯的海域；他甚至派出一支腓尼基探险者，力图完成绕行非洲的宏愿，2000年后的今天，这一壮举被认为是不切实际的幻想。

米利都人在离萨伊斯不远的尼罗河西岸卡诺比克（Canobic）运河

---

* 1869年法国人才开凿了苏伊士运河。——译者注

第二章 希腊的扩张　　127

边修建了货物加工作坊,围绕这个作坊区兴起了一座希腊人的城市,得名为瑙克拉底斯(Naucratis),即"海洋女王"。该殖民地成为所有希腊商人共用的港口。虽然最初法老允许希腊人在全国自由迁徙,但随后出台规定,只允许希腊人从卡诺比克河口进入埃及。(公元前640—前630年)在瑙克拉底斯,米利都人、萨摩斯人、埃吉那人分别有其聚居区和神庙,其他所有希腊殖民者拥有一所共同的圣所希伦尼昂(Hellenion),该圣所由厚厚的砖墙包围,可以同时容纳5万人,这里既是他们的市场也是他们的神庙。除埃吉那人外,瑙克拉底斯的所有殖民者皆来自小亚细亚西海岸,既有伊奥尼亚人、多利斯人,也有爱奥利斯人。

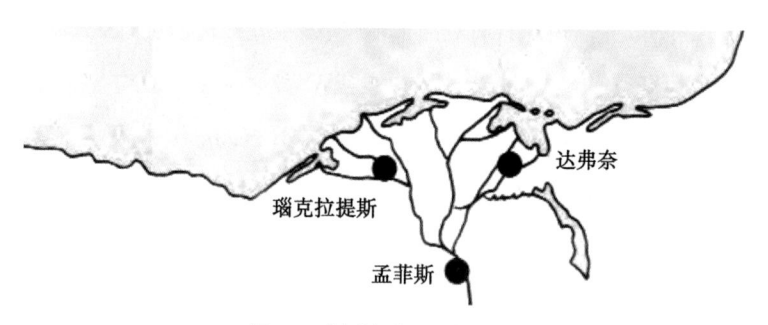

图2-8 瑙克拉提斯及周边的尼罗河三角洲

(据A.Villing and U. Schlotzhauer eds., *Naukratis: Greek Diversity in Egypt*, London: The British Museum Press, 2006, p.145. 编译)

阿布·辛贝的希腊士兵,普萨麦提库斯二世时期,公元前594年—前589年

希腊士兵刻写其名字

　　如前所述,埃及不但为商人提供经商的场所,也为勇于冒险的士兵提供了发财的机会,这在一定程度上缓解了伊奥尼亚地区人口过剩带来的压力。在上埃及阿布·辛贝,考古学家发现了一处希腊士兵聚居区遗址;他们随尼科的继承者普萨麦得库斯二世远征埃塞俄比亚。有些士兵在神庙巨大的雕像上刻画他们的大名,在阿布·辛贝遗址中,虽然他们的名字是如此微不足道,但因为时间久远,这些名字将可能为遗址平添些许乐趣。

第七节　库列涅

埃及商贸对希腊开放后不久,在与埃及西部接壤的地区新兴了一座希腊城市。铁拉岛上爆发了内斗,双方分别是自称为不知名的米尼亚人的原住民和后来移民至此的多利亚人,米尼亚人在斗争中失败,被迫移民,随行也有一些多利亚人,后来一些克里特冒险者加入了他们的队伍,最后他们航行抵达巴尔卡沿岸。在离海岸不远的普拉提亚他们建起第一个定居点,后来又在对岸大陆上再建一个居住区,但这两个居住点都不太成功。最后,在 8 英里外一处泉水终年奔流不息的地方找到了永久的居所,他们将城市建在两座白色的山丘上,控制着群山围绕的一块平原。这座城市被命名为库列涅(Cyrene),是希腊人在非洲海岸建立的唯一一座获得成功且富裕异常的殖民地。带领岛民到此建立家园的那位领袖成为他们的国王。他的名字似乎为阿里斯托泰勒斯(Aristoteles),但后来改名为巴图斯(Battus),据说在利比亚语中,该词表示国王之意;但在希腊语中,该名发音与"结巴"非常类似,人们推断巴图斯一世发表演说时会经常结巴。巴图斯之子名为阿尔凯西拉斯(Arcesilas)。库列涅王表中总是巴图斯和阿尔凯西拉斯轮流相继。*巴图斯二世时,该城因一大批新移民的到来得到进一步的巩固,这些人受国王邀请,主要来自伯罗奔尼撒半岛和克里特。移民的到来改变了库涅列的居民构成状况,原有的米尼亚因素终被超越。希腊殖民者从利比亚人手中夺取的土地因充沛的冬

库列涅的建立,约公元前630年

阿尔凯西拉斯

---

* 库涅列巴提亚德(Battiad)王朝(前623年—前440年)列王名称及统治时间如下:巴图斯一世(前630年—前600年)、阿尔凯西拉斯一世(前600年—前583年)、巴图斯二世(前583年—前560年)、阿尔凯西拉斯二世(前560年—前550年)、莱亚尔库斯(Learchus,前550年)、巴图斯三世(前550年—前530年)、阿尔凯西拉斯三世(前530年—前515年)、巴图斯四世(前515年—前465年)、阿尔凯西拉斯四世(前464年—前440年)。公元前440年,库列涅成为一个共和国。自阿尔凯西拉斯三世起,成为波斯帝国的附属国。公元前331年被亚历山大征服,后成为托勒密王国的一部分。公元前276年重获独立。——译者注

雨而硕果累累,品达描写该地说这是一块乌云盘绕其上的平原。这里还是最优良的牧场,库列涅人因善于驯马和精于骑射而闻名。他们是希腊商人和利比亚土著之间贸易的中间商,但库列涅国王财富的主要来源是出口罗盘草(silphion),这种草本植物因极具药用价值而更负声名。罗盘草在古代巴尔卡地区生长繁茂,但现已绝迹。国王垄断了罗盘草的销售,在一只产自库列涅的精工陶杯上,【110】可见国王阿尔凯西拉斯二世亲自监管下人将罗盘草称重并包装入船舱。(阿尔凯西拉斯陶杯画像,参见图2-9)正是在这位国王当政时,他与其弟兄们发生了争斗;斗争失败的兄弟们被迫离开,在库列涅以西很远的地方建立了巴尔卡。

阿尔凯西拉斯陶杯

图 2-9 阿尔凯西拉斯陶杯画像(Cabinet des médailles de la Bibliothèque nationale de France in Paris)

优加蒙(Eugammon)所作的《泰勒哥努斯历险记》(*Telegony*),约公元前600年

尽管库列涅远离希腊本土,但她在希腊世界仍占有一席之地,足以昂首而立。曾出现过一位库列涅诗人续写《奥德赛》,讲述奥德修斯最后的历险。他的诗歌在希腊广受欢迎,希腊人将其视为编年史诗系列的一

部分，有时也将这部诗歌与荷马联系在一起。该诗歌与众不同之处在于，它表达了作者对故土的自豪感和明显的地域特色。诗中，奥德修斯（与喀耳刻）生有一子，名为阿尔凯西拉斯，这样就将库列涅王室与那位伟大的流浪英雄联系在一起；诗中还具有浓烈的利比亚风情，展现出库列涅文明的不同韵味，恰如来自受斯基泰影响的优克辛海沿岸遥远的希腊城邦带来的不同特征一样。

第八节　希腊世界公众的不满情绪

【111】此时，希腊商贸和工业的发展对政治和社会的进步产生了许多重大影响。制造业的发展需要劳动力，但并没有充分的自由劳动力为其所用，因此，大量的奴隶不可或缺。人们从小亚细亚、色雷斯和黑海沿岸地区进口了大量奴隶，奴隶贸易获利颇丰，开俄斯人将奴隶买卖当作他们主要的职业。家内奴主要来自战俘，早在荷马时代就已存在，但作用有限，未对社会产生重大影响；但始于公元前7世纪的一种新的奴隶组织体系注定将成为希腊城邦衰落和灭亡的最致命因素之一。

商贸和工业的增长

奴隶制

最初，随着商业的快速增长，贵族共和国的特权阶级获得大量利益，因为他们本身就是最主要的投机者。但是，他们在贸易中获得的财富逐渐削弱着他们的政治地位。首先，贵族的影响主要取决于他们对土地的控制权，当手工业的地位上升到足以与农业匹敌时，土地的重要性必然会降低；其次，财富增长确立了一种新的政治标准，以出身为准则的贵族政体开始向以财富为依据的贵族政体转变。"财富造就个人"的谚语现已越来越受到欢迎。当人们认识到不可能获得高贵的出身但可通过自身努力获得财富时，社会的价值取向就已发生变化，这种变化一直是促进民主制发展的一个关键步骤。

农业地位的降低

财富成为决定政治地位的一种力量

有人开始倾听民众的声音

另一方面，一开始，比较贫困的自由民成为受害者。从原有交换体系向货币体系的转变给他们带来巨大的灾难。在讨论雅典历史时，我们将找到更多例证。不过，他们遭受的苦难和由此引发的不满情绪驱使人们为获得完全的政治权利进行不懈斗争，在很多城邦，平民的斗争取得了成功。公元前 7 世纪下半叶希腊许多地方爆发了激烈的阶级斗争；一些更睿智且有远见的贵族开始认识到将政治权利扩展到其他公民的必要性。随着手工业的发展和农业地位的下降，人们更集中地居住在城市，由此形成一支新兴的城镇人口，这无疑有助于加快民主进程的步伐。

阿尔基洛库斯

在这个动荡不安的时期，生活着一位伟大的天才诗人，他就是帕罗斯人阿尔基洛库斯。准确地说，阿尔基洛库斯是我们透过历史迷雾找到的第一位有血有肉的希腊人。阿尔基洛库斯虽出身于贵族世家，但其母是一位女奴，因此，他决定跟随一群冒险者远赴意大利的塞里斯碰碰运气。虽然建立殖民地的努力以失败告终，但他获得了航海经验，教会了他唱颂"波塞冬送来的苦涩礼物"和水手们对甜蜜故土的祈愿。此后，他参加了帕罗斯人在塔索斯岛上的殖民活动，并涉足到殖民者之间的派别斗争，最终该岛的殖民者发生分裂。有人认为，阿尔基洛库斯在塔索斯见过一次发生在正午的日食，根据推算这次日食发生在公元前 648 年 4 月 6 日。但是，他说的日食是否就是指这一次，仍然很值得怀疑。他宣称，全希腊的罪恶皆集中于此，"塔索斯既非公平之地，也非理想之所，塞里斯河畔的良田才是我梦想的家园"。他吹嘘说他"既是战神的奴仆，也长于缪斯赠予的精美礼物"。但是，当塔索斯人与对岸大陆的色雷斯人作战时，他却扔下盾牌仓皇逃命，他辩解说："我总算没落到丧命的下场，那个盾由它去！我再弄个同样好的。"由于贫困，加上有污点的出身，他总是受到对手的嘲讽，在事业上到处折腾却鲜有成功。在诗中，阿尔基洛库斯充分展现出他丰富的情感，也展现出他对敌人的极度憎恶，譬如帕罗斯人吕卡姆贝斯（Lycambes），因为此人拒绝将女儿诺伊布勒（Neobule）许配给他。要是得到命运的垂青，他本可以成为贵族中的翘楚；但是，倒霉的运气使他穷困潦倒，他愤而参加到反抗贵族的运动中。阿尔基洛库斯的诗歌在风格上与史诗完全不同，甚至与赫西俄德也有很大差异。他的诗歌针对的对象是普通民众，他大量使用口语；为了达到文学效果，他更多地使用抑扬长短格。阿尔基洛库斯的诗歌影响巨大，以至于史诗吟诵者将他的诗与荷马、赫西俄德的诗歌相提并论，一同吟唱。

　　阿尔基洛库斯的诗歌反映出希腊社会的诸多弊端，这些弊端必将推动平等和自由的发展。但是，在大多数情况下，要想取得斗争的成功仍主要取决于军队的效率；此时正发生的战争技术革命对希腊社会也至关重要。这将带领我们进入斯巴达的历史。

第三章

斯巴达的崛起
贵族政体的衰落

第一节　斯巴达及其政体

占据优罗塔斯河谷后,【113】来自北方的多利亚人建立了许多村落,他们被称为拉凯戴梦人。随着时间的推移,其中一个城镇兴起,并赢得对其他村落的统治权。该城镇由 5 个村落联合而成,① 但联合后每个村落仍保持着自身的特性,成为城邦这个较大共同体中的独立个体。这座城市被称为斯巴达,在拉哥尼亚取得了主导地位,而在此前占据主导地位的是阿米克莱(Amyclae)。城邦内的其他拉凯戴梦人被称为庇里阿西人(perioeci),即处于统治地位的城市的"边民",他们拥有人身自由,有权处理地方性事务,但在斯巴达人的城邦中没有政治权力。② 他们主要的负担是服军役和耕种王室地产。

斯巴达人最引人关注的是其保守精神。在斯巴达政制中保留下许多仅存于荷马史诗中的古老传统,而从可靠的历史开始起,在大多数地方,这些古老的传统就已消失殆尽,这使斯巴达在许多方面看起来与众不

斯巴达国家的源起

属民:庇里阿西人

斯巴达的保守精神

---

① 分别是皮塔涅(Pitane)、美索亚(Messoa)、利姆奈(Limnae)、科努拉(Konoura)和狄麦(Dyme)。
② 证据表明,在稍后时段,他们被置于斯巴达的哈摩斯特(Harmosts)即军事首长的监督下;但相关证据主要来自基特拉(Cythera)岛,从军事角度看,该岛确需进行特殊安排。

同。其中最令人瞩目的是斯巴达的王权,名义上,斯巴达仍由国王统治。

斯巴达人坚信其政体来源于古代

斯巴达人的保守精神使他们急于相信其政体早在远古时代就已存在,即便发展到历史可考的时代,该政体在外在形式和内在特征上仍没有丝毫改变,其他城邦也乐于接受这种说法。然而,我们不得不怀疑,事实可能并非如此。【114】毫无疑问,斯巴达人的国家与其他希腊城邦一样,都是公元前7世纪末发展起来的,虽然斯巴达的发展更具特色;毫无疑问,与其他大多数城邦一样,她也经历过君主制和贵族制的发展阶段;最后确立的政体形式仍是贵族与平民斗争的结果。其最大的不同在于,经过这一系列的变化,世袭国王得以保存。

在发展最完备的时候,斯巴达的政权机构包括四个部分:国王、长老议事会、公民大会和监察官。(拉凯戴梦的政治结构参见图3-1)前三种机构普遍存在于希腊各城邦,监察官是后世设立的机构,为斯巴达所独有。

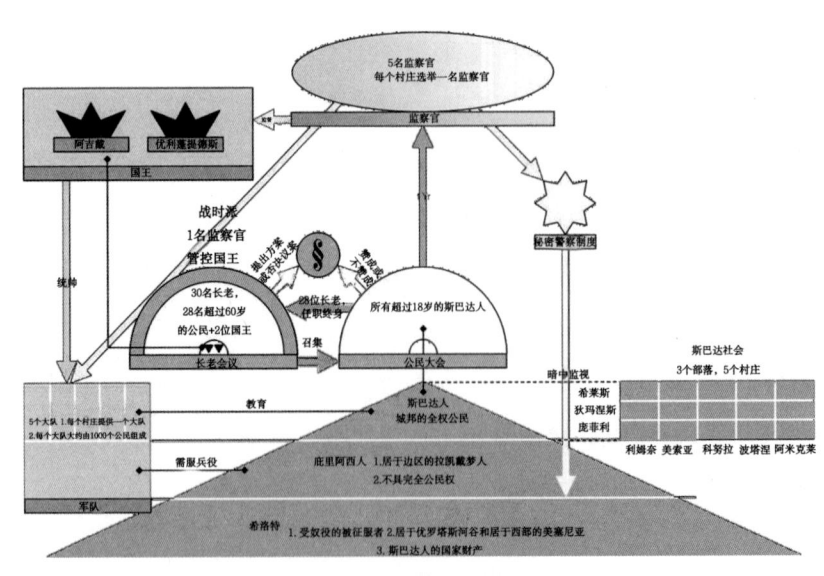

图3-1 拉凯戴梦的政治结构

(据Paul Cartledge, *Sparta and Lakonia*, London and New York: Routledge, 2002, p. 2, fig.1 编译)

荷马时代晚期,国王的权力就已相当有限;后来,有限的王权也逐渐消失,有时尚可找到某些残留的痕迹,正如雅典的王者执政官一样,以城邦官职的名称留存于世。在少数情况下,国王被保存下来,斯巴达就是其中之一。但是,即便国王得以保存,其权力也从两个方面受到限制,即不但受制于其他官职,而且也受制于本身的双王特征。斯巴达有两位国王,而且自有记忆以来,就已存在两位国王。双王制的产生很有可能是两个不同部落联合的结果,每个部落拥有一位国王。其中一个部落居于斯巴达,其国王来自阿吉戴(Agidae)氏族;据推断,另一部落居于拉哥尼亚南部某地,其国王来自优利蓬提德斯(Eurypontids)氏族。两个部落在斯巴达联合组成一个更大的城邦,联合的前提条件之一可能是双方都保留各自的国王,两位国王享有同等权力,共同统治。国王皆父子相承,他们分别来自王族阿吉戴和优利蓬提德斯;正如大家认为的那样,如果说阿吉戴家族的国王权力稍大,这可能是因为优利蓬提德斯家族是迁入斯巴达的外来者。① 根据后世厘定的谱系,他们的血统都能追溯到赫拉克勒斯,与赫拉克勒斯子孙回归的神话联系在一起。

或许正是因为同时拥有两位国王,他们相互之间权力制衡,所以斯巴达的国王才没被取缔或降为一个城邦的官职。然而,国王的权力在很大程度上受到削弱;【115】在那一个时代的希腊城邦,君主制正让位于贵族共和制,可以推断,斯巴达王权也是从此时才开始逐渐受到制约的。原来曾属于他们和希腊其他国王的宗教、军事、司法权力,现或已完全丧失,或仅保留下一部分。

国王享有担任某些祭司的特权;② 每月,他们代表城邦向阿波罗奉献

I. 国王

双王制的缘由

阿米克莱?

王权的有限性

宗教权

---

① 证据表明,在稍后时段,他们被置于斯巴达的哈摩斯特(Harmosts)即军事首长的监督下;但相关证据主要来自基特拉(Cythera)岛,从军事角度看,该岛确需进行特殊安排。
② 譬如宙斯·拉凯戴梦和宙斯·乌拉尼俄斯(Zeus Uranios)。

|| 第三章 斯巴达的崛起 贵族政体的衰落

隆重的牺牲；出征前，由他们准备并主持奉献祭品的仪式。虽然他们不是唯一的祭司，却是城邦重要的祭司。

军事权

他们是军队的最高指挥者，有权向任何被选中的国家宣战，如果有斯巴达人阻碍宣战，他们有权对其施加惩罚；战场上，国王拥有无上的权力，可以决定任何人的生死；他们拥有一支100人组成的卫护队。显然，

约公元前500年

因同时有两位国王，上述权力有所削弱。后来，法律规定，在每次战争前，由人民选择其中一位国王带兵打仗，而且被选中的国王必须对他在战斗中的所作所为负责。

司法权

虽然国王享有崇高地位，是最高祭司和军队统帅，但他们几乎没有任何司法权力。他们已不再拥有荷马史诗中阿伽门农式的司法决断权；只有在三种特殊情况下，他们还享有一定的司法权：负责儿童的收养事务；决定嗣女（父亲去世时仍未婚配的少女）的婚姻；处理所有与公共道路相关的案件。

在庇里阿西人居住的地域内有王室领地，国王可从中获取收入。此外，他们还在公共祭祀时享有特权，与荷马时代的国王一样，宴会时他们坐在首座，最先获得菜品，并享有双份饭菜，祭祀时屠宰的牲口毛皮归他们所有。在斯巴达，人们对王室颇为虔敬，认为他们享有神圣的地位。去

葬礼上享有的殊遇

世时，国王将会享受到诸多殊遇。希罗多德说，"骑兵奔走于拉哥尼亚各地宣布国王去世的消息，妇女们敲着铁锅在斯巴达城内四处报信。得到信息后，每家每户必须出两名自由人，一男一女，身着丧服守孝，否则要被处以重罚"（Hdt. 6. 58）。庇里阿西人也必须派出固定的人数出席葬礼。
【116】葬礼中一项正式仪式是哀悼者一同歌颂刚刚去世的国王，赞颂他比过去历任国王都更贤明优秀。公共事务要在葬礼结束10天后才恢复办理。王位将由长子继承，但如果长子是在国王继位前所生，那么他将让位于继位后生养的年龄最大的儿子。如果国王去世时没有子嗣，王位将

由与他血缘最近的男性亲属继承;如果继承人年龄尚幼,将由摄政王代行其职。

荷马的作品中,为国王提供建议并担任法官的长老(gerontes)在斯巴达发展成为长老议事会,议事会是斯巴达政体的一个组成部分,其人员固定,也被称为格鲁西亚(gerusia)。长老议事会由30人组成,其中包括两名国王,他们因拥有王权而自动入选;另外28人必须年龄在60岁以上,因此成为名副其实的老人议事会,议事会成员任职终身,在公民大会上根据人们欢呼声的大小选出;因为斯巴达人认为,一个人的德行越高,人们的欢呼声就会越大,所以,成为长老议事会成员又被当作是对老人德行的嘉奖。议事会为即将在公民大会上讨论的事宜准备议案;作为一个咨询机构,它对城邦政治事务影响重大;议事会成员还组成法庭,审理刑事案件。

II. 格鲁西亚,又称长老议事会(gerontia)

但是,虽然长老议事会成员由民众选举产生,但他们本身却不是来自平民。贵族在斯巴达政治中享有特权,只有来自贵族家族的人,方有可能当选为议事会成员。因此,长老议事会成为拉凯戴梦政体中的寡头因素。

年过30的斯巴达人成为阿佩拉(Apella)也即公民大会的一员。公民大会每月都会在巴比卡(Babyka)桥与克那奇昂(Knakion)河之间的空地上召开一次。无疑,远古时代公民大会由国王召集,但从文献可考时代开始,会议召集权就转移到监察官手中。公民大会上,人们不能讨论任何问题,只能听取国王或监察官宣读提案,他们通过欢呼声表达自己对提案的意见。如果无法判断民众的欢呼声是否支持提案,主持人会让他们按不同意见分别站在不同地方重新统计。公民大会选举长老议事会成员、监察官和其他官员;决定城邦的战和及对外政策;如果王位继承出现纷争,也交由公民大会裁决。因此,从理论上讲,斯巴达政体属于民主

III. 阿佩拉,即公民大会

|| 第三章 斯巴达的崛起 贵族政体的衰落

制。没有任何一个斯巴达人被排除在公民大会之外；公民在阿佩拉上表达的意愿具有最高权威性。正如那项古老法规所言，"人民有最后的发言权和决定权"（*Plut. Vit. Lyk.* 6）。但是，同一部法规却将本属人民的最高权力转授给了行政部门，即"长老和官员"。【117】法律规定，"如果人民制定了不当法令，他们将成为（民众意见的）分离者。"似乎民众在公民大会上的呼声并不具备法律强制力，除非在公民大会正式解散前该提议获得主持人的正式宣布。如果长老和官员不赞同公民大会上大多数人做出的决定，他们可以中止会议，拒绝宣布结果，不用等到国王或监察官做出决定就可宣布解散会议。*

监察官　　五监察官制是斯巴达最具特色的政治制度。监察官制度的起源仍陷于层层的迷雾中，学者们一般认为监察官之职初创于公元前8世纪上半叶。**但必须明确，官职的设立并不意味着它已在政治上发挥重要作用。或许公元前8世纪时，国王发觉事事亲力亲为不大可能，因此被迫将刑事案件委托他人审理，为此目的，国王指派监察官或"监督员"。① 监察官的数量与组成斯巴达的五个德莫或村落相联系，可能最初每个村落指派一名监察官。直到公元前7世纪，监察官才获得巨大的政治影响，其权力的获得与贵族平民的斗争密切相关。此时，贵族与国王一道掌控着国家，平民在政府中没有丝毫权力。斗争过程中，国王是贵族的代表，监察官是平

---

* 关于斯巴达公民大会的产生、人员构成及权力等问题的进一步讨论可参阅祝宏俊：《古代斯巴达的公民大会》，《世界历史》，2008年第1期。——译者注

** 亚历山大里亚学者手中的监察官名录似乎可前溯至公元前757年，但对于从此份名录中获得多大的历史信息，我们不能期望太高。或许最重要的是在拉哥尼亚殖民地铁拉岛也存在监察官，但最能证明该制度悠久历史的是它与斯巴达政体的总体结构之间有着密切的内在联系。如今学界对于监察官起源时间有公元前9世纪莱库古说、公元前8世纪泰奥庞普斯说和公元前6世纪基隆说。相关评述及关于监察官制度的具体讨论可参阅祝宏俊：《斯巴达的监察官》，《历史研究》，2005年第5期。——译者注

① 对于庇里阿西人居住城镇的地方机构我们一无所知，这或许本可以透露些斯巴达政体的细节。波勒蒙（Polemon）的著作《论拉凯戴梦的人城市》已不幸遗失。

民的代表。① 斗争的最终结果是双方达成和解，每一个月国王将与监察官交换誓言。国王宣誓说他们必将依照国家法律履行国王的职责；监察官宣誓说如果国王遵守誓言，他们将永远维护国王的统治。在该仪式中，仍然可见政府与平民之间的尖锐对立。监察官具有的民主特性表现为任何斯巴达人皆有可能当选，【118】其选举模式在本质上与抽签选举类似，因此被亚里士多德描述为"非常幼稚"。如果5名监察官意见不一，则采取少数服从多数的原则。

从拉哥尼亚新年（秋分后的第一个月圆之夜）伊始，监察官就开始入职。因被视为人民利益的捍卫者，监察官总是按照人民的要求时刻用戒备的眼光监督着国王的一举一动。出于这样的目的，总有两位监察官陪伴国王外出征战；他们有权起诉国王并可随时传唤国王前往接受问讯；原属国王的司法权一部分转移给了监察官，一部分归于长老议事会；监察官享有最高民事审判权，长老议事会享有最高刑事审判权；涉及庇里阿西人的案件中，监察官同时享有刑事和民事审判权；此外，他们严格维护着斯巴达的秩序和纪律，新任监察官入职时，都会发布命令要求每位公民"剃掉上唇的胡须，遵守国家的法律"。

这种奇特的政体不能归于任何一种常见的政体类型，不能称为君主制、寡头制，也不能称为民主制；虽然不能采用上述任何名称，但它却同时具有三种政体的某些特征。* 如果看到国王在战场中的绝对权力，或者看到国王在公共节庆中享受的殊荣，一位陌生人可能会把斯巴达描绘成一个君主制王国；如果询问一位斯巴达国王如何界定国家的政体，他会

斯巴达政体的特征

---

① 来自优利蓬提德斯家族的国王可能为双方的和平铺平了道路。国王阿奇达姆斯（Archidamos，字面意义为"民众的领袖"）仅见于优利蓬提德斯家族而不见于阿吉戴家族，这也在一定程度上证明了他们深得人民的爱戴。
* 关于斯巴达政体中深厚民主因素的相关讨论，可参阅晏绍祥：《古典时代斯巴达政治制度中的民主因素》，《世界历史》，2008年第1期。——译者注

第三章 斯巴达的崛起 贵族政体的衰落 143

无奈地说当然是民主制;如果只看长老议事会,其成员从特权阶层中遴选,对公共事务享有巨大的影响力,可以禁止公民大会讨论提案,上述特征无疑表明斯巴达是一个寡头制城邦。斯巴达政体具有混合特征的秘密在于,当她面临与其他城邦类似的政治危机,开始走上同样的发展途径时,她使用了最小限度的暴力斗争克服上述问题,从而表现出强烈的保守精神;当本应从君主制过渡到贵族制时,她保留下世袭国王,但仅将其作为贵族政府的一个组成部分;当本应过渡到民主制时,她将巨大的权力授予了人民的代表,但仍保留着世袭国王和贵族的长老议事会。

第二节　斯巴达征服美塞尼亚

美塞尼亚

在斯巴达发展过程中,首要且最具决定意义的步骤是征服美塞尼亚。(古典时代的拉哥尼亚和美塞尼亚,参见图 3-2)伯罗奔尼撒半岛南部被泰格图斯山(Taygetus M.)一分为二。其中,东部地区又被帕尔农山(Parnon M.)分为两部分,即优罗塔斯河谷和崎岖的沿海地带。西部地区更加平坦而肥沃,气候也更温和,没有高耸险峻的群山,只有一些略有起伏的不规则山丘,帕米苏斯河(Pamisus R.)灌溉着斯泰尼克拉鲁斯(Stenyclarus)中央平原,据说最初到达的希腊人曾在此安营扎寨。在帕米苏斯河的西岸耸立着巍峨的伊托姆(Ithome)巨石,这是美塞尼亚天然的防御要塞。在巨石的保护下,兴起了一座城镇美塞尼(Messene),后来美塞尼亚成为这片国土的名称。

对美塞尼亚的最初征服

正如一位斯巴达诗人唱颂的那样,美塞尼亚肥沃的土地"适于耕作,物产丰富",也正是其肥沃的土地激发起她尚武好强邻邦的贪婪之心。现已无法断定第一次美塞尼亚战争的准确时间,但大致在公元前 8 世纪。神话传说对于战争原因和过程的随意发挥不足为信。现能确定的只有三点:主持占卜的斯巴达国王名为泰奥庞普斯(Theopompus);斯巴达人决定夺取伊托姆要塞;美塞尼亚东部地区沦陷,并被并入拉哥尼亚。公元前7世纪初的一位诗人谈及美塞尼亚或菲莱(Pherae)时已自然将其描述为"在拉凯戴梦境内"。公元前7世纪末第二次美塞尼亚战争爆发时,人们回忆说第一次战争持续了20年。根据传说,美塞尼亚的大英雄名为阿里斯托德姆斯(Aristodemus),为了拯救祖国,他按照神谕的要求,将自己的女儿作为牺牲献祭给诸神。为了救出恋人,她的男友到处散播消息,说她已怀有身孕。谣言的传播使阿里斯托德姆斯怒火中烧,他愤而亲手杀死了自己的女儿。后来,无尽的噩梦和凶兆使他惶惶不安,祖国必将覆灭的说辞使他心灰意冷,最终在女儿墓旁他自刎身亡。

阿里斯托德姆斯的传说

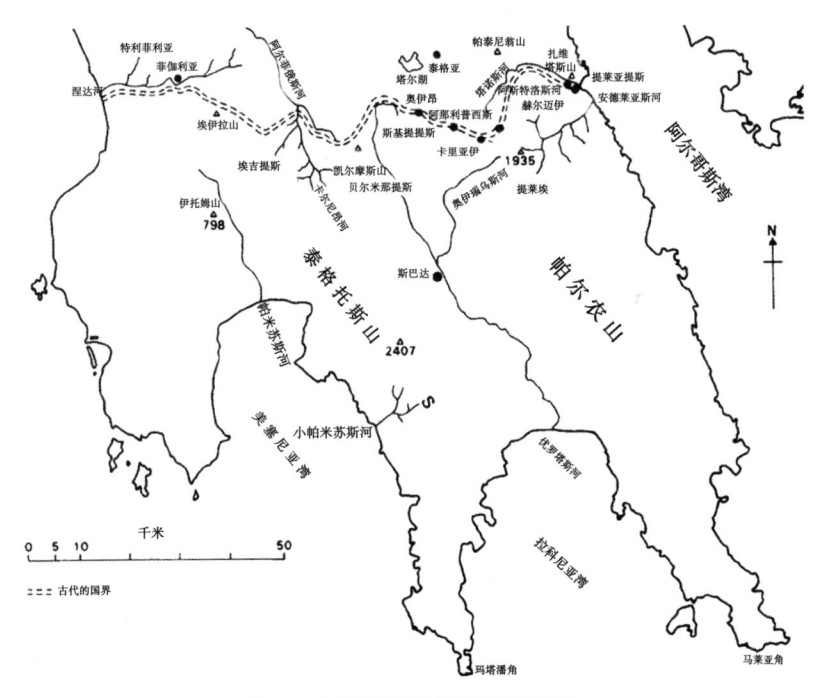

图 3-2 古典时代的拉哥尼亚和美塞尼亚

(据 Paul Cartledge, *Sparta and Laconia*, London and New York: Routledge, 2002, p.2 编译)

美塞尼亚人的处境　　由于斯巴达人的目标是增加公民份地的数量,被征服的许多美塞尼亚人沦为希洛特;他们受到了严酷的奴役,需将收获物的一半交给其主人;但事实上其真实的处境可能更糟糕,【120】因为此时阿提卡的自耕农也不得不将收获物的六分之五上交。斯巴达诗人提尔泰俄斯(Tyrtaeus)描绘了奴隶主对待美塞尼亚人是多么的无礼傲慢:

> 毛驴背负重担已然无法忍受,
> 主人残酷的皮鞭仍抽打不停,
> 精耕土地上收获的劳动果实,
> 一半却归于他们自大的主人。

美塞尼亚人的起义:"第二次战争",约公元前7世纪末　　好几代人以来,美塞尼亚默默屈从于斯巴达人的奴役,但是,当不断取得胜利的斯巴达人觉得一切已经安稳时,在北部的安达尼亚(Andania)地区,美塞尼亚人终于组织并发动了一次起义。他们的起义得到周边的阿卡狄亚人和比萨人的支持,据说起义军推举出阿里斯托美尼斯(Aristomenes)为领袖,此人出身于美塞尼亚的古老家族,能力超群,而且忠贞爱国。最初,起义军获得大胜,斯巴达人则时运不济,年轻人遭到可耻的失败。奴隶们对自由的向往被重新激发起来,斯巴达重获土地之心已完全绝望。这时,一位伟大的领袖和诗人站了出来,他就是跛脚诗人提**提尔泰俄斯**尔泰俄斯。他创作了许多崇武尚勇、舍生取义的诗歌,以此激励斯巴达人去战斗。命运的天平开始倾斜,斯巴达人逐渐止住颓败之势,重新获得胜利的荣誉。提尔泰俄斯的一些诗歌片段还残存至世,这也是我们研究美塞尼亚战争唯一可靠的材料。在当时的战争环境下,提尔泰俄斯的诗歌取得了巨大成功,为他带来了巨大的声名。不久,雅典人宣称诗人本为雅典人的儿子,后来斯巴达人根据神谕,派人请他前往帮忙。在长笛的伴奏下，斯巴达战士高唱着提尔泰俄斯创作的"战歌"，无畏地奔赴战场；晚饭过后的黄昏时分，战士们在帐篷里诵读着他依据传统史诗体创作的悲怆哀歌。此外，从他的诗歌中可见，诗人在战争谋略方面的才能并不逊于其诗歌之才，同样在战争中发挥了巨大成效。最终，美塞尼亚人在护城河之战中遭到重创，被迫撤退到北部奈冬河（Nedon R.）畔的要塞埃伊拉（Eira），该要塞所起的作用与第一次美塞尼亚战争时期的伊托姆类似，阿里斯托德姆斯换成了阿里斯托美尼斯。然而，从提尔泰俄斯的作品中，并没有关于埃伊拉要塞的任何记载，也无阿里斯托美尼斯的英雄业绩，甚至没有提到这位英雄的大名。但是，无论如何，埃伊拉要塞可能是美塞尼亚起义者的最后据点，因为斯巴达人已将伊托姆要塞夷为平地，在与第二次美塞尼亚战争相关的记述中并未提到这座要塞。镇守埃伊拉要塞的起义军能就近获得阿卡狄亚人的资助，他们离此时仍独立于拉凯戴梦的派罗斯也不太遥远。据历史传奇故事的说法，在被困 11 年后，埃伊拉要塞终被攻陷。【122】作为起义军的灵魂人物，阿里斯托美尼斯的成功逃脱又引出一则激动人心的故事。有一次，他与 50 名战友一道被斯巴达人擒获，关进一个无底深坑中。战友们相继去世，阿里斯托美尼斯也只能静候死神的到来。但在深坑里追踪一只狐狸时，他在悬崖上发现了一条若隐若现的羊肠小道，由此成功逃脱敌人的围困。他于第二天再次出现在埃伊拉要塞。当斯巴达人再次发动突袭时，他英勇战斗，最终带伤逃到阿卡狄亚，后来客死在罗德岛。250 年后，他重新出现在留克特拉（Leuctra）战场上与斯巴达人战斗，最终报了当初战败的一箭之仇。

埃伊拉要塞的陷落

关于阿里斯托美尼斯的传奇

　　与此同时，与大多数希腊城邦一样，斯巴达国内的不满情绪日渐高涨。其中最重要的是土地问题；对此，提尔泰俄斯在一首名为"优诺米亚"（Eunomia，亦即"法律与秩序"）的诗歌中有所反映。一方面通过征服美塞尼亚全境，另一方面通过建立殖民地，斯巴达的土地问题得到了解决。

人口对土地的压力

无疑,在意大利南部建立殖民地塔拉斯就是出于缓解人口过剩的考量。

战争艺术的变革:重装步兵

从提尔泰俄斯记载的美塞尼亚战争看,特权阶级的影响力因作战方式的巨大变化而受到严重削弱。战斗的主体和胜利的取得主要依靠身披重甲、手持长矛的步兵组成的战阵,步兵们齐步前进,协同战斗,结成严密的整齐队列。人们发现,按此结成战阵且训练有素的持矛步兵,即重装步兵,在战争力上强于骑兵;几乎与此同时,伊奥尼亚的士麦那的重装步兵曾结成战阵对抗吕底亚巨吉斯的骑兵。作为一种有效的战争武器,密集的步兵方阵曾出现在《伊利亚特》的最后部分;然而,斯巴达人最先充分认识到这种作战方式的价值,也正是在斯巴达,步兵方阵成为最主要的战争建制。战争时,城邦主要不再依靠来自贵族的骑兵,而依靠全体人民。金属制作技术的进步,以及希腊手工业的普遍发展,使战争技艺变革成为可能。如今,每一名生活小康的公民皆可自备整套甲胄参加战斗。*

变革的政治意义

【123】军事制度的变革无疑促进公民身份的平等化和政治的民主化,使贵族与平民一起平等参加战斗。军事技术的发展与人民渴望普遍参与的政体有着密切联系,正是在此政治背景下,斯巴达监察官才获得巨大的政治权力。

在提尔泰俄斯时代,重装步兵方阵的作战方式日臻完善,并从斯巴达传到全希腊,从而促使各地的民主化进程的发展。值得注意的是,重装步兵的作战方式从未引入色萨利,骑兵一直仍是当地人作战的核心力量,因此在那里,民主制的观念也从未获得成功。

---

* 关于希腊重装步兵兴起的相关讨论,可参阅晏绍祥:《古风时期希腊陆上战争的若干问题》,《华中师范大学学报》,1998年第6期。——译者注

第三节　斯巴达的内部发展及其制度

公元前7世纪，无人能预测斯巴达的未来走向究竟会如何。与其他地方一样，贵族们过着骄奢淫逸的生活；人民如其所愿地自主安排他们的生活。没有任何迹象显示她将会成为一个军事化的城邦。抒情诗从其家乡列斯堡岛传到斯巴达，一度在优罗塔斯河畔找到了第二故乡。自有记忆以来，人们都会在宴会、婚礼、收获节庆、神灵祭礼时独唱或男女合唱；但是，随着音乐的发展和乐器的改进，填写歌词成了一门艺术，抒情诗歌由此产生。作为古代的一项重要发明，一般认为，七弦琴的发明者是列斯堡人泰潘德尔（Terpander），他是一位历史人物，既是诗人又是音乐家。据说他曾到访过斯巴达，并在拉凯戴梦人最大的节日卡奈亚节（Carnean）上创设了音乐比赛。无疑，泰潘德尔的音乐在斯巴达颇受欢迎；不久斯巴达人就拥有了一位他们自己的诗人，虽然不是土生土长的斯巴达人，但至少也算斯巴达的养子。来自吕底亚萨狄斯的诗人阿尔克曼（Alcman）前往斯巴达定居，现保存下一些他为拉哥尼亚少女所作的合唱诗歌残篇。斯巴达还拥有史诗作家基奈冬（Cinaethon）。但是无论在音乐还是诗歌风格上，斯巴达都未能充分发展。

早期斯巴达的特征

泰潘德尔（约公元前700年）与卡奈亚的阿波罗节

当以完全的面貌出现在历史舞台时，斯巴达已完全处于铁血纪律的管控之下；铁血纪律侵入人们生活的每个部分，从摇篮到坟墓控制着斯巴达人的一切所作所为。任何事情都要服从于战争的需要，城邦的唯一目标是培养战无不胜的武士。【124】无疑，从历史的最初阶段起，斯巴达的战争元素就强于其他城邦；作为一个统治着大量心怀不满属民和奴隶的城邦，她必须时刻准备战斗；或许我们永远也不会知道，斯巴达是出于什么情况或者受到何种影响才引入这种严苛的铁血纪律；我们也无法完全描述斯巴达社会的早期和晚期制度的差异。

公元前7—前6世纪的斯巴达的转变

<small>私有地和公有地</small>
<small>份地</small>
<small>希洛特</small>

　　全体斯巴达公民共同组成一个军事集团，他们一生都投身到为国服务中。为了实现这个愿望，有必要让每位公民都远离养家糊口的日常事务。虽然每位贵族都拥有私有地产，但斯巴达城邦也拥有公地，并将公地分为若干等份。每一名斯巴达公民都会获得一块份地，父子相传，不得买卖和分割，这样每一位公民都不会陷入贫困。① 原来居住在此的居民被斯巴达人剥夺了财产，沦为农奴，他们必须耕种斯巴达人主人的土地。份

<small>105 蒲式耳？</small>

地的男主人每年将获得70麦斗粮食，其妻子获得20麦斗，并获得固定份额的酒和果蔬。当然，份地所产的物品还不止这些，希洛特可保留剩余物品作为己用。这样，斯巴达人就无须考虑生活问题，可将所有时间投入公共事务中。虽然希洛特不受监工的驱使，而且有权拥有私有财产，但他们的处境仍然非常艰苦；他们对自己的状况极度不满，只要一有机会，总是试图起义。自创建之日起，希洛特制度一直是危险之源，征服美塞尼亚后，该制度的危险性进一步增加。斯巴达人总是时刻生活在战备中，这大概是因为他们意识到危险总是永远就在眼前。克里普泰伊亚（Krypteia），

<small>克里普泰伊亚</small>

也即秘密警察制度，就是为应对这种危险而设立的，该制度的产生时期仍不得而知。斯巴达青年受派潜入乡间，他们有权随时杀死他们认为可疑的任何一个希洛特。与该制度密切相关的是一个奇异风俗，作为手握希洛特生杀大权的官员，监察官每年就职时都会正式宣布向希洛特开战。通过克里普泰伊亚制度，年轻人既杀死了有危险倾向的希洛特，又锻炼了胆识，不再顾虑或害怕杀人所带来的负罪感。但尽管采取了这些预防措施，希洛特却仍然一再起义。【125】斯巴达公民无权释放在其份地上劳作的希洛特，也无权将他们转卖给他人。只有城邦才能释放他们。战争时，希洛特可能应召充当轻装步兵。这时，他们可以通过战争展示自己

---

① 然而，公元前4世纪，因为某些未知的原因，某些斯巴达人日渐贫困。

的英勇和对城邦的忠诚，那些特别优秀的希洛特可能得到城邦的奖赏，获得自由。通过这种方式，兴起了一个获释奴隶阶层，他们被称为"涅奥达摩德斯"（Neodamodes）或称"新公民"。此外，还有另外一个阶层，他们既非奴隶，也非自由人，他们被称为摩托涅斯（Mothones），大概是斯巴达公民与希洛特妇女非法结合所生的非婚生子。

<small>涅奥达摩德斯和摩托涅斯</small>

这样，斯巴达人不必为生计而操劳，他们可以全身心投入城邦事务中；城邦的目标就是培养公民的战争技艺，斯巴达是一个巨大的军营。为了维持一支高效的军队，斯巴达人的教育、婚姻、日常生活细节都受到严格规定。每位公民都是战士，自出生之日起，他们都必须遵守严苛的纪律。每当一个小孩出生时，要马上送交部落首领检查；如果认为这个小孩不健康或者体质瘦弱，他们会将其扔入泰格图斯山，让其暴尸荒郊野岭。7岁时，男孩将被托付给城邦指定的官员看管，教育的整个过程是让孩子们习惯于承受艰难险阻，训练他们遵守严格的纪律，向他们灌输为城邦利益勇于奉献的精神。20岁之前，孩子们被安排到按军队模式组成的一所大型学校里。① 指导和管理他们的队长或长官是20岁出头30岁不到的年轻人，他们大多刚获公民权。② 在长官和接受训练的青年之间结成深情厚谊，这也是斯巴达人生活中唯一可能产生罗曼蒂克的地方。（正在训练的斯巴达年轻人，参见图3-3）

<small>教育</small>

<small>军训官（paidonomos）</small>

<small>伊兰涅斯（Iranes）</small>

---

① 他们被分为若干队（bouai），每个队又由若干小组（ilai）构成。带领一队的被称为队长（buagor），每小组有一名组长（ilarch）。
② 年龄在18—20岁之间的青年被称为麦利兰（melliran）；一旦年满20岁，他们就成为伊兰涅斯（Iranes），即20—30岁的年轻人。其中，年纪稍小者被称为普罗提兰涅斯（protiranes），年纪较大者被称为斯法伊莱伊斯（sphaireis），即"男人"，可能还有一个或者多个介于二者之间的名称。

第三章　斯巴达的崛起　贵族政体的衰落　　151

图 3-3　正在训练的斯巴达年轻人（Edgar Degas c.1860 伦敦国家美术馆 NG3860）

从 20 岁开始，斯巴达人开始服军役，并被允许结婚。然而，他还不能享受家庭生活，仍然必须与战友一道生活在"军营"里，只能偷偷回家与妻子短暂相会。直到 30 岁，完成军事训练，成为一个真正的男人后，他才能获得完全的公民权。【126】斯巴达公民被称为荷摩伊奥伊（homoioi），所有公民在许阿辛提安大道（Hyacinthian Street）的帐篷里共同就餐。此类公共聚餐在最初时被称为安德雷伊亚（Andreia），即"男人的聚餐"，后被称为菲狄提亚（phiditia）。同处一顶帐篷里的成员每月拿出固定数量的产自其份地的物品，包括大麦、奶酪、酒、无花果等，共同就餐；战争时，他们也同住一起，共同战斗。斯巴达公餐制保留着古代公共宴会（所有公民为了纪念城邦保护神而聚在一起就餐）的遗风，很好地契合了斯巴达人的尚武精神。关于斯巴达重装步兵早期的组织情况，我们了解甚少。选自斯巴达青年的 300 名骑士是国王的卫护，虽然他们最初可能骑马作战，但后来也步行征战。轻装步兵由庇里阿西人和希洛特组成。

斯巴达人将铁血纪律也延及妇女，希望通过这种方式培养出体格强健、浸润着斯巴达精神的合格母亲。与男孩一道，女孩也参加体操训练，训练时她们几乎全身赤裸，在人们看来，这丝毫没有不当或无礼之处。与其他城邦的妇女离群索居，成天待在家里不同，斯巴达妇女更加自由。她们以贞洁著称，但是，如果政府要求她们为城邦哺育孩子，她们也会义无反顾地遵守命令，尽管这可能有违神圣的婚姻关系。古谚云，她们随时准备为城邦的利益奉献自己的母爱。这就是浸润于这片神奇土地上的精神。

斯巴达是一个大军营，每个人生活其中的最大目标是随时准备为城邦的利益而战斗。每一项法律的目的和社会秩序的终极目标都是塑造优秀士兵。城邦严格禁止个人的奢侈生活，斯巴达人的朴素成为美谈。个人根本没有私人生活，完全淹没在城邦政治生活中，斯巴达人也无须解决个人存在是否有价值的问题。因此，斯巴达不是思想家或理论家生活的乐土。其法律对个人的全部任务和最高生活理想进行了严格限定。战争是所有斯巴达法律和制度的唯一目的，整个城邦无时无刻不处于战争状态之下。父母们会发现他们的儿子总是在与邻家的孩子竞争，他们的竞争并非有什么不可告人的目的，战争就是最终目的。但事情与你的想象可能并不相同。与其他人相比，斯巴达人不会轻言战事，【127】因此不能把他们等同于野蛮人，认为他们只会打打杀杀和豪取劫掠。可以推断，这种制度产生的最初缘起至少在某种程度上是因为统治者人数较少，被统治的属民和奴隶心怀不满且充满敌意。斯巴达人时刻准备着应对庇里阿西人的反抗和希洛特的起义，对他们来说，任何突发事件都可能是致命的。由于统治着一个远非友善的城邦，他们被迫将国家变成一座永久的军营，时刻保持着高度的戒备。但是，尽管需时刻警惕防范起义，斯巴

旁注：斯巴达妇女

旁注：斯巴达严苛纪律的动机

达政体仍保持着旺盛的生命力和长久不变的保守特征,这与希腊人的审美标准不谋而合。其政体简洁而完备,人民的生活因得到法律的保障而变得简洁而完备,由此应运而生的民族气质也呈现出简洁完备的特征。其他城邦的希腊人曾费尽心思构建这种简洁完备气质,但始终难以企及,因此都对她满怀钦佩之情。斯巴达人将他们"空旷而多山的拉凯戴梦"封存起来,不再参与希腊其他城邦的发展与进步,斯巴达似乎也一直停滞在往昔的古朴中。公元前5世纪一位来自雅典或米利都的陌生人看到斯巴达散落的村庄和不设防的城市时,一定有穿越回到遥远过去的感觉,那里的人民勇敢、善良、淳朴、不受金钱腐蚀、没有私心杂念。对柏拉图那样的哲学家来说,斯巴达式的城邦似乎正是他在政治科学中力图构建的最接近理想状态的类型。普通希腊人也高度评价斯巴达集简约和严厉于一体的完美社会结构,认为她如同一座庄严肃穆的多利亚式神庙;但是,尽管神庙比他们的住所更加高贵,亲自住在里面就未必那么舒服了。如果这是斯巴达留给陌生人的感觉,那么可以想象与其并世而立的其他希腊城邦会因有斯巴达这一个参照而暗自庆幸,会经常思量斯巴达的政体。她是如何让本邦公民具有优越感,如何让公民为理想而生,满怀自豪感地去完成他们崇高的职责?在斯巴达公民的眼里,一切与"斯巴达法律相违背的东西"都是"不美的",他们相信斯巴达的法律源自阿波罗的启示。斯巴达人对其政体坚信无比,认为她是最完善最理想的创造物,不可能再有任何改善和提高;确实,该政体也很好地实现了她要到达的目标。一直到亚历山大时代,他们都在使用古老的铁币,[①] 这是斯巴达人对其政体所持保守精神的最明显的体现。

希腊人对斯巴达的倾慕

随着时间的流逝,斯巴达的政治制度也不可避免地出现许多瑕疵;

---

① 奥玻尔(obel)和佩兰诺尔(pelanor,斯巴达铁币的名称)。

出于策略的考虑，一些要求人们严格遵守的法律也被人们一致忽视。
【128】其他城邦的人总是幸灾乐祸地对斯巴达军队的弱点指指点点。最初时，除城邦分配的份地外，斯巴达公民似乎还可拥有其他土地。既然这些土地不属于份地，当然可以买卖和分割，公民内部必然会逐渐出现财富的不平等，公民生活应遵循的"共产主义"原则只能是一种表象。然而，法律特别规定，任何斯巴达公民都不得以金银形式拥有财富。为了规避该法律条款，人们将钱财存储在外邦的神庙里。随着此类事件的增多，法律最终成为一纸空文，斯巴达人甚至在整个希腊都获得贪婪的恶名。最迟到公元前4世纪，斯巴达人已严重堕落，那些撰写拉凯戴梦政体的作家总是将现实的斯巴达与他们理想的或古朴的斯巴达进行对比。

斯巴达的堕落

毋庸置疑，斯巴达人的法律体系是通过颁布一款款法令最终汇集而成；然而，其总体设计表明，斯巴达政制的最初创设可能出自某一位立法者，因为可以看到各部分相互之间是多么连贯，每部分又是多么相辅相成。社会的整套规章需以希洛特的存在为基础，或者说希洛特的存在成为斯巴达政体的前提。监察官是斯巴达政治架构的基石；在双王制下，监察官通过激起两位国王相互间的嫉妒心，从而巧妙地执掌权柄。在整套架构中，可以找寻到艺术统一的痕迹，这恰好能证明它出自一个伟人的手笔。近来，大多学者赞同这种观点，时至今日，仍有不少学者对此深信不疑。据说，是一位名叫莱库古的人设计了斯巴达政体，并在大约公元前9世纪初制定了斯巴达的法律。

斯巴达政体的统一性

莱库古改革的大致时间，公元前885年

然而，相信斯巴达确实存在一位名叫莱库古的立法者的证据值得怀疑。关于该制度起源的最早记载出现在公元前5世纪，不同学者的记载彼此矛盾，这表明对此他们大概也是猜测，该制度真实的起源完全淹没在亦真亦幻的历史尘埃中。品达将拉凯戴梦人的政体归于传说中的多利亚人名祖埃吉米乌斯（Aegimius）；历史学家赫拉尼库斯认为这是斯巴达

品达、赫拉尼库斯、修昔底德、希罗多德的相关记载

|| 第三章　斯巴达的崛起　贵族政体的衰落　　155

最初两位国王普罗克勒斯（Procles）和优里斯提尼（Eurysthenes）的创造；更富批判精神的修昔底德不愿记载推断臆测的神话，只是说拉凯戴梦人的政体在伯罗奔尼撒战争结束时就已存在了400年，即公元前804年；希罗多德说斯巴达人宣称莱库古是他们早期一位国王的监护人，【129】正是此人将克里特的法律和制度引入斯巴达。可见，与希罗多德同时代的各种记载并不相同，但他们都完全对莱库古避而不谈，这表明莱库古立法只是诸多猜测中的一个，尚未成为人们广泛接受的传统。此外，如果斯巴达古老的诗人提尔泰俄斯说过莱库古是他们的立法者，后世作家一定会引用诗人的说法，不过，研究者①一般认为诗人对该传统也一无所知。

提尔泰俄斯对此的沉默

将莱库古神化有人提出这样的看法，认为莱库古（Lyco-vorgos）并非一个凡人，而只是一位神。他是阿卡狄亚的神灵或者英雄，或许是阿卡狄亚神灵宙斯－莱凯乌斯（Zeus Lycaeus）的某种变化形式，意为"狼群的驱赶者"。在拉凯戴梦，这位神灵拥有一座圣所，受到人们的崇拜，据推测斯巴达人从被其驱逐的原有居民那里引入了对该神灵的崇拜。莱库古或许还与奥林匹亚有一定联系，因为他的名字被刻在奥林匹亚出土的一块远古时代的铁环上，即所谓的伊菲图斯（Iphitus）铁环，时间可追溯到公元前7世纪。莱库古是斯巴达立法者的看法因德尔斐神谕②而强化，逐渐为更多人所崇信；公元前4世纪，这种说法被人们广泛接受。亚里士多德对此深信不疑，并根据前述的古老铁环，将莱库古的立法定为公元前8世纪初。鉴

伊皮图斯铁环

---

① 研究者从两个方面证明他确实未谈这个问题。但相关研究仍多停留在推断层面上。其一，如果在诗人所处的年代，莱库古仍被人们视为最初的立法者，诗人很有可能会提到他；其二，如果诗人提到了他，研究拉哥尼亚和莱库古的众多作家中总有那么一些会把诗人的记载当作权威材料。
② 据希罗多德（*Hdt.* 1. 65）所载的神谕，阿波罗也不敢肯定莱库古到底是人还是神：
　　哦，伟大的莱库古，你光临我这美丽的神庙，
　　宙斯和这里其他奥林匹斯诸神都珍爱你，
　　我不知道应当把你当作神，还是普通凡人，
　　但莱库古啊，我坚信你将被证明是一个神。
神灵的决定与现代批评者的结论相同。另外还有两行诗句表达阿波罗对其立法的怀疑，但希罗多德并未记载，而狄奥多鲁斯记载了下来。

于并非所有人都将莱库古当作一位确信无疑的历史人物，因此，客观的研究不得不坦承与其相涉的事情没有一件是确定无疑的，关于其年谱的版本也必然众多而各不相同。

第四节　克里特的政体

从事古希腊政治制度史的研究者会对斯巴达与克里特诸邦某些方面的明显相似性留下深刻印象。虽然二者既有相似性也存在显著的不同，但不少学者仍认为，斯巴达的政体源自克里特。在此，我们将顺便浏览该岛的政治情况，因地理位置的封闭性和政治不统一，克里特岛长期游离于希腊历史发展的主线之外，此后的论述中将几乎不再涉及。

在《奥德赛》的一个段落（*Od.* 19. 175~178）中，克里特居民被分为五个群体：阿凯亚人、埃泰奥克里特人（Eteo-Cretans）、库多尼亚人（Cydonians）、多利亚人、皮拉斯吉人。其中，埃泰奥克里特人，即真正的克里特人，可能是希腊人到达之前居住于此的土著居民，如同居住在喀尔巴阡山的埃泰奥喀尔巴阡山人一样。他们主要居于该岛的东部，仍讲史前方言，书写原来的文字，不过他们使用希腊字母代替原来的线形文字。在他们居住的主要城市普莱苏斯（Praesus）发现了一些保存至今的铭文，成为这种文字的标本，[①] 但对于这篇铭文的意思，我们不得而知。库多尼亚人可能也是一支原住民。阿凯亚人和皮拉斯吉人可能来自色萨利，克里特城镇似乎与佩尔海比亚（Perrhaebia）有着某种联系，可以认为，来

真正的克里特人

---

① 其中一段是这样的：

...νκαλμιτκι
ος βαρξε α...ο
αρκιαπσετ μεγ.
αρκρκοκλες-γεπ
ια σεπγναναιτ

自色萨利的早期移民可能是自己寻路前往克里特的。

但最重要的移民是属于希腊民族的多利亚人，每当移民到一个地方时，他们都会分为三个部落，即希莱斯、庞菲利、狄玛涅斯。克里特许多城镇中，都可找到以此命名的三个部落，该岛也是最早接收多利亚人的地区之一。不久，移民为该岛注入了更强劲的多利亚人因素。来自阿尔哥利斯和拉哥尼亚的新移民与原来的居民进一步融合，新建了许多城市。位于岛屿南部莱泰乌斯河谷的戈尔廷（Gortyn）再次有人居住，并重新建立了城郭。其港口法埃斯图斯被来自阿尔哥斯的新移民侵占。法埃斯托斯因得荷马的记载而广有声名。此外位于中部的"修建良好的吕图斯"（Lyttus）；位于西北角的"牛羊肥美的波利莱尼昂"（Polyrrhenion）常有女猎人狄克提娜（Dictynna）出没其间。这些城市都是由来自拉哥尼亚的移民所建。【131】米诺斯的"伟大城池"克诺索斯"道路宽阔"，但现在也被多利亚人重新移民，虽然她未能重获过去的荣光，但仍是克里特的主要城市。

该岛最初的殖民者与征服拉凯戴梦和阿尔哥斯的那些人极为相近，后来大陆的殖民者再次征服了克里特。可以说，克里特经历了双重多利亚化，因此，拉哥尼亚与克里特制度的相近具有双重理由。当然，克里特不同城市之间也有诸多地区性差异，但她们之间的共通性是如此明显，当考察这一事实时，我们大可借鉴古代学者的观点，认为存在一种普遍通行的克里特政体。

每个克里特城邦的人口都由两个阶级组成，即战士和农奴。在某些情况下，如果一座城市征服了另一座城市，被征服者的地位类似于拉哥尼亚的庇里阿西人，他们形成第三个阶级，但这种情况只是例外现象。一般而言，克里特诸邦与斯巴达的一个主要差异在于克里特的城邦中没有庇里阿西人。克里特城邦存在两种农奴，即姆诺伊泰伊（mnoitai）和

《奥德赛》第3卷第293行

《奥德赛》第19卷第178行；《伊利亚特》第18卷第590行

农奴

阿法米奥泰伊（aphamiotai）。姆诺伊泰伊是国家奴隶；阿法米奥泰伊附着于公民的份地，也称为克拉罗泰斯（clarotes）或"被缚农"，他们隶属于份地的主人。阿法米奥泰伊耕种稼穑，并可以拥有私人财产，这与斯巴达的希洛特颇为相似。不过，虽然我们对其义务并不完全了解，但总体而言，在某些方面，阿法米奥泰伊的处境比拉哥尼亚的希洛特稍好。如果份地主人去世且未留下子嗣，耕种其份地的农奴有权继承主人的一部分财产；农奴可以缔结合法婚姻，组成的家庭得到法律认可。但是，农奴无权享有两项特权，即当兵打仗和在健身场馆内进行竞技锻炼。因此，与希洛特不同，克里特的农奴觉得自身处境尚可，从未听说他们揭竿而起。克里特的地理环境使农奴得以免除兵役。

我们对于王政时代的克里特知之甚少。公元前6世纪，君主制已被取消，贵族制方兴未艾。政府最高权力掌握在由10人组成的名为科斯莫伊（Kosmoi）的官员手里，他们任期一年，选自某些最重要的家族（startoi），原属国王的军事权和其他权力都转由他们掌控。由担任过科斯莫伊的卸任官员组成的长老议事会为他们提供咨询和建议。科斯莫伊和长老议事会的决议需提交公民大会，【132】但民众只能投票却无权提出异议或讨论。

长老会议

克里特各邦盛行的政体与斯巴达政体之间存在表面的相似性，克里特的公民大会类似于斯巴达的阿佩拉，克里特和斯巴达都有长老会议，科斯莫伊类似于斯巴达的监察官。二者最大的不同在于克里特没有君主。此外，二者还存在另一重大差异，即克里特缺乏斯巴达政体中的民主因素。斯巴达的监察官从全体公民中选任，但在克里特只有某些贵族家族成员才可出任科斯莫伊；鉴于长老来自科斯莫伊，显然，城邦所有大权都掌握在某些特权家族或氏族手中。因此，克里特的城邦是封闭的贵族政体。

克里特和斯巴达之比较

斯巴达和克里特最大的相似性是二者的法律和制度都是以培养武

|| 第三章 斯巴达的崛起 贵族政体的衰落 159

克里特的教育

士阶级为最高目标。虽然人们也会教授男孩读书识字,并让他们背诵法律规定的某些诗歌;但年轻人学习的主要内容是从事身体锻炼,因为这有助于他们成为优秀士兵。17岁时他们获准成为阿格莱伊(agelai)的一员,这类似于斯巴达的布埃(buai),其成员皆来自贵族世家,所需资金由城邦提供。他们在公共健身场馆(dromoi)接受训练,因此这些人又被称为多罗麦伊斯(dromeis)。城邦举行盛大庆典时,在竖琴和长笛的伴奏下,他们相互间进行战斗表演。就法律而言,多罗麦伊斯已是成年人,可以结婚生子,但其妻子仍和岳父或族人生活在一起,直到他度过多罗麦伊斯,成为一个真正的男人。成年男人聚在一起共同就餐,名为安德雷伊亚,这等同于斯巴达的菲狄提亚,但在克里特,男孩也被允许加入其中。[①]与斯巴达不同,餐费的支出并非完全由其成员提供,至少其中一部分由城邦负担。城邦也会为公民妇女提供生计开支。除上述各种负担外,还包括用于祭祀各种神灵的开支。公共收入来自姆诺伊泰伊耕种的公共土地(这与分配给公民的份地不同)。

可见,在公民的教育和纪律、男人的公餐制、主要的政治目标等方面,斯巴达与克里特确有很多明显的相似之处。【133】但是,二者在如下几方面有着根本不同:1. 一般而言,克里特没有庇里阿西人;2. 克里特的农奴生活状况优于希洛特,因此他们并不是一种持续不断的危险源;3. 克里特没有保留国王;4. 斯巴达国王和长老分享的权力完全掌握在克里特的科斯莫伊手里;5. 就城邦本身而言,克里特是贵族政体,而斯巴达是有限民主制;6. 科斯莫伊与监察官选举方式明显不同;7. 克里特的共产主义更发达,因为城邦为维持公民生计做出的贡献更大。如果某个城邦能一统克里特,并将其他城邦的公民沦为属民,那么拉哥尼亚与克里

---

① 公民被分成若干个"群体"(hetairiai),每个群体有各自不同的就餐地。

特的相似性将会更大,在此情况下,才可能形成克里特的庇里阿西人。

第五节　阿尔哥斯的霸权和衰落　奥林匹亚赛会

美塞尼亚起义尤其令斯巴达感到恐惧,因为起义者得到阿卡狄亚和比萨这两大外部力量的支持。(古典时代伯罗奔尼撒半岛,参见图3-4)此时,在国王奥科麦努斯(Orchomenus)的统治下,阿卡狄亚的一部分已经实现了统一;阿尔菲俄斯(Alpheus)河畔的比萨城新近崛起,并得到阿尔哥斯的鼎力支持;在国王菲冬(Pheidon)的领导下,阿尔哥斯在半岛上发挥着日益突出的作用。菲冬统治时是阿尔哥斯作为一个一流强国出现的最后阶段。对于此人,我们知之甚少,但是他的名声非常响亮;许多年以后,遥远的马其顿王室也急于与他攀附上一些关系,①即便在亚历山大的事业达到顶峰时也是如此。在他的主持下,人们将一套全新的度量制度引入阿尔哥斯和伯罗奔尼撒半岛。该度量制度以他的名字命名为"菲冬制",雅典可能也采用了该制度,这种制度与埃吉那的重量单位有着密切联系。关于菲冬的诸多行动中,最明确的当数他的西征。他曾率领一支阿尔哥斯军队穿过阿卡狄亚到达阿尔菲俄斯河畔,并主持了在此举办的奥林匹亚庆典,这也是奥林匹亚庆典第一次出现在希腊历史上。

阿尔哥斯的菲冬,公元前7世纪中叶

菲冬的度量衡制度

---

① 在马其顿人订立的有趣谱系中,他被置于比其真正统治的时间早了一个多世纪的时段中。

图 3-4 古典时代的伯罗奔尼撒半岛

(据 Terry Buckley, *Aspects of Greek History 750–323*, London and New York: Routledge, 2005, p.63 编译)

奥林匹亚圣域　　在树木葱郁的克诺罗斯山下，克拉德俄斯河（Cladeus R.）汇入阿尔菲俄斯河形成的一个角上，是神圣的奥林匹亚圣域（altis）。【135】这里是宙斯崇拜的圣地，但在引入宙斯之前，它可能是伯罗普斯的圣地。此后，伯罗普斯被降为英雄，但在这一片巨大的禁地里仍建有伯罗普斯圣所的一席之地。奥林匹亚地处比萨境内，最初的崇拜仪式和纪念庆典都由比萨城主持。但是，比萨北边的邻邦爱利斯决心要控制奥林匹亚圣地，因为该地虽未如德尔斐和多多那一样在荷马史诗中多次提及，但至迟到公元前 7 世纪已在伯罗奔尼撒半岛享有崇高声誉，吸引不少祭拜者前往。由于爱利斯实力更强，最终成功篡夺了比萨人举办庆典的资格。赛会

属于比萨

被爱利斯人篡夺

是奥林匹亚庆典的主要特色,每隔4年举办一次,在仲夏第二个月圆之夜后举行。最初的竞技包括赛跑、拳击、摔跤,后添加了赛车和赛马。体育竞技是希腊的一种古老传统,虽然我们既不知道可以将其前溯到什么时候,也不知道在什么背景下最先引入,但至少从《伊利亚特》所载的帕特洛克勒斯葬礼赛会可以推断,在公元前9世纪,它已是伊奥尼亚人生活中不可或缺的一部分。从对奥林匹亚的争夺中,我们可以模糊窥见菲冬时代的政治局势:爱利斯的篡夺行为得到斯巴达的支持;阿尔哥斯因为斯巴达势力的不断强大而心怀嫉恨,转而支持比萨。这就是国王菲冬远征奥林匹亚的目的,他剥夺了爱利斯人的赛会主办权,将其重新归还给比萨人;此后多年里,比萨人都享有这一权利。(奥林匹亚布局平面图,参见图3-5)比萨能多年维持这项特权,是因为斯巴达不得不耗费时日消化从美塞尼亚获得的战果,从而无法抽空援助爱利斯;与此同时,比萨

菲冬使比萨重夺奥林匹亚

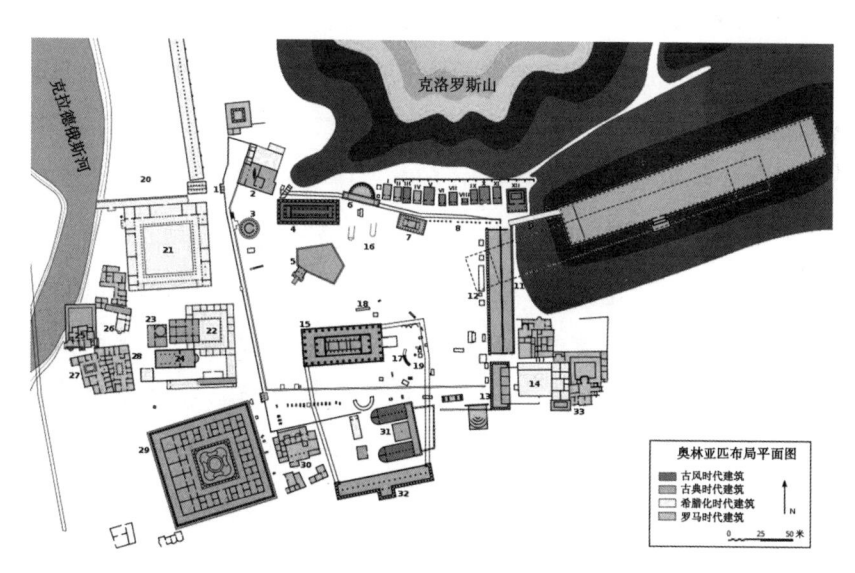

图3-5 奥林匹亚平面图

(据Edward Bispham at al eds., *Edinburgh Companion to Ancient Greece and Rome*, Edinburgh: Edinburgh University Press, 2006, p.153 编译)

|| 第三章 斯巴达的崛起 贵族政体的衰落　　163

还尽其所能帮助斯巴达的敌人。但是，当美塞尼亚人的起义被镇压后，爱利斯人在斯巴达的帮助下重夺赛会的控制权；阿尔哥斯在菲冬继承人的统治下日渐衰落，已无法为比萨提供任何援助。

> 赫拉与宙斯的神殿，即赫拉伊昂（Heraeum）

在国王菲冬驰骋于奥林匹亚时，圣域里最出名的神殿是赫拉与宙斯的神庙。这是希腊土地上最古老的神殿，底层是石质地基，上面砌以由太阳烘制的泥砖，多利亚式柱子由木头制成。虽然石质神庙的时代即将到来，但这座古老的神殿也是在200年后才被宙斯巨大的石质神庙盖过了风头。有学者推断，赫拉神庙建于公元前11世纪或前10世纪，不大可能更加古老。【136】但即便如此，与该地举办的赛会一样，其出现的年代也相当久远。神话中，人们将赛会的创设归于伯罗普斯或赫拉克勒斯；当爱利斯人篡夺主办权后，相关故事逐渐成形。

> 公元前776年，传统上第一个奥林匹亚德

根据故事的说法，斯巴达人莱库古和爱利斯人伊菲图斯在公元前776年重新恢复了奥林匹亚庆典，这一年也被认为是第一个奥林匹亚德纪年的开始。爱利斯人自称他们一直是奥林匹亚庆典的主持者，直到菲冬的到来；爱利斯人的说法最终获得人们的普遍认可。

> 赛会具有泛希腊性质

或许，国王菲冬重新组织起这项赛会，并开创了赛会发展的一个新阶段。无论如何，公元前6世纪初，这项赛会仍只是一个伯罗奔尼撒人的庆典。后来，她日渐出名，每当4年一次的庆典日渐临近时，所有讲希腊语的人都会从希腊世界的各个角落聚集到阿尔菲俄斯河畔，运动员和马匹在赛场上你争我夺，场下的观众注视着他们的一举一动。赛会举办期间，人们必须遵守神圣休战协定；爱利斯人宣布，赛会期间他们的领土神圣不可侵犯。竞技中，胜利者的奖励只是一顶野橄榄枝制成的花环；但当他凯旋回到祖国，将奥林匹亚的桂冠献给城邦主神的神殿后，等待他的将会是城邦丰厚的奖赏。

> 奥林匹亚的地理位置，面向西地中海

令人颇感奇怪的是，规模最大、最负声名的泛希腊节庆竟然在伯罗

奔尼撒半岛靠近西部沿海的地方举办,人们本认为会在爱琴海附近的某个地方找到赛会的举办地。不过,正是因为处于此地,这项盛大赛会才会让移居西部沿海的希腊人觉得更近;事实上,来自母邦的希腊人参加奥林匹亚赛会的热情和频率远不及移居遥远的西西里和意大利的子邦居民。当一个人站在圣林,凝视着圣域北侧,看着曾经在此竖立一排的 12 座圣库的残垣断壁时,奥林匹亚离西地中海殖民地更近的想法就会涌上心头。因为在 12 座圣库中,至少有 5 座是由西西里和意大利城市奉献的。奥林匹亚庆典有助于西部的殖民地与母邦保持联系,也成为来自各地的希腊人聚会和交流思想经验的中心;她使散居各地的希腊人找到了表达和增进友谊的场所;【137】成为其他类似节庆的楷模,促进了希腊人的民族认同感。

圣库

节庆增强了希腊人的民族意识

在与美塞尼亚的长期战斗中,斯巴达最终获胜,这标志着一个新时代的到来,伯罗奔尼撒诸邦力量平衡的局面开始发生变化。公元前 7 世纪,阿尔哥斯是首屈一指的领导者;她将迈锡尼降为阿尔哥斯管辖下的城镇,摧毁了阿辛城,将梯林斯视为阿尔哥斯人的一个城堡,并在叙西埃(Hysiae)击败了斯巴达。菲冬的权威无疑播及整个阿尔哥利斯,而且他的影响力甚至远达埃吉那,拉哥尼亚的岛屿基特拉和拉哥尼亚整个东部沿海地区或许都成为阿尔哥斯人的领地。但是,菲冬的统治是阿尔哥斯最后的辉煌。在美塞尼亚被征服 50 年后,斯巴达成为伯罗奔尼撒最强大的城邦,而阿尔哥斯则沦为一个二流城邦;虽然她能够保持独立,总是斯巴达身边的荆棘,被视为斯巴达的强劲敌手,并被其他城邦视为亲密的朋友,但她再也没有成为一个有领导力的、占支配地位的、有创建性的一流城邦。

叙西埃之战,传统时间为公元前 669 年—前 668 年

阿尔哥斯的衰落和斯巴达的兴起

第三章 斯巴达的崛起 贵族政体的衰落

第六节　民主运动　立法者和僭主

对成文法的需求　　显然，只要法律还没有适用于所有人，就无法保证同等的公平会施及每个人身上。无论法律本身多么公平，只有成文法才可能是公平审判的前提条件。因此，希腊诸邦的民众对贵族政府施加压力，他们希望实现的最根本的要求就是颁布成文法；贵族政府被迫做出的最基本的妥协也是颁布一部成文法。必须记住的是，过去只要犯罪行为针对的是个人，而未触及神灵和城邦，受伤害者可以、也能够自主选择如何处理双方的纷争，城邦通常不会横加干预。即便涉及流血冲突，被害者的亲属也可自行处置杀人凶手。随着中央集权的加强，社会秩序的完备，城邦将部分司法权收归其管辖。在对犯罪者施加惩处之前，受伤害者必须向法官提出指控，由法官决定处罚方式。除非受害人本身提起控诉，任何案件都不得提请法官审理。当然，杀人案件例外，因为这与宗教观念相关。人们认为，流血者不但亵渎了自身，也玷污了城邦的神灵；【138】基于这种看法，任何形式的杀人行为都对城邦的宗教构成了犯罪。

早期的立法者，公元前7世纪　　在大多数情况下，将习惯法编撰为成文法的过程或许就是对习惯法进行修订的过程，因此公元前7世纪的法律编撰者同时也是立法者。其中最著名的立法是身世存迷的扎琉库斯（Zaleucus）和卡戎达斯（Charondas），前者为西洛克里立法，后者为卡塔奈立法。与他们相比，我们对雅典人德拉孔（Dracon）和贤者梭伦的生平更加清楚，下面章节将对他们所做出的贡献进行进一步论述。此时，希腊其他城邦也有诸多富于知识和经验的立法者，其中一些人的名字虽保存下来，但也仅有其名而已。或许斯巴达的法律也是此时成型并编撰成文的，但后世人们将其视为出自一位神灵之手。克里特诸邦也受到大陆普遍流行的立法精神的影响，并由此开启了立法活动的新时期，其中一些片段保存在戈尔廷早期法律中,最终形成了如今我们在石碑上所见的戈尔廷法典。

在很多情况下,立法运动总是与向人民让渡政治权力的过程相伴随,立法者的一项重要任务是变更城邦的政体。但对大多数城邦而言,这才只是漫长政治斗争的开端;人民为获得自由和平等而奋斗,特权阶级为保留他们的权力而进行垂死挣扎。正如前一章谈到,社会困境是驱使民众为建立全民政府而努力奋斗的激励因素。在某些情况下,斗争的结果是建立民主政体;在另一些情况下,寡头派成功保住了他们的特权,使人民重新陷入绝望中;但在大多数情况下,寡头制和民主制轮流坐庄,社会动荡,无尽的革命和暴力加剧了社会的不稳定。虽然民主制并不是在每个地方都取得胜利,即便牢固建立民主制的城邦也时刻面临寡头制复辟的危险,但各地平民都受到鼓舞;可以说,自公元前 7 世纪起,大多数希腊城邦的历史都是人民为建立或维护民主政体而努力奋斗的历史,或许在一个地方取得成功,但在另一个地方遭受挫折。从这个角度看,希腊世界已进入或即将进入从贵族制向民主制过渡的时期。在此过程中,大多数城邦的君主制普遍衰落,譬如色萨利,但也有一些例外,譬如阿尔哥斯;【139】一些地处偏远的王国,譬如马其顿和摩洛西亚则未受到太大影响。

<small>政治斗争:民主运动</small>

正如在类似情况下经常会出现的那样,平民运动往往会得到来自对立阵营的帮助。事实上,人民无须对提供这种帮助的人表达谢意,因为他们提供帮助的初衷并不是出于对人民的热爱。在许多城邦,执掌权力的不同家族长期不和,当某一家族占据优势时,其竞争者总是试图利用人民的不满情绪颠覆对手。心怀不满的贵族走上前台,充当蠢蠢欲动群众的领导者。但当原来的政权被推翻后,经常会短暂重回君主政体。充当革命领导人的贵族攫取最高权力,通过武力维护其统治;此时,人民大众还不够成熟,无法将权力掌控在自己手里;他们通常也乐于将权力授予那

<small>在某些城邦兴起非法君主制</small>

第三章 斯巴达的崛起 贵族政体的衰落 167

些帮助他们推翻可憎的贵族政权的领袖。这种新型的君主制与传统君主制大相径庭，因为君主的地位并不是依据世袭权力而是依靠武力获得。

为了区别世袭君主，此类非法君主一般被称为僭主，这种政权组织形式被称为僭主制。僭主之名或许源于吕底亚，希腊人最初用其指代吕底亚国君；该词最早出现于阿尔基洛库斯的残篇中，用于说明巨吉斯的统治权。"僭主"是一个中性词，并未表明国君的可憎与残忍；说某一位僭主是好君主也不会自相矛盾，许多僭主确实也是慷慨仁义之人。但僭主大多离群索居，未获法律的支持，其统治权的维持取决于武力，因此他们大多猜疑心重，对人残忍，结果使僭主制背负上了坏名声；僭主们武断专行，镇压异己，逐渐具有现代语言使用该词时的邪恶之意。希腊人憎恨僭主制并非只是由于僭主镇压异己，而是有更深层次的原因。僭主制使人民被置于一位非法统治者手中，他可凭自己的喜好随意控制公民的财产和命运，不管他是否使用这一权力。对热爱自由的希腊人来说，这无疑限制了法律的发展，让他们深恶痛绝。事实上，在僭主制最初盛行时，这种限制颇有裨益；因为僭主制的直接政治效果虽然具有限制性，却使人民在其他方面可以得到发展。【140】从宪政发展的观点看，该时期的僭主制可能也富有成效。在某些情况下，这种制度确保在静止和增长之间形成一个缓冲期，使人民在其间获得经验和知识，为他们将来自主管理政府打下了基础。

<small>希腊历史上没有僭主时代</small>

贵族政体衰落的时期通常被称为僭主时代。但这种表述方式并不恰当，容易形成误导。确实，僭主制最初出现在这个时期；与此同时，在希腊各地也涌现出许多僭主，他们发挥的作用类似：推翻贵族政体；在许多情况下，他们为民主制的建立铺平了道路。但是，僭主制并非一种政权组织形式，只出现在具有转折意义的危急时刻，且很快就被终结。在此后的希腊历史发展进程中，各地将不会也确实没有大规模涌现出僭主。但僭主

制仍长期与希腊人为伴；与寡头制一样，它是所有时期威胁民主政体发展的危险因素。

伊奥尼亚是僭主制最初出现的地方，或许一部分原因是人们受萨狄斯吕底亚僭主的富庶宫廷诱惑。但我们对伊奥尼亚的僭主知之甚少。此时伊奥尼亚诸邦党派倾轧，家族不和，不少城邦的贵族统治已被推翻，专制统治重新建立。以弗所的一位僭主娶吕底亚国王阿尔亚特斯（Alyattes）之女为妻。所有僭主中，最出名的当数米利都人特拉叙布鲁斯（Thrasybulus）；在他的统治下，米利都取得比以往任何时候都更加尊荣的地位。对外，他在黑海沿岸建立了许多殖民地，并成功地抵抗住吕底亚人的进攻；对内，他将僭主统治发展成为一种艺术。

列斯堡的米提勒涅也出现了僭主政治，不过，她本可能避免僭主制的出现。米提勒涅商业繁荣，统治该城的彭特利德斯（Penthilids）家族富裕而奢华，极力压制人民力量的增长。在该家族被推翻后，僭主交替频仍；在抒情诗人阿尔凯俄斯（Alcaeus，约公元前600年—前570年）的诗歌残篇中，仍回响着人民的憎恨和欢愉："让我们斟满美酒，喝得酩酊大醉，因为米西鲁斯（Myrsilus）已死。"诗人既是一位贵族，也是一位战士，但在赫勒斯滂与雅典人的战斗中，和阿尔基洛库斯一样，他扔下盾牌仓皇逃命；后来，盾牌被作为战利品，挂在了西吉昂。诗人曾与皮塔库斯一道密谋推翻僭主，但皮塔库斯并非一位贵族，他们的友谊未能维持多久。在与雅典的战斗中，皮塔库斯作战英勇，成为城邦的拯救者。他赢得人民的信任，被选为城邦任期10年的统治者，【141】以便带领城邦治愈多年动荡的创伤。这种拥有无上权力，但有固定任期的统治者被称为民选独裁官（Aesymnetes）。皮塔库斯享有盛名，意志坚定，统治中庸，被奉为贤明的立法者。他逐出压迫平民的贵族，其中包括两位最著名的列斯堡人，诗人阿尔凯俄斯和萨福（Sappho）。10年结束后，他如期交出手中的权力，死后被

小亚细亚的希腊僭主

特拉叙布鲁斯，约公元前610年

米提勒涅

僭主米西鲁斯

皮塔库斯

出任民选独裁官一职，公元前6世纪初

|| 第三章 斯巴达的崛起 贵族政体的衰落 169

尊为希腊"七贤"之一。借用阿尔凯俄斯诗句中的比喻,*城邦这艘巨轮已经驶达港湾,流放者被允许安全返回家园。

这是列斯堡历史最辉煌的时期,保留下两位伟大诗人的著名篇章。这些诗歌谱写出新的音符,引入新的节奏,从中也可一窥这座爱奥利斯人居住的岛屿上人们过着自由而富足的生活。萨福光芒四射的天才受启于她对列斯堡少女热烈的爱恋;阿尔凯俄斯的诗歌反映出朋党之争带来的动荡,诗句中回荡着兵器的咔嗒声和酒杯的叮当声。(萨福和阿尔凯俄斯,参见图 3-6)

图 3-6 萨福和阿尔凯俄斯

(阿提卡红画陶,约公元前 470 年,出土于阿克拉加斯,巴伐利亚国家古物博物馆,Inv. 2416)

---

* 这首诗歌名为《海上风暴》。中译本参见水建馥译:《古希腊抒情诗选》,北京:人民文学出版社,1988年,第93—94页。——译者注

第七节　中希腊的僭主政治

　　大约在公元前 7 世纪中叶,中希腊地峡一带三个互为相邻的城邦——科林斯、西吉昂、麦加拉,相继出现了三位僭主。每个城邦的发展状况各不相同,每种情况都颇富启发性。西吉昂的僭主富有才气且乐善好施,科林斯的僭主卓越英明但施政严苛,麦加拉僭主统治时期较短并引发了长久的内部斗争。

　　在推翻统治科林斯的巴奇阿德(Bacchiads)家族后,居普塞洛斯(Cypselus)成为凌驾于人民之上的僭主。很早以前,流传着一则关于居普塞洛斯出身的传说,将他的名字与罐子(κυψέλα)联系在一起,类似的传说颇为典型。据说他的母亲来自巴奇阿德家族,名为拉布达(Labda)。拉布达稍有跛足,被迫嫁出王族,与一位名为埃厄提翁(Eetion)的平民结婚。因结婚多年后仍无子嗣,埃厄提翁为此来到德尔斐祈求神谕,他得到的回答是:

> 您注定将无愧于至高荣耀,埃厄提翁,
> 但没有人尊敬你,尽管他们本该如此。
> 然而你的妻子拉布达将生下一块石头,
> 它也必将落在独自统治的王族的头上,
> 把科林斯从僭越暴力统治中解放出来。

　　阿波罗的预言传到巴奇阿德家族的族长耳中,并因另外一则神谕而得到确认。所以,拉布达的孩子刚一出生,【142】他就派出 10 名男人前去杀死婴儿。到达埃厄提翁居住的院子时,武士们发现男主人并不在家,于是强令拉布达交出孩子。因为毫无疑心,她就将孩子交到其中一名男

地峡地区的三位僭主

I. 科林斯

居普塞洛斯出生和名字的传说

第三章　斯巴达的崛起　贵族政体的衰落　171

人的怀里。当这名男人刚想把他扔在地上摔死时，孩子露出了笑脸，让此人不忍杀死孩子。于是将孩子交给第二个人，但这名男人也因心怀同情，将孩子交到第三个人手中。于是，孩子从一个人的手里传到另一个人的手里，10个男人都无法狠心杀死孩子，最后他们将孩子交回母亲手中，走出家门，来到院子里。他们相互指责对方的妇人之仁，决定再回到屋子里，一起动手。但拉布达在门后无意偷听到他们的谈话，她当机立断将孩子藏到一口大瓮里，结果男人们谁也没有找到。*（欧律斯透斯藏到瓮里，参见图3-7）孩子就这样获救，【143】男人们假意向巴奇阿德汇报说他们已完成差事。

后来，巴奇阿德遭到放逐，财产被剥夺，危险分子被处死，居普塞洛斯将国家大权掌握在一人之手。对于居普塞洛斯本人的统治，我们知之甚少；有人说他残暴，有人说他温和。史料保存下更多关于其子伯里安德

图3-7　欧律斯透斯藏到瓮里（阿提卡红画陶，大约公元前510年，卢浮宫G.17）

---

* 优弗罗尼乌斯（Euphronius）的一张陶画表现了欧律斯透斯（Eurystheus）藏身于一个罐子躲过赫拉克勒斯的搜查。——译者注

继位后的信息。居普塞洛斯家族僭政期间的总体特征是轰轰烈烈的殖民政策和商业政策,此外,他们还鼓励学术的发展。

> 居普塞洛斯家族的殖民政策

居普塞洛斯统治初期取得的一个胜利是降伏子邦科基拉。此前,科基拉人组织了一支舰队,在伊奥尼亚海成为其母邦强劲的竞争对手。前面章节已有叙述,人们一般认为,希腊城邦之间最早的海战发生在科林斯和科基拉之间。科林斯试图组建一个殖民帝国,这是一次有趣的尝试。居普塞洛斯认为殖民地应当成为母邦的附属国,但他的想法太过于超前,类似于当代的殖民体系,与希腊人的看法格格不入;在希腊人看来,殖民地应当是一个拥有独立主权的城邦。单单是地理条件就使这样的构想没有实现的可能,譬如,科林斯就不可能将影响力施加到叙拉古。然而,在科基拉取得的胜利促使科林斯决定发展其在希腊大陆西北地区的影响力。科林斯人占据了阿卡那尼亚的琉卡斯半岛,并凿穿狭窄的地峡使其成为一个岛屿。他们在安布拉基亚湾的南侧建立殖民地阿那克托里昂(Anactorion),在北侧内陆建立安布拉基亚(Ambracia);在埃皮鲁斯建立阿波罗尼亚(Apollonia);在科林斯人的支持下,科基拉在北部遥远的海岸建立了埃皮丹努斯(Epidamnus)。后来,伯里安德的一个儿子在大陆的另一端——卡尔基狄克半岛上建立波提狄亚(Potidaea)。

> 科林斯使科基拉俯首称臣

> 琉卡斯、阿那克托里昂、安布拉基亚、阿波罗尼亚、埃皮丹努斯

居普塞洛斯和伯里安德极力推动城邦的商贸活动。公元前7世纪中叶,优卑亚岛上相互竞争的城邦卡尔基斯和厄律特利亚是希腊世界最重要的商业城邦。然而,50年后,在某种程度上,这两个城邦已经衰落;科林斯和埃吉那已经取而代之。她们的衰落源于相互竞争,最终双方为争夺利兰丁(Lelantine)平原爆发了一场精疲力竭的战争。*(利兰丁平原及周边地区,参见图3-8)据说,这场战争在很大程度上是一场希腊世界

> 贸易

> 厄律特利亚和卡尔基丁平原之战,公元前7世纪后期

---

* 奥斯温·默里结合文献和考古材料对利兰丁战争的参与者、战争爆发的原因、战争对邦际关系和作战方式的影响有比较深入的研究。参阅奥斯温·默里:《早期希腊》,晏绍祥译,上海:上海人民出版社,2008年,第69—73页。——译者注

图 3-8　利兰丁平原及周边地区

（据 K.Walker, *Archaic Ertria*, London and New York: Routledge, 2004, p.2 编译）

的商业战争，其中一方是科林斯、萨摩斯和卡尔基斯组成的同盟，另一方是米利都、麦加拉与厄律特利亚组成的协约。战争爆发的确切时间并不清楚，但这次战争进行的时间旷日持久，外部势力不断干预，波及范围可能超出了优卑亚。阿尔基洛库斯的诗歌中这样写道：【144】

> 以长矛著称的优卑亚贵族们，
> 竟然不需要用投石器或弓箭，
> 而用宝剑给予敌人致命打击。

<small>最早不会超过公元前 590 年</small>

在很久之后，麦加拉人泰奥格尼斯（Theognis）谈及战争结束时仍将其作为一件最近才发生的事件：

> 凯林图斯山已然垮塌，
> 利兰丁平原也已荒废，
> 连同那上面的葡萄园，

> 所有善行均无影无踪,
> 城邦却任凭恶人操控!
> 天,居普塞洛斯式僭主
> 夺权步伐竟如此迅捷!

泰奥格尼斯的诗句表明战争虽已结束,但城邦的情况却因不断的内乱更加复杂。厄律特利亚受害最深:她不但失去利兰丁平原上本属于她的地盘,而且不久又失去了大陆上的领土奥罗浦斯(Oropus)平原,公元前6世纪,该平原被底比斯控制。此外,她对安德罗斯、泰诺斯(Tenos)、凯奥斯(Ceos)等岛屿的统治权也逐渐被削弱,不久上述岛屿被置于雅典的势力范围下。

奥罗浦斯

卡尔基斯的衰落因科林斯对外政策的急剧转变而加速。科林斯原本与萨摩斯结盟,但现在她抛弃原来的盟友,与其死敌米利都发展友好关系。科林斯对外政策的巨大变化在很大程度上是因为僭主之间的惺惺相惜。米利都僭主特拉叙布鲁斯势力强大,他与科林斯僭主伯里安德实力相仿,并对其青睐有加。对外政策的改变导致贸易上的均势被打破。科林斯更加繁荣,埃吉那开始崭露头角,并逐渐取代了原来优卑亚诸邦的位置。

伯里安德的对外关系扩展到了埃及,至少有两点表明他与埃及法老尼科和普萨麦提库斯二世交情颇深。他的侄儿兼继承人以普萨麦提库斯为名,此外,或许受尼科运河开凿工程的启发,伯里安德在琉卡斯也开凿了一条小运河,并计划凿穿科林斯地峡,开凿一条更大的运河。然而,希

伯里安德侄儿的埃及名字

第三章 斯巴达的崛起 贵族政体的衰落

腊僭主并没有埃及法老控制的那么多奴隶，开凿运河的计划最终落空。*
至此以后，虽然不断有人尝试，但时至今日，开凿科林斯地峡的宏伟计划
仍未完成。** 如果伯里安德有足够的资源完成其计划，那么接下来希腊
的军事史和海洋史可能会大大改变。

像伯里安德这样成功的僭主不仅会推动物质文明的进步，他们也经
常表现出对知识的浓厚兴趣，并为艺术的进步做出了一些实事。【145】
在伯里安德统治期间，科林斯发展出一种新的诗歌形式——酒神颂歌
（Dithyramb）。每当葡萄收获时节到来，人们就会唱颂狄奥尼索斯，这种粗
陋的曲调后来逐渐被塑造成一种艺术性极强的诗歌形式。这种诗歌形式
的发明被归功于游吟诗人阿里翁（Arion），据说他在海上航行时遇上了
海盗，被迫跳入大海，狄奥尼索斯之鱼——海豚将他驮负到了科林斯。

<small>僭主对文学和艺术的赞助</small>

在艺术方面，科林斯人为神庙的发展作出了重大贡献。公元前7世
纪，石头开始取代砖木，成为修建神庙的主要材料；石质神庙遍及希腊各
地，在伊奥尼亚出现了轻灵的伊奥尼亚柱式，在大陆出现了敦厚沉稳的
多利克柱式。科林斯工匠发明了瓦，并将其铺盖到屋顶上。使用屋瓦后，
神庙的每一面山墙可以留出一个较大的三角形空间，雕刻师可以在填
充空间的大理石上讲述一则神话故事。我们称这个三角形空间为"三角
墙"，而希腊人则称之为"鹰"（αετός）。据说这种"鹰"式建筑风格就是
由科林斯人发明的。

<small>瓦的发明</small>

---

* 除人力原因外，现代学者认为资金不足也是重要原因。此外，科林斯还担心运河开通后会削弱其商业优势地位。参见Werner Walter, "The Largest Ship Trackway in Ancient Times: the Diolkos of the Isthmus of Corinth, Greece, and Early Attempts to Build a Canal", *The International Journal of Nautical Archaeology*, Vol. 26, 1997 (2), pp. 98~119.——译者注

** 譬如，马其顿总督德米特里乌斯·波利奥凯泰斯（Demetrius Poliorcetes）、罗马帝国的恺撒、卡利古拉、尼禄和哈德良等都曾探讨过这个计划。但真正付诸行动的似乎只有尼禄。罗马人于公元67年开始了最初的挖掘工作，但在他死后，该工程就被完全搁置。1687年，威尼斯共和国似乎也有这样的计划，但仍因工程过于浩大而被迫放弃。直到近代，现代工程技术的发展才使科林斯运河的修建成为可能。1882年4月23日，希腊国王乔治一世决定兴建科林斯运河，并由一家法国公司（Société Internationale du Canal Maritime de Corinthe）承建，后虽历经波折，但最终于1893年7月25日竣工，并于1894年11月正式通航。——译者注

七根巨大的石柱耸立在科林斯老城的遗址上,这几乎是那时的老城留下的唯一标志,也可能是伯里安德统治时期的另一遗留物。这些石柱是一座巨大的多利亚风格神庙的柱廊,神庙内有两间互不相通的房间。其中一间是阿波罗圣所,另一间可能是圣库。居普塞洛斯家族在德尔斐和奥林匹亚贡奉的祭品相当丰厚。位于德尔斐的科林斯圣库被认为是由居普塞洛斯所建。更著名的是在奥林匹亚赫拉神庙内,那里有一口巨大的雪松木箱子;虽然它可能是伯里安德所献,但人们一般根据传说将其与居普塞洛斯联系在一起。这口箱子被称为"居普塞洛斯之箱",据说是拉布达藏匿小孩的地方。然而,故事忽略了一个基本事实,即如此巨大的箱子明显逃不过搜查者的视线,因此科林斯人重新修改了故事,将箱子换成陶瓮。箱子的三面饰有五幅与此相关的神话故事,8个世纪后,这口箱子仍然存在,一位见过它的旅行者曾对此略有描述,这有助于进一步了解伯里安德时期希腊艺术品是如何处理神话素材的。

古老的阿波罗神庙

德尔斐的科林斯圣库

所谓的"居普塞洛斯之箱",大约公元前600年

保桑尼阿的见闻与描述,公元2世纪

按照现代的标准,伯里安德的统治略显严苛,虽然从那时希腊其他城邦的实践和希腊人的认识来看可能并非如此。法律禁止人们购买数量众多的奴隶或过入不敷出的生活;【146】禁止奢侈浪费和游手好闲;不许乡村居民入城定居。

限制个人自由的法律

伯里安德的家庭生活并不如意。他娶了埃皮道鲁斯僭主普罗克勒斯(Procles)之女美利莎(Melissa)为妻。据信,伯里安德将妻子处死,从而导致他与其子吕科弗戎(Lycophron)产生了难以弥合的矛盾。有故事说,普罗克勒斯曾邀请他的两位外孙——吕科弗戎及其兄长前往他的宫廷做客。当他们分别时,普罗克勒斯问道:"孩子们,你们知道是谁杀害你们的母亲吗?"兄长的反应颇为迟钝,并没有明白外公的意思;但这话却嵌入吕科弗戎的内心深处,从此,他对其父亲极其憎恶并时刻抱有戒备之心。经过逼问,伯里安德知道了普罗克勒斯的挑拨离间;因此,科林

埃皮道鲁斯僭主

伯里安德之子吕科弗戎的故事

第三章 斯巴达的崛起 贵族政体的衰落 177

伯里安德灭掉埃皮道鲁斯

吕科弗戎在科基拉

斯发起了一场对埃皮道鲁斯的战争，普罗克勒斯战败被俘，吕科弗戎也被放逐到科基拉，事情就这样告一段落。随着岁月流逝，伯里安德日渐衰老，眼见长子木讷无智，他决定将权力传给吕科弗戎。但吕科弗戎却毫无宽容之意，他甚至不愿屈尊回答信使。接着，伯里安德派女儿前往说项，吕科弗戎的答复是只要父亲还在科林斯，他就永远不会回去。伯里安德决定亲自前往科基拉，告诉吕科弗戎他的决定。然而，科基拉人一想到他们中间竟然有一位僭主就不寒而栗，于是他们杀害了吕科弗戎，以便挫败僭主的计划。为此，伯里安德严惩了科基拉。

约公元前586年

僭政的终结

这位伟大的僭主最终也难免一死，其侄普萨麦提库斯继承大位，然而统治几年后，被人杀害。随着普萨麦提库斯之死，居普塞洛斯家族的僭政走到了终点，商业贵族牢牢掌握着城邦政权。与此同时，居普塞洛斯构建的殖民体系也部分解体，科基拉成为一个独立城邦，并对科林斯持敌视态度；安布拉基亚人建立了民主政体。不过，科林斯仍对其他殖民地发挥着一定影响力，并与这些城邦保持着友好关系。

II. 麦加拉

僭主之间的惺惺相惜也影响到了科林斯与麦加拉的关系。在居普塞洛斯获得政权后不久，麦加拉政体也发生了变化，两个城邦很快结成友好关系。麦加拉历来以织布业著称，商业的发展让贵族们的钱包鼓胀起来，他们掌握着城邦的政治权力，对农民实行残酷的专制统治和经济压迫。泰阿根尼斯（Theagenes）成为他们的拯救者，并自立为王，成为僭主。

泰阿根尼斯，约公元前640年

泰阿根尼斯的崛起与居普塞洛斯的先例，以及其直接影响与帮助有某些关系。麦加拉诗人泰奥格尼斯的诗歌里，到处是对居普塞洛斯家族充满敌意的咒骂，这从一个侧面表明科林斯与麦加拉僭政之间的密切联系。

【147】在获得一群保镖后，泰阿根尼斯突袭并大规模杀害贵族。一件实物见证了他的僭政。在任期间，泰阿根尼斯主持为麦加拉城修建了一座高架引水桥。不过，他很快被人推翻，并未能如居普塞洛斯一样将权力传

给后代。废除僭政后,贵族与平民随即进行着激烈的政治斗争,最终贵族重获权力。但是,贵族为所欲为的绝对专制已一去不复返;平民已成为不可忽视的重要力量,贵族不得不做出一些让步。城邦规定,资本家务必偿还他们剥削所获的利息,农民的经济状况有所好转;同时,城邦将公民权向农村人口扩散,耕种土地的小农获准参加公民大会,农民的政治状况也有所改善。这些冲突和变革反映在泰奥格尼斯的诗句中,他也曾对此进行过冥想和悲叹。泰奥格尼斯的诗歌作于公元前6世纪初,在诗歌中,他向一位来自波利帕伊德(Polipaid)家族的名为叙尔努斯(Cyrnus)的贵族青年吐露自己的心声。[①] 他曾在海外经商,但未获成功,为此他丧失土地,命运也发生逆转,最终在政治上也失去了影响。他严厉指出,他所属的贵族集团目光短浅、贪婪成性,很有可能会导致另一位僭主的出现。但另一方面他对贵族政体颇有好感,对不断发展的民主倾向惶恐不安;对于乡村农民不断改善的处境,他以真正贵族式的口吻对他们大加嘲讽。在新的环境下,贵族的排外性正在消弭,不同阶层之间的通婚日渐平常。他惊呼道:

泰奥格尼斯

昨日宫墙仍未变,但,天神啊,世事变化何其快!
往昔不懂法律、毫无权力的庄稼汉,
曾如野鹿子住进豪宅,身着羊皮外衣,
如今俨然成为贵族;唉,命运是如此多舛!
在众人的眼皮底下,贵族的命运如同草芥。

不久,麦加拉在希腊世界的重要性就大打折扣。与雅典战争的失败

麦加拉丧失萨拉米斯

[①] 泰奥格尼戴是一部各个时代的诗歌集,既有饮酒诗、道德劝谕诗,也有政治格言诗。其中,针对叙尔努斯而作的诗作才真正是泰奥格尼斯的作品。

使她丧失萨拉米斯岛，这决定了她的衰落和她对手的崛起。①

III. 西吉昂

奥塔哥拉斯

农业城邦西吉昂几乎与商业城邦科林斯同时出现了僭主政治，但对于其出现的相关背景，我们知之甚少。据说第一位僭主出身低微，名为奥塔哥拉斯（Orthagoras）。②【148】第一位有史可考的僭主是克里斯提尼，

克里斯提尼，约公元前 590 年

其统治时间是在公元前 6 世纪的前 25 年。我们对于他的了解仅限于因宣称阿尔哥斯对西吉昂拥有主权，他对这个强大的邻邦抱有敌意；他参加过德尔斐的神圣战争，并在其中发挥着重要作用；他的宫廷辉煌壮丽。

反阿尔哥斯的对外政策

他发动过一次针对阿尔哥斯的战争；禁止诗人在西吉昂吟诵荷马史诗，因为其中反复提及阿尔哥斯和阿尔哥斯人；他取缔了对阿尔哥斯英雄阿德拉斯图斯（Adrastus）的崇拜，尽管这位英雄在西吉昂不乏信众。据记载，

关于新部落名称的故事：海阿泰伊（Hyatai）、奥涅阿泰伊（Oneatai）、科伊雷阿泰伊（Choireatai）和阿凯拉奥伊

由于不希望看到西吉昂的部落名称与阿尔哥斯相同，他用三个侮辱性的称呼——生猪、驴子、小猪取代希莱斯、庞菲利、狄玛涅斯三个多利亚的部落名称；他将自己所在的部落称为阿凯拉奥伊（Archelaoi，即"统治者"之意），在他去世后，这一名称还沿用了 60 年。原来的多利亚人部落名称已恢复后，他所在阿凯拉奥伊改名为埃吉阿莱伊斯（Aigialeis）。但这样的故事情节似乎不合情理，可能性并不大，因为如果这样改名，只会让大多数西吉昂人受辱，却对阿尔哥斯人没有太大影响。不过僭主还是很有可能将他自己所在部落由埃吉阿莱斯改为阿凯拉奥伊。故事的由来可能是因为一句玩笑话："我已经将我的山羊（Aigi-aleis）变成了人民的统治者；我想把阿尔哥斯的希莱斯部落和其他部落的人变成猪和驴。"

关于向阿伽莉斯塔求爱的故事

克里斯提尼将其掌上明珠阿伽莉斯塔（Agarista）嫁给了出生于雅典著名的阿尔克美昂家族（Alcmaeonids）的美伽克勒斯（Megacles）。

---

① 参见原书第182页。
② 据希罗多德记载，克里斯提尼之父名为阿里斯托尼姆斯（Aristonymus），其祖父名为米隆（Myron），高祖名为安德雷亚斯（Andreas）。希罗多德并未提及奥塔哥拉斯。

一则讲述向阿伽莉斯塔求爱的传奇故事证明这位僭主的富裕和热情好客,同时也展现了那一个时代的社会观念。在某一届奥林匹亚赛会上,克里斯提尼荣膺赛车冠军。会上,他向所有希腊人宣布,如果谁渴望牵手其女成为他的东床快婿,须在此后60日内赶往西吉昂,在他的宫廷里住上一年;他保证求婚者将会受到他的热情款待;一年结束后,他将决定谁最能配得上他的女儿。所有自视甚高或家庭条件优越的希腊子弟齐聚西吉昂。阿伽莉斯塔的追求者中既有来自遥远西方的叙巴里斯人和塞里斯人,也有来自希腊本土的埃皮道鲁斯人、埃托利亚人、阿卡狄亚人、爱利斯人、阿尔哥斯人、雅典人、优卑亚人和色萨利人。一年的时间里,克里斯提尼全面考察了他们的德行和技能。他虽注重通过竞技运动考察他们,但更关注追求者的社会素养。在所有追求者中,最受他青睐的是两位雅典人——希波克雷德斯(Hippocleides)和美伽克勒斯;二者中,希波克雷德斯更招他的喜欢。钦点附马的日子已经到来,克里斯提尼举行隆重而盛大的百牛大祭,款待所有的求婚者和全体西吉昂人。午餐过后,求婚者开始举行音乐比赛和演讲比赛。【149】希波克雷德斯成为万众瞩目的焦点,他的胜利似乎已不可逆转。面对此情此景,希波克雷德斯不禁忘乎所以,他命吹笛女孩吹奏起来,开始翩翩起舞。克里斯提尼大为诧异,对其行为倍感困惑。希波克雷德斯认为他的所作所为正给未来的岳父泰山留下具有决定意义的好印象,所以他又叫人搬来一张桌子,在桌面上跳斯巴达式和雅典式的舞蹈。主人强行控制住自己的不满,但当希波克雷德斯头顶桌面、双腿朝天跳一支淫荡的舞蹈时,他再也无法忍受,大声喊道:"哦,提桑德(Tisander)的儿子,你可把新娘给跳没了。"但是,这位雅典年轻人却说:"难道希波克雷德斯会在乎这个吗?"接着他又继续跳舞。就这样,美伽克勒斯被选为阿伽莉斯塔的夫婿,那些失望的求婚者也被赠予厚礼。

第八节　神圣战争　泛希腊赛会

克里斯提尼最重要的成就当数德尔斐神谕关于他夺得锦标的预言，这为他在希腊世界获得了盛名。

<small>德尔斐所处的位置</small>

德尔斐神庙，也即皮托，位于佛基斯城镇克利萨（Crisa）境内。① （德尔斐神庙遗址及其附近地形，参见图3-9）一首关于德尔斐的颂诗中谈到阿波罗是如何来到"克利萨，坐落于一座朝西的小丘，在白雪皑皑的帕那索斯山下；陡峭的山崖悬垂在前，下面幽蓝空旷的深谷起伏不平"。他（指阿波罗）说，"在此，我要为自己建一座洁净的神庙，为凡人发布神谕和预言。"诗人的描述完全准确。"多石的皮托"的圣所呈阶梯状坐落在一座陡峭的山坡上，背靠帕拉索斯山笔直而光秃秃的悬崖，前面是幽深的普莱斯图斯（Pleistus）山谷；站在山下，神庙给人以一种冷峻庄严的感觉，与阿波罗神谕至高无上的权威性相得益彰。克利萨城建在神庙以西一座葡萄满山的小山丘上，俯瞰一片以她为名的平原；这一片平原一直向南延伸到海。克利萨人声称德尔斐及其神谕由他们控制，并对前往神庙求神谕的人征收重税。然而，德尔斐人不愿受制于人，希望摆脱克利萨的控制，自由发展；自然，他们会求助北边的一个巨大城邦同盟，而在该同盟中起决定作用的成员正是佛基斯的宿敌色萨利。属于该宗教同盟的都是温泉关附近村镇安泰拉（Anthela）德墨特尔神庙周边的居民，因此，他们被称为安泰拉或菲莱的"近邻同盟（Amphictiones）"。该同盟的历史可能相当悠久。不管怎样推算，在色萨利人与居于色萨利的弗提奥提斯人（阿凯亚人的一支）合作之前，该同盟可能就已组建；因为弗提奥提斯人是该同盟的一个独立成员，【150】另外的成员还包

<small>克利萨所处的位置</small>

<small>近邻同盟</small>

---

① 克利萨和基尔哈（Cirrha）是同一城镇的两种不同称呼。克利萨城被毁后，该名用于指代朝圣者过去登陆时的港口，在公元前7世纪的皮提亚的阿波罗颂诗中，谈及该港口时只是简单地使用了λιμήν。

括洛克里人、佛基斯人、波奥提亚人、雅典人、多利亚人、玛利安人、多罗菲亚人（Dolophians）、埃尼阿涅人（Enianes）、色萨利人、皮尔哈比安人（Perrhaebians）、玛格涅泰斯人（Magnetes）。同盟规定，任何成员不得摧毁其他成员的城市，也不得截断其他成员的水源。

图 3-9　德尔斐神庙遗址及其附近地形

近邻同盟给予阿波罗的事业及德尔斐的祭司最热忱的支持，宣布对克利萨人发动圣战，理由是他们侵犯了圣域。① 德尔斐人发现除来自北方的支持者外，南方也赶来了一支声援他们的队伍。西吉昂僭主跨过海峡直捣不敬神的克利萨人的老巢。敌人很快被联军击败，被迫签订投降条约，做出诸般承诺，但这还远远不够。因为克利萨所处地理位置相当优越，控制着从海边通往圣域的道路，只有彻底摧毁该城才能确保神谕不

神圣战争，约公元前 590 年

---

① 据说，雅典人梭伦在敦促对克利萨人的战争中发挥了积极作用。

第三章　斯巴达的崛起　贵族政体的衰落　　183

受任何外界势力的干扰。近邻同盟和西吉昂人经过艰苦的战斗占领并摧毁了克利萨城,所有居民被一概处死。克利萨平原献给阿波罗,任何企图耕种这片土地的私人将会受到最恶毒的诅咒。将希腊大陆与伯罗奔尼撒半岛分隔开来的海湾,慑于这座佛基斯伟大城市的显赫声名,原本取名为克利萨湾;战争结束后,人们重新以地峡上的主要城市科林斯为其命名,因而获得我们更熟悉的名称——科林斯湾。

<small>对安菲克提奥涅同盟的影响</small>

  战争的一个后果是德尔斐与安泰拉的近邻同盟建立了更紧密的联系。德尔斐成为同盟城邦另一个聚会场所,因此该同盟又被称为德尔斐的近邻同盟。神庙被置于同盟的保护之下,阿波罗的圣产由神圣会议(Hieromnemones)管理,每个盟邦提供两名代表作为会议的议员,每年春秋两季议员们分别在安泰拉和德尔斐各召开一次会议。通过这种方式,德尔斐的神谕和祭司贵族获得了独立地位,德尔斐的繁荣和强盛从此开始。皮提亚赛会被重新组织起来,其规模更加宏大,管理赛会成为近邻同盟的重要职责之一。与奥林匹亚赛会一样,皮提亚赛会每隔4年举办一届,在每一个奥林匹亚德的中间年份举行;赛会开始引入体育竞技项目,而此前仅有音乐竞赛;赛会以月桂花环取代原来的物质奖励。在克利萨平原的城市遗址上新建了赛马场,克里斯提尼摘得第一届驷马赛车的桂冠。【151】运动员们在新建的竞技场和跑道上竞技,踏实了地上的泥土;许多年过后,人们在德尔斐城紧靠悬崖的高坡上又兴建起一座竞技场。克里斯提尼因在神圣战争和建立赛会制度中发挥着突出作用而被世人铭记在心;为了庆祝胜利,他在西吉昂也创立皮提亚赛会,不过后来人们将这项赛会与僭主厌恶的英雄安德拉斯图斯联系起来,无疑这是对历史的讽刺。神圣战争之前,西吉昂可能在德尔斐的圣域内拥有一间圣库,考古发现了一些圣库的圆形构造和原始雕刻的痕迹;战争结束不久,西吉昂人将原来的圣库拆除,修建了一间规模更大、类似于多利亚神庙

<small>皮提亚赛会,公元前582年</small>

的新圣库，几乎可以肯定，正是克里斯提尼本人设计并兴建了西吉昂气派豪华的新圣库。

几乎与此同时，在科林斯地峡和尼米亚（Nemea）创办了另外两项泛希腊赛会。现已无法肯定纪念波塞冬的地峡运动会是由伯里安德创办，还是科林斯人在普萨麦提库斯死后为庆祝取消僭主制而兴办的。纪念尼米亚宙斯的赛会是由小城克莱奥奈（Cleonae）在阿尔哥斯的影响下创办的。地峡运动会和尼米亚运动会都是每两年举办一次。因此，从公元前6世纪初开始，四大泛希腊赛会每年轮番举办，其中两项的举办地在伯罗奔尼撒半岛，一项在地峡，还有一项在稍北的德尔斐。整个希腊历史的发展过程中，这四大竞技赛会的显赫声名从未消退。

地峡运动会，公元前586年或前582年

尼米亚运动会，约公元前576年

四大泛希腊赛会有助于维系所有希腊人的认同感。或许创办上述泛希腊赛会的统治者未必将促进民族认同感作为他们的既定政策，但绝不能忽视的是，赛会本身实实在在地彰显了希腊一体化的大趋势，这一趋势自公元前8世纪就已初现端倪。如前所述，殖民运动促进了该趋势的发展，人们将希腊人作为他们共同的名字，共同的名字巩固了一体化的成果。大约在公元前7世纪中叶，在阿尔基洛库斯的诗歌中率先出现了"泛希腊"一词，类似"泛希腊和阿凯亚"的短语已出现在《伊利亚特》的船表中，因此"泛希腊"一词出现的时间可能更早。通过记录和编撰英雄时代的史诗，泛希腊的观念受到了激励，人们认识到希腊民族有着共同利益。特洛伊战争是全体希腊人共同的事业，来自南方和北方的希腊人团结协作，共同战斗；【152】编撰史诗的诗人已将他们全体不加区分地称为"阿凯亚人"或"阿尔哥斯人"。荷马史诗是连接所有操希腊语种族的纽带，对特洛伊战争的记忆显然是维系他们共同情感的一个基本要素，虽然此时还不宜将这种共同情感称为民族情感。希腊人的共同情感还体现在他们承认皮提亚的阿波罗是希腊最主要、最具权威的神谕发

希腊世界的团结通过以下方式得到了展现：

1. 共同的名字

2. 将特洛伊战争作为泛希腊运动的起源

3. 德尔斐处于泛希腊的中心位置，是希腊人共同的祭坛

|| 第三章 斯巴达的崛起 贵族政体的衰落

4. 泛希腊赛会

5. 局部的小型联合，宗教同盟

布者。德尔斐阿波罗权威的增长状况可以作为检测民族共同情感发展的试金石。作为汇聚来自希腊世界各个角落朝圣者和使节的场所，德尔斐使原本地处遥远的城邦可以相互交流，互通信息；泛希腊赛会也发挥着同样的作用，尽管影响可能稍小一些。希腊人的一体化趋势也表现为相邻城邦结成的同盟，主要是各种宗教同盟。譬如，卡劳利亚（Calauria）海上同盟①，北部安泰拉的近邻同盟，伊奥尼亚人在提洛岛结成的同盟等。公元前6世纪初意大利的希腊人城市结成了某种形式的商业同盟，这在他们钱币上有所反映。斯巴达在伯罗奔尼撒半岛结成了一个由她主导的大同盟。

德尔斐影响的性质

这种一体化趋势并未导致将所有希腊人结成一个政治共同体，希腊人也并未成为希腊国民。因为与人们对独立自主的热爱相比，泛希腊的观念还相当脆弱。但他们仍实现了理想上的统一，上述的信念和制度就是这种理想统一的具体表现。这些信念和制度在希腊人的内心深处打下了深厚的相互友爱的情感和对作为希腊人的自豪感，尽管他们并无任何政治纽带。值得注意的是，总体而言，德尔斐神谕对促进政治统一并无太大建树，虽有时它会以某种形式无意而为之。如果她确想对此有所助益，也必将以失败而告终，因为神谕对城邦政策的拟订并没有影响力。希腊城邦不会向阿波罗咨询如何拟订或实施政策，她们只会在做出决定后才向其汇报，以确保决策具有权威性。

波奥提亚同盟

波奥提亚是近邻同盟北部的一个成员。波奥提亚按联邦制的形式完成了统一，其中底比斯占据主导地位；但底比斯不是唯一的首脑，至少此后各个时期，各邦会派出两名代表，组成波奥提亚最高委员会，并以此作为联邦的行政部门；各邦每一次可轮换一名委员会成员。最初希腊所有

---

① 参见原书第170页。关于提洛岛的伊奥尼亚同盟，参见原书第190页。

同盟都是宗教性质的,后来才具有某些政治特征。波奥提亚同盟的宗教中心是位于昂奇斯图斯(Onchestus)的波塞冬神庙。【153】公元前7世纪,该宗教中心并未包括所有波奥提亚成员,奥科麦努斯拒绝加入其中。但最终底比斯迫使奥科麦努斯加入了同盟。公元前6世纪,波奥提亚吞并了奥罗浦斯格拉伊亚人(Graia)的土地。波奥提亚虽然完成了统一,但其中仍然存在不足。联盟维持与否取决于底比斯力量的大小,其中一些成员入盟相当勉强,首当其冲的是普拉提亚(Plataea)。普拉提亚一直保持着他们纯正的血统,并未与入侵的波奥提亚移民混合,她的整个历史可以被视为古老的希腊本土居民与波奥提亚征服者之间围于一隅持续不断斗争的延续。后面的叙述中还会涉及与普拉提亚相关的一些重要事情。

奥科麦努斯加入波奥提亚同盟,约公元前600年

普拉提亚的地位

表3-1 泛希腊赛会[①]

名称	纪念神灵	创办时间	举办地	奖励	举办频率
奥林匹克赛会	宙斯	前776年	奥林匹亚	橄榄花环	4年
皮提亚赛会	阿波罗	前582年	德尔斐	月桂花环	4年(奥运之后第2年)
尼米亚赛会	宙斯	前576年	尼米亚	野芹	2年(冬天举办)(奥运次年和前一年)
地峡赛会	波塞冬	前586或前582年	西吉昂	松枝	2年,与尼米亚同年

---

① 本表为译者编制。其中诸多问题存有争议,本表采用通行的观点。

第四章

阿提卡的统一
和雅典民主制的奠基

第一节　阿提卡的统一

自有文字可考以来，雅典的历史就是阿提卡的历史，阿提卡的居民就是雅典人。但与其近邻波奥提亚及希腊其他地区一样，阿提卡也曾遍布着若干个独立小邦。（阿提卡和雅典，参见图4-1）在神话中保留下人们对这段历史的模糊记忆，譬如，巨人帕拉斯（Pallas）统治着希麦图斯山（Hymettus）东北坡下的帕勒涅（Pallene）；令人敬畏的凯法鲁斯（Cephalus）是托里库斯（Thoricus）南部地区的主宰；身材魁梧的巨人波菲利翁（Porphyrion）称霸于彭泰利库斯山（Pentelicus M.）脚下阿特蒙农（Athmonon）一带；远古时代穆尼基亚（Munychia）山是一座小岛，后来人们在山顶建造了一座要塞；有人认为比雷埃夫斯（Piraeus）之名保存着远古的记忆，指穆尼基亚的统治者遥望大陆时所说的"对面的海岸"。此后，相互邻近的村庄通过宗教或政治联系逐渐结合为一体。彭泰利库斯山以北的马拉松、奥伊诺伊（Oenoe）及其他两个村镇组成一个"四合一城邦"（Trerapolis）；比雷埃夫斯、邻近的法勒隆及其他两个地方因共同崇拜赫拉克勒斯而结成了"四村"（Tetrakomoi）；从基泰隆山到苏尼昂海角之间最重要的城镇是埃琉西斯和雅典，二者被埃加莱奥

图 4-1 阿提卡和雅典（前 490 年）

（据 L.Scott, *Historical Commentary on Herodotus, Book 6*, Leiden: Brill 2005, map 9 编译）

斯（Aegaleos）山脉所隔。

雅典据凯菲索斯平原要冲，离海仅有 5 英里，她担负着统一阿提卡的重任。凯菲索斯平原的南端与萨洛尼克湾相连，其他三面被群山环绕，西边是埃加莱奥斯山，北边是帕尔涅斯（Parnes）山，东面是希麦图斯山，东北部帕涅斯山与希麦图斯山的交界之处被山墙形的彭泰利库斯山所填满。凯菲索斯河（Cephisus R.）从雅典西侧不远处流过，两条小溪——伊利苏斯河（Ilisus）和埃里达努斯河（Eridanus）绕过卫城。①（远眺雅典卫城，参见图 4-2）【156】自公元前 3000 纪开始，就有人定居于此；在青铜时代，这里是希腊最坚固的要塞之一。现在仍残留着一段由灰蓝色石灰石修筑的城墙；皮拉斯吉的统治者修建这些城墙，保护着他们在险

> 卫城

> 卫城西南和东南的皮拉斯吉城墙遗址

---

① 如今这两条小溪已不存在，但仍可寻见其河床。

峻山岭上的城堡。① 这一段古老的城墙被称为皮拉吉康（Pelargikon），后世以此名指代卫城西北坡一带。卫城与战神山之间由一座马鞍状的山岭连接起来，这座山岭也成为一条天然通道，这一侧城墙建有9座城门，成为从西方进入卫城的主要通道。卫城西北角建有一条隐蔽台阶，由此通向克莱普西德拉（Clepsydra）井，紧急时可为卫城的居民提供饮用水；卫城北侧有两条狭窄的暗道可下行至平原，但这两条暗道比梯林斯的更陡。可以认为，这些建筑都是皮拉斯吉人的杰作，后来希腊人将其原封不动继承下来。

九门之城（Enneapylon）

图4-2 雅典卫城远眺

最先赢得皮拉斯吉卫城的希腊人可能是凯克罗佩斯人，虽然作为一支独立的部族，其本名已被世人忘记，却以另一种形式留传下来。后世

凯克罗佩斯人

---

① 考古学者在卫城北侧发现了一些史前时代的房屋遗迹，这可能是皮拉斯吉人的王宫（参阅原书第20页）。

|| 第四章 阿提卡的统一和雅典民主制的奠基　　　193

传统上凯克罗普斯登基的时间，公元前1581年	人们总习惯将他们描述为凯克罗普斯（Cecrops）之子孙。这位凯克罗普斯被雅典人名列于他们想象中的史前诸国王中的一位，但他的所作所为似乎只不过就是凯克罗佩斯人的传说中的祖先。后来，在与凯克罗佩斯人的战争中，居于阿提卡的其他希腊人占得上风，并将他们崇拜的神灵雅典娜迁入卫城。虽然雅典娜崇拜在阿提卡其他地方已经建立，但当她占据这座后来以其命名的山丘时，这片即将声名鹊起的土地迎来历史
雅典因雅典娜而得名	上最重要的一个日子。卫城成为雅典的一部分，居住在周边村庄和伊利苏斯河、埃里达努斯河畔的人，不管是凯克罗佩斯人还是皮拉斯吉人，都成为雅典人。凯克罗佩斯人在卫城中崇拜的神灵波塞冬-埃莱克修斯
波塞冬与雅典娜竞赛的传说	（Erechtheus）被迫让位于女神雅典娜。根据传说，雅典娜和波塞冬为卫城的控制权发生了争执，为此，两位神灵各自设立一个标记，女神以橄榄树为圣物，波塞冬以咸泉为记。被废黜的神灵并未就此遭到驱逐，他们之间达成某种和解，卫城新旧神庙的混杂反映了这一特征。（雅典娜和波塞冬，参见图4-3）人首蛇身的埃莱克修斯仍被允许在雅典娜的地盘保有一席之地，为女神建造的最古老神庙里也供奉着埃莱克修斯。【157】在
雅典人称神庙为埃莱克泰戴伊（Erechtheidae）	此后的历史中，埃莱克修斯转变成为一位英雄，与凯克罗普斯一样，成为雅典早期的国王之一。
雅典人对赫淮斯托斯的崇拜	在神话中，还有另外一位神灵与阿提卡的雅典娜传说密切相关，雅典人对这位神灵颇为尊崇。他就是赫淮斯托斯，神界的工匠神、手工业者的保护神和主宰者，也是精明的财富赐予者。不能肯定阿提卡人对他的崇拜可以追溯到什么时候，也无法了解何时为他创设了几个特别节日，
节日：赫淮斯提亚节（Hephaestia）和卡尔凯伊亚节（Chalkeia）	或许对赫淮斯托斯的崇拜是随工商业的繁荣而增加的。一位雅典诗人将雅典人称为"赫淮斯托斯之子"，根据一则神话，所有阿提卡居民都是他的后代。在秋末的阿帕图里亚节上，如果孩子获准加入胞族，人们会举办一个正式仪式，孩子的父亲将在祭坛点燃火把，颂唱一首火神赞歌。

图 4-3 雅典娜与波塞冬
复原的帕特农神庙西山墙片段

  阿提卡历史发展的下一个步骤是实现统一。我们无法确定统一发生的具体时间，或许可追溯到有文字可考的历史开始前很久，现在只能模糊了解统一进程的大致过程。当卫城的统治者征服凯菲索斯平原后，【158】其统治范围已从帕尔涅山到穆尼基亚山，从希麦图斯山坡到埃加莱奥斯山的广阔土地。他们试图翻越希麦图斯山，将势力东扩至"中部地区"，并征服南部海岬，即那片延伸到险峻苏尼昂海角的土地。这只是雅典在征服过程中取得的第一批重大成就，接着她吞并了东北部的马拉松平原和"四合一城邦"。这就是阿提卡统一的第一阶段，即除西部埃琉西斯平原外，将该地区所有独立小邦都纳入雅典的松散统治下。

雅典征服阿提卡

  随着时间的流逝，在阿提卡，人们对于统一的渴望越来越强烈。那些仍享有独立政治权力的小邦在组成一个大城邦后，逐渐被诱使放弃了她们原有的地方政府，合并成为一个单一的共同体，并以位于凯菲索斯平原上那座城市为她们共同的中央政府所在地。无论来自托利库斯、阿菲达奈（Aphidnae）还是伊卡里亚（Icaria）的人现都成了雅典公民，他们都必须到雅典城行使其政治权力。在历史上，对于塞诺西辛（Synoecism，即统一）的记忆保存在一年一度的节日中；这个节日确实值得纪念，因

阿提卡的塞诺西辛

统一节

第四章　阿提卡的统一和雅典民主制的奠基　　195

制度变化的历史重要性　为这决定着雅典的整个历史进程。从此之后,雅典不再只是阿提卡最重要的城市,也不是拥有独立主权的城邦组成的联盟领袖,更非统治臣属城邦的专制女王。她与底比斯之于波奥提亚、斯巴达之于拉哥尼亚完全不同。如果她是这样,或者可能这样,雅典的历史过程将发生根本性的改变。雅典是一座统一城邦的中心城市;对阿提卡每个村镇的居民来说,他们享有与雅典居民同样的政治权力。来自马拉松或托利库斯的居民不再是阿提卡人而是雅典人。一般认为,统一是在一位国王的率领下完成的。毫无疑问,统一的最终完成是一个人的工作,但他未必是一位国王;统一很有可能是在取消王政后不久实现的。

提秀斯　　后来,雅典人认为英雄提秀斯是统一国家的缔造者,(古风时代晚期提秀斯的形象,参见图4-4)他们也将提秀斯列为早期国王之

图4-4　古风时代晚期提秀斯的形象(约公元前510年的阿提卡红画陶片段)

一。*但在统一完成时,提秀斯还不是一位城邦范围内的英雄,而只是一个地方性的神灵,受到马拉松和阿提卡东部沿海地区居民的崇拜,【160】他还未获得后来在雅典神话和历史中具有的重要地位。

第二节 雅典共和国的建立

在早期历史上,雅典的政体与希腊大多数城邦类似,都逐渐从受到各种限制的君主制过渡到了贵族制。但雅典转变过程的细节却颇为与众不同,共和制似乎开始得特别早。传统所载的提秀斯之后的阿提卡王表中某些国王(甚至绝大多数)是虚构的。其中最出名的是来自涅琉斯家族的科德鲁斯(Codrus),①【161】据说当来自伯罗奔尼撒半岛的入侵者袭击雅典时,他牺牲自己的生命拯救了祖国。雅典人说,在科德鲁斯去世

---

* 阿提卡传统认为(希罗多德也记载了这一传统说法)提秀斯之前只有四位国王,即凯克罗普斯、埃莱克修斯、潘狄翁和埃勾斯。克里斯提尼设置的四个部落皆以阿提卡国王命名,他使用的也是这四位国王的名字。最初增加该名录的是赫拉尼库斯(Hellanicus)。据公元前1世纪罗德岛人卡斯托尔(Castor *FGrHist*. 250)记载,雅典列王分别是凯克洛普斯一世(公元前1556年—前1506年)、克拉瑙斯(Cranaus,公元前1506年—前1497年)、安菲克提昂(Amphictyon,公元前1497年—前1487年)、厄里克托尼俄斯(Erichthonius,公元前1487年—前1437年)、潘狄翁一世(Pandion I,公元前1437年—前1397年)、埃莱克修斯(公元前1397年—前1347年)、凯克洛普斯二世(公元前1347年—前1307年)、潘狄翁二世(公元前1307年—前1282年)、埃勾斯(公元前1282年—前1234年)、提秀斯(公元前1234年—前1205年)、墨涅斯透斯(Menestheus,公元前1205年—前1183年,据荷马史诗,曾参加过特洛伊战争)、德摩丰(Demophon,公元前1183年—前1150年)、奥克叙尼泰斯(Oxyntes,公元前1150年—前1136年)、阿菲达斯(Apheidas,公元前1136年—前1135年)、提摩泰斯(Thymoetes,公元前1135年—前1127年)、麦兰图斯(Melanthus,公元前1126年—前1089年,来自派罗斯)、科德鲁斯(公元前1089年—前1068年)。另据传说,丢卡利翁之前还先后有三位国王,他们分别是珀里法斯(Periphas,后化身为宙斯的老鹰)、奥古格斯(Ogyges,本为波奥提亚土著之王)和阿克泰乌斯(Actaeus,凯克洛普斯的岳父)。——译者注

① 伊奥尼亚诸城将科德鲁斯视为他们移民小亚细亚时的领袖;因此,鉴于雅典宣称她是伊奥尼亚诸殖民地的母邦,人们须将科德鲁斯与阿提卡和雅典王族联系起来。他就被人们追溯成为麦莱奈胞族的名祖麦兰图斯(Melanthus)之子。此外,由于许多伊奥尼亚家族与美塞尼亚和派罗斯王族涅琉斯有联系,为了进一步与伊奥尼亚维持母子邦的关系,雅典必须也同时与派罗斯的涅琉斯家族扯上关系。于是就有了下面的传说:麦兰图斯是一位涅琉斯王子,是涅琉托尔的后裔(参见原书第74页)。雅典国王提摩泰斯(Thymoetes),即提摩埃塔戴(Thymoetadae)的名祖,因胆小懦弱被迫将王位让给勇敢的外来者麦兰图斯。

后，人们取缔了王政，因为科德鲁斯如此优秀，他们不可能找出一位与之比肩的继承者。这无疑是对正常革命过程一种奇怪的逆向解释。但这个故事不过是后世的虚构。① 贵族限制王权采取的首要措施是设立波勒玛科（polemarch），即军事执政官。原来属于国王的最高军事指挥权如今转移到波勒玛科之手，该官职由贵族选举产生且仅能由贵族担任。其次，王室被强大的家族麦冬提德斯（Medontids）推翻。麦冬提德斯家族成员并不拥有国王的头衔，他们也未取消国王的名称，只是创设了"执政官"（archon）之职，借此篡夺了国王的大部分权力。来自麦冬提德斯家族的阿卡斯图斯（Acastus）成为首任执政官。阿卡斯图斯是一位确切可信的历史人物，后世的执政官宣誓说他们会如阿卡斯图斯一样完全遵守誓言。阿卡斯图斯任职终身，并由他指定执政官继承者。因此，可以说麦冬提德斯家族尽管没有国王之名，却有国王之实。但与国王相比，他们在另一个方面落于下风，因为每位执政官皆由城邦公民选举产生，虽然公民只能从麦冬提德斯家族成员中遴选。再次，人们逐渐采取措施削弱这个官职具有的国王般权力，将任期由终身改为10年一任。据说这一变化始于公元前8世纪中期。现不能肯定麦冬提德斯家族的特权是何时被剥夺的，执政官的职务已对所有贵族开放。最后一个步骤，执政官成为一年一任的官职，对此，我们掌握了比较坚实的材料，因为从此时起，执政官名录就保存了下来。

不过，与此同时，雅典仍有国王。麦冬提德斯家族抢夺了国王的权力，但他们并未直接废除国王；直到民主制终了时，雅典都保留下国王的名号。有学者采用类推法认为，麦冬提德斯家族允许国王住在原来的王

> 国王被推翻

> 终身执政官的统治，麦冬提德斯家族上台的传统时间公元前1088年

> 任期10年的执政官，传统时间公元前753年或前752年

> 任期一年的执政官，公元前683年或前682年

> 保留巴西琉斯的名称

---

① 最常见的说法是科德鲁斯身着农民的衣服到伯罗奔尼撒人的营帐前东张西望，希望与敌人大吵一场，这样敌人就会杀害他。神谕说如果伯罗奔尼撒人不杀害科德鲁斯，他们就能占领雅典。这一说法显然是后来人的杜撰。另一说法是科德鲁斯丧命战场。

宫，保留王权的空架子，其目的在于使任职终身的执政官可与任职终身的国王相得益彰，互为映衬。【162】或许最初选举的王者执政官并非从一开始就被降为一年一任，但后来确实这样了。

阿提卡的统一不会早于公元前9世纪，推翻卫城上的古老王室、发起共和运动的贵族很有可能也正是推动统一阿提卡的人。政治的统一需要构建完善的组织体系，促进阿提卡统一的政治家转而向其所谓的子邦——伊奥尼亚的某一个城邦，寻求和借鉴政治组织方法。所有居民被分为四个部落，这是从米利都借鉴而来的。四部落的名字分别格勒昂泰斯（Geleontes）、阿加德伊（Argadeis）、埃吉科莱伊斯（Aigicoreis）、荷普勒泰斯（Hopletes），这些颇为怪异的名称可能取自他们崇拜的神灵；譬如，格勒昂泰斯取自宙斯－格勒昂。但是这些部落名的原意早已完全丧失，而与阿波罗－帕特鲁奥斯即慈父阿波罗联系在一起，所有雅典人都声称是他的后裔。人们也重新组织胞族，将胞族与部落结合起来，每个部落分为三个胞族；因此在阿提卡共有12个胞族。每个部落的首长被称为菲洛巴西琉斯（phylo-basileus），即部落长。

较诸其他地方，雅典的氏族组织更完善。氏族内每个家族都声称他们源自同一个祖先。[①] 大多数氏族以父系命名。祖先崇拜是社会活动的首要目的。所有氏族都崇拜宙斯－赫凯伊奥斯和阿波罗－帕特鲁奥斯，这些崇拜大多与其他公共仪式有着特殊联系。每个氏族有一套固定的官员和军事指挥者，他们的头目被称为"执政官"。上述所提四个部落的成员都出身于贵族家庭；但其他社会阶层、农民、手工业者也会以共同的神灵崇拜（并非共同祖先）为基础组成类似的组织，【163】这些组织的成员被称为奥格昂涅斯（Orgeones）。这一变革预示着低等次的社会阶层提

四部落的起源

12个胞族及部落长

奥格昂涅斯或提阿索泰伊

---

① 这被称为荷摩加拉克泰斯（homogalaktes），即"同乳子"，即由同母所生。

第四章 阿提卡的统一和雅典民主制的奠基   199

升其政治地位的时代即将来临。

胞族 胞族由地界相邻的家族组成,胞族成员都组织在对宙斯·弗拉特里俄斯(Phratrios)和雅典娜·弗拉特里娅(Phratria)的崇拜下。初期,只有氏族贵族才可加入胞族,但自公元前7世纪起,情况发生了变化,来自下层的奥格昂涅斯也被允许加入。后来,胞族成为进行人口普查的单位。父母皆为公民的所有小孩必须加入胞族,如果没有举行仪式,小孩将被视为非婚生子。虽然此时雅典不会剥夺非婚生子的政治权力,但他无权根据出生获得对其父财产的继承权。

后世的误解 后世的雅典政治史家认为,氏族是从胞族中人为划分出来的。他们强调说每个部落分为三个胞族,每个胞族分为30个氏族,他们甚至强调说每个氏族由30个成年男性公民组成。就部落和胞族的关系而言,这种划分方式是正确的;但就氏族而言,这就不正确了,因为除氏族贵族外,每个部落还允许其他人员加入,仅此即可驳倒上述观点。

第三节 公元前7世纪的贵族政治

贵族政治
官员:执政官 公元前7世纪初,雅典是一个贵族共和国,国家最高行政权力掌握在三位一年一选一任的官员手里,即执政官、巴西琉斯和波勒玛科。执政官是审理民事案件的最高法官。就职时,他会庄严宣布在其任期内确保每一位公民的财产完整。后来他的司法权力受到限制,主要处理涉及受伤父母、孤儿、嗣女的案件。在所有官员中,他居于首要位置,其办公地点位于城邦祭坛处的市政厅(prytaneum)内,因其名位于所有官员之首,所以他也被称为名年官(eponymus)。虽然执政官制度的出现晚于波勒玛科,最初无权举行宗教仪式,这些仪式都由波勒玛科和巴塞琉斯主持,但后来执政官被授予全权举办各种节日庆典的权力,譬如塔格利亚

（Thargelia）节由他主持，该节日于 5 月末举办，庆祝庄稼首熟，这是雅典纪念阿波罗的最主要节日，【164】或许公元前 7 世纪引自提洛岛；他还有权主持创办于公元前 6 世纪的狄奥尼西亚节。除担任军队统帅外，波勒玛科还享有司法权。他在伊利苏斯河畔的埃皮利凯伊昂（Epilykeion）拥有法庭，审理所有涉及非公民的案件。因此，执政官处理与公民有涉的案件，波勒玛科处理与外邦侨民，即麦特克（metics）相关的案件。国王的住所在市场的王家柱廊（Royal Stoa），其职责仅限于管理城邦的宗教事务，处理某些与宗教有关的案件。他也是议事会的主席，因此在议事会处理的案件中，他享有一定的权力和责任。

波勒玛科

巴西琉斯

　　无论在雅典还是其他城邦，长老会，或称议事会，是贵族用以逐步剥夺王权的政治机构。长老议事会是希腊人从雅利安人继承而来的机构，为了便于与其后崛起的其他议事会区分，后来雅典人称这一机构为战神山议事会。其名称得自该议事会最重要的一项职责。根据荷马史诗反映出的古老传统，谋杀或过失杀人不被视为针对城邦的犯罪行为，而只与被害者的家族密切相关，死者的家族成员可以处死杀人者或收取补偿金。但随着对死者灵魂和下界神灵崇拜的发展，人们开始相信流血事件玷污了杀人者，需要清洗其罪恶。因此，当杀人者赔付补偿金满足被害者家属的要求后，他还必须举行一个洗除罪恶的仪式，以抚慰下界神和复仇女神（Erinyes），不然死者的灵魂会到处追讨，要求为其复仇。这样，杀人行为就成为对宗教的冒犯，要求城邦必须采取措施加以干预。因为如果城邦的某位成员受到亵渎，却不尽快将不洁之物驱逐，将会招致神灵的愤怒，进而惩罚城邦全体成员，所以城邦需处理刑事案件。战神山议事会成员组成法庭，审判过程与复仇女神的崇拜密切相连。在城墙之外战神山东北一侧有一座下界神的圣所，可暂时为手上沾有血污的人提供避难。将这座山丘与战神阿瑞斯联系起来可能只是基于通俗的词源学解

战神山议事会

第四章　阿提卡的统一和雅典民主制的奠基　201

释,这里并无战神的神庙,【165】但是我们并不知道关于阿瑞斯帕古斯(Areiospagos)的正确解释。[①] 议事会办公场所就在这一片远离公民居住地(但可看见)的崎岖山坡上,议事会处理涉及杀人、有谋杀企图的暴力行为、投毒、纵火等方面的案件。控诉者站在"狂暴之石"($ὕβρις$)上,被诉者站在"厚颜无耻之石"($ἀναίδεια$),这是两块未经切削的巨石。在丧失绝大部分权力后,上述权力仍得以保存,也正是这些权力使它获得战神山议事会之名。(从卫城俯瞰战神山参见图4-5)

图4-5 从卫城俯瞰战神山

贵族政体时期,战神山议事会是雅典的统治机构。可以认为,官员自然属于议事会成员,否则无法弄清其构成及运作方式。议事会无疑也直接控制着主要官员的选举,不过有理由相信,巴西琉斯、执政官和波勒玛

---

① 其中一个解释是该名字来源于雅典娜-阿瑞伊亚,其祭坛在战神山上;另一种解释是其名指阿莱伊亚(Areia)山,即埃斯库罗斯喜剧中对复仇女神的别称。

科皆由全体有投票权的公民组成的公民大会选举产生,或者由议事会从公民大会提名的候选人中任命产生。

贵族统治时期的另一成就是兼并埃琉西斯。埃琉西斯王国位于雅典与麦加拉之间,沿海的小海湾被隶属于麦加拉的萨拉米斯岛封锁,在如今我们仅能模糊了解的那段希腊历史上,埃琉西斯并未发挥多大作用。但从德墨特尔的埃琉西斯颂诗中可折射出该邦确曾享有独立。在到处游荡寻找她失散的女儿佩尔塞福涅时,女神来到了埃琉西斯,在此她受到国王的盛情款待。为了报恩,女神决定将国王的儿子修炼成不死之身;要不是王后的多疑,她本已成功。一般认为,这首诗歌创作于公元前7世纪,此时人们对于埃琉西斯独立的记忆还未完全褪去。

征服埃琉西斯

德墨特尔的到来

公元前7世纪中叶随着社会环境发生的诸多变化,雅典政体再一次经历着深刻的变革。门阀贵族依靠出生获得的特权被迫向财阀贵族(Aristocracy of wealth)敞开。变革的主要缘由在于经济状况的新变化,此前的章节已对公元前7世纪整个希腊世界受经济状况产生的影响进行了描述。但为了理解雅典的经济运行和政治影响,有必要深入了解阿提卡的阶级状况和社会结构。

【166】在王政和贵族统治时期,自由公民分为三个等级:优帕特里德(*Eupatridae*)[①]、格奥吉(*Georgi*)和德米乌吉(*Demiurgi*)。其中优帕特里德指贵族;格奥吉指自耕农;德米乌吉指靠商业和贸易为生的公共服务者。贵族最初居住在乡村,阿提卡的许多地方都以贵族家族命名,譬如派奥尼德(Paeonidae)、布塔德(Butadae)等。阿提卡统一后,许多贵族前往城市居住;公共服务者一般居住在城市周边地区,譬如在战神山以北有一片地区被称为"陶工区"(Kerameis),也有一些人居住在乡

三个等级:贵族、农民、公共服务者

---

① 需与优帕特里德家族区分开来。

第四章 阿提卡的统一和雅典民主制的奠基　203

村，譬如普勒凯斯（Pelekes，意为"斧头"）、戴达利德（Daedalidae，意为"能工巧匠"）。除上述有权参加公民大会的全权公民外，还有大量没有公民权的自由人。其中有农业雇工，他们没有自己的土地，租种贵族的田产，作为回报他们可以保留农产品的六分之一，因此被称为"六一农"（Hektemoroi）。* 此外被公共服务者雇用、靠工资为生的工匠，零售商和其他小商贩也属于无权的自由人。

公元前8世纪到前7世纪阿提卡并未参加海外殖民运动，但她参与了此时的海外贸易活动，并受此时希腊世界经济革命的深刻影响。橄榄成为阿提卡的特色农产品，橄榄油是获利颇丰的出口商品。此时，阿提卡陶工积极发展雅典风格的制陶业，在接下来的一个世纪里，阿提卡陶器的销售遍及从托斯坎那到塞浦路斯的所有地区。在雅典城西北的狄皮伦（Dipylon）门附近的一座墓穴里，发现该时段的一批陶罐，这批陶器被称为狄皮伦陶瓶，从中可一窥此时阿提卡文化的发展状况。（狄皮伦陶瓶参见图4-6）狄皮伦陶不但展现出一种新式的陶画风格，即画师以对称的方式布局，并饰以几何形图案；而且瓶画中还表现了葬礼游行的场景，从中可见阿提卡贵族为死者提供的奢华、丰富葬品。在发现陶瓶的坟墓中，祭品置放于死者身旁，主要是陶器，有时还有金银饰品；墓穴上方不是用泥石垒砌堆成，而是盖上一个巨大的陶罐，陶罐开口朝下，这样流质祭品可以由此进入坟墓中。值得注意的是，就在这一时期结束后不久，阿提卡受伊奥尼亚习俗的影响，引入火葬葬式；【167】然而，土葬习俗并未完全消弭，两种葬式同时并存。伊奥尼亚人还影响到雅典人的着装，雅典人原来的着装是使用别针扣系羊毛长袍，如今他们穿着伊奥尼亚人使用

旁注：没有公民权的自由人；六一农；制陶业；狄皮伦陶瓶，公元前9世纪—前8世纪

---

* 对于"六一农"到底是指缴纳收成的六分之一还是六分之五作为地租，学界历来存有激烈争论。近年来，黄洋教授提出一种新见解，认为所谓"六一农"是指被迫向地方宗教中心缴纳"六一税"的阿提卡所有农民。参见黄洋：《古代希腊土地制度研究》，复旦大学出版社，1994年，第137—155页，尤见第142页。相关学术讨论参见第138—141页。——译者注

亚麻制成的长袖束腰外衣（基同，chiton）。

图 4-6　狄皮伦陶瓶（公元前 8 世纪中期）
希腊国家考古博物馆

非常有意思的是，在一些狄皮伦陶瓶上出现了粗略勾勒出船舶模样的瓶画，这可能展现出阿提卡航海技术发展初期阶段的情况。公元前 7 世纪上半叶，雅典人的航海技术进步神速，这体现在雅典人因积极参加海上贸易，引入新的社会身份标准，从而导致门阀贵族的统治基础受到严重破坏。从事商业冒险的贵族结局各不相同，有人获得成功更加富裕，有人遭受失败陷入贫困。与此同时，手工业者也因财富的增加而日渐重要。其最终结果是，财富与出身一样可以为个人在政治和社会中挣得权力。公元前 7 世纪下半叶，虽然贵族统治并未完全被财权政治（timocracy）所代替，即个人政治权力的大小完全取决于他占有的财富，但是这种转变所必备的条件已日益明显地展现在人们的面前。个人社会地位的高低已完全根据财富多寡划分,划分的主要标准是他每年能从地产上收获的粮食、橄榄油和葡萄酒。最高等级是五百麦斗级(Pentacosiomedimni)。在获得政治意义前,该名称一般用来指代那些身家超过500麦斗粮食的大财主,那时人们还未广泛栽种橄榄和葡萄;【168】当获得特定政治意义后,该名称专指那些土地生产的粮食、橄榄油和葡萄酒总量至少可达500麦斗的人。第二个等级包括那些财产超过300麦斗但不足500麦斗的人,他们被称为骑士(Hippes),大体指其财产足以供养一匹战马,战时可出任骑兵。第三等级的最低门槛是200麦斗,其名"双牛驾驭者"(Zeugitae)表明他们是小康之家的农民,拥有一对耕牛帮助种地。虽然执政官、巴西琉斯、波勒玛科等主要官员的担任者仅限于第一等级公民,但该原则使那些非贵族出身但收入超过500麦斗的成功者也有资格担任城邦的最高官职。虽然财富标准是按照土地所产物品衡量的,但这并不一定意味着手工业者就被完全排除在外,为了获得政治权利他们也不一定非要被迫购买土地。

> 三个等级:1. 五百麦斗级
>
> 2. 骑士
>
> 3. 双牛级

    最初,在实际的政治运作中,贵族对其他公民做出的让步并没有产生太大作用。城邦最富者仍属于那些古老的家族,但承认将财富作为衡量政治权利的标准势必最终颠覆门阀贵族的特权。首先,如前所述,低等级公民组成与贵族类似的氏族,并被允许加入胞族。其次,司法执政官(Thesmothetae)的设立标志着低等级公民的自立自为又向前迈进了一步。司法执政官共有六位,他们掌管着雅典整个司法体系。其职责包括:检查和审视现存法律的缺陷,保存所有司法决定;除杀人罪外,他们似乎已全面接管原来属于战神山议事会审理的案件。不过,司法执政官似乎本身也是议事会下的一个委员会,每年选任,六名官员大概是各等级妥协的结果,其中三名来自贵族,两名来自农民,一名来自公共服务者。不久，他们与三位高级官员，即执政官、巴西琉斯、波勒玛科联系在一起，组成一个九人团体，并称为"九执政官"。每位执政官就职时必须宣誓按法律行事，如若违背誓言，行事不公，将向神灵供奉一座真人大小的金像，不过没有任何一位执政官遭受过这种惩罚。

【169】上述三个等级之外是小农，他们拥有自己的土地，但生产出来的粮食和油料不足 200 麦斗，此外还有小手工业者。他们被称为泰提斯（Thetes），其名来自对"佣工"（θῆτεια）一词的曲解。泰提斯是公民，但无政治权力。不过，他们逐渐赢得了一定程度的政治地位。海上贸易的增长导致雅典水师的发展。水师的发展使在五十桨战船上充任水手的职责主要转移到泰提斯阶层，这赋予了他们在城邦事务中新的重要意义，当时机来临时，这种重要性强化了他们对政治权力的诉求。此后章节将进一步探讨雅典民主制与其海上力量之间的联系，但在雅典海上力量发展之初，我们大概已能模糊感受这种联系的征兆。出于发展海上力量的意图，每个部落被划分为 12 个舰区（Naucrariae），每个舰区大概须提供一条战船，这样雅典水师将拥有 48 条战船。舰区的管理由舰长委员会（naucrari）负责，委员会的首脑是会长。该组织机构的职责可能不只限于海事管理，舰长委员会成为一个重要的管理机构。

如前所述，公元前 7 世纪中叶，阿提卡社会正经历着一场类似的变革，它曾经几乎改造希腊所有进步地区的面貌，财富作为衡量政治参与的标准正在与出身标准进行激烈博弈，门阀贵族的统治似乎已逐渐让位于财权政治。权力集中于选自富裕贵族的三位主要执政官和战神山议事会之手，无疑他们大多也来自优帕特里德，即贵族阶层。不过，贵族家族之外的其他社会阶层，包括小土地所有者和商人也开始寻求自身的权力，并力求让他人感知本阶层的重要性，或许司法执政官就是基于这种压力设置的。此外，他们还被允许加入此前将其排除在外的封闭胞族。阿

> 泰提斯

> 舰区, 舰长委员会

> 小结

第四章　阿提卡的统一和雅典民主制的奠基　　207

提卡的商业正在快速发展，贸易的发展促进了民主趋向的出现；同时，贸易的发展也要求城邦创立水师和舰队，要求最贫困的公民充任水手，这使该阶层的重要性得以体现，为他们在政治上获得他人的认可铺平了道路。

卡劳利亚的波塞冬崇拜

虽然拥有舰队，但与其周边邻邦卡尔基斯、科林斯或其伊奥尼亚子邦相比，雅典的海上力量仍非常弱小。在阿尔哥斯的影响下，【170】埃吉那的海上力量也远远超过雅典。有意思的是，雅典和埃吉那虽然在后世为争夺萨罗尼克湾的霸权成为死对头，但在公元前7世纪，她们都加入了一个旨在维持波塞冬崇拜的同盟。该同盟的总部设在特洛伊曾外海一个名为卡劳利亚（Calauria）的小岛上；萨洛尼克湾和阿尔哥斯湾周边的城邦如埃皮道鲁斯、特洛伊曾、赫耳米奥涅（Hermione）、瑙普里亚（Nauplia）、普拉西埃（Prasiae）等也是该神圣同盟的成员；因受安泰冬（Anthedon）水手传说的影响，波奥提亚的奥科麦努斯也成为同盟的一员。

卡劳利亚的神庙，公元前7世纪末

加入卡劳利亚同盟的临海城邦相互之间并无政治关系；盟邦的水手们前往卡劳利亚的波塞冬神庙献祭，以求得到神灵的眷顾，正如他们也会前往高耸入云的埃吉那山上为泛希腊的宙斯献祭一样，神灵对崇拜者来者不拒。人们在海岛上为海神搭建起一座神庙，从最近出土的考古材料看，这是迄今希腊发现的最早石质神庙之一。

钱币

与希腊世界其他城邦一样，阿提卡也因钱币的发明和使用使其经济发展受到影响，与邻邦埃吉那的商业联系日渐紧密，而此时埃吉那开始在海上业务中扮演领导者的角色。因此，雅典采用了埃吉那币制，其度量单位几乎照搬埃吉那（虽然也有细微的不同）。因为最初钱币数量相当稀少，为了积累财富，成功的投机者通常将钱币锁进箱子里，结果导致从以物易物的直接交易过渡到以金属钱币为中介的交换经历了很长一段时间；对资产有限的人来说，这个阶段使他们面临着严峻的考验。尽管所有可能导致社会关系紧张局面的情况都已出现，且贫富之间的矛盾越来越激化,但不可避免的经济危机却并未立即降临。公元前7世纪70年代发生的一件大事表明,农民仍忠于现存的政治制度。

僭主树立的榜样具有传染性。随着雅典近邻麦加拉和科林斯僭主制的成功,不可避免地有人也企图在雅典进行类似的尝试。一位贵族出身的名为基伦的雅典公民迎娶了麦加拉僭主泰阿根尼斯之女为妻;在麦加拉的影响和帮助下,他力图使自己成为雅典的主宰。基伦曾前往德尔斐求神谕,神谕建议他在举行宙斯大典时占领卫城。作为奥林匹亚赛会的冠军,基伦理所当然认为这指的是奥林匹亚庆典;当他的阴谋失败时,有人解释说神谕指的是3月在雅典城外举行的狄阿西亚(Diasia)节。

【171】基伦招募到若干贵族青年,并率领一帮泰阿根尼斯派来的麦加拉士兵,开始发动政治冒险;但他并未得到人民的支持。虽然他成功占领了卫城,但当人民看到外邦士兵混迹其中时,任何暗自希望推翻现政权的雅典人马上熄灭了对僭主的潜在同情心。舰长委员会从乡村召来一批农夫,其他人也立即赶赴现场。基伦被包围在卫城,当食物和淡水快要用尽时,他与其兄弟们妄图逃离卫城。其他帮凶纷纷投降,但基伦及其兄弟躲在雅典娜-波利亚斯的神庙里寻求庇护。当执政官与其交涉并答应饶其性命后,他们准备离开;这时,在阿尔克迈尼德家族的美伽克勒斯(Megacles)——此年的执政官之一——的鼓动下,人们罔顾执政官们先前许下的诺言,将阴谋者尽数处死。两个家族之间的仇恨或许是导致杀人事件出现的原因。虽然人们将城邦从僭主的阴云下拯救出来,但城邦却因此受到严重的玷污。违背向乞援者做出的庄严誓言是对神灵的冒犯;而且,除非清除玷污,否则城邦会遭到神灵的诅咒。这种说法因暗地支持基伦者和痛恨阿尔克迈尼德家族者的煽风点火而搅得人心惶惶。最后城邦决定,一方面,剥夺基伦、基伦的兄弟及其后裔的公民权,并将他们永远驱逐出境;另一方面,判处阿尔克迈尼德家族及那些与他们一同

基伦暴动,约公元前632年

阿尔克迈尼德家族被放逐

第四章 阿提卡的统一和雅典民主制的奠基　209

行动的公民犯下渎神罪,将他们永远流放,并剥夺其财产。掘出在渎神和审判期间丧命者的尸体,并抛弃到阿提卡境外。阿尔克迈尼德家族的放逐影响着后来的历史。在此后 200 年中,该事件将如何影响雅典的政治现实,后面章节将对此进一步论述。有传言说城邦需要进一步净化,一位来自克里特,名为埃皮麦尼德斯(Epimenides)的方士举行了祓除仪式。但一直有人质疑埃皮麦尼德斯是否就是俄尔菲斯(Orpheus)的一个假名,因为另一则传奇说,俄尔浦斯曾在一个世纪后再次为了祓除前往雅典,而且两则故事都谈到这位先知沉睡 100 年的奇迹。

在接下来的 10 年里,农民的状况变得越来越糟糕。基伦暴动之后,雅典爆发了与麦加拉的战争,进一步加剧了乡村居民的痛苦。【172】阿提卡沿海地区受到敌人的劫掠和破坏,麦加拉市场也关闭了油料贸易。一方面,在现存体制下呻吟的农民力图找到一位领袖强迫政府做出让步;另一方面,统治阶级本身也认识到了危险,并力图采取一些及时的让步措施,防范灾难升级。不管出于何种原因,雅典决定拟订一部成文法典。尽管司法执政官已将司法决定记录在案,但这还远远不够,不足以满足人们对人身和财产安全的长期渴求。德拉孔(Dracon)被任命为临时立法者(Thesmothetes),被授予修改现行法律并制定新法的大权。对于德拉孔,现只知道他制定的处理流血事件的部分刑法条款,这是因为后来的法律毫无变动地继承下这些条款。德拉孔留给后世雅典人的印象是其严苛的法律,德拉孔之名也成为严厉立法者的代名词。一位演说家因下面的名言而名噪一时:德拉孔的法律不是用墨水写成的,而是用鲜血写成的。人们的坏印象源于这样的事实,即某些小过错,譬如偷盗白菜,也会被判处死刑。然而,从更广的角度审视德拉孔法典将可能修正这种看法。他严格区分了故意谋杀和各种过失或正当杀人行为的不同。德拉孔的法律中还出现一个由 51 名法官组成的名为埃菲泰(*Ephetae*)的机构,他们选自贵族,但不清楚埃菲泰是隶属于战神山议事会还是一个独立机构。那些无法向战神山议事会提出诉讼的流血案件将由埃菲泰审理,这样可以防止受害者被人知晓。埃菲泰会因案件的性质不同而在不同地方举行审判,这些地方包括德尔斐的阿波罗神庙、法勒隆的帕拉狄翁(Palladion)、穆尼基亚半岛最南端的弗莱亚托(Phreatto)等。埃菲泰在最后一处地方审理人们在海外犯下的杀人罪;鉴于嫌疑人不能踏足雅典的国土,他们只能在离岸不远的小船上答复他人的指控。如果不知道被害人的姓名,案件将提交议事厅的巴西琉斯审理。

遗憾的是,德拉孔其他方面的立法并未保存下来。我们知道涉及债务的法律相当严厉,债权人可以要求无法偿还的债务人以人身作为抵债。总体而言,德拉孔立法总是照顾富有的掌权阶级的利益;但是,对穷人来说,这无论如何也是一项巨大的进步,因为富人的权力被限定在白纸黑字的法典中。

第四节　梭伦立法与民主制的奠基

德拉孔法典颇有价值,但它并未触及社会弊端的根基。年复一年,少数富裕公民对贫民的压迫和剥削日渐增强,小农的贫困日益加剧。因为缺乏资金,小农被迫向富人举债,他们不得不将自己有限的土地作为贷款的抵押;然而,具有破坏性的高利率导致抵押的土地瞬即落入发贷的富人手中。不要忘记,此时钱币仍然稀缺,但农民需要的所有东西都不得不使用货币购买。即便在阿提卡,小农也无法应付那些拥有资金的富人,最终在小块农田的田间地头到处都插满记录抵押合同的债碑,大地产急速增长。正如梭伦所言,黑色的大地母亲受到了奴役。

自由佣工的境况更加凄惨。因为他们只能获得收成的六分之一作为　　"六一农"

工资，但在新的经济环境下，这点收成已无法满足养家糊口的最低需求，因此他们被迫向其雇主借债度日。然而借款利率极高，且法律对债务的规定极其严厉，借款者必须以人身作为抵押；一旦无法还债，借款人将丧失人身自由，只能任凭放款人处置。结果，自由的佣工阶层逐渐转化为奴隶，主人可随意将其转卖他人。

降为奴隶

当占社会极少数的富人越来越富有和贪婪时，占多数的小农正在被降为无地农民，而无地的自由人却已逐渐沦为奴隶。因不公正的司法体系和偏袒富人与权贵的法律制度，社会弊端越来越严重，大有以一场政治革命革除社会积弊的发展趋势。人民和无情的压迫者进行着艰苦的斗争，只需一位领袖站出来就可引发社会的全面暴动。对任何当时政治学的研究者来说，鉴于周边城邦的发展状况，僭主制似乎是最佳的解决方案。确实，雅典至少避免了一次或者不止一次的僭政企图。如今，机缘巧合，人民有幸得到了一位调停者，而非一位蛊惑家；社会经历了一次改革而非革命。虽然僭主政治最终还是到来，但被延迟了30多年。社会冲突的调停者是埃克塞凯斯提德斯（Execestides）之子梭伦。他出身贵族，与麦冬提德斯家族有着千丝万缕的联系。梭伦也是一位商人，属于城邦最富有的阶层。【174】但他与阿提卡那些思想狭隘、乡村气息浓厚的老式贵族非常不同。他并非一个深居简出的贵族青年，而是经常游历于爱琴海东岸各城邦；无论到哪里，他也都会带上一些商品与当地人交易。总之，他从先进的伊奥尼亚城邦收获颇丰，深受伊奥尼亚文化的感染，积极参加那一个时代的文化活动，位列希腊七贤之一。梭伦也是一位诗人，但并不是如更早的帕洛斯人阿尔基洛库斯或与他同一时代的列斯堡诗人萨福那样是因受到诗歌的感召，而是因为那一个时代每一位文人都是诗人，那时尚无散文文学。需经过100年的发展，梭伦才可专门借助散文表达思想。梭伦性情温和，为人公正，广受人民的欢迎；其渊博的学识使他在民众中颇具权威；村民时常前来拜访求教，最后不得不排队轮流前往他家。幸运的是，现保存下一部分他用以引导民众思想的政治性诗作，从他的诗句中可以了解到他对时局的认识。他并不顾虑使用平淡的词语表达其思想。每个人都知道社会是多么不公，人民的处境是多么悲惨，但梭伦从另一个侧面看待这些问题。他并不支持那些鼓吹革命的极端分子，也不赞成贫民重分土地的要求。贵族中那些更稳健的人也认识到危险就在眼前，急切需要建立新秩序。因此，梭伦被委以重任，负责对社会进行全面改革。他被选为执政官，拥有完全的立法大权，以图治愈城邦的诸多病弊，调解各阶层之间的尖锐矛盾。

雅典高级官员就职时通常会宣誓保护所有人的财产不受侵犯，但梭伦却宣布取消所有以人身为抵押的债务，所有因债务沦为奴隶的雅典人都重获自由。那年夏天，他宣布的这条让人铭记于心的法令，拯救了成千上万个可怜人，使他们重新获得自由和希望，雅典人摆脱了负担；因此梭伦的第一条社会改革法令被称为解负令（Seisachtheia），人们每年举办公共节日庆祝这次伟大的解放。

对于梭伦颁布的一系列措施的性质，我们的了解非常不充分。在取消原有债务后，他又通过一条法律禁止奴役债务人。【175】他规定每人拥有土地的最高限额，以防止大地产的危险增长。他还规定除油料外，禁止出口阿提卡的其他农产品，因为人们发现许多粮食被运往海外市场，以获取更高额的利润，结果剩下的粮食完全不能满足阿提卡人的需求。值得注意的是，此时雅典还没开始从本都地区进口粮食。

上述一系列措施沉重打击了雅典的富人，使他们对改革者强烈不满；而另一方面，他的改革离满足贫民的愿望和要求也相差甚远。他并没有如许多人期望的那样，剥夺富人的地产重新分配。而且，尽管他将自由佣工从人身奴役中拯救出来，但并未对"六分之一"的分配体系进行任

梭伦担任执政官，公元前594年—前593年或前592年—前591年
梭伦就职的行动：解负令

第四章 阿提卡的统一和雅典民主制的奠基

何改变,结果这些无地的自由民感受到的好处仅仅是不再受奴役;不允许粮食出口提高了粮价,可能也使他们的经济状况有所好转。但是,梭伦太过于谨慎,不敢运用人为限制措施切实干预货币市场环境。他并未规定利率的上限,币制改革也未包括在他的社会改革举措中。此前雅典并无本邦的钱币,人们使用埃吉那货币。梭伦开创了雅典的货币,但他采用优卑亚币制而非埃吉那制,因此100德拉克玛的阿提卡新币在价值上大约相当于70德拉克玛的埃吉那币。梭伦引入的阿提卡钱币不是与邦内的改革相结合,而是与他的对外政策相关,这即将开启一种新局面。原有币制使雅典过分依赖埃吉那,但现在它与埃吉那、麦加拉的关系日渐紧张;新币制促使它进入遥远的海外地区,在那些地方卡尔基斯和科林斯带领人们开辟出一片崭新的世界。一代人之后,雅典进行了一次新币制改革,引入另一种比优卑亚币制略高的不同的阿提卡标准。

阿提卡币制的开始:优卑亚制

庇西特拉图引入的阿提卡币制

梭伦对政体的改革

梭伦为治疗祖国的社会疾苦所做的一切努力使他赢得人民最诚挚的感谢,但该项任务需要一位才干突出、诚实可靠且得到人民坚定信任的政治家才可完成。作为欧洲最伟大的政治家之一,梭伦的声名取决于他对雅典政体的改革。他发现了民主制的秘密,并运用他的发现构建了雅典民主政体的根基。尽管多年以后雅典才真正确立了民主政体,但梭伦不但为此奠定了基石,而且还为其设定了基本框架。乍一看来,改革后的雅典确实仍是一个财阀贵族的国家,【176】不过是带有某些民主趋向而已。他仍保留原来的财产标准,将人民分成不同等级。但他增加泰提斯为第四个等级,并给予他们某些政治权力。前三个较高等次的公民承担公共负担,分别出任骑兵和重装步兵。泰提斯充任轻装步兵和桨手。梭伦大概并未对每个等级成员所能担任的官职做出任何改变,仍只有500麦斗级的公民才能出任执政官,也只有他们才能担任雅典娜圣库的司

四个等级

库;其他官职①对骑士级和双牛级公民开放,但对于这两个等级的公民享有权力到底有何不同,我们知之甚少。泰提斯不能担任任何城邦官职,但他们获准参加公民大会,在选举官员时我们也能听到他们的声音。

公民大会对泰提斯开放

公民大会对最低等级公民的开放确实是民主化进程的一个重要步骤;但这只是始于贵族政体时期参政权不断扩展进程的一个终结。梭伦最激进的措施是设立陪审法庭制度,这为雅典民主制奠定了最根本的基石。他规定法庭由包括泰提斯在内的所有公民组成;鉴于陪审团成员通过抽签产生,最贫困的公民也可能出席。任何官员卸任时都可能在民众法庭上受到指控,因此民众法庭制度使人民拥有对行政机构的最高控制权。坐在陪审法庭上出任宣誓法官的公民被称为赫利埃亚(*Heliaea*),即陪审员。这不同于出席公民大会。在公民大会上,人民选举官员并通过法律,此时他们不需宣读誓言;如今人民拥有任命官员并控制官员行动的权力,从理论上讲,他们拥有城邦的主权;将更多权力分配给贫穷的低等级公民只是时间问题。最初,执政官并未被剥夺司法权,陪审法庭只是上诉法庭;但随着执政官的权力被降到只能处理预审事宜,陪审法庭跃升成为既是初审法庭也是终审法庭的最高法庭。

民众法庭

陪审法庭成员从全体公民中产生,这是梭伦发现的民主制要诀,【177】也正是因此确立了他在欧洲民主政制发展历程中的声名。虽然他并未忽视此前的民主制向前发展的总体趋势,也没有掩饰给予上层阶级特权的意图,但几乎所有人仍会毫不犹豫地把梭伦视为雅典民主制度的奠基人。事实上,不得不承认,我们对改革前的古老制度的了解非常有限,所以至今对于梭伦所设计政体的范围和意愿方面的许多绝妙之处还无法完全领略。现并无战神山议事会构成的明确记载;对于它作为审议

---

① 这些官职包括波勒泰伊(Poletai,主管公共合同的外包,譬如银矿)、十一人官(司法官员的首领)、科拉克莱泰伊(Kolakretai,财政官员)。

机构的具体功能及其与公民大会的关系也缺乏足够证据；甚至对于公民大会的构成状况，学界也并未达成一致意见。但毋庸置疑，在原有体制下，战神山议事会对公民大会发挥着支配性影响；提交公民大会的议案，无论提出者是官员还是某个部门，都必须经过战神山议事会的讨论和附议。作为民主政府的缔造者，梭伦不会任由这个贵族共和政体的中枢机构自由发展，他必须要么完全改变议事会的基本特征，将其变为一个民主机构，要么剥夺其审议公民大会议案的职能。梭伦的做法是取缔议事会的审议职能，使其不能再对行政和立法产生直接作用；但与此同时，他为议事会分配了更崇高的新职能，使其成为政体的保护者和法律的捍卫者，对官员享有全面而不受限制的监督权，并享有监督公民风纪的权力。不过，议事会的司法和宗教权力受到限制。为了使其能与新政体协调一致，他改变了议事会的人员组成。自此以后，九名执政官在任期结束后自动成为战神山议事会的终身成员，这也成为该机构的唯一组成方式。从这个角度看，战神山议事会实质上仍是由公民大会任命的。

梭伦对于战神山议事会的处理

新审议机构：400人议事会

梭伦将战神山议事会的地位降为荣誉性质，使其远远高于现存政体之上，几乎处于与现存政体脱节的地步；他必须创设一个新机构，为公民大会准备议案。正如希腊人认识到的，这样一个机构必不可少；明显地，如果没有这样的机构，权力将会集中到官员之手，他们将可能操纵公民大会的一切事务。梭伦创设的履行预审职能的议事会由400人组成，每个部落选取100人，【178】选取方式可能是由部落提名，但更可能是通过抽签选举，前三等级的公民都有资格参选，只有泰提斯被排除在外。在此后的日子里，该议事会，更准确地说是新议事会，获得了许多重要权力，成为城邦的一个独立政权机构；但最初时，新议事会的职能仅仅是预审议案，只是公民大会的一个组成部分。必须注意的是，400人议事会并非此前雅利安人的长老议事会，也不同于斯巴达的格鲁西亚或罗马的元

老院。但它确实接管了之前战神山议事会的某些职能和责任，提前讨论即将提交公民大会的公共事务。

使用抽签方式任命国家官员是梭伦改革的另一个重要特征。根据那个时代人们的看法，中签者是神的旨意，因此是一种严肃的程序问题，而非现代人认为的那样是一种政治儿戏。这种迷信的选举方式也得到哲人式政治家的赞许；抽签被视为颇有价值的政治发动机，可以确保选举免受不必要的干扰和影响，也能有效保证少数人的利益。抽签方式无疑使选举免于氏族和党派竞争的不当影响，因此梭伦采用这种方式任命城邦的主要官员。虽然对宗教非常虔敬，但他还不至于盲从，认识到这种方法难免会让签单落到一位不能胜任工作的候选人手中。于此，他将选举和抽签混合起来，首先根据公民的呼声大小选出 40 名候选人，每个部落 10 人，然后从这 40 人中抽签遴选出 9 位执政官。或许他也将这种混合方式运用到 400 人议事会成员的遴选中。

> 抽签

> 混合使用选举和抽签方式

梭伦力图确保每个部落在政府中享有平等的参与权，以此保持政治的稳定和平衡，在这方面他的做法已几近极致，但其设计的政体存在一个弱点。事实上，等待着他的最严峻的危险既非贫富之争，也非平民贵族之争，而是根深蒂固地早已存在于不同家族之间的强烈嫉恨。由于每个家族背后都有部落撑腰，而部落又掌握着强大的政治影响力，家族间的争执与不和随时可能引发内战和革命。这些问题只能留给后来的立法者去努力解决。无疑，梭伦也认识到该问题，但他并无现成的解决办法；【179】家族之间的长期不和与另一个社会弊端紧密相连，即阿提卡的地方性派别。对于上述危险，梭伦并未提出任何补救办法；他的改革措施尽管得到人们完全遵守，但他确实没有提供解决城邦内部敌对因素恶性竞争的最终手段，甚至没有提出一些缓和的办法。据说，他通过的一则法令规定，如果城邦出现党争，每一位公民必须支持其中一方，否则就会丧失

> 危险存在于部落和家族中

第四章 阿提卡的统一和雅典民主制的奠基　217

公民权。但这则法令如此笨拙,根本无法付诸实践,很难相信他曾制定过这样一款法律。如果梭伦确是该法的制定者,他不过就是力图强迫城邦最有能力的公民参与其中,从而尽力预避免可能爆发的党争;这是一项保护城邦不受僭主威胁的预防措施,尽管该措施显得有些拙劣。

很有意思的是,梭伦在一些方面扩展个人自由,但在另一些方面又限制人们的自由。通过防奢法和防惰法,他力图限制个人自由,违反者将受严惩;通过允许无子嗣的个人订立遗嘱,将财产馈赠给他指定的而非最近的亲属[①],他扩大了个人自由。梭伦最初的一批立法废除了德拉孔法典,只保留下与杀人相关的条文。梭伦的立法被镌刻在木板上,固定在被称为阿克索涅斯(axones)的旋转架上,并对每块法律条文所在的木板进行编号,人们引用条文时只需说出木板的代码即可。(复原后刻写梭伦法律条文的阿克索涅斯,参见图 4-7)这些木板保存在城邦的公

梭伦法律的保存

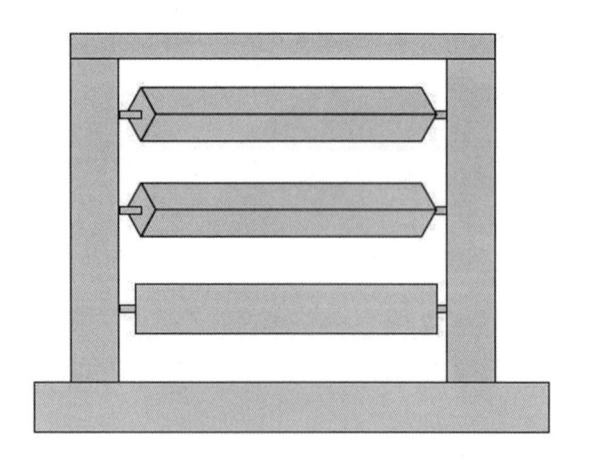

图 4-7 复原后刻写梭伦法律条文的阿克索涅斯

(据 Kurt Raaflaub, Hans van Wees ed., *A Companion to Archaic Greece*, Malden: Wiley Blackwell, 2009, p.146)

---

① 或许可以认为这种做法在现实中早已引入,梭伦不过是将其合法化。

共大厅里。同时，人们在石柱上刻制复本，阿提卡古语称其为库尔贝斯（Kyrbeis），这些刻在石柱上的副本置放在巴西琉斯柱廊。每个公民都被要求宣誓遵守法律，并规定这些法律在未来100年内都将持续有效。

梭伦改革虽然很有胆识，但他颁布的一切措施皆完全依法行事。他并未让自己成为僭主，虽然他本可轻易为之，而且许多人也希望他这样做。相反，梭伦改革的一个目的就是预防可能出现的僭主制度。他甚至都没有借口改革而在若干年内暂停宪政，成为皮塔库斯那样一位享有绝对权力的民选独裁官（aesymnetes，即全权立法者）。他只担任执政官一职，所获的超凡权力全部来自人民的授予。对一位粗心的观察者来说，谨慎就是其改革的全部注解，一些人对他的谨慎感到不解，另一些人则对他的谨慎感到不满。他的谨慎主要表现在保留有产者享有的政治特权，但或许在他所处的时代，其他任何一个人都可能无法打破财产等级制。

梭伦的谨慎

【180】梭伦表明了他遵循的基本原则，即每个等级公民享有的权力应与其承担的社会义务成正比。这是他立法活动保守的一面；如果民主主义者仅抓住这一点，他们大可认为其政体不过是财权政治。卸任时，他备受人们的抱怨和攻击，为此写下一些哀歌体诗歌为自己辩解。他说他秉承的是中庸精神，坦承其所作所为公正无私；他说："我手持大盾站稳，为双方挥舞。"梭伦拒绝修改他提出的任何举措，认为改革者不在时人们会执行得更好；于是在结束执政官任期后不久，梭伦离开了雅典，外出旅行10年；他一边经商盈利，一边周游列国，参观不同地方，拜访世界各地的人，以此满足他的好奇心。

虽然保留下的诗歌只剩下一些残篇，关于他的生平记载也相当有限，甚至其立法的具体细节也模糊不清，存在不同的解读，但梭伦的高尚品格深深地印在我们的脑海中。在他身上，体现出知识分子的理想和早期希腊人的高尚道德情操，也体现出希腊贤者的伟大。对他而言，首要的

梭伦的性格特征

第四章　阿提卡的统一和雅典民主制的奠基　　219

美德是中庸,他的箴言是"勿过度"。他绝非芸芸众生中的一分子,他多才多艺,既是诗人也是立法者,既是旅行者又是商人,既是贵族的良朋又是平民的佳友;他能洞察到某些事物的发展态势,尽管这种态势在那个时代尚未显露任何苗头;对未获政治权力的弱者,他抱有一颗同情心;因对人性有深入思考,他能够抵制名利的诱惑;他从来未曾忘记,自己不过是穿行于生与死之间的旅行者。对一个希腊城邦而言,将改革重任托付给这样一位贤者,授予他全权,将其诗歌蕴含的理想转化成明确的立法措施,这难道不是一个满怀希望且与众不同的正确选择吗?

后果　　梭伦的社会改革开创了雅典民主政治长足进步的新时代。但其一系列政治举措的目的本是为达成社会和解,结果却令众人失望。在他执政官任期结束后不久,激烈的党争再次爆发,直到30年后,随着僭主的上台,党争才暂告一个段落;不过,僭主制正是他要努力防范的统治形式。

无政府的年份,公元前589年—前588年和前584年—前583年　　关于党争的具体情况并无太多记载,主要表现为争夺执政官的职位。斗争是如此激烈,以至于甚至雅典有两年没能选出执政官,这两年被称为"无政府状态"(anarchy)。另外,一位名为达玛西亚斯(Damasias)的执政官企图将自己变成永久的僭主,事实上他也赖在执政官位置上长达两年多。

达玛西亚斯,公元前583年—前581年　　达玛西亚斯的企图吓坏了各党派的首领,他们终于在某些程度上达成了妥协,【181】选出10位执政官①,其中五位来自贵族、三位来自农民、两位来自公共服务者,当然获选者都达到了一定的财富最低限额。

公元前581年—前580年　　现在仍不清楚第一轮后是否仍进行着类似的安排,但可以肯定的是,此举仍未能达成不同等级间的最终和解。

两个党派

平原派　　如今,雅典主要存在两大党派,一个派别主要由那些对梭伦新政体感到满意的人构成;另一个党派的人则主要是贵族,他们不喜欢

---

① 这是亚里士多德《雅典政制》中的说法,对其解读已达成一致。这种奇怪的安排方式取代了梭伦设定的政体。

民主政体，希望回归被梭伦颠覆的贵族政体，这些人也被称为平原派（πεδιακοί）；平原派的首领是莱库古（Lycurgus），著名的菲拉伊德（Philaidae）家族是中坚力量，该党派的著名人物包括阿伽莉斯塔的追求者希波克雷德斯及多位名声注定更加响亮的客蒙（Cimon）和米泰雅德（Miltiades）。与其相对的党派被称为海岸派（πάραλοι），除滨海居民外，还包括中产阶级、农民和公共服务者，他们的境况因梭伦改革大为改善，海岸派的首领是阿尔克迈翁（Alcmaeon）之子美伽克勒斯，正是他娶了西吉昂僭主之女阿伽莉斯塔。梭伦的另一项举措是颁布大赦令，允许阿尔克迈昂家族返回雅典，但该规定并不适用于基隆的后代。阿尔克迈昂家族的特殊情况使他们有别于其他贵族，从而使他们与赞同梭伦改革的党派联系更紧密。

海岸派

第五章

公元前6世纪雅典的崛起

第一节　萨拉米斯和尼萨亚的征服

　　在国内矛盾和党争过程中，只有一小部分政治家有时间去顾及对外事务，他们认识到该是雅典迈出政治生涯新步伐的时候了。在贵族统治时，与其他城邦相比，雅典享有很长的和平发展时期，这为她在希腊历史的全景中占据自己应有的位置做好了准备。虽然阿提卡资源缺乏，土地贫瘠，灌溉条件差，但繁荣的油料贸易使她有可能从中致富。不过，如果想成为一个政治强邦，她必须不惜一切代价完成一件事情。只要站在卫城远眺西南海面，每一个雅典人就能明白这件迫在眉睫的事情到底是什么；他会发现离阿提卡海岸很近的地方有一座岛屿，但它不属于雅典。如果跨过埃加莱奥斯山，他就会看到这座外邦岛屿是如何将现已属于雅典的埃琉西斯湾封锁起来。萨拉米斯岛到雅典和麦加拉的距离几乎相等，与两座城市都只隔一道浅浅的海湾，如果该岛沦入对方之手，将会对己方构成巨大威胁。

　　萨拉米斯岛的归属决定着雅典和麦加拉未来的历史发展。此时，麦加拉与其海外殖民地保持着密切联系，是希腊世界一个强大城邦，也是雅典惧怕的邻邦；在雅典政治家看来，麦加拉人不断扩张的海外贸易既

萨拉米斯

与麦加拉的竞争

第五章　公元前6世纪雅典的崛起　　225

> 麦加拉战争，公元前 629 年

警醒着雅典人，又令他们嫉妒不已。不论早迟，与麦加拉一战不可避免，基伦阴谋为战争的爆发提供了口实。对于雅典人违背誓言杀害其手下的行为，泰阿根尼斯无法容忍，于是他派出舰船骚扰阿提卡沿海地区。雅典人试图夺取萨拉米斯，但他们所有努力都以失败而告终，甚至没能在岛上占得一个永久据点，于是雅典人绝望地放弃了这个想法，就这样过去了许多年。终于，梭伦看到绝佳时机已经来临。大概在立法 25 年后，梭伦结束其旅程，返回雅典，【183】成为战神山议事会的一员。此时，与泰阿根尼斯在世时相比，麦加拉的实力已下降了不少。不管麦加拉是否触犯雅典，总之雅典人找到了新的口实，梭伦及其朋友觉得该是动手的时候了。这位伟大的立法者再次走到前台，这次不再如此前一样调解内争，而是挑起征服战争。他写过一首激动人心的诗歌，开头部分是这样的："我是来自可爱的萨拉米斯的使节，但吟唱的是诗歌而非陈词旧调。"他责

> 梭伦的"萨拉米斯颂"

备那些"让萨拉米斯从雅典手里溜走的人"，认为他们奉行和平政策可耻行为；他大声疾呼："奋起斗争吧，雅典人，到萨拉米斯去，去赢回那座美丽的岛屿，一雪你们的耻辱。"梭伦的诗歌希望达到后世政治演说的效果，不过那时演说已成为一门艺术，一般由富于雄辩的演说家在公民大会上宣讲。梭伦充满感染力的诗歌感动着每一位公民，将他们的热情拧合成一股强烈的民族凝聚力，雅典派出一支军队，为城邦伟业奠定了第一块基石。

> 庇西特拉图。波勒玛科，约公元前 570 年—前 565 年

梭伦的一位密友参加了这次行动，他就是希波克拉特之子庇西特拉图（Pisistratus），他居住在布劳隆（Brauron）附近，家里广有地产。据说，庇西特拉图是那一年的波勒玛科（军事统帅），不过，更可能的是，他只是隶属于波勒玛科的一名将官。在他的帮助下，公民大会成功通过远征提

> 征服萨拉米斯和尼萨亚

案。他不但占领了与麦加拉人争夺的岛屿，还夺取了与岛屿相对的尼萨亚港。据推断，他可能首先突袭尼萨亚，切断麦加拉与萨拉米斯的联系，从而确保雅典人能成功占据萨拉米斯。虽然庇西特拉图的活动只是与占

领尼萨亚有关,而不是征服萨拉米斯,但正是他及其朋友梭伦激励着人们行动,而且他们成功完成了这个目标。港口被占对麦加拉的对外贸易带来了巨大的震荡,后来在斯巴达的调停下,双方缔结了和平,尼萨亚回归麦加拉。随着占有该岛欲望的唤醒,雅典人的政策也反映在大概此时杜撰的一则传奇中,他们说麦加拉英雄尼苏斯(Nisus)是雅典早期国王潘狄翁的儿子。最终,两个城邦答应将争议提交斯巴达人仲裁,斯巴达人将萨拉米斯岛判给了雅典。为了阐明其理由的正当性,雅典以"荷马史诗"中的一段诗句(*Ili*. II. 558)为证,并解释说这一段诗句证明萨拉米斯在此前确实属于雅典。没有理由相信这项来自史前的证据有任何可靠的事实基础,但求诸荷马的做法本身就是一件有趣的事情,表明荷马的权威和分量。从此以后,萨拉米斯岛永久地隶属于阿提卡。后来,雅典人将岛上的土地划分为若干块份地分给公民,领有土地的公民成为"份地拥有者"或军事殖民者(cleruchs)。与埃琉西斯不同,萨拉米斯并未与阿提卡合并,【184】虽然该岛离雅典更近。如今,在岛上一根石柱上发现一份刻写在上面的文件残篇,这份文件可能颁布于该岛征服后80年左右(但判断阿提卡早期书写材料的具体日期颇为困难)。这是一份涉及萨拉米斯移民的公民大会法令,是雅典历史上最早的石刻铭文之一,也是现存最早的由公民大会颁布的法令样本之一。岛上原有居民与雅典人缴纳同样的赋税,并需服军役,但是他们只能居住在岛上,不能将份地卖给他人,否则将被罚款。*

> 萨拉米斯的军事殖民

> 雅典法令

征服萨拉米斯是雅典历史上一件具有决定意义的事件,完成对埃琉西斯湾的完全控制后,雅典的领土扩张落下帷幕。自此开始,应是雅典时刻威胁着麦加拉了!

---

* 铭文的具体内容可参阅Charles W. Fornara, *Archaic Times to the End of the Peloponnesian War*, Cambridge: Cambridge University Press, 1983, pp.43~44.——译者注

第二节 庇西特拉图治下的雅典

尼萨亚的征服者成为那时人们心目中的英雄。通过公开宣称遵从民主原则和采取一系列受人欢迎的举措，他迎合了那些既激烈反对贵族又对梭伦妥协措施不满的极端民主派，他们既不属于平原派也不属于山地派。庇西特拉图组织了一个新派别，名为山地派。主要成员是居住在阿提卡高山地区的贫困山民（diakrioi）；此外还包括六一农，他们在梭伦改革中并未获得什么利益；许多此前富裕的不满人士也加入其中，他们原本富有，但在梭伦颁布取消债务的法令后变得一文不名。在得到该派人士的鼎力支持后，庇西特拉图渴求实现的唯一目标就是夺取城邦的最高权力。一天，他带伤出现在市场上，他说，因为他是人民之友，处处为人民着想，所以受到政敌的攻击。说完他把自己的伤口展露在众人面前。在山民的鼓噪下，经阿利斯提昂（Aristion）提议，公民大会投票同意他组织一支由 50 名手持棍棒的壮汉组成的保镖队伍。发掘出来的一件遗物与方案的提出者联系了起来。该墓葬石碑出土于布劳隆附近，上面用浅浮雕惟妙惟肖地刻画出阿利斯提昂的形象，他全副武装站在庇西特拉图的墓碑之侧，从这件同时期的物件中，我们可以毫不费力地认出庇西特拉图的这位朋友，而且布劳隆也是庇西特拉图家族所在地。获得武装保镖是他迈向僭主政治的第一步。很快，庇西特拉图占据了卫城，成为城邦的主宰。

梭伦活着见到他憎恶的僭主制在雅典建立，对他而言，这也是一种宿命。【185】回到雅典后，梭伦在混乱政局中扮演的角色，我们不得而知。有人杜撰出一些关于他的故事。据说他曾号召公民武装起来与僭主斗争，但无人响应他的号召；于是他将自己的甲胄放在门外，悲痛地说："我已经为国家和政体尽了自己的最大努力，我请求其他人也这样做。"另一则故事说他拒绝与僭主生活在同一国度，于是去了他的一位朋友——

塞浦路斯的梭利（Soli）国王那里寻求避难，该故事也缺乏事实依据。现在能掌握的材料是，在晚年时，他已耽于酒色之乐，庇西特拉图夺取政权建立僭政后不久，梭伦就撒手人寰；在世时，庇西特拉图对他颇为敬重。

　　党争带来的动荡和无序为庇西特拉图阴谋的实现铺平了道路，但他的成功也导致两大对立党派——平原派和海岸派联合起来反对他。大约5年后，他们成功将庇西特拉图驱逐。接着两派再次分裂，海岸派领袖美伽克勒斯似乎不但与平原派有纷争，而且与其党派内部的成员也有不和。最终，他寻求与庇西特拉图和解，帮助庇西特拉图返回雅典，再次出任僭主，但前提是他必须娶美伽克勒斯的女儿为妻。有故事说，庇西特拉图的党徒在阿提卡的村镇派奥尼亚（Paeania）找到一位身材高大名为菲娅（Phye）的妇女，他们将她装扮成雅典娜女神的样子。一天，传令官进入雅典，大声宣布帕拉斯-雅典娜将亲自带领庇西特拉图回归，这时一辆载着僭主和菲娅的马车应声进入雅典城，这出把戏几乎蒙骗了所有雅典公民。

　　然而，与莱库古的联合一样，美伽克勒斯与庇西特拉图的联合也不持久。庇西特拉图与前妻育有二子，即希庇亚斯和希帕库斯；由于他想建立一个王朝，担心如果第二任妻子为他生育有子女，可能会危害前妻所生儿子的利益，造成兄弟不和；于是他尽管如约与美伽克勒斯之女行夫妻之礼，却并不与她行夫妻之实。僭主的怠慢行为传入耳中后，美伽克勒斯勃然大怒，与庇西特拉图的敌人联合起来，再次将其驱逐出雅典，时间可能就是在他恢复僭主制的同年。

　　第二次流放持续大约10年，【186】其间，庇西特拉图与马其顿建立了新的联系。在泰尔玛（Therma）湾附近，他组织周边莱凯鲁斯（Rhaecelus）地区的居民创建了一个类似于城邦的共同体，开发斯特里梦河附近潘盖攸斯山（Pangaeus Mt.）的金矿，并组建了一支雇佣军，为

梭伦之死，约公元前560年或前559年

庇西特拉图的第一次流放，公元前556年或前555年

菲娅的故事

第一次复辟和第二次僭政，约公元前550年或前549年

第二次流放，约公元前550年或前549年

|| 第五章　公元前6世纪雅典的崛起　　229

再次回归雅典做好财力和人力准备。此外,他还得到那克索斯僭主吕格达米斯(Lygdamis)和其他一些希腊城邦譬如色萨利的支持,这些都是他在位时就着意培养的。厄律特利亚的贵族骑兵任凭他调遣,该城也成为他进攻雅典极佳的大本营。当他登陆马拉松时,他的支持者蜂拥而至,站到他的队旗之下。忠于原有政体的公民前往抵抗,但在帕列涅(Pallene)战役中一败涂地,被其击败。反对派的抵抗就此停止,庇西特拉图再次将政权掌握在手中,这次他将自己的僭主统治维持了下来。

第二次复辟和第三次僭政,公元前540/539年—前528/527年

我们可把庇西特拉图的统治描述为立宪的僭主制。他并未停止民主制度前进的车轮,而是引导其完全按他的意愿行事。在基本层面上,梭伦体制得到了维护,虽然随着时间流逝某些细节有所修正。或许在庇西特拉图第一次僭政之前,按粮食和油料评估个人财产的方式已转化为按金钱标准估算,随着钱币越来越多,早先划分等级的标准已不再重要。公元前6世纪初,达到第一等级标准的公民就已相当富裕;50年后这点财富只能归于贫困之列。然而,增加可能担任官职的人数不利于僭主统治,因此,他采取多种政策措施维护其统治地位,同时保留原有的政权组织形式。他力图对执政官的任命施加影响,这样可以增加追随者的人数,其家族成员通常会担任某一种官职。这势必会涉及暂停或修改梭伦引入的抽签体系。僭主供养着一批领取报酬的常备军,其中可能有斯基泰弓箭手,这在同一时期的阿提卡瓶画中有所反映。(斯基泰弓箭手参见图5-1)他扣押着某些受怀疑贵族家的孩子做人质。事实上,他主要的反对者,包括阿尔克迈昂家族,大多数已离开阿提卡,他们弃置下的大地产就只能任他随意处置了。

1. 对官职的影响

2. 雇佣军

3. 人质

这些地产为他解决梭伦留下的问题提供了可能性,也为他赢得了更多支持者。【187】他将空置土地分成若干份,分配给那些原来在他人土地上做佣工的公民,通过这种方式彻底取消了"六一农"制度。原来的

取消"六一农"

图 5-1 斯基泰弓箭手

（阿提卡红画陶像，约公元前 520 年，现存于大英博物馆）

六一农几乎全成为小农，他们只需向城邦缴纳收获物的十分之一作为土地税。同时他也将土地分给那些流浪在城市的无业游民，并贷款给他们作为生产生活的启动资金。针对所有地产征收的什一税成为僭主收入的主要来源，人们一般认为这是庇西特拉图引入的，但事实可能并非如此。土地税可能是一项古老制度，庇西特拉图不过是将其继承过来。后来，他或者是他的儿子因其他收入的增加，将税率降为二十分之一。城邦收入的增加可能来自劳立昂的银矿，或许自此起，银矿开始获得更有成效的

土地税

开发。在斯特里梦河谷的产业是庇西特拉图财政来源的另一支柱。他努力改善农业状况，在他的影响下，橄榄，虽然早就引入，但此时才遍及阿提卡全境。

在庇西特拉图统治下，雅典从党派纷争中脱身而出，原来的古老派别逐渐消失，人口众多且心怀不满的六一农被纳入小农中。人民享受到一段平静的时光，雅典的经济和政治都得到了发展。同时，由于政体的自由形式得以保存，在公民大会和陪审法庭上，人民管理公共事务的能力得到了锻炼，当僭主被推翻、民主政体确立后，这些锻炼使他们很快适应了民主的运作程序。

对外政策

在对外关系上，庇西特拉图的一贯政策是保持与他邦的和平关系。【188】事实上，埃吉那已公开与雅典竞争，被轻松击败的麦加拉除了愤愤不平外也别无他法；但雅典与两个互为竞争对手的城邦——斯巴达和阿尔哥斯同时维持着友好关系；底比斯、色萨利和厄律特利亚的骑士在僭主处于逆境时曾给予了帮助；如前所述，庇西特拉图的影响力远及斯特里梦河流域以及马其顿沿海地区；他还有一位莫逆之交——那克索斯人吕格达米斯，庇西特拉图使他成为那克索斯僭主。

雅典在普罗蓬提：争夺西革翁的战斗

雅典人在遥远的普罗蓬提地区开始他们最初的活动，其目标无疑是破坏麦加拉对本都粮食贸易的控制，同时，力争在该地区能与麦加拉人势均力敌。在庇西特拉图成为僭主的40年前，雅典就已夺取列斯堡在特洛亚德赫勒斯滂入口处建立的要塞西革翁（Sigeum）。那时，米利都是诸多本都殖民地的母邦，她与雅典关系友好，支持雅典人的行动，这使得雅典同米提列涅爆发了冲突，因为米提列涅在海峡地区拥有许多殖民地。看到无法夺回西革翁，米提列涅人在旁边不远处建立了另一座要塞，名为阿奇列昂（Archilleon），企图切断雅典人的海上退路。前面谈到，政治家皮塔库斯是如何在战争中舍生忘死，并在一次战斗中杀死雅典人的一位指挥官，而诗人阿尔基洛库斯是如何丢盔弃甲，仓皇逃命的。当雅典国内陷入党争时，西革翁脱离了她的控制，重新夺回这座城池是庇西特拉图的一项伟业。为了表明该城的重要性，庇西特拉图安排他的一位儿子担任此地的统治者。事实上，首先派遣士兵到达赫勒斯滂海岸的政治家为雅典的对外政策开启了一条新路径，庇西特拉图不过是沿着这条道路继续前进。不久雅典人在同一地区获得了比西革翁更大的地方；但是该地的获得者并非庇西特拉图，尽管此人可能得到他善意的支持，甚至可能得到他的资助。获得该半岛的是僭主最主要的政治竞争者和对手之一，居普塞洛斯之子米泰雅德。他属于贵族阶层，来自菲莱伊德氏族，是平原派的领袖之一。在庇西特拉图篡夺政权后的一天，米泰雅德坐在他位于拉西亚德（Laciadae）乡间房舍的走廊中，望着前面那条从雅典通往埃琉西斯的道路。这时，他见到一群身着色雷斯服装、手拿武器的人马行色匆匆地行走在道路上。米泰雅德向他们打招呼，邀请他们到家里做客，并盛情款待了他们。从交谈中得知，这队人马是色雷斯克尔松尼斯半岛的土著居民多伦奇（Dolonci）人，前来希腊寻求帮助，希望找到一位有勇有谋的人士帮助他们抵御来自北方的部族；这些野蛮的部族使他们深受战争之苦。多伦奇人前往德尔斐，神谕要求他们邀请离开神庙后遇到的第一个人。米泰雅德受神灵的指派，没有过多留恋已落入僭主统治下的祖国，答应了色雷斯人的请求。

公元前535年—前527年

获得色雷斯的克尔松尼斯，公元前559年—前556年，米泰雅德

希腊人用其与生俱来的天赋，通过一则富有诗情画意的故事构建了雅典人在克尔松尼斯半岛建立权力基础的背景和过程。事实本身可能是，多伦奇人直接求助于雅典，邀请雅典人在那里建立一个殖民地。庇西特拉图非常乐意提升雅典在赫勒斯滂沿岸地区的影响力；选择米泰雅德可能正合僭主的心意，因为这正好可以除掉一个危险的竞争对手。几乎可以肯定，米泰雅德是作为一位雅典公民大会正式推选的殖民首领前往

第五章 公元前6世纪雅典的崛起　233

色雷斯的,出发之前得到德尔斐神谕的确认。但这位据称是逃离僭主统治的殖民首领在新建殖民地中实行专制统治。他如同一位色雷斯王公一样统治着多伦奇人,如同一位僭主一样统治着随他前往的雅典殖民者。为了防范北方部族的侵扰,他在半岛颈部东起卡尔迪亚（Cardia）西至帕克泰（Pactye）之间修筑了一道长墙。另外还有关于他与兰普萨库斯的战争和他与吕底亚国王交好的记载。

毫不夸张地说,庇西特拉图迈出了雅典通往帝国大道的第一步。此前许多无名先行者曾为他指明过这条道路,他用刀剑征服了萨拉米斯岛,在他的支持下雅典在赫勒斯滂的两岸占据了立足点。对于倡导雅典在普罗蓬提海沿岸占有一席之地者的雄才大略,无论估计多高都不为过。伊奥尼亚城市预先采取措施,试图阻碍雅典向爱琴海东部广阔海域发展,并限制她在此获取沿海的物产。尽管加入该地区角逐的时间更晚,但她注定会超越友邦米利都和敌手麦加拉。雅典的舰船统治优克辛海的高光时刻还要历经多年才能到来,但如今她已作为岗哨,守卫在这道狭窄入口的两岸,"赫勒（Helle）的海脊在此垂下,东西向水流被她阻隔"。

<small>在赫勒斯滂建立据点的重要性</small>

庇西特拉图坚称雅典是伊奥尼亚希腊人的母邦和领导者。作为阿波罗传说中的出生地,提洛岛上的神庙长期以来一直是爱琴海东西两岸伊奥尼亚人的宗教中心。正如一首颂歌中唱道,"长袍的伊奥尼亚人带着孩子和害羞的妻子来表达对您的崇敬,他们定期聚集于此",举办舞蹈、歌唱和竞技比赛以取悦阿波罗,【190】"一位偶遇一群伊奥尼亚人的陌生人,羡慕地看着身穿盛装的男女,坐着便捷的快船,带着巨额财富来到这里,他不禁感叹,这里的人们都摆脱了死神的纠缠和岁月的侵扰"。庇西特拉图在圣域内举行祓除仪式,将神庙视野所及的所有坟墓都挖掘出来,并将这些尸骨安埋在岛屿的另一个地方。

<small>提洛岛的节庆</small>

<small>提洛岛的祓除仪式</small>

雅典人将伊奥尼亚人的这个著名节庆置于城邦的特别关心和管理

<small>所谓庇西特拉图主持集辑的荷马史诗</small>

下。从古至今都有不少人相信,庇西特拉图或他那位颇富学识的儿子希帕库斯做过一件更重要的事情,那就是集辑伊奥尼亚人伟大的史诗《伊利亚特》和《奥德赛》。据说他们任命一批学富五车的知名学者对荷马的两部史诗进行收集、誊抄和修订;此外,人们还认为这宗伟业是由僭主发起的,凝聚着他招雇的那批饱学之士的辛勤劳动,正是如此,两部史诗才第一次被完整地抄辑成文。如果情况确实如此,就难以解释为何在一代人之前,当与列斯堡人为争夺西革翁产生纷争时,雅典人会援引史诗内容证明他们在特洛伊战争中发挥的重要作用。如果《伊利亚特》没有一个大家都认可的版本,这是难以想象的。就他们引用的声称对萨拉米斯拥有主权的"船表",麦加拉人就坚决否认,认为那是后来雅典人伪造的,是学者们为了维护雅典的利益,遵照庇西特拉图的意旨添加进去的。这种指控完全具有可能性,作为集辑任务的首要学者,奥诺玛克利图斯（Onomacritus）并不能完全被排除是伪造事件的始作俑者的可能。此人是一位俄耳菲斯教教师,曾指导僭主的长子希庇亚斯编撰一部占卜人的神谕。但他被查出引入了一则由他自己伪造的神谕,结果被雅典人驱逐。如果庇西特拉图编辑荷马史诗的故事成立,那么史诗最早只能追溯到公元前6世纪;但是这则故事缺乏有力的证据,可能性极小。

庇西特拉图确实对荷马颇感兴趣,不过体现为另外一种方式。他将背诵荷马史诗设置为泛雅典娜节庆典的一个组成部分,要求参加比赛的吟诵者必须严格按照选定片段的规定顺序背诵。在他夺得僭主之位前不久,人们按照奥林匹亚和德尔斐赛会的形式,如果不是创建,至少也重新改造了泛雅典娜节的庆典,每隔四年举办一次,从而具备了某种泛希腊赛会的意义。在泛雅典娜节赛会中,要举办体育和音乐竞技,【191】但庆典的中心内容和主题是一个盛大游行,人们游行到卫城雅典娜女神的神庙,为其敬献雅典少女手工缝制的长袍。雅典娜与埃莱克修斯共用一

泛雅典娜节庆

地点在后世的埃莱克修,即雅典娜与埃莱克修斯共用的神庙

|| 第五章 公元前6世纪雅典的崛起 235

座神庙,这座神庙历史悠久,荷马史诗中也曾有谈及。其位置靠近卫城北侧悬崖,神庙南边的一座新殿是女神的居所,紧挨着古代国王宫殿遗址。这座建筑修建于庇西特拉图当政之前,但很有可能是在僭主的倡导下完成了其中的多利亚式柱廊。因柱子众多,该柱廊又被称为"百柱之屋",现仍有许多墙壁基石留在原处,从中仍能见它们原来的位置和形状。三角形山墙展现了那一个时代阿提卡雕塑家所能达到的水平,他们最喜欢使用的是采自比雷埃夫斯的泥质石灰石。这些艺术家的某些给人留下深刻印象的作品,譬如宙斯遭遇三头怪物提丰(Typhon)、赫拉克勒斯杀死许德拉(Hydra),因为某种偶然的机缘巧合部分地保存下来。在这些早期作品的基础上,150年后阿提卡的雕刻技术终臻完善。公元前6世纪下半叶,希腊的雕刻师已开始使用一种更高贵更坚硬的材料,在修缮雅典娜-波利亚斯神庙时,人们使用了帕罗斯大理石表现诸神与巨人族的战斗。现仍可清楚看到雅典娜站在画面中央,用长矛杀死巨人恩凯拉都斯(Enceladus)。

僭主计划兴建一座比新神庙更宏伟的工程。在山下伊利苏斯河畔,卫城东南方向,他开始修建一座多利亚式神庙,准备献给奥林匹亚的宙斯。工程虽已开工,但在其任内并未完成,其子当政时仍未竣工。这项工程是如此浩大,以至雅典处于极盛时,虽然完成了庇西特拉图留下的许多宏愿,但也不敢承担完成该项工程的负担。终于还是等到了竣工时刻的到来,虽然其构造与原来的计划已颇为不同,此时的雅典和希腊已被纳入那个将全欧洲征服的强大国家的羽翼保护下。现在竖立着几根高大的石柱,柱头纹饰丰富而精美。虽然这是罗马皇帝的杰作,但必须记住,历代雅典人只见到一根根质朴的多利亚柱耸立在那里,而并未意识到那位富有且野心勃勃的僭主曾为城市做出过巨大贡献,这些石柱就是他为自己立下的丰碑。

庇西特拉图对所有与宗教有涉的事务都充满热情而又一丝不苟，【192】他的儿子们对此有过之而无不及。在所有活动中，最富成效的是他为推广狄奥尼索斯崇拜所做的努力。（陶画中的狄奥尼索斯，参见图5-2）在战神山南侧的沼泽地里，有一座古老的巴库斯神庙，最近的考古发现了它的地基；庇西特拉图在卫城山脚下为狄奥尼索斯新建了一座神庙，其遗迹至今仍未完全湮灭。为了将这座神庙与城邦生活联系起来，庇西特拉图创立了一个新节日，即城邦大狄奥尼西亚节，从而完全夺去了原来的榨酒节（列奈节，Lenaea）的光彩，尽管这个节日仍在每年初春时节在沼泽中原来那座神庙举行。狄奥尼西亚节的显著特征是酒神的侍者萨提尔的合唱，萨提尔的表演者披着山羊皮，唱着山羊之歌，围绕着祭坛载歌载舞。逐渐地，舞队的队长，通常也是歌曲的作者，将自己与其他成员分开；队长身着应景的服装，时常与合唱队就某些问题进行对答，以图展现和歌颂与纪念事件相关的某一个人物的性格特征。这种表演形式原本在乡村的节庆中就已出现，庇西特拉图将其吸纳为大狄奥尼西亚节官方活动的一部分，得到城邦的保护。城邦举行悲剧竞赛，通常会有两个或更多歌队角逐奖励。经过一代人，这种简单的表演形式发展成为真正的戏剧，从而区别于萨提尔表演。与狄奥尼索斯无关的神话故事也被选为表演的内容，合唱队不再穿着山羊皮，而是化装为故事中他所扮角色的形象。整个表演分为三幕，每一幕结束时合唱队换上与下一幕相适宜的着装，只是在结束部分才身着山羊皮出场，即兴表演一段《山羊之歌》，以保留悲剧原有的萨提尔特征。后来，歌队的突出地位大幅度降低，表演时引入第二名演员；尽管发展的具体历程还不太清楚，但经过庇西特拉图时代的发展，《山羊之歌》逐渐演进成为埃斯库罗斯式的悲剧。

> 勒奈昂：位于林奈的狄奥尼索斯神庙

> 悲剧与萨提尔剧区分开来

图 5-2　陶画中的狄奥尼索斯（阿提卡黑画陶，约公元前 530 年）

狄奥尼索斯题材的陶瓶

黑画陶上的赫拉克勒斯，约公元前 570 年 — 前 510 年

红画陶上的提秀斯，约公元前 510 年—前 470 年

庇西特拉图时代雅典盛行狄奥尼索斯崇拜，这从陶器制作中可见一斑。埃克塞西亚斯及其后来者是那一时代绘制黑画陶的大师，他们的作品中没有哪一个题材比狄奥尼索斯更受欢迎。关于雅典优雅的陶质器皿，历史研究者或许能学到另外的知识。庇西特拉图时代，赫拉克勒斯的伟业也是瓶画中另一个受人欢迎的题材，而提秀斯则很少受人关注。但在陶画的黄金时代即将到来时，即庇西特拉图家族倒台之时，【193】提秀斯作为一位伟大的阿提卡英雄开始受到人们的欢迎，吸引着人们的想象力，这反映在优弗罗尼乌斯（Euphronius）在高脚浅杯上的陶画及其他红画陶大师的作品上。提秀斯崇拜与阿提卡北部山区保持着特别的密切联系，而这里是庇西特拉图的大本营，可以推断，提秀斯所获的荣耀在一定程度上应归于庇西特拉图的政策。

除了关注神灵的荣光外，庇西特拉图也忙于民生琐事，譬如改善雅典的供水状况。考古学家最近在卫城的西部和西南部位于战神山和普尼克斯（Pynx）之间的多石山谷中发现了雅典的供水设施。庇西特拉图修建的高架引水桥将伊利苏斯河上游的清水引入卫城下的蓄水池中。现在保存下来的庇西特拉图时代的引水桥主要位于雅典卫城最古老的地区，即南面和西面的一些石质遗物，此外，他可能还在卫城上面修建了一段引水桥。他不但修建一些新设施，也拆除了一部分废旧建筑。他拆毁了原来的老城墙，在超过半个世纪的时间里，雅典是一座无城墙的城市。

高架引水桥

第三节　斯巴达的发展和伯罗奔尼撒同盟

当僭主庇西特拉图在塑造雅典的命运时，斯巴达力量的崛起已改变了伯罗奔尼撒半岛的政治版图。公元前6世纪中叶，斯巴达成功击败了她的北方近邻泰格亚（Tegea）和阿尔哥斯，成为半岛的主导力量。

阿卡狄亚东部地区是一块海拔较高且幅员辽阔的平原，平原北部的村落联合形成曼丁尼亚（Mantinea），南部发展形成泰格亚。斯巴达逐渐向泰格亚边境施加压力，结果导致了一场历时长久的战争。这次战争与一则故事有关。故事说拉哥尼亚英雄奥瑞斯特斯（Orestes）葬于泰格亚境内。斯巴达人前往德尔斐求神谕，问他们能否有望征服阿卡狄亚。他们得到的承诺是诸神定会将泰格亚送给他们。听到这个答复，他们带上枷锁，马上与泰格亚人开战，结果很快被击败；原本打算用来捆绑泰格亚人的枷锁如今将斯巴达人禁锢，他们被驱赶到泰格亚平原上劳动。希罗多德宣称在他生活的时代那些枷锁仍挂在泰格亚的保护神雅典娜－阿莱亚（Alea）的神庙里。战争仍在继续，斯巴达总是以失败告终，【194】最后他们决定再次前往德尔斐求问神谕。阿波罗要求他们带回奥瑞斯特斯的遗骸，他们到处寻找，却不知英雄葬身何处，于是决定第三次前往德尔斐咨询神灵。这次他们得到一则言辞晦涩、令人费解的神谕：

泰格亚战争，约公元前560年—前550年

征服泰格亚和奥瑞斯特斯的传奇故事

第五章　公元前6世纪雅典的崛起　239

> 阿卡狄亚群山中有一块平原
>
> 泰格亚位于其间，两声巨响震动云霄
>
> 必将导致巨大的悲哀，脸对着脸
>
> 铁匠和铁砧，你们找寻的
>
> 尸体就在那里，阿伽门农的儿子
>
> 将他带回家，胜利属于你

神谕并没帮上他们太大的忙。但在与泰格亚订立停战协议期间，一位名叫利卡斯（Lichas）的斯巴达人因事前往泰格亚，一个偶然机会，他来到一间铁匠铺看铁匠打铁。在交谈中，铁匠无意说起，当他准备在院子里挖一口井时，发现地下埋着一具长七腕尺（cubit）的棺材，里面的死者身长也几乎七尺，出于对死者的敬畏，他把这口棺材放回了原处。利卡斯马上意识到他已破解了神谕之谜，于是匆匆返回斯巴达，告诉人们他的发现。斯巴达人从那位极不情愿的铁匠手中租下这个院子，找到了他说的那具棺材，并将里面的尸骨带回拉哥尼亚。最终泰格亚被征服，当然现在我们也应该从传奇故事回到现实了。斯巴达人并没有如美塞尼亚一样处置这座阿卡狄亚人的城市，也没有将其合并到拉凯戴梦。泰格亚仍然是一个独立城邦，但需向征服者贡献一支军队，在其境内任何人不得为美塞尼人提供庇护。

此时斯巴达长老议事会似乎由那位以智慧而著称的奇隆（Chilon）领导。大约也在这一时期，即征服泰格亚后不久，斯巴达将其东北边境向前推进，成功地从阿尔哥斯手中夺取了素有纷争的提莱亚提斯（Thyreatis）。两邦军队开赴边疆，斯巴达国王和阿尔哥斯的首领决定，双方各挑选出 300 名勇士，以决斗方式解决纷争。根据人们讲述的故事，除

斯巴达征服提莱亚提斯，约公元前 550 年

三人外，双方勇士全部丧身，在这三人中，有两名阿尔哥斯人和一名斯巴达人；两名阿尔哥斯人兴冲冲跑回城邦，告诉人们获胜的消息；而那位名为奥特吕亚德斯（Othryades）的斯巴达人仍留在战场，并建起一座胜利纪念碑。总之，决斗并未得出令双方都满意的结果，双方都宣称己方是胜利者。在接下来的战斗中，阿尔哥斯人被彻底击败。提莱亚提斯是斯巴达获得的最后一块领地，她努力使整个伯罗奔尼撒半岛受到拉凯戴梦的影响。斯巴达政策的变化可从她处理泰格亚中窥见一斑。

【195】打败阿尔哥斯成就了斯巴达在半岛的霸权。除阿尔哥斯和阿凯亚外，伯罗奔尼撒半岛的其他城邦都被纳入一个松散的联盟中，拉凯戴梦是联盟的首领；为整个联盟利益而战时，其他成员必须提供军队。联盟会议在斯巴达举行，每名成员选派代表参加。科林斯欣然加入了联盟，这是因为她与阿尔哥斯交恶，且其贸易竞争对手埃吉那与阿尔哥斯关系密切。伯里安德已给予阿尔哥斯人致命一击，强占埃皮道鲁斯，切断了阿尔哥斯与埃吉那最便捷的联系。地峡上的其他城邦，譬如麦加拉，纷纷恢复贵族政体，也加入同盟。斯巴达到处施加其强大的影响力，维护寡头制，反对民主制，斯巴达的霸权对伯罗奔尼撒诸邦政治制度的发展有着重要影响。

伯罗奔尼撒同盟和斯巴达的霸权

在北希腊，色萨利的力量正在衰退，斯巴达成为公元前6世纪下半叶希腊大陆最强大的城邦。庇西特拉图统治期间，斯巴达与雅典保持着友好关系，不过庇西特拉图也小心翼翼地与阿尔哥斯维持着良好关系。雅典与阿尔哥斯并无爆发冲突的理由，但雅典与埃吉那之间的竞争使雅典与阿尔哥斯不得不分属不同阵营。或许在庇西特拉图即位不久，雅典曾派军队登陆埃吉那，但在阿尔哥斯的支持下，埃吉那将雅典人赶了出去。庇西特拉图的政策是力求避免与爱琴海上的邻近岛邦发生冲突，并设法保持与阿尔哥斯的友好关系。但是，双方也无疑存在激烈对抗，这充

雅典突袭埃吉那，公元前6世纪上半叶

|| 第五章 公元前6世纪雅典的崛起

分表现在阿尔哥斯和埃吉那禁止输入阿提卡陶器上。阿尔哥斯赫拉神庙的考古发掘证明,这一敌对措施的确存在,在圣域内几乎没有发现一件庇西特拉图当政及其去世后 50 年内的阿提卡陶器碎片。

第四节 庇西特拉图家族的倒台和斯巴达的干预

庇西特拉图之死,公元前528或前527年,他的儿子们及宫廷

庇西特拉图去世后,他的大儿子希庇亚斯继位,希帕库斯也干预政事,但提萨鲁斯却并未发挥什么作用。庇西特拉图的海内外政策仍在继续。雅典僭主的宫廷里似乎弥漫着一股浓厚而特别的文艺味道。希庇亚斯是一位研究神谕的专家,希帕库斯则对文学十分精通。【196】那一时代最著名的诗人也前来他们的宫廷。凯奥斯诗人西蒙尼德斯(Simonides)以合唱颂歌而著称;泰奥斯人阿那克里翁是僭主兄弟们志趣相投的朋友,以歌唱美酒和爱情而著称;赫耳米奥涅诗人拉苏斯(Lasus)能巧妙地处理酒神颂歌,在百无聊赖的日子里,他会创作"无 ς 诗"(ὕμνος ἄσιγμος),即整首诗歌都没有 ς。这些著名诗人都被希帕库斯延揽至宫廷。当时社会最杰出的人物是奥诺玛克利图斯,他也是一位宗教教师,前面已提到他与所谓的编辑荷马史诗有关。

无 ς 诗

哈摩狄乌斯和阿里斯托格同的阴谋

对僭主权力最初的一记沉重打击是因为个人仇怨而非人民的普遍不满引起的;但无论如何,这次行动产生了一系列严重影响,最终导致僭主倒台。一般认为,希帕库斯①冒犯了一位标致青年哈摩狄乌斯及其恋人阿里斯托格同,但坊间流传着不同版本。据说希帕库斯爱上了哈摩狄乌斯,但他的爱意表达遭到了无情的拒绝。于是希帕库斯迁怒于这位年青人的姊妹,不让她担任泛雅典娜节游行的"持篮者"。哈摩狄乌斯和阿

公元前514年

---

① 在另外一则故事中是提萨鲁斯。

里斯托格同决定密谋杀害僭主,并选择在游行之日动手,因为他们认为那天能当众拿着武器而不致招人怀疑。参与密谋的人极少,因为他们预计一旦他们动手,公民们也将为自由而战。但是,当动手的时刻即将来临时,有人看到一个密谋者在陶工区外与希庇亚斯谈什么。参加密谋的人草率得出结论,认为他们已被人出卖,于是决定放弃原计划,不再刺杀希庇亚斯,而是匆忙赶到市集,在列奥科利昂(Leokorion)附近杀死了希帕库斯。哈摩狄乌斯被雇佣兵当场杀死,阿里斯托格同虽当时得以逃脱,但不久也被俘获,受尽酷刑,最后被处死。

刺杀希帕库斯

人们对密谋者没有表现出一点同情,至少很难感受到人们的同情,但这次刺杀行动却彻底改变了希庇亚斯的行事方式。因为不知道阴谋可能会衍生出什么问题,或者还潜伏着什么危险,他变成了一个冷酷而多疑的暴君。僭主在穆尼基亚严密设防,以便海边有一个要塞,保证他随时可以从此逃到海上;他开始将眼睛转向波斯,因为这时波斯已成为一支新势力,开始让希腊世界蒙上一层阴影。从此以后,越来越多的雅典人对他日渐憎恨,渴望摆脱僭主的统治;【197】他们开始珍视对哈摩狄乌斯和阿里斯托格同的记忆,并将他们视为弑杀僭主的英雄。(弑僭主者,参见图 5-3)

希庇亚斯的残暴统治

推翻僭主的活动主要是由阿尔克迈尼德家族推动的,他们希望回到雅典,但只要庇西特拉图家族仍然当政,他们永远都无法实现这个愿望。于是,他们刻意增进与德尔斐神庙祭司的密切关系,指望利用祭司实现其希望。因为一次灾难,阿波罗原来的圣所被大火焚毁。根据预算,新建一所新神庙将会耗费巨资。[1] 德尔斐决定在全希腊募捐,但通过这种方式也只筹到所需款项的大约四分之一,其余部分需由德尔斐自掏腰包。

阿尔克迈尼德家族修建德尔斐神庙

公元前 548/547 年

---

[1] 多达300塔兰特,约合20世纪初10万英镑。公元前6世纪末钱币数量稀缺,富人的财富有限,因此其购买力相当于10万英镑的6—7倍。

|| 第五章 公元前6世纪雅典的崛起   243

图 5-3　弑僭主者（罗马复制品）
那不勒斯国家考古博物馆

阿尔克迈尼德家族承包了这项工程，有传言说尽管合同明确规定使用石灰石即可，但他们仍主动置办帕洛斯大理石装点神庙正面墙。这座神庙完全配得上希腊最伟大神庙之名。一位雅典诗人赞颂罗克西亚斯的柱廊建筑，说"圣地也有神庙两面的美观灿烂"；他还生动描述了排档上英雄打败怪物、山墙上诸神与巨人族战斗的装饰浮雕。* 大约在此时，新神庙已近完工，德尔斐的圣地建筑被他们装饰成为最豪华的地方之一。来自西弗诺斯岛上的居民也为工程的兴建花费了不少金钱，因为他们挖出了金矿；西弗诺斯人在大地中心建立了一所圣库，近来考古学家发现的遗物表明，这里的装饰奢华至极。或许，该建筑标志着西弗诺斯繁荣走到了顶峰。100年过后，该岛贵金属供应萎缩，矿井已经低于水平面，不断的渗水切断了西弗诺斯人的财富来源。

西弗诺斯的圣库

神庙修建过程中，阿尔克迈昂家族成员经手大笔资金，敌手说这有助于他们招揽大批雇佣军为其在阿提卡的计划服务。但是，他们最初的努力却以失败告终。该家族成员与其他一些流放者占据着雷普叙德利昂（Leipsydrion）；该地位置险要，据帕涅斯山之要津，由此可俯瞰派阿尼德（Paeanidae）和阿卡奈。但他们人数太少，无法攻城略地；人民对于推翻僭主建立贵族寡头政体不感兴趣。【197】他们深信必须得到外力的帮助才能完成计划，于是决定动用其对德尔斐神谕的影响力向斯巴达施压。因此，每当斯巴达人前往问询阿波罗时，得到的答复总是："首先解放雅典。"

前面谈到庇西特拉图家族与斯巴达关系友好。在其兄弟被刺身亡后，希庇亚斯更急迫地维持与斯巴达的友好关系。但在美伽克勒斯之子克里斯提尼（Cleisthenes）领导下，在德尔斐强大影响力的支持下，阿尔

---

* 欧里庇德斯：《伊翁》第185—198行。——译者注

克迈尼德的政策最终占据了上风。或许祭司们认为与希庇亚斯打交道有里通波斯的嫌疑，因为希庇亚斯将其女阿凯狄茜（Archedice）嫁给兰普萨库斯僭主之子，而兰普萨库斯僭主在波斯宫廷颇有影响。

_{斯巴达人入侵阿提卡}

斯巴达人的第一次入侵是由安基摩利乌斯（Anchimolius）带领，但因希庇亚斯得到色萨利骑兵相助，斯巴达人被击败；第二次由国王克利奥蒙尼（Cleomenes）率领，他们击败了色萨利人，并将希庇亚斯围困在卫城。他本打算将其子女秘密送往海外，却落入斯巴达人手中，希庇亚斯不得不答应有条件投降。他要求斯巴达人释放其子女，并承诺在5日内离开阿提卡。他和他的家人离开雅典前往西革翁；人们在卫城竖起一根记功柱，铭刻下永远剥夺庇西特拉图家族成员公民权的文字。

_{庇西特拉图家族倒台，公元前510年，执政官为哈帕克提德斯}

僭主倒台了！在斯巴达的帮助下，雅典获得自由。当述说对自由的热爱时，雅典人总是喜欢避而不谈他们获得自由的方式，而喜欢将推翻僭主制与哈摩狄乌斯和阿里斯托格同的浪漫爱情联系起来，但这最多不过是拉开了希庇亚斯倒台的序幕。有人写过一首饮酒歌，抒发对自由的向往，赞颂这对朋友刺杀僭主的伟大业绩，哈摩狄乌斯和阿里斯托格同由此成为家喻户晓的名字。技艺精湛的雕刻大师安特诺尔（Antenor）为这两位弑僭主者雕刻了纪念像，没过几年，人们将其立于雅典市场之上供人敬仰。

_{雅典加入伯罗奔尼撒同盟}

新成立的雅典共和国不得不为自由付出代价。她被迫加入伯罗奔尼撒同盟，唯斯巴达马首是瞻。斯巴达也由此获得某种程度干预雅典事务的权力。雅典担负的新义务必将很快导致另一次斗争。

第五节　国王克利奥蒙尼与斯巴达的第二次干预

_{克利奥蒙尼的出生及成为国王}

在此有必要离开正题，讲述一下雅典的解放者、斯巴达国王克利奥蒙

尼离奇的出生故事。【199】他的父亲阿那克桑德里达斯（Anaxandreidas）娶兄长之女为妻，但她并未为其生下一男半女。注意到阿基德斯王室即将无后，长老们强烈要求国王休妻再娶。鉴于国王的严词拒绝，长老们退而求其次，允许他再纳一妾。他只好按长老们的建议行事，结果国王的第二位妻子生下了克利奥蒙尼。但是不久，国王原来不育的第一个妻子也生下一个儿子，取名为多利欧斯（Dorieus）。当老国王去世后，按规定长子克利奥蒙尼理应继承大统；但多利欧斯也觊觎王位。夺位失利后，多利欧斯被迫离开斯巴达，决定到海外碰碰运气。他本打算在利比亚建立一个殖民地，却来到了大希腊。他参加了克罗同与叙巴里斯的战争，后又来到西西里，并打算在该岛西南部建立一座新城，不过仍未成功，在与迦太基人及其盟友埃利米亚人的战斗中，多利欧斯战败牺牲。另需强调的是，多利欧斯之母后又为老国王生下两个儿子，即李奥尼达和克利奥姆布罗图斯（Cleombrotus），后面还会讲到他们。

多利欧斯

　　驱除僭主后，雅典人不得不再次面临诸多政治问题。50年前，这些问题因僭主制的出现而被推迟解决。其中最主要的问题是修订梭伦的政体使其能运用到现实中。当希庇亚斯被逐，斯巴达人离开后，阻碍梭伦实现民主制的老问题马上又重新抬头。由权贵和世家大族引发的派系斗争再次爆发；以阿尔克迈昂家族的克里斯提尼①为首的海岸派和以伊萨哥

公元前510年—前508年雅典的形势

---

① 下面是公元前6世纪至前5世纪阿尔克迈昂家族的谱系：
　　阿尔克迈昂
　　　↓
　　麦加克勒斯=西吉昂的阿伽莉斯塔
　　　↓
　　立法者克里斯提尼————————希波克拉底
　　　　　　　　　　　　　　　　↓
　　阿罗佩克的麦加克勒斯——————阿伽莉斯塔=桑提普斯
　　（被陶片放逐）
　　　↓
　　麦加克勒斯——————狄诺玛赫=克莱尼亚斯　　伯里克利
　　　　　　　　　　　　↓
　　　　　　　　　亚西比德——————克莱尼亚斯

|| 第五章　公元前6世纪雅典的崛起　　247

拉斯（Isagoras）为首的平原派重新兴起。【200】鉴于克里斯提尼是发动革命最活跃的人物，伊萨哥拉斯自然得到僭主家族的秘密支持。伊萨哥拉斯在双方斗争的最初阶段占据上风，并被选为城邦的最高官职，但他也只是一时得势。克里斯提尼通过增加支持者人数的方式最终取得了优势。他承诺让没有公民权的平民获得公民权，以此增强了自身的力量，重整其优势地位。克里斯提尼的胜利是通过武力威胁的方式获得的，他的胜利也是改革的胜利。在其对手任执政官的那一年，他主导订立新法律，引入一系列民主措施。双方的力量对比是如此悬殊，伊萨哥拉斯别无他法，只能求助于斯巴达。拉凯戴梦人对民主政体看不顺眼，决定插手，要求雅典把阿尔克迈尼德家族成员逐出阿提卡，因为他们是被诅咒的家族；[①] 克里斯提尼未做抵抗就离开祖国。但事情并没有就此结束。斯巴达国王克利奥蒙尼再次侵入雅典，驱逐了被伊萨哥拉斯点名的 700 户人，并企图解散克里斯提尼的政体，在雅典建立寡头制。但全阿提卡的人武装起来；克利奥蒙尼随身只带了一支小队，结果与伊萨哥拉斯一道被困卫城，尽管"带着满身斯巴达式的傲慢"，[*] 但三天后还是被迫投降。现在克里斯提尼和其他流放者终于可以回到雅典，完成他们的伟大事业。克利奥蒙尼事件使斯巴达人陷入了进退维谷的境地。这是雅典的寡头党人第一次寻求斯巴达干预雅典事务，而斯巴达的武装人员被困在雅典娜的驻跸小山，不过这还不是最后一次。

伊萨哥拉斯成为执政官，公元前 508 年或前 507 年

斯巴达人被困卫城

第六节　克里斯提尼改革

梭伦为雅典民主创设了基本原则，构建了组织机构。但他所构建的

[①] 原书第171页。

[*] 阿里斯托芬：《吕西斯特拉特》第276行。——译者注

组织机构并不能正常运行。干扰其体制成功运行的致命障碍是家族的政治力量。梭伦以古老的伊奥尼亚部落为基础，使家族成为政治体制的基础。因此，为了将雅典民主付诸实践，必须剥夺家族的政治重要性，而以一种新的政治组织取而代之。在过去一个世纪里出现的另一丑恶现象是地方派系力量的滋长，阿提卡被切割成许多个政治单元。克里斯提尼最显著的成就是发明了一个全新的政治组织形式，取缔原来的伊奥尼亚部落，【201】消除胞族和氏族的政治影响，而以"舰区"（Naucrary）取而代之，从而降低了血缘关系的社会影响及地方派系不恰当的优势地位可能产生的危险，确保了全体公民在处理公共事务时永远占有决定性的作用。

> 需全新的组织形式
> 取消原来的部落

翻开地图就会发现，阿提卡由100~200个德莫（deme）或村社构成。克里斯提尼按地理范畴将全国划分为城区、海岸、内陆三类区域。在每个区域内，他将所有德莫纳入10个三一区（trittyes）中，这样全国共有30个三一区，每个三一区以其中最主要的那个德莫命名。他从每一类别的区域中各抽出一个三一区组成一组，每组内不得包含两个来自同一区域的三一区，这样将30个三一区组成了10个组。这样的一个组就构成一个新部落，3个三一区内的所有德莫公民成为同一部落的成员。譬如隶属于城区的三一区克达泰奈昂（Kydathenion）与属于内陆的派奥尼亚（Paeania）及沿海的米尔希努斯（Myrrhinus）组成了潘狄奥尼斯（Pandionis）部落。10个新部落的名称根据德尔斐祭司神谕提供的名祖英雄命名。① 每个部落的英雄拥有各自不同的祭司和祠堂，在市场500人议事会大厅前竖立着各位英雄的塑像。

> 三类区域
> 30个三一区
> 部落内德莫的分布

---

① 10部落的名称分别为埃莱克修西斯（Erechthesis）、埃勾伊斯（Aegeis）、潘狄奥尼斯、列昂提斯（Leontis）、阿卡曼提斯（Acamantis）、奥埃涅伊斯（Oeneis）、凯克罗普庇斯（Cecropis）、希波同提斯（Hippothontis）、埃安提斯（Aeantis）、安提奥奇斯（Antiochis）。

第五章　公元前6世纪雅典的崛起　249

德莫长　　　　部落和德莫是职官、公民大会和公共财产依据的基本单位。德莫长（demarch）负责登记本地公民的基本情况，当小孩年龄达到 17 岁时，即可正式入籍成为公民。军队的组织以部落为单位，每个部落提供一批重装步兵和一支骑兵。三一区不具备类似独立的组织职能，不是作为一个

三一区的重要性整体而存在，很少在政府文件中出现。但它是克里斯提尼政体的一个隐形枢轴，起着将德莫与部落连接起来的作用。通过三一区，来自阿提卡各

新体系的影响地不属于同一个地区组织的居民聚集在雅典，采取共同的政治行动。原来的平原派、山地派、海岸派等古老派系被废除，地区性的政治活动不再

与旧体制的比较有凭借的手段。单纯为政治目的而创制的组织代替了原来的社会组织，他将这种新组织完全运用于政治需要。10 个按地理范围人为划分而成的新部落代替了原来以血缘为基础的 4 个古老部落。【202】原本并不存在的三一区代替了独立而活跃的胞族，但三一区仅仅作为联系德莫与部落的一种机构而存在。作为地方性组织的德莫代替了作为社会组织的氏族。克里斯提尼的规划看似难以长久，因为三一区和部落都是人为设计而出的。但作为该体制的基本单元，德莫是自然存在的，他并未刻意将其减少为一个整数，这就是该体制能持久的秘密。

　　还需要一段时间才可能使改革措施完全正常运转。在新体制下，第一次登记决定着所有公民子嗣未来所属的德莫。一个人可能变更他的居所，也可以迁入另一德莫居住，但他仍是最初所属德莫的一员。从此以后，在官方文件中，公民的身份就根据他所属的德莫决定，而不是如此前一样根据父名区分。[①] 阿提卡全境都被纳入该体系中，只有边境地区的奥罗浦斯和埃琉泰莱（Eleutherae）例外，因上述两个地区被视为属地，并不属于任何一个部落。

---

① 后来，人们也习惯使用父名。

克里斯提尼被视为民主政治的第二位创始人,其关键在于他创设的组织在政治目的和重要性上与改革后的议事会密切联系在一起。原来存在的 400 人议事会以伊奥尼亚的 4 个部落为基础,克里斯提尼新设立的 500 人的议事会以 10 个部落为基础。每个部落出 50 名议员,每个德莫根据人数的多寡选出相应人员。这些议员可能是从每个德莫提供的候选人中抽签选出,不久即取消初选,40 年后所有议员完全经抽签产生。所有候选人皆要求在私人和公共生活中正直诚信,一旦中签,即可获得在任议事会的确认,但现任议事会有权拒绝承认不公正的抽签结果。上任时,他们需宣誓"为城邦的至善建言献策";卸任时,他们需对其在任期间的所作所为承担责任。

该组织形式与议事会的密切关系
新的 500 人议事会

公元前 460 年

500 人议事会代表着阿提卡的每一个部分,是城邦的最高行政机构。"与各种官员一道,议事会管理着城邦大部分公共事务。"它有效控制着执政官和其他官员,这些官员有义务向议事会汇报情况,并接受和执行议事会的命令。事实上,城邦所有财政事务皆掌握在议事会之手,10 位财务官(apodektai,每一个部落一名)按其旨意行事。此外,大概从设立之初开始,议事会就被授予处理与公共财务相关案件的权力,并有权对官员罚款。【203】而且,议事会还负责公共建筑,甚至有权决定军事事务。议事会也被视为城邦的外事部门,它负责与外邦谈判,接待外邦使节。但议事会无权宣战媾和,这些权力为拥有最高权力的公民大会所独有。议事会并非只是一个行政部门,它也是一个审议机构,享有立法创制权。除非经议事会审核和提议,任何人不得在公民大会上提出议案。每部在公民大会上通过的法律必须首先由议事会以预审议案(probuleuma)的形式提交讨论,获得公民大会多数票通过后即成为决议案(psephisma)。同时,议事会还具有某些一般或特定的司法职能。在案件提交民众法庭或公民大会之前,议事会暂行法庭之责。这时它可宣判

1. 行政职能

2. 审议职能

3. 司法职能

第五章 公元前 6 世纪雅典的崛起　251

案件的审理结果或转交其他法庭继续审理。

显然,让一个500人的常设议事会连续不断地处理行政事务颇为不便。因此,他们将每年360天分为10部分,在其中十分之一的时间里,每个部落的议员轮流组成一个委员会,由他们处理公共事务。① 组成委员会的50个成员被称为主席团成员(prytaneis),他们所属的部落被称为会议主持部落,其任职的这一段时间被称为主席团任期(prytanies)。任期内,担任委员会主席者与其所属三一区的成员居住在名为圆厅(Tholos)的一幢圆形建筑内,这也是主席团成员聚会和就餐(由公费开支)的地方。圆厅(也称Skias)位于市场南侧,靠近议事大厅。古老的议事厅仍在使用,是执政官办公之地,也是城邦的祭坛所在地。

<small>主席团任期和节日历</small>

<small>主席</small>

<small>克里斯提尼的纪年,调节主席团历与节日历</small>

克里斯提尼发明了一种颇富创意的形式,将节日历与主席团历协调起来,以便使主席团历的元旦与节日历的新年相差不至于太远。* 一般而言,节日历的新年与每年夏至之后第一轮新月出现的时间尽量接近;太阴历的12个月与太阳历的差异每8年形成一个周期,因此在这8年中,每逢第1、第3、第6年插入一个闰月。【204】平常的一年有354天,闰月年份有384天。克里斯提尼将每一个主席团年定为360天,虽然有时也被迫增加闰月,但仍比节日历的天数少。他采用5年为一个周期,每一个周期插入一个闰月,即增加30天,但并非固定每个周期的同一年份添加一月。通过这种方式,克里斯提尼把5年一周期与8年一周期协调起来。在节日历与主席团历都同时闰月的年份增加一个工作月。自公元前503/502年起开始使用克里斯提尼的新时间体系,这年也是8年一周期的第一个年

---

① 与此同时,也对公民大会的人员构成进行变革;但到底发生了哪些改变,我们并不知晓。在以后的运作中,公民大会在每一个主席团任期(prytany)内固定召开4次,如果有必要,可举行特别会议。

* 主席团历(official years,也称议事会历)和节日历(civil years,也称执政官历)的翻译方法借用自郝际陶:《略论古代希腊农业经济与历法》,《世界历史》,2007年第1期,第109—112页。——译者注

头。克里斯提尼的第一个主席团年始于赫卡托姆巴昂月的第一天,这也是节日历的开端;但要过40年后主席团历才又会以这一天作为开端。①

克里斯提尼继续沿着梭伦开创的道路前进,将公民权扩散到许多原本没有公民权的居民。他可能仍保留了梭伦时期只有高等级公民才能担任城邦官员的限制,不过可能将骑士级提升到享有与500麦斗级同等的权利;较低两个等级仍被排除在担任执政官的范围之外,经过半个世纪的斗争,第三等级公民才获得该项权利。② 人们可能错误地认为克里斯提尼做法保守。其实,自梭伦改革以来,民主改革的进程一直在推进。公元前6世纪末500麦斗粮油的货币价值已远低于该世纪的初期。贸易不断增长,人民日渐富裕。

> 公元前458/457年

克里斯提尼新建的部落导致军事组织也发生了相应的变革。每个部落需提供一支重装步兵和一队骑兵;重装步兵由每个部落的公民分别推选产生的10名将军率领。后来将军成为城邦最重要的官职,但最初时他们不过是部落军队的统帅。

> 军事改革
> 10将军

由克里斯提尼创设的雅典议事会表明,希腊政治家了解代议制政府原则。雅典的议事会就是代议制的一个极佳范例,议员席位根据选民多寡分配;【205】议事会也是城邦事实上的政府机构。但是,虽然希腊的政治家明白其原则,但他们总是迟疑不决,不愿将最高立法权委托给一个代表会议。其主要原因在于,由于城邦规模小,愿意参加的公民皆可出席大会,这也不失为一种行之有效的制度;在此制度下,全体公民享有最高立法权这一根本原则能较好付诸实践。但将雅典议事会视为上议院或将其比作罗马元老院之类立法机构的做法无疑是一种误解;因为议事会的

> 议事会是一个公民代表机构

---

① 稍加留意即可观察到,克里斯提尼的5年一周期的执政官年总是以逢3或8的年份开始,譬如公元前503年、公元前498年、公元前493年,等等。
② 梭伦任命执政官的办法不再继续(原书第184页),克里斯提尼似乎也未重新引入这种方法。

合作虽对立法活动不可或缺，但它本身并无立法权。它是一个民众代表大会，从中选出的委员会（虽然选举原则完全不同）行使着当今政府的部分行政职能。议事会对立法活动有着决定性影响，其对公民大会的影响与当今政府对下议院的影响极为相似。公民大会批准议事会提交的预案经常不过是走走形式，正如国王批准内阁通过的法案一样。

第七节　民主制的第一次胜利

如今，雅典已是一个完全意义上的民主共和国，但在证明其能力之前，这个新政府还不能说已经成功建立。斯巴达国王克利奥蒙尼是那个时代希腊最有权势的人物，不报复最近在雅典受到的奇耻大辱他誓不罢休。这位昔日推翻僭主的救星现在却打算拥立另一位僭主。那位曾试图建立寡头制的伊萨哥拉斯如今走向前台，表现出建立僭主制的强烈野心。在克利奥蒙尼安排下，波奥提亚和卡尔基斯准备与斯巴达联合行动，入侵阿提卡。拉凯戴梦人及其同盟者从南进攻，波奥提亚人准备越过基泰隆山，卡尔基斯人打算渡过优利普斯（Euripus）海峡，在同一时刻，阿提卡将三面受敌。

<small>公元前506年伯罗奔尼撒人入侵阿提卡</small>

在两位国王克利奥蒙尼和德玛拉图斯（Demaratus）的率领下，伯罗奔尼撒军队跨过地峡，占据了埃琉西斯；雅典人也向埃琉西斯平原推进。但雅典人兵不血刃就解除了危险。科林斯人考虑再三，不赞成出征，认为这样做有失公平，随后返回了科林斯。此时，埃吉那是科林斯最强大的商业竞争对手，因此鼓励埃吉那对头的力量崛起符合科林斯人的利益。【206】科林斯人的行动打乱了整支军队的行动计划，因斯巴达两位统帅克利奥蒙尼和德玛拉图斯之间的不和，局势进一步恶化。最后，整支军队分崩离析，除了返回伯罗奔尼撒半岛外，克利奥蒙尼别无他选。与前一次

<small>撤退</small>

的寡头制一样,他企图强加给雅典的僭主制以失败告终。雅典人再一次在斯巴达人的威压下拯救了他们的民主制。100 年后,斯巴达人的威权终于还是降临到雅典身上;莱桑德是克利奥蒙尼的后继者,他将为克利奥蒙尼一雪前耻。

公元前 404 年

在底比斯的领导下,波奥提亚人随时准备与斯巴达一致行动,因为最近发生的一件事促使他们要报复雅典。普拉提亚位于基泰隆山靠底比斯一侧的山麓上,他们希望保持独立,不愿加入底比斯霸权影响下的波奥提亚同盟。普拉提亚人最初求助于斯巴达,但斯巴达不愿干预此事,于是他们转而寻求雅典的帮助。以共同的利益为基础,两个城邦由此开始建立长久的友好关系。在雅典人的支持下,普拉提亚保持了独立,并未加入波奥提亚;雅典人在基泰隆山拥有一支弱小但友好的力量,起着类似于瞭望塔的作用,这符合雅典的利益。雅典人前往保护普拉提亚,但因科林斯的调停,危险冲突得以避免。科林斯人的仲裁认为,底比斯不得强制任何城邦加入波奥提亚。但当科林斯人甫一离开,底比斯就背信弃义,发起对雅典人的进攻,结果雅典获胜。双方达成停战协议,规定阿索普斯河(Asopus R.)为底比斯的最南边界线。通过这次远征,雅典获得基泰隆山北麓的城镇叙西埃(Hysiae),此前该地属于底比斯。

在雅典支持下普拉提亚反抗底比斯

公元前 510 年

雅典获得叙西埃

随着伯罗奔尼撒军队的推进,波奥提亚人重新占据了叙西埃,并越过基泰隆的山隘,占领属于阿提卡一侧山坡上的奥伊诺伊(Oenoe)。当克利奥蒙尼和伯罗奔尼撒的军队撤退后,雅典军队向北推进,以阻止正在蹂躏阿提卡北部村镇的卡尔基斯骑兵。波奥提亚军队立即撤回境内,向北行军,试图能加入卡尔基斯的军队,并与其一道行动。不过,在一位能力超凡的波勒玛科指挥下,雅典人迎击两支军队,并成功将它们分别击败。雅典人在海峡附近截断波奥提亚军队,取得了彻底的胜利。接着,因卡尔基斯人退回岛上,雅典人跨过海峡,起发另一场战斗,大败卡尔基

雅典击败波奥提亚

|| 第五章 公元前 6 世纪雅典的崛起   255

斯骑兵，雅典人取得的胜利不亚于此前一战。【207】卡尔基斯人遭到了致命的失败，被迫将富饶肥沃的利兰丁平原绝大部分割让给雅典，这可是他们此前通过与厄律特莱激烈战斗才夺得的。事情还不只如此。许多卡尔基斯人和波奥提亚人被俘入狱，他们身披枷锁，受人奴役，直到其国人以每人两明那的价格将他们赎身为止。从雅典人的角度看，这些人受斯巴达国王挑拨，与雅典对抗，因此他们受到奴役的悲惨境遇完全不值得同情。雅典人自豪地将用以平息敌人"傲慢行为"的"灰铁锁链"保存在卫城里，并用所获赎金的十分之一铸成一辆青铜战车献给了雅典娜。

> 击败卡尔基斯

在德尔斐圣域内，雅典人修建了一个纪念胜利的柱廊。近年来，在一幢被毁建筑台阶上，发现了一段献祭铭文，上面写着："雅典人奉献这个柱廊，连同取自敌人的武器和船头装饰像"。由此观之，雅典人似乎还俘获并摧毁了一些卡尔基斯舰船。如果这次胜利发生在 20 年之后，雅典人应该把这些舰船添加到其水师中，但此时她还没认识到对雅典产生决定性影响的是海洋。

> 德尔斐的柱廊

民主制不但非常出色地保护了自己，而且为城邦赢得新领土。卡尔基斯平原最富裕的部分被分割为若干块份地，分配给 2000 名雅典公民。这些雅典人举家搬往海峡对岸的肥沃地区，享有与驻萨拉米斯的军事移民者同样的待遇。

> 在卡尔基斯的军事移民

这些殖民海外的公民保留着公民的所有权利，仍属原来的德莫和部落。萨拉米斯离雅典非常近，其居民出席公民大会比很多阿提卡人更便利，卡尔基斯的平原与苏尼昂地区离雅典的距离相若。

雅典人不但在海外获得新的领地，而且在阿提卡边界地区也有斩获。征伐之地奥罗浦斯这一次被明确地合并入雅典，居住于奥罗浦斯的那一支部族（格莱亚人）后来成为全体希腊人统一的欧洲名称。最初该地受控于厄律特莱，人们使用厄律特莱方言，在将来的变迁兴衰中当地

> 获得奥罗浦斯（雅典人占有此地区直到公元前412年）格莱亚人的土地：本属厄律特莱，直到利兰丁战争，后合并于波奥提亚

人一直使用这种方言；后来被底比斯合并，成为波奥提亚的最后一块地方。这块肥沃的小平原必将不断成为引发雅典与波奥提亚纷争的策源地，正如此前它是导致波奥提亚与厄律特莱纷争的源头一样。此后近100年里，这里成为雅典的属地。但他们只是雅典的属民，而非雅典人；与埃琉泰莱人相似，奥罗浦斯人从未被视为雅典公民。

第六章

波斯向爱琴海的推进

第一节　波斯的崛起和吕底亚王国的灭亡

当希腊人在地中海扬帆起航,在国内为城邦构建法律制度、争取民主时,他们在地中海周边的发展并未受到外来势力带来的灾难性影响。这时,东方专制大国兴衰成败、波澜起伏。公元前7世纪,强大的亚述帝国行将走到终点,推翻帝国的力量已然兴起。但亚述历史与希腊历史之间没有什么交集,因为除了远离中心的一个角落外,希腊人与尼尼微的主人无从直接联系。居于塞浦路斯岛上的希腊人和腓尼基人与叙利亚沿海地区的政治变迁息息相关。公元前8世纪最后25年,在国王萨尔贡统治下,亚述的实力达到顶峰,征服了沿海地区的腓尼基人和菲利士丁人,居于"西海之中,路程达7日之遥的"7位国君在他面前颤抖,表示愿意归降。他们都来自雅提南(Yatnan,这是亚述人对塞浦路斯的称呼),各位君王对萨尔贡的忠诚行为都记录在由国王竖立于"雅提南一座山谷"的记功柱上。在归降的君主中,无疑既有希腊人也有腓尼基人。一代人之后,在伟大的征服者阿萨尔哈冬禅位给奉行和平政策的阿舒尔巴尼巴(希腊人称其为萨尔达那帕鲁斯)时,文献中记载了10位臣服的塞浦路斯王侯。据两位帝王罗列王侯姓名的铭文记载,其中包括两位希腊君

亚述国王萨尔贡,公元前722年—前705年

竖于基提昂的萨尔贡石碑,公元前709年

阿萨尔哈冬(公元前681年—前668年)和阿舒尔巴尼巴(公元前668年—前626年)治下的塞浦路斯附庸国

主——帕福斯（Paphos）的埃泰安德鲁斯（Eteandros）和基提昂的皮拉哥拉斯（Pylagoras）。①（古典时代塞浦路斯岛上的十个王国参见图 6-1）如果说亚述的历史确实与希腊世界略有接触，这也多半是与毁灭亚述帝国的那些人有关。与希腊人类似，米底人和波斯人同属雅利安语系，【209】在未来两个世纪的历史发展过程中，他们将成为希腊人最主要的敌手。

图 6-1　古典时代塞浦路斯岛上的 10 个王国

（据 Maria Iacovou, "Cyprus: From Migration to Hellenisation", in Gocha R.Tsetskhladze ed., *Greek Colonisation, Volume Two*, Leiden: Brill, 2006, p.224 编译）

米底

　　米底位于亚述以东，其远古的历史笼罩在迷雾之中；但有理由推断，公元前 2 千纪，她属于一个古老而庞大的雅利安人王国的一部分，该王国沿东西走向，横跨整个巴克特里亚高原；米底属于雅利安民族中的一支，与伊朗人非常接近。与雅利安人其他支派一样，伊朗人崇拜天神和光明之神，但他们对太阳神的崇拜发展出与宙斯崇拜完全不同的方式。与

---

① 　其他 8 位君主分别来自伊达利昂（Idalion）、萨拉米斯、梭利（Soli）、库利昂（Curion）、塔玛苏斯（Tamssus）、迦太基（位于塞浦路斯，也称 Kartihadaasti）、勒德隆（Ledron）、努利伊（Nurii，但还不完全肯定）。

其他太阳神崇拜者相比,他们对火更加敬畏;不能对死者实行火葬,不能让沸水流溢,他们认为这样会亵渎火神;在其国土范围内,到处都是火神的神庙,祭坛里的圣火终年不熄。对火的崇拜被他们的先知琐罗亚斯德(Zoroaster)几乎塑造成为一种哲学。虽然我们对于琐罗亚斯德的生平并不清楚,且他的名字常与传奇故事联系在一起,但可以肯定他是一个真正的人物而非神话中的英雄。他在伊朗人中间传播教义,认为世上光明与黑暗、人类的主宰者善神奥尔穆兹德(Ormuzd)与邪恶之神阿里曼(Ahriman)处于永恒的殊死斗争中。

从公元前8世纪末开始,米底人奋起反抗亚述人的奴役。起义的领导者是戴奥凯斯(Deioces),经过激烈的斗争,米底获得独立,人民通过自由投票选举他们的拯救者为王。戴奥凯斯不但将人民从亚述手中解放出来,而且还将他们团结在一起。他修建一座大城埃克巴塔那(Ecbatana)作为米底人团结的象征,他的宫廷和国库位于城中的内廷,外面围有7道城墙。据说他一直居住在内廷里不与世人见面,人民除非写出书面申请,否则不得觐见。

> 戴奥凯斯建立米底王国,约公元前700年

为了打消亚述重夺米底控制权的企图,戴奥凯斯的王位继承人还有足够多的事情要做。不久出现了一位强大的国王,将米底人的统治扩张到国土之外。弗拉奥泰斯(Phraortes)征服南边多山的波斯,缔造了一个幅员广阔的雅利安人国家,北起里海,南达波斯湾,西与亚述和巴比伦接壤,他下一步的目标就是征服原来的主人亚述。弗拉奥泰斯的继承者库亚克萨莱斯(Cyaxares)改革军队,做好了征服亚述的准备。米底人的伟业并非毫无希望,因为这时亚述已处于分崩离析的边缘。埃及已摆脱尼尼微的奴役;正如戴奥凯斯之于米底一样,那波勃拉萨尔(Nabopolassar)也在为巴比伦的独立而奋起抗争。【210】那波勃拉萨尔与库亚克萨莱斯结成联盟,米底与巴比伦的联军击败了亚述军队。征服者瓜分了亚述

> 弗拉奥泰斯(约公元前650年—625年)征服波斯

> 新巴比伦王国

> 那波勃拉萨尔,公元前625年—前605年。亚述王国的灭亡,公元前612年

第六章 波斯向爱琴海的推进　　263

帝国,帝国西南直到埃及的部分归于巴比伦;亚述本土及向西延伸至小亚细亚的土地并入米底。

> 尼布甲尼撒统治下的巴比伦,公元前604年—前562年

重新恢复的巴比伦王国在尼布甲尼撒(Nebucadnezar)的统治下达到鼎盛,其声名之显赫,其光彩之夺目无与伦比。他将埃及人逐出叙利亚,在卡赫米什(Carchemish)之战中给埃及人带来了毁灭性的打击;他以雷霆万钧之势席卷耶路撒冷,俘获大批犹太人;巴比伦人的攻击令推罗人倍感震撼,尽管最终他并未占据该城;他入侵并蹂躏了埃及。但使他更为有名的并非是域外的征服,而是在国内修建的伟大工程。他使巴比伦成为世上最伟大的城市;参观过该城的希腊人回国后会向人们讲述巴比伦城内令人叹为观止的宫殿和神庙,还会讲述令人难以置信的"空中花园"。那是一座由尼布甲尼撒修建的梯台式花园,但也有人说是由那一位富有传奇色彩的王后塞米拉米丝(Semiramis)所建。由厚厚高墙环绕的巨大城市是尼布甲尼撒最伟大的丰碑,希腊的旅行者吹嘘说城墙的周长达50英里。可以肯定,很少有人能如这位巴比伦的统治者一样给人民增添如此巨大的痛苦,可以想象,在无情鞭子的抽打下,难以计数的奴隶被迫用血肉之躯为暴君的浩瀚工程昼夜不休地劳作。在统治很长一段时间后,尼布甲尼撒满载荣誉躺进了他的坟墓。但他知道王国最可怕的危险来自何方,因此他在巴比伦以北,底格里斯河和幼发拉底河沿岸修建了工事,防止王国的北邻米底入侵巴比伦尼亚。

这位伟大巴比伦国王的征服活动对希腊影响甚微。[①] 塞浦路斯的希腊人肯定是听见了卡赫米什武器铿锵作响的回声,他们一定也被耶路撒冷暴风骤雨的浪潮所搅动,为推罗城的被围困而惊诧万分。但是,米底人的推进带来了东方世界改朝换代的大变动,这使希腊人的视野更加开

---

① 事实上,也有不少希腊雇佣军在他手下服役。

阔。库亚克萨莱斯从小亚细亚东部推进到哈里斯（Halys）河畔，使该河成为米底和吕底亚的界河。征服吕底亚是米底人的下一个目标，只需找到一个借口即可宣战。（古典时代小亚细亚的地理区划，参见图6-2）战争进行到第6年，双方爆发了一次战斗；正当双方激战正酣时，白天突然变成黑夜；突如其来的日翳给参战者留下深刻印象，他们决定停止战争，缔结和平。但是，对欧洲人而言，【211】相较于吕底亚与米底的战争，与此年5月日食相关的另一件事使他们更感兴趣。这是欧洲科学家第一次预测到日食的发生。米利都人泰利士（Thales）是希腊乃至欧洲哲学和科学之祖，此时他正在埃及研究天文学。此前，他曾提醒过伊奥尼亚人这一年太阳会变暗，但他的学识还不能预测出具体的日期和时刻。泰利士不但是第一位科学家，也是第一位哲学家，那时，科学还没有从哲学中分离出来。如果能穿越时空，他或许可能成为哥白尼、牛顿、拉普拉斯（Laplace）*，也可能是笛卡儿、伯克莱（Berkeley）**、康德。他力图找到一种普遍存在的物质，并找寻一种原理，以解释万事万物的本质特征，并将世界纳入一个统一系统中。他发现万物的最小存在形式是水，这也是万物的本原[①]，对事物本原的追求体现了他永恒的价值所在。

吕底亚国王阿尔亚特斯娶米底国王阿斯泰亚基斯（Astyages）之女为妻，吕底亚因此获救，又存活了一代人的时间，这段时间也成为其历史发展最辉煌的时期。当吕底亚从西麦利人的侵略中恢复后，国王阿尔迪斯（Ardys）继续采用巨吉斯的措施，力图将沿海地区的希腊城市降为附

吕底亚与米底之战。公元前585年5月28日的日食

由泰利士预测的

希腊科学和哲学的开端

阿尔迪斯统治吕底亚

---

* 皮埃尔·西蒙·拉普拉斯伯爵（1749—1827）：法国数学家和天文学家，他还是数理天文学、数理统计学、数学物理学的奠基人。在天文学上，他发展了太阳系起源于星云的假说，也是黑洞和引力坍缩的最初提出者之一，人们一般将其视为法国的牛顿。——译者注
** 乔治·伯克莱（1685—1753）：英国哲学家，主要著作有《视觉新论》（1709年）、《人类知识原理》（1710年）、《塞里斯：哲学反映和探究的枷锁》（1744年）等。——译者注
① 然而并不那么小。他本应当目光集中到流体上，而应当抛弃这种将事物本原归于现实世界某种实物的常人所犯的错误观点。

第六章　波斯向爱琴海的推进　265

图 6-2　古典时代小亚细亚的地理区划

（据 John D. Montagul, *Battles of the Greek and Roman Worlds*, London: Greenhill Books, 2000, p.20 编辑）

属国。他最主要的功绩是占据普列涅。他的继承者萨迪阿泰斯（Sadyattes）和阿尔亚特斯对米利都发动了持久而令人生厌的战争，每年都会侵扰米利都国土，毁坏人们的庄稼，也曾两次击败米利都人，但这座沿海城市坚固的城墙使吕底亚人的征服美梦落空，因为他们并无舰队。最后阿尔亚特斯与米利都人达成了和平，或许与米底人的战斗迫使他做出让步。总之，阿尔亚特斯对对手颇为宽厚。在蹂躏米利都国土时，他曾纵火焚烧过许多地方；作为补偿，他在这些地方建造了两座神庙献给雅典娜女神。这一补救措施与吕底亚历代国王一向对希腊诸神敬畏的表现颇为一致。有传言说，当阿尔亚特斯生病时，曾派人到德尔斐咨询阿波罗，神谕命令他恢复被毁的神庙。伊奥尼亚的城市米利都获救了，但著名的阿凯亚人城市士麦那（Smyrna）不但被吕底亚人占据，而且被他们摧毁，在本书中，再也不会出现该城的名字。阿尔亚特斯也征服了比提尼亚，将残留于此的西麦利人逐出了亚洲。他环顾四方，认为此时的吕底亚已可位列世上最伟大的王国，因此他为自己修建了一座巨大的坟墓，在坚固的石基上堆垒出一座巨大的土丘，其规模至少可以和埃及与巴比伦国王的纪念碑相比拟。

彻底征服小亚细亚希腊城市的任务留给了阿尔亚特斯之子克洛伊索斯（Croesus）。他对伊奥尼亚和爱奥利斯的希腊城市发起进攻，并将她们逐一征服；但对于米利都，他尊重其父与她订立的条约，米利都因此获得了自由，但她并未为其姊妹之邦提供援手；卡里亚的多利亚人城邦也被迫归顺。克洛伊索斯的帝国从哈里斯河延展到爱琴海。如前所述，吕底亚对小亚细亚的希腊城邦产生着明显影响，或许这些希腊城邦对吕底亚的影响更大。希腊语传入吕底亚，在萨狄斯，希腊语可能与当地的语言一样常用；希腊诸神在此也受人崇敬；吕底亚人也会前往希腊祈求神谕。吕底亚诸王是希腊各圣所的恩主。以弗所的新阿尔特米斯神庙建于克洛伊索斯任内。国王捐赠了环绕伊奥尼亚柱上的浮雕，柱基上铭文的残片仍记下了"国王克洛伊索斯所献"几个字。因此，希腊人从未将吕底亚人完全视为野蛮人，尽管克洛伊索斯曾征服了小亚细亚的希腊人，并如同暴君一样统治和奴役他们，但他们总是对这位国王颇为宽容，并对他的不幸遭遇深感同情。事实上，萨狄斯的宫廷更类似东方而非希腊，那里不但堆砌着金钱和奢侈，而且遵循着东方风俗，譬如实行一夫多妻制和采用残忍的处罚措施。他曾将一位反对他继位登基的人活生生地凌迟处死。伊奥尼亚人对于巨吉斯的金库瞠目结舌，而克洛伊索斯难以计数的财富更成为谚语。这些财富主要是希腊城邦缴纳的贡赋，也有帕克托鲁斯（Pactolus）所产的白金和帕加马（Pergamon）所产的矿产品。克洛伊索斯放弃了原来的白金块，率先引入金银合金的钱币，其中金银的比例固定为 3∶40。

> 克洛伊索斯的统治，公元前 560 年—前 546 年

克洛伊索斯与德尔斐

德尔斐神谕在政治上的重要意义充分体现在该时段克洛伊索斯奉献的黄金祭品上；他奉献的祭品数量之多，以至于贪婪的德尔斐祭司都不敢想象。虽然吕底亚国王非常富有，他对神谕的启示也深信不疑，但如果他并不渴求得到阿波罗的政治支持，不相信阿波罗的支持值得努力争取，他就不可能奉送给德尔斐如此丰厚的礼物。他的目标是让希腊人把他视为希腊世界的一员，并希望他不是作为一个外来者而是作为一个希腊世界的养子统治着已被征服的和即将被征服的希腊城邦。没有什么能比德尔斐神谕的令言更能帮助他获得如此的名声。【213】此外，如果小亚细亚的城邦打算造反，她必定前往德尔斐咨询，神谕令人丧气的回答对于巩固他的统治颇有助益。

将统治范围扩张到海边后，克洛伊索斯考虑让吕底亚成为一个海上强国，以便征服爱琴海诸岛。这是一个完全可行的计划。直到一系列不可预见的事件破坏了这个计划后，岛上的居民才有闲暇杜撰出一首诗歌，嘲笑吕底亚国王带领舰队与他们进行海战就如同他们率领着骑兵与吕底亚人在陆上交战一样可笑。后来人们编出一则故事，说一个希腊贤人（姑且不论他是否能活到那时）用这首讽刺诗劝阻了克洛伊索斯的海上远征。

米底的灭亡

但迫使克洛伊索斯从征服西方的宏伟计划中抽身而出的原因并非那首讽刺诗，而是一件更为不祥的事情。他的内兄弟阿斯泰亚基斯被一位英雄赶下王位，而这位英雄即将成为世界上最强大的征服者之一。篡夺王位的人是来自波斯阿黑门尼德氏族的居鲁士（Cyrus）大帝。事实上，这次革命不过是又一次的王朝更替；波斯与米底属于同一个民族，有着同样的宗教信仰，其统治范围仍如从前一样是伊朗高原。但波斯人似乎是伊朗民族中的高贵者，他们勇敢、节制、追求真理，使希腊人颇为仰慕。

对于雄心勃勃的吕底亚人来说，阿斯泰亚基斯的倒台是一次将兵锋转向东方的绝佳机会。恢复妻兄的统治确实是一个充分的借口；克洛伊索斯还有理由担心,如果不先发制人,波斯篡权者可能会迅速进军,进而征服小亚细亚。克洛伊索斯当然也抱有将吕底亚势力扩张到亚洲内陆的愿望,他甚至可能奢望继承大统成为米底之王。着手干这番大事业时,他担心希腊属邦会趁他不在时起来造反,甚至可能与波斯人密谋。从 Medism（暗通米底者）一词可见,伊奥尼亚的希腊人素与米底人勾结,并将米底人视为对抗吕底亚人的一支强援。如果说该习惯是在波斯兴起和吕底亚灭亡后才流行开来的,那么他们自然应将这种行为称为 Persism。对爱琴海岛上的居民而言,克洛伊索斯远征东方的打算无疑是利好消息。国王非常渴望了解未知的将来究竟会发生什么,他亲自前往希腊问询了几处神谕。毫无疑问,德尔斐的阿波罗给出一个答复,似乎在鼓励他成就这番伟业。【214】据说神谕的内容是这样的:如果渡过哈里斯河,他将毁灭一个强大的帝国。神谕的内容可能并非如此,而是在他远征失败后,人们杜撰出来用以证明神谕确有道理。但具有历史价值的是,神谕给出的是对策,而非逃避方法。德尔斐给予国王的鼓舞有助于希腊人获得自由;从神谕可以预见,吕底亚与波斯之间可能会爆发一场漫长的战争,为小亚细亚希腊人重获独立提供良好的机会。但神谕并未预见到吕底亚将会完全被征服,希腊人将不得不臣服于另一支完全野蛮的力量。趁此机会,神谕促使克洛伊索斯和拉凯戴梦人结成联盟,要求国王向希腊最强大的城邦寻求帮助。二者签署了联合协议,但并未起什么作用,拉凯戴梦并未派兵帮助吕底亚。

> 德尔斐给出的对策

以一支包括伊奥尼亚希腊人在内的军队为前哨,克洛伊索斯渡过具有毁灭性的哈里斯河,入侵卡帕多西亚。他首先占领古城皮特里亚(Pteria),并在附近与居鲁士统率的米底和波斯军队进行了一场不具决定性的战斗。但居鲁士军队的数量远胜于他,在与其遭遇之前,克洛伊索斯就不得不撤回到吕底亚。在吕底亚首都城外,入侵者获得一场决定性胜

> 占领萨狄斯,公元前 546 年

利，在短暂的围城后，萨狄斯城被攻破，并被抢劫一空。但克洛伊索斯却被饶了一命。居鲁士制定出严格禁令，要求在攻城过程中不得以任何理由杀死克洛伊索斯。据传，一个不认识他的士兵正准备将其处死，这时国王天生哑巴的儿子突然开口大声说："啊！不要杀害克洛伊索斯！"

这还不是关于这位失陷的吕底亚国王的唯一的一则故事。萨狄斯被人征服超出了所有人的意料。克洛伊索斯的财富是如此难以计数，其势力是如此强大，没有人会认为他有可能被推翻。与其他任何历史事件相比，吕底亚王国的突然灭亡给希腊人留下更加深刻而持久的印象，完全超出人们的想象力。这成为他们目睹的且很好地印证其深信不疑的信条——诸神对享有最大成功者心存嫉妒——的最好例证。因为克洛伊索斯钦慕希腊的艺术和智慧，是希腊诸神的虔敬信徒，也向诸神敬献过丰盛的祭品，所以他们对克洛伊索斯动了恻隐之心。希腊人不仅仅保存下对克洛伊索斯的记忆，而且迸发出一种天才的创造能力，即围绕某一历史事件编织出一则富于人生寓意的深刻而动人的故事，此后，他们将这种天才发挥到了极致。

克洛伊索斯与梭伦的故事

【215】据希罗多德讲述，居鲁士搭建起一座巨大的火葬堆，把克洛伊索斯和14名吕底亚男童捆绑在座椅上，并将他们放在柴堆上。在此危急时分，克洛伊索斯站在柴堆上，突然想到梭伦对他所说的话：只要一个人还活着，就不能自称幸福。旅行过程中，这位伟大的雅典政治家曾到访过萨狄斯的王宫，编撰故事不需要考虑时间是否准确。当他看过王宫的金库和王国的辉煌后，克洛伊索斯问他谁是世上最幸福的人。听梭伦说了几位已经故去的籍籍无名的希腊人后，国王再也不能掩饰他的惊讶和愤怒，他大声抗议说："来自雅典的陌生人，难道我王室的财富是如此不值一提？你竟然让普通人位列寡人之前！"这位富有智慧的希腊人向他讲述了命运的无常和神灵的善妒。这时，克洛伊索斯突然想到了这些，忍

不住痛哭连连,大呼三声梭伦的名字。居鲁士听到呼叫声,让通译问他到底在呼唤谁。【216】好一会儿,克洛伊索斯都说不出话来,后来他说:"我在呼唤一位所有君主都应当认识并与之好好谈谈的伟人。"在居鲁士的强烈要求下,克洛伊索斯说出雅典人梭伦之名,并重复了这位贤人所说的话。此时火葬堆已经开始燃烧,但当居鲁士听到被俘者的话语后,明白他也算一个人物,于是命人熄灭火堆,释放这些快被烧死的人。但柴火燃烧正旺,人们无法将其熄灭。这时,克洛伊索斯向阿波罗大声求援,神灵为万里无云的天空送来乌云,大雨终将熊熊大火浇灭。(希腊陶画上的克洛伊索斯,参见图6-3)

图6-3 希腊陶画上的克洛伊索斯

(阿提卡红画陶,卢浮宫第G197号)

这就是希罗多德在《历史》中讲述的故事,他可能在雅典曾听人说起的。几乎可以肯定,故事纯属人们的虚构。但是,在关于梭伦的小插曲

第六章 波斯向爱琴海的推进

巴库利德斯讲述克洛伊索斯命运的故事

被编入故事之前，已经有人把克洛伊索斯的故事编入一段传奇中，这一段传奇故事与巴库利德斯（Bacchylides）的一首诗作有关。当大限之期降临到国王的头上时，"他不能忍受可能到来的奴役之苦，于是决定在宫殿前搭起一个火葬堆，强迫他自己、妻子和哭泣的女儿们站在柴堆上。他命令奴隶点燃火堆，孩子们大声尖叫，紧紧抱着母亲。正当木柴烈焰熊熊燃烧时，宙斯布下乌云，大雨浇灭了黄色的火焰。阿波罗把这位老人和他的女儿们带到极北之民的乐土（Hyperboreans），让他在那里安居乐业。这是因为克洛伊索期虔诚的祷告，更是因为他送给皮托的礼物比其他任何人都要多。"* 这则故事的寓意非常明显，即多送礼物到德尔斐；无须任何怀疑，故事最初的源起应是受到德尔斐的影响。但在梭伦居住的雅典，人们发挥他们超乎寻常的天赋，将其稍加改编，使之成为世上最伟大的故事之一。

克洛伊索斯的命运

可以肯定的是，克洛伊索斯最终被饶了性命，而且很有可能在米底度过了余生，但他并不知道，人们虚构出来的他与雅典著名立法者之间的对话，成为后世有关他的记忆中最确信无疑的事情。

第二节 波斯对亚洲希腊人的征服

吕底亚王国对希腊的发展发挥着一定影响。她不但发明了钱币，为人类文明作出重大贡献；其奢华的生活方式和僭主式的统治方式影响着伊奥尼亚；仅作为一个介于希腊与东方大国之间的一个中间过渡地带，吕底亚的存在也具有相当重要的作用，她成为希腊免遭东方大帝国直接冲击的防护堤。吕底亚使希腊得以避免与亚述帝国直接发生联系；【217】

---

* Bacchylides, *Ode 3 For Hieron of Syracuse Chariot-Race at Olympia*, 25—62.——译者注

也使希腊在60年中避免了与米底帝国的直接交锋。当这道防护堤被清除后，希腊历史进入一个新时期。如今，希腊人不得不面对面地站在一个强大的统治者面前；波斯的统治范围超出幼发拉底河和底格里斯河之外的地区，延伸到希腊人完全未知的地域。亚洲的希腊人现已不再是萨狄斯君王的臣属，而即将受到另一位帝王奴役；这位帝王的宫殿在遥远的地方，据说要走几个月才能达到。从帝国统治的中心到其统治的尽头相距非常遥远，这一事实极其重要。帝国的大王不得不将被征服的小亚细亚交给他手下的总督治理；希腊人并不能对大王本人有丝毫影响，但如果大王定都于萨狄斯或其他更近的地方，他们就可能对其施加一定影响。鉴于波斯与吕底亚之间的另一差异，遥远的距离产生的负面影响将会更大。吕底亚人不属于雅利安民族，而波斯人和米底人所讲的语言与希腊人同属一个语系。可以设想，如果波斯受到希腊的影响，伊朗的历史可能会走向另外一条不同的道路。波斯人是一支易受其他人影响的民族，他们不会另辟蹊径走一条独立的发展道路。与拉哥尼亚河谷的斯巴达人一样，在自古居住的高原上，他们离群索居，不为世人知晓，过着勇猛、简单而真实的生活；但是当征服和统治其他民族时，他们不可避免地会为被征服者征服，采纳被征服者更有智慧的统治方式和思想理念。如果居鲁士将帝国的统治中心搬到西部，希腊人或许会成为那些操波斯语伙伴的老师；但是希腊人的思想未能传播给米底人或波斯人。结果是，新兴的伊朗王国轻易接受了巴比伦、亚述等日渐堕落的闪米特文明的影响；很快成为一个典型的东方专制主义帝国，很难使人还记得其统治民族讲着与希腊人类似的语言。从严格意义和表象上看，我们即将讲述的200年波斯与希腊的冲突，是两支雅利安人之间的冲突，或者说是两支操雅利安语的部族之间的冲突，但从更宏阔的角度看，这是欧洲与亚洲之间的冲突，是东方与西方之间的冲突，是雅利安人与非雅利安人的冲突；这次冲突也是上述各层面的第一次正面交锋，双方的战斗仍未结束，欧洲仍需相继迎接巴比伦人、腓尼基人、撒拉森人（Saracen）*、土耳其人的挑战。

伊奥尼亚的解体　　在与吕底亚人交战之初，【218】居鲁士曾邀请在克洛伊索斯麾下服役的伊奥尼亚人改旗易帜，加入波斯人的队伍。但伊奥尼亚人拒绝"米底化"，或许并不是因为对吕底亚统治者的忠诚，他们对吕底亚人也颇有怨言，而只不过是因为他们没有预料到吕底亚人会被彻底推翻，担心遭受报复。他们的拒绝惹怒了居鲁士。萨狄斯陷落后，希腊城市重新提出与波斯征服者合作，但居鲁士对他们提出的任何条件一概拒绝。但他对米利都人另眼相待，鉴于米利都并非吕底亚的属邦，而在战争中保持了中立，居鲁士与她签署一项与克洛伊索斯类似的条约，承认米利都的独立地位；其他城邦只能做好准备，保护自己。由于需要在更遥远的东方谋划宏伟大计，居鲁士将削平小亚细亚希腊人这一类无关紧要的事情留给驻吕底亚的将官处理。希腊人渴望团结抗敌的愿望遭到毁灭性打击。他们本应该在泛伊奥尼亚会议上商讨抵抗波斯的大事，但是他们似乎没有能力，也缺乏任何组织实施共同行动的计划。伊奥尼亚中最强大的城邦当数米利都，但她自行其是，不愿加入其他城邦的活动。据说，该邦的一位公民，前面谈到过的天文学家兼哲学家泰利士，除研究天体和科学外，也曾涉猎过政治。眼见伊奥尼亚人不团结的弱点和帕尼奥尼昂（Panionion，即泛伊奥尼亚）这个松散同盟的徒具其表，他提出了一则发人深省的建议：要求伊奥尼亚结成一个联邦国家，只拥有一个议事会和一个公民大会，每座城市都让渡出所有主权，成为国家下面的一座城市或者德莫；他还认为泰奥斯是最恰当的国都所在地。不管该建议是否为泰利士提出，但可以肯定，这是依据伊奥尼亚的母邦阿提卡的政治发展历程而提出

---

* 中世纪晚期，欧洲人对穆斯林通用的称呼。——译者注

的。建议者不可能说服伊奥尼亚人采纳其观点,但他的建议却是对地处小亚细亚的希腊人不团结的生动注解;为了抵抗强大的蛮族帝国的侵略,他们确实需要更精诚的团结和更坚固的前线阵地。另外有人在帕尼奥尼昂这个有名无实的会议上提出一则建议,该建议得到历史学家希罗多德的赞许。一位来自普列涅的名叫比亚斯(Bias)的政治家建议,要求所有伊奥尼亚人都扬帆西行,一起前往萨丁尼亚这座大岛,在那里建立一个伊奥尼亚城邦,从此过上幸福而自由的生活。该建议表明,一想到波斯人的统治,伊奥尼亚人就感到了恐惧和绝望。

由于分裂不和,亚洲的希腊城邦沦为一只任人宰割的猎物。居鲁士麾下的将领哈帕古斯(Harpagus)逐一征服了她们;她们被迫缴纳贡金;【219】一旦有需要,还须承担在波斯军中服役之责;不过,居鲁士对希腊人的贸易自由并没横加限制。对于两个城邦的居民来说,与其接受新的奴役,不如自我流放;于是,他们就按照比亚斯的精神行事了。福凯亚人,或者说大多数福凯亚人登上五十桨船,远航到科西嘉,原来的殖民城邦阿拉利亚(Alalia)接纳了他们。泰奥斯人也采取类似行动,但是他们在距离更近的色雷斯建立家园,创建了殖民地阿布德拉。

事实上,爱奥利斯人和伊奥尼亚人也曾共同努力,试图加强防御,一同向大陆最强大的城邦求救。他们派出使节来到拉凯戴梦,但是正如对待克洛伊索斯一样,斯巴达人的视野被束缚在伯罗奔尼撒半岛,他们并未采取太多实质行动。然而出于好奇,斯巴达人派出一艘舰船来到伊奥尼亚,打探当地的情况和居鲁士的实力。有人向波斯大王报告说,斯巴达派遣一名侦察员来到萨狄斯;他来到波斯大王面前,严禁波斯做出任何危害希腊城邦的事情,"因为拉凯戴梦人不许这样做"。无疑,这则逸事是由喜欢拿斯巴达人开涮的人杜撰出来的;但是,如果事实确实如此,居鲁士很可能会问:"谁是拉凯戴梦人?"在付出惨痛代价后,他的继承者

波斯征服亚洲的希腊人

亚洲希腊人向斯巴达求救

终于知道了答案。

  吕底亚的征服者掉转兵锋，向东征服了更强大的巴比伦。征服过程持续了很多年，地球上最伟大的城市终被占领；居鲁士也因此赢得新的称号，"巴比伦、苏美尔、阿卡德及普天之王"，波斯正式融入巴比伦的遗产之中。居鲁士大帝统治的区域一直向东延伸，扩展到亚美尼亚和叙尔卡尼亚（Hyrcania）、帕提亚、巴克特里亚，一直远达阿富汗中部，从爱琴海海岸一直延伸到药杀水。但是居鲁士的征服并非本书的要点。他最后的伟业是征服玛萨格泰人（Massagetae），这是一支具有斯基泰血统的民族，居住在咸海（Aral Lake）附近。据说在与玛萨格泰人的战斗中，居鲁士被杀身亡，那位野蛮的女王将他的头颅割下来，放到一盆鲜血里。我们可以肯定的是，居鲁士的尸身葬在了波斯。200年后，还可看到他在帕萨伽戴（Pasargadae）的坟墓，旁边葬着另一位比他更伟大的征服者。

<small>巴比伦的陷落，公元前538年</small>

<small>居鲁士之死</small>

第三节　波斯对埃及的征服　萨摩斯的波利克拉特斯

  在新王朝的统治下，波斯人征服了吕底亚和沿海地区的希腊城邦，将帝国边界向西推进，远远超出亚述征服者达到的地方。【220】事实上，此前萨狄斯的两位统治者就已承认过居于尼尼微的大王的最高统治权；但这种隶属关系存在的时间很短且不具重要性，几乎不能就此认为吕底亚已成为亚述帝国的一部分。但在征服沿海地区的希腊人后，居鲁士完全开辟了一片新天地，原来的希腊人无须以任何形式屈从于亚述帝国。虽然居鲁士囊括的土地在某些方向远远超过亚述帝国，但仍留下南面的巨大帝国未被征服，这里原来也曾是亚述帝国的一部分。其子冈比西斯（Cambyses）补全了他的疏漏，这位叙利亚的新统治者必将埃及纳入臣属者的行列中。与米底人和巴比伦人一样，埃及人也摆脱了亚述人强加给

<small>冈比西斯征服埃及</small>

他们的桎梏，获得了独立。在各位贤明君主的领导下，埃及进入了一个国富民强的新时期。国王阿玛西斯（Amasis）通过革命登上王位；他维持着一支颇具战斗力的由伊奥尼亚人和卡里亚人组成的雇佣军，如同希腊僭主一样，这支雇佣军时刻拱卫在他身旁。一位埃及作家说阿玛西斯酷爱"产于埃及凯列比（Kelebi）的烈酒"。如同旧时的法老一样，他为埃及诸神建造巨大神庙；对希腊的资助可与克洛伊索斯相提并论。他向希腊神庙送去大量祭礼；为重建德尔斐神庙慷慨捐款；迎娶一位库列涅的希腊公主为妻；在他统治时，瑙克拉提斯兴起并具备了一座城市的规模，虽然这是唯一一座允许希腊人贸易的埃及城市。当巴比伦衰落时，他将统治势力扩张到塞浦路斯；但是，当居鲁士接收巴比伦遗产之时，塞浦路斯人摆脱了埃及的控制，归顺到波斯治下。对于这个东方大国的兴起，阿玛西斯倍感焦虑；在有生之年，他沮丧地看着冈比西斯做好了远征埃及的准备；但在波斯入侵前的几个月，他在绝望中死去。佩鲁西昂（Pelusium）波斯人对埃及的致命一击落到他的儿子普萨麦提库斯身上。附近的激战使埃及落入波斯人之手。征服者冈比西斯率领大军沿尼罗河向南进军，将埃及的边界向南推进到与努比亚交界之处。埃及人说冈比西斯计划征服整个埃塞俄比亚，但终因粮草供应不足被迫返回埃及，结果这次远征一无所获。埃及人憎恨冈比西斯，因为他公开嘲笑埃及人的宗教信仰。或许这次不体面的失败远征是埃及人的阐释，事实上，这次远征是一次成功之举，确保南部边界的安全。自此，埃及成为波斯的一个省区（satrapy），对埃及的征服迫使库列涅主动归降，这与吕底亚迫使沿海希腊人屈从大致相同。

当波斯人的危险加剧时，阿玛西斯及其继承者本希望获得一位强有力的朋友——萨摩斯统治者的支持。【221】在波斯征服伊奥尼亚前不久，在那克索斯僭主吕格达米斯的帮助下，萨摩斯公民波吕克拉

萨摩斯僭主波吕克拉提斯

提斯（Polycrates）和他的两位兄弟建立了联合僭主制；不久波吕克拉提斯将两位兄弟分别处死和流放，使自己成为唯一的僭主。他组建一支100艘五十桨战船组成的舰队，使萨摩斯成为一支强大的海上力量。当大陆上的伊奥尼亚城邦落入波斯控制之下后，她成为爱琴海上最强大的海上强国。萨摩斯奢华的宫廷因酒神颂歌的作者阿那克里翁的到来而增色不少。波吕克拉提斯组织并完成了赫拉神庙庞大的修筑工作，他最著名的工程是高架引水桥，将远处山坡的清泉引入城里，解决了城市的供水问题。主持该项工程的是麦加拉建筑师优帕林努斯（Eupalinus），此人可能也是庇西特拉图解决雅典供水工程的施工者。通过凿穿山丘、修建隧道的工程技艺，他解决了萨摩斯输水管道的贯通难题。在他插手的所有事务上，波吕克拉提斯都获得了成功。他公然蔑视波斯的强权，向波斯控制下的伊奥尼亚城市施加影响，并希望成为所有伊奥尼亚希腊人的主宰。鉴于共同受制于波斯人的强大压力，波吕克拉提斯自然应与阿玛西斯结成紧密的联盟。但当危险真正来临，冈比西斯入侵埃及时，这位萨摩斯僭主却改弦易辙。他觉得萨摩斯水师还不足以与腓尼基、塞浦路斯联军相抗衡，因此他非但没有增援老友之子，反而派出40条战船加入入侵者的舰队。然而，他派出的舰船并未到达埃及。他为战船配备的人员都是他怀疑有可能憎恨僭主本人或反对僭主制的萨摩斯人。但是他的阴谋诡计遭到了报应。船队到达卡尔帕托斯（Carpathus）岛后，船员们决定驶返萨摩斯，推翻暴君的统治。在被僭主一战击败后，萨摩斯人决定寻求斯巴达的援助。他们的请求得到科林斯的强有力支持，因其贸易长期遭受波吕克拉提斯指使的海盗侵扰。拉凯戴梦人派出一支军队围困萨摩斯，这是他们第一次向东派兵，但不幸遭到失败。眼见攻城无望，拉凯戴梦人决定返回家乡，不再参与萨摩斯的内部冲突。

斯巴达攻打萨摩斯

我们不能因为波吕克拉提斯背信弃义、支持波斯入侵埃及而对他横加责难,因为人们很少注意到在统治的最后几年他与阿玛西斯、普萨麦提库斯之间的关系到底如何。从波吕克拉提斯戒指的故事中可以看到,双方的同盟早已不复存在,破坏双方同盟关系的可能恰恰正是阿玛西斯。事情大概是这样的:阿玛西斯听人说起他朋友极度繁荣,即刻修书一封。【222】信中写道,因为担心萨摩斯如此长久而极佳的好运气可能会招致上天的嫉妒,所以他建议波吕克拉提斯把失去后可能会给带来最大痛苦的东西扔掉,他说:"把它扔得远远的,扔出这个世界。"波吕克拉提斯把这话铭记于心,武装了一艘五十桨战船驶往大海深处,迎着浪头把僭主最珍贵的东西——一枚由雕刻家泰奥多鲁斯(Theodorus)雕刻的绿宝石戒指扔进大海。几天后,一位渔夫来到僭主的宫殿,送给他一条大鱼,结果在鱼肚里又发现了这枚戒指。波吕克拉提斯写信给阿玛西斯,向他讲述事情的前因后果。读过这封信后,阿玛西斯觉察到任何人都不可能改变命运,将他人从命中注定的厄运中解救出来。阿玛西斯确信波吕克拉提斯将不得善终,为避免因朋友的不幸而悲伤,他决定断绝与波吕克拉提斯的朋友关系。埃及人的预言果然实现。打退拉凯戴梦人后不久,波吕克拉提斯落入波斯驻萨狄斯总督设计的陷阱,最后被俘钉死在十字架上。

关于波吕克拉提斯戒指的故事

波吕克拉提斯之死,约公元前523年

第四节 大流士治下的伊奥尼亚

因国内的谋反,国王冈比西斯被从埃及召了回来。离开波斯前,他将东部一些省区委托给兄弟斯美尔迪斯(Smerdis)摄政统治;从埃及返回后,因怀疑斯美尔迪斯的忠诚,冈比西斯将他处死。一个长相与其非常相似的篡位者伪托去世的斯美尔迪斯之名造反。冈比西斯迅速镇压了伪斯

冈比西斯之死,公元前522年

美尔迪斯；但当他行军至叙利亚时，人们发现"他死于自己之手"，这是贝希斯敦（Behistun）巨石铭文的记载。波斯王位的顺位继承者是帕提亚总督海斯塔斯佩斯（Hystaspes），其子就是著名的大流士（Darius）。但海斯塔斯佩斯并未试图获取他应得的权力，因为伪斯美尔迪斯的地位非常巩固。后来，在著名的贝希斯敦铭文中，大流士写道："没有任何一个波斯人或者米底人敢于反抗他。"但是，与他的父亲不同，大流士伙同6位贵族杀死了篡位者，并自称波斯大王。在大流士统治的第一年，居鲁士征服的广袤国土上到处都爆发了叛乱；在平息叛乱的过程中，大流士的魄力和能力得到了充分体现。此时，埃兰、巴比伦尼亚、米底、亚美尼亚相继爆发起义；一个新的伪斯美尔迪斯又兴起；巴比伦城两度被围。经过激烈战斗，大流士牢牢地巩固了他的权力，镇压了所有的反抗。大流士将他登基第一年内几乎难以取得的胜利以铭文形式记录下来，镌刻在考斯佩斯（Choaspes）河上游贝希斯敦高峻的山崖上，以供后人瞻仰，【223】铭文用波斯语、苏美尔语和巴比伦语三种文字写成。

> 大流士登基，公元前521年

> 巴比伦被围，时间分别是公元前520年和前519年

> 贝希斯敦铭文

通过迎娶居鲁士之女、冈比西斯的姊妹兼寡妻阿托莎（Atossa），大流士将自己与前任家族紧密联系起来。接着他重整帝国的管理机构，增加省区的规模，将全国所有区域划分为20个省区。（波斯帝国及御道，参见图6-4）他将哈里斯河以西原吕底亚王国分为三个省区，由两位总督管辖：驻萨狄斯的总督治理伊奥尼亚和吕底亚两个省区；驻达斯库利昂（Dascylion）的总督管理包括普罗蓬提海周边希腊城市在内的弗里吉亚省区。总督不得干预希腊城市的内部事务，这些城市由僭主统治。僭主们也乐意如此，只要他们按时缴纳贡赋、必要时提供足额的兵源即可。波斯的统治确保了僭主们的权力，所以当大流士统治之初，波斯内部动荡时，小亚细亚的希腊人并未试图摆脱波斯人的奴役。冈比西斯统治时这些希腊人的日子可能比大流士在位更好，因为据说大流士规定了每年贡

> 西部省区：1. a. 伊奥尼亚；b. 吕底亚
> 2. 弗里吉亚

> 波斯统治下的僭主制

金的固定数额,而冈比西斯时只需缴纳非正式的捐献即可。这里的贸易也因国王的货币改革和波斯境内的道路体系建设而得到进一步发展。他采用克洛伊索斯在吕底亚实施的双金属币制,希腊人将波斯发行的主要金币称为大流克(daric)。信使穿行于苏撒(Susa)到萨狄斯之间的御道上,御道被分为若干段,每段中间皆设有固定的驿站。御道全长超过1500英里,步行3个月才能走完。如果一个希腊人想前往苏撒,他可在以弗所上岸,3天后可达萨狄斯;他首先穿过弗里吉亚腹地,那里有酷爱黄金的国王弥达斯之墓;接着相继经过佩西努斯(Pessinus)和安卡拉(Ancyra),穿过哈里斯河后到达卡帕多西亚的古城皮特里亚(Pteria),克洛伊索斯曾攻占过这座城市;接下来再渡过哈里斯河上游,向南折转经玛扎卡(Mazaka)城和科曼那(Comana)城,穿行陶鲁斯(Taurus)山区后抵达幼发拉底河畔的萨摩萨塔(Samosata);渡过幼发拉底河后,御道绕过美索不达米亚北部山区,经过尼西比斯(Nisibis)城后在亚述废都尼尼微附近抵达底格里斯河;从阿尔贝拉(Arbela)开始,道路沿考斯佩斯河向东南前行,最后他就可到达帝国的首都苏撒。这条御道平整而安全,有

御道

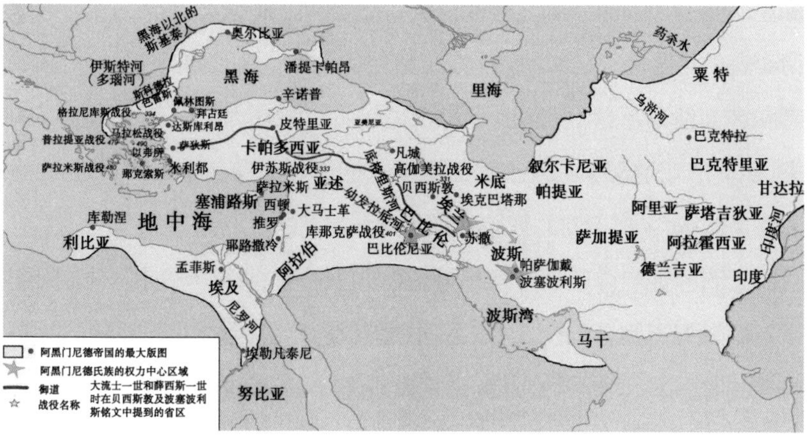

图 6-4 波斯帝国及御道

(据 E.J.Bakker et al eds., *Brill's Companion to Herodotus*, Leiden: Brill, 2002, p.552 编译)

专人维护,拉近了亚洲中部与爱琴海地区的距离,打开了西方人对东方世界的好奇心。御道的修建对拓宽希腊人的地理知识一定也产生着不可估量的影响。【224】其影响力表现在对希腊第一张地图产生的重要促进作用上。希腊人认为御道是一条自西向东的直线,因此在希罗多德实际运用的地图中,这条御道扮演着如今地图上赤道的角色;其经度是以下面的方式来决定的:他们认为希腊世界所知的最大两条河流,即尼罗河和多瑙河,处于同一经度上,而多瑙河被认为是自北向南流,从经度位置看,二者在辛诺普交汇。公元前6世纪末在伊奥尼亚出现了最早的希腊地理学家,他们采用的基本原则是地球表面是对称分布的。然而,一方面他们将数学原则仅运用于分析观察地球表面很小一部分,另一方面他们的观察远未完善,所以最终只能制作出令知识更丰富的现代人看来怪异的地图。但是无论怎么强调伊奥尼亚研究者及其学术研究的重要性都不为过,阿那克西曼德(Anaximander)和赫卡泰伊乌斯(二者都是米利都公民)是他们的主要代表,因为他们开启了一个新开端。阿那克西曼德制作了第一张地图,赫卡泰伊乌斯写作了一本《地理志》用作对"阿那克西曼德地图的注解"。赫卡泰伊乌斯是一位旅行家,他写过关于埃及诸奇迹的最早指南;因为生活在一座巨大的商业中心城市,来往的旅行者和客商络绎不绝,所以他懂得收集二手材料作为对其亲身观察的补充。伊奥尼亚地理学的发展势必因御道的修建而向前进一步推进,就此而言,波斯对东部希腊的征服有利于欧洲文明的发展。

早期的地图

阿那克西曼德

欧洲的进步应归功于伊奥尼亚的知识分子,在这一阶段,他们开辟了新的发展道路,因此在回归主题之前,有必要在学术发现活动方面啰唆几句。这是一次非常有趣的学术发现活动,人们推理的天分与实证知识紧密地结合在一起。对第一位地图制作家阿那克西曼德而言,制作地图只是他作为一位自然哲学家广泛学术活动的一部分内容。由于对泰利士发现的理论——水是宇宙的第一要素——并不满意,他力图找到一种更普遍的概念;他将这一概念命名为"无限",即任何物质在质上都是无限的;虽然消极,但这一概念却能够区分我们所能感知到的一切确定事物。赫卡泰伊乌斯是希腊历史学的创立者。在一定程度上,他打破了原来的传统,批判了赫西俄德的神学。在他看来,出现在神话故事中作为诸神之子的英雄其实都是凡间女人的私生子,为了掩盖她们做过的亏心事,她们将宙斯或阿波罗认作孩子们的父亲。【225】他说:"在我看来,希腊人的故事繁复而可笑。"自此,理性开始对宗教权威提出质疑,赫卡泰伊乌斯就是先行者之一。但是在宣称用理性思考宗教问题上,给人印象更深刻的是另一位伊奥尼亚人科洛丰的色诺芬尼(Xenophanes),① 他与赫卡泰伊乌斯属于同一时代,在后面相关问题中还会进一步讨论他著作的重要性。

散文作家赫卡泰伊乌斯

色诺芬尼

苏撒离希腊人毗邻而居的海洋相当遥远。一些因某种际遇居住在东方的希腊人常常会陷入思乡之情中;在克罗同医生德摩凯戴斯(Democedes)的奇妙故事中,这些离乡背井的希腊人会发现自己的影子。在埃吉那和雅典行医时,这位医生因技艺高超挣得大笔金钱;在为萨摩斯僭主波吕克拉提斯服务期间,他挣得更多。但随着僭主去世,萨摩斯陷入一片混乱,这位医生作为囚犯被押送到了苏撒。在一次追击中,大流士扭伤了脚,德摩凯德斯被带出地牢,在国王身上一试身手。他成功治好大流士的伤病,讨得国王的欢心。他可以向国王要求任何奖赏,但就是不能回到希腊。一天,因受乳房肿块的折磨,王后阿托莎召唤德摩凯德斯到内廷为其治病。治病前他要求王后许诺,如果治好了她的病,王后务必答应他请求的任何事情。在他的指使下,阿托莎鼓动国王不要忘记征服希腊

---

① 进一步的叙述见第7章第14节。

第六章 波斯向爱琴海的推进 283

的计划,并建议派出间谍随德摩凯戴斯周游希腊各地,以便带回与希腊相关的谍报。据人们讲,居鲁士之女的建议对大流士历来颇具分量。德摩凯戴斯的计划成功了！出发前,德摩凯戴斯答应还会回到苏撒,因此,大流士送给他丰厚的礼物让他赠予亲属,并暗中要求随行的波斯人时刻监视,以免他逃走。故事中早已设定这支队伍中有来自意大利的希腊人,当他们来到塔拉斯时,该城的统治者以间谍之名逮捕了波斯人;直到德摩凯戴斯从容逃回他的祖国,塔拉斯人才把这些波斯人释放出狱。获释后,这些波斯人立即跟随他的行踪赶到克罗同,但克罗同人拒绝交出这位名医;波斯人入侵意大利几乎是不可能的事情,如果这样他们将面临极度的危险。这则奇怪故事讲述了第一位在苏撒王宫行医的希腊人的故事,其中既包含着历史事实也不乏虚构成分。他并非最后一位。后面还会见到另一位著名的医生,他根本不想回到希腊,而是长住波斯,并写了一部入籍国的历史。

克泰西阿斯

第五节　大流士远征欧洲：征服色雷斯

此前,居鲁士已征服了地中海东部沿海地区;【226】通过降服埃及,冈比西斯完成并确保了波斯人对地中海南部的占领;留给大流士的任务是征服色雷斯,进而完成并确保波斯对地中海北部的控制。对小亚细亚的统治者而言,控制欧洲大陆与其邻近的地方非常重要,正如叙利亚的统治者觉得必须控制非洲大陆与其接壤地带一样。在用 8 年时间将国内事务打点得整齐有序后,大流士开始准备远征欧洲。或许他最初的战略设计是首先征服色雷斯各部族,直达多瑙河,使该河成为帝国的北部边界;然后继续向西,将势力扩张到马其顿。色雷斯人勇猛尚武,境内多山,使波斯人的征途面临诸多困难,需要大批兵力和翔实的应急措施。一位名为曼多罗克莱斯（Mandrocles）的萨摩斯建筑师受雇在拜占廷以北的博斯普鲁斯海峡上搭建一座用船只铺就的浮桥。当波斯军队从桥上通过后，大流士在海峡欧洲一侧竖起两根记功柱，用希腊文和楔形文字在柱子上刻上组成大军的各部族之名。历史学家希罗多德说他曾见过这两根柱子。在萨摩斯的赫拉神庙，我们可以见到另一件记载波斯人渡过海峡到达欧洲的纪念物。曼多罗克莱斯用大流士恩赐给他的奖励请人制作了一幅画像，上面绘有一座浮桥和渡海的大军，大流士坐在一处醒目之地。为了彰显荣耀，他还在画上题写了一首四言诗："在多鱼的博斯普鲁斯建好桥梁后，曼多罗克莱斯向赫拉献上这幅纪念画。他不但为自己赢得头顶上的闪亮桂冠，而且也为萨摩斯人带来了荣耀。因为这项工程深得大流士的欢心。"波斯治下的希腊人组建了一支强大的舰队，在黑海沿色雷斯海岸游弋，向北抵达多瑙河河口，以此支持和配合波斯陆军的行动。希腊各城市派出的分遣队分别由各邦僭主统领，其中著名的人物有米利都僭主希斯提埃乌斯（Histiaeus）、兰帕萨库僭主希波克鲁斯（Hippoclus）、色雷斯克尔松尼斯僭主米泰雅德。

公元前 512 年

　　色雷斯战事的相关细节并未保存下来，我们只知道许多部族都投降了，但格特人（Getae）向往自由，不愿未经战斗就缴械投降。面对入侵者，色雷斯人可能也做了一定的准备，采取了一些应对措施。居于多瑙河以北的部落，即今介于多瑙河、喀尔巴阡山、普鲁特河（Pruth）之间的瓦拉奇亚（Walachia）和摩尔达维亚（Moldavia），与该河以南的部落在许多方面保持着联盟关系。【227】希腊人将这些部族统统归于斯基泰人，而且认为居于喀尔巴阡山到里海之间广阔地域的所有民族都属于斯基泰人。其实，居于上述地区靠东的部族所讲的语言大致与波斯语类似，而靠西的部族类似于色雷斯语。再自然不过的是，当面临亚洲人入侵时，居于多瑙河以南的部落理应采取措施，力求获得北部邻近部落的援助，

第六章　波斯向爱琴海的推进

以便抵抗波斯人的进攻。居于该河以北的部落答应随时准备提供援助。毫无疑问，在到达多瑙河之前，大流士意识到在冬天封冻之时，居于河对岸充满敌意的斯基泰人随时会从坚冰上过河，从而给波斯人在色雷斯的统治频繁制造麻烦。希腊人的舰船沿河口上溯，在河上搭建起一座浮桥，大流士及其大军从桥上过河，向斯基泰开进。波斯大王在这个世界遥远角落的所作所为及其目的被传奇故事制造的种种疑云层层掩盖。或许他希望在此向敌人一展力量，制造恐怖气氛，从而震慑南部不安分的色雷斯人，但这并不是唯一的解释。或许可以认为，大流士将进攻目标转向多瑙河以北，其主要目标是能够攫取达西亚（Dacia）的金矿，此时阿伽提尔西人（Agathyrsi）占据着这块地方；同时他还希望确保该地与多瑙河河口之间的交流保持畅通。三个层面的事实从历史迷雾中显现出来：其一，阿伽提尔西人积极抵抗波斯人的进军；其二，他在河边建立了一座名为奥阿鲁斯（Oaros）的要塞，这一名称的来由已无从考证，但无疑它是多瑙河的一条支流；其三，他一度与等待归航的舰队失去了联系，有人诱惑希腊人的统帅，要求他置国王安危而不顾，驶离了多瑙河。后来大流士表达了对希腊人忠诚的谢意，也感谢他们在远征中给予他巨大的支持。事实上，让波斯遭受重创与希腊统帅的利益完全相背，正是大流士让他们能够在小亚细亚希腊城市里维持专制统治。在此关键时刻僭主们的忠诚对波斯国王弥足珍贵，当他返回色雷斯时，发现拜占廷、佩林图斯（Perinthus）、卡尔克顿都已反叛。上述城市的反叛迫使大流士不得不避开博斯普鲁斯海峡。他率军南行至色雷斯的克尔松尼斯半岛，并由此渡过了赫勒斯滂。不过他留下一支大军，在麦伽巴佐斯（Megabazus）率领下，波斯人最终征服了色雷斯，不久将普罗蓬提海及爱琴海北岸的希腊城市降为波斯的属地。事实上，麦伽巴佐斯将波斯的统治向南扩张到了斯特里梦河流域，并在名义上控制着更远的西部地方；【228】因为居于斯特里梦河谷与阿克西乌斯（Axius）河之间的派奥尼亚人（Paeonians）被征服，马其顿人也不得不承认效忠波斯大王。

> 关于斯基泰远征的故事

大流士远征欧洲极其成功，甚至可与冈比西斯远征埃及相提并论。但流传下来的记载却完全不同，甚至转变成另外一副令人难以置信的面貌。这种说法认为远征的目的不是攻打色雷斯，而是实施一个疯狂计划，即把南俄草原斯基泰人的地盘合并到波斯帝国版图中。根据希罗多德富于艺术性的处理，这种说法只把色雷斯当作进攻斯基泰的一个跳板，从而使大流士征服色雷斯变得无足轻重；征服斯基泰大胆而狂妄的计划最终以波斯军队可耻的惨败告终。据希罗多德的说法，大流士的目的是报复100年前斯基泰人对米底的侵略；他派遣希腊舰船到伊斯特河的目的仅仅是为了在河上搭建一座浮桥。当大军过河后，大流士最初的想法是毁掉浮桥，让希腊舰船返回；但一位审慎希腊人的建议改变了他的计划。他拿出一根绳索在上面系上60个结，交给希腊水师统领，并告诉他们说："每天解开一个结，静候于此，严密保护好浮桥。如果所有结都已解开而我还没有返回，你们就回家吧。"接着历史学家希罗多德继续他的描述：大流士率领大军追逐这支游牧民族，进入了"如同仙境一般"的斯基泰草原；他忘记了大军已经渡过的伊斯特河，忘记了盟友可能的背叛，忘记了军队携带的给养。波斯大军追赶斯基泰人来到顿河的另一边，跨过奥阿鲁斯河，在此大流士建立了一座要塞；他们从多瑙河畔追赶到了麦奥提克海（Maeotic，即今亚速海）之滨。希罗多德将他构想的波斯人长征置放在富有诗意的斯基泰国土的图景中。当返抵多瑙河时，波斯人发现他们处境狼狈，进退维谷，一边有野蛮人的追赶和袭扰，另一边60日的期限已过。【229】伊奥尼亚人等候在河边，眼看规定的时限已过，这时一群斯基泰人来到他们面前，催促他们毁掉浮桥；这样就可消灭大流士，希腊人也将重获自由。克尔松尼斯僭主米泰雅德强烈支持斯基泰人的建

第六章　波斯向爱琴海的推进　　287

议,但以米利都僭主希斯提埃乌斯为代表的反对意见占据了上风,他指出这些城市僭主们的权力完全取决于波斯的统治。因此,他们假意同意斯基泰人的建议,毁掉浮桥的北侧;斯基泰人看着大流士回撤之路被断,满意而去。不一会儿,大流士乘着夜色狼狈撤退到河边;当他发现河上并没有浮桥时,恐惧之情溢于言表。一位大嗓门的埃及人对着河面大呼"希斯提埃乌斯"的名字;恰好此时希斯提埃乌斯正在值守,听到叫喊声后,他急忙登上快船,率领手下修好被毁掉的那一部分浮桥。这样,经过一番狼狈的溃退后,大流士终于被他的好将官希斯提埃乌斯所救。然而,如果人们采纳了米泰雅德的建议,就不可能发生随后而来的波斯对希腊的入侵了。

受希腊人偏见的影响,根据想象,以希罗多德为代表的希腊人把波斯人一次原本明智而成功的宏图大业变成一次愚蠢而损失惨重的远征,这一偷梁换柱的曲笔技术如此高超,以至于时至今日,人们还把故事当成真实的历史。

第六节 伊奥尼亚人反抗波斯的起义

波斯对色雷斯和马其顿的征服是征服希腊的第一步,虽然并无理由相信这是一个有意而为之的步骤。她对希腊的企图直到20多年后才显露出来;在大流士从色雷斯返回后的最初20年里,似乎并没有什么事情可能引发亚洲的专制与欧洲的自由之间产生激烈对抗。被雅典放逐的僭主希庇亚斯努力修复与萨狄斯的关系,并力图诱使总督阿塔佛涅斯(Artaphernes)帮助他恢复权力。阿塔佛涅斯能够做的也就是威胁雅典人,他从萨狄斯派出使节,恐吓雅典人说:"如果你们想获得安全,赶快迎回希庇亚斯。"但除威胁外,总督并未采取其他任何有效措施。

在此后发生的其他事件中，希庇亚斯并未发挥什么作用，直到波斯最终决定远征雅典。那克索斯岛的政治状况间接导致臣服的希腊人起来反抗波斯；在这次起义中，雅典和其他希腊城邦发挥着一定作用，这才是导致波斯远征希腊最直接的原因。

【230】为了回报米利都人希斯提埃乌斯在色雷斯远征中作出的巨大贡献，大流士决定给予他提出的任何奖赏。希斯提埃乌斯说他希望得到斯特里梦河下游肥沃的城镇米西努斯（Myrcinus），并在此建立殖民地，后来在附近建了著名的安菲波利斯。麦加巴佐斯可能随他一同前往，到达那里后，希斯提埃乌斯立即构筑城防。米西努斯附近盛产银矿，且木材丰富，适宜造船。这位波斯将领认为允许在如此重要的地方建立一个希腊殖民地对波斯大为不利，当国王还在萨狄斯时，他就汇报了自己的想法。大流士派人请来希斯提埃乌斯，说他是国王不可或缺的朋友，应当时刻陪伴左右，因此希斯提埃乌斯不得不随同前往苏撒，此后再也没有能够回到爱琴海边。希斯提埃乌斯的计划就此中断，当再度与爱琴海地区政治发生联系时，他已在苏撒王宫中满怀遗憾地度过了12年。

米利都由希斯提埃乌斯的女婿阿里斯塔哥拉斯（Aristagoras）统治，此人志大才疏，但在历史上却作为伊奥尼亚希腊人起义的策动者而享有盛名。一批因民主运动兴起遭到流放的那克索斯寡头党人前来投靠他，请求他帮助镇压人民，使他们重获对这个人口众多且富庶异常的海岛的控制权。在他人的请求下，阿里斯塔哥拉斯觉察到这是一个扩张势力的好机会；但如果没有波斯人的协助，这次冒险似乎很难完成。于是他前往萨狄斯，向阿塔佛涅斯陈述降服基克拉底群岛乃至优卑亚的计划，这个计划中，占据那克索斯岛首当其冲。阿塔佛涅斯轻易坠入彀中，该计划也获得大流士的首肯，波斯将领麦伽巴泰斯（Megabates）率领的200条战船受派前往米利都听从他的调遣。毫无疑问，要不是阿里斯塔哥拉斯和

希斯提埃乌斯

公元前512年

公元前511年到达苏撒

米利都人阿里斯塔哥拉斯

他的那克索斯冒险

计划的失败

麦伽巴泰斯的争吵,计划将会取得完全的成功。这位波斯水师将领不怀好意地提醒那克索斯人即将到来的危险;岛上居民提前做好积极有效的准备,经过4个月的围城,眼看降服这座城市几无可能,阿里斯塔哥拉斯只得把舰队撤回到伊奥尼亚。这次失败对于阿里斯塔哥拉斯的前途具有致命的影响。他浪费掉波斯人大笔金钱,丧失了阿塔佛涅斯对他的信心,并与麦伽巴泰斯结下仇怨。于是他决定煽动小亚细亚的希腊人起义,反抗波斯人的统治,从而改变他的命运。

希斯提埃乌斯是否与伊奥尼亚起义有涉

有故事说,因厌倦了底格里斯河以东漫长的流放生活,阿里斯塔哥拉斯的岳父希斯提埃乌斯派遣一名忠诚的奴隶通过在头顶刻字的方式传信,唆使阿里斯塔哥拉斯最终走到了这一步。[231] 书信送达时,阿里斯塔哥拉斯正在思量是否要举起义旗,书信使他坚定了这一决定。人们推断,希斯提埃乌斯极力煽动的动机是,如果起义爆发,他就可以说服大流士派他回到伊奥尼亚恢复当地的秩序。然而,这个故事听起来并不太可靠。希斯提埃乌斯被扣苏撒,正是因为大流士认为他对波斯在爱琴海的利益构成了威胁;因此,他反而担心女婿策动的起义可能会对他在大流士面前的声望带来致命打击。起义爆发后,如果大流士仍派阿里斯塔哥拉斯的至亲前往镇压反而是咄咄怪事。有理由怀疑希斯提埃乌斯怂恿起义爆发的故事可能是从此人后来的行为中推导出来的,甚至有可能是他自己编造出来的。

在伊奥尼亚早已种下了起义的火种,只需有人点燃引线,即可燃放出熊熊烈焰。有学者认为导致他们反叛的主要因素是希腊僭主的个人野心,这种看法未免肤浅。相反,导致起义爆发不可或缺的背景恰恰是因为人们普遍仇视僭主制,这种不满情绪在这些城市郁积已久;而僭主是波斯人的爪牙,是波斯对希腊人控制体系的一部分。一位野心勃勃的僭主确实是将人们的思想转化为行动的导火索;但为了引导人们努力推翻波斯人的统治,他必须首先下台,放弃僭主的身份。

策动起义的第一步是在这些希腊城邦建立民主制,除掉当下的僭主。在米利都,阿里斯塔哥拉斯宣布辞去僭主之职;在其他城邦,这一过程也大多未发生流血冲突。但米提勒涅是一个例外,那里的人们对僭主怀着深仇大恨,结果他们以石击之刑将其处死。

接下来是获得拥有自由的希腊大陆各邦帮助伊奥尼亚人抗击波斯的反扑。阿里斯塔哥拉斯担负起这个使命。他首先前往斯巴达。但正如此前拒绝与其联合抵抗波斯人的侵略一样,此次斯巴达人同样拒绝派出援军将伊奥尼亚人从波斯人的压迫中解放出来。后来,流传下来这样一则有趣的故事,说前去拜访国王克利奥蒙尼时,阿里斯塔哥拉斯向他展示了一张雕刻在青铜版上的世界地图,告诉他当时已知世界的国家、海洋、河流。克利奥蒙尼之前从来未曾见过地图,这位巧舌如簧的伊奥尼亚人鼓动国王说,斯巴达应当立下远大的志向,征服波斯帝国。克利奥蒙尼颇有感触,思考三天后才给出了答复。他问阿里斯塔哥拉斯从伊奥尼亚到苏撒的距离有多远。阿里斯塔哥拉斯没有任何戒备,回答说需要三个月;正当他接着准备描述御道的情况时,国王用命令的口吻打断了他:"来自米利都的陌生人,日落之前离开斯巴达!"【231】阿里斯塔哥拉斯决定再做一次尝试。他以一个乞援者的身份来到克利奥蒙尼的家里,准备贿赂国王。最初他拿出 10 塔兰特,接着他逐渐加码,最后达到了 50 塔兰特。这时,国王才满 8 岁的女儿戈尔戈(Gorgo)大声说道:"父亲,这个陌生人在腐化你!"克利奥蒙尼为幼女的话语深深触动,离开了房间。

这位米利都的陌生人在雅典和厄律特莱的进展更顺利。两个城邦都派出了援军;据希罗多德记载,雅典派出的 20 条舰船表明一个重要历史时刻的到来,宣布"希腊人与蛮族交恶的开始"。

对于那些见惯了波斯帝国庞大资源的起义者而言,取得成功的前景

阿里斯塔哥拉斯在斯巴达

在雅典和厄律特莱,公元前498年

赫卡泰伊乌斯的建议

第六章 波斯向爱琴海的推进

似乎一片黯淡。当阿里斯塔哥拉斯与米利都的饱学之士商量对策时，地理学家赫卡泰伊乌斯想方设法劝阻他的冲动之举。眼看阿里斯塔哥拉斯和其他人拒绝他的建议，下定决心大干一场时，赫卡泰伊乌斯提出了他认为第二好的建议："如果你们确实要发动起义，就应尽快攫取迪狄玛（Didyma）阿波罗神庙的圣库，成为海洋的主宰者；如果你们不这样做，敌人很快就会这样做。"但是，这个建议也同样未被采纳。

萨狄斯的希腊人　　在雅典和厄律特莱的援助下，阿里斯塔哥拉斯向萨狄斯进军，并很快攻占了这座城市，但他们没能夺取卫城。希腊人驻扎在萨狄斯时发生了一场火灾，整座城市被焚为平地。希腊人撤离这座浓烟弥漫的废墟，返回海岸边。但在以弗所附近，他们与一支波斯军队遭遇，并被其迅速击败。雅典人径直返回到阿提卡，雅典人在伊奥尼亚起义中发挥的作用就

雅典人在起义中所起的作用　　此结束。但是，这段简短的插曲为其招致了严重后果。焚毁萨狄斯具有重要的意义，但其重要性不是表现在起义过程本身，而是表现在起义引发的后续事件上。该事件不可挽回地损害了两个欧洲希腊城邦在波斯人心目中的地位。有故事说，当人们告诉他是雅典人帮助伊奥尼亚人烧毁了

关于大流士与雅典人的逸事　　萨狄斯时，他问道："雅典人？谁是雅典人？"他叫人拿来一张弓，搭弓引箭射向天空，祈求上天赐福，让他惩罚雅典人。另外，他命令一个奴隶在每日三餐时提醒他说："大王，记住雅典人。"这则故事当然没有历史价值，但对希罗多德的叙述而言具有艺术价值。通过对重要的语言暗示和重大举措的描写，这位历史学家（正如不少学者注意到的）向我们昭示着他讨论的话题已进入一个新阶段，即希腊人与蛮族人对抗的阶段。

起义向南漫延到卡里亚和塞浦路斯，【233】向北扩散到普罗蓬提。在塞浦路斯，除阿玛图斯外，所有城市都摆脱了波斯人的枷锁，但随着腓

南部地区的起义　　尼基水师的到达，整座岛屿又被波斯人重新占据。赫勒斯滂地区的城镇也被征服。在卡里亚，起义者在遭到两次沉重打击后，才成功击败了波斯

军队。

但是，阿里斯托哥拉斯为人轻浮，不具领袖气质，无法领导此次运动。眼看波斯成功地镇压各路起义大军，他对起义大业丧失了信心，逃往色雷斯的米西努斯。据说他曾召集支持者，商讨接下来的行动，询问是否应该逃走。会上，有人提议他们应乘船驶往遥远的萨丁尼亚。据说，此时赫卡泰伊乌斯又向他提出建议，要求他们在邻近的岛屿莱罗斯（Leros）建立要塞，殊死抵抗，一旦命运逆转，他们便可由此轻易回到米利都，但是他的建议再次被阿里斯托哥拉斯及其朋友否决。不久，阿里斯托哥拉斯的大限来临，在围攻一座色雷斯城镇时，他被杀身亡。阿里斯托哥拉斯的死并未影响到起义的进程，因为他在其中并未发挥太大作用。阿里斯托哥拉斯才离开历史舞台，其岳父就再次登上前台。希斯提埃乌斯比阿里斯托哥拉斯所起的作用更小。这位冒险家说服了（或者是他自吹）大流士派他前往爱琴海地区；他吹嘘说在国王外衣还没换好之前，他就能镇压反叛者，并承诺将萨丁尼亚并入波斯大王的统治版图。虽然希斯提埃乌斯的承诺与事实不相符，却充分反映了那时希腊冒险家的性格特征，即诱骗自己和他人到遥远的萨丁岛投机冒险。到达萨狄斯时，他发现那里的总督阿塔佛涅斯对他猜疑颇深；出于安全考虑，他逃往开俄斯。在此，他对起义者的英雄业绩大加赞颂，并声称是他策动了起义；或者也正是此时，他杜撰并到处散播他将消息刻在奴隶头上的著名故事。在获得列斯堡人提供的几条战船后，他干起了与其性格相宜的海盗勾当，占据着拜占廷，劫掠海峡上的过往船只。最后他被阿塔佛涅斯抓住，关进大狱，并处以十字之刑。

最主要且富决定性的战役是米利都围城，这次战役中，波斯人几乎倾注了所有的精力。该城被刚从塞浦路斯撤回的600艘战船团团围困；希腊人的舰队驻扎于城外的拉戴岛，据说他们共有353条战船，但组织

阿里斯托哥拉斯的逃跑

希斯提埃乌斯再次露面

他最终的命运，公元前493年

公元前494年拉戴之战及米利都的陷落

涣散，缺乏统一指挥，也没有协同作战的精神。战斗过程中，列斯堡人和萨摩斯人先后逃离战场；【234】开俄斯人作战勇猛，但人数太少。最终，米利都的城池被攻破，男人全被杀害，妇女和儿童被掳往苏撒。作为希腊世界最主要的神托所之一，迪狄玛的阿波罗神庙被世袭祭司布兰奇戴（Branchidae）家族主动放弃，最终被人一把大火彻底焚毁。通往神庙圣道两旁的雕像有幸部分保留下来，这些雕像对研究雕塑史的学者很有吸引力，其中一尊雕像对历史学研究者也有一定价值，这就是提奇乌萨人卡莱斯（Chares of Teichiussa）。无疑，他是大流士安插在该城的一位僭主，这从一个侧面证明，波斯掌握着伊奥尼亚的统治权。

> 布兰奇戴的神庙

> 卡莱斯

烧毁阿波罗圣所的行为可能未受大流士的指使。作为众王之王的大流士对预言之神的尊敬从他写给伊奥尼亚总督的一封诏敕中可见一斑。这封书信的部分内容保存在一块石碑上，证明国王曾指令说阿波罗总是"告诉波斯人真相"。

> 大流士写给伽达泰斯的信

攻占米利都后，大军开往卡里亚，此前一度兴盛的反抗运动旋即被镇压，周边的海岛也被征服。同时，腓尼基水师出现在赫勒斯滂，东部希腊人重获自由的一切努力被彻底碾碎。

> 起义的结束

虽然雅典人在伊奥尼亚独立运动之初就撤了出来，但米利都的沦陷仍然形成了强大的冲击波，他们的遭遇使雅典人充满着深深的同情和惋惜。该城沦陷后不久，悲剧作家弗吕尼库斯（Phrynichus）以米利都的灾难为主题创作了一出悲剧，结果他因此受到处罚。雅典对他罚款的原因是该剧使雅典人回想起他们自身的不幸遭遇。但与此同时，人们也从波斯人那里获得了以后他们最珍视的宝贵财富。克尔松尼斯僭主米泰雅德并未参加起义，但他乘乱将勒姆诺斯（Lemnos）和音布洛斯（Imbros）两岛据为己有。起义失败时，他觉得待在克尔松尼斯也并不安全，于是溜回雅典。他的儿子被波斯人抓获，但大流士对其善待有加，这证明米泰雅

> 弗吕尼库斯因上演《米利都的陷落》被罚款1000德拉克玛

> 米泰雅德，勒姆诺斯和音布洛斯成为雅典的领土

德在早期与波斯保持着友好关系。回到雅典后,他自称获得勒姆诺斯和音布洛斯是他为雅典立下的功劳。虽然上述二岛似乎一度被波斯重新占领,但最终还是回归到雅典的治下。

第七节　大流士的第二次和第三次欧洲远征　马拉松战役

镇压起义后,波斯有三件事情要做。首先,重新组织亚洲的希腊人;其次,重新征服波斯帝国在欧洲的土地;最后,惩罚那些参与对波斯作战并占据萨狄斯的希腊自由城邦。

阿塔佛涅斯丈量了伊奥尼亚各城邦的领土面积,统计了各邦人口数量,从而固定了贡赋数量,他还规定各城邦之间无权发动战争。然而,还有更多的工作需要开展。这次起义教会波斯人,使他们认识到僭主制并不能解决一切问题;如今有必要尝试采用相反政策。于是各邦取消僭主制,建立民主政府。看着全世界最大的专制君主国家竟然赞成实行民主制,这不能不令人感到有些匪夷所思。但这不过是对希腊精神的一种让步,反映出大流士的政治智慧。

重新组织伊奥尼亚

大流士的女婿玛尔多纽斯（Mardonius）被派往希腊,重申波斯在色雷斯和马其顿享有的最高权力;前往马其顿的过程中,他建议向希腊进军,以惩处帮助伊奥尼亚人谋反的两个城邦。随他前行的水师在沿海岸行驶过程中顺道征服了塔索斯,随即降服了色雷斯,马其顿国王亚历山大也宣布投降。多年以后,马其顿的同名国王为他雪了投降波斯之耻。但远征希腊的计划并未能实施,因为水师遭遇海难,在阿托斯海角碰到风暴,部分船只沉没。玛尔多纽斯被迫返回。虽然他损失了一些战船,但还是完成了国王交给他的最重要的任务。

玛尔多纽斯征服色雷斯和马其顿,公元前492年

大流士做出决定,必须严惩雅典和厄律特莱,因为她们纵火焚烧萨

大流士准备远征欧洲的希腊人

第六章　波斯向爱琴海的推进

狄斯的行为深深触怒了他；侮辱波斯大王尊严的行为绝不能就此一笔带过。此外，被逐的僭主希庇亚斯还在苏撒的宫廷里，他不时催促波斯大王对将其逐出的城市发动远征。波斯决定马上发起新的远征，不过这次不再取道色雷斯和马其顿，而是直接横穿爱琴海。波斯大王命令，帝国沿地中海的城市装备好战船，准备运送骑兵渡海；同时派出使节前往希腊主要城邦，告诉她们如果不想与波斯交战，就必须交出象征投降的土和水。大多数情况下，人们都交出了上述象征物品；但也有城邦并未照办，其中就包括雅典的老对头埃吉那。【236】军队的指挥权交给阿塔佛涅斯和大流士的侄儿达提斯（Datis）；陪伴他们前往的还有年迈的僭主希庇亚斯，他希望再一次统治雅典。按希罗多德的说法，共有 600 艘强固的战船从萨摩斯岛驶出。他们首先扑向那克索斯，这也是阿里斯塔哥拉斯失败的地方。那克索斯人放弃了他们的城市，跑到深山里躲了起来；波斯人纵火焚毁了城市。阿波罗的圣岛提洛岛得以幸免，但当波斯人离开不久，岛上就发生了地震，这一不同寻常的事件被看作是麻烦事即将来临的征兆。在逐一征服基克拉底斯诸岛后，水师抵达优卑亚与阿提卡之间的海峡，顺道灭掉卡利斯图斯后，侵入厄律特莱的地界。令人奇怪的是，雅典和厄律特莱竟然没有协同作战，对付他们共同的敌人。厄律特莱只与阿提卡隔着一条狭窄的水道，但她们却无任何联合行动。事实上，雅典曾命令驻属邦卡尔基斯的殖民者帮助近邻厄律特莱，但除此外没有给予更多援助。在这座优卑亚城市的城墙外，双方发生了激烈的战斗，但不到 7 日，城市就被一些居于高位的公民出卖给了入侵者。毁灭厄律特莱神庙的火焰还不能抵消萨狄斯城的烈火给波斯人带来的愤怒。全城居民被卖为奴隶。涉及欧亚冲突的所有希腊城市，没有哪一座的命运比厄律特莱更悲惨。

波斯将军已完成大王交给的一小半任务，现在他们该集中力量对付另一座胆敢挑衅大王权威的城市。波斯人渡过海峡在马拉松湾登陆。（马

波斯征服基克拉底斯群岛和卡利斯图斯

焚毁厄律特莱

拉松的地貌及战前双方布置，参见图6-6）再一次，雅典的僭主从厄律特莱渡过海峡试图恢复他们的权力。50年前，他的父亲带着一小队雇佣军抵达马拉松；如今儿子带着亚洲的军队也来到这里。外国军队是希庇亚斯无法获得雅典人支持的最大劣势。庇西特拉图家族有很多死对头，但最大的对头是曾为克尔松尼斯僭主的客蒙之子米泰雅德。前面谈到他如何在伊奥尼亚起义后从克尔松尼斯逃回雅典。其政敌控告他在克尔松尼斯实行压迫统治，但因他带回勒姆诺斯和音布洛斯两份厚礼，从而被人民无罪释放。自然他仇视庇西特拉图家族，因为其父客蒙贵为奥林匹亚赛会的赛车冠军，竟然被僭主处死。毫不奇怪，作为一位活跃的政治人物，米泰雅德既是僭主的世仇，【237】又比其他雅典人掌握着更多关于波斯的第一手材料，因此他被所在部落选为将军。他是指挥人民抵抗波

米泰雅德

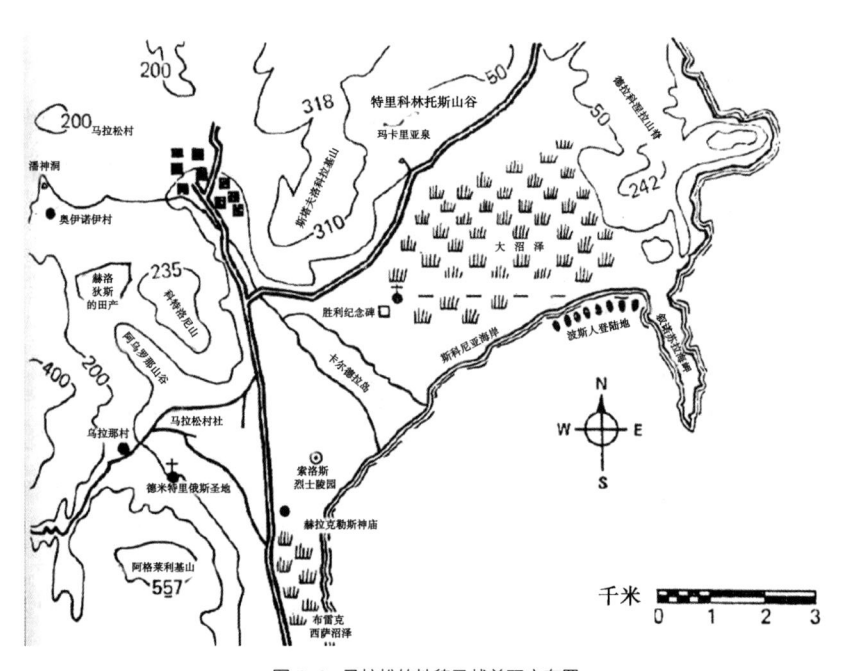

图 6-6　马拉松的地貌及战前双方布置

（据 J.Cassin-Scott, *The Greek and Persian Wars 500–323 BC*, London: Osprey, 1977, p.5 编译）

斯入侵者的灵魂人物。

自由雅典的能量　　自希庇亚斯被逐后，尽管过了还不到一代人，但雅典已发生巨大变化。在自由民主的社会制度下已形成雅典的特性。人们认为，如果雅典人没有发生较诸之前质的飞跃，希庇亚斯将会轻易在雅典复辟。易言之，如果波斯的侵略发生在20年前，雅典人就不会像现在这样奋勇抵抗入侵者；希腊的自由将会被压服。但是，打击目标未能在20年前就确定下来，这也绝非偶然。雅典和伊奥尼亚招致波斯入侵都是因为相同的政治原因，但是雅典经受住了考验。如果没有对僭主制的强烈不满，伊奥尼亚的希腊人不会发动起义；也正是因为相同原因，雅典人推翻了庇西特拉图家族，创立了洋溢着马拉松精神的自由雅典。另一方面，如果伊奥尼亚起义爆发在驱逐希庇亚斯前，雅典人根本不会参与其事，这样波斯入侵希腊也可能不会发生。

斐迪皮德斯受派前往斯巴达　　根据这位历史学家（希罗多德）的说法，似乎敌人都已踏上阿提卡国土后，雅典人才开始考虑如何保卫其城市和国土。他们急忙派出一位跑得很快的公民前往拉凯戴梦，将厄律特莱失陷的消息和雅典的危险境况告诉他们。拉凯戴梦人答应援助雅典，因为他们有义务帮助同盟成员；但因宗教原因，他们不能立即出兵，得等到月圆之后才能采取行动，但等到月圆之夜过去后，一切都太迟了。

雅典的总兵力大约为9000人。此年的波勒玛科卡利玛库斯是全军统帅，组织抵抗的艰巨任务就全靠他及由各部落选出的10位将军组成的军事委员会。

卡利玛库斯　　幸运的是，卡利玛库斯乐于倾听米泰雅德的建议，波勒玛科和这位最具影响力的将军最终占据了上风，将那些没有冒险精神同僚的犹豫不决打压下去，成为军队的权威指令。敌人已在马拉松附近登陆，显然他们下一步的行动目标就是海陆两路朝没有城墙防卫的雅典开进。问

决定向马拉松进军　　题是雅典军队到底是以逸待劳，等待敌人逼近卫城时再与之交战，还是

更大胆地向前推进,寻找战机,进而一举歼之。【238】这个重大问题需由全体雅典公民自主做出决定。当全体公民聚拢后,主席团向公民大会提出这个问题,这是整个战争中最重要的时刻。米泰雅德提议应向马拉松进军,在那里与波斯人一决雌雄。议案提出者和实施者是米泰雅德不朽名声中最伟大的头衔。但可以肯定的是,如果人们没有把僭主赶出雅典,这个决议永远不可能得到实施。

马拉松平原东边沿一片镰刀形的海滩展开,另外三面被山丘包围,这些小山多是彭泰利库斯山和帕尔涅斯山的余脉。平原的北部和最南部是沼泽,一条从北部山谷流出的湍急溪流将平原一分为二,马拉松村位于溪流上游的山谷里。有两条道路可从雅典通往马拉松:其主道是,从雅典东行,经希麦图斯山和彭泰利库斯山之间的关口,到达彭泰利库斯山脚的帕勒涅村,由此前行至海边后,径直向北,由南面进入马拉松平原;另一条道路行程虽然稍短但行走更困难,从雅典出发后一直北行,经过凯菲西亚(Kephisia)村后进入彭泰利库斯北部山地,【239】在此有两条小溪流向马拉松平原,围绕科特洛尼(Kotroni)山形成两条小路,北支通往马拉松村,沿北部顺着溪流可到达平原;另一支经赫拉克勒斯神庙,沿阿乌罗那(Avlona)山谷,从西南端紧靠如今的乌拉那(Vrana)村进入平原。

马拉松的战场

卡利玛库斯率领一支军队向北进发,经凯菲西亚后在阿乌罗那山谷安营扎寨,此处离赫拉克勒斯神庙不远。(马拉松战役示意图参见图6-7)选择一个如此理想的位置几乎就已取得成功的一半。除人数的巨大劣势外,雅典人几乎无懈可击;他们不但控制着取道而来的山路,而且控制着通往马拉松的大路和进入平原的必经之路;波斯人如果试图攻占南部必经的隘口,其侧翼将会完全暴露给雅典人。此时,雅典拥有成熟的战略家;在目前这种危险场合下,雅典军队的指挥者将16年前与波奥提

雅典人驻扎的位置

卡利玛库斯

第六章 波斯向爱琴海的推进 299

波斯人驻扎的位置　亚和卡尔基斯战争中积累下来的经验和训练的本领充分展现出来。波斯人驻扎在溪流之北，船舶下锚停靠在宿营地旁的海岸边，他们希望在平原上与雅典人激战一场，一决胜负。对雅典人而言，尽可能在此易守难攻之地拖延决战时刻的到来有百利而无一害；因为如果他们能支持更久，就有望获得斯巴达的支援。终于另一个城邦的援军到来了。当雅典人到达赫拉克勒斯神庙时，一支由1000人组成的普拉提亚军队加入他们的队伍，以报答雅典人保护他们免遭底比斯奴役的恩情，在此危急时分，普拉提亚援军的到来为雅典人注入了一支强心剂。

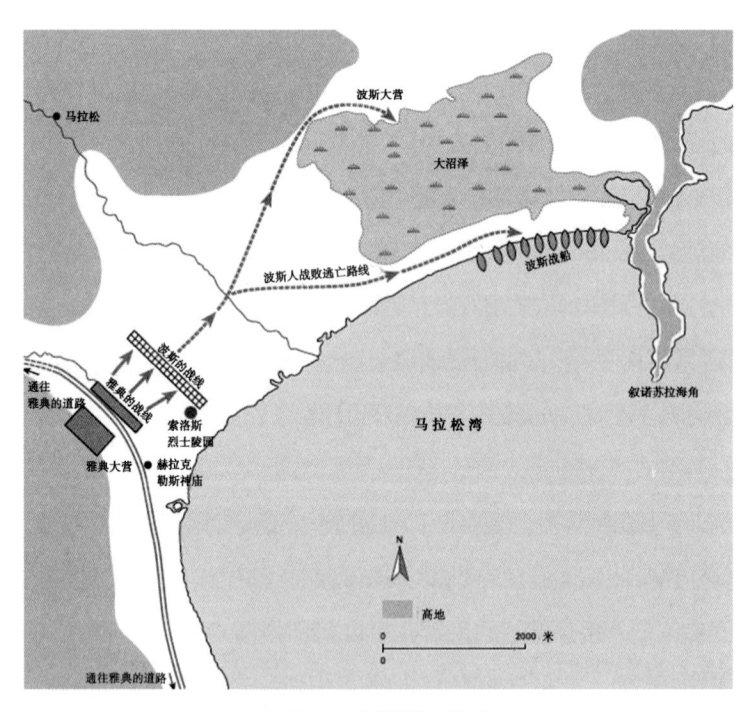

图 6-7　马拉松战役示意图

（据 Tom Holland, *Persian Fire: The First World Empire and the Battle for the West*, New York: Anchor Books, 2007, p. 194 编译）

几天过去了，眼见希腊人仍毫无动静，波斯人决定不再等待。在一批步兵和全部骑兵登上战舰后，大军准备水陆两路向雅典进发。波斯的陆军必须沿途经帕勒涅的大道推进，他们时刻准备战斗，以防出平原时遭到希腊人的袭击。对雅典人而言，另一个关键时刻已经到来，波勒玛科和诸位将军做出决定，准备好在波斯军队出现时的应对策略。如同在公民大会上一样，米泰雅德强烈要求采取最冒险的方式；但最高决策权属于波勒玛科，他决定在敌人向南推进时再发起进攻。

> 波斯人准备推进

不管是他自己的计谋还是别人的建议，正如此前的排兵布阵一样，此时卡利玛库斯同样展现出了高超的军事指挥艺术。【240】由于敌军人数远远超过希腊人，如果雅典人全线按同样纵深排列战队，他们可能会把波斯赶入海里；但更可能落入波斯人的包围中，一边是大海和波斯舰船，另一边是已经合围的波斯两个侧翼。因此，卡利玛库斯将中军排列得又长又薄，这样可以与波斯整个中军稍作对抗；但是雅典军队的两翼更加密集，以此紧逼敌军两翼。

> 雅典人的战术

波斯长长的战队穿过溪流的河床，沿着海岸向前推进。一支人数众多的分队被派出阻击希腊人对大部队的攻击，这是战略上应注意的最基本事项，他们力图防御或击退希腊人可能从侧翼发动的突袭。在这支分队的保护下，其余队伍才能安全前行。希腊军队已在阿乌罗那河谷谷口附近的小山埋伏下来。卡利玛库斯亲自率领右翼；来自普拉提亚的盟军布置在左翼的最外侧。在当日这些为祖国而战的勇士中，必须注意两位人物，虽然并未担任将官之职，但在其后雅典历史发展中，他们比其他各位勇士都起着更重大的作用。一位是尼奥克勒斯（Neocles）之子地米斯托克利，他在莱昂提德（Leontid）部落的方阵中战斗；另一位更享誉世界，他就是悲剧作家埃斯库罗斯（Aeschylus），在这个令人难忘的日子里，他同样身披铠甲，手持长矛，向长发的米底人发起进攻。当希腊人快靠近敌

> 马拉松之战，9月

第六章　波斯向爱琴海的推进　　301

人的战阵时,他们被来自东方的弓箭手用箭射乱了阵脚,快速结成密集阵形,并用盾牌遮挡箭矢。重装步兵没有辜负将军们的厚望,他们的勇敢确保了精妙战略战术的成功实现。战事的发展不出此前将军们所料。雅典中军受敌军中军的压迫逐渐向身后山地撤退,因为他们的对手是波斯战斗力最强的部队;不过,雅典人的侧翼彻底击溃了敌军的两翼,吃了败仗的波斯人急忙逃往船上,而希腊人两翼逐渐合拢,对正在追击后撤希腊中军的波斯军队发起进攻。希腊人很快就取得完胜,打乱敌军的阵形,将乱成一团的波斯人赶到海边,那些在希腊人刀剑下逃得性命的波斯人被救到船上。其实参战的波斯军队只占极小一部分,无疑看到护卫的军队溃败,大部队就逃到船上。

  战斗持续时间不长。雅典人损失较小,牺牲192人;波斯大约损失了6400人,这一数据还算适中,可能接近真实状况。【241】达提斯和阿塔佛涅斯仍手握着一支大军,有可能扭转整个战局;雅典仍未脱离危险。波斯大军乘船穿过海峡,绕过苏尼昂海岬;获胜的雅典军队留下一支分队清扫战场,其余部分迅速返回,准备保卫雅典城。他们驻扎在城外伊利苏斯河畔叙诺萨格斯(Cynosarges)的赫拉克勒斯神庙旁,眼看着敌人的舰队朝法勒隆方向驶去。但波斯大军并未登陆,不久就开始驶离海岸,达提斯放弃了进攻雅典的计划。或许他让舰队驶过雅典只是期待着雅典没有设防;但当他看到已有军队驻扎,就决定撤出战团,避免重装步兵再度交锋。不过一支由2000名强健勇士组成的斯巴达军队已离雅典不远,这支部队在月圆之后那一天就开拔出发,到达雅典时战争刚刚结束。或许斯巴达人即将到来的消息对于入侵者的突然撤退产生了某些影响,如果他们没有到达,情况可能又有不同。在遭受一次意想不到的挫败后,波斯人无法忍受再一次遭受彻底失败。

  斯巴达人抵达雅典太迟,没能参加战斗;但他们参观了战场,渴望一睹波斯人的尸首；在对雅典人的勋绩大加赞扬后，他们返回斯巴达。在战斗的地方，人们为战死疆场的勇士修建了一座坟茔，现在它仍是马拉松的一个重要标志。卡利玛库斯葬在那里，诗人埃斯库罗斯的兄弟居奈吉鲁斯（Cynegirus）也葬于此地，据说他抓住一艘波斯战船不让其逃匿，最终他的手臂被敌人的斧子砍断。很快围绕这次战斗逐渐发展出一些神话，并无任何历史学家把当时发生的具体情况记录下来；结果一代人的时间过去后，事实本身已部分被人遗忘，而另一部分则被人们理想化。理想化的后面有三种动机：对不可思议胜利的崇敬；雅典人的虚荣心；米泰雅德家族颂扬其贡献的愿望。神灵和英雄也在为雅典而战，故去的战士也加入他们的队伍。希腊人发动进攻时，波斯人的惊慌失措被归功于潘神（Pan），人们恢复了对潘神的崇拜，卫城西北坡的一个山洞是他的圣所。关于马拉松的一系列记忆中，还添加入一则有趣的故事。在前往斯巴达寻求帮助时，那位善跑的菲利皮德斯曾途经阿卡狄亚；在那里潘神问他，为何雅典人忽视对他的崇拜；这位神灵承诺以后将给雅典人更多照顾。神灵的要求很好满足。更严重的是，赢得胜利的主要原因，即指挥者非凡而高超的战略战术逐渐消散在故事中，【242】马拉松战役完全被视为一场只有战士参加的战斗。人们认为并相信是那些无畏的勇士把敌人打得节节败退，并在后面追杀了他们一英里。人们认为，米泰雅德无疑是这次战斗的首脑和灵魂；根据马拉松的传奇故事，那天他正好是战场上的统帅，因为雅典军队的统帅每天在10位将军中轮转。但是，这种安排是几年后才付诸实施，那时波勒玛科已失去重要性；这样做无非是为传奇故事提供一个早已设定好的背景，从而将卡利玛库斯晾在一边，使米泰雅德的行象更加高大。现在，我们不能再循着神话的思路继续思考问题了。马拉松战役被一层荣耀的迷雾包围着，事情的真相日渐模糊；历史批判方法也只能复原最粗略的事实脉络。尤其是卡利玛库斯远远未能

_{马拉松英灵的坟茔}

_{关于马拉松的神话}

_{潘神崇拜}

第六章　波斯向爱琴海的推进

获得他应得的荣耀，其光芒完全被米泰雅德遮掩。使人感兴趣的是在雅典发现了一块石碑，或许是由卡利玛库斯之子所立，上面记载着"雅典人的波勒玛科"在与米底人战斗中的所作所为，此外上面还保存着一些珍贵的格言。

<small>盾牌发出的闪光</small>

与该次战役相关的另一个神秘事件可在未解历史之谜中排得上名号。"当波斯人登上他们的战船时"，从彭泰利库斯山上传来一道盾牌发出的闪光；这是一道暗号，向波斯人传达着什么信息。是谁举起这块盾牌？这一道暗号代表着什么意思？传统上，人们的解释是，暗号试图告诉波斯舰船应径直驶向雅典城，阿尔克迈昂家族的对头说他们就是这一道卖国求荣暗号的始作俑者。希罗多德质疑这种说法，但他承认盾牌发出的闪光是一个已获充分证明的确凿事实。

<small>雅典在德尔斐的圣库</small>

在希腊最神圣的地方——德尔斐圣所，最近发现了一批与马拉松胜利相关的宏伟纪念物。除了从波斯人那里缴获的战利品外，还有雅典人用采自彭泰利库斯山的大理石建造的一座多利亚式小型圣库。该圣库是建筑中的珍品，特别有价值的是绕建筑物内壁雕刻的一组极其优雅的浮雕；这些浮雕被压埋在废墟下，因而非常完好地保存下来；上面的雕刻代表着提秀斯和赫拉克勒斯的伟业，也有奥林匹斯诸神与巨人族战斗的场景。

<small>波伊克莱柱廊战争场景的绘画</small>

参加马拉松战役勇士们的后裔或许可从一幅绘画中获得关于战斗最生动直观的印象，这幅画绘制于 25 年后，是市场壁画柱廊（Stoa Poikile）中最著名的战争场景之一。其中一个场景是雅典人和普拉提亚人向懦弱的蛮族推进；另一个场景是逃窜的波斯人相互推搡，有些人被挤进沼泽里；最后一个场景是描绘腓尼基舰船，希腊战士把企图逃到船上的敌人杀死。卡利玛库斯、米泰雅德、达提斯和阿塔佛涅斯、抓住船首的居奈吉鲁斯等人物都可清晰辨认；提秀斯似乎从地底升起，雅典人相信他的幽灵给予了他们巨大的帮助。在激烈战斗场景的上方，这幅绘画

的作者米孔（Micon）展现了男女诸神站在宁静的奥林匹斯山上，审视着他们珍爱的勇敢的希腊人歼灭那些摧毁厄律特莱圣所的亵渎者。

无论对雅典、对希腊还是对欧洲，马拉松胜利的重要性都是不言而喻；但必须注意不能误解了它对希腊和雅典本身到底意味着什么。即便我们只将其意义最小化，战斗的胜利避免了眼前的危险，它的重要性也是再明显不过了。来自亚洲的入侵者或许并不想吞并希腊，而只是前往惩罚肇事者；如果这两个肇事城邦遭受厄运，受到惩处时，其他希腊城邦能用敬畏的目光看着波斯大王，那就足够了。波斯人在优卑亚所做的就只是破坏，并未试图吞并其领土或将其纳入波斯治下，增设一个总督。基克拉底斯群岛和卡利斯图斯确实被迫正式服从于大王的权威，但这并不能证明大流士试图将爱琴海西部海岸降格为伊奥尼亚一样的属地。因此雅典面临的危险或许并不是服从一位亚洲专制君主；可能也不是厄律特莱一样的毁灭和遭受奴役的命运。波斯军队前来的目标是恢复希庇亚斯的统治，当然大流士不希望让他的朋友在一座浓烟弥漫的城市里恢复统治。【244】雅典人将会遭受一位雅典僭主的奴役，而不是如厄律特莱一样成为异族统治者的奴隶。遭受一位年迈的、渴望权力和复仇的、饱受20年令人生厌的流亡之苦的僭主统治，这对雅典人本身就是一种惩罚，马拉松战场上的英勇战斗使他们逃脱了这种悲惨命运。如果雅典人战斗失败，庇西特拉图家族将重新上台，20年前发生过的事情将会重新上演，雅典人仍会推翻僭主的统治，这几乎是毫无疑问的事情。雅典人的失败可能会使城邦的发展受阻，但不会导致停滞不前。甚至可以推断，雅典此后可能不会再一次遭受波斯的入侵；如果波斯确实会再次入侵，也只是为了洗刷他们在马拉松遭受的耻辱。如果达提斯获胜，接下来波斯征服希腊或许将会呈现出另一种形式。但无论如何，波斯征服希腊的尝试肯定仍会进行。世界历史的发展并不取决于直接原因。波斯与希腊的冲突，

> 马拉松战役的胜利意味着什么

波斯在希腊海岸扩张的企图不可避免。从更深入的层面看,这不是一个复仇的问题,在大流士停下来的地方,其继承者定会继续前进。马拉松的胜利激励着希腊人,促使他们以更坚定的决心抵抗着波斯人此后发起的更大规模的侵略战争;但最主要的后果是胜利对雅典精神本身产生的影响。雅典人独自打败了波斯大王的大军,这为其带来巨大的荣耀,给雅典人注入了新的自信和雄心;历史似乎为她的民主制度绘上了浓墨重彩的一笔,雅典人觉得完全可以信赖城邦优良的政治制度,可以在希腊任何一个城邦面前高高昂起自己的头颅。后来每当雅典人回顾历史时,他们总是将马拉松当作一个划时代的标志,似乎恰如那一天诸神对他们说的那样,前进吧,雅典!繁荣吧,雅典!

这次伟大的战斗足以使米泰雅德青史留名,但他的后半生却过得并不那么如意。在马拉松做出的贡献使他在雅典影响日隆,备受人们的尊重。在他的提议下,同胞们授予大权,让他率军攻打帕罗斯岛。因为帕罗斯人曾为达提斯装配了一艘三列桨战船,并对雅典宣战。米泰雅德围困帕罗斯城 26 天,但未能将其攻克,而是带伤返回了雅典。人们将战争的失败归罪于将军,并要追究将军的刑责;其政敌也因嫉妒他在马拉松战役中的功绩,起诉他欺瞒人民。最终,他被课以 50 塔兰特的罚款,这可是一笔相当沉重的罚款。不过,我们并不知道他所谓的违法行为到底是什么;【245】后来当关于米泰雅德的神话和他在马拉松战役中所起的作用被人不恰当地夸大时,又有人谣传,他劝说雅典人将一支舰队交给他,承诺将率领他们前往一块黄金之地;但他却欺骗了人民,率领舰队攻打帕罗斯,以报个人私仇。无疑,这种说法完全是无稽之谈。在帕罗斯的德墨特尔神庙流传着这样一则故事,眼看围城无望,米泰雅德决定贿赂女神的祭司提摩(Timo);在前往只有妇女才能进入的女神神庙时,他差点被人捉住,惊慌失措中只得仓皇逃走,结果在跨越神庙外的篱笆时弄伤

远征帕罗斯

将米泰雅德定罪

了他的腿。但不管怎样，可以肯定他最终带伤回到了雅典，审判时也只能躺在睡椅上，被判刑不久他就憾然辞世。

米泰雅德之死

第八节 雅典与埃吉那的争端

此时的爱琴海上，埃吉那是海上实力最强大的城邦。她与雅典之间早已相互敌视，庇西特拉图家族上台后不久，该岛被卷入雅典与底比斯的纷争中。根据神话，宁芙女神埃吉那和底比斯是姊妹；但埃吉那宣布与其大陆上的邻邦长期处于不宣而战（πόλεμος ἀκήρυκτος）的状态，即希腊人对不经通报发动战争的称呼，这已远远超出姊妹之间的相互支持。在这次战斗中，埃吉那的舰船蹂躏了法勒隆港及阿提卡沿海地区。波斯人入侵时，因为埃吉那非常渴望让雅典蒙羞，人们预计她很有可能会站在波斯一边。雅典人也确实担心她不但会给予侵略者精神上的支持，而且可能会为波斯人积极提供实质上的援助。因此，雅典要求斯巴达干预其事，她向斯巴达人抱怨说埃吉那人已经米底化；而且出于对雅典的敌意，埃吉那准备出卖整个希腊。斯巴达人听取了雅典人的申诉，派国王克利奥蒙尼前往埃吉那，带走 10 位埃吉那人作为人质，将他们交给雅典关押起来。通过这种方式，埃吉那人被束缚住了手脚，无法为波斯人提供支持；同时，她也不能阻碍雅典人为抗击侵略者提前做好充分准备。

埃吉那与雅典的敌对行为，公元前 506 年

公元前 498 年

雅典向斯巴达提出申诉

埃吉那受到的高压，公元前 491 年之前

雅典对斯巴达提出申诉，要求对埃吉那进行干预和采取高压政策，这符合希腊人的共同利益，也意味着人们普遍认可斯巴达的领导地位，一般认为，这标志着希腊内外对斯巴达的服从到达了顶峰。有人将这一事件描述为"一次直接而确定的历史证据，表明希腊人已结成了一个以斯巴达为首的共同体"。这种描述无疑有夸张之嫌，不能不看到一个事实，即雅典和埃吉那都是伯罗奔尼撒同盟的成员，向盟主提出申诉是理

第六章 波斯向爱琴海的推进 307

所当然的事情,【246】但这个事实经常被人们遗忘,雅典人对此更是尽量避而不谈。

阿尔哥斯的失败,公元前494年

因几年前取得了对老对头阿尔哥斯的决定性胜利,斯巴达的权威得到进一步确认,并有所强化。战斗发生在梯林斯附近的山地塞佩亚(Sepeia)。根据故事的说法,阿尔哥斯的将军行事极其愚笨,被克利奥蒙尼轻易玩弄于股掌之间。当听到敌军传令官发出号令时,阿尔哥斯将军也对己方发出同样的号令。知道这个情况后,克利奥蒙尼秘密发出命令,告诉战士们听到传令官发出就餐号令时,不要就餐而准备战斗。但阿尔哥斯人却根据斯巴达传令官的号令开始用餐。斯巴达人发起突然进攻,转瞬间击溃了阿尔哥斯的军队。在随后的20多年中,阿尔哥斯再也没有从这次灾难中恢复过来。

斯巴达国王的不和

埃吉那人质事件引出斯巴达的一个巨大丑闻,使两位国王——克利奥蒙尼和德玛拉图斯——之间的仇恨最终走向公开化。德玛拉图斯与埃吉那人达成私人协议,试图挫败克利奥蒙尼对两邦纷争的干预。克利奥蒙尼则煽动优利蓬提德斯王族的下一个顺位继承人莱奥提奇达斯(Leotychidas)指控德玛拉图斯出生的不合法。斯巴达人为此召开了一个审判会;一则奇怪的有关德玛拉图出身的传言被创造出来且获得证实:来自德尔斐的神谕宣布德玛拉图斯不是他父亲的亲生儿子。最终莱奥提奇达斯继位成为国王;作为一个失势的统治者,德玛拉图斯逃到大流士的宫廷里寻求庇护;在此,他被当作亲米底的埃吉那的朋友,受到波斯人很好的款待。接下来,克利奥蒙尼和他的新同事一道前往埃吉那,将人质掳获到雅典。

克利奥蒙尼的最终下场

但是克利奥蒙尼用来诋毁德玛拉图斯的办法最终也报应到他自己身上。人们发现,为了废黜政敌,他曾贿赂过皮提亚女祭司,因为害怕事情败露会激起公愤,他首先逃到色萨利,接着又返回阿卡狄亚,准备在此谋划不利于祖国的事情。斯巴达政府认为邀请他回国可能更加明智,他接受人民的邀请并获得了宽恕。但一系列的冒险行为使他神智错乱,成为一个凶暴的疯子,不断用拐杖敲打他碰到的每一个人;他的亲人不得不用锁链把他捆绑起来,交由希洛特看守。一天,他用威胁的手段强令看守的希洛特交给他一把匕首,就是用这把匕首,他将自己切得不成人形,并且死去了。

公元前489年

这就是国王克利奥蒙尼奇异而不光彩的结局,【247】如果不是一个斯巴达人,他或许会成为希腊历史上最伟大的人物之一。他的雄心受到了压抑,斯巴达的体制限制了他能力的发挥;不管什么时候,如果能不受其他干扰,他总会找到一个最有效的办法,但他却总是受到另一位国王或监察官的钳制。一生之中,他曾多次被斯巴达派往国外处理外交事务,每一次都因同僚国王的反对,克利奥蒙尼的政策总是未能达到预定目标。即便如此,斯巴达的历史上,他仍主政超过20年。

克利奥蒙尼死后,埃吉那人派使前往斯巴达,要求归还他和另一位国王莱奥提奇达斯押送到雅典的人质。在废黜德玛拉图斯的阴谋中,莱奥提奇达斯是克利奥蒙尼的帮凶,此时他也被笼罩在公众不满的阴影之下。据说,斯巴达人准备把他作为一个犯人交给埃吉那,但埃吉那的使节更愿让他一道前往雅典,协助要回人质。雅典人径直拒绝埃吉那人的要求。埃吉那决定报复,结果导致战端再起。战争的导火索源于一位埃吉那公民的阴谋。此人名为尼科德罗姆斯(Nicodromus),他得到雅典人的协助,准备推翻城邦的寡头政府。然而,因雅典人迟来一天,他的计划最终失败。雅典人的迟到是因为他们必须将战船数量增加到50艘,其中20多艘三列桨战舰还是他们从科林斯借来的。雅典水师取得海战的胜利、成功登陆并围困了埃吉那的城池。但作战的另一方——埃吉那——得到阿尔哥斯重装步兵的支持,他们最终打败了雅典人。战争的失败导致雅典

雅典与埃吉那的战争

公元前487年

水师陷入混乱,埃吉那人乘胜追击,破坏了许多艘战船。总体而言,双方互有攻守,都未取得决定性胜利,两个城邦之间的战争被无限延长,双方都断断续续地不时骚扰对方的沿海地区。雅典要保护阿提卡免遭埃吉那人的掠夺,就必须最终将埃吉那降为附属,使她成为一个无足轻重的城邦。正是这种观念促使雅典加速发展,转变成为一个海上强国。

第九节 雅典民主制的发展

自克里斯提尼改革以来的20年中,雅典政体在几个方面进行了重要的修正,有理由相信,传统上归于克里斯提尼的一部分改革措施事实上并非由他本人引入。在他的计划中,执政官的权力仍然非常大,他们通常是由公民根据其个人能力投票选举产生;【248】如果说克里斯提尼设计的议事会限制着执政官的权力,那么执政官也限制着议事会的权力。社会发展规律要求人们增强议事会的权力而削弱官员之权。最终,马拉松战后不久,通过改变执政官任命方式,雅典实现了这一步骤的转变。自此以后,执政官都是通过抽签方式任命。各德莫选举产生500人,其方式与选举议事会相同,从500名成员中,以抽签选出9名执政官。任何抽签选任官员的方法产生的结果是确保了机会均等、诚实不欺,排除了个人能力超常者掌控权力的可能性。从此以后,任何能力突出的政客成为首席执政官的机会仅有五百分之一。显然,首席执政官已失去了政治上的重要性。同样地,由抽签选出的军事执政官也不再担任军事统帅之职。该职位必须由公民选出的具有军事才能的人担任。军事执政官的权力被授予由10位将军组成的委员会而非某一名新官员,而10位将军则由各部落选举产生。就在此时或者几年之后,雅典又引入一项改革措施,10位将军改由全体公民选举产生,但他们仍尽量从每一个部落选出一名将军,

> 改变执政官的任命方式
> 公元前487/486年

> 军事执政官被10将军代替

现存材料表明，从同一个部落选出两名以上将军的事例并未发生。为了避免集权，最初由每位将军轮流担任一天最高指挥官，在现代人看来，这种试验非常幼稚。和平时期处理日常事务时，采用这种方法未尝不可；但战争时期每天变换指挥权注定只能导致失败。但是也不能认为，选举将军时，雅典人一般会委托其中一位将军在整个任期中享有最高指挥权，并可节制其他将军。那无异于军事执政官的翻版。通过一种更简单易行的权宜之计即可避免分权可能导致的危险。一旦公民决定要发起一次陆上或海上的远征，他们会颁布法令规定某一名将军具体负责，如果有多名将军出征，他们就指派其中一人为统帅或领导人。但此人的最高指挥权仅限于此次特定的军事活动；担任统帅者只对特别指定的与其一同出征的同僚将军享有指挥权。

关于克里斯提尼对古老的战神山议事会所持有的态度，我们缺乏明确的证据。在庇西特拉图家族倒台后的一代人时间里，关于该议事会的记载乏善可陈。但在这段时间，雅典人创设了一种新制度，【249】剥夺了战神山议事会最重要的政治功能，即监督现存政体、保护城邦免受僭主的威胁。这些功能的剥夺导致战神山议事会的作用进一步削弱。传统一般把陶片放逐法的设立归于克里斯提尼，但直到马拉松战役结束两年后，这种制度才开始付诸运用。根据陶片放逐法的规定，每一个议事会年的第 6 个主席团任期时，主持者会向公民大会提出问题，问他们是否希望施行陶片放逐法。如果投票的结果是肯定的，那么在第 8 个主席团任期时，将在市场召开一次特别公民大会。所有公民按部落参会，每一名公民将他希望放逐之人的姓名刻在一块陶片（ostrakon）上，然后放入一个大瓮中。如果投票数少于 6000，结果将无效；得票最多者将被判 10 年离开阿提卡，在接下来的 10 年中，此人不得涉足阿提卡。不过仍允许他保留财产，并保留其雅典公民身份。

陶片放逐法

通过这项制度,保护城邦免遭显赫公民膨胀野心之害的职责就由家长式的战神山议事会转移到享有最高主权的公民大会之手。① 如果说这种笨拙且具有强制性的制度确实由克里斯提尼创立,那么在接下来大约15年的时间里,公民大会每年都拒绝启用该议案;令人不解的是,据说克里斯提尼创立该法的主要目标是放逐庇西特拉图家族的一个亲戚,卡尔姆斯(Charmus)之子希帕库斯。事实上,在该法首次付诸实践时,这位希帕库斯终于遭到放逐;第二年,支持庇西特拉图派的阿尔克迈昂家族成员美伽克勒斯遭到了同样的命运。与涉及执政官的政体改革一样,在上述活动中,支持改革的民主派政治家及其付出的努力尤其值得关注,其中三人最负盛名,即桑提普斯(Xanthippus)、阿里斯提德(Aristides)、地米斯托克利。这三人分属不同党派,政治理念各异;经人说服,公民们用该法放逐了桑提普斯;两年后,阿里斯提德遭到了同样的命运。非常明显,上述放逐事例并非是担心僭主复辟的危险,而是政客将陶片放逐法用于驱逐持不同政见的政治家的便宜之策,因为这些人可能会防碍公民大会通过受民众欢迎的政策措施。【250】如今,我们并不知道桑提普斯是为何挡了阿里斯提德和地米斯托克利的道,但阿里斯提德被放逐可能与城邦水师发展政策有关,这项颇具冒险性的政策由地米斯托克利提出实施,对此他常引以为豪。一则著名的逸事讲述了人称"公正"的阿里斯提德被放逐的事情。投票那天,一位目不识丁的公民正好坐在阿里斯提德旁边,但此前并未亲见他。这位公民请求他为其在陶片上写下"阿里斯提德"的名字。阿里斯提德答应了他的请求,并问他:"为何你希望放逐他呢?"这位公民回答说:"因为人们总称赞他为'公正',我实在

希帕库斯被放逐,公元前487年

桑提普斯,公元前484年;阿里斯提德,公元前482年

---

① 应该注意到,是否实施陶片放逐法的议案并不是由500人议事会审议后再提交公民大会讨论通过,而是规定每年固定一个时间就应提出这个常规议案。这也是公民的另一个防护措施。前面已述(第179页)陶片放逐法是梭伦反中立法的一个替代品,后来该法又被"违宪提案指控"(Graphe Paranomon)替代(第445页)。

听厌烦了。"

第十节　即将成为海上强国的雅典

在历史发展最关键的时刻,为雅典指明前进方向的是最伟大的政治家尼奥克勒斯（Neocles）之子地米斯托克利;他不但比两位竞争对手——桑提普斯和阿里斯提德更伟大,甚至比马拉松的英雄们更重要。可以说为了让雅典成为一个伟大的城邦,较诸任何单个的个人,他作出的贡献都要大。他杰出的政治才能对于城邦尤为重要,这一方面是因为他敏锐洞察到城邦的潜能,并在其他城邦没有注意之前就抓住了有利形势;接着他尽其所能运用该政策提升城邦的地位,并能精妙地将这种明智的政策一以贯之。去世之前,他已将城邦提升到一个她此前从未达到的新高度。公元前6世纪,随着希腊海上力量的发展,雅典也拥有一支颇具实力的水师队伍,但舰船总是被视为隶属于陆军。地米斯托克利的看法是牺牲陆军成就水师,使雅典成为一个海上国家,成为全希腊最强大的海上强国。面对质疑和反对,地米斯托克利能很好地贯彻实施既定政策,这是他最大的功绩。自担任执政官时起,他就已开始着手这项伟大工程,那还是马拉松战役之前的两三年,他不过是一位小有名气的政治家。在公民大会上,他提议在比雷埃夫斯（Piraeus）半岛修城筑墙。此前,宽阔的法勒隆海滩是雅典停泊三列桨战船的军港。这些战船被拖到岸上,未采取任何措施防止敌人的突然袭击,不过将战船放置在卫城视力可及的范围内。在伊奥尼亚起义被镇压后,波斯战船游弋在爱琴海上,法勒隆军港时刻可能遭到波斯人的突袭,这迫使雅典人睁开眼睛,意识到问题的严重性,要求必须改善水师的基础设施。埃吉那人的敌对行为则是他们更现实而紧迫的动力。【251】无须走得太远,雅典人就可找到一处位置极佳

地米斯托克利的工作

公元前493/492年

比雷埃夫斯港

第六章　波斯向爱琴海的推进　313

的海港。令人非常不解的是他们此前为何没有利用"比雷埃夫斯"。这是穆尼基亚半岛西侧的一个大港,半岛东侧的两座小港——穆尼基亚和宙亚(Zea)可为其补充。不过,比雷埃夫斯离城较远,不像法勒隆一样在卫城视野所及范围内。因此,只要还没有为港口构筑防御工程,法勒隆就相对更安全。地米斯托克利的计划是将整座半岛用城墙围起来,并在三个港口都修建码头,以容纳城邦所有战船。这项巨大的工程已经开始,但因波斯人的入侵而中断,马拉松战役后,城邦内部的党争对工程造成了很大干扰。接着又爆发了与埃吉那的战争;这次战争以及担心波斯人的再次入侵促使地米斯托克利加速完成其宏伟规划的另一部分,即增加雅典战船的规模。那时,在劳立昂矿区的玛罗奈亚(Maronae)发现了一条富银矿脉,使雅典的公共财政中突然增加了一大笔收入,可能达100塔兰特。有人提议由所有公民将这笔意外之财尽数瓜分,但地米斯托克利说服公民大会将其用于修建战船。此后不久,他又发动公民为此目的捐献款项。城邦修建了更多战船;两年后,雅典能用于作战的三列桨战船已达200艘,这样一支舰队可与叙拉古和科基拉的舰队相提并论。在此阶段,比雷埃夫斯的城墙并未完工,但在波斯人被赶出希腊海岸后,这项宏伟的工程终于完成,对此下面还有论述。

增加战船

公元前483/382年

图书在版编目（CIP）数据

希腊史：全3卷/（英）伯里著;陈思伟译. —长春：吉林出版集团有限责任公司, 2015.11（2021.8重印）

（史家名著书系/崔文辉主编）

书名原文：A History of Greece: To the Death of Alexander the Great

ISBN 978-7-5534-8339-9

Ⅰ.①希… Ⅱ.①伯… ②陈… Ⅲ.①希腊-历史 Ⅳ.①K545

中国版本图书馆CIP数据核字（2015）第181684号

希腊史（全三卷）

作　　者	[英]伯里
译　　者	陈思伟
审　　校	晏绍祥
创　　意	吉林出版集团·北京汉阅传播
总 策 划	崔文辉
策划编辑	齐　琳
责任编辑	齐　琳
封面设计	今亮後聲 HOPESOUND 2580590616@qq.com · 张今亮 郭维维
开　　本	710mm×1000mm　1/16
印　　张	75.5
版　　次	2016年1月第1版
印　　次	2021年8月第2次印刷

出　　版	吉林出版集团股份有限公司
发　　行	北京吉版图书有限责任公司
地　　址	北京市西城区椿树园15-18号底商A222
	邮编：100052
电　　话	总编办：010-63109269
	发行部：010-63104979
官方微信	Han-read
邮　　箱	beijingjiban@126.com
印　　刷	慧聚印刷（天津）有限公司

ISBN 978-7-5534-8339-9　　　定价：288.00元（全三卷）

版权所有　侵权必究

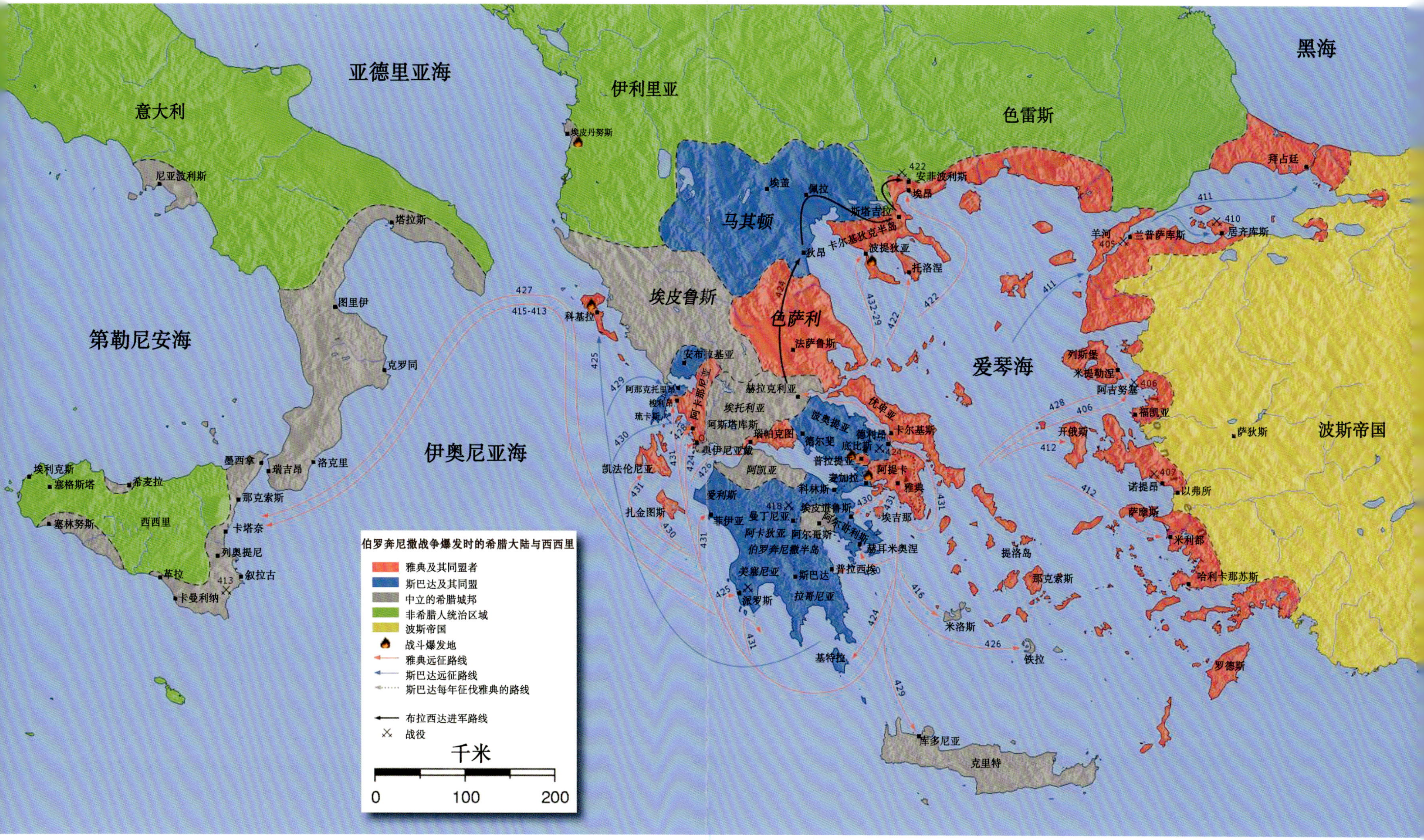
伯罗奔尼撒战争爆发时的希腊大陆与西西里
雅典及其同盟者
斯巴达及其同盟
中立的希腊城邦
非希腊人统治区域
波斯帝国
战斗爆发地
雅典远征路线
斯巴达远征路线
斯巴达每年征伐雅典的路线
布拉西达进军路线
战役
千米
0
100
200
亚德里亚海
意大利
伊利里亚
色雷斯
黑海
第勒尼安海
伊奥尼亚海
爱琴海
波斯帝国
马其顿
色萨利
埃皮鲁斯
西西里
克里特
尼亚波利斯
塔拉斯
图里伊
克罗同
洛克里
瑞吉昂
墨西拿
埃利克斯
塞格斯塔
希麦拉
那克索斯
塞林努斯
卡塔奈
列奥提尼
叙拉古
革拉
卡曼利纳
埃皮丹努斯
科基拉
安非波利斯
埃昂
斯塔吉拉
卡尔基狄克半岛
波提狄亚
托洛涅
埃盖
佩拉
狄昂
法萨鲁斯
赫拉克利亚
拜占廷
兰普萨库斯
居齐库斯
羊河
列斯堡
米提勒涅
阿吉努塞
福凯亚
开俄斯
萨狄斯
以弗所
诺提昂
萨摩斯
米利都
哈利卡那苏斯
罗德斯
提洛岛
那克索斯
米洛斯
铁拉
库多尼亚
安布拉基亚
阿那克托里昂
埃托利亚
阿斯塔库斯
瑙帕克图斯
凯法伦尼亚
扎金图斯
波奥提亚
德尔斐
底比斯
普拉提亚
德利昂
优卑亚
卡尔基斯
阿提卡
雅典
麦加拉
科林斯
埃吉那
阿凯亚
爱利斯
菲伊亚
阿卡狄亚
曼丁尼亚
阿尔哥斯
阿尔哥利斯
埃皮道鲁斯
赫耳米奥涅
伯罗奔尼撒半岛
美塞尼亚
派罗斯
斯巴达
拉科尼亚
普拉西埃
基特拉
427
415-413
413
425
429
430
431
424
426
428
432-29
422
411
410
405
406
407
412
418
416
426
429

北京汉阅传播
Beijing Han-read Culture

A HISTORY OF GREECE

希腊史

[英]伯里 著　陈思伟 译　晏绍祥 审校

吉林出版集团股份有限公司

目　录

第七章　希腊的危机　波斯与迦太基的入侵

- 第一节　薛西斯的备战和进军 | 318
- 第二节　希腊的备战 | 322
- 第三节　温泉关战役与阿特米西昂战役 | 325
- 第四节　萨拉米斯之战 | 331
- 第五节　萨拉米斯战役的影响 | 338
- 第六节　为另一场战役做准备 | 341
- 第七节　普拉提亚之战 | 347
- 第八节　米卡勒之战与夺取塞斯托斯 | 353
- 第九节　叙拉古僭主格伦 | 355
- 第十节　迦太基人入侵西西里　希麦拉之战 | 360
- 第十一节　耶罗和泰隆治下的叙拉古和阿克拉加斯 | 364
- 第十二节　公元前6世纪的宗教运动 | 370
- 第十三节　俄耳菲斯教的传播 | 376
- 第十四节　伊奥尼亚的理性 | 379

第八章　雅典帝国的建立

- 第一节　斯巴达的地位和保桑尼阿的事业 | 387
- 第二节　提洛同盟 | 394
- 第三节　雅典和比雷埃夫斯的设防 | 396
- 第四节　地米斯托克利被放逐及其去世 | 402
- 第五节　提洛同盟变成雅典帝国 | 404
- 第六节　客蒙的政策与被逐 | 410

第九章　伯里克利领导下的雅典帝国

- 第一节　雅典民主制的完善 | 419
- 第二节　雅典人与伯罗奔尼撒人的战争 | 424
- 第三节　与波斯人的和平协议 | 433
- 第四节　雅典的挫折　三十年和约 | 435
- 第五节　伯里克利的帝国主义政策及反对者 | 438
- 第六节　神庙的重建 | 443
- 第七节　比雷埃夫斯　雅典贸易的发展 | 450
- 第八节　雅典人在意大利的野心 | 453
- 第九节　雅典在色雷斯和黑海的政策 | 455
- 第十节　萨摩斯暴动 | 457
- 第十一节　高等教育　智者 | 461

第十章　雅典人与伯罗奔尼撒人的战争（公元前431—前421年）

- 第一节　战争的序幕 | 471

- 第二节　战争概览　修昔底德 | 479
- 第三节　底比斯人攻打普拉提亚 | 483
- 第四节　瘟疫 | 485
- 第五节　对普拉提亚的围攻和占领 | 493
- 第六节　米提列涅的反叛 | 497
- 第七节　西部希腊的战事　发生在科基拉的悲剧 | 504
- 第八节　德摩斯提尼在西部的活动 | 510
- 第九节　尼西阿斯与克里昂　雅典的政治 | 513
- 第十节　雅典夺取派罗斯 | 518
- 第十一节　雅典夺取尼萨亚 | 529
- 第十二节　雅典在波奥提亚的失败 | 531
- 第十三节　色雷斯战役　雅典丧失安菲波利斯 | 536
- 第十四节　和平谈判 | 542
- 第十五节　安菲波利斯之战和尼西阿斯和约 | 547

第十一章　雅典帝国的衰亡

- 第一节　与阿尔哥斯新的政治结盟 | 555
- 第二节　雅典人的西方政策 | 563
- 第三节　围困叙拉古 | 565
- 第四节　围攻叙拉古　公元前 414 年 | 572
- 第五节　第二次远征 | 578
- 第六节　西西里惨败的后果 | 588
- 第六节　寡头派的革命 | 593
- 第七节　四百人政体的衰落　五千人政体　民主制的恢复 | 599
- 第八节　雅典帝国的垮台 | 607

- 第九节　三十僭主的统治以及民主制的重建 | 616

第十二章　斯巴达的霸权及其对波斯的战争

- 第一节　斯巴达的霸权 | 627
- 第二节　居鲁士的叛乱和万人远征军 | 630
- 第三节　斯巴达与波斯的战争 | 650
- 第四节　阿格西劳斯出征亚洲　克尼多斯之战 | 657
- 第五节　斯巴达在伯罗奔尼撒的大门口（科林斯战事）| 661
- 第六节　大王和约 | 672

地图目录

- 图 7-1　温泉关战役示意图　| 326
- 图 7-2　萨拉米斯海战示意图　| 335
- 图 7-3　普拉提亚战役的两个阶段　| 349
- 图 7-5　希麦拉之战示意图　| 362
- 图 8-1　连接雅典与比雷埃夫斯的长城　| 399
- 图 9-2　萨洛尼克湾及其周边地区　| 425
- 图 9-3　波奥提亚及中希腊的主要城镇　| 431
- 图 9-4　普罗蓬提海及克尔松尼斯半岛　| 441
- 图 9-5　雅典卫城及其周边主要建筑物的布局示意图　| 444
- 图 9-7　比雷埃夫斯港主要布局　| 452
- 图 9-8　古代色雷斯主要城镇及部族　| 456
- 图 10-2　列斯堡岛上的主要城市　| 499
- 图 10-3　科林斯湾西部入口及附近地区　| 504
- 图 10-4　派罗斯、斯法克特里亚战役示意图　| 520
- 图 10-6　德利昂之战示意图　| 533
- 图 10-7　安菲波利斯之战示意图　| 548
- 图 11-4　雅典围攻叙拉古　| 574
- 图 11-5　雅典人战败逃亡图　| 584
- 图 11-8　菲列之战示意图　| 619

- 图 12-1　万人远征军行进路线图 | 634
- 图 12-2　库那克萨之战示意图 | 641

插图目录

- 图 7-4　叙拉古僭主格伦像 | 358
- 图 7-6　达玛瑞泰安银币 | 363
- 图 7-7　德尔斐青铜御者像 | 366
- 图 7-8　俄耳菲斯与色雷斯人 | 371
- 图 7-9　埃琉西斯秘仪的场景 | 373
- 图 8-2　百柱之屋的巨人像 | 401
- 图 8-3　写有地米斯托克利名字的陶片 | 402
- 图 8-4　竖立于塞浦路斯拉玛卡海岸的客蒙半身像 | 413
- 图 9-1　伯里克利半身像 | 420
- 图 9-6　19 世纪学者构建复原的卫城山门 | 448
- 图 9-9　安提戈涅与俄狄浦斯 | 466
- 图 10-1　"悲伤的雅典娜"浮雕 | 490
- 图 10-5　派奥尼乌斯胜利女神像 | 529
- 图 11-1　亚西比德大理石半身像 | 556
- 图 11-2　刻有叙佩波鲁斯名字的陶片 | 561
- 图 11-3　古典时代的赫尔麦石像 | 567
- 图 11-6　雅典水师在居齐库斯战役的战术示意图 | 604
- 图 11-7　埃莱克修昂实景 | 605
- 图 12-3　战斗中的骑士像 | 666

第七章

希腊的危机
波斯与迦太基的入侵

【252】现已踏入波斯人第二次入侵的门槛,这次入侵规模更大;希腊人再次取得战争的胜利,而且胜利更加伟大。这段历史的重要性并不会随着希腊人逐渐淡出历史舞台而消退。他们与来自亚洲的异族进行英勇的斗争,从而保卫了欧洲;他们将自由城邦结成联盟,把强大的东方专制君主打得狼狈逃窜;他们以弱胜强,用弱小的军队击败了来自东方气势汹汹的大军和不可一世的舰队。这些令人叹为观止的丰功伟业深深印刻在希腊人的脑海中,他们通过丰富的想象力将这些伟大事迹改编为精妙绝伦的悲剧故事,虽然此时批判意识还未得到充分发展。没有什么作品会比希罗多德讲述的故事更能吸引人,虽然他讲述的可能仅仅是故事;没有哪个民族比希腊人更富有构建故事的天赋。但是,历史批判主义不同于构建故事,必须要厘清历史的真相,而不要被一系列令人眼花缭乱的大胆而夸张的叙述、捕风捉影的野史逸事、胡编乱造的虚构动机和神谶所迷惑,更别说不可思议的神迹了。在很多情况下,受后事的影响,真相被明显篡改,人们对事实本身的认识也常受雅典人的偏见和倾向左右,而这些亦真亦幻的故事似乎正是希罗多德获取素材的主要渠道。

> 第二次希波战争

第一节 薛西斯的备战和进军

在第一次与第二次入侵希腊这 10 年期间，发生在波斯的最重大的事件是国王大流士之死。当军队在马拉松出人意料地被击败后，大流士决定再次发动进攻，并开始着手战备工作。就这样 4 年过去了，这时埃及境内爆发了起义，需要他立即关注。但随着国王的驾崩，镇压起义之事被耽搁下来。大流士与阿托莎之子薛西斯继承大统，并旋即平息了起义。是否应再次发动对希腊的远征，以雪前耻，为丧身马拉松的英烈报仇，挽回波斯军队威名的问题被提了出来。据说，薛西斯本人对此犹豫不决，【253】但是他的姐夫、鲁莽的御前顾问玛尔多纽斯反复劝谏。据希罗多德记载，国王的另一顾问，其叔父阿塔巴努斯（Artabanus）老成持重，经验丰富，向他陈述了各种利害关系和困难。阿塔巴努斯预计，如果薛西斯一意孤行，远征可能会以失败告终。听了二人的意见，薛西斯举棋不定，但因为晚上做的一个梦，他最终决定置阿塔巴努斯的百般顾虑而不顾，采纳玛尔多纽斯的意见。通过这种方式，希罗多德似乎将我们带入了苏撒御前会议的台前幕后，他用事后诸葛的思路构建了以玛尔多纽斯为首的年轻气盛但鲁莽愚笨的少壮派的建议，尽管希罗多德本人也承认这不过是执行经验丰富的老王大流士一直在策划的既定战略。将玛尔多纽斯与阿塔巴努斯的建议进行对比，并以神灵不怀好意地托梦这种最具效果的戏剧化方式，希罗多德把读者引领到波斯入侵的故事中，虽然他构建的并非是历史事实本身。此外，到宫廷来作客的希腊人也向薛西斯施加了进一步的压力，这些客人包括色萨利阿琉阿德家族（Aleuadae）的亲王和庇西特拉图家族的成员，他们为国王带来了得自先知奥诺玛克利图斯的吉兆。

显然，远征希腊需由海、陆两军联合协同作战。准备工作从挖掘一条

公元前 490—前 480 年
公元前 486—前 485 年
公元前 485 年
镇压埃及的起义，公元前 484—前 483 年

阿托斯运河，公元前 483 年

横穿阿托斯地峡的运河开始。这项工程极其艰苦,全长大约1.5英里。还曾记得,当玛尔多纽斯远征色雷斯和马其顿时,舰队的一大部分因绕行这个危险海角而触礁沉没。这次舰队是仍冒险行经阿托斯海角附近还是径直跨过爱琴海抵达希腊?希罗多德认为,波斯人截断阿托斯更多的是为了展示其决心,而非必要之举。这是毫无根据的批评。这次远征中,波斯战略的根本原则是海、陆两军相互配合,避免各自为战。大流士远征色雷斯、玛尔多纽斯远征马其顿、薛西斯远征希腊都体现了这种原则。修建阿托斯运河就是为了确保经过色雷斯海岸时陆军能得到舰船的保护。① 虽然后世的作家质疑阿托斯运河的规格,但几乎可以肯定,工程确实按时完成并立即投入使用。当运河完工后,工兵们又在斯特里梦河上铺设一座大桥保证陆军通过,【254】行军途中,人们为大军准备了充足的粮草。

那年秋天,薛西斯从苏撒来到萨狄斯。在卡帕多西亚的克里塔拉(Critalla),他召见了大军的远东军团。据说,在凯莱奈(Celanae),波斯帝国首富皮提乌斯(Pythius)自掏腰包款待了国王及其大军。此人的财富仅差7000大流克金币就达到400万,薛西斯赠给他7000枚金币让他补足成一个整数。整个冬天,国王都是在萨狄斯度过的。皮提乌斯对于薛西斯的慷慨非常感激,次年春天部队即将出发前往赫勒斯滂时,他大胆地向国王提出请求,希望他在军中服役的5个儿子中年龄最大的那一个能够获得国王恩准留在他身边。薛西斯听到他的"奴才"竟然提出如此无礼的要求,不禁勃然大怒。这位年龄最大的儿子被劈为两半,并在军队即将通过的城门两旁各放一半。这则逸事表明波斯帝国对个人服军役的要求越来越严厉。

公元前481年
皮提乌斯的故事

---

① 一旦驶过阿托斯,舰船就不再受危险的东北风的影响,因此,就没有必要凿穿西托尼亚和帕列涅风平浪静的海角。

渡过赫勒斯滂,公元前480年4月

不能想象整支大军都和国王一起在萨狄斯越冬,大军或许驻扎在赫勒斯滂附近。此时腓尼基和埃及的工程师已在塞斯托斯和阿比多斯附近的海峡上搭建了两座桥梁。但桥梁不够结实,被暴风雨毁坏。对此,薛西斯不禁怒火中烧。他不但将这些工程师施以枭首之刑,而且命令鞭笞赫勒斯滂的海水300次。那些施行这个奇怪命令的人一边鞭打海水一边大声责骂大海说:"哦,苦涩的海水,我们主人对你施以刑罚,因为他从来没有负于你而你竟敢冒犯他。不管你愿不愿意,薛西斯国王必将从你身上横渡过去。难怪没有人为你献祭,因为你不过是一条徒具其表的苦咸河流。"希罗多德责备说,这些话既不虔诚也不具有希腊的理性精神。搭建桥梁的工作交付给另外一批新抵达的工程师。他们用锚将船只首尾相连,停在海峡之上,搭建起两座由船只组成的浮桥,靠近普罗蓬提海的那座浮桥用了360条船,另外一座用了314条,船舶中既有三列桨战船,也有五十桨船。每座由船连接在一起的浮桥上拉着6根巨大的缆绳,其中两条由亚麻制成,另外4条由纸草编制。在船舶之间缆绳之下留有三个空隙,航行于优克辛海和爱琴海之间的小商船可以由此通过。他们先在缆绳上铺上木板,再用缆绳捆住木板。以此木板为路基,他们用木和泥土造就了一条道路;道路两旁建起栅栏,其高度正好让马匹和其他驮畜看不到外面的海水。【255】工兵还在海边搭建一尊大理石御座,据说薛西斯坐在上面看着大军从太阳初升之时起开始横渡海峡。在鞭子的威胁下,军队花了两天时间终于全部通过。但后来人们将波斯军队的数量夸大到令人难以置信的500万人,据说他们一刻也不停息地行走,经过7天7夜大军才完全渡过,显然500万和7都是编撰故事者喜欢使用的数字。

对波斯军队的描述

在色雷斯的多利斯库斯(Doriscus),陆军与海军会合了,此后,海、陆两军开始协同行动。在多利斯库斯平原,薛西斯检阅并清点了他的队伍。希罗多德问道:"亚洲有哪些民族在薛西斯的带领下入侵了希腊?"

他一共列举出46个民族,并绘声绘色地描述了各民族的装备。波斯人的统领是奥塔涅斯(Otanes),他们上穿铁鳞铠甲,下着长裤,腰挎长弓,一手持柳条盾,另一手握短枪;米底人、奇西亚人(Cissians)、叙尔卡尼亚人(Hyrcanians)与波斯人的装备几乎一样;亚述人头戴青铜头盔,身披亚麻胸甲,腰佩短剑,手持木棒和长矛;巴克特里亚人手握藤弓;穿着长裤的萨卡伊人(Sacae)头戴高尖帽,手里紧握战斧;印度人身着棉服;里海人身着山羊皮;萨兰吉亚人(Sarangians)身着染色的袍子,脚蹬高帮筒靴;埃塞俄比亚人身着狮皮或豹皮,腰间挂箭矢,矢头由石头制成,这把我们带回到远古时代;萨伽提亚人(Sargatians)手持匕首和套索;色雷斯人头戴狐狸皮帽;科尔齐斯人(Colchians)手里的盾牌由牛皮所制。舰队由腓尼基人、埃及人、塞浦路斯人、西利西亚人、庞菲利亚人、吕西亚人、卡里亚人和被征服的希腊人组成。据说一共有1207艘战舰和3000艘小艇。希罗多德对军队人数的说法颇令人觉得怪异。他说每一次进入检阅区域的士兵数量为一万人,周边画上界线,并修建城墙围起来。所有接受检阅的步兵逐次轮流进入受检区内,受检区被装满了170次,也即波斯的战斗人员有170万人。骑兵人数有8万人,此外,还有一些陆上战斗人员没包括在内。除陆军外,还有海战人员,如果按每艘大船配备200人,每艘小船配备80人,那么海战人员共计231.7万人。当波斯人行军到色雷斯和马其顿后,又就近补充了一些队伍。在战斗人员之外还有大量的仆役、商贩、跟班,希罗多德认为这些勤杂人员与战斗人员人数相当。这样,薛西斯的整支队伍总人数超过了500万人,其中还不包括太监和军官们的妻妾。

毋庸讳言,这些数据完全是希罗多德的虚构。【256】希罗多德陈述战斗人员的规模无疑是错误的;他推算总人数是战斗人员的两倍,但这种推导方法也站不住脚。波斯军中特别挑选出来的万人"不死军"享有

虚构的数据

特权，可以在行军途中带上他们的妻妾和行李；但只是他们才能享受该特权，并不能由此证明其他军人也有仆役相随。有理由相信波斯陆军总人数可达30万人，但不可能更多。如果超过这一人数，在希腊这个面积狭小地貌崎岖的小地方，根本无法掌握军队，即便是为他们提供补给，也会极度困难。同样，舰船的数量也应该大大降低，或许不超过800艘三列桨战船。

薛西斯率领大军，兵分三路从多利斯库斯向泰尔玛湾（Therma）进军，由于大军人数多得令人难以置信，行军途中他们喝干了河水。在斯特里梦河下游被称为"九路"的地方，他以当地九个童男童女献祭。到达泰尔玛后，原绕行于斯托尼亚和帕列涅半岛的舰队与大军会合。

公元前480年8月

希腊人叙述的旨趣

希罗多德叙述的涉及薛西斯这次远征的大多数事件都是令人愉悦的故事，其目的是为说明历史学家对希腊人与蛮族人之间激烈冲突的总体认识。薛西斯对皮提乌斯的残忍，他鞭打赫勒斯滂的野蛮和不敬，这些故事都是为勾勒蛮族和专制君主的性格特征服务的。浩浩荡荡跨过海峡、几乎淹没欧洲的数不胜数的蛮族大军不过是为了证明希腊人面临的危险是何其巨大，他们即将获得的荣耀是何其伟大。为了突出波斯大军必将溃败的征兆，希罗多德记载说，当薛西斯正准备从萨狄斯出发时，天空突然漆黑一片，太阳被黑暗吞噬。事实上这次日蚀发生在两年之后，但

公元前478年2月16日

为了应和希罗多德写作的一贯思路，他将这一件令人印象深刻而具有重要性的事件移换了时间。

第二节 希腊的备战

与此同时，希腊人也意识到波斯大王正在积极备战，准备将他们奴役，为此他们也全力准备，以应对波斯人的入侵。开挖阿托斯运河已向希

腊人提出了警告,国王临幸萨狄斯表明危险已迫在眉睫。据说薛西斯在萨狄斯向所有希腊城邦派出使节——除雅典和斯巴达之外——要求他们交出土和水以示臣服。希腊最强大的两个城邦现已联手抵抗侵略。自然,在希腊面临危急存亡的关键时刻,她们被视为各邦的领导者;斯巴达的领袖地位已获人们广泛认可,【257】雅典也因在马拉松独拒米底人而颇具声望。她们联合起来在科林斯地峡召开一次泛希腊代表大会,商讨共同抵御波斯入侵应采取的应对措施。前面已经谈到人们虽具备一定程度的泛希腊感情,但此次会议才可称为真正意义上的第一次协商泛希腊政策的代表大会。这是一次"努力将散居希腊世界各个角落的城邦联合起来抵挡波斯大军的尝试。在希腊历史上是一个新现象,开启了与以往不同的景象和信念,极大扩展了希腊领导者的权力和义务,迄今为止,领导权集中在斯巴达手里,但在未来的日子里,领导者要处理的事务过于繁复,斯巴达人已难以应对"。① 希腊许多城邦派出代表团与会,人们也将此次会议称为"代表大会"(synedrion of probuloi)。会议在希腊世界的中心科林斯地峡举行,斯巴达人担任大会主席。会上,31个城邦作为全体与会城邦的代表结成正式同盟,庄严宣誓说他们将"对主动投降蛮族的城邦征收什一税",并将其献给德尔斐的阿波罗。誓言意味着他们将彻底摧毁变节的城邦。也有许多城邦并未派出代表与会,包括色萨利、波奥提亚的大多数城邦及北希腊的诸多小部族,譬如洛克里人、玛利斯人、阿凯亚人、多罗菲亚人(Dolophians)等。他们的无为并不意味着他们已下定决心"米底化"。这些城邦不过是在等待时机,观察事态的走向;鉴于地理位置的特殊性,她们与生俱来的自保策略也是事出有因、合乎情理。因为这些北部城邦将首先遭到波斯人的入侵,单凭她们的力量与

※ 公元前481年秋

※ 在地峡举行的代表大会

※ 北部城邦的策略

---

① 格罗特语。

波斯对抗无异于以卵击石。除非得到斯巴达及其盟军的全力支持,帮助防御沿色萨利的北部边界,否则她们别无选择,只能投降。考虑到事态可能的发展趋势,让她们公开加入抵抗同盟并非明智之举。事实证明,如果她们当真依靠同盟的力量,投入全部的财力和物力参与北希腊的防御,她们将会受到无情欺骗。正如下面将看到的,只有得到力量强大的城邦的支援,她们才可能与波斯一较高下。在某些情况下,有的党派或阶层确实欢迎波斯人的入侵,譬如底比斯的寡头派和色萨利的阿琉阿德家族。

影响联合行动的一个巨大障碍是希腊内部的纷争。色萨利与佛基斯、阿尔哥斯与拉凯戴梦、雅典与埃吉那等城邦皆为累世结怨的宿敌。这次代表大会试图调和这些矛盾,雅典与埃吉那愿意暂时抛开仇怨,为希腊的自由共同战斗。另一个重要问题关系到由谁指挥联军。所有城邦一致认可斯巴达的陆军领导权。但舰队领导权的问题却并不那么一目了然。斯巴达并不是一个海上强国;按理说,雅典比其他城邦装备更多舰船,更应获得水师的统帅权,但其他城邦对雅典心存嫉恨,她们宣称只接受斯巴达的领导。为了照顾盟邦的感情,雅典的代表立即放弃了领导权,承诺接受斯巴达的节制。

领导权问题

大会还在其他方面达成了一致。同盟派出细作到小亚细亚打探薛西斯的战备情况,派遣使节到希腊各地征募其他城邦加入同盟。鉴于阿尔哥斯没有派员到地峡参加大会,同盟最终争取到该邦的加入;克里特、科基拉、叙拉古也答应提供援助。但外交使节带来的实际效果有限。叙拉古的僭主格伦(Gelon)正忙于准备应对迦太基人的入侵,即便他愿意,也无法为母邦提供切实援助。

叙拉古的诉求

当希腊人进行军事准备时,他们还任命了将军,并于次年春天再次举行了代表大会,将具体战事委托给由各邦统帅组成的同盟军事委员会,每一次军事行动前他们都会聚在一起,在斯巴达领导的主持下决定如何行动。斯巴达国王李奥尼达（Leonidas）是盟军陆军统帅，另一位不属于王族的斯巴达人优利比亚达斯（Eurybiadas）是盟军海军统帅。

希腊人还有足够的时间开展准备工作，他们得加强城防，修造战船。雅典在准备工作中比其他城邦投入了更多的精力。一项睿智的举措表明她已完全认识到其历史发展最神圣的时刻已经来临。城邦召回所有因陶片放逐本应流落在外10年的杰出公民。阿里斯提德和桑提普斯返回了故土，他们与地米斯托克利之间的矛盾也因城邦面临的巨大危险而暂时化解，城邦表现出对他们完全的信任，选举他们为将军。在即将到来的战斗中，这些领导人分别发挥着巨大作用。

雅典召回被放逐的政治家，公元前480年春

第三节　温泉关战役与阿特米西昂战役

大约在薛西斯渡过赫勒斯滂时，色萨利派人向同盟送来消息，建议他们加强坦佩关（Tempe）的防御，以抵抗入侵者的军队。因此，同盟派出10000名重装步兵。但是，当他们到达那里时，发现还有其他几处关隘可从马其顿进入色萨利，波斯人完全可能采用分进合击的方式入侵。沃鲁斯塔那关（Voulustana）和佩特拉关（Petra）都可以从山上通往提塔瑞西乌斯（Titaresius）河谷地区，事实证明，薛西斯正是从其中一处关隘经过的。10000名士兵不足以防御三处关口，占领敌人前进途中的这三处关隘似乎既不必要也很危险。因此，盟军决定放弃镇守坦佩关，将队伍开到色萨利境内。放弃这一决定意味着坦佩关与温泉关之间的整个北希腊只能拱手送上土和水，向薛西斯投降。

北部关隘敞开

另一个可供防守之地就是温泉关。该关隘位于大海与群山之间，将特拉奇斯与洛克里分隔开来，是进入奥埃塔山（Oeta M.）以南东部希腊地区的门户。（温泉关战役示意图，参见图7—1）那时关隘最东端和最

温泉关的自然环境

第七章　希腊的危机　波斯与迦太基的入侵　　325

西端极其狭窄,在关口的中部,佛基斯人修建了一段长墙作为抵御色萨利人入侵的屏障。关口最西侧就是安泰拉。该城镇也是近邻同盟议事会所在地,靠近洛克里一侧阿尔佩诺伊村（Alpenoi）附近有一段狭谷。随着地质沉淀,海岸后撤,玛利斯平原扩大,历史上的温泉关已完全改变了模样,很难找寻到古人对它描述的样子。但因其得名的温泉和陡峭山岭仍是它两个永恒的特征。如果关隘出于某些原因禁止通行,唯利是图的商贩会转由一条崎岖险峻的羊肠小道翻越群山来到阿尔佩诺伊以东的洛克里大道上。镇守关隘的将军也必须要派人驻守这条山道,才能保证温泉关的安全,不然敌人可能会派出一支分遣队从后面发动突然袭击。

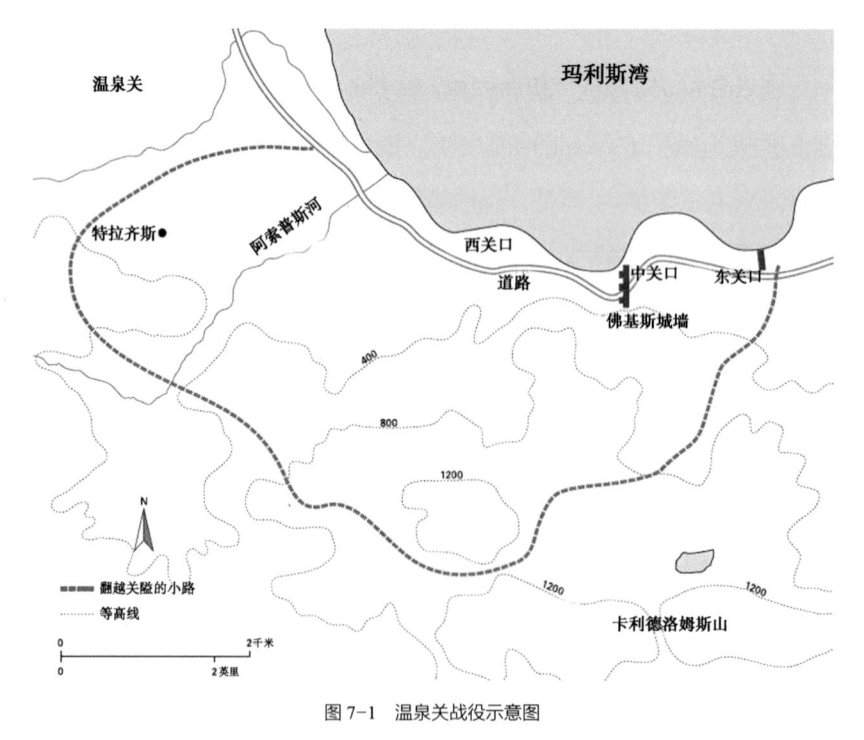

图 7-1　温泉关战役示意图

（据 Tom Holland, Persian Fire, New York: Anchor Books, 2007, p.290 编译）

希腊人决定镇守温泉关,李奥尼达率领大军向那里进发。他手下一共有 7000 名战士,其中 4000 人来自伯罗奔尼撒,1000 人来自佛基斯,400 人来自底比斯,700 人来自泰斯皮亚和洛克里。或许还有一些波奥提亚战士参加了战斗,但并未被人提及。伯罗奔尼撒战士中超过一半来自阿卡狄亚。【260】迈锡尼此时尚未被阿尔哥斯控制派出了 80 名战士。此外还有来自科林斯和弗琉斯的战士;拉哥尼亚战士共有 1000 人,斯巴达人 300 人。就伯罗奔尼撒人而言,这只是他们军队的一小部分,可以推断,要不是为了雅典,他们可能完全放弃北希腊,而将所有军力集中投入地峡的防守。但是他们还得依靠雅典,因其水师力量更强大,他们有义务考虑她的利益。放弃温泉关并撤退回地峡就意味着将阿提卡拱手相让。尽管如此,就斯巴达人内心的想法来说,他们仍将地峡作为最终的防线,保护北部诸城邦只是做做样子;斯巴达人的政策狭隘,他们心里只想着伯罗奔尼撒人。不过,他们仍试图掩盖其策略的自私和短见,声称因为庆祝卡奈亚节,无法派出全部军队,而伯罗奔尼撒其他城邦则因奥林匹亚赛会也耽搁下来;他们声称李奥尼达率领的士兵只是先头部队,其余部队马上就会紧随而来。但是,这些节庆并未干扰到盟军水师的行动。

希腊驻守温泉关的部队

斯巴达的政策

鉴于波斯的陆军和水师总是协同作战,当希腊陆军镇守奥埃塔山下的关口时,其三列桨战船也应当在优卑亚与大陆之间的海峡抗击波斯舰队。为了配合陆军前进,波斯人自然会驶入优卑亚与玛格尼西亚之间的玛利斯湾,并沿着优卑亚岛的西海岸进入优利普斯(Euripus)海峡。希腊水师的目标就是阻止波斯人推进,并通过控制玛利斯湾协防温泉关。

希腊舰队共有 324 艘三列桨战船和 9 条五十桨船,其中雅典提供了 200 条。他们选择优卑亚岛北部沿岸的阿特米西昂作为战场。希腊人派出 3 艘船只前往泰尔玛湾打探军情,其中 2 艘被波斯舰队摧毁。这是本次战争中双方的第一次接触。据说这次接触战让希腊人相当沮丧,整支舰队

第七章 希腊的危机 波斯与迦太基的入侵   327

被吓得驶回优利普斯海峡。但这种说法极不可靠,因为只要李奥尼达还镇守在温泉关,舰队仍须继续停留在玛利斯湾。不过,还需派船只防守优利普斯海峡。因为波斯人有可能派出一支分遣队绕行到优卑亚南部切断希腊人的退路。雅典有53艘战船并未参加阿特米西昂的第一次战斗,这些船只很有可能被派往优利普斯海峡担任监视任务。

7月,波斯大军抵达温泉关,【261】同时,波斯舰船也驶抵玛格涅西亚沿岸卡斯塔奈(Casthanaea)与塞皮亚斯(Sepias)海角之间的海域。由于舰船数量太多,无法全部停靠在海岸边,只得沿着海岸整齐排成8列。由于他们停靠的地方并不安全,这时刮起一阵狂风,至少摧毁了400条战船。看来诸神也赶来干预战事了,试图通过这种方式来缩小波斯人与希腊人力量的不对等。受这场灾难的激励,希腊舰队重回阿特米西昂的阵地。据希罗多德记载,因暴风雨,波斯人在玛格尼西亚海岸遭受重创。但因舰船原有的数目被夸大,损失的比例也被他随之夸大,而且希腊人的活动也可能被他曲解。即便波斯人损失惨重,但敌人数量上的绝对优势仍让希腊指挥官胆寒,他们希望再次撤退,地米斯托克利阻止了他们。优卑亚人当然希望舰队不要撤退,只有固守才可能有效保护他们,为了确保安全,他们送给地米斯托克利30塔兰特。地米斯托克利用其中8塔兰特贿赂盟军的同僚指挥官,将剩下的金银留给了自己。但这种说法颇令人生疑,贿赂之事可能几周后发生在萨拉米斯。因为只要陆军还在温泉关,优利比亚达斯和伯罗奔尼撒的舰队就一定会停留在阿特米西昂。

【262】暴风雨结束后,波斯人占领了阿菲泰(Aphetae)。他们决定切断希腊人的后路,秘密派出200条战船组成的分队绕行优卑亚南端。波斯人行动的消息被一位名为斯库利亚斯(Scyllias)的斯基奥涅人带到了希腊人的营帐。此人是那个时代最出名的潜水者,他在阿菲泰一头扎

进海里，一直潜水到阿特米西昂，共计潜行了 10 英里之遥。事实上，希罗多德对这个故事也持怀疑态度，他个人认为斯库利亚斯是乘坐小船到达阿特米西昂的。接到消息后，希腊人决定午夜过后追赶那些正驶往优利普斯海峡的舰船，第二天下午他们向敌人发起进攻，结果成功擒获 30 条波斯战船。是夜风雨大作，诸神再次干预战斗，帮了希腊人的大忙。绕行优卑亚南端的 200 艘波斯战船在被称为"凹槽"的危险海域全军覆没。此前并未出现在阿特米西昂的 53 艘阿提卡战舰不久赶达战场，这时传来了波斯舰队遭受天灾的好消息。希腊人放弃了撤退计划。双方还进行了其他一些战斗，互有损失；根据希腊人的说法，他们没有取得决定性优势，但一般认为波斯人可能取得了胜利。

这时李奥尼达镇守温泉关；由于佛基斯人对于当地的地形非常熟悉，李奥尼达派他们防守山间的羊肠小道。人们修好了山谷中央的防御墙。尽管波斯军队人多势众，但让宿营于玛利斯平原的大军从仅有 6000 人镇守的温泉关这一道狭窄关隘通过还真是一件相当困难的事情。薛西斯在此等候了 4 天，指望希腊人慑于大军声威而主动撤退。到了第五天，他发起进攻，在关隘西侧，希腊的枪兵与亚洲的弓箭兵相遇，希腊人占据着绝对上风。第二天战斗结果相同，万人不死队也并未给处于防御地位的希腊人留下什么印象。希罗多德说，薛西斯"三次从他的王座上站起来，对他的军队大发雷霆"。他决定派出几乎全部的万人不死军，在叙达涅斯（Hydarnes）统领下，沿着山间的羊肠小路抄希腊人的后路。一个名叫埃皮阿尔泰斯（Epialtes）的玛利斯人为他们带路，他因出卖希腊而臭名昭著。黎明时分，万人不死军抵达山路最高之地，佛基斯人镇守于此。看到波斯大军赶来，佛基斯人急忙逃到高处；波斯大军顺利通过此地，根本都没有注意到佛基斯人的存在。从山路上逃出来的人告诉了李奥尼达波斯人的战略，他立即召开一个军事会议。我们并不知道他们下一步行

温泉关战役

动计划具体是什么,【263】只知道斯巴达人、底比斯人和泰斯皮亚人留守在温泉关,其他部队向南撤退。后来他们放弃了防守之地,返回各自的城邦。在此情况下,敌人已占领关口的两端,对李奥尼达而言,继续镇守温泉关不是辉煌就是愚笨。合乎理性的方法要么是所有驻军都放弃关隘,要么如同波斯人包围希腊人一样,对叙达涅斯部队采取反包围。或许他们采取了第二种方法。让一部分军队留守关隘,包括李奥尼达和他手下的斯巴达人,其余军队(我们推测)驻守在距离山路不远的大路东侧某地,以便抄叙达涅斯的后路。镇守关隘的 1400 人中,一部分驻扎在东部入口,以防叙达涅斯可能发动的进攻,其余人马守卫西口,以应对大部队的进攻。李奥尼达和他手下的 300 人防守西口。但他们不再满足于仅仅击退敌人的进攻,而是冲出去与敌人对战。他们的主动进攻颇富成效,但李奥尼达被杀;国王的殒命激发斯巴达人发起一场荷马式的英勇战斗。薛西斯的两位兄弟死在斯巴达人的刀剑之下,许多波斯人被赶到海里淹死。但是防御者最终还是被打回到长墙后面。他们紧缩在一座小丘上,被敌人团团包围;在杀死不计其数的敌人后,他们完成了人生最后一次战役。不死军完成对希腊人的包抄,开始向关隘深处推进。据说此战中 4000 名希腊人全部命丧疆场。

  斯巴达人英勇防守温泉关给全体希腊人留下了深刻印象,增添了斯巴达人勇敢的美名。这是一场毫无获胜希望的防御战,李奥尼达和他的战友抱定必死之心,坚守阵地,践行了斯巴达教育体系中从小向他们灌输的军人责任感。英勇的泰斯皮亚人没有弃斯巴达人而去;而底比斯人因有通敌之嫌被李奥尼达强行扣押下来。甚至流传着对底比斯极为不利的故事,说他们象征性地防守一阵后就跑到敌人阵营中,乞求波斯人的宽恕,宣称他们是波斯大王的朋友,前往温泉关是受到斯巴达人的逼迫。虽然捡得性命,但包括指挥官在内的所有底比斯投降者不得不受黥面之

底比斯人的行为

辱,面烙标记,表明他们是坏奴隶。可以肯定的是,泰斯皮亚人与底比斯人的鲜明对照是人们根据底比斯人后来奉行亲波斯政策而杜撰而出的。防守温泉关虽是英雄之举,但我们也并不清楚最后时刻斯巴达人是不是陷入了绝望。不妨推断,如果希腊人能主动迎击"不死军",【264】如果这种尝试能更有成效,他们完全有可能守住这道关口;如果那样,一场海战将会决定是波斯人还是希腊人从此地被迫撤退。

后来斯巴达人竖起了一根记功柱,上面刻着李奥尼达及300勇士的名字。其中有斯巴达公民狄涅凯斯(Dienekes)之名,他以一首警句诗而著称;该诗展现了一名斯巴达战士在危险时刻的轻松心态。看到波斯军队人数如此众多、发射的箭矢遮天蔽日时,他回答说:"那太好了,我们就可在阴凉处作战了。"

温泉关战事的消息很快就传到驻防阿特米西昂的舰队中,希腊人不得不起锚启航,穿过优利普斯海峡驶往阿提卡海岸。

希腊舰队的撤退

第四节　萨拉米斯之战

在成功诛灭首邦国王,打开希腊的内门后,薛西斯的大军继续向前推进,经过洛克里到达佛基斯,最后抵达波奥提亚,沿途并未遇到什么抵抗。底比斯和其他波奥提亚城邦别无选择只能向波斯投降。正如放弃坦佩迫使色萨利人投降一样,温泉关的丧失使他们不得不走上同样的道路。

公元前480年8月

后来在德尔斐流传着一则故事,驻扎在佛基斯的波斯大军派出一支分遣队前往皮托劫掠阿波罗的神庙。希罗多德说:"我想,薛西斯对圣所里财宝的了解并不亚于对他自己金库的了解。"德尔斐人逃到帕那索斯山上,只将60个人和预言先知阿凯拉图斯(Aceratus)留在庙里。他们

德尔斐的传奇故事

|| 第七章　希腊的危机　波斯与迦太基的入侵　　331

并未移走珠宝,因为神灵告诉他们,他将亲自保护这些财产。蛮族人到达时,奇迹发生了。先知看到了神兵天将列队于神庙前,某种神秘的力量指挥着他们,无人可以撼动。当波斯人试图靠近卡斯塔利安圣泉附近的雅典娜-普罗那埃(Pronaea)圣所时,天空突然划过一道闪电;两块岩石带着巨大的呼啸声从帕那索斯山顶坠落,碾过波斯士兵的身体;从雅典娜神庙中传来阵阵战斗呐喊声。蛮族人带着恐惧仓皇逃窜,高声呼喊说两支由神灵组成的方阵正在追赶他们。这就是德尔斐人讲述的波斯入侵时发生的故事。

雅典人离开阿提卡

【265】从阿特米西昂返回时,雅典人发现伯罗奔尼撒军队的主力并未按照原来的安排向前推进防守波奥提亚,而是驻屯在科林斯地峡,忙于修建一堵横亘地峡的城墙。波奥提亚和阿提卡根本没有任何防护。地米斯托克利和雅典其他领导人决定疏散整座雅典城。他们发布公告,要求所有公民必须马上登船,将家人和财产转移到安全的地方。事情按部就班地进行着。妇女和儿童被转移到特洛伊曾、埃吉那和萨拉米斯。在此危急时刻战神山议事会伸出援手,从雅典娜的圣库拿出钱来,向每位登船的公民发放8德拉克玛以资补贴。同时,虽然在驱逐僭主时卫城的城墙已被拆除,但人们仍寄望利用其天险与波斯人稍做周旋,因此留下一支分队驻防。登船这一大胆而明智的策略是由环境决定的,但人们认为这是依神谕行事。神谕已经预见到雅典城即将被毁,只有"木墙"可以拯救他们。地米斯托克利将木墙解释为舰船。为了与这种解释保持一致,雅典人强调,留下驻守卫城的只是为数不多的几个贫困公民;这些公民留在卫城并扎营于此,因为他们根据字面意思将木墙理解为卫城的木栅栏。对于神谕的解释可能是事后人们的穿凿和附会。

眼见雅典人决定不再固守国土,盟军舰船停靠在萨拉米斯湾。新到的一批战船增强了盟军的实力,舰船总数达到378条三列桨战船和7条五十桨船。驻扎在地峡的陆军由李奥尼达之兄克利奥姆布罗图斯指挥，他同时是年幼的国王——李奥尼达之子普莱斯塔库斯（Pleistarchus）的监护人。

当舰队到达法勒隆港时，薛西斯来到雅典。他发现除掘濠据守在卫城的一小队人马外，雅典已是一座空城。波斯军队首先占领战神山下较低的地方，这里是一片开阔的马鞍地带，扼卫城与战神山之要冲。他们从这里发射火箭，将卫城上的木栅栏烧尽。上面的驻军推下擂石进行抵抗，借助卫城险要的地形，他们被围两周仍坚守不降。波斯人想尽办法，终于在陡峭的北坡找到一条通往阿格劳鲁斯神庙的秘密小道，从而登上卫城。波斯人将上面的希腊人全部杀光，将神庙洗劫一空，然后付之一炬。

大约 9 月 17 日

雅典卫城陷落后，希腊各邦将领召开了一次战争联席会，【266】经过投票，大多数人赞成将大军撤到科林斯地峡，等待波斯舰队的到来。这种方案的优点是一旦战败，水师可与陆军密切配合，安全撤退到伯罗奔尼撒半岛；但是，如果在萨拉米斯，他们就可能被敌人完全切断后撤之路。会议的决定意味着他们将放弃埃吉那、萨拉米斯和麦加拉。地米斯托克利决定破坏这一作战方案。他私下去见优利比亚达斯，力图晓之以理，让他认识到在萨拉米斯海峡的狭窄水域作战对希腊人更有利，因为如果在地峡附近的开阔海域作战，敌人快速而数量众多的战船将决定一切。统帅将各位将领再次召集起来商议，据说雅典的将军与科林斯的将军发生了激烈争辩。在优利比亚达斯还未来得及正式介绍情况时，地米斯托克利就已开始发言。科林斯人阿戴曼图斯（Adeimantus）说："地米斯托克利，在比赛中抢跑的人要挨鞭子的。"地米斯托克利回答说："是的，但出发太晚的人永远也不会获得桂冠。"据记载，为了达成其计划，地米斯托克利威胁说如果会议做出决定，让舰队撤退到地峡，那么雅典人将停止与盟军合作，到西地中海某个地方建立新家园，不要忘记，雅典舰船占

希腊舰队是在萨拉米斯还是地峡附近决战？

|| 第七章 希腊的危机 波斯与迦太基的入侵　　333

盟军舰队的一半还多。最终,地米斯托克利的提议获得大多数人的支持。当会议做出在萨拉米斯海域决战的决议后,人们举行仪式召唤出岛上的英雄埃阿斯(Ajax)和特拉蒙(Telamon),盟军派出一艘战船到埃吉那将其他埃亚西德(Aeacid)家族英雄迁来。①

<small>特里亚平原上德玛拉图斯和狄凯乌斯所见</small>

对雅典人而言,在讲述这些令人难忘日子里发生的奇迹和征兆的诸多故事中,最吸引人的是两位流放在外的希腊人走过特里亚平原时的所见所闻。其中一位名为狄凯乌斯(Dicaeus),与他相伴的是前斯巴达国王德玛拉图斯,此时他正在波斯宫廷避难。他们正走着时,突然远远望见埃琉西斯附近传来滚滚尘埃,他们推断这大概是由3万名战士走过时造成的;这时从尘雾中传来叫喊声,这个声音与埃琉西斯秘仪时神秘的伊阿库斯叫喊声相同。德玛拉图斯问同伴这是什么。狄凯乌斯说:"这预示着大王的军队将要遭到巨大的灾难。你看,平原上了无人烟,显然发出声音的只能是神,这是神灵从埃琉西斯赶来帮助雅典人了。如果神兵天将转向伯罗奔尼撒半岛,大王的陆军将会面临危险;如果向战船方向而去,大王的舰队危矣。"德玛拉图斯回答说:【267】"少安毋躁,如果这些话传到大王耳朵里,你会掉脑袋的。"很快浓浓尘雾和响彻云霄的声音向萨拉米斯希腊人舰船方向奔去。他们知道薛西斯舰队注定的厄运即将来临。

这时,波斯人也在商讨对策,决定与希腊人一决死战。据希罗多德讲述的一则流传于哈利卡纳苏斯的故事说,卡里亚女王阿特米西娅(Artemisia)向国王建言,忠告他不要急于冒险与希腊人进行海战,他们应当要么等着希腊舰队因补给短缺而各奔东西,要么让大军经陆路到伯

---

① 指阿埃库斯(Aeacus)的子嗣。其中著名人物有其子柏琉斯(Peleus),其孙阿喀琉斯,其曾孙奈奥托勒姆斯(Neotolemus)。亚历山大大帝宣称他也是埃亚西德家族的苗裔。希腊神话中,阿埃库斯是埃吉那国王。

罗奔尼撒后再与希腊人决战。

从南面进入萨拉米斯与阿提卡之间狭窄海湾的入口处被小岛普叙塔莱岛（Psyttalea）和一个从萨拉米斯伸向大陆的细长海岬封锁。（萨拉米斯海战示意图，参见图7-2）希腊舰船停泊在海岬以北靠近萨拉米斯城的海岸边。如果能诱使波斯舰船进入萨拉米斯湾，航经浅水区时，船只的侧面将露出水面。如果波斯人能迫使希腊舰船驶进海岬之南的开阔海域，形势将对波斯人极为有利。薛西斯预料对手可能企图乘夜逃走，为了防止希腊人逃跑，他命大军封锁普叙塔莱岛两边的水道，并在岛上派陆军镇守，以便在即将到来的战斗中拯救落水的波斯人，杀死游到岸边的希腊人。【268】波斯人将上述行动安排在下午进行，这可吓坏了希腊人。伯罗奔尼撒诸将向优利比亚达斯施压，要求再次举行联席会议商

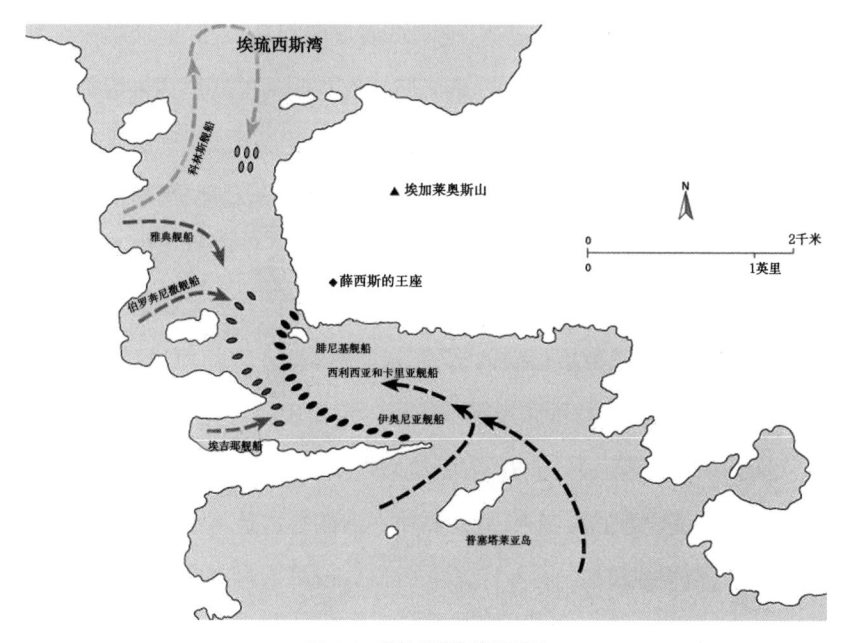

图7-2　萨拉米斯海战示意图

（据Tom Holland, Persian Fire, New York: Anchor Books, 2007, p. 322编译）

|| 第七章　希腊的危机　波斯与迦太基的入侵

量对策。眼看此前辛辛苦苦促成的来之不易的战略计划即将被推翻，地米斯托克利决定采取更大胆的行动。他迅速离开会场，派奴隶西琴努斯（Sicinnus）到波斯大营，告诉波斯人说地米斯托克利对薛西斯大王早生敬慕之情，因此给大王带来了秘密消息，说希腊人打算乘夜逃跑。如果能阻止他们逃跑，胜利必将属于波斯，因为希腊各邦已存怨隙，不能团结一心。如果波斯能将希腊人困在那里并发动进攻，雅典将会倒戈相向，为薛西斯大王效力。薛西斯轻信了奴隶带来的消息，连夜采取措施，防止希腊舰队向西从萨拉米斯与麦加利德之间的海峡逃走。他派出200艘埃及战船绕过萨拉米斯南部海岬，让他们驻守在那里以便封锁西部海峡。他决定拂晓时分就发起攻击，这是一个致命的决定，只有敌营中有人变节才可能诱使他采取如此步骤。

当希腊的将军们仍在激烈讨论时，地米斯托克利被人叫出会场。叫他的人正是其政敌阿里斯提德，他刚从埃吉那回来，告诉地米斯托克利希腊的舰队已被敌人团团围住。地米斯托克利叫阿里斯提德告诉将军们正在发生的事情。一艘突破波斯人封锁前来的泰诺斯战船确认了这一则消息。毫无疑问，阿里斯提德带来的消息非常具有轰动性，当然他也并非刚从陶片放逐地返回。或许他是雅典十将军之一，受派前往埃吉那搬来埃亚西德家族成员。

战前一天双方舰队的位置

地米斯托克利设法让海战在萨拉米斯打响，因为这里的环境对希腊人更为有利。双方的位置和策略谁优谁劣仍有争议。诗人埃斯库罗斯是这次海战的目击者。根据他的说法，波斯舰船在海湾外入口处排成三行。最左边是伊奥尼亚的希腊人，朝比雷埃夫斯的右边是薛西斯最倚重的腓尼基舰队。希腊舰船集结在叙诺苏拉（Cynosura）海岬以北；雅典人居左，靠近萨拉米斯城；埃吉那人可能在雅典人之旁；拉凯戴梦人居右。【269】对面大陆的海岸上，在埃加莱奥斯山脚，已经搭建起一张巨大的王座，薛西斯坐在上面俯瞰战场，观视着部下的英勇表现。

拂晓时分，波斯人开始向海峡推进。他们将舰船的队形由三列变为三纵，腓尼基人在最前面，从普叙塔莱岛与大陆之间的海峡驶入海湾。自然，伊奥尼亚人从普叙塔莱岛与萨拉米斯之间的狭窄水道进入。当腓尼基人进入视线后，雅典舰船编队迅速推进，从侧面对其发动进攻，将这几艘战船与其他船只分隔开来，并将它们赶往阿提卡海岸。波斯人的其他分队也驶入海峡，由于舰船数量太多，挤作一团，希腊人顺势发起进攻，双方开始激烈地混战，战斗一直持续到夜幕降临。在拥挤的舰船和狭窄的水道中任何战略战术都无法实施，即便稍宽之处（叙诺苏拉与阿提卡之间）也仅有一英里。埃吉那人的勇敢特别引人注目，他们打败了腓尼基人，将伊奥尼亚人打得四处逃窜。

海战，9月20日

在国王的眼皮底下，波斯人作战非常英勇，但他们的指挥非常糟糕，地形也对他们不利。太阳落山时，薛西斯的庞大舰队，一部分被摧毁，另一部分丧失了作战能力。阿里斯提德率领一队雅典重装步兵在萨拉米斯海岸关注着战事的进展，眼见希腊人占据上风，他的部队渡过海峡来到普叙塔莱岛，把薛西斯布置在那里的蛮族人尽数杀光。

波斯失败的原因

在关于此次战役的众多稗史逸事中，最出名的是流传于哈利卡那苏斯的关于卡里亚女王阿特米西娅的看似勇敢实则幸运的故事。通过攻打并击沉另一艘卡里亚战船，她摆脱了希腊人的追踪，成功逃得一条性命。那些站在薛西斯身旁的人看到这一幕，还以为被击沉的是希腊舰船。他们说："大王，看看阿特米西娅是怎样击沉敌人的战船吧！"薛西斯哀叹说："唉，我手下的男人都变成了女人，而女人却成了男人！"

关于阿特米西娅的逸事

第七章　希腊的危机　波斯与迦太基的入侵

第五节　萨拉米斯战役的影响

<small>吃败仗后波斯人的动向</small>

希腊人在萨拉米斯战役取得的胜利对波斯海上力量是一次沉重乃至致命的打击。薛西斯对于腓尼基人倍感愤怒，因为他对他们最为倚重，而正是他们的不忠导致战争的失败。大王的威胁使余下的腓尼基分队深感恐惧，他们大多弃船逃跑。尽管如此，波斯的侵略战争取得最终胜利的前景仍一片光明。【270】其陆军还未遭受败绩，且数量远胜于希腊军队。他们面临的唯一困难是补给问题，就此层面而言，丧失制海权对他们颇为不利。希腊人对此的描写是，薛西斯被打得落花流水，犹如惊弓之鸟，仓皇从陆上经赫勒斯滂逃窜，直到安然到达苏撒城，他才来得及喘上一口气。这种美化胜利的戏剧性描写与实际情况并不相符。就薛西斯本人而言，当时他并无任何危险，真正的危险不在阿提卡而在伊奥尼亚。波斯人完全有理由担心，一旦水师惨败的消息传回亚洲，可能会激发小亚细亚希腊人造反。如果说薛西斯确实有所担心，那这就是他的担心之所在。

<small>返回的原因</small>

果不其然，次年他们真的起义了。对他而言，保障军队撤退路线的安全至关重要，尽管此时他还没有放弃征服希腊的宏愿。上述原因解释了接下来发生的事情。波斯舰船被派往赫勒斯滂保护浮桥和撤退路线；而陆军交由玛尔多纽斯指挥。鉴于天气日渐寒冷，他们决定将大军撤到色萨利过冬，待来年春天再采取进一步的军事行动。玛尔多纽斯派6万人陪同薛西斯从赫勒斯滂撤回了亚洲。

<small>奥林图斯成为一座希腊城市，公元前480年</small>

当薛西斯到达时，发现浮桥已被暴风雨摧毁，他的舰船返回时在玛格涅西亚因暴风雨再受重创。他乘坐舰船跨过海峡抵达阿比多斯，由此前往萨狄斯，并将大营设于此地。护送他的6万名士兵返回色萨利与大军会合，沿途他们蹂躏了帕列涅地峡的两座城镇，即后来颇负盛名的奥林图斯（Olynthus）和波提狄亚。此时奥林图斯是一座隶属于波提亚人

（Bottiaean）的城镇，波斯人占据了该城，并将其交给对波斯忠诚的卡尔基狄克人统治。波提狄亚被围城三个月后，最终被波斯人攻陷。

与此同时，希腊人错失了乘胜追击的绝佳机会。克利奥姆布罗图斯本打算从地峡开动大军，趁波斯军队撤回波奥提亚之前对其发起致命打击。但是，10月2日下午2点，当他为出征奉献牺牲时，突然发生了日全蚀。该凶兆使他终止了原来的计划，率领大军返回伯罗奔尼撒半岛。地米斯托克利尽力诱使水师统领对逃往赫勒斯滂的波斯舰队乘胜追击，以便再次痛击波斯水师并摧毁浮桥。他料想，如果希腊水师确实这样做了，伊奥尼亚的希腊人将会发动起义。但伯罗奔尼撒人不同意水师驶往那么遥远的地方，【271】而且波斯大军驻扎在希腊大陆，仍对地峡构成潜在威胁。有传言说，地米斯托克利眼见其意见没有得到支持，决定将计就计。他派出忠诚的奴隶西琴努斯前往薛西斯的大帐，向国王说明地米斯托克利的一片好意，正是因为他才说服希腊人不再继续追击波斯舰队。地米斯托克利生性精明，深为时人佩服。或许地米斯托克利本认为薛西斯上次受骗后会不再相信他的话，因而会在希腊人到达之前，派水师全速驶回赫勒斯滂。后来流亡波斯时，他声称波斯人对他的通风报信非常感激。甚至有人相信，地米斯托克利深谋远虑，行事富有远见，他已预测到被雅典人放逐的可能性，而不得不为寻求波斯人的帮助和庇护早做打算。然而，这些传言不值一批，明显是阴险的雅典人根据后来的经历捏造出来的。

公元前480年10月2日下午2点的日蚀

安德罗斯岛和优卑亚城镇卡利斯图斯曾为波斯舰队提供了几条战船。正如马拉松战役后雅典驶往帕罗斯要求赔偿战争损失一样，现在希腊人也对安德罗斯人和卡利斯图斯人提出同样要求。正如米泰雅德在帕罗斯的遭遇一样，他们在安德罗斯并未成功，但还是蹂躏了卡利斯图斯全境。

安德罗斯和卡利斯图斯

第七章 希腊的危机 波斯与迦太基的入侵　339

对萨拉米斯战士们勇敢的奖赏

全体希腊人因这场辉煌胜利兴奋异常，因为他们原本对胜利几乎不抱太大希望。各邦将军齐聚地峡分配战利品，并论功行赏。埃吉那人因突出的表现和勇敢的战斗抢得头功，有权首先挑选战利品，他们按阿波罗的指令，将一根镶嵌了三颗金星的青铜桅杆献祭给德尔斐神庙。雅典人也因勇猛而功列其次。其他人等也因突出的英勇或智慧而获得奖赏。在判定谁应获得智慧之奖时，要求所有船长写下两个人的名字，以便将其镌刻在地峡波塞冬祭坛上。有故事说，所有人都将自己的名字写在第一位，而将地米斯托克利之名列于第二。结果所有人都没能获得奖赏，因为如果位列第一的人都无法获奖，位列第二位的人也自然不能得奖。这则逸事表明地米斯托克利因为聪明多智而被人们赞誉。

墓志铭

战死疆场的科林斯人被埋葬于萨拉米斯岛，在他们的墓碑上镌刻着一副简单的挽联，告诉陌生人："如今埃阿斯之岛萨拉米斯容留了我们，曾经我们居于科林斯与她隔海相望。"最近出土了一块这样的墓碑。这只是诸多墓碑中的一块，【272】在希腊各地，人们沉浸在快乐并忧伤的日子里，佚名作家写下了这些诗句，充分展现了那个伟大时代崇尚的简单静穆之美，正如人们所说的那样，它的含蓄恰如隐藏在一位外表谦逊的巨人内心深处不羁的自尊。在其后的日子里，再也难寻这种含蓄之美，在墓志铭上添加浮夸韵文成为一种时尚，这种流风遗韵腐蚀着他们的后代，直到今天，人们还振振有词地宣称这种败兴的墓志铭出自大诗人西蒙尼德斯的手笔。出土的两块伪作碑铭更增添了我们对那时希腊人的崇敬之情。在那个时代，到处都有能撰写简洁而恰如其分的墓志铭的写作高手，他们明白马革裹尸者的墓碑上不需任何多余的自夸。

与这些毫不做作的墓志铭相比，希腊人的胜利还带来了更多卓越贡献，值得人们长久铭记。蛮族人的入侵影响着艺术和文学的发展，激发着希腊人创作出一些世界上最伟大的作品。人们似乎很快就意识到他们正经历着最具历史意义的时刻。那一个时代的诗人们将其吟赋成诗供人传颂；雕塑家在浮雕中将其表现得淋漓尽致。弗吕尼库斯（Phrynichus）可以心安理得地围绕这一主题从事创作而不必担心再被罚款。埃斯库罗斯——曾亲自参加与米底人战斗的英雄——以当世人写当世事，以薛西斯的惨败为题材创作了一部伟大的戏剧。这部戏剧保存至今，仍是一部伟大的历史剧。波斯战争促使另一部比埃斯库罗斯《波斯人》更伟大的作品问世，尽管其出现的时间稍晚。这场战争激发了"历史之父"在其书中铺陈欧亚之间对抗的因由和过程，他的思绪似乎飘浮在空中，特洛伊战争似乎是同一出戏剧前面的幕次，正在萨拉米斯和普拉提亚奋勇拼杀的战士们，和在特洛伊平原与赫克托尔近身肉搏的英雄们从事着同样的事业。如果人们留意观察就会发现这种两次特洛伊战争的暗示，在埃吉那的雅典娜神庙的三角墙浮雕上，那些雕刻大师展现的正是这样一种场景，残留的多利亚柱告诉人们，埃吉那曾一度是希腊最伟大的城邦之一。在另一所神庙，雕刻家在横档和三角墙上用艺术的语言展现了希腊人与蛮族人的斗争，他们用拉皮泰人和半人半马族（Centuars）、奥林匹斯诸神与提坦巨神的传说表现了这一主题。

第六节　为另一场战役做准备

诗人埃斯库罗斯曾说，波斯水师的失败意味着陆军的失败，此刻诗人的说法完全正确，【273】但仅限于此刻。萨拉米斯之战后，波斯大军被迫向北撤退，在色萨利平原过冬；次年春天，虽然没有舰船的支持，他们也已准备好采取行动。希腊的自由面临着前所未有的危险，萨拉米斯的胜利可能被彻底葬送。一方面，希腊人，尤其是拉凯戴梦人和雅典人，发现继续协同作战的可能性已微乎其微。甚至在萨拉米斯之战的前夜，

希腊的前途

双方的冲突也一览无遗。拉凯戴梦人关注的是伯罗奔尼撒半岛，他们不愿在北希腊与敌交战；北希腊除非得到伯罗奔尼撒人的强有力支援，否则不可能有效抵抗波斯人的进攻，他们只能被迫与蛮族人达成妥协。另一方面，即便他们能克服上述困难，组建一支泛希腊联军与波斯人对抗，其结果也会对希腊人不利。双方的差别不在于参战人数的数量悬殊，而在于希腊人缺乏骑兵。

公元前479年

随着春天的到来，阿塔巴佐斯的队伍和护送薛西斯到赫勒斯滂的部队加入玛尔多纽斯的大军。如今玛尔多纽斯手下的军队总人数有多少不得而知，或许已达15万人之巨。此外，400条波斯战船（没有腓尼基战船）集结在萨摩斯防卫着伊奥尼亚；希腊人的110艘战船在斯巴达国王莱奥提奇达斯的率领下集结于埃吉那，力图保卫希腊本土沿海地区，并不打算采取任何攻势。

希腊舰队的懈怠

来自开俄斯的使节费了九牛二虎之力，才诱使莱奥提奇达斯将水师开进提洛岛，但他丝毫不为使节指出的解放伊奥尼亚的理由所动，不愿将舰船开进到东部海域，因为"萨摩斯似乎与赫拉克勒斯之柱一样遥远"；他们害怕驶入波斯人控制的海域，认为那里充满着难以预料的危险。可能雅典人的政策对缺乏军事经验的斯巴达水师提督起着一定影响。雅典人的目标是保护其国土免遭波斯人的再次入侵。因此，他们希望战船能保护其海岸的安全；但他们还基于一种更重要的考虑。如果舰船采取攻势并取得另一次海战的胜利，伯罗奔尼撒人就会采取更现实的方式防御波斯人，他们会立即利用水师和地峡上修建的要塞拱卫自身安全。其结果将是伯罗奔尼撒人不再承担北希腊战事，使雅典独自成为玛尔多纽斯大军的猎物。因此，雅典的策略是使联军水师暂时处于懈怠状态，直到陆战决定了战争的走势为止。【274】出于这样的考虑，他们也只装备了几条战船。

玛尔多纽斯利诱雅典

玛尔多纽斯敏锐地意识到雅典人和伯罗奔尼撒人之间利益的重大

差异,试图从政治上诱惑雅典,使她从希腊联盟中退出。他派出一位地位尊贵的使者——马其顿国王亚历山大前往,许诺为雅典人提供优厚待遇。他答应修缮所有波斯占领期间雅典遭受破坏的建筑,帮助她获得新领土,而只要求她与波斯结盟,成为平等而独立的成员。雅典人暂时居于城市废墟和神庙之间的荒凉之地,明白他们的盟军正在修筑地峡上的城墙,对阿提卡的命运漠不关心。在此情况下,雅典人如果被如此诱人的提议诱惑,勉为其难地听上一听,似乎也并不为过。如果他们真这样做了,伯罗奔尼撒注定会以失败而告终,拉凯戴梦人对此也了然于胸。因此,斯巴达人也派出使者,以图消解亚历山大说辞的影响力,并答应为雅典提供物资援助以弥补她遭受的损失。虽然玛尔多纽斯的提议如此诱人,而且雅典人完全有理由坦然接受,因为他们几乎无法指望得到盟军的合作,但雅典人崇尚自由,是一个伟大的民族,他们抵制住诱惑,拒绝了波斯人的提议。他们对亚历山大说:"告诉玛尔多纽斯,就说雅典人这样说的:只要太阳仍东升西落,按现在的轨迹运行,我们就绝不与薛西斯媾和。"这一回答阐明了在东西对抗这个"永恒的问题"上欧洲人展现出来的鲜明精神,在汉尼拔扣关罗马城、阿提拉及其匪帮发动加隆战役[*]时,罗马元老院和罗马—哥特人再次将这种永不妥协的精神彰显无遗。

雅典人的回答

亚历山大的出使并没有削弱反而强化了希腊联盟。它使拉凯戴梦人更清楚地认识到与雅典人积极合作的重要性,并做好更充分的准备与雅典合作;它也使雅典人能向伯罗奔尼撒人施加更强大的压力,迫使其愿意承担起防御北希腊的责任;来自斯巴达的使者承诺他们将马上派出一

使斯巴达付诸行动的困难

---

[*] 加隆战役(Battle of the Chalons,具体地址不详,一般认为在法国香槟境内),也称加泰洛尼亚平原之战,爆发于公元451年,对阵双方分别为由罗马将军弗拉维·阿埃提乌斯(Flavius Aetius)、西哥特国王提奥多里克一世(Theodoric I)率领的联军与阿提拉率领的匈奴及其同盟者组成的联军。学者们认为这是古典时代最后一次影响重大的战役,限制了匈奴人对罗马高卢地区的征服。454年,匈奴人在内道(Nedao)战役中被日耳曼人击败,阿提拉的匈奴帝国由此土崩瓦解。——译者注

‖ 第七章 希腊的危机 波斯与迦太基的入侵 343

支军队前往波奥提亚。但仍需施加更强大的压力才有助于伯罗奔尼撒人放弃自私自利的对外政策。在亚历山大出使雅典不久,他们已完成地峡城墙的修建工程,觉得凭此墙安全得到保障,可以高枕无忧,因而不再考虑履行对雅典人的承诺。正如此前借口举办卡尼亚节一样,斯巴达人声称他们正在举办许阿坚托斯(Hyacinthia)庆典无法前往。与此同时,玛尔多纽斯的军队已在向前推进,进入波奥提亚,并力图重占阿提卡。雅典人再次残酷地受到同盟者的欺骗;【275】他们不得不再次离开国土,将家属和财产转移到萨拉米斯避难。玛尔多纽斯攻入雅典,但他并未烧毁房屋,也未掠夺财产;他仍希望诱使雅典人脱离希腊人的抵抗大业,这样他才最有可能成功征服希腊。如果雅典人现在接受他此前的提议,波斯人将马上撤离阿提卡,秋毫不犯其国土。但是,即便在如此危急存亡的绝境中,虽然盟友背信弃义,令人失望,但当玛尔多纽斯的使者在萨拉米斯的500人议事会上提出建议时,雅典人仍断然拒绝了这个阴险的议案。

位于伯罗奔尼撒半岛以北仍未臣服于米底人的三个城邦——雅典、麦加拉、普拉提亚派出使节前往斯巴达,强烈要求立即派军到阿提卡与玛尔多纽斯一决高下,以此作为对其做出承诺的补救措施;来自三个城邦的使节声称,面对波斯人的威胁,如果斯巴达人毫无作为,他们只能与敌人妥协。就在这时,监察官奉行的狭隘政策几乎断送了希腊的命运。据说在接下来的10天里,他们都未给三邦使节任何答复,要不是一个名为基莱奥斯(Chileos)的泰格亚人插手,他们准备在最后时刻拒绝三邦的要求。基莱奥斯指出,如果雅典水师与波斯人联合行动,地峡上监察官依赖的长墙将毫无用处。人们可能会疑惑,即便泰格亚人没有指出,对任何监察官来说,这种可能性都一目了然。无论如何,拉凯戴梦人当局突然改变了策略,派出一支由5000名斯巴达人组成的军队向北希腊进军,每名战士都有若干名希洛特侍奉。至此之后,或许此前任何时候,斯巴达都不曾派

斯巴达的行动

出如此庞大的公民队伍出征。紧随这支军队的是5000名庇里阿西人,他们每人也有至少有一名希洛特跟班。很明显,在最后时刻,斯巴达人充分认识到伯罗奔尼撒所面临的危险,终于开始采取行动。保桑尼阿被授予完全的指挥权,他是温泉关英雄之子普雷斯塔库斯(Pleistarchus)的叔父,行摄政王之职。到达地峡时,伯罗奔尼撒的其他同盟者及来自优卑亚、埃吉那和西部希腊的军队加入他们的队伍;① 到达麦加利德时,他们得到了麦加拉人的增援;在埃琉西斯,阿里斯提德率领8000名雅典战士和600名普拉提亚战士加入盟军的队伍。所有军队都是步兵,包括轻装兵在内,总人数可能达到10万。指挥作战的重任就交给了保桑尼阿。

【276】底比斯坚固的卫城贮备有充足的物资,是玛尔多纽斯的大本营所在;这样,一旦希腊军队加入战斗,他就无须担心被包围在阿提卡与大本营失去联系,陷于孤身无援的危险境地。因为阿提卡在去年秋天备受蹂躏,万物不生。因此,再次蹂躏阿提卡并派出一支分遣队到麦加利德炫耀一番武力后,玛尔多纽斯撤回波奥提亚。然而,他并未直接撤到波奥提亚,而是向北行进到了狄凯里亚,并沿帕尔涅斯山北麓扫荡了塔那格拉和阿索普斯平原。此后,大军溯阿索普斯河而上,向西行进,在雅典通往底比斯的大道旁安营扎寨,此地还有一条道路可以通向基泰隆山。阿索普斯河是底比斯和普拉提亚的界河,毁灭普拉提亚可能是波斯人下一步行动的目标。但玛尔多纽斯在阿索普斯河沿岸耀武扬威的主要目的是震慑底比斯人,以免他们在背后发动攻击。经过这样一番动作,波斯人完全有理由对未来的战事抱乐观态度。他们不但人数占优势(虽然未必占有压倒性优势),而且他们拥有一位统帅,其能力远胜希腊诸将。玛

玛尔多纽斯的动向

---

① 其中来自伯罗奔尼撒半岛的有泰格亚人、奥科美努斯人、科林斯人、西吉昂人、弗琉斯人、埃皮道鲁斯人、特洛伊曾人、赫耳米奥涅人、莱普瑞昂人、迈锡尼人和梯林斯人;来自优卑亚的有卡尔基斯人、厄律特利亚人、斯泰拉人(Styra);来自西部希腊的有安布拉基亚人、琉卡斯人、阿那克托里昂人、帕雷斯(Paleis)人和凯法伦尼亚(Cephallenia)人。

尔多纽斯并不急于发动战事。他完全明白应采取的策略是尽量少行动，他知道在战场上待的时间越长，希腊人内部不同城邦、不同派别之间的嫉妒和纠纷就会越多，从而相互之间不再团结。有人认为此时波斯大营弥漫着沮丧之情，种种征兆预示着灾难即将降临。一则逸事说在底比斯举行的一场宴会上一位客人流露出这种悲观的情绪。底比斯将军阿塔吉努斯（Attaginus）受邀参加祝贺玛尔多纽斯的宴会。出席宴会的共有100人，波斯人与波奥提亚人两两配对坐在长椅上。奥科麦努斯人泰桑德（Thersander）也是受邀的客人之一，后来他告诉历史学家希罗多德说，与他同坐一条长椅的波斯人说了下面的话："既然你和我同桌共餐，我们又一同饮酒，我很乐意把我的想法告诉你。正因为你提前得到警示，所以你可以好好考虑一下自身的安全。你看到在这里饮宴的波斯人以及驻扎在河边的大军了吗？再过一会儿，你就会看到这些人当中只有少数可以保住性命了！"波斯人说着，不禁潸然泪下；泰桑德答话说："你应该把这些事告诉玛尔多纽斯啊！"但这位波斯人回答说："朋友啊，凡是神意注定要发生的事情，任何人都不可能扭转；哪怕你讲的是真话，也没有人肯相信这些忠告。波斯人当中有许多人已经知道处境危险，但我们受制于命运，必须跟随着大军前进。【277】在人间一切不幸之中，最可悲的就是一个人知道得很多，但在行动上却无可奈何。"虽然后来的希腊人对此深信不疑，但我们一定不要人云亦云，信以为真。

玛尔多纽斯的策略　　玛尔多纽斯在军队停留之地安营扎寨，并要在希腊人跨过基泰隆山之前，在阿索普斯河北岸构筑工事。他的计划是采取防守之势，等待希腊人主动向他发起进攻，这样决战将会在平原上展开，他就能够充分利用波斯骑兵的绝对优势。反之，不管采用何种手段，如果希腊人能诱使敌人到南岸崎岖的高地上作战，波斯骑兵就将毫无用处，而希腊人将利用有利地势，从基泰隆山上冲下来，这样战争的天平将会向希腊人倾斜。

第七节　普拉提亚之战

决定希腊命运的战场位于阿索普斯河北岸，河流的南岸紧邻基泰隆山。普拉提亚城位于战场的西南角，坐落于连接山脉与平原的6座山岭中最西端的那道山岭上。（普拉提亚战役的两个阶段参见图7-3）在此，有三条道路可以通往波奥提亚：最东的一条始于雅典终于底比斯；中间的一条从雅典到普拉提亚；最西的一条从麦加拉到普拉提亚。希腊军队选择的行军路线是最东端的那条道路，经阿提卡一侧逐渐上攀后到达埃琉特莱（Eleuthrae）要塞和"橡头关"（pass of the Oak's Heads），此后沿陡峭山路向下到达波奥提亚。当希腊大军翻过高山后，他们发现波斯人的营帐正好建在他们的必经之路上，因此，不得不在关隘脚下安营扎寨。大军右翼由斯巴达人和泰格亚人组成，他们驻扎在山上位置颇高的梭状岩石上，下面就是埃琉特莱城；中军驻扎在紧邻城镇的一块地势稍低的平地上；大军的左翼由雅典人和麦加拉人组成，他们向前推进到山脚下。这样，希腊大军也在通往底比斯的道路两侧驻扎了下来。波斯人唯一有机可乘的是希腊人的左翼，玛尔多纽斯派玛西斯提乌斯（Masistius）带领骑兵发动攻击。敌人的标枪和箭矢遮天蔽日，令人心生恐惧，在没有骑兵支援的情况下，麦加拉人渐渐不支，急需援助。300名雅典勇士（雅典人也在左翼）冲下山坡，加入战团。逐渐地，战局发生了逆转，胜利的天平开始倒向希腊人。波斯将军玛西斯提乌斯在战斗中是一个令人生畏的对手，但因其坐骑受伤他摔倒在地。此人身着宝甲，刀枪不入，希腊人费尽周章，将一支标枪刺入其眼中，终于将他杀死。波斯骑兵经过激烈战斗，试图夺回其尸体，但未获成功，最终，他们撤出了战场。据希罗多德记载，波斯人的大营里满是哭泣和哀悼，【278】人们以此悼念玛西斯提乌

公元前479年8月

始于基泰隆的道路

希腊人最初的位置

斯之死，声音回荡在整个波奥提亚。

但是这次胜利并未为希腊人赢得任何实质上的优势，也未给予敌人重创。波斯人停留在原处，大军仍驻扎在阿索普斯河北岸。希腊人明白，为了更好地占据水源，同时如果仍驻扎在现在的位置，永远没有机会诱使波斯人向他们发起进攻，因此，希腊大军决定向山下开进，来到普拉提亚境内。希腊人沿基泰隆山北麓向西北方向移动，途经厄律特莱和叙西埃二邦。为了理解接下来即将发生的事情，需注意这样一个事实，在基泰隆山与阿索普斯河之间的地区被一片洼地分为两部分。南部是前面提及的 6 道山岭，山岭之间有一条条小溪；北部仍然多山，3 道山岭之间也有小溪注入阿索普斯河；洼地以西是一片开阔的平地，也是这里唯一地势平坦的地方，从普拉提亚一直向北延伸到河边，前往底比斯的道路贯穿其间。

<small>希腊人的第二个驻地</small>

最终，在前往底比斯的道路和阿索普斯河的支流摩洛埃伊斯河之间，希腊人按战争队列部署好方阵。他们驻扎地之旁有加加菲娅（Gargaphia）泉，可为部队提供充足的淡水，旁边还有英雄安德罗克拉特斯（Androcrates）的神庙。希罗多德记载说泰格亚人与雅典人为谁应占据西边侧翼发生了争执，最终拉凯戴梦人决定由雅典人镇守左翼，此时雅典人的指挥官是阿里斯提德。泰格亚人与拉凯戴梦人一道驻扎在右翼。此时，保桑尼阿失去了对通往基泰隆山的东侧关隘的控制权。波斯将军看到希腊人离开了他们最初的位置，便迅速占据道路，切断希腊军队的补给线。希腊将军日夜盼望着敌人能发动攻击，但玛尔多纽斯只派出一支骑兵小分队，大部队仍坚守阵地，处于防守态势。

在接下来大约两天里，希腊人无所作为，处于不利位置；而波斯骑兵渡过河流，不时袭扰希腊人，在山岭之间纵横驰骋，向希腊人的营帐投掷标枪，并成功截断加加菲娅泉。希腊人唯一能够前行的道路就只能是返回山上，他们还可设法在叙西埃与普拉提亚之间的山岭上占据一个有利位置，或者重夺关隘之下原来的宿营地。他们不敢冒险渡过阿索普斯河，直接面对波斯骑兵。保桑尼阿召开了一次军事会议，【279】与会者决定将部队后撤到叙西埃与普拉提亚之间，并派出一支分队沿山坡攀到山上，重新掌控从普拉提亚到雅典的必经关隘。大军的整个转移撤离行动将在深夜进行。或许保桑尼阿已于此前获得情报，说波斯统帅业已丧失耐心，正盘算着发起一场进攻。不管怎样，大军后撤的计划证明是一着好棋，虽然该计划的实施并非完全缜密，但如同在萨拉米斯一样，波斯人受到诱惑，在对手选定的、于己不利的场合下发起了战斗。如果能知晓波斯大营内发生的蝇营狗苟和派系之争，或许就能理解为何玛尔多纽斯决定放弃此前他一直遵循的防守战略。【280】似乎在他与波斯副帅阿塔巴佐斯（Artabazus）之间爆发了激烈竞争，从而给波斯人带来了灾难性后果。此人在以后的战争进程中毫无建树，他的目标可能不过是让玛尔多纽斯无法获得胜利，赢得荣誉。

希腊人后撤

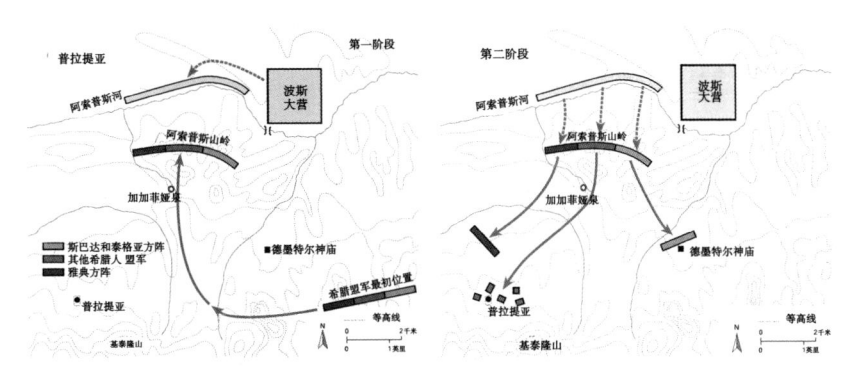

图 7-3 普拉提亚战役的两个阶段

（据 Tom Holland, *Persian Fire*, New York: Anchor Books, 2007, p.351 编译）

在普拉提亚东南方不远处，基泰隆山脉的一个山坡被一条溪流的两条支流环绕，这两条支流在山脚下交汇，此地获得"岛屿"之名。按照

"岛屿"，奥埃洛埃河

|| 第七章 希腊的危机 波斯与迦太基的入侵 349

盟军的安排,雅典人现应当紧靠拉凯戴梦人,居于战阵中央,接下来他们应当撤退到山脊之上。居于左翼的盟军各部按照安排执行行军计划,占据着普拉提亚城墙之外赫拉神庙之前的位置。但出于某种未知原因,雅典人并未遵从命令,仍待在原处,孤军深入,地处险境。拉凯戴梦人也耽误了夜晚短暂而宝贵的时间,这是因为斯巴达一个分遣队长固执己见,他没有出席军事会议,拒绝遵守撤退命令。此人名为阿蒙法莱图斯(Amompharetus),他作战勇敢,英勇无敌,但性格倔强,保桑尼阿也无法说服他,只好把他留在后面。黎明即将来临,最终保桑尼阿被迫让大军开拔,希望迫使这位顽冥不灵的队长一旦发现被扔在后面,就会马上跟上大部队。事情确实如保桑尼阿想象的那样。当大部队行进大约 10 斯塔狄亚时,斯巴达人看到阿蒙法莱图斯跟了上来,于是他们就停下来等他。但是,此刻天已大亮;波斯人意识到希腊人已放弃原来的阵地,玛尔多纽斯眼见对手的军队分散,首尾不能相顾,决定立即发起进攻。他的骑兵追了上来,力图阻止拉凯戴梦人继续行军。在叙西埃城下的山坡上(今克里埃考基村附近),保桑尼阿的大军被迫转身与波斯骑兵交战,很快玛尔多纽斯亲率领主力部队加入战团。波斯人举起他们的柳条盾牌形成一道屏障,从屏障之后射出难以计数的箭矢。在波斯人强大的攻势下,希腊人踌躇不敢向前。如果贸然向前,牺牲定是在所难免。最终,保桑尼阿向着赫拉神庙的方向祷告,乞求女神的帮助;祷告结束,他从奉献给女神的牺牲中得到了吉兆。于是拉凯戴梦人不再后退,与泰格亚人一道,他们高举盾牌奋勇向前,迫使波斯人后撤至比他们位置稍高的德墨特尔神庙附近。就在此处,双方发生了激烈战斗。希腊人投掷术高超,在战斗中表现极为出色;当玛尔多纽斯中枪倒下时,战斗的胜负已经无法逆转。

【281】拉凯戴梦人和泰格亚人承受了敌军当天发起的主要攻击。当波斯人发动第一波冲击时,保桑尼阿立即派出信使催促雅典人驰援。当

雅典人赶到战场时,他们受到了左翼隶属波斯的希腊人攻击,无法再向前一步为斯巴达人提供支援。同时,消息传到驻扎在普拉提亚的其他希腊盟军那里,告诉他们战斗已经打响,保桑尼阿即将取得胜利。他们急匆匆赶往战场,但事实上在他们到达之前,战斗的胜负就已决定;在增援过程中,盟军的部队被底比斯骑兵切断。被击败的波斯大军向后逃窜,渡过阿索普斯河,试图逃回防卫坚固的大营里;但希腊人很快又追了上来,对他们发起猛烈攻击。泰格亚人洗劫了玛尔多纽斯的营帐,并将他的铜质马槽敬献给他们城内的雅典娜-爱莱亚神庙;雅典人将他的银质宝座、半月形佩刀及玛西斯提乌斯的胸甲作为战利品供奉在卫城之上,以纪念这个重大节日。保桑尼阿对玛尔多纽斯的尸体颇为尊敬,然而它却神秘地被人偷走,谁也不知道埋葬玛尔多纽斯的是何方神圣。人们把包括阿蒙法莱图斯在内的战死的希腊勇士们埋葬在普拉提亚城门前,并派普拉提亚人每年举办庆典纪念战斗中的逝者。普拉提亚人还承诺每4年举办一次"自由节",以纪念希腊人获得解放。保桑尼阿将所有人召集起来,当众宣布,以斯巴达人及所有同盟者的名义保证普拉提亚永享政治独立,任何城邦不得侵犯其城市和国土。普拉提亚的胜利意味着对底比斯的羞辱。10天后,希腊盟军的大军推进到波奥提亚的这座主要城市,要求他们交出城邦内亲米底派别的领导人。一旦其要求遭到拒绝,保桑尼阿将带领大军踏平该城。不久,这些领导人都投了降,因为他们盘算可以通过贿赂逃脱处罚。但在科林斯,保桑尼阿却将他们全部未经审判便处死。对此,一位对希腊民族戮力抗暴行为颇为赞同的底比斯诗人也不禁感到了"内心的苦痛"。

斯巴达重装步兵终于赢得了这次战役的胜利,他们依靠的是严明的纪律和英勇无畏的战斗精神。不可否认,指挥者保桑尼阿能力超群,可与其他负有盛名的国王比肩,但他制订的作战计划一再因盟军的不团结和

埃律特里亚节

品达

关于这次战斗的传说，雅典人对此的曲解

涣散而无法有效实施，而且希腊人的临场技战术也稍有缺陷，最重要的是，雅典人并未全心全意服从他的指挥。雅典人从未如同此次发生在基泰隆的战役一样淡出人们的关注中心，【282】从未如同此次一样充分展现其篡改历史的能力，也从未如此成功地使其篡改的历史让后人深信不疑。他们对战争的胜利没有做出任何贡献，但此后讲述这段历史时他们却极力吹捧自己，对斯巴达人大加诋毁。他们描绘说，保桑尼阿安排夜间行军是担心敌人发动进攻的退却，他们甚至还煞费苦心编造出一则故事，用以解释保桑尼阿是如何知晓敌人即将发动进攻的。根据雅典人的说法，玛尔多纽斯因为战事延宕日久，逐渐丧失了耐心，于是召开一次军事会议，决定放弃防守战略，转而发动进攻。在此生死存亡的危急关头，马其顿国王亚历山大决定与希腊人休戚与共，背叛蛮族盟友。他骑马黉夜赶往雅典人的前哨驻地，告诉他们波斯人在军事会议上的决定。他一定是隔河大声对雅典人讲的，结果惊动了波斯人。波斯人决定马上发起战斗。斯巴达人要求与雅典人调换在方阵中的位置，以便使马拉松的胜利者能与波斯人直接交锋。因为雅典人曾与波斯军队有过交战经历，熟悉他们的作战套路；而斯巴达人对波奥提亚人和其他隶属于波斯的希腊人作战方式了如指掌，能够更好应对他们的进攻。雅典人同意了斯巴达人的提议，黎明到来之时，双方开始调换。但敌人看到了这一变化，也马上对军队的部署做出相应调整。眼看无法实现计划，希腊人决定停下来，敌对双方仍按最初的部署准备作战。玛尔多纽斯派出一名使者，告诉拉凯戴梦人说，他对斯巴达人所作所为深感失望，因为他们常自夸从不逃跑，从不放弃阵地，但在他看来也只是空享盛名，现在竟然企图临阵调换阵形，把雅典人推到斯巴达人自己理应所处的危险位置之上。他挑衅地要求斯巴达人代表希腊大军与数量相等的波斯人决斗。斯巴达人并未对此做出答复。接着，玛尔多纽斯命令骑兵发起攻击，从而迫使希腊人从第二个驻扎地继续后撤。事实上，在这则不怀好意的故事中，有三件事情经不起推敲，即亚历山大的夤夜来访、斯巴达人逃避右翼防守却徒劳无功和玛尔多纽斯的挑衅。然而，雅典人编造的故事流传开来，不少人也深信不疑，通过希罗多德的记载更使其神圣化。

第八节　米卡勒之战与夺取塞斯托斯

与萨拉米斯之战一样，基泰隆之战成为世界历史上享有盛名的具有决定意义的战役。【283】品达将这两次战役相提并论，认为它们分别是雅典和斯巴达的巨大胜利，战斗使"带着弯弓的米底人遭受痛苦的失败"。尽管缺乏骑兵，且双方实力差距巨大，但在普拉提亚，拉凯戴梦人将一次战略性撤退转变为一次伟大的胜利。这次战役的一个显著特点是全局的胜负决定于双方的一小部分力量。斯巴达和泰格亚是真正的胜利者；就波斯而言，虽然阿塔巴佐斯拥有4万之众，但完全没有加入战斗。玛尔多纽斯战死后，此人立即处于希腊大军的刀锋之前，于是他不做片刻停留，带领大军一溜烟逃回赫勒斯滂。自此以后，波斯人再也没有对欧洲希腊人的自由构成过威胁；同时代的一位底比斯诗人写道："一位神灵将我们头顶上的坦塔罗斯的巨石移开了。"在接下来的一个半世纪里，希腊与波斯的争端只对小亚细亚西部边缘有影响，后来双方的力量对比完全逆转，波斯被迫屈从于一位希腊征服者，马其顿的亚历山大将对阵亚洲的专制君主，薛西斯未能实现的征服欧洲自由城邦的目标，被他以另一种方式实现了。

普拉提亚之战的重要性

欧洲对亚洲的这次胜利仍有一件纪念物保存至今。希腊人向德尔斐神庙献祭了一尊三足金鼎，鼎脚是三根黄铜制的蛇，鼎的基座镌刻着献祭的希腊城邦的名称。如今它仍竖立在拜占廷，在该城的第二位建立者

纪念物，德尔斐的三角鼎

将其命名为君士坦丁堡后，这尊三足鼎被搬到那里。希腊人在波斯营帐里发现了不计其数的战利品，他们先留出一部分献祭神灵，另一部分送给带领他们取得胜利的将军，剩余部分被他们瓜分。

米卡勒战役，公元前479年8月中旬在基泰隆山下，希腊军队取得大捷，将欧洲的希腊人从征服者的铁蹄下拯救出来，几天后，希腊的水师也取得胜利，使亚洲的希腊人摆脱其主人的魔掌。希腊水师仍停泊在提洛岛。其实这是雅典人的策略，他们蛰伏待机，直到陆上战争结束。海战的胜利意味着斯巴达会从北希腊撤离，因为斯巴达人料想如果没有水师配合，敌人不可能进攻伯罗奔尼撒半岛。但是萨摩斯人带来消息，要求加入希腊同盟，请求同盟帮助他们对抗波斯人，这个消息使停泊在提洛岛的水师决定采取行动。波斯水师停泊在萨摩斯，附近的米卡勒海角驻扎着一支数量庞大的波斯军队，其中还包括一些伊奥尼亚的军队。希腊盟军答应了萨摩斯人的请求，莱奥提奇达斯率领大军驶向萨摩斯岛，眼见希腊人逐渐靠近，【284】波斯舰船撤退到米卡勒海角与其陆军协同作战。希腊人在此登陆，并对波斯人发起进攻，夺取并摧毁了波斯人的营帐。当伊奥尼亚人背弃之时就已注定了波斯人的失败，伊奥尼亚人也在这个值得纪念的日子里获得自由。米卡勒之战紧接着普拉提亚之战，很容易使人误以为两次胜利是在同一个下午发生的。传统认为，当雅典人及其同盟者在米卡勒海滩进攻敌人的堑壕时，普拉提亚战役胜利的消息传到了他们耳中，他们更加坚定必胜的信心，这种说法颇有待商榷之处。

在桑提普斯的带领下，雅典人和伊奥尼亚人乘着大胜在赫勒斯滂地区积极行动，而伯罗奔尼撒人满足于已经取得的胜利，在莱奥提奇达斯率领下返回了家乡。雅典人与斯巴达人的不同性格在此表现得一览无遗，斯巴达人小心谨慎，雅典人充满着帝国的扩张本能，二者的差别再怎么强调也不为过。拉凯戴梦人不愿进一步涉足爱琴海东部和东北部希腊人的事务；而雅典人不但有能力高举泛希腊的大旗，而且受此热情的激励，在其中不断扩大自身的影响。希腊人围困并占领了位于赫勒斯滂海峡的军事重地塞斯托斯（Sestos），希罗多德的《历史》也以该事件作为波斯战争的终了。赫勒斯滂地区的独立是米卡勒战役胜利的必然结果，但其重要性在于，这些城邦的独立是在雅典支持下完成的。塞斯托斯的陷落标志着雅典帝国的肇始，这也是庇西特拉图和老米泰雅德为他们指明的前进道路。

占领塞斯托斯，公元前478年

第九节　叙拉古僭主格伦

当东部希腊人与来自波斯的敌人努力抗争，确保他们能够控制爱琴海和未来的发展时，西部希腊人也在积极响应，号召人们保卫城邦，以免遭来自亚洲的殖民者腓尼基人的侵略，这些亚洲人已在西部地中海牢牢扎下了根，并时常对希腊人的生存构成威胁。就腓尼基人而言，希腊人确实是阻碍迦太基扩张统治权和发展贸易的一股强大限制力量。这个由腓尼基人建立的强大城邦试图确保对从非洲到高卢、西班牙到意大利这一大片西部海洋的控制，成功与否首先取决于与西西里岛上姊妹诸邦保持密切联系和谋求共同利益；其次，取决于与伊特鲁里亚（Etruria）强大海盗集团的结盟。对其友好的西西里西海岸腓尼基人城邦，【285】譬如摩提亚、帕诺姆斯、索鲁斯，对迦太基人不可或缺，他们不但有助于维持其与托斯坎尼的联系，而且还有助于经营萨丁尼亚和科西嘉。与西西里类似，在科西嘉海域，腓尼基人与希腊人也发生过尖锐冲突。公元前6世纪初，来自克尼多斯（Cnidus）和罗德岛的多利亚人冒险者试图在西西里岛上由蛮族控制的一端夺取一个立足点，而此地正处于腓尼基人出入的必经之路。希腊人的领袖是彭塔特鲁斯（Pentathlus），他试图在利利拜翁

公元前6世纪希腊人与腓尼基人在西地中海的斗争

彭塔特鲁斯的冒险，公元前580年

（Lilybaeum）海角建立一个定居点，此地靠近摩提亚，对摩提亚与迦太基之间的联系构成直接威胁。于是腓尼基人招集一支数量可观的军队，并得到其邻居埃利米亚人的支持，希腊人很快遭受败绩，彭塔特鲁斯被杀身亡。命中注定利利拜翁不是一个希腊城市的选址，很久之后，这里将再次为人所知，成为布匿人的一个城堡，取代了摩提亚，而摩提亚则被彭塔特鲁斯的复仇者所毁灭。吃了败仗后，彭塔特鲁斯的手下四处流浪，希望寻找到一个安身立命之所，最后他们来到西西里北海岸外的一个火山岩群岛，在其中最大的一座岛屿上建立了城邦利帕拉（Lipara）。这个小城邦按共产主义原则组织起来。土地是公有财产，一部分公民专门耕种，生产的粮食供大家共同使用；其他公民担任防守城邦之责，在海岸密切监视，以防来自托斯坎尼的海盗偷袭。后来，人们对该制度进行一定程度的改造，所有公民按人头平均分得一份土地，每隔20年城邦将重分土地。

> 利帕拉的建立

> 集体主义原则

彭塔特鲁斯建立定居点的尝试、希腊人占据利帕拉群岛的举动以及最近建立的阿克拉加拉斯，使迦太基人觉得有必要遏止希腊人咄咄逼人的攻势，因此迦太基决定派军前往西西里。这次远征的统帅是玛尔库斯（Malchus），他是诸多远征欧洲的迦太基优秀将领中的先驱者。他的军事冒险受到阿克拉加斯僭主法拉利斯（Phalaris）的顽强抵抗。这次战争持续时间颇长，但对此并无太多相关材料传世，只知道入侵者获得了胜利，大片属于希腊人的土地落入腓尼基人手中。在北部海域，迦太基人也与希腊人形成对抗之势。福凯亚人建立了城邦马赛利亚，该城邦又建立多个殖民地，在西班牙沿岸地区颇有影响。据载，在冈比西斯统治之时，"福凯亚人在海战中一再取得胜利"。然而，在迦太基人看来，福凯亚人在科西嘉岛上新近建立的殖民地阿拉利亚（Alalia）对其控制的区域形成严重挑战。希腊人建立的阿拉利亚存在时间不长。迦太基人及强大的伊特鲁里亚同盟者几乎全歼福凯亚水师；逃得性命的水手也仅仅救出他们的

> 迦太基人在玛尔库斯带领下远征西西里，约公元前560—前550年

> 福凯亚：马赛利亚、阿拉利亚

> 阿拉利亚之战，约公元前535年

家人和财产。【286】希腊人舍弃了阿拉利亚,科西嘉全岛落入伊特鲁里亚人的控制下,撒丁尼亚沿岸地区也逐渐被迦太基人所窃取。在马赛利亚和西西里之间建立一串希腊殖民地的尝试严重受挫。

如今是迦太基人在西西里立足生根并扩张腓尼基人影响力的时候了。之前曾谈及,一位名为多利欧斯的斯巴达王子尝试做与克尼多斯冒险者同样的事情,即在腓尼基人的地盘获得一个立足点,但他同样以失败而告终。上述事件使迦太基国内认识到,必须对西西里岛的竞争者再一次发动更猛烈的打击。因忙于征服撒丁尼亚,应对与利比亚人的战争,迦太基人与希腊人的战争耽搁了下来。终于最佳时机来临,正当波斯大王穷全亚洲之力向西西里诸邦的母邦发动进攻时,迦太基人也倾其所有,力图根除岛上所有希腊人殖民地。最初,两次战争同时爆发只是巧合。虽然导致两次战争的原因各不相同,但迦太基选择进攻西西里的时间或许是依据薛西斯进攻希腊的时间而决定的;虽然两次战争的进程各不相同,但没有理由怀疑苏撒与迦太基之间通过腓尼基人有密切的信息往来,针对共同的敌人双方会有意识地协同作战。

迦太基进攻西西里

公元前 5 世纪 80 年代,四位僭主统治着西西里的希腊人。瑞吉昂人阿那克西拉斯(Anaxilas)在赞克列称王,并将该城改名墨西拿,他控制着海峡两岸,防止伊特鲁里亚海盗由此通过。阿那克西拉斯的岳父泰利鲁斯(Terillus)是希麦拉僭主。与北部这对父子僭主遥相呼应,南部也有另一对父子僭主,他们分别是叙拉古僭主格伦(Gelon)及其岳父阿克拉加斯僭主泰隆(Theron)。

西西里的僭主们

格伦曾是革拉僭主希波克拉底(Hippocrates)帐下将军(叙拉古僭主格伦像,参见图 7-4)。作为统治者或霸主,希波克拉底统治着那克索斯、赞克列及其他几个希腊城邦,他也曾试图控制叙拉古。在赫洛鲁斯

革拉僭主希波克拉底,赫洛鲁斯河之战,公元前 492 年

革拉僭主格伦，
公元前491年

图7-4 叙拉古僭主格伦像

（Helorus）河畔击败了叙拉古人，要不是科林斯和科基拉的干预，他已占领了叙拉古城。不过叙拉古仍被迫向胜利者割让其附属城邦卡曼利纳。围攻叙普拉（Hybla）时希波克拉底殒命，革拉人不愿让其子嗣继续施行僭政。戴诺梅尼斯（Deinomenes）之子格伦是革拉的骑兵长官，他作战勇敢，鲜有败绩。【287】他支持希波克拉底的子嗣继续施行僭政，但他们刚控制革拉城，格伦立即将前任僭主的子嗣们扫地出门，自己登上城邦僭主之位。这位革拉城的新主人实现了

赢得叙拉古

其前任没有完成的任务。在叙拉古内乱中，贵族（Gamori）被平民逐出城邦，因此他们呼吁格伦帮助恢复他们应有的权利。面对格伦的进攻，叙拉古人民无力抵抗，只能与他达成协议，允许他统治叙拉古，寡头派和平民派同享权力。在刚取得统治或此后不久，格伦就被任命为"全权将军"；其兄弟耶罗（Hieron）后来继承僭主之位，在巴库利德斯的诗句中，他被称为叙拉古骑士们的"将军"。

他在叙拉古的地位

自此后，革拉的僭主们放弃了原来的城市，将叙拉古作为自己的驻跸地和统治中心，并将西西里岛东部纳入城邦的统治范围。革拉曾短暂地位居于西西里一流城市的行列，但是现在她让位于叙拉古，因为此地的地理位置更优越，注定会成为一个力量强大、统治周边地区的城邦。从这个角度看，格伦可称为叙拉古的第二个建立者。他将奥提吉亚岛与阿克拉狄那（Achradina）要塞（由此可俯瞰全岛）结为一体。其实公元前6世纪，人们就已修建一道防波堤，将该岛与大陆连在一起，这样尽管该

他扩大了叙拉古；修建了城墙和码头

城所在之地被称为岛屿,但事实已成为一座半岛。从阿克拉狄那卫城到大港,他修建了一道城墙,使阿克拉狄那和奥提吉亚都被同一道城墙包围在内,阿克拉狄那从此成为城市的一部分,奥提吉亚仍保留卫城之名。如今,叙拉古的主城门移到大港附近,在离城门不远处修建了一座新市场,因为原来地处岛上的旧市场已无法满足人们的需求。他修建的码头坚固耐用,借此叙拉古即将成为一个海上强国。叙拉古已成为西部地区最强大的希腊城邦。

格伦出身于高贵的名门望族,对同属贵族阶层的公民深抱同情,并愿意与他们结交,但他对平民没有好感,在一首诗中,他将平民描绘成"寡恩少义的邻人"。在叙拉古宫廷中他如同一位国王,周围全是贵族出身的人。但他能容忍平民,不过,平民对他也不太欢迎,在其他地方他真实地表达出自己的情感。首先,他需要做的事情是找到足够多的居民住满他扩建后的城市。为此目的,他大规模地将统治范围内其他地方的人口迁移至此。他出生的城市革拉为此做出了最大的牺牲,其公民的一半被迁入叙拉古。卡曼利纳的命运更加悲惨,如今她第二次从希腊城邦的名册中被人抹掉。【288】从被叙拉古共和国占领至今还不到两代人,卡曼利纳的所有人如今全被叙拉古僭主迁走,成为叙拉古的平民。叙拉古北部近邻麦加拉及北部海岸城邦优卑亚也为格伦首都人口的膨胀做出了重大贡献。结果,麦加拉沦为叙拉古的前哨,而优卑亚则从地图上被完全抹去,其确切位置至今仍无法确定。在这两起事例中,格伦的等级歧视政策表现得淋漓尽致。他授予麦加拉和优卑亚的贵族叙拉古公民权,但将所有平民送到奴隶市场售卖。格伦毁灭被征服者的城市,迁移其居民的做法为后来的僭主树立了一个榜样。同时,他也从希腊本土邀请新移民前往叙拉古定居,并授予一万名雇佣军公民权。

格伦得到了他三位兄弟的支持,他们分别是耶罗、波利扎鲁斯

他的宫廷及等级歧视

他对其他城市的处置

他的家庭

第七章 希腊的危机 波斯与迦太基的入侵

（Polyzalus）和特拉叙布鲁斯（Thrasybulus）。他与同时代的阿克拉加斯僭主泰隆是挚友，而此时阿克拉加斯的富裕程度仅次于叙拉古。与格伦相似，泰隆也是一位贵族，属于优门尼德斯（Emmenids）家族，据说他的统治中庸公正。格伦娶了泰隆之女达玛莱塔（Damareta）；泰隆与波利扎鲁斯之女结婚。通过这种方式，叙拉古与阿克拉加斯的显赫贵族之间紧密地结合在一起，他们将希腊人所属的西西里从来自海外的巨大危险中解救出来。

第十节 迦太基人入侵西西里 希麦拉之战

泰利鲁斯邀请迦太基干预

阿克拉加斯僭主泰隆与希麦拉僭主泰利鲁斯的争吵引发了一场灾难，几乎给西西里全体希腊人的自由带来致命打击。阿克拉加斯人横穿该岛，将泰利鲁斯逐出希麦拉。这位被流放的僭主尽管还有一位朋友瑞吉昂人阿那克西拉斯，但单凭瑞吉昂之力无法与阿克拉加斯和叙拉古联军相对抗，于是泰利鲁斯决定向全希腊共同的敌人迦太基求救。

迦太基已为突袭西西里做好了充分准备，她等待的就是一个恰当时机，泰利鲁斯的求助只不过决定着在哪一个时候从哪一个地方发起攻击。泰利鲁斯强烈要求腓尼基人进攻希麦拉，这与希庇亚斯要求波斯进攻雅典如出一辙，但在这两种情况下，僭主的垮台都不是外族入侵的根本原因。【289】在这个特定时代，迦太基人远征西西里的动机是基于更大范围的政治考量，而非希麦拉的内部事务或这位专制君主的个人利益。毫无疑问，波斯大王与迦太基共和国协同作战，虽然对东部希腊和西部希腊的战争是由二者分别发动的，但两次战争爆发的时间几乎相同，很有可能是他们故意而为的结果。当腓尼基本土的战船在其波斯主子驱使下驶向希腊本土时，腓尼基殖民城邦的战船也在依靠自身力量全力进攻希腊的殖民子邦。以推罗和西顿的腓尼基人为自愿的中间人,薛西斯与迦太基人一道谋划如何征服或奴役希腊人。薛西斯并不太在意西西里这个西部岛屿,但是他非常在意叙拉古僭主会派出强兵和水师援助母邦,因此急需有人阻止叙拉古人这样做。如前所述,希腊本土曾派人向格伦寻求援助,但鉴于西西里自身所处的险境,他无奈拒绝了母邦的恳求。

当一切准备就绪后,迦太基执政哈密尔卡带领大军在帕诺摩斯登陆,鉴于泰利鲁斯的请求,哈密尔卡决定将收复希麦拉作为首要目标。(希麦拉战役相关情况,参见图7-5)据说迦太基派来的军队一共有30万人,由200多艘战船和3000多艘其他类型船只运送,但在此我们并不强调这一数据。登陆帕诺摩斯后,大军沿海岸向希麦拉推进,战船与陆军互相配合;此时希麦拉城由泰隆亲率大军驻防。哈密尔卡在希麦拉城之前安营扎寨,并将大军一分为二。其中水师大营驻扎于希麦拉山与海岸之间的低洼地带;陆军大营在城西沿矮丘铺开。城内一支分队企图突围,但损失惨重;泰隆急忙派人前往叙拉古,让其女婿立即前往驰援。【290】格伦率领5万名重装士兵和5000名铁骑星夜赶往希麦拉援助。他从东面赶来,在希麦拉东岸扎下了坚固的营帐。

如果相信希罗多德记载的故事,那么这场决定性的战斗是以一种怪异的方式开始的。哈密尔卡决定将对手的神灵招揽到迦太基人一边,于是指定一个日子在海边为波塞冬奉献丰盛的牺牲。为了合乎希腊人的礼节,需要有懂得如何举行献祭的希腊人在场。因此,哈密尔卡写信给已为迦太基属国的塞林努斯,要求该邦在指定的那天派遣骑兵到布匿人的营帐。这封密信落入格伦之手,于是他想出了一个大胆的计谋。在指定的那天早晨,一队叙拉古骑兵抵达哈密尔卡水师大营前,【291】说他们就是迦太基人正在等待的来自塞林努斯的队伍。迦太基人既不认识叙拉古人也不认识塞林努斯人,无法区分他们,因此毫不怀疑地让他们进入了大

布匿人的军力配备

希麦拉之战,公元前480年

营。叙拉古骑兵在波塞冬祭坛旁砍倒了哈密尔卡,并放火焚烧迦太基战船。从城市较高之处可以看到所发生的这一切,驻扎在那里的士兵迅速将消息传送给格伦,告诉他计划已经成功。格伦立即率军从希麦拉城南侧向敌人的陆军大帐进攻。一场漫长而艰巨的战斗在此展开,最终泰隆的人马从后面完成了对蛮族的包抄,战斗的天平逐渐向希腊人倾斜。希腊人取得完胜,迦太基的远征军被彻底消灭,敌酋被戮。

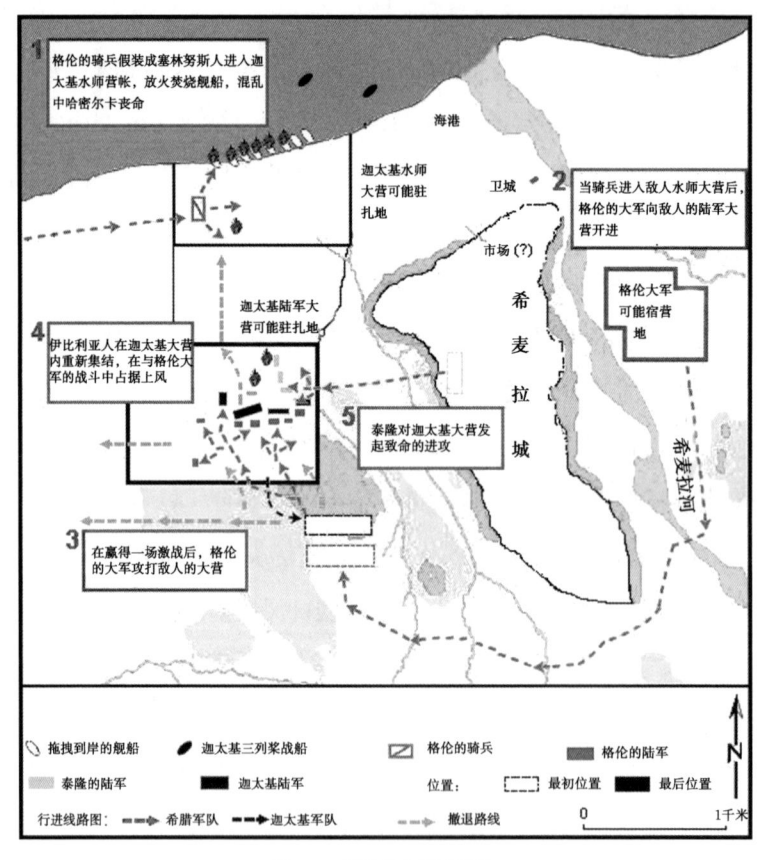

图 7-5 希麦拉之战示意图

关于哈密尔卡之死的传奇故事

但是关于迦太基统帅之死流传着另一则更令人景仰的故事。这则故事并未说明战斗是如何打响的,只是讲述战争的恢宏场景。战斗"从黎明一直持续到深夜",整整一天,哈密尔卡都站在海边大帐巴尔祭坛旁。大火吞噬着献祭给神灵的牺牲,整只野兽甚至活人都被一个接一个地放进祭坛,火光摇曳,一切征兆都对迦太基有利。但是当将祭奠之酒倒入祭坛时,他抬眼看到迦太基大军正在被希腊人追杀。他知道敬献最大牺牲的时刻已经到来,于是纵身跳入火中,火苗顿时将他吞没。虽然那天他勇敢的自我献身并没有挽救迦太基人失败的命运,但今后希麦拉将为哈密尔卡之死付出惨重的代价。

希麦拉战役和萨拉米斯战役具有同样重要的意义,都将亚洲人逐出了欧洲,那时的人们对此赞颂有加,并凭空想象,认为这两次战役在同一天爆发,并天真地将此当成理所当然的传统来对待。【292】但是,与萨拉米斯战役不同,希麦拉战役后不久,双方旋即订立了和平条约。作为战争赔款,迦太基人付给叙拉古僭主 2000 塔兰特,这一数目与希腊人在迦太基军营中缴获的战利品相比简直不值一提。利用战利品的一小部分,叙拉古打制并发行了一种形制精美的大额银币,人们习惯以格伦妻子之名称其为"达玛瑞泰安"(Damaretean),一些纪念解放西西里伟大战斗的银币仍保留至今。(达玛瑞泰安银币,参见图 7-6)

达玛瑞泰安,每枚 10 德拉克玛

图 7-6　达玛瑞泰安银币

第七章　希腊的危机　波斯与迦太基的入侵

第十一节　耶罗和泰隆治下的叙拉古和阿克拉加斯

阿克拉加斯的扩张，公元前479—前472年

　　泰隆和阿克拉加斯在西西里的解放事业中发挥着令人称道的作用，仅次于格伦和叙拉古。战争结束8年后泰隆辞世，在这8年中，他为阿克拉加斯做了其叙拉古同仁已做过的事情。叙拉古和阿克拉加斯城市规模扩大的进程受到相反因素的影响。叙拉古城兴起于海岸边向山上发展，而阿克拉加斯城最初修建在山顶之上，从山顶向山下发展。扩大后的城市被一道城墙包围，陡峭的山崖已为城墙修建完成了一半工程。阿克拉加斯新城最引人注目的是南面的城墙，在两条河流之间展开，城墙周边神庙一座接着一座。泰隆为这些神庙的修建奠定了基础，但在他去世很久后，整个工程才最终完工，这道由神庙连接而成的城墙闪耀着无上的荣光。所有这些城墙、神庙及铺建的高架水道的修建工作都是由在希麦拉战役中抓获的数量众多的蛮族奴隶完成的。泰隆让其子特拉叙戴乌斯（Thrasydaeus）统治从蛮族手中夺得的希麦拉；然而与泰隆不同，特拉叙戴乌斯是一个暴君，希麦拉公民对他深恶痛绝。

格伦之死和耶罗继位，公元前478年

　　在泰隆扩建阿克拉加斯时，格伦去世，他将发展叙拉古的事业和工于心计的统治之术留给其兄弟耶罗。虽然耶罗享有最高统治权，但格伦去世前将寡妻达玛莱塔嫁给他另一兄弟波利扎鲁斯，并希望他能掌管叙拉古军队的最高指挥权。但事实证明这种双头体制并不明智，势必会导致兄弟间的争斗。波利扎鲁斯在叙拉古颇负众望，他与泰隆之间有着双层的翁婿关系，使他能得到这位僭主的鼎力支持。对耶罗而言，波利扎鲁斯是一个危险的竞争对手，最终波利扎鲁斯被迫逃往阿克拉加斯寻求庇护。这导致耶罗和泰隆之间的公开失和，但双方并未因此发生实质性的战争。据说作为双方共同的客谊嘉宾，抒情诗人西蒙尼德斯充当了和事

佬。直到泰隆去世后，西西里岛上两个最大的城市才兵戎相见，这次战争使阿克拉加斯人摆脱了僭主制。

【293】可以说通过打败入侵库麦的伊特鲁里亚人，耶罗完成了希腊人始于希麦拉之战的驱除外族的伟业。除迦太基之外，伊特鲁里亚人是另一支威胁西部大希腊生存的强大力量。作为希腊人在意大利海岸的北部前哨，库麦成为伊特鲁里亚人进攻的主要目标之一。在耶罗继位三四年后，库麦城受到了来自托斯坎尼的巨大压力。耶罗是一位视野开阔的政治家，他应允了库麦人援助的请求。叙拉古的舰船驶往库麦打败了围城者，自此后，伊特鲁里亚的力量迅速衰落，无法对西部希腊的发展构成威胁。从抢获的战利品中，耶罗挑选一件青铜头盔送往奥林匹亚，如今这件纪念希腊人光荣业绩的物品收藏在伦敦古物博物馆中。更弥足珍贵的是，底比斯诗人品达的诗歌使这次胜利被世人永远铭记。

> 耶罗打败伊特鲁里亚人

> 库麦之战，公元前474年

> 品达《皮提亚颂诗》第一首

从品达的诗歌中可以获得公元前5世纪西西里宫廷文化及其财富最鲜活的印象。与同时代那些声名鹊起的诗人（譬如西蒙尼德斯、巴库利德斯、埃斯库罗斯）一样，品达也曾到访过西西里，在那里神清气爽地晒着和煦的阳光，得到僭主赠予的丰厚礼物。叙拉古僭主派出他的良驹和战车参加在奥林匹亚和德尔斐举办的泛希腊赛会，雇佣最富才华的抒情诗人为他一次次的胜利赋写辞藻华贵的颂诗，他们的这种派头甚至可称为国王。有时，僭主们会将品达和巴库利德斯召来，让他们竞相歌咏同一次胜利。从这些诗中可见僭主宫廷的奢华和富丽堂皇，当他们获胜后出手相当阔绰。叙拉古僭主用他们从布匿人那里抢获的战利品大讲排场，阿克拉加斯人是"所有城市中长得最帅的人"。对来自希腊本土的参观者来说，西西里的僭主都颇为令人不可思议。然而通过华贵的外表和引人入胜的政治活动，这些来自西方世界的君王改变了人们对他们的看法，认为他们在母邦也应享有显赫的声名。他们仍将圣地德尔斐作为世

> 西西里僭主们在泛希腊赛会中的胜利

界的宗教中心,以丰厚的供奉充实其间。与德尔斐的其他金器一样,由格伦及其兄弟们捐赠的黄金三足鼎(以从布匿人抢获的战利品制成)很快成为盗贼们的猎物,但一尊青铜御者像提醒人们这几兄弟曾经是多么精诚团结,最近在德尔斐神庙废墟中出土了这件珍贵的文物。(德尔斐青铜御者像,见图7-7)这尊青铜像可能是波利扎鲁斯在获得皮提亚桂冠后捐献的。

图7-7 德尔斐青铜御者像(公元前478或前474年)

我们很容易被这些具有君王气质的僭主的外在形象迷惑,因为品达凭借他惊人的天赋使他们具备了某种高贵气质。但是,品达本出身于一

品达的理想

个贵族世家,【294】对于逝去那一代人的理想和偏见都非常珍视。他属于已经消失的那一个时代的人,也主要只为那一个阶级而写作;他们生活的唯一目标就是在公共竞技中获得胜利;对于新观念,贵族们一概嗤之以鼻,对于所处时代的政治走向相当冷漠。同样作为此前社会迟来的遗老遗少,品达与他们惺惺相惜。他最喜爱的是贵族政体,对于君主政体完全接受,即便僭主制他也颇为欢迎;在他看来,民主制不过是群氓们一时冲动的暴政。来自西西里和库列涅的君主们支持泛希腊赛会,在诗人看来,这就是他们最大的功绩。对品达而言,在众人欢呼下的战车比赛和竞技比赛,为纪念比赛胜利而举办的合唱歌舞,高贵的埃吉那贵族在大厅里举办的喧闹宴会,这些都是生命的必需品,是"希腊最令人愉悦的

事情"。在内心深处,他相当虔敬,所有一切都被赋予宗教色彩。但是,他对于竞技赛会太当真了,当埃斯库罗斯在努力解决生存与死亡这个艰深的困境时,将一次奥林匹亚赛会的胜利当成全世界最重要事情的岁月,已被时代无情地抛在后面。千万不要被品达高贵的艺术所迷惑,认为僭主们确有崇高的道德旨趣。僭主们所渴望的也就是一顶奥林匹亚桂冠,并破费一大笔金钱通过诗人的高超技艺,力图使他们美名不朽;诗人也不奢望要求一个更崇高的目标。

对于一名寓居僭主宫廷且享有优厚待遇的游历者来说,叙拉古是一个公正而有吸引力的城邦,但在风光无限的表象下,并不缺乏压迫和猜忌,耶罗创立特务系统监督公民的私人生活,此即为铁证之一。他最专横的行为莫过于处置卡塔奈。他将该城邦所有人放逐到列奥提尼,再从他处新迁入人口充实其中,并将城邦之名改为埃特那(Aetna),其用意一半是虚荣心作祟,另一半是出于自身的深谋远虑。他希望作为一个新城邦的创立者被世人所铭记并加以崇拜;他也打算一旦危险来临,可将埃特那作为他本人及整个王朝避难的大本营。其子戴诺美尼斯(Deinomenes)被任命为"埃特那之王"。尽管这座多利亚人城邦埃特那曾在品达创作的高峰时期获得过他的称颂,也因其曾为埃斯库罗斯一出戏剧的创作提供了最初动机而更负盛名,但她不过是暴君皮鞭下的产物,因而难以久存,很快人们又恢复了她的原名卡塔奈。

<small>埃特那的创立</small>

在阿克拉加斯,泰隆因统治手段中庸平和获得城邦公民的爱戴和信任;但在希麦拉,他表现出一位僭主的本来面目,残酷杀害那些对其儿子的统治心存不满之人。【295】因此叙拉古和阿克拉加斯两个王朝存在的时间都不长久。泰隆去世后,如同在希麦拉一样,特拉叙戴乌斯在阿克拉加斯同样施行暴政。因为某种不明的原因,他与耶罗结仇并悍然对其发动战争,经过一场艰苦的战斗,耶罗击败并杀死了特拉叙戴乌斯。希麦

<small>泰隆之死,公元前472/前471年;特拉叙戴乌斯与耶罗的战争及其命运;耶罗之死,前467年</small>

|| 第七章 希腊的危机 波斯与迦太基的入侵　　367

拉重新成为一个独立城邦,阿克拉加斯也施行民主政体。5年之后,叙拉古人也获得解放。当耶罗去世后,其兄弟特拉叙布鲁斯掌管政权。但与耶罗相比,此人能力不足且统治乏术。因企图处决一批公民并夺取其财产充公,结果激起一场革命。叙拉古全体公民奋起反抗,他们的义举获得西西里岛上其他城市的支持。起义者将僭主及其雇佣军围困在叙拉古城内。最终他被迫投降,交出政权,迁往外邦生活。就这样,叙拉古的僭主政体最终结束,人们创立自由节(Eleutheria)纪念自由的到来。

西西里诸共和国　　僭主的统治涤荡了贵族与平民之间的长期仇恨,但新的争端随即出现。原有的公民(不管是贵族还是平民)对格伦从其他各处召来的新公民缺乏信任,从而导致内战的爆发。旧公民一度被赶出奥提吉亚岛和阿克拉狄那要塞;但最终所有新移民被驱逐,民主制在叙拉古牢固地建立起来。这可谓僭主们所做的一桩好事。他们消除了此前存在的阶级差别,如今在所有人政治平等的基础上,城市可以重新开始发展。在接下来的半个世纪里,西西里所有共和政体的城邦都经历一段时间的富足和繁荣,其中最突出的是叙拉古、阿克拉加斯及从腓尼基奴役下挣脱而出的塞林努斯。在阿克拉加斯,获得自由的人民完成了仁慈僭主开始的宏伟工程。气势雄伟的沿南侧城墙修建的神庙就是这一时期的杰作。"沿南侧城墙修建一系列城邦保护神的神殿庄严宏伟,无疑是一个伟大创造,即便城墙的主要功用是抵抗凡界敌人的进攻。可以相信,虽然最初这种构想应归功于泰隆,但正是在民主政体下人们才完全开展并最终完成这项工程。"但为阿克拉加斯带来最大荣耀的并非那些神庙,而是她众多

恩培多克勒　子民中最杰出的那一位。诗人兼哲学家恩培多克勒(Empedocles)出生并成长于这个城邦,用他自己的话来说,就是那座"黄色的阿克拉加斯河上的伟大城市"。他不但是一位知识渊博的哲学家、灵性十足的诗人和技术精湛的外科医生,而且还在城邦的政体改革中发挥着举足轻重的作

用。【296】遗憾的是,他独特的个性和品格已无从考证,因为在他去世后,很快就以他为原型出现了许多神乎其神的传奇。真实的恩培多克勒曾被其祖国放逐,最终安静地在伯罗奔尼撒辞世。他是一位预言家和魔术师,曾想把自己扔进埃特那火山口中,借此羽化成仙。他确实宣称自己就是一位神灵,头戴德尔斐桂冠,从一座城市到另一座城市,受到各地男男女女的崇拜。

事实上,西凯尔人曾受到严重威胁,急需重新恢复在地方上的影响力。复兴的过程全赖一人的天才,当他去世时,这种威胁已不复存在。杜凯修斯(Ducetius)将西凯尔城镇组成一个联邦,并号召人们把希腊人的城邦置于西凯尔人统治之下。在创建新城镇的过程中,他的才干一览无余,这些城镇在他的计划失败后仍保存下来。他创立的第一个城镇位于麦奈努姆(Menaenum)山顶上,俯瞰帕利西(Palici)的圣湖和神庙。* 随着权力和雄心的增长,他走下麦奈努姆山,在帕利西神殿之旁建立了帕利卡(Palica),并以该城作为西凯尔人的政治首府。他曾占领埃特那城,也曾打败过阿克拉加斯人和叙拉古人,但最终西凯尔人被叙拉古击败。失败后,其追随者弃他而去,他构建的西凯尔联邦也随即土崩瓦解。他勇敢地来到叙拉古市场中央的祭坛寻求庇护。令人难以置信的是,经过公民大会的激烈辩论,叙拉古人表现出极度的宽容,最终将其赦免,并将他送到科林斯。5年后,他再次来到了西西里,在叙拉古人首肯下,他以极大的热情投入第三座城市,即卡莱-阿克泰(Kale Akte,也被称为"金色海滩")的创建中。他究竟是梦想竭力复兴西凯尔人的事业还是认识到西凯尔人的命运在于希腊化,对此我们不得而知。他创建的城市比耶罗的城市更持久,其中米涅奥(Mineo,即麦奈努姆)至今仍存。杜凯修斯

杜凯修斯和西凯尔人,公元前460—前440年

他创建的城市有麦奈努姆、帕利卡、卡莱-阿克泰

他的失败,公元前450年

---

* 帕利西是罗马神话中居于西西里的一对下界神,在Ovid 5, 406, *Virgil* 9. 585中曾有提及。——译者注

的徒劳无功表明,希腊人主宰西凯尔人的岛屿已是不可逆转的命运。

第十二节　公元前6世纪的宗教运动

公元前 6 世纪末,波斯势力的扩张一直是悬于希腊人头上的一块坦塔罗斯巨石,希腊文明似乎极有可能被东方式的君主政体吞噬。希腊的将军、战士、桨手都在竭尽所能避免灾难的发生。如今,希腊人又要避免另外一种危险,这种危险虽不及波斯侵略那样在历史著作中大书特书,但是,它对希腊的威胁并不亚于前者。【297】这种危险就是一种新宗教的扩散,如果这种宗教占据上风(这种情况一度非常可能),就可能给希腊带来致命打击,东方迷信盛行,希腊文化将会窒息而死。希腊人将可能从精神上完全隶属于东方民族。

理性主义的发端　梭伦时代不但见证了希腊各地民众的社会和政治运动,而且也见证了思想和精神上的百家争鸣。一部分学者对于赫西俄德关于世界起源的神话解释并不满意,在对其批判的基础上,泰利士及其继承者创立的自然哲学在伊奥尼亚应运而生。此外,还有一部分学者从道德角度对由史诗游吟诗人所传的宗教神话故事提出批判,他们力图对这些故事重新解释或修正,以使其符合时人的道德理想。诗人斯泰西科鲁斯(Stesichorus)是这方面的先驱,正是他最先引入阿特柔斯家族的传奇,即阿伽门农被妻子谋杀,而克吕泰墨斯特拉被儿子杀害,后来,埃斯库罗斯和阿提卡其

宗教运动　他悲剧作家赋予这一系列残忍故事道德寓意,并使其广为人知。此外,人们也开始对死后的存在方式抱有浓厚兴趣,对未知世界充满好奇,并热衷于与超自然力量保持某种个人的联系。科学和宗教运动具有同样的目标,即解决存在事物的神秘性,但宗教希望寻求一种捷径,企图即刻达到心灵的满足。人们的渴望导致新宗教的产生,并从公元前 6 世纪中叶开

始四处传播。人们并不知道这种新宗教最初成形于何地,但阿提卡无疑是流传最广的中心,此外这种宗教还跨海越洋,传入西部希腊。该宗教在一定程度上以色雷斯人对狄奥尼索斯的原始崇拜为基础,人们以出生于色雷斯的诗人兼祭司俄耳菲斯(Orpheus)之名,将这种宗教命名为俄耳菲斯教,因为据传是他创立了巴库斯崇拜仪式。[俄耳菲斯(左边持竖琴者)与色雷斯人,参见图7-8]这种宗教不但对普通民众产生深刻影响,而且也渗透到希腊思想家的理论中。俄耳菲斯教师煞费苦心地构建着他们的神学理论,形成针对未来世界的特殊教义,并制定一整套独特的仪式和教规。他们也尽力将原来的大众信仰纳入其体系中。可以大致认为,俄耳菲斯教以三条原则为基础:崇拜狄奥尼索斯、信仰与下界神相关的秘仪和相信流浪先知的预言;但在俄耳菲斯教的神学理论中,狄奥尼索

图7-8 俄耳菲斯(左边持竖琴者)与色雷斯人
约公元前440年阿提卡红画陶

第七章 希腊的危机 波斯与迦太基的入侵

斯、下界诸神和预言被除都获得了新的意义。

狄奥尼索斯崇拜　可能早在公元前 8 世纪,狄奥尼索斯崇拜就已引入北希腊,【298】诸多传奇记录表明,最初人们对于这种陌生宗教相当排斥。但狄奥尼索斯的狂欢还是迅速传播开来,在波奥提亚和阿提卡尤受人们欢迎。崇拜者们在夜半时分聚集在山上,高举火把,肩披鹿皮,手拿长树藤缠绕的拐杖,伴着铙钹和长笛的音乐疯狂舞蹈。无论男女,他们撕碎并生吞献祭牺牲的腿肉。他们(尤其是妇女)渴望并经常陷入迷狂情绪中,认为此时自己的灵魂已与狄奥尼索斯实现了某种神秘的交流。或许正是受狄奥尼索斯崇拜的影响,德尔斐之神①才通过一位陷入迷狂状态的妇女之口说出他的预言。

游走各地的预言家　人们也可以借助预言师的玄想处理与超自然世界的关系。这些预言师有男有女,男预言师被称为巴基德(bakids),女预言师被称为西比尔(sibyls)。他们不属于某一座神庙或宗教圣所,而是游走于希腊各地,靠预言、被除和治病为生。这些人宣称他们与不可见的神灵世界保持着密切关系,因此可以完成上述各项工作,因为希腊人认为疾病和不洁都源于神灵世界的影响。在这些术士中,埃皮麦尼德斯最出名且最有影响力,他曾受邀前往雅典举行了被除仪式。

秘仪　秘仪与下界神崇拜有关,它为人们提供了另一种与超自然力量沟通的渠道。(埃琉西斯秘仪的场景,参见图 7-9)唱诵荷马史诗的伊奥尼亚游吟诗人可能生活在这样一个世界里:生活是如此快乐,人们用泰然和顺从的目光审视着居于佩耳塞福涅灰色王国的毫无生命气息的存在,对此史诗也有描述。但是公元前 7 世纪,居于希腊本土的人们与生活在荷马时代的人已非常不同。生存竞争非常激烈,那位著名的波奥提亚诗人

---

① 自古以来,狄奥尼索斯在德尔斐就受人崇拜,而且人们将其等同于阿波罗。最近在德尔斐的发现表明,二者的一致性在一位洛克里诗人(公元前338年)献给狄奥尼索斯-派安的颂诗中也有出现。

写道："世上满是苦痛，人们生活在苦海之中。"这无疑是对生活在重压之下的贫民痛苦呻吟的写照。那是一个变动不居的时代，人们已抱有对未来世界的新认识，渴望在现实社会无法得到的一切会在未来世界等待着他们。公元前7世纪的发展历程中，这种新期许开始逐渐成形，并理所当然与对下界神灵的崇拜联系在一起。荷马史诗中，佩耳塞福涅是灵界

图 7-9 埃琉西斯秘仪的场景（现存于雅典国家考古博物馆）

的女王,然而人们还未将对她的崇拜与对丰产女神德墨特尔的崇拜联系在一起。【299】不过人们注意到,广袤大地不仅生产人类生活所需的粮食,而且还会在他们死去时将其揽入胸怀,所以在希腊的许多地方崇拜中,人们逐渐将德墨特尔和佩耳塞福涅联系起来。在此基础上,诞生了佩耳塞福涅被强暴的故事。这个故事在埃琉西斯发展最成熟,公元前7世纪最终形成了以埃琉西斯为背景的德墨特尔颂诗。在埃琉西斯,这种对下界神的崇拜中引入了触及人类心灵深处的一种新理论,使其超越简单的生死轮回,从而具有独具的特征。

埃琉西斯宗教

在埃琉西斯独立之时,国王亲自担任两位女神的祭司。成为雅典城邦的一部分后,埃琉西斯崇拜进而成为雅典国教。人们在雅典卫城建起一座神庙祭奠两位女神,并将该神庙命名为埃琉西尼昂,埃琉西斯秘仪由王者执政官主持,成为阿提卡一年中主要节日之一。公元前7世纪的秘仪可能非常简单,后在雅典的影响下发生变化,并逐渐完善。这一转变过程中,有两方面尤其值得注意。埃琉西斯古代的国王特利普托列姆斯

1. 特利普托列姆斯

(Triptolemus)的地位更加突出,被视为农业的创始人,是德墨特尔亲自教会他撒播耕种,是他指导世人学会稼穑谋生之术。更重要的是将埃琉

2. 伊阿库斯

西斯崇拜与伊阿库斯(Iacchus)联系起来。伊阿库斯是一位下界之神,在雅典有一座圣殿。根据传说,他降生于埃琉西斯,因此需每年正式将其迎回。最初对他的崇拜与狄奥尼索斯秘仪不同,但后来二者逐渐融为一体。

在埃琉西斯举行的仪式

秘仪的一个组成部分是通过哑剧形式表演佩耳塞福涅与德墨特尔的故事。演出过程中有时会突然传来神秘咒语,同时向在场者展示某一种神圣物品。秘仪并未对教义系统阐释,所有入教者都是预言者而不只是旁听者。当秘仪体制发展完善时,每年9月人们按如下顺序安排其中

的节目：① 第一天,雅典各条街道上到处都可听到这样的呼喊声——

到海边去,哦,秘仪参加者！秘仪参加者,到海边去！

于是信徒们来到海边,用海水沐浴。因此这一天也被称为阿拉德-密斯泰伊日（αλαδε μυσται,即秘仪参加者去海边）。接下来的两天,人们在雅典举行各种献祭和庆典；第四天,人们从位于雅典的圣所抬着伊阿库斯的塑像,沿圣道载歌载舞,【300】翻越埃加莱奥斯前往埃琉西斯。信徒们乘着夜色,高举火把,一边走一边唱着伊阿库斯颂歌,伴着神像抵达埃琉西斯卫城下两位女神的圣殿里。第二天,最重大的日子即将来临,人们聚集在信徒大厅（Telesterion）,坐在一排排石制座椅上。这时圣师（Hierophant,总是由埃琉西斯的王族优摩尔庇德斯家族成员担任）向人们展示他们崇拜的各种圣物。在他的旁边是持炬者、传令官和祭坛的司祭者,他们共同举办全部秘仪的仪式。就许多细节而言,秘仪对我们仍是秘密。虽然他们并未教给信徒明确教义,也未对神话故事做出系统性阐释,但圣师所作所为的目的就是激发人们的希望,制造出神秘的氛围,增加他们的想象,故意产生模棱两可的印象,对不同人产生不同意义。仪式向人们许诺未来世界的幸福生活,甚至能使坚定的理性主义者对不可知世界产生某种可能性的感觉。人们相信,不但现世,而且来世,信徒比未入教者都占有更多优势,他们相信埃琉西斯宗教具有来自另一世界的力量。在古老的埃琉西斯颂歌中这样写道：

不论是谁见到这些圣物都会欢欣雀跃,

经过名为达芙妮的山隘

---

① 这里指泛希腊秘仪,小型秘仪每年年初在雅典近郊的阿格莱（Agrae）村镇举行。

> 世上到过那里的人们都感同身受；
> 从未见过神奇景象的不幸者啊，
> 幸福将与他们绝缘，悲伤痛苦永相伴，
> 即便死去也被牢牢关在发霉的黑暗深处。

埃琉西斯秘仪成为泛希腊信仰。所有希腊人，只要他们没有受到玷污，皆可前来参加入教仪式，即便性别特殊的妇女和处境低下的奴隶也没有被排除在外。秘仪的发展很大程度上得益于庇西特拉图家族的统治，规划宏伟的仪式大厅也是他们统治时代建造的，如今我们在埃琉西斯发现了上述建筑的遗迹。

第十三节 俄耳菲斯教的传播

俄耳菲斯教的宇宙生成观

俄耳菲斯教的教师传播一种新的世界创造理论，其理论可能从巴比伦宗教获得某些启发。他们宣称说时间是最初本源，接下来形成了以太（Ether）和混沌（Chaos）；利用这两种物质，时间将他们组成一个银蛋，从这个银蛋中诞生诸神中的第一位神灵，即光明之神法涅斯（Phanes），世界的发展演进不过是法涅斯的自我展示。然而，必须将这种宇宙生成观与希腊神话结合起来。因此，宙斯一口吞掉法涅斯，成为世界的原动力，由此世界进入一个新阶段。【301】来自色雷斯的神灵狄奥尼索斯·扎

狄奥尼索斯－扎格琉斯的神话

格琉斯是宙斯与佩耳塞福涅之子，他与下界的地狱有着密切联系。当他还是一个小孩时，宙斯就将宇宙王国交给了他；但是他被提坦巨神追杀，经过多次虎口脱险后，终于在他化为公牛时被提坦抓获，并被撕成碎片，但雅典娜将他的心脏保存下来。宙斯吞下他的心脏，后来生下狄奥尼索

人类的起源

斯。就在提坦巨神的嘴唇上还沾满扎格琉斯的鲜血时，宙斯用手中的雷

电将他们击成灰烬,人类就是从他们的灰烬中产生的。因此,人类的天性包含着提坦和狄奥尼索斯两种因子,有善有恶。该神话的动机是唤醒人类灵魂深处的神性,让他们知道自己源于天赐,追本溯源也具有神性。为了逃出肉体的桎梏,超脱自身中提坦的因素,人类必须自我惩罚,自我净化,灵魂也必须经历一次次道成肉身的轮回。在轮回间歇期间,灵魂将存在于哈德斯的王国。为了实现灵魂的最终解放,人们必须按照俄耳菲斯教规定的准则,过严格的禁欲主义生活,并积极参加狄奥尼索斯的秘密祭仪。因此,俄耳菲斯教规定不许食动物之肉,且必须参加净罪祓除仪式。俄耳菲斯教师还向人们宣传说,人死之后会受到哈德斯的功过评判,并根据他们在世时的所作所为分别进行奖赏惩罚。

通过这种方式,俄耳菲斯教徒将色雷斯人信奉的狄奥尼索斯重新引入希腊,而这位狄奥尼索斯与那位完全希腊化的冷静且位列奥林玻斯神系的神灵几乎完全区分开来。他们吸纳并发展了埃琉西斯秘仪的基本内容;在一首描述俄耳菲斯到哈德斯地府的诗歌中,阴曹地府的地理状况被人们大书特书。他们还努力取代原来的预言师和祓除方士,并尽力寻找和收集预言家们传播的神谕。其教义以诗歌形式出现,力图取代赫西俄德的《神谱》;这些诗歌残存的片段表明它们比荷马之后的作品更富感染力。

俄耳菲斯教在雅典广受欢迎,并得到庇西特拉图及其儿子们的鼓励。该教最著名的教师奥诺玛克利图斯在僭主的宫廷里颇受信任且具有很大的影响力,人们一般认为他是"入教仪式歌"的作者。如前所述,此人曾参与编订荷马史诗,并被怀疑伙同他人一起篡改其中的一些内容;他因再次的篡改行为遭到流放,【302】有人发现他试图在归于神话诗人缪萨乌斯(Musaeus)的神谕论集之中加入他自己的话。

一位天才人物——萨摩斯人毕达哥拉斯实践着俄耳菲斯教义。他前

俄耳菲斯教徒在阿提卡,奥诺玛克利图斯

毕达哥拉斯前往克罗同,公元前530年,其科学著作

第七章 希腊的危机 波斯与迦太基的入侵

往意大利,定居于克罗同,并在此受到当地人的欢迎。毕达哥拉斯的思想具有哲学和宗教两个层面。在数学和音乐理论方面他做出过重大发现;他认识到地球呈圆形;他在天文学方面的研究也颇为精深,沿着他的步伐,后来者一直通往了哥白尼的日心说,而这一理论与人们日常所见的天体运动有着显著差异。毕达哥拉斯学派的信徒已知道太阳围绕地球运动只不过是表面现象,但他们并未发现地球围绕地轴的自转。他们认为宇宙中心是一团火,地球围绕着这团火每24小时转一周;人们已知的5颗行星也围绕着这团火运转;月亮和太阳分别以一月和一年转一周。他们认为,人永远也不能看到这团火,那是因为人生活在地球的侧面,而地球总是避其而运行。整个世界都是因为这团火才会有温暖和明亮,因而这团火是"宇宙的圣火坛"。毕达哥拉斯还试图运用数学方法从精神和物质的层面解释世界;虽然他言之凿凿地捍卫其观点,但当将该观点运用于细微之处时无疑是破绽百出。他最大的成就是创立了数学科学。

建立兄弟会;该会的俄耳菲斯教特征　　在克罗同,他严格按照教义创建了一个宗教派别——兄弟会。该会最重要的教义是灵魂轮回,其奉行的禁欲主义生活方式与俄耳菲斯教派的理论非常近似。事实上,毕达哥拉斯学派就是一个现实的、以俄耳菲斯教义为指导的团体。他创建的兄弟会并不排斥妇女参加,不但在克罗同而且在周边城邦也颇孚众望,在居于意大利的希腊人中有着重大的政治影响力。然而,这种影响力只代表着寡头派的利益,事实上,加入该宗

该会的政治影响　教组织的成员也多为贵族,他们将该组织当作争夺政治权力的一个工具。正是在毕达哥拉斯学派成员掌权时,克罗同与其邻邦叙巴里斯爆发

叙巴里斯与克罗同之间的战争　了战争,而叙巴里斯此时实行僭主制。克罗同人将叙巴里斯僭主泰吕斯(Telys)驱除出境的流放者安置在一个港口,拒绝了僭主的引渡要求。因此,泰吕斯率领大军前往捉拿流放者,一场大仗就此爆发,最终叙巴里斯

摧毁叙巴里斯　人遭受败绩。克罗同人乘胜夺取并彻底摧毁了叙巴里斯。不久,在该城原

址周边兴起了几座新城,其中一座在几个月后恢复了叙巴里斯的原名,但希腊人家喻户晓的以财富和奢华闻名的叙巴里斯彻底消失,其确切地址至今仍不得而知。【303】摧毁竞争对手城市的壮举是克罗同毕达哥拉斯寡头派最主要的功绩;然而不久后,克罗同人对寡头政府强烈不满,要求取消毕达哥拉斯制定的严苛命令。眼见如此,毕达哥拉斯明白只有离开纷争不已的克罗同,才可确保自身的安全,后来,他终老于麦塔蓬提昂。直到半个世纪后,由基伦(Cylon)领导的民主派才占据上风,其间毕达哥拉斯学派的祭礼仪式仍盛行于克罗同及周边城邦。最终,一次突如其来的打击彻底瓦解了该学派的势力。一天,40名兄弟会成员在克罗同公民米伦(Milon)家中议事,他们的对头纵火烧毁这座建筑物,仅有两人侥幸逃生。这次事件成为遍及意大利的反毕达哥拉斯思想的导火线,该学派的成员到处都遭受放逐或被处死。

<small>毕达哥拉斯离开克罗同,公元前510/509年?</small>

<small>镇压毕达哥拉斯学派,约公元前450年</small>

自毕达哥拉斯学派衰落后,俄耳菲斯宗教不再成为希腊发展的一个威胁。但在毕达哥拉斯生活的那个时代,该宗教确有威胁。那时,俄耳菲斯教义是人们渴望拯救灵魂的救世主。如果该教义牢牢地在希腊生根发芽,所有城邦神庙的祭司都会欢迎这种新宗教,并让自己成为主事祭司,最终形成强大的僧侣阶层,在城邦政治中享有巨大权力。如果没有强大的世俗力量与僧侣阶层倡导的神秘主义对抗,俄耳菲斯教的势力也不会就此烟消云散。即便如此,他们的思想仍发挥着持久影响,激发起埃斯库罗斯、品达等诗人们的想象力,对哈德斯世界绘声绘色的描绘在各地传播,这一切都深刻地影响着后世的文学作品。

第十四节 伊奥尼亚的理性

俄耳菲斯教的解药是伊奥尼亚哲学。在小亚细亚希腊人居住的地区,该宗教从来没能生根发芽;幸运的是,在俄耳菲斯运动散播之前,哲学运动已经蓬勃发展,自此,哲学与神学分道扬镳,宇宙生成观与诸神的谱系不再合二为一。欧洲从伊奥尼亚地区受惠良多,因其创造了哲学;随着伊奥尼亚施予的恩惠将希腊从祭司对宗教的独裁中拯救出来,哲学的力量得到进一步增强。本书之前曾谈到过泰利士和阿那克西曼德。而毕达哥拉斯及其追随者尽管在科学进步方面做出过巨大贡献,但也为政治生活投下强烈的神秘主义色彩。因其思想受到宗教和哲学运动的双重影响,所以他力图将二者结合在一起;如果二者结合,必然会使神秘主义因素占据优势。但此时也不乏有人在努力寻找并专注于理性之路,其中最著名且影响最大者当数色诺芬尼和赫拉克利特。

色诺芬尼,生于公元前545年之后

【304】在探索理性之路上,没有哪一个人比科洛丰人色诺芬尼(Xenophanes)更积极。在波斯征服伊奥尼亚后,他移居到爱利亚(Elea),在安享高寿后终老于此。他将一生大部分的时间都花在游历世界各地上,因此他的所见所闻比任何一个地方的任何人都要多。伊奥尼亚人对于波斯侵略者的抵抗乏力,使他对希腊人颇为反感,在其内心深处对希腊人的宗教及其理念也产生了疑问;游历各地的经历有助于他摒除民族偏见;因此他竭力与被人们广为接受的观念进行斗争。首先,他抨击正统的宗教观念,揭露人形神像崇拜非理性的一面。他说,如果牛、马、狮子有手,能制作神像,那么它们将制作出牛、马、狮子形状的神像。其次,他反对盲目接受广为希腊人遵从的导师荷马、赫西俄德等诗人的训导。在他看来,他们教给人们的不过是盗窃、通奸和相互欺诈。此外,他还对希腊生活中的传统观念大加嘲讽,譬如人们对于竞技明星的追捧。他认为人们给予竞技和优胜者的巨大荣誉是愚不可及的荒唐之举。他说:"人的智慧远胜于形如野兽和马匹的运动员所拥有的力量。"他将自己扮成一个音乐家,带上一名童子怀抱西特琴(Cithern),游历于希腊各城邦,实践

并四处传播着他富有革命性的观念。更可贵的是,他并非只是一位破坏者,也是一位创造者。他建构出一套理论体系,试图取代被他推翻的传统信念。在他构建的哲学思想中,处于第一位的就是神。他构建的神无论在形体还是心智上都不同于凡人,他将其视为整个宇宙,因此这样的神是物质的,存在于一定时空范围内;他不排除次要神的存在,认为是他们赋予了自然界生命。色诺芬尼还是一位富有真知灼见的地质学家,他从化石推导出地球过去的历史。作为一位无畏的思想家,他力图打破民族偏见,成为希腊思想史上最引人注目的先驱之一。

在此尤其应讨论的是色诺芬尼完全抛弃俄耳菲斯教义的壮举,正如同他完全摒弃赫西俄德的思想一样。他的思想中没有神秘主义、天启观念的立足之地,他认为俄耳菲斯祭司都是彻头彻尾的骗子,他也对毕达哥拉斯进行猛烈抨击。为捍卫理性,他积极战斗;为传播理性主义观念,他积极与迷信和俄耳菲斯教相抗争,尽管前者粗俗但相对无害,而后者更严重而狡诈;对于他在其中所起的作用,我们给予再高的评价也不为过。在他去世之前,希腊哲学已焕发出勃勃生机,任何宗教都已无法将其扼杀于襁褓中;希腊哲学是一支日渐强大的力量,避免了僧侣政治阻碍时代进步的洪流吞噬希腊世界。

【305】色诺芬尼的理性主义思想对以弗所人赫拉克利特影响颇深,但此人与色诺芬尼性格很不相同。在政治立场上,赫拉克利特秉承贵族政体,打心底里瞧不起平民。其作品晦涩艰深,只有少数人才能阅读。年老时,他离群索居,退隐山林,并将其哲学著作存放在阿尔特米斯神庙里。赫拉克利特天赋过人,远胜于此前的伊奥尼亚哲学家。他提出了"流变说",对后来者产生了巨大影响。其主旨是:一切皆流,无物常住;存在

> 赫拉克利特

即变化;"我们存在而又不存在"。* 但变化过程遵循着一定的规律;自然界是有法则的;而且,他还发展了对立面的相对性观念。他说,"好与坏其实是一样的",并以此为其伦理学的基础。赫拉克利特的影响既具破坏性,又具保守性,这取决于人们关注的焦点是流变说还是世界的固定法则。

巴门尼德　　爱利亚人巴门尼德(Parmenides)秉承并实践色诺芬尼的泛神论观点,并赋予其新的形而上学意义。他假定世上有一种永恒不变的"存在",并用学自毕达哥拉斯学派的科学方法进行推演。巴门尼德及其追随者最重要的贡献之一是坚持认为人的感觉具有欺骗性,常常会导致自相矛盾,这就是赫拉克利特最大的错误,因其体系都是建立在感觉的基础之上。

宗教的威胁得以避免　　随着巴门尼德和赫拉克利特的出现,严格意义上的哲学,即世人谓之形而上学的哲学完全创立。本节并不尝试对希腊哲学的发展追根溯源,但仍不得不认识到哲学研究的创立是希腊历史上最具影响的重要事情。这意味着理性对神秘主义的胜利,导致俄耳菲斯运动已失去人们的信任,确保希腊人的政治自由和社会进步。没有经历血雨腥风和政治动荡,一次巨大的危险就此化解;虽然危机的解决也并非一蹴而就,而是历经多年,然而,一旦解除,人们很快就将其淡忘。或许很难想象,在庇西特拉图统治的日子里,宗教势力曾占据上风,祭司阶层甚至有望成为统治力量。在全希腊这场运动风起云涌,在阿提卡表现尤甚。无疑,德尔斐的祭司们从本能上意识到俄耳菲斯教义的传播会最终有助于增强自身的优势。虽然这种新宗教势力兴起时贵族制正走向没落,因而不得不迎合民众的需求,但可以肯定的是,如果它取得优势,必将转而支持贵族制和

---

* 完整的句子是:我们走下而又不走下同一条河,我们存在而又不存在。参见残篇D19a。引自北京大学哲学系外国哲学史教研室编译:《古希腊罗马哲学》,生活·读书·新知三联书店,1957年版,第23页。——译者注

僭主制。雅典的僭主们势必会将俄耳菲斯祭司用作恐怖统治的有效工具；毕达哥拉斯兄弟会的统治给希腊带来了沉重教训【306】，它告诉希腊人宗教秩序占据支配地位意味着什么。

可以恰当地说，是伊奥尼亚不朽的思想家们积极而健康的影响使希腊避免了一次巨大危险。但毕竟这只不过是一种肤浅的事实呈现方式。如果进一步深究就会发现，哲学对宗教教义的胜利是希腊精神的质朴表达。通过理性主义的自由阐释，希腊精神完全释放出自身的能量，必将日臻完善，迈向最高境界。

公元前6世纪是希腊思想发展的关键时期，此后的希腊人将这个时代称为"七贤时代"。① 希腊人天生爱编传奇故事，他们基于为人公正、行事审慎原则，从给人留下深刻印象的思想家中间挑出几人，而不用考虑这些人是否生活在同一个时代。希腊人将七贤置于他们渴求的一个理想社会中，似乎七贤组成一个团体，并将七贤与一些伟大的人物联系在一起，譬如吕底亚国王。令人颇为不解的是，科林斯僭主伯里安德也被添加到属于梭伦、泰利士等人的七贤名单中。一些众所周知的名言警句，譬如"认识你自己"、"过犹不及"、"美德居于高山之巅"等被认为是由他们创造出来的。这些贤者的传奇故事所蕴含的和梭伦、皮塔库斯所展现出来的精神反映出的是希腊人对于智慧的认识和追求；贤者的智慧尽力解决人类渴求的公平正义与现实世界的等级分明之间的矛盾；他们没有选择逃避困难，而是告诫世人要过中庸的生活。在俄耳菲斯教的恶劣影响刚刚消退之时，希腊人将他们奉为神明，因为七贤生活在尘世之中，富有智慧，但超然于神秘主义和神圣天启之外。因此，七贤的故事对那一个时代不可或缺。

关于七贤的传奇故事

---

① 说法不同，一般认为他们分别是梭伦、伯里安德、斯巴达人奇隆、皮塔库斯、比亚斯、泰利士、林多斯人克利奥布鲁斯。

第七章　希腊的危机　波斯与迦太基的入侵

第八章

雅典帝国的建立

第一节　斯巴达的地位和保桑尼阿的事业

【307】就对希腊的影响而言，波斯战争展现了人类社会一条亘古不变的普遍规律。当一个共同体（无论一个国家还是一个民族）受到来自外部的压力时，内部各种力量更容易团结起来，凝聚成一股合力。就一个国家而言，外族入侵的威胁会凝聚公民个体的团结感，同时强化中央的权力；就一个民族而言，它有可能使互不相属的共同体结成一个国家或联邦。在第二种情况下，各政治共同体能否实现完全而持久的统一，一方面取决于外部压力的强度和持续时间，另一方面取决于各成员独立意愿的强弱，因为独立意愿有碍于各政治共同体的统一。波斯人的威胁很大程度上提升了希腊人的统一趋势，然而这种压力只是在短短几年内表现得非常严峻，即便加上其他形式，这种压力也只持续了数十年。因此，建立泛希腊联邦政府的计划尚未来得及讨论时，这种发展趋势就已受阻，城邦独立重新成为占主导性的社会意识。但是，小亚细亚西海岸城邦受到的威胁更持久，一个城邦联盟应运而生。

按此规律，一位哲人或许会预见到，当波斯侵略者被赶走后，希腊会实现统一，无论这种统一是全部的还是部分的，是短暂的还是长期的。他

|| 第八章　雅典帝国的建立　　387

或许还会预见到,作为凯旋者的希腊各邦,这种大胆的统一尝试会促进各邦内部的发展。但是,没人能够预测统一将会采取何种形式或者人们会对此做出何种反应。希腊的发展进程进入一个人们从未曾预见的全新途径。在过去 40 年里,斯巴达一直是希腊大陆占据支配性的力量。她是伯罗奔尼撒同盟的盟主,对于伯罗奔尼撒半岛之外的事务也能发挥重大影响。在共同抵抗波斯的过程中,斯巴达被公推为领导者,北希腊各同盟者对此没有任何抱怨和不满。可以说,由其建立的同盟事实上已从伯罗奔尼撒半岛扩展为一个以地峡为中心的泛希腊同盟。【308】斯巴达的统帅同时也是萨拉米斯战役和米卡勒战役的总司令;即便有人认为这两次海战的胜利与拉凯戴梦人的技战术和冒险精神并无太大瓜葛,但斯巴达人与温泉关战役和基泰隆战役的胜利密不可分。在温泉关,斯巴达国王慷慨赴死,虽败犹荣;在基泰隆,斯巴达的将军和士兵们赢得了整场战争中富有决定意义战役的胜利。就此而言,政治预言家极有可能会预测,战后斯巴达会顺势将领导权转变成统治权。战前她已是全希腊公认的领袖;战斗过程中,在她的领导下,这场全民族的伟大奋战最终取得辉煌的成果,这无疑会从道义上极大强化斯巴达的地位,也有充分理由激起她的雄心壮志。如果运作得当,道义的力量很快会转化为物质力量。简言之,在普拉提亚战后,整个希腊世界似乎都匍匐在斯巴达人的足下。如果预言者得出这样的结论,他们注定会感到失望。因为拉凯戴梦人缺乏贯彻帝国策略的有效办法,其政府也缺乏创造出这种方法的智慧和勇气。

<small>斯巴达不具备海上力量</small>

　　一个希腊城邦如果渴望建立真正的帝国,不可避免地,她必须成为一个海上强国,这是由希腊世界的地理和商贸环境决定的。只要小亚细亚的希腊人还在波斯统治之下,只要爱琴海东部地区还受波斯的管辖,斯巴达所能掌控的就只能是一个范围极其有限的希腊。但当希腊城邦

的范围再次沿爱琴海扩展到小亚细亚和色雷斯时,除非成为一个海上强国,否则斯巴达就不可能将影响力延伸到范围更大的环海而居的希腊世界。或许她仍能保持对大陆的影响力,但其特殊地位必将受到削弱,因为任何一个获得对爱琴海诸岛和周边地区支配权的城邦都会对她的领导权构成威胁。随后的局势正是据此路径发展的。

斯巴达人是一个不能适应新环境的民族。他们的城市、政治制度、精神面貌从古风时代保存至今。他们的政府保守而遵循传统,不欢迎任何形式的改革,能力超凡者受人怀疑。公元前 5 世纪,斯巴达人仍按公元前 6 世纪的方式操练士兵。在他们看来,组建水师远征波斯首都完全是不切实际的幻想。如果重新审视最近的战争,就会发现他们的政策缺乏全局意识,总是局限于伯罗奔尼撒一隅的得失。他们总是在最后一刻才采取行动,【309】从来没有体现出首创才能;因其总是过分在乎伯罗奔尼撒的蝇头小利,所以曾多次几乎葬送整个民族的前途。由于她不愿分享希腊进步的果实,又完全缺乏治理帝国的天分和与之相伴的想象力,所以在完成希腊城邦的政治统一上,拉凯戴梦人并无突出成就。不过,当被完全置于进退无据的劣势时,她也有能力阻止对手达成愿望。

> 斯巴达的缺陷

遗憾的是,关于普拉提亚战后数年发生的事情却鲜为人知。半个世纪之后,希罗多德在糅合历史和故事的基础上,完成了对波斯战争的记述,然而他的作品突然终了于夺取塞斯托斯的战斗。在长达半个世纪里,发生了许多意义重大的事件,但除只言片语外,并没有留下太多记载。相关事件的起止时间难以辨识,每宗事件的具体内容被人们遗忘。数年后,修昔底德接续希罗多德重新调查这段时间发生的事情,但他得到的研究成果也只有短短数行,并且对其中的时间顺序,他也非常没有把握。雅典帝国的出现是这一时期的中心内容,但在追溯它之前,有必要暂停一刻,简单讨论一下斯巴达的不幸。

> 这些关键年份的历史鲜为人知

|| 第八章 雅典帝国的建立 389

保桑尼阿的经历	必须承认,在指挥普拉提亚战役中,克利奥蒙布罗托斯之子保桑尼阿表现出卓越的军事才能。但是作为一位政治家,他的天赋完全不能与其作为将军相匹敌。因为战争胜利带来的巨大名声,他志得意满,力图在一个他并不擅长的领域有所建树。斯巴达派他率领一支由盟邦舰船组成的水师继续解放东部希腊人的战斗。他首先抵达塞浦路斯,成功地将该岛绝大部分领土从波斯人的统治下解放出来。随后,他前往拜占廷,驱逐了那里的波斯驻军。然而,他在此地的所作所为颇令人费解。他开始一意孤行,不再顾及他人的感受。他纵容被困在城内的几名薛西斯的族人逃跑;他对希腊同胞傲慢无礼,并企图压迫希腊人。他表现得越来越像一位僭主而非一名将军,将斯巴达在反抗波斯侵略中树立的美好形象销毁殆尽。东部希腊人将雅典推为领袖,并托庇于雅典的羽翼之下。形势发展至此在所难免,因为只要在海外作战,雅典的海上力量必将使她成为众邦之首。但是,保桑尼阿在拜占廷的胡作非为理所当然成为同盟领袖地位正式从斯巴达交接到雅典的恰当托词。【310】在斯巴达,关于保桑尼阿所作所为的报告也引起了人们的警惕和担忧。他被召回接受质问。据说经过色雷斯时,他身着波斯华服,一路上一名来自亚洲的保镖时刻跟随侍奉。确实,他已深深被波斯的宫廷生活吸引。这位普拉提亚战役的胜利者准备将他的城邦和希腊其他地区拱手让与薛西斯,并在婚约上签章让其女嫁给波斯大王。他的提议受到波斯大王的欢迎;而保桑尼阿本是一个小人,现又被虚荣心冲昏了头脑,为了蝇头小利,已情不自禁地将其背信弃义的意图流露了出来。然而此时投靠波斯的阴谋还未成为不利于他的证据,他受到惩罚只是因其伤害他人的行为。他再也未被授命带兵,但后来他还是亲自出钱雇佣了一艘三列桨战船,回到此前谋划叛国投敌的地方。他重新获得了对拜占廷的控制权,控制了前往优克星海的北方门户;几乎与此同时,他成功地夺取了塞斯托斯,进而控制了南方门户。他
公元前 478 年?	
公元前 477 年?	
他的米底作派	
召回并被赦免	
依靠自己的力量向拜占廷进发,公元前 477 年	
夺取塞斯托斯	

的举动令雅典人如鲠在喉,因为雅典人正在这些地区扩大她的政治、商业利益,于是,他们派出米泰雅德之子客蒙率军前往。很快客蒙恢复了对塞斯托斯的控制权,并将保桑尼阿逐出拜占廷。听到他正在谋取特洛亚德,斯巴达政府派出传令官将其召回。他听从了传令官的召唤,满认为可以通过贿赂获得赦免;然而他似乎又在策划一起大胆而危险的计划,准备推翻城邦的政治制度。于是,监察官将他投进大牢。不过获取相关罪证非常困难,最终他获得释放,并成功应对了人们的质问。每个人都知道,保桑尼阿不但与波斯颇有瓜葛,而且还在准备策动希洛特造反,许诺给予他们自由。他梦想将斯巴达变成一个真正的君主制国家。但所有这一切并无真凭实据,直到一个心腹将其告发。保桑尼阿委托此人送一封信给阿塔巴佐斯,但是,此人注意到此前的送信人一个也没能活着回来,于是他打开封印,读到信中命令收信人将他处决。他急忙将信交给监察官,而监察官也正想从保桑尼阿口中掏出不利于他的证据。于是他们策划了一个计谋。他们在泰那鲁斯(Taenarus)圣所搭建起一座有隔墙的小屋,监察官们躲在一间屋子里,告密者则待在另一间屋子假装祈求神灵的宽恕。保桑尼阿来到这里,发现他的心腹也在此地。送信人质问他信的内容,并指责他心狠手辣。谈话过程中,【311】保桑尼阿将整个事情和盘托出。① 但他得到暗示,告诉他处境危险;于是他急忙逃到黄铜屋附近的雅典娜神庙,藏身于圣所旁边的一间小屋里。监察官将屋子所有的门都封了起来,准备将他饿死。在他快要饿死时,人们将他抬了出来,并按德尔斐神谕的指示,将他埋在圣所的入口处。然而,在圣域内将人活活饿死,这是对女神的极度不敬,最终将为斯巴达人招来神的诅咒。为了赎罪,他们向黄铜屋内的雅典娜女神敬献了两尊铜像。

被客蒙驱逐,公元前476年

将其召回斯巴达

雅典娜的诅咒,约公元前471年

---

① 该逸闻并不可信。首先,因为泰那鲁斯离斯巴达路途遥远,这个计划很难付诸实施;其次,看到书信后监察官即可采取措施,他们没有理由迟疑不决。

虽然保桑尼阿的冒险行为并未产生严重后果，但他却是斯巴达人在海外胡作非为的一个典型，这在一定程度上反映了人们知之甚少的那些年份里发生的某些事实。斯巴达政府派另一位将军前往赫勒斯滂取代保桑尼阿，不过同盟者与斯巴达将军已无太多交往；斯巴达也未做出更多努力以赢回爱琴海和小亚细亚希腊人的忠诚，如今他们已将这种忠诚献给了雅典。与此同时，斯巴达尽力扩展在大陆的力量，组成一个大陆联盟。色萨利是其重点关注的对象。她的打算或许是，如果将遥远的北希腊置于统治下，那么就能将影响力向南推进到克利萨湾，从而以北希腊的近邻同盟为基础，形成一个拉凯戴梦帝国。斯巴达派遣国王莱奥提奇达斯率领大军驻扎于帕加萨湾，以此表明他已降服色萨利诸邦。但与许多斯巴达将军一样，他无法抵挡金银的诱惑；通过贿赂入侵者，阿琉阿德家族的王公保住了手中的权力。莱奥提奇达斯的罪恶昭彰，人所共见，返回斯巴达后就被判处死刑。不过，他最终还是保住了性命。得知消息后，他立即逃往泰格亚，一旦稍有风吹草动，斯巴达国王就将此地的雅典娜神庙作为避难所。【312】通过此次行动，尤其是伯罗奔尼撒水师的威胁，斯巴达还是在色萨利获得了一定影响，但未能征服此地。她试图重组近邻同盟的努力也未获成功。斯巴达提议将那些曾加入米底人同盟的城邦开除，其目标直指底比斯和色萨利；她甚至要求将一些没有成为波斯同盟者的城邦也开除出盟，这主要指阿尔哥斯。但在雅典代表地米斯托克利的影响下，该提议遭到了否决。故事中反映这段时间地米斯托克利破坏斯巴达人计划的活动却是另一回事，传说他竭力诱使雅典人放火烧掉停泊在色萨利水域的舰船。

只要走出了自身所处的半岛，任何进一步扩大帝国的计划，斯巴达都无法贯彻执行。很快，为了维持在半岛中的地位，她被迫迎战。如今阿尔哥斯已经在一定程度上从国王克利奥蒙尼施加的致命打击中恢复过来,并在政治制度方面取得新进展,最终确立了民主制。此前,许多小城镇乘霸主衰弱之机摆脱了她的枷锁,譬如叙西埃和奥涅埃(Orneae);如今阿尔哥斯将她们重新召回,强迫她们表示效忠。驱逐居于凯克罗佩安城堡内的梯林斯奴隶主似乎颇为困难。在一位来自菲伽利亚(Phigalia)的预言家的挑动下,他们决定与阿尔哥斯抗争,并发起了进攻;但遭受一次失败后,梯林斯决定重归阿尔哥斯治下。重新崛起的阿尔哥斯有能力支持阿卡狄亚的城市结为一体,共抗斯巴达。她与泰格亚结盟,但就在泰格亚城墙外,两邦联军遭到了拉凯戴梦重装步兵的沉重打击。虽然他们未能占领斯巴达人的城市,但战死疆场的士兵的墓志铭告诉人们"他们的勇敢使烈焰焚烧的泰格亚冒出的浓烟无法升到天空"。此后不久,阿卡狄亚诸邦,除曼丁尼亚外,联合起来与斯巴达为敌;曼丁尼亚的退出是因为她从不打算与其近邻泰格亚人联手。但是,这次战斗中阿尔哥斯没有伸出援手。阿卡狄亚同盟在狄派亚(Dipaea)被彻底击败,泰格亚被迫投降。虽然在年轻的国王阿奇达姆斯努力下斯巴达的地位得以维持,但对于未来的前途人们普遍深感担忧。此外,斯巴达不得不关注爱利斯人,他们将村庄组成一个城市,并奉行民主政体,这成为斯巴达在西方的一个潜在威胁;复兴的阿尔哥斯则是她来自东方的威胁。即便在阿卡狄亚,斯巴达虽极不情愿,但也不得不承认曼丁尼亚人经过统一运动形成的城市,以此作为对她不加入阿卡狄亚同盟的回报。

> 阿尔哥斯恢复对梯林斯的统治,公元前468/467年

> 狄派亚之战,公元前471年

> 爱利斯的建立,公元前472/471年

> 曼丁尼亚的塞诺西辛

【313】就这样,斯巴达并未开创一条新道路。相较从前,波斯战争对她的改变微乎其微。如果有,那也是特权的减少而非增加,她的所作所为向世人表明,斯巴达注定只能待在古老的伯罗奔尼撒半岛这一隅之地。与此同时,另一个城邦却大踏步地迅速前进,迈向了一条全新的道路,成就了一番伟大的事业,建立了一个庞大的帝国。

第二节　提洛同盟

斯巴达人并未参加紧随而来的米卡勒之战,她的冷漠迫使伊奥尼亚人及其他小亚细亚希腊人投身于雅典人的领导下继续战斗。他们自愿结成一个同盟,雅典帝国就是在此基础上发展而来的。该同盟的目标不但是保护这些城邦不被蛮族再次征服,而且打算劫掠波斯大王的国土,获得金钱以抵消她们在战争中的损耗。同盟的圣库设立在伊奥尼亚人古老的圣地提洛岛上,因此该同盟被称为提洛同盟。夺取塞斯托斯是同盟的第一个成就。

<small>提洛同盟及其目的,公元前478/477 年</small>

同盟包括小亚细亚伊奥尼亚和爱奥利斯的城邦、离海岸不远从列斯堡到罗德岛的岛屿、普罗蓬提海周边大多数城市、色雷斯的一部分城镇、基克拉底斯群岛上绝大部分岛屿和优卑亚岛除卡利斯图斯之外的所有城邦。这是一个海上城邦组成的同盟,因此盟约的基础是每个成员必须为联军水师提供战船。然而,大多数同盟成员既小且穷,许多城邦无法装配一两艘战船;另一些城邦甚至只能提供装配一条战船的一部分费用。在某一特定时间,将数目众多且分散各地的小分队集中到某一个地点非常困难;而且管理这些类型各异的战船也并不轻松。因此,按规定小邦无须提供舰船,而以每年向同盟金库缴纳一定费用代替。现在并不清楚缴纳费用的多寡是如何确定的。很有可能,所有纳贡盟邦缴纳的金钱应当能装配 100 艘战船,即盟邦贡金大致为 460 塔兰特。雅典先对每个入盟城市的资源和能力进行评估,然后按比例向成员分摊。评估入盟城市的财富并决定其贡金非常困难而又责任重大,【314】这项艰巨任务交给了阿里斯提德,因为他行事周全,受人尊敬,最适合担当此职。在此后的 50 多年里,他为每个城邦确定的金额一直沿用。从一开始,同盟就由两类成员组成,即提供舰船者和缴纳贡金者[雅典人将贡金称为福洛斯($φόρος$)],

<small>阿里斯提德确定并分派贡金</small>

其中第二类城邦数量更多。除了那些仅能提供一两艘或者仅能提供船舶部件的城邦外，许多大邦也宁愿支付贡金，这样他们的公民就不必被迫离开家乡。贡金由10位雅典官员负责征收，他们被称为"希腊人的司库"（Hellenotamiae）。同盟成员大会在圣库所在地提洛岛举行，每个成员享有平等的发言权。成员手中掌握着数量众多的选票，这使雅典可以轻易控制大会。她对小邦拥有无可置疑的影响力，如果大邦提出反对意见，她可利用小邦的支持在选票上压过对方。作为领导者，雅典完全掌控着同盟的行政职务；最重要的是，司库并非选自所有同盟成员，而只能由雅典公民充任。因此，雅典人从最初就掌握了同盟，并逐渐将这个海上同盟转变成为一个海上帝国，转变过程中并没有经历任何暴力革命。

同盟大会

　　阿里斯提德与同盟建立的联系最紧密，不过，毫无疑问正是其竞争者地米斯托克利才使雅典顺应了时代潮流，将城邦发展成为一个海上强国；仅凭这一项伟业，就足以使他成为雅典最伟大的政治家。地米斯托克利是一个真正的天才。以保守著称的史学家修昔底德也不禁赞颂他异乎寻常的天赋：他具有未卜先知的能力，能够应对各种困难处境。可以想见，指导雅典的政策、组织新同盟等重任可能都全权委托给了地米斯托克。即便半个世纪后，当雅典民主政治得到更大发展时，情况可能仍是如此。但那时没有强大关系网络的人不再可能维持对民众的影响力。地米斯托克利的背后没有强有力党派支持，尽管存在这样的劣势，他仍能发挥如此巨大的影响，这正是他超强能力的体现。作为竞争对手，阿里斯提德和桑提普斯是古老而人数众多的海岸派代表，与美伽克勒斯和克里斯提尼家族有着千丝万缕的联系，桑提普斯的妻子就属于这个家族。【315】这二人是普拉提亚和米卡勒战役的指挥官，而地米斯托克利的大名自波斯战争第二年后就销声匿迹。地米斯托克利并非党派领袖，此时雅典也

地米斯托克利，
他并无党派支持

第八章　雅典帝国的建立　　395

无须制定大政方针,这使他难有发挥空间,上述情况或许会让人低估他的重要性。虽然从形式及担任官职的角度看,他都不是同盟的建立者;但是,进入新的发展道路时,作为领导者,雅典遵循的精神都是由他开启的,他是这种精神最早且最清楚的阐释者。地米斯托克利的影响力并未随战争的结束而消失。当同盟水师在东边建立海上帝国时,雅典城的废墟中还有大量工作等待着他去完成。

第三节　雅典和比雷埃夫斯的设防

卫城离海岸太远

　　如前所述,地米斯托克利使雅典成为一个海上强国。在他的带领下,雅典将主要精力投入水师的发展中;如果雅典能完全遵从他的指导,如今就可能会更勇敢地切断与大陆之间的联系。雅典人经常感叹雅典城不是在一座岛屿上。他们总是想,"如果我们是岛民,就能够藐视这个世界"。然而,雅典不是,她与波奥提亚和麦加拉接界。即便如此,如果雅典人能在边界上建立一系列坚固而规划周密的要塞,如果雅典的政治家们能果断抛开大陆政策,在现实中他们就有可能将所有精力花费在战船上。无论如何,当雅典决定成就一番新事业时,其政策的主旨就应当落脚于比雷埃夫斯。她应当勇敢地搬离围绕卫城而建的城市,迁移到海边,因为大海才是塑造雅典历史的根本。对雅典而言,卫城所在的位置是致命的,因为那里离海边既太遥远又太过临近。如果卫城离海岸确实有到阿卡奈那样远,公民们此时定会举家迁往比雷埃夫斯,将神庙搬到穆尼基亚。但是,雅典离其港口的距离还不够远,保持两个地方的联系还算迅速。这种微妙的地理环境拯救了原来的旧城雅典,但削弱了作为新城的比雷埃夫斯的地位。一位专制君主可能会基于私利做出如此重大的决定,强令人们离开他们世代生活的家园和崇奉的神庙,虽然这里有他们最美好的记忆、希望和对神灵的敬畏；但除别无选择外，任何理由都无法促使一个拥有自由的民族如此行事。

如果地米斯托克利是一位僭主，可以大胆推断，【316】他一定不会为雅典设立城防，而会在穆尼基亚建立行宫，使比雷埃夫斯成为中央政府所在地，成为一座城市。如果这样，不出几年，原来的雅典城将会走向衰败。但仍和以前一样，雅典甚至还有发展；不过比雷埃斯的发展仍具有更大的战略意义，因此，有必要为这两座相隔仅5英里的城镇都修建城墙，加强城防。

普拉提亚战后，雅典人将家人和家当接回荒废已久的居所。古老的城墙几乎荡然无存，他们随即修筑了一道新城墙。整项工程草率完成，原来的建筑石材甚至墓碑石也派上了用场。在城西北的狄皮伦门附近，留下一些城墙残垣，从中可见人们匆忙修建的痕迹。城墙以地米斯托克利命名，因是在他的建议和号召下完成的。它比被庇西特拉图毁掉的城墙囊括的范围更大，南侧沿皮尼克斯的山坡而建，临伊利苏斯河。看着雅典的城墙拔地而起，伯罗奔尼撒人心生嫉恨。在波斯战争中，雅典的英勇表现及其强大的海上力量使拉凯戴梦人怀疑她怀有野心，然而，他们不能阻止雅典加强城市的防卫。于是，拉凯戴梦人派出一个使团，对雅典人修建城墙之举嗤之以鼻，建议他们放下手里的活，加入斯巴达的队伍，去毁掉希腊所有城墙。不过除了提出反对意见外斯巴达人也无计可施。鉴于地米斯托克利的名字与这道城墙有关，民间就流传着这样一则趣闻，充分展现了这位阿提卡的"奥德修斯"的智谋和狡黠。经他建议，斯巴达使团返回伯罗奔尼撒，并告诉使团说雅典人将派出一个使团回访。当斯巴达人离开时，地米斯托克利作为雅典使团的一名成员随行，但其他成员并未启程，直到城墙已修到一定高度，足以进行最基本的防卫。与此同时，城内所有人，无论男女老少都积极参与到修建工作中。到达斯巴达

雅典的城墙

地米斯托克利的诡计

第八章 雅典帝国的建立　397

后，他一直拖延，拒绝在公民大会上露面。当斯巴达人询问原因时，他答复说，使团的其他成员耽搁了，他也在日夜盼望他们早日到达。不几天，从雅典来的人告诉斯巴达人，雅典的城墙已经竣工。地米斯托克利安抚他们说不要被谣言欺骗，叫他们亲自派人到雅典打探事实真相。与此同时，他向雅典送去消息，指示雅典人将斯巴达的使节扣留，等到他和使团其他成员安全返回后再将其释放。此时，城墙已筑到了相当的高度；使团其他成员也到达了斯巴达，【318】地米斯托克利终于来到拉凯戴梦人的公民大会，宣布雅典已修好城墙，可以保卫公民的安全。他继续说，如果将来拉凯戴梦人及其同盟者需与雅典商谈事情，他们必须将雅典人视为有能力决定自身和希腊利益的人，拉凯戴梦人必须和颜悦色与之商洽。这则故事的重要性在于，它表明此时的雅典正式宣布她已成为可与斯巴达匹敌的城邦。

比雷埃夫斯的城防也即将完成。雅典人在穆尼基亚半岛紧邻海边修建了一道厚实的城墙，这道城墙还继续延伸，经坎泰洛斯（Canthurus）港北边（人们也将其简称为"大港"），最终到达厄提奥尼亚（Eetionea）海角。"大港"的入口处、穆尼基亚、另外两个小港和半岛东侧的宙亚港（Zea）都建有防波堤。

在接下来的20年里，雅典人逐渐认识到双城的不足，他们想，要是只有一座城市该有多好。雅典政治家们心中涌现出这样一个念头，如果一支强大的敌军入侵阿提卡，雅典与比雷埃夫斯的联系就可能完全中断，居于城内的公民将与他们的战船完全断绝。为了应对这种危险，最简单的方法是放弃雅典，但人们还需想出一个新办法。最终的解决办法是修建一道绵延不断的城墙，将两城连为一体，变成一座城市。（连接雅典与比雷埃夫斯的长城，参见图8-1）人们分别修建了两道城墙将雅典与海洋连接在一起，北城墙在"大港"附近与比雷埃夫斯的城墙相通，南城墙通往法勒隆港的码头。修建和维护这两道城墙花费的资金数额不菲。

长城，公元前458年

雅典力图通过这两道城墙克服自身不足,并与其地理条件相适应,从而成就她的海洋霸业。

虽然雅典调和过去与将来历史的方式看似笨拙无比,但也很好的解决了这个问题。雅典海上力量有一个可靠坚实的基础,那就是不断增长的海上贸易。海上贸易的增长取决于阿提卡手工业的发展。在雅典和比雷埃夫斯居住着大量的异邦人和外侨,他们主要从事手工业和商业,这也在一定程度上反映了工商业的发展。人数最多时,外侨(metoikoi)可能超过一万人,他们与公民承担相同义务,战争爆发时如需征收财产税,他们缴纳的税率更高。据信,地米斯托克利曾鼓励增加城邦居民人数,以便让他们能直接或间接地为城邦赚取财富。然而,鉴于这一重要时段相关记载非常缺乏且含混不清,所以无法确定地米斯托克利的所作所为。

外侨

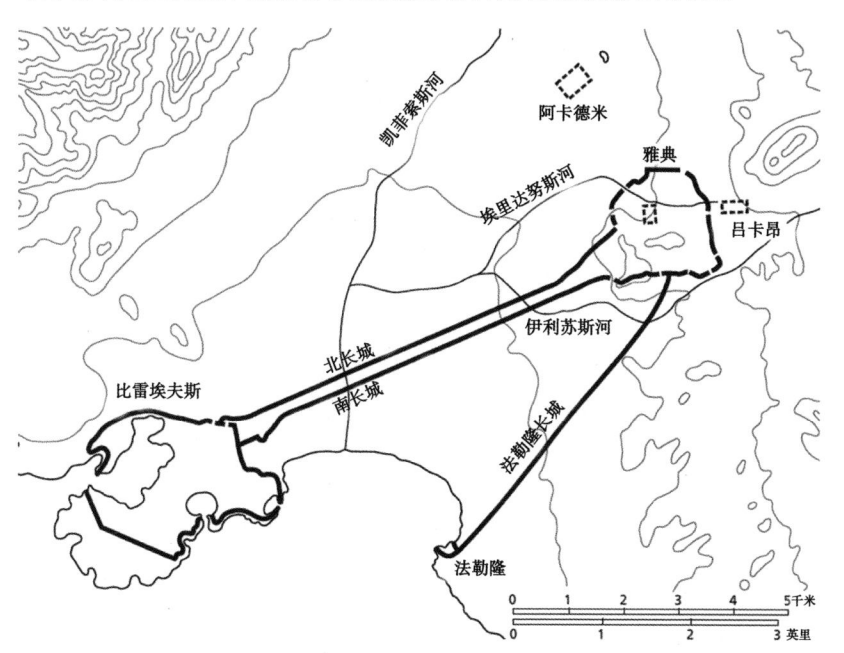

图 8-1　连接雅典与比雷埃夫斯的长城

(据 David H. Conwell, *Connecting a City to the Sea: The History of the Athenian Long Wall*, Leiden and Boston: Brill, 2008, p.233 编译)

|| 第八章　雅典帝国的建立

399

【318】可以确信的是，他希望引入一种新体制，以便每年为城邦增加一定数量的三列桨战船；然而人们并未采纳他的意见，只是要求城邦在需要时才修造新战船。但雅典引入的一种新体制为舰船的维护和运行提供了保障。城邦仅提供战船和索具，其他相关支出，譬如战船的修缮、桨手的训练、装备的完善以便随时形成战斗力等，皆由城邦最富有的公民轮流承担。这种公共义务被称为舰船捐（trierarchy），承担者担任船长，需随船参战，服役期满交付下一任时需保持舰船完好。每艘战船配备170名桨手，他们大多是临时招雇的外邦人或奴隶，也有一部分贫困公民充任；每船还配备20人负责战船的管理，其中包括发出划桨或停桨口令的桨手领班（κελευστής）；此外，每艘战船还有10名登船士兵（ἐπιβάτης）。

鉴于水师自此后成为主要军种，雅典人不得不对最高军事治权进行必要改革。有两种方式可供他们选择：其一，他们可如过去一样保留将军委员会，每名将军就是他所在部落方阵的指挥官，然后重组一个新的水师将领委员会。如果据此行事，水师将领将被赋予更高权力，可以指挥水陆两军联合行动，而原来的将军被降为其下属将官。其二，让将军成为海陆战争中的最高统帅，在反波斯侵略时他们采用的就是这种方式。最终人们决定沿用第二种方案。从逻辑上讲，此后，将军不再是从每个部落各选一名，而是从全体公民中选举产生，但在现实中，人们会尽力确保每个部落有一名将军作为代表。将军们原来率领部落战士作战的职责由新任命的官员——步兵队长（taxiarchs）和骑兵队长（phylarchs）接管。

为雅典城和比雷埃夫斯港设防是雅典泥瓦工当时的主要任务，但这还不是必须他们着手开展的唯一工作。波斯人已将坐落于卫城的雅典娜神庙烧毁，危险过去后，雅典人觉得最急迫的事情就是为女神找一个落脚之处。毫无疑问，他们最先想到的就是复建原来的神庙，即她与埃莱克修斯共用之所，那里有珍贵的橄榄树与咸水泉的寓意画像。战争爆发时，有人将雅典娜的木制塑像偷偷藏于某个秘密之所，现在只需按当时的建筑样式稍加修缮即可迎接女神回归。【319】现在并不清楚他们是否对那座更新的神庙——百柱之屋进行过全部或部分修缮，或许他们只是简单清扫了里面的废墟。因为部分城墙和柱子很可能仍然完好，只有屋顶和里面的木器遭到了毁坏，装饰山墙的雕塑也被推倒，东一块西一块散落于地。巨人族的四肢和躯干与废弃物混在一起，人们任其与垃圾堆放在一起。（百柱之屋的巨人像，参见图 8-2）这些雕像作品最近得到了人们的关注，因其是早期希腊艺术的珍贵遗产。虽然在一定程度上重建了被毁的神庙，但雅典人对此并不满意。他们认为雅典的保护神理应拥有一座更宽敞更辉煌的居所。此时，地米斯托克利大概仍是雅典人的政治领袖，人们计划在南侧山崖边上再修建一座神庙。这座新神庙的地基至今仍清晰可见，但人们并未按最初的设计建造。因为当人们认为修建城墙更加急迫时，神庙修建计划就被完全改变。正如我们所见，帕特农神庙是按完全不同的规划比例完成的。

百足之屋

地米斯托克利或客蒙设计的新神庙；帕特农神庙山下的地基遗迹

图 8-2　百柱之屋的巨人像

第八章　雅典帝国的建立

第四节　地米斯托克利被放逐及其去世

多年来，在城邦公共事务的领导上，地米斯托克利与阿里斯提德、桑提普斯各有分工。地米斯托克利主要负责城墙的修建，此前已述，他如何成功挫败了斯巴达的阻挠计划。然而，尽管是一位天才人物，他也有自身的弱点。与大多数希腊政治家一样，他很容易被人贿赂，或许他也常口无遮拦地告诉别人他是如何成为一位富人的。更严重的是，虚荣心使他在公共场合常常言行失当。在居所附近，他搭建了一座神庙献给"阿尔特米斯－阿里斯托布莱"，因为他认为替城邦出谋划策的所有人中，他比其他任何人都更有智慧。虽然此事本无足轻重，却授人以柄，成为政敌攻击他的武器，使他在民众中的威信大受折损。地米斯托克利被放逐的具体时间和直接理由并不清楚。或许他提出了一些政策，但这些政策即便在阿里斯提德这样坚定的民主派看来也太过于激进。总之，他迫使阿里斯提德和桑提普斯联合起来，这二人得到了客蒙的支持，此人因一系列的战功在雅典政坛中地位日益重要。在公民大会上他们提请实施陶片放逐法，6000块陶片中绝大多数都写着地米斯托克利的名字。（写有地米斯托克利名字的陶片，参见图8-3）【320】或许①其中一块仍保存至今。遭受放逐后，地米斯托克利先定居于阿尔哥斯。如此一位狡猾而活跃的对手出现在邻邦，让斯巴

图8-3　写有地米斯托克利名字的陶片

地米斯托克利遭陶片放逐，公元前472年

---

① 这也只能是一种推测。因为它可能是放逐阿里斯提德或桑提普斯时同时投给地米斯托克利的一票。

达人寝食难安。自然,地米斯托克利在此地的平静生活也不能持续太久。当保桑尼阿勾结波斯的阴谋被揭发时,拉凯戴梦人发现地米斯托克利与这桩丑闻有一定瓜葛。虽然地米斯托克利与波斯人确有联系,但这种联系充其量不过是自保性的,根本不能证明他确实有罪,或者证明他准备将希腊出卖给波斯。更大的可能是,整宗计划都不过波斯人颠覆斯巴达政体的一个阴谋。地米斯托克利被控犯有叛国罪,公民大会准备派员到阿尔哥斯逮捕他并将其押回雅典受审,他被迫逃亡科基拉。由于他受拉凯戴梦和雅典官员的追踪,科基拉人拒绝为他提供安全保障,他只得渡海逃往埃皮鲁斯。虽然此前与摩洛西亚国王阿德米塔斯(Admetus of Molossia)并无任何交情,但他还是不得已在此停留。该国位于大陆西部,它似乎将人们带回到远古时代,仿佛来到荷马史诗中诸位巴西琉斯的家乡。此时,阿德米塔斯并不在王宫,地米斯托克利转而向王后乞援,她答应了下来,叫他带着她的孩子到火炉旁边烤火。当国王回来后,地米斯托克利请求他的庇护,阿德米塔斯热情答应了他的请求,拒绝将其交给追捕者。雅典人非常失望地看着到手的猎物溜走,失望的雅典人缺席审判他犯下的"卖国罪",剥夺其财产,并判决他的后代不得拥有雅典公民权。阿德米塔斯先经陆路将这位逃犯送到马其顿的皮德那,然后派船将他送到伊奥尼亚海岸。在接下来的几年里,他藏身于小亚细亚的城邦。当薛西斯去世、阿塔薛西斯继位后,他来到苏撒,为新任国王出谋划策。环境迫使他步保桑尼阿的后尘;极具讽刺意味的是,他们两位分别是萨拉米斯和普拉提亚的英雄,被认为是希腊救星,但如今都已沦落为波斯大王的仆奴,谋划颠覆他们此前创立的伟业,奴役他们亲自解放的祖国。但是,很有可能的是,地米斯托克利更加能干,更富远见,他只是利用波斯大王为自己捞取好处,或许他从来没有真正想过要对希腊不利。可以推断,他比那位斯巴达的阴谋家更成功。他在波斯也赢得了巨大荣誉,被任命为

阿塔薛西斯继位,公元前464年

玛格涅西亚的总督。【321】他在那里捞足了油水,玛格涅西亚为他的餐桌送来面包,兰普萨库斯为他送来美酒,米乌斯为他送来鲜肉。

地米斯托克利之死

地米斯托克利死于玛格涅西亚。因为他的祖国不许他葬身于阿提卡境内,①玛格涅西亚人将他葬在城墙之外。不仅如此,他们还力图将这位伟人与玛格涅西亚城更紧密地联系在一起。人们将他当成一位英雄,在市场竖起一座这位希腊拯救者的雕像,他赤裸全身,正在举行敬神仪式,手捧酒缸向祭坛奠酒,下面躺着一只待宰的公牛。然而,不久这一场景就被人有意无意地曲解,杜撰出下面这则虚假故事。地米斯托克利去世半个世纪后,人们普遍认为他饮牛血毒死了自己,并荒谬地认为,导致他陷入绝望是因其无法履行对波斯国王自戕的承诺。这则故事可能最初流传于雅典某些毒舌之口,但无疑是受玛格涅西亚市场雕像的公牛和献祭图景的启发编造出来的。

他的雕像

关于他自杀的流言

第五节 提洛同盟变成雅典帝国

同盟水师提督客蒙夺取埃昂,公元前476/475年

提洛同盟与波斯帝国之间的战事全权委托给米泰雅德之子客蒙负责指挥。前文已述及客蒙是如何将保桑尼阿逐出塞斯托斯和拜占廷的。他下一个辉煌是夺取斯特里梦河口的城镇埃昂(Eion),该城是波斯在赫勒斯滂以西最重要的据点。此地由波斯战将博格斯(Boges)镇守,他作战勇猛,拒绝任何和谈提议。当城内弹尽粮绝时,他点燃火葬柴堆,杀死自己的妻儿、小妾和奴隶,将他们投进火堆里;而他爬上墙头,将所有的金银细软扔进斯特里梦河里;然后纵身跳进熊熊大火中。这样,雅典人夺得了一个位于海岸边的坚固要塞。受此地及周边肥沃农田和丰富木材资

---

① 但据说亲戚偷偷地将他的尸骨带回并葬于阿提卡,一般认为他在阿提卡的坟茔位于穆尼基亚海角的岸边。

404　希腊史 II

源的诱惑，雅典人决定在埃昂建立一个永久殖民地。然而他们派往此地的殖民者很快被色雷斯土著消灭。雅典人在斯特里梦河下游确立统治地位的时日还未到来。

多利斯库斯扼赫布鲁斯河口，如今仍控制在波斯人之手。雅典水师企图夺取此地，【322】但未能成功，该城最终的遭遇不得而知，或许落入了色雷斯人之手。客蒙的另一功绩是降服多石之岛斯基洛斯岛（Scyrus），此前该岛是多洛比亚（Dolopian）海盗的巢穴。当雅典人在爱琴海周边成功攻城略地时，确保在海内占据一些中转站也同样重要。斯基洛斯的重要性在于该岛位于雅典到西色雷斯地区的航线上。原居于此的土著民被降为奴隶，其土地被来自雅典的殖民者瓜分，事实上该岛完全并入了阿提卡。与征服该岛相比，发现提秀斯的骸骨为客蒙带来了更大荣耀。德尔斐神谕要求雅典人找到提秀斯的骸骨，并将其安葬在一个体面的地方。根据传说，提秀斯死于斯基洛斯。无论如何，不管是碰巧还是有意而为之，在岛上一个坟墓里他发现了一具英雄模样的武士骸骨。这就是提秀斯的尸身，客蒙将其迎回雅典。这件事情为他赢得了巨大荣耀，使他在雅典广受民众欢迎。

几年之后，客蒙获得了他一生中最伟大的成功。此前他一直忙于爱琴海北部事务，如今该是时候驶向南方，对盘踞在罗德岛和塞浦路斯岛的波斯水师给予致命一击。此时不仅时机恰当，也势在必行，因为面对希腊军队取得的节节胜利，薛西斯又组建了一支庞大的水师，准备进行最后的抵抗。客蒙从波斯统治下解放了卡里亚沿岸城镇居住的希腊人和土著人，并强迫吕西亚各邦加入提洛同盟。在庞菲利亚的优里墨敦河口，他发现驻扎着大批波斯骁骑和水师。客蒙从陆上和海上同时发起进攻，并很快击败波斯人，摧毁腓尼基人战船 200 余艘。这次胜利标志着从卡里亚到庞菲利亚的整个小亚细亚南部地区都被纳入雅典同盟中。

> 降服斯基洛斯岛，公元前 474/473 年

> 提秀斯的骨骸

> 客蒙远征卡里亚和吕西亚，公元前 468 年

> 优里墨敦战役

雅典人将这次战役中获得的战利品用于修建工事,防卫被波斯人毁坏的卫城。地米斯托克利寄望于比雷埃夫斯,并未打算为卫城修建城墙;但客蒙的政策相对保守,最终决定仍修建城墙加固卫城的防御。卫城南侧城墙就是用从优里墨敦抢获的物资修建的。

<small>客蒙夺取赫勒斯滂的一些地方,公元前466年仲夏</small>

很难说提洛同盟已不再正常运行了。庞菲利亚之战后,虽然希腊人完全不再受波斯帝国的任何威胁,但是客蒙很快又取得了胜利,将原来由蛮族控制的位于色雷斯的克尔松尼斯半岛上的一些城镇纳入同盟控制下。【323】在征服斯基洛斯和取得优里墨敦大捷期间,盟军水师还着手从事其他征战,教训那些不愿加入同盟的希腊城邦。第一个被收拾的是一个不属于同盟成员的城邦。与优卑亚岛上的其他城邦不同,卡利斯图斯不愿加入同盟。卡利斯图斯人的异常之举使雅典人难以忍受,尤其该城离阿提卡海岸如此接近。很快雅典就征服了卡利斯图斯,无视她的意愿,强令其成为盟邦一员。第二个被收拾的是不愿重新回归同盟的前盟邦成员那克索斯。那克索斯要求脱离同盟,结果被同盟水师包围,最终被征服。就卡利斯图斯的情况而言,同盟可直接以政治需要为借口为其行为开脱;就那克索斯的情况而言,同盟强制每个成员务必履行应尽的义务,以维护整个同盟的利益,直到所有成员一致同意解散同盟为止。但无论何种情况都是对自由城邦独立地位的野蛮侵犯,有违希腊的公共舆论。更糟糕的是,那克索斯和卡利斯图斯都被剥夺了自治权,成为雅典不折不扣的属邦。这是雅典帝国建立的典型模式。雅典已经铸成了镣铐,准备牢牢捆绑住她的同盟者。

<small>征服卡利斯图斯,公元前472/471年</small>

<small>那克索斯人的起义和被征服,公元前469年?</small>

<small>塔索斯之战</small>

优里墨敦大捷使雅典可放手将同盟转变为帝国,这是雅典必然奉行的政策。色雷斯沿岸诸盟邦中,实力最强的是岛屿城邦塔索斯。该邦拥有一定数量的舰船,无疑是提供舰船的盟邦之一。雅典正努力在斯特里梦河地区建立一个新殖民地,以便插手该地区的事务。雅典的利益与塔

索斯人发生了冲突，因为塔索斯的繁荣也主要取决于与色雷斯的贸易。
【324】双方因一座金矿的归属和岛民的起义产生了分歧。塔索斯人希望得到马其顿和色雷斯的支持，因为上述两个地区的国家也想把雅典人从北部沿海的贸易中驱逐出去。他们还希望斯巴达人伸出援手，但拉凯戴梦人因一次希洛特起义被拖住了手脚，无法派出援军。最终，塔索斯人的水师被客蒙击败，经过长时间的围城，最终被迫投降。塔索斯人的城墙被夷为平地，其舰船上交给雅典，被迫宣布放弃对金矿的所有权和对大陆沿岸地区的控制权，并缴纳雅典人规定的贡金。

投降时间：公元前463年

卡利斯图斯、那克索斯、塔索斯三个岛屿城邦的典型事例展现了雅典此后处理类似事件的基本原则，虽然这些事件并不见于文献记载。如今提洛同盟成员可分为三种类型，分别是：其一，不缴纳贡金但提供战船的成员；其二，缴纳贡金但政治独立的成员；其三，缴纳贡金且为雅典属邦的成员。鉴于小亚细亚的城邦已不再生机勃勃，而且那里的人不喜远离家乡服役，因此她们大多数更愿缴纳贡金。显然，对雅典而言，纳贡城邦越多越好，而提供战船的城邦越少越好。因为使用贡金装备的战船由雅典直接控制，这实际上增加了雅典水师的力量。因此，雅典力图尽量减少第一类城邦的数量，很快此类城邦只剩下三个，她们是面积较大且经济发达的列斯堡、开俄斯和萨摩斯。尽力减少第二类成员的数量并将其转化为第三类成员，这也符合雅典的利益，如此一来，雅典就可直接干预这些城邦的内部事务。新近被强制加入的成员不允许保留完全的自治权；所有叛乱成员也被降格为附属雅典城邦。不过同为附属成员，各邦的状况也不尽相同。每个城邦的地位视其与雅典订立的具体条约而定，而每份条约的内容又千差万别。一般而言，雅典会依据各邦的具体情况规定属邦的政体，无须多言，大多数城邦都实行民主政体。当厄律特莱被迫入盟时曾被强制更改政体，雅典强加给该邦新政体的部分具体内容如今

同盟成员的三种类别

|| 第八章 雅典帝国的建立　　407

仍保留在一块石碑上。*然而雅典并未制定出普遍而严格的体系，各邦皆有各自的入盟条约，也分别享有受限程度不一的自治权。很多情况下，受雅典严格控制的城邦驻扎有军队，由来自雅典的官员管理。所有成员都承担一项共同义务，即战时提供士兵组成盟军。【325】这种义务只在某些特定情况下才需履行，但这是一种创新，改变了同盟仅为海上同盟的属性。很有可能的是，雅典力图将军事义务推广到所有拥有自治权的城邦，该政策招致同盟者的反抗。同盟者的反抗对雅典而言并非完全是一桩坏事，因为这往往为雅典剥夺其自治权找到了托词。最终除开俄斯、列斯堡和萨摩斯这三个提供战船的大邦外，其他所有同盟者都负有承担军事义务的责任。

随着由同盟向帝国转变过程的推进，雅典发现不能将同盟大会的会址继续设在提洛岛。如今她已完全可以为所欲为，无须到那一个咨询性质的会议上走走形式，她的决定就是同盟大会的决定，因为绝大多数成员已是雅典的臣属者，对其唯命是从。雅典帝国的正式建立是在征服塔索斯之后的第十年，是年，同盟金库从提洛岛转移到雅典。这也成为帝国正式建立的标志，至此提洛同盟不复存在，虽然在官方文件中"同盟者"一词还经常出现，但在口头用语中，人们会毫不犹豫地使用"帝国"的称谓。贡金由伊奥尼亚人神灵的阿波罗保护变为由卫城的女神监管。作为对女神的回报，每年将贡金的六十分之一敬献给雅典娜。

> 金库转移到雅典，公元前454/453年

> ἀρχή

> 雅典娜征收1/60的初熟税

雅典帝国几乎囊括了爱琴海北部和东部沿岸的所有地区，从西北的麦托涅到东南吕西亚的法塞利斯（Phaselis）。[①] 隶属于雅典帝国的城市

---
* 盟约的具体内容可以参见C. Fornara, *Archaic Times to the End of the Peloponnesian War*, Cambridge: Cambridge Uinversity Press, 1983, pp.70~73.——译者注

① 公元前443/442年，纳贡城市按地理分布被分为五个区：其一，色雷斯区。从西部的麦托涅到东部的埃努斯（Aenus）。其二，赫勒斯滂区。包括克尔松尼斯及普罗蓬梯和博斯普鲁斯沿岸城市。其三，伊奥尼亚区。从阿索斯到米利都。其四，卡里亚区。包括卡里亚（另加罗德岛、科斯及周边岛屿）和吕西亚，最东达法塞利斯。其五，海岛区。包括埃吉那、优卑亚、基克拉底斯群岛（除米洛斯之外）及北部的列姆诺斯和音布洛斯。但是卡里亚区只存在了数年。相关讨论还可参阅原书第348页。

最多时曾多达 200 多个。官方编订的贡金名录中列出了 260 多个城市。[①] 评估贡金数额
如今镌刻名录的石碑保留下大量残片，成为最可信的文献资料。其中，不但列出属邦城市的名称，而且还列出帝国要求这些城邦缴纳的贡金数额。【326】每 4 年结束时，雅典人会对各邦贡金数额重新评估并做出相应调整，重新分配各邦承担的金额。从现在掌握的材料看，总金额维持在 460 塔兰特，这与阿里斯提德原来规定的数额几乎一致。事实上，也有那么几年会因特殊需要临时增加贡金的数量，但一般保持不变。新成员的加入不会增加贡金的总额，而只会相应降低所有成员承担的数量。此外，在评估贡金数额时，每个成员都可发表自己的看法，如果对评估的结果持有异议，还可向雅典的民众法庭提出申诉。

对各邦独立地位的一个重要限制措施就是由雅典人掌握刑事案件的审判权。自然，雅典与任何一个属邦之间的纠纷必须在雅典城审理和判决；如果属邦公民有不忠于帝国的行为，对其审理也理应在帝国首府进行。但是，雅典还经常索求更大的司法权。在涉及卡尔基斯的条文中，雅典规定所有涉及死刑、流放和剥夺公民权的案件都必须送往雅典审理。与涉及属邦的其他情况类似，雅典与每一个城邦之间订有各自不同的条约，其中一些城邦拥有比另一些城邦更多的权利。就雅典公民与属邦公民的违约案件而言，双方根据不同邦际条约的规定进行处理，一般由原告所在城邦的法庭审理。在此种情况下，雅典并未利用手中掌握的特权为自己谋取更多利益，这一点非常重要。有时雅典人可能会受到某种程度的不公对待，因为属邦公民可能会借此机会在主邦公民身上出一口恶气。 雅典的司法管辖权

---

① 并非是记载每个城市纳贡数量的希腊金库名录，而是记载缴纳给女神的初熟税的城市名录。譬如，公元前443年佩林图斯缴纳给女神的初熟税为1000德拉克玛，因此该城市缴纳的贡金总额为6万德拉克玛或10塔兰特。

雅典帝国有违希腊的政治舆情

在金库从提洛岛搬迁到雅典城半个世纪后，雅典帝国解体。事实上，在达到顶峰不久帝国就已逐渐走向衰落。我们必须时刻牢记，希腊政治思维和政治生活的首要原则与国家统一格格不入，如果可以选择，任何城邦都不愿放弃哪怕些许主权。当面临共同危险时，所有城邦愿意结成联盟，将城邦的一部分权力让渡给联盟议事会，但她保留着退出的权力；【327】这就是维持提洛同盟初建时的大众心态。但即便自愿让渡部分统治权，在任何城邦看来都是非常不幸之事。当促使城邦加入同盟的动机不那么强烈，外部压力不那么强大时，每个成员都急于获取完全的独立地位，恢复他们让渡的那一部分主权。这就是主导希腊人的对自由的爱好。维持联盟或帝国的统一需要一个强大的城邦组建一支强有力的军队并持续不断采取切实有效的措施才能实现。无论如何伪装，帝国总被认为是非正义的，是对希腊政治道德的挑战。希腊人认为，如果不是一个自由且拥有完全主权城邦的公民，他就会感觉自己的尊严蒙受了耻辱，或者其个人自由就有可能受到侵害。一旦成为雅典属邦的公民，他就会在许多方面持有类似的感受，因为城邦自治政府在国内外事务上都受到严格限制。无论雅典的治理是多么宽容，在他们看来，与雅典结盟都会让他们丧失最珍贵的东西，那就是自由；而自由就意味着自主的统治权。如果雅典能成功采用罗马运用的统治方法，允许小邦公民享有雅典公民权，进而扩大统治基础，那么帝国或许能持续更长时间。但是这种设计与希腊人的政治思想并不兼容。

第六节　客蒙的政策与被逐

多利亚人与伊奥尼亚人的对立

波斯战争使希腊人与蛮族形成强烈的反差，加深了希腊人对本民族共同的认知；提洛同盟强化了希腊种族自身业已存在的差别，使多利亚人和伊奥尼亚人形成了对照。这种差别很大程度上是人为的结果,是对希腊早期历史的一种错误认识,只不过反映希腊各种族内部极其有限的自然差异。但是,二者之间的差异逐渐被当作一种不证自明的公理而为人们接受,成为影响当时邦际关系的一个重要因素。鉴于这是导致伯罗奔尼撒半岛统一的一个基本政治信条,有必要追溯多利亚人与伊奥尼亚对立的最初根源。公元前6世纪,当斯巴达成为主导力量时,地理条件上的趋同性促使伯罗奔尼撒半岛在政治上逐渐走向统一;种族上的一致性强化了这种统一,导致一个多利亚人占主导地位的国家形成。在波斯人侵时,伯罗奔尼撒人彼此间的认同和对外部世界的排斥表现得淋漓尽致;对于雅典同盟的发展,伯罗奔尼撒各城邦不但敬而远之,而且还不时发出抗议之声。【328】与之相对,提洛同盟自最初的发展起就带有强烈的伊奥尼亚色彩。雅典坚信她不但是一个伊奥尼亚城邦,而且是小亚细亚伊奥尼亚诸邦的母邦,有义务将所有子邦聚集在周围。提洛岛的阿波罗圣所因是伊奥尼亚人的宗教中心而被选为这个新成立的伊奥尼亚同盟的中心。同盟的金库由伊奥尼亚的神灵阿波罗保管,在他的岛上,同盟成员聚在一起共商家国大事。就这样,以斯巴达为首的以伯罗奔尼撒半岛为中心的多利亚人同盟就站在了以雅典为首的以爱琴海为中心的伊奥尼亚人同盟的对立面。

  长期以来,这种对立处于潜伏状态。在抗击米底人的战斗中,斯巴达仍是雅典的盟友,因为波斯的威胁仍然没有消失。在一定程度上,双方能够维持和平也受惠于掌控雅典大局的阿里斯提德和客蒙等政治家执行的政策。最初,雅典人认为米泰雅德之子是一个纨绔子弟,毫无前途可言。其祖父诨名是"笨蛋",而他本人被公认为头脑简单、智慧远不及寻常的雅典人。他好酒贪杯,私生活颇为混乱,没有受过什么教育。一位对他甚为了解的传记作家描写说,他更像一位伯罗奔尼撒人而非雅典人,缺乏教养但为人诚实、性情率直。他与其同父异母的姊妹爱尔皮尼塞(Elpinice)生活在一起,二人都深受拉凯戴梦人生活方式的影响。阿里斯提德看出此人的军事才能,引荐他参加公共事务。他生性率真,为人慷慨,乐善好施,在民众中声望日隆;在军事上取得的节节胜利进一步巩固了他的政治影响力。客蒙政策的两条指针是贯彻对波斯的战争和维系与拉凯戴梦人的友好关系。他赞成双头理论:雅典主导海洋,同时承认斯巴达对大陆的控制权。客蒙对斯巴达怀有好感并与其保持着密切关系,这一重要的政治倾向无疑有助于延缓斯巴达与雅典之间走向决裂。

在此政策下,民主派领袖阿里斯提德和对民主政体的发展并无好感的客蒙被推到了一起。地米斯托克利去世后,他们将所有权力掌控在手中,客蒙连续被选为将军,阿里斯提德引领着公民大会的道德方向。阿里斯提德去世后,客蒙仍是雅典最有权势的人物,但他对民主制没有好感,这使他在一个民主化运动不断向前推进的城邦里继续掌权不太可能。

【329】年轻的政治家不断涌现,他们组成党派对抗客蒙,而寡头派则团结在他的周围。民主派的两位主要领袖分别是厄菲阿尔特(Ephialtes)和伯里克利(Pericles)。前者以廉洁著称,寡头派对他既感到厌恶又感到恐惧;后者是桑提普斯之子,如今在公民大会上已崭露头角。征服塔索斯后不久,他们指控客蒙因收受马其顿国王亚历山大的贿赂而未对其发动战争。这是因为马其顿人在战争中支持塔索斯,战后客蒙理应有所动作。似乎他们的指控并未产生太大效果,客蒙无罪释放。(竖立于塞浦路斯拉玛卡海岸的客蒙半身像,参见8-4)这是他们发起的第一次反对客蒙的行动,在他们的不懈努力下客蒙终于下台。

与此同时,斯巴达人的所作所为也给客蒙奉行的政策沉重一击。优里墨敦大捷消除了一直盘旋在人们头顶的来自波斯的威胁,斯巴达人觉得他们对雅典人压抑已久的嫉恨情绪终于可以释放出来,塔索斯之战让

图 8-4　竖立于塞浦路斯拉玛卡海岸的客蒙半身像

他们看到了机会。然而出乎意料的是国内发生的一系列大事迟滞了他们对雅典采取实质性行动。斯巴达公民一直生活在一座活火山口上,处于隶属地位的庇里阿西人和希洛特人时刻准备造反。在保桑尼阿去世 8 年后,他力图点燃的大火终于熊熊燃烧起来。一场地震摧毁了构成斯巴达的几个村庄,许多居民也葬身地震之中。这是作为奴隶的美塞尼亚人奋起挣脱主人强加其身的枷锁的绝佳时机。战斗中,他们曾歼灭一支 300 人的斯巴达军队,但在美塞尼亚一个名为地峡(具体所在地不详)的地方,他们遭受重创,被迫庇身于伊托姆要塞。在这座陡峭的山岭中,到处都有美塞尼亚早期英雄丰功伟业的记忆,起义者在此坚持了几年。斯巴

发生在斯巴达的地震,公元前 464 年
希洛特起义

第八章　雅典帝国的建立　413

达人被迫请求同盟者援助，普拉提亚、埃吉那、曼丁尼亚都曾派兵围困伊托姆，最危急时斯巴达人甚至向雅典求援。

民主派政治家强烈反对派出任何援军，事实证明他们完全正确。但雅典公民听从了客蒙的建议。当时社会广为流传的两句隽语深刻地概括了他的双头领导理论，"不要让希腊变成一个跛足巨人，雅典不能失去她的伙伴"。客蒙率领4000名重装步兵星夜赶往美塞尼亚。虽然雅典人以善于攻城著称，但他们并未攻克伊托姆。斯巴达人来到阵前对雅典人说了下面的话，不啻于给了雅典人狠狠一记耳光。当着驻扎在周围的盟邦，斯巴达人告诉雅典人他们无须雅典人的帮忙了。据称拉凯戴梦人担心的是雅典人的"冒险精神和革命精神"。【330】但是，斯巴达人如此不近情面地对待一支由他们坚定的朋友客蒙率领的军队未免令人称奇。

> 客蒙远征美塞尼亚，公元前462年

该事件粉碎了客蒙的亲斯巴达政策，暴露了他为迎合斯巴达的友谊做出的种种牺牲原来都不过是徒劳，表明了斯巴达人的嫉妒之心是如此之深。如今证明厄菲阿尔特及其党羽强烈反对远征美塞尼亚的先见之明。与此同时，厄菲阿尔特和伯里克利利用这位保守政治家不在雅典的良机进行了多项激进改革，完成了民主制的进程。他们倡导的改革大受人们欢迎，改革者的影响力急剧上升。当客蒙蒙羞回到雅典时，二人强烈谴责他的"亲斯巴达"行径，认为可以轻松将其放逐。他们召开公民大会，投票将客蒙放逐。不久发生了一宗神秘的刺杀案件。客蒙的主要对头厄菲阿尔特被人暗杀，但无法确定谁才是真正的谋杀者。他在战神山议事会树敌太多，因为他不但针对成员个人，而且还试图从整体上取缔该议事会。或许其中一些人会毫不犹豫地刺杀他以报一箭之仇。

> 客蒙被逐，公元前461年
> 厄菲阿尔特被刺身亡

如今雅典人有机会回敬斯巴达人的无礼。对伊托姆的围困仍在持续，起义者最终答应有条件投降。斯巴达人允许他们毫发无伤地离开伯罗奔尼撒，但离开后再也不能返回家乡。原来帮助斯巴达围困他们的雅

> 攻占伊托姆，公元前459年

典人如今为他们找到了一个落脚处。雅典人将这些美塞尼亚人安置在科林斯湾的瑙帕克图,此地是最近才建立的一个水师营地。在奥林匹亚的祭坛仍可见到关于"第三次美塞尼亚战争"的遗物,在拉凯戴梦人因胜利献祭的宙斯雕像圆形基座下保存下一段铭文,其主要内容是恳请奥林匹斯众神之主宙斯愉快地接受这尊雕像。

美塞尼亚人移民瑙帕克图

当拉凯戴梦人全力长期围困这个美塞尼亚要塞之际,阿尔哥斯人不再担心强邻的攻击,抓住良机围攻迈锡尼。在阿尔哥斯强盛之时,该城一直就在阿尔哥斯人的管辖之下。但在克利奥蒙尼取得对阿尔哥斯人的大捷后,在斯巴达人的帮助下,迈锡尼人短暂获得了他们古代才享有的独立地位。就是在短暂的独立过程中,他们赢得了解放希腊的美名。在迈锡尼人建于山顶的古老卫城上,【331】他们在原来的王宫所在地建造了一座神庙,并绕城筑起一道城墙。坚守这些防御设施一段时间后,迈锡尼人终因供给被断而被迫投降。阿尔哥斯人允许他们离开此地,其中一些人托庇于马其顿。迈锡尼人的城池被拆毁,但因其城墙异常坚固而部分保存下来。自此,阿尔哥斯再次成为这块平原的主宰。

阿尔哥斯降服并摧毁迈锡尼,公元前462—前460年

公元前494年

第八章 雅典帝国的建立　415

第九章

伯里克利领导下的雅典帝国

第一节　雅典民主制的完善

　　马拉松战役后,由克里斯提尼创设的民主制得到进一步完善,对客蒙时代的希腊人而言,民主政体似乎已臻极致。但是,在厄菲阿尔特和桑提普斯之子伯里克利的领导下,人民掌握了最高权力,完全成为国家的主人。(伯里克利半身像,参见图9-1)然而,厄菲阿尔特的政治生涯突然中断,在其后30年中,伯里克利成为希腊最显赫的人物。伯里克利之母世出名门,与那位求爱者众多的西吉昂僭主之女同名,也叫阿伽莉斯塔。她是立法者克里斯提尼的侄女,其兄名为美伽克勒斯,因与庇西特拉图家族交好而遭放逐。虽然伯里克利年轻时曾受过军事训练,但对他颇具影响且使他受益良多的是两位著名的老师。一位是来自雅典奥阿(Oa)德谟的达蒙(Damon),他是那个时代最博学的雅典人,以精通音律而著称;另一位是一个外邦人,来自克拉佐门奈的哲学家阿那克萨哥拉斯,他提出了物质宇宙的力学理论,认为在一位亘古不变的灵魂驱动下,宇宙处于时刻运动中。阿那克萨哥拉斯的教导使伯里克利摆脱了迷信,可以更好地履行领导人民大众之职。两位老师使他在智慧上超乎众人,不过使他走向权力顶峰的政治观念和简单易懂但能俘获人心的演说技巧更

伯里克利

其师

知识储备

雕像

图 9-1 伯里克利半身像
罗马复制品，原像为大理石，制作时间约前 430 年

多来自其个人天赋。事实上，他与处世散漫而待人和蔼慷慨的客蒙形成鲜明对比。他几乎不外出散步，对家庭经济管理极为严苛，避免参加各种酒宴，时刻保持着高贵气质。克莱西拉斯（Cresilas）曾为他雕刻了一尊塑像，原像下面是一方圆形基座，如今所见的是一件复印品。但是这尊塑像展现的并非是一位高傲的类似于奥林匹亚诸神似的政治家，而是阿那克萨哥拉斯的朋友，他面无表情，似乎陷入冥思苦想之中。

战神山议事会丧失了政治权力

雅典政体中最保守的机构是战神山议事会，【333】因其成员是前任执政官，而执政官选自城邦最富裕的两个阶层。该机构已与民主制发展不相适应，不可避免应就此终结，至少应进行修正。厄菲阿尔特准备以贪污或行事不端之罪逐个指控议事会成员；而且他还趁客蒙离开雅典、前往美塞尼亚之际，提出一系列法律剥夺了该古老议事会享有的诸多政治权力。它原来享有的惩戒违法官员和将军的权力、指导政府的职责、监督法律的遵守情况之权皆被剥夺，转交给公民大会处理；监察公民日常生活之权也被取消。其他权力分别授予了公民大会、500 人议事会和民众法庭。除审判杀人罪、照管雅典娜的圣橄榄树、在管理埃琉西斯圣产中享有一定发言权外，这一令人敬畏的机构别无他权。自此后，所有指控有碍公共福祉的案件都需提呈 500 人议事会或公民大会；任期结束不能通过述职的官员交由民众法庭审理。

埃斯库罗斯的《降福女神》，公元前 458 年

几年后上演的埃斯库罗斯部分悲剧作品展现了雅典发生的巨变。《降福女神》（*Eumenides*）描写了在战神山审理奥瑞斯特斯弑母案，并铺陈了战神山法庭的运作机制。该剧的重要性常常被人误解。其本意并非抗议已发生的变革，也非呼吁取消变革、恢复旧制。相反，就诗歌表达的对于最近发生事情的批评意见而言，埃斯库罗斯对于改革持肯定态度。他认为，战神山会议只是一个审理罪行的法庭而非商谈国事的议事会；其建立的真正目的是审理奥瑞斯特斯弑母这一类的杀人案。写作"降福女神"的目的是平息那些对于这个位于战神山的机构心存敬畏之人的不满情绪，他们认为攻击它就是犯了渎神罪。

削减战神山议事会的职权间接打击了执政官的自尊心，在他们看来，正是因为履职卓有成效，才会成为议事会的一员。与此同时，城邦采取了另一步骤加快了民主化的进程，那就是为在职的执政官支付薪酬。一旦实行了该项措施，就再无理由让担任执政官的人仅限于最富有两个阶层的公民。第三等级的公民，即双牛级，如今也有资格当选；或许不久第四等级的公民也获准当选，【334】因为随着时间的流逝，他们与第三等级的界线已越来越模糊。

民主制发展的两大驱动力是选票和薪酬。雅典人早已引入抽签选举形式，但一直没有作为一种最纯粹的制度引入政治生活中。执政官、其他低级官吏及500人议事会成员都是从经预先遴选的候选人中抽签选取产生。如今取消混合选举制度，不再进行预选。500人议事会成员和所有执政官都直接从所有有资格当选的公民中抽签产生。通过这种方式，所有公民皆可平等担任公职，并有权参加公共事务管理。

显然，如果没有薪酬，该体制将无法正常运行，因为贫穷公民不可能舍弃其农作时间为城邦事务效力。因此，不但执政官而且500人议事会成员皆可领取一份薪酬。城邦为公职人员发放薪酬是伯里克利民主制改革的主要特征。

自然，随着薪酬制度引入民众法庭，伯里克利在公民中赢得了巨大

执政官成为可获报酬的职务

双牛级获准当选执政官，约公元前458/457年

抽签

公职薪酬

陪审员薪酬，约公元前462/461年

第九章　伯里克利领导下的雅典帝国

声望。在打击战神山议事会的同时，伯里克利还采取了另一项举措，即为陪审员每日发放1奥波尔薪金。① 虽然该举措的当下目标是打击战神山议事会，为伯里克利赢得声望，但最终成为一项势在必行的措施。城邦的司法事务日趋繁杂，如果没有报酬让雅典人日复一日出席庭审，找到足够人员充任陪审员就殊为不易。这种轻而易举的挣钱方式对穷人和无业者很有吸引力，他们发现坐在法庭上听取各种奇怪的案件是乐事一桩，而且诉讼的双方的谄媚之词让他们很是受用，满足了他们的自我成就感。任何公民只要愿意皆可将其名字登记到候选名单中，陪审员即从中抽签产生，每个部落都会有很多人被选中，法庭也由名单中的公民抽签组成。

公民法，公元前451/450年

如今，尽可能限制获得公民权的人数，阻止他们参与公民红利的分享，符合每位公民的利益。大约10年后，雅典为此修订了公民登记制度，并制定出更严格的规定。法律规定，任何小孩，如果父母任何一方不是雅典公民，虽然他是合法婚生子，也不能登记入册取得公民权。【335】如果严格执行这项法令，地米斯托克利和立法者克里斯提尼将被排除在公民之外，因为他们的母亲都是外邦人。

民众法庭的运作

当然，作为一种现象，陪审员的判决会受到其政治观念和诉讼者的口舌之辩的影响。不可避免地，案件中法律的适用性也常被陪审员所忽视，诉讼的事实也可能被扭曲。民众法庭是民主政体的精华所在，人民掌握着最高权力，他们的不满通过这种方式被人感知。与国王的愤怒一样，有时人民的愤怒也并不正当，此类事例对于民主制的声誉并无补益。更糟糕的是，在私人案件中，人们可能最终并未得到公正的结果，其原因不是出于陪审员的本意，而是出于他们的无知。除了民众法庭上诉讼者

---

① 具体是1奥波尔还是2奥波尔学界并无定论，或许1奥波尔的说法更可信。

希望影响陪审员决定的演说辞外，我们并无关于民众法庭运作的更好证据。在雅典，诉讼人不得不进行自我辩护，因为他们并无辩护律师制度。但是他可请人为其撰写一份诉讼词在法庭上诵读。因此出现了一批职业诉讼词写手，如今保留下为数不少的诉讼词。从这些讼辞范例中可见，诉讼者期望通过法庭演说为自己多说好话。因此，他们大量使用与案件本身完全无关的说词，譬如原告会尽力展示他为城邦所做的贡献，而攻击其对手一次也没有承担公益捐献。在诉讼中并无任何关于法律执行的问题。陪审员听取双方用自己的方式阐释法律，但陪审员本人却并不通晓法律，因此不管他们是多么努力试图做到公正不阿，但其判决总是不可避免受到诉讼者巧言令色的言辞和与案件本身无关的其他因素的影响。此外，雅典无上诉制度。

不应忘记，雅典民主政体的一个显著特征是由富裕公民承担公共负担，穷人则无须履行该项义务。公益捐献（liturgy）并非是按收入或财产多寡征收的常税，而是古代社会颇具特色的一种公共负担，每个人一辈子至多承担一至两次。此前曾讲述过富裕阶层充任舰长、装备战船和配备水手，舰长不但要亲自随船前往，而且还须全面负责。因此，承担公益捐献不但会花费大量金钱，而且还需耗费大量的时间和精力。此外，还有其他类别的公共负担。譬如，当城邦因宗教事务派出使团，【336】或是出使提洛岛庆祝一年一度的庆典，或参加某次盛大的泛希腊赛会，或前往德尔斐求神谕时，人们将选出一位富裕公民，让其自掏腰包，弥补城邦国库所供资金的欠缺，并由他率领代表团前往目的地，供应维持使团华贵场面的经费。在所有公共负担（雅典人称之为公益捐献）中，最重要也是雅典社会生活中最特别的捐税是为参加狄奥尼西亚节的合唱团提供资助。每年每个部落任命该部落最富有的一位公民为合唱队长（chorêgos），队长的职责是组建一支合唱队，为其提供资金，并聘请资深的老师训练

公益捐献

战船捐

使团捐

合唱捐

|| 第九章　伯里克利领导下的雅典帝国　　423

队员为即将到来的戏剧表演舞蹈和合唱歌曲。不同合唱队之间的竞争促使富人们花费慷慨。一旦资助的合唱队在悲剧或喜剧比赛中获胜,队长将获得桂冠并得到一个青铜三足鼎,他会将鼎陈列起来,在鼎柱上刻上自己的名字和部落之名,有时也刻写在一个放置在神庙的模型上。在卫城东侧通向剧场的一条长长街道上存放着许多合唱获奖纪念品,记录着雅典公民热心公益的精神。这条三足鼎之路也表明城邦对戏剧和狄奥尼索斯崇拜是多么喜爱,这些实物证据比其他任何材料都更有说服力。然而,人们对智慧的赞许永远都远胜于对神灵的虔诚之心。城邦对宗教的捐助变成对才华横溢的天才们的资助,富裕公民响应城邦号召,花费时间和金钱为合唱队提供赞助,其结果是为那些伟大的悲剧和喜剧作家们提供了服务,最终服务了全世界。

第二节　雅典人与伯罗奔尼撒人的战争

雅典与阿尔哥斯结盟

公元前458年

客蒙被逐是雅典对外政策开始发生彻底转变的一个信号。她断绝了与拉凯戴梦人的联盟,并与斯巴达的敌对者阿尔哥斯和色萨利组成新同盟。埃斯库罗斯讲述阿伽门农的谋杀和奥瑞斯特斯复仇的三联剧就写于此时,其中也反映出雅典人与阿尔哥斯人新近建立的友谊。剧作家提到两邦结盟,并将阿伽门农称为阿尔哥斯王而非新近被毁的迈锡尼之王,或许这并非是他对新同盟的无意赞扬。事实上,出于对城邦主要利益的考量,雅典已被推到与斯巴达的直接冲突中。而且,这些利益还迫使雅典陷入与斯巴达两个盟邦的生死竞争中。雅典海上帝国的形成和海上力量的增长迅速开拓其商贸,【337】增强了她的贸易野心,力图在希腊世界的每一个角落开辟新市场;这与另外两个海事城邦——科林斯和埃吉那产生了激烈的竞争,雅典的发展大有超越二邦之势。雅典原来与埃吉那就有冲突,如今随着她的力量和财富大增,另一次战争不可避免。雅典商人与科林斯人在西部海域的竞争非常激烈,大约在此时期,一位雅典将军从奥佐利亚的洛克里人手中夺得瑙帕克图,并在此建立一个水师军港,确保雅典对科林斯湾出海口具有一定控制力。这击中了科林斯的要害,如今雅典可对来自地中海极西之处满载商品的科林斯船队袭扰和拦截。战争爆发只是时间问题,不久机会就来了。

夺取瑙帕克图

因为与科林斯存在边界冲突,麦加拉人退出了伯罗奔尼撒同盟,并将自己置于雅典的保护下。(萨洛尼克湾及其周边地区,参见图9-2)对雅典人而言,没有什么比麦加拉人加入同盟更受欢迎。赢得麦加拉后,雅典在与伯罗奔尼撒同盟的对抗中取得了一个强有力的前沿阵地,掌控着从科林斯湾帕盖到萨洛尼克湾尼萨亚的地峡。雅典毫不迟疑地决定着手

雅典赢得麦加拉,公元前459年

麦加拉长城

图9-2 萨洛尼克湾及其周边地区

[据 M.Hammond(trans.),*The Peloponnesian War*, Oxford University Press, 2009, map 3 编译]

|| 第九章 伯里克利领导下的雅典帝国 425

建一道从麦加拉山到尼萨亚港的双层长墙,并派军队驻防这道长城。通过这种方式,经由地峡的东线道路就被置于雅典控制之下,阿提卡拥有了一道坚固的屏障,使其免于遭受敌人从陆上发动的侵略。

雅典占据麦加拉不但对科林斯形成新威胁,也是对伯罗奔尼撒盟主的羞辱。不久战争爆发,然而最初斯巴达并不积极。对于战争的进程,我们所知甚少。雅典的一支小分队突袭哈利伊斯(Halieis),在与科林斯和埃皮道鲁斯军队的战斗中占据了上风。在位于埃吉那与阿尔哥斯海岸之间的凯克吕法莱亚岛(Cecryphalea)的海战中,雅典人也取得了对伯罗奔尼撒水师的胜利。这时埃吉那人加入战团。他们看到,如果科林斯遭到沉重打击,自己也将陷入万劫不复的命运,如果那样,雅典人将成为萨洛尼克湾的绝对控制者。在埃吉那岛附近爆发了一场巨大海战,参战者分别是埃吉那、雅典及其同盟者。结果,雅典人夺得70条战船,登上埃吉那岛,并围困埃吉那城。伯罗奔尼撒人随即派出一支重装步兵驰援埃吉那;与此同时,科林斯人从格拉尼亚(Geranea)山顶向下推进至麦加拉;他们相信雅典人不可能同时既保卫麦加拉,又封锁埃吉那。然而,【338】他们低估了雅典人的坚强意志。一支由年龄不到或超过正常军役的雅典公民组成的特殊军队在将军米罗尼德斯(Myronides)的带领下开进到麦加利德。双方大战一场,都宣称获得胜利。但是,在科林斯人撤退后,雅典人建立起一座胜利纪念碑。由于受到嘲笑,那些参加战斗的科林斯士兵在12天后重返战场,也试图修建一座胜利纪念碑。但当修建工程正在进行时,雅典人突然从麦加拉城杀出,给科林斯人以沉重打击。

这次在萨洛尼克湾海域及其周边地区进行的战斗是希腊其他地方即将发生的多场战斗的序曲,但该序曲有其自身的内在统一性。虽然雅典的敌手是伯罗奔尼撒同盟,但迄今为止战争主要由科林斯、埃皮道鲁斯和埃吉那三个城邦协同进行,他们的利益集中在萨洛尼克湾周边地区。无疑上述城邦的背后是伯罗奔尼撒同盟,她们得到同盟水师和重装步兵的有力援助;然而,此时的战争仍尚未完全具备伯罗奔尼撒战争的特征。

是年,雅典成就斐然,雅典人兴奋异常,甚至可将这一年称为雅典历史上的"辉煌之年"(annus mirabilis)。在凯克吕法莱亚和埃吉那,他们仅派出一部分舰船就取得了胜利,这是因为随着帝国的扩张和贸易的发展,雅典必须面对面地应对希腊各竞争对手的挑战。在这之前,雅典已派出一支舰队在希腊世界之外从事军事冒险。那就是远征埃及,这次远征是迄今雅典进行的最大胆的军事冒险。

一支由200条战船组成的雅典及同盟者的水师正在塞浦路斯海域与波斯人战斗,这时他们受邀渡海前往埃及。发出邀请者是利比亚的统治者伊那罗斯(Inaros),他在下埃及发动起义,反抗波斯人的压迫和统治。此时,在波斯宫廷,国王薛西斯被杀引发了一场激烈的争权夺利斗争;经过较长一段时间,阿塔薛西斯才夺得统治权,坐稳了王位。埃及起义就是此背景下爆发的。伊那罗斯给出的条件相当诱人。他说,如果雅典帮助埃及摆脱波斯的统治,她将获得与尼罗河河谷地区贸易的主导权,并能在埃及海岸建立一个水师基地。通过这样一次冒险,雅典的海外贸易将把希腊其他竞争者远远抛在后面。驻扎在爱琴海水师的一位佚名指挥者接受了利比亚君主的邀请。与远古时代一样,"北方民族"如今试图帮助利比亚人推翻埃及的统治者。【339】对于那些遥远的事情,希腊人已经不甚了解,但他们或许还记得卡里亚人和伊奥尼亚人曾一道把一位埃及人推上王位。攻打埃及以另一种方式为雅典开辟了一条新发展道路。此前,同盟的舰船都是在希腊海域或部分为希腊人控制的海域航行,其行动目的是解放希腊城市或帮助与希腊联系密切的城市,譬如卡里亚或吕西亚。在塞浦路斯岛沿海地区,希腊人与腓尼基人比邻而居,因此希腊解

旁注:远征埃及

第九章 伯里克利领导下的雅典帝国 427

放者来到此地。但当这支军队渡海前往埃及时,他们进入一种全新的环境,开启了一项全新的事业。远征埃及将与波斯人的斗争引入一个新阶段,希腊人从被侵略者变成了侵略者。他们的努力注定不会成功,希腊人要想报复薛西斯的侵略还需等上一个多世纪。然而,雅典人进入埃及是亚历山大远征的前兆,如果客蒙仍是将军,他们这次在埃及的军事冒险也并非没有成功的可能。

<small>夺取孟菲斯,公元前459年秋</small>

雅典人溯尼罗河而上,此时伊那罗斯在三角洲一带获得一场大胜,击败一支前往镇压的波斯军队。雅典人上行到孟菲斯,占领该城,但并未夺取被称为"白堡"的卫城,波斯人仍在卫城负隅顽抗。在这次胜利后的两年里,并没有太多关于雅典人活动的记载,除了对"白堡"的持久围困外,并无军队活动的相关记录。然而,致命的是,恰在此时,雅典军力被一分为二。如果倾其所有力量,雅典可能会给予伯罗奔尼撒人毁灭性打击;或者如果她集中所有力量,可能会在埃及获得胜利。此时,雅典人的一半舰船停泊在尼罗河畔耀武扬威,另一半击退了科林斯、埃吉那及其盟友;看到此情此景,放逐客蒙的政治党派定然觉得荣耀无比,认为他们取得了巨大胜利。下面这块石碑记录下一些公民的名字,他们来自同一部落,都死于这个令人难忘的年份,上面的铭文展示了雅典人充沛的精力,给人留下极其深刻的印象:

<small>埃莱克泰德铭文,公元前459/458年</small>

下面是在塞浦路斯、埃及、腓尼基、哈利伊斯、埃吉那、麦加拉牺牲的公民的名字,他们都来自埃莱克泰德(Erechtheid)部落,牺牲于同一年。

接着就是逝者之名。

<small>埃吉那的陷落,公元前457/456年,加入提洛同盟</small>

对埃吉那的围困仍在继续。当战争进行两年后,埃吉那人有条件地

投降，答应交出舰船，【340】并向雅典缴纳贡赋。对雅典人而言，没有什么胜利比对埃吉那人的胜利更令他们欢欣鼓舞，让他们觉得获益最大。该岛无疑是雅典人的眼中刺，每当站在山上极目远眺海洋时，埃吉那岛都会让他们心怀苦涩，如今该岛终于落入他们手中，任凭他们摆布。雅典人征服了埃吉那这个最强大的商业竞争对手，使多利亚人最富影响力的城邦之一屈服。在提洛同盟中，与塔索斯一样，埃吉那成为最富裕的属邦。这两个岛屿城邦每年皆需缴纳贡赋 30 塔兰特，比如今所知的任何城邦缴纳的数量都要大得多。

同时，在希腊另一个地方发生的事情迫使拉凯戴梦人加入了战争，并将双方斗争主战场从萨洛尼克湾转移到波奥提亚。拉凯戴梦人的插手是出于忠心，是为了援助他们的母邦，即北方的多利亚人，因为多利斯的三个小邦被佛基斯人占据。对于一支由 1500 名拉凯戴梦重装步兵和 10000 名同盟者组成的部队来说，迫使侵略者恢复三邦自由不过是小事一桩。这次远征的真正目的是波奥提亚。显然，斯巴达的政策是在此扶持一个强大城邦遏制雅典。要达此目的，只有增强底比斯的实力，使之成为波奥提亚同盟的主宰。因此，斯巴达重建了底比斯的权威，改组同盟，并迫使波奥提亚所有城市加入。当这支军队完成在波奥提亚的使命返回伯罗奔尼撒时却遇到了困难。因为雅典人驻守在关口，时刻处于高度警戒之中，所以斯巴达军队通过麦加利德将会面临异常的危险。渡过科林斯湾返回伯罗奔尼撒半岛也是他们可能的选择，但如今也已非易事，因为雅典人的舰船在海上巡行，有可能强行拦截斯巴达人。在此尴尬情势下，拉凯戴梦人似乎只能直接进军雅典，而此刻雅典人正忙于修建从城市到港口的长城。斯巴达人的行军路线可能是由雅典寡头党人提议的，他们时刻在寻找机会以图推翻民主制。于是，伯罗奔尼撒军队向与阿提卡交界的塔那格拉（Tanagra）推进，当他们跨过边界时，雅典人主动出击前

拉凯戴梦人远征北希腊，公元前 457 年

恢复底比斯在波奥提亚的霸权

塔那格拉之战，公元前 457 年夏

|| 第九章　伯里克利领导下的雅典帝国　　429

来迎敌。雅典人的队伍共有14000人,其中包括1000名阿尔哥斯人和一些色萨利骑兵。被放逐的政治家客蒙如今也回到了雅典人搭建在波奥提亚的营帐,希望为了他的祖国与斯巴达人战斗。他的请求被迅速提交到500人议事会上,然而并未获得批准。【341】如今客蒙所能做的就只能是告诫其支持者勇敢战斗。客蒙的举动为他的被召回铺平了道路。在接下来的战斗中,他的朋友们顽强战斗,最终全部英勇牺牲。这次战斗给双方造成极大伤亡,但因色萨利骑兵战斗中逃跑,最终拉凯戴梦人获得胜利。尽管如此,战斗拯救了雅典,胜利只是确保拉凯戴梦人能够从地峡返回伯罗奔尼撒半岛,返回途中,他们砍掉了麦加利德境内的果树。

与斯巴达的停战协定;召回客蒙

为了赢取时间以利再战,雅典希望与斯巴达订立停战协定。无疑,被放逐在外的客蒙是完成这项任务的最佳人选,他最近的所作所为业已表明他是雅典敌人(斯巴达人)的敌人。在伯里克利提议下,雅典人通过法令召回客蒙。但出乎意料的是,当成功完成停战协定的谈判后,客蒙主动与雅典拉开了一定距离。

征服波奥提亚

拉凯戴梦人将他们在塔那格拉抢获的一面金盾祭献给奥林匹亚的宙斯,并将祭品放置在新建宙斯神殿的山墙上,以此纪念战争的胜利。(波奥提亚及中希腊的主要城镇,参见图9-3)然而这次胜利未能巩固他们在波奥提亚的战果。战争结束不到两个月,雅典人在米罗尼德斯率领

奥伊诺菲塔之战,公元前457年秋

下发动了一次对波奥提亚的远征。双方在奥伊诺菲塔(Oenophyta)展开了决战,结果雅典人取得胜利,成为除底比斯之外整个波奥提亚的主宰。虽然波奥提亚诸邦并未加入提洛同盟,但她们都成为雅典的属邦,有义务为雅典提供一定战斗人员。与此同时,佛基斯加入雅典同盟,奥彭提亚的洛克里人也被迫承认雅典的霸权。这就是奥伊诺菲塔战役和塔那格拉战役产生的影响。如今雅典人可以不受干扰地完成他们修建长城的伟大工程。

图 9-3 波奥提亚及中希腊的主要城镇

（据 J. Buckler and H. Beck, *Central Greece and the Politics of Power in the Fourth Century BC*., Cambridge: Cambridge University Press, 2008, p. xix 编译）

如前所述，夺取埃吉那为雅典人的伟大胜利起到了画龙点睛的作用；或许与此同时雅典人攻占了特洛伊曾，使她在阿尔哥斯海域获得一个重要的战略立足点。但在更南的埃及，雅典军队的进展却不是如此一帆风顺。自从夺取孟菲斯以来，他们似乎并未取得任何胜利，"白堡"仍在波斯人手中。波斯大王阿塔薛西斯企图诱使斯巴达入侵阿提卡，迫使雅典兵分两路，但遭到拉凯戴梦人断然拒绝。他不得不派出一支大军，辅之腓尼基水师，在麦伽比佐斯（Megabyzus）率领下进军埃及。大军一到埃及即获大胜，将希腊人赶出孟菲斯，并将他们追到普罗索皮提斯岛（Prosopitis）上。该岛位于尼罗河入海口的卡诺匹克河（Canopic）与塞本尼提克（Sebennytic）河之间，希腊人被围于此长达 18 个月。最后，麦伽比佐斯命人抽干河水，希腊人不再有舟楫之利，整座岛屿几乎与河岸重新连在一起。【342】波斯人已能步行上岛。希腊人烧掉他们的舰船，撤退到毕布洛斯，最终在此放下武器投降，麦伽比佐斯允许他们自由离开。

远征埃及的失败

公元前 456 年

公元前 454 年

经过漫长的旅程，他们来到对希腊人友善的库列涅，并由此返回家乡。投降时，起义发动者伊那洛斯虽获特赦，但最终仍被处以十字之刑。不久一支以 50 条战船组成的雅典水师到达埃及，准备支援退守在普罗索皮提斯的败军。这支援军在尼罗河的门德西亚河口外遭到腓尼基水师的重创，只有几艘战船得以逃脱。波斯在埃及全境恢复了统治，希腊人控制埃及的日子还没有到来。

尽管在这次大胆而不幸的军事冒险中雅典人损失惨重，丢掉了很多战船和珍宝，但其国如今正处于鼎盛时期。雅典人甚至以埃及失利为借口，公开将提洛同盟转变成雅典帝国。他们说波斯水师可能会乘胜入侵爱琴海，提洛岛已不再安全，同盟圣库必须迁往雅典卫城。

雅典帝国的扩张，公元前 456 年—前 449 年

如今雅典帝国不但包括希腊大陆，而且还将海上属邦纳入其中。与其接壤的两个城邦，麦加拉和波奥提亚，已沦为属邦。除波奥提亚外，雅典将统治范围扩张到佛基斯、洛克里，甚至远达温泉关之外。在阿尔哥斯，她发挥着支配性的影响力，埃吉那已成为帝国的一个成员，其舰船也隶属于雅典水师。通过压服麦加拉、征服埃吉那、夺取特洛伊曾，雅典几乎将萨洛尼克湾变成阿提卡的内湖。

远征科林斯海湾，公元前 455 年—前 453 年

地峡上最大的商业城邦科林斯是雅典最主要也是最危险的敌人，伯里克利的下一个目标是将科林斯海湾也变成阿提卡的另一个内湖，从而从东西二海包围科林斯。雅典人通过占据麦加利德和波奥提亚，尤其是在瑙帕克图建立据点，控制了科林斯海湾北部沿岸地区。但海湾南部沿岸地区仍完全由伯罗奔尼撒同盟掌握。雅典人觉得应首先在海湾入口以西的阿卡纳尼亚建立几个据点以确保对海湾的控制。雅典将军托尔米德斯（Tolmides）首先攻占了科林斯的殖民地帕特拉（Patrae）对岸的卡尔基斯。接着，伯里克利亲率大军继续托尔米德斯的远征大业。在进攻西吉昂未果的情况下，他包围阿卡纳尼亚沿岸的一个城墙坚固的重要城镇

奥伊尼亚戴（Oeniadae），不过雅典人最终仍未能攻克该镇。尽管伯里克利的远征并未取得太大军事胜利，但形成了轰动效应，使阿凯亚诸邦决定支持雅典，加入雅典同盟。【343】可以肯定的是，此次远征不久，阿凯亚成了雅典的属邦，雅典商船可以如同在萨洛尼克湾一样自由出入于科林斯海峡。

夺取阿凯亚，公元前453年—前446年

第三节　与波斯人的和平协议

近年来持续不断的战事使雅典财政极度吃紧，有必要增加盟邦贡赋以缓解雅典的经济压力。但是，直到伯里克利远征后三四年，雅典与伯罗奔尼撒才最终缔结了和平协议。在此期间，交战双方似乎达成了某种默契，竭力避免再生战端。拉凯戴梦与阿尔哥斯首先订立了一份为期三十年的和平协议，接着客蒙回到雅典，代表雅典同盟与伯罗奔尼撒同盟商谈并最终达成了一份为期五年的停战协议。

阿尔哥斯与斯巴达的三十年和约，公元前452/451年，五年和约

一旦达成和平，雅典及其同盟者就能重启与波斯的战事，将领导权交给优里梅敦河之战的英雄无疑是最佳选择。或许此时伯里克利也乐见客蒙一展军事才能，双方甚至可能达成了某种默契，客蒙不得干预伯里克利奉行的政策。有传言说是客蒙的姊妹最终促成二人的和解。"爱尔皮尼塞的美貌和密谋在雅典传记作家的作品中占据着重要的位置，有人以此中伤客蒙，有人以此败坏伯里克利的名声。"其实对于类似流言不必太过留意，妇女在雅典娜之城的历史上并未发挥过太大作用。

伯里克利与客蒙

在镇压埃及起义后，腓尼基水师立即被派往塞浦路斯，以图重新恢复阿塔薛西斯在该岛的统治。为应对危机，客蒙率领200条战船驶往该岛。他首先派出60条船前往尼罗河三角洲沼泽地区，支援仍在此坚持抵抗波斯的一位王公，雅典尽管遭受败绩，但仍未完全放弃征服埃及的幻

塞浦路斯之战

|| 第九章　伯里克利领导下的雅典帝国

想。接着客蒙率领大军包围基提昂，此为客蒙的最后一战，这位勇士自米卡勒战役以来一直在坚持与波斯进行战斗。围城期间客蒙辞世，他的死标志着一个新时代的开始，希腊与波斯之间的战争暂时停止。但是希腊人最终仍取得一次胜利。【344】因为粮草缺乏，希腊人停止围攻基提昂，前往萨拉米斯近海。在此，他们从海陆两条战线展开了与腓尼基和西利西亚联军的战斗，最终在两条战线的战斗中都取得了胜利。

客蒙之死，公元前 450/459 年

然而，这次胜利并未激发起雅典人继续战斗的意愿。现在我们无法知晓此刻雅典政治家的想法，不过当时的实际状况是，他们最终决定与波斯大王缔结和平。最近这些年来经历过的战事告诉雅典人，他们不可能在与希腊共同敌人波斯作战时又能有效与其希腊竞争对手交战。他们只能从二者中选择其一，要么与波斯媾和，要么与伯罗奔尼撒同盟订立停战协议。如果要在希腊缔结持久和平，雅典必须放弃近来获取的各种权利。显然，除非让科林斯人重获西部海湾的统治权，否则他们不可能签署协议；只要仍被雅典包围，科林斯就不可避免地会抓住一切有利时机奋起反击，以解除当前的困境。雅典的某些政治家已经做好准备，打算从他们新近占领的、让科林斯人极度难堪的地方撤离。然而，这些地方是伯里克利夺得的，他是一位坚定的帝国主义者，其施政目的是尽力扩张雅典帝国，并在希腊范围内展现雅典的政治影响力。因此，他不愿任何一块地盘从帝国统治下分离出去；他认为只有这样才可能获得对蛮族的新胜利。客蒙是波斯战争的灵魂，他的离世让伯里克利决定将对伯罗奔尼撒的战争进行到底。波斯大王也倾向于与希腊人谈判，因为在希腊人获得（塞浦路斯的）萨拉米斯胜利不久，镇压埃及起义的将军麦伽比佐斯也起来造反。

和平的必要性

伯里克利的政策

因此雅典与波斯缔结了和平协定。然而，并不清楚谈判是如何进行的，因为这一过程是如此不清楚，以至于有学者质疑双方是否订立过一

与波斯人商谈和平条约，公元前 448 年

份正式条约。毋庸置疑,当雅典明白阿塔薛西斯的意图后,双方确实签订了和约。和约规定波斯不得派遣船只进入爱琴海;雅典也做出类似承诺,确保波斯帝国沿岸不受攻击。来自雅典及其同盟国的使节一定曾等在苏撒城大王的宫殿之外听候召见,觐见大王时使节们一定以书面形式呈递上了条约包含的条文。不过,从另一个角度看,或许双方并无一份希腊城邦之间订立的那种条约,因为波斯大王决不会答应任何一个希腊城邦或城邦同盟以平等身份与他讨价还价;【345】他也不愿委曲求全,正式承认小亚细亚希腊城邦的独立地位。对他而言,如此行事无疑是奇耻大辱。对希腊使节而言,能让他做出某些让步,慷慨做出一定承诺就已心满意足。但是,不管和约的形式如何,双方暂时消除了敌意,最终达成了和平。该条约被称为"卡利阿斯和约",据现存文献看,卡利阿斯可能是首席使节;此人是雅典首富,客蒙姊妹的丈夫。

关于结束希腊与波斯斗争的第一个外交法令就此达成。除一处远离中心地带的岛屿之外,所有被波斯大军征服的希腊城邦重新回归自由希腊的世界。塞浦路斯岛上的希腊城邦仍在与腓尼基人进行激烈斗争。不久,腓尼基人占据上风,并在接下来的许多年里控制着该岛。但希腊文明已在此生根发芽,后来希腊人在此重建了王朝。

希腊人与腓尼基人在塞浦路斯的斗争

和约之后腓尼基人取得了优势

第四节 雅典的挫折 三十年和约

然而,与波斯缔结和约后,雅典并未能在希腊这一特定范围内进一步扩张;与之相反,雅典帝国最近获得的势力范围相继叛离。奥科麦努斯、喀罗尼亚及西波奥提亚的其他一些城镇相继被流亡在外的寡头派攻占,雅典必须尽快插手,干预这种不良势头进一步恶化。将军托尔米德斯率领一支人数严重不足的军队前往镇压。他夺取了喀罗尼亚并

雅典丧失波奥提亚

第九章 伯里克利领导下的雅典帝国

科洛奈战役，公元前447年

在此驻军，不过他并未试图攻打奥科麦努斯。在返回雅典途经科洛奈（Coronae）时，雅典人受到了奥科麦努斯及其他一些城邦流亡者的袭击，这位将军战败身亡，其手下很多重装步兵沦为囚徒。为了让被俘士兵获释，雅典被迫从波奥提亚撤军。这样，科洛奈之役使奥伊诺菲塔的成果化为泡影。

对于这样的损失，雅典没有什么理由感到遗憾，因为在波奥提亚的支配权事实上无助于帝国的巩固。维持对波奥提亚境内几十个城邦的控制，将会给雅典军力带来持久压力，事实上这并不合算。随着波奥提亚的丧失，佛基斯和洛克里也相继不保。其实佛基斯的叛离令人感到奇怪。几年前佛基斯人还占有德尔斐。斯巴达曾派出一支军队将阿波罗神庙从佛基斯人手中解救出来，归还给德尔斐人。【346】但是，斯巴达人刚一离开，伯里克利就率领一支雅典军队夺取了神庙，恢复了佛基斯人的控制权。无疑这是一次"神圣战争"，但双方的行动并未违背"五年停战协议"。不过，虽然佛基斯人在德尔斐的地位取决于雅典的支持，但他们却背离了与雅典的同盟。导致这一变化的原因是佛基斯诸城对波奥提亚全境寡头派重新得势的响应。

神圣战争，公元前448年

丢掉麦加拉

科洛奈的失败使雅典军队的声名受损，随后引发了诸多更严重的后果。优卑亚和麦加拉同时反叛，寡头派在其中起着关键作用。作为将军，伯里克利立即率领7个部落的军队前往优卑亚，剩下3个部落的军队开往麦加拉。然而，他才到优卑亚就接到噩耗，驻守在麦加拉城的军队惨遭覆灭，一支伯罗奔尼撒军队正威胁着阿提卡的安全。他急忙率军返回，其首要目标是与安多基德斯所率准备前往麦加拉的军队合二为一。但由于国王普雷斯塔库斯（Pleistarchus）和伯罗奔尼撒军队控制着东部沿岸的道路，安多基德斯被迫从科林斯海湾的爱哥斯泰奈（Aegosthenae）北上潜行，绕过波奥提亚，最终返回阿提卡。为这支军队充当向导的是麦加拉

安多基德斯的行军

人皮提昂（Python），这三个部落的雅典公民对此人表达了谢意，将他的功绩记载到他的墓志铭中，上面写着"他带领他们从帕盖（Pagae）出发，经过波奥提亚，最终到达了雅典"。这块石头得以幸存，铭刻在墓碑上的文字不禁引发人们对这一危急时刻的无尽联想。当两支大军合二为一后，危险警报就此解除。伯里克利的突然返回令普雷斯塔库斯措手不及，当他率领大军前进到特里亚平原后就立即撤出阿提卡，他认为此时再进攻雅典将会徒劳无功。这样，伯里克利从斯巴达人的压力中解脱出来，可全力降服优卑亚。岛屿北部的城邦希斯提埃亚最为棘手，在此雅典人遭到最顽强的抵抗。最终所有希斯提埃亚人被赶出优卑亚，其国土割让给雅典。雅典人在此建立一个新殖民地奥琉斯（Oreus）取代原来的希斯提埃。其他各邦通过与雅典订立和约确定其地位，与卡尔基斯的协议内容如今仍保留在石碑上。对于盟邦的不满，雅典也有所警惕，她降低了属邦承担的贡赋，防止优卑亚事件进一步扩散。五年的停战期限行将期满，雅典人觉得在当时的情况下和平的环境必不可少，【347】他们决定委曲求全，做出一些让步，以便获得一份持续时间更长的停战协议。虽然失去了麦加拉，雅典人还占有尼萨亚和帕盖两座港口城镇。他们决定放弃这两座城镇和对阿凯亚的控制权。在此基础上，雅典人和伯罗奔尼撒人订立了"三十年和约"。和约详细列出双方的同盟者，并规定雅典和拉凯戴梦不得允许己方同盟者加入对方的同盟，中立城邦可根据她们的选择自行加入任何一方。

这份和约使雅典颜面尽失，要不是伯罗奔尼撒人侵袭阿提卡引发了人们的恐慌，公民大会可能不会批准缔结该和约。丧失波奥提亚可以算是一项意外收获，撤离阿凯亚或许也可以忍受，但丢掉麦加拉却是一记沉重打击。因为，只要雅典还掌控着麦加拉长城和格莱亚关，伯罗奔尼撒人就根本不可能入侵阿提卡。而如今，阿提卡暴露在敌人侵略的危险之

降服优卑亚

三十年和约，公元前446/445年

下。此外,她在克利萨湾的势力遭到了极度的削弱,雅典建立一个陆上帝国的努力仅在极小范围内有所成效。上述事件中得出的教训表明,雅典必须将所有精力投入维持其海上霸权上。对雅典人而言,他们正处于一个极度悲观的时刻,只有伯里克利运用灵活的手腕和雄辩的口才,才可能恢复人们岌岌可危的自信心,不再垂头丧气,重振较好的精神面貌。无论如何,优卑亚的形势已经安定下来,人们或许应回顾60多年前当波奥提亚和卡尔基斯联军入侵的关键时刻,他们的先辈取得的伟大胜利。那时,人们曾将战利品的十分之一奉献给雅典娜。如今,伯里克利用这些战利品打造了一辆青铜战车,将先辈的胜利与他自己联系起来。这种对照颇为贴切,因为优卑亚的反叛主要是波奥提亚的寡头党人在摆脱雅典的控制后策动的。从现在卫城发掘的情况看,战车下面有一尊大理石基座,上面刻有几行诗歌,希罗多德的作品中曾抄写过这些诗歌。诗歌写道,雅典人的子孙曾"教训了波奥提亚人的傲慢无礼",这样的回忆是科洛奈战败后抚慰雅典人的唯一美好回忆。在征服优卑亚大部分地方的同时,伯里克利或许已默想过阿提卡海上帝国的未来前景。在此后那一段令人沮丧的时刻,他用激昂的辞章表达了他对未来的美好构想。"目前整个世界分为两部分:陆地和海洋,其中一部分已经完全掌控在你们手中。如果你们有意扩展,最终你们的舰船就可以在海上纵横驰骋,随心所欲,【348】波斯大王或世上其他任何国家的水师都无法阻拦你们。"①

第五节　伯里克利的帝国主义政策及反对者

波斯战争结束时,入盟城邦或许会要求雅典解散同盟,恢复她们与

---

① *Thucydides*, 2. 62. 2

身俱来的合法自由。对于该要求的恰当答复是虽然和平确实已经降临，但只有维持一支足够强大的力量，才可能对抗波斯的威胁，确保长久和平；如果解散同盟，这些城邦将会被各个击破，很快沦为蛮族的猎物。但无论如何，同盟已演变成为帝国，雅典雄心勃勃地全速向"帝国主义"国家的目标靠拢。她向盟邦征收的贡赋可能并不沉重，而且经常调整。当五年和约期行将结束时，她将战争期间增加的贡赋恢复到战前水平。雅典并未强制要求属邦使用其钱币，每个城市皆可拥有造币权，大多数城市确实也发行本邦的钱币。但在帝国内部也存在许多矛盾，每一个城邦对自由的向往和渴望与日俱增。对优卑亚人反叛的态度和随之而来的残酷镇压赤裸裸地表明雅典利用暴力手段实现统治的本质。必须记住，几乎每个城邦内部都存在寡头派和民主派，二者对待雅典的态度完全不同。民主派得到雅典的支持，一般对雅典友好；而寡头派时刻处于观望中，一旦有机可乘，就会奋起反抗。基于这样的原因，我们可以认为，盟邦的反叛并不一定意味着雅典在同盟者中不受欢迎。自与波斯的和平条约签订后，卡里亚和吕西亚的城市相继退出同盟。① 这些城市大多数只是具有形式上的希腊化，雅典任其退出，认为不值得采取措施继续控制她们。

降低贡赋，公元前450年

在最近几次战斗中，伯里克利是雅典人的舵手，他的谆谆教诲为雅典帝国指明了前进方向。不过，伯里克利的帝国政策并非没有受到挑战，也有人对于他的领导权颇有微词。雅典的寡头派势力不小，他们不但憎恨城邦奉行的民主政体，而且对帝国本身也横加指责。【349】该党派对于帝国政策的指责大多纯粹基于一党之私，其目的主要是针对伯里克利个人。不过诸多指责者中，至少有一人并非如此；他确是真心诚意从同盟者的角度出发，谴责城邦为一己之私而不择手段。此人就是梅勒西亚

反帝国政策者；同盟城邦的支持者

---

① 卡里亚纳贡区只存在了四年，即公元前443/442年—前439/438年；其他卡里亚城市被纳入伊奥尼亚区中。

第九章 伯里克利领导下的雅典帝国　　439

斯（Melesias）之子修昔底德，他与许多同盟城邦保持着千丝万缕的联系。他认为贡赋应当主要用于防御波斯，这也是征收贡赋的目的所在，因此雅典无权将其挪作他用，尤其不应当挪用到仅能为雅典增光添彩的事情上，因为这完全无益于同盟城邦。他还认为让盟邦承担雅典在波奥提亚挑起战争的任何费用或为新建的神庙埋单都是不义之举。无疑，此人的看法合乎正义，但正义与一个城邦的伟大或不断增长的政治影响力完全不具有一致性。为了城邦的伟大，伯里克利可以不择手段，甘冒任何风险。为了达此目的，对盟邦的政策——用他自己的话说——就是"完全将她们掌握在股掌之间"。令人欣慰的是，对于他奉行的肆无忌惮欺压盟邦的帝国政策，反对之声在不断增强。

寡头派　　为了推翻民主政体，支持修昔底德的寡头派人士中的激进主义分子会毫不犹豫将雅典出卖给她的敌人。塔那格拉之战时，这些人就曾试图这样做。他们会义无反顾为属邦的寡头派提供秘密援助，帮助他们推翻雅典的统治。五年和约期间，寡头派已在许多方面有所抬头。正是寡头派的活动使雅典丢掉了波奥提亚，他们的活动还导致了麦加拉和优卑亚的反叛，对于佛基斯寡头政体大行其道，他们也难辞其咎。毫无疑问，盛行于各地的寡头派在雅典也有附和者。这些年来，反对伯里克利的声音越来越大，大有咄咄逼人之势。他以相当灵活的方式应对来自寡头派的挑衅；随后他引入一项新政策，尽管富有彻头彻尾的帝国主义特征，但在雅典获得广泛支持，使甚嚣尘上的质疑之声迅速沉寂下来。

向外殖民　　在伯里克利实施的旨在增强帝国力量的诸多措施中，最重要且富有成效的政策当数在海外为雅典公民建立殖民地。与其他伟大政治家采取的措施一样，该政策解决了两方面的问题。伯里克利在帝国各地建立殖民地，一方面是在属邦土地上建立的驻屯地，另一方面可安置雅典的剩余人口。伯里克利建立的第一个军事殖民地（cleruchy）位于色雷斯的克

克尔松尼斯的殖民地，公元前447年

尔松尼斯,【350】该殖民地是在伯里克利亲自指导下建立的。其土地购自半岛上的同盟者,获得安置的 1000 名雅典人大多是贫困或无业的公民,他们每人分得一块土地,分别安插在几个不同城市中。购地所需的款项通过削减贡金数目的形式支付。与此同时,为了保护这片土地不受色雷斯人侵扰,在横跨半岛地峡上,伯里克利重建了米泰雅德曾建造的城墙。考虑到色雷斯王公泰莱斯(Teres)势力不断崛起,这一防护措施无疑是明智之举。(普罗蓬提海及克尔松尼斯半岛,参见图 9-4)

克尔松尼斯及其后在列姆诺斯和音布洛斯建立的海外殖民地扼普罗蓬提海之门户,在雅典所有军事殖民地中占据首要地位。同时伯里克利还将类似政策运用到优卑亚及爱琴海的一些岛屿之上。此外,还在色雷斯的布里亚(具体位置不明,或许在斯特里梦河以西)建立了殖民地。殖民布里亚法令的原件保存至今,法令规定,所有殖民者皆来自据梭伦

在优卑亚、那克索斯、安德罗斯建立军事殖民地,公元前447年;布里亚,公元前446年?

图 9-4 普罗蓬提海及克尔松尼斯半岛

(据 Loinel Scott, *Historical Commentary on Herodotus*, Book 6, map 5 编译)

‖ 第九章 伯里克利领导下的雅典帝国 441

标准划分的最贫困的两个阶层,这表明了伯里克利建立军事殖民地的目的。自然该政策在雅典大受欢迎,因为这为流浪街头的成千上万无业公民提供了谋生机会。或许这应算作是伯里克利谋划的最值得称道的一着好棋,在强化自身优势的同时使对手难以应对。不过该政策招致同盟者的骂声一片,是雅典诸统治政策中最受诟病的一项措施。

大多数雅典公民当然会被此类政策吸引,因为这既可增强城邦的实力,却并未要求他们做出任何牺牲。强制他们服兵役的日子还未到来,只要不必为维持帝国所需费用埋单,雅典的公民们就觉得心满意足了。帝国进一步扩大了贸易范围,增加了财富。雅典普通公民皆可充分享受他们的自由权利,几乎不会顾及帝国如同暴君一样强加在盟邦身上的束缚。只要帝国能带来取之不竭的利益而承担很少负担,雅典的民主政体就会自然而然地采用伯里克利的帝国统治模式。

伯里克利的政策

事实上,伯里克利的帝国主义政策具有一个远大目标。此时为雅典命运指明方向的政治家都以使雅典成为希腊的主宰为目标,以图使她不但统治希腊大陆,而且威名远播海外;使帝国的统治无法或不愿波及之地的国家也能感受得到雅典的政治影响。【351】完全实现这个伟大理想意味着将所有希腊人统一在一起,更准确地说是通过雅典的武力实现希腊的最终统一,因为希腊人有共同的宗教、共同的传统、共同的风俗和共同的语言。

公元前448年,受雅典邀请举行一次泛希腊会议,商谈恢复被波斯人毁弃的神庙

在遭受科洛奈失利并丢掉波奥提亚之前不久,雅典向全希腊公开宣布了其泛希腊的雄心壮志。她邀请所有希腊城邦派出代表前往雅典参加一次泛希腊会议,商讨她们共同关心的若干重大事宜。雅典提出让各邦代表讨论的论题包括:重建波斯人焚毁的神庙;为诸神奉献牺牲,感谢神灵庇佑希腊人获得解放;共同采取措施清除海盗等。雅典并未邀请西部希腊诸城邦,因为意大利人和西西里人与波斯战争并无直接关系,他们邀请了希腊大陆的所有城邦和属于雅典帝国的所有城市和岛屿。如果这次会议能成功举办,必定会创建一个囊括所有希腊人的宗教同盟,雅典将会成为这个巨大宗教同盟的中心。这是一项崇高的事业,然而在当时还不可能实现。无论这项事业多么崇高和虔敬,都不可能指望斯巴达人派代表出席。他们认为这会诱使雅典开启一条崭新而危险的道路,增强雅典人的野心,扩大其影响力。雅典派出的使节在伯罗奔尼撒遭到了断然拒绝,整个计划无疾而终。不久,波奥提亚人的反叛使雅典丧失了在大陆的统治能力。

邀请被拒

第六节　神庙的重建

对雅典而言,她仍需完成与其相关的那一部分项目,不但要重建城邦的神庙,而且要让这些神庙更加宏伟壮观。如果不能清楚了解背后的历史缘由,理解它们与波斯战争之间的直接联系,就无法理解在伯里克利的指导和影响下开始兴建一座座建筑丰碑的意义。如今轮到雅典履行诺言,修复被蛮族毁坏的诸神圣所,并通过建筑表达对诸神庇佑他们打败米底人的感激之情,修建神庙也是他们的一项宗教义务。眼见雅典通过那场战争赢得一个伟大帝国,诸神或许指望着雅典履行其义务时,建筑的规模一定不会太小,花费绝不吝啬。【352】在这方面,伯里克利展示出他的伟大和过人之处。他能觉察到大规模修建神庙的重要性,认为一个赋予神灵高贵圣殿的城邦一定会使她本身成为一个崇高城邦,通过修建华美的神殿,城邦以一种更有价值的方式展现了她的实力和理想。伯里克利的建筑规划还不止如此,事实上他可能以庇西特拉图为榜样,并受到这位僭主的影响。但必须记住,与雅典帝国本身一样,伯里克利时代主要的建筑都是抵抗波斯入侵产生的直接后果。

在伯里克利领导下雅典修建神庙的动机

|| 第九章　伯里克利领导下的雅典帝国　　443

公元前 450 年—前 430 年

雅典娜-普洛玛科,公元前 448 年

雅典娜-波利亚斯的神庙,即帕特农神庙完工,公元前 438 年

在 20 年内,一座座宏伟建筑改变了卫城的模样,其中最早的建筑是一尊青铜雅典娜巨像。(雅典卫城及其周边主要建筑物的布局示意图,参见图 9-5)女神站立在卫城西部悬崖的边缘,注视着西南方向,从远处海面上就可看到她的头盔和矛尖在阳光照耀下闪闪发光。令人印象最深刻的是雅典娜的新神庙此时竣工。该神庙始建于地米斯托克利时代,但一直都没完工。如今在同一地点以同样的地基,伯里克利重启了这项工程。但整个工程的设计已完全不同,由天才横溢的建筑师伊克提努斯(Ictinus)设计。与原来的设计相比,现在这座神庙增加了宽度,削减了长度,其石材不是使用海外输入的帕洛斯大理石,而是来自阿提卡本土的彭泰利斯采石场。另一位专业建筑师卡利克拉提斯(Calliscrates)指挥人们按伊克提努斯的设计施工。在此不宜深入讨论这座完美的多利亚风格建筑的艺术造诣,后世人将这座神庙称为帕特农神庙。建筑内有两间不相通的大殿。东边一间是神庙的正厅,可以通过神庙前面的柱廊入内,室

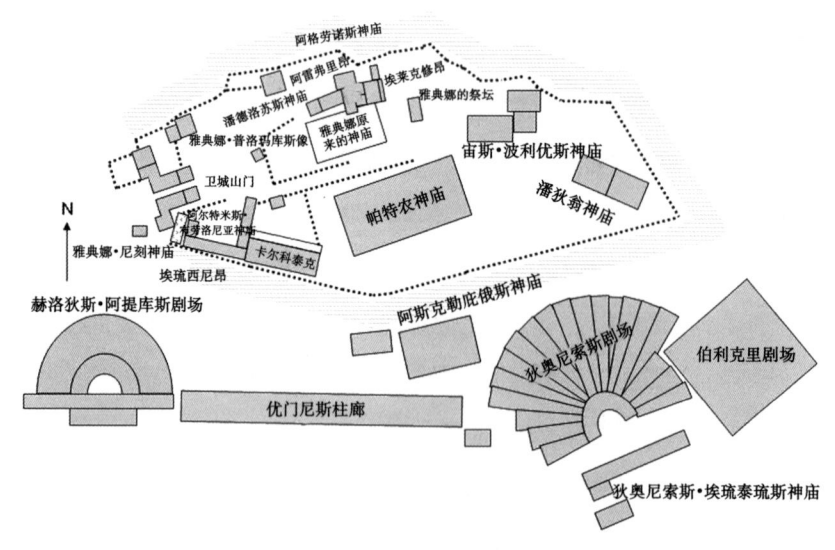

图 9-5 雅典卫城及其周边主要建筑物的布局示意图

(据 H.R.Goette, *Athens, Attica and the Megarid*, London and New York: Routledge, 2001, p.10. 编译)

内竖立着雅典娜女神的塑像。这座塑像高100多英尺，因此被称为赫卡托姆佩多斯（Hecatompedos）。西边一间配殿的面积较小，入口位于神庙的西侧，可能是照料神像女仆的居所，这些妇女一般不得与外人相见，至少可以肯定，西侧的配殿被称为帕特农（Parthenon）。可以想见，本来用来指代女仆房间的名称很快与整座建筑联系起来，因为对普遍人来说帕特农之名意味着雅典娜－帕特诺斯（Parthenos），而不再是指照料神像的女仆居所。

雅典娜女神站立在她的寓所，面带微笑，庄严宏伟。她的巨像身着金色长袍，头戴战盔，【354】右手托着一尊金色的胜利女神像，左手倚放在她的盾牌上，半人半蛇的厄里克托尼乌斯盘绕在她的脚畔。这是一尊木胎塑像，外面饰以象牙和黄金，其中，她的肌肤由象牙制成，服饰由黄金制成，因此这尊塑像获得了克里塞勒芳汀（chryselephantine*）之名。该塑像是艺术史上的杰作，由雅典最具天赋的塑像家卡尔米德斯之子菲狄亚斯（Phidias）制作。菲狄亚斯成为伯里克利时代造型艺术的代名词。此前他因出色完成另一尊雅典娜塑像而声名鹊起，这尊塑像是由列姆诺斯的军事殖民者奉献给卫城女神的。列姆诺斯的雅典娜是一尊青铜塑像，表现了作为人民之友的女神形象，而帕特农的神像表现了她作为女王的形象。遗憾的是，两尊塑像的原件都已损毁，只留下复制品，但从中仍能推断出这位雕塑家的某些深邃思想。

伯里克利将这座伟大神庙的造型设计和形塑装饰全权委托给菲狄亚斯，但描写马人和巨人浮雕的排档间饰可能与菲狄亚斯无关。不过两面三角形山墙及神庙柱廊内墙的饰带全是这位雕塑大师的杰作，在此，他的才华和技艺得到了充分展现，留下不朽作品供后人敬仰。东门三角形山墙饰以雅典娜出生主题的浮雕，月落日出之时，雅典娜从宙斯脑袋

菲狄亚斯制作的雅典娜像

山墙

---

* 由chyreos（黄金的）和elephantineos（象牙的）构成。——译者注

第九章　伯里克利领导下的雅典帝国　445

中全副武装蹦了出来;彩虹女神、神界使者伊利斯(Iris)正要将这则好消息传播到世界各方。西山墙的主题是雅典娜女神的生平,尤其突出她与阿提卡相关的故事,即在卫城上与波塞冬争夺这块土地的统治权。或许山墙上有关于她使用魔力使橄榄破土而出的浮雕;可以相信,山墙南北两端斜倚着两位河神,埃利达努斯和伊利苏斯,这两位河神紧邻着以他们名字命名的河流。内墙的饰带精彩绝伦,环绕整座神殿。饰带的主题

内墙的饰带

描绘雅典人纪念女神的庆典中最庄严的那一部分。在每隔四年举行的泛雅典娜节上,人们排成长长的游行队伍前往神殿,为女神献上一件崭新

泛雅典娜节的游行

长袍。游行队伍从卫城西侧出发,同时从南北两侧行进,两支队伍在东侧入口会合。整个画面在帕特农神庙的内墙饰带上生动呈现出来。沿着柱廊向前走,抬头往上看,参观者可相继看到骑在马背上英俊的雅典骑士、战车、【355】步行的公民、乐师、祭祀的牛羊、端着圣器的盛装少女、城邦的九位执政官向雅典娜的神殿走去,在这个特定节日里,女神在此招待她的子民。此外还有两位大神高坐在王座之上,雅典娜的一侧坐着宙斯,另一侧坐着赫淮斯托斯。女神旁边一位祭司手拿长袍,或许这是一件旧长袍。整条饰带的西端还残存在原处,其余部分已被移走,相当大一部分来到了我国(英国)。

原来的神殿

如今,雅典娜-波利亚斯拥有两座并排而立的神殿,因为原来的神殿并未被完全摧毁,战后被人修复,她原来的塑像也未从这座神殿移走。几乎与此同时,建筑师卡利克拉提斯另外修建了一座规模较小的神庙,供奉胜利女神的塑像。这座神殿位于卫城西南侧的山崖边,这确是最适

胜利女神雅典娜的神殿

合修建胜利女神神殿的位置。雅典人站在神殿之前的平台上极目远眺,就可在不远的前方看到萨拉米斯和埃吉那;如果他转向阿尔哥斯湾方向,可以看到远处科林斯卫城和麦加拉群山;站在胜利女神像下,他可能陷入对无尽往事的追忆和对美好未来的冥想中。饰带主题中清楚地呈现

了修建神殿的目的，那就是对波斯战争的纪念。而这一时期修建的其他神庙雕像大多通过神话形式间接体现波斯战争的主题，比如，希腊人与阿玛宗人、拉皮泰人和半人半马怪的战斗，或者诸神与巨人族的战斗等。但在胜利女神的神殿饰带中，直接刻画了希腊人与波斯人的战斗，从画面展现的希腊人与波斯陆军的战斗看，这应当反映的是普拉提亚之战。

雅典和阿提卡其他神灵的神庙在战争时期也被波斯人毁坏，如今同样需要修复。从卫城西侧俯瞰雅典的西城，最令人瞩目的是克洛罗斯山上的一座以彭泰利斯大理石修建的多利亚式神庙，此前没有任何一座建筑能比它更引人注目。这座神庙是"赫淮斯托斯的子民"为其所建，之前的神殿由采自比雷埃夫斯港的石灰石所建。赫淮斯托斯是工匠之神，在雅典备受人们的崇敬，帕特农神庙的饰带上，他就坐在这块土地的保护神雅典娜之旁，由此凸显出他的重要性。赫淮斯托斯的圣所是唯一一座未受波斯战争损毁的神庙。大约与此同时，一座大理石波塞冬神庙巍然耸立在阿提卡最南端的苏尼昂（Sunium）海角。波斯人对原来采用波洛斯①（Poros）石修建的神庙造成了毁灭性的破坏。在人们向海神祈祷的地方，【356】海神拥有一座属于他的神殿，从这里，他可以俯瞰其统辖之地。与雅典卫城的情形一样，他不必与雅典娜共享一座祭堂，因为女神在近旁有一座属于她自己的独立神庙。

赫淮斯托斯的神庙，通常称为提修昂

苏尼昂的神庙

建造这些宏伟的建筑需要花费大笔金钱，为伯里克利的政敌提供了攻击他的口实。修昔底德是批评者的领袖。他指责伯里克利不但浪费城邦用于战备的资源，而且挪用盟邦的金钱满足雅典的一己之私。他说，雅典"就如同一位爱好虚荣的妇人，用宝石把自己打扮得花枝招展，这些雕像和神庙花费了人们成千上万塔兰特"。不可否认，这些新建筑物的费

对伯里克利修建工程的反对意见

---

① 波洛斯是萨洛尼克湾里的一座小岛。

第九章 伯里克利领导下的雅典帝国　447

用有一部分取自泛希腊同盟的圣库,但这只占总花费的很小一部分;大部分来自雅典娜的圣库和雅典国库。然而,反对者仍有充分的理由从政策和正义角度指责伯里克利。伯里克利借口说要用贡金的一部分(或许是六十分之一,此外还有六十分之一敬献给雅典娜)重建被波斯人毁掉的希腊神庙。无疑这是希腊人应尽的义务,但伯里克利诡辩说,只要雅典能有效地保护她们的安全,盟邦就没有理由抱怨,因为根据入盟条约,雅典如何使用这笔金钱,盟邦无权干预。"三十年和约"订立之后的第三年,修昔底德认为可以圆满解决他与伯里克利之间的政治分歧,因此号召人们通过陶片就此进行裁决。然而,人民投票放逐了修昔底德。自此,不再有影响力强大的政敌反对伯里克利的政策或对他说三道四。如今,已经开工的建筑物可以继续施工而不再担心受人指责,【357】他还可以着手准备新工程。为了准备泛雅典娜节的音乐竞赛,伯里克利在狄奥尼索斯剧场东侧再建了一座名为奥狄昂(Odeon)的大剧场。该剧场的屋顶由俘获来的波斯战船的桅杆和横桅所建,顶端上翘如同一座帐篷,有人诙谐地将它与将军伯里克利的头盔相提并论。在喜剧作家克拉提努斯(Cratinus)的一部作品中,剧中一个角色说,"陶片审判已经结束,伯里克利走向前来,啊,我们这位头顶尖尖的宙斯将奥狄昂戴在他的王冠上"。

虽然在修建卫城南城墙时,客蒙曾建过一道西南朝向的大门,但该门太小,无法解决进出这座被城墙环绕的山丘的当务之急。

放逐修昔底德,公元前442年

《特拉塔伊》中克拉提努斯取笑伯里克利

新建的卫城山门

图9-6 19世纪学者构建复原的卫城山门

（19世纪学者构建复原的卫城山门，参见图9-6）建筑师姆涅西克莱斯（Mnesicles）设计了一道更气派的前门，入口处的建筑群与帕特农相得益彰，得到伯里克利的首肯。姆涅西克莱斯规划的建筑群占据了卫城山的整个西侧。这组建筑群的正中是五道大门，它们位于高高的峭壁上，都朝正西方向。两旁各有一个巨大的柱厅，一直向南北两个方向延伸到卫城山的边缘，行走时，雅典人可在此躲避日晒雨淋。在柱厅前面的绝壁上，向前伸出两块开阔的平地形成柱厅的侧厅，由此可以拾级而上登上正中的大门。不过，姆涅西克莱斯的设计没有考虑到卫城西南部分的神殿，新建的建筑将会挤占其中的一些空间，南侧的柱廊将可能截断阿尔特米斯－布劳洛尼亚圣域所占的地方，而且附近南端柱廊的侧厅会侵入胜利女神雅典娜的围栏之中。北侧没有出现这些问题。这两位女神的祭司们反对按建筑师的设计施工，认为这会触犯女神的圣地，最终姆涅西克莱斯庞大的计划只有一部分得以实施。但是，即便修建工程已经开始动工，伯里克利和他的建筑师仍未放弃，希望最终能打消祭司们的顾虑，允许按原来的设计进行。后来的修建过程中，他们完全删除了南侧的柱廊，并将南侧侧厅也大大缩减。但是他们留下一些痕迹，希望将来某个时候能将这里扩大到最初计划的规模。北侧的修建工程也未能完全按姆涅西克莱斯的想法进行，这是由于另外的原因。人们没有修建那座封顶的柱厅。他们原本打算把这一部分留到最后再行修建，但此时雅典处于另一次大战的威胁下，继续在修建工程中加大投入显然已非明智之举。尽管如此，西北的侧厅最终修建完工，配以绘画装点修饰。【358】雅典最伟大的绘画作品并不在卫城山上，而在山下的建筑内，这些绘画属于更早时代。当客蒙当政时，他高薪将塔索斯人波利吉诺图斯（Polygnotus）聘到雅典，在另一位著名画家米孔（Micon）的协助下，他以栩栩如生的壁画装修了卫城北侧新建的提修昂（Theseum）和阿那凯昂（Anaceum），此外，他还在市场拱廊的墙上绘制了精彩图画。

画廊

波利吉诺图斯在雅典，约公元前470年—前465年此前曾谈到马拉松战役的画卷就出自这里。这位塔索斯巨匠最著名的画作是在他离开雅典后完成的，其主题是奥德修斯造访冥界。该巨作位于德尔斐，绘于克尼多斯人在阿波罗神庙修建的演讲厅上。

如果说雅典企图让全希腊承认她的领导地位注定会徒劳无功，但她却成功地在思想文化上影响着整个希腊，甚至那些最不愿意承认其领导地位的城邦也被其艺术成就所折服。在艺术领域，雅典部分地实现了伯里克利的梦想。当无法使雅典成为希腊的统治者时，他希望她能够成为所有希腊人的导师。当完成雅典娜的黄金象牙巨像并亲眼看着这尊塑像竖立在神庙后，菲狄亚斯受爱利斯人邀请，前往奥林匹亚的宙斯神庙为众神之王制作神像。在接下来的五年时间里，这位雅典雕塑家待在他的作坊里潜心制作这尊巨大的黄金象牙塑像，这尊出自菲狄亚斯之手的巨像可能是希腊造型艺术上取得的最高成就。这位泛希腊大神坐在高高的王座上，身披金色长袍，右手托着一尊胜利女神像，左手持着权杖；蓄着大胡子，头戴一顶橄榄枝编制的花环。这尊宙斯神像给许多见过的人留下深刻的印象，总能为看到他的人带来心灵的平静。"当人们经历许多痛苦和磨难后，夜不成寐，疾病缠身，心力交瘁。这时如果站在神像前，我想，他就会马上忘记人生中所有的恐惧和不幸。"一位雅典诗人这样写道。奥林匹亚是希腊宗教的两大中心之一，是希腊最能让人心生敬畏的地方。菲狄亚斯并非是唯一远赴海外工作的雅典艺术家，建筑家伊克提努斯也曾在伯罗奔尼撒半岛设计过神庙。

菲狄亚斯前往奥林匹亚，公元前438年

譬如菲伽利亚的阿波罗神庙

第七节　比雷埃夫斯　雅典贸易的发展

比雷埃夫斯

自地米斯托克利为其修筑城墙以来，比雷埃夫斯获得了巨大发展。如今她已成为全希腊最大的港口和最便利的城市之一。（比雷埃夫斯港主要布局,参见图9-7)伯里克利试图使之成为一个更伟大更公平的地方。【360】比雷埃夫斯港和雅典城在协同防御上存在一处不足。在穆尼基亚与延伸至法勒隆海滨的南城墙之间有一片未设防的湿地滩涂,敌人可能乘夜在此登陆。这一不足本可以通过加筑一段横墙弥补,但伯里克利采纳了另外一个完全不同的设计。他派人修筑了一条与北长城平行且离之不远的防御城墙,这两道长城将比雷埃夫斯与被当地人称为"上城"的雅典连在一起。南长城(或称法勒隆长城)则最终失去防御体系的功能,年久失修,逐渐破败。他在三处港口修建了泊船位,使闲置的船舶可放置在干燥开阔的陆地上;此外,在码头附近他还命人修建了仓库和各式建筑,便利了海上运输和商业贸易。大量商船频繁出入于大港东岸的港区。此处的市场有界石隔开,其中一些界石保存至今,每个片区有特定官员负责管理。港区最著名的建筑是一排被称为德格玛(Deigma)的廊厅,商人们在此陈列展示商品。伯里克利并不只满足于搭建这些新建筑,他将整个比雷埃夫斯城按全新体系重新规划,使该市从穆尼基亚的半山腰一直延伸到大港码头处,这座新城的规划引起希腊人相当大的兴趣。整个城市呈长方形,主要街道按南北走向平行而列,东西走向的街道与其直角相交,将城市分为若干街区。比雷埃夫斯是欧洲第一座采用这种规划修建的城市,许多当代城市大体也采用这种规划方法。比雷埃夫斯的规划理念源自米利都建筑师希波达穆斯(Hippodamus)。此人既好纯理论的冥想也长于将理论付诸实践。他曾试图将这种对称原则运用到政治中,在他设计的理想城邦中,政治体制与理想城市的街道密切相关。不过他在政治方面的尝试未获成功。

　　雅典商业的发展很大程度上得益于伊奥尼亚商业城市的衰落,此外,希腊对波斯的胜利沉重打击了腓尼基贸易,一定程度上也助推了雅典商业的发展。伊奥尼亚商业的衰落清楚地反映在雅典同盟的贡金名录

中长城

港区

|| 第九章 伯里克利领导下的雅典帝国　　451

图 9-7　比雷埃夫斯港主要布局

[据 T. R. B. Dicks, "Piraeus: The Port of Athens", *The Town Planning Review*, vol. 39, 1968(2), p.143 编译]

中,伊奥尼亚人的小额贡金与普罗蓬提海沿岸城邦的高额贡金形成鲜明对照。兰普萨库斯所纳贡金是以弗所的两倍,尽管这两个城邦都将东方商品运送到爱琴海的西岸和北岸地区。这种变化与雅典帝国的兴起同时发生,无疑雅典才是其中主要的获益者。雅典的人口及港口运量成倍增加;【361】大约此时,阿提卡居民总数似乎已达 25 万人左右,其人口总量可能是科林斯的 2 倍。不过其中将近一半为奴隶,因为手工业发展的必然结果之一就是大量奴隶涌入手工业城镇。在居民主要靠农业为生的城镇中,对奴隶的需求量仍然很小。值得注意的是,虽然希腊(尤其是雅典)每年消费大量从海外输入的粮食,但这并不会破坏希腊本身的农业生产,这是因为运输费用高,国内生产粮食仍有利可图。

兰普萨库斯,12 塔兰特;以弗所,6 塔兰特

充足的金钱

除了地处遥远或极度保守的城邦外,如今钱币已完全取代原始的交换方式和衡量价值的标准。大多数希腊城邦,无论大小,都会打制发行本邦的钱币。但无论哪一个城邦,此时的钱币几乎都是银币。因为希腊地区

物价上涨

452　希腊史 II

白银充足，所以物价必定会相应上涨。可以看到，大麦和小麦的价格已经比 100 年之前上涨了 2~3 倍，牲口价格上涨更加明显。梭伦时代，1 德拉克玛可以购得一只羊，到伯里克利时代，其价格上涨到 50 德拉克玛。鉴于银币的贬值，利息本应较低。但是，由于商业贸易非常活跃，资金需求非常巨大，但抵押品相对不足，因此借贷利率一般仍保持在 12% 左右。

利率

第八节　雅典人在意大利的野心

在地中海西部沿岸，雅典也在努力扩张其影响，推动贸易的发展。她为伊特鲁里亚人提供黑底红画陶，在遥远的波河流域也有其产品的销售市场。雅典的商船从托斯坎尼带回金属制品，从迦太基购来地毯和坐垫，从西西里运回粮食、奶酪和猪肉。西西里岛上的希腊城市逐渐采纳阿提卡币制；台伯河畔的那个意大利人建立的蕞尔小邦虽然后来为整个世界制定法律，但此时也对梭伦立法推崇备至，多次派出使节慕名前往雅典希望获得立法抄本。雅典已经填补了卡尔基斯的位置，成为意大利和西西里各地最主要的贸易伙伴。科林斯是雅典在西部地区最强劲的贸易竞争对手，但雅典已超越这个最大的多利亚商业城邦。在二者的竞争中，雅典拥有一个优势。因为占据瑙帕克图，雅典扼科林斯湾门户，【362】这对科林斯构成一个永远的威胁；此外，科林斯与殖民地科基拉之间的仇恨使科林斯不能将该岛用作向西航行的中转站。但另一方面，科林斯的优势是她与西地中海世界的重要殖民城邦，尤其是叙拉古，保持着密切关系。这些城市是她航海贸易和发挥影响的重心。除雅典外，叙拉古可能是希腊世界人口密度最高且人口最多的城邦。雅典并无殖民地，也无那样的贸易中心。地米斯托克利已觉察到这种不利，他曾图谋占据大希腊的塞里斯，不过他的计划并未成功，该城被邻近的城邦摧毁。伯里克利当

雅典在西部地区的贸易

政时，机会终于来临。正如在其他方面一样，完成地米斯托克利计划的任务又落到他的身上。

<small>重建叙巴里斯，公元前452年—前448年</small>

城邦被毁后，老叙巴里斯的公民一直居住在邻近城邦，最终他们返回家乡，在原来的地方建立了一个新叙巴里斯。但是，不到5年，其宿敌克罗同人赶来将他们驱散。然而，叙巴里斯人并未灰心丧气，希望借助他邦之力完成其未竟的事业。他们邀请雅典和斯巴达与其一道重建一座新城。

<small>叙巴里斯人邀请雅典与其合作，公元前446年</small>

对斯巴达来说，叙巴里斯人的提议没有什么吸引力，但在雅典看来，这是一个千载难逢的好机会。叙巴里斯所在之地以肥沃著称，而且此地适合雅典开拓贸易。不过，伯里克利决定赋予这项事业国际意义，而不是仅为雅典人参与的投机行为。他向整个伯罗奔尼撒半岛宣布，任何人只要愿意皆可参加建立新殖民地的活动。伯罗奔尼撒半岛的城邦，尤其是阿凯亚，是塔林顿湾周边希腊殖民地的母邦，半岛上的一些城邦近来与雅典过从甚密。伯里克利的想法是，在雅典领导下，由伯罗奔尼撒的母邦组织重建这个新城邦。

<small>新叙巴里斯的建立</small>

阿凯亚、阿卡狄亚和爱利斯响应雅典人的号召，他们一道建立了新叙巴里斯，雅典在其中占据主导地位，这可从这座年轻城邦发行的钱币上身着阿提卡头盔的雅典娜窥见一斑。

但是老叙巴里斯的公民并不满足与来自母邦帮助他们的殖民者平起平坐。他们认为自己与这块土地联系更紧密，应赋予他们特权，要求拥有城邦重要官职的独占权力。如此要求令人难以容忍，双方最终诉诸战争，叙巴里斯人被赶了出去。当城邦内争结束时，【353】急需增加大量人口。该邦公民第二次呼吁雅典提供援助。

在伯里克利的领导下，雅典响应了他们发出的第二次号召，开展了一次更大规模的殖民活动。所有希腊城邦都受邀参加建立这个泛希腊的殖民地。为了开展这项事业，伯里克利召来了预言家和神谶解释人拉姆蓬（Lampon）充任其左膀右臂，此人与埃琉西斯秘仪崇拜关系密切，是雅典宗教事务的最高权威。他从德尔斐获得一则与新殖民地相关的神谕,神谕说殖民地的新城将建在一个需用容器喝水但不用容器吃面包的地方。伯里克利在雅典的政敌反对这个计划,尤其对他力图赋予新殖民的泛希腊性质不满。克拉提努斯曾上演一出戏剧嘲讽拉姆蓬,并质问伯里克利是否就是提秀斯二世,是否力图统一整个希腊。然而,希腊人纷纷响应雅典的号召,在拉姆蓬的领导下,他们前往这个殖民地。在离叙巴里斯不远的地方,他们发现一条从铜管中涌出的小溪,当地人称这里为容器。显然,这里就是神谕指明的用容器量过的水;而且这块地方非常肥沃,可以出产不计其数的面包。该地被命名为图里伊(Thurii),这座新城由规划比雷埃夫斯的建筑师希波达姆斯设计。自然,图里伊奉行民主政体,虽然她深受雅典的影响,但该殖民地并未采用梭伦立法,而采用了洛克里的立法者扎琉库斯制定的法律。建城若干年后,有人问起谁是城市的创立者,德尔斐祭司宣称阿波罗才能拥有这一荣誉。图里伊的钱币上打制有雅典娜的头像和一根橄榄枝。正如计划的那样,虽然来自阿提卡的殖民者并不占据优势,但该地仍成为雅典人在意大利发挥影响的中心区域。

克拉提努斯的喜剧《德拉佩提德斯》

图里伊殖民地,公元前443年

第九节　雅典在色雷斯和黑海的政策

雅典在西部地区承继了卡尔基斯的位置,在东部承继了米利都的位置,但相较于西部,她在东部拥有更大规模和更直接的利益。她从本都输入的货物,尤其是粮食、鱼、木材等,比从西部输入的产品更生死攸关。因此对任何一个头脑清醒的政治家来说,最重要的是确保联系雅典与黑海海上交通线的畅通,【364】并在黑海沿岸占据一些位置优越的战略要地。通过殖民克尔松尼斯(伯里克利曾强化对该地的控制),雅典确保了对

<small>色雷斯王国的兴起,大约公元前450年</small>

黑海外门的控制权,通过将拜占廷和卡尔克顿纳入雅典同盟,确保了她对黑海内门的控制权。在黑海地区,依靠散布周边的希腊城邦支持,雅典成功抵御了邻近蛮族的入侵。雅典的粮食市场对于色雷斯和斯基泰政坛的每一次风吹草动都相当敏感,战船必须随时准备为商船护航。在泰莱斯及其子西塔尔凯斯(Sitalces)的领导下,兴起了一个实力强大的色雷斯王国,这需要雅典的政治家比以往任何时候都更迫切关注该地区的动态。泰莱斯的势力远达多瑙河,其影响力甚至波及第聂伯河,而且他将女儿嫁给了邻近的斯基泰国王。(古代色雷斯主要城镇及部族,参见图9-8)

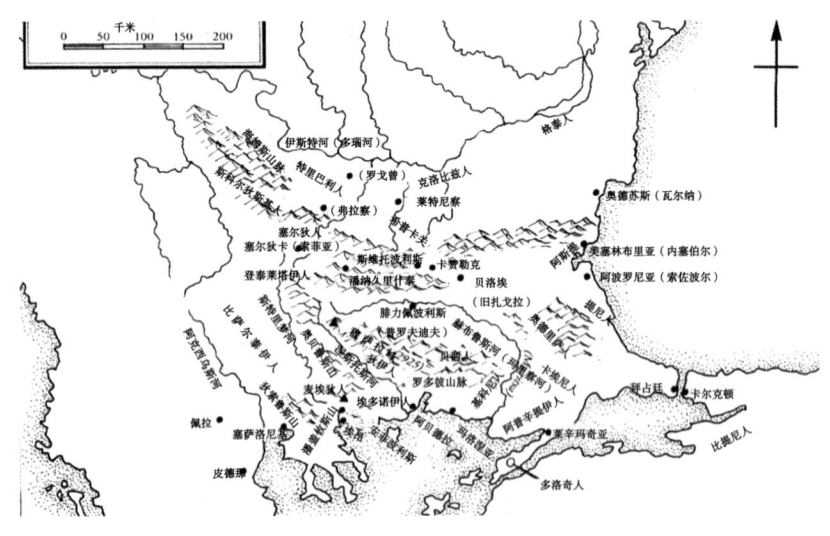

图9-8 古代色雷斯主要城镇及部族

(据C.Webber, *Thracians 700 B.C–AD 46*., Oxford: Osprey Publishing, 2001, p.5 编译)

<small>伯里克利巡航黑海</small>

为了让黑海沿岸的蛮族对雅典强大的海上力量留下深刻印象,伯里克利率领一支强大的水师巡行本都。此次海上航行并未留下太多材料。据考证他可能到访过辛诺普,最终,此次巡行使雅典在这个重要地区获得了一个长久的立足地。或许他还到达过西麦利的博斯普鲁斯,在潘提卡帕昂拜会了阿凯亚奈基提德(Archaeanatid)王朝的统治者;不论兴衰,

在以后相当长时间里,该王朝一直与雅典保持着历久弥新的友谊。鉴于潘提卡帕昂是黑海粮食贸易的中心,这种密切关系具有高度的重要性。

鉴于一个强大的国王将色雷斯各部落统一起来,雅典不得不时刻留意爱琴海北岸和马其顿东部的政治形势变化。从贸易和战略地位看,该地区最重要的地方当数斯特里梦河口一带,在此雅典人占据着埃昂城。离河口不远处建有一座桥梁,所有与色雷斯和马其顿的商贸往来都需经过该桥,沿斯特里梦河河谷上溯是深入内陆的主要通道。周围的山坳因蕴藏着丰富的金银矿产而著称。马其顿国王亚历山大在普拉西亚斯湖(Prasias)畔开发了一处银矿,可以日产白银 1 塔兰特。客蒙当政时,雅典曾试图在斯特里梦桥附近的"九路"建立一个殖民地,以增强埃昂的防御。如前所述,雅典的企图对塔索斯的利益构成了严重威胁,因而激起他们的强烈反对。虽然塔索斯最终被征服,但"九路"的殖民地也被周边蛮族摧毁。30 年后,【365】伯里克利重启该计划,并最终获得巨大成功。尼西阿斯(Nicias)之子哈格农(Hagnon)带领雅典人和其他城邦公民前往殖民,并在"九路"一带建立了一座新城。该城三面皆为斯特里梦河环绕,势必成为该地区沿海一带最重要的城市。但是,该邦的地方主义情怀日渐滋生,不利母邦。下面将会看到,在建立 15 年后,这座城市就不再属于雅典。

在"九路"地区的殖民尝试,公元前 465 年

建立安菲波利斯,公元前 436 年

第十节　萨摩斯暴动

修昔底德遭放逐后,伯里克利成为城邦大政方针毋庸置疑的领导者,统治雅典几乎长达 15 年。他如同一位专制君主,甚至有人说他的统治就是庇西特拉图僭主统治的继续。然而,他的地位完全合法,有着最稳定的政治基础;他通过道德力量影响着拥有最高权力的人民。他有权说

伯里克利的政治地位

| 第九章　伯里克利领导下的雅典帝国　　457

服人民做他认为是正确的事情,在其政敌被逐后的15年中,每年他都被选为十将军之一。虽然名义上每位将军拥有相同的权力,但政治影响力最强、最受人民信任的将军事实上是首席将军,城邦的外事权力由其掌握和处理。伯里克利并非无须承担任何责任。每个公职年份结束时,人民都要求他对任期内的行为做出解释,如果遭到质疑,人民可能不再选他为下一任将军。当再一次毫无争议地获得统治权时,他用以维持其影响力的就只有智慧和雄辩的公共演说。在早期的政治生涯中,他采用的各种策略不过是出于党派斗争的需要;如今他抛弃所有迎合民意以图获取选票的拙劣手段,不再屈从于人民的愚行。他相信自己的判断,力图提升人民的智慧,让人民如同他一样理性地思考问题。在内心深处,他无疑渴望获得专制君主式的绝对权威,但优良的作风足以使他感觉到作为自由民众的领袖远胜于专制君主,因为自由民众必须而且只能通过说服才会接受领袖的意见,而专制君主的臣下只需按君主意志行事即可。不过,这位民主政治的领袖瞧不起粗俗的民众,或许没有人比他更清楚民主政体的不足。在最高领袖应必备的素质中,最重要的是既能超然于民众,又能和善地对待民众的恶意指责,而不忌恨于心。确实,正是具备上述优良素质,伯里克利才获得成功,并维持其最高地位。

伯里克利比地米斯托克利品格更高尚,但与地米斯托克利不同,他并不是一个富有创造力的天才。【366】由他亲自创造出来的观念和制度很少,他只是尽力将前人的想法付诸实施。很久以前就已完全建立的人民主权臻于完善;他将已经奠定基础的雅典帝国推向了顶峰。作为一位演说家,他或许颇有天赋,但对此我们无法做出明确判断。他有幸成为一位盛世大邦的领导人,此时涌现出的诗人和艺术家不但是那一个时代希腊人的翘楚,也是人类历史的杰出人物。伯里克利时代同样也是索福克勒斯、欧里庇德斯、伊克提姆斯、菲狄亚斯生活的时代,但这个时代并不是由伯里克利创造的。虽然伯里克利并不是那么富有创造力，但他仍是一个非常有趣的人物。或许他对雅典最大的贡献常常被人忽视，那就是使雅典与其满怀嫉妒的邻邦维持和平长达 20 年，这一成就需要超凡的政治智慧才能取得。

虽然并无任何材料对伯里克利说三道四，但在军事活动方面，他确实只能算是尽职尽责，至少寻常情况下他能获得胜利。"三十年和约"订立后的第 5 年，考验他将才的时候来临了。雅典与最强大的盟邦之一萨摩斯发生了战争。导致战争爆发的原因是萨摩斯与另一同盟成员米利都争夺普列涅的控制权。多年之前，雅典为米利都确立了民主政体，派军镇守该城。后来，米利都与另一个不纳贡的盟邦成员发生了战争，当战况不佳时，米利都转向雅典求救。上述情况表明，我们对于雅典与各同盟者或属邦的不同关系仍了解甚少。或许此情况下，雅典会做出有利于属邦的决定。因此，得到求救消息后，雅典决定帮助米利都。伯里克利率领 44 条三列桨战船前往萨摩斯，推翻了那里的寡头政体，掳掠了许多人质，建立起民主政体，并在此驻军队。但在波斯人的合谋下，逃亡大陆的一批贵族于某个晚上潜回萨摩斯，抓获岛上的雅典驻军，并将他们交给波斯驻萨尔狄斯的总督。此外，他们抢回了关押在列姆诺斯岛上的人质。在此同时，拜占廷人反叛，这又给雅典人深重一击。

萨摩斯反叛，公元前 440 年

拜占廷反叛

伯里克利迅速率领一支由数量众多的舰船组成的水师返回萨摩斯。听说一支腓尼基水师正前往萨摩斯增援，他立即停止围困萨摩斯，派遣一部分舰船准备迎敌。当他不在时，萨摩斯人获得了一些胜利，打败了停靠在近旁的一些雅典舰船。【367】两周后，眼见腓尼基人并未前来，或者他们由于某种原因已驶回亚洲，伯里克利迅速驶返萨摩斯。大约 200 艘战船严密封锁该岛，9 个月后萨摩斯最终投降。萨摩斯人被迫拆毁城墙，上交战船，缴纳大约 1500 塔兰特的战争赔款。至此，萨摩斯臣服于雅

围困征服萨摩斯，公元前 439 年

典，被迫为帝国提供军队，但无须交纳贡金。

战争中丧生的雅典公民获得国葬之礼，伯里克利发表葬礼演说。或许就是在这次演说中，他运用了一个著名的短语指代牺牲的年轻人。他说，春天已被人从一年之中带走。

拜占廷也重新回到同盟之中。这是雅典最艰难的时刻，因为她还需担心伯罗奔尼撒人的入侵。斯巴达人及其同盟者曾聚在一起商讨当时的形势。后来，科林斯人宣称他们反对任何形式的介入，因为每一个城邦都应有权决定如何处理反叛的同盟者，他们的说法是真是假，姑且不论。然而，科林斯人或许应在此时采取行动，事实上，正是因为雅典与科林斯之间商业上的嫉妒和竞争，最终引发了雅典同盟与伯罗奔尼撒同盟之间的战争，并最终导致雅典帝国灭亡。

对喜剧的临时限制措施

可能在萨摩斯战争激战正酣时，伯里克利认为作为权宜之计，有必要对喜剧进行某些限制。他担心的是喜剧诗人对其政策的自由批评不但会对雅典产生影响，还会对来剧场观看表演的外邦人，尤其是来自属邦的人产生负面影响。该预防措施表明当时的情况非常危急。不过这些限制措施很快就被撤销，因为它与那一个时代雅典的精神背道而驰。自此后，对于喜剧诗人的唯一限制是，如果他对公职人员开的玩笑太过火，就可能在 500 人议事会上受诽谤罪的指控。

公元前 472/471 年

雅典的喜剧是由狄奥尼索斯节上的哑剧表演的基础上发展而来，这些狂欢者头戴面具，唱着下流的歌曲，开着粗俗的玩笑。波斯战争后，城邦认可了这种戏剧形式，并在泛狄奥尼索斯节上举行喜剧竞赛。悲剧竞赛占据节日的前三天时间，第四天举行喜剧竞赛。喜剧的形式和基本架构就此成形。【368】玛格涅斯（Magnes）和奇奥尼德斯（Chionides）是第一批喜剧大师。但是他们很快就被伯里克利时代最瞩目的喜剧诗人克拉提努斯超越。

在雅典帝国时代的政治和社会生活中，最重要的表征是诗人在喜剧舞台上享有完全的自由，他们可以嘲笑世上的万事万物，可以诅咒城邦的任何机构和所有的日常活动，可以随意诋毁任何一个政客，甚至嘲笑天上的诸神。即便在一个堕落的时代，借助宗教的幌子，人们也不敢如此肆无忌惮。只有在一个自由国度里，言论才会如此自由。在这样一个国度里，人们完全相信自己的实力和美德，对于国家的制度和理想充满信心，对于自己的信仰真诚、深厚而热烈。只有此时，他们才有资格自我嘲讽。总之，旧喜剧是见证雅典伟大的最好证人。

第十一节　高等教育　智者

自从涅斯托尔和奥德修斯的时代以来，说服类的演说艺术就被希腊人奉为圭臬。随着民主政体的兴起，演说技艺日渐重要。当时社会中，新近出现了一类声名显赫的人物，他们是公共集会优秀演说辞的代名词，这反映出人们或许会花更多时间和精力培养自己的演说技能。任何一个奉行民主制的希腊城邦都要求普通公民具备在公共场合陈述自己观点的能力，对于任何一个有志从政的公民而言，演说技能不可或缺。如果一个人被人告上法庭却不会演说，那么他的境遇就如同一个全无武装的平民受到一个全副武装的士兵攻击一样。清楚表达自己的想法并说服听众，这是一项需要传授和学习的技艺。一个人仅懂得运用词汇还远远不够，他还必须学会如何驳斥他人的观点，如何在讨论政治和伦理问题时发挥自己的作用。因此，人们需要接受高等教育。

> 一类新名人，譬如毕达哥拉斯、阿那克萨哥拉斯

与这种民主化趋势相对应，发端于伊奥尼亚自然哲学领域的探求精神也在不断发展。经两位天才之手，希腊人对于自然的探究步入一个更高发展阶段，他们的推断结果对于科学产生了历久弥新的影响。恩培多

> 科学

克勒（Empedocles）提出"四因素说"，并试图通过力的相互吸引和排斥解释宇宙的发展，时至今日，该理论仍在科学界占有一席之地。他提出的理论中还蕴含着适者生存的法则。阿布德拉人德谟克利特（Democritus）是一位饱学之士，他首创了原子论。该理论经伊壁鸠鲁和罗马时代的卢克莱修发展，逐渐被大众广泛接受。德谟克利特的科学构想是：宇宙万物都产生于原子，原子存在于虚空之中，它们本质上是一致的，只是在体积和重量上有所不同。上述观点表明，人们在解释自然上有了重大进步，促使被我们称为"有条理性知识"的新观念的产生，这种观念又被运用到各学科的研究中。公元前5世纪下半叶是一个专业论著（technical treatises）的时代，演说术和烹饪术都被纳入这个体系中，政治制度和广为接受的道德观念也成为科学研究的对象。求知欲带领希腊人到异域或外邦人那里寻找更丰富的知识，他们不但开始更深入认识世界，而且以更具批判性的眼光审视所闻所见。文明不断向外传播，偏见逐渐消除。在讲述下面的故事时，希罗多德还不是一个怀疑论者，并未提出太多质疑，而是完全接受其中蕴含的教育意义。大流士叫来一些希腊人，询问他们要多少钱才愿意吃掉自己已过世父亲的尸体；希腊人大声抗议说，不管什么也不能诱使他们做出如此恶行。这时，国王叫来了一个来自印度的土著，询问要多少钱他们才愿意烧掉自己父亲的尸体；这些吃父亲死尸的印度人大声叫嚷着说，哪怕有那样的想法，他们都觉得极其厌恶。品达曾说过，习俗是世界的主宰，希罗多德的故事印证了他的看法。人们开始按照风俗和品性区分彼此。他们需要为自己的习俗和制度做出合理解释，单凭权威和时代的久远还不足够，因此他们还会将人类社会与自然界进行比较。事实上，求诸自然会导致完全不同理论的产生。从自然角度看，所有事物都是平等的，出身和财富并无太大关系，因此，城邦理应建立在完全平等的基础之上。另一方面，有人也辩称，在自然状态下，强者降服并统治弱者,因此君主制才是与自然相符的政治制度。不过,从中能得出什么推论并不重要,因为没有人曾试着将这些原则付诸实践。问题的关键在于人们具有强烈的质疑精神,到处都有拒绝接受现存权威的明智之人,他们总是在询问你是怎样知道的,并声称要对宇宙的万事万物刨根问底。

正是在这种具有深厚批判和怀疑精神的氛围之下,希腊必须为年轻人提供层次更高的教育,这也是民主制必需的现实环境。那些游走各地的教师通过教授他人演说和辩论术,满足了人们这方面的需求。【370】他们还是百科全书似的人物,可以教授人们需要的任何知识。这些教师收费授业,因而被称为智者,他们的职业其实就类似于当今的"教授"。严格地讲,智者是指任何一个精于某一特定领域技能的人,他可能是诗人,可能是烹饪家。当用于指收费教育年轻人的教师时,"智者"一词被赋予了些许贬义。这一部分是因为雇主对这些知识渊博者的不信任,另一部分是因为希腊人业已存在的对收费服务者的偏见,更主要是因为受到穷困者的嫉妒。与受过智者教育的人相比,无法支付教育费用的人在公共生活中的差距会越拉越大。但笼罩在智者职业之上的阴影并不表示他们都是欺世盗名的骗子,完全靠自己都不相信的谎言蒙蔽大众。对于智者的偏见始于哲学家柏拉图,并决定着现代语言中的"诡辩家"(sophist)和"诡辩"(sophistry)两个词汇的意义,但是这与历史事实并不完全相符。

智者的活动并不只局限于教学,他们也著述颇丰,讨论过许多重大话题;他们批评政治事件,传播新观念,在某种程度上,他们的活动起着与现代新闻报道类似的作用。但大多数智者并不只是教师和记者,他们不但传播而且也创造一些观念,通过他们渊博的知识使这个世界更加丰富。他们都是理性主义者,也是教化的传播者。不过他们的观点和理论也各不相同。列奥提尼(Leontini)人高尔吉亚(Gorgias),阿布德拉人普罗

智者

他们的著作

泰哥拉(Protagoras)、凯奥斯人普罗狄库斯、爱利斯人希庇亚斯(Hippias)、雅典人苏格拉底等人都有着各不同的鲜明个性。苏格拉底地位远高于其他智者,在以后章节中我们还会再次提及他。凯奥斯人普罗狄库斯是一位悲观主义者,无疑,他就是诗人欧里庇德斯谈到的那位认为痛苦远多于幸福的人。正是普罗狄库斯创作了赫拉克勒斯在十字路口选择美德还是享乐的著名寓言故事。在所有智者中,普罗泰哥拉可能是最伟大的一位。他是第一个区分演说辞各组成部分的人,也是第一位为欧洲创建科学语法的学者。作为教师,他主要的活动在雅典进行,甚至可能与伯里克利关系密切。据传,伯里克利与普罗泰哥拉曾花了一整天的时间讨论关于惩罚的理论,不过这个问题至今仍未解决,这表明智者的教益有助于推理能力的培养。司法的报应理论受到人们质疑,【371】因为该理论从逻辑上完全有可能导致审判或处罚动物或其他无生命的事物;于是,人们提出相反理论,并据此开始限定处罚对象。普罗泰哥拉是雅典宗教歧视的牺牲品。他曾写过一本神学著作,并曾在其朋友欧里庇德斯家里当着几个特定观众大声诵读。该作品的主旨可能包含在第一个句子里:"对于神,我不知道他们是否存在,也不知道他们是否不存在,许多事情限制了人拥有这种知识,因为事物是晦涩的,而人的生命是短暂的。"普罗泰哥拉相信神灵,但他强调的是,神是存在的,但不能被人们认知。遗憾的是,如今这本书早已不复存在。一个名为皮托多鲁斯(Pythodorus)的人作为城邦宗教的卫道者走到前台指控普罗泰哥拉犯了渎神罪。这位哲学家认为只有逃离雅典才是明智之举,当乘船前往西西里时他不幸坠海身亡。欧里庇德斯曾在剧作《帕拉梅德斯》(*Palamedes*)中借助色雷斯妇女的合唱歌悲痛哭诉道:"希腊人,你们杀害了缪斯女神的夜莺,这只神奇的鸟儿并无任何过错!"此时诗人想到的正是这位来自色雷斯的逝去的朋友。在雅典禁止销售普罗泰哥拉的书籍,所有能被找到的复本也被当众付之一炬。

普罗泰哥拉并不是此类事件的唯一例证。多年之前,哲学家阿那克萨哥拉斯曾因渎神罪受到审判;多年之后,苏格拉底也因此获罪。这些事例表明,雅典人并不比其他人更开明,成见也未必会更少。普罗泰哥拉的神学观与城邦奉行的虔诚宗教观念完全能够相容,但雅典陪审员受到的教育还不足以认识到这一点。在我们对公元前5世纪知识和理性的传播满怀崇敬之时,必须认识到新的曙光还未普照普通公民大众,他们仍沉迷于无知、迷信和嫉妒中,只有那些家庭相对富裕或特别明智的人,其子弟才可能得到良好教育。

高尔吉亚是一位哲学思想家兼政治家,但他主要是作为一位演说家和文体学家而负有盛名。他创造了一种新的韵文,不仅仅是为了便于理解而创作的干瘪瘪的篇章,而是一种绝妙的体裁,富有韵律,措辞考究,充满象征意义,蕴含着理性和想象力。在奥林匹亚,其侄孙为他竖立起一座塑像,上面的铭文这样写道:"没有任何一个凡人曾创造出一种更好的艺术【372】能如它一样培育人的心智和美德。"不管走到哪里,他都会受到人们的热情欢迎,下文将谈到他作为一位使节来到雅典的情况。列奥提尼人高尔吉亚

智者是文化运动的主将和职业的阐释者。不过在诗人欧里庇德斯的作品中,同样也不乏对理性的颂扬。他利用悲剧舞台传播理性主义,并从各个方面削弱着大众宗教的基础。出于现实需要,他不得不采取间接方式达到这个目标,但他采用的方法极其娴熟。为了表达自己的理想,埃斯库罗斯和索福克勒斯已抱虔敬之心修改过某些宗教故事,通过对神话的重新阐释满足了他们的道德标准。欧里庇德斯只是将神话作为一种工具,通过重构戏剧的情节更好映衬出人们的荒谬言行。与前辈悲剧诗人一样,对于神人关系,他并没有选择逆来顺受,不愿做一个听天由命的悲观主义者。他拒绝承认任何权威,不愿对其可敬的同胞关于奴隶制、妇女欧里庇德斯

地位等方面习以为常的看法附和称是。他对盛行于雅典对出身高贵者根深蒂固的偏见嗤之以鼻。更重要的是他强烈反对希腊人普遍持有的蔑视异族的观念。最具讽刺意义的是在剧作《美狄亚》中，他描写伊阿宋惺惺作态装出一副妇女恩主的模样；然而，伊阿宋可耻地背叛了他的妻子，他竟然给出了冠冕堂皇的理由，说是他将美狄亚从僻远蛮邦带了出来，使她得以享受到生活在希腊的殊遇。

《安提戈涅》，公元前442年或前441年3、4月

其实不必走近欧里庇德斯或智者等这种最前卫的思想家，我们也能感知到人们的批判精神。伯里克利时代留下的众多悲剧作品中，最重要也是最美妙的具有丰碑意义的作品之一，是"三十年和约"订立之后在泛狄奥尼西亚节上荣获头奖的那一部悲剧。索福克勒斯的思想主题与传统宗教极为和谐，但因其生活在批判和理性思潮盛行的氛围中，即便是他，也无法对那一个时代思想活跃者讨论的问题熟视无睹。他将一个沉重而难解的政治学和伦理学问题作为《安提戈涅》讨论的主题，即如何处理公民个人与城邦的关系。（安提戈涅与俄狄浦斯，参见图9-9）如果一个人遵守城邦法规却与其他义务相违背，这时他应该如何应对？是否存在高于城邦法律的义务需要遵守？诗人的答案是确实存在此类义务，譬如某些宗教责任。他为安提戈涅违背国王的命令找到了正当理由。此类主题适宜用戏剧化的方式处理，【373】此前还没有人能够用如此完美的手法解决这个

图9-9 安提戈涅与俄狄浦斯
［据Aleksander Kokular（1825），藏于National Museum im Warsaw］

466　希腊史 II

难题,他是第一个发现可行解决方式的人。值得注意的是,《安提戈涅》不但在戏剧史中占有重要地位,而且在欧洲思想发展过程中也具有极其重要的地位,因为它第一次提出了这样的问题,这个问题不但触及伦理学最根本的理论,在现实生活中也总是要求人们拿出切实可行的解决方案。

第十章

雅典人与伯罗奔尼撒人的战争

（公元前431—前421年）

【374】如前所述，雅典的帝国和商业霸权已使她与希腊其他城邦开启了一场战争。不过，这场战争并不具有决定意义。战争虽给雅典带来一些教训，但并未浇灭她的扩张野心，也未使她的贸易受到损害，因此，战争的再次爆发必将在所难免。本章讲述多利亚人与伊奥尼亚人斗争的第二个阶段，也是双方对抗的高潮阶段，希腊人对于该时段发生这次对抗一直颇为关注。

第一节　战争的序幕

伯罗奔尼撒战争的爆发与科林斯的两个殖民城邦——科基拉和波提狄亚有关。科基拉一直对其母邦科林斯不友好；波提狄亚虽与科林斯关系友好，但业已成为雅典同盟的一员。

1. 在希腊，一个无关紧要的小城邦的内部党争经常会成为引发大邦之间战争的导火索。在科基拉的殖民地埃皮丹努斯发生了这种党争。埃皮丹努斯平民因不堪流放在外的贵族伙同蛮族盟友的侵扰，决定到母邦寻求帮助。科基拉拒绝了他们的请求，因此，他们转而求助于科林斯。科林斯人派遣部队和许多殖民者前往埃皮丹努斯；科基拉人对科林斯的

埃皮丹努斯事件导致科基拉与科林斯之间的战争，公元前435年

干预非常不满,要求他们立即撤退;当要求遭到拒绝后,科基拉人封锁了埃皮丹努斯地峡。于是,科林斯准备长途远征入侵科基拉;科基拉大为惊慌,派出使者前往科林斯,建议将此事提交由双方都认可的伯罗奔尼撒城邦仲裁。然而,科林斯人拒绝仲裁,派出一支由75条战船组成的水师和2000名重装步兵入侵科基拉。科基拉人拥有一支强大的水师,共有120条战船,其中40条正在围困埃皮丹努斯。用剩余的80条战船,【375】他们在安布拉基亚海峡外取得了对科林斯人的一场完胜;就在同一天,埃皮丹努斯投降。此年剩下的其他时间里,科基拉成为伊奥尼亚海的主宰,她的舰船驶向各方,力图摧毁科林斯的盟友。

> 科基拉取得海战的胜利

> 公元前435年,埃皮丹努斯投降

不过,科林斯开始付出更大的努力,准备与其强大而可恨的殖民地再决胜负。准备工作持续了两年之久。科林斯正在修造战船并招募水师的消息让科基拉深感恐惧。因为科林斯背后有伯罗奔尼撒同盟撑腰,而科基拉并无任何盟友,她既不是伯罗奔尼撒同盟成员,也没有与雅典结盟,显然,科基拉的政策只能是寻求与雅典建立联系。于是,科基拉人决定立即采取行动。听到他们的意图,科林斯人想法尽力挫败科基拉的如意算盘,因为如果雅典与科基拉的水师兵合一处也会令科林斯颇为忌惮。结果科基拉和科林斯的使者一道出现在雅典的公民大会上。修昔底德记载下双方的陈述,从中可清楚地看到当时的严峻形势和雅典决定的重要性。赞同科基拉加入同盟的人主要取决于这样的假设,即战争已经迫在眉睫。"拉凯戴梦人害怕你们帝国的强大,渴望与你们一决高下;科林斯人是你们的敌人,在斯巴达的帮助下他们会如虎添翼。他们想趁我们双方还没有联合在一起,尚未成为他们共同的敌人之前,首先拿我们(科基拉人)开刀,接下来再向你们进攻。因此,我们应当先发制人,预先

> 公元前434—前433年

> 科基拉和科林斯的使者来到雅典

知道他们的计划,而不是坐以待毙。"①基于这样的假设,与科基拉人的结盟将会给雅典人带来巨大优势。科基拉地处希腊本土前往西西里的必经航线上,是希腊海上实力最强大的三个城邦之一。"如果科林斯人夺取了我们的舰船,坐任这两支强大的水师合而为一,你们将不得不与科基拉和伯罗奔尼撒的联合水师作战。但是,如果允许我们加入你们的同盟,那么在即将到来的战争中,我们的舰船将加入你们的队伍中。"科林斯使者的回复缺乏说服力。他们提醒雅典人,科林斯曾在过去给予雅典帮助,但这种说法并未产生什么效果,因为这两个城邦只有相互的嫉妒。雅典是否将很快与伯罗奔尼撒同盟进行一场大战,这取决于科林斯人。对于这种说法,或许科林斯人可以抗议,但他们无法反驳。就公道而言,科基拉人的陈述与科林斯人一样合乎情理。对科林斯来说,最有说服力的理由是如果雅典与科基拉结盟,就向违背"三十年和约"迈进了一步,尽管从字面上没有违背和约,但事实上却已违背了和约。*

听罢双方的辩论,公民大会同意与科基拉结盟,【376】但这是一个防御性同盟。只有在科基拉自身遭到威胁时雅典才会给予武装援助。通过这个决定,雅典避免了直接违背和约。雅典派出10条舰船,命令舰长只有当科基拉城或属于该邦的一些地方遭到攻击时才能参加战斗。不久,在位于科基拉东海岸的海角琉金米(Leucimme)与大陆泰斯皮亚之间的叙波塔岛(Sybota)附近爆发了一次规模巨大而混乱的海战。科基拉水师的110条战船与科林斯准备了长达两年之久的150条战船相遇。科基拉人的右翼遭到重创,损失惨重;雅典的10条舰船最初并未参战而在一旁观望,但为了避免科基拉溃败,他们也加入战团。傍晚时分,眼见

雅典与科基拉结成防御性同盟

叙波塔之战,公元前433年

---

① *Thuc.* 1. 33. 3-4
* 根据"三十年和约",此前没有入盟的城邦可以选择加入任何一个同盟。就此而言,雅典与科基拉结盟并未违约。但鉴于科基拉与科林斯的特殊关系,以及当时紧迫的形势,允许科基拉入盟意味着对科林斯和伯罗奔尼撒同盟的挑战,因而事实上违约。——译者注

|| 第十章 雅典人与伯罗奔尼撒人的战争 473

海平面突然出现20条雅典战船,科林斯人撤离战场,次日科林斯人没有参战,这似乎表明他们已承认失败,因此科基拉人建起一座胜利纪念碑。但科林斯人也建了一座胜利纪念碑,因为他们得以全身而退。这样,科林斯战船驶回本邦,并顺道夺取了由双方共同控制的阿那克托里昂。那些在战斗中被抓获的科基拉人受到精心照顾,因为其中许多人是地位显赫之公民,科林斯希望通过他们最终能赢回与科基拉的友好关系。后面将看到,他们的希望并非完全没有根据。①

波提狄亚反叛雅典

2. 与科林斯关系的破裂迫使雅典更加关注卡尔基狄克半岛,以确保她在此地的利益,因为科林斯在此影响巨大。波提狄亚城位于帕勒涅地峡之上,她虽是雅典同盟的纳贡城邦,但仍每年接受由母邦科林斯委派的官员。叙波塔之战后不久,雅典要求波提狄亚拆毁南面的城墙,因为这面的城墙无助于防御马其顿人的入侵;同时雅典还要求她不再沿用科林斯的官吏制度。波提狄亚人拒绝了雅典人的无理要求。斯巴达人承诺,如果遭到雅典进攻,她将向阿提卡进军。马其顿国王柏第卡斯奉行的政策使情况更加复杂。柏第卡斯此前与雅典交好,但如今成为雅典的对头,因为雅典与国王的兄弟们结盟反对他的统治。他计划并组织卡尔基狄克半岛所有城邦共同反叛雅典,甚至劝说卡尔基狄克人拆毁他们在沿海的城市,搬到防守坚固的内陆城市奥林图斯集中居住。【377】在此情况下,波提狄亚反叛了雅典。她的反叛与雅典和科林斯之间的相互敌对密切相关,从另一个层面看,她的反叛成为该时期反雅典统治运动的一个组成部分。

公元前433年

公元前433/432年冬

波提狄亚之战,大约公元前432年9月

雅典开始在马其顿展开行动,并很快推进到波提狄亚;与此同时,科林斯将军阿里斯泰乌斯(Aristeus)带领一支伯罗奔尼撒军队也抵达波

---

① 在一块石碑上部分保留下雅典此次科基拉远征的支出报表。报表对第一次出征和接下来的出征费用进行了区分。

提狄亚。双方的战斗中雅典占据了上风。这次战争特别令人感兴趣,因为一块墓碑石仍向我们讲述着波提狄亚城墙前的战斗中丧生的雅典人的悲痛,他们以"生命换取荣誉,为城邦增光添彩"。① 接着雅典人包围了这座城市。迄今,科林斯仍是单独行动。眼见波提狄亚形势危急,科林斯人开始采取步骤积极煽动拉凯戴梦人对雅典宣战。

伯里克利知道战争即将到来,于是迅速采取了行动。不过,他并不是使用刀剑和长矛,而是使用了一种更残忍更致命的武器。因为叙波塔战役中麦加拉曾援助科林斯,雅典通过一项法令不许麦加拉人进入雅典帝国的任何市场和港口。该法令对麦加拉经济意味着毁灭。麦加拉是伯罗奔尼撒同盟的一个重要成员,雅典的政治家知道如何抓住敌人的致命弱点。喜剧诗人*这样写道:

> 奥林匹斯英雄伯里克利
>
> 大发雷霆大放闪电,震动了全希腊。
>
> 他颁布了一道法令,读起来像一首酒令:
>
> "不论田野里还是市场上,
>
> 不论海上还是陆上,禁止麦加拉人停留!"

麦加拉法令,公元前432年秋

各盟邦齐聚斯巴达,控诉雅典破坏"三十年和约",做出各种有违公正的事情。一些雅典使节借口其他事务也来到斯巴达,伯罗奔尼撒人给了他们机会做出应答。但是,任何证据和反驳都不过是多余之举;至少不管是雅典成功开脱罪责还是科林斯的指控得到证实,这一切都已不再重要。因为在战争不可避免的情况下,人们在公开场合下提出的理由都与

在斯巴达举行的第一次大会

---

① 这段铭文保存在大英博物馆。
* 阿里斯托芬:《阿卡奈人》,第530~534行。——译者注

第十章 雅典人与伯罗奔尼撒人的战争 475

导致战争爆发的真正动机不相符合。导致伯罗奔尼撒战争爆发的根本原因既非科基拉事件，也非波提狄亚被围，甚至不是麦加拉法令，虽然上述事件共同加速了战争的爆发进程。导致战争爆发的根本原因是伯罗奔尼撒人对于雅典不断发展力量的恐惧和嫉妒。剩下的唯一问题是什么时候才是参加此次不可避免的战争的恰当时机。【378】斯巴达国王阿奇达姆斯建议稍作推迟。他说："不要马上拿起武器。战争并非只涉及军队，还涉及军队用支的金钱。当一个陆上强国与海上强国作战时，情况尤其如此。让我们首先找到足够的金钱，然后才能让我们的思想因盟邦的言辞而兴奋，只有这样才是安全之策。"但监察官全都赞成开战。斯泰涅莱达斯（Sthenelaidas）发表了一段简短但一针见血的演说，他提出的问题并非是否与雅典开战，而是和约是否遭到破坏，雅典人是否应付责任。最

第二次大会

终得出的结论是雅典应承担完全责任。他们的决定必然会导致对雅典宣战。宣战之前，他们前往德尔斐获得了赞成开战的神谕。同盟成员再次在斯巴达召开盟邦大会，一致同意开战。

修昔底德对雅典人和斯巴达人的比较

修昔底德选择了一个绝佳背景，从性格、精神和目的等层面将希腊历史舞台上即将对面而立的两大主角进行了一次精彩绝伦的比较。在斯巴达举行的第一次同盟大会上，他借科林斯使者之口道出了二者的差异。① "拉凯戴梦人啊，你们还从来未曾思考过，即将与你们交战的雅典人是一个怎样的对手，他们与你们截然不同。雅典人热衷于革新，敏于构想，并立即付诸实践；而你们固守传统，总是力图维持现状，缺乏创新，即便行动已势在必行，你们也总是瞻前顾后。其次，雅典人的胆识超过了他们的实力，即便明知需小心谨慎也勇于冒险，危难之时仍信心满满。而你们的天性虽然强大但行动无力；你们总是不相信自己的计划，即使这个

---

① *Thuc.* 1. 70. 1-9.

计划已周密无缺;当灾难降临时,你们总认为在劫难逃。此外,他们行动果敢,而你们行事拖沓;他们总在海外,而你们一直待在故土。他们离家是希望有所得,而你们害怕新的冒险会危害你们的既得利益。获胜之时,他们乘胜前进;失败之时,他们会全身而退。他们不畏牺牲,为了城邦的事业慷慨赴死;他们不扭捏作态,所思所想表现本真自我,为城邦尽心效力心甘情愿。当无法将预先构想的计划付诸实施时,他们如丧考妣,伤心难过;当一次冒险获得成功时,他们认为所获不过是随之而来成功的一小部分;一旦遭受失败,他们马上想出新计划,以新希望填补失败带来的空虚寂寥。对他们而言,有希望就一定会有收获,因为他们会立即将想法付诸实践。这就是他们终生的事业,充满艰难险阻且需辛勤劳作,为此他们付出了一生的心血。【379】他们苦多乐少,因为总在追求更大的幸福。对他们而言,尽职尽责就是最好的休假,和平安宁、无所事事则是最乏味而令人不快的事情。一言以蔽之,如果一个人说雅典人生来不爱和平也不让他人享受和平,那么他就一针见血道出了全部实情。"

然而,在当前情势下,雅典人并没有表现出与斯巴达人的拖沓形成鲜明对照的果敢,下面将看到原因。斯巴达的目标是赢取时间备战,因此她派出使者前往雅典提出一些无关紧要的要求。斯巴达要求将"受女神诅咒者"逐出雅典,其意指向阿尔克迈昂家族。这不过是重翻两个世纪之前基隆暴动时的历史旧账。事实上,这个要求针对的就是伯里克利,因为他的母亲来自这个受诅咒的家族。作为回应,雅典也同样提出一些无足轻重的要求,要求斯巴达为在青铜之屋受到的雅典娜的诅咒和在泰那鲁斯受到的诅咒涤罪,在泰那鲁斯的波塞冬神庙,曾有一些希洛特被杀害。利用这些事件斯巴达获得了充分的准备时间。此后,她发出最后通牒,要求雅典必须恢复各邦独立,否则不可能获得和平。尽管雅典国内也有人主张和平,但如今只有伯里克利才拥有最后发言权。他说(I. 114.

徒劳的外交活动

2-3）：:"如今应遣返使者,告诉他们这就是我们的答复:如果拉凯戴梦人不排斥外邦人到斯巴达,不管是我们还是我们的盟邦,我们都不会限制麦加拉人到我们的市场和港口,因为和约对二者都未禁止;只要拉凯戴梦人允许他们的属邦按其意愿管理城邦,根据他们的利益而非拉凯戴梦人的利益行事,我们也愿意给予诸邦独立,恢复订立和约时她们拥有的独立。此外,我们愿意根据和约的规定将双方的纠纷提交仲裁。我们不想发动战争,但如果受到攻击,我们必将自卫。这是一个符合雅典权益和尊严的答复。我们必须清楚,战争是不可避免的;我们愈加愿意接受挑战,敌人进攻我们的准备就越发不充分。"伯里克利并不急于亮剑,他已通过麦加拉法令给予了伯罗奔尼撒人重重一击。

希腊各部族按下面所列分成两个主要的对立集团。除老对头阿尔哥斯和阿凯亚① 外,斯巴达控制着整个伯罗奔尼撒半岛;利用科林斯和麦加拉,她控制着地峡;在北希腊,【380】波奥提亚、佛基斯、洛克里是她的同盟者;在大陆西部地区,安布拉基亚、阿那克托里昂和琉卡斯岛也听命于她。在大陆西部地区,雅典控制着阿卡那尼亚、科基拉、扎金苏斯（Zacynthus）和美塞尼亚人居住的瑙帕克图;在北希腊,普拉提亚是其盟友。这些就是除雅典同盟之外她所有的同盟者。在雅典同盟中如今只有列斯堡、开俄斯还是独立城邦。除列斯堡、开俄斯、科基拉的水师外,雅典本身还拥有 300 条战船。②

---

① 阿凯亚人中只有帕列涅站在伯罗奔尼撒一边。
② 雅典拥有1200名骑兵,其中包括骑射兵;1800名弓箭手;13000名用于野战的重装步兵;16000名用于城防的重装步兵,他们主要由老年、少年和外侨组成。

第二节　战争概览　修昔底德

我们正在描述的这次战争是导致双方缔结"三十年和约"那次战争的死灰复燃，不过规模更大。同样，科林斯人仍是对抗雅典最积极的煽动者。斯巴达人虽是领导者，但对待战争半心半意，需要同盟者不断刺激。战争持续了 10 年，后双方签署"尼基阿斯和约"。但很快敌对行动重新开始，一段时间后双方在西西里开辟了新战场。战争以羊河战役中雅典的失败而告终，这也决定了雅典帝国解体的命运。在这 55 年中，雅典以其帝国与伯罗奔尼撒人相抗衡。双方的对抗可分为三个不同阶段：第一个阶段终于"三十年和约"，第二个阶段终于"尼基阿斯和约"，第三个阶段终于羊河之战。不过，第一个阶段和第二个阶段之间间隔 13 年，而第二、第三阶段之间几乎没有停顿。第二、第三阶段统一在修昔底德的历史著作中，所以一般将这两个阶段合在一起并冠以"伯罗奔尼撒战争"的称呼。虽然修昔底德本人从来没有使用过该名称，但从中可见史学家是多么支持雅典。不过，从伯罗奔尼撒人的角度看，这次战争应称为"阿提卡战争"。

在此不妨再次重复一下引发战争的真正原因。雅典不顾希腊的感受，决定维持其海上帝国，就此角度看，她对战争负有更大责任。但是，没有充分的证据表明雅典有极度扩张帝国的构想，有学者认为伯里克利希望通过发动战争赢得整个希腊的霸权，但这种看法与基本事实相违背。

此次战争在世界历史享有殊荣，【381】但鉴于其规模和后果，似有言过其实之嫌。事实上，与全希腊联合起来抵抗强大波斯的希波战争相较，一次发生在希腊小邦之间的内战或许只能算小事一桩。但是，与希腊历史上其他事件相比，伯罗奔尼撒战争具有一点突出优势。这次战争被希腊第一位也是最伟大的一位具有批判精神的历史学家记载下来。对后来者而言，阅读奥洛鲁斯（Olorus）之子修昔底德的历史本身就是一

> 雅典与伯罗奔尼撒战争全景
>
> 三个阶段：1. 公元前 460—前 445 年；2. 前 431—前 421 年；3. 前 420—前 404 年
>
> 修昔底德的历史

第十章　雅典人与伯罗奔尼撒人的战争　　479

次绝佳的博雅教育；正如他力图做到的那样，从中获得的政治和历史教训是一份"具有永恒价值的瑰宝"。从希罗多德完成其作品到修昔底德开始创作，时间不过经年，但他们分属两个不同时代，由此及彼有质的飞跃。经过希罗多德的大脑构思后，政治事件变成了一个个有趣的故事，他是一位永不知足的猎奇者，几乎没有政治眼光，他具有一位人文艺术家的直觉，但其历史方法还不成熟。希罗多德和他之前的史诗作家具有更多共同之处，而与其后的历史学家颇有差异。当他开始收集写作素材时，关于波斯入侵的重大事件已经带着传奇色彩广为流传，他拥有与其写作情趣完全相同的话题。如果这位心怀好奇的、毫无批判意识的、令人趣味横生的哈利卡那苏斯的故事大王变成了这位严肃的雅典历史学家，那一定会给人某种难以名状的奇怪感觉。第一部真正意义上的历史作品就这样呱呱坠地，如同雅典娜诞生于宙斯头脑中那么奇怪。即便如此，那一时代的其他作品仍无法与其相提并论。修昔底德的作品不偏不倚、含蓄简洁，严格从学理维度写作，没有老生常谈的陈词滥调，不因伦理判断得出简单结论，严肃冷静而具有批判精神，鲜见戏剧性和艺术性的描述。可以说，修昔底德的作品在每一个方面都与希罗多德形成鲜明对照。如果说自修昔底德时代以来科学的批判方法并未获得进一步发展，人类或许会相当失望（但事实确实就是如此）。在作品开始部分处理希腊早期历史时，他根本没有运用历史的怀疑方法，而是接受传统说法；不过，按照他的原则，他本应对这些传统进一步探究。将修昔底德与同时代的前辈希罗多德分隔开来的空间有如整个天空般广阔，但将修昔底德与当代的批判家分隔开来的空间事实上相当狭小。尽管力图做到不偏不倚，但修昔底德并不掩饰他是一个来自伯里克利"学校"的民主主义者，他也毫不隐瞒对伯里克利政治智慧的钦慕之情。

修昔底德与希罗多德相比较

必须承认，如果修昔底德没有屈尊成为记载伯罗奔尼撒战争的历史学家，人们对战争中的诸多事件可能会丧失兴趣，【382】战争的重要性和显赫地位将会逊色不少。不过这次战争也并非微不足道，毫无价值。这次战争讲述了雅典帝国的衰落和覆灭，而雅典恰是当时世界历史的中心。战争的重要性并不会因参战城邦国小民寡而受削弱，因为这些小邦所采用的政治理念和政治制度对后来人类发展的影响远比其他广土众民的蛮邦重要得多。

初看之下，战争最初十年似乎是由一系列毫无关联的偶然事件随意组合在一起，其实雅典人和伯罗奔尼撒人都有明确的目标，他们的作战计划都是由手头掌握资源的性质、敌对城邦的地理状况决定的。

影响战争进程的关键是基于这样一个基本事实，即交战双方一个主要是陆上强国，而另一个主要是海上霸国。就常理而言，陆上强国攻击的范围是海上霸国在大陆上占据的地方，而海上霸国不得不将进攻方向主要限定在陆上强国的沿海地区。于是就出现了这样的局面，海上霸国的陆军和陆上强国的水师主事防守而极少主动发起进攻；海上霸国的海上领土和陆上强国大陆上的领土一般很少发生战争。基于这样的考虑，战争进程就得以简化。伯罗奔尼撒陆军能够进攻的地方只能是阿提卡和色雷斯，因此，阿提卡几乎每年都会遭到入侵，色雷斯地区也时有战事；但是，除某些特殊情况外，譬如雅典同盟者的反叛，爱琴海或小亚细亚鲜见战争。与此对应，雅典人的攻势主要集中在希腊大陆西海岸，更准确地说在伊奥尼亚海上的岛屿和科林斯湾入口附近。在此区域，雅典人最可能利用海军优势将伯罗奔尼撒同盟与其盟邦分隔开来。色雷斯、阿提卡、大陆西部沿岸地区是主要的和经常的战场。其他地方也有战事，但一定程度上具有偶然性。

伯里克利完全放弃了"三十年和约"之前的大陆战略。此前的战略背离了地米斯托克利开创的战略——集中雅典一切力量发展海上势力。

军事行动的关键

战争爆发之前伯里克利似乎受到萨拉米斯精神的感召,【383】义无反顾地回到了地米斯托克利制定的战略轨道上。与米底人入侵其边界时一样,如今雅典表现出同样强烈的独立精神,愿意放弃陆上领土,完全信任她的舰船。伯里克利(I. 143. 5)说:"我们必须放弃土地和房屋,全力保持对城市和海洋的控制权,不因土地的丧失而气急败坏,因为我们的敌人——伯罗奔尼撒人在数量上超过我们。……不应为房屋和土地的减少而伤痛,而应为战斗人员的减少而悲伤,因为土地和房屋不会使人增加,反之人却能使它们增加。假如能如我所愿说服你们,我愿奉劝你们:搬出你们现在的居所,毁掉你们的房屋和土地,以此向伯罗奔尼撒人表明你们不会受制于这些身外之物。"因为"那就是帝国幅员广阔的大海给予你们的无穷力量"。这是导致伯里克利发动战争的精神力量。

牺牲阿提卡的战略既非鲁莽之举也非违反常理的胆大妄为,而是伯里克利精心设计的战略体系的一部分,为此他受到人们的严厉批评。该战略的目的是消耗敌人的力量,却不致让雅典被人一举征服或遭受彻底失败。鉴于雅典陆上力量明显不足,伯里克利决定避免与敌人决战,其实就陆上实力而言,波奥提亚就与她不相上下。正如时人所称,他采取了消耗战略,该战略主要靠诱敌深入的方式,利用己方的经济优势拖垮敌人;只有在某些特殊情况下才与敌人发生正面战斗,在大多数情况下静候战机,避免巨大的冒险行为。其实,越仔细分析当时的战争形势和雅典的资源状况,就越能认识到伯里克利制定的战略是多么切合当时的时局。不应该指责他忽视阿提卡的陆上防卫,有人建议他应当在阿提卡边界修筑堡垒,以便能拒敌于国门之外,这种建议经不起仔细推敲。如果驻防麦加拉*和波奥提亚边界,将会耗费雅典的所有陆军,那样她将既无军力在

---

* 原文为Begarian,似为笔误。——译者注

其他地方采取行动,也不可能让公民兵很好履行军事义务,因为如果驻防边界,将会让公民长年服役。即便敌人在准备不充分时开战,伯里克利也尽量避免对敌迎头痛击,这种做法与其谨慎的战略精神完全相符。事实上,他已给予敌人一次有效的打击,那就是麦加拉法令,从经济上打击敌人是其战略的重要组成部分。在最初几年里,这一战略无疑是成功的,【384】导致敌人不得不签署有利于雅典的和平条约,但是,后来发生了他未能预料的不幸事件。

第三节　底比斯人攻打普拉提亚

希腊两大城邦的宣战无异于向一些小邦发出了信号,告诉她们可以乘此良机一泄私仇。早春三月一个漆黑无月的夜晚,在亲底比斯派的邀请和默许下,一支由300人组成的底比斯小分队潜入普拉提亚。进城后,他们并未立即进攻那些支持与雅典结盟的首领,而是占领市场,发布公告,号召普拉提亚人加入波奥提亚同盟。除极少数人稍有不满外,普拉提亚人总体上忠诚于雅典。但他们遭到了偷袭,漆黑的夜晚使他们认为入侵的底比斯士兵数量众多,被迫同意底比斯人的要求。但在谈判过程中,他们发现其实敌人数量很少,于是安排了一个行动计划。首先他们推倒房屋之间的隔墙,房屋的倒塌声吸引了底比斯人的注意,迫使他们纷纷逃到街上;当一切安排就绪后,普拉提亚人在通往市场的街道上摆放一些马车作为路障;黎明到来前他们发起了对入侵者的攻击。很快底比斯人四散逃走。但在这个陌生城市里他们很快迷失了方向,当晚的滂沱大雨使狭窄的街道非常泥泞;底比斯人在泥泞的街道上到处乱窜,妇女们不时从屋顶投掷瓦片攻击他们。底比斯人陷入非常狼狈的境地。虽然有几个人攀上城墙并越墙逃走,但大多数人见到一座巨大建筑的大门,误

> 底比斯人夜袭普拉提亚,公元前431年3月

以为这就是城门之一，结果在此他们被普拉提亚人俘获。还有一些人逃到另一座城门，这里没有设防，他们用一位妇女给的斧头砍断木制门闩，得以逃脱性命。

  这 300 人只是底比斯人马的先头部队，如今大军主力在大雨中沿底比斯到普拉提亚的道路上缓慢向前推进。尽管道路大约只有 8 公里长，但因阿索普斯河陡涨，迟滞了大军的行进，当他们到达普拉提亚时为时已晚。普拉提亚人派出一名信使，告诉底比斯人不要破坏城墙之外的任何财产，否则被抓的底比斯俘虏将性命不保。按照底比斯人的判断，如果他们立即将军队撤出境外，普拉提亚人肯定会如约释放囚犯。不过看到敌人撤军后，普拉提亚人又抵赖说他们只是答应双方谈判达成和解后才会释放俘虏（因为双方没有立誓确认）。不过这并不重要。普拉提亚人刚把财物运入城内，就将底比斯 180 名俘虏处决。【385】即便根据他们的说法，也可明显看出普拉提亚人对自己背信弃义的行动颇为愧疚，从这一事件也可看出两个城邦积怨之深。普拉提亚人立即派人将相关消息告诉雅典。雅典抓捕了所有在阿提卡的波奥提亚人，并派出使节前往普拉提亚，吩咐他们不要伤害底比斯俘虏，但当使节到达时，发现底比斯人已被处死。眼见如此，雅典人只得吩咐普拉提亚人为即将到来的围城做好准备，并为他们提供了粮食，将其妇女、儿童和老人暂时移居雅典，并派出一支 80 人组成的雅典驻防军协助他们。

  底比斯人进攻普拉提亚严重违背了"三十年和约"，加速了战争的爆发。如今眼见两大城邦间的战争日益临近，整个希腊都陷入极度的躁动不安中，流言蜚语满天飞，提洛岛爆发的地震加剧了紧张的局势。一般而言，民众倒向拉凯戴梦人，认为他们是自由的捍卫者，将会带领希腊人反抗雅典这个专横的城邦。

  双方都企图获得波斯的援助。拉凯戴梦人与意大利和西西里的城邦

<small>处决底比斯俘虏</small>

<small>雅典支持普拉提亚</small>

商谈结盟事宜,以便从她们那里获得一支强大水师压服雅典。但该计划最终落空,因为西地中海的城邦也在忙于自身的政治利益,无暇派出舰船、抽出款项干预希腊大陆的事务。事实上,雅典也将视线转向了西方。当与科基拉结盟时,雅典似乎曾试图与西西里建立联系。至少,瑞吉昂和列奥提尼可能曾派员前往雅典,在卡里阿斯提议下,雅典与这两个城邦建立了同盟关系。无疑,列奥提尼的目标是获得雅典的支持,以对抗科林斯人的子邦叙拉古;而瑞吉昂的动机或许与反叛雅典的子邦图里伊有关。但在接下来的六年中,雅典并未因上述同盟关系在西部采取任何行动。

雅典与瑞吉昂和列奥提尼订立条约,公元前433年

第四节 瘟疫

在5月下旬谷物成熟的季节,国王阿奇达姆斯率领伯罗奔尼撒三分之二的军队入侵阿提卡。大军刚到地峡,他就派出美莱西浦斯(Melesippus)前往雅典,试探雅典人是否会在最后一刻屈服。但是,伯里克利劝说雅典人,只要敌人抵达战场进行武力威胁,不论何方使节都一概不见。于是,使者不得不在日落之前离开了阿提卡边界。修昔底德以希罗多德的口吻宣布战争开始:当他站在阿提卡边界时,美莱西浦斯重复着一句令人印象深刻的话,【386】"希腊人多灾多难的日子就此开始了"。阿奇达姆斯围攻基泰隆山的奥伊诺伊(Oenoe)要塞不克,大军的迟滞给雅典留下了完成战争准备工作的时间。他们将居住在乡村的居民及其财产搬进城里,将牛羊赶到优卑亚岛。大量人口的涌入使城市极度拥挤。只有少数人在城里有亲戚和朋友,大多数人只能在空地搭建帐篷并以此为家。和平派曾悲痛地说,人们都生活在木桶和秃鹫的窝里。人们占据着神庙和圣所。虽然一则凶兆告诫人们不要居住在卫城西北角皮拉

第一次入侵阿提卡,公元前431年

|| 第十章 雅典人与伯罗奔尼撒人的战争 485

斯吉人的禁地,但如今甚至这里也有人居住。当比雷埃夫斯和长城被利用起来后,城市的拥挤才有所缓解。

阿奇达姆斯首先蹂躏了埃琉西斯平原和特里亚平原。接着他率领大军越过埃加莱奥斯山与帕尔涅斯山之间的关隘进入凯菲索斯平原,到帕尔涅斯山脚的阿卡奈后,大军才停下了进军的步伐。在这里,他可以看到远处的雅典卫城。深入阿提卡腹地的侵略大军引起了雅典的巨大不安,激发起人们对伯里克利的愤怒,强烈要求他下台;因为除了不时派出几支骑兵队在城市周边巡视外,他根本不让军队外出迎敌。因为二人颇有私交,伯里克利担心阿奇达姆斯会出于友谊或策略不去破坏他家的财产。为了避嫌,他当着所有国民之面宣布,如果其财产没有遭受蹂躏,他将把土地赠予人民。由此,入侵者向北进军,经帕尔涅斯山和彭泰利库斯山攻占了狄凯里亚(Decelea),并席卷了自奥洛浦斯到波奥提亚一带的国土。

与此同时,雅典也在海上采取行动。他们派出 100 艘战船在伯罗奔尼撒半岛周边巡行,试图攻占美塞尼亚沿海的麦托涅(Methone),但因勇敢的斯巴达指挥官布拉西达(Brasidas)及时驰援,雅典水师行动未果,而布拉西达也因这次战斗开始了杰出的军职生涯。在向北行进的过程中,雅典水师取得了更大成功。他们攻占斯巴达的重要岛屿凯法伦尼亚(Cephallenia)及阿卡那尼亚沿岸的一些城镇。雅典还采取措施,保护优卑亚岛免受对面大陆洛克里人的侵扰。位于特隆尼昂的优庇鲁斯城镇被他们攻占,奥普斯对面的荒弃岛屿亚特兰大被他们用作哨所。雅典采取更极端的措施处理原来的竞争对手和现在的多利亚人属邦埃吉那。雅典觉得埃吉那人不可信,为了确保在萨洛尼克湾的地位,【387】雅典驱逐了所有埃吉那人,并迁入雅典公民在岛上建立军事殖民地。与萨拉米斯一样,埃吉那并入阿提卡。正如美塞尼亚的流亡者得到雅典的援助并建立新家园一样,埃吉那的流亡者也获到斯巴达人的援助,并被安置在拉

雅典攻克凯法伦尼亚和梭利昂

洛克里远征

驱逐埃吉那人,埃吉那成为阿提卡的一部分

哥尼亚北部的提莱亚提斯。提莱亚提斯是拉凯戴梦人对于雅典建立瑙帕克图的回应。

当阿奇达姆斯离开阿提卡后,伯里克利检查了城邦的资金情况,以便留出经费应对将来的不时之需和修造战船。雅典国库中存有多达9700塔兰特的金银,但因修建卫城和波提狄亚战争,这笔资金已减少到了6000塔兰特。* 伯里克利规定其中1000塔兰特留做储备金,除非敌人从海上对雅典发起进攻,否则不许动用这笔资金;为了防止紧急情况下措手不及,每年还需留出100条三列桨船以为备用。

按照古老传统,每年冬季雅典人要为那些战争中的死难者举行公共葬礼。死难者的尸骨盛殓在10口雪松木制成的棺椁里,葬于城墙之外的陶工区。随行的还有一口空棺,上面覆盖一层墓布,代表着因失踪而未找到尸首者的最终归宿。伯里克利诵读葬礼颂词。原文并未保存下来,但作为在场的一员,修昔底德借伯里克利之口把演说的精神和基本观点重述了出来。非常幸运的是,从伯里克利和修昔底德[①]之口可以看到一幅伯里克利力图构建的理想雅典的图景。

为战死者举行葬礼

他说(II. 37-40):"不管在公共生活还是私人事务中,我们并不排外。我们不会相互猜忌,也不会因街坊邻里做了他们想做的事情而心怀愤懑;更不会因此给他们难看的脸色,尽管这不会给他们造成伤害。我们不会忘记为因辛勤劳动而疲乏的心灵提供放松的机会。整个一年中,我们安排了定期的赛会和祭祀,在家里有华丽而风雅的设施,每天愉悦心目,

伯里克利勾勒的理想雅典

---

* 塔兰特、明那、德拉克玛皆为雅典的货币单位,6000德拉克玛=100明那=1塔兰特。无法将古典时代雅典的货币转换为现代货币的价值,但据卢米斯(W. Loomis)等人的研究,前329年,杂工日均工资为1.5德拉克玛,技工日均可达2~2.5德拉克玛。参见W. Loomis, *Wages, Welfare Costs and Inflation in Classical Athens*, pp. 233-234。公元前4世纪三口之家的年均花费不过700德拉克玛,参见A. H. M. Jones, *Athenian Democracy*, p. 135, note 1; E. Cohen, *Athenian Economy and Society*, p. 22, note 99。——译者注

① 可以推断,其中一些短语确实是从伯里克利之口说出的,譬如"英雄将大地作为他们的坟茔",或者"雅典是希腊的学校"。

第十章 雅典人与伯罗奔尼撒人的战争

消除心中的烦忧。我们的城邦如此伟大，全世界的好东西都流向这里，使我们能够随意享受他国的产品，就如同是我们自己出产的东西一样。

"回过头来，我们的军事训练在许多方面优于我们的敌人。我们的城市向全世界开放，从不驱除外邦人，也不限制他们的参观和学习，尽管敌人可能会从中窃取我们的秘密并获得好处。【388】这是因为我们依赖的不是强制的管控或阴谋诡计，而是勇敢和忠诚。就教育制度而言，我们的敌人从孩提时代就受到最艰苦的训练，使他们勇武善战；而我们却自由自在地生活，却同样能够随时对付他们面对的危险。

"我们更愿意以轻松的心态而不是艰苦的训练应对危险；应对危险时，我们的勇气源于我们的风俗习惯而非法律强制。与敌人相比，难道我们不是更伟大的胜利者吗？因为，虽然我们未曾提前为将受的痛苦做好准备，但当痛苦来临时，我们的表现和那些只知训练不知放松的人一样勇敢。因此无论战争还是和平之时，我们的城邦都同样令人钦慕。我们爱好高贵典雅的事物，但不会只停留在感观享受上；我们爱好智慧，但不会因此而丧失男人气概。我们把财富当作实用之物，而不是将其作为谈资和夸耀。坦承自己的贫困并不可耻，真正的耻辱是不去想方设法避免贫困。雅典公民不会因私人事务将邦国大事弃之一旁；即使那些长年忙于劳作的人也深谙政治之道。与其他城邦不同，在我们看来，一个不关心公共事务的人不是无害之人而是无用之人。我们雅典人即便不是倡议者，也可对某一项政策做出明智的判断。在我们看来，讨论并非行动的障碍，而是明智行动的基本前提。我们总是三思而后行，而他人的勇敢是由于无知，当他们反思之时，就会感到疑惧陡生，不寒而栗。"

伯里克利接着描述雅典是希腊文化的中心，他（II. 43. 1-5）声称："每个雅典人似乎都多才多艺，独立自主时，他们能够不失体面，适应各种场合。"他接着说："当然，我们的强大并非没有证据，那些巨大的纪念物就是我们实力的标志,不但现在,而且后世也将对我们表示由衷赞叹。我们不需要一位荷马来赞颂,也不需要其他任何人的颂歌,因为他们的歌颂只能使我们陶醉一时,而他讲述的事实却会经不起时间的流逝。我们凭借无畏的冒险精神驶入每一片海洋,攻入每一块陆地,到处对朋友施以恩德,给敌人带来仇恨。这就是人们为之慷慨而战、慷慨捐躯的城邦,任何人只要想到要脱离这个城邦就会不寒而栗。我们每一个活着的人都应当欣然为她辛勤工作。我愿你们每天都在关注雅典的伟大,直到对她的热爱充满你们的心头;【389】当你们将她的无上荣耀铭刻于心时,必须认真思量帝国的荣耀得自那些勇担责任、英勇无畏的先烈。战斗来临时,他们努力战斗,唯恐给城邦丢脸;如果遭受失败,他们也不会让城邦蒙羞,而是自愿献出生命,以此作为献给城邦庆典的最好祭品。他们共同为城邦做出的牺牲各自得到了报答,因为他们每一个人都获得了永世常青的赞美和最高贵的坟茔。我讲的不是他们遗体的安葬之所,而是他们的荣耀存在和受到赞扬的地方,每到恰当的时机,人们就会缅怀和赞颂他们的言行。因为英雄将大地作为他们的坟茔。人们不但在国内为他们修建记功柱和镌刻铭文缅怀他们的丰功伟绩,而且在国外他们也被人们以不成文的记忆铭刻于心。让他们成为你们的榜样吧!"

另外一件葬礼纪念物是一尊镌刻在战争初年阵亡战士墓碑上的雕像。这尊精美浮雕发现于卫城之上,雅典娜戴着头盔,依着长矛,头颅低垂,表情严峻地注视着一块石碑。很有吸引力的解释是她正在悲伤阅读那些最近为保护她的城邦而牺牲的公民名字。(悲伤的雅典娜浮雕,参见图 10-1) 悲伤的雅典娜

次年,伯罗奔尼撒人再次入侵阿提卡,并将破坏区域向南延伸到半岛南端的劳里昂。然而,雅典人对此并不太关注,因为在城墙之内他们不得不与另一个更凶恶的敌人斗争。大瘟疫爆发了!修昔底德曾是受害者,他将瘟疫的肆虐及雅典随之而来道德失范记载了下来。此时医学的 公元前 430 年入侵阿提卡

大瘟疫

发展还处于幼年时期，经验不足的医生还无法应对这种未知的传染病，任何治疗措施都无济于事；在炎热的夏天，过于拥挤的居住环境加剧了疾病的传播。死者无人埋葬，神庙里堆满了尸体，丧葬习俗被人们敷衍了事或者完全弃之不顾。每口喷泉旁边都聚积着许多垂死之人，他们希望在此饮水以缓解难以抑制的干渴。人类想起了一则古老神谕，"与多利亚人的战争一旦到来，随之而来的是一场瘟疫"。但在希腊语中，瘟疫（loimos）与饥馑（limos）几乎没有什么差异，即便如今这两个词的读音也

神谕:loimos 或者 limos

图 10-1 "悲伤的雅典娜"浮雕（雅典卫城博物馆）

是相同，因此人们并不能肯定神谕指的是哪一个词。【390】自然而然，人们认为神谕指的就是 loimos。不过修昔底德写道，万一再发生一次多利亚人的战争，随之而来的将是饥荒，神谕就会被换成 limos。

瘟疫的起源地

同样是这位历史学家曾对瘟疫进行了生动翔实的描述，后世作家，譬如普洛科普厄斯（Procopius）、薄伽丘、笛福等人的描述难与之匹敌。修昔底德声称这次瘟疫起源于埃塞俄比亚，很快传播到埃及和波斯帝国，后传入爱琴海沿岸地区。值得注意的是这次瘟疫也在意大利中部一个当时还不大为人所知的城市肆虐，但这个城市后来成为希腊的统治者。据推测同时肆虐于雅典和罗马的传染病可能是沿着始于迦太基的商路传

490　希腊史 Ⅱ

播开来的,这种推测也不乏一定合理性。然而,伯罗奔尼撒半岛几乎没有受到任何影响。在雅典,瘟疫产生的浩劫使人口数量持续下降。公元前5世纪最初25年,雅典公民人口(包括所有性别和年龄)大约为8万人,伯罗奔尼撒战争爆发时增加到了10万人,瘟疫使人口数量下降到了原来的水平之下,此后再也没有达到这一水平。①

瘟疫对雅典人口的影响

与前一年相同,雅典人派出一支水师攻击伯罗奔尼撒半岛,但这次进攻的重点是阿尔哥利斯沿岸的埃皮道鲁斯、特洛伊曾、赫耳米奥涅、哈利伊斯。这支水师人员配备充足,共有4000名重装步兵和300名骑兵,在伯里克利亲自率领下,他们试图乘埃皮道鲁斯人与其同盟者远征阿提卡时夺取埃皮道鲁斯城。然而,这次计划流产,原因不明。很难原谅我们这位历史学家将此次野心勃勃的军事冒险的所有细节一笔带过。如果此次冒险获得成功,它一定会成为伯罗奔尼撒战争中最重要的辉煌成就之一。

雅典人的海上行动

进入秋天后,大陆西部地区再启战端。雅典水师受命前往安布拉基亚湾东岸帮助居于阿尔哥斯的安菲洛奇亚人(Amphilochians)。安菲洛奇亚人被北邻安布拉基亚人逐出自己的城邦,被迫逃往南部邻邦阿卡那尼亚寻求庇护。雅典派出将军福尔米奥(Phormio)带领30条战船前往。他突袭并攻下了阿尔哥斯,将那里的安布拉基亚人卖为奴隶,恢复了安菲洛奇亚人对城市的控制,该城是本地区最重要的一个城市。这次战争是阿尔哥斯与安布拉基亚长久积怨的开始。是年冬天,福尔米奥从北返回,驻扎于瑙帕克图,扼守着克利萨湾的门户。

【391】与此同时,在色雷斯,围困波提狄亚的战争已历经一整个年头。城里的居民生活极度窘困,甚至发生了人吃人的现象,随着冬天的来临,他们再也无法支持,不得不开城投降。他们投降的条件是波提狄亚

波提狄亚的投降

---

① 外侨可能达到3万人。虽然无法估算奴隶的数量,但至少可以肯定奴隶人口不会少于自由民,此时可能约10万人。

人及外国雇佣兵可安全离开。离开时，男人还可带一件衣服，女人可带两件，另外每人还可带上一定数量的金钱。此后不久，雅典人在此建立军事殖民地。围困波提狄亚耗费了雅典 2000 塔兰特。

> 伯里克利被免除将军之职，受到审判并罚款，约公元前 430 年 7 月

这时雅典人因瘟疫而陷入绝望，他们向斯巴达人提议要求缔结和平。当提议遭拒后，他们将失望的怒火抛向伯里克利；恰在此时，他攻打埃皮道鲁斯的行动遭受了失败。是年春，他本当选的将军之职被公民大会中止，500 人议事会要求审查他在任时的所作所为。而且他还因涉嫌挪用公款受到一个由 1501 名陪审员组成的庞大法庭的审判。结果他被判"盗窃"了微不足道的 5 塔兰特，虽然被罚款 10 倍，但事实上他被无罪释放。很快人们又选他为将军。事实上，他对城邦真是不可或缺，在此危急时分，只有他才具有一位伟大政治家应具备的勇气、耐心和雄辩口才。他不得不尽力说服雅典人，告诉他们帝国所享有的尊荣必定与困难和不懈努力相伴，如今后退一步就意味着万丈深渊。他们必须勇敢面对这一切，即便全希腊的舆论都认为雅典帝国是不义之物，他们也不能就此放手。就道义层面而言，帝国的拥护者总会受到攻击，雅典的和平派利用这一点大肆攻击伯里克利的政策。即便当时确实有人反对，但雅典人与生俱来的帝国情怀终会使他们能与伯里克利的呼吁保持一致的步调。

> 伯里克利之死，公元前 429 年秋

然而命中注定，他不会再领导雅典多久了。瘟疫中，伯里克利失去了两个儿子，一年后他也因此辞世。在去世前的最后几年，他已饱受政敌间接攻击的折磨。主持雅典公共工程时，菲狄亚斯被控贪污修建卫城的公共款项，有人暗指伯里克利对此人的欺诈行为并非毫不知情。最终菲狄亚斯被判有罪。哲学家阿那克萨哥拉斯被控信奉并宣传不敬神的歪理邪说。

> 对他的攻击：审判菲狄亚斯；审判阿那克萨哥拉斯；审判他的情妇阿斯帕西娅

尽管伯里克利为其朋友辩护，但阿那克萨哥拉斯仍被罚款 5 塔兰特，最终被迫流亡兰普萨库斯继续他的哲学研究。接下来人们开始攻击他的情妇阿斯帕西娅。喜剧诗人赫尔米普斯（Hermippus）控告她不敬神，【392】

并用最恶毒的污言秽语嘲讽她的住所是一个寻花问柳的烟花柳巷。在伯里克利的恳求下,阿斯帕西娅被无罪开释。在伯里克利生命的最后岁月,公民大会通过一则法令,让他与阿斯帕西娅的儿子获得了合法地位。对研究文明史的学者而言,伯里克利弥留之际的话语表现了他最重要的性格特征——人文主义。他说:"没有任何一个雅典人会因我犯下的错误而白白牺牲。"

小伯里克利成为其合法婚生子

第五节　对普拉提亚的围攻和占领

次年夏,阿奇达姆斯受底比斯人教唆,不再入侵阿提卡,而是率领大军越过基泰隆山,围攻普拉提亚。与爱利斯一样,普拉提亚的国土也是希腊人的圣地之一,因为这是希腊人纪念他们获得解放的地方。所以刚刚踏入这片国土,斯巴达国王就立即祈求诸神作证,是普拉提亚人首先行了不义之举。他建议普拉提亚人撤离,战争结束后再返回自己的国土,离开之前算出树木和物品的价值,战后将完好无损归还他们。普拉提亚立刻征询雅典的意见,得到保护的承诺后,他们拒绝了斯巴达的无理要求,阿奇达姆斯于是开始围攻普拉提亚。然而,雅典人尽管对普拉提亚人许下诺言,但仍严格遵循避免陆上战争的策略,没有派员增援。普拉提亚地理位置相当重要,是伯罗奔尼撒人必须占领的地方。该邦掌控着从麦加拉到底比斯的必经道路;如果控制这里,在不进入阿提卡的情况下,伯罗奔尼撒和波奥提亚之间也能保持畅通的联络。

战争第三年,公元前429年

如今到普拉提亚参观的人千万不要以为阿奇达姆斯围攻之城的管辖范围包括他眼前的整片平原,他所看到的城市是一个世纪之后城市的模样,包括城市所在的三角形高原中整个较低矮的部分。而阿奇达姆斯攻打的普拉提亚可能只是以后城市南端地势较高的部分。普拉提亚老城

普拉提亚所处位置

第十章　雅典人与伯罗奔尼撒人的战争　　493

的城墙周长不会超过一英里,因为城内几乎没有任何有利地势,一支由400名普拉提亚人和80名雅典人组成的小规模驻防军不可能守住更长防线。

土丘

为了防止有人逃走,阿奇达姆斯先命人修了一道栅栏包围城市,然后他指挥军队在南城墙外堆垒了一个土丘。经过七昼夜的奋战,斯巴达人完成了这项工事。作为回应,普拉提亚人必须增加城墙的高度,他们采用的方式是在与土丘相对的城墙上制作一层层的木框,并向里填放砖块。【393】修建时,他们在头上顶着牛皮挡板保护自己不受敌人发来的火箭伤害。但眼见敌人的土丘越修越高,他们又尝试使用另一个办法。他们在城墙底部挖开了一个隐蔽门洞,乘夜由此取走土丘的泥土。伯罗奔尼撒人针锋相对:他们先在芦苇篮里装上黏土,然后填塞到土丘的豁口,这样普拉提亚人就不能如此前一样,在松散的土丘上很快运走大量泥土。被围困的普拉提亚人又想出一个办法。他们在地下挖掘了一条地道,地道通达土丘之下,利用该地道,他们用原来的办法不分白天黑夜地运走土丘的泥土。这种办法有效延缓了土丘的修建进程,因为虽然参与围城的斯巴达人数众多,但他们不得不从相当远的地方运来泥土。此外,普拉提亚人还使用另外一种办法。他们沿着加高那一部分城墙的两端再修建了一道内城墙。这道内城墙呈新月状,围护着城市。他们的想法是,即便外城墙被攻破,伯罗奔尼撒人将不得不再筑土丘,重新攻城。普拉提亚人还用他们富于创造性的天赋挫败了围城者用攻城槌发起的猛攻。他们将两根木桩竖立固定在城墙上,木桩的两端用长长的铁链固定着一块巨大的横梁。当敌人使用攻城槌攻城时,他们突然放下这块横梁,砸断攻城槌的尖头。伯罗奔尼撒人最后想出狠招,放火烧城。他们沿靠近土丘的城墙堆放大量柴草,用硫黄和沥青引燃了柴火。倘若当时盛行的南风沿着山坡吹了过来,普拉提亚人将会无一幸免,全部丧生于这场

被围者的策略:增高城墙;穿城运走泥土;挖地道;修建一道内城墙

攻城槌

火攻

大火之中。

当火攻失败后,伯罗奔尼撒人认识到他们只能将普拉提亚层层封锁起来。他们在城外大约 100 码的地方建起一道城墙,并在城墙内外各挖了一道壕沟。冬天来临时,阿奇达姆斯留下部分人马继续封锁普拉提亚。参与封锁的军队大约一半是波奥提亚人,他们举火为号与底比斯保持着联络。第二年年末,眼见获得雅典援助的希望非常渺茫,而城内的食物即将耗尽,普拉提亚人决定弃城逃跑。

伯罗奔尼撒人的城墙看似一道很厚实的单体墙,但事实上却是两道城墙。两道城墙之间相距 16 英尺,中间空隙部分上面盖有屋顶,下面用于屯兵,在屋顶上有哨兵时刻守卫。屋顶上方两侧修有城垛,每隔 10 个城垛建有一座城楼,将前后两道城墙包含在城楼之中。【394】除城楼中央外,没有其他途径可以通过城墙。在风雨之夜,城墙上的卫兵会离开城垛,到城楼里栖身。因为风险太大,参与这次突围行动的人还不到坚守在普拉提亚的战士的一半。普拉提亚人的突围计划经过了仔细推敲。通过观察未涂抹泥灰的地方,他们反复计算砖的层数,并由此推断出城墙的高度。根据推算出来的高度他们造了许多梯子。在一个漆黑的暴风骤雨的夜晚,他们偷偷溜出城外。他们首先越过环城的壕沟,摸索到敌人的城墙下,整个过程哨兵并未发现。突围者全部配备着轻装武器,赤着右脚,左脚穿鞋以防在泥泞中滑倒。安米亚斯(Ammeas)带领着 12 名突围者首先冲过两座城楼之间的空地,爬上敌人的城墙。他们杀死了两旁城楼的卫兵,确保可以从城墙上通过。这 12 人驻守在此,直到同伴们全部爬上城墙并从另一边城墙上跳了下去。攀爬屋顶时,一名普拉提亚士兵不慎碰落了城垛上的一块砖,砖块掉落的声音惊醒了伯罗奔尼撒人。所有围城者都冲到城墙上,但是黑暗之中他们也不知道发生了什么,没有人胆敢离开自己的岗位。留在城里的普拉提亚人佯装从正在突围之人的相

封锁,从公元前 429 年秋—前 427 年夏

突围计划,公元前 428 年冬

第十章 雅典人与伯罗奔尼撒人的战争

反一侧逃走，他们的佯攻分散了敌人的注意力。伯罗奔尼撒人点燃烽火警示底比斯人，但是普拉提亚人早已预料到了这一招，他们也在自己的城墙上点燃烽火干扰敌人。突围的普拉提亚人最担心的是遭到巡逻在城墙外的300名士兵攻击。当最后一名普拉提亚人从城墙跳下来时，这些巡逻的士兵手已举着火把赶到了这里。火把的亮光暴露了他们，使斯巴达人成为站在壕沟旁的普拉提亚人手中弓箭和标枪攻击的目标。突围者在蹚过壕沟时遇到了困难。因当夜的大雨，壕沟水位上涨；而且水面上结了一层薄冰，冰层太薄不能从上面行走。尽管如此，除一位弓箭手在壕沟边缘被抓获外，其他人都安全突围。

普拉提亚投降，公元前427年

或许这次突围对普拉提亚城的北部防御产生了影响。突围者最初沿通往底比斯道路逃跑，将追击者远远抛在后面。当逃离普拉提亚约1英里时，来到厄律特莱附近，他们掉头向右，踏上从底比斯通往雅典的大路上。最终有212人到达了雅典。最初参与突围的人数更多，但一部分人还没有翻越城墙就返回到城里。这则故事是阐释适者生存的生动事例。当生存的机会掌握在手时，那些缺乏勇气的人将其白白浪费，等待他们的将是悲惨的命运。次年夏天，在吃掉所有能吃的东西后，普拉提亚人被迫投降，【395】接受拉凯戴梦人的最终裁决。斯巴达派出5人前来决定他们的命运，但由于底比斯人的影响，普拉提亚人的命运其实早已决定。每一名俘虏都被问了这样一个问题："在这次战争中你为拉凯戴梦人及其同盟者效劳过吗？"其实提问的方式就暗含着最终的判决结果。尽管普拉提亚人抗议说在波斯战争中他们的祖先对希腊人的事业是多么忠诚，他们也提醒是如何尊重埋葬在普拉提亚的斯巴达先祖的坟茔，如何每年都会按传统习俗祭奠他们，但这一切都不过是徒劳。最后有200名普拉提亚人和25名雅典人被处决，普拉提亚城被夷为平地。伯罗奔尼撒人控制了从麦加拉到底比斯的道路。

不能不指责雅典人的失策。他们竟然不伸出援手，解救这个世代交好的忠诚盟友，也不想占据这个连接伯罗奔尼撒半岛与波奥提亚的战略要地。围城之初未能及时提供援助，这可能是因为此时雅典正饱受瘟疫之苦。第二年，一件更为紧迫的危机转移了他们的注意力，同盟中的一个重要成员反叛了。

第六节 米提列涅的反叛

米提列涅和列斯堡（除麦提姆那之外）所有城邦反叛了！消息传来时，阿奇达姆斯刚从第三次入侵阿提卡收兵回到伯罗奔尼撒。对雅典而言，这次反叛对她是一次毫无来由的沉重打击，导致反叛的原因并非是列斯堡人受到了雅典人的不公对待。米提列涅的寡头政府坦承雅典对她颇为公正，而且尊重她的决定。正是因为如此才使得这次反叛尤为引人关注，具有更重大的意义。这是希腊人与生俱来的绝对自治对雅典帝国的反抗，因为就外交事务而言，列斯堡诸城邦的权力受到严格限制，她们与同盟其他成员的关系也受到雅典的监控，其战船的活动需服从于雅典的战略目的。眼见其他盟邦逐渐沦为雅典的属国（譬如最近发生的萨摩斯事件），她们对于这种限制就更加反感，担心迟早也会成为第二个萨摩斯。米提列涅人酝酿这次起义时日已久。（列斯堡岛上的主要城市，参见图 10-2）但是，一切准备工作都还尚未就绪，譬如他们既未在海港修建防波堤，也未在水下安放铁链，就被迫匆忙起事；【396】因为他们的对头，麦提姆那人和特涅多斯人（Tenedosian）将其计划全盘泄露给了雅典人。一听到这个消息，雅典立即派出克雷皮德斯（Cleippides）率领舰船准备突袭米提列涅。此时正值阿波罗庆典，往年城内居民常到城外庆祝，但米提列涅人得到密报，于是决定推迟节庆的日期。列斯堡人拥有一

战争第四年，公元前 428 年

支强大的水师；反观雅典，他们正遭受瘟疫之害，而且还担心伯罗奔尼撒人会给列斯堡人积极提供支持，那样反叛者将很有可能获得胜利。确实，列斯堡人也派出使节前去寻求援助，在那一年举行的奥林匹亚赛会上，使节们为他们起义的正义性竭力申辩。在阿尔菲俄斯（Alpheus）河畔举行的最盛大的泛希腊庆典是列斯堡慷慨陈词的一个恰当场合；使节们走向前台，向与会的希腊精英们阐述自治原则，并向他们寻求支持。他们声称希腊人教给人类自治理念，这是希腊人的荣耀；虽然米提列涅人除了在外交事务受限于雅典，在其他方面并未蒙受不公待遇，但恰恰如此，米提列涅人对自治原则的坚持更应受到重视。最终，人们允许米提列涅加入伯罗奔尼撒同盟，但并未为其提供任何实质性援助。

列提列涅的统一　　与起义相伴的是米提列涅政体的变化。除北部的麦提姆那外，列斯堡岛上的其他城市，包括安提萨（Antissa）、埃莱苏斯（Eresus）及海湾旁的皮尔拉（Pyrrha）一致同意放弃主权，与米提列涅合并。通过塞诺西辛（统一运动），在列斯堡岛上，米提列涅获得了雅典在阿提卡相同的地位。皮尔拉、埃莱苏斯和安提萨的公民就此成为米提列涅公民。此时的列斯堡岛就如同埃琉西斯并入雅典之前的阿提卡，麦提姆那仍然独立且对米提列涅抱有敌意。

公元前428年秋　　雅典人先封锁米提列涅的两个港口，不久，帕凯斯（Paches）率领1000名重装步兵赶来支援，完成了对米提列涅城的封锁，并派人在城市与海港之间修筑起一道城墙。不过此时雅典的财政陷入困境，现金（除储备资金外）已经耗光，攻打波提狄亚花费尤巨。作为权宜之计，城邦被迫征收财产税以解燃眉之急。

征收战争税，公元前428年　　这是第一次引入财产税，在目标和性质上该税与公元前6世纪的财产税大相径庭。首先，该税并非一种常税，而是一种应对危机的临时举措；其次，该税仅用作军事目的；最后，该税按所有财产而非仅按土地征收。自庇西特拉图以来，公民的经济收入状况已经发生变化，地产已不再是雅典富人的主要财产。人们仍借用梭伦划分的四等级评估财产，【397】但每一阶层的最低收入标准已转化为相应的金钱，（或许按资产多寡征税）其收入对应的金钱数额似乎也相应有所变动。① 拥有至少 1 塔兰特资产的公民可位列第一等级，超过半塔兰特的公民属于第二等级，超过 1000 德拉克玛的属于第三等级，不足者免予征收。此次一共征得税收 200 塔兰特。

冬天行将结束时，斯巴达派公民萨莱图斯（Salaethus）前往告诉米提列涅人，他们马上会派出一支大军为其解围。萨莱图斯突破雅典的围

公元前 427 年年初

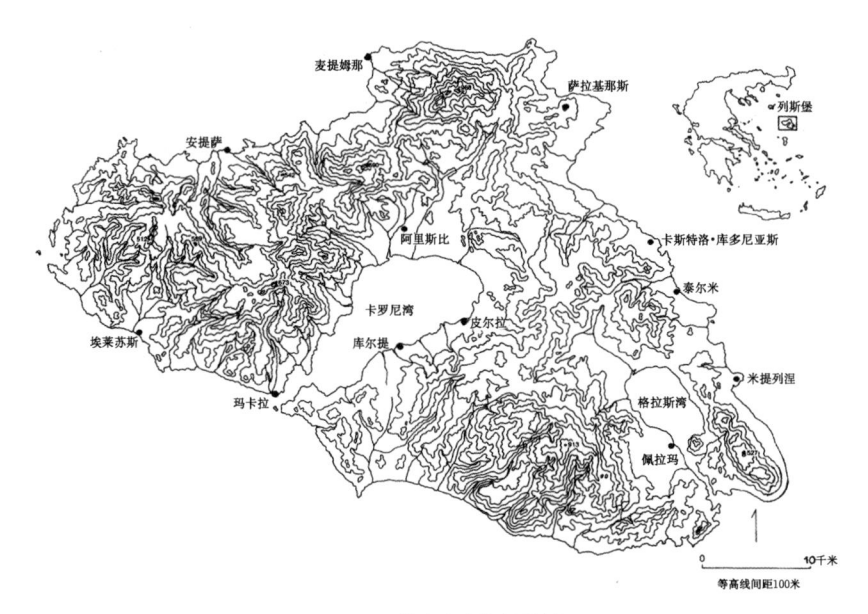

图 10-2 列斯堡岛上的主要城市

（据 N. Spencer, "Early Lesbos between East and West: A 'Grey Area' of Aegean Archaeology", ABS 90, 1995, p.274 编译）

---

① 无疑，这是基于与仅以土地为收入来源的小农（双牛级）的对比，无疑富人手头资金会带来更多收入。

第十章 雅典人与伯罗奔尼撒人的战争　499

捕进入城内,消息一传开,被困者信心大增。夏天来临时,在阿尔基达斯(Alcidas)指挥下,一支42艘战船组成的水师从斯巴达起航;同时,伯罗奔尼撒人第4次入侵阿提卡,以期能吸引雅典人的注意力,从而迫使他们从米提列涅撤军。被围者左等右等,仍不见支援舰船的到来,而他们的粮食已经不足。看到人们已陷入失望,萨莱图斯决定突围,他武装了一群人,发给他们盾牌和长矛。但是,得到武器后,这些人拒绝听他命令,而是要求有钱人拿出家里的存粮和大家均分。如果富裕的寡头派不这样做,他们就要开城投降。贫民的要求迫使政府另做打算,期望能得到一次有别于普通民众的谈判机会;就这样米提列涅宣布无条件投降。他们的命运将由雅典公民大会决定,帕凯斯不能处决任何一个人。

米提列涅投降

阿尔基达斯所率水师在伯罗奔尼撒半岛周边耽搁了一段时间,当他们刚到达米科努斯岛(Myconus)时,得到了米提列涅被占领的消息。阿尔基达斯带领舰船驶往厄律特莱。在此,有人向他建议进攻米提列涅,因为刚占领一个城市时胜利者一般都会疏于防范。还有人建议他夺取小亚细亚沿岸的一座城市,这样就会在伊奥尼亚激发起一场反抗雅典的大起义。但是,对一位拉凯戴梦的将领来说,这两个建议都太好、太冒险而根本不敢采用。他率领战船向南行驶,结果被帕凯斯一直追赶到帕提摩斯(Patmos)。最后直到退回伯罗奔尼撒周边地区时,他才缓过神来。

阿尔基达斯的远征

米提列涅起义的罪魁祸首和斯巴达人萨莱图斯被押送到雅典。一到雅典,萨莱图斯就被处决。雅典召开公民大会,决定被俘者的命运。最后,他们决定不但要处死那些被押送到雅典的罪魁祸首,【398】而且还要处决所有成年男性公民,并将妇女和儿童卖为奴隶。雅典人派遣一条三列桨战船前往帕凯斯处传达这个可怕的命令。

米提列涅人被判处死刑

雅典的蛊惑家说服公民大会施行获胜者可享有的最残酷的战争权利,结果他们竟然通过法令,要求杀死所有米提列涅人;这项举措表明雅典人对米提列涅仇恨之深。导致雅典人苦大仇深的原因是多方面的。米提列涅人反叛时,雅典正承受着瘟疫和战争的双重灾难,每个雅典人对米提列涅人都怀恨在心,正是因为他们反叛,才导致雅典不得不征收战争税,结果每个人的钱包都大受损失。一支伯罗奔尼撒船队竟然在他们主宰的东部海域游弋,这是雅典人闻所未闻的事情,大大伤害了他们的帝国情怀和自尊心。最重要的是,反叛者并非一个属邦,而是一个享有自由的盟邦。雅典可以饶恕一个力图摆脱桎梏的属邦,但绝不能容忍一个名义上享有自由的盟邦否认她的领导权。事实上,米提列涅人的举动就等于是向人们控诉雅典帝国的整个组织架构都不过是一个不公正的令人生厌的幌子。雅典人意识到该事件的重要性。虽然这不过是他们非理性的自我保护的一种本能反应,但这样的做法开启了一个可怕先例。他们的做法是否明智则是另一回事。

在公民大会上指导和开化民众的已不再是沉着冷静的伯里克利式作风。如今类型完全不同的民主派政治家走到前台取代了他的位置。公民大会被人民中的商贩控制,譬如,皮革商克里昂(Cleon)、索具商优克拉提斯(Eucrates)、灯具商叙佩波鲁斯(Hyperbolus)。与阿里斯提德、客蒙、伯里克利不同,这些新兴的政客既无家族背景,也无族人支持,他们施行的民主政策完全没有任何贵族传统作为背景。他们大多白手起家,通过自己的精明、勤奋、胆识和良好的口才向民众施加影响,譬如克里埃涅图斯之子克里昂那样的人物。虽并不担任任何官职,但作为公民大会的领袖,可以肯定,他们每周都会来到普尼克斯参加大会,正是通过这种方式,他们才赢得如此显赫的地位;这些新兴政客一定掌握了政治事务的每一个细节;有勇气利用并抓住一些显而易见的偶发意外对抗伯里克利奥林匹亚诸神式的权威;此外,他们一定研习过演说技巧,能够讨得观众喜欢。尤其有意思的是,克里昂及其他此类新派政客正是发达民主政

新派政治家

治所生产和培育出来的政治家。【399】有人认为他们的政策仅仅是由自私自利的个人野心或派系争端所决定的，这种看法完全错误而且不公。对于他们的了解全都来自这样一些作家的作品，他们不但诋毁其政策，而且从个人角度讨厌他们，认为他们是出身低微的暴发户。虽然他们可能举止粗俗，令人不悦，但大量的材料表明他们确实精明能干，并无确凿证据能够证明他们全是虚情假意的政客。对于那些怀念伯里克利式具有高贵气质的人来说，克里昂或叙佩波鲁斯的演说激烈而粗俗。但是，克里昂的粗俗和对个人的恶意攻讦绝不会超过后来德摩斯提尼对埃斯奇涅斯（Aeschines）的肆意漫骂。

> 第二次公民大会，克里昂的观点

这些新派政治家大多数是最强硬的帝国主义者，克里昂似乎一直将伯里克利的格言牢记在心，那就是把属邦牢牢控制在手。正是受到他的影响，公民大会才将一腔怒火发泄到米提列涅人身上，从而决定将所有男人杀掉。但是，当会议解散时，一部分公民发出了不同声音。稍微清醒下来后，雅典人意识到他们的决定过于残暴，从而提出一些质疑之声。此前，雅典允许米提列涅派员前往为自己辩护；这时看到民众的情绪开始发生变化，米提列涅使节就努力说服将军委员会于次日早晨召开一次特别公民大会，重新考虑此前颁布的处决法令。克里昂再次走上前来，从法律的公正性和政策的利好性方面为此前的决策辩护。修昔底德将他作为公开宣扬强权主义原则的代表人物。在克里昂看来，一个残暴的帝国必须采用残暴的统治方式，用恐惧维持对属民的震慑感，毫不留情地惩罚同盟者。另一方的主要发言人是公民狄奥多图斯（Diodotus），通过这次

> 狄奥多图斯的发言

著名危机中的所作所为，他赢得了不朽声名。狄奥多图斯将这个问题完全当作一项政策来处理；而克里昂反对在考虑这个问题时加入任何人道或怜悯的因素。狄奥多图斯小心翼翼避开关于类似因素的讨论；他从自身角度强烈反对克里昂从正义的立场考虑问题。他认为，米提列涅人被

判死刑当然罪有应得，但得出这样的结论与公正与否无关。雅典需首先考虑的问题并非米提列涅应当受到什么惩罚，而是怎样做会对雅典更有利。他说："我们现在并不是在与米提列涅人对簿公堂，不希望有人来告诉我们怎样做才合乎正义。我们应考虑的问题是如何行事，如何把坏事变成好事。"他接着论证说，事实上死刑并不具有威慑力，如此严厉的处罚只会有损雅典的利益。如果一个反叛的城邦知道无论何时投降，得到的处罚都是一样，他们就绝不会投降；那么雅典就不得不花费重金围城攻打；【400】"当攻下那个地方时，我们得到的也只不过是一座满目疮痍的城市"。此外，米提列涅民众是受寡头政府的胁迫才反叛的，如果他们被处决，其他地方的民主派必定会疏离雅典。

狄奥多图斯的推论以雅典正确的政策取向为基础，说服了许多对米提列涅人抱有怜悯心的公民。但在公民大会上两种意见仍不相上下，狄奥多图斯的支持者以简单多数通过了提案。带着死亡判决的战船已经出发了一天一夜，如今派出的带着缓刑令的三列桨船能否赶上前一艘战船？米提列涅的使节为水手们提供应酒和大麦，并答应如果水手们能及时赶到，将会给他们重金酬谢。水手们昼夜兼程，即便吃用酒、油和大麦粉揉制的面饼时，他们也在同时划桨；晚上水手们实行轮休，人休桨不停。而派去执行令人不快差事的第一艘战船行驶很慢，只比第二艘船早到了一会儿。帕凯斯手拿判决法令，正打算向米提列涅人宣布判决结果时，第二艘战船驶抵港口，全城的人终于获救。

取消原来的判决

经过审判，那些被押送到雅典的罪大恶极者遭到了处决，雅典人对反叛盟邦的愤怒之情最终得到了充分宣泄。最终被处决的大约只有30人。

处决米提列涅的罪魁祸首

雅典首先收缴了列斯堡人的战船，拆毁了米提列涅的城墙，然后将除麦提姆那之外的整个岛屿分成3000份，将其中300份奉献给神灵，剩

向米提列涅派驻殖民者

|| 第十章　雅典人与伯罗奔尼撒人的战争　　503

余的分给雅典派来的军事殖民者。土地仍由列斯堡人耕种，但需每年缴纳租金。

第七节 西部希腊的战事 发生在科基拉的悲剧

西部希腊战事的进程，公元前429年

当全希腊的注意力都集中到普拉提亚和米提列涅的命运时，西部的战事仍在继续，雅典水师的声望越来越高。（科林斯弯西部入口及附近地区参见图10-3）安布拉基亚人劝说斯巴达远征阿卡那尼亚，告诉伯罗奔尼撒人如果能牢牢在那里建立统治，就可望将雅典西部的盟邦拉拢过去。斯巴达派克奈穆斯（Cnemus）带领1000名重装步兵作为先遣队；他本试图攻打当地的重要城镇斯特拉图斯（Stratus），但被击退。同时一支伯罗奔尼撒船队从科林斯出发前往支援克奈穆斯。这支队伍一共

图 10-3 科林斯湾西部入口及附近地区

（据 Terry Buckley, *Aspects of Greek History 750—323 BC.*, p.344 编译）

有47条战船,不过他们不得不经过科林斯海峡入口,福尔米奥率领20条战船镇守于此。【401】福尔米奥放伯罗奔尼撒水师通过海峡入口,进入开阔海域中,准备在此发起攻击。利用巧妙的策略,他使敌船拥堵在一片狭窄的海域里。清晨微风吹动,这些舰船相互发生了碰撞,当伯罗奔尼撒人的船只乱作一团时,雅典的战船快速冲向敌舰,取得一场完胜。斯巴达政府无法理解是什么海战技术使雅典在战船数量处于如此悬殊劣势的情况下仍然获胜。于是他们派出人员进行调查,并警告卡奈穆斯必须再打一战,获胜而归。伯罗奔尼撒人再次组织起一支队伍,占领了阿凯亚的帕诺姆斯(Panormus),福尔米奥驻扎在对岸的利翁(Rhion)。卡奈穆斯的目标是诱使或者驱使敌舰驶入海峡,在那里敌人掌控战船的技术就不如在开阔水域那么具有决定作用。出于这个目的,他率领船队驶向瑙帕克图,福尔米奥带领战船警惕地沿着海岸巡视,以图保护瑙帕克图。当雅典战船在海岸附近鱼贯航行时,敌舰突然掉转方向,以最快的速度朝雅典战船冲了过来。离瑙帕克图最近的11艘战船还有充足时间转向伯罗奔尼撒船队的右翼逃走,但其他战船都被赶到陆上搁了浅。20艘伯罗奔尼撒战船立即去追赶正向瑙帕克图逃窜的11条雅典船只。琉卡斯人的一条船远远赶在前面,紧紧咬着落在后面的一条雅典战船。在瑙帕克图附近有一艘商船正停泊在深海,这艘商船挡住了他们的路线。这艘逃窜的三列桨战船围绕着这艘商船行驶,反过来向追来的船只发起进攻,结果击中该船的中腹,随即将其击沉。雅典战船的出色表现令正在乘胜追击的伯罗奔尼撒人瞠目结舌,吓得赶在前面的战船停下桨橹,等待着其他船只的到来。看到这种情况,本已回到瑙帕克图的雅典人立即组织起一次新的进攻,再次获得完胜。

如果这位能力超凡的水师提督能活得更久,或许雅典在西部希腊的影响力将会大大加强。但是,在一次冬季远征阿卡那尼亚后,他就默然退

福尔米奥的第一次胜利

福尔米奥的第二次胜利

一次失败

在瑙帕克图转败为胜

|| 第十章 雅典人与伯罗奔尼撒人的战争　505

阿索皮俄斯在西部的活动，公元前428年

出了历史舞台。次年夏，其子阿索皮俄斯（Asopius）应阿卡那尼亚人之邀前往支援，由此可以推断，福尔米奥辉煌的战斗历程因其早早去世大大缩短。阿索皮俄斯进攻奥伊尼亚戴（Oeniadae）未果，在琉卡斯遭伏击，被杀身亡。琉卡斯半岛和阿卡那尼亚的奥伊尼亚戴皆位于阿凯鲁斯河口的沼泽地带，这两个地方是雅典在西部的主要目标。然而，他们从未占据过琉卡斯，不过4年后，奥伊尼亚戴被迫加入了雅典同盟。

奥伊尼亚戴，公元前424年

科基拉事件，公元前427年

科基拉即将成为在伊奥尼亚海发生的下一次战斗的战场。【402】科林斯对埃皮丹努斯战争的俘虏承诺，只要他们答应使科基拉脱离雅典同盟，就将马上获得释放。科林斯人的阴谋成功分化了科基拉，并引发了一场血腥的革命。与伯罗奔尼撒人结盟还是与雅典人结盟，这个问题常常导致城邦公民分裂为寡头派和民主派。代表科林斯利益的阴谋者及其组成的小团体密谋推翻民主政体。他们采取的第一步是起诉人民的领袖佩提亚斯（Peithias），指控他阴谋使科基拉接受雅典的奴役。佩提亚斯被无罪释放，并反诉控告者中5名最富裕的公民，指责他们砍伐宙斯和阿尔西诺斯（Alcinous）圣殿的葡萄树。结果他们被判罚每株1斯塔特尔的巨款。罚款的数额是如此巨大，以至于被指控者跑进圣殿向神灵祈祷，请求以分期付款的方式偿还。但他们的要求遭到拒绝；在陷入绝望的情况下，他们闯进议事会大厅，杀死了佩提亚斯和与他在一起的其他60人。

杀害民主派人士，公元前427年

科基拉内战

如今，寡头派占据了上风，他们肆意攻击民主派人士，这些被攻击者不得不逃到卫城和叙拉伊克港（Hyllaic）。而寡头派占据另外一个与大陆相对的港口、城市中心的市场和地势较低的地方。次日，双方的援兵相继到达。民主派的援军主要来自该岛屿的其他地方；寡头派的支援者来自大陆。双方重新开战，民主派稍占优势。为了阻止民主派夺得武器库，寡头派放火烧掉市场周边的房屋和建筑。

第二天，在尼科斯提拉图斯（Nicostratus）率领下，雅典的 12 艘战船从瑙帕克图赶了过来。他说服双方达成和解，但民主派请求他留下 5 条舰船维持秩序，因为他们根本不相信对手。尼科斯提拉图斯没有答应他们的要求，但是要求带走 5 条科基拉战船；因为船上的水手都选自寡头派人士，事实上，这些水手成为人质。这些人害怕被送往雅典，于是全都逃到神庙里寻求庇护。尼科斯提拉图斯无法说服他们离开神庙。民主派人士认为寡头派的不信任证明他们心怀不轨，于是重新武装起来。其余的寡头派人士逃到了赫拉神庙里，后来民主派让他们离开科基拉，渡海来到附近的一座小岛。

雅典人的到来

四五天后，一支由阿尔基达斯率领的伯罗奔尼撒水师也抵达科基拉，此人刚刚从伊奥尼亚远征归来。在科基拉港口外双方爆发激战，雅典人被迫撤退；不过斯巴达人并未乘胜追击，【403】而是返回伯罗奔尼撒，因为他们听说一支 60 艘战船组成的队伍正赶往这里。

科基拉的寡头派曾无故干扰城邦的和平，并力图将城邦置于世仇的奴役之下，如今民主派终于等到机会一雪前耻。寡头派剥夺城邦自由的行径激起民众最恶毒最惨无人道的恶念，如今他们可以肆无忌惮地释放报复之心，完全不再顾虑道义和行为准则。400 名寡头派人士刚从小岛返回，就不得不又逃到赫拉神庙寻求庇护。其中 50 人经人劝说从神庙中走了出来，但是他们未经审判就被处决。其他人眼见他们也难逃厄运，就相互帮助，要么自行了断，要么吊死在神庙树上。优里梅敦（Eurymedon）曾率领战船在此停留了七天。其间，科基拉人杀掉了所有他们认为可能反对民主制的人，许多人因私仇而成为牺牲品。"可以见到人们各种死法，革命中通常发生的所有事情都发生了，甚至发生了本不该发生的悲剧。父亲杀死儿子，乞援者被拖出神庙并在附近被杀死，有人甚至被囚禁在狄奥尼索斯神庙，活活饿死在里面。革命往往会导致如此残忍的恶行

民主派残忍的大屠杀

的发生。这是最血腥残酷的革命,因为它是最早发生的革命。"① 对此,优里梅敦漠然视之,并未加以干预。

民主制无法为这些可怕的暴行开脱罪责,但引发革命的责任完全在寡头派,大部分因民主派盛怒而受到伤害的人并不值得同情,正是他们为暴行树立了榜样。从修昔底德的字里行间可以看出,科基拉发生的事情给希腊人留下了深刻印象。这位历史学家以该事件为题材深入评论随后即将开始的扰乱希腊世界各邦的革命精神。因为希望或担心外邦的干预,在人为的煽动和怂恿下,不同派别之间的界线越来越分明,寡头派指望着拉凯戴梦人的干预,民主派期待着雅典人的援助。和平时,派系斗争并不那么激烈。现代最著名的事例——法国大革命——将革命的破坏性展现得淋漓尽致,外国的干预激起革命者最血腥的暴行。在大革命中,革命精神失控时发生的恶行再次证明这位希腊历史学家关于革命精神对道德影响的分析是多么正确。② 革命者"决定用他们的冒失和报复行为破坏此前所有人接受的事实。【404】词语的意义不再和事物本身联系在一起,而变成了革命者所赋予的新意义。鲁莽之举被称道为忠诚党派的勇敢;谨慎周到被看作是懦弱者的借口;中庸之道被视为缺乏男子气概的伪装;周全的考虑被认为是拙劣无能。疯狂被奉为男人的真正品质。暴力倡导者总是被人信任,和平爱好者却受到怀疑。"和平中立被认为是危险之举。"不加入任何党派的人成为双方斗争的牺牲品,他们因置身事外而被人憎恨,或者因能逃脱灾难得以幸存而遭人嫉恨。"③ 在党派精神躁动不安的氛围下,在狂热争辩的鼓动下,在勃勃野心的驱使下,在以暴易暴复仇心态的刺激下,天堂和文明社会的一切定律都被恣意弃之

---

① *Thuc.* 3. 81-82.
② 格罗特也注意到了这一点。
③ *Thuc.* 3. 82. 4-8.

一旁。这就是修昔底德勾勒出的希腊城邦病态政治生活的几个特征。

　　修昔底德还记录下科基拉革命的结局。大约 600 名寡头派人士逃脱民主派的报复,在岛屿东北部的伊斯通山(Istone, Mt.)安顿下来,他们在那里骚扰城市居民、控制乡村长达两年之久。在优里梅敦和索福克勒斯指挥下,一支驶往西西里的船队顺路来到科基拉。在雅典人的帮助下,民主派攻占了伊斯通山。寡头派投降了,他们要求将自己交由雅典人处理。两位将军将这些人安置在皮提奇亚(Ptychia)岛,规定如果有人逃走,其他所有人都将被剥夺此前许诺给他们的优待条件。但民主派人士却将这一举动理解为到达雅典后寡头派不会被处以死刑,寡头必须得死!民主派制订并准备实施一个歹毒阴谋。寡头派的朋友被派往岛上,告诉他们说两位将军征得民主派的谅解已答应让所有人离开,并答应为其提供一条船只。有几个俘虏中了圈套,刚驶离岛屿不远就被抓住。所有被俘的寡头派人士即刻全被交给了科基拉人,然后被关进一间大屋子里。随后,他们被捆在一起,以 20 人为一组,逐组带出。他们从两排重装步兵队列中间走过,如果两旁的人发现俘虏中有他的仇人,就可对此人随意殴打和伤害。三组 60 名俘虏就这样被带出,活活折磨致死;此时屋内的人才如梦方醒,他们本认为这不过是将他们从一座监狱押到另一座监狱而已。寡头派请求雅典人将他们处死,【405】但这不过是空费口舌。就这样,他们拒绝离开这间大屋子,也不允许任何人进入。科基拉人也无意强攻入内,他们掀掉屋顶,从上面向屋内的人投掷瓦片和发射弓箭。屋内的俘虏完全陷入绝境,开始以自杀方式结束生命,他们拾起射下的箭矢,刺破自己的喉咙;从床上找来绳索或将衣服撕为布条自缢身亡。惨剧持续了大半夜,黎明来临时,所有俘虏都死去了,他们的尸体被运出城外。科基拉革命的惨剧就此结束,最后一幕比第一幕更令人不寒而慄。就此次事件而言,优里梅敦难辞其咎,比两年之前,他现在本可更好干预其事,因

科基拉寡头派在伊斯通山

伊斯通的陷落,公元前 425 年

屠杀寡头派

|| 第十章　雅典人与伯罗奔尼撒人的战争　　509

为寡头派已经向雅典人投降。据说,他和索福克勒斯默许了民主派的卑劣伎俩,并很好地利用该事件达到了他们自己的目的。因为他们即将赶赴西西里,不可能亲自将俘虏送回雅典;他们更不愿承担亲手处死俘虏的恶名。如今科基拉的寡头派被彻底消灭,民主派生活在和平之中。

第八节　德摩斯提尼在西部的活动

远征埃托利亚,公元前426年

　　科基拉动乱时,西部希腊的战斗并未停息。在将军德摩斯提尼率领下,一支雅典水师队伍巡行于伯罗奔尼撒半岛周边,并对琉卡斯岛发起了进攻。德摩斯提尼是一位颇有胆识的将领,与其同僚相比,他的思想更具创新性。这次,他想大捞一把。带着这样的想法,他放弃了在琉卡斯的军事行动,尽管阿卡那尼亚人认为他会围攻这座城市,他还是转而到科林斯湾北岸开辟新战场。波奥提亚与西部海域之间的地区,譬如佛基斯、洛克里、阿卡那尼亚等,对雅典比较友好,但尚未开化的埃托利亚人对雅典的敌视使他们在该地区开展陆上行动相当危险。德摩斯提尼计划征服埃托利亚人,以便从西向多利斯和波奥提亚进军时不会腹背受敌,被敌人切断与后方的联系。事实上,他的想法是将科林湾与优卑亚海贯通一体。此时,斯巴达人正忙于应对奥埃塔(Oeta)山周边地区的战事。应南部多利斯和北部奥埃塔地区特拉齐斯(Trachis)的请求,【406】拉凯戴梦派人在特拉齐斯离温泉关不远处建立了一个殖民地,命名为赫拉克利亚(Heraclea),以保护该地区不受山区敌对部族的侵扰。对斯巴达来说,建立殖民地乃不同寻常之举。但赫拉克利亚的作用不只是防卫近邻同盟成员的安全,而且具备更重要的意义和指向性。斯巴达可由此进攻优卑亚,也可将该地作为一个进军卡尔基狄克半岛的中转站。不过建立赫拉克利亚的目的是威慑雅典,但结果却令人失望。赫拉克利亚并不兴旺,总

殖民地赫拉克利亚

是受到强悍而怀有敌意的色萨利人攻击；拉凯戴梦派来的官员管理不善且待人不公，最终毁掉了这个殖民地。但是，该殖民地的建立仍是一件重大事情。很有可能，德摩斯提尼最初设计的战略是从南部攻占多利斯，由此威胁赫拉克利亚。不过该计划看似颇有吸引力，却完全不具可操作性。其首要前提是征服多利斯这个山地城邦，这必然会引发一场激烈的战斗；对于山地战，德摩斯提尼并没有什么经验，而且其步兵也完全处于劣势。居于瑙帕克图的美塞尼亚人建议他攻打埃托利亚，因为这里只有乡村没有城镇，极易攻克。但美塞尼亚人有自己的算盘，他们长期受心怀敌意的邻居——埃托利亚人之苦，希望利用这位雅典将军的勃勃野心达到自己的目的。

但是，阿卡那尼亚人最关心的是击败琉卡斯，对于德摩斯提尼不再围攻该城的决定他们非常不满，拒绝和他一起攻打埃托利亚。雅典人及其同盟者组成一支不太强大的军队从洛克里的奥埃尼昂（Oeneon）出发向埃托利亚推进，希望趁埃托利亚人还没聚集起来之前，征服几个部落。但埃托利亚人已经提前探知到他的计划，组织起一支强大的军队。德摩斯提尼取胜的唯一机会是与奥佐利亚的洛克里人合作，因为他们熟悉埃托利亚的地形，对其作战方式了然于胸，而且他们的武装和埃托利亚人大同小异。遗憾的是，德摩斯提尼犯了一个错误，没有等待他们一同前往。结果他的军队无法抵抗埃托利亚投枪兵。在埃吉提昂（Aegition），埃托利亚投枪兵从四周山上冲下来，对进犯其城镇的入侵者大肆杀戮，结果120名雅典重装步兵殒于此役，"这次战斗中雅典失去了她的好儿郎"。德摩斯提尼不敢回到雅典，只能待在瑙帕克图。不久他抓住了一个重获声名的好机会。

【407】作为对入侵埃托利亚的回应，拉凯戴梦人派优利罗库斯（Eurylochus）率领3000名重装步兵进攻瑙帕克图。这3000人中有500

德摩斯提尼拯救瑙帕克图

人来自新建殖民地赫拉克利亚。瑙帕克图防守不利，全靠德摩斯提尼强大的行动能力才拯救了她；在他的劝说下，阿卡那尼亚人派来援军，解除了燃眉之急。在此情况下，优利罗库斯放弃了围攻计划，撤退到埃托利亚南部的卡吕冬和普琉戎，希望在此联合安布拉基亚人进攻阿尔哥斯。当

安菲洛奇亚人的阿尔哥斯

安布拉基亚人从北侵入阿尔哥斯境内，攻占奥尔派（Olpae）要塞时，冬季已经来临。奥尔派要塞位于阿尔哥斯城稍北一座临海的山丘上，曾是阿卡那尼亚同盟审判大厅所在地。受阿卡那尼亚人之请，德摩斯提尼成为他们抵抗伯罗奔尼撒人进攻的指挥官。他派人送信给巡航在伯罗奔尼撒半岛沿岸的水师，要求派20条战船前来支援。优利罗库斯的军队通过阿卡那尼亚南部地区，在奥尔派与盟军会合。雅典的战船也抵达安布拉基亚湾。在随船前来的援军的帮助下，德摩斯提尼亚在奥尔派和阿尔哥斯之间的地区向敌人发起进攻。德摩斯提尼精心设计了一场伏击战，抵

奥尔派之战

消了伯罗奔尼撒人在兵力上的优势。战斗过程中，优利罗库斯被杀，伯罗奔尼撒人陷入了危险，可能遭受阿尔哥斯人和雅典战船双面夹击。他们与德摩斯提尼订立了一个秘密协议，但协议并未将安布拉基亚人包括其

协议，伯罗奔尼撒人抛弃安布拉基亚人，安布拉基亚人被杀

中。按协议的安排，伯罗奔尼撒人必须偷偷溜走，不得向安布拉基亚人说明其意图。该协议对德摩斯提尼有诸多好处，因为拉凯戴梦人的背信弃义将使他们在该地区失去信誉。伯罗奔尼撒人逐一溜出奥尔派城，假装去采集野菜或砍伐木材。当离开稍远时，他们加快步伐飞奔而去。安布拉基亚人眼见如此，立刻跑着追赶他们。阿卡那尼亚人杀死了大约200名安布拉基亚人，而伯罗奔尼撒人则逃到了阿格莱亚（Agraea）。但是，更沉重的打击还在等着安布拉基亚人。安布拉基亚的领导者并未注意到战局的变化，仍然不断派人前往奥尔派。德摩斯提尼派人埋伏在他们行军的必经之地。在奥尔派以北几里外的伊多麦涅（Idomene），有两座高度不等的山峰。德摩斯提尼手下的一部分军队抢先占领了较高的一座山峰。

安布拉基亚人到达后在较低的一座山峰上安营扎寨。德摩斯提尼率领剩余的军队趁夜潜行，并于黎明时分发起进攻，而此时安布拉基亚人还在半梦半醒中。他们大多被杀，逃脱的人发现山路也被占领。修昔底德记载说，战争最初10年中，【408】"希腊各邦中还没有哪一个城邦在如此短的时间内遭受到如此巨大的不幸"，他并未给出阵亡者的人数，因为对于一个规模如此小的城邦，战死者的比例如此之高，真是令人难以置信。如果德摩斯提尼继续推进，他或许可以占据安布拉基亚。但是，阿卡那尼亚人并不希望见到雅典人在家门口永远存在，他们更愿意与邻邦相安无事，互不侵犯。因此，阿卡那尼亚、安菲洛奇亚人的阿尔哥斯与安布拉基亚订立了一个为期100年的同盟条约，要求战时任何一方不得加入与该同盟对抗的同盟，各邦相互援助，保卫国土。不久，阿那克托里昂、奥伊尼亚戴也加入了雅典同盟。

阿那克托里昂，公元前425年；奥伊尼亚戴，公元前424年

第九节　尼西阿斯与克里昂　雅典的政治

安布拉基亚的胜利使德摩斯提尼弥补了在埃托利亚遭到的失利。如今，他可以安然返回雅典。不过他冲劲十足的作战风格和冒险的作战计划一定引起了老成持重、经验丰富、固守教条的指挥官们极度的不信任。尼凯拉图斯之子尼西阿斯尽管能力差强人意，但似乎已获得雅典的最高军事指挥权，想必他对德摩斯提尼在西部地区的所作所为是一个劲地摇头。尼西阿斯是一个保守而富裕的奴隶主，在劳里昂银矿拥有巨额投资。他所属党派不赞同雅典的学术发展和政治进步，强烈反对诸如克里昂之流在公民大会上执牛耳的新兴政治家，尼西阿斯是这个党派的中坚力量。

尼西阿斯

尼西阿斯能力平庸，或许是一名优秀的副将，但缺乏成为一位政治

领袖的素质。利用无可辩驳的名望,面对贿赂时的清正廉明,对待迷信活动的谨小慎微和对军务细节的驾轻就熟,他一直对雅典施加着牢固而持久的影响。对于能力平庸者的尊崇投射出雅典民主政体的特征,也反映出保守派的巨大能量。尼西阿斯倡导和平,力主宽大对待斯巴达,因此从一定程度上被视为客蒙的继承者。他的政敌虽然在某些问题上不时会挫败他的提议,但其影响力从未遭到根本破坏。他明白向那些充满嫉妒心的公民(他与这些公民一样)施与小恩小惠可能带来的政治价值,在城邦的宗教活动中他舍得投入。【409】正如修昔底德谈到的那样,他在占卜和征兆方面考虑太多。利用提洛岛被除的机会他充分展现了对宗教的虔诚和乐善好施,举行这次被除可能是为了乞求阿波罗驱走瘟疫。所有死者的尸骨都从坟墓中迁出岛外,并规定从此不许任何人在圣岛上出生,也不许任何人在岛上死亡。即将生产的妇女或即将去世的老人都将转移到瑞尼亚岛(Rheneia)上。雅典人还以一种新的形式恢复了荷马阿波罗颂诗中描述的古老节日。在这个节日里,"长袍的伊奥尼亚人聚集在一起,举行拳击、舞蹈和歌唱表演,哦,福玻斯,让您神清气爽"。城邦恢复了上述竞赛,并第一次引入赛马竞技。4年后,岛上所有居民都被迁走,被除更臻完善。波斯主动提出将迁出的居民安置到阿德拉米提昂(Adramyttion)。

> 提洛岛的被除,
> 公元前 426 年

> 在提洛岛创办四年一度的赛会

对于举办此类仪式,尼西阿斯正是适得其所。不幸的是,此类能力在雅典政治生活中分量太重,这恰是小国寡民的城邦社会的一个不足之处。在广土众民的现代国家,除极少情况外,相较于政治人物的私人生活或者个人见解,他的政治能力对大多数公民更加重要,在选举时占据的分量更大。但在小邦中,政治人物的个人生活总是呈现在人们面前,当他对某种看法或爱好表现出赞同或反对时,其政治地位也会深受影响。一位能力平庸的政客只需在个人生活中考虑周详也可能获得最高权力,尽管他的智慧本无法胜任这样的角色。事实上，伯里克利能力太强，尽管有人对他个人的道德和权威提出非难，但都无法撼动他巨大的影响力。而尼西阿斯能维持高位的原因就在于他恪守礼法，从来没有用阿斯帕西娅或阿那克萨哥拉斯之类的事情触犯众怒。雅典民众在很大程度上将政治人物的个人体面和知识能力视为一体，人们的创造天分经常被保守和偏见破坏。

虽然尼西阿斯并不完全赞同伯里克利的政策，对其继承者的政策全无好感，但他仍对民主制无限忠诚。在雅典也存在着寡头派，他们秘密活动，总希望有机会颠覆民主政体。该党派，或者说该党派的一部分人在当时被称为"青年派"（οἱ νεώτεροι）。该党派的人物中包括了稍后在历史舞台上风生水起的演说家安提丰，此时他因与一些具有轰动效应的案件联系在一起而逐渐进入了公众的视野。【410】克里昂时时刻刻提防着该党派的颠覆阴谋，也提防着将军们的渎职行为，在公民大会上，克里昂把自己描述成为"人民的看门狗"。不过此时寡头派还没制造什么危害，只要雅典没有受到来自外部的灭顶之灾，他们就不会有什么可趁之机。寡头派所能做的就是与克里昂的其他政敌一道行动，通过散播一些匿名小册子发泄心中的不满。因为偶然原因保存下一篇由当时一位持寡头政见的雅典人所写的作品。该作品的主题是讨论雅典的民主制，作者代表雅典人公开答复其他希腊人对雅典民主制的批评。他说："就我自己而言，我并不赞赏民主制。但我将试图站在他们的立场向你们指出，雅典人是如何明智地管理着他们的城邦，以何种方式很好地维护着民主制。"在很大程度上，作者的辩护暗含着对民主制的批评，有时他的批评相当尖锐，甚至达到了吹毛求疵的程度。作者抓住并牢记一个真理，即雅典发达的民主制与其强大的海上力量密切相关。他说，穷人和普通公民比贵族和富裕者更有影响力是理所当然的，因为是普通公民为舰船摇橹，是

寡头派

安提丰

伪色诺芬的《雅典政制》，公元前424年

他们使城邦更加强大,而不是重装步兵或者出身良好而可敬的贵族。令人饶有兴趣的是作者注意到奴隶和外邦侨民在雅典享有不可思议的自由和豁免权:"在那里你不能殴打他们;在大街上奴隶们不会给你让路。"作者满怀恶意的解释也不禁令人捧腹:普通民众穿着太寒碜,人们可能会轻易把他们误认为奴隶或外侨,如果一个公民挨了揍,那将会引起一阵骚乱。作者还陈述说雅典的商业帝国在将世界各地的精美物品运送到其港口时,也影响着雅典人的语言和生活习俗,他们的语言中满是异邦词语;在讲述雅典的商业帝国时,作者心中或许稍稍有一丝怨恨之情。

这段时间里,雅典政治发展过程中出现的一个重要特征是军队统帅与公民大会领袖的分离,从而将军与民众领袖的意见很难协调一致。控制公民大会的商人阶级并未受过军事训练,也无军事才能。谈论军事政策时,将军的意见更有权威性。当将军提出反对意见时,这些商人出身的民众领袖往往处于劣势。一直以来将军之职事实上仅限于出身良好、家境富足的公民。但在伯里克利去世后,情况就发生了变化,民众领袖也能当选。在喜剧《公民》中,诗人欧波利斯让雅典历史上伟大的政治领袖都起死复生,譬如米泰雅德、地米斯托克利、【411】阿里斯提德、伯里克利,让他们看看堕落的雅典人。诗人还将后世的将军与此前的将军进行对照:

> 曾一度,我们的将军
>
> 出身高贵,品格高尚
>
> 他们系出名门
>
> 家资富足
>
> 他们是我们崇拜的神灵,如同神灵一样带领我们保家卫国。
>
> 但一切已今不如昔

克里昂的地位

欧波利斯关于新选任将军的描述

> 我们新选任的将军啊
>
> 在品格上是多么相形见拙
>
> 如今城邦选出的都是恶棍和废物,是他们带领着我们与敌人战斗!

克里昂是一个有头脑有决心的人。他雄心勃勃,力图将城邦治理得和伯里克利时代一样秩序井然。他清楚地认识到,为了达此目标,他必须在战场上和公民大会上都取得胜利。到目前为止,他主要的活动场所是民众法庭,在此,他号召将军们担负起保卫民主政府的重担。这时,他还只不过是一位反对派领袖,不时在公民大会上强势地通过某些方案;如果想走得更远,想在城邦管理中持续发挥影响,他必须有担任将军之职的意愿;在一位经验丰富、能力出众的同僚协助下,他万不可丢掉颜面。克里昂与具有胆识的德摩斯提尼达成某种默契,无疑对双方而言,这都是有利无弊之举。二人的联手或许能从政治和军事上撼动尼西阿斯的主导地位。

因二人达成的默契,雅典赢得了一次著名战役的胜利。不过讲述这次战役之前,有必要记录下持续战争产生的巨大花费。雅典人发现必须从神庙圣库借款(支付的利息微不足道)才能支付巨额的军费开支。但这仍远远不够。作为负责雅典财政的主要官员,克里昂向公民大会建议增加从盟邦征收的贡金数额。结果贡金数额几乎增加了一倍。据保守估计,每年征收的总额大概不会低于1000塔兰特。如今保存下相当数量的记载贡金的碑铭残片,这是一个因帝国野心蒙蔽的民主政体所犯不义罪行的铁证,早年前美勒西亚斯之子修昔底德就曾对此提出过强烈的反对意见。不过,此时增加贡金是不得已的必要行为,因为雅典不可能退出战团。事实上仍有人,主要是"青年派"成员,代表公民对此高声抗议。雅典对盟邦的明显不公受到了阿里斯托芬的辛辣嘲讽,【412】在一出喜剧中,他极尽挖苦之能事,嘲笑说如果强迫所有盟邦都尽义务,让每个盟

从神庙圣库借款,公元前426年,前425年,前424年,前423年

增加贡金,公元前425年,贡金表

阿里斯托芬:《马蜂》,公元前422年

第十章 雅典人与伯罗奔尼撒人的战争 517

邦供养20个雅典人,这足以让2万雅典人成天无所事事,坐享(盟邦)肥沃土地上的"野兔和牛乳布丁"。*

克里昂引入"三奥波尔制",即陪审员津贴制,大约公元前425/424年

此时雅典不但开始征收额外的财产税,而且向盟邦摊派了更沉重的负担。但令人颇感意外的是,在这样一个财政拮据的时期,雅典竟然认为增加国内支出合乎时宜。克里昂施行的一项最重要举措是将陪审员津贴从伯里克利时代开始发放的1奥波尔提高到3奥波尔。认为该举措仅仅讨民众欢心的看法无疑是错误的,其主要目的或许是试图缓解贫苦公民的经济压力,因斯巴达人年复一年入侵阿提卡,雅典贫民丧失了土地上的收成,陷入了严重的经济困境。

第十节 雅典夺取派罗斯

公元前425年

毋庸置疑,正是在克里昂的影响下,德摩斯提尼才得以以一介布衣领命随优里梅敦和索福克勒斯率领40条舰船一同西征。此前,我们已谈到过这支水师,他们曾帮助科基拉民众与占据伊斯通山的寡头派战斗。德摩斯提尼此次虽能随军远征,但他并不能发号施令。在头脑中他拟订了一个计划,打算在伯罗奔尼撒半岛西部沿岸建立一个军事据点。克里昂不但答应让他随舰船前往,而且允许他根据需要调遣船只。到达美塞尼亚沿岸时,德摩斯提尼要求两位统帅将舰船驶抵派罗斯,不过,听到伯罗奔尼撒舰船已抵达科基拉,他们决定不再逗留。但是,上天助佑德摩斯提尼实现了这个计划。由于天气原因,雅典的战船被吹到派罗斯港。(派罗斯、斯法克特里亚战役示意图,参见图10-4)德摩斯提尼催促雅典人尽快在此修建防御工事。这项工作非常轻松,因为此地天然就易守难攻,

---

* Ari. *Wasps*. 708-710.——译者注

地上随处有充足的石头、滚木等材料。两位统帅对他在此建立一个立足点的想法大加嘲笑，"如果你想浪费城邦的金钱，伯罗奔尼撒半岛还有许多海岬无人居住"。但狂风暴雨使舰船无法离开，士兵们成天无所事事，最终他们实在感到无聊至极，决定采纳德摩斯提尼的计划，开始修建派罗斯的防御工事。

因为这次重要战役，派罗斯和斯法克特里亚始为世人所知，有必要清楚了解该地的基本特征。派罗斯海岬或称科里法西昂（Coryphasion）三面临海。【413】原来本是一座海岛，但此时通过一道地势低矮的沙丘已在北侧与大陆相连。史前时代，派罗斯是一条连续不断的海岸峭壁的一部分。在这条峭壁上有三处裂缝，成为沟通峭壁内外海域的通道，并最终形成两座互不相联的岛屿——派罗斯和斯法克特里亚。沉积的泥沙使北部海岸逐渐延伸，最终将派罗斯与大陆连在一起，但另外两个海峡并未被泥沙淤塞填满，斯法克特里亚仍是一座海岛。最初当派罗斯和斯法克特里亚都还是岛屿时，它们成为一个被陆地包围的巨大海湾的防波堤；但随着一道弧形沙丘的逐渐形成，大陆最南端与派罗斯连在了一起，海湾北端出现了一个小型潟湖，派罗斯成为该潟湖的西岸。不能肯定在德摩斯提尼时代人们是否已能感受到沙丘的形成，但沙丘大概还没有发展到将整个海湾一分为二的程度，不会阻碍人们进入派罗斯周边水域。海湾的北侧（如今已成为一片沼泽地）是天然的防风港，可供船只停泊；海湾的其他地方（如今被称为那瓦里诺湾）并不适宜下锚泊船。不过因北侧的优越位置，人们将整个海湾都称为一个港口。前面已经谈到，进入海湾有两条水道，即分隔派罗斯和斯法克特里亚的狭窄水域和斯法克特里亚南端与对岸大陆之间较宽阔的海峡。在派罗斯北侧还有一个小海湾。将派罗斯与大陆连在一起的是一道月牙形沙丘，月牙内湾处是一个面积很小的圆形海湾，名为布弗拉斯湾（Buphras），海湾南侧是高高的派

派罗斯和斯法克特里亚的地貌

罗斯，北侧是一座低矮的无名小丘。

雅典人在派罗斯的防御工事

派罗斯全长不到一英里。靠沿海一侧无法登陆，靠港湾一侧也是陡崖峭壁。因此，只需在三个地方修筑防御城墙：其一，东南角从峭壁到海峡的过渡地带，长度大约100码；其二，西南侧靠近海湾入口处，长度400~500码；其三，北侧为一段峭壁，除最西端靠近海岸的地方外，不需要人工修筑防御工事，因此他们在北侧最西端修筑了一道工事。后来，当时在场的一名士兵向修昔底德生动讲述了防御工事的修建过程。因为没有带铁质工具，他们把石料搬砌到一起，使其砌合成形。如果需要灰浆，他

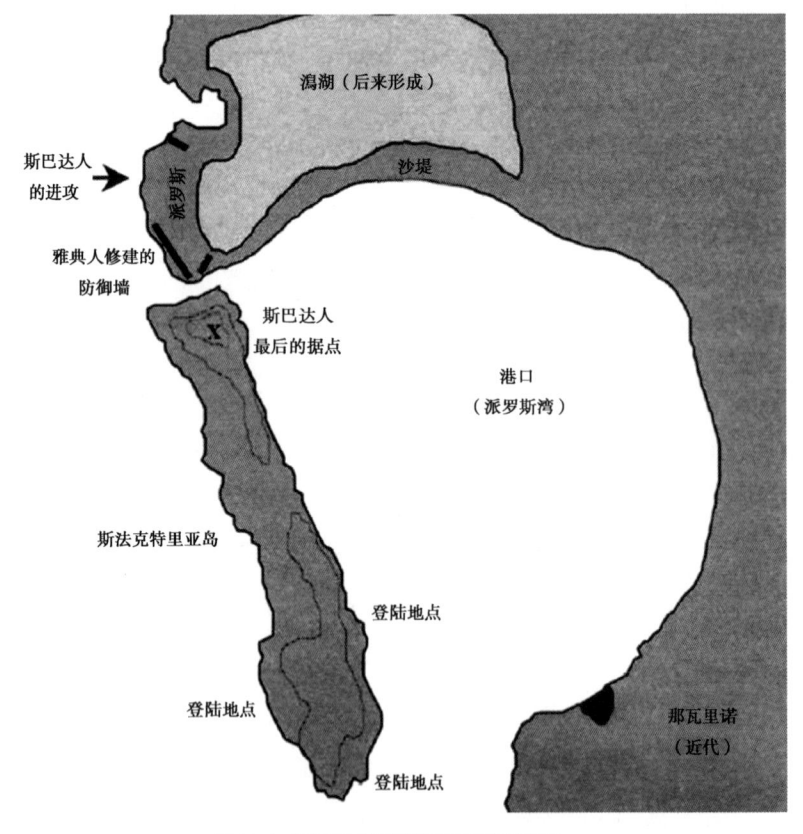

图10-4 派罗斯、斯法克特里亚战役示意图

（据 John Montagul, *Battles of the Greek and Roman Worlds*, pp. 67 编译）

们只能用背背，因为没有灰桶；【414】他们把腰弯得特别低，以便能把灰浆扛在背上；为了避免走路时滑落，还必须用双手将其托住。经过 6 天劳动，所有防御工事竣工，船队驶离前往西西里，只给德摩斯提尼留下 5 条船只保卫派罗斯。

在国王阿基斯带领下，拉凯戴梦大军入侵阿提卡的时间比往年更早，此时谷物都还未成熟。但由于缺乏食物、天气潮湿，或许也因为派罗斯被占的消息传来，大军在阿提卡境内逗留两周后，就决定返回斯巴达。【415】不过他们并未立即前往派罗斯，而是派另一支斯巴达军队前往，同时要求伯罗奔尼撒同盟的其他成员提供援助，停泊在科基拉的 60 艘战船成功摆脱了驻扎金苏斯（Zacynthus）的雅典水师的监视，返回到斯巴达。此时，德摩斯提尼的人马被斯巴达军队团团包围，他派出两条战船成功突围，前往请求优里梅敦率军返回，为其提供支援。

拉凯戴梦人从水陆两路开进

拉凯戴梦人的目标是从海、陆两路围攻派罗斯，阻止雅典援军登陆。斯巴达人在派罗斯北侧扎营，这样，即使雅典战船进入布弗拉斯湾也无法为被围者提供援助。此外，他们还担心雅典以斯法克特里亚作为军事行动的基地，因此埃皮塔达斯（Epitadas）带领 420 名斯巴达人及其希洛特侍从占据了该岛。封锁派罗斯与斯法克特里亚之间的水道相对容易，但这并没有太大帮助，因为雅典战船还是可以通过岛屿南端的入口进入港湾，这条水道大约宽四分之三英里，斯巴达人有限的战船无法封锁如此宽阔的一条水道。

围攻派罗斯

趁着雅典援军未到，拉凯戴梦人准备进攻派罗斯。德摩斯提尼将主力放在北侧和东南角的防线上，他亲自带领 60 名重装步兵和一些弓箭手镇守西南沿海的工事。此地虽然乱石密布、难于攀登，但也恰是敌人最可能登陆的位置。斯巴达水师统领特拉叙麦利达斯（Thrasymelidas）手中共有 43 条战船，他把舰船分成小队，让船上的士兵轮番进攻。进攻中

进攻派罗斯

第十章　雅典人与伯罗奔尼撒人的战争　　521

最大的危险是让船只通过暗礁。布拉西达是其中一条战船的指挥官，也是斯巴达人的精神领袖。他向那些见到暗礁就畏缩不前的士兵大声疾呼："不要爱惜你们的船只。敌人已经在你们的国土上建起了一座要塞。即使船只被打得粉碎，也要强行登陆！"但是，在登陆过程中，他身受重伤，盾牌也掉到海里。后来海浪把它推回到岸边，雅典人将其捡起，作为一件胜利纪念品。斯巴达人的进攻又持续了两天，但最终仍被击退。修昔底德认为，这是一件一反常态的怪事：雅典人在拉凯戴梦的土地上作战，击退了拉凯戴梦人从海上发起的进攻；而拉凯戴梦人则力图从自己的海岸登陆与雅典人作战，不过这块土地如今掌握在敌人之手。【416】因为那时拉凯戴梦人自诩为最伟大的陆上民族，拥有陆军优势；雅典人自诩是海上民族，是希腊世界排名第一的海上强国。

雅典舰船的到来　　在得到增援后，停泊在扎金苏斯的雅典舰船数量增加到了 50 艘，最后，这支队伍驶向派罗斯。但是，当发现布弗拉斯湾沿岸和斯法克特里亚岛驻扎有敌军后，他们当晚就撤退到距此只有几里之遥的普罗泰岛（Prote）。次日清晨他们又返回战场，如果敌军不驶出拦截，他们就要驶入港湾。拉凯戴梦人也厉兵秣马，准备在港湾内与雅典舰船大战一场。雅典的舰船从两条水道同时进发，并劫获了一些试图拦截他们的敌军战船。

港湾之战　接着双方在靠近海岸处发生了激战。雅典企图强夺停靠在岸边空置的斯巴达船只，并将这些船只拖走；拉凯戴梦人冲到海里努力将船只拉回。拉凯戴梦人深知，如果丢掉了船只，驻扎在斯法克特里亚的士兵将会完全与外面隔绝。经过激烈战斗，拉凯戴梦人夺回了大多数的空船，但他们的战船损毁严重且数量众多，结果雅典人封锁了斯法克特里亚岛。

战争的第二个阶段：封锁斯法克特里亚岛　如今战争的焦点已从派罗斯转向了斯法克特里亚，战局从斯巴达人围攻德摩斯提尼驻扎在派罗斯的雅典军队，变成了雅典人围攻埃皮塔达斯带领的驻守在斯法克特里亚的斯巴达军队。战局的变化在斯巴达国内敲响了警钟,监察官亲自过问并干预此事,要求城邦拿出积极有效的应对措施。结果,他们发现根本没有办法可以化解斯法克特里亚之围。在征得雅典将军的同意后,双方订立了休战协议;同时斯巴达派出一个使团前往雅典,商谈结束战争,达成和平。休战协议的条款如下:[①]

休战协议

> 拉凯戴梦人应将参加过战斗的舰船悉数移交给驻守在派罗斯的雅典人;他们也必须交出在拉哥尼亚的其他战船;拉凯戴梦人不得从海上或陆上进攻这个要塞。雅典人应允许大陆上的拉凯戴梦人向被困岛上的人运送规定数量的经过加工的面食。口粮的数量是,每名士兵每日二阿提卡夸脱的大麦粉、一品脱的酒和一些肉类,侍仆减半。口粮应在雅典人监督下运送,任何船只不得偷运。雅典人可以如此前一样继续监视该岛,但不得登陆,【417】也不得从海上或陆上进攻伯罗奔尼撒的军队。不管出于什么理由,如果任何一方违背了协议,休战即告终止。休战协议的有效期到拉凯戴梦使者从雅典回来为止。雅典人须用一艘三列桨战船把他们运送到雅典,事毕,再将他们运载回来。拉凯戴梦使者返回,休战即告终结。雅典人应当按接收时的原状交还舰船。

按协议的规定,斯巴达交上了60条战船,其使者也前往雅典。使者表达了斯巴达人对和平的期待,并请求雅典不要提出苛刻条件。大多数雅典人从内心上渴求和平,但公民大会受制于克里昂,此人是尼西阿斯与和平派的对头,在他的督促下,雅典提出了让人难以接受的条款。此时可能是雅典人重拾在三十年和约中所丢掉颜面的千载难逢的时机,雅

雅典拒绝斯巴达人的和平倡议

[①] Thuc. 4. 16. 1-2.

第十章 雅典人与伯罗奔尼撒人的战争　　523

完全可以利用这次机会重新获得过去 20 年来丧失的利益。以斯法克特里亚岛上被困斯巴达人的性命为筹码，他们不但可以重获麦加利德的两个港口——尼萨亚和帕盖，而且还可得到阿凯亚和特洛伊曾。斯巴达使团失望地回到派罗斯，休战协议也就此终结。但雅典并未按约行事，他们借口拉凯戴梦人曾挑起争端，违背了休战协议，拒绝归还 60 条战船。

久拖不决的封锁战

围攻斯法克特里亚岛的规模比雅典人想象的更大，遇到的困难更多。在得到 20 条战船增援后，雅典人从海湾和外海将岛屿团团包围，只在风浪太大时才会停止外海一侧的封锁；而且他们还派出两条快船相向而行，随时巡视。不过雅典人的高度警戒并未取得他们想要的效果，斯法克特里亚仍得到斯巴达人的秘密补给。任何人只要能运送肉、酒、奶酪到岛上都将得到重赏；如果运送者是希洛特，将获得自由。每当来自北方或西方的强风吹拂，雅典人的战船躲进海湾时，运送补给物资船只上的勇敢水手就会不顾一切地驶向岛屿西侧海岸危险重重的登陆点。此外，还有一些技术高超的潜水者拖着装有亚麻仁粉和蜂蜜混合食品的皮袋，设法泅渡来到岛上。不过这种办法很快就被发现和制止。

除了遇到大风无法继续封锁的困难外，雅典人自身的生活物资供应也极不乐观。因为周边地区并无合适的地方供船只停泊，战船上的水手只能轮流到陆上就餐。他们的就餐地一般在斯法克特里亚南端，因为这里还未被斯巴达人占据。【418】他们生活所需的淡水全靠派罗斯要塞上的一口水井供应。而且其食物供应也出现了问题，因为运粮船必须绕行伯罗奔尼撒半岛才能送达。雅典国内的民众对于久拖不决的封锁战非

雅典失去耐心

常失望，逐渐失去了耐心，后悔当初拒绝了拉凯戴梦人的议和提议，对克里昂也有了一些看法。克里昂不得不兵行险招，他声称来自派罗斯的消息并不真实，并含沙射影地讽刺将军尼西阿斯。他说如果雅典的将军们还是男子汉，就应当驶往斯法克特里亚，活捉岛上的驻军。他补充说："如

果我是总指挥,我一定会身先士卒,亲赴前线。"在接下来描述的场景中,这位最令人可敬的历史学家表现出某些政治上的敌意,这样的看法在他的作品中相当罕见。眼见民众对克里昂颇有怨词,尼西阿斯站起身来,代表所有同僚将军,授予克里昂全权,允许他进行各种军事尝试。修昔底德(4.28. 2-4)描写说,起初,克里昂以为尼西阿斯的建议不过是演说中的一个托词,所以满口应承下来,谁知尼西阿斯真要求把军队指挥权移交给他。这时克里昂又变了卦,推托说尼西阿斯才是将军而不是他。现在他感到恐慌了,他从来没有预料到尼西阿斯真会把所有权力推让给他。尼西阿斯一再要求克里昂接受远征派罗斯的指挥权,并正式请公民大会替他作证。雅典人的态度就像民众惯常表现的那样,克里昂越是推让,越想收回他说的话,民众就越是鼓励尼西阿斯移交军事指挥权。他们大声喊叫,要求克里昂立即起程。最后,克里昂眼见无法推脱自己夸下的海口,只好硬着头皮,扬帆起航。他走上前来,声称他并不惧怕拉凯戴梦人;他夸口说无须从本邦带去一兵一卒,只需带上当时正在雅典城里的列姆诺斯人、音布洛斯人、从埃努斯(Aenus)前来助战的轻盾兵以及来自其他地方的 400 名弓箭手即可。他声称,利用这支军队和派罗斯现有的兵力,不出 20 日,就可把岛上的拉凯戴梦人生擒活捉,或者把他们当场杀死。雅典人对克里昂的大话忍俊不禁,但听众中那些明智的人暗暗庆幸,因为克里昂的结局无论如何,都会对他们有利;要么是他们借此除掉克里昂,这正是他们所期望的;要么就是他们大失所望,克里昂将降服岛上的拉凯戴梦人。

克里昂被作为指挥官遣往派罗斯

整件事情太富有戏剧性,令人难以置信。但是,不管克里昂是真渴望获取指挥权,还是违背其意志而被强加于身,他那令雅典人忍俊不禁的话语却为事实所证明。【419】他选德摩斯提尼为同僚将军,在获得公民大会的正式授权后,他就立即扬帆驶往前线。

斯法克特里亚的自然状况

　　与此同时,如同克里昂一样,德摩斯提尼也希望圆满完成这次战斗,正在考虑如何进攻斯法克特里亚。这座无人居住的岛屿大约长二又四分之三英里。岛屿的最北端地势较高,甚至比对面的派罗斯卫城还高;岛屿的东缘是峭壁,直插入港湾之中。自然,有一些斯巴达人占据着北端的制高点;但这支部队主力驻扎在岛屿中部靠近岛上唯一一眼泉水的地方;在南端离宿营地较远之处,他们建有一个前哨阵地。突袭该岛非常困难,一则因为岛屿两侧难以登陆,再则岛上灌木丛密布,给熟悉地形的斯巴达人带来极大优势。德摩斯提尼曾见识过埃托利亚丛林作战的艰苦。但是,一天,当雅典人在岛屿最南端海岸吃午饭时,灌木丛突然着火燃烧,这时狂风大作,将岛上大部分灌木焚烧殆尽。这样一来,雅典人可将整座岛屿一览无遗,拉凯戴梦的士兵人数也尽入眼中。当克里昂到达时,发起进攻的时机已经成熟。夜半时分,雅典所有重装步兵都登上几艘战船,天还未亮时,德摩斯提尼和克里昂的军队一部分从外海一侧,另一部分从港湾一侧向岛屿南端发起了进攻,最后他们成功在拉凯戴梦人前哨阵地附近登陆。登陆到岛上的军队几近14000人!而斯巴达重装步兵仅有420名,或许还可加上数量相等的希洛特侍仆。不过一位军事权威人士却将雅典人的冒险称为疯狂之举。事实是,如果斯巴达的指挥官能最有效地部署军队,在所有可能登陆的地方派人严密看守,并组织好恰当的信号系统,雅典人根本不可能登陆成功。

灌木丛起火

雅典军队登陆斯法克特里亚

雅典人的进攻

　　拉凯戴梦人的前沿阵地很快被攻占,雅典的轻装步兵沿岛上靠港湾一侧的山脊向斯巴达的大营推进,其余部队沿靠外海一侧地势低矮的海滩向前推进。结果,当斯巴达主力发现前哨阵地被毁后,他们开始向南进军准备与雅典重装步兵决战。斯巴达重装步兵受两侧弓箭手和轻装步兵的袭扰,同时受敌军的阻挠和崎岖地形之累而不能继续前进。雅典的轻装步兵越来越清楚地意识到在人数上的优势,而且看到敌人越来越疲乏,这时他们发起的进攻也更加可怕。修昔底德(4.34.2—3)通过一位目击者生动的描述报道了这场战斗的场景:新近烧毁的树木炭灰飞扬,【420】遮天蔽日,战士们投出的石块和射出的弩箭在尘雾中飞舞,人们无法看清眼前的东西。此时,拉凯戴梦人开始陷入极度困难中,用毛毡制成的铠甲不能防御箭矢的攻击,当他们被标枪击中时,折断的尖头留在了铠甲里。他们已经毫无办法,看不清眼前的一切,听不到指挥官的命令声,因为命令声已完全被敌人的呐喊声湮灭。毁灭之神就近在眼前,他们找不到拯救的办法,也逐渐丧失了获救的希望。

斯巴达人的灾难

最终,他们发现唯一的机会是撤退到岛屿北端的高山上,但必须得走大约一英里的崎岖山路才能到达山脚,这次缓慢的撤退过程充分展现了斯巴达战士的忍耐力和纪律性。最后他们完成了撤退,在烈日烘烤下,在干渴和疲惫的打击下,他们进行着一场力量悬殊的战斗,但其损失却并不严重。当斯巴达人到达山脚登上山顶后,战斗呈现出另外一种态势。在有利地形的帮助下,他们的侧翼不再受到敌人的攻击,而且他们发现还可依托一堵环绕山顶的古老的库克罗佩安城墙进行防守。拉凯戴梦人觉得借此能够击退敌人,因此决定誓不投降。最后,一位美塞尼亚将领前来告诉两位雅典将军,说他知道一条羊肠小道,可以带领一队轻装步兵沿此道路绕到斯巴达人身后。山的东侧是悬崖峭壁,但这里的悬崖峭壁并非完全不可行走。从山顶向下是一个宽约 50 码的山谷,山谷的另一侧再度升高,形成悬崖直插入海。在悬崖最南端有一个狭窄的峡谷,由此可以攀爬进入山谷。美塞尼亚人坐小船沿岛屿的东侧航行,到达峡谷的谷底,并从此开始攀爬,他们的行动没有被斯巴达人发现。斯巴达人忽视了对这个方向的防守,认为由此进军根本不现实。美塞尼亚人突然出现在拉凯戴梦人营地上方的高地,而拉凯戴梦人以半圆形排列在高地下方西侧和北侧的山坡上。雅典人要求防守于此的拉凯戴梦人投降;在得到驻

斯巴达人撤退到山上,即如今的埃利亚斯山

美塞尼亚人的计划

扎在大陆上的斯巴达人同意后，他们放下了武器。420 名驻守斯法克特里亚的斯巴达人如今还有 292 人活着，他们全被送往雅典。获得全希腊世界高度评价的斯巴达精神在这次战斗中充分展现了出来。人们普遍对斯巴达人的投降感到非常惊愕，【421】因为他们本认为，什么都不可能够诱使拉凯戴梦人缴械投降的。

克里昂履行了诺言，在 20 天内带回了俘虏。但是，这次胜利的政治意义更甚于军事意义。确实，雅典人可以从派罗斯出兵劫掠拉凯戴梦人的国土；但更重要的是，如果将来阿提卡再遭侵袭时，手中的俘虏就会成为他们安全的保证；雅典人还可以此为筹码，在和平谈判时获得对于他们更有利的条款。这次大捷是开战以来雅典人获得的最大胜利，虽然带有很大偶然性，但仍是雅典人遵循伯里克利制定的战略获得的值得称道的成就中最辉煌的一例。这次意外的好运提升了克里昂的影响力。因此尼西阿斯也必须有所行动才能维持声望。不久，尼西阿斯带领一支军队入侵科林斯，在索利格亚（Solygea）取得了阶段性胜利；接着他带军侵入特洛伊曾与埃皮道鲁斯之间的麦托涅（Methone）半岛。在地峡处，他筑起一道城墙截断了半岛，并留下一部分士兵驻扎在此。次年，他占领了地理位置相当重要的基特拉岛，以此为基地，可以随时袭击拉哥尼亚。对斯巴达而言，丢掉基特拉岛的严重性更甚于派罗斯，不过因时间先后不同，这次事件造成的轰动效应远不及之前的派罗斯事件。如今，雅典在伯罗奔尼撒半岛拥有了三个作战基地——派罗斯、基特拉和麦托涅。

斯巴达人在美塞尼亚的失败，最令美塞尼亚的流亡者欣慰，在那个值得纪念的日子里，他们曾做出自己的贡献。这是发现于奥林匹亚的一尊胜利女神像（派奥尼乌斯制作的胜利女神像，参见图 10-5），她翱翔在天空中，裙角飞舞，一只老鹰在她下方飞行。这尊女神像是雕塑家派奥尼乌斯（Paeonius）的作品，是美塞尼亚人敬献给宙斯祭坛的贡品，与这尊

尼西阿斯的活动，公元前 425 年

夺取基特拉岛，公元前 424 年

派奥尼乌斯的胜利

神像一同祭献的还有他们从侵占其国土的可憎斯巴达人手中夺得的战利品。

第十一节 雅典夺取尼萨亚

在战争的最初 7 年，除两年外，阿提卡每年都会遭受入侵；其中一年是因为斯巴达入侵普拉提亚，另一年是因为发生了地震，伯罗奔尼撒军队没法通过地峡。作为报复，雅典也在每年春秋两季入侵麦加利德。夺取派罗斯后，双方一年一度的固定军事行动受到了影响。因为雅典人手握人质，斯巴达入侵阿提卡的行动再也无法继续；雅典人受胜利的鼓舞，决定在麦加拉采取更大胆的冒险行动。

公元前 429 年和前 426 年

图 10-5 派奥尼乌斯胜利女神像
（2004 年雅典奥运会奖牌的设计原型）
奥林匹亚考古博物馆

【422】米诺亚位于尼萨亚港的入口处，虽然如今已与大陆相连，但当时还是一座岛屿。此地与尼萨亚仅隔一条狭窄的水道，上面建有两座高塔保护。三年前，尼西阿斯已摧毁了这两座塔楼，并在米诺亚山上派驻军队，通过这些措施雅典人将尼萨亚港完全封锁起来。自此以后，麦加拉人所需货物完全依靠帕盖港输入，他们的对外联系也只能通过克利萨湾。因此，麦加拉人生活窘迫。两年之后，阿里斯托芬在喜剧"阿卡奈人"中生动描绘了麦加拉人的痛苦。由于城邦内乱，一小撮被逐的叛乱分子占领帕盖港，切断了麦加拉从另一侧输入食物的路线，此时麦加拉的形势

夺取米诺亚，公元前 427 年

公元前 424 年

已变得几乎无法忍受。如今他们的解决方法要么是允许被放逐者返回，要么是向雅典投降。城邦内一些人知道，如果允许帕盖港的敌人回来，无异于自寻死路，因此，他们开始偷偷与雅典谈判，准备将麦加拉和尼萨亚出卖给雅典人。此时，麦加拉长城和尼萨亚港处于伯罗奔尼撒人控制下。雅典将军希波克拉底（Hippocrates）和德摩斯提尼决定组织一次对麦加拉的远征。两位将军领军乘船到达米诺亚，随他们前往的4000名重装步兵和600名骑士从埃琉西斯出发沿陆路向前推进。夜幕降临时，驻扎在米诺亚的雅典士兵渡海来到大陆。东城墙的一个城门外不远处就是尼萨亚的防御要塞；因为麦加拉人挖黏土制砖，在靠近城门之处形成了一片凹地。希波克拉底和600名重装步兵躲进凹地，而德摩斯提尼率领普拉提亚人轻装步兵和一队年轻的佩里波罗伊（Peripoloi，即阿提卡巡防者）栖身于战神恩雅利奥斯（Enyalios）的神庙，这里离城门更近。城内的反叛者早已制订出周详的计划，准备开城放雅典人进入。由于米诺亚被人占领，任何船只都不能大张旗鼓离开港口。但是，这些反叛者声称他们要乘夜劫掠雅典人的商船，通过这种方式，他们轻易获得伯罗奔尼撒驻军司令官的允许，在晚上将一艘小船放在马车上成功送出城门外。他们通常把小船放入环绕尼萨亚的护城河里，并经护城河划到海中；在海中忙活一大半夜后，于拂晓时分返回，并由同一个城门进入长城内。这已成为他们的惯常做法，因此，在准备实施阴谋的那天晚上，当他们再次扛船外出时并没有引起任何人的怀疑。当小船回来时，城门已经打开。德摩斯提尼一直躲在旁边观察，这时他突然跃出，在麦加拉反叛者的协助下向前冲去，占据了城门，并很快与希波克拉底所率重装步兵会合。这样，他们轻松攻占了长城，驻守长城的士兵撤退到尼萨亚城内。清晨时分，雅典的主力部队到达。反叛者又制订了一个出卖麦加拉的阴谋。【423】他们力劝麦加拉人外出与雅典人一决生死。与此同时，他们秘密做好了安排。当雅典人冲进来时,他们在身上涂抹上橄榄油,以便被人认出,从而不受攻击。但是,他们的政敌得知了这个阴谋,立即冲到城门,决然宣布他们不会打开城门。这样,战争在城内一带就打开了。经此耽搁,雅典人明白其朋友的行动受到了挫折,决定立即围攻尼萨亚。雅典人发挥出超强的能量,事实上,他们仅用两天就攻克了城墙;里面的驻军因食物匮乏(因为他们的补给全部来自麦加拉),被迫投降。就这样,雅典人修建的长城连同尼萨亚港再次落入他们的控制下。然而,雅典军队却再也无法攻克山上的麦加拉城。斯巴达将军布拉西达本在伯罗奔尼撒半岛东北地区招兵买马,以图远征色雷斯。听到这个消息,他匆匆赶来解麦加拉之围。双方只是爆发了一次规模有限的战斗,雅典人不愿冒险与斯巴达人大战一场,获得尼萨亚他们就心满意足。不久,麦加拉发生了一场革命。帕盖的流亡者回到城内,很快将权力掌握手中,大肆屠杀政敌。最终流亡者建立起一个极端的寡头政体。修昔底德记载说,新秩序持续了相当长的时间,这种政体只考虑少数几个创建者的利益。

第十二节　雅典在波奥提亚的失败

重夺因"三十年和约"丧失的尼萨亚港为雅典带来了实实在在的好处,仿佛这两位将军雄心勃勃的宏愿——恢复城邦原来征服的所有地方——已迈出了第一步。希波克拉底和德摩斯提尼规劝雅典人应力争赢回在科罗奈战役中丧失的利益。然而,波奥提亚不是麦加拉,对波奥提亚大动干戈并非明智之举,因为这势必重回伯里克利此前的大陆政策,而该政策后来就被伯里克利亲自放弃。梦想再次赢得奥伊诺菲塔式的胜利可能性不大,雅典人反而很可能再次遭受科洛奈式的惨败。这样的冒险背离了伯里克利的战略,尼西阿斯是该战略的主要倡导者。另外,关键的是尼西阿斯根本不会参与这样的冒险。此时，正如下面即将谈到的，雅典应集中力量保护她在色雷斯取得的地盘，因为这些地方处境极其危险。与在麦加拉的行动类似，雅典人在波奥提亚的行动也得到当地反叛者的配合，这些不满现状的底比斯人希望推翻城邦的寡头政体，【424】建立民主政体，并希望解散波奥提亚同盟。该同盟由11名波奥提亚执政官和4个议事会共同掌管，其中2名执政官选自底比斯，但议事会的组成情况、性质和功能现已不可考。

入侵波奥提亚的计划

入侵波奥提亚的新计划由德摩斯提尼拟订，与此前他主导的入侵埃托利亚的计划相比，整个计划并不涉及全面军事行动和多兵种联合作战。但是，两个计划都涉及在克利萨湾的军事行动。德摩斯提尼首先率军来到瑙帕克图，在此招募了一支阿卡那尼亚人组成的军队。德摩斯提尼的目标是夺取赫利孔山脚海岬上泰斯皮亚的一座港口西法伊（Siphae）。在他发动进攻的同日，雅典军队在希波克拉底率领下也将向波奥提亚东北方推进，占领位于德利昂（Delium）的阿波罗神庙，与神庙隔海相望的就是优卑亚岛上的利兰丁平原。与此同时，波奥提亚的反叛者将攻占最西端的喀罗尼亚。这样，波奥提亚将三面受敌。德摩斯提尼确定了三路大军同时进攻的时间。但是，整个计划被一个佛基斯人全盘托出，出卖给波奥提亚政府。波奥提亚执政官组织人民挫败了雅典人的图谋。他们派出重兵镇守西法伊和喀罗尼亚，在波奥提亚境内实行全民征兵，抵抗希波克拉底所率军队。显然，在选择进攻时间上，德摩斯提尼犯了错误，但这已无关紧要。结果他发现受到波奥提亚大军的顽强抵抗，最后只能撤军。雅典人指望的波奥提亚诸城的起义也根本没有发生。

德利昂之战，公元前424年

不过，希波克拉底有足够的时间来到德利昂并在此设防。他手下一共有7000名重装步兵和超过20000名轻装步兵。（德利昂之战示意图，参见图10-6）雅典人围绕神庙挖掘了一道战壕，外面堆上坚固的堡垒和

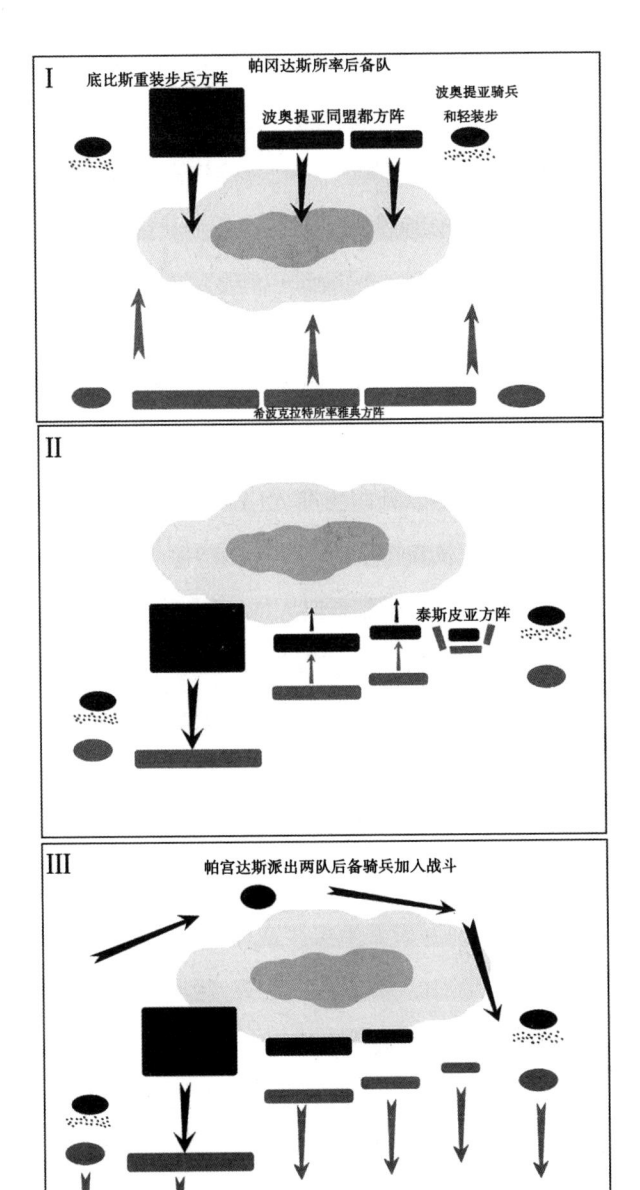

图 10-6　德利昂之战示意图（公元前 424 年）

（据 John Montagul, *Battles of the Greek and Roman Worlds*, p.78 编译）

第十章　雅典人与伯罗奔尼撒人的战争

栅栏。在离开雅典的第 5 天正午，他们完成了整个防御工事的修建。然后，军队离开德利昂回到雅典。当他们通过边界进入离德利昂大约 5 英里的奥洛浦斯后，重装步兵在此停驻下来，等待将军希波克拉底，原本打算让他安排完神庙的驻防后就赶上大军；轻装步兵就直接沿路回到雅典。不久，希波克拉底传来命令，告诉战士们敌人正在向他们推进，因此重装步兵停止休整，结成战阵准备战斗。波奥提亚的军队结集在距德利昂大约 5 英里的塔那格拉；在一位来自底比斯的波奥提亚执政官帕冈达斯（Pagondas）的劝说下，他们决定乘雅典人撤退之机尾随其后，并选择恰当时机对其发起攻击，尽管此时雅典人已离开了波奥提亚境内。经过一阵急行军后，帕冈达斯及其军队在一座小山前停了下来，【425】因为小山挡住了视线，使他无法观察到雅典人的动向。波奥提亚军队由 7000 名重装步兵（这与雅典重装步兵人数相同）、1000 名骑兵和超过 10000 名轻装步兵组成。底比斯人位于方阵的右翼，纵深为 25 人；其他波奥提亚队伍的纵深各不相同。雅典人的方阵按通常的标准 8 人纵深排列。希波克拉底已经赶来，他奔走于各个方阵中，大声激励战士们。这时，此前在山顶处远远可见的敌人现在已经高唱着战歌从山上冲了下来。方阵最靠边的两端因有河流阻隔并未发生直接交锋，但在其他部分，双方战士盾牌相交，进行了一场激烈的肉搏战。在右翼，雅典人获得了胜利，但在左翼他们无法承受住底比斯密集阵形的巨大压力，因为这些底比斯人接受过艰苦的体育训练，身体远比雅典人健壮。雅典人在右翼取得的优势瞬间化为乌有。帕冈达斯此前已将骑兵藏在山后，看到时机成熟，他亲率一队骑兵加入战团。雅典人误认为另一支军队的先头部队赶来，吓得转身就逃。希波克拉底被杀身亡，整支部队四散逃窜。

德利昂之战巩固了科罗奈战役的胜利果实。

随之而来的谈判　　波奥提亚人成为这一片土地的主宰，但德利昂仍控制在入侵者的手中。在这种犬牙交错的局面下,双方举行了一次奇怪的谈判。雅典人要求归还战死者,波奥提亚人的态度强硬,要求除非雅典人撤出阿波罗神庙,否则不会答应归还尸体。此时,在希腊世界,甚至在落后的埃托利亚,城邦之间也形成一种惯例,那就是胜利者应无条件允许战败者运走并掩埋尸体。这种惯例具有宗教神圣性,很少有人违背。但是,波奥提亚人找到了违背惯例的借口。他们声称雅典人已经提前违背了希腊人的战争法则,因为他们不但在德利昂神庙修筑防御工事,居住在那里,饮用神庙里的圣水,而且他们根本不认为上述行为亵渎了神灵。无疑,相较于雅典人,波奥提亚人的行为更有违人们普遍认可的习惯。对此,雅典使节的答复颇为愚蠢,他说德利昂已被雅典占据,成为阿提卡的一部分国土;当时他们已在环境许可的条件下表达了对神庙应有的尊敬。他说:"因为驻军所在的德利昂已不属于波奥提亚国土,你们不能强迫我们离开波奥提亚。"波奥提亚人对此人的狡辩进行了恰如其分的答复:"如果你们现在波奥提亚境内,【426】那就拿走理应属于你们的东西滚蛋吧;如果在你们的国土上,你们尽可以随心所欲做想做的事。"雅典人没有要回战死者的尸体。波奥提亚人全力围攻德利昂。他们利用一种奇怪的机械攻占了这个地方。波奥提亚人将一根巨大的树干锯为两段,将中间凿空,然后如同一根笛子一样,把被锯断的两部分严丝合缝地接在一起,树干的一端用铁索系着一口铁锅。他们将风箱的吹风口对准树干,另一端系着的铁锅,树干的表面用铁皮包裹。他们把这个装置用马车从远处运送到布满葡萄藤和树枝的各处堡垒。当这个装置靠近堡垒时,他们把风箱口对准铁锅使劲鼓风。树干里早已装满燃烧的木炭、硫黄和松脂,一鼓鼓劲风因树干的限制无处散佚,直接吹向另一端的铁锅;铁锅里很快燃起熊熊火焰,引燃了堡垒,守城的士兵无法再坚守在岗位上,被迫四处奔逃,要塞就此被波奥提亚人攻占。这一次,波奥提亚人不再拒绝归还死者尸体,

> 战争结束17日后,夺取德利昂

第十章 雅典人与伯罗奔尼撒人的战争 535

死难者中共有将近 1000 名重装步兵。

第十三节　色雷斯战役　雅典丧失安菲波利斯

德利昂的失败虽使雅典的声望大受影响，但并未严重削弱她的实力。不过这一年雅典比较背运，她遭受到一次更沉重的打击，削弱了对色雷斯的支配权，造成了难以弥补的损失。

色雷斯的战事因周边的色雷斯和马其顿诸王国而异常复杂。波提狄亚陷落之前，雅典与色雷斯国王西塔尔凯斯（Sitalces）结成联盟，其子萨多卡斯（Sadocas）被授予雅典公民权。西塔尔凯斯统治的范围北起黑海，南至斯特里梦，其海岸线始于阿布德拉，终于伊斯特河河口。他既向境内的希腊和非希腊城市收取贡金，在其继承者统治时，每年的收入仅钱币就达 400 塔兰特。色雷斯与雅典的同盟关系可能持续到国王去世之时。阿里斯托芬《阿卡奈人》（第 14~144 行）中，一位刚从色雷斯返回的雅典使者向公民大会汇报说：

> 整个这段时间我们同西塔尔克斯一起饮酒；
> 他是你们的朋友和挚爱者，如果确实真有那么一个，
> 把雅典之名写在墙上。

【427】马其顿国王柏第卡斯生性狡诈，对雅典和斯巴达两面讨好。一会儿他帮助卡尔基狄克的城市对抗雅典，一会儿又帮助雅典攻打背叛的同盟者。在变动不居的合纵连横中，位于哈利亚卡蒙河（Haliacmon）河口之南的麦托涅城一直对雅典保持着绝对忠诚，尽管雅典与柏第卡斯变幻不定的关系一定对麦托涅人的福祉产生了严重影响。在一块石碑上，保

存下来一些与麦托涅相关的法令，石碑上方饰有浮雕，其中雅典公民坐在椅子上，向麦托涅公民伸出手来；而麦托涅公民牵着一条狗站在一旁。

随着雅典人在色雷斯的活动更加频繁，柏第卡斯和（奥林图斯的）卡尔基狄克人担心派罗斯式的胜利接踵而至。因此他们派出使者前往斯巴达寻求帮助，他们希望布拉西达能作为指挥官前往，而并不太在意斯巴达人派什么辅助兵种。虽然能否取胜还未为可知，但在这个节点上，斯巴达派兵对敌人构成威胁无疑是明智之举。不过，他们并未派出斯巴达公民，而是派出 700 名希洛特充任的重装步兵。斯巴达政府也非常乐意借此机会把这些危险分子送出城邦。布拉西达在伯罗奔尼撒半岛征募到一批新兵，在非常偶然地拯救麦加拉后，他率军向北推进，抵达新建殖民地赫拉克利亚。

卡尔基狄克人和马其顿人向斯巴达求助

阴差阳错地，布拉西达成为一个斯巴达人。除了最基本美德勇敢外，他与其同胞没有任何相似之处。他精力充沛，富有冒险精神，但他的这些优点在国内并不能得到行动迟缓而优柔寡断的斯巴达政府一丁点儿认同。他拥有超强的演说能力，这与沉默寡言的拉凯戴梦人完全不同。他没有任何政治成见，在处理政治问题时总是非常宽容、公正而中庸。此外，他思想单纯、为人质朴，很容易获得人们的信任。铸就他辉煌成就的最优秀品质是能在海外赢得他人支持，并能使他得到陌生人的喜爱。他的这种优秀品质容易给人错觉，认为他不是地地道道的斯巴达人。因为斯巴达人在海外以傲慢无礼和行为不端而臭名昭著于整个希腊世界。

布拉西达的个性

布拉西达为人圆滑，行动果敢，再加上柏第卡斯在此的影响力，所以尽管色萨利人对拉凯戴梦人并不信任，但他还是顺利通过了这里。【428】当他到达马其顿后，柏第卡斯邀请布拉西达协助他抗击上马其顿林凯斯提斯（Lyncestis）国王阿拉巴伊乌斯（Arrhabaeus）。布拉西达急于赶到卡

布拉西达在阿堪图斯

第十章　雅典人与伯罗奔尼撒人的战争　537

尔基狄克,因此他与阿拉巴伊乌斯单独达成了和约,放弃入侵林凯斯提斯的行动,这让柏第卡斯很是失望。接着,布拉西达的军队就向阿克泰半岛靠近大陆的城镇阿堪图斯进发。阿堪图斯的民众对城邦成为雅典同盟的一员非常满意,他们对雅典并无不满,因此不愿听从布拉西达要求他们反叛的建议。然而,受到极少数人的蛊惑,他们答应让布拉西达独自一人入城,并允许他到公民大会发表演说。从他的话语中,阿堪图斯人知道了拉凯戴梦人的计划,修昔底德(4.86-87)将他所说的内容记载了下来:"战争之初我们就声明,我们会拿起武器保护自由的希腊人免受雅典人的奴役,为了达此目的,如今我们来到这里。你们兵强马壮,富有智慧,享有令名。如果你们拒绝了我的请求,我们共同的宏图伟业定会备受阻滞。每一个加入我们同盟的城市都仍将保有完全的自由,对此,拉凯戴梦人以最神圣的誓言向我做出了保证。我到这里来,不是想袒护任何一个党派,也不是想让少数人奴役多数人;如果那样,我们犯下的恶行就将比雅典人的压迫更甚。如果你们拒绝我的一片好意,强辩说我无权违背一个城邦的意愿强行把同盟加于其身,我将蹂躏你们的国土,强迫你们接受我的命令。我这样做是出于两条正当理由。其一,你们向雅典缴纳的贡金对斯巴达造成了直接而实质性的伤害,因为这增强了敌人的实力;其二,打击你们还可以儆效尤,防止其他城邦以你们为榜样而不去拥抱自由。"布拉西达演讲完毕后,阿堪图斯人讨论了很久,双方都充分陈述利弊。布拉西达热情洋溢的发言给他们留下了深刻印象;而且由于担心即将收获的葡萄会因战争受损,很多人也鼓动人们答应他的要求。阿堪图斯人举行秘密投票,尽管他们对雅典并无怨恨,也不太希望有所改变,但是大多数人还是决定叛离雅典。①

阿堪图斯是安德罗斯人建立的殖民地,其反叛得到另外两个安德罗斯殖民地——斯塔吉拉(Stagira)和阿吉鲁斯(Argilus)响应;【429】布拉西达与阿吉鲁斯建立的关系帮助他夺取了雅典在色雷斯建立的最重要据点安菲波利斯城,该城也是整个雅典帝国最重要的地方之一。前已述及安菲波利斯城的建立情况,虽然建立者中不乏阿吉鲁斯人,但在该城建立后,阿吉鲁斯的重要性消失殆尽,从而他们很是嫉恨。布拉西达的到来使他们得到一个盼望已久的良机,使他们有机会赶走安菲波利斯的雅典人。经过在一个寒冷冬夜的行军后,布拉西达发现斯特里梦桥上只有一支人数很少的队伍把守,可以轻易将其打败。虽然此时安菲波利斯城并无丝毫防备,但布拉西达仍然没有贸然发起进攻。他在等待城里的反叛者打开所有城门,迎接他成为这里的主人。

当布拉西达这种好斗的敌人在周边地区对其他雅典殖民城市发起攻势时,安菲波利斯这样极度重要的城市竟然会措手不及,雅典派往负责防守色雷斯的两位将军无疑负有不可推卸的疏忽之罪。这二人分别是奥洛鲁斯之子修昔底德和优克莱斯(Eucles),其中优克莱斯镇守安菲波利斯,但他并未派遣足够兵力守卫桥梁,因此他罪不可恕;修昔底德也难辞其咎,因为他将一支队伍带往塔索斯,据他本人暗指,他在该岛拥有矿产。优克莱斯马上送信给修昔底德;这位将军带领七条战船匆匆赶回,在当天夜幕时分,终于到达了斯特里梦河口。不过此时,布拉西达向城内居民提出了宽厚条件,结果他们很快接受了条件,开城投降。布拉西达承诺

安菲波利斯的反叛,公元前424年

史学家修昔底德的过失

---

① 阿堪图斯公民大会的场景激起了史学家格罗特的钦佩之情。他说:"在希腊历史上,几乎没有哪个城邦在政治理性和政治道德上可与阿堪图斯相媲美。他们习惯将任何事情付诸公平、自由且心平气和地讨论,投票过程中尊重少数服从于多数的原则,通过秘密投票的方式保护每一个人独立表达自己的意愿,对双方每一个人提出的意见进行深思熟虑地评判。所有这一切都与合理政治行动应遵守的原则和条件相符合,这大概也是阿堪图斯人惯常政治品性的体现。"

|| 第十章 雅典人与伯罗奔尼撒人的战争 539

城内的每一位公民仍可住在城里，享受同样的政治权力，其财物不会遭到任何损失；如果有人愿意离开，他可在 5 日内运走一切财产家什。如果安菲波利斯人知道修昔底德就驻扎在近在咫尺的地方，或许他们就不会投降了。虽然修昔底德来得太晚，但他仍然保住了河口的埃昂城，并击退了布拉西达发起的进攻。

或许，真正应该为安菲波利斯的沦陷负责任的可能不是将军，因此他们处境非常尴尬，而应当是雅典人；因为受德摩斯提尼新战略的误导，他们把大量兵力投入波奥提亚远征，结果这次远征以失败告终；正因为如此，他们未能派出足够的军队防守色雷斯。必须记住，修昔底德应当负责从卡尔基狄克和色雷斯沿岸所有地方的安全；一旦受到召唤，他得随时出现在从波提狄亚到克尔松尼斯半岛的任何地方；【430】埃昂或塔索斯都可能是其总部的合适地点，但埃昂的劣势是没有港口可供船只依泊。

他的放逐

或许可以说，正是因为安菲波利斯的陷落才成就了这部伟大的战争史。雅典人指控两位将军的失职，使城邦付出了惨痛的代价，丧失了最珍贵的财产。修昔底德遭到了放逐。或许正是克里昂的唆使，修昔底德招致了本不应该受到的严厉惩罚，因为修昔底德对此人并无好感。但在流放期间，这位名誉受损的将军成为希腊最伟大的历史学家。如果一直留在雅典，继续担任军职，或许他就无法将所有精力集中到历史著作的撰述上。他游历过许多城邦，其中既有与雅典敌对的城邦，也有中立城邦。在这个过程中，他获得了关于希腊世界的丰富知识，写作时他开阔的眼界远胜于一位只拥有关于雅典知识的人。他说，他"与交战双方的人士都有联系，其中既有伯罗奔尼撒人也有雅典人。因为遭到了流放，我能够冷静地观察整个事件的发展过程"。从这个角度看，安菲波利斯的陷落虽然对雅典是一个巨大的损失，但对整个世界却未尝不是一个巨大的收获。

夺得斯特里梦流域后，布拉西达返回北希腊，降服了卡尔基狄克最东部半岛上的一些小城镇。安德罗斯的殖民地萨涅（Sane）和另外一个地方得以保全其身，卑微的地位拯救了她们。接着，布拉西达征服了斯托尼亚半岛上最强大的城市托洛涅（Torone）。城内一小撮公民期待他的到来，并向他发出了邀请；但其他居民和雅典驻军对于布拉西达即将到来毫不知情。当他们得知消息时，城市已落入布拉西达之手。托洛涅是一座临海山城。除城墙外，该城还受一座城堡的保护。这座要塞位于海中升起的一个山丘上，与城市只有一道狭窄的地峡相连；这座名为莱叙图斯（Lecythus）的城堡内有雅典士兵镇守。在拂晓即将来临时，布拉西达的军队在距离托洛涅不到半英里的地方停驻下来。城内的内奸让 7 名身穿轻甲暗藏匕首的死士秘密潜入城内。他们杀死山上的哨兵，打开后门，拔掉市场附近大门的门闩，以便让外面的军士从两边冲入城内。首先冲入城内的是 100 名盾牌手，他们已于此前偷偷潜行到城墙之外。看到信号后，布拉西达跟着大队也冲到城里。这次突袭非常成功。50 名雅典的重装步兵还在市场睡觉。他们中一些人被杀，大多数逃到莱叙图斯城堡内。在里面坚持了几天，最终也被迫投降，这座城堡也被斯巴达人攻克。

布拉西达将所有托洛涅人召集在一起开会（*Thuc.* 4.114. 3–5），会上他发表了演说，【431】事实上，从一位胜利者的口中说出那些话来令人颇感奇怪。他说，拉凯戴梦人不是来危害他们的城市或者伤害任何一位公民的；他还宽慰那些在攻城行动中没有提供帮助的人，保证会完全平等对待他们；拉凯戴梦人从来没有做过任何不利于托洛涅的事情；他也不会对那些反对他的人恶言相向。

雅典在阿克泰的影响消退

夺取托洛涅，公元前 424/423 年

|| 第十章　雅典人与伯罗奔尼撒人的战争　　541

第十四节 和平谈判

雅典人的迟钝反应

与此同时,雅典人并未采取任何措施遏制布拉西达在冬季战役中取得的节节胜利。他们的消极迟钝是基于两个原因。其一,德利昂惨败使雅典人士气低落,公民们不愿意继续到色雷斯去开疆拓土。必须时刻牢记,在希腊历史上战斗主力是公民兵而非职业军人;此时的气氛,无论是充满自信还是垂头丧气,都要求人们以审慎的态度对待所有军事或政治行动。其二,和平派,尤其以尼西阿斯和拉凯斯(Laches)两位将军代表,利用人们的沮丧情绪努力试图缔结和平。手中掌握的斯巴达战俘使雅典人随时可以与斯巴达人达成协议,但非常明显,他们不再可能以一年之前的优惠条件缔结和约。如果此时出现一位伯里克利式能力超强的政治家,拥有足够的自信,能够引领雅典人做出正确决策,或许他可尽力说服雅典人暂时抛开所有和平念想,直到布拉西达连战连捷的势头遭到决定性的遏制,而雅典的声望得到某种程度的恢复,到那时再与斯巴达人谈和平事宜。显然,这才是正确之举,才可能使雅典充分利用斯法克特里亚所获战俘的优势。作为一位比其政敌更有能力的政治家,克里昂在公民大会向人们大肆宣扬的也正是类似的政策。但是,此时雅典人心绪不佳,无法衡量政策的优劣;他们被抑郁的情绪所控制,而某些军事专家又利用这个时机对人们的这种负面情绪煽风点火。因此,人们一致支持和平。

斯巴达希望和平

拉凯戴梦人比雅典人更渴望和平。一方面,他们对于斯法克特里亚战俘的忧虑之情与日俱增;另一方面,他们希望对布拉西达在卡尔基狄克的军事行动限定一个期限,并希望趁布拉西达还没有遭受败绩之前,好好利用他获得的巨大胜利迫使雅典做出某些让步。在斯巴达,人们对待他获胜的消息也并非全是兴奋,有人对此满怀嫉妒或心怀猜忌。这些胜利不是由斯巴达公民组成的军队获得的,而是由能力非凡但属于斯巴达异类的布拉西达获得的,他所率军队战斗力的大小完全取决于领导者一人。由于布拉西达摆脱了拉凯戴梦思维方式的束缚,他的同胞公民认为他是一个与己异质的人,对他又是怀疑又是厌恶。此外,国王普莱斯托阿那克斯(Pleistoanax)的个人影响力也对和约的缔结起着关键作用。"三十年和约"订立之前,这位国王遭到了放逐,有人指控他在解放麦加拉、入侵阿提卡时收受贿赂,从而放过了雅典。他在阿卡狄亚西部的吕卡昂(Lycaeon)山一待就将近20年,住在令人恐惧的宙斯神庙旁边。据说,不管是谁只要进入神庙里面,就会没了影子;不到一年,他就会死去。即便住在这里,普莱斯托阿那克斯也时刻担心会性命不保。他居住的屋子一半就在神殿里;如果遇到危险,他不必进出屋门就能立即逃到圣域之内。但是,这位国王在德尔斐颇有影响力。每当斯巴达人前去求神谕时,阿波罗的祭司就要求人们将宙斯之子——这位半人半神的国王迎回国内,否则斯巴达人将不得不用银犁耕地。最终,拉凯戴梦人将他召回,并以最古老而神圣的仪式为其重新加冕。政敌指控他是因为贿赂皮提亚祭司才得以召回,对此他相当恼怒。普莱斯托阿那克斯认为如果能满足人民的愿意,通过谈判获得永久和平,并尽快将被雅典俘获的斯巴达人带回到等候已久的亲人和朋友面前,对他的各种指控必将不攻自破。事实上,如果斯巴达也准备采纳雅典的帝国政策(而帝国政策恰恰是她目前极力反对的),马上缔结和平对其百利而无一害。如果能完全信任布拉西达,斯巴达的帝国战略或许就可在一段时间内获得成功,但不久之后,这种发展势头一定会遭到对手海上优势的遏制。

普莱斯托阿那克斯与尼西阿斯互知根底。尼西阿斯能力平庸,一心只想缔结和平,结果落入了斯巴达人的圈套。然而,要拟订持久和平的完整条款并非易事,对雅典人来说,与斯巴达人进行谈判是当务之急,否则在色雷斯她可能会损失更多利益。因此,双方同意订立一份为期一年的

一年休战协议,公元前423年3月

休战协议，以便于双方有时间在不受干扰的情况下商谈永久和平。休战协议及其中一些条款是由雅典人提出的；【433】具体内容由斯巴达人草拟，并在斯巴达公民大会上表决通过；然后协议送往雅典，最后由拉凯斯将其提交雅典公民大会表决。协议内容如下：第一，保证所有人自由前往德尔斐求取神谕。该条款是针对战争期间雅典人禁止其他人前往神庙参拜而提出的；第二，双方保证确保德尔斐圣库的安全；第三，休战期间，双方保有各自占领的土地，这样雅典仍占据派罗斯、基特拉、阿尔哥利斯的麦托涅、尼萨亚和米诺亚；第四，拉凯戴梦人在海上行驶的战船或商船不得超过一定的载重量（12吨），本条款在属于拉凯戴梦人的海域也同样适用；第五，允许交涉和平的使者自由往来；第六，任何一方不得收容逃亡者；第七，如果出现争端，应提交仲裁。

斯基奥涅的叛离　　双方就协议举行了宣誓仪式。但正在这时，卡尔基狄克发生了一件大事，使雅典和斯巴达政客建立和平的计划化为泡影。卡尔基狄克半岛西部城镇斯基奥涅（Scione）叛离了雅典，请求布拉西达给予援助，此举令这位将军也颇感惊讶。因为与其他地方相比，帕勒涅半岛上的城镇公然反抗雅典的权威会更加危险。因为雅典占据着半岛上横亘地峡的强大城市波提狄亚，有可能使半岛上其他城镇的居民与外界完全孤立，他们如同岛民一样被置于雅典的完全控制下。布拉西达的到达以及他对斯基奥涅人发表的演说激发起人们最强烈的热情。为此，斯基奥涅人授予布拉西达一顶金冠，将他当作希腊的解放者。人们对他非常推崇，给他脖子上戴上花环，仿佛他是一位获胜凯旋的运动员。总之，他在斯基奥涅享有巨大声望。

当起义才刚开始，一位雅典使节和一位拉凯戴梦使节分别前来告知他们双方已经签订了休战协议，事实上，协议的订立就在斯基奥涅人起义之前2天。雅典人声称，除非征得国内政府的同意，否则他们将拒绝将斯基奥涅纳入休战协议中。当斯基奥涅反叛消息传来时，雅典国内一片哗然，这完全就是一起"岛民"依靠斯巴达陆上力量发动的叛乱。利用人们的愤怒之情，克里昂通过了一项法令，要求摧毁斯基奥涅，并杀死所有男性居民。该事件以一种奇怪的方式展现了卡尔基狄克三个四面临海的海角在地理上的差异性。最北的阿克泰半岛海岸陡峭，不利航海，因此它更接近大陆而非海岛；中间的斯托尼亚半岛展现出来的海陆两种特征几乎相当，因此严格说来它是一个半海岛；【434】最南的帕勒涅半岛更像一座海岛而非大陆的一部分。上述地理差异显示了斯基奥涅的政治重要性。斯基奥涅的丧失能够激起雅典人的强烈愤怒，但丢掉托洛涅就不会产生同样的效果。

斯基奥涅叛离不久，邻近的城镇门德（Mende）也加入反叛者的队伍。虽然这件事情发生在协议签订之后，但布拉西达仍毫不犹豫接受门德加入伯罗奔尼撒同盟，其理由是雅典人已在某些方面违背了休战协议。门德的情况与斯基奥涅不同，因为起来反叛的并非全体民众而是城邦的寡头派。接下来，布拉西达被迫参加柏第卡斯远征林凯斯提斯国王阿拉巴伊乌斯的军事行动。鉴于马其顿国王为伯罗奔尼撒军队提供了金钱，布拉西达必须配合其行动，但是，该行动与希腊人并无利害关系。阿拉巴伊乌斯虽在一次战斗被击败，但却招来伊利里亚人的支援。伊利里亚人以好战著称，他们的到来引起了马其顿人的恐慌，结果柏第卡斯的军队全都闻风而逃，将布拉西达所率的人数有限的队伍弃之不顾。布拉西达的军队身处险境，最后还是成功地全身而退。该事件导致布拉西达与马其顿人的反目。柏第卡斯再次倒戈，为了证明对雅典友好，他阻止了派往增援布拉西达的拉凯戴梦军队通过色萨利。

回到托洛涅时，布拉西达发现尼西阿斯和尼凯拉图斯（Niceratus）率领着 50 条战船已收复了门德并开始围攻斯基奥涅。事实上，在其他地

门德的叛离

柏第卡斯与布拉西达反目

除色雷斯外，协议得以遵守

方,休战协议都得到了遵守,但色雷斯的敌对行动仍在继续,对此双方心照不宣,并未对其他地方的和平产生太大影响。尽管如此,这些敌对活动不可避免地使人们对休战协议的意图产生怀疑。完全按人们最初预想的方式商谈最终和平已不再可能。在这一年结束时,雅典民众的精神面貌已发生明显改观,克里昂的影响力再次获得了优势。如果说尼西阿斯落入到斯巴达人的圈套,那么这一次布拉西达也要受到克里昂蒙骗,并使斯巴达政府全然处于尴尬境地。首先,在处理斯基奥涅和门德问题上,他的做法完全是基于个人考虑,因而站不住脚。斯基奥涅授予他的金冠如同一个巨大的魔咒,激发起他的勃勃野心,他就此开始自顾自地玩起了他的战争游戏。更不恰当的是他奉行的策略,因为他完全清楚,帕勒涅诸城的水师不可能与她们愤怒至极的盟主相抗衡。【435】布拉西达有效阻止了和平条约的最终签订,而这恰恰是斯巴达衷心希望的。修昔底德说,布拉西达和克里昂是和平的主要反对者,布拉西达纯粹是出于个人动机,而对克里昂而言,不论其动机如何,他的策略更有政治家的风范。他采纳了伯里克利的原则,坚称雅典必须维护帝国利益不受任何侵犯;他认为要达此目标,必须全力抵抗布拉西达在色雷斯的进一步扩张。修昔底德谴责克里昂希望通过发动战争转移人们的视线,以便轻易隐瞒他在商谈和平中的欺骗行为。修昔底德的指责是不能令人信服的。当休

公元前 422 年 3 月

战期满,克里昂可以提出议案,要求发动远征,重新征服安菲波利斯。不管是受到此前派罗斯胜利激发了他获得最高指挥权的热情,还是其他将军对该计划的反对或不太热心,我们并不太清楚其中原因。但可以肯定的是,尼西阿斯及和平派的其他人在克里昂前进的路上设置了种种困难。无疑在这些人的内心深处,都乐见克里昂的军事冒险以彻底失败而告终。

第十五节　安菲波利斯之战和尼西阿斯和约

克里昂率领 30 艘战船，1200 名重装步兵，300 名雅典骑兵和一部分盟邦军队向色雷斯进发，沿途他又把正在围攻斯基奥涅的军队带走了一部分。他顺道攻占了托洛涅，抓获在此驻屯的拉凯戴梦长官。当布拉西达赶来救援时，战争已经结束。克里昂的大军抵达斯特里梦河口，将埃昂作为大本营，打算在此等候从色雷斯和马其顿赶来的援军。

在距离入海口不远之处，斯特里梦河宽度陡增，形成了克尔奇尼提斯湖（Kerkinitis）；湖面向东逐渐狭窄，湖水汇入正常的河道。河道突然转折向西，绕过一座山丘，形成一个最大的圆弧，最后在紧挨埃昂的城墙旁汇入大海。（安菲波利斯之战示意图，参见图 10-8）安菲波利斯城就建在这座圆弧环绕的山丘上，正如其名所暗示的，该城四面皆有河水环绕，河水是她的天然屏障，因此只需在城市的东部修建一些人工防护设施即可。在河流的右岸，也即城市的西侧是凯尔狄利昂山（Cerdylion）；东侧是潘盖乌斯高地（Pangaeus）。一道山脊将潘盖乌斯高地与安菲波利斯山连在一起。斯特里梦桥位于城墙西南角的外边，自从布拉西达占领该城后，他就组织人手修筑了一道防护工事将城墙与桥梁连在一起。

安菲波利斯所处的位置

【436】布拉西达率领一支军队占领了凯尔狄利昂山的制高点，由此他可以观察敌人在周边地区的行动。剩余队伍留在安菲波利斯城内，由克莱利达斯（Clearidas）率领，布拉西达并指派他代行该地的行政长官。斯巴达人的兵力总计大约 2000 人。

手下人的不满和抱怨迫使克里昂提前采取行动。军士们抱怨说他们竟然在一位毫无作战经验的将领带领下离开雅典，而现在又不得不面对战功彪炳的布拉西达，而且军士们对他盘踞不前也颇有怨言。为了表明确实采取了行动，克里昂率领大军向山脊的高处进发，这里位于安菲波

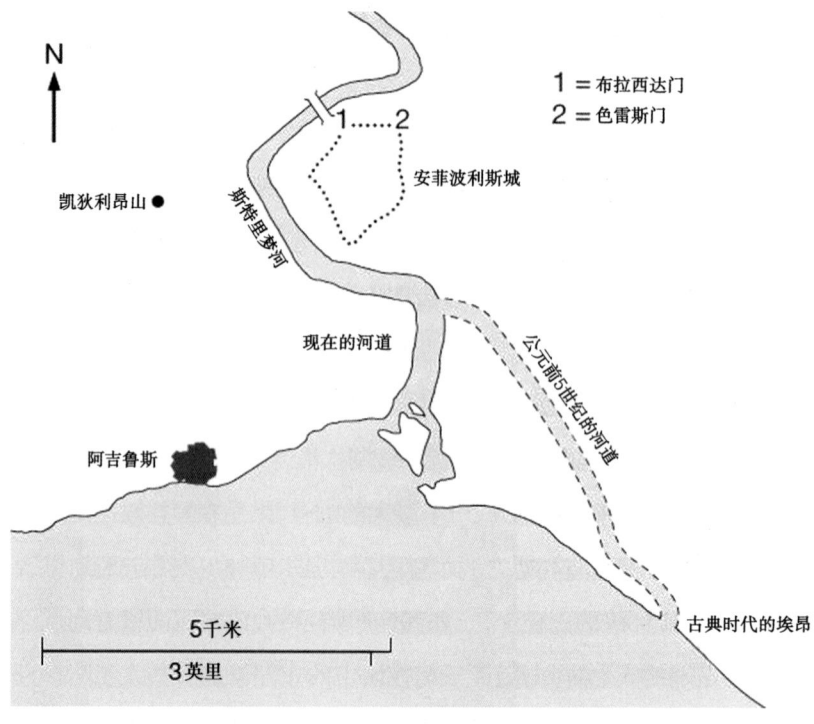

图 10-7 安菲波利斯之战示意图

（据 J. F. Lazenby, *The Peloponnesian War: A Military Study*, London and New York: Routledge, 2004, p.102 编译）

利斯城之后，可以极目远望。当克里昂看到布拉西达驻扎在凯尔狄利昂山时，他不再担心受到攻击。但布拉西达决定在援军到来之前就要发起进攻。看到雅典人已开始有所行动，他马上撤出凯尔狄利昂山，进驻安菲波利斯城内。而此时雅典人已抵达山脊，可以看到敌军已聚集城内，布拉西达亲自在雅典娜神庙里祭献牺牲。手下人告诉克里昂，布拉西达的人马都已准备就绪，驻扎在城门，时刻准备向他们发起进攻。在证实这个消息后，克里昂发出信号，要求军队向左转，撤回埃昂城，这是他们唯一的撤退路线。但是，在撤退过程中，他却将没有任何防护的侧翼暴露给了从城里冲出来的敌人。克里昂犯了一个致命失误，竟然没有叫手下的士兵做好战斗准备，以防撤退过程中被迫与敌作战。他轻率地认为他们完全有足够时间可以从容撤离。因此,当布拉西达带领150名重装步兵从一道城门冲出,向雅典的中军和左翼发起进攻时,雅典人正在向埃昂方向撤退。由于遭到突然袭击,雅典人满怀恐惧,仓皇逃窜,溃不成军。与此同时,驻扎在安菲波利斯城内的其他军队在克莱利达斯的带领下从靠北一侧的城门冲出,向雅典人的右翼发起进攻。虽然雅典人在克里昂的率领下进行了抵抗,但这位被称为军中之花的战将与其他重装步兵同样不堪一击。在逃跑过程中,他被一名持盾兵砍翻在地。不过,在死亡法则面前,勇敢无畏的布拉西达和胆怯懦弱的克里昂是平等的。当他试图北转协助克莱利达斯时,布拉西达也受到致命重创,立即被抬进城里。在临死之前,他终于见到敌人被彻底击败;不过,他的去世使斯巴达人的胜利变成了失败。安菲波利斯人将他奉为英雄,尊他为城市的创立者;而拆除了与城市真正建立者雅典人哈格农(Hagnon)有关的所有纪念物。人们为布拉西达供奉牺牲,并每年举行赛会以兹纪念。

【437】布拉西达之死清除了和平的主要障碍,因为已无人能成功重启他在色雷斯实施的宏伟计划。克里昂战败身死也使尼西阿斯及和平派可以放开手脚。事实上,对于这次惨败,和平派比克里昂负有更大的责任,因为他们把克里昂放在了一个错误的位置上。安菲波利斯之战的直接后果是双方缔结和平条约。喜剧诗人庆幸杵和钵——克里昂和布拉西达——终于被销毁,正是他们给希腊城邦带来了"战争"精神和"混乱"精神。不过对于和平祈愿,斯巴达似乎更甚于雅典。因为在雅典,尽管人们渴望摆脱战争恢复和平,但随着城邦的光环逐渐暗淡,人们总觉得应奋发图强,保持城邦的荣光。斯巴达人需要入侵阿提卡以便保持对雅典的必要压力;然而,只要战俘仍关在雅典的监狱中,他们就不敢认真思考这个问题。和约的商谈在秋冬进行,次年3月底,和约的最终文本终于确定。

尼西阿斯和普莱斯托阿那克斯是和约的主要起草人,条款规定和约以 50 年为限。雅典需归还自战争爆发以来占领的所有据点，包括派罗斯、基特拉、麦托涅、阿塔兰塔、色萨利的普泰列昂（Pteleon）。但她坚持保留对梭利昂（Sollion）、阿那克托利昂和尼萨亚港的控制。拉凯戴梦人着手归还安菲波利斯，同时放弃对阿吉鲁斯、斯塔吉亚、阿堪图斯、斯科鲁斯（Scolus）、奥林图斯、斯帕托鲁斯（Spartolus）的控制。上述城镇虽获独立，但仍需按阿里斯提德规定的数目向雅典缴纳贡金。此外，波奥提亚新近占领的地处基泰隆山的帕那科敦（Panacton）要塞应归还雅典。某些由雅典控制的城镇，譬如托洛涅，将由雅典决定其地位。双方释放擒获的战俘。①

<small>科林斯、麦加拉和波奥提亚拒绝接受和约</small>

【438】当时的环境似乎不利于持久和平。当伯罗奔尼撒同盟的代表相聚斯巴达商谈和约条款时，科林斯、波奥提亚、麦加拉这三个重要城邦断然拒绝，认为条款的内容有失公平。科林斯对于让出梭利昂和阿那克托利昂非常不满；麦加拉对于放弃尼萨亚的条款大为光火；而波奥提亚也不愿交出帕那科敦。雅典不可能降低要求。上述因素必然导致和平只能是局部的；在政治上最有影响力的盟邦都拒绝接受和约；后来，爱利斯也成为和约反对者的一员。就和约的持久性而言，尼西阿斯的外交活动是失败之举，并未达成一个所有城邦共同遵守的和平条约。但是，鉴于导致战争的深层次原因是雅典与科林斯的商业竞争，而斯巴达的利益并未受到根本威胁，所以和平条约至少能使局面趋于简化。

<small>如果伯里克利的帝国政策合理，那么克里昂的政策也具合理性</small>

但是，如果我们承认伯里克利的帝国政策合乎情理，那么克里昂倡

---

① 修昔底德详尽记载了该和平条约和公元前423年休战协议的内容。上述两份条约对于研究古希腊邦际交往的途径具有重要意义。尼西阿斯和约的其他条款如下：泛希腊神庙对所有人开放；德尔斐人自治，阿波罗神庙由其掌管；缔约方的冲突应付诸法律手段解决；斯巴达归还给雅典的城镇中，居民可带上财产自由离开；阿吉鲁斯、奥林图斯等城邦可自愿加入雅典同盟；但麦库贝尔那（Mecyberna）、萨涅、辛盖（Singe）保持独立，不得入盟；条约如有疏漏，雅典人和拉凯戴梦人可相互协商修订；双方每年都须重新就履行和约条款宣誓，另外须在奥林匹亚、德尔斐、地峡和雅典卫城及阿米克莱的阿波罗神庙竖立纪念柱，并将和约条文镌刻在纪念柱上。

导的有力行动也完全可取。可以肯定地说，如果城邦的大政方针完全由克里昂定夺，如果城邦的军事行动能切实依照他的意愿展开，那么雅典的利益（伯里克利所理解的雅典利益）将能得到更好的保障；至少会比尼西阿斯及其派别抛开克里昂的反对意见，完全按他们的想法管理城邦要好得多。几乎没有哪一位政治家遭受的待遇会比克里昂更加不公，虽然他立下如此卓越的功勋，但因受到修昔底德的谴责和阿里斯托芬持续不断的嘲讽，最终却得到后世人如此低下的评价。如果虑及修昔底德的个人偏见，这大概只能证明克里昂是一个粗俗、聒噪、缺乏教养、鲁莽的人，他可能经常触犯贵族，让官员们如坐针毡，因为他是人民利益的看护者。阿里斯托芬在《骑士》中描述的克里昂与当今的一幅讽刺画一样，并没有太大的历史价值。诗人（第166~167行）自己也曾受到克里昂的攻击。克里昂

> 把他拖到议事会踩在脚下，朝他大吼大叫
> 并将他暴打一顿，让他九死一生，几乎无法活着离开。

阿里斯托芬曾专门创作了一部喜剧庆祝尼西阿斯和约的签订，剧中充分展现了当时雅典四处洋溢的喜悦之情，但他小心翼翼地避免显露出任何贵族情怀，虽然这种情怀能助推诗人主张的政策尽快实现。【439】或许克里昂的支持者就是这样想的。但是，如果误解了喜剧的功能，我们就可能错误地解读阿里斯托芬。喜剧的功能并非是引领公众的意见，而是反映公众的看法。喜剧并不是要为大众树立一个崇高理想，或者建构一个更高远的行动原则。喜剧中，塑造最成功的人物就是那些混迹于市井的小人物，他们通常是想到啥就干啥。阿里斯托芬有自己的政治偏见和喜好，但作为雅典人的一员，他定然对民主政体为雅典在世上赢得的

《和平》，公元前421年

崇高地位而自豪。通过喜剧这一面夸张而扭曲的镜子反映那一个时代的形式和特征,这是阿里斯托芬作品的性质和本分。但是,诗人也受到了启发,写下了下面的诗句:

啊!富裕而声名显赫的雅典,您头戴紫罗兰花冠,成为诸邦羡慕的女王!

创作这样的诗句时,阿里斯托芬与那些努力维持雅典帝国地位的城邦领袖大概也是心通意合吧。

第十一章

雅典帝国的衰亡

第一节　与阿尔哥斯新的政治结盟

【440】斯巴达有充分的理由渴求和平，因为伯罗奔尼撒半岛的事务让她放心不下。曼丁尼亚不遵守约定，向南逐渐扩张边界。爱利斯与莱普瑞昂（Lepreon）争端不断，双方互怀敌意，而斯巴达是莱普瑞昂的支持者。这些问题都不过是小打小闹的烦心事，与此相比，更严重的问题是斯巴达与阿尔哥斯的和平条约即将到期。与雅典交战时，斯巴达最关心的莫过于这个伯罗奔尼撒半岛上的宿敌，在接下来的10年里，必须确保阿尔哥斯不出乱子。如今的问题是雅典与阿尔哥斯有可能结成同盟，因阿尔哥斯并未同意与斯巴达缔结新的和平条约。在此情况下，斯巴达必须尽快与雅典达成某种妥协。基于上述原因，斯巴达谋求和平；但同样出于对这些因素的考虑，雅典拒绝与斯巴达言和。斯巴达的处理方法完全是失败的。不但科林斯和其他主要同盟者拒绝签字，而且斯巴达的各位代表也无法就即将履行的具体条款达成一致意见。卡尔基狄克人不愿交出安菲波利斯，对此斯巴达人也不可能强力压服。如果这样，雅典就找到了正当理由，拒绝执行她在"尼西阿斯和约"中承诺的职责。为了打破僵局，尽快迎回在斯法克特里亚被捕的俘虏，斯巴达人决定与世仇结成一个攻

斯巴达与雅典结成攻守同盟

第十一章　雅典帝国的衰亡　555

守同盟。在尼西阿斯热烈支持下，雅典人接受了这个提议，并最终遣返被扣押的斯巴达俘虏。不过雅典仍控制着派罗斯和基特拉。

伯罗奔尼撒同盟解体

斯巴达和雅典的接近直接导致伯罗奔尼撒同盟解体。【441】出于自身的考虑，科林斯、曼丁尼亚和爱利斯抛弃了她们的盟主，与此时崭露头角的阿尔哥斯结成同盟。色雷斯的卡尔基狄克人也加入其中。但是，因雅典仍控制着派罗斯和基特拉，安菲波利斯仍未回归雅典，其他城邦也未签署和平条约，所以斯巴达与雅典的亲密关系不可能稳固而长久。次

公元前420年

年，随着雅典各党派力量此消彼长和斯巴达国内反雅典强硬派得势，双方这种不稳定的政治同盟很快终结。反尼西阿斯党派的领导人是叙佩波

叙佩波鲁斯

鲁斯（Hyperbolus），此人与克里昂来自同一阶层，且能力与其大致相当。叙佩波鲁斯是喜剧最喜欢嘲讽的政治人物，一位喜剧作家甚至用夸张的字句直接将他描写成另一个克里昂。

亚西比德

如今该党派因克莱尼亚斯（Cleinias）之子亚西比德（Alcibiades）的加入影响力骤增，此人身出名门、绝顶聪明，但品德低下、素无信义。伯里克利是他的亲属，在其教导下，亚西比德受过民主传统的浸润。（亚西比德大理石半身像，参见图11-1）他长相极其俊美，天资聪明，且继承了巨额财富，有资本过着纸醉金迷的放纵生活，大讲排场，四处夸耀。令族人和城邦倍感震惊的不是他的放荡生活，而

图11-1 亚西比德大理石半身像
铭文写着"亚西比德，克莱尼亚斯之子"

是他与生俱来的令人难以置信的傲慢无礼。关于他冒失行为的奇闻趣事层出不穷，虽然这些故事未必完全可信，但我们也注意到没有人敢对他的傲慢无礼略施惩罚。由此可见，在民主政体之下，人们对出身高贵、家资富足的权贵仍有着不恰当的尊敬。亚西比德令人敬畏，且拥有众多爱慕者，其中有男有女。在德利昂战役中他作战勇敢，其哲学家朋友苏格拉底也正是在此役救了他的命。二人的友谊广为人知。不过二人的相似性仅存在于知识和勇气层面，在社会道德和德行命运层面上，二人形成了鲜明对比。虽然苏格拉底对政治不感兴趣，但他是一个无与伦比的辩论者，那一个时代任何一位有抱负的政治家都认为同他谈话是一次绝佳的政治辩论训练。事实上，亚西比德并不具备一个合格政治家应具备的素质，他没有明确的目标，缺乏坚韧的毅力，没有自控力。他无疑是一个能力超强且手段高明的政客，但缺乏一位伟大政治家必须具备的决断力，无论这种决断力是基于深思熟虑还是随性而为。亚西比德也非民主制真正的服膺者，对祖国的热爱并不真诚，对于新近加入的激进民主派他也不抱真正的同情。在亚西比德后来的政治生涯中，他曾在斯巴达发表演说。正如修昔底德记载的那样，【442】他诋毁民主制是"人所共知的愚蠢行为"，这才是他内心最真实的情感表达。不过，此时他的最高目标可能是赢得伯里克利那样的高位，虽然没有获得正式受命，但事实上统治着雅典这个城邦。他认为通过战争和征服就可得到他想要的权力。

激进派对于亚西比德就职成为将军尤为欢迎，这不但是因为他家族的人脉、丰富的外交和演说才能，更是因为他受过优良的军事训练，完全能胜任将军之职，而这恰恰是他们此前的领导人——叙佩波鲁斯和克里昂担任将军时的不足之处。当亚西比德当选而尼西阿斯未能再次当选时，激进派的前景看起来更加光明。雅典政局的变化立即显现了出来。雅

亚西比德被选为将军，公元前420年

与阿尔哥斯结盟，埃皮道鲁斯战争，公元前419年

|| 第十一章 雅典帝国的衰亡　　557

典与阿尔哥斯、爱利斯、曼丁尼亚订立了一份为期100年的同盟条约。①她们联合发起的进攻埃皮道鲁斯的军事行动使这份和约更具实质意义。因为斯巴达援助埃皮道鲁斯,雅典随即宣布拉凯戴梦人的行为违背了双方的和平条约。

公元前418年

斯巴达人入侵阿尔哥利斯

因尼西阿斯重掌大权和公民大会不再选举爱冒险的亚西比德,雅典的新政暂时停顿下来,不过与阿尔哥斯的同盟并未因此受到破坏。斯巴达对阿尔哥斯在埃皮道鲁斯的活动感到震惊,决定对其进行打击。此年夏天,在国王阿基斯率领下,一支斯巴达军队入侵阿尔哥斯。伯罗奔尼撒同盟的军队聚集在弗琉斯,这一次,科林斯再也没有任何理由可以超然事外,因此不得不派出一支小分队。不管从哪方面看,特拉叙鲁斯(Thrasyllus)所率的阿尔哥斯军队及爱利斯、曼丁尼亚盟军都处于劣势。他们聚集在尼米亚(Nemea),防守着从北方进入阿尔哥斯平原的主要关隘。但是,阿基斯以计取胜。他派遣波奥提亚人从通往尼米亚的大道发起进攻,而他亲率斯巴达人从西边的崎岖山间小道进军;斯巴达人如同从天而降,从伊那库斯河谷进入到阿尔哥斯平原。同时他派遣科林斯和弗琉斯军队秘密通过另一个关隘。这样,阿尔哥斯人被两支军队分割包围,他们与城里的联系也被切断。阿尔哥斯人被迫撤离尼米亚附近的驻地,前往平原之上;此时,波奥提亚人似乎并未紧跟其后。特拉叙鲁斯和阿基斯手下的士兵都坚信各自会取得胜利,但双方的主帅却另有打算。阿基斯和特拉叙鲁斯都认为自己当前所处的位置颇为危险,因此,双方最终达成了协议,休战四个月。【443】双方士兵对主帅的行为非常不满,特拉叙鲁斯差点被失望的士兵用石头活活砸死。

雅典军队在拉凯斯和尼科斯特拉图斯率领下赶往阿尔哥斯,亚西比

---

① 记载该同盟协议(对此,修昔底德有完整记载)的石碑残断在狄奥尼西亚剧场附近出土。

德作为使节也一同前往。到达这里后,亚西比德僭越权限,劝说同盟者不用理会休战协议,声称从技术层面看,该协议并未获得雅典认可,因此是无效的。在他的鼓动下,盟军翻山越岭,进入阿卡狄亚,并占领了奥科麦努斯。接着,爱利斯人提议攻打其强劲的对手莱普瑞昂人。不过爱利斯人的建议被否决,他们一气之下离开了同盟大军,返回到自己的城邦。爱利斯人的负气出走使盟军损失了 3000 名重装步兵,实力受损,因此,他们不得不加速向南开进,保护曼丁尼亚。此时,拉凯戴梦人与泰格亚人在阿基斯率领下正准备向曼丁尼亚发起进攻。

最终爆发了一场战争。双方参战的具体人数未知,但可以肯定的是,双方投入的人数都超过 10000 人。拉凯戴梦人进军抵达斯科佩山丘(Scope)附近,此地属于麦那努斯山脉,位于泰格亚与曼丁尼亚交界处的平原上。此时,拉凯戴梦人发现敌军正集结军队准备战斗,他们也快速集成战斗阵形,准备应对敌人即将发起的冲锋。最初,拉凯戴梦人取得了胜利。但他们的胜利成果因仓促应战受到了削弱,最终优势完全丧失殆尽。所有希腊军队都存在一个弱点。当向右发起攻击时,每个士兵都担心他的右翼会暴露在敌人的攻击下,因此会不自觉地向右侧移动,以期旁边战友的盾牌能为他提供一些保护。他们的进攻会从己方的右翼发起,最终包抄到敌人的左翼。在这次战斗中,阿基斯注意到敌阵中居于右翼的曼丁尼亚人远远地向其左翼展开。因为担心被曼丁尼亚人包抄,他发出信号,命令最左边的部队侧向移动,向更左边靠拢。同时,他命令右翼的两位队长率所属分队填补留下的空档。虽然左翼军队按其部署行事,但两位队长拒绝执行他的第二个命令。结果导致最左边的军队陷入孤立,终被全歼。1000 名阿尔哥斯重装步兵迅速插入了他们留下的空白。但在右翼,拉凯戴梦人取得了对雅典人及其同盟者的完全胜利,雅典人被团团包围。如果不是阿基斯撤出部分军队支援其危如累卵的左翼,雅典人

曼丁尼亚之战,公元前 418 年

战争的后果

可能已被全歼。拉凯斯和尼科斯托拉图斯在这次战斗中被杀身亡。

拉凯戴梦人兴高采烈地返回家乡，庆祝卡尼亚－阿波罗节。【445】战争的胜利使他们很大程度上恢复了自斯法克特里亚惨败以来丧失的声誉。此前，希腊人通常认为斯巴达人愚蠢呆板，但自此以后人们开始改变看法。胜利带来了直接的政治后果，改变了伯罗奔尼撒半岛的局势。在阿尔哥斯，与政治形势同时变化的还有城邦政体和外交政策，阿尔哥斯人以寡头制取代了民主制，并抛弃与雅典的同盟，转而与斯巴达结盟。曼丁尼亚、爱利斯和阿凯亚诸城也倒向获胜的一方。雅典再次被孤立。

放逐叙佩波鲁斯，公元前418或前417年

或许就在此时，雅典的激进民主派试图将他们的拦路虎、主要政敌尼西阿斯赶下台，认为正是他的错误建议才使阿尔哥斯未能得到有效支援。尼西阿斯的所作所为在雅典招致了强烈不满。叙佩波鲁斯提议召开公民大会，施行陶片放逐。此时，他完全有理由相信人民会将尼西阿斯放逐，他完全没有担心自己会成为受害者。不过他担心尼西阿斯的支持者会把票投给更加危险的亚西比德。叙佩波鲁斯的小算盘打得很响，但并未达到原定目的。因为亚西比德眼见自己有被放逐的危险，决定抛弃叙佩波鲁斯和民主派，转而与尼西阿斯结盟。因此，叙佩波鲁斯搬起石头砸了自己的脚，用阴谋毁了他自己的政治前程。尼西阿斯和亚西比德的支持者都将他的名字写在陶片上，最终叙佩波鲁斯被放逐10年，他的政治生涯也就此终结。（刻有叙佩波鲁斯名字的陶片，参见图11-2）这也是雅典最后一次施行陶片放逐，这种制度虽未被取消，但已成为一纸空文。自此以后，任何人只要提议修改现存的法律就可能被判处死刑，这种制度被称为"违宪诉讼"（Γραφη παρανομων），雅典人认为该制度已足以保护他们的民主政体不被颠覆。

虔诚、小心谨慎而倡导和平的尼西阿斯与不敬神灵、毫不安分而勇武好战的亚西比德结成的新同盟不过是一时的权宜之计，二人的结盟与

图 11-2 刻有叙佩波鲁斯名字的陶片（现存于雅典古代广场博物馆）

尼西阿斯与灯盏作坊主叙佩波鲁斯的结盟一样都不自然。但似乎尼西阿斯也在一定程度上改变着他毫无作为的政策。我们看到他曾远征卡尔基狄克，除攻占斯基奥涅并处决所有男子外，雅典人自和平条约订立以来在此并无任何行动。

公元前 417 年
公元前 421 年

尼西阿斯对安菲波利斯的进攻无果而终。但次年在爱琴海南部爆发的一次战争中，雅典人获得了胜利。那时，米洛斯岛并未加入雅典同盟。【446】在亚西比德的劝说下，雅典决定征服该岛。是年夏天，雅典人从海陆两路大举进攻米洛斯城，次年冬天，米洛斯人最终无条件投降。所有成年男子都被处死，其他居民降为奴隶，雅典人在该岛建立了殖民地。

征服米洛斯，公元前 416 年

雅典的军事殖民地

对米洛斯的征服值得我们特别注意。其特别之处不在于雅典人对米洛斯人的严酷处罚，因为这不过是前面发生在普拉提亚、米提列涅、斯基奥涅等诸多惨无人道暴行的又一个翻版；其特别之处在于这是雅典赤裸裸无端侵略的开始，为了达到目的，她根本都无须找出任何借口作为掩饰。通过构建一种奇异的表述方式——雅典使节与米洛斯政府之间对话——修昔底德以戏剧化的方式再现了当时的场景。在这一过程中，雅

修昔底德特别强调对米洛斯的征服

典人以赤裸裸的、厚颜无耻的话语向世人阐明，他们的所作所为符合"自然法则"，强者就应当统治弱者。这确实是希腊城邦政治的基本法则，但很少有人会如此恬不知耻地当众说出。在围攻间隙双方举行的谈判中，没有一个雅典人会完全不顾外交礼节大言不惭地说出这个意思，至少修昔底德不曾记载他们有类似言行。这位历史学家使用艺术化的对话方式将雅典人的傲慢无礼表现得淋漓尽致。而这次对话就发生在雅典人准备发动大屠杀，准备将城市夷为平地的前夜。尽管修昔底德和希罗多德在写作思想和写作方法上颇有差异，但在面对类似情况时，他们都具有相同的、典型的希腊式感情。雅典人的肆无忌惮使修昔底德这位后辈历史学家困惑不已，恰如波斯人的肆无忌惮困惑着前辈的历史学家希罗多德一样。尽管修昔底德并不承认复仇女神的存在，而希罗多德的作品中到处都是她的身影，但在这里复仇女神似乎也投下了一道暗影。

有迹象表明，在订立和平条约的随后几年里，雅典人将注意力转向了宗教事务，而战争期间人们对这方面的事务颇有忽视。可能就是在这些年份里，他们开始为雅典娜和埃莱克修斯修建新神庙。具体情况在下面章节中还将进一步论述。可能也是在这个时段，手拿圣蛇的医神埃斯克勒庇俄斯（Asclepius）从埃皮道鲁斯传入了雅典，人们为他在卫城南坡修建了一座神庙。和平订立不久，雅典通过一则法令，开始对收获物征收一种新的赋税，以维持与埃琉西斯崇拜的相关宗教事务。阿提卡的农民向两位女神缴纳的作物初熟税分别是：大麦每麦斗六百分之一，小麦每麦斗一千二百分之一。雅典的同盟者也需缴纳同样的赋税；500 人议事会还邀请【447】"如若可能，所有希腊城邦都应前往履行该宗教义务"，与他们一样缴纳作物初熟税。

雅典娜-波利亚斯神庙

埃斯克勒庇昂

埃琉西斯法令，公元前 418 年

第二节　雅典人的西方政策

　　公元前 5 世纪,雅典的政治家经常将眼光越过茫茫海洋投向西部希腊。早在地米斯托克利时代,雅典人就已开始关注那里。此前已述,在伯里克利领导时,开始形成明确的西方政策。雅典人先与埃利米亚人城市塞格斯塔结盟,随后又与列奥提尼和瑞吉昂缔结了同盟条约(盟碑部分地保存了下来)。雅典的大致目标是支持伊奥尼亚城邦对抗多利亚人城邦,因为多利亚人城邦无论在数量上还是实力上都占统治地位,其中实力最强者是科林斯的子邦及其坚定盟友叙拉古。图里伊的建立或许也可以视为对抗多利亚人优势地位的一项举措。但图里伊并未实现这个目标。殖民者是来自多个城邦的大杂烩,其中的雅典因素甚至未能占据上风。最终,图里伊成为一个多利亚人城市,不再支持雅典。值得一提的是,在图里伊建立时及其后近 30 年里,雅典只是寻求在西方世界发挥一定影响,她从来未曾想过要在此占统治地位。随着商业环境的变化和与科林斯竞争的白热化,雅典与意大利和西西里的联系日益密切,迫使她必须采取行动。

> 与塞格斯塔结盟,公元前 454 年;与列奥提尼和瑞吉昂,公元前 433 年

> 殖民图里伊,公元前 443 年

　　在与列奥提尼和瑞吉昂订立同盟条约后,雅典并没有急于干预西西里事务。6 年之后,在这两座城市的要求下,雅典采取了第一次行动。列奥提尼为了摆脱南邻叙拉古的控制,维护城邦的独立,与叙拉古爆发了战争。除阿克拉加斯和卡曼利纳外,所有多利亚人城邦都站在叙拉古一边;列奥提尼得到了瑞吉昂、卡塔奈、那克索斯、卡曼利纳的支持。在西部希腊,伊奥尼亚因素的继续独立存在受到严重威胁。随同列奥提尼使团前往雅典的还有他们最伟大的公民、演说术教师高尔吉亚,其声名和影响力遍及全希腊。可以相信,当使团到达时,雅典人对这位伟人的关注更甚于他承担的使命。雅典人怀着兴奋之情前来出席公民大会,人们并不

> 西西里的状况,公元前 427 年

关心他讲了什么,而非常关心他是如何演讲的。他雄辩的口才一下就俘获了雅典人,答应为列奥提尼提供援助;他还说服雅典人顺便将西西里纳入其政治关切中。二者的结盟有助于阻碍粮食和其他援助物资从西西里运往伯罗奔尼撒半岛的敌对城邦;【448】而且还有助于限制科林斯的盟邦叙拉古过于强大;甚至有人开始大胆想象着雅典在西部地区占据统治地位,尽管这种想法超出了雅典现在的影响力。叙佩波鲁斯似乎对西部地中海世界也特别感兴趣,希望拟订出一个完备的政策措施。阿里斯托芬嘲笑他一直打算远征迦太基。

拉凯斯率领的西西里远征,公元前427年

雅典人派拉凯斯率军远征。虽然这次远征收效甚微,但如果拉凯斯能坚持下来,他或许将取得较大成果。墨西拿被说服加入雅典同盟,从而使雅典人可以在海峡中自由航行。雅典与塞格斯塔续订了同盟条约。但当他们试图占领伊尼萨(Inessa)时遭到了失败。这次远征的失败很大程度上应归祸于将军拉凯斯及其财务官的欺诈行为。一回到雅典,克里昂就要求拉凯斯就其挪用公款的行为进行解释。西西里以奶酪著称,因此一位喜剧诗人嘲笑拉凯斯在其财务官的帮助下吃光了西西里的奶酪。

优里梅敦和索福克勒斯率领的远征,公元前425年

或许派罗斯事件和科基拉事件是妨碍雅典人在西西里进一步发展的主要原因。这一系列事件让优里梅敦和索福克勒斯率领前往西西里的舰船被耽搁了下来。在上述两个地方的延宕导致拉凯斯远征获得的重要成果——墨西拿海峡——落入他人之手。墨西拿的公民分裂为政见不同的几个派别,他们推翻了民主派的政府。当雅典舰船最终到达时,一切都已为时太晚,因此并未取得什么值得一提的成果。此时,西西里所有城邦似乎正展开一次全岛范围内的和平运动,该运动显然不利于雅典人的战略实施。当雅典将军邀请岛上的伊奥尼亚城邦加入与叙拉古战斗时,【449】雅典人得到的答复是他们暂时无暇关心此事,因为他们正聚集在革拉城召开大会。与会代表来自西西里所有城邦,他们讨论的主题是当

革拉大会

前的形势以及达成普遍和平的可能性。在这次重要会议中，来自叙拉古的赫摩克拉泰斯（Hermocrates）扮演着最重要的角色。会上，他提出了西西里政策，强调西西里属于西西里人，他们有着共同的利益诉求和政治取向，来自岛外的希腊人都应当被视为外来者，不能允许这些外来者在岛上制造事端，也不应让他们插手当地事务。他强调，应当让西西里城邦自主解决相互间的分歧，西西里城邦应团结起来，抵制雅典或其他外部势力干预其内部事务。赫摩克拉泰斯的政策既非从本邦利益出发，也非泛希腊的思想，而是围绕西西里人的利益展开。可以将赫摩克拉泰斯的政策比作美国的"门罗主义"。事实上，该政策并未得以实现，甚至鼓吹者赫摩克拉泰斯本人后来也因情况变化明显背离了他提出的主张。不过，革拉会议并非一次失败会议。此时人们倡导的和平政策使雅典人无法广泛干预西西里事务。不久，列奥提尼爆发了一场灾难性的暴乱。其寡头派成为叙拉古公民，列奥提尼也不再以一个城邦的形式留存于世，从此成为叙拉古的一个要塞。该事件打破了叙拉古力图倡导的和平局面，给西西里人带来了不同寻常的压力。如今，事实已经非常明显，叙拉古妄图消除雅典的影响，其目的不过是想欺压邻邦。因此，西西里人再次邀请雅典干预其事。雅典确实也进行了干预，但并不深入，也未见太大成效。直到米洛斯被征服后，雅典才重新燃起了对西部希腊政治浓厚的兴趣。

公元前 423 年

第三节　围困叙拉古

是年，雅典收到塞格斯塔发出的求助书，因为塞格斯塔人正与其南邻、强大的塞林努斯交战。他们的求助要求得到了列奥提尼民主派的支持，尽管此时列奥提尼已不复是一个独立城邦。雅典派出一支代表团前往西西里，希望能获取当地的真实情况，同时希望探知塞格斯塔的资源

塞格斯塔使团，
公元前 416 年

第十一章　雅典帝国的衰亡　565

状况，如果雅典派出了军队，塞格斯塔人是否能提供战争所需费用。使者带着60塔兰特未经打印的白银回到雅典，并向雅典人汇报说塞格斯塔人拥有难以计数的财富。他们向雅典人绘声绘色地描述黄金制成的圣船和富人家里的奢华餐具。亚西比德和所有年青一代的雅典人都积极响应塞格斯塔人的请求，【459】强烈支持塞格斯塔人反对塞林努斯人、列奥提尼人反对叙拉古人的战争。尼西阿斯明智地提出了反对意见，他向人们详尽说明远征的巨大花费，尼西阿斯的冷静给人留下了深刻印象。然而，雅典人因最近对米洛斯的胜利而志得意满，一想到在一个遥远而陌生的地方发动新的征服战争，他们就不禁有些神魂颠倒。普通雅典人对西西里到底意味着什么并不清楚。因为醉心于在西方缔造一个新帝国，他们对尼西阿斯提出的审慎忠告漠然视之。经过投票，雅典人为他们提供100条而非他们原本要求的60条战船。

雅典人投票赞成西西里远征

然而，雅典公民大会先是没听从尼西阿斯高瞻远瞩的明智建议，犯了急进轻率的错误；接着他们犯了一个更大错误，明知尼西阿斯反对，仍选他担任西西里远征军的统帅，让他与亚西比德和拉玛库斯一道共同指挥战争。这表明人们对他的军事才能评价有多高，同时也将他当作是安全阀，希望他能弥补另外两位将军太过于冒险可能带来的问题。不过，虽然尼西阿斯在执行伯里克利既定战略中充分展现了能力，但他的能力和秉性完全不适合领导西西里远征这种更需要冒险精神的大规模军事行动。

赫尔麦渎神案，公元前415年

初夏时分，当一切准备就绪，雅典人正准备启航前往西西里时，一宗神秘事件使行程耽搁了下来。五月的一个清晨，人们发现雅典城内神庙入口和居民屋前的方形石像（所谓的赫尔麦）被人毁坏。（古典时代的赫尔麦石像，参见图11-3）虔诚的雅典人倍感疑惑，纷纷义愤填膺。这种前所未闻的亵渎神灵事件似乎是预示西西里远征前景的一个凶兆。有人毫无道理将该事件与党派斗争联系起来，声称有人图谋颠覆城邦。亚西比德的政敌抓住这个机会，暗示他与这次渎神案有牵连；有人指控在他家里举行过一次亵渎神灵的埃琉西斯秘仪模仿表演，后来证明这个指控或许有一定道理；还有人指控他是赫尔麦渎神案的始作俑者，也是推翻民主制的幕后主使。令人不解的是，这个谋反者为何大张旗鼓宣传他的主张？尽管这样做明显不合常理，但对于热衷八卦的民众而言，这样的事情足以让他们兴奋好一阵子。亚西比德要求在舰船出发前洗清人们对他的指控。如果确实如此，他肯定会被无罪释放，因为人们认为他是西西里远征不可或缺的关键人物。政敌意识到了这一点，因此想方设法将审判推迟到他返回之后。舰船终于启航出发了。看着舰队的出发，人们满怀兴奋，渎神案也几乎被人遗忘。修昔底德说，【451】此前还没有任何一个希腊城邦派出如此宏伟的一支军队。雅典共派出134艘三列桨战船，附属船只和补给船只不计其数；随船前往的共有5100名重装步兵；全体战斗人员共计30000人。骑兵主要依靠西西里的同盟者，因此，随船前往的只有30匹战马。

图11-3 古典时代的赫尔麦石像（大约公元前520年，来自西弗诺斯）

舰船出发

雅典人在瑞吉昂稍事停留，但情况令他们颇感失望。瑞吉昂人对待他们的态度颇有保留，这完全出乎雅典人的预料。瑞吉昂政府告诉雅典人，他们的行动必须与其他意大利城邦的行动保持一致。似乎意大利人也如同西西里人在革拉大会上讨论的那样，要共同进退。到下一站后，雅典人本指望塞格斯塔的财富能为他们的远征提供一些支援，但现在才知

|| 第十一章 雅典帝国的衰亡 567

道此前派出的探子被人家的阴谋诡计蒙骗了。他们见到的金船其实只是镀金的银船；塞格斯塔人把他们所能找到的银盘,不论是城邦的还是私人家里的,都聚集在一起,将这些银盘逐间屋子转移,让雅典使团相信每个招待他们的主人家里都拥有如此奢华的餐具。

瑞吉昂军事会议

士兵和指挥者对于事情真相感到非常吃惊。虽然这对雅典人的冒险确实是一记沉重打击,但是没有人,包括尼西阿斯在内,想过要放弃这次远征。接下来该做什么呢？他们在瑞吉昂举行了军事会议。尼西阿斯主张少冒风险,少做实事,只需将雅典船队沿岛绕行一周,展示雅典的实力即可；如有机会能够获得什么好处就尽力去争取,但不能招惹麻烦；如果没有太大的危险,他们也可为列奥提尼人提供力所能及的援助。亚西比德提议,应采取积极行动,尽力通过外交手段把西西里各城邦都拉到雅典一边；在强化雅典的存在后,再采取措施迫使塞林努斯和叙拉古做出让步,为塞格斯塔和列奥提尼讨回公道。尼西阿斯和亚西比德都将远征名义上的目标挂在嘴边,即为列奥提尼和塞格斯塔讨回公道。但拉玛库斯既非政客也非外交家,他只是一个普通军人,因此他从军人的角度来谈当时的形势。他抓住了问题的关键,指出叙拉古才是他们真正的对手,也是这次远征的作战目标。因此他建议趁叙拉古人还没有准备好,就应立即发起进攻。然而,他的冒险战略并未占据上风,对叙拉古而言,这简直是不幸中的万幸。除了在战场上享有一定发言权外,拉玛库斯既无影响力,也没有威信,备受其他两位同僚轻视,认为他不过是一个军人。眼见无法说服他的两位同僚,拉玛库斯赞成按亚西比德的计划行事。

召回亚西比德

很快,雅典人赢得了那克索斯和卡塔奈的支持。【452】雅典的舰船驶入叙拉古的大港耀武扬威,并夺取一条敌船。但是,不久从雅典传来命令,要求亚西比德回国受审。此前这段时间雅典的舰船并未采取其他行动。雅典人将毁坏赫尔麦的事件旧事重提,此外,模仿秘仪的丑闻加剧了人们内心的恐惧。公民大会指派了一个调查委员会负责处理此事；有人提供了更多虚假消息，抓捕了一批嫌疑犯。安多基德斯，一位出身名门的年轻人，就是其中之一。最终他承认了犯罪事实，并供出同伙的名字。安多基德斯的口供立即被人们信以为真。社会上躁动不安的情绪安静了下来。他供出的所有嫌疑人都受到审判并被处以死刑。而安多基德斯独得幸免，不久他就离开了雅典。但是，安多基德斯供认的是不是实情还未为可知。修昔底德宣称秘仪案的真相永远也无法解开。

确实，永远也无法知道谁是真凶，时至今日该案仍然是一团迷雾。但是，该事件要达到的目的及其灵感的来源却几乎没有什么值得怀疑。事情爆发在西西里远征前夜，其目的不外乎是利用人们的迷信心理，阻止远征大军按时启航。如果要问到底是谁试图极力阻止舰船出发，答案就再明显不过，那就是科林斯和叙拉古。如果要推断这次恶行的始作俑者，那自然是一批接受了科林斯银币，被科林斯收买的雅典人，至于他们姓甚名谁倒是次要。因此，就主要方面看，毁坏赫尔麦的事件并不神秘。

赫尔麦谜案的意图

在调查赫尔麦案件中曝光了另外几起渎神事件，亚西比德参与的模仿埃琉西斯秘仪的渎神事件尤为令人关注。来自各方的政敌都认为这是一次将他置于死地的绝佳时机。客蒙之子泰萨鲁斯（Thessalus）对亚西比德提出指控，部分内容如下："拉西亚戴（Laciadae）人客蒙之子泰萨鲁斯指控斯坎波尼戴人克莱尼亚斯之子亚西比德不敬德墨特尔和科瑞两位女神，他在家里身穿秘仪祭司服饰，自称祭司长，当着其狐朋狗友之面，拙劣地模仿秘仪的祭祀过程。"雅典人派出圣船"萨拉米尼亚号"（Salaminia）传唤亚西比德返回雅典接受审判，但要求相关人员不得对其使用暴力。亚西比德本可以拒绝传唤，但他并未这样做。当"萨拉米尼亚号"途经图里伊时，他偷偷逃走，开始自我流放。【453】雅典人对他缺席审判，判处他死刑，他的一些亲属也被一同处死，并被剥夺财产。

|| 第十一章　雅典帝国的衰亡　　569

在亚西比德离开后，此年剩余的时间里西西里只发生了一些零零碎碎的小事，雅典一无所获。当冬季来临时，尼西阿斯干了一件大事。尼西阿斯故意让叙拉古人觉得雅典大营未做任何防备，通过这个计谋，他诱使叙拉古军队进攻卡塔奈雅典人的驻地。但他却带领大军登上舰船驶向叙拉古大港。尼西阿斯在此登陆，并在港口的西南侧安营扎寨。这里靠近达斯孔（Dascon）海湾，位于香火繁盛的奥林匹亚的宙斯神庙之南。当叙拉古人返回时，双方爆发了一场激战，这也是双方的第一次大战。虽然雅典没有骑兵，但叙拉古人纪律散漫，1200 名骑兵的优势瞬间荡然无存。此时天降大雨，雷电齐鸣。在坏天气的眷顾下，雅典人打败了疏于训练的对手。但叙拉古仰仗骑兵的保护仍安全撤退。

雅典人的胜利

虽然雅典人取得了一场大捷，但尼西阿斯的性格使他们无法扩大胜利成果。次日，他命令全军撤退回船，驶返卡塔奈。当然他这样做也不是没有理由，譬如冬天的严寒、缺少骑兵、补给的不足、盟军未至等。但他却为叙拉古人留下了准备应战的宝贵时间。"雅典的战船和军队很快就会丧失其饱满的精神和咄咄逼人的气势。整个西西里也将越来越适应看着雅典的战船来来往往，但雅典人的精力却随着一次次微不足道的看似损失不大的失败而逐渐消弭。一旦受到一次沉重打击，他们就将再也无法继续战斗。"

整个冬天，双方都尽力寻求获得更多城邦的支持。岛上的西凯尔人大多加入了雅典同盟。卡曼利纳同时受到雅典和叙拉古的邀请，因此她决定保持中立。正是在卡曼利纳的公民大会上，修昔底德让赫摩克拉泰斯再次阐明他的独立自主政策，即西西里岛是西西里人的西西里。在 10 年前的革拉大会上他就已提出这项政策。而雅典的使节再次表现出他们赤裸裸的唯利是图的原则，使我们再次想到了修昔底德笔下雅典人与米洛斯人的对话。在亚西比德被召回之前，【454】雅典人就已制订了夺取墨西拿的计划；但是当时机到来时,该计划却付诸东流。亚西比德开始疯狂报复他的祖国,向墨西拿的亲叙拉古派透露了雅典人的计划。

事实上,似乎在整个远征过程中,致命的失误总是与雅典相伴。如果雅典只是让亚西比德和拉玛库斯来指挥,而没有尼西阿斯的搅和,或许雅典已经攻占了叙拉古,获得了战争的胜利。但是,一旦雅典人决定要把指挥大权交给尼西阿斯,她就必须有足够的勇气让亚西比德完全不参与整个远征行动。如今这位精力充沛的外交能人将所有一切都投入破坏他此前被赋予领导权的远征活动中。他来到了斯巴达。此时正召开公民大会迎接一个叙拉古使团,讨论是否为其提供援助。亚西比德出席了这次会议,并发表了一次富有感染力且效果明显的演讲。在演讲中,他透露了雅典人野心勃勃的计划,声称其目标是要征服整个西地中海（包括迦太基）,这样他们可以回过头来征服伯罗奔尼撒。或许这不过是亚西比德的个人梦想。但在任何一个头脑清醒的雅典政治家心目中,上述计划可能还没有明确成形。亚西比德强调斯巴达应尤其采取下面的两个措施：其一,立即派出一名斯巴达将军前往西西里组织防御,一名统帅比军队更重要；其二,长期驻守阿提卡的狄凯里亚,这是雅典人最惧怕的致命弱点。这位叛徒趾高气扬地宣称："我知道雅典人的秘密。"修昔底德记载说,亚西比德为他的报复行为（在他看来不能称为变节）找了各种各样的托词。将雅典民主制描述成"十足的愚蠢行为",这可能是亚西比德的原话。频繁的敌对活动激发了这位流放者,但是,我们不禁会问,他这样做只是为了发泄他的不满,还是为他将来的政治生涯进一步打下基础？如果我们相信修昔底记载的演说,那么他的最终目标是返回祖国。在斯巴达的支持下,他一定会给雅典带来巨大的灾难。从他的字里行间可见,他等待着这种"十足的愚蠢行为"能被取消。如果按此轨迹发展,几乎可以肯定,亚西比德将会成为另一个庇西特拉图。

亚西比德在斯巴达及其演讲

在希腊历史最关键的时刻,亚西比德富有煽动性的演说改变了战斗双方的力量平衡。对于西西里事务,拉凯戴梦人本还在是保持中立还是强力干预之间摇摆不定,在亚西比德的号召下,他们决定任命一位名为吉利浦斯(Gylippus)的将领指挥叙拉古军队。科林斯也派出舰船帮助其子邦。

【455】自远征军队启航以来,雅典都沉浸在一片投机冒险和盲目乐观的氛围中,人们梦想雅典的命运从此会发生翻天覆地的大变化,他们的未来会越来越好。在一部名为《鸟》的充满奇幻色彩的喜剧中,阿里斯托芬将国人的这种心态表现得淋漓尽致,该喜剧在此年的大狄奥尼西亚节中呈现给了大众。有学者试图在众鸟建立"云中咕咕国"的剧情中探知明确的政治意寓,试图把剧中两位雅典的冒险家"说服"和他的侍从"希望"比附为现实的政治人物。但是,这明显是误读了该剧的初衷和诗人的写作艺术。对历史学家而言,《鸟》的重要性在于,该剧用诙谐的谈笑表现了当时雅典人的乐观心态。

阿里斯托芬的喜剧《鸟》,公元前414年3—4月

第四节　围攻叙拉古　公元前414年

叙拉古岛,即阿齐亚斯最初建立的聚居地,一直是整座城市的中心。(雅典围攻叙拉古,参见图11-4)虽然后来城市发展到了对面大陆的山坡上,但该岛的地位仍举足轻重,恰如卫城之于雅典,拉里萨之于阿尔哥斯一样。因此,这座岛屿被人们称为叙拉古的卫城,不过这座卫城并不建在山顶上。大港北边背靠埃皮波莱(Epipolae)高地,极具军事地位,其重要性不容忽视,叙拉古也逐渐认识到了这一点。叙拉古岛与大陆之间的水域已被填平。最初来的殖民者逐渐向高处发展,最终人们在山坡东侧被称为阿克拉狄那(Achradina)的地方筑起一道南北走向的城墙。后来,

阿克拉狄那的城墙

在驱逐特拉叙布鲁斯（Thrasybulus）的内争中，人们将阿克拉狄那西北的泰卡（Tycha）纳入了内城。此后，埃皮波莱之名就特指山坡上的其他地方，即泰卡和阿克拉狄那城墙之外的区域。埃皮波莱变成一块三角形区域，城墙为其底边，优里亚鲁斯（Euryalus）山峰为其顶点。

泰卡的城墙，约公元前463年

为了预防雅典人的围攻，叙拉古人进行了一些准备工作，虽然他们的准备还不充分。他们改组了军队的指挥体系，选举赫摩克拉泰斯为将军；强化阿克拉狄那城墙外的阿波罗－泰梅尼泰斯（Temenites）神庙的防御工事；派兵驻防山丘南侧奥林匹亚的宙斯神庙附近的要塞波利克那（Polichna）。

在大港以西的台地上，雅典与叙拉古之间爆发了第一次短暂的接触战。次年开始的第二次战争，主战场转移到【456】北边埃皮波莱高地上。赫摩克拉泰斯认识到有必要防卫这个高地。因此，他首先对城邦所有能够参战的人口进行统计，然后，挑出600名战士防守埃皮波莱，但他们错过了最佳的驻防时间。当这600名战士还在阿那普斯（Anapus）河畔草地集合时，雅典人就出现在他们面前。此前的一天晚上，雅典人的舰船已离开卡塔奈，驶向埃皮波莱北侧的海湾，在离优里亚鲁斯山峰不到1英里的地方登陆。雅典士兵快速登上高地，趁叙拉古大军还没明白过来，就完全控制了埃皮波莱。这600名叙拉古士兵发起进攻，试图驱离雅典人，但叙拉古人很快被击退，遭受到巨大损失。稳住阵脚后，雅典人在靠近北侧绝壁之处一个名为拉比达隆（Labdalon）的地方构修筑起一道防御工事。现代学者认为他们选址不当，可能在优里亚鲁斯山峰附近设防效果会更佳。

雅典人攻占埃皮波莱

雅典人的围攻计划是修筑一道绕山而行的城墙，北起绝壁，南到大港。这可从陆路上切断叙拉古与外界的联系；雅典舰船现停驻在塔普索斯（Thapsus）湾，即将进入大港，这将会切断叙拉古的海上联系。为达

雅典人的城墙

|| 第十一章 雅典帝国的衰亡   573

合围之目的，雅典人在城墙中部修建了一座圆形堡垒，名为基克洛斯（kyklos，即圆形之义），城墙将以这个堡垒为中心，沿北侧和南侧而建。叙拉古人发起进攻，企图阻止雅典人修筑城墙，但徒劳无功。因此，他们只得在自己控制的地方修建一道防御城墙。这道城墙始于泰梅尼泰斯神庙，向西延伸，企图截断雅典人正在修建的南段城墙，从而使雅典人的城墙无法通往大港。雅典人并未阻止叙拉古人的行动，只是努力修筑从圆形堡垒出发向北延伸的城墙。确实这道城墙比南城墙更加重要，因为他

叙拉古人的第一道防御墙

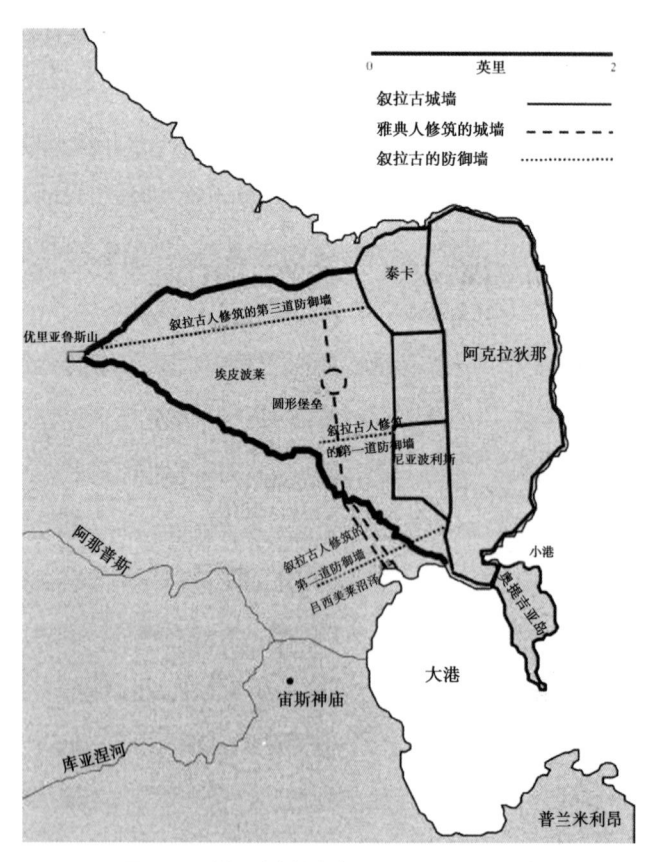

图 11-4　雅典围攻叙拉古（公元前 415—前 413 年）

（据 John Montagul, *Battles of the Greek and Roman Worlds*, p.23 编译）

574　希腊史 Ⅱ

们必须时刻保持与停泊在塔普索斯湾舰船的联系。虽然雅典人表面上似乎并未关注叙拉古人的行动,但事实上他们一直在找寻良机。很快,叙拉古人的一次疏忽给雅典人提供了一个好机会。雅典人突然对叙拉古人的防御墙发起进攻,并一举将其彻底摧毁。雅典将军旋即开始考虑修筑南段城墙。他们决定暂时停止修建圆形堡垒附近的一段,而直接从南端绝壁靠近赫拉克勒斯神庙处开工。雅典人的城墙下就是大港西北岸的沼泽地。

为了阻止雅典人把城墙从绝壁修到大港,叙拉古人开始修筑第二道防御墙,但是这道墙不是沿山而建,而是修在低洼处的沼泽地上。【458】其实他们修建的并不是石头城墙,因为沼泽地不能承受如此的重量,而是一道木桩扎成的栅栏。天刚拂晓,雅典人在拉玛库斯的率领下冲到沼泽地,将叙拉古人修建的栅栏尽数捣毁。尽管他们破坏了叙拉古人的工程,但自己遭受的损失更大。叙拉古军队从城内突然蹿出,双方爆发了一场遭遇战。这位在世时被喜剧作家戏称为"英雄"的拉玛库斯鲁莽出击,结果被人杀死。在他死后,喜剧作家反而对他颇为崇敬。当雅典人憧憬胜利时,拉玛库斯之死使他们再一次遭受到沉重打击。任命尼西阿斯为将军、召回亚西比德、拉玛库斯之死是雅典人遭受的三次沉重打击。更糟糕的是,尼西阿斯又生病了。

拉玛库斯之死

雅典人不但在南侧修筑了两道城墙,而且此时他们的舰船也突破封锁驶入大港。叙拉古人还没来得及感受到拉玛库斯之死给他们带来的好处,就马上再次陷入绝望中。于是,他们决定撤换将军,准备与雅典人谈判。令人奇怪的是,一贯冷静的尼西阿斯突然变得志得意满,认为叙拉古已在他的掌握中。此时,他犯下了一个致命错误,忽视了修筑完成北侧城墙。更应该受责备的是,明知叙拉古的母邦科林斯正在派兵前往支援,他还是忽视了这个关键问题。尽管他一贯行事谨慎,面对异常事件时能充

| 第十一章 雅典帝国的衰亡　　575

满自信，尼西阿斯注定也会犯错。

　　随着科林斯将领龚吉鲁斯（Gongylus）的到来，叙拉古人所有投降的想法瞬间就烟消云散。龚吉鲁斯给叙拉古人带来消息说，科林斯的舰船和一位斯巴达将军马上就要到来。其实，当雅典人获胜的消息传来时，这位斯巴达将军本认为已错过解救的时机，产生了放弃救援叙拉古的想法。但他最终还是决定带领舰船驶往意大利沿岸，以便能解救意大利的城市。到达洛克里时，龚吉鲁斯发现叙拉古可能还有一线生机，因为雅典北侧的城墙还没有竣工。于是，他立即带领船队驶向希麦拉，集结一支由革拉人、塞林努斯人和希麦拉人组成的陆军，迅速沿陆路向叙拉古进军。沿雅典军队到来时的同一条线路，他的军队从北坡登上制高点，然后抵达埃皮波莱台地，并绕行北侧山麓到达了泰卡，从而进入叙拉古城内，沿途并没有遭到任何抵抗。这是尼西阿斯的又一重大疏漏。如果这道城墙已经竣工，龚吉鲁斯就不会做如此的无谓尝试；如果制高点优里亚鲁斯修有防御工事，吉利普斯的尝试大概也会以失败告终。

　　吉利普斯立即掌管了叙拉古军队的指挥权，为城内居民重新注入了信心。正如尼西阿斯不是一位典型的雅典人，吉利普斯也并非一位典型的斯巴达人。虽然他没有布拉西达那种战士般的迷人个性，但有着同样充沛的精力和审时度势的智谋。他立即组织人手修筑防御工事，并一举攻占了拉比达隆要塞。但是，就目前而言，他们的最大目标是阻止雅典人完成北侧城墙，从而把他们完全包围在城内。作为应对措施，叙拉古人只能再修筑一道防御墙。眼见情况危急，雅典人也开始奋力继续修筑工作，因此，双方展开了一场修筑城墙的比赛。在工程进行之际，双方各自发起了一些进攻，各有胜负。最终，叙拉古人占了上风，雅典人的城墙未能完工，无法修到北部海岸。但对吉利普斯来说这样的胜利还远远不够。他命人继续把城墙修到了制高点优里亚鲁斯，并在埃皮波莱西侧搭建了四座

吉利普斯的到来

叙拉古人的第三道防御墙

堡垒。这样，叙拉古完全封锁住雅典援军沿吉利普斯前来时道路发起进攻的可能性。与此同时，尼西阿斯占领了普兰米利昂（Plemmyrion）。这是一个正对叙拉古岛的海岬，扼守进入大港的南大门。在此，他命人修建了三座堡垒，并为雅典的战船搭建了一个船坞；同时，他派出一些舰船守株待兔，静候即将到来的科林斯战船。作为对雅典占据普兰米利昂的回应，叙拉古派出一支骑兵驻守波利克那，保卫着大港的南部沿岸。虽然雅典仍控制着埃皮波莱的南部，掌控着大港的入口，但叙拉古的城墙已把泰卡和优里亚鲁斯连接到了一起，整个战局发生了逆转，叙拉古人从极度绝望变得满怀希望。

随着冬天的到来，双方使节开始忙碌起来，双方的军队也在为新一年的战斗积极准备。吉利普斯利用这段时间到西西里各城邦征招到更多队伍。原来保持中立的卡曼利纳也决定站到叙拉古一边，事实上，岛上除世仇阿克那加斯、那克索斯和卡塔奈之外，其他所有希腊城邦都支持叙拉古。此外，叙拉古还再次向伯罗奔尼撒人发出增援请求。科林斯仍给予子邦热情支持。斯巴达也派出 600 名由涅奥达摩德斯和希洛特组成的重装步兵。底比斯和泰斯皮亚也派出了分遣队。

如今需暂时将视线转回希腊大陆。此时全面战争重新爆发，西西里的战事逐渐失去主战场的地位，成为大战的一个组成部分。这次战争双方追求的利益已不再局限于叙拉古和西西里。斯巴达人认为，【460】在此前的战争中，他们是挑起事端的一方。雅典人获得的成功，尤其是占领派罗斯，是他们理应遭受的惩罚。但是，如今雅典人侵略西西里，明显犯下过错，再与他们进行战争时，斯巴达人就会觉得问心无愧。斯巴达人采纳了亚里比德驻防狄凯里亚（Decelea）的建议：他们在此修建起一座要塞，派国王阿基斯带兵驻守。站在雅典城的吕卡贝图斯山（Lycabettus M.）上，从彭泰利库斯山和帕尔涅斯山之间的关隘中间，就可遥望狄凯里亚

斯巴达人占领狄凯里亚，公元前 413 年

|| 第十一章 雅典帝国的衰亡　　577

的山顶。狄凯里亚地理位置关键，从这里可以通向阿提卡的各个地方，同时这里也便于与波奥提亚保持畅通的联系。

尼西阿斯的求救信　当伯罗奔尼撒人在雅典城门外扣关时，雅典人却收到一封求救信，要求城邦派出一支与第一次远征规模相当的军队前往西西里。尼西阿斯的来信对当前形势进行了简单直白的描述。明显地，他采取一种非常规的方法，通过书面形式而非口头形式告诉公民大会当前形势非常关键。他解释说，因为吉利普斯的到来、驻军人数增加和叙拉古防御墙的修筑，原来围攻的雅典人如今已成为被围者。他们甚至担心在雅典人的地盘——海上也会遭到敌人攻击，因为雅典人的舰船已经开始漏水，水手们也无法操练。由于他们的供给主要来自意大利，如果敌人再次获胜，将有可能切断雅典人的补给。因此，必须从二者中间选取其一：要么放弃远征计划，要么立即派出一支与第一次远征同样强大的军队援助他们。尼西阿斯还请求城邦将他召回，因为他现在重病在身。雅典人仍然如前一次那样轻率从事，决定发动第二次远征，并拒绝派人取代尼西阿斯，因为雅典人仍对他盲目信任。他们任命优里梅敦和德摩斯提尼为援军指挥官。

第五节　第二次远征

公元前413年　"雅典最初干预的只是西西里的地方事务，帮助塞格斯塔和列奥提尼对抗塞林努斯和叙拉古，但雅典的干预最终演变成为一次大战，希腊大部分城邦都参与其中。随着西西里战事的激化，伯罗奔尼撒战争战端再起，愈演愈烈，其规模更胜从前。【461】在此之前的战斗中，西西里战事只是希腊大陆战事的点缀；而如今西西里已成为战争的中心，成为双方决定胜负的场所。"

对西西里人自身而言，如今的战争已成为决定他们生死的关键问题,与波斯人入侵对希腊人一样,具有决定意义。在赫摩克拉泰斯和吉利普斯的率领下,叙拉古人尽其所有人力和财力组建了一支舰队,春天时他们已拥有 80 艘三列桨战船。虽然桨手经验还不足,但他们知道,正是在波斯人的压力下雅典人才掌握了高超的航海技术。吉利普斯决定从海陆两路进攻雅典人位于普兰米利昂的堡垒。虽然海战中叙拉古人遭受败绩,但当海战还在港区进行时,吉利普斯率领一支陆军开进到普兰米利昂附近,拔掉了海岬上的堡垒。雅典人的舰船被迫退回港区北边他们修筑的两道城墙旁,进入港区的入口如今已被叙拉古人牢牢占据。这样,雅典人在海陆两路均遭到围困,除非派出足够多的舰船突破敌人防线,否则他们不敢冒险出港。叙拉古的水师再一次获得了重大胜利,他们在意大利沿海捕获一支满载金银的雅典船队。

海战

终于传来消息说优里梅敦和德摩斯提尼正率领一支庞大的水师赶往叙拉古。这支队伍共有 73 艘三列桨战船,5000 名重装步兵和数量众多的轻装兵。叙拉古人的最好时机是在援军到达之前一举击溃尼西阿斯率领的士气低落的哀兵。然而,尼西阿斯保持着一贯秉性,蛰伏不动。叙拉古人从陆上发起对雅典城墙的进攻,同时从海上进攻其水师营地。经过两日的战斗,叙拉古人虽在陆战中被击退,但在海战中成就斐然。大港范围太狭窄,雅典人无法发挥航海技术上的优势,他们的战船也不适应在狭小水域内的战斗。能否有效使用质轻体长的喙状船只取决于如何排兵布阵。叙拉古人将船头截短加重,这样他们的舰船就可在狭小的海域内行动自由。在叙拉古人获胜的第二天,优里梅敦和德摩斯提尼率领大队水师驶入了大港。

叙拉古人获得海战的胜利

德摩斯提尼发现除非夺取叙拉古人的横墙,否则一切就会完蛋。雅典人从南侧发起进攻,【462】但很快被打败。他们只能向西前进,沿山脚力图通过优里亚鲁斯附近的旧路登上山顶。这次行军非常困难,因为

对叙拉古横墙发起的徒劳进攻

埃皮波莱西部修有坚固的堡垒,筑有防护城墙,并有600名士兵一直驻守在此,放哨瞭望。雅典人选择了一个月朗星稀的夜晚开始行动。最初他们获得胜利,占据了其中一个堡垒,并将赫摩克拉泰斯率领的600名士兵击退。但是,雅典人的一部遭到了泰斯皮亚人的顽强抵抗,结果他们不战自乱。这种混乱的状况波及其他战斗部队,他们纷纷调头撤退,那些还没有登上山顶的雅典人也被迫撤退。混乱中,一部分雅典士兵丢盔弃甲,跳下了山崖。此战共有2000名雅典士兵被戮。

8月

一系列的失败使雅典人情绪低落。德摩斯提尼已经发现,如果继续待在这里,将百弊而无一利,他们唯一的明智选择是离开这一片危险的沼泽地,并力争在冬节来临之前重新掌握对海洋的控制权。在他看来,待在叙拉古只能让雅典人白白浪费精力和金钱。尽管德摩斯提尼觉察到了军队的危险处境,其他指挥官也有同感,但他并不能说服尼西阿斯采纳其建议。因为犹豫不决的性格,尼西阿斯反对拉玛库斯进攻叙拉古;如今因同样的原因,他反对德摩斯提尼撤离叙拉古的建议。不愿承担责任是尼西阿斯性格中的主要弱点。此时他害怕成为"波吕达玛斯和特洛伊妇女",但他更担心受到雅典公民大会的责难,甚至定罪。在此情况下,他甚至不愿接受折中意见,退而求其次,暂时撤退到卡塔奈,重新拟订计划以利再战。德摩斯提尼和优里梅敦本应坚持立即撤退,毕竟三名最高指挥官中他们占据两席,但他们愚蠢地遵从了这位资格更老的同僚的顽固之见。几天之后,情况发生根本逆转,尼西阿斯的决定已明显不合时宜。吉利普斯率领他在西西里招募的新生力量赶到了叙拉古,同时,来自伯罗奔尼撒和波奥提亚的援军辗转库列涅,长途跋涉抵达叙拉古大港。尼西阿斯放弃了坚守的看法,雅典军队做好了随时撤退的准备。但是,就在他们准备出发的那天晚上,天上的满月突然消失,发生了月食。尽管此时敌人并无丝毫防备,但迷信的雅典人认为这是上天的警告,是不祥征兆,因

月食,8月27日

此吵着要求将撤离行动延期。和雅典普通水手一样,尼西阿斯也非常迷信。不幸的是,他最好的预言师斯提尔比德斯(Stilbides)已经过世,其他预言师告诉他务必至少等上三天,甚至有人建议他等到下一次月圆时分。每个预言师的看法都不相同,为安全起见,尼西阿斯决定多等上一段时间。【463】事实上,没有哪一次天文现象会比这次月食给人带来的灾难更大。受尼西阿斯迷信所累,雅典大军的悲惨命运已不可避免。

撤离的延期

在接下来的几天,雅典人忙于举行宗教仪式趋吉避凶。但是,与此同时,叙拉古人得到雅典人准备放弃围城的打算。听到雅典人承认失败,他们信心大增。叙拉古人已不再满足于拯救他们的城市,而是决定趁敌人逃跑之前将其摧毁。于是他们将76艘战船驶入大港与雅典人决战;雅典的86条战船驶出迎战。与此前一样,雅典因作战空间不足,仍处于劣势。不久,雅典人的中军、左翼、右翼相继被击败,将军优里梅敦被杀。左翼再次被逼退到港区东北岸的雅典人所筑城墙与达斯孔(Dascon)之间的沼泽地。吉利普斯率领一支军队试图沿吕西美莱(Lysimelea)沼泽推进,阻止雅典人从战船上登陆,但是他被驻守在岸边的雅典盟军伊特鲁里亚人赶走。双方为争夺战船发生了激战,最终叙拉古人占据上风,夺走了雅典人的18条战船。

大港海战,9月3日

这次败仗使雅典人陷入极度的沮丧中,而胜利增强了叙拉古人的信心。此时,雅典人完全忘记了月食,他们唯一的想法就是逃走。但是,叙拉古人决心让雅典人无路可逃。他们在大港的入口处用铁链和浮桥将各式各样大小不一的船只连在一起,形成了一道封锁线。雅典人的命运取决于他们是否能够突破封锁。于是,他们放弃陆上的所有哨所,全部登船。在此关键时刻,尼西阿斯展现出他性格中最值得尊敬的一面。他尽其所能,鼓舞手下的战士。修昔底德(7.69.2)告诉我们说,在发表完惯常的动员演说外,他还若有所思,"恰如普通人在危急时刻那样,当一切该做

封锁港口,9月6-8日

港区的最后一战,9月9日

|| 第十一章 雅典帝国的衰亡　　581

的事情都已完成,他总觉得还有某一件事情尚未完了;当一切该说的话都已说完,他仍觉得有一些话还没有讲出"。于是,他坐着一艘小艇,对每位船长提出了要求。"正如普通人在危急时刻那样,他提醒他们要为自己的妻儿老小、为祖国和神祇而战。人们不会在意这些不过是陈词滥调,而只是想在此惊恐万状的时刻起一点作用。"雅典人唱响了战歌,排列成横队,驶过海湾向叙拉古人设置的封锁线发起了进攻。当雅典人的战船到达封锁线时,叙拉古的船只从各个方向拥出。雅典人被赶回到港湾。在一场乱战中,战斗毫无章法地激烈进行着。这场战斗持续时间漫长,战局摇摆不定,胜负几易其手。【464】叙拉古岛的城墙上、阿克拉狄那的山坡上都挤满了妇女和老年人,山下的海边布满着重装步兵,他们都急切关注着战局的进展。对此,修昔底德(7.71.3-4)有着精彩而著名的描述,使人觉得似乎他就是事件的亲历者。"战局时刻在变化中,站在岸上观瞧的人们并不是同时看到同一个地方。有些人因为站得更近,看到了不同的场景。有些人看到他们的战船获胜而勇气倍增,于是虔诚祈求上苍不要剥夺他们获得拯救的机会;但另一些却看到他们的战船处境不妙,于是忍不住号啕大哭,惊声尖叫,虽然只是旁观者,他们比那些亲自在战场上处于下风的人还更加焦躁;还有一些人将注意力集中到一场双方相持不下的战斗,当战斗持续进行没有结束时,他们的身体不停地东摇西摆,内心焦虑不安,极度痛苦,时而觉得已经安全,时而又觉得濒临毁灭。只要战事还没有结果,在雅典军队中就同时能听到各种喊叫声,有人发出痛苦的悲号声,有人发出兴奋的欢呼声,有人在高呼胜利,有人在因失败而伤心落泪。总之一支庞大的队伍在极度危险时刻所能听到的一切声音都回荡在空中。"在9月的那一天,人所拥有的一切情感,譬如激情、焦虑、愤怒、喜悦、绝望等,通过成千上万人的胸腔表达了出来,回荡在大港的上空,漂浮在大港的水面上。岁月的涤荡洗尽了铅华,但经修昔底德妙笔生花的天才叙述,那一刻人们流露出来的真实情感被永远地保存了下来。

最终,雅典人放弃了突围的希望,被赶回到城墙附近的营地,敌人在后紧追不舍。雅典水师近60艘战船的水手拼命逃回岸边。雅典的陆军也陷入一片巨大的恐慌中,此前还没有任何一支雅典军队经历过这样的恐慌。修昔底德将此时的雅典人与镇守斯法克特里亚陷入困境中的斯巴达人进行了比较。雅典的将军甚至没有时间考虑按惯例临时休战,打捞漂浮在海湾水面上阵亡战士的尸体。德摩斯提尼提议应再做尝试,在黎明时分力图突破叙拉古人设置的封锁。此时他们的战船在数量上仍比敌人多。但是,战士们断然拒绝了登船再战的要求。因此,他们别无选择,只能从陆路逃走。但赫摩克拉泰斯用计迟滞了雅典人的撤离行动,以便有时间封锁周边道路。赫摩克拉泰斯知道叙拉古人中有人私通雅典,【465】于是他派出几骑人马到雅典营帐附近假装成雅典的耳目,告诉雅典人周边的道路已有驻军防守,他们最好耐心等待,出发之前做好更充分的准备。结果,雅典人对此信以为真。次日雅典人留在营地,而叙拉古人趁机封锁了道路。

在描述雅典人这次令人绝望的撤退时,修昔底德一开始就展现了他卓绝的描写能力。(雅典人战败逃亡图,参见图11-5)雅典人不得不忍痛割爱,不顾那些受伤或生病士兵的苦苦哀求,毅然决然地离开,将这些伤号交由敌人处置。他们很难下定决心离开此地,在他们看来,城墙之下这片充满敌意的土地已如同他们的家园。在此重大时刻,尼西阿斯不顾重病在身,以此前从未见过的满腔热情投入其中。他向绝望的大军发表演说,力图让人们满怀希望,重新振奋起来。但事实上一切窘况都是因他而起。终于,雅典人出发了。尼西阿斯在前面带路,德摩斯提尼断后。他们向西前进,穿过阿那普斯河,经过如今名为佛洛里狄亚(Floridia)的村庄。

雅典人的撤退,9月11日

|| 第十一章 雅典帝国的衰亡　583

他们的目标是首先进入西凯尔人的地盘,然后再尽力前往卡塔奈。企图走直通卡塔奈的道路无异于疯狂之举,因为这条路必须穿过埃皮波莱西侧,在此叙拉古人筑有堡垒防守。

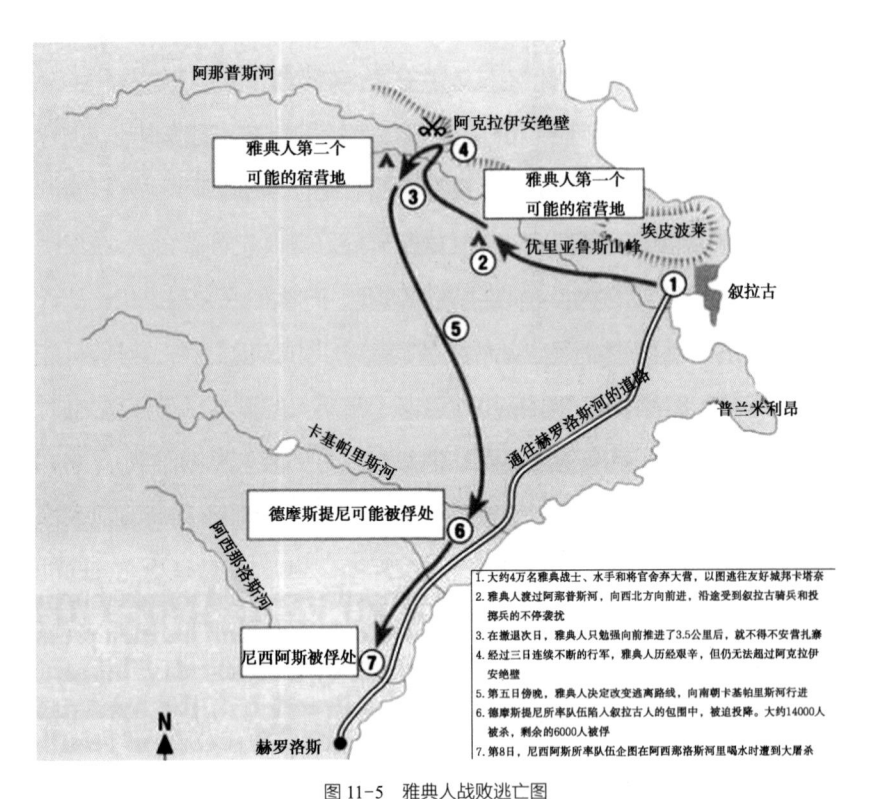

图 11-5　雅典人战败逃亡图

(据 N.Fields, *Syracuse 415—413* BC, Oxford: Osprey, 2008, p.77 编译)

他们撤退途中的主要困难是翻越一道名为阿克拉伊安(Acraean)的绝壁高峰,从佛洛里狄亚开始,山路就变得异常崎岖不平。除崎岖的山路外,沿途还有敌人标枪手和骑兵队不间断的袭扰。经过艰苦的行军,第4天他们终于看到了阿克拉伊安高峰。但是,此时他们发现前进的道路已被敌人修筑的一道城墙阻断,而身后有一支叙拉古重装步兵紧紧追赶。眼见不可能通过关隘,他们不得不冒着暴风骤雨撤回到佛洛里狄亚村。

如今，雅典人只得向南行进，放弃前往西克尔山地的打算，沿着赫洛里涅（Helorine）大道推进，希望顺着此路通往革拉。经过6天行军，德摩斯提尼率领的后队似乎遭遇到某种恐慌，远远落在了后面，整支部队一分为二。尼西阿斯率领其分队尽力向前，沿途必须越过几条溪流，他们得赶在叙拉古人修筑城墙或栅栏之前淌过这些河流。赫洛里涅大道在卡基帕里斯河（Kakyparis）入海口附近几乎沿海岸向前延伸。到达浅滩时，雅典人发现一支叙拉古分队正在对岸修筑工事。他们费尽九牛二虎之力，终于赶跑了敌人，并于当天傍晚行军来到埃里涅奥斯（Erineos）河畔，在此他们宿营造饭，过了一夜。次日上午，一位叙拉古传令官来到他们的营地，向他们宣布了一则消息。雅典人的后队在沿赫洛里涅大道前进时，已于昨天被包围在波吕扎鲁斯（Polyzalus）橄榄园，【466】如今他们已被迫投降。投降的6000名雅典人被免于一死。德摩斯提尼不愿忍辱投降，投降协定谈妥后，企图自杀谢罪。但叙拉古人希望抓获一名将军，阻止了他的自杀行为。尼西阿斯按照休战协议，派出一名信使确认了前面的说法。此后，他提出与叙拉古人谈判的条款：释放所有被俘者，雅典偿付一切战争费用，其数量是每一名人质1塔兰特。但是，叙拉古人当即拒绝了他提出的条件。叙拉古人一心想俘虏所有雅典人，获得希腊人解放者的荣耀。是日，处境悲惨的雅典军队停驻在原地，饥寒交迫，没有食物。次日早上，他们重新开始向前行军。沿途雅典人受到敌人投掷兵的重创，艰难抵达阿西那洛斯（Assinaros）河畔。在此，他们发现河对岸峭壁林立，上面驻扎着大队敌军。不过，雅典人并不在意敌人，他们已经饥渴难当。人们纷纷冲到河里，争抢着饮用河里的清泉。追击的叙拉古人下了河岸，趁他们贪婪喝水毫无防备时大肆杀戮。河水瞬间变得污浊。尽管泥浆和鲜血混合在一起，但雅典人根本不管这些，仍争抢着喝水。

  最后，尼西阿斯宣布投降。他是向吉利普斯投降的，因为与叙拉古人

9月16日

9月17日
9月18日

雅典人投降

|| 第十一章 雅典帝国的衰亡　585

相比,他更信任吉利普斯。叙拉古人对雅典人的大屠杀也随即停了下来,幸存者作为囚犯被带走。不少俘虏被获胜的叙拉古人私自带走,挪为己用,这些人的处境相对较好。但是,更多人被掳为国家战犯,他们的命运相当悲惨。大约7000人作为国家奴隶,被送往阿克拉狄那采石场干苦力活。这家采石场其实就是一座位于地下的露天地牢。他们不得不忍受夜晚刺骨的严寒和白天灼烤的烈日,而每天只能得到一点仅能勉强维持生命的食物和饮水。这就是叙拉古对入侵者以牙还牙的残酷报复。经受住折磨的俘虏后来被送往国家的监狱劳动或被卖为奴隶。他们中的一些人因气质优雅吸引住一些年轻人而获救,另一些人因能背诵一位雅典诗人的诗歌改变了命运,甚至获得自由。其诗作不但在雅典受人赞颂,在西西里也不乏拥趸。有的奴隶能够非常熟悉并能声情并茂地朗诵欧里庇德斯戏剧对白和合唱,他们很快获得了主人的垂青。普鲁塔克(*Nicias* 29. 1-3)说,【467】多年以后,有人返回了雅典,他们亲自登门拜访欧里庇德斯,感谢诗人使他们获得了自由。

（对俘虏的处理）

（尼西阿斯和德摩斯提尼的最终命运）对于德摩斯提尼和尼西阿斯两位将军的最终命运尽管还有一些未解之谜,但毫无疑问他们都被毫不留情地处以极刑。有理由相信,他们同普通士兵一样也未能免遭酷刑的折磨。赫摩克拉泰斯和吉利普斯本希望拯救他们,但叙拉古的胜利激起人们对雅典的极度愤怒;面对人们狂暴的愤怒,他们二人也无能为力。如果惩罚一个人不是依据他最初的本意,而是他所作所为带来的危害,那么对尼西阿斯的任何处罚都不为过。他低劣的指挥才能和令人难以置信的迟缓行动毁掉了这次远征,也导致雅典的国运开始走下坡路。不过,尼西阿斯所犯的过错不过是其性格的体现,他这样的性格不足以担当大任。所有过错的根源还在于雅典人,正是他们坚持要求尼西阿斯在一次与他性格完全不相适宜的行动中发挥主导作用。如前所述,尼西阿斯的性格中一个主要弱点是怕担当责任。然而,在这场规模巨大、远离本土的远征中,作为主要指挥者,任何一项职责都需要领导者独当一面,勇于担当。尽管如此,人们仍然选择尼西阿斯。人们的选择表明此人确实在雅典广有声名,受人尊敬;虽然在军队中颇孚众望,但他可能并不是一个严格厉行纪律的指挥官。据说军营中,他时刻也不忘迎合兵卒;他知道现在归他指挥的士兵都是公民大会的投票人,害怕回到雅典后战士们会在公民大会指责他的不是。作为一个将军,他胆小怕事;作为一个政治家,他畏怯乏力;因为囿于迷信,他总是瞻前顾后。不过,尼西阿斯礼貌儒雅,待人谦和,是一位勇敢的战士,正是因为具有这些优点,他才被人们不恰当地推向高位。如果他不是那么谨小慎微,不那么虔诚迷信,如果他能够多加分析,审时度势,或许也不会就这样毁掉自己的祖国。恰如古谚语所言:"选择好人,自己受益。"在评价雅典国民性格时,千万不应忽视正是他们选择了这位优柔寡断的正直人。

  雅典人的悲惨遭遇令人不胜唏嘘,使我们几乎忘记去感受叙拉古的儿女们获得解放后的兴奋和愉悦。确实,叙拉古人的不屈精神值得赞颂。他们历经艰苦的考验,最终打败强大的入侵者,保住了他们最珍视的自由。为了庆祝这一次来之不易的胜利,他们专门创办了一项竞技会。赛会每年举办一次,并以见证他们最后胜利的那条河为名,将其命名为阿西那利安(Assinarian)竞技会。【468】叙拉古人打造了一些与该竞技赛会相关的钱币。或许没有什么能比钱币更能让人对叙拉古充满了热爱。恰在此时,叙拉古的钱币模具雕刻艺术臻于完善。在古代世界,没有哪个国家的工匠在钱币模具雕刻时能比西西里人更富有灵感,追求完美。希腊没有哪一座神庙的青铜神像或大理石雕像上的诸神形象可与西西里银币上的神像媲美。西西里岛上最伟大的艺术家来自叙拉古,其中最著名的是叙拉古人埃瓦涅图斯(Evaenetus)和客蒙。与雕塑家创作的人物塑像或巨像相比,刻模师的成就看似微不足道,但是,作为美的创造者,

创办阿西那利安赛会

叙拉古的钱币刻模师

‖ 第十一章 雅典帝国的衰亡 587

埃瓦涅图斯及其继承者的地位足可与菲狄亚斯相提并论。佩耳塞福涅头像,海豚环绕的宁芙女仙阿瑞图萨(Arethusa)的头像,及惟妙惟肖的四马赛车,这些作品都为叙拉古赢得了享誉世界的荣耀。在击败雅典之后的那几年里,叙拉古发行了10德拉克玛的大额银币。该银币仍以"达玛拉提昂"银币为范本,以纪念革隆对希麦拉的胜利。刻画模具图案的是客蒙、埃瓦涅图斯和一位匿名艺术家(此人的名声或许更超过前面两位)。如今在埃特纳山坡发现了一枚银币,上面刻画着佩耳塞福涅头戴麦穗桂冠的形象,这枚银币的图案精妙绝伦,令人叹为观止。

新发行的"达玛拉提昂",公元前412—前406年

第六节 西西里惨败的后果

西西里远征是恶蠢之举吗?

　　西西里远征是雅典奉行的侵略总方针的一个组成部分,该方针使雅典在希腊不得人心。虽然这次远征缺乏正义性,且与其他军事行动一样,都是不仁不义而且明目张胆的侵略行径,不过雅典人找到一个貌似合乎情理的借口,那就是保护西方的弱小城邦不受强邦大国的侵略和欺凌。因此,仅从纯粹政治的角度探讨这次远征是否恰当或许更有价值。一般认为,远征是一次狂妄的冒险,恰如英国人参加克里米亚战争一样,是全体雅典人陷入疯狂的非理性之举。然而,这种看法似乎难以站得住脚。如果确有一次军事行动决策明智但结果失败,那么这次行动就是叙拉古远征。事实上,一切条件都有利于雅典。如果尼西阿斯采纳了拉玛库斯的建议,到达西西里后就立即向敌人发起进攻,毫无疑问,叙拉古在战争之初就已被攻陷。如果尼西阿斯没有浪费宝贵时间,及时完成埃皮波莱北侧的城墙,叙拉古城也注定会被攻破,【469】吉利普斯根本不可能进入城内。失败与否和远征的性质和时间选择没有太大关系,导致雅典人失败的根本原因应完全归结于他们任命将军时出现的重大失误。作为一个海

上帝国，雅典已在东地中海居于统治地位，自然而然应进一步向西扩张。当时的政治形势需要雅典在该地区发挥积极影响。不应忘记，雅典的最大威胁和永恒对手是商业上的竞争对手科林斯。科林斯与她在西方世界的多利亚人子邦和友邦建立有牢固的同盟关系，这是促使雅典决定干预西西里事务的一个强大而充分的驱动力。雅典人很早就认识到遏制科林斯在西西里和意大利的影响力势在必行。为此，他们采取了一些措施。在与斯巴达订立和平条约后，雅典从爱琴海和希腊其他地区腾出手来，自然应抓住这个机会在西地中海地区采取有效行动。

失败的原因

雅典人的失误并非远征本身，而是将重任托付给尼西阿斯而不是德摩斯提尼，其实此人完全有能力胜任；此外，他们的失误还在于中途召回亚西比德。这些错误表明雅典的制度本身或者制度的运作过程出现了问题。事实上，当一切行动及其实施过程完全由公民大会决定或受到党派干预时，就可能对此类远征的处置不当。

关闭劳里昂银矿，公元前413年

雅典制作金币，公元前407年；铜币，公元前406年

阿西那洛斯河惨败后，雅典人觉得必须要对城邦的管理进行一些改变。此时，雅典因拉凯戴梦人在狄凯里亚的驻军而受到极大的压力，导致雅典人无法耕种，同时那里也成为逃亡奴隶的庇护所。逃亡的奴隶多达2000名，* 其中大多数是来自劳里昂的矿工。狄凯里亚的占领引发的灾难性后果是雅典人被迫关闭银矿，因为甚至阿提卡南部地区都处于拉凯戴梦人的控制之下。雅典人一个主要收入来源就此被切断，无法再制造和提供“劳里昂枭币”。几年之后，雅典人不得不融化供奉给神灵的黄金，以此制成金币流通，后来他们甚至制作铜币。直到70多年后，劳里昂银矿才再次开工生产。

因此，雅典国库空虚，兵力匮乏，无人替代那些命丧西西里的战士。

* 可能是伯里的笔误，修昔底德的记载是20000名，见*Thuc*. 7. 27. 5。——译者注

雅典的特别政府机构"预审团"

有人断定500人议事会不可能带领城邦走出这次危机,雅典需要建立一个人数更少、任职时间更长的机构代行其事。指导城邦事务的重任托付给一个由10人组成的委员会。【470】该委员会被称为普罗布利(Probuli),即"预审团",由其暂时代行议事会之职。

取消同盟者的贡金

此时,雅典还对赋税制度进行了一次非常重大的改革。雅典人取消了数额巨大的盟邦贡金,代之以5%的港口税,该税对进出于提洛同盟所有港口的货物征收。据估计,相比于贡金,这笔税款会给城邦带来更多收入,而且征收港口税会减少贡金征收过程中的争执,一定程度上有助于修复雅典在盟邦中不受欢迎的形象。此外,赋税的改革还具有重要的政治意义。因为即便在比雷埃夫斯,雅典人也得和在其他地方一样,同样缴纳港口税,这种关税也同样落到雅典人头上。或许可视其为雅典在与盟邦平等化过程中向前迈出的一步,开始凸显出将雅典同盟转变为一个民族国家的趋势。

因为经济压力,雅典还遣散了一支色雷斯雇佣军。他们来得太晚,错过了前往西西里,所以只得在狄伊特莱菲斯(Diitrephes)的带领下返回家乡。这位雇佣军将领告诉手下人抢劫沿途可以抢劫的地方。他们乘船向北,经过优卑亚与希腊大陆之间的海峡,在波奥提亚沿岸登陆。黎明时分,他们来到一座名为米卡列苏斯(Mycalessus)的小镇,并迅速攻占了这座城池。"没有什么事情能比这更出乎人们的意料,也没有什么事情更令人恐惧。"这些残忍野蛮的色雷斯人屠杀了城里的所有居民——不仅如此,他们还屠杀了能见到的所有生物。他们破门而入,冲进一所学校,杀害了里面的所有儿童。

一系列改革措施未能使雅典避免各种威胁其生存的危险。西西里灾难为城邦青年才俊带来的灭顶之灾还余波未了,东边爱琴海地区又现事端。不管是雅典的敌人、中立者,还是她的属邦都在思考如何抓住机会彻底摧毁雅典的力量，使其永不能恢复元气。雅典主要的同盟者，包括优卑亚、列斯堡、开俄斯都向驻扎在狄凯里亚的国王阿基斯或者斯巴达的监察官送去消息，宣布如果有一支伯罗奔尼撒船队出现在附近海域，她们就会立即反叛雅典。显然，斯巴达人需要一支舰队完成她应当完成的工作。形势所迫，斯巴达不得不启动水师策略。拉凯戴梦人决定装配100条战船，斯巴达和波奥提亚各承担一半。这年冬天，雅典人也忙于修造三列桨战船，在苏尼昂海角驻防，保护由此经过的运粮船。

国王阿基斯驻军于狄凯里亚，随时可派兵前往任何地方。他接受了优卑亚人和列斯堡人建议，答应为他们提供援助。不过斯巴达对上述两岛的干预因开俄斯人的请求更急迫而暂时受阻。【471】开俄斯人直接派人到斯巴达向拉凯戴梦人陈述当前形势，斯巴达人答应立即派遣一支大军给予其最强有力的支持。在希腊政治领域内，斯巴达人已多年未见如此坚定的态度。如今，波斯再次登上希腊的历史舞台，其目标是恢复对小亚细亚沿海城市的控制权。为了达此目的，他需要挑起希腊人的内斗，使他们相互消耗。对萨狄斯总督提萨佛涅斯（Tissaphernes）和赫勒斯滂的弗里吉亚总督法那巴佐斯（Pharnabazus）来说，雅典人在西西里的惨败是夺回对小亚细亚控制权的绝佳时机。因此，他们必须设法挑起这些城邦反叛，并与斯巴达建立密切的同盟关系。这两位总督都急于早日结成这种与波斯利好的同盟关系，所以他们分别派人前往拉凯戴梦商谈。法那巴佐斯要求采取行动的主要地点在赫勒斯滂，而提萨佛涅斯支持开俄斯人的诉求。亚西比德也大力鼓吹开俄斯人请求的合理性，因此，各方一致决定反叛行动从开俄斯开始。

次年夏天，盟邦开始大批叛离雅典。随着几艘斯巴达舰船出现，开俄斯人正式宣布起义。与此同时，米利都、泰奥斯、莱贝都斯也相继叛离。麦提姆那和米提列涅也加入反叛者的行列。随后，库麦和福凯亚也步其后

波斯再次登上了希腊的历史舞台

公元前412年
雅典盟邦的反叛

|| 第十一章 雅典帝国的衰亡　　591

尘。这位雅典历史学家对此次反叛行动中发挥主要作用的城邦赞赏有加。修昔底德（8.24.4-6）说："据我所知，除拉凯戴梦人之外，开俄斯（但开俄斯人并不能与拉凯戴梦人相提并论）是唯一能够在胜利面前不骄不躁，能够明白城邦国势愈强时愈要注意安全稳定的城邦。在这次反叛行动中，开俄斯人似乎有失轻率，但并非完全冒险；他们也是等到众多勇敢的同盟者愿意和其共担危险时才决定起事；其实，此时连雅典人自己都承认，西西里惨败后城邦的前景已是一片惨淡，毫无希望。但世事无常，难以捉摸；开俄斯犯了错误，其他许多人也和他们一样，都做出了错误判断，相信雅典人的统治会被迅速推翻。"

"米利都条约"　　反叛行动的成功开启促使斯巴达和波斯订立了"米利都条约"。为了彻底摧毁令人生厌的对手，李奥尼达的城邦（斯巴达）不惜把小亚细亚希腊同胞的自由出卖给野蛮人。波斯人宣称，雅典人篡夺了大王对小亚细亚城邦几乎70年的合法统治权，而且还在这段时间里霸占了本应属于他的贡赋。斯巴达承认波斯大王对自古以来属于他及其祖上所有统治区域的正当权力，【472】波斯大王承诺，在斯巴达与雅典交战期间，为在小亚细亚海域战斗的伯罗奔尼撒舰船上的水手提供薪俸。或许可以认为，斯巴达的让步可能是权宜之计。她只是希望暂时得到波斯的金钱资助，完全没有行不义之事，更没有出卖小亚细亚希腊人的打算，而是希望最终拯救那些希腊城市。无论如何，"米利都条约"在希腊政治中开辟了一条新道路，导致波斯国王成为希腊内争的仲裁者。

公元前412—前411年的战事　　这时，雅典也并未闲着。因为财政状况极度吃紧，雅典不得不通过决议，动用1000塔兰特的战争储备金。她在阿尔哥利斯沿岸拦截科林斯开往开俄斯的一支舰队；蹂躏开俄斯并封锁开俄斯城；重新夺回列斯堡，并

库麦海战，大约公元前411年1月　　在米利都取得一些胜利。但是，也正是此时，克尼多斯叛离雅典；伯罗奔尼撒人在库麦海战中取得了胜利；随后，罗德岛也加入反叛者的队伍中。

次年春天，雅典所处的形势相当微妙，她仍完好有效地控制着爱琴海北部及赫勒斯滂地区的同盟城邦，但除列斯堡、萨摩斯、科斯、哈利卡那苏斯外，小亚细亚西海岸几乎没有一个战略要地还在她控制之下。她的海上活动受到了伯罗奔尼撒舰船的严重挑战，而伯罗奔尼撒水师得到波斯的支持；此外，作为回报，来自西西里的22艘战船在赫摩克拉泰斯的率领下给予了斯巴达人相当大的支援。

事实上，波斯与斯巴达之间的合作也非一切顺利。双方在水手薪俸多寡的问题上产生了分歧；而且二者还重订条约，新条约中关于波斯大王权力的表述被大大弱化。与此同时，亚西比德来到米利都，与提萨佛涅斯建立起密切的友谊。他也因此在斯巴达受人猜忌。亚西比德与阿基斯国王素来不睦，而且还涉嫌勾引阿基斯的王妃。眼见有生命危险，亚西比德逃离了米利都，来到总督府，【473】在此他开始大耍阴谋诡计，为回归雅典做好充分准备。事实上，他在斯巴达的使命已经终结；雅典的政治变革悬而未决，急需形成新体制。这位曾极力撮合斯巴达与提萨佛涅斯结盟的变色龙如今又开始拆散二者的联系，力图促使总督与雅典达成和解。对雅典而言，当务之急是打破波斯与其敌手斯巴达之间结成的同盟。要完成拆散同盟的任务就必须让亚西比德回归故里。

第六节　寡头派的革命

在这段艰难岁月里，雅典人陷入悲痛、恐惧和不满之中。在这场历时漫长的战争中，人们的压力到底有多大？喜剧诗人阿里斯托芬在《吕西斯特拉特》(《寡居的夫人》)中充分表现了出来。女主角将所有参战城邦的妇女团结起来，强迫他们的丈夫弃战言和。在粗俗下流的玩笑话中，作者表现出悲悯之情，这在此前反映和平题材的喜剧《阿卡奈人》和《和

阿里斯托芬的喜剧《吕西斯特拉特》，公元前411年1—2月

平》中还未曾出现过。战争时代人们的婚嫁似乎不合时宜。因此，吕西斯特拉特（第591~599行）说："当我们青春年少，向往欢乐时，战争让我们独守空闺，尽尝孤枕难眠的滋味。我们的遭遇已无可挽回，现在我更为可怜的姑娘们痛心，她们在平静的忧思中渐渐老去。"与其对驳的普罗布洛斯（Probulos）质问说："我们男人不也一样在衰老？"吕西斯特拉特回答说："宙斯作证，男人是另一回事！即使他回转家门，两鬓苍苍，照样可以娶一个嫩黄娇娃。女人却是青春苦短，红颜易衰，谁愿意问津那半老徐娘。就算她盼穿泪眼，到头来也还是一场空想。"

这段时间里，对于波斯人的恐惧始终是挥之不去的阴影。同时，社会上也涌动着变节投降的暗流，人们担心寡头派会策动革命，甚至有人担心他们会与驻扎在狄凯里亚的敌人合谋。在《吕西斯特拉特》上演两个月之后的大狄奥尼索斯节上，阿里斯托芬上演了另一出喜剧《地母节妇女》。该剧的情节与政治无干，但诗人在其中描绘出了许多人心中的担忧。当歌队召唤雅典娜女神时，"我们城邦唯一的庇护者"以"僭主憎恨者"的身份出现。

《地母节妇女》，公元前411年3—4月

民主制的倡导者祈祷城邦保护神的出现，不过，寡头派等待已久的机会终于还是出现了。在寡头派之外，还存在众多颇有影响的人物，他们对于现存的政府组织形式非常失望。虽然他们也反对寡头制，但希望对现存制度进行一定程度的修正。他们有充分的理由证明，【474】在民主派的管理下，城邦的对外事务乱成一团；然而，那些知识渊博受过良好教育的精英公民在对外事务中并没有发挥足够大的影响力。他们力图建立一种温和政体，既非极端民主制，也非寡头制，而是介于二者之间。哈格农之子泰拉麦涅斯（Theramenes）就是他们的领袖，此人也是"预审团"成员之一。泰拉麦涅斯及其党派的口号是恢复"先祖之法"。但他们所指的并非是梭伦的政体，而是梭伦之前的政体。他们按照自己的政治观点

中庸的革命派

泰拉麦涅斯

"先祖政制"，德拉孔政体

解释雅典的整个历史，批评梭伦开创的民主制，认为这开启了贻害无穷的蛊惑家乱政的先河；他们强调战神山议事会才是萨拉米斯海战的英雄而不是地米斯托克利；他们斥责阿里斯提德建立提洛同盟，拟订了同盟者缴纳的贡金，从而养活了20000名闲人；他们挖苦伯里克利是一个没有主见的人，万事皆需他人提示。在他们看来，经过邪恶政体两个世纪的统治，雅典人必须重新回复到梭伦之前的时代，按照某种新的形式恢复德拉孔时代的政体。事实上，从主要特征看，他们倡导的"德拉孔政体"就是400人议事会，不过所谓的"德拉孔政体"从来未曾存在过。这不过是泰拉麦涅斯及其拥趸强加于德拉孔身上的一种政体。

泰拉麦涅希望建立的理想政体并非极端寡头制。不过极端寡头派准备首先与中间派合作推翻民主制。密谋的策划者是兰诺斯人安提丰。此人是一位雄辩演说家，擅长撰写法庭诉讼词，在克里昂时代就已崭露头角。因为毫不掩饰寡头派的思想，他并不受人欢迎。历史学家修昔底德说他的"德行不输于同时代的任何人"。修昔底德所说的"德行"是指对党派的大公无私和全身心的奉献。他的同谋者还包括皮桑德（Pisander）和弗吕尼库斯（Phrynichus），前者原是克里昂派的信徒，后者是驻萨摩斯水师的一名指挥官。寡头派发展势头良好，得到"预审团"和大多数水师将领的支持。此外，由于担心波斯可能带来迫在眉睫的危险，加上对于民主制政府的不满，在任命"预审团"后，雅典人决定如果牺牲民主政体可以拯救城邦，对于寡头派的活动就听之任之吧。亚西比德已经开始与驻萨摩斯的将领谈判，他答应说服提萨佛涅斯与雅典合作，但雅典必须取消民主制。大多数寡头派及其同谋者对这个计划都感到满意，雅典的水师将领甚至梦想着波斯大王有朝一日会为他们提供军费。事实上，一些更有远见的人已经识破了亚西比德的诡计。【475】弗吕尼库斯立志让自己成为这次寡头革命的领导人；一旦他发现了一个竞争对手，就

安提丰

第十一章　雅典帝国的衰亡　　595

会想尽各种办法将其挫败。当然，亚西比德不是寡头派的支持者，但他的策略就是无论如何都要颠覆现存的民主制，因为在现存制度下，他不可能受召回国。如果建立了寡头派的统治，他就可能插手干预，进而恢复民主制。作为对其劳苦功高的回报，人们就能宽恕他的罪恶。然而，事情并不总是能如其所愿，他不得不见机行事。

皮桑德在雅典

皮桑德受派回到雅典，准备亚西比德回归和变更民主制的相关事宜。最初民众对于变更其政体并召回叛徒的提议都义愤填膺。优摩尔皮德家族谴责任何与亵渎秘仪者妥协的动议。但是，皮桑德指出，雅典的安危取决于说服波斯放弃与伯罗奔尼撒人合作，而只有亚西比德才能完成这个重任；同时，只要实行民主制，波斯大王就不可能信任雅典。皮桑德的言辞很有说服力，雅典人的思想开始发生动摇。此外，寡头党人的政治俱乐部（Hetaeriae）也发挥着潜移默化但强有力的影响。最后，雅典人决定派皮桑德和其他几名使节前往与提萨佛涅斯商谈和约，并开始安排亚西比德的回归事宜。

大约在2月份

人们立刻发现，亚西比德可能无力兑现他的承诺。事实上，提萨佛涅斯与斯巴达之间严重失和。斯巴达人派利卡斯（Lichas）作为专员与总督协商具体事宜，然而，他对和约的条款深感不满，指出条款将原来隶属于其祖先的小亚细亚诸邦都置于波斯大王的控制之下，这将会带来灾难性后果，甚至有把色萨利和希腊北部地区置于波斯统治之下的危险。他强调，如果非要按此条款行事，斯巴达宁愿不要波斯人为其水师提供资助。他要求双方拟订一份新和约。对此，提萨佛涅斯愤然离去。但是，当有人提议与雅典人结盟时，提萨佛涅斯表示他并不希望与伯罗奔尼撒人决裂。他向雅典使节提出了令人无法接受的条件，随后与斯巴达人签订了一份新和约，对利卡斯不满之处进行了一些修改。新条款明确规定波斯的疆域仅限于亚洲。

虽然引发革命的主要原因——在雅典人看来就是提萨佛涅斯和亚西比德——似乎都已退去,但相关准备工作已向前大大推进,皮桑德的到来对于事情的发展并未产生什么影响。为了实现其目标,密谋者毫无顾虑地使用恐吓乃至暴力手段。安德罗克勒斯,一位坚定的民主派人士,因谴责亚西比德被人杀害。【476】其他一些名气稍小的人士也被他们以类似方式赶走或者消除。雅典城内到处都弥漫着恐惧和不信任的情绪。人们深信雅典已危在旦夕,政体的更替在所难免。阿比多斯和兰普萨库斯叛离雅典的消息加速了革命的进程。革命是在"预审团"的配合下和平进行的。他们通过一则法令,要求"预审团"和民选的20名成员组成一个30人委员会。由该委员会拟订城邦的安全政策,并在指定的时间内向公民大会汇报具体情况。当指定的那天到来时,雅典人聚集到离城大约1英里位于科洛努斯的波塞冬神庙。"预审团"提议,任何雅典人皆可按其意愿提出任何方案而不受处罚。其后,有人提出议案,要求对雅典政治制度进行彻底变革。未来享有最高权力的公民大会将不再由全体人民构成,而由大约5000名享有完全权利的公民组成,这些人需身体强健、家资富足。每个部落选出10人组成一个100人委员会,该委员会负责遴选和登记全权公民。同时,取消所有公职人员的薪俸。在上述革命性的措施后他们附加了一则保留条款,即只要战争仍在持续,上述条款就仍然有效。这则附加条款更易使人民通过上述革命性举措。

不过,这只是初步措施,他们还将设计宪政所涉的方方面面。选出5000名全权公民后,他们又从中挑出100人拟订宪政的具体内容。100人委员会拟订的方案是对被颠覆政体所存弊端的纠正,具有相当重要的意义。5000人组成的机构并未发挥公民大会的作用,事实上当时根本就没有公民大会。这5000人被分为四个部分,每年由各部分轮流充任议事会。高级官吏从议事会成员中遴选。原来雅典实行双头体制,议事会的

雅典发生的革命

公元前411年3—4月

5月

政体改革方案

活动受到公民大会的限制。通过上述改革,避免了原来体制下管理混乱的弊端。自然,将军和城邦官员也被置于议事会的管理之下。在民主政体下,担任公职者可以通过公民大会影响议事会,在新体制下不会产生这样的冲突。

这种方案的致命缺陷在于管理机构的规模,如果据此行事,可以肯定城邦事务将无法正常运作。虽然该方案并未付诸实施,却在公民大会上获得了通过,准备在未来实行。与此同时,100人委员会进一步提出议案,【477】将管理城邦的权力授予400人议事会,议事会成员由每个部落选举40名代表组成。成员的选举大概(但相当不确定)按下面的方式进行:首先由"5000人"选举5人担任主席,他们有权推举100名议事会成员,每名被推举者可指派另外3人进入议事会。主席推荐之人和议事会成员指派之人皆限定在部落预先选出的候选人之中。"400人"虽只承担临时政府之责,但城邦所有事务都集中到他们手中,他们有权管理城邦的财政事务,有权任命官吏。必须经"400人"召集,5000人全权公民才可能聚在一起商讨城邦事务。这样,公民大会不再拥有任何实权,"400人"组成的临时政府是彻彻底底的寡头政体。他们宣称这只不过是恢复了德拉孔政体,在此政体的治理下,雅典繁荣富强,且不会被蛊惑家引上邪路。尽管如此,该政体仍保留着克里斯提尼政体的总体结构,保留了十部落制和村镇制度。;现任的500人议事会在该年度结束之前就已停止办公,7天之后,"400人"开始管理城邦。在权力交接过程中,密谋者随意使用暴力威胁。据说有人暗藏匕首进入议事会大厅,强令500名议事会成员离开。修昔底德(8.68.4)对发起革命的那些人的能力深感钦佩。他说:"在废黜僭主统治大约100年后,要剥夺雅典人的自由并非易事。在这段时期里,雅典人不但没有屈从于任何个人的统治,而是在其间一半以上的时间里,他们习惯于统治其臣民。"

或许有人会问，为何只是设立临时政府，而不是马上建立一个由100人委员会拟订的常设政体。这一个问题触及了当时的政治形势：两种政体的同时存在表明革命过程受到了两种因素的影响。"400人"政府的建立是安提丰的寡头派与泰拉麦涅斯的温和派之间达成的一个妥协。温和派希望它只是一个临时政府，而寡头派则希望它成为永久政府。

第七节 四百人政体的衰落 五千人政体 民主制的恢复

在被推翻之前，"400人"以高压手段统治雅典超过3个月。他们成功的主要原因是许多最激进的民主派公民不在雅典，而正在驻萨摩斯的水师舰船上服役。正是水师态度的转变才导致他们的覆灭。水师中的桨手奋起反抗在萨摩斯的寡头派军官和寡头党人，因为他们正企图推翻民主派的统治，并在此前杀害了流放在外的叙佩波鲁斯。桨手的主要领导人是特拉叙布鲁斯（Thrasybulus）和特拉叙鲁斯（Thrasyllus）。他们要求士兵和桨手明确宣布忠于民主政体，对抗"400人"的统治。虽然公民大会在雅典已被废除，但他们在萨摩斯召开了公民大会，军队里的战斗人员代表全体雅典人出席大会。大会罢免原来的将军，选举出新的将军。在萨摩斯的雅典人觉得他们所处的位置比居于雅典的公民更优越。他们正式决定宽恕亚西比德的罪过，并将其召回。他们还希望通过亚西比德的斡旋，与波斯建立同盟关系。亚西比德被特拉叙鲁斯带到萨摩斯，并立即被选为将军。虽然人们期待已久的与波斯的同盟并未实现，但情况毕竟发生了一些好转，提萨佛涅斯并未派遣驻扎在阿斯蓬都斯（Aspendus）的腓尼基水师前来与雅典人决战，而且他与伯罗奔尼撒人的关系也日渐恶化。总督前往阿斯蓬都斯，但直到战争结束都没派出水师支援伯罗奔尼撒人。对于他此行的目的，人们有着诸多猜测。修昔底德（8.87.4）记

"400"人的统治，
6月至9月

录下他自己的看法,认为提萨佛涅斯"希望让希腊人相互内耗,而使自己中立其外。他的目标就是让对立双方的实力受损,因此在前往阿斯蓬都斯途中,他磨磨蹭蹭,迁延时日。他不与任何一方结盟,这样才可以达到鹬蚌相争,渔翁得利的效果。如果决定要结束战争,他完全可以将敌方一击致命,对此任何人都可以看得出来"。驻萨摩斯的雅典军队打算径直打回雅典,推翻"400人"政府。雅典人的决定表明他们对伯罗奔尼撒水师是多么不屑一顾。确实,在无能的水师提督阿斯泰奥库斯(Astyochus)率领下,斯巴达人白白地浪费了整个夏天,一事无成。但是,撤离萨摩斯无异于疯狂之举,意味着放弃伊奥尼亚和赫勒斯滂,亚西比德说服他们放弃了这个计划。与此同时,他们开始与掌握雅典的寡头派进行谈判。亚西比德答应保留5000人大会,但必须取消"400人"政府。

【479】事实上,"400人"中的大多数人对发生在萨摩斯的事情持欢迎的态度,因为他们对自身及其同僚所处的位置并不满意。作为民主制的替代品,寡头政体的缺陷从一开始就显现了出来。修昔底德(8.89.3)记载说:"寡头政体甫一建立,其倡导者就蔑视平等。每个人都认为自己比其他人更优秀,应当成为同胞的领袖和主人;而在民主制下,一切职务皆由选举产生。一旦失败,人们不会太过于失望,因为他不需为首先获得平等地位而斗争。"此外,"400人"在最初就公开承认他们只是临时代行政府之职,只是为建立一种有资格限制的民主政体做准备。这种温和的寡头制正是泰拉麦涅斯的理想,他急不可待地努力建立这种政体。因此,"400人"内部出现了裂痕,极端寡头派是一方,其领袖是安提丰和弗吕尼库斯;温和改革派是另一方,其领袖是泰拉麦涅斯。温和派得到驻萨摩斯军队的支持,而极端派指望获得雅典世仇的支持,因此派人前往斯巴达,希望与其订立和约。与此同时,极端寡头派在比雷埃夫斯大港北侧的埃提奥尼亚海岬附近构筑城防,以便能控制这个港口,使拉凯戴

梦人的援军能够顺利到达,并将驻萨摩斯的水师拒于国门之外。

当使者从斯巴达返回却未带回和平条约,特别是当人们看到一支斯巴达水师船队出现在萨洛尼克湾时,反寡头运动就此展开。弗吕尼库斯在市场被一名外邦刺客杀害。在埃提奥尼亚修建要塞的士兵被泰拉麦涅斯策反,宣布反对寡头制。经过一场大骚乱后,人们高呼着"所有希望城邦由5000人而非400人治理的人,快来帮忙吧"(8.92.11)的口号,就这样比雷埃夫斯港的防御城墙被人们拆毁。其实他们谁也不知道作为一个政治机构"5000人公民大会"是否真的存在。当城墙被拆毁后,人们在穆尼基亚山坡的剧场里召开了一次公民大会。如今骚乱已经平息,与"400人"的和平谈判随之进行。人们确定了一个日子在狄奥尼索斯剧场召开大会,讨论5000人政体的基础。但是,就在公民大会召开的那一天,正要举行会议时,人们发现一支拉凯戴梦水师分队游弋于萨拉米斯海岸周围。该事件在雅典一度引发了恐慌,人们纷纷涌向比雷埃夫斯。比雷埃夫斯事件只不过是一场虚惊。每一个人都看得出来,【480】更严重的危险还在后头。优卑亚的安全受到了威胁。在失去阿提卡后,雅典人只能完全依靠优卑亚。在阿吉山德里达斯(Agesandridas)的率领下,42艘拉凯戴梦战船绕过苏尼昂,朝奥罗浦斯驶去。雅典人派提摩卡莱斯(Thymochares)率领36艘战船驶往厄律特利亚。结果,双方在此爆发了一场遭遇战,雅典人惨败。除北部的奥琉斯(这是雅典的一个军事殖民地)外,优卑亚所有城邦都叛离了雅典。

自波斯战争以来,雅典的形势从来没有像如今这样令人担忧。她已经没有了备用的战船;驻扎在萨摩斯的军队对现政府充满敌意;她还丢掉了生活物资的主要供应地优卑亚;城邦内部仇杀和暴动时有发生。此时,拉凯戴梦人本可以考虑从海陆两路夹击雅典,阿基斯从狄凯里亚和阿吉山德里达斯从比雷埃夫斯的联合进攻会让雅典难以招架。但

反"400人"运动

优卑亚人反叛,
9月初

|| 第十一章 雅典帝国的衰亡 601

9月，雅典建立温和的民主制

是，正如修昔底德观察到的，拉凯戴梦人太过随意，让如此的好机会白白溜走。不过，厄律特利亚战役使寡头制遭到了覆灭。人们在普尼克斯（Pnyx）召开大会，罢黜了"400人"政府，并宣布政府将由那些能自备武器的人组成，这个全权公民团体被称为5000人。人们任命了多名立法者（nomothetae）拟订新政体的细则，并取消了公职薪酬制度。大多数寡头派人士逃往狄凯里亚，其中一些人将位于波奥提亚边界的奥伊诺伊（Oenoe）要塞出卖给了敌人。同时，大会决定处决两位寡头派人士，安提丰和阿凯普托勒姆斯（Archeptolemus）。

新政体的倡导者是泰拉麦涅斯，这也是他从最初就梦想构建的政体，不过显然这与100人委员会提出的要求有所不同。修昔底德赞颂说，这种政体将多数人的统治与少数人的统治很好结合在一起，实现了提议者的最终目的。可以肯定，从最初开始，泰拉麦涅斯就渴望组建一种能很好地将民主制与寡头制的优点结合起来的政体。他默许当前的寡头制只不过是权宜之计，因此，寡头派送他科图努斯（Kothurus，一种宽松的两只脚都能穿的鞋）的诨名是不恰当的。

库诺塞玛之战

此时，斯巴达因循守旧的水师提督阿斯泰奥库斯被明达鲁斯（Mindarus）取代。受法那巴佐斯之请，伯罗奔尼撒水师驶往赫勒斯滂。雅典水师在特拉叙布鲁斯和特拉叙鲁斯的率领下尾随其后，迫使他们在海峡地区交战。【481】雅典人的76条战船沿克尔松尼斯海岸排开；伯罗奔尼撒的战船比雅典人还多10艘，他们的目标是从侧翼包围并阻止敌人驶出海峡，同时迫使敌人的中军弃船登陆。雅典人挫败了他们的企图，向右翼扩展，结果战阵的纵深遭到了削弱。伯罗奔尼撒人在中军的战斗中取得了胜利。但是，特拉叙布鲁斯位于右翼，他利用敌人获胜之际的混乱无序发起进攻，导致伯罗奔尼撒人陷入慌乱中。雅典人的左翼位于库诺塞玛（Cynossema）海角周边，看不见其他地方的战斗进展情况。经过激战,雅典人的左翼打退了伯罗奔尼撒人。这次胜利振奋了雅典人的斗志,很快他们恢复了对反叛城市居齐库斯的控制。明达鲁斯不得不命令一支驻扎在优卑亚的分队前往支援,但只有为数不多的几条战船抵达了海峡,大多数在阿托斯沿海遭遇风暴而沉没。是年年底,雅典人还在阿比多斯赢得了另一场胜利。提萨佛涅斯对雅典人的胜利感到非常不痛快。因此,当这年冬天亚西比德前往萨狄斯拜会时,他命人将其拘捕。不过亚西比德还是设法逃了出来。

如今伯罗奔尼撒人得到法那巴佐斯强有力的支持,与提萨佛涅斯相比,这位总督是一位更重要的更值得信赖的盟友。这年春天,明达鲁斯围攻居齐库斯,法那巴佐斯为他提供了一支援军。雅典水师的 86 艘战船分成三队,分别由亚西比德、泰拉麦涅斯、特拉叙布鲁斯率领。他们成功驶过赫勒斯滂,未被敌人发现。(雅典水师在居齐库斯战役的战术示意图,参见图 11-6)经过在海陆两线激烈艰苦的战斗,雅典人获得一场大胜。明达鲁斯被杀,伯罗奔尼撒人近 60 艘三列桨战船要么被捕获,要么被击沉,其水师遭到毁灭性的打击。雅典人拦截了一封斯巴达人送给长老议事会通知战败消息的书信,其内容非常简洁:"我们的胜利就此告终,明达鲁斯被杀身亡,战士们正在忍饥挨饿,我们不知道如何应对。"眼见如此,斯巴达立即向雅典提议,要求双方在维持现状的基础上缔结和平。对雅典而言,接受和平本为明智之举,这样可让她摆脱狄凯里亚驻军带来的巨大压力。但是,雅典水师无疑会反对和平,因为这并未恢复雅典在爱琴海诸岛和小亚细亚希腊城邦的控制权。尽管有法那巴佐斯的金钱资助,但随着居齐库斯的胜利,雅典人恢复对上述地区的控制权似乎就在眼前。因此,他们断然拒绝了斯巴达人的提案。

居齐库斯之战,公元前 410 年

自寡头派发动革命以来,雅典城邦被一分为二,民主派驻萨摩斯,寡头派驻雅典。【482】居齐库斯胜利促使城邦重新走向统一。在民主派所

恢复雅典民主制

11 第十一章 雅典帝国的衰亡 603

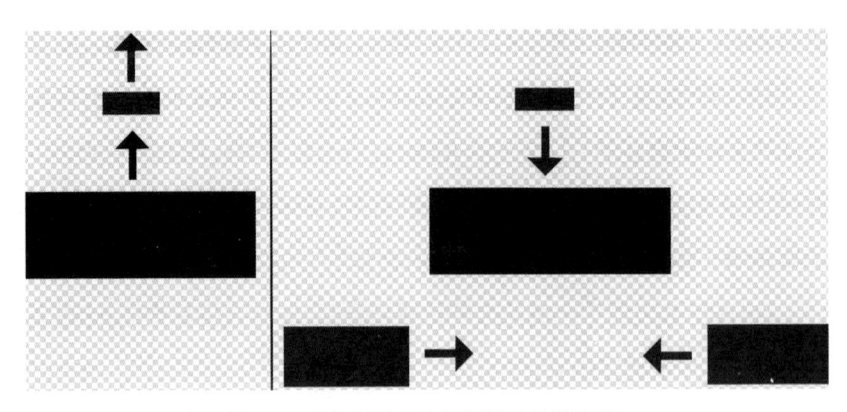

图 11-6 雅典水师在居齐库斯战役的战术示意图

（亚西比德首先诱使斯巴达舰船驶往开阔水域，然后调转船头与其交战，特拉叙布鲁斯和泰拉麦涅斯所率战船从后面包抄，截断斯巴达人的撤退路线，并使斯巴达人三面受敌）

获胜利的鼓舞下，雅典城内的民主人士颠覆了泰拉麦涅斯的政体，恢复了没有财产限额的民主制和克里斯提尼建立的 500 人议事会。此次运动中最重要的领导者是里拉（或称七弦琴）工匠克利奥丰（Cleophon）。此人与叙佩波鲁斯、克里昂出身于同一等级，都以善于蛊惑人心而著称。与克里昂类似，克利奥丰也是一个强硬的帝国主义者，是坚持战争舆论导向的代言人。而且，此人的理财能力不逊于克里昂。公职薪酬制度是雅典民主制不可或缺的内容，随着民主制的重建，该制度也得以恢复。克利奥丰还创设了一项新的政治薪金，即"两奥波尔制"（Diobelia），他的名字也因该制度而为后人熟知。虽然我们知道克利奥丰是引入该制度的政治家，但并无任何材料记述引入该制度的目的和受益者。有学者推断，这可能是发放给陪审员的薪酬，也即恢复了原来的制度，但他将三奥波尔削减为 2 奥波尔。但事实并非如此。人们在谈到"两奥波尔制"时都把它视为一种全新的制度。或许这是一项补贴制度，是为缓解贫困公民的生活压力而设立的。随着战争时间的拉长，敌人长期盘踞在阿提卡，贫困公民维持生计的收入剧减或者完全丧失，他们的生活面临着巨大压力。

两奥波尔制

笔者推断,那些既未在战场或战船上服役,也未充任陪审员的公民,无法获得任何形式的公共补助,因此,城邦每日向他们补助2奥波尔维持基本生活。克利奥丰采用的另一措施是沿袭伯里克利的政策,招雇贫困公民修建公共工程。在这位政治家发挥影响的最初几年,他完成了在卫城新建一座雅典娜神庙的工程。(埃莱克修昂实景,参见图11-7)这座神庙紧邻北侧山崖,地处女神在卫城上最古老的神庙旧址上,自初建起,女神就与英雄埃莱克修斯共用一座神庙。与此前一样,这座新神庙仍由埃莱克修斯与女神共同享用。因此,尽管资历较帕特农浅,但这座新神庙居于旧址之上,供奉着女神古老的木胎塑像,并保存着两种最重要的纹章饰画,即女神的橄榄和波塞冬的咸泉,所以它仍被人们习惯地称为埃莱克修昂。如今雅典娜拥有两座辉煌的神殿。但是,就在完工两年后,这座在旧址上新修的神殿意外被大火焚毁,在很长一段时间都未再被人修

雅典娜-波利亚斯神庙,即埃莱克修昂

图11-7 埃莱克修昂实景

第十一章 雅典帝国的衰亡　　605

复。结果这座仍然屹立的神庙遗址很少被当作克利奥丰时代的纪念物受人缅怀。不过,它仍有充分的理由值得人们谨记在心,正是在这样一个艰难时代,雅典人修建了一座如此优雅的伊奥尼亚风格的神庙,带有少女柱的回廊也第一次展现在世人面前。

恢复对塔索斯的控制,占领克吕索波利斯,公元前410年;特拉叙布鲁斯恢复科洛丰,公元前409年;雅典丧失了皮鲁斯和尼萨亚,公元前409年;夺取卡尔克顿和拜占廷,公元前408年

【483】在拒绝斯巴达人和平倡议之后的那几年里,双方在普罗蓬提海及周边地区展开了激烈争夺。在能力超凡、精力充沛的将领亚西比德率领下,雅典人逐渐收复不少地盘。他们恢复了对塔索斯和塞林布里亚的控制。在克吕索波利斯(Chrysopolis),雅典人建起了一座收费站,对出入黑海的船只按装载货物价值的10%征税。接着,他们攻占卡尔克顿,并使其成为一个纳贡城邦。后来,他们围攻拜占廷,城内居民因粮食匮乏被迫投降。自此,雅典完全重新控制了博斯普鲁斯海峡。与此同时,法那巴佐斯同意带领雅典使团到苏撒城,与波斯大王商谈结盟事宜。在希腊本土,麦加拉人重新控制了尼萨亚。最后,派罗斯也被斯巴达人重新占领。

波斯与斯巴达合作的三个阶段:公元前412—前411年;前410—前407年;前407—前405年

伯罗奔尼撒战争最后8年的显著特征是斯巴达与波斯合作。根据波斯人对待合作的态度,可将整个过程分为三个阶段。最初两年,总督提萨佛涅斯支持伯罗奔尼撒人的军事行动,其间,雅典几乎完全丧失了伊奥尼亚。其后,总督法那巴佐斯取代提萨佛涅斯,给予伯罗奔尼撒人最积极的支持。双方的军事行动主要在赫勒斯滂展开,雅典逐渐恢复了此前丧失的很多地方。但是,帝国西部事务开始引起波斯大王大流士(二世)的注意力,他意识到两位总督之间的相互嫉妒会影响政策的有效实施。因此,派出其幼子小居鲁士代替提萨佛涅斯,成为萨狄斯的总督,并掌管卡帕多西亚、弗里吉亚和吕底亚等行省。提萨佛涅斯的管辖范围只限于卡里亚。小居鲁士的到来成为战争新的转折点。

高尔吉亚在奥林匹亚,公元前408年7—8月

看着希腊共同的敌人与普拉提亚战役的胜利者并肩行动,共同对抗萨拉米斯战役的胜利者,这无疑是怪事一桩。对泛希腊主义者而言,这种

事情令他们感到震惊。在奥林匹亚举行的盛大泛希腊集会上,就传来了人们的阵阵抗议声。居于西地中海的希腊人能够以更平和的心态看待东部地区的政局变化。列奥提尼人高尔吉亚,这位来自西部希腊的饱学之士以铿锵有力的声音号召希腊各邦抵制波斯人小恩小惠的诱惑。他大声疾呼道:"让我们一同向波斯开战吧!"

第八节 雅典帝国的垮台

王子小居鲁士热情干练。但是,要不是斯巴达同时新任命一位水师提督,他对战争的积极干预和为伯罗奔尼撒水手提供津贴的举措可能也不会产生太大作用。【484】斯巴达新任命的水师提督名为莱桑德(Lysander),此人能力出众,颇富雄心,正是他结束了这次漫长的战争。莱桑德关心水手们的利益,获得了他们的信任;同时,他视金钱如粪土,能够抵御贿赂的诱惑;因其高雅的品质小居鲁士为之折服,他也能对小居鲁士产生重大影响。为了实现雄伟目标,他可以不择手段。更重要的是,莱桑德不但是一位手腕高超的外交家,更是一位能力超凡的将军。

莱桑德

当小居鲁士与莱桑德商谈合作事宜时,亚西比德在流亡8年后回到了母邦雅典。他一回来就受到人们的热情欢迎,并被选为将军。随着时间的流逝,他对祖国造成的巨大伤害也在一定程度上被人们淡忘;最近,在他的率领下,雅典恢复对赫勒斯滂诸邦的控制,这也部分地弥补了他过去所犯的罪恶。雅典人对他既往不咎,其主要原因是寄望他将来能为城邦谋取利益,而不是完全宽恕了他的罪恶。雅典人对他的军事才能颇为器重,也希望他施展外交才能,有朝一日与波斯达成和解。因此,雅典通过一则法令,授予他全权指挥战争,并正式解除了他因亵渎埃琉西斯秘仪遭受的诅咒。他也找到机会,与埃琉西斯两位女神言归于好。自狄凯里

亚西比德在雅典,公元前407年夏

亚被占后，一年一度的从雅典沿着圣道到埃琉西斯神殿的游行被迫取消，伊阿库斯的圣像也不得不经海上运送。在亚西比德的提议下，活动得以重新按照惯常方式庆祝，他派出一支大军，沿途保护游行队伍的安全。如果他敢于抓住这个深得民心的良机，更富有冒险精神，他完全有可能在雅典建立僭主政治。但是，他可能认为此时这样的冒险还不太安全，他还需获得更多的军事和外交胜利。然而，这样的良机转瞬即逝，永不再来。一件非常微不足道的偶然事件完全改变了雅典人对他的看法。在诺提昂（Notion）驻扎有一支雅典水师防卫着以弗所。莱桑德发动突然袭击，打败了这支水师，并捕获15条战船。尽管战斗发生时亚西比德并不在场时，但雅典人认为他们本可以取得决定性胜利，人们将战败之责强推给了他，就这样，亚西比德在雅典声望骤降。他们任命了新的将军，亚西比德退到赫勒斯滂的一座城堡，这是他为防备不时之需而修建的。科农继他之后成为雅典水师的总指挥。

这年冬天，伯罗奔尼撒人组建了一支拥有140条战船的水师，【485】其军力比此前任何时候都更强大。不过，莱桑德不得不退位让贤，让卡利克拉提达斯（Callicratidas）担任新水师提督。最初，伯罗奔尼撒人仍按此前的政策行事。他们攻占了开俄斯岛的德尔斐尼昂要塞（Delphinion）和列斯堡岛的麦提姆那。此时，雅典人只有70条战船，科农被迫在米提列涅城外交战，此役他损失了30艘船，其余船只被困在米提列涅港中。此时的形势非常危急，雅典人充分地认识到了情况的严重性。他们把卫城神庙里的金银祭品熔化，用作军需之资；在此紧急的情况下，他们承诺战后给予奴隶自由，让外侨获得公民权。经过一个月的准备，雅典及其同盟者派出了一支由150条战船组成的水师队伍前往米提列涅解大军之围。如今，卡利克拉提达斯有170条战船，他留下50条继续围困科农，带领剩下的船只准备迎战雅典人。在列斯堡岛以南的阿吉努塞（Arginusae）

群岛附近，双方发生了一场激战，最终雅典人获得胜利。斯巴达人的70条战船被击沉或捕获，卡利克拉提达斯被戮。但是，一阵不期而遇的北风使获胜的雅典人未能拯救落水的水手，同时他们还必须抓紧时间摧毁剩下的围困米提列涅的敌船。

雅典人的胜利付出了巨大牺牲，25条战船被毁，船上的水手也大多牺牲。有人认为如果指挥官的措施得当，其中很多人本可以获救，因为他们当时还浮在沉船的周边。水师的指挥者因此受到人们指责，雅典的政客们把这件事情上纲上线，将军们相继被解职，并被传唤到法庭上，要求对此事做出解释。将军们把责任推给舰长；而舰长为了保护自己，指责说将军们并未下达施救命令。泰拉麦涅斯也是其中一名舰长，他说接到施救命令时，大风骤起，施救已不可能。我们无法判断谁是谁非，因为这完全取决于当时的具体情况，而我们不可能了解到当时的具体情况到底怎样。譬如，我们无法知晓当时刮的风是不是足够大，施救是不是完全不可能。不过，种种迹象表明，雅典人的判断可能是正确的。陪审员们感受到的沸腾民怨暗示着指挥官可能确实犯下了玩忽职守之罪。这次审判是在公民大会而非普通的民众法庭上进行。大会进行了两次开庭审理。参加阿吉努塞战役的8名将军被判处死刑并剥夺财产。包括特拉叙鲁斯和伯里克利（那位伟大的政治家之子）在内的6位将军被即刻处死，另外2人审时度势已提前逃走。【486】不管这宗案件多么有理有据，但处罚仍然过重。最糟糕的是，公民大会在审理此案时违背了城邦公认的一个准则①，对所有人集体判决而不是对他们逐个审理。严格地讲，这次审判并不合法。不过众将军的支持者没有勇气启用反诉程序（graphe paranomon）。在情绪激奋的民众面前，抗议之声并未产生任何效果，民众

审判将军

---

① 该原则常被表述为坎诺努斯法令〔the Psephism of Cannonus〕。

第十一章 雅典帝国的衰亡　　609

渴望复仇。这里出现了一则有趣的插曲。当天,哲学家苏格拉底是主席团成员之一,他对审判提案提出反对意见。任何政体,无论是民主制、寡头制,还是君主制,都有其危险性和不公正性。该事件表现了民主政体最阴暗的一面。手握全权的公民大会被民众突发的激情左右,然而没有任何机构能限制其权力。公民大会有时就会犯下严重错误,后来的忏悔也无济于事。

阿吉努塞的胜利使雅典重新恢复了对爱琴海东部地区的控制。与4年之前居齐库斯战后一样,拉凯戴梦人再提缔结和平的倡议:撤出狄凯里亚,其他地方维持现状。在蛊惑家克利奥丰(据说他是醉醺醺地前来参加公民大会)的影响下,雅典人再次拒绝了斯巴达人的提议。斯巴达人别无选择,只能重组水师,以图再战。埃泰奥尼库斯(Eteonicus)将他们剩余的所有船只聚集起来,驶往开俄斯。但是,他无钱支付水手的工资。水手们迫于生计,只得到开俄斯的田地里充当苦力。随着冬天的来临,水手们维持生计的来源断绝,处于朝不保夕的困难境地。于是他们策动了一次阴谋,准备劫掠开俄斯城。为了便于相互相认,阴谋者在头上插上一根干草。埃泰奥尼库斯觉察到了阴谋。但街上插草者太多,他心生一计,从而避免了一次武装暴动。他带着15名全副武装的士兵来到大街上巡视。这时他们遇到一名眼疾患者刚从诊所里走出来。看到这人头上插着一根干草,他命手下人将此人处死。听到这个命令,一大群人冲了过来,质问他为什么要处死这个病人。他说,因为此人头上插着一根干草。这个消息很快就传遍了全城,所有头插干草的人都非常害怕,马上拔掉了插着的干草。随后,开俄斯人答应为上船作战的水手提供一个月津贴。危机才就此化解。

发生在开俄斯的插草者之谋

该事件表明,波斯已停止向伯罗奔尼撒人支付薪金。斯巴达人普遍认识到,如果要获得波斯人的进一步合作,使伯罗奔尼撒的事业走上正

莱桑德重新指挥水师,公元前405年

轨，必须重新把水师交由莱桑德指挥。【487】然而，斯巴达法律规定任何人不得两次担任水师提督。于是，人们变通了法律，派莱桑德担任水师长史，但将水师的实际指挥权交给他而非名义上的提督。受命后，莱桑德亲往萨狄斯拜访小居鲁士，利用二人之间的深厚私交，获得他急需的金钱资助。在各邦寡头派的支持下，他很快装备起一支水师队伍。一件预料之外的事情使莱桑德得到了更大的权力和声望。波斯国王大流士突染重病，在弥留之际，他将小居鲁士召回苏撒。在离开驻地之前，小居鲁士将整个行省及省区的贡金全部交给他的朋友莱桑德管理。他知道，这位超乎常人的斯巴达人不会受金钱的诱惑，因此他宁愿将大权交给莱桑德而非一位波斯贵族。

在强有力的金钱资助下，莱桑德迅速证明了他的能力。当科农率领雅典水师大举进攻以弗所时，他避其锋芒，撤出战团。当雅典水师解散后，他带领伯罗奔尼撒水师首先进攻罗德岛，然后横跨爱琴海，突袭阿提卡沿岸，并在此与阿基斯国王商谈攻打雅典的战略。接着，他带领伯罗奔尼撒水师再次跨过爱琴海，前往赫勒斯滂，围攻兰普萨库斯。雅典的180艘战船重新集结起来，尾随他来到赫勒斯滂。但雅典水师还没赶到塞斯托斯，莱桑德就已攻下兰普萨库斯。雅典人决定迫使莱桑德在赫勒斯滂决战（他们本打算在以弗所决战），于是沿海岸继续北向行驶，来到埃哥斯波达米（Aegospotami）。此地也名"羊河"，是一片开阔的海滩，没有地方可供船只停泊，兰普萨库斯位于海滩对岸。此地对雅典人极为不利，因为所有物资皆需从2英里外的塞斯托斯获取，而伯罗奔尼撒人背靠良港，城里物资非常充沛。当驶过海峡前往兰普萨库斯时，雅典人发现敌人已结好战阵，但敌人只是以逸待劳，并不主动进攻。在敌人占尽天时地利的情况下，贸然发起进攻绝非明智之举。因此，雅典人被迫退回羊河。在接下来的4天，情况依然如故。每天雅典的舰船都驶过海峡，来到城外诱使

莱桑德取得羊河大捷，公元前405年夏末

莱桑德决战。但每天他们都无功而返。亚西比德从他在附近的城堡中发现雅典人处境危险，立即派人前往羊河，苦口婆心要求将军们将舰船撤回塞斯托斯。然而，他中肯的劝告受到了冷遇，送信人或许还遭到雅典人辱骂。当舰船日复一日巡航兰普萨库斯后，船员们都离开舰船，四散回到海滩上。第5日莱桑德派出几艘侦察船。眼见雅典水手纷纷回到岸上准备午餐，侦察船立即晃动明亮的盾牌，发出强光作为信号。看到信号后，伯罗奔尼撒人全军出动。【488】大约200艘战船迅速驶过海峡，攻入羊河。此时，雅典战船毫无防卫。双方并未发生战斗，雅典人也未进行抵抗。除20艘保持着战斗状态的战船逃脱外，剩下的160艘雅典船只全被捕获。人们通常认为，雅典将军中有人叛变通敌。或许此人就是阿戴曼图斯（Adeimantus）。他曾被捕入狱，后获得释放，战前他可能接受了莱桑德的贿赂。被俘的雅典人多达3000~4000人，他们全被处死。雅典人的主帅科农不在其中，他成功逃脱了斯巴达人的围捕。当希腊舰船准备海战时，一般都取下船帆。伯罗奔尼撒人的三列桨战船在兰普萨库斯附近的阿巴尼斯（Abarnis）海角已取下了风帆。科农得知了这个消息，勇敢驶过海峡，前往阿巴尼斯，抢夺伯罗奔尼撒人的风帆。正是因为如此，莱桑德才无法追上他。对一位负责任的雅典水师统帅，在遭受如此惨痛失败后还返回雅典，这无异于疯狂之举。科农命人将逃出来的20条战船中的12条送回雅典，他带着剩下的船只逃到塞浦路斯的萨拉米斯，托庇于国王埃瓦哥拉斯（Evagoras）。在战争史上，从来没有哪一次战役能够像莱桑德在羊河一样，以如此微小的牺牲取得如此重大的胜利。

雅典的形势　　雅典人惨败的消息于当晚传到了比雷埃夫斯，"当晚没有一个人能够入睡"。想到一而再再而三地对米洛斯、斯基奥涅和其他城邦施行的残酷镇压，雅典人就不寒而栗，如今胜利者也可能对他们施以同样的残酷处罚。对雅典人而言，一旦海上力量遭到了灭顶之灾，城破之日就为时不远。但是，因莱桑德采取的政策，围攻雅典的战斗延迟了下来。莱桑德并不准备攻打雅典，而是准备用饥饿迫使雅典人投降。为达此目的，他把所有在爱琴海诸岛的军事殖民者赶回雅典，从而使城内嗷嗷待哺的居民雪上加霜。在清除赫勒斯滂和色雷斯所有雅典帝国的势力，并安排好上述地区一切事务后，莱桑德率领150艘舰船前往萨洛尼克湾，占据着埃吉那岛，封锁了比雷埃夫斯。同时，斯巴达国王保桑尼阿（Pausanias）率领陆军进入阿提卡，与阿基斯合兵一处，扎营于城西的阿卡德米（Academe）。然而，因为雅典城池坚固，斯巴达一时也无法攻克。冬天来临时，陆军撤离了阿提卡，不过水师仍封锁着比雷埃夫斯。随着供给日渐减少，雅典被迫提出和平议案，愿意放弃帝国，加入伯罗奔尼撒同盟。雅典使者到达塞拉西亚（Sellasia）后就被遣返。他们被告知，除非提出更合理的条款，否则斯巴达的长老们不会接见他们。他们得到暗示，【489】拆毁那座长达10斯塔狄亚的长城是获得和平不可或缺的前提。虽然明知反对无益，但雅典人仍不愿投降。这一次出来阻止他们的又是蛊惑家克利奥丰。此前，雅典本有两次机会（一次是居齐库斯战役后，另一次是阿吉努塞战役后）带着荣耀缔结和平。如今，在雅典人本只需蒙羞就可结束当前苦难时，克利奥丰再次阻止了人们缔结和平的祈愿。雅典人甚至通过一则严厉的法令，规定任何人不得提议接受类似的和平条款。但这只能迫使敌人要求他们无条件投降，因为雅典处境糟糕，已无可救药。泰拉麦涅斯亲自前去拜访莱桑德，努力争取得到相对较好的投降条件，至少他想由此探知到事情可能的发展动态。他的真实想法是争取一些时间，让民众头脑逐渐冷静下来。他在莱桑德那里待了3个月。当他回来时，发现人们已经准备接受任何形式的投降条件了。此时，雅典人已陷入严重的饥荒中，他们非常渴望和平。人们的情绪发生了根本转变，克利奥丰因涉嫌逃避军役而被处以死刑。雅典人派出泰拉麦涅斯前往斯巴达全权处理和平事宜。令

雅典投降

|| 第十一章　雅典帝国的衰亡　　613

人玩味的是，在这样一个艰难时世，雅典人通过一则法令，召回了一位杰出公民。他就是历史学家修昔底德，世人曾认为他缺乏将军之才，但他因记载这场已经结束的战争而流芳百世。

伯罗奔尼撒同盟各成员受召前往斯巴达出席会议，决定如何处置她们共同的战败之敌。各成员群情激奋，认为对雅典要毫不留情，要求将她彻底摧毁，并将所有居民卖为奴隶。但是，斯巴达对雅典的恶感没有科林斯和底比斯那么强烈，因为她既非雅典的邻邦，也非其商业竞争对手。毁掉雅典或许可以在政治上带来一些利益。斯巴达尽管百无一是，但此刻她能够比常人更加高尚。她断然拒绝了同盟者的残暴提议，不愿将这个在抵抗波斯人入侵中做出重大贡献的希腊城邦完全清除。希腊城邦联合抗击波斯人尽管已是两代人之前的事，但人们还未将其完全遗忘。雅典正是因为她辉煌的过去才获得了拯救。和约的具体条款包括：雅典拆毁长城和比雷埃夫斯城墙；放弃所有海外领地，其统辖范围仅限于阿提卡和萨拉米斯；解散水师；允许所有流放者返回；成为斯巴达的同盟者，接受她的领导。当和约条款得到各方批准后，莱桑德前往比雷埃夫斯，立即开始拆毁长城的工作。雅典人与其征服者一道，在吹奏手悠扬的笛声中推倒了长城。【490】兴高采烈的同盟者认为希腊人获得自由的日子终于来临。莱桑德允许雅典保留下12条战船。在出席拆毁城墙的仪式后，莱桑德离开雅典，前去征服萨摩斯。

对于城邦遭受的屈辱，并非所有雅典人都伤心沮丧。不少流放者正是因为城邦遭受厄运才得以回归；极端寡头派也因外部力量的干预而欢欣鼓舞，认为这是推翻民主制的绝佳时机，他们企图重建西西里远征后实施的政体。泰拉麦涅斯力图推行他最钟爱的政治制度。在所有流放者中，地位最显赫且起决定性作用的是卡莱斯克鲁斯之子克里提亚斯（Critias）。他来自立法家梭伦所属家族，拥有多种身份，既是演说家高尔吉亚的高徒，也常陪伴在苏格拉底周围，他是一位演说家、诗人，也是一位哲学家。

流放者和国内的寡头派联合起来，制订了一份共同行动计划，并将民主派的主要领导人抓捕入狱。在莱桑德的干预下，寡头派呼吁人们建立新制度。迫于莱桑德的淫威，公民大会通过了德拉孔提德斯（Dracontides）提出的一项法令，在完成新法修订之前，任命30人起草法律草案，掌管城邦公共事务。寡头派深信他们具有的实力，不怕有人对提案者提起反诉，他们甚至嫌麻烦，连与反诉相关的法律都没有废止。克里提亚斯、泰拉麦涅斯、德拉孔提德斯等人被任命为"30人"的成员。

> 德拉孔提德斯提案建立的30人政体，公元前404年夏

雅典军力被毁使寡头派大获其利。人们怀疑甚至在过去几年里寡头党人就已开始计划把城邦置于敌人控制下，以便随后能摧毁民主制。在阿吉努塞战后审判将军、在随后商谈和平和建立寡头制的过程中，泰拉麦涅斯都扮演着不光彩的角色；此外，羊河惨败中他有严重的通敌卖国嫌疑。种种迹象表明，人们的怀疑并非毫无根据。此前建立的"400寡头"与斯巴达达成妥协，以及斯巴达在最终和约中对雅典相对仁慈的处理似乎都指向同一个方向。其中一件事情似乎确定无疑。寡头派确实一直以缔结和平为目标，而克利奥丰再三反对和平，【491】这表明他可能对寡头派的计划有所察觉，事实表明，他这样做其实是失策之举。必须承认，如果没有人通敌卖国，雅典人不可能犯下如此重大的错误，他们不可能驻军于羊河，不可能在面对敌人时如同被牵到祭坛上的待宰羔羊。战后，阿戴曼图斯受到了宽大处理，这进一步证明人们的怀疑不乏一定根据。然而，必须承认，如果没有得到统帅科农的默许，这些背叛者不可能有效地通敌卖国。不过，似乎没有人怀疑他与此相关。关于战争最后8年中寡头派的整个阴谋及相关问题仍被包裹在迷雾中，此宗事件可能比赫尔麦渎神案更加神秘。

> 寡头派的阴谋受到怀疑

第十一章　雅典帝国的衰亡　　615

第九节　三十僭主的统治以及民主制的重建

30寡头的统治，公元前404年9月到公元前403年3月

任命这30人的目的是设计一种新的政治制度。作为统治机构，立法工作一旦完成，他们的权力即告终结。30人中，克里提亚斯是其中的杰出人物。然而，他们中的大多数人根本没有认真考虑过拟订新政的问题，而只是将此作为攫取权力的一个借口。他们的唯一目标是想方设法将权力紧紧掌握在手中，建立纯粹的寡头政体。不过，这30人中，并非所有人的想法都完全一致。其中至少一人，即泰拉麦涅斯，并不完全赞同彻底的寡头制，他希望构建一种集寡头制和民主制因素为一体的新政体。30人中最有能力的两个人，即克里提亚斯和泰拉麦涅斯，在这一根本问题上意见不一，很快导致该集团走向彻底决裂。

最初的举措

然而，对最初需要实施的举措，三十寡头的意见完全一致。他们任命了主要由寡头派支持者组成的500人议事会，并将原来属于人民的司法权委托给该议事会。同时，任命萨提鲁斯（Satyrus）为11人队的队长，负责公共治安，此人对人凶残，为达目的不择手段。此外，他们还任命了一个10人委员会驻防比雷埃夫斯。民主派的主要领导人因反对寡头制相继被抓；他们接受了审判，最终因谋反罪全被处以死刑。通过上述措施，城邦实现了表面上的统一。不过，此时泰拉麦涅斯本应收敛其政治抱负。

分裂

因为与克里提亚斯这样奉行极端政策的果敢人物相伴，任何人提出温和举措都几乎不可能成功。克里提亚斯这样的极端寡头派对民主政治满怀报复和痛恨之心，他们毅然决定实施绝对独裁统治，【492】消除城邦政治中所有可能带有民主倾向的因素。对克里提亚斯而言，泰拉麦涅斯所希冀的基础更广泛的政治制度不过是原来民主制度的借尸还魂，这令他非常不快。克里提亚斯坚信，泰拉麦涅斯的看法很快就会偏离正轨，走向歧途。因此，克里提亚斯及其同僚对于任何持有温和观点且颇有名望的公民都感到担心害怕，不管此人是民主派还是寡头派。在他们看来，这些人一直在急不可耐地等待着三十寡头拟订出新政体，同时，如果泰拉麦涅斯的方案最终出台，这些人就会成为新政体的依靠对象。

作为行动计划的一部分，三十寡头宣布将清洗城邦的作恶者。不可否认，他们确实处死了许多品格低下的公民，譬如告密者；但他们也乘机处决了一些著名的民主派人士和持温和寡头派观点的人，有的人甚至未经审判就被处死。这些持寡头派观点的人士虽不欢迎民主制，但他们对于三十寡头也不友好，认为其行事缺乏公正乃至违背了法律。这些人中就有尼西阿斯之子尼凯拉图斯（Niceratus）。除制造恐怖气氛和报复外，有人还乘机大肆劫掠，以满足他们对金钱的贪欲。一些人因为家境富裕而遭流放，另一些人为了保命而被迫逃亡。甚至在政治上没有任何发言权的外侨也成为他们劫掠的对象。演说家吕西亚斯及其兄长波莱玛库斯（Polemarchus）因经营一家利润颇丰的盾牌作坊也遭逮捕。吕西亚斯想尽办法成功逃走，但其兄长波莱玛库斯却被处死。许多雅典人或被毒死或被迫流亡，另一些人被三十寡头拉下水，被迫参与捕杀公民的行动，成为政府暴行的帮凶。他们曾严厉威胁并命令哲学家苏格拉底和另外4人前往逮捕一位安分守己的公民萨拉米斯人莱昂（Leon）。苏格拉底毫不犹豫地拒绝了僭主们的命令，然而，其他4人却没有如此勇气。不过，苏格拉底并未因抗命而受责罚，这或许是因为克里提亚斯内心深处对他还有一丝敬畏之心，毕竟他曾是苏格拉底的一名弟子，而且恰好这位哲学家既不富裕又不受人欢迎。

僭政

对于上述合法但不公正的杀戮和有组织的抢劫行为，泰拉麦涅斯毫无保留地坚决反对。议事会中绝大多数的人和他看法一致。要不是克里提亚斯超强的能力和实力，泰拉麦涅斯本可以建立一种温和政体。事实

泰拉麦涅斯的态度

|| 第十一章 雅典帝国的衰亡　617

上，在他的建议下，三十寡头扩大了统治基础，将公民人数增加到3000人，获得公民权的人有权携带武器，犯罪时有权要求议事会对其审判。【493】处于这个范围之外的所有人有可能被三十寡头不经审判而处死。就实际状况而言，这3000人也没有政治权力，尽管他们也是尽可能地从支持寡头派的人士中遴选而出；寡头派最坚定的支持者是1000名骑士。自然，此举并不能令泰拉麦涅斯满意。他的建议被三十寡头挪为他用，不是用作改变政府而是用作强化政府的一种手段。

流亡者

与此同时，被寡头派逐出雅典的流亡者也并没有闲着。他们在科林斯、麦加拉、底比斯等周边城邦找到了立足之地。这些城邦虽然过去曾是雅典不共戴天的敌人，但如今对她的感情也发生了一些变化。她们对斯巴达专横的行事作风非常不满，战争结束后她们甚至都没有捞得一份战利品。上述种种事让这些城邦对雅典这个倒下的对手心生了一丝好感，而对庇护于莱桑德羽翼下的三十寡头行事感到厌恶。因此，她们不但时刻准备热情款待这些雅典流亡者，而且还准备为其提供一些实在的援助，帮助流亡者把雅典从僭主压迫下解放出来。最先行动的是底比斯。特拉叙布鲁斯和阿尼图斯（Anytus）率领70名流亡者占据着阿提卡的菲

特拉叙布鲁斯占领菲列要塞，公元前404年12月

列要塞（Phyle fort）。（菲列之战示意图，参见图11-8）该要塞位于帕尔涅斯山脉，紧邻波奥提亚边境。这里有坚固的巨石城墙作为屏障，其遗址至今仍然可见。三十寡头率领由骑兵和3000名重装步兵组成的大军盘

三十寡头对特拉叙布鲁斯的第一次征讨，公元前404年12月至前403年1月

踞于要塞之下，开始围攻民主派。但是，一场及时的暴风雪使寡头派的围剿行动半途而废。大军只得返回雅典。在接下来的3个多月里，寡头派并未对特拉叙布鲁斯及菲列要塞的民主派采取任何行动。

如今寡头派陷入了危险的境地，对外镇压民主派的斗争以失败而告终，对内也遭到人民的强烈反对。眼见泰拉麦涅斯在民众中影响力巨大

泰拉麦涅斯之死，公元前403年1月

但完全不赞同他们的政策，三十寡头决定除掉这个眼中钉。克里提亚斯

预先布置了许多忠诚于他的死士暗提兵刃,藏身在议事会栏杆周围。会议举行过程中,克里提亚斯突然起身,指责泰拉麦涅斯是卖国贼,控诉他阴谋颠覆城邦。对于一个毫无信义、多次变节并赢得科图努斯浑名的人来说,这种指控无疑是致命的。但是,泰拉麦涅斯反击说克里提亚斯及其同伙言行失当,据说他的演说赢得大多数与会成员的阵阵掌声,他们与泰拉麦涅斯感同身受。眼见泰拉麦涅斯可能会被判无罪,克里提亚斯只得付诸极端手段。他将泰拉麦涅斯之名从 3000 名公民的名单中删除,①
【494】并与同伙一道宣布其死刑,因为不在名单之中的人无权接受审判。泰拉麦涅斯纵身跳到圣火坛上,呼吁议事会成员保护他。但成员们因为恐惧,个个被吓得目瞪口呆。克里提亚斯命令十一人队进入会场,把寻求

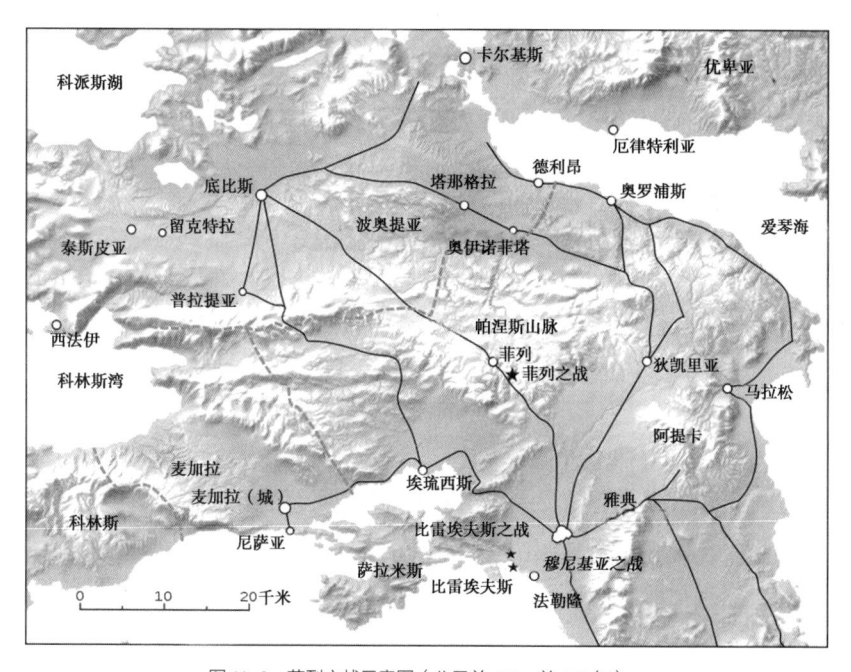

图 11-8 菲列之战示意图(公元前 404—前 403 年)

---

① 雅典的一项立法为克里提亚斯的行动提供了合法性。该法规定,公元前 411 年反对过"400人"政府或参与过拆毁埃提奥尼亚要塞的人被排除在新政体之外。

神灵保护的泰拉麦涅斯拉下祭坛,关进监狱,很快就有人送来毒酒。喝下毒酒后,他如同在宴会上举行科塔布斯(kottabus)酒戏一样,将杯底最后一滴酒抛出,然后大声说:"这滴酒留给绅士克里提亚斯吧!"有人传言说,在泰拉麦涅斯被押着经过议事会大厅时,一贯风度翩翩的克里提亚斯对其大声斥责,这可能并非空穴来风。就政治斗争手段而言,泰拉麦涅斯或许捉摸不定、立场不坚,但是,他的政治祈愿却始终未变。他渴望建立一种温和政体,扬长避短,将寡头政体与民主政体的优势有效结合起来。毫无疑问,他一直在坚持不懈地进行这种政治试验。然而,这种政体的特殊性给人以虚伪的外观,常常招致人们的怀疑,使他在寡头派与民主派之间摇摆不定,努力在两种政见迥异的派别中寻求影响和支持,也只有这样,才可能最终实现他的中间路线。结果,民主派将其视为寡头党人,寡头派对他也不信任,认为他属于民主派。在那个动荡不安的时代,对于一个试图将国家纳入中道路线的政治家,他的政策不可避免会在两种极端对立的党派中摇摆不定,此人几乎注定会得到科塔布斯的恶名。泰拉麦涅斯也未能逃脱这种厄运。

泰拉麦涅斯死后,三十寡头使用诡计,成功地解除了那些未能登记进入 3000 人名单的其他公民的武装,并将他们全部逐出雅典城(斯巴达军队占领卫城)。然而,眼见阿提卡国土上仇视他们的人数与日俱增,克里提亚斯及其同伙觉得很不安全,决定派出使者前往斯巴达,请求拉凯戴梦人提供军队支持。斯巴达人答应了他们的请求,卡利比乌斯(Callibius)率领 700 名士兵进驻雅典卫城。其实,三十寡头也决不愿意采取这种举措,这不但得不到雅典人的欢迎,他们还得自掏腰包为外邦军队的所有费用埋单,然而因形势所迫,他们也被迫如此。

<small>第二次征讨菲列,始于公元前 403 年 5 月初</small>

【495】大约在 5 月初,三十寡头决定再次挑起战争,驱逐在菲列的民主派。雅典骑士和斯巴达驻军联合开进,但在阿卡奈附近,他们遭到了民

主派的夜袭,随即被特拉叙布鲁斯击溃,损失惨重。该事件给雅典带来了巨大恐慌,三十寡头担心他们的支持者已经开始发生动摇。为了防止雅典城被攻破,他们决定占领埃琉西斯,并将那里作为最后的避难地,在此过程中,他们又杀死了大约 300 名埃琉西斯人。其计划才刚开始实施,特拉叙布鲁斯就率军离开菲列,占领了比雷埃夫斯。如今特拉叙布鲁斯手下虽有大约 1000 人,但比雷埃夫斯已没有了城墙,不易防守。于是他率军驻扎到穆尼基亚山上,占据了山上的阿尔特米斯神庙和色雷斯本狄斯神庙。这两座神庙位于山顶之上,一条陡峭街道将其与山下相连,投枪手和投石手埋伏在最高处,随时准备将标枪和石头掷到入侵者的头上。特拉叙布鲁斯一切布置就绪,带着他的预言师准备迎击三十寡头的进攻。

此时,三十寡头带领所有军队赶往比雷埃夫斯。当他们爬上山顶,迎接他们的是密集的标枪。在他们还未从投掷武器的进攻中缓过神来时,民主派的重装步兵在预言师的带领下冲了过来。战争之前,预言师就已感觉到会命丧于此役,确实他也成为第一位牺牲者。寡头派一方有 70 人被杀,其中就包括克里提亚斯本人。在接下来休战互换尸体的过程中,双方进行了一些交流。埃琉西斯祭司的传令官克利奥克里图斯(Cleocritus)利用自己的大嗓门和神圣身份对三十寡头的追随者发表了下面感人至深的演说。他说:"公民同胞们,你们为什么要举起屠刀杀害我们?你们为什么要强迫我们流亡海外?我们可是从来也未曾亏待过你们啊!我们崇奉同样的宗教,庆祝同样的节日;我们曾经是相亲相爱的同窗好友,也曾是同一支歌队的队友;无论在陆上还是海上,我们曾为自由并肩战斗。以共同信奉的诸神起誓,我们恳请你们不要再顺从三十寡头的罪恶行径。他们都是不敬神灵的怪物,在过去 8 个月里,为了一己之私,他们杀害的雅典人比过去 10 年里丧生于伯罗奔尼撒人手下的还要多。相信我

穆尼基亚之战

克里提亚斯之死

们，看着这些命丧于此的同胞，我们也和你们一样伤心落泪。"[①] 在此动情时刻，个人和民众共同的呼吁对那些半心半意的寡头派士兵产生了一定影响。眼见最有能力且最残暴的领导人已经丧命，不但 3000 人及其议事会，而且三十寡头内部也发出了不同声音，产生了分裂。人们感到三十寡头的政府已不可能再维持下去，如果要挽救寡头政体，【496】必须建立一个新的政府。3000 人召开大会，罢黜了三十寡头，设立一个十人委员会取代其职，每个部落指派一人担任委员。三十寡头中仅有一人再次被选为委员进入新政府，其他人退到埃琉西斯以求自保。十人委员会代表那些真正忠诚于寡头政体的公民，不过他们并不赞同克里提亚斯及其同伙的极端政策。十人委员会未能与特拉叙布鲁斯达成和解。随着民主派支持者的人数与装备与日俱增，雅典内战仍在继续。很快，寡头派发现如果没有外部力量的支持，他们将无法抵抗驻扎于比雷埃夫斯的民主派进攻，雅典城也危在旦夕。

因此，十人委员会派出一个使团前往斯巴达。大约与此同时，逃往埃琉西斯的三十寡头余党也因为同样目的捎去了信息。两个使团都汇报说驻扎在比雷埃夫斯的民主派是反抗斯巴达人的暴徒。在莱桑德的影响下，斯巴达政府决定支持十人委员会，干预雅典的政局。莱桑德率领大军集结于埃琉西斯，并派李比斯（Libys）率领 40 条战船截断来自海上的物资。如今，特拉叙布鲁斯及其支持者的前景顿时不再那么光明。然而拉凯戴梦城邦内部的不和拯救了他们。这些年来，莱桑德的影响如日中天，不过，现在也显然开始走向衰落。国王保桑尼阿是他公开的政敌，统治阶级中其他许多有影响的人物对他掌握大权也心怀嫉妒，对他的傲慢自大怀恨在心，有人甚至怀疑他心怀不轨。莱桑德在雅典及原来隶属于雅典

---

① Xen. *Hel*. 2. 4. 20-22.

的城邦中创立的寡头政体对城邦管理不善且大肆杀戮。寡头派的所作所为带来的坏名声严重损害了该体制创立者的声誉。莱桑德刚开始准备开展军事行动,保桑尼阿就说服长老会议让他成为军队的统帅,恢复雅典的和平。莱桑德受此奇耻大辱,被迫将他召集大军的指挥权交给了最大的政敌。在遭受一场败仗后,特拉叙布鲁斯认识到和谈才是明智之举。在另一方,保桑尼阿废黜了不愿和谈的十人委员会,另选十名更加温和的雅典人组成新政府。雅典城和比雷埃夫斯的代表一致同意服从斯巴达的调解。在保桑尼阿的大力推动下,斯巴达令人敬佩地放弃了胜利者的特权。拉凯戴梦人派出一个由 15 人组成的委员会协助保桑尼阿,最终寡头派与民主派达成了和解。其条款主要涉及赦免和宽恕双方人员过去所犯的一切过错。但三十寡头、三十寡头当政期间驻防比雷埃夫斯的 10 人委员会成员、【497】替三十寡头助纣为虐屠杀公民的 11 人官员和继三十寡头当政的 10 人委员会不在其中。如果他们想留在雅典,必须对其所作所为进行说明。埃琉西斯成为一个独立城邦,任何人可在规定的时间内移居埃琉西斯。

保桑尼阿成为统帅

第二任十人委员会

阿提卡内战的结束

  雅典的噩梦终于结束。在一年半时间里,她遭受到寡头派的暴政,外邦军队也占据着卫城。雅典获得的解放应归功于特拉叙布鲁斯的不懈努力和保桑尼阿的周全考虑。保桑尼阿的审慎还进一步表现为在建立新政体的过程他并未胡乱搅和。在提萨梅努斯(Tisamenus)的提议下,公民大会通过法令,任命立法者修订城邦宪法;同时规定城邦应按"梭伦之法和德拉孔时的政体"治理。将二人的名字混合在一起使用对于双方的和解至关重要。暂时地,公民权仅限于梭伦规定的前三个等级,即那些能够自备武器充当重装步兵的人。值得注意的是,不少人试图将政治权利与是否在阿提卡拥有土地联系在一起。然而,从实践上看,这根本就是一个不具可行性的建议。因为如果按此规定行事,许多富人将被排除在外,

公元前 403 年 9 月

任命立法者

临时规定

|| 第十一章 雅典帝国的衰亡 623

却会将许多第四等级纳入其中。所以最终他们并未进行这种新尝试。立法者以其拥有的无上权威重新恢复了雅典原来的民主政体,雅典也就此进入一个新的发展时期。此后,雅典人严格执行政治大赦政策,民主派并未报复寡头派暴政的支持者。但是,宽恕容易而完全遗忘却相当困难。在双方达成和解之后很多年,在人们的日常交往中(而不是官方)仍存在比雷埃夫斯人和城里人的差异,前者曾为自由而战,而后者曾是他们不共戴天的敌人。不可避免地,只要寡头党人仍控制着埃琉西斯,人们就有理由怀疑其原来的支持者是否忠诚于民主政体。作为一个独立城邦存在两年之后,埃琉西斯被雅典攻陷。其将军被俘并被处以极刑,作为阿提卡的一部分,该城重新回归雅典。自此之后,在接下来几乎三代人的时间里,雅典再也没有受到寡头革命的威胁,牢牢地确立了民主制。三十寡头带来的噩梦考验着雅典民主政体,使其基础比以往任何时候都更为坚实。

第十二章

斯巴达的霸权及其对波斯的战争

第一节 斯巴达的霸权

虽然不太情愿，斯巴达毕竟完成了其他城邦赋予她的使命，摧毁了雅典帝国。希腊人爱好政治独立，虽然完成这项任务未必能获得所有人的一致欢呼，但它还是使斯巴达人获得希腊人的强烈好感。除了某些特定的利益考量外，雅典帝国是对人们独立意识的公然侵犯。甚至那些并未将她视为敌人且从帝国获得好处的人，也觉得雅典帝国的建立是一个巨大耻辱。在整场战争中，斯巴达公开宣称的目标是恢复那些遭受雅典奴役的城邦的政治自由，保护受雅典扩张威胁者的权益。如果斯巴达言行一致，那么既然她已完全实现了这个目标，就理应恢复原来状态，让那些原本隶属于雅典的城邦自行其是。对于如日中天的斯巴达而言，她的另一个选择就是公开宣布继承雅典的遗产，循着雅典人的目标和政策，建立另一个帝国。或许其他城邦可以乘此有利时机一举成功，但对斯巴达而言，这根本不可能。斯巴达的政体属性及斯巴达人的精神气质本不适宜步雅典的后尘，建立另一个帝国，但她却执意要将刚获解放的城邦置于统治之下。具有讽刺意义的是，斯巴达抛弃了她道貌岸然的宣传口号，走上一条野心勃勃的称霸道路。这不但给斯巴达带来了巨大的灾难，

斯巴达受到诱惑企图建立一个帝国

也使希腊陷入不幸之中。在"羊河之战"后的三十年里,希腊历史发展的主要特点是斯巴达奉行在伯罗奔尼撒半岛以外地区的扩张政策;在抵制斯巴达扩张的过程中,雅典逐渐走向复兴,底比斯开始崛起。最终,斯巴达被迫退回到伯罗奔尼撒半岛,【499】那才是与其政体相宜的地域范围。斯巴达人从未思考过创立新政体,以便使他们也能在伯罗奔尼撒之外自由行动。斯巴达政体太死板,无法运用于统治整个爱琴海地区。只有对国家进行一次彻底革命,斯巴达才可能成功统治一个帝国,但纪律严明的斯巴达政体根植于斯巴达人呆板的性格中,这种体制的基础太牢固,不可能承受如此剧烈的一场革命。

斯巴达不适合建立帝国体制

或许人们很想知道,那位使斯巴达成为希腊事务裁决者的将军能在多大程度上协调好城邦霸主地位与拉凯戴梦政治特性之间的矛盾。因为在许多方面莱桑德都不似一位典型的斯巴达人,所在管理帝国方面他比其同胞更开明。据说,斯巴达驻雅典总督卡利比乌斯曾被一位受其侮骂的青年运动员打趴在地;当他跑去诉苦时,莱桑德斥责他不知道怎样统治自由人。普通斯巴达人确实不知道如何与海外的自由人打交道。像卡利比乌斯这样的人却正是莱桑德不得不使用的创建帝国的人选。在每

十人团,军事统领

一个原本隶属于雅典如今受制于斯巴达的城邦里,莱桑德建立一个十人团(Decarchies)组成的政府,这个政府由一位拉凯戴梦军事统领(harmost)率领一支驻军保护。因此,这些希腊城邦受双重压迫。一方面,来自斯巴达的统治者贪婪无度,但城邦却无法对其有效监管;另一方面,城邦内部的寡头派通常会施行僭政,他们通过不公的刑罚大肆清洗政敌。十人团、军事统领与寡头派狼狈为奸,互相利用。莱桑德施行高压统治,缺乏远见。他在每个城邦建立独裁统治,虽然现在能为其所用,但在将来随时都可能被人推翻。他唯一关心的是在那些刚从雅典同盟解救出来的城邦中建立强硬的军事专制。

显然，雅典帝国与斯巴达帝国并无太多共同之处。首先，在认可度上二者形成鲜明对照。与雅典同盟一样，最初时无人明确反对斯巴达的政策，人们认为斯巴达的所作所为不过是正当之举。羊河之战后，人们希望如同米卡勒战役之后一样，建立一个泛希腊同盟，保护小亚细亚希腊人不受波斯的奴役。但是，将二者比较，更觉得斯巴达帝国罪恶昭彰，斯巴达的霸权与实现希腊人的共同愿望渐行渐远。作为对波斯金钱支持的报偿，斯巴达将小亚细亚希腊人拱手让给波斯大王。雅典是作为东部希腊人的支持者获得了霸权，【500】而斯巴达则是通过出卖他们成就了霸业。其次，二者行使霸权的方式也完全不同。尽管同盟者对雅典确有不满，但这主要体现在感性认识上。雅典所行的最大暴行不过是剥夺一些同盟者的自治权；同盟者并未抱怨她是一个暴虐的统治者，也未指责她劫掠并压迫盟邦。但是，在拉凯戴梦人的统治下，希腊人遭受到实实在在的不公对待和残暴压迫，即便他们向斯巴达申诉也于事无补。莱桑德拟订的帝国体制的精神实质可从一位亲拉凯戴梦者的话中得到体现，他说，任何一个斯巴达公民的意志都是属邦的法律。

雅典帝国与斯巴达帝国比较

在世人看来，莱桑德已经获得无上的权力，且不受任何节制地享受权力；这恰恰激起了斯巴达人的嫉妒和恐惧。他在萨摩斯拥有一套类似于宫廷的机构，萨摩斯人授予他神一般的荣誉，以他的名字命名此前一直是祭祀赫拉的节日。他被召回了斯巴达，而他听从了人民的召唤，带着一封波斯总督法那巴佐斯证明其清白的书信回到拉凯戴梦。但是，当打开信封后，人们发现里面并非是对他功绩的赞美之词，而是指控他的罪行。莱桑德受到波斯人的愚弄，成为其诡计的牺牲品。斯巴达人允许他到利比亚绿洲朝拜阿蒙神庙，以此为借口使他避开当前的微妙处境，不过仍保留他水师统领之职。拉凯戴梦人继续维持饱受诟病的军事专制，对莱桑德体制只进行过一些细微修改；不再坚持"十人团"的统治，命令

莱桑德被召回

公元前403年

城邦在军事统领的保护下，以其他政府形式取而代之。从财政上，帝国想方设法确保每年从盟邦捞取 1000 塔兰特，以满足斯巴达维持庞大统治机构的花费。收取这笔贡金是斯巴达政体的一个创新，斯巴达的管理终于涉及金钱交易了。这笔金钱的性质和如此巨大的数额定会受到莱库古的强烈谴责。允许莱桑德将大笔金银送入斯巴达国库，这本身就是对莱库古规章的明显背离。因此，尽管斯巴达体制非常刻板，但出于维护帝国的需要，城邦被迫在某些方面有所突破，这潜移默化中侵蚀着斯巴达政体的根基。

公元前 404—前 371 年

斯巴达的霸权持续了一代人，其间有时中断，有时名不符实。在她超过一半的称霸时间里，与波斯保持的良好关系起到了决定性作用。因为，

公元前 394 年

伯罗奔尼撒战争期间，正是波斯的帮助才使她获得霸权；【501】其后，也

公元前 387/386 年

正是因为波斯，她失去了霸权；又过了一段时间，波斯的帮助促成她再次称霸。

第二节 居鲁士的叛乱和万人远征军

居鲁士与提萨佛涅斯

下面一则故事讲述的是波斯国内的历史，将我们从希腊世界带到波斯帝国的腹心地带。尽管皇后帕吕萨提斯（Parysatis）诸般密谋，以图将她最小但最钟爱的儿子居鲁士扶上国王宝座，但在大流士二世去世后，其长子阿塔薛西斯仍顺利继承大统，登基称王。在立储和登基问题上，提萨佛涅斯支持阿塔薛西斯。当小居鲁士回到小亚细亚所辖省区后，提萨佛涅斯受国王差遣，监视他的一举一动。频繁的无端猜忌和诽谤中伤，引发了一场实际的叛乱战争。或许，如果没有怀疑猜忌，小居鲁士可能不会谋划推翻兄长夺取王位的战争；但更可能的是，从最初开始居鲁士就下定决心要取代其兄继承父亲的王位。为了获得成功，居鲁士寄厚望于招揽一支希腊雇佣军。最近几年来，不管在小亚细亚还是欧洲大陆，希腊城

邦正经历着一次次革命。革命使雇佣兵市场上充斥着众多身强力壮、急于找到雇主以便获得报酬的壮汉。这批新近招募的为居鲁士服务的雇佣兵由斯巴达人克利尔库斯（Clearchus）率领。此人曾是驻拜占廷的军事统领，但因企图效仿保桑尼阿成为僭主，被斯巴达监察官罢免并遭到流放。此外，拉凯戴梦人因曾受惠于居鲁士，遂决定暗中为其提供援助。斯巴达人派遣了700名重装步兵，他们声称是为了其他目的，但事实上就是让这批士兵听从居鲁士调遣。当居鲁士开拔前往苏撒时，他帐下拥有10万名波斯士兵和大约13000名希腊雇佣军（其中有10600名重装步兵）。

居鲁士开赴战场，公元前401年春

最初，居鲁士严密地掩饰着军队行动的目的，除克利尔库斯外，他没有向其他任何将官透露过军队的行动计划。山地部落皮西狄亚人（Pisidia）经常袭扰波斯总督，居鲁士就以清剿山民为借口进军。在这位慷慨的波斯王子高薪诱惑下，许多人加入到他的队伍。在清剿皮西狄亚人的队伍中，就有一位来自雅典的骑士。此人名为色诺芬（Xenophon），他是哲学家苏格拉底的弟子，经常陪伴在他左右。他所作的《长征记》（*Anabasis*）描述了希腊人跟随居鲁士行军战斗及其后撤回希腊的历史，如今该词成为"远征"家喻户晓的代名词。【503】《长征记》的迷人之处在于叙事简洁，情节丰满。该书引人入胜，开辟了一片文艺创作的新天地。因为，这是第一部随大军前进步伐详细描写小亚细亚内陆各地人物风情的作品，他将人们带入波斯帝国的腹心地带，深入幼发拉底河和底格里斯河以外的地区。该书最初的章节中，作者真实地记录了沿途的状况；他以类似于日记的形式，以一些反复出现的短语，展现了大军每日行进的里程、中间停顿的时长及从一城到另外一城的所见所闻。他说："就这样，居鲁士的大军经过两个驿站，行进了10帕拉桑路程，来到一座人口稠密的城市佩尔泰（Peltae）。在此他停顿休整三天。"

色诺芬

第十二章　斯巴达的霸权及其对波斯的战争　　631

行军经过小亚细亚

居鲁士的大军从萨狄斯出发,向东南开进,穿过麦安德河上游地区,抵达弗里吉亚境内城镇科罗塞(Colossae)。(万人远征军行进路线图,参见图12-1)在此,他与色萨利人麦农(Menon)率领的一支希腊军队会合。接着,大军向北到达了凯莱奈(Celaenae),在此他停驻下来,直到克利尔库斯率领大军到来。此时,居鲁士的军队到达了他们宣称的目的地——皮西狄亚人的居住地。但是,居鲁士突然改变行军方向,向北沿麦安德河上游前进,来到了佩尔泰和凯拉蒙-阿哥拉(Ceramon Agora,直译为"陶工市场")。接着他们一直向东行军,前往紧邻伊普苏斯要塞的一座名为凯斯特平原(Cayster Plain)的市镇。希腊人要求居鲁士结清欠款,不过居鲁士没有足够的钱满足他们的要求。但是,西利西亚国王叙恩涅西斯(Syennesis)的妻子埃皮亚克萨(Epyaxa)为其送来大量金钱,为居鲁士解除了燃眉之急。不过,后来的经历证明,这件事为他的冒险事业带来了灾难性后果。可以想见,埃皮亚克萨的到来可能是为了促成居鲁士与叙恩涅西斯私下谈判。行经卡利西斯的过程是居鲁士最辉煌的一刻。看到这里密布四周的高险关隘,他逐渐体会到作为一位统治者的艰辛。对于居鲁士的到来,叙恩涅西斯奉行骑墙政策,让大军自行通过。这样无论居鲁士成功与否,他都会安然无恙,全身而退。鉴于居鲁士的计划还处于保密阶段,最稳妥的做法是将这次微妙的谈判交由王后埃皮亚克萨处理。在满足希腊雇佣兵发放薪酬的要求后,大军经廷布里昂(Thymbrion)和泰瑞埃昂(Tyriaeon)向伊科尼昂(Iconium)推进。然后,他们沿着这条大路向南,在吕卡奥尼亚(Lycaonia)绕过一个大弯后,到达了泰亚那(Tyana)。吕卡奥尼亚境内民风粗犷,当他们经过此地时,居鲁士允许希腊雇佣兵劫掠该城。居鲁士与叙恩涅西斯的安排可能就是为了让外人看来双方确实发生过激战;战斗过程中,叙恩涅西斯看似进行过顽强的抵抗,而居鲁士似乎确实对其发起了猛攻,并试图将其包围。为了达此目的,在王后埃皮亚克萨的带领下,麦农率领一支队伍离开大队,另辟蹊径,【504】通过一条捷径,穿过陶鲁斯山(Taurus)进入西利西亚。他们可能途经巴拉塔(Barata)和拉兰达(Larada),最后到达了梭利城(Soli)。因为仍是波斯大王的臣仆,叙恩涅西斯趁居鲁士大军过关时匆忙派人占据西利西亚各主要关隘。但他发现麦农所率分队尾随其后,只得撤回山上的一个要塞,静观其变。在此情况下,叙恩涅西斯也别无他法。居鲁士大军从泰亚那涌向波丹杜斯(Podandus)。当他们发现这座本固若金汤的关口城门大开时,就迅速由此下山,抵达塔尔苏斯(Tarsus)。在此居鲁士的军队与麦农率领的分队兵合一处。居鲁士的军队劫掠了塔尔苏斯城和叙恩涅西斯的王宫。不过,这可能也是双方故意制造的一个假象。不管怎样,如今叙恩涅西斯终于可以名正言顺地与居鲁士订立协议,为其提供军队和人员,因为波斯大王会认为这是居鲁士强迫叙恩涅西斯的结果。

可以想见,希腊人过了好长时间才终于明白过来,原来居鲁士并未坦诚相告他们最终将会到达的目的地。到塔尔苏斯后,他们深信自己已上当受骗。如今,希腊人已远离原来的目的地皮西狄亚,但他们根本不清楚未来的目标。因此,他们断然拒绝了继续向前进军的要求。对希腊人来说,与波斯大王的军队作战不过是小事一桩,但连续行军3个月、深入亚洲腹地,不能见到海洋却完全是不可想象的事情。希腊雇佣军统帅克利尔库斯生性冷酷、纪律严明、声音嘶哑、在士兵中人缘不好。他本打算以暴制暴镇压士兵的哗变,但是眼看几乎所有希腊人都心怀不满,单纯使用高压政策并不奏效。于是,他不得不转而采用温情策略,并取得了良好的效果。他首先将所有士兵召集起来,在开讲之前,他默默站在那里,低声啜泣了好一会儿。接着,他向士兵说明目前他们正处于进退失据的两难境地。克利尔库斯说,他要么失信于居鲁士,要么遵守诺言抛弃希腊雇佣军,但是他会毫不犹豫地选择前者。他强调,无论发生什么事情,他都

图 12-1 万人远征军行进路线图（公元前 401 年）

[据 R. Waterfield (tran.), *The Expedition of Cyrus*, Oxford University Press, 2005, p.xliv 编译]

地图（第十二章 斯巴达的霸权及其对波斯的战争）

主要地名标注：
- 科提奥拉、凯拉苏斯、特拉佩宗
- 西诺埃基亚人、提巴雷尼亚人
- 科尔齐斯人、玛克洛尼亚人、卡尔比亚人
- 陶奇亚人
- 吉姆尼亚斯
- 斯基泰尼亚人
- 西亚美尼亚、凡湖、东亚美尼亚
- 阿拉克塞斯河
- 底格里斯河
- 卡尔杜齐亚人
- 幼发拉底河
- 西利西亚—叙利亚关、叙利安德鲁斯
- 塔普萨库斯
- 美索不达米亚
- 拉里萨、美斯皮拉
- 大扎布河、小扎布河
- 科尔索泰
- 卡尔曼德
- 巴比伦尼亚
- 奥皮斯、斯塔齐
- 库那克萨、米底城墙
- 叙利亚

第十二章 斯巴达的霸权及其对波斯的战争　635

将和战士们站在一起,因为这是"他的祖国,他的朋友和他不离不弃的伙伴"。克利尔库斯的讲话给人们留下极其良好的印象。就在此时,居鲁士派人前来邀请克利尔库斯密谈,克利尔库斯当众拒绝前往。这进一步让希腊人深信克利尔库斯是和他们站在同一条阵线上。但是,当克利尔库斯询问下一步该如何行动时,人们的喜悦顿时变成了困惑。因为,如今他们已不再是居鲁士帐下的兵卒,不能再指望获得他发放的军饷、提供的物资和帮助。虽然他(克利尔库斯)和他们处于同一阵线,但也不能再统率他们或为他们建言献策。虽然有的士兵仍对他们的统帅满怀信心,但大家一致决定当务之急是商讨如何解决当前困难。【505】最后他们决定派一名代表前去觐见居鲁士,要求他明确宣布真实的行动意图。居鲁士告诉这名代表说,他行军的目的是前往幼发拉底河,打败政敌即波斯驻叙利亚军区长官阿布罗科玛斯(Abrocomas);居鲁士承诺将为希腊人支付更丰厚的薪酬,月薪由原来的 1 大流克金币增加到 1.5 大流克。眼见进退维谷,处境尴尬,希腊雇佣兵只得答应继续向前行军。虽然极不情愿,他们也想不出其他办法;不少希腊人肯定也怀疑,和在皮西狄亚地区与山地居民作战一样,在幼发拉底河与阿布罗科玛斯过招可能也只是一个诱使他们行军的幌子。

<small>每月 1 大流克约等于每天 9 德拉克玛</small>

<small>在伊苏斯,得到支援</small>

  如今,大军继续向东,经阿达那(Adana)和莫匹斯威斯提亚(Mopsuestia),渡过萨鲁斯河(Sarus)和皮拉姆斯河(Pyramus),沿海岸抵达伊苏斯(Issus),在此,居鲁士与水师会合。这支水师为他送来了拉凯戴梦人派出的 700 名重装步兵。此外,他还获得了 400 名希腊雇佣兵,这些人原本受雇于居鲁士的敌人阿布罗科玛斯。这位波斯将军本应忠于波斯大王、固守西利西亚与叙利亚之间的各道关隘和要塞,但闻听居鲁士率军赶到,他弃城逃往幼发拉底地区;因此,居鲁士将这批失业的士兵也罗致帐下。如今,在居鲁士帐下服役的希腊士兵总数增加到了 14000

人。因为阿布罗科玛斯的胆怯逃窜，居鲁士的大军轻松通过进入叙利亚的大门；而在此前，因为叙恩涅西斯的暗中勾结，他已经顺利通过了进入西利西亚的大门。防守叙利亚的战略要地是位于阿玛努斯山（Amanus, Mt.）西边尽头与海边之间的一处狭窄关隘，这也是从伊苏斯到米利安德鲁斯（Myriandrus）沿海道路的一部分。自离开米利安德鲁斯后，希腊人就不得不暂时与海洋告别。他们谁也不知道，在接下来的日子里有多少可怕事情会降临到他们的头上，下一次见到海洋会是在什么时候。大军经别兰关（Beilan）轻易翻越了阿玛努斯山，其实，阿布罗科玛斯本应派大军驻守此关加强戒备。经过12天行军，他们经过叙利亚总督贝莱塞斯（Belesys）的山间别墅和官邸，抵达塔普萨库斯（Thapsacus），亲眼目睹了著名的幼发拉底河。在此，有必要对行军的目标重新进行说明，居鲁士终于承认大军作战的敌手是波斯大王本人，巴比伦是他的最终目标。听完居鲁士的话，希腊人人声鼎沸，吵成一片，拒绝渡过幼发拉底河。不过，与上次在塔尔苏斯的情况不同，这次希腊人早已推测到进军的目的地，他们的抱怨不过是向居鲁士施压的一种手段，希望他能提供更优厚的待遇。居鲁士答应到达目的地后为每一位士兵发放5明那作为奖励，这笔钱相当诱人，比把每月1.5大流克的薪酬积攒一整年还要多。当希腊人还在与居鲁士讨价还价时，麦农已率领一支分队（除其本部外还包括另外一些人）向前推进。麦农的进军为大部队带了一个好头，居鲁士将来会特别感激他及与其同行之人。【506】阿布罗科玛斯虽已将渡河的船只尽数焚毁；但是，与往年的情况类似，这个季节幼发拉底河水较浅，完全可以涉水而过。对此，阿布罗科玛斯完全是知道的。军队赤足涉水过河，并沿河流左岸继续向前推进。大队人马一路向前，并未受到什么抵抗。他们渡过哈波拉斯河（Chaboras），行进到阿拉伯沙漠的边缘。据色诺芬描述，这一片沙漠平坦似海，上面没有一棵树木，只能偶见几株艾草和

到达塔普萨库斯

8月1日前后

稀疏小灌木丛。不过沙漠里有各种各样在希腊人看来稀奇古怪的野兽，譬如野驴、鸵鸟、羚羊、大鸨等。大军在沙漠里跋涉13天后，终于抵达皮莱（Pylae）。当时此地是巴比伦的前沿堡垒，土地肥沃、河渠纵横，但如今已基本上沦为一片贫瘠的不毛之地。就在通过皮莱后不久，希腊人意识到一支大军就在他们不远的前方，并于不久前刚蹂躏了这一块土地。

阿塔薛西斯的准备　为了迎战入侵者，阿塔薛西斯已开始备战，不过他的准备工作进展比较缓慢。其实，波斯宫廷里几乎没人相信居鲁士的军队能够到达巴比伦。为了防止敌人从北面侵入，巴比伦城建有城墙和护城河的双层保护。城墙和护城河把幼发拉底河和底格里斯河连在一起。敌人必须首先翻过米底城墙，该城墙用泥砖砌成，灌以沥青加固，高100英尺，宽20英尺。过了城墙后，敌人还必须渡过金水河，才可能抵达巴比伦的城门之下。此外，大王还命人修筑了第三道防御设施。这是一道壕沟，长40英里。壕沟的一侧是米底城墙，另一侧幼发拉底河，在壕沟与幼发拉底河之间留下的空隙不足7英尺。要想守卫这样一块人工防御工事密布的地方，国王必须要迅速调集一支大约40万人的军队；如果危险迫在眉睫，40万人可能都还不够用时，他还会派人前往米底，命当地省区总督派兵赶来巴比伦勤王。因为来自外地的勤王大军仍未按时到达，阿塔薛西斯决定暂时按兵不动；他等待着勤王军队到来，以便在人数上对叛军形成绝对优势。这或许可以解释当居鲁士的叛军到达时面临的特殊情况，即波斯大王派人挖了一道壕沟将他们拒于城外。看到沿途并无防卫，居鲁士的大军毫无戒备地行进在壕沟与河流之间的狭窄道路上。

库那克萨之战，公元前401年夏　尽管来自东方的援军仍然没有到达的迹象，但阿塔薛西斯不可能听任敌人继续向前推进。（库那克萨三战示意图，参见图12-2）在通过壕沟两天后，【507】居鲁士的军队抵达一座名为库那克萨（Cunaxa）的村庄。这时，他们突然得知，波斯国王的大军正在向他们靠近。来自东方的军队在阿里埃夫斯（Ariaeus）率领下构成居鲁士的左翼；居鲁士统率中军，周边一队骑兵保护着他；希腊雇佣军居于右翼，紧靠着幼发拉底河。波斯军队的左翼由提萨佛涅斯率领，其中有骑兵、弓箭手和来自埃及的步兵，前排是长镰战车；国王居于正中，周边排列着一队身体强健的保镖马队。居鲁士深知东方人的性格特征，一旦国王被杀或逃跑，战斗胜负立定，那样，他的帝王伟业就会获得成功。因此，他精心设计了这次决战的作战计划。如果严格按该计划行事，他完全有可能获得胜利。他要求希腊人移动位置，远离河岸，尽可能向右边靠拢，这样他们就可迅速向敌人的中军大阵发起进攻，打死或击败居于正中的国王。但是，尽管居鲁士对克利尔库斯寄予厚望，他却决意拒不执行这个大胆而明智的计划。由于他未能如居鲁士那样完全认清局势，克利尔库斯固守希腊人的作战法则，不敢冒险，结果毁掉了雇主的宏图伟业，使大军右翼被敌人从侧翼包抄，遭到了致命打击。除居鲁士事先考虑到的情况外，他们还忽略了一个重要问题，那就是当阿塔薛西斯全速逃跑时，如何乘胜追击。考虑这件事的不应是居鲁士而应是克利尔库斯。对希腊人来说，居鲁士的安全是第一位的，下面将会看到这个问题的重要性。不应忘记，居鲁士王子是他们的雇主；如果他毙命，希腊人杀死再多敌人甚至横扫敌军也于事无补。居鲁士当然不必为此费心劳神，但克利尔库斯需要为此进行恰当的部署。战争之初，希腊人发起了猛攻，波斯人一触即溃。再看另一方，波斯军队的右翼从远处向居鲁士叛军左翼迂回包抄；他们试图掉转方向，紧咬阿里埃夫斯所率军队的后队。居鲁士眼见希腊人取得胜利，兴奋异常，开始接受士兵们的欢呼，似乎他已成为波斯国王一样；他率领 600 名骑兵迅速冲到阿塔薛西斯身边，与国王旁边的 6000 名保镖交上了锋。居鲁士发起的猛烈攻击驱散了国王身边的卫兵。如果他能控制住激情，或许不到一小时他就可能真正成为新的波斯大王。但是，非常不幸的是，就在此时，他发现兄

希腊人获得胜利

|| 第十二章　斯巴达的霸权及其对波斯的战争　　639

居鲁士之死

长混到逃窜的士兵中。因为对阿塔薛西斯怀着满心仇恨,居鲁士丧失了理智;他骑马飞奔向前,准备手刃阿塔薛西斯。此时,居鲁士旁边只有几名侍卫。居鲁士用标枪刺伤了阿塔薛西斯;【508】但在接下来的混战中,居鲁士被一名卡里亚士兵刺中了眼睛,坠下马来,当场毙命。居鲁士的死讯传来,他手下的亚洲军队立刻就溃不成军,四散逃走。

克泰西阿斯的作品

色诺芬亲自参加了这场战役,正是他生动的描述记载下这些重大事件。与此同时,还有很多战斗场景他未能亲眼目睹,而且他对于波斯人的战斗安排和军队布置也不可能知道太多。写作之前,色诺芬阅读过另一个希腊人所写的一本书,并从中获益颇丰。此人名为克泰西阿斯(Ctesias),是波斯宫廷医生。他也曾亲临战场。当阿塔薛西斯被居鲁士刺伤胸部时,他亲自为国王疗伤。作为上述重大事件的亲历者,克泰西阿斯从另一个角度记载了此次战斗。克泰西阿斯的著作现已轶遗,但通过后代阅读过该书的作家,其中一些片段留传至今,使我们有幸一瞥波斯国王和宫廷在这一重大时刻的所作所为。

希腊雇佣军发现他们处于波斯的腹心地带,被敌人从四周层层包围,居鲁士之死给他们带来了突如其来的灭顶之灾。但对希腊而言,居鲁士之死未必不是好事一桩,虽然斯巴达盼望他能取得成功,但居鲁士是一位雄才大略的王子。他早年担任总督的经历相当成功;他决策英明,精力充沛,能克服各种困难险阻,成功组织起这次远征;此外,他能充分认识到希腊士兵的价值。上述事实证明居鲁士才能相当出众,绝非平庸之辈。可以想见,在他的统治下,波斯帝国将会欣欣向荣,不断巩固,可能会再一次对欧洲希腊人的自由构成威胁。谁也无法预料,这个野心勃勃的君王会心怀什么样的梦想。以所向披靡的希腊重装步兵为先锋,居鲁士实现征服天下的梦想也未为可知。在一个雇佣军制日渐盛行的时代,为居鲁士效力成为富有战斗力的希腊战士的共同心愿。不管在他背后隐

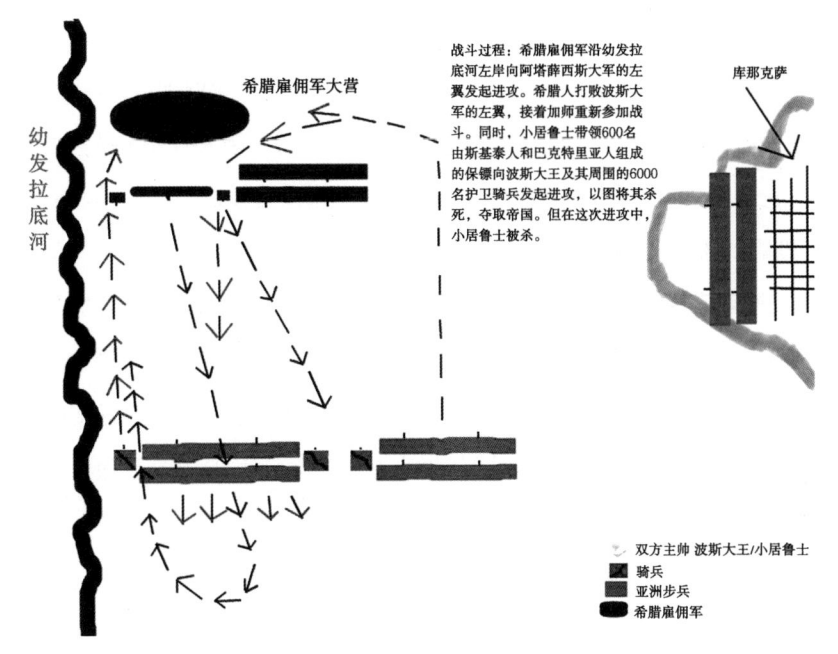

图 12-2　库那克萨之战示意图（由 Stephen Smith 提供）

藏着多少东方式的阴谋诡计和残酷手段，居鲁士确实具备了诸多优良品质。他不但待人直率，风度翩翩，而且乐善好施，出手大方。即便是色诺芬那样一个诚实的希腊人、勇敢的战士和优秀的历史学家也被他深深吸引。居鲁士知道如何投希腊人所好，而此前没有任何一个波斯人能做到这一点；他认识到希腊人在意志力和战斗纪律性方面优于亚洲人；对希腊人来说，他毫不掩饰的欣赏是一种无法抗拒的恭维。如果居鲁士能登大统，爱琴海世界定然马上就会感受到他永不知疲倦的精力和向外扩张的欲望。或许在接下来的两代人里，希腊人将无法决定自己的命运。但阿塔薛西斯对希腊的干预是如此软弱无力，他们几乎没有受到什么影响。【509】还好，克利尔库斯在库那克萨战场上的愚蠢和故步自封使他固守希腊方阵的规则，不能因势变通。或许正是因为如此，希腊才避免沦为波斯治下一个省区的悲惨命运。

居鲁士的能力：如果成功可能发生的事情

希腊人拒绝投降　　不过上述推断并不能使参战的 10000 名希腊雇佣兵感到些许安慰。作战之时，他们满怀兴奋追赶着逃溃之敌。当战争结束返回时，他们发现友军已被打败，自己的营地也被劫掠。次日清晨，希腊人得知居鲁士战死的消息。尽管处于极度危险中，但强烈的自律性使他们仍保持着整齐的阵形，并未发生慌乱；而且，战场中的轻松获胜进一步鼓舞了他们的信心。当阿塔薛西斯令其缴械投降时，他们断然拒绝。对阿塔薛西斯而言，如今的希腊人如同他统治帝国腹心地带的一座敌对城市，令他感到非常棘手。在他看来，首要目标是不惜一切代价让他们远离巴比伦。国王决定为希腊人提供补给，与他们进行谈判。希腊人唯一的愿望是尽快返回家乡。从库那克萨到萨狄斯将近 1500 英里。然而，原路返回根本不现实，因为如果没有人提供给养，他们不可能穿过沙漠。他们既无向导，也无相关地理知识，对底格里斯河流经的地区知之甚少，所以希腊人别无选择，只能接受提萨佛涅斯的建议，由他派人带领他们从另一条道路返回希腊。只有按波斯人的旨意行事，他们才可能获得补给。于是，希腊人跟在提萨佛涅斯部队的后面，翻过米底城墙，跨过两条可以通航的运河，抵达底格里斯河畔。在斯塔齐城（Sittace）附近，他们经河上唯一的一座桥梁跨过底格里斯河抵达北岸，从而由巴比伦进入米底境内。在从小扎布河（Zab）到大扎布河行进的过程中，并未发生什么值得记载的事情。但是，在大扎布河畔，长期郁积在心的猜忌和不信任使希腊人和波斯人差一点发生了冲突。希腊人派克利尔库斯到提萨佛涅斯大帐，要求他对此做出解释。总督的坦诚消除了克利尔库斯的怀疑。提萨佛涅斯承认确实有一些人向他进谗言，企图诋毁希腊人。不过他承诺，如果次日希腊将官前往大帐，他就会向他们透露中伤者的姓名。克利尔库斯马上答应会按时赴约，并要求他手下的 4 位副统领阿吉亚斯（Agias）、麦农、普罗克塞努斯（Proxenus）及苏格拉底与他一同前往。事实证明，克利尔库斯对这位性格狡诈的总督过于盲目信任。将所有希腊人的统领完全置于波斯人控制之下是一个致命错误,这是克利尔库斯犯下的第二个大错。克利尔库斯与色萨利人麦农积怨很深,势同水火。【510】他怀疑是麦农将他们出卖,非常希望麦农的罪行在提萨佛涅斯的大帐能被当场揭露。正是因为如此,他才受到蒙蔽,丧失了正确的判断。5 位统领带着 20 名队长和一些士兵来到大帐。刚进入大帐,队长和士兵全被当场击杀,5 位统领被戴上枷锁押往波斯王宫。不久他们也被处死。

背信弃义逮捕克利尔库斯及其他统领

提萨佛涅斯并不想攻打希腊人,只是想把他们引往一个荒无人烟的地方,让他们难以回到甚至是完全不能回到希腊。在他看来,当希腊人发现他们已无值得依赖的将领统率时,就会立即举手投降。然而,如果说事情发生之初,希腊人眼见前途了无希望,确实感到非常沮丧,但他们很快重拾信心和勇气,选出新统领;在他们的带领下,继续向北进军。其中发挥关键作用的是雅典人色诺芬。他口才出众,镇定沉着,为全军重新注入了奋发向上的精神,带领人们克服了一路上面临的各种艰难困苦。其实色诺芬并无任何头衔,只是作为一名志愿者来到巴比伦;但他具有出众的演说能力、踏实的态度和强烈的责任感,这些优秀品质使他在众人中脱颖而出,成为大军的领袖。他在书中记载,就在统领们被出卖的那个阴郁夜晚,他在梦中见到一道闪电击中他父亲的屋子,熊熊大火燃烧起来,裹住房屋四面。这个梦使他受到启发。他用此梦来解释当前他们面临的困境,认为虽然房屋处于极度困难中,但火光代表着希望。于是他意识到,与其等着他人带头,不如由他亲自出马。

毫不夸张地说,色诺芬承担这个任务完全是大胆之举。他们没有向导,缺乏有丰富作战经验的将官,必须渡过一条条未知的河流,翻越一座座陌生的山岭,经过蛮人聚居的异域番邦;最主要的是他们根本不知道前面的道路到底还有多远,哪里才是大军前行的终点。本来他们还有另外一个选择,那就是在米底腹心地带建立一个希腊城邦,但这个建议并没有太大吸引力,因为大多数人都急盼着返回希腊世界。将他们日复一日的撤离过程完全记载下来会显得非常冗长。这是一个勇气、纪律、理性与危险对决的过程,只有充分发挥希腊人的优秀品质,他们才能想出应对这些危险的非常之举。在向米底北部边界的卡尔杜奇亚山（Carduchia）进军过程中,希腊人受到提萨佛涅斯军队的袭扰,不过也仅此而已,这位总督未敢贸然与希腊人一决高下。进入卡尔杜奇亚山区后,希腊人就走出了波斯帝国的疆域。该地楔入米底省区与亚美尼亚省区之间,山区居民保持着独立身份,并不受波斯人统治。撤离过程中,经过这一段蛮荒之地时,希腊人感受到了最大的危险,遭受的损失也最大。【511】居于该地区的山地居民生性野蛮残忍,极其敌视外来者。对他们来说,防守一夫当关万夫难开的险峻关隘是再容易不过的事情。当希腊人扛着行李转过每道蜿蜒曲折的山路时,他们都担心会被敌人从山上推下的滚木擂石击中。在付出巨大的人员伤亡代价后,他们来到底格里斯河的支流森特里泰斯（Centrites）河畔,这也是卡尔杜奇亚与亚美尼亚的界河。希腊人即将到来的消息早就传开。当他们抵达河畔时,发现在对岸迎接他们的是亚美尼亚总督提利巴佐斯（Tiribazus）率领的大军。糟糕的是,卡尔杜奇亚的山民仍尾随其后,色诺芬必须想出一条万全之策以便迅速安全渡过河流。此时正值隆冬时节（12月）,他们穿行于大雪封山的寒冷的亚美尼亚山区,饥寒交迫。不过还好,因为已与提利巴佐斯达成默契,不会沿途劫掠,因此一路上希腊人并未受到太多干扰。大军向西北方向行进,渡过了幼发拉底河的两条支流,沿如今旅行者从塔夫里兹（Tavriz）到埃尔泽鲁姆（Erzerum）所走的道路向前推进。当他们费尽心力通过好战的卡莱贝斯人（Chalybes）和其他敌对部族居住区后,终于抵达了一座城市。这表明他们再次来到文明区的边缘地带。该城名为吉姆尼亚

库尔德斯坦

现名为古米什

斯（Gymnias），附近出产银矿，因而城市颇为繁荣。在此他们受到了热烈欢迎。更令他们高兴的是，他们得知由此只需几日行程就可到达特拉佩宗之南。一位向导告诉他们只需5日行程，希腊人就可见到大海。"第五日，他们来到了泰科斯（Theches）山，先头部队一到山顶便大叫起来。色诺芬和后卫部队听到叫声，认为前面有敌人在发起攻击。但这时喊叫声越来越大，越来越近，接续上来的队伍也来到了山顶。色诺芬明白一定是发生了特别重大的事情。他便骑上一匹马，带领骑兵前去增援。当他走近时，听到了士兵们的叫声。海！大海！"（*Anabasis*, 4. 7. 27）自从在米利安德鲁斯与大海作别后，他们再也没有见过大海，总觉得无限惆怅，无时无刻不渴望着再次回到大海的身边。如今，再次见到大海，他们知道自己终于安全了。巴比伦平原或米底河畔孤寂之夜的当空瞭望，卡尔杜奇亚山上野蛮人的面庞，亚美尼亚高原上的严寒，如今都如同一场噩梦已烟消云散。

抵达黑海之滨

几天后，军队抵达特拉佩宗，这里靠近海边，已属于希腊世界。他们在此停留了一个月，其间劫掠了居于附近山上的科尔齐斯土著，并将抢得的东西运到特拉佩宗市场上售卖，以此维持军队的开支。他们还在此举办赛会，【512】向宙斯－索特（Zeus Soter，即救世主宙斯）敬献祭品。在扎布河畔那个令人绝望的夜晚，希腊人失去所有将官时，曾许下大愿，通过这种方式，如今他们终于了却心愿。

在特拉佩宗，公元前400年年初

一万名希腊士兵如同一道闪电从天而降聚集到黑海岸边，这一定使居住在特拉佩宗、其姊妹城邦凯拉苏斯（Cerasus）和母邦辛诺普的希腊人感到非常惊讶而困惑，成为他们深感担忧的一个问题。因为新来的这些人不但人数众多，大多数是重装步兵，而且还经历过常人未曾经受过的严峻考验。他们下一步会如何行动？会不会突然叩关，攻打其中某一座城市？对此没有人能够做出肯定答复。他们不是一支寻常的军队，而

‖ 第十二章 斯巴达的霸权及其对波斯的战争　　645

是一支由1万名士兵组成的实行民主原则的共同体,他们不为任何一位国王效力,不对任何一个城邦负责,只遵守他们自己的法则,选举他们自己的统领,在全体士兵大会上决定任何重大事情。他们如同一个移动的城邦,在黑海之滨游动。他们接下来会做什么而又不做什么?首先,他们完全可能在辛诺普影响下的某个可能的地方安顿下来,建立一个城邦,而不受辛诺普的控制。

色诺芬考虑建立一个新城邦

万人远征军唯一所想的就是返回家乡,返回到爱琴海和希腊世界。如果能马上获得船只,他们一刻也不会停留,再也不会给辛诺普及其子邦带来不安。对色诺芬而言,或多或少,他早已预见到大军返回希腊后可能面临的困难。他试图在某个地方,譬如法西斯(Phasis),建立一个殖民地,以便在此聚积一些财富,攫取一定权力,不过他的想法并不受欢迎。当人们得知他正在思考这样一个计划时(虽然他本人还没有在大会上提出),他对军队的影响力一下就丧失殆尽。事实上,在色诺芬这样一个务实领袖率领下,在金羊毛的产地法西斯建立一个殖民地,或许是安置万人长征军的最佳手段。如今,他们所面临的困难已完全不同于往日。过去凭借他们的坚韧和勇敢,所有困难都能迎刃而解;如今他们需要的是智慧和决断。现在他们已不再会每天都面临全军覆灭的危险,军队的凝聚力也随即消散。不要忘记,军队的人员来自希腊各邦,他们能够走到一起完全是出于偶然。维系统一的不是对共同体的忠诚,他们只不过是一个志愿团体。在到达拜占廷之前,万人长征军没有完全解体就已经算是一个奇迹。不可否认,军队的纪律性已不可避免地降低了,整支大军在到达赫拉克利亚时曾一分为三(旋即又合在了一起)。【513】但是,不能不看到,这个巨大的士兵共同体主宰着自己的前途,商讨着他们要做的事情,决定着未来何去何从;他们总能听取大会上成员的理性建议,无论这样的呼声来自色诺芬还是其他人。这本身就是一个值得大书特书的奇迹。

通过海陆兼程的方式，大军从特拉佩宗撤回到卡尔克顿；整个过程中，他们行事拖拖拉拉，人们的失望之情溢于言表，队伍一片混乱。或许不少人会断言一旦到达卡尔克顿，队伍就会立即作鸟兽散，每个人都会急匆匆赶回自己的家乡。虽然对于再次回到希腊世界感到非常高兴，但他们还是希望在回家之前有钱装满自己的钱包。于是，他们决定仍聚在一起，随时准备为任何一个愿意给他们报酬的势力效力。对波斯驻赫勒斯滂省区的总督法那巴佐斯来说，这支公然反抗国王的军队的到来是一个巨大隐患。于是，他贿赂拉凯戴梦水师提督阿那克西比乌斯（Anaxibius），让他把万人长征军骗到欧洲去。阿那克西比乌斯承诺向大军支付高额薪酬。当他们进入拜占廷后，发现受到了欺骗。要不是色诺芬机智而耐心的劝解，冲动的大军差点劫掠了这座城市。此后，他们受雇于色雷斯王公塞乌提斯（Seuthes）去攻打当地反叛的部族。塞乌提斯比阿那克西乌斯更加不讲信义，欺骗了他们，甚至都没有支付给他们理应获得的血汗钱。终于，他们的好日子到来了。拉凯戴梦与波斯爆发了战争，随后将会进一步论述这个问题，拉凯戴梦人需要更多战斗人员。居鲁士手下这支一贫如洗的军队（如今只剩下6000人）再次渡海来到亚洲。拉凯戴梦人为他们提前支付了一部分薪金。我们对这支万人长征军的关注就到此为止。其实到达特拉佩宗后，这支军队就没有太多值得大书特书的事情了。但是，这得将色诺芬排除在外。自从大军重回文明区后，色诺芬就曾再三表达过离开的愿望，他断然拒绝人们多次选他为指挥官的建议。但是，他在士兵中仍享有崇高威望，每当他们身处困难时，色诺芬都不可能袖手旁观，必然会向他们伸出援手。现在，他终于得到解脱，带着一大笔钱回到了雅典。不过，或许因为他的恩师苏格拉底最近才被处死，雅典人对他并不太友好。不久他又回到亚洲，与他原来的战友们一道与波斯人战斗。后来当雅典成为反斯巴达同盟的一员时，【514】色诺芬遭

到达卡尔克顿

在拜占廷

受雇于斯巴达，公元前399年

色诺芬此后的经历

直到公元前370年色诺芬都居于斯基鲁斯

|| 第十二章 斯巴达的霸权及其对波斯的战争　　647

到了放逐。在接下来的20多年,他都生活在特利菲利亚(Triphylia)一个名为斯基鲁斯(Scillus)的村子里。这里是斯巴达人给予他的安身立命之所。后来,雅典撤回放逐他的审判,他才回到雅典度过了余生。

在离奥林匹亚不远处,位于特利菲利亚的乡村别墅里,色诺芬过着简单而恬静的生活。他也因此有闲暇进行文学创作。除了其他一些相对次要的作品外,他撰写了一部回忆录,将雅典人色诺芬发挥重要作用的那次令人难以忘怀的长征记载下来。该作品还对特利菲利亚这个平和的乡村偶有涉及。通过描述可见,他是如何在这个地方留下了深深的足迹。他曾将撤离过程中抓获人质所得赎金的一部分存入到以弗所阿尔特米斯大庙,以此作为祭献女神的香火钱。后来,他将这笔钱取了出来,带到斯基鲁斯。在此色诺芬购买了一块肥沃的土地,为以弗所的阿尔提米斯女神修造了一座神庙。"恰如以弗所一样,一条名为塞利努斯(Selinus)的小河从神庙旁流过。两条小河里都生长着各种各样的鱼类和贝类。但在斯基鲁斯还有各种各样的赛会。色诺芬用圣库的金钱为女神建造了一座祭坛和一座神庙。自此以后,他每年都会将地产上收获物的十分之一奉献给女神。居住在周边的所有公民和邻里,无论男女都会参加祭祀之后的宴会。他们在此安营扎寨,女神为他们提供食物、面包、酒和甜点。他们一边分享着圣餐,一边参加或欣赏着竞赛。色诺芬家的孩子或邻居家的孩子经常打猎,任何一个爱好狩猎的乡民都可以加入其中。他们将捕获的猎物拿来与人分享。圣域和佛罗埃山(Pholoe)都是狩猎的好围场,那里的野猪、羚羊和牡鹿不计其数。这里有草地和丛林密布的小丘,是放养猪羊的好牧场,人们也在此牧牛养马。尽管这里有道路通往斯巴达和奥林匹亚,但在那些大城市的祭祀中少见的珍稀野味在此不过是人们餐桌上的寻常之物。这里的神庙完全按以弗所大庙的样子建造,不过规模要小得多。神庙四周都是果树。这里的松柏也是按以弗所的样子栽种的。"在此，色诺芬过着幸福而平淡的生活，将所有时间都用在了竞赛、创作和敬神上面。

乍一看，居鲁士远征似乎与希腊史无关，应属于波斯史的范畴；万人远征军的撤离大概可视为一部冒险小说，将这件离题的事件强拉入希腊史不免牵强。但事实上，色诺芬及其战友进军波斯腹地并安全返回希腊的经历并非离题万里的传奇故事。此前已经指出，【515】库那克萨各方的成败与希腊人的命运密切相关。如果命运女神眷顾的是战场上另外一方，希腊的未来可能也会完全不同。毋庸置疑，进军巴比伦、与阿塔薛西斯的战斗、历经艰辛返回希腊的整个过程也非常重要，在希腊的历史进程中占有一定位置。这是薛西斯入侵希腊的后记，是亚历山大征服的序曲。在此之前，波斯大王率领大军入侵希腊，结果被希腊人战败退出，这是亚欧对抗的一个重要时代。接下来的时代里报应随即到来。希腊人大军将入侵波斯，而波斯则无力将其逐出。亚历山大的成功将是希腊人对薛西斯战败的回应。虽然为了这个回应人们不得不等上五代人，但居鲁士远征是一次预演。仿佛历史已向我们昭示了未来希腊人的回应将会如何进行。色诺芬的《长征记》是希罗多德《历史》的续篇；同时，色诺芬及其战友是行走在亚历山大之前的探路人。作为希腊对波斯胜利的典范，人们很快明白了这次远征的重要性。此前还没有一支希腊军队胆敢孤军深入波斯帝国的腹心地带，这次他们取得了成功。在离波斯首都不到几英里的地方，他们毫不费力地打败了波斯大王不可一世的军队；然后他们摆脱各种各样充满敌意的部族的围追堵截，吓得敌人不敢在野战中与他们正面交锋，最终他们安全返回希腊。波斯人的胆怯让希腊世界感到惊讶。人们看到波斯的实力虽然强大，但小小一支外邦队伍就如此成功地对其发起了挑战，自此以后，希腊完全可以藐视波斯的力量。其实，在这之前，还没有哪一个希腊城邦在与异邦人的战斗中取得过胜利。

> 居鲁士远征的重要意义

这次远征中，希腊人展现了他们在勇敢、纪律、能力等方面远胜于东方人；有理由相信，他们优异的表现一定能激发所有希腊城邦的自豪感。正如马上将会看到的那样，色诺芬率领下的万人远征很快就开花结果。一两年之后，一位斯巴达国王受此鼓舞，试图完成征服波斯帝国的伟业。不过此人能力平庸，收益甚微。征服波斯的重担注定只能由亚历山大完成。尽管如此，万人远征产生的精神影响却经久不衰，其影响更甚于阿格西劳斯（Agesilaus）徒劳无功的战争。鉴于上述原因，我们有理由相信万人远征的重要性远甚于人们的想象。对希腊而言，该事件虽然只是一次少数人参与的个人冒险，虽然它发生在希腊世界之外，但在希腊历史发展的道路上，它占据的地位比同时期的雅典、斯巴达或者其他任何一个城邦都更显赫。

第三节　斯巴达与波斯的战争

居鲁士的军事行动立即对伊奥尼亚希腊城市的地位和前途产生了影响。按条约规定，除战略位置重要的阿比多斯外，斯巴达人应将小亚细亚的城邦拱手让给波斯。然而，为了获得希腊人的支持，居鲁士唆使伊奥尼亚诸城与总督提萨佛涅斯对抗，进而将反叛的城市置于自己的保护之下。提萨佛涅斯及时行动，避免了米利都的反叛，但其他城市都已被希腊驻军占领。因此，随着居鲁士进军亚洲内陆，这些城市事实上已脱离了波斯的控制。在库那克萨击败居鲁士后，提萨佛涅斯回到原来由居鲁士统辖的爱琴海沿岸地区担任总督，同时他还担任小亚细亚总司令之职，统辖着周边的省区。他关心的首要事务是恢复对海岸地区希腊城市的统治。于是，他发起进攻库麦的战争。小亚细亚的希腊人大为震惊，派人来到斯巴达，呼吁保护他们的安全。

小亚细亚总督提萨佛涅斯计划恢复对希腊城市的统治

向斯巴达求救

如今,斯巴达与波斯的关系已大不同于从前,因为援助居鲁士就意味着向波斯大王宣战。万人远征军的胜利使希腊人受到激励,他们从内心里藐视波斯帝国。斯巴达人认为这是劫掠法那巴佐斯和提萨佛涅斯统辖的富裕省区、满足他们贪欲的绝佳时机。击败波斯、获得大胜的美妙前景使斯巴达人野心勃勃。出于上述考虑,斯巴达派出一支军队出征亚洲;如前所述,著名的万人远征军余部从色雷斯赶过来,加入队伍之中,增加了斯巴达人的实力。要是指挥得力,他们或许可获得更大的胜利。但斯巴达统领提布隆(Thibron)不能维持军纪,他们取得的成果远远低于斯巴达人的预期。斯巴达人派德凯利达斯(Dercyllidas)为统领取代了提布隆。德凯利达斯颇有声名,以富于谋略著称。利用波斯两位总督间的误会,德凯利达斯与提萨佛涅斯订立了停战协议,全力进攻法那巴佐斯统辖的省区,并借此一报私仇。最近发生的一件事情使他有可能迅速而轻易插手特洛亚德(Troad,或称爱奥利斯)的事务。法那巴佐斯将该地区的管辖权委托给一位名为泽尼斯(Zenis)的达尔达努斯(Dardanus)当地人。泽尼斯去世时,留下他的寡妻和一双儿女。鉴于这种情况,法那巴佐斯准备选择另一个人担任副总督。但是,【517】泽尼斯的寡妻玛尼娅(Mania)请求让她递补担任丈夫的职务。她辩称说:"我的丈夫准时缴纳贡金,为此您对他赞赏有加。如果我也能做得同样好,为什么您就不能任命我呢?如果发现我的工作无法让您称心如意,您可以随时将我革职查办。"同时,她向总督、治下官员及总督的小妾赠送大量金银,从而获得人们信任,并最终得偿所愿,被任命为副总督。她定期缴付贡金,法那巴佐斯对她的工作非常满意。而且在她的出色管理下,爱奥利德成为一片富庶而安定的乐土。她手下维持着一支希腊雇佣军,在斯凯普西斯(Scepsis)、格尔吉斯(Gergis)、凯布伦(Cebren)等山上坚固的要塞里存有巨额财富。她甚至征服了特洛亚德南部的一些沿海城镇,像卡里亚女王阿特米

斯巴达派军,公元前400年

在提比隆的指挥下,公元前400—前399年,后被德凯利达斯接替,公元前399年

特洛亚德

玛尼娅

被其女婿杀害

西娅一样，亲自参加军事远征。然而，尽管她对女婿斯凯普西斯人美狄亚斯（Meidias）相当信任，充满关爱，但此人却忘恩负义将她出卖。为了篡夺她的权力，美狄亚斯将她勒死，并残忍地杀害了她的儿子，占据并控制着该地区的三座要塞，攫取了要塞里的金银珠宝。法那巴佐斯断然拒绝任命杀害玛尼娅的凶手继任副总督，同时送回美狄亚斯敬献的礼物，并告诉他："好好保管它们吧，到时我会亲自来取这些礼物和你的性命。如果不给玛尼娅报仇，我活在世上还有什么意义呢？"

德凯利达斯占领特洛亚德

当美狄亚斯惊恐万分等待着法那巴佐斯报复时，斯巴达军队出现了。德凯利达斯没有遇到什么抵抗就成为爱奥利斯的主宰，因为除斯凯普西斯、格尔吉斯和凯布伦之外，其他各城驻军都不愿接受美狄亚斯的辖制。凯布伦的驻军很快就向斯巴达人投降。美狄亚斯决定前往斯凯普西斯商谈归顺事宜；但德凯利达斯在双方还未协商一致前，就率领大军驻扎在城门外；美狄亚斯慑于敌人强大的力量，被迫命手下开城投降。接着斯巴达人以同样方式，兵不血刃，占领了格尔吉斯城。美狄亚斯的私有财产仍归其所有，但原属玛尼亚的所有财宝都被斯巴达将军占据挪用。因为玛尼亚的财产属于她的主人法那巴佐斯，因此现在理所当然成为总督之敌的战利品。德凯利达斯抢得的这笔钱几乎够他手下8000名士兵一年开支；值得注意的是，自此后，万人远征军勇士们的装备自此也得到明显改善。如今，爱奥利德在斯巴达对抗法那巴佐斯战争中所起的作用，类似于伯罗奔尼撒战争中阿提卡的狄凯里亚，成为楔入敌人国土中的一片设防区域。斯巴达希望凭借她取得的上述胜利迫使波斯与其订立和约，同意恢复小亚细亚希腊城邦的自由。于是斯巴达分别与提萨佛涅

公元前398年
公元前398年

斯和法那巴佐斯缔结停战协定，【518】派出使团前往苏撒觐见波斯大王。与此同时，德凯利达斯渡海返回欧洲，占领了横亘克尔松尼斯半岛的横墙，以此保护塞斯托斯和半岛上的其他城市免受色雷斯人侵略，半岛

上的居民箪食壶浆迎接斯巴达军队的到来，并为他们提供军费和食物。当军队再回亚洲时，斯巴达人经长时期的围城，占领了坚城阿塔奈乌斯（Atarneus）。接着，他们接到来自国内的命令，开始向卡里亚进军。

> 围攻阿塔奈乌斯，公元前398—前397年
>
> 向卡里亚进军，公元前397年

从苏撒传来坏消息，斯巴达人的算盘落空。在颇富才能的总督法那巴佐斯劝说下，波斯国王决定与斯巴达进行海战。斯巴达人舰船的数量无法与为大王效力的腓尼基—塞浦路斯水师相抗衡，左右战局胜负的筹码完全系于波斯水师提督的个人指挥能力，斯巴达的命运就掌握在此人手中。在波斯阵营中，有一位经验丰富的水师统领；在他的谋划下，斯巴达的霸权即将覆灭。羊河战役中逃走的雅典水师统领科农对于当天的惨败耿耿于怀，时刻准备一雪前耻。他逃到了塞浦路斯的萨拉米斯，得到国王埃瓦哥拉斯的盛情款待和保护。通过埃瓦哥拉斯的引介，科农认识了前述库那克萨战役中提及的希腊医生克泰西阿斯。此人颇得皇太后帕吕萨提斯的青睐。在皇太后的影响下和法那巴佐斯的提议下，科农被任命为波斯水师提督，率领300艘战船在腓尼基和西利西亚整装待发。在科农的率领下，如此庞大的水师队伍无疑非常令人生畏；但拉凯戴梦的统治者似乎并未认识到危险，他们还以为波斯军队仍如从前一样行事拖拖拉拉，毫无效率。此外，斯巴达人还将所有精力投入陆战中，完全忽略了海上力量的发展，但海上力量对于维持其霸权至关重要。当波斯水师的装备还未完全到位时，科农就带领40条战船驶往卡里亚的考努斯（Caunus）。见此情景，斯巴达人被迫采取相应行动。他们派法拉克斯（Pharax）率领120条战船封锁卡努斯，将科农的战船拦截在港口之内。同时命令德凯利达斯进军卡里亚。提萨佛涅斯和法那巴佐斯的联军首先解除了考努斯之围，接着他们在麦安德河谷遭遇到德凯利达斯的大军。虽然波斯大军给一部分斯巴达军队造成了恐慌，并导致斯巴达人的巨大伤亡，但提萨佛涅斯见识过万人远征军的勇猛，对希腊人的战斗力颇为

> 科农
>
> 科农被任命为波斯水师提督

停战

忌惮，因此不愿与其大规模交战，于是提出息战和谈。不过，如今斯巴达决定投入更多力量对波斯发起一场规模更大的战争。【519】德凯利达斯不得不退位让贤，让斯巴达国王担任统帅，指挥整场战争。

阿格西劳斯

不久之前，阿格西劳斯（Agesilaus）在异乎寻常的情况下登上国王宝座，如今他开始步入历史舞台。虽然莱桑德卸下公职，前往拜访宙斯－阿蒙神庙，但他既未放弃勃勃野心，也未丧失对国家政治的影响力。他计

莱桑德的革命性
举措

划对斯巴达政体进行一次巨大变革，将其描述为革命性变革一点也不为过。他的想法是担任国王者不再仅限于法律所规定的优里斯提尼家族和普罗克勒斯家族成员，而应从所有赫拉克利戴（赫拉克勒斯的子孙）中选举产生。就今天的政治话语而言，斯巴达国王已不再是真正意义上的国王，不再是拥有至高无上权力的君主，而只是国家的一个高级官员。国王由选举而非世袭产生，这无疑具有划时代意义。如果该提议获得通过，意味着莱桑德将终身获得原属国王的军事权力，全权指挥海外驻军，每一任届满后，人们不能将其召回或废黜。在莱桑德这样能力超强的人手中，这种终身任职的职位与由优里斯提尼和普罗克勒斯家族成员担任的国王有很大不同，国王与长老的权力分配可能会发生相当大变化。莱桑德的计划将会是建立一种类似于元首制政体的第一个步骤，将可能在一定程度上使斯巴达政体与帝国政权相适应。莱桑德没有考虑过使用武力实现这一重大变革，他只是计划运用宗教对当权者施加影响。因此，他离开斯巴达，企图在外暗地操纵最重要的神谕，以便有利于计划的展开。但发布神谶者大多对他的贿买行为相当冷漠，因为他的计划实在太令人感到胆大妄为。不过，他仍成功争取到了几位德尔斐祭司的支持，按其旨意捏造出几则神谕。坊间传闻说，在德尔斐保存着一些古老而神圣的文件，要等到阿波罗之子出现后才展现给众人，并由其向众人宣布。与此同时，也有人传言说有一个青年名为西莱努斯（Silenus），其母断言阿波罗是

孩子的生父。但这个精心谋划的诡计在最后时刻还是破产。其中一位实施者未能尽职尽责，结果导致承载着斯巴达王统的神谕再也没能成功发布。后来，随着国王阿基斯去世，莱桑德放弃了这项富有革命性的计划。因为莱桑德相信他完全可以指挥和掌控新国王。按正常的继承顺序，阿基斯之子莱奥提奇达斯本应成为新国王。【520】但人们普遍认为这位年轻人并非老王的合法子嗣，而是亚西比德的私生子。后来，在莱桑德的支持下，利用人们的猜忌，阿基斯的异母兄弟阿格西劳斯胜过其侄儿，获得了国王的权标。

放弃计划

阿格西劳斯就任国王，公元前398年

　　莱桑德被新国王的性格欺骗了。他并不是任其摆布的傀儡。到现在为止，阿格西劳斯只是展现出他性格特征的一面。自少年时代起，他就一直谨守莱库古法律的规定，欣然接受并认真履行城邦要求公民承担的所有义务；他平易近人，待人谦和；从不固执己见或在民众中强出风头。但在遵守斯巴达纪律的面具下，隐藏着一颗从不曾为人所知的勃勃野心和桀骜自负的狂放个性。阿格西劳斯虽然强健勇猛，但身材不高，微跛。当他就职时，有人因其身体缺陷提出反对意见，因为曾有神谕郑重警告拉凯戴梦人，勿使跛足之人成为国王。但与其他以宗教为武器的政治斗争一样，该神谕被人重新解读，反而成为攻击对手的手段，不再起什么作用。莱桑德宣称，神的启示并非指身体残疾，而是指血统上并非为赫拉克勒斯嫡系子嗣的人。不过，那些只相信从字面意义解读神谕的人仍对阿格西劳斯成为国王深感不满。

阿格西劳斯的性格

　　新国王行事审慎，对城邦其他权力机构的命令毕恭毕敬，其行事作风使他对民众更有影响力。历任国王因缺乏实在权力，通常都会端起架子故作与众不同之态。而阿格西劳斯在民众中享有很高声望，万事力求简单明了，保持着一位普通公民的行事风格。他对朋友忠贞不渝，但是当他为了包庇同党行事不公时，对朋友的忠诚也为他带来了负面影响。

|| 第十二章　斯巴达的霸权及其对波斯的战争　　　655

<small>斯巴达国内的情况</small>

在他继位后不久，斯巴达国内发生了一宗严重事件，从中我们可以一瞥此时拉凯戴梦的社会状况。该事件还表明，斯巴达当权者为了维持海外帝国，引发了一系列年复一年的威胁；国内局势也因帝国的存在而日益恶化。对外贸易的发展和从海外攫取的金钱造成公民财富的巨大不平等；同时，全权斯巴达公民人数不断减少，无法缴纳公餐的贫困公民人数比例不断上升。那些因贫困而被取消公民资格的人不是降格为庇里阿西人，而是形成一个独立的阶层，名为"下等人"（Hypomeius）。虽然其

<small>下等人</small>

中少数人可能会因某一刻的天降大运重新能够缴纳自己的那一份公餐费用，【521】从而恢复全权公民身份，但一般情况下，这些"下等人"自然会形成一个对现存秩序不满的阶层。因此，原本范围狭小的"平等者"如今范围更窄，那些享有既得权力的寡头时刻担心"下等人"会与庇里阿西人和希洛特联合起来，密谋颠覆现行政权。曾有人策划过一次类似阴谋，但斯巴达有效的秘密警察制度将其扼杀在萌芽中。这次阴谋的主要发起者是一位身处"下等人"阶层的名为基那冬（Cinadon）的年轻人，此人身强力壮，勇猛过人。斯巴达监察官从告密者那里获悉，在广场上，基那冬提醒人们，与他们的敌人相较，斯巴达人的人数太少，或许只有一百分之一。按照基那冬的说法，所有"下等人"、"新公民"、庇里阿西人和希洛特都是他的同伙，"只要听到有人谈到斯巴达人，他都说得咬牙切齿，恨不得生啖其肉"。当有人询问基那冬，暴动者将从哪里获得武器，他指着市场上的铁匠铺，并补充说每一名工匠和农夫都拥有武器时。监察官们从告密人那里得到的消息可能比这更翔实。因此，如往常一样，他们派人叫来基那冬，派他去执行一项警务；陪同前往的人在路上将他抓捕；他遭受酷刑，被逼供出了同伙。在斯巴达抓捕基那冬可能引发巨大的危险；因此在他供出同伙之前，整个城邦保持着高度的戒备。监察官们质问他为何要阴谋造反，他回答说："我梦想，在斯巴达没有人能高高

在上。"他被抓来游街鞭打,最后与同伴一道处死。

对照其他城邦的历史,我们不禁会问,为何莱桑德那样野心勃勃的将军不利用民众的不满情绪达到目的。基那冬无疾而终的密谋为我们提供了一些线索。在斯巴达的政治氛围中,有某种特别之处使一位公民几乎不可能不忠诚于他所属阶层。

基那冬阴谋,公元前397年

第四节 阿格西劳斯出征亚洲 克尼多斯之战

按照安排,阿格西劳斯取代德凯利达斯指挥对波斯的战争。随阿格西劳斯前往的是一支由2000名新公民组成的军队和一个包括莱桑德在内的30人军事委员会。

公元前396年

从这一时刻斯巴达的行动可以非常清楚地看到,居鲁士及其万人远征军的活动使希腊人对波斯的看法发生了翻天覆地的变化,人们一致认为波斯确实衰落了。【522】在斯巴达的领导人看来,任何一个勇敢的希腊人都可以轻松征服波斯大王治下的土地。斯巴达国王阿格西劳斯的愿望尤为急迫。自此,他开始展现出强烈的征服野心,梦想着将来某一天亲自把波斯大王赶下王位;在他看来,毫无疑问,他至少会迅速地把小亚细亚沿岸的希腊人从波斯人的控制下解放出来。但是,他早出生了60年;而且这位值得尊敬的斯巴达人绝不是一位能马上定乾坤的决定性人物。他把自己视为新时代的阿伽门农,即将动身征服一座新特洛伊。为了给人完全相似的感觉,他率领一部分军队前往奥利斯(Aulis),如同"众王之王"阿伽门农在驶往伊利昂之前一样,向那里的阿尔特米斯神庙奉献牺牲。假如阿格西劳斯后来确实征服了波斯帝国,到奥利斯的祭拜活动将成为这位伟大人物展现自信心的一宗趣闻。但阿格西劳斯的表演只能为历史徒增笑料,更可笑的是,即便这次庄严肃穆的宗教活动也并不成

阿格西劳斯雄心勃勃的计划

第十二章 斯巴达的霸权及其对波斯的战争 657

|他在奥利斯的表演|功。这位斯巴达国王到神庙里举行的祭拜活动并未征得底比斯人同意；结果祭拜过程中，一队武装人员强加干涉，他不得不将其半途取消。这次赤裸裸的侮辱令阿格西劳斯永不饶恕底比斯。|

　　莱桑德料想，这次战争的真正指挥权一定会交到他的手中，到达亚洲后他也是按照这样的想法行事。但他很快就醒悟过来。阿格西劳斯并不准备只是充当一位名义上的统帅，对于莱桑德提出的请求，他一概拒绝，就这样他有效地遏制了委员会自行其事的苗头。阿格西劳斯这招非常奏效。在多次碰软钉子后，莱桑德主动提出到赫勒斯滂执行另一项任务，在此他确实为斯巴达完成了不少卓有成效的工作。与此同时，波斯驻该地区的两位总督与阿格西劳斯续签了此前与德凯利达斯订立的停战协定。但是，很快协定就遭提萨佛涅斯破坏。阿格西劳斯佯装向卡里亚进军。当提萨佛涅斯的防御工作准备就绪时，阿格西劳斯的大军突然向北开进，侵入法那巴佐斯统辖的省区。在此他虽未取得什么骄人战果，但获得大量的战利品。这些金钱对他本人并没有什么诱惑力，但大大充实了其朋友和追随者的钱包。史学家色诺芬曾专门为这位国王立传，讲述他的生平和性格。其中有大量关于这次战争的趣闻逸事，充分展现了阿格西劳斯的美德。对历史学家而言，那些关于国王仁德厚爱的故事并非仅仅只是为我们展现他的优秀品质，而是呈现了这样一个事实，即公元前4世纪的希腊人比前5世纪更人道。色诺芬告诉我们，【523】阿格西劳斯尽力保护战俘不受虐待；将他们当作是普通人而不是罪犯对待。有时，奴隶贩子为了逃避斯巴达大军，将买来的小孩遗弃在路边。阿格西劳斯不会听任这些小孩落入野狼之口或饿死路旁，而是把他们交给在当地抓获的年老战俘抚养。不过，阿格西劳斯不会顾及战俘的感受，把他们交给手下士兵当作"实训素材"随意使用。此年冬天，他带领大军在以弗所训练。为了展现训练成果的好坏，他想出一个办法。他强令战俘如同拍卖时那

公元前396年

阿格西劳斯在弗里吉亚的战斗，此年秋

关于阿格西劳斯的逸闻趣事

样,赤身裸体站立成队,让手下战士看看没有经历风霜、没有严格训练的亚洲人松弛的肌肉、白皙的皮肤和柔弱的四肢。这样的展示给希腊人留下了深刻印象,让他们的自豪感油然而生。尽管他的本意并非如此,但这无疑是对战俘的羞辱。虽然所有希腊人习惯锻炼时一丝不挂,但亚洲人却认为当众赤裸身体是奇耻大辱。

前一年冬天,阿格西劳斯组建了一支骑兵队伍;春天,他率领这支队伍参加了战斗,在萨狄斯附近的帕克托鲁斯河畔取得了对提萨佛涅斯的一场大胜。提萨佛涅斯的失败在苏撒引来一阵抱怨之声。皇太后帕吕萨提斯根本没有宽恕提萨佛涅斯,认为他对其深爱的儿子居鲁士之死负有不可推卸的责任,于是想尽办法要把他拉下台。在皇太后的策划下,波斯国王任命提特劳斯泰斯(Tithraustes)取代了提萨佛涅斯,并在随后将其处死。提特劳斯泰斯提出新的建议,要求希腊军队撤离亚洲;同时确保此地希腊城市享有完全自治权,只需缴纳原来规定的贡金即可。阿格西劳斯并未征求国内政府的意见,就明智地接受了他的建议。同时,双方约定停战半年。不过这次停战只是针对提特劳斯泰斯而非整个波斯帝国。就这样,阿格西劳斯大可自由调转作战方向,发起对法那巴佐斯的进攻。

在对弗里吉亚发起第二次战斗过程中,斯巴达国王得到了帕弗拉哥尼亚王公奥提斯(Otys)的支持;同时,在莱桑德的策动下,一位名为斯皮特利达泰斯(Spithridates)的贵族也反叛了波斯,转而为阿格西劳斯提供援助。整个省区的战火一直烧到法那巴佐斯治所达斯库利昂的城墙外。斯巴达大军在城外附近的庄园中过冬,庄园为他们提供了丰富的禽类和鱼类食品。负责法那巴佐斯的辎重和补给的队伍到处大肆搜刮,结果被斯巴达人抓获。但在分发战利品的过程中,阿格西劳斯与来自东方的盟友产生了矛盾,波斯人愤而离开。对于他们的离开,阿格西劳斯非常失望,因为他深深爱上了一位英俊的年轻人,斯皮特利达泰斯之子。希腊

> 在吕底亚的战事,公元前395年春

> 提萨佛涅斯之死

> 阿格西劳斯第二次入侵法那巴佐斯治下的省区,公元前395年秋

人攻打弗里吉亚的行动以一次奇异的场景而告终。【524】这位波斯总督决定与拉凯戴梦将军亲自面谈。阿格西劳斯首先来到了指定的地方，坐在草地上静候总督的到来。接着，法那巴佐斯的仆从出现了；他们铺开豪华的地毯静待着主人的到来。但是，法那巴佐斯看到阿格西劳斯坐在简陋的座椅上，也走过来坐在他的身旁。在双方握手致敬后，法那巴佐斯义正词严地抗议说："在斯巴达与雅典交战时，我是你们忠诚的盟友。在我的帮助下，你们最终取得了胜利。我和提萨佛涅斯一样，从来没有欺骗过你们。但是，如今你们完全不顾念过去，大肆劫掠我统治的省区，以至于我都无法吃上一餐饱饭，只能捡你们剩下的东西。你们劫掠或者焚毁我所有的庄园、猎场和房舍。难道这就是你们对我提供帮助的感谢吗？难道这就是我应该得到的奖赏？"经过很长一段时间的沉默后，阿格西劳斯辩称说，因为目前与波斯大王处于交战状态，他不得不对所有波斯国土都不友好。同时，他邀请总督扔弃对大王的忠诚，改旗易帜，成为斯巴达的盟友。法那巴佐斯说："如果国王派来另一位总督，让我成为他的手下，那么我将非常高兴成为您的朋友并与您结盟；但是，如今我身处这个位置，为他镇守一方，我必将竭尽全力与您周旋到底，战至最后的一兵一卒。"阿格西劳斯对于他不卑不亢的答复非常高兴，于是答复说："我马上命人撤出你统辖的土地，只要我将来还能在其他地方作战，我们就不会入侵这里。"双方互道珍重，挥手道别，法那巴佐斯也骑马离开。但是，他年轻帅气的儿子落在了后面，告诉阿格西劳斯说"让我成为您的朋友吧"，接着送给他一支标枪。阿格西劳斯接受了这份友谊，并将书记官的马饰回赠给他。这件事还有下文。后来，这位年轻的波斯贵族受到兄长的不公正对待，逃到希腊避难，他的朋友阿格西劳斯为他提供了庇护。

在弗里吉亚的胜利使阿格西劳斯比以往任何时候都更加渴望征服小亚细亚的腹地。不过也就在此时，他处置失当，未能取得更大胜利。在进攻法那巴佐斯之前,他收到一则来自斯巴达的消息,任命他全权指挥海上战事;阿格西劳斯当务之急应准备足够多的船只。尽管波斯的后勤工作还未完全准备就绪,但科农已率领 80 条舰船前往罗德岛,策动岛上居民反叛了斯巴达,并劫获一整船埃及王公赠送拉凯戴梦人的粮食。阿格西劳斯要求岛上诸邦和沿海各邦出钱武装 120 艘三列桨战船。但这时他犯了一个大错误,将水师指挥权交给毫无海战经验的妻弟皮桑德(Pisander)。弗里吉亚远征后,阿格西劳斯受召回到欧洲,【525】下面将具体论述其中的原因。而法那巴佐斯让出水师的联合指挥权,全部交由科农指挥;科农此前亲往苏撒拜见波斯国王,刺激了波斯大王与斯巴达人的战斗热情,并获得组建水师的必要经费。仲夏,科农和法那巴佐斯的舰船离开西利西亚水域,出现在克尼多斯半岛附近。波斯人战船的确切数量虽不清楚,但远远超过皮桑德率领的斯巴达水师。眼见如此,皮桑德拼命逃出克尼多斯,驶往半岛的另一端。主帅的出逃无疑是致命的。皮桑德手下来自亚洲的各分遣队不战自溃,也纷纷弃船逃跑,其他船只大多被捕获或击沉。皮桑德在战斗中丧身。亚洲各希腊城市赶走了斯巴达驻军,承认波斯的宗主权。就这样,科农借波斯水师统领之名,为雅典报了一箭之仇,非常轻松地将斯巴达羊河之战取得的胜利成果消解殆尽。斯巴达的海上霸权被摧毁,拉凯戴梦帝国本不牢固的基础被进一步削弱。

公元前 395 年

克尼多斯之战,公元前 394 年

第五节　斯巴达在伯罗奔尼撒的大门口(科林斯战事)

与此同时,在离伯罗奔尼撒半岛不远的地方,斯巴达受到了严重威胁。当阿格西劳斯还在谋划进攻波斯的策略时,在希腊本土,斯巴达与其同盟者之间爆发了一场战争。在此情况下,必须把他从亚洲召回。首先,有必要回顾当时的形势。

羊河之战后，斯巴达攫取所有胜利果实，接管失败者的海上帝国，坐享盟邦缴纳的贡金。但同盟者什么也没有获得；在整个伯罗奔尼撒战争中，她们付出的牺牲远远超过斯巴达。在过去那些年里，科林斯及其他同盟者肩负重担，承受着巨大压力，但她们提出的任何要求都被斯巴达人断然拒绝。拉凯戴梦人觉得他们已足够强大，可以蔑视原来的盟友。

【526】在伯罗奔尼撒半岛，斯巴达会对任何不能取悦她的城邦颐指气使，

公元前399年

横加干预。爱利斯一再为斯巴达的侵犯提供理由，最近又再次让她找到了借口，终于为此受到了惩罚。国王阿基斯带领大军入侵爱利斯，蹂躏其国土，给爱利斯人带来了痛苦。因为此战，爱利斯人失去了特利菲利亚，失去了库莱涅港（Cyllene）和其他一些地方，同时还被迫毁掉尚未完工的爱利斯城墙。爱利斯人得到的唯一恩惠是继续享有主持奥林匹亚赛会的特权。斯巴达的另一恶行是将居住在瑙帕克图和凯法伦尼亚的美塞尼

美塞尼亚人

亚人驱逐出境。

斯巴达人在温泉关以北的活动

对斯巴达而言，在伯罗奔尼撒半岛树权立威只不过是在其控制区域内的寻常之事。此外，她也开始不遗余力地以图在北希腊施加影响。她使建在温泉关附近的殖民地赫拉克利亚恢复了活力，在色萨利安插一个拉凯戴梦军事据点，并在法萨鲁斯（Pharsalus）派驻军事统领管辖。

提特劳斯泰斯的出使

与斯巴达爆发战争时，波斯的政策是发动斯巴达的敌人，在希腊内部策动一场战争，使希腊次等城邦不满情绪的怒火逐渐聚积成熊熊烈焰。总督提特劳斯泰斯派出罗德岛人提摩克拉泰斯（Timocrates）为代理人，带着50塔兰特金银准备贿赂主要城邦的领导人，要求他们结成一个同盟，团结在波斯周围，共同对抗斯巴达。提摩克拉泰斯造访了阿尔哥斯、科林斯、底比斯，获得上述城邦一些最具影响力的政治家支持。事实上，这些希腊城邦需要的是波斯答应合作的承诺，一旦出现好机会，她们

发生在波奥提亚的战争

就会共同对抗拉凯戴梦的强权。不过，挑衅行为却首先来自拉凯戴梦。佛

662　希腊史 II

基斯与奥彭提亚－洛克里之间的边界纠纷引起了一场冲突,洛克里人向底比斯求救,佛基斯人寻求拉凯戴梦的保护。据其朋友色诺芬记载,拉凯戴梦人非常高兴找到了攻打底比斯的托辞,因此决定惩罚她的轻慢无礼。斯巴达兵分两路入侵底比斯,国王保桑尼阿率军由北推进,莱桑德从赫拉克利亚向南进军。

面对威胁,底比斯转向宿敌求救,尽管几年前,她还曾恳请斯巴达彻底毁灭雅典。某种程度上,雅典已逐渐稳步恢复了繁荣;寡头派也已将其勃勃野心融入社会大多数人支持的民主政治之中,在民主党人取得胜利之时,人们表现出对政敌的足够宽容;当辩论是否接受底比斯的求助时,几乎所有党派的人都投票支持,他们希望抓住这个良机摆脱斯巴达的控制,从而获得完全的独立。【527】有人觉得这个决定有一些冒险,因为比雷埃夫斯还未设防;但在另一些人看来,时机已经成熟,因为科农的舰船正在爱琴海南部地区行动,罗德岛人也已叛离,这是一个千载难逢的好时机。双方订立了和约,规定"波奥提亚人与雅典人结成恒久之盟"。回观历史,"恒久之盟"一说颇具讽刺性,但记载该条约的原始碑文残篇确实保存至今。条约表明,至少在当时,双方确实满怀热情,希望实现这样的目标。

雅典与底比斯联合

当莱桑德的大军向波奥提亚推进时,奥科麦努斯人也加入他的队伍中,因为他们一直极度仇视底比斯人在波奥提亚的霸权。莱桑德与保桑尼阿约定在底比斯与奥科麦努斯之间的哈利亚图斯(Haliartus)附近会师。如今无法确定率先到达战场的到底是莱桑德还是保桑尼阿,但可以肯定的是,莱桑德率先向哈利亚图斯城郊发起进攻,并很快攻到城下。在城垛里,哈利亚图斯人看到一支底比斯步兵正向他们靠近。当斯巴达人还未发现腹背受敌的危险时,他们突然打开城门,向攻城者发起进攻。莱桑德的部队受到突然袭击而且腹背受敌;斯巴达人很快被驱散,莱桑德

围攻哈利亚图斯

|| 第十二章 斯巴达的霸权及其对波斯的战争 663

莱桑德之死

本人也在战斗中被杀。对斯巴达而言，莱桑德之死是一个难以弥补的重大损失，正是他为斯巴达帝国奠定了基础；此后，斯巴达再无他这样才能超群的指挥者。不过，对希腊而言，斯巴达人莱桑德之死却无关紧要。

不久，保桑尼阿的大军也推进到这里。他的主要目标是抢回命丧于此的同僚指挥官的尸首。虽然保桑尼阿的军队非常勇猛，从底比斯人和哈利亚图斯人手中夺回了莱桑德的尸体，但与此同时，一支雅典军队在特拉叙布鲁斯的带领下赶往这里支援波奥提亚人。保桑尼阿的军队处境极其困难。如果战斗就意味着失败；但如果承认怯懦，要求订立停战协议，安葬战死者，又会让他们难堪，有损斯巴达人的自尊。于是他们召开一次军事会议，决定请求暂时休战；底比斯人故意曲解其义，强硬要求只有伯罗奔尼撒军队撤离波奥提亚，才会答应斯巴达人的请求。最终，斯巴达人接受了上述条件。斯巴达人将失去莱桑德的悲痛之情发泄到国王身上。他因未能会同莱桑德一致行动和战败之罪而被判处死刑。我们并不清楚第一条指控是否成立；但就第二条指控而言，任何谨小慎微的将军都无法避免。保桑尼阿并未回国，而是作为一位流放者在泰格亚度过了余生。

对抗斯巴达的同盟

斯巴达人受到了双重打击，其地位崇高但声名狼藉的国王遭到了放逐，其能力最强的将军莱桑德战败身死。这次打击带来的直接结果是4个最重要的城邦缔结了一个反斯巴达同盟。科林斯和阿尔哥斯加入到底比斯和雅典的队伍。【528】随着优卑亚、阿卡那尼亚、色雷斯的卡尔基狄克和其他小邦的加入，该同盟的成员迅速增加。在这次反抗运动中，最积极的是底比斯人伊丝美尼亚斯（Ismenias）。他带人将斯巴达人从北部的赫拉克利亚驱逐，将该地区各部族纳入底比斯同盟中；迫使斯巴达放弃在色萨利的立足点；并击败了斯巴达军事统领保护下的佛基斯人。

地峡会盟，公元前394年春

希腊的政治格局和斯巴达的前景发生了彻底变化。此年春，盟军结集于地峡。① 其中一位科林斯人提出一条大胆建议，要求直接进军斯巴达，"将马蜂的巢穴完全焚毁"。不过，此时拉凯戴梦大军已经通过了阿卡狄亚和西吉昂，在跨过尼米亚后，他们推进到萨洛尼克湾南部。一路上，拉凯戴梦人受到此前抵达尼米亚的盟军零星袭扰。盟军占据着科林斯附近的一个据点，在此双方爆发了一场激战。此次战役中双方都投入重兵，在希腊战争史上算得上异常庞大。在侧翼的战斗中，斯巴达人取得了对雅典人的决定性胜利；尽管在战阵的其他地方，拉凯戴梦的属邦受到重创，但总体而言，斯巴达人获得大胜。盟军丧命者比敌人两倍还多。五位命丧此役的雅典骑兵取得了辉煌战功，但他们的功绩并不载于任何史著。雅典狄皮伦城门外的墓地中，仍可看到"五骑士"（Dexileos）中一位骑士的墓碑及画像。此人年逾二十，根据希腊人的习惯，画像展现的并非他去世时的情景而是获胜时的光辉形象，他用长矛刺死了一名倒在马前的重装步兵。（战斗中的骑士像，参见图12-3）不过，从战略角度看，在科林斯一役中，盟军并未失去什么，胜利者也未获得什么。地峡仍在盟军控制下，他们可以放心地在波奥提亚抵御阿格西劳斯的大军，而不用担心来自伯罗奔尼撒的援军。

> 科林斯战役，此年7月

此时，阿格西劳斯正在波奥提亚苦战。哈利亚图斯之战及接下来发生的诸多事情使监察官们下定决心要将他从亚洲召回，因为欧洲的战事更加急迫，亟须他来指挥。阿格西劳斯带着沉重的心情，被迫放弃征服波斯这一令人向往的美好前景，恰如阿伽门农还未占领特洛伊就不得不回到迈锡尼一样。他经色雷斯和马其顿抵达中希腊，这条线路自薛西斯远征以来还没有哪一支军队行走过。在安菲波利斯，【529】他获得斯巴达人在科林斯胜利的消息，但该消息并没有使他感到振奋。不过，即便阿格

> 阿格西劳斯回到欧洲

---

① 盟军总计有24000名重装步兵，1550名骑兵，此外还有大量轻装步兵；科林斯之战中，拉凯戴梦人有13500名重装步兵，600名骑兵。

第十二章 斯巴达的霸权及其对波斯的战争 665

日食，公元前394年8月14日

西劳斯的大军还在向前推进，斯巴达帝国的命运已无法逆转。科农在克尼多斯的胜利是遏制阿格西劳斯勃勃野心的不良之兆。大军抵达喀罗尼亚时遇到了一次日食。随即传来的克尼多斯战败消息印证了日食的凶兆。对大军统帅而言，他首先要做的是向普通士兵隐瞒消息，接下来务必要在噩耗尚未传开之前赶紧发动一场战争。拉凯戴梦人此前败退的小股队伍和来自佛基斯与奥科麦努斯的军队

图 12-3　战斗中的骑士像
雅典陶工区考古博物馆

虽然加入阿格西劳斯的大军，但其主力仍是他从亚洲带回的士兵，其中还包括著名的万人远征军残部，色诺芬本人也在他帐下任职。在科林斯作战的盟军主力如今转战到波奥提亚，当然并不是完全相同的一拨人，因为他们得留下一支军队驻守地峡附近的战略要地。盟军在科罗奈安营扎寨，该地处于战略要冲，是从佛基斯经凯菲苏斯（Cephisus）山谷通向底比斯必经之地，在此可以阻碍敌军推进。在半个世纪前，波奥提亚人在这里摆脱了雅典人的控制；如今双方携手，力图摆脱拉凯戴梦人的统治。阿格西劳斯率领大军从凯菲苏斯出发；他亲自统领大军右翼，与其相对的盟军左翼是阿尔哥斯人，但他们闻风丧胆，还未交锋就仓皇逃走；在另一端，处于盟军右翼的底比斯人打败了拉凯戴梦人左翼的奥科麦努斯方阵。双方的得胜之师掉头战在一起，此时双方的激战才真正开始。阿格

科罗奈之战，公元前394年

西劳斯的目标是防止底比斯人与其他盟军会合。据亲自参战的色诺芬描述，他们的敌手无比可怕。阿格西劳斯瘦弱的身体难以与对手匹敌，被击倒在地，全凭手下卫士的勇敢才使他幸免于难。底比斯方阵的阵式纵深更厚，将拉凯戴梦人的阵形冲开。但是，最终阿格西劳斯的军队成为战场的主宰，获得了战斗的胜利，竖起一座胜利纪念碑；盟军被迫请求暂时休战，埋葬死者。但与科林斯战役一样，尽管在科罗奈战役中斯巴达人获得了战术上的胜利，但历史却将欢呼声留给了战术上的失败者。在当日的决战中，底比斯人展现出他们的优势，挫败了敌人截断大军的企图，使他们在未来与拉凯戴梦人的战斗中获得了心理上的极大鼓舞。不久盟军终于取得一次重大胜利。当侵略者不能继续胜利时，在战略上，【530】胜利就等同于失败。很快，阿格西劳斯被迫撤出波奥提亚，这次撤退仍是科罗奈战争带来的恶果。他不得不经德尔斐渡海疏散到伯罗奔尼撒半岛，因为盟军仍掌控着途经科林斯的陆上道路。

接下来几年的战斗主要在以科林斯为中心的地区展开，就此而言，主战场与战争的目标一致。斯巴达发动战争的目的是力图控制伯罗奔尼撒半岛之外的地方，而对手的目标是将其限制在半岛之内。实现该战略计划最有效的方法是守住科林斯与萨洛尼克湾之间进出半岛的必经之路，禁止斯巴达人由此通过。为了达到这个目的，盟军自科林斯西部港口莱凯翁（Lechaeon）到东部港口森克莱亚（Cenchreae）修建了一道长城，将科林斯城严密地保护起来。一旦不能突破长城的防卫，任何人都无法从伯罗奔尼撒半岛进入北希腊。拉凯戴梦人从来没有觉得如此无助，他们几乎被囚禁在半岛之上，其海上帝国迅速解体。拉凯戴梦人溃败之时，正是雅典获得解放之日。

斯巴达人被困在伯罗奔尼撒半岛

在此关键时刻，雅典恢复了她在希腊世界的独立地位，不过却是通过一种奇怪方式实现的。在摧毁雅典的战争中，波斯总督法那巴佐斯为

法那巴佐斯在希腊沿海活动，公元前393年

莱桑德提供了大量援助；如今，他又帮助雅典走向复兴。他因阿格西劳斯为其治下省区带来的破坏而迁怒斯巴达；他压抑在胸的对斯巴达的仇恨因形势的发展而被激活。克尼多斯战役后，小亚细亚的希腊城邦一致宣布对抗斯巴达，只有阿比多斯在斯巴达人德凯利达斯率领下仍继续与斯巴达站在一起。次年春，在科农及其水师的陪伴下，法那巴佐斯前往希腊沿海地区，蹂躏斯巴达的领土，鼓励并支持盟军的反抗，以此发泄他胸中的愤怒之情。对希腊而言，一位波斯总督出现在科林斯和萨拉米斯的视线内，这无异于一桩咄咄怪事。法那巴佐斯的报复使雅典坐收渔人之利。

重建雅典的长城　当回到自己的管辖地后，法那巴佐斯将水师留给了科农，并允许他重建雅典长城和设防比雷埃夫斯港。他甚至为重建长城提供金钱资助。对斯巴达而言，长城的重建是一个毁灭性的打击，将她在伯罗奔尼撒战争中取得的主要成果完全抹杀。这两条平行相向的长墙将雅典和比雷埃夫斯连在了一起；[①] 港口再次得到了有效防御；雅典再一次感觉到自己重新成为希腊世界一个自由而独立的国度。作为雅典的解放者，科农在比雷埃夫斯修建了一座克尼多斯的阿芙洛狄忒女神神庙，以纪念他取得的伟大胜利。自萨拉米斯海战的胜利以来，【531】还没有什么事情能使雅典人在这个深秋季节长城竣工时那么兴高采烈。作为长城的重建者，科农甚至可称为第二个地米斯托克利。但是这种比较只不过让我们想到过去一百年里希腊发生的变化。一百年前，地米斯托克利率领希腊人与波斯进行战斗，雅典成为全希腊的领导者；如今，在科农的精心设计下，在得到波斯的援助后，雅典也只不过在一定程度上恢复了原有地位。她并未重获此前的霸权和帝国，只不过位列希腊诸强邦之一员；让她觉得可以与底比斯、科林斯、阿尔哥斯和斯巴达一争高下；而斯巴达则从独霸希腊

---

① 城墙的重建始于克尼多斯之战前，工程能够完工全靠科农的努力。

的高位上跌落下来。如今,通过与底比斯结盟,雅典可以放心大胆地挑战斯巴达。大约也在此时,爱琴海北部的岛屿勒姆诺斯、音布洛斯和斯基洛斯重归雅典治下;雅典还恢复了此前被斯巴达夺走的提洛岛控制权;开俄斯也成为雅典的盟友。

对拉凯戴梦人而言,攻破盟军防线的一部分,进而获得出入伯罗奔尼撒半岛交通要道的控制权具有生死攸关的重要意义。基于此,科林斯成为他们的主攻方向。拉凯戴梦人将中军大帐建在西吉昂,并从这里对科林斯防线发起一系列进攻,他们的努力最终获得成功。然而,令人遗憾的是,我们对于战役的先后顺序并不清楚;也无法断定拉凯戴梦人突破防线的时间与雅典修建长城的时间是一致还是在其后。科林斯国内也不乏亲斯巴达党人。这批激进分子似乎早有安排,准备用暴力手段推翻当权的寡头派。但他们的计划被人揭发,当权者阻止了革命的发生,并在优克莱亚节(Euclea)的最后一天在剧场和市场里残忍地大肆屠杀亲斯巴达党人。同时,科林斯的当权者与斯巴达的敌人走得更近。他们采取的一项重大举措是与阿尔哥斯合并,二者组成一个联邦;拔出两国之间的界碑,两国的公民享有同样的权利。学者们可能对该联邦的政体构成状况更感兴趣,但二者的联合并未存在太久,这只不过是政治上的一个权宜之计。

科林斯与阿尔哥斯合并,公元前392年

虽然许多亲拉哥尼亚分子已经逃走,但仍有一部分还待在城内。这些人想尽办法终于打开了西墙的一扇城门,让拉凯戴梦驻西吉昂的统领普拉克西塔斯(Praxitas)和600名重装步兵进入城内。普拉克西塔斯在两道城墙之间挖了一条战壕,【532】在靠近科林斯城的一侧筑起一道栅栏,从而使他的部队在城墙之间获得了立足点。科林斯人及其同盟者从城内冲了下来,突破了栅栏,与拉凯戴梦人展开激战。拉凯戴梦人获得全胜,虽然未能夺取港口,但占领了莱凯翁城。普拉克西塔斯命人拆毁

普拉克西塔斯在科林斯

长城之战

一部分城墙，侵入科林斯靠近萨洛尼克湾一侧的国土。但是，当冬天来临时，他遣散了队伍，并未留下任何物资，也未派人驻守地峡。雅典人乘机赶来，率领木匠和泥瓦匠修复了被毁的城墙。

雇佣军及其重要性的日渐增长

此时，敌对各方还经常在科林斯和西吉昂的港口进行劫掠战。在这次战争中，一支由雅典人伊菲克拉特斯（Iphicrates）训练并统率的雇佣军尤为引人注目。他们主要由手持轻盾和标枪的轻装兵组成，在行军打战的过程中，其铠甲比重装步兵的重甲更适用，能更好地完成保护职业士兵的任务。在希腊的战争中，人们对雇佣兵的使用越来越频繁，最终取代了公民兵制度。雇佣兵主要来自希腊的远恶山区，譬如克里特、埃托利亚、阿卡那尼亚。兰诺斯人伊菲克拉特斯是一名精力充沛、天赋过人的将领。

伊菲克拉特斯的改革

他认识到职业轻装步兵在希腊战争中具有的重要意义。通过对轻装兵装备的改革，他自己在军事史上名留千古。他的改进措施包括以下两方面：其一，增加长矛和标枪的长度；其二，引入一种重量更轻的护胫，这种护胫因改革者而得名"伊菲克拉提德靴"（Iphicratid boots）。我们无法估量上述改革的重要性，但这显然意味着他将战斗的攻击性与行动的迅捷性有效结合在一起。

阿格西劳斯攻占了莱凯翁，公元前391年

这位具有冒险精神的将领及其手下的轻装步兵在"科林斯战争"中大放异彩。斯巴达派出阿格西劳斯，希望他能比普拉克西塔斯取得更辉煌更持久的胜利。阿格西劳斯之弟泰琉提亚斯（Teleutias）也率军配合他在海上采取行动。他带兵突袭长城，占领了莱凯翁港。

公元前390年

次年，他再次发动了类似的突袭行动。此时，正值地峡赛会举行，人们正准备在地峡波塞冬神庙的圣域举行体育竞技比赛。阿格西劳斯率军来到竞技场，中断了科林斯和阿尔哥斯正在举办的庆典，由他亲自主持竞技比赛。当他撤离后，科林斯人返回此地，重新举办了一次赛会。因此，一些运动员在同一项比赛中两次获奖。

接着,阿格西劳斯攻占了科林斯湾最深处北侧一块海岬上的皮莱昂港(Piraeon)。攻占此港对斯巴达具有重要意义,【533】因为皮莱昂是连接科林斯与其同盟者波奥提亚的必经之路,而且占领此港也会对波奥提亚形成直接威胁。因此,波奥提亚人立即派出使者向阿格西劳斯求和。如今,希腊的战局发生了逆转,斯巴达人控制着出入地峡的必经之路;同时,他们还占据着西吉昂、皮莱昂、莱凯翁和萨洛尼克湾沿岸的西顿(Sidon)和克隆米昂(Crommyon)。除靠近阿尔哥利斯的一侧外,他们已将科林斯团团包围。似乎此刻阿格西劳斯已成为全希腊的仲裁者,不过他的胜利却非常短暂。伊菲克拉特斯重新逆转了战局。

斯巴达人攻占皮莱昂

在莱凯翁的驻军中,有一些阿米克莱人。根据风俗,他们即将返回家乡举行许阿琴托斯(Hyacinthus)庆典。节日将至,他们开始动身,经唯一一条可行的道路即经西吉昂和阿卡狄亚返乡。考虑到这么几个人在科林斯城墙下行走并不安全,斯巴达派出600名重装步兵护送他们到达西吉昂。当护送队伍行走在返回莱凯翁的道路上时,伊菲克拉特斯率轻装步兵冲出科林斯城门,向他们发起进攻。身着重甲的斯巴达重装兵在轻装兵的反复冲击下难于招架,损失惨重,大部被歼。这次事件中,虽然交战人数较少,并非一次左右战局的决战,但它产生的结果类似于著名的斯法克特里亚灾难。这两次战斗中,斯巴达重装步兵都受行动迅速的轻装兵反复攻击而最终被击败;而且,这两次战斗都是通过沉重的打击使拉凯戴梦军队威名扫地。伊菲克拉特斯的胜利为未来的职业轻装兵积累了经验。消息传来时,阿格西劳斯正面带胜利者的傲慢审讯俘虏、接待底比斯求和使者。听到消息后,他的傲慢瞬间变成了懊恼。整支军队陷入了悲伤。战斗中殒命者的亲属在胜利者的欢呼声中焦躁不安,手足无措。阿格西劳斯留下另外一支队伍镇守莱凯翁;为了不听别人的辱骂之词,他带领军队,乘夜沿西吉昂和阿卡狄亚偷偷返回到斯巴达。不久,伊菲克拉

伊菲克拉特斯的轻装兵击败斯巴达的重装步兵

┃┃ 第十二章 斯巴达的霸权及其对波斯的战争 671

特斯光复了皮莱昂、西顿和克隆米昂；而镇守莱凯翁的军队似乎只能听任伯罗奔尼撒半岛的大门大大敞开。这就是科林斯战争的结果。斯巴达成功突破了进入北希腊的封锁线，但她却因此遭受到沉重打击，丧失了斯巴达军队能征善战的美誉。

第六节　大王和约

为和平付出的努力，公元前392年　　如今需将视线从科林斯地峡转向爱琴海东岸。拉凯戴梦人将对手的胜利归因于波斯的支持，【534】认为要想获胜，必须让波斯超然于希腊事务之外。为达此目的，他们派安塔基达斯（Antalcidas）开始与提利巴佐斯（Tiribazus）谈判。斯巴达人的提案是：其一，小亚细亚的希腊城市臣服于波斯大王，这是获得波斯支持的代价；其二，所有希腊城邦必须独立，该条款主要针对敌方的两个同盟，即底比斯在波奥提亚的霸主地位和科林斯与阿尔哥斯的联盟。雅典人及其同盟者派出科农和其他使者前往波斯，以图阻碍安塔基达斯完成任务；此时他们或许还派出演说家安多基德斯前往斯巴达商谈和平事宜。安多基德斯和安塔基达斯都未取得成功。提利巴佐斯偏向斯巴达，将科农逮捕入狱，不过他自己也很快被召回。其继任者斯特鲁塔斯（Struthas）并无亲斯巴达倾向。虽然安塔基达斯最终达到了目标，但延后了四五年，战争仍如此前一样继续进行。

亚洲的战事　　接下来几年中，并未发生什么值得记载的战事，有关这段时间的资料也相当有限。在亚洲，斯巴达重开战事。提布隆再次受命担任军队统帅。虽然在斯特鲁塔斯手下遭到了一场惨败，但他夺回了以弗所、玛格涅西亚和普列涅，不久克尼多斯和萨摩斯也被斯巴达人控制。阿格西劳斯入侵阿卡那尼亚，迫使阿卡那尼亚人加入拉凯戴梦同盟；其同僚国王阿格西波里斯（Agesipolis）带兵入侵阿尔哥利斯，但徒劳无功。斯巴达人

欧洲的战事

还将埃吉那岛用作袭扰阿提卡的据点,最终导致在埃吉那的斯巴达驻军与雅典水师发生了一场遭遇战。驻军统领戈尔戈帕斯（Gorgopas）截获雅典一支分遣队的四条战船。雅典将军卡布利阿斯（Chabrias）率军登上埃吉那岛,发动一场伏击战,打死了戈尔戈帕斯。阿格西劳斯之弟泰琉提亚斯随即受派继任其职。某一天的破晓时分,他突袭比雷埃夫斯港,拖走了停泊于此的一些商船。总之,在希腊本土,整个战局有利于斯巴达人,但他们并未取得决定性的胜利。

然而,最重要的事件是雅典重获普罗蓬提海的控制权。此时,雅典因不再接受波斯的援金,财政相当吃紧。雅典人试图征收四十分之一的间接税弥补财政赤字,但他们发现这点收入根本不足,接着又开征直接税。不久,雅典人决定在南北两线展开行动。在南方,他们支持正在反叛波斯的朋友埃瓦哥拉斯;在北方,他们力图恢复通往黑海的航线。【535】民主政体的重建人特拉叙布鲁斯率领 40 条战船驶往赫勒斯滂,使塔索斯、萨摩色雷斯（Samothrace）、克尔松尼斯半岛及控制博斯普鲁斯海峡的两个城邦拜占廷和卡尔克顿加入同盟。在驶往列斯堡途中,他率军击败斯巴达水师,杀死其统领,从而使雅典获得了该岛的控制权。此外,他还赢得克拉佐门奈人的支持。派出特拉叙布鲁斯的最初目的是帮助罗德岛抵抗斯巴达的进攻,维护其独立地位,从而雅典掌控该岛。但是,为了有效采取行动,必须筹集足够资金,因此,雅典的舰船巡行在小亚细亚沿岸,向当地征收贡赋。他们在此征收的可能是自西西里远征以来雅典要求盟邦缴纳的 5% 商贸税。这似乎是雅典人重建新帝国的开端。特拉叙布鲁斯率兵前往庞菲利亚的阿斯蓬都斯,但这次巡行要了他的命。因其手下士兵行事残暴,激怒了当地居民;当地人趁夜突袭雅典人居住的帐篷,并将特拉叙布鲁斯杀死。在很短时间里,雅典失去了特拉叙布鲁斯和科农,这二人是伯里克利去世后最具有行动能力的领导人。在被提利巴佐斯监禁

雅典征收的赋税:欧里庇德斯提议征收的四十分之一税;公元前 390 年和前 389 年的战争税

公元前 389 年

特拉叙布鲁斯之死,公元前 388 年

|| 第十二章 斯巴达的霸权及其对波斯的战争   673

后不久，科农死在了塞浦路斯。二人之中，科农打破了拉凯戴梦压迫者对海洋的统治权，使雅典获得了恢复国家独立和掌控海洋的手段；特拉叙布鲁斯使雅典民主制度重获新生，为雅典人带来了和解与节制。虽然我们对于特拉叙布鲁斯的了解还不够充分，但从有限的材料中仍然可见，他是一位杰出的城邦公民，富有理性，能调动民众的信心，不会轻易受偏见和狂妄的野心左右。特拉叙布鲁斯的德行更多表现在品德上而非智慧上。在他去世后，有人曾含沙射影攻击他的廉洁。他的一位朋友，雅典公民埃哥克勒斯（Ergocles），受控贪污特拉叙布鲁斯征收的用于远征的款项，此人后被判死刑。但是，该指控并无什么分量，此外我们并未发现任何其他证据。

公元前 388 年

特拉叙布鲁斯对行经博斯普鲁斯海峡的货物重新征税，这无疑有利于解决雅典的财政赤字。斯巴达立即派出阿那克西比乌斯反制雅典人和法那巴佐斯的行动，劫掠过往商船，不许雅典征收过境税。雅典人派伊菲克拉特斯率领 1200 名轻装兵与其抗衡，结果赫勒斯滂地区也变得和埃吉那一样，不时发生针对敌方的劫掠和突袭。终于，伊菲克拉特斯找到一个好机会，对斯巴达人发起致命一击。阿那克西比乌斯在占领安坦德鲁斯（Antandrus）后，派出一支军队驻防那里。【536】伊菲克拉特斯趁夜从克尔松尼斯半岛渡过海峡，在克莱玛斯提（Cremaste）金矿附近对返回的斯巴达人发动突然袭击。阿那克西比乌斯的军队散漫地向前行进；因为前面是一道狭窄山隘，所以他们只能一字排列，缓慢向前，斯巴达人根本没有想到敌人会在路上拦截。当他们刚走完山路进入克莱玛斯提平原时，伊菲克拉提斯率领的轻装兵突然猛扑而出。阿那克西比乌斯扫视了一眼，发现己军完全处于绝境之中，散乱成一团的重装步兵毫无战胜轻装兵的可能。于是，他对手下的人说："我必须战死在此，这是我的荣誉所在，但你们务必要活着回去。"一名时常与他为伴的忠诚的年轻人战死在他身边。伊菲克拉特斯此次壮举确保了雅典对赫勒斯滂和博斯普鲁斯地区的控制。

对雅典而言,不幸的是政治环境发生了变化,其他强有力的势力横加插足。公元前 4 世纪初,有三大势力企图称霸希腊世界,掌控希腊世界的命运,分别是波斯、斯巴达和叙拉古僭主狄奥尼修斯(Dionysius)。不过,最初之时,这三个强国并未组成神圣同盟压制希腊人的自由。狄奥尼修斯没有干预东地中海事务,波斯和斯巴达为争夺小亚细亚控制权展开了激烈的斗争。因此,为了小亚细亚的霸权,波斯不得不与其他地方的自由城邦联合行动。由于军事上四处受挫,斯巴达被迫放弃了小亚细亚,寻求与波斯达成和解。实现该目标的一个障碍是总督法那巴佐斯的干扰,因为他总是无法释怀德凯利达斯和阿格西劳斯对其管辖地域的蹂躏和破坏。另一方面,雅典奉行模棱两可的骑墙政策,使波斯宫廷不禁会对她产生不信任感乃至憎恨感。如果说重建长城时雅典获得了波斯的恩惠,她同时也得到了萨拉米斯国王埃瓦哥拉斯的无私友情和鼎力支持。此人是科农的朋友,雅典人因其为城邦的贡献授予他公民权。当埃瓦哥拉斯反叛波斯时,雅典陷入进退维谷的困难境地。在对抗斯巴达的过程中,波斯的支持对雅典至关重要。虽然阿塔薛西斯是雅典的盟友,但埃瓦哥拉斯是一个希腊人,更是一位雅典公民。尽管明显有违雅典利益,但她仍派出 10 条战船援助这位塞浦路斯朋友。虽然这些战船被拉凯戴梦水师统领截获,并未真正参加对波斯的战争,但斯巴达人决定将其汇报给波斯大王,以便得到波斯支持。斯巴达的使节安塔基达斯前往苏撒,重新提出他的建议。虽然就个人感情而言,大王对斯巴达人持有先入为主的坏印象,【537】但在提利巴佐斯的影响和支持下,安塔基达斯说服了阿塔薛西斯,接受了他此前的提议,同意达成普遍和平。为了消除法那巴佐斯的反对和不满,阿塔薛西斯将其召回宫内,并将女儿嫁给了他。

雅典支援埃瓦哥拉斯,公元前 390 年

斯巴达使团在苏撒的活动

|| 第十二章 斯巴达的霸权及其对波斯的战争

斯巴达的外交活动不但在苏撒获得成功,而且在叙拉古也取得了丰硕的成果,她从僭主狄奥尼修斯那里获得 20 条三列桨战船的援助。

斯巴达得到叙拉古支持

在东、西两方的支援下,斯巴达具备了将和平强加给希腊人的能力。返回地中海沿岸时,安塔基达斯和提利巴佐斯发现伊菲克拉特斯正在围攻驻阿比多斯的斯巴达水师。安塔基达斯巧妙地将水师从困境中解救出来,并在叙拉古和波斯舰船的支持下,将雅典人封锁在赫勒斯滂,使运粮船无法驶往雅典。与此同时,正如前面谈到,阿提卡周边贸易也因来自埃吉那的劫掠陷入了困顿。在此情况下,雅典只能委曲求全,接受和平。眼见如此,雅典的同盟者也无意继续战争。交战各方代表被召至萨狄斯,提利巴佐斯当众宣读了波斯大王的敕令,同时向他们展示了加盖在上面的国王御印。于是达到了这样的效果:

国王下达的和平条约,公元前 387/386 年

朕,阿塔薛西斯大王命令,亚细亚所有诸邦皆属于朕,克拉佐门奈和塞浦路斯二岛亦应属于朕;而其他希腊诸邦,除列姆诺斯、音布罗斯和斯基洛斯外,不论大小务须保持独立;上述三地与往昔一样,依然归属于雅典人。但是,倘尔等双方任何一方有不遵从此令者,朕,阿塔薛西斯大王,将与那些遵从此令的诸邦一道,用舰船,用金钱,从陆上,从海上,向其开战。(Xen. *Hell*. V. i. 31)

代表们回到各自的城邦汇报和平条约的内容,接着他们聚集到斯巴达,宣布接受上述条款。所有城邦都宣布接受和约,但底比斯人出了一个难题,宣布由她代表自身和波奥提亚所有城邦宣誓。如果按底比斯的提议,这就无异于向世人清楚表明,波奥提亚各邦与其他希腊城邦不同,因为其他城邦是自行宣誓的。底比斯人这样做,其目的是企图确认波奥提亚诸邦对她的依附关系,而大王和约的主要目的之一是确保各邦自治。

阿格西劳斯对于底比斯人提出反对意见暗自窃喜。他希望底比斯人能固执己见,坚持到最后,这样就会给他提供可趁之机,让他可以攻打并征服斯巴达最憎恨的敌人。但是,底比斯人适时做出让步,挫败了阿格西劳斯的报复计划。

大王和约被镌刻在石碑上,竖立在希腊各城邦主要的神庙中。【538】人们普遍认为,希腊将城邦纷争的仲裁权交给了波斯人,这无疑是奇耻大辱。虽然此前不管是斯巴达还是雅典,一旦能够获得波斯援助,她们都会欣然接受;但在此之前,她们还从未将希腊的内部争端交由一位蛮族独裁者裁决,不必接受蛮族人的批准。这一切都应怪罪斯巴达。为了挽救摇摇欲坠的霸主地位,斯巴达人成为波斯大王旨意的执行者,将小亚细亚的希腊人置于东方专制统治之下。雅典虽然失去了特拉叙布鲁斯生前挣得的许多利益,但仍保有对爱琴海北部几个岛屿的统治权。这表明,斯巴达人认识到有必要对雅典做出让步,贿赂她并使其接受和约;这还表明,斯巴达更渴望削弱其他同盟,具体而言,她的主要目标是拆散波奥提亚同盟,并使阿尔哥斯和科林斯分而治之。

公元前386年

但是,这是一个城邦结盟盛行的时代。大王和约虽然解散了阿尔哥斯同盟和底比斯同盟,但导致另外一些地方出现了新的结盟运动。虽然以弗所、萨摩斯、克尼多斯和伊阿苏斯(Iasus)重新被置于波斯统治之下,但她们与罗德岛结成了一个同盟。作为结盟的标志,她们按罗德岛币制发行同盟通用货币,钱币上刻着幼年赫拉克勒斯勒死蟒蛇的画像。这是一个相互保护独立自由的城邦同盟。在那些日子里,从希腊世界的一端到另一端,相对弱小的城邦看到城邦的独立地位受到波斯、斯巴达和叙拉古威胁,皆有意抱拢一团,组成一些小同盟。从希腊世界的一端到另一端,这些相对弱小的城邦似乎在传播一种同病相怜的情绪,意识到她们具有同样的目标。在西方世界,克罗同和扎金苏斯面对叙拉古帝国扩张

结盟运动

第十二章　斯巴达的霸权及其对波斯的战争　677

的危险，相互之间可能达成了某些秘密协议，因此，在两个城邦的钱币上刻着同样的标志图案。在普罗蓬提海沿岸地区，居齐库斯和兰普萨库斯的钱币上重新出现了与底比斯完全相同的标志。【539】虽然单从钱币图案得出城邦之间确切的政治关系是非常危险的做法，我们还需更充分的证据进一步加以印证，但是，在这一段时期，赫拉克勒斯勒死蟒蛇的图案似乎被视为自由的象征，被人们广泛采用。

亚历山大帝国及大军行进路线
亚历山大征服的行军路线
战役
遭受围攻的城市
亚历山大建立的城市
原有城市的殖民
关隘
希腊殖民地
波斯御道
亚历山大里城
0
500千米
凯尔特人
斯 基 泰 人
尼凯亚
罗马
意大利
伊利里亚
埃皮丹努斯
塔拉斯
迦太基城
迦太基
叙拉古
地中海
马其顿
佩拉
色雷斯
拜占廷
多瑙河
格特人
奥尔比亚
塔那伊斯
博斯普鲁斯王国
潘提卡帕昂
克尔松尼斯
奥德苏斯
黑海
辛诺普
赫拉克利亚
法西斯
帕弗拉哥尼亚
本都
特拉佩宗
伊比利亚
里海
咸海
马萨格泰人
药杀水
塞种人
克瓦拉兹米亚人
莎车
帕米尔高原
伊利昂
格拉尼库斯
米西亚
萨狄斯
吕底亚
卡里亚
雅典
斯巴达
米利都
以弗所
哈利卡那苏斯
克里特
吕西亚
比提尼亚
安卡拉
戈狄昂
科曼那
卡帕多西亚
亚美尼亚
阿米达
尼西比斯
西里西亚
伊苏斯
塔尔苏斯
塞浦路斯
毕布洛斯
西顿
推罗
加沙
耶路撒冷
大马士革
叙利亚
帕尔米拉
尼凯弗里昂
高伽美拉
阿尔贝拉
底格里斯河
幼发拉底河
美索不达米亚
巴比伦
巴比伦尼亚
奥皮斯
苏撒
苏锡安那
苏锡安那的亚历山大里亚
埃克巴塔那
米底
扎格罗斯山
阿斯帕尔达那
波塞波利斯
帕萨伽戴
波西斯
波斯湾
卡曼尼亚
卡曼尼亚的亚历山大里亚
霍尔木兹
阿拉伯
红海
的黎波里
帝国
昔兰尼加
利比亚人
帕拉埃托尼昂
阿蒙神托所
孟菲斯
埃及
尼罗河
佩特拉
纳巴田人
底比斯
塞伊尼
扎德拉卡尔塔
叙坎尼亚
赫卡托姆皮罗斯
拉盖
里海关
卡维尔沙漠
卢特沙漠
帕提亚
苏西亚
阿雷亚
阿雷亚的亚历山大里亚
普洛法塔西亚
德兰吉那
阿拉霍西亚
阿拉霍西亚的亚历山大里亚
波伦关
穆拉关
克拉特鲁斯率军行进路线
普拉
盖德罗西亚
兰巴西亚
帕塔拉
尼阿库斯所率船队的行进路线
印度洋
马尔吉亚那
马尔吉亚那的亚历山大里亚
巴克特拉
巴克特里亚
乌浒河
马拉坎达
瑙塔卡
粟特
乌浒河的亚历山大里亚
德拉普萨卡
兴都库什山
兴都库什的亚历山大里亚
喀布尔
开伯尔山口
健陀罗
阿吉兹
布凯法拉
尼凯亚
印度河
印度河畔的亚历山大里亚
印度
喜马拉雅山
塔克拉玛干沙漠
天山
帕拉卡的亚历山大里亚
叙达斯佩斯河
印度斯河
334
333
332
331
330
329
328
327
326
325
324

北京汉阅传播
Beijing Han-read Culture

A
HISTORY
OF
GREECE

希腊史

[英]伯里 著　陈思伟 译　晏绍祥 审校

吉林出版集团股份有限公司

目　录

第十三章　雅典的复兴及第二雅典同盟

- 第一节　斯巴达的高压政策　| 681
- 第二节　雅典与底比斯的结盟　| 688
- 第三节　第二雅典同盟　底比斯改革　| 691
- 第四节　纳克索斯战役与卡利亚斯和约　| 696
- 第五节　民主制重建之后的雅典　| 705

第十四章　底比斯的霸权

- 第一节　菲莱的伊阿宋　留克特拉战役　| 727
- 第二节　底比斯在南希腊的政策　阿卡狄亚和美塞尼亚　| 736
- 第三节　底比斯在北希腊的政策和行动　| 750
- 第四节　曼丁尼亚战役　| 759
- 第五节　阿格西劳斯的最后一次远征　| 768

第十五章　叙拉古帝国及其与迦太基的争夺

- 第一节　迦太基摧毁塞林努斯和希麦拉 | 773
- 第二节　迦太基征服阿克拉加斯 | 780
- 第三节　狄奥尼修斯的崛起 | 785
- 第四节　狄奥尼修斯最初的统治 | 789
- 第五节　狄奥尼修斯的第一次迦太基战争 | 796
- 第六节　第二次迦太基战争及狄奥尼修斯对西凯尔人的征服 | 807
- 第七节　狄奥尼修斯的帝国 | 809
- 第八节　狄奥尼修斯之死　功过评述 | 816
- 第九节　小狄奥尼修斯 | 819
- 第十节　狄昂 | 822
- 第十一节　提摩勒昂 | 828
- 第十二节　大希腊的重要事件 | 835

第十六章　马其顿的崛起

- 第一节　雅典重获克尔松尼斯和优卑亚 | 839
- 第二节　马其顿的腓力二世 | 841
- 第三节　卡里亚的摩索拉斯 | 848
- 第四节　佛基斯与神圣战争 | 854
- 第五节　马其顿的推进 | 863
- 第六节　菲洛克拉特和约 | 870
- 第七节　和平期与备战（公元前346—前341年）| 879
- 第八节　喀罗尼亚战役 | 888
- 第九节　泛希腊大会　腓力二世之死 | 898

第十七章　征服波斯

- 第一节　亚历山大第一次进击希腊 | 909
- 第二节　亚历山大出征色雷斯和伊利里亚 | 912
- 第三节　亚历山大第二次进击希腊 | 916
- 第四节　亚历山大筹备远征波斯 | 920
- 第五节　征服小亚细亚 | 924
- 第六节　伊苏斯之战 | 933
- 第七节　征服叙利亚 | 940
- 第八节　征服埃及 | 949
- 第九节　高加米拉会战以及征服巴比伦 | 952
- 第十节　征服苏撒和波西斯 | 959
- 第十一节　大流士之死 | 963
- 第十二节　亚洲之王亚历山大政策的实质 | 966

第十八章　征服远东

- 第一节　叙尔卡尼亚　阿雷亚　巴克特里亚　粟特 | 971
- 第二节　征服印度 | 983
- 第三节　亚历山大回到巴比伦 | 1001
- 第四节　筹备远征阿拉伯半岛　亚历山大之死 | 1008
- 第五节　马其顿统治下的希腊 | 1014
- 第六节　哈帕鲁斯事件与希腊的反抗 | 1021
- 第七节　亚里士多德与亚历山大 | 1026

大事年表 | 1031

索引 | 1055

译后记 | 1149

地图目录

- 图 13-1　第二雅典同盟 | 694
- 图 14-1　色萨利的地理区划及主要城镇 | 728
- 图 14-2　留克特拉之战 | 731
- 图 14-3　底比斯称霸时希腊的政治格局 | 737
- 图 14-4　古典时代的马其顿 | 752
- 图 15-2　第二次希麦拉战役时的西西里格局 | 778
- 图 15-3　阿克拉加斯战役相关情况 | 781
- 图 15-4　摩提亚及周边地区 | 797
- 图 15-5　公元前 397 年第二次西西里之战中迦太基人的行军路线 | 801
- 图 15-6　公元前 396 年第二次西西里之战时的叙拉古 | 805
- 图 16-1　马其顿版图的变迁 | 842
- 图 16-3　喀罗尼亚战役示意图 | 895
- 图 17-3　格拉尼库斯之战示意图 | 927
- 图 17-4-1　伊苏斯之战（战前部署）935
- 图 17-4-2　伊苏斯之战（战斗过程）| 936
- 图 17-6　围攻推罗示意图 | 945
- 图 17-7　公元前 30 年左右的亚历山大里亚规划图 | 950
- 图 17-8-1　高伽美拉战役爆发时双方的部署 | 954

- 图 17-8-2　高伽美拉战役决战时刻双方的形势 ｜957
- 图 17-9　"波斯门"战略示意图 ｜962
- 图 18-1　亚历山大在中亚和印度的征服 ｜986
- 图 18-2-1　马其顿人渡河示意图 ｜990
- 图 18-2-2　叙达佩斯河之战示意图 ｜992

插图目录

- 图 13-2　苏格拉底之死　| 713
- 图 13-3　普拉克西泰勒斯：赫尔墨斯与狄奥尼修斯　| 717
- 图 15-1　塞林努斯的废墟　| 776
- 图 15-7　考伦尼亚的银币　| 812
- 图 16-2　德摩斯提尼半身像　| 866
- 图 17-1　亚历山大头像　| 910
- 图 17-2　底比斯被毁后的废墟　| 919
- 图 17-5　石棺彩绘"亚历山大猎狮像"　| 942
- 图 18-3　亚历山大和赫法伊斯提昂像　| 1009
- 图 18-4　雅典狄奥尼索斯大剧场遗址　| 1018

第十三章

雅典的复兴及第二雅典同盟

第一节　斯巴达的高压政策

　　出入伯罗奔尼撒半岛的大门再一次毫无争议地对斯巴达敞开；因得到波斯的支持，如今她不敢分散精力到小亚细亚搅和一番。在此情况下，斯巴达决定在希腊大陆重新实施由莱桑德开创的专制政策。阿卡狄亚的曼丁尼亚是第一个受害者。曼丁尼亚受到指控，谴责她在各方面皆不遵从和效忠斯巴达，因此，斯巴达人要求她拆毁城墙。眼见无理要求被拒，被放逐的国王保桑尼阿之子阿格西波里斯率领大军侵入曼丁尼亚。曼丁尼亚城位于一座高原上，周围并无任何天险，所有防御完全依靠由未经烧制的泥砖彻成的城墙。因为奥菲斯河（Ophis）穿城而过，阿格西波里斯发觉围城太耗费时日，决定在河流上游筑起大坝。水位越来越高，不断侵蚀着城墙，当其中一座城楼即将垮塌时，曼丁尼亚不得不投降。曼丁尼亚人受到了严厉惩罚：曼丁尼亚不复为一个城邦，全国被分成五个村庄；那些原属曼丁尼亚村的居民仍留在城里原来的居所，其余人不得不拆毁他们的房屋，搬迁到其地产所在的村庄。对希腊人而言，没有了城市生活就意味着丧失所有至上的利益。

曼丁尼亚遭到毁灭，公元前386/385年

　　虽然阿格西劳斯曾企图前往征服波斯，但如今他却一心一意支持大

|| 第十三章　雅典的复兴及第二雅典同盟　　681

王和约。当有人说看到斯巴达人被波斯化心里觉得有些奇怪时,他反问道:"为什么不说波斯人被斯巴达化呢?"事实上,两种说法都有一定的道理。但是,包括国王阿格西波里斯在内的一些拉凯戴梦人反对政府最近实施的政策,认为舍弃亚洲的希腊人并非明智之举。在缔结和平几年之后,似乎出现一种模糊的舆论导向,要求再一次组织远征亚洲的军事行动。为了进一步推动这种舆论导向,在希腊各邦参加奥林匹亚庆典时,雅典演说家伊索克拉底(Isocrates)发表了一篇节庆集会颂辞。【541】

> 伊索克拉底的"泛希腊集会辞",撰写于公元前381年,出版于公元前380年

他呼吁组成一个泛希腊联盟,在斯巴达和雅典的共同领导下(斯巴达指挥陆军,雅典指挥水师),发起对波斯的进攻。这是希腊历史上第三次由一位声名显赫的演说家在同样场合下发出的同样号召。大约三十年前,文辞华丽的高尔吉亚曾发出过类似呼吁;不久之前文笔优雅质朴的吕西亚斯也曾提出同样的主张;如今辞藻华美的伊索克拉底再次力促希腊人付诸行动。不过此时,伊索克拉底构想的计划还只能是不切实际的空想。即便100年之前,在防御波斯入侵的战争中,促成这两个实力和野心相当的城邦采取实质性合作就已足够困难;在如今的情况下,让她们团结起来发起一次侵略战争几乎无法想象。当时,正如演说家抱怨的,斯巴达和雅典正在为基克拉底斯群岛诸邦的贡赋归属争得不可开交。如果不能明确分配战后利益,要让其中一个城邦服从另一个城邦几乎不可能。此外,在另一个地方,其他很多麻烦事也正在酝酿中。

> 塞浦路斯的埃瓦哥拉斯

与西西里类似,塞浦路斯也是一个多种族聚集的地方,岛屿的东、西两部分界线分明,此时双方正进行激烈斗争。此前已谈及的萨拉米斯国王埃瓦哥拉斯在双方的斗争中发挥着重要作用。埃瓦哥拉斯出生于泰乌克里德(Teucrid)家族。自大流士和薛西斯时代开始,该家族就统治着萨拉米斯。但在公元前5世纪中叶,一个腓尼基人建立的王朝取而代之。

> 公元前411/410年

埃瓦哥拉斯从西利西亚的梭利城渡海回到塞浦路斯,发起一次大胆的突

袭行动,重新赢回了本应属于其家族的权杖。他对萨拉米斯的统治成效卓著,奉行中庸审慎的政策,颇得人心。此外,他还致力于复兴和推进在过去半个世纪逐渐弱化的希腊化进程。在政策实施过程中,他努力采取和平的方式逐步推进。羊河战役之后,埃瓦哥拉斯的城邦成为一大批雅典人的庇护所,他们来自雅典帝国各地,在本邦内再也无法安身立命。在其统治的前16年,埃瓦哥拉斯是波斯大王一位忠诚的臣属;从此前他协助科农在苏撒活动就看出他具有的强大影响力。但克尼多斯战后,他向波斯和岛上的腓尼基城邦发起战争。大王和约明确承认阿塔薛西斯对塞浦路斯的统治权。因此,条约刚刚缔结,波斯就集中兵力进攻埃瓦哥拉斯和一位叛乱的埃及国王,二者在反抗波斯的战争中结成同盟。在一场海战遭到惨败后,埃瓦哥拉斯被困于萨拉米斯。但是,他仍无畏地坚持战斗。战争使波斯花费颇巨,提利巴佐斯答应让他继续担任萨拉米斯国王,【542】只需他答应如同一位奴隶对待主人一样缴纳贡赋即可。埃瓦哥拉斯断然拒绝,他只答应按一位国王对另一位国王的方式纳税。围绕着荣誉之争,双方的谈判曾一度破裂。但就在此时,总督与下属军官发生纠纷,结果提利巴佐斯被逐。其继任者答应了埃瓦哥拉斯按他希望的方式纳贡。

公元前386年

阿科里斯,公元前386—前384年

公元前381年

就这样,这位萨拉米斯君主获得了道义上的胜利。但他并未活得太久,关于他去世的故事颇为离奇。一个名为尼科克莱昂(Nicocreon)的死士密谋杀害埃瓦哥拉斯,结果被人发现,被迫流落他乡。逃亡时,尼科克莱昂将女儿留在了萨拉米斯,由一位忠心耿耿的太监照料。这位太监巧妙地让埃瓦哥拉斯及其儿子普尼塔哥拉斯(Pnytagoras)相继结识了这位年轻而美貌非凡的姑娘,并诱使他们分别来到闺房与姑娘约会,但这对父子二者相互之间却并不知晓。在姑娘的闺房里,太监将父子二人相继杀害,为其主人报了流放之仇。埃瓦哥拉斯的另一个儿子名为尼科克勒斯(Nicocles)。此人继承其父的王位,继续实行城邦的希腊化政策。

埃瓦哥拉斯之死

公元前374年

这几位开明君主的一个重大目标是使城邦与希腊的知识界和艺术界保持密切联系。尼科克勒斯是一位希腊哲学的研习者,也是给予散文家伊索克拉底慷慨捐赠的朋友。正是通过伊索克拉底的文章,我们才更多了解到关于埃瓦哥拉斯的生平事迹。

公元前 383 年的马其顿

在萨拉米斯与波斯单枪匹马的战斗行将结束时,希腊人的眼光转向世上另一个地方。斯巴达和雅典将全部注意力都集中到爱琴海北部正在发生的事情上;而在塞浦路斯和小亚细亚的希腊同胞似乎完全被她们遗忘;东方问题暂从希腊历史中淡出。但是,上天注定,就在爱琴海东北角的这块土地上即将走出一支队伍,他们不但将会让欧洲重新对塞浦路斯和小亚细亚所有城邦施加影响,而且还会将希腊文明之火带到阿格西劳斯从未奢望过的地方。此时,这支军队正酝酿在马其顿的群山中。当伊索克拉底发表泛希腊集会颂辞,号召人们进攻蛮族时,听众中的一些小孩将会活着见到野蛮人屈从于一位希腊君王。

事实上,居于南部地区的希腊人如今只是与其落后的马其顿同胞有间接联系。限制该地区发展的一个主要障碍是这里不断受到近邻伊利里亚人的侵扰。在国内变节分子的支持下,伊利里亚人发起一次入侵战争,将柏第卡斯之侄、国王阿明塔斯(Amyntas)赶出了马其顿。不久,当阿明塔斯再登王位时,【543】他与卡尔基狄克同盟缔结了一份为期 50 年的防卫和商务同盟条约;通过这种方式,他使马其顿与同盟成员奥林图斯及斯托尼半岛的诸城镇保持着更紧密的关系。如前所述,此时正是一个弱小城邦纷纷结盟的时代。撤退之时,阿明塔斯将马其顿低平地区和泰尔玛湾沿岸的城镇交给卡尔基狄克人管治。通过这种方式,马其顿诸城

卡尔基狄克同盟

很好地利用了这个能保护他们免受伊利里亚人侵略的同盟,该同盟从沿海的城镇一直延伸到山区,将佩拉城(Pella)也包含其中。卡尔基狄克人结盟的基础是成员间的完全平等和兄弟般的情谊。所有城市拥有共同的

法律,同样的公民权,成员之间相互通婚,相互通商,互惠互利。奥林图斯在其中并未享有任何特殊地位。周边希腊城邦也受邀加入同盟,其中一些城邦,譬如波提狄亚,接受了邀请,加入了同盟。但是,对一个希腊城邦来说,放弃他们世代相传的法律,让渡出任何一部分主权都是难以承受的牺牲,不管这样做会给他们带来多大补偿。因此,与落后的马其顿人相比,卡尔基狄克人更不愿意加入同盟。随着工作的进一步展开,奥林图斯希望建立一个包括整个卡尔基狄克半岛及其周边地区的同盟。一旦形成这样的想法,就有必要对那些不愿加入者采用武力。半岛上的两个强邦阿堪图斯和阿波罗尼亚(Apollonia)拒绝了他们的提议,并派使节前往斯巴达,以图获得她的帮助。与此同时,阿明塔斯重获王位。当奥林图斯人拒绝放弃他曾交给同盟管治的诸城时,阿明塔斯也向斯巴达求助。这些呼救之声将希腊人的眼光转移到卡尔基狄克半岛。拉凯戴梦的政策是反对任何形式的城邦联合,力图使希腊一直处于分离状态。该政策在希腊颇有市场,能激发起人们对城邦自治的偏好,在希腊很难形成持久的政治联合。使节几乎没费什么口舌就说服了拉凯戴梦人及其同盟者,使他们认识到发生在卡尔基狄克半岛的运动将会有损于斯巴达人的利益,必须将其扼杀在萌芽中;同时,使节还强调,该同盟倡导的自由主义原则对其他城邦很有吸引力,因而对斯巴达也更加危险。拉凯戴梦人投票通过了援助阿堪图斯和阿波罗尼亚的决议,并派出优达米达斯(Eudamidas)率领一支先遣军队立即前往。这支军队虽无法在战场上与同盟军一决高下,但足以保护上述两座拒绝入盟城市的安全,后来甚至还说服了波提狄亚叛离同盟。

【544】远征卡尔基狄克同盟引发了另一起意想不到的重要事件。优达米达斯的兄弟腓比达斯(Phoebidas)率领一大队人马随后前往。队伍行进到波奥提亚境内时,底比斯国内的一些亲斯巴达分子认为斯巴达大

底比斯的卫城被斯巴达占领,公元前383年或前382年

军就在近前，可以趁机发动一场革命。该党派最重要的成员莱昂提亚达斯（Leontiadas）当时正担任军事执政官。在他和腓比达斯的策划下，斯巴达人于地母节的当天占领了底比斯的卫城卡德米亚，因为此时卫城并未设防，而是交给妇女们庆祝节日。整个突袭计划堪称完美，斯巴达人一举成功；具有寡头色彩的议事会受莱昂提亚达斯恐吓不敢行动；他的同僚，另一位军事执政官伊丝美尼亚斯遭到逮捕；反斯巴达派的领导人物被迫逃离底比斯。就这样，底比斯建立了亲斯巴达政府。对斯巴达而言，这是一次伟大的胜利；这次突袭令阿格西劳斯非常满意，虽然该事件明显违背了大王和约，一度令他颇为尴尬。但政府是否会认可腓比达斯的行动，是否能够从中受益？斯巴达人的虚伪对此事来了个和稀泥。腓比达斯因言行失检而被罚款10万德拉克玛，卡德米亚保留在斯巴达人手中。后来，伊丝美尼亚斯受到代表斯巴达及其同盟者组成的陪审团审理，被控暗通波斯，最终被处以死刑。在大王和约订立后，斯巴达竟然判处一位底比斯人暗通波斯之罪，这无疑是对公正的无情讽刺。

恢复普拉提亚，公元前382/381年

因手握底比斯军事要塞，斯巴达在中希腊扩张势力就有了基础，其霸权看来指日可待。斯巴达决定恢复大约50年前被她毁灭的普拉提亚，将能够找到的所有普拉提亚人召回老家。但是，斯巴达此时关注的当务之急是镇压北希腊的那个危险同盟，并继续实施被腓比达斯在波奥提亚冒险中断的相关措施。泰琉提亚斯，这位在斯巴达口碑上佳的阿格西劳斯的兄弟，被派往指挥战事。然而，尽管他得到阿明塔斯的援助，上马其顿国王德达斯（Derdas）也为他提供战斗力强大的骑兵，但打败卡尔基狄克同盟，将斯巴达军队向前推进绝非易事。在奥林图斯城墙下，泰琉提

公元前381年

亚斯遭到惨败，他本人也被杀死。这次战斗不但对国王之弟是致命的，对

公元前380年

国王本人也是致命的。不久，阿格西波里斯继任其位，带领一支庞大的军队准备前往，但他因酷暑染上了热病。他被人抬到阿斐提斯（Aphytis）

狄奥尼索斯神庙的树丛下，不过他再也没能起来，死于了此地。他的尸体被浸入蜂蜜中，带回国内安葬。继任者波利比阿达斯（Polybiadas）作战更有成效。【545】他迫使奥林图斯人提出和平倡议，并答应解散同盟。奥林图斯及半岛其他城邦被迫加入拉凯戴梦同盟，马其顿沿海城市归还阿明塔斯。就这样，斯巴达镇压并剿杀了人们试图打破城邦孤立的努力，使希腊城邦在蛮族环视的情况下处于绝对劣势。如果此时斯巴达正好不那么强大，卡尔基狄克同盟或许可以发展壮大，从而在很大程度上改变马其顿的发展道路。斯巴达的所作所为虽然一时使她在北希腊拥有至高无上的地位，但最终却便利了马其顿的进步和利益。

解散卡尔基狄克同盟，公元前379年

大约与此同时，拉凯戴梦人在伯罗奔尼撒半岛采取高压政策。就在大王和约签订后不久，他们就迫使弗琉斯人召回许多被放逐在外的贵族。平民与贵族为归还贵族被剥夺的财产而发生了争执，流放者求助于斯巴达。他们的请求得到阿格西劳斯的鼎力支持。双方最终爆发了战争。经过长时间的封锁，阿格西劳斯降服了弗琉斯人，并迫使他们允许拉凯戴梦军队在境内驻扎6个月，直到由他指定的100人委员会草拟出新政体。

斯巴达欺压并封锁弗琉斯，公元前381—前379年

通过与僭主狄奥尼修斯和蛮族人阿塔薛西斯结盟，拉凯戴梦人在一段时间内大肆欺压希腊人。在泛希腊运动的名义下，有人提出抗议之声，也有人采取了一些行动。在大王和约签订两年后的奥林匹亚赛会上，雅典演说家吕西亚斯警告在场的希腊人要提防来自东方波斯和西方西西里的危险，并对拉凯戴梦采取的政策感到惊愕不已。在这次赛会中，狄奥尼修斯派出了一支豪华的代表团。这位演说家用了许多恶意而煽情的言辞，鼓动在场的一些狂热观众去冲击叙拉古代表团的华丽帐篷。虽然人们的愤慨之举被人制止，但发生这样的事情本身就表明人们的泛希腊感情已经出现。4年之后，在伊索克拉底发表的集会演说中，他谴责拉凯戴梦人为了一己之私，牺牲希腊人的自由，背信弃义，支持异邦人和僭主。

吕西亚斯在奥林匹亚的演说辞，公元前384年

| 第十三章　雅典的复兴及第二雅典同盟　　687

甚至作为斯巴达国王的朋友和斯巴达政体的倾慕者,色诺芬也对斯巴达的所作所为深表遗憾,义愤填膺,认为斯巴达的衰落是她应得的公正惩罚。"拉凯戴梦人立下誓言要确保诸邦独立自主,【546】但他们却强占底比斯的卫城;他们也因此受到了那些被其虐待之人的惩罚。虽然此前从来没有哪一个城邦能将拉凯戴梦人击败,但底比斯人却独自打败了他们。这证明,诸神总是在注视着人们的一举一动,那些亵渎神灵和不敬神的人终究会受到惩罚。"就是用此方式,这位虔敬的历史学家引入了导致斯巴达衰落和底比斯崛起的相关事件。

第二节 雅典与底比斯的结盟

底比斯的解放

以驻守在卫城的 1500 名拉凯戴梦人为后盾,莱昂提亚达斯及其党羽所建立的政府倒行逆施,对待人民专横跋扈,残酷无情,与雅典 30 僭主统治时的情形如出一辙。出于恐惧,统治者心怀鬼胎,强行压制人民的言行,因为他们对大批流亡在外的公民又惊又惧。这些流亡者暂时躲避在雅典,等待时机准备光复底比斯。此时,雅典表现出对流亡者的足够善意。当雅典处于类似境况时,底比斯也为特拉叙布鲁斯及其同伴提供了避难所。流亡者中有一人名为佩罗皮达斯(Pelopidas),此人为人勇敢,勇于献身,决定将命运掌握在自己手中;于是他找来另外 6 个人,协助他实施光复计划。不过,他并未考虑过采取公开的武力行动,而只是打算用计谋夺回底比斯,他甚至想过采用敌人夺城时的计谋。底比斯城内许多公民对统治者深恶痛绝,其中就有佩罗皮达斯的挚友伊帕米农达(Epaminondas)。不过,人们大多认为采取突然一击的时机并不成熟。尽管如此,仍有那么几个人准备冒险一试。其中有菲利达斯(Phyllidas)和卡戎(Charon)。前者是军事执政官麾下的书记官,对他们的行动助益匪浅；后者家资颇丰，可为密谋者提供藏身之所。他们约定当两位军事执政官——阿齐亚斯（Archias）和菲利普斯（Philippus）外出公干时起事。就在起事的前一天，佩罗皮达斯和6位同伙乔装成猎人，越过基泰隆山。当他们接近底比斯时，夜幕已经降临；于是，他们混在从地头回家的农民队伍里，顺利通过了城门；进入城内后，他们安全地藏在卡戎的住所里。次日晚上，书记官菲利达斯准备了一场盛大的宴会，邀请外出的两位军事执政官前来参加，并告诉他们会为其介绍一些出身高贵的漂亮女人，恰好这两位军事执政官一直渴望获得他们的爱情。当人们正在开怀畅饮时，信差给阿齐亚斯送来一封信，告诉他事关重大。阿齐亚斯把信放到枕头下面，说："公务之事明天再说吧！"第二天早晨，人们才知道这封信已将密谋和盘托出。两位军事执政官于是呼唤两位姑娘前来，菲利达斯说她们就待在旁边的房间里；【547】但除非所有宾客都已离开，否则她们不会露面。当所有人都离开餐厅，只剩下军事执政官和几位喝得醉醺醺的朋友时，姑娘们走了进来，头戴长长的面纱，坐在两位大人物旁边。当两位大人物要她们揭开面纱，展现其迷人的面容时，姑娘们拔出匕首刺入军事执政官的身体。原来这些"姑娘"是佩罗皮达斯及其同伴假扮的。之后，他们潜入莱昂提亚达斯和叙帕塔斯（Hypatas）家里，将这两位亲斯巴达党派的首领杀死，并释放了所有政治犯。一切计划都顺利完成。伊帕米农达和其他爱国人士虽不愿亲自起事，但仍为革命的成功大声叫好。天空破晓时，底比斯人在市场上召开公民大会，为起事者戴上桂冠。其中3人，包括佩罗皮达斯在内，被任命为军事执政官；与此同时，他们还建立了民主政府。

公元前379/378年

听到革命胜利的消息，其他流亡者和一帮雅典志愿者立即赶到底比斯；斯巴达驻卡德米亚的指挥官一听到消息，迅速派人前往泰斯皮亚和普拉提亚请求支援。但前往增援的军队在城门之外受阻并被击败。于是，

卡德米亚的驻军投降

爱国者决定一鼓作气拿下卫城,尽管这里防守坚固。但因人手不足,困难众多,他们并未攻下卫城。不过,令人不解的是,拉凯戴梦军事统领决定立即投降。回到斯巴达后,其中两位指挥官被处死,另外3位遭到了流放。监察官及阿格西劳斯对此事大为光火,立即派出国王克利奥姆布罗图斯(Cleombrotus)率领一支军队进攻波奥提亚,但他并未取得什么成果。

雅典断绝与志愿者的关系,并处罚带兵的将军

形式上,雅典与斯巴达保持着和平的外交关系,她不愿与斯巴达公开为敌,尽管雅典人对于发生在波奥提亚的事情暗自窃喜。不过,雅典志愿者前往波奥提亚战斗一事使他们觉得非常尴尬;更糟糕的是,其中两位还是当值将军。拉凯戴梦使者前来要求雅典对此做出解释,给他们一个满意的答复。此时克利奥姆布罗图斯的军队就在不远处活动,这让使者说话时底气更足。事实上,两位将军的所作所为没有任何理由可以解释,他们滥用职权,使城邦陷入了危险和难堪。因此,其中一位被处死,另一位遭到流放,我们认为,这样的判决合情合理。

斯弗德利亚斯的劫掠行动

如果说这两位雅典将军行事轻率,那么有一位拉凯戴梦指挥官的行事更加鲁莽,从而使两个城邦正式分道扬镳。同情这两位雅典人并非有何不光彩之处,但斯巴达驻泰斯皮亚统领不顾后果的轻率之举则完全找不到任何借口。【548】此人名为斯弗德利亚斯(Sphodrias),他渴望成为第二个腓比达斯,密谋夜袭雅典城,并从陆路突袭比雷埃夫斯。在他看来,夺取雅典的商贸重地比雷埃夫斯港可以弥补丢掉底比斯的损失。但该计划与其说是设计不周,还不如说是执行不力。他的部队还未抵达埃琉西斯时,天色就已大亮,因此他们别无选择,只能沿路返回。撤退时,他命人蹂躏了途经的地区。

这样无缘无故的挑衅行径激起了雅典人极大的愤怒。斯巴达的使者正准备离开,就立即被抓起来投入监狱。但是,他们声称这次劫掠行动与斯巴达政府无关,并表示将迅速审判斯弗德利亚斯以证清白。雅典人听信了这样的说辞,使者们终于得以死里逃生。斯巴达使者的保证并没有产生实效,斯弗德利亚斯也并未受到审判。因为此人的儿子与阿格西劳斯之子是情人关系,在国王的影响下,斯弗德利亚斯保住了性命。据记载,阿格西劳斯说:"斯弗德利亚斯无疑有罪,但我们不可能将一个好人处死,不管在孩提时代、青年时代还是成年时代,他都过着体面的生活。斯巴达需要这样的战士。"这次不当的审判是阿格西劳斯政策上的重大过失。与雅典公民公正无私相比较,斯巴达寡头们的专横傲慢表现得更加醒目。因为,虽然雅典的两位将军做出了类似举动,但并非十恶不赦,至少他们并未入侵拉凯戴梦人的国土,不过雅典人仍迅速惩罚了他们。从那时开始,对于斯弗德利亚斯的行为是否完全出于个人愿意,人们的争论就一直没有停息过。有人认为,他的行为得到国王克利奥姆布罗图斯的授意。这种说法认为底比斯是主要的教唆者,因为她是整个事件的唯一获益者。但这种说法并不可信。更可能的是,这是斯弗德利亚斯个人野心膨胀的结果,他认为自己有机会与腓比达斯一较高下。因此,整个事件应由他个人负责。

虽然并不愿意,但斯弗德利亚斯的劫掠行径及其后的无罪释放使雅典决定与斯巴达开战,并与底比斯结盟。该事件激怒了雅典,使她暂时放弃了静观其变的中立政策,重新成为一个活跃的好战城邦。在接下来的 6 年里,雅典与斯巴达一直处于交战状态,虽然这样的战争有违双方利益,但对斯巴达的损害更大。 _{雅典与底比斯结盟,公元前 378 年}

第三节　第二雅典同盟　底比斯改革

斯弗德利亚斯的劫掠行径是第二雅典同盟建立的直接原因。在克尼多斯战后的几年里,【549】雅典逐渐与色雷斯、爱琴海及小亚细亚沿岸诸邦建立了同盟关系。如今斯巴达的背信弃义促使雅典将与上述城邦分 _{第二次雅典同盟}

|| 第十三章　雅典的复兴及第二雅典同盟　　691

别建立的关系结合成一个共同联盟;该联盟宣称其目标是保护希腊各邦的独立,反抗斯巴达的压迫。当人们回想起原来的提洛同盟时,担心第二雅典同盟会迅速演变成为雅典第二帝国。但是,雅典预料到人们会产生这样的恐慌,所以将同盟建立在另一种不同的体系上,预防雅典人优势太大,进而欺凌弱小邦。在瑙辛尼库斯(Nausinicus)任执政官的那一年,马拉松德谟的亚里士多特莱斯在公民大会上提出议案,其中包含着同盟依据的主要宗旨和原则。波斯对小亚细亚希腊人的统治权得到明确的认可,因此,参与同盟行动的仅限于欧洲大陆和岛屿上的希腊人;同盟的性质是纯防御性的,由两个部分构成,雅典为其中一部分,同盟者组成另一部分;同盟者在雅典组建有自己的议事会,雅典不得参加;同盟议事会和雅典公民大会都有权提出议案,但任何议案皆需两个会议通过后方能生效。尽管该体系使雅典享有的权利与所有同盟者的权利相等,但它确保了同盟者拥有她们在此前同盟中未曾享有的独立地位;此外,如果不赞同雅典人的提议,她们还可行使否决权。有必要建立同盟金库。同盟者缴纳的款项被称为捐献(syntaxeis),雅典人避免使用贡金(phoros)一词,因为该词会使人们将其与提洛同盟令人生厌的记忆联系起来。同盟声明中还特别规定,雅典不得在同盟者的土地上殖民,而正是原来的军事殖民制帮助并支撑着雅典帝国。此外,任何雅典人不得在任何一个同盟城邦中获得房产和土地,"不管他是通过购买、抵押还是其他任何方式"。但盟金的管理和同盟军队的领导者仍掌握在雅典人手中。

非常幸运的是,记载盟约的石碑原件虽断成20余段,但仍保存至今。盟约中明确宣布了结盟的目的:"为使拉凯戴梦人承认希腊人享有自由和独立,生活安定,固守各自的疆土不受侵犯的权利。"为第二雅典同盟的成功建立做出最大贡献的无疑是那一个时代最有能力的政治家和演说家卡利斯特拉图斯(Callistratus)。【550】不过,尽管卡利斯特拉图斯被称为第二次雅典同盟建立过程中的阿里斯提德,但他并没有完全像阿里斯提德那样,将组建同盟的目标主要定位为抵抗斯巴达。卡利斯特拉图斯奉行的政策以与斯巴达和谐相处为基础,以与底比斯对抗为出发点。研究者认为,此时指导雅典对外政策的政治家中,存在两个相互竞争的派别,其中一派对波奥提亚友好,另一派则对其非常强硬。不过,尽管许多底比斯人与雅典交好,但不能据此认为存在一个亲底比斯或亲波奥提亚的党派。更可能的事实是,在雅典确实存在一个反斯巴达的派别,其成员经常试图通过联合底比斯实现这个目的。在此关键的节点上,卡利斯特拉图斯表现出足够的智慧,他不但看到压制人们的反斯巴达情绪于事无补,而且还抓住一个时不再来的良机,使雅典的实力大大增强。因此,他暂时放弃一贯坚持的政策,全心全意组建第二雅典同盟,最引人注目的是将底比斯也拉进了同盟。

最初加入这个新同盟的主要城邦包括开俄斯、拜占廷、米提勒涅、麦提姆那和罗德斯。后来,优卑亚的主要城市也加入其中。最重要也是最神奇的是底比斯也赫然在同盟者的名录中。色雷斯诸城、科基拉、色雷斯菲莱(Pherae)的僭主伊阿宋(Jason)、埃皮鲁斯君主阿尔凯塔斯(Alcetas)都也相继入盟。鼎盛时,入盟城邦的总数大约有70个。(第二次雅典同盟,参见图13-1)虽然同盟的规则如此开明,最初也激发起人们的热情,底比斯的加入更使其在初创时赢得满堂喝彩,但同盟缺乏发展和持久的根本动力,因而未能获得更大的政治影响力。事实上,雅典人最感兴趣的是维持与斯巴达的和平,而不是盟约公开宣称的目标,卡利斯特拉图斯对此也心知肚明。因此,同盟的命运要么是土崩瓦解,要么是成为雅典人挪为他用的工具。一旦斯巴达受到同盟的惩罚和教训,雅典的利益重新得到更有力的保障后,与底比斯的结盟就只能成为权宜之计,成为一种扭捏作态的不自然关系。

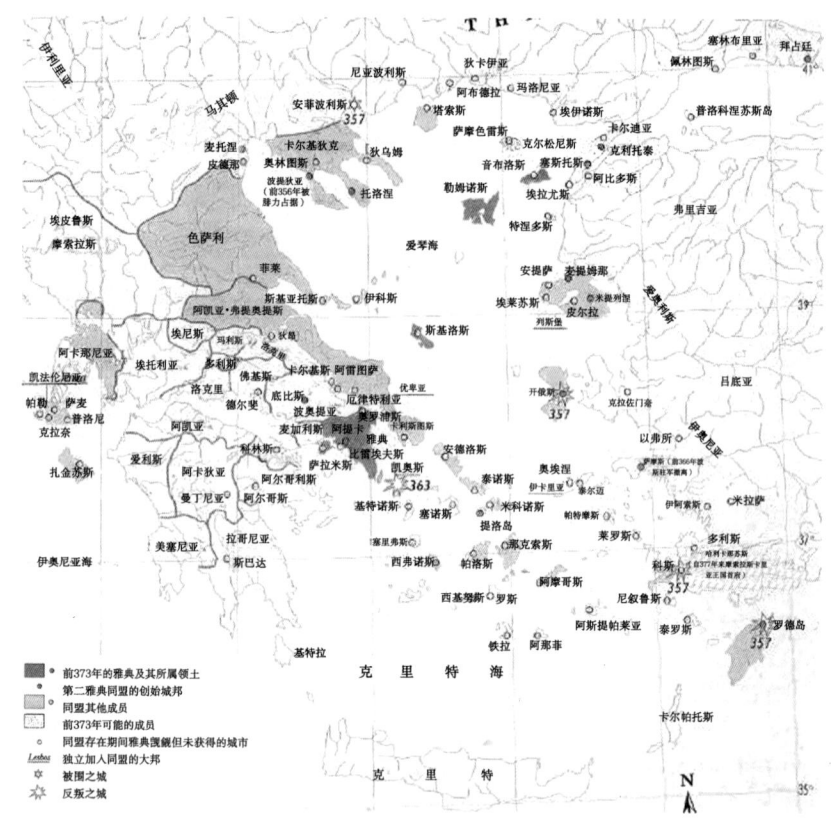

图 13-1　第二雅典同盟（公元前 377—前 355 年）

（据 R. Morkot, The *Penguin Historical Atlas of Ancient Greece*, p.105 编译）

<small>雅典征收战争税,占总资产的五百分之一</small>

这一刻,希腊主要的城邦都在整顿国内的事务。底比斯正在为迎接一个新时代的到来而做好准备;斯巴达正在改造伯罗奔尼撒同盟;[①] 雅典在整顿国内财政。如同伯罗奔尼撒战争第三年那样,雅典人恢复了征收财产税。【551】为此他们重新评估城邦资产。每位公民实际资产的五分之一被登记入册,并在这部分(而非全部)财产的基础上征收财产税(税

---

① 将同盟分为9个部分：1. 斯巴达；2. 阿卡狄亚；3. 爱利斯；4. 阿凯亚；5. 科林斯和麦加拉；6.西吉昂、弗琉斯和阿尔哥利斯的半岛部分；7. 阿卡那尼亚；8. 佛基斯和洛克里；9. 奥林图斯和其他色雷斯城市。

率大概为 1%)。通过该税每年大约可征收 60 塔兰特。为了征缴战争税,全体公民被分为 20 个纳税小组(Symmory),由每小组中最富有的公民提前预付该组所有公民应缴纳的全部款项。通过这种方式,城邦避免因征收直接税而与民众产生的摩擦,同时这种方式也比由城邦直接向每个公民征收来得更加快捷和容易,而城邦因战争税带来的实际收入并不会因此减少。在此过程中,雅典试行一种新的联合责任税收体制,而这种税收体制随后即将被一个大帝国引入并制度化。那时,雅典不过只是该帝国内一座重要城市而已。

罗马帝国

　　底比斯政府将注意力主要集中到军务上。围绕底比斯城,人们挖掘壕沟,搭建堡垒,以便在抵抗拉凯戴梦人早晚到来的侵略战争中所有防护。但与新创建的一支由 300 人组成的重装步兵相比较,这些预防措施简直不值一提。这支队伍的成员全部选自最高贵的家族;在摔跤学校的长期训练中,他们表现出惊人的力量和超凡的忍耐力;每一位战士的身边是他最亲密的朋友,这支队伍由 150 对同性恋情侣组成,他们共同战斗,共赴生死,因此被称为圣队。在战斗过程中,他们始终处于其他队伍之前。可以肯定的是,与此同时,他们还采取诸多举措,在其他方面提升军队的战斗力。恰在此时,底比斯出现了一位能力超凡的伟大人物,此人具备了希腊人天性中最优秀的品质,而避免了所有的不足;一旦机会来临,他将会带领底比斯走向成功。此人是佩罗皮达斯密友伊帕米农达。他为人谦逊而低调;在其他情况下,他可能不过是一个平庸之人,履行一个公民和战士的基本义务,并不那么引人注目。但革命激发了他的爱国热情,促使他步入城邦的公共事务领域;在此,他超凡的能力逐渐得以显现;8 年之后,他成为底比斯最具影响力的人物。他曾将大量时间耗费到音乐和体育训练中;与大多数乡村人不同,他会弹奏竖琴,也会吹拂底比斯长笛;对于哲学思辨,他也展示出真正的兴趣。一位经常陪伴他左右的

圣队

伊帕米农达

|| 第十三章　雅典的复兴及第二雅典同盟　　695

来自塔林顿的朋友断言,在他遇到过的所有人中,没有一个能像伊帕米农达那么学富五车,却总是那么沉默寡言。【552】不过,当这位底比斯政治家决定发言时,或者当时的情况需要他发言时,他也能口若悬河,信手拈来;他雄辩的口才给人留下极深的印象。他的与众不同之处还在于漠视金钱和名誉,去世时他一文不名。同样引人注目的是,他没有派系意识;而正是派系斗争导致希腊发生了许多罪恶。他反对不同派别之间的强烈政治仇恨,不愿报复他人。此前已见,他对国内政治斗争中的流血事件非常反感,正因如此,他没有参加佩罗皮达斯率领的侥幸成功的秘密政治行动。

第四节　纳克索斯战役与卡利亚斯和约

公元前378—前371年

在接下来的 8 年里,底比斯成功地抵抗斯巴达的入侵;斯巴达的威望逐渐衰落;底比斯不断扩张在波奥提亚其他地区的霸权。与此同时,雅典与拉凯戴梦同盟之间爆发了一场海战,并获得了巨大胜利;然而,随着战争引发的国力亏空和对底比斯崛起的嫉妒之心日炽,雅典逐渐与斯巴达达成了和解。

阿格西劳斯入侵波奥提亚,公元前 378 年和前 377 年

打败并杀死腓比达斯,公元前 377 年

克利奥姆布罗图斯进军基泰隆,公元前 373 年

在连续两年的夏天,阿格西劳斯亲自发动战争,再次入侵波奥提亚,然而两次战争都未能取得什么成果;令底比斯人兴奋的是,他们在战场上宰杀了腓比达斯,报了卫城被夺之仇。另一位国王克利奥姆布罗图斯取得的成果还不及阿格西劳斯,因为当他进军时,发现基泰隆的关隘有敌人牢牢守卫,结果他竟然未能进入波奥提亚。此后,底比斯有充足的时间收拾波奥提亚境内心怀不满的城邦,驱逐斯巴达的驻军。结果 4 年之后,同盟扩张到波奥提亚全境,各邦政府相继被颠覆,外国军事统领被赶了出去。只是在波奥提亚最西端的奥科麦努斯和喀罗尼亚,拉凯戴梦人

还能勉强苦苦坚守。复兴波奥提亚同盟的过程中,佩罗皮达斯及其率领的圣队干了一件值得大书特书的壮举。在从奥科麦努斯到洛克里途中城镇泰古拉(Tegyra)附近的一个狭窄关隘中,底比斯人击溃了人数是其两倍的拉凯戴梦军队,将两位带兵统领杀死。在斯巴达人遭受的所有失败中,这次惨败给他们精神上带来的影响远甚于战场中的损失。大约也在此时,雅典重新夺回了400人当政时期丧失的奥罗浦斯。

此时,双方也在进行激烈的海战。看到入侵波奥提亚以惨淡的结果收场,斯巴达考虑装备一支水师,截夺从黑海到阿提卡的运粮船。【553】当运粮船行驶到优卑亚南端的格拉埃斯图斯(Geraestus)时,60艘战船在斯巴达人波利斯(Pollis)率领下阻止运粮船绕行苏尼昂海角驶入比雷埃斯港,雅典立即陷入了饥馑。雅典人迅速装备80艘三列桨战船,在卡布利阿斯率领下从比雷埃夫斯出发,准备重新夺回制海权。卡布利阿斯率军前往此刻已叛离雅典的同盟者那克索斯,包围那克索斯城。波利斯急忙赶回驰援,双方在帕罗斯与那克索斯之间的海域展开一场激战。雅典人获得全胜,只有11条拉凯戴梦战船勉强逃脱。要不是卡布利阿斯停止进攻,打捞那些落水的雅典人或救援那些受损的战船,斯巴达的11艘战船可能也无法脱身。看来,阿吉努塞战役带给将军们的教训还没有被他们遗忘。虽然那克索斯海战产生的效果不及克尼多斯之战,但却使雅典人更加高兴。因为克尼多斯的胜利事实上是由一位雅典人率领波斯舰船和战斗人员取得的胜利;而卡布利阿斯取得的胜利完全属于雅典人。这次战役的胜利立即使同盟成员迅速增加。卡布利阿斯率获胜之师绕行爱琴海,又使17个城邦加入了同盟,并获得大量金钱捐助。此外,雅典还重新获得对提洛岛的掌控权。然而,岛上的居民对于雅典任命的安菲克提奥涅斯(amphictiones),即神庙监督及其管理非常不满,他们打算在拉凯戴梦人的支持下重新控制神庙。在一块石碑上保留下了这几年

那克索斯战役,公元前376年9月

提洛岛暴动,公元前376年

提洛岛上一则有趣条目，从中可见 7 名暴动元凶分别受到罚款和永远放逐的惩罚，因为他们"将神庙监督赶了出来，并殴打他们"。

提摩修斯的远征，公元前376年

次年，在科农之子提摩修斯（Timotheus）的率领下，雅典水师沿着伯罗奔尼撒半岛航行。通过这次航行，雅典向世人证明她的海上力量再次取得了统治地位；该行动的另一目的是恐吓斯巴达，扩展雅典在西部希腊的影响力，并在科林斯海湾展开行动，以防科林斯人通过克琉西斯港（Creusis）向波奥提亚运兵。提摩修斯因行事审慎，取得了对斯巴达水师一次并不太显眼的胜利。尽管如此，在此次胜利的影响下，科基拉和凯法伦尼亚两座岛屿、摩洛西亚国王、阿卡那尼亚的某些部族也加入了雅典同盟。但是，这次成功的远征也带来了负面影响。事实证明，战争所需费用已超过雅典的承受能力。提摩修斯甚至无法从国内获得必要的资金支付桨手的工资。【554】在此困境下，他被迫请求每一位船长拿出 70 明那，预付桨手的工资。雅典也派人前往底比斯，要求她为雅典人的海上行动捐献一些经费，在他们看来，提摩修斯的此次行动在一定程度上受到底比斯的蛊惑。雅典人的要求遭到了拒绝。因为此次拒绝，再加上对底比斯不断取得胜利的嫉妒和自身不断吃紧的财政状况，雅典不得不向斯巴达提出和平建议。

和平条约，公元前374年

事实上，这也是雅典所能做出的最明智选择。双方开始进行谈判，谈判过程进展得颇为顺利，但和平才刚商定马上又遭到破坏。雅典人准备将提摩修斯从科基拉岛召回，但他不愿服从命令。返回途中，他将舰队停驻在扎金苏斯岛，将一些随他同行的扎金苏斯流亡者送回岛上，并帮助他们在岛上建立一个要塞驻防。[①] 为此，扎金苏斯人向斯巴达提出严正抗议。斯巴达要求雅典对此给出一个满意的答复。请求遭拒后，斯巴达人认为这是雅典人故意违背和约，因此，双方重启战端。

---

① 安置民主派流亡者写入了雅典同盟的盟约之中。"奈隆的扎金苏斯人"是记载于盟文石碑中增加入盟的最后一批人。

斯巴达的第一个目标是重获在西方世界的影响力,消除提摩修斯取得的成果。这位将军赢得的成就中,最值得一提的是科基拉。但是,科基拉很快重新出现了伯罗奔尼撒战争时的局势。在科林斯等同盟成员的帮助下,拉凯戴梦人派出60艘战船装载着1500名重甲雇佣兵,重新获得对该岛的控制权。与此同时,他们还派人送信给叙拉古僭主狄奥尼索斯请求支援,其借口是西西里人的利益与科基拉的政治息息相关。军队的指挥者是斯巴达人姆那西普斯（Mnasippus）。他将科基拉的舰船赶入港口中,并用己方船只封锁住入口;而他率领重装步兵,从陆上进攻科基拉城。在水、陆两线的双重打击下,城里居民的补给完全断绝。作为奖励,姆那西普斯纵容手下士兵在岛上大肆抢劫。科基拉土地肥沃,农庄里物产丰富,岛上的葡萄酒又是如此充足,以至于劫掠者根本不去饮用其他质量稍次的美酒。科基拉人向雅典送出紧急消息,他们感觉到食物已开始出现短缺。后来,情况越来越严重,科基拉人将奴隶赶出城门。有些公民也试图弃城逃跑,但被拉凯戴梦指挥官用鞭子赶回城内。斯巴达人认为科基拉城已尽在掌握中,结果他们逐渐变得有些漫不经心。被围困的科基拉人从城楼瞭望塔发现了斯巴达人的警戒有时会比较松懈,【555】决定抓住稍纵即逝的绝佳良机突围,结果取得了出人意料的彻底胜利。因未能得到应得的报酬,斯巴达军中的雇佣兵对统兵将军非常愤恨。在阻止城内处于绝望的居民猛攻外逃的过程中表现得不那么积极。结果姆那西普斯被杀,围城士兵被赶回营地,围城就此遭到失败。当等待已久的雅典援军到来时,科基拉人已获得安全。他们甚至在姗姗来迟的援军到达前,就已摆脱各种限制,获得了解放;在遭到失败后不久,拉凯戴梦人随即撤离该岛。最后,雅典舰船才驶进科基拉的港口下锚。

雅典援军未能及时前往救援,使科基拉人遭受惨重的损失,但这并非因为雅典人缺乏善意。关于雅典舰船的延误流传着这样一则令人心酸

拉凯戴梦人进攻科基拉,公元前374/373年

的故事：据说，当科基拉人第一次求助的消息传来时，雅典人决定立即派出 60 条船，并提前派出 600 名轻装兵为先遣队，这批人成功进入科基拉城内。对雅典来说，明智之举是派提摩修斯回到他之前建功立业的地方，并将军队交由他全权指挥。然而，因为雅典管理体系中的一个重大缺陷，提摩修斯发现他处于进退维谷的尴尬境地。雅典人投票通过一项措施，并任命由提摩修斯执行，但他们却疏于考虑，并未投票决定实施措施应采用的方法和手段。结果，提摩修斯不得不亲自找来水手，自筹战费。为了找人筹钱，他不得不率领几条战船在爱琴海北部走访色萨利、马其顿和色雷斯各城邦，却让水师主力停泊在卡劳利亚岛等待着他的归来。此时，科基拉的情况更加急迫，他们派出一批又一批信使前往雅典。提摩修斯的拖延和逗留引起了公愤，人们取消对他的任命，重新指派伊菲克拉特斯和卡布利阿斯、卡利斯特拉图斯一道负责指挥，并强令他们立即出发，驶往科基拉。

提摩修斯面临的困难和延误

卡利斯特拉图斯是那一个时代口才最好的演说家。而卡布利阿斯是一位久经考验的战士，曾在塞浦路斯国王和埃及法老手下作战多年，在此前提及的那克索斯海战中，他也是胜利的主要策动人物。伊菲克拉特斯因作战勇猛和在科林斯战争中的功劳而被世人熟知，在过去 15 年中，他在色雷斯君主手下充任轻装兵首领，并娶国王科提斯（Cotys）之女为妻。一位喜剧作家生动描绘了他的异族婚礼。在市场上，人们摆上丰盛的酒宴，宾客都是披头散发的色雷斯人，巨大的青铜大锅里装着浓浓的肉汤，国王站起来，亲自将肉汤盛在金碗里，然后一饮而尽。然而，他们却将酒和水倒在调酒钵里，【556】将其温热。国王边走边尝一下每个调酒钵里的美酒，直到喝醉为止。然而在吃黄油的野蛮人中过冒险生活似乎还不能完全让伊菲克拉特斯心满意足。他首先在埃及替波斯大王作战，然后回到雅典。远征科基拉可能是他回归后的第一次战斗。这次战斗进展

伊菲克拉特斯在色雷斯

大约是公元前 378 年

公元前 375/374 年

顺利，充分展示了他高超的指挥能力。雅典人对他很满意，授予他比提摩修斯更大的权力。他有权向每一位舰长施加压力，有权强征公民充当水手，有权随时调用巡防阿提卡海岸的战船，甚至还有权征用"萨拉米尼亚号"和"帕拉鲁斯号"圣船。通过上述非比寻常的努力，他组建了一支由70条战船组成的水师队伍。就在船队准备启航时，提摩修斯回来了。在此爱琴海的巡航中，他筹集到大笔金钱，征调了大量人员，并使一些城邦加入同盟。但是，雅典人认为，不管提摩修斯的理由有多么充分，他取得的战果是多么巨大，都不能成为延误战机的借口。霉运正等着提摩修斯。事实证明，他带回来的金钱不足以满足水师所需的费用，因此有人怀疑他有贪污挪用的嫌疑。提摩修斯的政敌伊菲克拉特斯和卡利斯特拉图斯对他提起控诉。但因两位指控者马上要率领水师西征，审判推迟到秋天进行。

提摩修斯回到雅典

　　半途中，伊菲克拉特斯得到科基拉获得解放的消息，因此他决定让那些负责阿提卡海岸防御的舰船返回雅典。但他仍有大量工作要做。拉凯戴梦人向僭主狄奥尼索斯发出的呼吁也并非完全徒劳，叙拉古人派出的10艘三列桨战船正在向科基拉靠近。在岛屿北部一个地方靠岸后，船员们经过长途航行需要进行休整。伊菲克拉特斯的侦察兵一直监视着他们的行动，当他们正在休息时，伊菲克拉特斯突然行动，除一条战船外，其余的全被捕获。这次突然袭击为伊菲克拉特斯带来了60塔兰特的额外收入。但是不久，伊菲克拉特斯发现自己也受战费缺乏之困，情况甚至比提摩修斯更严重。卡利斯特拉图斯决定返回雅典，他承诺说服雅典人要么定期为船队提供军费，要么就缔结和平。当他返回时，伊菲克拉特斯的士兵不得不到科基拉人的农庄里劳动以便能糊口活命。

俘获来自叙拉古的援军，公元前372年

　　如果科基拉沦陷，毫无疑问，提摩修斯就会成为雅典人发泄不满的牺牲品。但是，来自西方的好消息使雅典人恢复了好脾气，也使这位失去

审判提摩修斯，公元前373年11月

第十三章　雅典的复兴及第二雅典同盟

信任的将军沾了好运气。对他的审判一直持续到是年年底。同时,他军队里的财务主管受到审判,被人发现有贪污渎职行为,最终被判处死刑。但提摩修斯本人却得以幸免,无罪释放。【557】他得到常人难以企及的强有力支持,两位异邦君王——埃皮鲁斯国王阿尔凯塔斯和色雷斯菲莱的僭主伊阿宋,亲自前往雅典证明他的清白。正是提摩修斯的不懈努力,这两位君主加入了雅典同盟;也正是通过他们,提修摩斯才可能从色雷斯和埃皮鲁斯将600名轻装兵提前送到科基拉。伊阿宋在其中所起的作用尤甚,对于此人,后面还将进一步谈及。为了招待这两位贵客,使饮食起居能与他们的身份匹配,提摩修斯不得不向他家财万贯的邻居钱商帕西昂(Pasion)借来了被褥、两套银质碗盏和其他一些东西。虽然提摩修斯被无罪释放,但他再也没能得到雅典人的信任,不久,他就离开雅典前往埃及,效力于波斯大王麾下。

在科基拉遭到决定性失败后,斯巴达人失望之情日增;加上连续不断的地震,似乎波塞冬对他们的行为也感到愤怒。因此,斯巴达打算寻求和平。这一次她还是希望如此前一样,通过波斯大王调停为希腊带来和平。他们再一次派出安塔基达斯前往波斯宫廷。事实上,外部干预完全没有必要。对于战争带来的负担,雅典已觉得难以承受;同时,她对于底比斯的嫉妒更甚于对斯巴达的怨恨。因此,雅典人也希望缔结和平。在政坛上颇富影响力的演说家卡利斯特拉图斯将此作为他的施政目标。最近,底比斯人发起了对雅典的盟友佛基斯的侵略,两邦的关系更加疏远。此外,底比斯对待普拉提亚这个多灾多难的山区小邦的敌视态度进一步恶化了双方的关系。重新建立的普拉提亚按理应成为波奥提亚同盟的一员,但她却偷偷打算加入阿提卡。觉察到这个阴谋后,底比斯决定先发制人。一天,当普拉提亚人还在地里干活时,底比斯派出一支小分队突袭普拉提亚。城市瞬间被占领,所有普拉提亚人被逐出国土。许多人就这样不

底比斯占领普拉提亚

得不再一次丧家去国,被迫栖身于雅典。政论家伊索克拉底写下《论普拉提亚》(Plataeic Discourse),大声为他们的命运疾呼,谴责底比斯人的罪恶行径。这次事件虽然没有使这两个北方城邦正式反目成仇,但无疑使双方的关系进一步走向疏远。

和平提议最初是由雅典及其同盟者提出的。春天,当拉凯戴梦同盟各邦在斯巴达开会时,3名雅典使节也出现在会场。其中,卡利斯特拉图斯是主要的发言人,其助手是埃琉西斯密仪的持炬者卡利阿斯,3年前,【558】他曾提出一次和平倡议,不过最终流产。底比斯也派出一个使团前往,成员就包括伊帕米农达。双方订立和平的基础仍是大王和约所确定的原则,即希腊所有城邦都应保持独立。按此原则,雅典同盟和拉凯戴梦同盟都不符合规定,应当解散。因此,双方约定,不得强迫任何城邦成为同盟的一员;但不同城邦之间可按其所愿相互合作,但不得订立条约做出硬性规定。虽然雅典和斯巴达承诺放弃成为帝国,但仍相互承认对方的统治地位,即雅典在海洋上的支配地位和斯巴达在陆地上的支配地位。这种支配地位绝不能通过侵略来获得,而必须与所有城邦保持独立的原则相符合。

> 卡利阿斯和约,公元前371年

和约才刚签订就碰到了问题:按照普遍自治的原则,波奥提亚同盟是不是应该受到谴责?当然,斯巴达和雅典意图提出非难。但是,有人或许会辩称,底比斯领导下的波奥提亚与此前由雅典和斯巴达组建同盟的立足点并不相同。此前的同盟只是为实现短暂的政治目的,并无任何历史背景或地理条件为统一的基础。但波奥提亚与阿提卡、拉哥尼亚一样,是一个地理单元;此外,它还是一个政治单元,自远古以来就存在这样一个同盟机构。当轮到底比斯宣誓时,这个问题被推到桌面上。底比斯的代表伊帕米农达代表波奥提亚诸邦宣誓,此时的底比斯已不再是缔结大王和约时那么容易受人恫吓。伊帕米农达指出,可以把波奥提亚比作拉哥

> 波奥提亚问题

底比斯被排除在外

尼亚,而非拉凯戴梦同盟。当阿格西劳斯声色俱厉地质问他:"你们让不让每座波奥提亚城市独立?"伊帕米农达强硬地回答说:"你们会不会让拉哥尼亚每座城镇独立呢?"就这样,他们将底比斯从订约城邦名单中剔除。

伊帕米农达的答复既有辩解又有讽刺。他辩解的是:斯巴达无权干涉波奥提亚内部事务,正如底比斯无权干涉拉哥尼亚内部管理;拉哥尼亚、波奥提亚和阿提卡分别代表着一种截然不同的政体形式,每一种政体都是正当的;波奥提亚结成联盟与阿提卡发展成为一座城市都是自然而然的事情,该过程与拉哥尼亚发展成为一个隶属于斯巴达的寡头政体一样都具有合法性。【559】和拉哥尼亚的联合一样,如果不对妄图脱离共同体的成员施加强力,波奥提亚的联合就不可能实现,也不可能得以维持。因此,任何城邦都无权对其他城邦说三道四。他说:"我们确实采用了一些强力措施,但你们无权干涉。因为在无人能准确记事的远古时代,为实现与我们同样的目的,你们的先祖采取了更强硬的高压措施,你们维持的这个国度就是他们按这种强硬的方式建立的。"拉哥尼亚统治时采用的残暴手段无疑是斯巴达坚硬外壳的一个软肋。伊帕米农达的答复促使希腊人思考一个政治学问题。摒除外交上巧言令色的说辞不论,情况应该是这样的:除非成为一个联合的波奥提亚的首领,底比斯绝不可能成为可与雅典或斯巴达比肩的强大城邦。因此,阻止底比斯成为那样一个强邦符合雅典和斯巴达的利益。

雅典和斯巴达的地位

就这两个主要缔约城邦而言,这一份条约——通常被称为"卡利阿斯和约"——结束了这场有违参战双方利益的战争。虽然双方都应对战争负责,但斯巴达的责任更大。她施行愚蠢政策,对斯弗德利亚斯的劫掠行为听之任之,从而引发了战争。因为斯弗德利亚斯的侵略,导致雅典别无选择,只能对斯巴达采取敌视态度。4年之后,斯巴达人似乎终于醒悟;

因此双方缔结了和平,但他们愚蠢至极,竟然允许扎金苏斯事件发生,结果使商定的和约无疾而终。又经过了3年战争,斯巴达人终于恢复了理智。但是,尽管雅典因不断的军事行动导致财政枯竭,战争却为她带来了补偿。那克索斯的胜利、绕行伯罗奔尼撒半岛、在希腊西部地区影响力的恢复,这些成就使雅典再一次无可争辩地成为比肩斯巴达的第一流希腊强国。雅典复兴的事实在"卡利阿斯和约"中完全得到认可。自斯弗德利亚斯劫掠事件发生以来,从本质上雅典采用的是观望政策;她采取的政策使斯巴达和底比斯走向对抗,虽然她们直接对抗的舞台有限。就斯巴达而言,雅典得到的正是她失去的。那克索斯的惨败、泰古拉遭到的痛击、科基拉的失败,这些事件使斯巴达头上的光环日渐暗淡。大王和约后,斯巴达曾企图再次主宰希腊;但"卡利阿斯和约"的签订无异于承认她的失败。如果斯巴达还想再一次尝试,显然,她必须从征服底比斯开始。

第五节　民主制重建之后的雅典

伯里克利曾宣称雅典是希腊的学校,但这与其说是对现实的描述,还不如说是他对雅典理应成为一个什么样的城邦的展望。伯里克利或许会大吃一惊,在雅典帝国覆灭后,他的理想竟然得以实现。现实确实就是这样的。直到失去帝国后,雅典才开始对希腊思想和文明的发展发挥着决定性影响。一定程度上雅典的影响是通过建立严格意义的学校实现的,其中最著名的是伊索克拉底的文法学校和柏拉图的哲学学校,这些学校将来自希腊世界各地的人吸引到雅典。但雅典学术影响力的提升主要缘于她越来越愿意接受来自外部的成果,使其不但具有雅典的特性而且具有希腊的品格,同时,她还开始呈现出某些超越希腊范围的、具有普世意义的特征。这种世界主义的发展趋向因哲学思辨的发展而得到进一

雅典对希腊的影响

步提升，超越了民族差异。这种发展趋向不但表现为伊索克拉底的泛希腊主义、柏拉图和色诺芬等人对待雅典的超然态度外，而且还表现为雅典和比雷埃夫斯不断增加的对外邦神祇的崇拜、爱国主义情怀的普遍衰落，以及其他许多方面上。在对公元前4世纪希腊人的思想教化上，没有哪一项制度发挥的作用可与戏剧比肩，政治家们也充分认识到戏剧在城市生活中的重要地位。之前雅典的旧喜剧中，人们主要关注本邦的政治；如今，剧作家们不再从事此类创作，一个新流派涌现而出，寻常人普遍关注的问题成为他们的创作主题。作为一种文学形式，公元前4世纪的悲剧虽然不及喜剧那么令人瞩目，但它对于塑造这一时代人们精神面貌所起的作用仍不容忽视。悲剧中占主导地位的是欧里庇德斯；他是一位伟大的理性主义先驱，对现存一切制度和信仰都提出大胆的批判。即便喜剧作家也被他的思想深深吸引。

个人主义的发展　　我们可以轻松发现，世界主义的兴起与所谓"个人主义"的发展密切联系。个人主义意味着每一个公民个体无须再通过所处的城邦为中介即可审视外面的世界，他们可直接用自己的双眼观察和判断，用自己的心灵独自感悟世界。他不再是简单地作为城邦的一员，【562】无须使用城邦共同的宗教话语表达自己的宗教体验，而是努力建立个人与超自然世界之间的直接联系。因为对公民个人而言，他的生活已在一定程度上独立于城邦之外，因此他对待城邦的态度也发生了某些转变。雅典公民已成为世界公民，对城邦担负的责任可能会与作为一个独立个体的利益相冲突，因此爱国主义不再无条件地成为最高美德。此外，人们开始或明或暗地提出这样的问题：城邦建立是为个人利益服务还是个人利益必须无条件服从城邦的需要，人们的质疑完全颠覆了对社会权威无条件服从的固有传统。人们认为，个人对城邦的最大期许是增加个人福祉和幸福；而公民觉得既然没有任何牢不可破的纽带将个人与城邦结合在一起，那么他就会更情愿到世界上其他地方挣钱谋生。因此，单就当兵打仗而言，我们就会发现大批雅典军官不再代表城邦作战，而是为异族君王效力，这其中包括科农、色诺芬、伊菲克拉特斯、卡布利阿斯，等等。

在柏拉图最著名的政治学作品之一《理想国》中，他对世界主义精神进行了生动而夸张的描述。他写道："马和驴有着与自由人一样的追求权力和尊严的习惯。如果人未能给它们清楚地指明行进的道路，它们就会在大街上冲撞遇到的任何一个人：如果自由行事，所有事情都可能突然发生。"当描述民主制下人民享有的过度自由时，他讨论了个人主义的发展，并将其作为制度意义上自由所产生的结果。但是，在他看来，个人主义会对民主政体产生致命恶果，其论证的主要论据是以"自由"一词所蕴含的双重意义为基础。值得注意的是，对于这种趋向的批判上，还没有人阐释得比柏拉图及其同时代的哲学家更好。如果要让某一个人为个人主义不可逆转的发展负责，那么此人可能就是欧里庇德斯。[①] 无疑，在欧里庇德斯之后就一定是柏拉图敬畏的老师，索福洛尼斯库斯（Sophroniscus）之子苏格拉底。

当希腊历史在伯里克利、克里昂、尼西阿斯和莱桑德带领下前行时，不管是雅典人还是生活在其他地方的希腊人都几乎不会想到，全世界的兴趣会被一位雅典人的言行深深吸引，【562】此人行事乖张，超然于公共事务之外。伯里克利和莱桑德的活动在全世界一个很小的范围内影响了几代人，但是，那位古怪的雅典人及其精神却在人类思想中留下了难以磨灭的印迹。如今，苏格拉底为我们留下的诸多思想和观念已成为任何一个文化人知识结构的有机组成部分，人们对他的思想是如此熟悉，以至于将其视为众所周知的常识，认为不懂苏格拉底的思想就无法领悟

雕刻匠苏格拉底，索福洛尼斯库斯之子，大约生于公元前469年

---

① 欧里庇德斯是个人主义的首批推崇者，虽然在这个问题上他对世界的影响不及苏格拉底，但在他所生活的时代及其后两代人的时间里，公众对他的接受度更大。

|| 第十三章　雅典的复兴及第二雅典同盟　　707

苏格拉底的精神　智慧的力量。恰如最高法庭的决议无处上诉一样,苏格拉底是第一个主张思想理性享有绝对权威的人物。他坚持认为,每一个人都必须在理性的指引下安排自己的生活,而不必顾及任何外部权威的命令或情感的冲动,除非理性赞成他这样做。苏格拉底是第一个提出这种看法的人,对此他拒绝做出任何修改或妥协。因此,苏格拉底反对权威,永不退缩。在长幼观上,他会毫不犹豫地表明自己的观点:老年人没有权利获得人们的尊敬,除非他同时也拥有智慧;愚昧的父母无权仅凭父子关系就要求子女服从。他否定家庭和城邦的重要地位,藐视因家庭和城邦而产生的任何偏见,强调知识和事实本身才是理解万物的天条,这就是苏格拉底的理想,是他坚持不懈、永不妥协的信念。

苏格拉底的方法　但是,同样运用智慧,不同的人会得出不同的结论。虽然苏格拉底持排斥态度,但一个权威机构发出的命令直接地或从本质上仍是某种程度思维活动的结果。研究表明,人们需要判断真理的标准,并需要对错误产生的原因做出解释。简单地说,苏格拉底为解决上述问题提出了自己的方案。当做出判断时,我们需要比较两种不同概念。为此,概念必须清楚而明确。**定义**　错误的产生源于用于比较概念的不确定性和模糊性。因此,必须对事物进行定义,这就是苏格拉底获得真理的途径。定义的必要性在当时还是一个新生事物,不过如今已是众所周知的一个常识,可减少我们犯错的危险。

功利主义的创始人　将上述方法运用于伦理学是苏格拉底毕生致力的主要工作,因为人类生活的意义及由此产生的困惑将深深地吸引了他。在伦理学发展史上,苏格拉底享有最高地位。同时,他也是功利主义的创始人。在分析"善"的观念时,他得出了这样的结论,认为"善即有用"。与此紧密相关的观念是"美德即幸福",这是著名的苏格拉底悖论的基础,即任何人都不是心甘情愿犯错,只有在无知时才会犯错,因为没有人不希望获得自己想要的幸福。【563】指出这一惊人论断的错误轻而易举；或许更容易忽视的是，许多错误都缘于头脑中混乱的思维和未受教育者的无知。

  指望一个藐视权威的人不去批判诸神几乎是不可能的；确实民间宗教也经不起认真检视。就这样，苏格拉底成为与阿那克萨哥拉斯及其他"不敬神"的哲学家一样的非正统派。不过他在神学领域并无创见。无疑，他承认诸神的存在，但就神圣法则的分类而言，我们可将其称为"不可知论者"，因为他肯定灵魂不朽。

<small>对待神学的态度</small>

  苏格拉底是新逻辑方法的发明者，是功利主义的创始人，最重要的是他还是世间万物——更确切地说只是尘世间的事物，因为他对天上的事物不感兴趣，认为与己无关——严厉的批评者。苏格拉底是一位无畏的批评家，任何虔敬之感和预设之念都不能阻止他。他并未留下什么作品，只有与他人的对话。不过，与他交谈的都是那一个时代最有能力的年轻人，因为与他交谈，在此后的岁月里这些年轻人都作为思想家万古留名。在与柏拉图、阿里斯提普斯（Aristippus）、欧几里德（Euclides）等人的交谈中，他展现了自己的怀疑精神和批判精神，教会他们要具有学术勇气，追求学术自由。他从来不向人传布自己的高论，而只是与人讨论；这就是苏格拉底式的方法：辩证法和对话法。他从来不向他人传授知识，因为他公开宣称自己无知；他承认自己的不同之处在于他认识到自己的无知，这就是苏格拉底式的讽刺。不论走到哪里他都会向人们表明，即便是大众普遍接受的观念，一旦付诸检验，都会被证明是自相矛盾、站不住脚；他希望说服碰见的每一个，让他们认识到他们确信无疑的东西可能经不起检验。不难想象，苏格拉底的做法会多么强烈地激起年轻人的兴趣，而又是多么强烈地激起年老者的愤怒。苏格拉底经常出入于市场和训练场，他总是时刻准备让各年龄段的人陷入难堪，使他们轮番与自己激辩。正因为如此，他受到许多可敬而自负的长者的怨恨；通过精明的反

<small>苏格拉底的怀疑观和他的讽刺</small>

第十三章　雅典的复兴及第二雅典同盟　　709

诘，他将他们混沌不清的思想无情地暴露出来。虽然没有哪一个人的教学成果比苏格拉底更有效，但他并非一个教师，他不为学生教授课程，也不收取任何费用。在这些方面，他与智者形成了鲜明对比；但他的思辨精神、怀疑一切的态度、对辩论术的驾轻就熟以及对年轻人产生的影响与智者如出一辙，因此，人们一般将他归为智者学派。不久，他就成为雅典街上臭名昭著的人物，他天生怪异、与萨提尔类似的脸庞使他区别于常人。

对民主制的批判

【564】虽然苏格拉底从孩提时代起就生活在民主制下，生来就接受城邦自由遗产的熏陶，在雅典人们有权不受限制、自由讨论任何问题，但是，民主制这个神圣的象征也与其他事情一样，未能逃脱苏格拉底的批判。譬如，他对保护雅典民主制的重要举措——抽签选任官吏大加指责。他在民众中的名声并不太好，因为他对人民的欺骗、无知和迷信经常提出批评。特拉叙布鲁斯和阿尼图斯等人是行事踏实的民主派，他们勤于职守，没有进一步探究民主制基础的愿望。因此，对他们来说，苏格拉底是一个危险的自由思想者，他将所有时间都用于传播颠覆现存社会秩序的观念上。

他教授的知识受到人们质疑，不受大众欢迎

雅典人会指着伴随其左右的青年才俊说："瞧，和他谈话会带来什么样的恶果啊！看看他最喜欢的同伴亚西比德吧，此人对我们城邦带来的破坏比其他任何人都要大。再看看克里提亚斯吧，苏格拉底对他的喜爱仅次于亚西比德，但此人对雅典的伤害最深。他成长在苏格拉底的圈子里，写过一本反对民主制的书后，就去色萨利鼓动奴隶反抗主人；最后，他回到雅典，开始恐怖统治。再看看柏拉图吧，这个喜欢玄思冥想的年轻人在接受苏格拉底的灌输后，竟然不再为祖国效力。他的弟子色诺芬也好不到哪里去，此人不但不为雅典效力，反而跑到敌人那里当兵打仗。事实上啊，苏格拉底和他的宣传对城邦根本没有什么好处。"不论上述任何一个事例是多么不公，但基于这样的考虑，许多重实干但不爱思考的人对于苏格拉底及其为人处世自然好感全无。在他们看来,贬抑苏格拉底完全是正确之举。苏格拉底的精神及其观念是危害社会团结的潜在威胁,因为他对社会的方方面面都提出了质疑。换言之,他是一位积极的个人主义思想布道者,他的宣传破坏了城邦倡导的爱国主义,而爱国主义恰是激发希腊城邦走向辉煌岁月的精神支柱。

这位通过言辞动摇希腊世界基础的思想者被德尔斐的祭司视为一位非凡人物挑选了出来,这可大大出乎人们的意料。有人在皮提亚的三足鼎上读到一则非常可靠的神谕,该神谕宣称苏格拉底是世上最有智慧的人。我们并不清楚该神谕所指的是哲学家一生中的哪一个时段,但是,如果这件事确实可信,那么从中可见德尔斐神庙祭司有着神奇的洞察力,此前的研究者几乎未曾注意到这一点。德尔斐的祭司有着高超技艺,【565】能随着事情的发展变化调整自己的政策;但他们不可能自己构想出即将发生的怪异之事,也无法感知人们思维深处的悸动。与苏格拉底智慧相关的这则神谕背后的动机可能会成为一个永远的难解之谜。如果说德尔斐这样做的目的是争取他的支持,那么在希腊宗教受到阿那克萨哥拉斯等人威胁的那些岁月里,它就出人意料地显示了苏格拉底的重要性,而伴之以对其作品重要性令人惊奇的麻木。

在雅典帝国覆灭之后的第五年,苏格拉底离开了人世,他的死为他的一生落下了浓墨重彩的一笔。民主派政治家阿尼图斯为人忠厚,在恢复民主制的斗争中发挥了重要作用。正是此人伙同其他几个人走向前台,充作城邦传统宗教的捍卫者,指控苏格拉底犯下渎神罪。他们指控说:"苏格拉底有罪,因为他不信奉城邦认可的神灵,而引入奇怪的鬼神;此外,他还犯下了腐蚀年轻人的罪行。"虽然陪审员提出的处罚是死刑,但指控者并不希望对苏格拉底施以如此严厉的惩罚。他们希望的是在指

> 他获得德尔斐的认可

> 审判苏格拉底,公元前399年

控生效的这个执政官任期内，苏格拉底会离开阿提卡。如果他确实要离开也没有人限制和阻拦。但是，苏格拉底已年过古稀，乐天知命；如果不能在雅典的街头与人谈天说地，即便能留下一条命，对他来说也毫无价值。因此，他做出令全城人吃惊的事情，留了下来，准备应答阿尼图斯等人的控告。法庭由 501 名陪审员组成，王者执政官主持对他的审判，结果这位白发苍苍的哲学家被判有罪，赞成票仅比反对票多出 60 张。鉴于对其指控的基本事实有理有据，无可争辩，审判结果只能算是以微弱优势获得通过。根据雅典的法律实践，被告人有权提出比指控人要求更轻的处罚，并请求陪审员在两种惩罚中选取其一实施。如果苏格拉底提议的罚金足够高，或许他就可以救得自己的性命；但是，他只答应出很小一笔罚金。陪审员随即以绝对多数的赞成票宣布了他的死刑。一个月后，他喝下一杯毒酒，在临死之前，他满怀热情，与弟子们交流畅谈，直到生命的最后一刻。（苏格拉底之死，参见图 13-2）

苏格拉底之死

柏拉图的申辩篇

苏格拉底在法庭上的应答之词原文并未保存下来，但我们仍可了解其基本风格、精神和大意。审判之时，他的弟子柏拉图也在现场。柏拉图的作品对此进行了补充，在文学史上独树一帜。在《苏格拉底的申辩》中，柏拉图成功地捕捉到恩师的性格特征，激发着读者的情感。毋庸置疑，这部作品以艺术的形式重现了辩护时的基本情况。【566】从中可见，对苏格拉底来说，成功应答对他的指控几乎不可能。他从讲述自己的生平和动机入手，向陪审员表明，人们强加其身的许多事情是不实的。但是，对其指控的核心内容，即坚持并传播异端思想，苏格拉底只进行了简单应答，而且根本没有什么说服力。如果按法律规定，对他的判罚并非不恰当。这展现了一种悲剧情结：苏格拉底是天底下最好的人，但对他的指控也完全正确。虽然并不清楚为何雅典会在这一个特定时期强化宗教的正统性；但很可能的是，仅过了 20 年，人们就认识到他们当时的举措可能

对苏格拉底的判罚是恰当之举

有失偏颇。从苏格拉底审判中或许可以得出一个初步结论,即当时每五个雅典公民中就有两人对宗教漠不关心。不过,这次审判的重要性可能并非只表现在宗教上;处死苏格拉底也是原有旧秩序与不断增长的个人主义对抗的结果。

图 13-2 苏格拉底之死
(雅克—路易·大卫,1787年画)

在历史进程中,此类暴行的结果往往会使施暴者本身退缩和畏惧,不过却反而促进他们想要阻碍之事的发展。雅典人带着既骄傲而又遗憾的心情铭记着苏格拉底。他为真理勇于献身的精神因其悲剧般的死亡得以升华,对后世产生了重大影响。他的弟子因奉行民主制的雅典判处苏格拉底死刑而一直不肯宽恕这种制度。苏格拉底本人也因其弟子在作品的描绘和想象活在人们心中并不断成长。他的弟子们以毕生精力努力将他构建的美好蓝图付诸实践。

虽然弟子们在努力将苏格拉底的思想发扬光大,但他们并不知道所做为何。他们知道,使用苏格拉底的方法一定会削弱那些参加过马拉松战役的雅典公民秉承的城邦生活的精神基础。柏拉图是苏格拉底的嫡传弟子,可他却在猛烈抨击个人主义精神,而这种精神正是苏格拉底终其一生努力宣传和倡导的思想。更令人奇怪的是,柏拉图和色诺芬都纷纷将眼光从自由之邦雅典移向斯巴达,并对其政体充满羡慕之情,因为在斯巴达,他们深爱的老师可能就不会因言获罪。虽然对身处伯里克利时代的雅典人来说,拉凯戴梦政体守旧而落后,但如今雅典最伟大的思想家都一致将其视为最接近理想状态的政体,这无疑是拉凯戴梦人取得的一个与众不同的胜利。事实上,当现实中的斯巴达在全希腊招致世人厌恶之时,其政体却吸引着政治思想家们的普遍赞赏。究其原因在于,在斯巴达的传统秩序下,公民完全服从国家政权,他们所思所想不会越出国家的范围。而在其他地方,他们受到如何协调国家政权与公民个人自由关系的困扰。【567】在斯巴达,根本就没有这样的问题,因为国家享有绝对权威。因此,思想家们将斯巴达视为国家的范本,其原因不过是因为斯巴达受到个人主义影响相对较小,但是通过他们在政治哲学中的冥思苦想,个人主义又得到积极促进。从古代社会的基本制度——奴隶制受到质疑一例可见,人们的思维在这段时间是多么自由。事实上,欧里庇德斯就曾对此提出质疑,很快欧里庇德斯颇具现代化的异端思想风行开来。

吕科弗戎对奴隶制的看法

有一位思想家详尽阐释过奴隶制不合乎自然法则的学说。人们的思想甚至触及妇女在政治上处于从属地位的问题。阿里斯托芬的喜剧《妇女公民大会》对妇女无权地位大加嘲讽。在柏拉图构建的理想国家中,妇女与男子享有同样的政治权利。社会主义理论也充斥在他们的作品中,该理论在阿里斯托芬前述作品中也成为嘲弄的一个靶子。柏拉图采纳了共产主义观念,并使其成为理想城邦的一个基本原则。但他的目标不是一般意义上为提高人们物质生活水平的集体主义,而是力图将公民变得更

阿里斯托芬的《妇女公民大会》,公元前392年或前389年

柏拉图《理想国》中的共产主义

完善，使他们不受贫困和野心的侵扰。在他去世前，柏拉图逐渐认识到共产主义是不切实际的幻想。在晚年勾勒的城邦中，他终于承认人们可以拥有私有财产，不过他仍认为财产所有权不应属于个人，而应属于家庭。

《法律篇》中对私有财产的规定

在羊河战役之后的 50 年里，雅典的散文写作日臻完美。这与我们前面谈到的发展趋势密切相关。当苏格拉底及其他思想家引发人们在思想上的革命时，西西里人高尔吉亚及其他修辞学教师已准备好用另一种行之有效的方式传播其观点。散文是人们用于批判和讨论问题的天生利器，它也是用学识说服他人的必要手段，因此，公元前 4 世纪是一个散文盛行的时代。公元前 5 世纪雅典伟大诗人后继无人的情况并不是人们思维和想象力出现衰退的证明。如果柏拉图早出生 100 年，或许他会成为埃斯库罗斯和索福克勒斯的竞争对手；如果埃斯库罗斯和索福克勒斯晚出生 2~3 代人，他们也可能会用散文表达自己富有天才的思想。欧里庇德斯成长之时曾受批判精神的巨大影响，因此有时他看似是一个姗姗来迟的诗人，他使用原来的方式表达与形式不相符合的思想。必须时刻牢记，【568】公元前 5 世纪伟大的戏剧诗人都在性格上有着无法割舍的宗教情结。一旦那些具有高超文学才能的巨匠不再与人们普遍信仰的宗教保持联系时，就无法创作出伟大的戏剧作品。这就是公元前 4 世纪会成为散文时代的原因。悲剧诗作因欧里庇德斯和苏格拉底的质疑精神走向死亡。散文才是这一个时代强烈个人主义精神的自然表达形式，其富有节奏感的句式要求写作时需与诗歌一样精心遣词造句，讲求艺术性。希腊语的可塑性为人们自由表达思想和批判他人提供了简单可行的工具。

散文的发展

随着个人主义的盛行，雅典真正成为希腊的学校。对此，伯里克利曾以几乎同样的口吻，不经意地预言到未来即将发生的事情："我可以断言，雅典是全希腊的学校；我可以断言，每位雅典公民，在生活的许多方

面,能够独立自主;并且在表现独立自主的时候,能够表现得温文尔雅而又多才多艺。"(Thuc. 2. 41)

千万不要忘记,正是因为雅典的民众法庭才导致阿提卡的散文日臻完美。如前所述,雅典的审判制度造就了一个职业的演说辞撰写者阶层。但还有许多雅典人并不满足于在法庭上背诵诸如吕西亚斯那样的撰写者为其书写的陈述词,他们希望自己也能学会演说技巧。对于那些有志于在公民大会辩论中发表看法的人来说,学习也有必要。在该时段,最著名的修辞学教师是伊索克拉底。伊索克拉底在学校教授的内容不只是如何遣词造句,如何在演说中安排各个话题,其范围和目标更甚于此。这是一所传授知识的学校,经此训练的公民能更好地适应公共生活。因此,学生们会研究政治学,而伊索克拉底更愿意将他教授的内容称为"哲学"。但只有在柏拉图建于阿卡德米的学园里,那一个时代的年轻人学习的才是严格意义上的"哲学"。虽然两所学校的培养目标不同,但二者存在着竞争。两所学校的目标与当今大学的教育目标一致。无论是伊索克拉底的弟子还是柏拉图的学生,他们都必须努力学习。对方法的关注是伊索克拉底引人注目的特征之一。他的学校在全希腊都很有名气,学生也来自世界各地。他说:"我们的城市被视为所有讲希腊语的或教会他人讲希腊语的人确信无疑的导师。情况自然也是如此。因为所有人都能看到,我们的城市为那些拥有这种能力的人提供了最可贵的事物,那就是数量众多且类型各异的学校,【569】使那些决定从事演说的人能够获得初步的训练。此外,我们的城市还为所有人进一步提供此类体验和阅历,这是演说取得成功的主要秘密。"伊索克拉底的教学风格与其对城邦所处位置的认识一致。他看待一切事物的视野非常宽广,在他看来,没有什么事情是局部或地区性的。与其宽广视野同样重要的是他高尚的道德品质,其思想也总是致力于践行这样的道德品质。伊索克拉底不但履行着当今

雅典的高等教育:柏拉图和伊索克拉底

作为一个政论家的伊索克拉底

大学教师的职责,而且还是一位优秀的时事记者。虽然他天生嗓音不佳,且当众发言时会非常紧张,从未在公民大会上高谈阔论,但一旦任何重大事情激发起他的兴致,他就会以演说辞的形式撰写一本小册子,以便能影响大众舆论。不过我们怀疑雅典人对这些作品的欣赏更多是因为其独特的优雅风格而并不一定是其中展现的政治智慧。

在一篇著名演说辞中,伊索克拉底为开始在希腊流行的视野开阔的世界主义拍手称快,并对这种思想进行清楚明了的阐释。他写道:"与世上其他地方相比,雅典在思考和演说能力上领先很多;即便雅典的弟子也已成为他人的老师。她已使希腊人之名不应被视为一个种族范畴,而应视为一种文化范畴,希腊人之名应当冠之于那些与我们拥有共同文化而非在出生和血统上与我们一样的人。"三四十年前,除欧里庇德斯外,或许没人有足够胆量说出那样的话。在伊索克拉底看来,他服膺的这种开化思想与公共精神的衰落并没有密切的联系,在另外一个地方他谴责了雅典人公共精神的丧失。奇怪的是,这位具有世界公民情怀的演说家却怀着失落的心情回望梭伦的时代,并提议恢复古老的监察官制度,使战神山议事会重新拥有督察雅典公民日常生活的权力。

一个时代的形态和特征可以通过艺术品反映出来,研究普拉克西泰勒斯(Praxiteles)的作品是认识公元前4世纪雅典人精神风貌的一种有效方式,(普拉克西泰勒斯代表作,参见图

伊索克拉底在"泛希腊集会辞"中的世界主义,公元前381年

把公元前6世纪的雅典理想化

"战神山议事会颂",公元前355/354年

图13-3 普拉克西泰勒斯:赫尔墨斯与狄奥尼修斯
现藏于奥林匹亚考古博物馆

|| 第十三章 雅典的复兴及第二雅典同盟 717

13-3）如将其与菲狄亚斯的雕塑作品相比较，认识可能会更深刻。当一位公民开始不再将个人仅仅作为城邦的一分子看待时，雕塑家就会将作品从神庙和宗教的密切联系中解放出来，使其真正从属于建筑的需要。公元前5世纪，除菲狄亚斯在雅典和奥林匹亚的几尊巨型雕塑外，【570】雕刻家最精美的作品就是饰带和山墙上的装饰像。事实上，公元前4世纪，建筑师仍需雕塑师的帮助。譬如斯科帕斯（Scopas）在青年时代曾受邀装饰泰格亚的雅典娜-阿莱亚神庙。后来，他为卡里亚国王的陵墓制作了饰带。但一般而言，这位雕塑家形成了独立于建筑物的艺术风格，而普拉克西泰勒斯的所有伟大作品都未依托于其他建筑物而独具风格。当雕刻从原来隶属于建筑的地位中解放出来时，它也将雕塑家从宗教观念中解放出来。在菲狄亚斯时代，艺术再现一位神灵的流行风格是以人的形象表达他的威严和永恒，他们的确完美地实现了这样的理想。公元前4世纪，神灵失去了威严和永恒，他们被视为身体上完美无瑕的男人和女人，具有人类的情感但没有悲伤，神灵还被赋予人类的性格特征。观看帕特农神庙饰带上的神像群和普拉克西泰勒斯的作品就能比较出二者的不同：竖立于奥林匹亚赫拉神庙的赫耳墨斯像如今仍保存完好；克尼多斯的阿芙洛狄特表现的是她入浴之前的美貌身体；萨提尔的形象是人身兽头。雕塑作品表现的个人主义精神具有双重意义。一方面，每一位艺术家皆可形成他们自己的风格，另一方面，每一位艺术家更愿意塑造形象各异而非整齐划一的男男女女，他们甚至还会塑造神灵情感表达的不同阶段而非刻板的性格特征。

在政治生活中，雅典人对待城邦的普遍态度也反映出这种变化。人们越来越多地把城邦当作满足个人需求的一种手段。我们甚至可以说，他们认为城邦是一个为成员分配利益的合作团体。至少这是公共舆论的总体趋向。因此，如果城邦的对外行动无益于保护和增进商贸，或者不能增加公民的收入,他们就不愿参加。与公元前 5 世纪相比,公元前 4 世纪的雅典成为一个进取心不足、成就相对黯淡的时代,但人们生活更幸福,思想和行动更自由。

  对雅典而言,起决定性的因素是,尽管她丧失了帝国,但并未因此失去商贸。对科林斯而言,雅典的复兴是对她最惨痛的打击,因为她发动战争的目的就是摧毁雅典的贸易。事实表明雅典商贸的基础牢不可破。雅典惧怕的唯一竞争对手是罗德岛,因为该岛正在成为地中海东南地区的一个交通枢纽。【571】不过在很长的时间里,她还不会对雅典的商贸产生严重影响。阿提卡的人口已经减少,天灾和战争使成年男性公民从原来至少 35000 人骤减到 21000 人。但这也未见得不是幸事一桩,因为雅典已没有海外领地安置过剩的人口。即便人口数量已大大降低,但仍有过剩人口在海外充当雇佣兵谋生。雅典商贸的发展表现为比雷埃夫斯港规模的扩大和私人钱庄的蓬勃兴起;不过,雅典城的发展却大受影响,原来的商业地块被废弃。将金钱存入神庙,神庙祭司以他人存款借贷生息,这种做法历史悠久。后来,钱币兑换商也开始效仿神庙的做法。帕西昂在雅典开设有一家著名钱庄,经营资产高达 50 塔兰特,在希腊所有商贸中心都有信贷业务。通过钱庄,人们可通过信用证实现商业交易,而不一定非要使用现金。信用证的使用虽然还只局限在很小的范围之内,但引入这种支付方式本身就表明商贸活动的发展。如今钱币数量远比过去丰富,商品价格也比过去更高,其原因在于,公元前 5 世纪最后 25 年里,大量贵金属,尤其是金,流通于希腊世界。持续不断的战争导致原本多年积聚在神庙里的金钱被打造成钱币进入市场流通;同时,钱庄体系使原本可能窖藏在家的金银也进入流通领域。不过,虽然贵金属数量增加,但利率并未降低。借贷时人们仍需支付 12% 的年息。这一事实非常重要,它清楚地表明,手工业更加繁荣,商业更加活跃,因此人们对资金的需求也更旺

雅典的商贸

钱庄

利率

盛。当我们读到某个希腊人非常富裕时，用今天的计算方式看他的资产可能会显得不值一提。一笔50塔兰特的资产也不过比1万英镑稍多一点，年收益大概只有1500英镑。但是，这笔金钱的购买力远远超出了当今等量黄金的购买力。在古希腊，能拥有如此巨额资产的人相当少见。

<small>社会主义</small>

共产主义思想是个人主义发展和资本增长的结果，甚至可以说是必然结果。穷困公民对于所有公民政治上一律平等的理想与富裕公民在社会和经济中享有优势地位的现实感到越来越迷惑。政治平等必然的逻辑结果是社会平等；但事实上，如果没有社会平等，完全的政治平等就不可能得到保障，【572】因为富裕者拥有的经济优势必然会使他们的政治影响力更胜一筹。恰如当今欧洲一样，在古希腊，在资本和民主制中诞生了社会主义者，他们呼吁城邦重新分配财产，促进各阶级的财富更平均。

<small>"妇女公民大会"，公元前389年；"财神"，公元前388年</small>

《妇女公民大会》和《财神》等戏剧对此类思想大肆嘲讽。柏拉图在《理想国》中关于共产主义思想的描述也并非来自这位哲学家的苦思冥想，而是受到流行于那一个时代的共产主义理论的启发。非常值得关注的是，雅典人并未采取措施将政治民主上升为社会民主。这在一定程度上应归功于那些深谋远虑的政治家及其采取的审慎政策，无疑他们意识到了危险，因此坚持将"观剧津贴"的发放作为城邦一项必不可少的重要制度。

<small>公民大会津贴，采用于公元前389年之前</small>

公民个体对城邦态度的变化也表现在引入公民大会津贴制度，城邦为出席大会的雅典公民每次发放半德拉克玛作为补偿。随着物价上涨，这种津贴也相应增加。后来，出席定期召开会议的公民可获得1.5德拉克玛，因为此类会议的议程没有吸引力；出席其他会议者可获1德拉克玛，因这此类会议更能吸引人们的关注。在法庭中充当陪审员的薪酬并未增加，发现半德拉克玛足以吸引公民前来投票。为履行公共义务者提供酬

金是民主政体正常运行的必要组成部分,但为贫困公民发放"见者有份的金钱"是一种奢侈举动,涉及一种完全不同的原则。现在仍不清楚雅典最初是什么时候引入为穷困公民发放购买戏剧门票钱的补贴制度,人们一般将其归功于伯里克利,但更可能始于雅典从帝国衰亡重新走向恢复的发展过程中。但无论如何,到公元前4世纪,发放"观剧津贴"的制度已经确立,雅典人还将这笔金钱用于宗教节庆;公民希望城邦发放的款项更频繁,数量更多;城邦收入的剩余部分不是存留下来应对紧急情况,而是存入戏剧专款中;戏剧专款变得如此重要,以至于城邦最终需专门设置一个财政官员对其进行管理。在优布鲁斯等政治家的管理下,戏剧专款数目非常可观,而他们也自然成为对公民大众最有影响力的人物。随着财政管理重要性的凸显,雅典人的财务管理能力发展到一个相当高的水平。城邦具备了商业社会的一些特征,国家收支平衡成为政治家必须考虑的问题;为了使收支平衡,他们必须征收更高的赋税。如前所述,【573】在第二雅典同盟建立的那一年,雅典与斯巴达爆发了战争,为此城邦征收财产税;为了征收该税,城邦对公民的财产重新进行了评估。

观剧津贴管理员

城邦通过让富裕公民出钱的方式为贫困公民提供了舒适的生活。作为政治学的基本原则,人们普遍认为一个国家的衰亡在于国民追求舒适而享乐的生活,任何事情都必须服从这一原则,而观剧津贴作为一种表象也包括其中。正如前面谈到,该原则也影响着雅典的对外政策。当雅典采取行动,不顾希腊公共舆论的一致反对,向萨摩斯和其他地方派出殖民者时,其主要动机无疑是经济收益。

从宪政的角度看,雅典民主制的恢复是一项非凡的成就。在推翻三十寡头统治后,民主派政治家以非凡智慧和中道精神解决了他们面对的诸多困难;而在其他希腊城邦遭到类似危机时,人们往往采取暴力和报复手段;在这个问题上,这些城邦与雅典形成了鲜明的对照。在寡头

公元前4世纪的政体

派的残暴统治下,民主派中大多数富裕人士的财产都被强占拍卖。是否需要迫使购买者无偿归还?三十寡头的所有措施是否都要被宣布为非法?不管这些问题如何处理,都可能在城邦中形成一批心怀怨恨的不满分子。民主派的一些主要领导人当众宣布自愿无偿放弃他们失去的财产,他们树立的榜样促使双方做出让步,最终达成了和解。特拉叙布鲁斯及其同仁在这个问题上展现出的智慧和灵活手段是他们为城邦做出的最大贡献。至此以后,再也没发生寡头派威胁雅典国内和平的事件。除哲学家之外,再也没有公民对民主制提出质疑。

> 公民大会主持权的变化,时间为公元前403/402年

在这段时期,雅典人虽然修订了法律,并对公民的登记原则进行一些变革,但城邦政体几乎没有什么变化。不过,在公民大会主持人的规定上,确实有较大的改变。迄今为止,大会的主持权属于普瑞坦尼(prytaneis)或称十人委员会,其成员每七天选举一次,来自议事会中当值的那一个部落。因为议事会和公民大会之间有着密切的有机联系,所以导致议事会成员可能主持公民大会。但如今,人们将公民大会的主持权与议事会的主持权分离开来,大会主持权交给一个九人委员会,其成员由不当值的9个部落中各选一人组成。这项变革显然是为了限制行政机构的权力而设置的。议事会当值部落不再直接与公民大会打交道,

> 欧几里德任执政官的那年采用伊奥尼亚字母体系,公元前403/402年

【574】但它有义务通过一个中间机构向人民汇报采取的措施,这个中间机构虽然属于议事会,但又不是议事会所属部落的成员。在进行上述改革的同时,雅典采用一种新的字母体系书写城邦的官方文献。原来的阿提卡字母体系中,每个元音有多种读音,结果使得元音使用非常困难,如今他们停用这种字母体系。至此以后,雅典人民颁布的各种公共法令都以伊奥尼亚字母镌刻在石碑上;他们为e和o的长短音标上不同符号,对于双元音,他们使用另外的特别符号。

在这一个时间段的历史发展中,雅典需要的不是天赋超群、充满激

情的政治家,而是有能力处理城邦日常事务的普通人,这是一个再简单不过的事实。此时,雅典不需实现其他伟大目标,也没有严峻的危险需要应对,因此不需要伯里克利或地米斯托克利那样的大人物。在帝国衰亡之后的两代人里,天才人物在雅典政治中找不到自己的位置。但此时雅典仍有能力很强的人,譬如阿古尔里奥斯(Agyrrhius)、卡利斯特拉图斯和其后的优布鲁斯(Eubulus),他们完全能胜任带领雅典实现那些并无雄心大志的目标,这也是雅典做出的明智选择。对我们而言,这些人都不过是一群成就暗淡的影子人物。阿古尔里奥斯开始奉行城邦利益至上的政策,后来直接促使观剧津贴制度的产生;他反对来自菲列要塞的英雄们提出的极端反斯巴达政策。他的侄儿卡利斯特拉图斯政治生命更长,在雅典内外事务中所起的作用更大;他是第二雅典同盟的创始者,也是参加"卡利阿斯和约"谈判的主要成员,同时也是伊帕米农达的对手;因为上述成就,他成为一个引人注目的政治人物。他实施的所有政策都能一以贯之且富有理性。他的目标是使雅典更加强大,足以摆脱斯巴达的控制,实现独立自主;他希望雅典与斯巴达并肩而立,成为领导希腊世界的两个主要城邦;他认识到与强大的波奥提亚为邻,雅典必须采取措施,防止底比斯坐大。

  阿古尔里奥斯和卡利斯特拉图斯或许多次担任过将军之职,但与克里昂和叙佩波鲁斯一样,不管是否担任具体官职,他们主要作为公民大会的建言者对城邦施加影响。战争之术越来越成为一门专门技艺,只有那些能将所有时间和精力都投入军事职业的人才能完全履行将军之职,譬如琉卡斯之战的英雄提摩修斯、那克索斯海战的胜利者卡布利阿斯等,更著名的当数伊菲克拉特斯,前面很多地方和很多情况下都谈到过他。提摩修斯出身名门,家产丰厚,其父科农为他留下一大笔财产,使他能够自己出资为国效力。但卡布利阿斯和伊菲克拉特斯不得不经常为外邦君主效力，【575】以使自己手中拥有足够钱财为国效命。伊菲克拉特斯甚至前往遥远的色雷斯，支持国王与雅典为敌，后来他还娶了国王之女为妻。所有这些军人都更愿住在国外而不是雅典。在国外，他们可以过奢侈而浮华的生活；但在雅典，他们必须生活得简单节制，因为公共舆论对奢华的生活方式极为反感。每当有海外行动，公民不愿亲往效力时，城邦被迫征招雇佣兵打仗。此时，这些将军就会更加独立于城邦的意旨之外。招雇和组建军队的事务全权交给将军，而将军也能经常得到城邦提供的经费用以支付雇佣兵的薪酬。在此，我们触及雅典体制中的一个缺陷，也正是该缺陷导致她在该时期的海外战争中经常吃败仗。雅典并未形成系统的国家财政预算制度；当雅典人决定要做某事后，他们才可能对拨付款项的数目进行投票。任何人皆可以提出一个方案，但无人负责决议的实施。在下一次公民大会上，人民可能会拒绝提供战争必需的物资，或者没有做好提出动议的准备。此外，在战争进行之中，供给也可能被人为中断。公元前5世纪，人们还未真切地感受到这个缺陷，因为主要的将军通常也是能对公民大会发挥强大影响力的政治家；但是，当将军只是职业军人且受雇于职业政治家时，情况就会变得相当严重。在"卡利阿斯和约"之后的10年里，雅典为了扩大海外存在，积极采取了一系列军事行动，但成果甚微，其原因在于雅典的军力严重不足。雅典财务官员总想把经费挪进戏剧专款中，从而引发军费不足的困难，这是我们必须考虑的一个问题。

第十四章

底比斯的霸权

第一节　菲莱的伊阿宋　留克特拉战役

100 年以来,斯巴达和雅典这两个相争雄长的城邦主导着希腊的政治格局;如今,卡利阿斯和约正式将二者调整回到均衡状态。但从最初开始,这种双头体系就受到各种令人生畏的潜在危险的威胁。明显地,随着过去几年新势力的崛起,这两个古老城邦掌握的希腊领导权受到了挑战。北希腊的军事力量迅速发展,底比斯和菲莱这两个城邦日渐突出,威胁着原来的秩序。

我们对于菲莱兴起的了解远不如底比斯。在卡利阿斯和约订立时,人们突然发现原来累世为仇的色萨利各个城邦已结为一体,成为希腊世界的重要力量之一。这一切都应归功于一个人。(色萨利的地理区划及主要城镇,参见图 14-1)在菲莱,一位强权人物横空出世,此人不但精力充沛,勇猛尚武,而且野心勃勃,其志不但要掌控色萨利的内部事务,而且还寻求在全希腊这个更广阔的舞台上扮演更重要的角色。借助 6000 名训练有素的雇佣兵和灵活多变的外交,他建立了牢固的统治。法萨鲁斯(Pharsalus)最有影响的公民曾向斯巴达透露过伊阿宋的野心和危险,要求在他还未非常强大之前就采取措施,遏制其走向成功。但斯巴达忙

菲莱人伊阿宋

公元前 371 年

图 14-1　色萨利的地理区划及主要城镇

（据 R. Zelnick-Abramovitz, *Taxing Freedom in Thessalian Manumission Inscriptions,* Brill, 2013, p.xv 编译）

于处理其他更急迫的事务，未能及时干预。后来，法萨鲁斯受到伊阿宋的威逼利诱，帮助他成为统一色萨利的"塔古斯"（Tagus）。这位强权人物的势力大大扩张，向西深入埃皮鲁斯境内，将摩洛西亚国王阿尔凯塔斯降为藩属，向北与马其顿接壤。

　　伊阿宋是这样的一位专制君主，他具有超凡的政治军事才能，担任全色萨利的领袖，掌控着希腊最精锐的骑兵，看似很有可能改变整个希腊的历史进程。他使色萨利成为希腊头号强邦（按当时的说法就是"霸主"）的目标没有任何问题；【577】虑及南部希腊诸邦衰退和相互嫉妒，加上他丰富的资源，实现这个目标并不困难。但是，伊阿宋的目标并不只限于色萨利，甚至也不局限在希腊；他的梦想是率领希腊人征服波斯，将大王从宝座上赶下来。为了实现这个宏伟目标，他甚至开始组建一支水师。自传说中的阿尔哥英雄从陆地环绕的伊奥尔库斯港（Iolcus）启航以来，色萨利再一次成为了一个海上强国。

虽然斯巴达的实力已明显衰落，但她仍被视为执掌希腊最高权柄的城邦。因此，伊阿宋的第一个目标是进一步削弱斯巴达，将其从高高在上的宝座上赶下来。他第二个急切实现的目标是控制通往南希腊的咽喉要道——温泉关。鉴于该关隘掌控在驻赫拉克利亚的斯巴达驻军手中，他的两个目标就密切联系在一起。伊阿宋实施的显见政策是与斯巴达的宿敌底比斯结盟；底比斯因被孤立，欣然接受了结盟提议。在卡利阿斯和约订立后不久，波奥提亚与色萨利联盟的盟约也签署完毕。按卡利阿斯和约规定，缔约各方务必召回驻外军队，并须撤除在外邦的军事要塞。雅典迅速将伊菲克拉特斯从科基拉召了回来，但斯巴达单方面拒绝履行和约。不久之前，国王克利奥姆布罗图斯奉命率军进驻佛基斯；但在和约签订后，斯巴达并未命国王解散军队，而是令他继续进军底比斯，以迫使底比斯还波奥提亚各邦的自由。在斯巴达的公民大会上，有人发出了反对之声，认为这不但违背了最近的誓言，而且对在拉凯戴梦军中效力的同盟者也不公平。但是，此刻的斯巴达，正如她的一位拥趸所言，受致命冲动的支配，结果遭到了神灵的捉弄。在阿格西劳斯的鼓动下，对底比斯怀有深仇大恨的斯巴达人不再考虑长远政策，也将公正抛在一边。反对之声被人们大肆嘲笑，很快湮没无闻。底比斯与斯巴达的决斗已不可避免。全希腊都确信斯巴达占据着绝对优势，都在等待着看底比斯被降为村庄或被希腊城邦扫地出门的好戏。甚至底比斯人对胜利也不抱希望。如果解散克利奥姆布罗图斯的军队，由真心支持斯巴达的同盟者重组一支军

斯巴达违背和约，命令克利奥姆布罗图斯进军底比斯，公元前371年
普罗图斯提出反对意见

队,斯巴达或许会做得更好。

　　克利奥姆布罗图斯屯兵于佛基斯与波奥提亚的门户喀罗尼亚,其目标是进军底比斯。从前发生在这里的战争中我们已经看到,【578】通往底比斯的径直道路沿科派斯湖西岸和南岸延伸,道路之旁有科罗奈和哈利亚图斯两座城镇。底比斯人的战略目标是阻止斯巴达人实现目标,因此,他们屯兵于科罗奈附近。大约25年前,波奥提亚联军曾在此伏击过阿格西劳斯。但令底比斯人失望的是,克利奥姆布罗图斯并未如往常一样进军。他首先沿赫利孔山周边的一条羊肠小道向南到达提斯比（Thisbe）,接着突袭克琉西斯港,在此缴获了12条底比斯战船。通过这次突袭,在确保后军安全后,他率军向北朝底比斯进军。

留克特拉各军的位置

　　到达留克特拉（Leuctra）高地时,他发现前进的道路已被底比斯军队封锁。留克特拉高地位于一个小平原南端的山丘上,高地的宽度超过半英里,阿索普斯河的上游贯穿其中（留克特拉之战,参见图14-2）。从湖畔到底比斯的道路在此需跨过溪流,然后沿山丘北麓向上。波奥提亚司令官及其军队集结于此。在道路以东的诸多矮丘中,有一座圆形山顶比较平坦,人们将其扩宽形成一座平台,这是底比斯重装步兵左翼屯聚之地。如今这座人工高台仍保存在那里。我们并不清楚这两支底比斯军队的具体人数。不过,拉凯戴梦人数应该更占优势,可能达11000人,而底比斯人或许不足6000人。但是,波奥提亚司令官以一己之力弥补了军队人数的不足,这也是他第一次充分展现其高超的战略战术。伊帕米农达并未按照寻常的方式,将军队列成厚度单薄的长阵,而是加强左翼的纵深。底比斯的左翼纵深厚达50人,坚不可摧;佩罗皮达斯率领"圣队"列于阵前。与其相对的斯巴达军队右翼由克利奥姆布罗图斯亲自率领。伊帕米农达仰仗的就是左翼军队的胜利。斯巴达与底比斯主力的碰撞决定着战局走向。而波奥提亚中军和右翼的胜负无关紧要,因为这些军队

伊帕米农达的战术

的战斗力完全不足为信。泰斯皮亚人是被强征来参战的。直到战斗的最后一刻,他们才被允许离开。但是,即便如此,佛基斯人和其他拉凯戴梦同盟者切断其退路,将他们赶回到宿营地。他们不但寸功未立,反而还削弱了己方的力量。

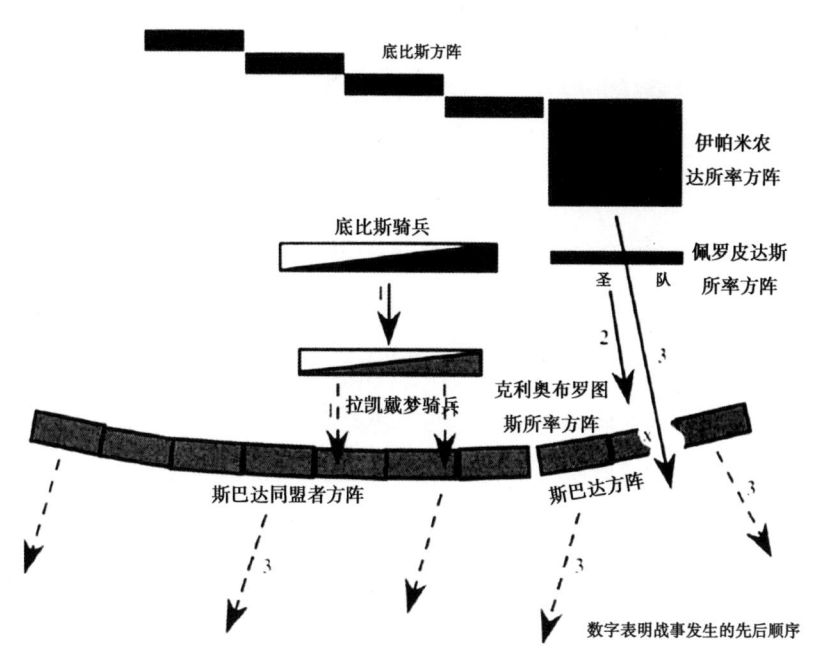

图 14-2 留克特拉之战（决战时刻,公元前 371 年）

（据 John Montagul, *Battles of the Greek and Roman Worlds*, p.91 编译）

当骑兵介入后,双方立即陷入一场激战中。众所周知,拉凯戴梦骑兵战斗力极弱,一下就被打得掉头逃窜,结果冲乱了步兵的阵形。克利奥姆布罗图斯对胜利仍坚信不已,率领右翼从山上往下冲锋。此时斯巴达的中军和左翼可能因骑兵的逃窜而无法向前。【579】与此同时,伊帕米农达率领底比斯左翼也从己方山上往下冲锋,而故意让其他队伍殿后。伊帕米农达的新颖战术决定了此役的最后胜负。斯巴达方阵的纵深只有 12 排,虽然他们作战勇猛,仍不能抵挡住佩罗皮达斯所率突前圣队的冲击。

留克特拉之战,公元前 371 年 7 月

‖ 第十四章 底比斯的霸权　731

国王克利奥布罗图斯战死，双方死伤无数。经过一场激烈的拼杀，底比斯军队将敌人赶回到山坡上他们原来的驻地。在战场其他地方，似乎没有发生什么战斗，也未见太大伤亡。拉凯戴梦的同盟者眼见其右翼已露败象，也匆忙撤退，不过，撤退过程中他们并未受到太大干扰。

【580】1000名拉凯戴梦人殒于此役，其中包括400名斯巴达战士。生还者按传统惯例请求休战掩埋死者，他们以这种方式承认了失败。或许有人会提出建议，他们可立即撤退到克琉西斯港，这是那位去世的国王生前为他们留下的安全之地。此时拉凯戴梦军的人数仍占优势，敌人也不可能阻断其归路，甚至都不敢在后面进行任何实质性的袭扰。底比斯人几乎没有意识到他们获得了胜利，这是此前他们想都不敢想的事情。更令其高兴的是，他们不但在战场上打败了拉凯戴梦人，杀死其国王，而且还迫使其撤出波奥提亚。拉凯戴梦大军驻留在留克特拉山上的防御工事里，期待着斯巴达重新派出一支援军将他们解救出去，于是他们派出一名信差回去汇报战败的消息。斯巴达人倍感震惊，不得不向公民灌输严明纪律以压抑心中的伤悲。他们急忙召集留在城里的所有军队，交给阿格西劳斯之子阿奇达姆斯指挥。一些同盟者也提供了支援，整支军队通过船只由科林斯运往克琉西斯港。

> 战后留克特拉的形势

> 阿奇达姆斯带领的救援军队

斯巴达人完成上述准备工作需耗费时日，而此时底比斯人也没有闲着。他们派出两位信使分别到雅典和色萨利报告获胜的好消息。在雅典，这位头戴花冠的使者获得的是满堂的沉寂。雅典人无疑对底比斯的胜利并不欢迎，因为在不久的将来，这必将会重启无限的战事，会使最近得之不易的和平付之东流；此外，雅典人对底比斯的嫉妒更甚于斯巴达。而在菲莱，该消息得到了完全不同的回应。伊阿宋赶在骑兵和雇佣兵的最前头，飞速行经佛基斯；在与其势不两立的佛基斯人还未发现时，他已通过其国境，抵达战斗现场。当他到达时，战斗已结束了六七天。底比斯人认

> 雅典得知战况

> 伊阿宋进军到留克特拉

为在伊阿宋军队的帮助下,他们可对拉凯戴梦人的工事发起猛攻,尽管这个任务可能会相当危险。但是,从伊阿宋的角度看,战败之辱已给斯巴达人造成了足够大的打击;无论是败军遭到全歼,还是底比斯人获得大胜,都不免物极必反。他劝告底比斯不要采取进一步的冒险,并促使他们与拉凯戴梦人签署一份停战协议,任由斯巴达人安全撤离。尽管援军将至,拉凯戴梦人还是被迫接受了这份协议。因为随着伊阿宋手下精兵强将的带来,双方的形势已经完全改变。显然,底比斯人完全可能会在难以预料的援军到来之前发动进攻。【581】拉凯戴梦人的撤离是在晚上进行的,因为其统领对敌人是否忠诚守信颇有疑虑。在海边,拉凯戴梦败军遇到了阿奇达姆斯率领的援军。所有军队也就此解散。

停战协议

拉凯戴梦人撤离波奥提亚

  按大多数人采信的那位历史学家的叙述,这就是留克特拉战后拉凯戴梦人撤离波奥提亚的情况。但色诺芬的记忆可能在某些细节上形成了误导。对于这次战斗还有另外一种不同的描述,从中大概可以推断事情的发展更加迅速。这种说法认为阿奇达姆斯并不是在留克特拉战后才被派作救兵,而是在战斗开始之前就已在前往底比斯的道路上;克利奥姆布罗图斯本可以选择等待阿奇达姆斯到来后一同战斗,但他冒险提前采取了行动,国王所以带兵前往克琉西斯港,事实上正是与等待这支预计前来的增援部队有关;伊阿宋也已在前往增援底比斯的途中,传达胜利消息的使者就是在他向南行进的途中与其相遇。按照这种说法,停战协议或许在战斗的次日就已签订。这样的解释顺理成章,我们不必费尽心思解释为何败军决定在留克特拉待上一周,直到前往克琉西斯港的道路开放后,他们才撤出波奥提亚。

关于撤离波奥提亚的另一种观点

  与色萨利塔古斯的行动相比,这个问题无关紧要。这次战役及后续事件的重要性在于伊阿宋发挥了重要作用——充当双方的调停人。我们很想知道他率军前往的最初目的是否真是与底比斯盟友并肩战斗。我们

伊阿宋的水师

第十四章　底比斯的霸权

也听到他公开宣称要从海上搬来援军,可以推断,此时新组建的色萨利水师或许已参加了这次行动。

伊阿宋在温泉关

他的计划

伊阿宋返回了他在北方的故土。但在返回途中,他仅靠色萨利的力量对斯巴达再施一击,摧毁了控制温泉关的赫拉克利亚。这样,他为采取进一步行动获得了一个非常重要的战略要地。很快,他就开始实施那早已拟订的战略计划,决定在下一届皮提亚赛会时当着众希腊人之面展示他的伟大和力量。他发出指令,要求色萨利各城市为即将在德尔斐进行的祭祀准备好牛羊,并承诺为最俊美的公牛颁发一顶金冠。此外,他还发布命令,要求色萨利军队全副武装,准备与他一同前往主持庆典。他提议剥夺近邻同盟委员会的权利,让他担任赛会主席。关于他打算抢夺神庙圣库的流言也甚嚣尘上,【582】但是,令人难以相信,一位有志于成为希腊霸主的野心家会做出如此明显的不智之举。德尔斐人对于这样的传言坐立不安,阿波罗告诉他们他将亲自保护圣库的安全。

伊阿宋遇刺,公元前370年

不过,阿波罗的祭司们很快就缓过气来;佛基斯人也不用再看着令人生厌的色萨利人成天在自己的国土上将他们羞辱。一天,伊阿宋检阅完骑兵后,坐下倾听臣民的请愿。7个争得面红耳赤的年轻人走上前来,假意要将争端呈报给他。走到近旁时,他们将伊阿宋杀死在座位上。伊阿宋之死使所有计划就此搁浅。获取希腊的霸主地位是统一的色萨利联盟的首要目标,但联盟存在与否完全取决于他个人。继承其位的兄弟们都是些无足轻重的人物,尽管他们志向远大,但无力完成其影响深远的计划。

这次暗杀行动的重要性

可以说这7位青年的利刃事实上改变了历史发展进程。伊阿宋已在获取东部希腊霸权的道路上迈出了坚实的步伐,而同为专制君主的狄奥尼修斯掌握着西部希腊。毫不夸张地说,在他的带领下,色萨利或许会完成一部分马其顿人即将开展的工作。从政治角度看,伊阿宋的工作应受指责。他还没有把色萨利统一成为一个民族国家奠定基础;统一的实现完全取决于他强大的军力和个人的天赋。我们不能为一位把握不住机会的政治家拍手叫好。就这个层面看，伊阿宋与伊帕米农达处于同一个等次上。

色萨利君主之死表明，在最近崛起的两个北方城邦中，是底比斯而非色萨利即将从斯巴达人手中夺过火炬。对底比斯的影响

或许下面一个事实明白无误地体现了留克特拉之战的重要性：在随后斯巴达与底比斯的战斗中，两个城邦扮演的角色完全逆转。如今，底比斯人开始入侵伯罗奔尼撒半岛，而此前是斯巴达入侵波奥提亚。如今底比斯成为侵略者，而斯巴达只能尽力防卫其国土。留克特拉战役的重要性还表现为对雅典政策的影响及对伯罗奔尼撒半岛上诸小邦的激励作用上；其中受影响最大的当数阿卡狄亚，留克特拉战役唤醒了阿卡狄亚人，使他们开始了崭新的生活。留克特拉之战的结果及底比斯的角色转换

底比斯的霸权既非因为其征服天下的帝国主义天性，也非受宏伟目标的激励，而是受惠于一些巧合的机缘。（底比斯称霸时的希腊政治格局参见图 14–3）斯巴达人穷凶极恶，滥用手中掌握的统治权；【583】底比斯的辉煌是对拉凯戴梦压迫的一种反动。底比斯的政策需要实现两个目标：阻止斯巴达重获在伯罗奔尼撒半岛的原有地位，同时防止伊阿宋势力在色萨利复兴。

虽然并无政体变化的确切文献传世，但某些证据表明，底比斯人使波奥提亚同盟各邦的联系更加紧密，逐渐将同盟各邦组成的联盟转化成为一个民族国家。底比斯之于波奥提亚似乎类似于雅典之于阿提卡；而诸如科罗奈、泰斯皮亚、哈利亚图斯及其他城市不再被人提及，成为类似于马拉松和埃琉西斯一样的村镇；这些城市的公民在底比斯城举行的公民大会上行使自己的政治权力。如果事实确实如此，那么伊帕米农达就扮演着神话人物提秀斯的角色。但这种新政体不够稳

第十四章　底比斯的霸权　735

定,只持续了短短几年时间。

第二节　底比斯在南希腊的政策　阿卡狄亚和美塞尼亚

拉凯戴梦人在战场上被人数处于劣势的底比斯人击败,这使希腊人感到非常震惊。在希腊人看来,除非敌人兵力占极大优势,否则斯巴达重装步兵根本是不可战胜的,这是不可更改的天条。国王克利奥姆布罗图斯之死给人留下的印象更深刻,自李奥尼达在希腊国门温泉关牺牲以来,还没有一位斯巴达国王战死疆场。该消息也将伯罗奔尼撒半岛的每个城邦都煽动起来。三周之前签订和约时,斯巴达就已开始撤出派驻各地的军事统领,如今这些人被各个城邦强行逐出。各邦兴起了反寡头运动,因斯巴达支持寡头派行径激起了人们普遍不满。流亡在外的民主派军队参加到各地的革命运动中。革命浪潮甚至波及阿尔哥斯,虽然斯巴达在那里并无什么影响。阿尔哥斯爆发的革命非常剧烈,许多富裕公民被愤怒的平民用棍棒打死。

<small>遍及伯罗奔尼撒半岛的民主运动</small>

<small>阿尔哥斯的棍棒党</small>

<small>泛阿卡狄亚同盟</small>

但政治最大的影响还是出现在阿卡狄亚。多年来,人们普遍认识到阿卡狄亚诸城邦必须团结起来,共同筑起一道防线,对拉凯戴梦人的无理要求说不,如今,他们的这种想法完全成型。每座城市要对抗斯巴达威胁、维持其独立,唯一方法只能是主动让渡一部分独立权力,交给由各姊妹城邦组成的联邦。泛阿卡狄亚理念最积极的倡导者是曼丁尼亚人吕科美德斯(Lycomedes),【584】他的家乡受拉凯戴梦高压政策的摧残远甚于其他地区。曼丁尼亚人重筑城墙、废止村庄生活、重回有尊严而快乐的城市生活,这也是斯巴达衰落的重要标志。对此,年老体衰的老国王提出严正抗议,要求曼丁尼亚人至少征求斯巴达的慷慨许可,但他已无力实现其要求了。

图 14-3　底比斯称霸时希腊的政治格局（公元前 371—前 362 年）

（据 R. Morkot, *The Penguin Historical Atlas of Ancient Greece*, p.101 编译）

曼丁尼亚人下定决心，不能再让他们的城市被人采取阿格西波利斯同样的手段用河水攻陷。于是，他们新挖了一条河道，当奥菲斯河流到靠近东南城墙时，人们将其一分为二，在绕过一个大弯后，两条河道在西北重新汇合。在河流拐弯处，曼丁尼亚城再次拔地而起，原来本是巨大威胁的河流，经过如此改造后成为城市的护城河，将整座城市包围起来。城墙下的石质地基使我们如今仍能探知城市的轮廓，但这只是地基，与城市建筑一样，城墙上面部分仍由砖块砌成。10 座城门的建筑也颇为奇特，没有两座城门完全一样，但都符合梯林斯城堡修建者奉行的原则，即城池的右翼并未设防，但进攻者首先需面对来自城墙和侧面塔楼的防守

重建曼丁尼亚，公元前 370 年春

第十四章　底比斯的霸权

者。设计者的总体思路是,不把城墙连成一个连续不断的圆形,而是由 10 个独立部分组成,每一部分与另一部分并未连接,但重叠在一起,而城门就将两部分重叠之处连接起来。

曼丁尼亚在废墟之上重新崛起,而阿卡狄亚的其他城市,除泰格亚、奥科麦努斯和赫莱亚(Heraea)等城镇外,都同意组成一个泛阿卡狄亚的联合体,建立一个联邦国家。诸多因素促使她们决定选址修建一座新城作为联邦首府。因为阿卡狄亚各城邦太小,任何城市都不足以担当首府之责;而且,如果选择其中一座为政府所在地,就可能招致其他城市的嫉恨,她们都不希望在阿卡狄亚境内出现底比斯一样的强邦。人们将阿卡狄亚中部两块平原靠西之处选作新城所在地,该地位于赫利森河(Helison)两岸,地形狭长且不规则。不远处是阿卡狄亚人举行宗教仪式的主要圣山吕卡昂(Lycaeon)。附属于那座圣山的宙斯神殿修建在市场中央。该城被命名为麦伽罗波利斯(Megalopolis),即"大城"之意,城墙周长 5.5 英里,分为内外两层,城墙做工稍显粗糙,【585】下层为石料,上面垒以泥砖,城墙上每隔一段距离就修有一座塔楼。

不能忽视的是麦伽罗波利斯起着双重功能,她不但是联邦的首府,而且同时也是联邦诸城市之一。除了与阿卡狄亚全境保持联系外,她与所处平原有着特别关系。在无人能够记事的上古时代,随着泰格亚和曼丁尼亚的建立,东部平原地区发生了巨大变化;如今,随着麦伽罗波利斯的建立,西部平原地区也发生着类似的变化。居于周围村社的居民改变了自给自足的生活方式,加入城市生活中。麦伽罗波利斯地处拉哥尼亚西北边境附近,成为这个方向防御斯巴达的军事重镇,与泰格亚在拉哥尼亚北部的作用类似。人们自然会将该城与同时复建的曼丁尼亚进行比较。两座城市的防御体系类似,有着同样的由石料和泥砖混建的城墙,城墙上都建有塔楼。不过,麦伽罗波利斯面积更大,城池自然也更坚固。因

麦伽罗波利斯的建立,介于公元前 371—前 369 年之间,但具体时间不详

为曼丁尼亚地势平坦,所有防御力皆需借助人工建筑;而麦伽罗波利斯位于地势不规则的山坡上,城市依山而建,防御纵深更大。二者的差异可从剧场看出。曼丁尼亚的剧场很小,依一座石料建筑而建;而麦伽罗波利斯的剧场庞大,依山而建。

联邦政体按民主制的基本原则构建。公民大会,其官方名称为"万人大会"(Myrioi),定期召开,讨论所有重大问题。联邦各成员的每位公民都是万人大会的一员,当然该名只是对总人数的一个大体估计,并不表示确切数字,正如雅典泰拉麦涅斯政体中的 5000 人一样。对于该机构的运作方式,并无什么具体的材料可资说明,但从古代其他类似的联邦政体看,会议或许以城邦为单位计票,即每一个城邦根据本邦出席大会公民的多数票决定本邦的投票结果。万人大会决定联邦的战和事宜,有权与他邦缔结同盟,并审判针对联邦的违法案件。议事会共有 50 名成员,由来自各邦的公民组成。该机构掌管联邦的日常行政和审议事务,在希腊人的概念中,这是议事会的应尽之职。

万人大会

50人议事会

赫利森河以南是阿卡狄亚联邦会议举行之所泰尔西利昂(Thersilion)。这栋宽阔且有顶盖的建筑物设计精巧,内有饰柱,但排列稀疏,人多时也不会影响到视线和听觉。【586】最近该建筑的地基被人发掘出来。设计者试图将剧场的建筑原理用于覆顶建筑中。泰尔西利昂紧邻山前,邻近的剧场也依该山而建,因此该城政治审议之地与剧场融为一体,仿佛是人民观剧场所的一部分。建筑南侧朝向观众之处饰有多利斯式柱廊;为合唱队和演员提供伴奏的乐队所在的舞台从观众座椅前一直延伸到柱廊前的台阶。这是最初的结构,后来发生了一些变化。上述事实表明,公元前 4 世纪,石料剧场已开始在希腊各地涌现,人们不但在此举行戏剧表演,而且还在此召开政治集会。

赫利森河将麦伽罗波利斯城几乎均分为两半,这种划分方式似乎也对应着城市的双重职能。严格而言,麦伽罗波利斯城位于北岸,市场建在赫利森河畔,议事会大厅在市场旁边。赫利森河南岸是联邦办事机构的所在地,联邦公民大会厅位于南岸,露天剧场也在周边,联邦大会也常在剧场里召开。可以推断,阿卡狄亚的5000名常备军(Eparitoi 音译为埃帕里托伊)也驻扎于此,军队给养由联邦提供。举行"万人大会"商讨的阿卡狄亚重大事情时,人们就宿于剧场内。

迄今为止,某种程度上,泰格亚仍是拉哥尼亚的前沿哨所,需要发动一场革命加入新成立的联邦。在一队曼丁尼亚士兵的帮助下,泰格亚人推翻了亲拉哥尼亚党派掌管的政府,【587】800名寡头党人逃往斯巴达寻求庇护。这次革命刺激了斯巴达采取行动。斯巴达或许可以容忍曼丁尼亚的复兴,也可以听任阿卡狄亚人随意处置内部事务,但绝不能宽恕她坚定的盟友、北部边疆的牢固门户泰格亚倒向反抗者阵营。阿格西劳斯率领一支军队侵入阿卡狄亚,大肆蹂躏曼丁尼亚的国土,以此表达斯巴达的愤怒之情。其实,无论阿格西劳斯还是联邦军队都无法承受冲突可能带来的危害。

鉴于斯巴达人这次入侵来得如此迅速,阿卡狄亚人不得不寻求外部力量的支持。他们求助的首要目标是雅典。留克特拉的消息让雅典人既高兴又嫉妒。尽管双方最近才签订和平条约,斯巴达遭到的耻辱还是激发起他们重燃恢复帝国的希望。不过,他们也不希望底比斯获胜,认为这会给他们带来潜在的危险。希望和恐惧混杂的复杂心态刺激着雅典采取新行动。就在留克特拉战役后不久,雅典邀请伯罗奔尼撒各邦代表前来宣誓再续"大王和约"(必须一直牢记,卡利阿斯和约的基础就是大王和约),并宣誓遭到敌人攻击时各成员应相互帮助。上述行动表明雅典已觉察到希腊时局的变化。爱利斯因拒绝承认几座原本隶属于她的城市获得自治,所以被强制排除在外。但半岛上其他城邦都宣布结盟。条约的缔约者一方是雅典及其同盟者,另一方是原来斯巴达的同盟者。因为双方已签署了同盟条约,所以不管任何时候,只要曼丁尼亚和其他阿卡狄亚城市受到侵略,雅典都有义务提供帮助。不过,虽然雅典准备篡夺斯巴达的领导位置,但她似乎还没有做好与对手重新开战的准备。在结盟会议召开 9 个月或 10 个月后,雅典的看法发生了变化。或许伯罗奔尼撒半岛各邦民主运动中的暴力活动引起了她的憎恨。不管原因是什么,可以肯定的是,雅典回绝了阿卡狄亚人的请求,打算采取中立政策。

雅典的回绝迫使阿卡狄亚向底比斯求救。既然波奥提亚统一是通过战争来实现的,那么与斯巴达的战斗也能进一步促进阿卡狄亚的统一。来自北方的底比斯援助阿卡狄亚这个小老弟也自然合情合理。但是,底比斯派遣波奥提亚军队进入伯罗奔尼撒半岛并不只是出于二者同为联邦制的考量,彻底击垮斯巴达,防止她东山再起重新发挥影响力,才是底比斯主要考虑的事情,【588】而一个统一的阿卡狄亚是实现上述目标的最佳工具。此时,北希腊的形势允许底比斯接受阿卡狄亚人的请求。留克特拉战后,佛基斯人、奥佐利亚的洛克里人、奥彭提亚的洛克里人和玛利斯人都希望与底比斯结盟,甚至优卑亚人也主动向她靠拢。这样,南及基泰隆山的整个中希腊都处于底比斯影响之下。但是,如果阿卡狄亚人提前几月向底比斯提出请求,底比斯很有可能就不会答应,因为此时菲莱的伊阿宋还活着,且正准备进军德尔斐,所以波奥提亚军队不可能抽身离开。

当伊帕米农达及其同僚执政官率领底比斯军队抵达阿卡狄亚时冬季已经来临,阿格西劳斯的大军已撤离战场。但是,阿卡狄亚人仍劝说伊帕米农达乘胜追击,刺激他们说虽然底比斯人实现了远征的目的,但最好还是给敌人沉重一击后再返回家乡。入侵拉哥尼亚、打击斯巴达,这是一个相当大胆的提议,至少是一个大胆的想法,因为就人们记忆所及,还

波奥提亚人入侵拉哥尼亚

第十四章 底比斯的霸权　741

没有任何一个对手侵扰过拉哥尼亚的领土，斯巴达人不设城墙的城池从未受到过攻击。事实上，如今聚集于此的军队数量庞大，根本没有什么危险；推进到斯巴达城外就能进一步达到使其蒙羞的目的。侵略者兵分四路向前推进，除歼灭一些斯巴达新公民和泰格亚流亡者组成的散兵游勇外，沿途并未遇到什么顽强的抵抗。最后，各路大军在塞拉西亚（Sellasia）集结待命。大军焚毁了塞拉西亚，推进到优罗塔斯河左岸。此时冬季的暴雨使河水猛涨，停驻河畔的波奥提亚大军与斯巴达隔岸相望；因为过河的唯一桥梁易守难攻，入侵者不大可能从此渡河，这样斯巴达城得以幸免于难。于是，伊帕米农达率军向南几英里到达阿米克莱，大军在此涉水过河。尽管如此，斯巴达最终还是获救了。一听到敌人即将入侵的消息，斯巴达人就派出信使飞速赶往伯罗奔尼撒半岛上仍对其友好的城邦求救，科林斯、西吉昂、弗琉斯、培林涅（Pellene）及阿尔哥利斯湾沿岸诸邦迅速派出援军。鉴于自北而来的道路已被敌人封锁，援军被迫在拉哥尼亚东海岸登陆，越过帕尔农山（Parnon）赶往斯巴达城。在入侵者向阿米克莱进发时，他们也赶到了优罗塔斯桥。援军的到来增强了斯巴达的防御力量。然而，伊帕米农达并未对城池发起进攻；他们无视斯巴达大军的存在，在郊外大肆劫掠。此举足以一泄此前斯巴达对底比斯的伤害，因为在此之前还没有任何一个城邦胆敢侵犯拉哥尼亚的神圣领土。世世代代以来，斯巴达人都从来不曾想到敌人胆敢入侵他们的土地；【589】不难想象，面对如此灾难的斯巴达人是多么惊慌失措。虽然妇女们面对丈夫和儿子牺牲时能竭力压抑自己的情感，但此时她们也陷入悲痛和绝望中，因为，与希腊其他城邦的妇女不同，她们从来未曾亲见敌人之面。对底比斯人而言，年迈的国王阿格西劳斯是他们最憎恨之人。此时老国王受命组织全城的防卫。他的任务相当艰巨，因为不但要监视着敌人的一举一动，而且还要承受国人不满的指责。斯巴达人承诺给守城的6000名希洛特自由,但希洛特的援助带来了新的危险。

不用说,留克特拉战场上数百名士兵的殒命与此次危机中斯巴达的软弱无力密切相关。如果说留克特拉之战的失败是将帅指挥不力,那么如今在拉哥尼亚战场上暴露出来的问题就不只是指挥不力了。斯巴达已病入膏肓。单是公民人数不足就会导致斯巴达活力匮乏。据估计,此时拥有完全公民权者不足 1500 人。连续不断的战争是其中一个因素,但导致公民人数剧减更深层次的原因是经济状况恶化。自从金钱开始大量流入斯巴达,自从新法允许公民转让私产以来,斯巴达的衰落就已不可避免。每个斯巴达人用以养家糊口的小块土地逐渐被兼并成为大地产。失去了土地,人们也就丧失了公民权。耗尽斯巴达实力的顽疾逃不脱伊帕米农达的眼睛,他接下来采取的另一步骤对斯巴达的影响更加深远。

斯巴达人口减少

底比斯和阿卡狄亚联军在从优罗塔斯河畔到泰格图斯山的广袤土地上纵横驰骋。他们甚至打到了最南端的吉泰昂港(Gytheion),试图占领此处的一座军械库,但并未成功,原因不明。在大肆践踏拉哥尼亚南部地区后,联军回到阿卡狄亚。虽然此时已是隆冬时节,但他们并未停止进攻,斯巴达将会遭受另一次更沉重的打击。伊帕米农达率军进入斯巴达的另一部分土地——古老的美塞尼亚。居于此处的奴隶本属古老的美塞尼亚人,他们也闻风而动,加入联军的队伍。伊帕米农达在伊托姆山麓为新美塞尼(Messene)城奠基。伴随着优雅的长笛声,人们重塑了该族古代的男女英雄神像,为其奉献香火;他们还规划城市的范围,举行奠基仪式。伊托姆成为美塞尼的卫城,构成了城市重要的一角。卫城的石料房屋依山而建,与山下平原融为一体。流落于希腊各地的离乡背井的美塞尼亚人终于再次拥有属于他们的家园。

美塞尼亚的建立,公元前 370/369 年

与麦伽罗波利斯一样,美塞尼的建立也使周边地区统一在一起,但其政治地位完全不同于麦伽罗波利斯。【590】美塞尼不是联邦首府,而

第十四章 底比斯的霸权　743

只是美塞尼亚这个城邦的中心,该邦包括美塞尼城和其他所有国土,科罗那(Corone)和麦托涅并非如曼丁尼亚或克利托尔(Clitor)那样的城市,而只是如布劳隆或马拉松那样的村镇,居住在那里的人拥有美塞尼城的公民权,前往伊托姆山下行使政治权利。美塞尼和美塞尼亚的关系与雅典和阿提卡的关系相当,而并非麦伽罗波利斯和阿卡狄亚的关系。

就这样,在斯巴达统治的区域内,不但出现了一个新的堡垒,而且还树起一个与其不共戴天的仇敌。拉哥尼亚西部地区,除阿辛和库帕利西亚(Cyparissia)外,从伊托姆到沿海地区的所有土地都从斯巴达独立出来;所有庇里阿西人和希洛特都成为另一个敌对城邦的自由公民。在底比斯的保护下,历史上美塞尼亚人受到的不公待遇终于得以洗脱,自治原则得到进一步确认。伊帕米农达狠狠羞辱了斯巴达,并建立一个敌视斯巴达的城邦,他的所作所为不但为自己带来了荣耀,而且在希腊世界也颇得人心;此外,他采取的政策产生了更深远的影响。虽然斯巴达的衰落此前已有显现,但丧失美塞尼亚必将加速她衰落的进程。按照莱库古制定的土地与公民权不可分离的原则,随着斯巴达的份地越来越少,公民也必将越来越少。该是对斯巴达政体变革的时候了!

见证拉哥尼亚遭到侵略的石头

为了庆祝攻入拉哥尼亚这次值得纪念的大事,阿卡狄亚人用战利品塑造了一组雕像敬献给德尔斐的阿波罗。祭品上的诗句表明,奉献之人世居于神圣的阿卡狄亚,他们劫掠了拉凯戴梦,献上这些物品以示后人。雕像的原件已不知所踪,但如今出土的放置雕像的石质基座,使我们知道了上面留下的诗句。

与此同时,斯巴达请求雅典提供支援;雅典也决定放弃中立政策。在演说家卡利斯特拉图斯的强烈支持下,雅典人通过决议,命伊菲克拉特斯率举国之兵援助斯巴达。这显然是雅典应采取的明智之举。斯巴达是制衡底比斯不可或缺的力量。尽管斯巴达和雅典曾是竞争对手,但雅典对斯巴达的憎恨不及二者对底比斯的共同仇恨深。伊菲克拉特斯率军推进到地峡，占领了科林斯和肯克莱亚（Cenchreae），控制着奥涅伊翁山（Oneion）沿线地区。必须清楚的是，伊菲克拉特斯的目标并不是要阻止敌人离开伯罗奔尼撒，而是保护己军后队顺利推进到敌对地区内。当他的军队推进到阿卡狄亚时，发现底比斯人及其同盟者已撤离拉哥尼亚，【591】斯巴达的危险已经解除。于是伊菲克拉特斯也撤回科林斯，当底比斯军队撤回经过此地时，他派人进行骚扰，但并不打算封锁地峡的通道。因为雅典人远征的目的只是拯救斯巴达，而不是与底比斯人一决高下，除非斯巴达处于危险中。

在匆匆投票派军拯救斯巴达后不久，雅典决定正式与斯巴达结盟，明确地与其站在一起对抗波奥提亚和阿卡狄亚。雅典已开始思考扩大帝国，并打算恢复控制原雅典帝国最宝贵的殖民地——色雷斯的安菲波利斯。既然雅典已制订了这样的计划，她就不可能继续保持中立；下面我们即将看到，她还与底比斯在马其顿爆发了一场危险冲突。

在伯罗奔尼撒半岛，阿卡狄亚与斯巴达同盟之间的战争仍在进行。几个月后，伊帕米农达（是年年初，他又一次被缺席选为波奥提亚长官）率领波奥提亚军队再次入侵伯罗奔尼撒。斯巴达和雅典的军队已占领奥涅伊翁山沿线地区，此时他们的目标是阻止底比斯人进入伯罗奔尼撒。但是，伊帕米农达突破了他们的防线与己方盟友会合，并将西吉昂和培林涅争取了过去；不过，在争取弗琉斯时遭到拒绝。此时，斯巴达新派出的一支援军越海赶到。她的老盟友叙拉古僭主狄奥尼修斯派出 20 条船，载着 2000 名凯尔特和伊比利亚雇佣军前来支援；在狄奥尼修斯危难之时，斯巴达曾伸出了援手，而当斯巴达遭遇困难时，叙拉古也不止一次派出援军。尽管伊帕米农达此次行动所获甚微，但援军的到来迫使他只能回到波奥提亚。令他感到失望的是，政敌麦涅克利达斯（Menedclidas）趁机控告他

雅典派出一支军队拯救斯巴达

底比斯军队返回，公元前 369 年春

雅典与斯巴达结盟，公元前 369 年

伊帕米农达第二次远征伯罗奔尼撒

第十四章 底比斯的霸权　745

犯有叛国罪。于是伊帕米农达未能在次年再次当选为波奥提亚长官。

为了建立霸权，底比斯采用了与斯巴达同样的政策。她在西吉昂设置一位军事统领，和从前斯巴达派兵进驻底比斯一样，如今底比斯也派兵驻扎在伯罗奔尼撒诸邦。美塞尼和阿卡狄亚享有自治，但底比斯人希望上述二邦将他们视为独立的缔造者和独立的保护者。作为统治者，地处遥远的底比斯对待拉凯戴梦周边各邦可能更宽容，但阿卡狄亚联邦决心要在每一件事情上都要享有完全自主。如今，斯巴达已非常衰落，阿卡狄亚人觉得一旁是友善的美塞尼亚，另一旁是同仇敌忾的阿尔哥斯，他们完全可以不借助外力的支持，仅凭自己的力量就可保护城邦的自由。精神领袖吕科美德斯激励他们要独立自主、自力更生。【592】他说："你们是伯罗奔尼撒半岛上唯一的土著居民；在希腊世界，你们也是人数最多又最能吃苦耐劳的民族。你们勇敢无畏，享有盛名，在同盟者中总是供不应求。不要再跟在别人后面！你们曾奉斯巴达为首，如今如果你们再遵从底比斯的领导，而不自力更生，她就会成为第二个斯巴达！"在这种精神指引下，阿卡狄亚人展现出惊人的力量，取得了一系列胜利。位于西边的赫莱亚和位于北边的奥科麦努斯原本还置身联邦之外，如今也被迫入盟，使其具有了完全意义上的"泛阿卡狄亚"性质。拉哥尼亚北部的一些村庄被其吞并，特利菲利亚人也寻求联邦的支持，以抵抗爱利斯的可恨统治。联邦军队在阿尔哥利斯和美塞尼亚这两个相向的地方都非常活跃。面对阿卡狄亚人的频繁行动，斯巴达发现自己已无能为力。这时，叙拉古僭主再次派出的援军赶到，看到自身力量有所增强，斯巴达决定在战场上采取行动，因此向麦伽罗波利斯进军。但是，这次远征突然中止，因为他们浪费了时间；按照规定，叙拉古军队也被迫返回西西里。叙拉古人需穿过拉哥尼亚到吉泰昂港乘船；而敌人竭力利用山谷以图切断行进路线。斯巴达的指挥官阿奇达姆斯率军殿后，眼见友军危险，他急忙

斯巴达得到狄奥尼修斯的帮助

"无泪之战"，公元前368年仲夏

前去救援。他驱散了阿卡狄亚人,并对其造成重大损失。这次战争中拉凯戴梦人取得完胜,没有一人丧生,因此这次胜利被称为"无泪之战"。斯巴达对这次无关痛痒的胜利兴奋异常,这表明斯巴达已经衰落到了何种程度。

有人或许会认为,要是早知他的军队没有机会与底比斯交战,狄奥尼修斯或许应让他们呆在叙拉古。但事实上,在这支军队无所事事地呆在希腊的几个月中,人们正在努力以图实现全面和平。波斯弗里吉亚总督阿里奥巴泽尼斯(Ariobarzanes)是和平的发起人,他派出一名代表带着大笔金钱来到希腊。由波斯出面干预争端的建议可能是雅典提出的。叙拉古统治者也试图调停各方,实现和平,在一块石碑上记载着雅典人对狄奥尼修斯及诸子的感谢词,说他们"是为雅典人及其同盟者的利益着想的好人,帮助实现了大王和约"。"大王和约"成为在德尔斐召开的协调会议的基础。雅典无疑是这次会议主要的推动者,而斯巴达最渴望和平,但二者都保持着一个绝不能退让的最终底线。斯巴达要求恢复对美塞尼亚的控制权,而雅典一心希望得到安菲波利斯。【593】但是他们的愿望都不可能得到底比斯的支持,因此谈判就此搁浅。各个城邦转而单独与波斯谈判,力图让大王认可他们提出的要求。佩罗皮达斯代表底比斯前往苏撒以图说服大王认可美塞尼亚的独立。雅典人派团希望说服大王首肯他们对安菲波利斯拥有的特权。阿卡狄亚、爱利斯和阿尔哥斯的使团也出现在苏撒。佩罗皮达斯大获成功。大王向希腊颁布一道敕令:美塞尼亚和安菲波利斯获得独立,雅典召回派出的舰船。在特利菲利亚到底属于爱利斯还是阿卡狄亚的问题上,敕令的规定偏向于爱利斯;该城的归属完全与波斯无关,因此明显体现了佩罗皮达斯的意愿,这也暗示着底比斯与阿卡狄亚之间关系紧张。总体而言,该敕令体现着底比斯的意愿。佩罗皮达斯带着国王的书信回到波奥提亚,但他发现,无论是在底比斯倡导下召开的同盟大会上,还是随后他发放书面文件时,全希腊

德尔斐会议,公元前368年夏

希腊各使团在苏撒,公元前367年

波斯大王的敕令

所有城邦都没有遵守大王的旨意。阿卡狄亚不会放弃特利菲利亚，吕科美德斯对底比斯的领导权提出了正式抗议。

伊帕米农达第三次入侵伯罗奔尼撒，公元前366年

底比斯以再次侵入伯罗奔尼撒半岛作为对抗议的答复。虽然奥涅伊翁山沿线地区仍有人把守，但防守之人已漫不经心。在阿尔哥斯人的协助下，伊帕米农达通过了这道防线。其目的不是进一步削弱斯巴达，因为此时斯巴达已非常虚弱，不足为患，而是遏制阿卡狄亚自命不凡的野心。要实现这个目标，底比斯必须要在伯罗奔尼撒半岛赢得新的盟友，增加其影响力。因此，伊帕米农达进军到阿凯亚，并且轻易赢得阿凯亚诸邦的支持。

阿凯亚的得与失，公元前366年

阿凯亚很快就得而复失。底比斯人不遵照伊帕米农达的宽容政策，要求阿凯亚各邦推翻寡头政体，放逐寡头党领导人。结果，来自各邦的流亡者纠集起来，逐个推翻民主政府，赶走底比斯的军事统领，恢复各邦原来的政体。自此后，阿凯亚成为斯巴达坚定的支持者。

优弗隆成为西吉昂僭主，公元前368年

伯罗奔尼撒半岛的不稳定从西吉昂政权的频繁更迭中可见一斑。当底比斯军事统领进驻卫城时，保留下了寡头政体。但是，在一位名为优弗隆（Euphron）的显赫公民领导下，人们建立了民主制。接着，优弗隆诱使民众选举他出任将军，并允许他组建一支雇佣军。他运用了专制君主的惯常手段，将雇佣军纳为自己的贴身保镖，并很快控制了城市和港口。

【594】在其行动之初，阿卡狄亚为优弗隆提供了一些帮助；但在其政敌精心设计的阴谋的利诱下，阿卡狄亚再次干预西吉昂内政，帮助被僭主流放在外的寡头党人恢复了对城市的控制权。优弗隆从城市逃到港口，并投靠驻扎在那里的拉凯戴梦人。不过，拉凯戴梦人未能守住此地。

被逐

然而，西吉昂人也并未因此摆脱僭政。在雅典雇佣军的帮助下，优弗隆恢复了他的统治地位。后来，他发现如果没有波奥提亚支持就无法维持长久的统治。于是，他决定亲往底比斯拜会。在卡德米亚的议事会大厅前，他

卷土回来，公元前366/365年

被两个尾随而来的西吉昂流亡者杀害。两位谋杀者在底比斯受到审判，后无罪获释。但西吉昂人对他非常怀念，并将他尊为城邦的第二个创立者。上述事实表明，在优弗隆的统治下，西吉昂人的生活比其无情镇压的政敌统治时更幸福。在他死后，其子继承僭主之位。

伊帕米农达的远征最终给底比斯本身带来了巨大伤害。就在与阿卡狄亚关系越来越紧张之时，底比斯人又从雅典手中夺得奥罗浦斯，并派一支军队驻扎于此。雅典人知道单凭一己之力无法与底比斯抗衡，于是就向盟友发出求救，但没有一个同盟城邦伸出援手。阿卡狄亚人抓住了这一良机。吕科美德斯前往雅典，促成雅典与阿卡狄亚的结盟；而雅典正对盟友的背信弃义心怀愤恨，随即答应了结盟事宜。就这样，雅典成为阿卡狄亚和斯巴达这两个正在交战的城邦的共同盟友；事实上，阿卡狄亚也同时是雅典和底比斯这两个激战正酣城邦的共同盟友。不巧的是，吕科美德斯的这次拜会给阿卡狄亚带来的灾难远胜于结盟带来的好处。在返回阿卡狄亚的道路上，这位使者被他放逐的几个流亡者杀害，联邦失去了最具才能的政治家。

因底比斯占领奥罗浦斯，希腊各邦之间的相互关系开始发生巨大变化；不久之后，因雅典阴谋占领科林斯，这种关系又重新洗牌。雅典人的行动是为了确保长期控制出入伯罗奔尼撒半岛的通道。但是，他们的密谋被科林斯人发现，遭到挫败，此后，科林斯人礼貌地打发驻扎在本邦内的所有雅典士兵离境。但是，仅凭科林斯自身的力量，不可能抵抗来自底比斯和阿尔哥斯两个方向的压力；鉴于斯巴达已不可能为其提供援助，科林斯被迫与底比斯达成和平。周边的城邦弗琉斯和阿尔哥利斯湾沿岸各邦也接受了和平。【595】上述各邦都正式承认美塞尼亚独立，但她们不与底比斯结盟，也不受其领导。事实上，这些城邦成为了中立城邦。

斯巴达拒绝接受任何承认美塞尼亚复国的和平条约，因此上述城邦

底比斯夺取奥罗浦斯，公元前366年

阿卡狄亚与雅典结盟，公元前366年

吕科美德斯被杀

实现部分和平，公元前366/365年

第十四章 底比斯的霸权　　749

订立的和约对她是一记沉重打击。美塞尼亚问题使雅典的政治家大为头痛。斯巴达的要求合理吗？政论家伊索克拉底借国王阿奇达姆斯之口为斯巴达辩护，而另一个演说家阿尔基达玛斯（Alcidamas）力图证明美塞尼亚人获得自由完全合情合理，而且他还提出了一个超越所处时代的原则："诸神使所有人都享有自由，任何人都并非天生是奴隶。"

对当前形势的总结　　如果纵览此时南希腊的政治关系，就会发现得到阿尔哥斯支持的底比斯仍在与得到雅典支持的斯巴达交战；阿凯亚积极站在斯巴达一边；爱利斯与阿卡狄亚处于敌对状态；阿卡狄亚联邦尽管仍在与斯巴达交战，但她一边与雅典结盟，一边也是底比斯的盟友；不过阿卡狄亚与底比斯的关系已逐渐走向冷淡，更重要的是，联邦失去了卓越的领导人吕科美德斯，开始呈现出解体的征兆。

　　与科林斯和其他好战城邦成功缔约表明，此时，伯罗奔尼撒事务已不再是底比斯决策者考虑的重要事务，他们已将注意力转向另一个地方。因为斯巴达已经走向衰落，底比斯认识到与雅典争夺领导权成为当务之急。如前所见，当伯罗奔尼撒事务还在如火如荼地进行时，雅典已在其他地方跃跃欲试，希望恢复海上帝国。接下来将会看到雅典取得的成功到底多大，而相应地底比斯在多大程度上推进了她在北希腊的霸权。

第三节　底比斯在北希腊的政策和行动

阿明塔斯之死　　就在菲莱的伊阿宋去世那一年，北希腊另一位君主，菲莱的邻邦和盟邦之主，马其顿国王阿明塔斯也去世了。（古典时代的马其顿，参见图14-4）如前已述，阿明塔斯是如何与卡尔基狄克同盟进行战斗；他本人是怎样被逐出祖国，而后又重获权力；卡尔基狄克同盟是如何被斯巴达人解散。伊阿宋和阿明塔斯的继承者都名为亚历山大。在菲莱，权力最初传给伊阿宋的兄弟们，但他们相互残杀，最后的幸存者终被伊阿宋之子亚历山大杀害。亚历山大的统治与其血腥的夺权过程可谓名副其实。色萨利诸邦拒绝接受菲莱享有的最高地位，而菲莱也确实没有令人信服的统治者。为了反抗菲莱的亚历山大，他们转向马其顿的亚历山大寻求帮助。马其顿人答应提供援助，随即拉里萨、克兰农及其他城市接受了马其顿的领导。但是，色萨利人的目标并不是把统治者由一个本族人换成一个外族人。因此，他们又恳请底比斯帮助他们反对两位亚历山大。对底比斯而言，接受这个邀请无疑是明智之举。因为如今底比斯还不可能认清伊阿宋的继承者将会是一个什么样的人，而且防止色萨利重新统一到一个强力君主之下也至关重要。率军远征色萨利的事宜交给了佩罗皮达斯，很快他将拉里萨及色萨利北部的其他城镇置于底比斯保护下。

此时，色萨利人也寻求通过建立一个统一的联邦强化自身的地位，这种政治实验此前在色萨利曾有过尝试。对于此时建立的同盟我们知之甚少，这表明他们所做的可能只是恢复原有体制而非创造一种新体制。在此体制下，色萨利全境按古老的地理区划分为4个政区，每个区域由一名军事执政官领导，他手下有马步各军种的将官协助。同盟最高长官是一名执政官，其任职时间至少超过一年，甚至可能任职终身。因此，色萨利的政治组织呈现出军事化特征，不过有证据表明这种体制可能发端于一种古老的宗教组织。没有任何理由可证明佩罗皮达斯与同盟的建立有关系，恰如伊帕米农达与阿卡狄亚联邦建立无关一样，在上述两个地区底比斯所起的唯一作用就是为其提供支持并确认其合法存在。

马其顿并未对佩罗皮达斯在色萨利的行动制造任何障碍，因为其国内发生了内争。马其顿一名贵族，奥罗鲁斯（Alorus）之子托勒密（Ptolemy），起兵造反。【597】他得到国王养母优利狄柯（Eurydice）的支持。冲突双方都请求佩罗皮达斯居中仲裁；在他调停下，双方暂时达成

公元前369年

佩罗皮达斯对色萨利的第一次远征，公元前369年

色萨利同盟

四政区

图 14-4　古典时代的马其顿

（据 J. Roisman and I. Worthington, *A Companion to Ancient Macedonia*, Blackwell, 2010, p.xxi 编译）

<small>马其顿的亚历山大被杀，公元前369/368 年</small>

了和解，并与底比斯签署结盟协议。佩罗皮达斯才刚返回，托勒密就杀害亚历山大并娶优利狄柯。但上天似乎不允许这对奸夫淫妇从他们的罪恶中获得好处。另一位觊觎王位的权臣聚集起一支雇佣军，占据了与卡尔基狄克相邻的所有地区。援军很快到来。在伊菲克拉特斯的率领下，雅典的一支船队前往泰尔玛湾巡航。

<small>保桑尼阿造反</small>

<small>伊菲克拉特斯的干预</small>

在两个儿子柏第卡斯和腓力（Philip）的陪同下，王后在海岸边拜会了伊菲克拉特斯，劝说他在必要时为其提供援助。伊菲克拉特斯曾被阿明塔斯收为养子，与她的两个儿子也算兄弟，因此答应了王后的请求。在雅典人的帮助下，觊觎者终被打败，柏第卡斯继承了王位，托勒密成为摄政王。

　　雅典对卡尔基狄克及周边沿海地区很感兴趣，因此始终关注着马其顿政局的变化，并力图能对埃盖（Aegae）宫廷施加一定影响。伊菲克拉特斯并非是第一个干预此地王权更迭的雅典人。他这次对马其顿的处理

752　希腊史 Ⅲ

比佩罗皮达斯的效果更佳。我们甚至可以推断,雅典舰船出现于此并非意外之举,而是因为此前底比斯的干预未能取得预期的效果。但是,底比斯人并未放弃,决定采取进一步的干预措施,以图取代雅典在马其顿的影响力。他们再次派出佩罗皮达斯出兵北部地区,迫使摄政王托勒密与底比斯结盟,并要求马其顿提供人质以确保忠诚。在派往底比斯做人质的贵族子弟中,就包括当时还是儿童的腓力,此人注定会成为强大的马其顿的缔造者。此时,他正在波奥提亚的军事学校里,在伊帕米农达的亲自指导下进行训练。

佩罗皮达斯第二次远征马其顿和色萨利,公元前368年

在将马其顿纳入底比斯霸权影响范围之后,佩罗皮达斯在返回途中顺便拜访菲莱君主。但他并不知道亚历山大已与雅典结盟,双方的联合在所难免,因为抵制底比斯在北部地区的扩张符合双方的共同利益。在雅典支持下,亚历山大敢于公然藐视底比斯,并将来访的佩罗皮达斯扣为人质。波奥提亚人派出一支军队以图拯救被扣的人质,但雅典人也派出1000人从海上赶到。入侵者的将领指挥不力,中了敌人的计谋,被迫撤退。虽然伊帕米农达也在阵中,但只是作为一名普通的重装步兵参战。要不是他的存在,底比斯人可能已全军覆灭。【598】战士们一致要求他行使军队的指挥权。因其调度得法,终于使部队脱离了险境,安全撤退。这次力挽狂澜的壮举确保了伊帕米农达再次被选为波奥提亚长官。很快他率领另一支军队回到色萨利拯救其朋友。这次行动得举止得当,既需要给这位僭主足够大的压力使其担惊受怕,但又不能打压过度使其怒火中烧,因为这可能会威胁到被拘者的性命。经过巧妙的军事行动,底比斯人实现了目标,双方签订了一份为期一月的停战协定,佩罗皮达斯安全获释。此时,伊帕米农达很有可能将法萨鲁斯交还菲莱统治。推翻僭主,甚至限制他在自己管辖城市的权力都不符合底比斯的利益。让他作为对色萨利其他地区的一个威胁待在现在的位置上对底比斯再好不过,这样

佩罗皮达斯被菲莱君主扣留

底比斯入侵色萨利以图拯救佩罗皮达斯,公元前368年秋,徒劳无功

第二次入侵色萨利拯救佩罗皮达斯,公元前367年年初,获得成功

|| 第十四章 底比斯的霸权　　753

色萨利就无须底比斯派兵保护。亚历山大的势力涵盖弗提奥提斯和玛格涅西亚全境,并扩张到帕加萨湾沿岸地区,与斯科图萨(Scotussa)等城镇为邻。虽然关于他残忍无情的传闻并不足以完全采信,但此人似乎已将野蛮和暴政推向了极致。我们曾读到他大埋活人、将人缝进兽皮里面供猎狗撕咬的记载;也有关于他屠杀两座友好城市居民的描写;有材料甚至说他将匕首奉为神明,用其杀死自己的叔叔,并给这把刀赐名曰"幸运爵士"。上述传闻表明此人确是一个虐待狂,时常有着疯癫之举。下面这则故事即使不是真的,也编得极为出彩,没有太大漏洞:这位残暴的僭主在观看欧里庇德斯的《特洛伊妇女》后,竟然眼里不见点滴泪水。看着表演该剧的演员伤心到了极点,他向这位演员表达了歉意;申明他的无动于衷并不是因为戏剧表演得不好,而是因为像他那样一个面对如此众多受害人也会毫无怜悯之心的人,竟然会对赫卡伯所受的那一点伤痛流泪,对此他感到可耻。

> 此人名为泰孔

> 对他来说赫卡伯的伤痛算什么?

如前所述,雅典此时最大的愿望是重获帝国原来最耀眼的明珠安菲波利斯。伊菲克拉克特率领的舰船巡航并警戒于此,其实这也不过是醉翁之意不在酒。但是,成功与否很大程度上取决于与马其顿的友好关系;当托勒密与底比斯缔约后,成功的希望大大降低。除了失去马其顿支持外,卡尔基狄克同盟各邦如今也摆脱了雅典同盟,与安菲波利斯签订盟约,因此这些城市也会阻止雅典采取进一步行动。

> 公元前366年或前367年

同时,雅典开始在爱琴海东部地区开展行动。雅典的朋友,弗里吉亚总督阿里奥巴泽尼斯起兵造反,这为雅典的行动提供了良机。雅典的策略是,【599】支持总督,但不破坏与波斯大王的良好关系,因为雅典还指望获得大王认可她对安菲波利斯的要求。为此,在另一名经验丰富的将领提摩修斯率领下,雅典派出30艘战船和8000名士兵;他在东部地区取得的成就比伊菲克拉特斯在北部地区更大。尽管有波斯插手,而且有

> 提摩修斯被派往小亚细亚,公元前366年

悖于"大王和约"的规定,提摩修斯仍对萨摩斯发起进攻,并在10个月后占领了该岛。与此同时,他还向阿里奥巴泽尼斯提供援助,使他成功地抵御了吕底亚和卡里亚两个省区总督的进攻。作为回报,雅典获得色雷斯的克尔松尼斯半岛上两座城市的控制权,即塞斯托斯和克利托泰(Crithote)。

  获得塞斯托斯的价值特别重大,因为该城处于赫勒斯滂之畔,能确保雅典控制从黑海沿岸为其运送粮食的交通要道。更重要的是,雅典在米泰雅德赢得的半岛上重新获得一个立足之地,她还希望完全占据卡尔迪亚以南的整个半岛,以横贯卡尔迪亚"边界神宙斯"祭坛那条线作为与色雷斯的边界。提摩修斯开启了这项工作,将靠近半岛最南端的埃拉尤斯(Elaeus)强行占领。就此,雅典开始复兴原来的帝国。在萨摩斯,雅典人的计划表现得更明显。雅典人并未将萨摩斯岛视为一个臣属盟邦,而认为她是雅典领土的一部分。因此,他们派出殖民者占领该岛的一部分土地,恢复了军事殖民制。这是第一雅典同盟时最不受欢迎的制度,因此组建第二雅典同盟时,盟约明确规定禁止实施该制度。事实上,就盟约的字面意思而言,雅典并未违背该项制度,因为其中只是规定雅典不得向同盟成员强制派遣军事移民;但是,这一举动无疑违背了独立自治的精神。对待萨摩斯的政策向全希腊表明,雅典正致力于再次提升自身在帝国中的地位;现在,她撕下伪装,将第二雅典同盟扔在一旁。

  雅典人对提摩修斯取得的成果兴奋异常,于是任命他统领伊菲克拉特斯长年率领在马其顿沿岸行动的舰船,因伊菲克拉特斯的徒劳无功与提摩修斯的节节胜利形成了鲜明对照。必须记住的是伊菲克拉特斯受到马其顿摄政王采取敌对行动的阻碍,而提摩修斯得到了弗里吉亚总督的友善支持。提摩修斯拥有伊菲克拉特斯未曾展现的机敏。如今,一个好机会再次眷顾这位老练的政治家。就在他接受新任命书不久,摄政王托勒

他占领萨摩斯,公元前365年

雅典获得塞斯托斯

第十四章 底比斯的霸权

密被年轻的国王柏第卡斯暗杀，替兄长亚历山大报了夺命之仇。权力的易手导致政策的变化。【600】马其顿摆脱了底比斯的影响，年轻的国王转向雅典寻求支持。于是，提摩修斯开始降服泰尔玛湾周边城镇，这一过程中，他不但没有受到马其顿人的阻碍，反而得到他们的军事支持。他迫使麦托涅和皮德那加入雅典同盟；在卡尔基狄克半岛，他使自己成为波提狄亚和托洛涅的主宰。控制卡尔基狄克的这些城市本身就很有价值，而且雅典还向波提狄亚派出军事移民；但他主要的目的是削弱奥林图斯。因为奥林图斯是卡尔基狄克诸邦的领袖，在对抗雅典的过程中得到盟友安菲波利斯的有力支援，而安菲波利斯则是雅典觊觎已久的主要对象，最近波斯大王确认了雅典对该城的权力。卡利戴姆斯（Charidemus）是一位著名的雇佣军首领，此前效力于伊菲克拉特斯手下，如今也被提摩修斯罗致帐下；但他对安菲波利斯城发起的两次进攻都被击退。看来布拉西达斯的成绩仍难以复制。

摄政王托勒密被杀，柏第卡斯继位，公元前365年

提摩修斯在卡尔基狄克地区的胜利，公元前364—前362年

该是底比斯介入的时候了！如果任由提摩修斯在此不断取得胜利，雅典必将重新控制优卑亚。仅就地理位置而言，守住这座岛屿对底比斯也至关重要。但是，为了遏制强邻的步步紧逼，底比斯需要动用自身一切资源。伊帕米农达建议组建一支水师，力图使底比斯成为一个海上强国。尽管麦涅克利达斯反对，但人们仍接受了伊帕米农达的建议。这是一个左右全局的决定，需要充分估量城邦的收支。鉴于击败雅典的急迫需要，毫无疑问，伊帕米农达的提议是解决问题唯一可行的方法。但是，或许他们应好好思量打败雅典是不是底比斯必须解决的问题。波奥提亚的历史证明她只不过是一个陆上强国，巩固她在大陆上的统治可能才是明智之举。维持一支强大水师需耗费大量金钱，只有强大的商业城邦才可能保障水师所需的财政支出。波奥提亚诸邦鲜见以商业立国。导致波奥提亚行此险招的根本原因，更多的是对卧榻之侧这个强邻自然而然的憎恶

底比斯的水师

感，而不是对于自身利益的充分考虑。不过，波奥提亚人很快就获得了成功。（公元前364年）他们建造并武装了100艘三列桨战船，在波奥提亚长官伊帕米农达的率领下前往普罗蓬提海。

虽然双方还未交战，战局未定，但波奥提亚船队的驶航对雅典就是一个打击，因为这给雅典同盟内那些渴望摆脱束缚的成员增添了信心和支持。【601】萨摩斯军事移民地的建立在雅典同盟内引起巨大的不满和恐惧，同盟者希望得到底比斯的支持，以挣脱同盟的枷锁。拜占廷公开扯起反叛大旗；罗德岛和开俄斯也与伊帕米农达商谈叛离事宜；甚至离阿提卡不远的科斯也公然反抗雅典。当底比斯水师返回时，卡布利阿斯迫使科斯重新效忠雅典，双方草拟了一份盟约；但科斯人不久再次起义，结果在朱利斯（Julis）惨遭镇压，被迫重新接受雅典人统治。正在克尔松尼斯半岛抵抗雅典扩张的自由城市卡尔迪亚、色雷斯国王科提斯，也一定程度上得到伊帕米农达远征水师的支持。原来的雅典将军、科提斯的女婿伊菲克拉特斯在受到提摩修斯的排挤后并未回到雅典，而是站在敌方阵营中与雅典作战。

<small>雅典的同盟者反叛，公元前364年；科斯的反叛，公元前364年和前363年</small>

当新建的底比斯水师驶向普罗蓬提海时，她的一支陆军也在前往攻打雅典盟友菲莱的亚历山大的路上，因为在得到一支雇佣军后，此人力量大为加强，对色萨利人构成了巨大压力。佩罗皮达斯率兵再次进入色萨利帮助同盟者，不过这也是他最后一次进军。当他从底比斯出发时，天上突现日食，占卜官解释说这是不幸之事即将发生的凶兆，日食为出兵投下了一丝阴影。

<small>佩罗皮达斯第三次远征色萨利，公元前364年</small>

在法萨鲁斯，一支色萨利同盟队伍加入了大军，随后，佩罗皮达斯立即向菲莱城进军。亚历山大带领一大队人马出城迎战，试图阻止底比斯军队向前推进。占领从法萨鲁斯到菲莱沿线的一座名为狗头山的高地意义重大。双方军队几乎同时抵达该战略要地，并向山顶的制高点发起冲

<small>库诺斯克法莱战役</small>

|| 第十四章　底比斯的霸权　　757

锋。底比斯骑兵打败了亚历山大的骑兵,但并未乘胜追击;同时,菲莱的步兵占据了这座小山。在接下来的战斗中,底比斯人的目标是将敌人从当前占据的有利地形中赶走。经过反复冲杀,在步、骑兵协同之下,佩罗皮达斯最终攻占了山顶,迫使敌人四散逃走。但是,就在获胜之时,这位鲁莽的将军发现了那位曾将他囚禁在地牢的可恶僭主,一阵无法克制的冲动加上战斗胜利的兴奋使他忘记了将军的职责,只身一人冲向敌人。亚历山大急忙跑到保镖身后。佩罗皮达斯仍拼命在后追赶,结果淹没在难以计数的敌人包围中。这与库那克萨居鲁士由于冲动将到手的胜利拱手相让如出一辙。因为此前已给敌人造成了重大损失,所以佩罗皮达斯之死并未给其他人带来致命打击。【602】但对底比斯自身和色萨利而言,这都是一记沉重打击;对底比斯而言,他是城邦的解放者和栋梁之材;对色萨利人而言,他是他们的保护者。次年,底比斯再次派出一支军队攻打菲莱,终为佩罗皮达斯报了血海深仇。除菲莱一城外,亚历山大被迫放弃他拥有的其他地方,将色萨利的领导权转交给底比斯。

大约与此同时,底比斯毁灭了她自古而今的对手米尼亚的奥科麦努斯,这一事件震惊了整个希腊世界。一些底比斯流亡者阴谋诱使奥科麦努斯骑兵与他们一道颠覆现存政体。但是,就在行动之前的那一天,阴谋的主要策划者感到心虚,向波奥提亚长官告了密。加入阴谋的骑兵马上被抓捕并被处死。公民大会通过决议夷平奥科麦努斯城,并将所有居民卖为奴隶。底比斯人庆幸找到这样一个正当借口,报复了这个他们累世嫉恨的可恶邻邦。底比斯大军开进,将厄运强加到奥科麦努斯人的身上;所有男人奋起反抗,最后全被杀死,其余人沦为奴隶。全希腊都斥责底比斯人的残暴。要是那位处事中庸,对人友善的波奥提亚长官在场,或许他能控制人们的冲动,底比斯人可能也不会犯下这个罪恶。但此时他还在赫勒斯滂。

第四节　曼丁尼亚战役

因意图与唯一竞争对手雅典作战，底比斯一度不再插手伯罗奔尼撒的事务。但不久诸多事务要求她重新采取干预措施。目前伯罗奔尼撒半岛的焦点问题是爱利斯与阿卡狄亚的关系；而造成这种状况的决定性因素是阿卡狄亚联邦内部的分歧越来越大。

对爱利斯而言，拥有特利菲利亚的主权是具有重要政治意义的关键问题。爱利斯的要求得到了波斯大王敕令的认可，但阿卡狄亚拒绝承认，底比斯不愿插手。因此，面对阿卡狄亚联邦，爱利斯发现自身与斯巴达一样处境尴尬。拉凯戴梦人的一贯政策是反对爱利斯，维护比萨和特利菲利亚这两座南部城市的独立地位。不过，如今为了与爱利斯结盟，斯巴达不得不放弃上述政策，承认爱利斯对二城的主权。自然，斯巴达和爱利斯结成了同盟，其目的是希望分别恢复对美塞尼亚和特利菲利亚的控制权。随着形势的变化，斯巴达的处境有所好转。阿卡狄亚面临着来自北方和西方的挑战，但底比斯对此却袖手旁观。【603】最近，斯巴达人获得了一次久违的胜利，在叙拉古僭主狄奥尼修斯二世所派军队的支援下，恢复了对塞拉西亚的控制。

特利菲利亚问题

除特利菲利亚外，在爱利斯与阿卡狄亚之间山峦起伏的边界上还有一些地方也存有争议，爱利斯声称对上述地区拥有主权，位于奥林匹亚东北佛罗埃高地（Pholoe）上的拉西翁（Lasion）就是双方争夺的地方之一。爱利斯人本占据着该地区，但被时刻整装待发的泛阿卡狄亚常备军埃帕利托伊（eparitoi）赶了出去。爱利斯地势平坦，比阿卡狄亚的丘陵地带更容易受到攻击，阿卡狄亚人能够轻易将战火烧到敌手的腹心地带。对于次年即将举行的奥林匹亚赛会，阿卡狄亚人决定不让具有悠久历史的

爱利斯与阿卡狄亚之间的战争爆发，公元前365年

阿卡狄亚入侵爱利斯，公元前365年

第十四章　底比斯的霸权　　759

爱利斯主持。于是，他们进军奥林匹亚，占据并派兵驻守在俯瞰圣殿的克洛罗斯山。接着他们鼓动爱利斯国内的民主派叛乱，并乘机攻打未筑城墙的爱利斯城。然而，民主派的叛乱以失败告终，阿卡狄亚人也被击退。第二年的入侵更加猛烈，使爱利斯人几乎陷入绝境。他们请求斯巴达发起佯攻，力图将阿卡狄亚军队吸引过去。阿奇达姆斯占领并控制从美伽罗波利斯到美塞尼亚道路上的交通要冲克戎农（Cromnon）要塞，并派出 200 名士兵驻守在此，以此回应爱利斯的请求。斯巴达此招极妙，不但迫使阿卡狄亚人迅速撤出爱利斯，而且还将阿尔哥斯和美塞尼亚的军队吸引过来；联军试图围攻克戎农。因为如果斯巴达在此驻军，将会切断阿卡狄亚人与美塞尼亚首府之间的联系，从而对二者同时构成威胁。为了进一步分散敌人的兵力，阿奇达姆斯最初试图劫掠此刻已在政治上隶属阿卡狄亚领土的拉哥尼亚北部地区。由于在此的行动未能取得什么成果，他转而进军以解克戎农之围，但被敌击退，折损了一些人马。为了解救被围的 200 名战士，他再一次采取行动。如果双方能更好地协同一致，他本可获得成功，但结果却使驻守于此的士兵几乎全被活捉。10 年之前，这种事情会震惊整个希腊世界，如今这似乎不过是一件再寻常不过的战事。

阿卡狄亚人又可以在爱利斯继续随意实施其图谋了。奥林匹亚赛会的举办时间日益临近，圣殿古时的拥有者比萨人从来没有忘记很久以前爱利斯从他们手中篡夺的权利，阿卡狄亚人正式指派比萨人为赛会的主办者。不难想象，这次赛会将会在战斗和喋血中度过。克洛罗斯山已被阿卡狄亚驻军占领了一年之久。但是，如今联邦的所有军队，连同阿尔哥斯的 2000 名枪兵和来自雅典的 400 名骑兵也赶到这里保护神圣庆典的顺利进行。【604】吉日良辰终于到来，人们也开始参加比赛。首先开始的是赛马比赛，接下来的竞赛项目是 5 项全能，要求选手在短跑、摔跤、投标枪、掷铁饼和跳远等 5 个不同项目上具备优异的竞技能力。第一项比赛项目短跑才刚刚结束，人们发现爱利斯人正在向克拉德俄斯（Cladeus）河畔推进，宙斯圣殿的西侧就紧邻河边。士兵们在河对岸各就各位，不过比赛仍在继续。在前一个项目中没有淘汰的选手参加了摔跤比赛。摔跤比赛在赛道和大殿之间圣库下面的平整空地举行。当观众们从跑道挪到圣殿内准备更近地观赏比赛现场时，突然传来了警报声。举行供奉仪式后，爱利斯人在一队阿凯亚人的支援下，以出人意料的勇敢，涉水过河，将排成方阵的阿卡狄亚人和阿尔哥斯人赶进圣殿。接着在圣域的南端，即议事会大厅和宙斯神殿之间，发生了一场战斗。建筑周边竖立的柱廊为防御者提供了藏身之处，使他们占据着有利地形；爱利斯的指挥官当场丧命，其后他们涉水过河，返回到营帐。阿卡狄亚人马上在大殿西侧修建起一道防御工事，用作观众的临时住所；眼见再次发动进攻也是徒劳，爱利斯人决定返回城里。为了寻求心理上的自我平衡，爱利斯人宣布这次庆典无效，在他们的记载中将这一年就算作了一个"奥林匹亚德"。希腊人的宗教感情都被发生在圣殿的暴力事件激怒，奥林匹亚属于全希腊而不是某一个城邦。毫无疑问，除政治的考虑外，大多数人还是比较同情爱利斯，奥运会由其主持是自然不过的事，在希腊得到了普遍认可；人们对于阿卡狄亚侵略者武力支持比萨人的行径极度反感。更令人发指的是，阿卡狄亚人开始随意使用奥林匹亚圣库的金银支付联邦军队的费用。该举动是严重亵渎神灵的豪取强夺，无论他们如何辩解都没法自我开脱。该事件对阿卡狄亚联邦造成了损害。

_{圣殿之战}

_{强夺奥林匹亚的圣库}

最初的热情将阿卡狄亚各邦联合在一起，当激情散去后，城邦之间相互猜忌之心重新出现，威胁到泛阿卡狄亚观念的存在基础，这一切都在所难免。曼丁尼亚和泰格亚的共同行动是促使统一联邦建立的主要原因，但这两个相互为邻的城邦又开始重拾自古因袭的仇恨。【605】此外，曼丁尼亚对麦伽罗波利斯的尊贵地位也颇有怨言。发生在奥林匹亚的丑

_{阿卡狄亚联邦的瓦解}

事为曼丁尼亚人退出联邦提供了绝佳的口实，认为联邦败坏了她的名声。曼丁尼亚退出的必然结果是将自己划入伯罗奔尼撒半岛上的另一个阵营，和斯巴达、爱利斯、阿凯亚站在一起。如今，曼丁尼亚和泰格亚奉行的政策正好与其传统政策调了个转。过去，泰格亚是斯巴达的支持者，如今却成为反斯巴达运动的积极分子；而曾被斯巴达夷为平地的曼丁尼亚如今却是斯巴达的支持者。虽然阿卡狄亚公民大会对于曼丁尼亚的抗议大为不满，并试图惩罚她，但公众的舆论压力迫使大众颁布法令，禁止士兵抢夺奥林匹亚圣殿的财宝。

阿卡狄亚人劫掠圣殿的行为表明联邦已是非常羸弱。联邦金库中已没有金钱继续支付常备军的薪酬；如果没了这支军队，也没有底比斯的保护，阿卡狄亚不可能在三面树敌的情况（更不用说已有叛意的曼丁尼亚）得以自保。由于人民对于底比斯的保护权持一致的反对意见，所以许多富有的阿卡狄亚人提议让他们义务充当埃帕利托伊，从而缓解联邦的财政危机。如果军队主要由富有者组成，那么他们就能主导联邦的邦国大事。毫无疑问，如果这些人在联邦内占据了优势地位，那么阿卡狄亚与斯巴达的结盟将指日可待。阿卡狄亚国内的政局变化将会对底比斯产生致命影响，因为底比斯制定的政策是以阿卡狄亚和斯巴达相互敌视为基础的；此外，这种状况甚至可能会危及美塞尼亚的独立。

底比斯第四次入侵伯罗奔尼撒，公元前362年

为了防止斯巴达与阿卡狄亚结盟可能产生的危险，底比斯被迫再次远征伯罗奔尼撒。在此情况下，阿卡狄亚只能支持亲底比斯派别。公民大会决定与爱利斯达成和解并承认其在奥林匹亚的权利，两派对上述决议似乎都感到满意。每个城邦举行仪式宣布和平誓言。然而，在泰格亚的宣誓仪式上发生了一起暴力事件。来自阿卡狄亚其他地方的公民聚集在那里见证这次神圣的仪式，同时还大摆筵宴，举行娱乐活动以示庆祝。这时，波奥提亚驻军司令官命令关闭城门，逮捕反底比斯党派的领导人。大

多数曼丁尼亚人已在早些时候离开了泰格亚,但仍有数人被抓捕。曼丁尼亚人的强烈抗议吓坏了胆小怕事的军事统领,被迫释放了所有在押人员,并为其行为做出言不由衷的解释。【606】显然,这次"突发事件"早有预谋,得到了最高层领导人的首肯。当底比斯国内有人对此抱怨不休时,伊帕米农达明确支持逮捕行动,并谴责那些将其释放的人。同时他宣布,没有底比斯的许可,阿卡狄亚联邦无权与爱利斯缔结和平。他说:"我们将进军阿卡狄亚,援助我们的朋友。"

威胁近在眼前,因此不管是底比斯的盟友还是敌人都在为即将到来的战争厉兵秣马。作为斯巴达和阿卡狄亚共同的盟友,通过支持亲斯巴达的阿卡狄亚人,雅典可以毫不困难地实现其双面职责。各邦对底比斯的强势地位都感到无比恐惧,因此,雅典及其同盟者、曼丁尼亚、爱利斯、阿凯亚、弗琉斯等五邦结成同盟以求互保。① 在一块破损的大理石碑上保存下盟约的部分内容。值得注意的是,虽然曼丁尼亚是阿卡狄亚联邦中唯一一座完全脱离麦伽罗波利斯政府节制的城市,但在盟约中她仍被称为"阿卡狄亚人",通过这种称谓,曼丁尼亚人试图表明他们才是联邦真正的代表者。

五方会盟,公元前362年夏

为了将那些不服管教的伯罗奔尼撒人纳入波奥提亚人的控制之下,伊帕米农达举倾国之兵,伙同中希腊所有愿跟随底比斯参战的同盟者,向南推进。中希腊的佛基斯拒绝同往,因双方的盟约规定,只有在波奥提亚自身遭到攻击时,佛基斯人才有义务提供帮助。大军行进到尼米亚时,伊帕米农达命令暂停前进,希望在此拦截雅典派去增援同盟者的军队。但是雅典的军队并未到来,因此波奥提亚军队继续前行,抵达了泰格亚。该城是底比斯在半岛上影响力最大的地方,伊帕米农达决定在此召集阿

---

① 相关的准备工作定然是在初夏时分就已安排妥当,但最终盟约的签订是在曼丁尼亚战役后。

第十四章 底比斯的霸权　　763

卡狄亚、阿尔哥斯和美塞尼亚诸邦,举行一次同盟会议。对手也聚集在敌对城市曼丁尼亚,年迈的国王阿格西劳斯率领一支斯巴达军队预计也将不日到来。伊帕米农达希望在斯巴达和雅典军队到来之前发起进攻,但发现敌人守卫森严,只得撤营回到泰格亚。得知阿格西劳斯已拔营出发,伊帕米农达决定声东击西,再一次攻打斯巴达。要不是一位克里特赛跑运动员将消息传递给阿格西劳斯,从而使底比斯人的计划受挫,那么此时的斯巴达就会如同"巢中的幼鸟"一样没有保护,手到擒来。国王立即连夜返回。当底比斯人一夜行军赶到斯巴达时,伊帕米农达发现斯巴达人防卫森严,正准备迎战。【607】眼见难以预料的因素使计划受挫,伊帕米农达决定马上实施另一次突袭。他预见到驻扎在曼丁尼亚的军队也会立即进军,驰援斯巴达,这样曼丁尼亚的防守力量肯定薄弱。因为底比斯驻扎在泰格亚的军队控制着从曼丁尼亚直接通向斯巴达的道路,所以敌人不得不绕行西边里程更长的道路。他率军急行,返回泰格亚;命重装步兵在此休整,而派骑兵突袭曼丁尼亚。他估计,此时驻扎在曼丁尼亚的军队已经出发,城里的居民可能正在田间忙于收割庄稼。但就在底比斯骑兵从南到达曼丁尼亚时,一支雅典骑兵已经进城。此时雅典人还没吃早餐,但他们立即骑马应战,将偷袭者赶了回去。两支疲惫之师间的战斗非常激烈,史学家色诺芬之子格吕鲁斯(Gryllus)也殒于此役。

得知斯巴达脱离危险后,伯罗奔尼撒盟军立刻停止行军,返回原来的驻地曼丁尼亚,如今他们又得到斯巴达和雅典援军的补充,力量更加强大。而伊帕米农达的两次突袭都未能成功,如今又被迫与盟军在曼丁尼亚决战;此时,他率领的军队面临补给不足的困难,底比斯的同盟者渴望尽快返乡,所以他只得仓促决定与敌人决战。伯罗奔尼撒盟军占据着曼丁尼亚南部的狭长平原,周边群山围绕。伊帕米农达的目标是将他们赶出这块平原,占领曼丁尼亚城。但他并未径直向谷地发起进攻,而是进行战略转移以图迷惑敌人。他率军向西北行进，抵达群山之中一个现名为特里波利扎（Tripolitza）的村庄，然后沿山脚向前推进了不长一段距离，以便靠近敌阵右翼。在此他命令军队停止前进，组成战斗队形。盟军被其迂回推进蒙骗。看见他率军行进于群山之中，认为他不会在当天发起进攻；有人甚至看到他已改变行军方向，即使底比斯人正朝他们推进，这些人仍固执己见，不相信他在准备战斗。

伊帕米农达采用了在留克拉特获胜时同样的战术。大军的左翼是由他亲自率领的波奥提亚重装步兵，该部分阵形厚密，以图在其他部分发起攻击之前就突破敌人的右翼。他采用的迂回推进方式不但达到了迷惑对手的目的，而且更有利于战术的实施。因为，当他结成战斗阵形时，【608】非常明显，其右翼与敌军左翼之间的距离比己军左翼与敌军右翼之间的距离更大。曼丁尼亚人（因战斗发生在其国土之内）面对的是底比斯方阵最右端，相邻的是斯巴达人，雅典人面对的是敌阵的最左翼。双方阵形两侧都有骑兵保护。伊帕米农达将骑兵密集结阵，安排到纵深最厚实的步兵战阵之前。但是，他的排兵布阵也存在一个危险，即当波奥提亚战阵向前冲锋时，居于其左的雅典人可能会掉头进攻底比斯没有保护的侧翼，因其左翼与右翼之间隔的距离太远，这样的移动完全可能，对此伊帕米农达必须要有所防卫。为了应对这种危险，在大军行进过程中，他派出一支由骑兵和步兵混合的分队，占领平原中一处隆起的山丘。如果雅典想要掉头攻打其侧翼，这支队伍即可攻击雅典的后队。

由于完全未能猜出伊帕米农达的用意，拉凯戴梦人及其同盟者尽管看到底比斯军队在调动，但不明白他们到底要去哪里。直到伊帕米农达开始全力发起进攻时，他们才明白其意图；这时，他们乱作一团，赶快去拿自己的武器。战事一如伊帕米农达预料的那样展开。双方骑兵的交战过程中，底比斯人获得大胜；在伊帕米农达亲自率领下，底比斯的重装步

> 伊帕米农达的布置

兵突破敌人的阵线，楔入敌军阵中，迫使拉凯戴梦人后转逃散。斯巴达人在留克特拉所吃的败仗与此时如出一辙，都是因为战术的重大失误。眼看己军右翼逃走，阿凯亚人、爱利斯人及其他人还未与敌接触就吓得畏缩不前。虽然战斗的具体进展不明，但曼丁尼亚似乎是留克特拉的再演：底比斯左翼的冲锋就决定了战局；除骑兵之间的激烈交锋外，其他地方只发生了零星的战斗。

伊帕米农达之死

这次战役中底比斯获得大胜，但一个偶发事件决定了未来的走向，给底比斯的霸权带来致命打击。当骑行在底比斯军队最前面追击溃逃之敌时，伊帕米农达中了逃兵长矛的致命一击。消息传开后，追击的队伍停了下来，他们取得的战果也随即付之东流。大军撤退时如同一支战败之师。格罗特评价道："令人惊异的是，士兵对将军的忠诚感和依赖感还没有人来证明。尽管士兵的构成是如此不同，但军队所有的希望都寄托在伊帕米农达身上；他们对胜利的信心和远离失败的所有保障都源自按其命令行事；当他不再发号施令时，战士们的所有力量，甚至打倒已遭败绩敌人的力量似乎都突然消失得无影无踪。"【609】没有人能取代他的位置。就在拔出那支致命长矛之前，就在弥留之际，伊帕米农达要求人们任命伊奥莱伊达斯（Iolaidas）和戴伊方托斯（Daiphantus）作为他的继承人继续作战。当听到二人被杀的消息后，他说："那就与敌人讲和吧。"和约规定，一切维持现状；麦伽罗波利斯和美塞尼亚的独立地位得到了承认，这是底比斯实施政策的后续效果。斯巴达并不承认和约所有条款，仍拒绝承认美塞尼亚的独立地位，但盟邦谁也不愿再听她的抗议之声。

伊帕米农达的功过

尽管伊帕米农达政治能力相对平庸，但这绝不能抹杀他在军事天赋、勤于思考、品格高尚等方面异于常人的禀赋，他解放了美塞尼亚，支持阿卡狄亚人组成联邦政府，这些实际工作值得称道。他完成了一位将军的精力和能力所能做到的事情，也尽了一位官员所应尽到的职责；但是他未能解决一位政治家所应解决的根本问题,即如何使自己的国家繁荣昌盛。这需要创造出一种有效机制,如同存在于斯巴达的机制一样,并按照明确的原则,正确处理波奥提亚的外交事务。鉴于在波奥提亚的哲人并不多见,合理有效的制度是替代个人智慧的唯一方法;不能指望伊帕米农达把个人美德传递给后来者。另外还需考虑的是波奥提亚与雅典在海上力量上一争高下是否可能或是否合适。如果得到的是肯定答复,那么不应忘记,可靠的经济基础对于水师的组建具有决定性意义。没有任何迹象表明伊帕米农达曾穷于应付管理和经济问题,他率领水师前往普罗蓬提海不过是一次试验,并没取得什么明显成果。虽然他洞察到组建新近邻同盟很有必要,并知道可将其作为底比斯政策的实施工具,但他并未采取切实可行的措施确保底比斯不受周边危险邻邦佛基斯的侵扰。最重要的是,他未能将波奥提亚发展成为一个真正的统一国家,而这恰恰是他应当完成的首要任务。他渴望将波奥提亚扩张为一个帝国,但最不利的是在他之前还没有人将波奥提亚组成一个国家。在底比斯众多的古代英雄中,没有一个人尝试去做传说中的英雄莱库古或提秀斯所做的工作。伊帕米农达试图统一波奥提亚。如果他知道如何将这个国家建立在更坚实的基础上,【610】或许将为底比斯带来辉煌的未来,即便他不能亲眼目睹这一切。虽然他具有实现国家强盛(而非自我发展)的雄心壮志,但他太急躁冒进且不切实际。强烈的爱国热情使他走上一条在底比斯人看来缘木求鱼、不切实际的道路。底比斯的成功系于伊帕米农达的个人智慧而不是军队。他用个人超凡的智慧使祖国达到了一个本不应到达的高度,但他并没有为城邦建构一整套在如此发展高度上应遵循的原则。所以,当长矛刺中这位国之栋梁的心脏时,底比斯就也跌落到人间,再也没能升起。伊帕米农达是一位伟大的将领,但不是一位杰出的政治家。

第五节　阿格西劳斯的最后一次远征

底比斯称霸希腊对于斯巴达国王阿格西劳斯恰似如鲠在喉，没有谁会比他更痛苦。他曾梦想征服波斯，但在有生之年竟然两次亲眼目睹侵略者的铁骑践踏他那神圣不可侵犯的祖国，他引以为豪的城市曾两次因敌人扣关而摇摇欲坠。但聊可自慰的，是至少他活着见证了底比斯的衰落和霸权的消逝。虽然伊帕米农达之死并未使斯巴达重获美塞尼亚，也未使其实力骤增，对此国王不能寄望过高，但随伊帕米农达的去世和阿卡狄亚的实力耗尽，如今斯巴达有望在一定程度上重拾过去的影响力。

<small>斯巴达急需金钱</small>

由于人口衰退，斯巴达做任何事都觉得无能为力；因此她必须遵循当时的通常做法，出钱征招雇佣军；但这需要充足的财政为保障。因此我们发现，在接下来的几年里，不管是斯巴达还是雅典都忙于海外事务，鼓动并帮助波斯帝国西部的总督或国王起来造大王的反。雅典的目的是获取土地，而斯巴达的目的是金钱。当提摩修斯忙于侵占萨摩斯时，阿格西劳斯亲自前往小亚细亚拜会阿里奥巴泽尼斯，并尽其所能为他的反叛提供支持，国王的目的仍不外乎金钱。曼丁尼亚战役之后，他再次前往，这次他的身份几乎就是一个为异邦国王效力的雇佣兵。

<small>公元前365年</small>

<small>波斯帝国内的叛乱</small>

此时，从赫勒斯滂到尼罗河口的帝国西部边疆都爆发了反对大王的叛乱。居鲁士远征只不过是困扰阿塔薛西斯的一系列叛乱中的第一次。前文已述居鲁士发起叛乱并被剿灭的过程，但埃及一直在挑战波斯的权威，埃及的成功为邻近地区的总督树立了一个不好的榜样。【611】雅典将军卡布利阿斯运用科学的防御体系帮助埃及人强化了国家的军事实力，但大王和约后他被召回雅典。我们再次发现雅典人时，他们已在为另外一方作战了。此人就是雇佣兵首领伊菲克拉特斯，他为波斯司令官提

<small>公元前373年</small>

出了很有针对性的军事策略，但波斯人并未采纳他的建议。接着，小亚细亚各路总督纷纷叛乱。首先是卡帕多西亚，然后是弗里吉亚，接着分别是伊奥尼亚、卡里亚和吕底亚。总督们的叛乱甚至涉及腓尼基和叙利亚。在埃及法老塔科斯（Tachos）即位不久，各路叛军结成攻守同盟，协同与波斯大王作战。斯巴达决定支持反大王的叛军。雅典虽然保持中立，但卡布利阿斯再次作为志愿军前往埃及作战。

阿格西劳斯率领 1000 名士兵和 30 名顾问扬帆前往尼罗河。据说，这位身材矮小、衣着朴素、腿脚不便、久经战阵的老兵在埃及给人留下了不好的印象。事实可能并非如此，但他确实没有如愿获得军队最高指挥权。当召集到足够的兵力后，在阿格西劳斯和卡布利阿斯的陪伴下，塔科斯发起了对腓尼基的远征，准备剿灭聚集于此的波斯大军。但是他们才抵达不久就被迫返回埃及，因为法老的堂兄弟尼克塔尼波斯（Nektanebos）起兵造反。斯巴达国王认为自己受到塔科斯的轻慢，决定支持反叛者。塔科斯战败逃往苏撒，并与波斯国王达成和解。后来，另一位将军企图夺取尼克塔尼波斯的王权，但因阿格西劳斯的有效支援，反叛者被击败。由于埃及国内争权夺利的斗争，叛军已不再与波斯为敌，同盟事实上已名存实亡。提摩修斯的朋友、弗里吉亚总督阿里奥巴泽尼斯被人出卖，后被处以十字之刑；另外一位反叛总督也被谋杀；其他总督投降了波斯大王。在不到一年内，亚洲西部地区又完全重新臣服于阿塔薛西斯。

阿格西劳斯在埃及，公元前 361 年

尽管如此，在这场徒劳无功的反叛运动中，斯巴达获得了她真正希望得到的东西。表面上，斯巴达大军前往亚洲是惩罚波斯大王对美塞尼亚独立的认可，但所有人都知道其动机是获取金钱，填充国库虚空。作为对阿格西劳斯支持的回报，尼克塔尼波斯赠给斯巴达 230 塔兰特。这是这位年迈的国王为祖国进行的最后一次远征。在前往库列涅的道路上，死神在麦涅劳斯港（Menelaus）夺走了这位老国王的性命，是年他 84 岁，

阿格西劳斯之死，大约公元前 361/360 年冬

|| 第十四章 底比斯的霸权

他的尸体经防腐处理后送回到斯巴达。

虽然无论从哪个角度来看,阿格西劳斯都不是一位伟人,[612]无法与莱桑德相提并论,但在过去40年中,他一直是希腊世界一位声名显赫的重要人物。他的一生似乎总是时运不济,命运多舛。他能记得伯罗奔尼撒战争的爆发,亲眼目睹了斯巴达的胜利,在祖国最强盛时他主政30余年;但是,年老时他却不得不分担祖国的耻辱;年少时他一直梦想征服波斯,后被迫放弃梦想;他将征服的激情转化为对一个希腊城邦的刻骨仇恨;令人不胜唏嘘的是,在83岁高龄时他再次远赴他乡与波斯作战,不过这次不是为了征服和荣耀,而是为了替他一贫如洗的祖国挣得急需的分分厘厘。

第十五章

叙拉古帝国及其与迦太基的争夺

此前已述，伯罗奔尼撒战争的最后阶段，即西西里远征失败后的战事，不再只是希腊各城邦之间的内斗，而成为希腊人与蛮族之间更大范围斗争的一部分。我们马上会看到，西地中海世界的希腊人将会与蛮族重启战端。值得注意的是，虽然亚欧冲突中的两大事件并不是在公元前5世纪同步进行，但二者却是并行不悖。希麦拉之战的胜利将迦太基入侵者从西西里海岸上赶了回去，也正是在前一年，波斯侵略者在阿提卡海岸遭到了失败。在希腊人获得这两次胜利后，波斯和迦太基都在很长时间里蛰伏不动，地中海东西两端的希腊人得以和平相处或相互征伐，不再受外力的干扰。直到东西两端最强大的希腊城邦遭受打击，精疲力竭时，蛮族敌人眼见良机出现，决定再次插手希腊世界的事务。地处西西里的叙拉古和地处爱琴海的雅典此时已财力枯竭，为扩大统治疆域，她们不惜牺牲希腊人的利益，分别邀请迦太基和波斯伸出援手。

西部希腊人与迦太基斗争和东部希腊人与波斯斗争的比较

第一节　迦太基摧毁塞林努斯和希麦拉

在击退雅典人进攻并使其狼狈逃窜后，叙拉古似乎随即将会建起一个西西里帝国。对叙拉古而言，当务之急是征服卡塔奈和那克索斯；此

叙拉古获胜的后果

第十五章　叙拉古帝国及其与迦太基的争夺　　773

后，其他城市，包括富庶繁荣的阿克拉加斯，都将几乎无法阻止她统一的步伐。然而，叙拉古人光明的坦途被来自外部的敌人破坏。尽管对雅典的胜利并未能造就一个叙拉古帝国，而雅典对波斯的胜利导致雅典帝国的产生，但与雅典的情况类似，这次胜利大大地促进了叙拉古民主的发展。

民主制的发展 如果赫摩克拉泰斯仍在叙拉古，且继续发挥着他原有的巨大影响，【614】这种变化将几乎不可能实现。但是，叙拉古人派他率领一支船队前往支援斯巴达在爱琴海的军事行动。当他离开后，公民的民主情绪因最近战争的胜利而高涨，他们通过一则法令，宣布将赫摩克拉泰斯革职并流放。

狄奥克莱斯 这是其政敌，一个彻彻底底的民主派，狄奥克莱斯（Diocles）的杰作。另外一位同名的狄奥克莱斯是远古时代的一位立法者，他与卡戎达斯和扎琉库斯等同属于一个阶级且几乎生活在同一个时代，正是他为叙拉古制定了法律，并使之成为后世政体的基础。因二人正好同名，结果迷惑了后世不少人，使得他们把那位古代同名的立法者当成是如今这位才崛起于政坛的民主改革者。

改革举措 在民主改革中，狄奥克莱斯借鉴了刚被叙拉古人击败的敌人——雅典的基本理念。他们与雅典人一样，也采用抽签方式任命官员。此前，叙拉古的将军同时担任公民大会的主席，他们可以不受限制地随时解散公民大会；但狄奥克莱斯似乎剥夺了将军的政治职能，新任命几位职权小得多的官员主持大会。公民大会主持者只拥有对不听安排的发言人罚款的权利，对此我们还将在下面进一步谈及，他们既并无剥夺公民发言的权利，也无中断公民大会之权。

这就是西西里面临迦太基再一次入侵时岛上最大城邦的情况，民主制得到了充分发展，但并无那一位将她从危险中解救出来的首要公民。

与迦太基战争的借口和原因 引发战争的原因与导致雅典入侵的借口如出一辙；为了争夺边界土地，塞林努斯和塞格斯塔产生了纷争。但在这两起战争中，城邦间的冲突都不过是表面托词，并非深层原因。对雅典来说，这是一个在西部扩张商贸的好机会；对迦太基而言，重新维护在西西里统治的日子已经到来，另外一些人未能完全忘怀 70 年前在希麦拉遭受的羞辱，他们渴望进行一次迟来的报复。

如今，由于没有雅典的保护，塞格斯塔只能放弃争议土地；但塞林努斯得寸进尺，要求割让更多土地；于是埃利米亚人不得不向迦太基求救。在迦太基共和国两执政（Shophet）或法官中，其中一人是哈密尔卡的孙子汉尼拔。此时他虽已近暮年，但蓄积已久的复仇之心占据着汉尼拔的心灵。在他的影响下，迦太基元老院接受了塞格斯塔的请求，答应为其提供援助；作为回报，塞格斯塔成为迦太基的附属国。【615】迦太基人任命汉尼拔（Hannibal）为指挥官，装备了一支庞大的队伍。60 艘战船整装待发，另有 1500 艘运输船，装载着 10 万名步兵和 4000 名骑兵一同前往。不过，水师并不打算参加这场进攻战，而是停泊在摩提亚，既保护西西里岛上的腓尼基人诸邦，又能在进攻万一受挫时留下退路。大军在利利瓦伊昂登陆后，径直向塞林努斯进军。在塞林努斯人的记忆中，他们的城池从未遭到敌人的围攻；由于他们认为这座城市坚不可摧，因此也忽视了城防。当迦太基人发起突然袭击时，塞林努斯人还在忙于修建一座占地广阔的阿波罗神庙（也可能是奥林匹亚的宙斯的神庙），不知道面临着如此巨大的危险。神灵的居所再也没有完工；用以支撑巨型屋顶的"擎天柱"有的竖立在东坡，而柱基和一些柱头还在几英里外的采石场中；当迦太基侵略者到来时，这些材料还在切割打磨中；他们甚至都没有时间很好地修缮城中小丘的卫城城墙。汉尼拔包围了卫城，很快打开一道缺口。但是城里的居民利用狭窄街道进行顽强的抵抗，卫城在被敌人占领 9 天后竟失而复得。西凯尔人的其他姊妹城邦并未立即给予支援；叙拉古答应为其提供援助，并派狄奥克莱斯率领一支军队前往，但他们来得太晚。塞林努斯成为第一座被蛮族突袭并遭受洗劫的西西里的希腊

公元前 410 年

迦太基的第二次入侵，公元前 409 年，围攻塞林努斯

|| 第十五章 叙拉古帝国及其与迦太基的争夺

塞林努斯的毁灭　人城市。不过她还不是最后一座。除一些妇女和儿童躲在神庙里捡到一条命外（迦太基人绝非出于对圣地的敬畏，而是准备将他们拘为奴隶），人们遭到了无情屠杀。幸免于难的人逃到阿克拉加斯。就这样，在经历两个半世纪的短暂立国后，塞林努斯遭到了毁灭。（塞林努斯的废墟，参见图15-1）

图15-1　塞林努斯的废墟

汉尼拔的报复　　如今，汉尼拔已完成迦太基交给的任务，但他还要完成为自己规定的事情。在获得塞林努斯之战胜利，履行完公共义务后，他真正的动机是偿清祖先留下的仇怨。因此，在与塞林努斯的战斗中，他并未带着私人怨恨，不过是出于军事需要对城市进行部分的破坏。城西的建筑物损坏较严重，那是因为他曾扎营于此；但卫城中的神庙和城东一带所受破坏却不是汉尼拔的军队所为，而是后来地震的结果。在接下来他攻打的城市中，情况就完全不同了。在塞林努斯，汉尼拔只是迦太基的一位将军；但在希麦拉，他是以哈密尔卡孙子的身份前来作战的。

围攻希麦拉　　汉尼拔打算仅用陆军来攻占希麦拉，【616】由于不用舰船，汉尼拔攻打希麦拉的方式又不同于哈密尔卡。（第二次希麦拉战役时西西里格局，参见图15-2）西西里的希腊人也行动起来，岛上一座主要城市的可怕遭遇使他们产生了危机感。此前，前往支持斯巴达在爱琴海活动的水师已被召回；而且狄奥克莱斯还率领一支5000人（其中有3000名叙拉古人）组成的陆军前往，以解希麦拉之急。该城有足够的时间为即将遭遇的危险做好充分准备。但是，围城者通过挖掘地道，把城墙撕开了一道缺口；虽然迦太基人的进攻被击退，守城者也成功组织了一次突击，但希麦拉的前景仍一片暗淡；就在此时，一支25艘战船组成的水师从爱琴海赶回，出现在城市之外的海面上。汉尼拔采用了一条妙计使形势转危为安。他广布流言，声称将进军叙拉古，要对其发动突然袭击。狄奥克莱斯完全被他蒙蔽，决定立即撤军返回叙拉古；他决定将希麦拉公民也同时撤出，留下一座空城听任命运摆布。他要求该城一半公民登船前往墨西拿；当这些人安全抵达目的地后，船只返回接剩下的一半人。狄奥克莱斯率领大军匆匆离开，他们甚至都没有向汉尼拔讨要城墙外战死者的尸体；也恰是因为这次疏忽，他受到人们严厉的指责。眼见半数猎物逃走后，汉尼拔发起了更猛烈的进攻，决定在船只返回之前强攻入城。成千上万人的命运，汉尼拔的复仇大计，在几分钟之内就可能最终决定。第三天，前来接他们的船只终于出现在望眼欲穿的希麦拉人视线内，似乎汉尼拔将无法完成他的复仇大计了。但是，迦南人的众神在那一个充满悬疑的时刻占据了上风。就在拯救希麦拉人的船只进港之前，汉尼拔手下的西班牙军队突破了那道缺口，城市的命运就此掌握在复仇者手中。按照人们传讲的故事，就在哈密尔卡为祖国众神献身之地，汉尼拔举行了一次庄严而神圣的仪式，第一次大屠杀后幸存的3000名希麦拉人惨遭折磨，作为人牲献祭，以安抚其祖父的亡魂。这座冒犯虎威的城市被彻底摧毁，从地球上完全消失，人们再也不知道该城的具体位置。

围攻的第三天

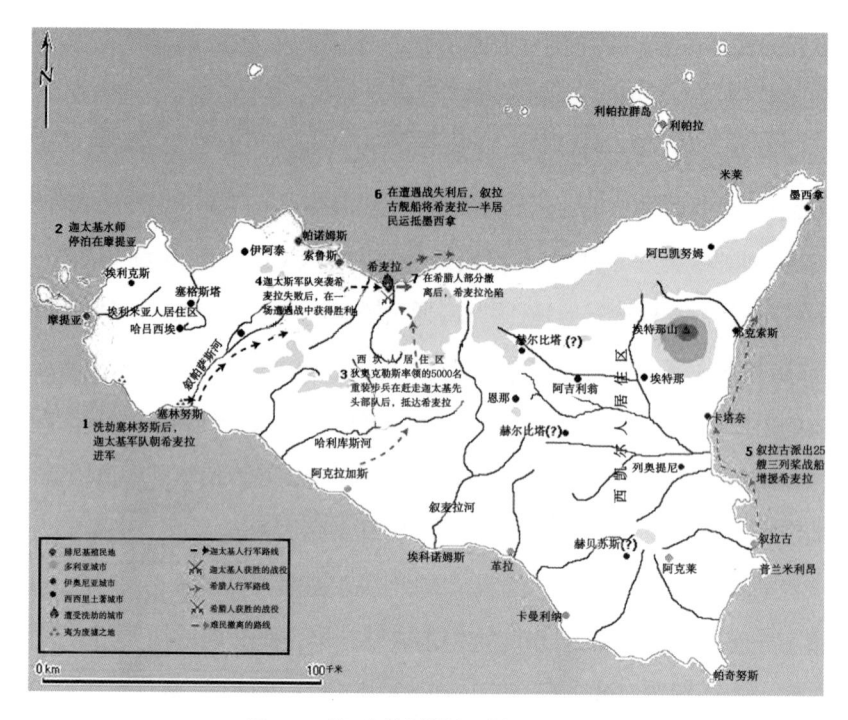

图 15-2 第二次希麦拉战役时的西西里格局

（因原始资料不足各邦疆界及军队的行军路线不一定完全准确）

　　在完成祖国和众神赋予的职责后，汉尼拔凯旋回到非洲。是年，迦太基在西西里的成就及其在此采取的新政，在塞格斯塔和帕诺姆斯钱币上都有所反映。因塞格斯塔变成了迦太基的属邦，她停止发行本邦的钱币。迦太基也意图进一步加强对属邦的控制。【617】此前，这些城市受到希腊的影响，采用具有明显希腊特征的硬币，上面刻有希腊语铭文。如今，这种钱币在帕诺姆斯销声匿迹，以一种新硬币取而代之，虽然仍是希腊钱币的外形，但刻着腓尼基的一个传奇故事，标明 Ziz 以表其义。钱币上的新变化可能发生在汉尼拔入侵之前，这是一次影响深远的反希腊运动的标志。但是，令人奇怪的是，作为钱币改革新政的首批牺牲者，希麦拉放弃原来以公鸡为饰的硬币，打制刻有海马、具有帕诺姆斯布置风格的新钱币。或许，希麦拉人意识到他们面临的危险，认为应及时向其腓尼基

帕诺姆斯刻有神秘传奇 Ziz 的新钱币

希麦拉钱币的变化

778　希腊史 Ⅲ

邻邦示好，以避免可能发生的危险；发行这种硬币也有可能只是权宜之策，反映了当时城邦亲迦太基政策的一部分内容。

尽管叙拉古试图支援塞林努斯，并确实为希麦拉提供了援助，但人们并未感受到叙拉古是一个能挺身而出、抵抗迦太基新一轮侵略的领导者。上天为他们预留下一位能力超凡的公民，他将承担起与腓尼基人敌手战斗的职责。被流放在外的赫摩克拉泰斯带着法那巴佐斯赠予的一大笔金钱回到西西里。但其父母之邦拒绝收回流放的判决，因为这样一个有思想有能力的公民对民主政体非常危险。赫摩克拉泰斯决定为西西里的希腊人做出力所能及的贡献，希望以此能让祖国将他召回。他准备夺回腓尼基人占领的希腊领土，并率领希腊军队侵入腓尼基人统治的区域。于是，他自掏腰包建造了 5 艘战船，招雇了 1000 名士兵，另有 1000 名希麦拉逃亡者加入他的队伍。【618】他率军前进到塞林努斯城原址所在地，并以此作为对腓尼基人发动"圣战"的中心；然后率人整修城中央卫城的城防，不过看似修缮一新的城墙也露出了破绽，人们使用柱头修房建屋，建筑物周围的环境也破旧不堪。尽管如此，赫摩克拉泰斯的队伍逐渐壮大，他手下的战士已达 6000 人。在他率领下，希腊人蹂躏了摩提亚和帕诺姆斯，把胆敢出来与其交锋的军队赶回城内。同时，他的军队还劫掠了索鲁斯和如今成为迦太基属邦的塞格斯塔。赫摩克拉泰斯取得的上述胜利，对人们精神的激励作用更甚于对敌人造成的实际破坏。他做了前人未曾做到的事情（自多利欧斯以来）；突破了腓尼基人在西西里的圣地，为后来的领导人树立了一个榜样。

赫摩克拉泰斯应做的首要事情是重获祖国的信任。狄奥克莱斯及其他政敌在叙拉古仍很有影响，仍能有效限制赫摩克拉泰斯获得胜利产生的实际影响。因此，他又做了一件事情以图软化公民们的铁石心肠。这是一次精心设计的行动。他率军来到希麦拉城的废墟，将狄奥克莱斯未能

赫摩克拉泰斯的回归，公元前 408 年

他发起对腓尼基城市的战争
重据塞林努斯

赫摩克拉泰斯在希麦拉，公元前 407 年；将逝者的尸骨送回叙拉古

安葬的西西里希腊人士兵尸骨收捡起来，用大车送回叙拉古，而他本人却仍作为一个流放者停驻在叙拉古边界上。他希望以自己的善举唤醒同胞们的宗教情怀，同时打击政敌的嚣张气焰。叙拉古人收下了战士们的尸骨，并将狄奥克莱斯流放，却并未召回赫摩克拉泰斯。眼看无法通过央求手段重回国内，这位流放者决定诉诸武力；他的行为得到叙拉古国内众多支持者的赞同。叙拉古人终于答应他率领一小队人马前往阿克拉狄那（Achradina）门，【619】并命令他在附近的一个市场上等候其剩余部队的到来。但是他们在此停留的时间太久。人们得知赫摩克拉泰斯已经入城，纷纷冲到市场。他手下的一小队士兵很快被人们剿灭，赫摩克拉泰斯也被杀死。此时，叙拉古人行事更多的是出于本能而非对僭主的憎恶；对于这位能力超凡的英雄，人们对他的恐惧更甚于钦佩。叙拉古人的本能是正确的。僭主正在向他们走来，虽然此人并非赫摩克拉泰斯。叙拉古人没有想到，他们未来的主人是赫摩克拉泰斯手下一个并不显山露水的小人物，他在那天市场的骚乱中受了伤，被人当作了一个死人，从而留下一条命。

攻入叙拉古及赫摩克拉泰斯之死
狄奥尼修斯

第二节　迦太基征服阿克拉加斯

赫摩克拉泰斯以个人名义在西西里西部进行的战事自然激怒了迦太基。迦太基与叙拉古的使节频繁往来；迦太基人认为叙拉古应该对此负责，因为发起战争的是一位叙拉古人。（阿克拉加斯战役相关情况，参见图15-3）不过，使节往来只是一种形式，这个地处非洲的共和国决定要使所有西西里的希腊人都臣服于她的统治。为此，迦太基开始准备发起另一次大规模远征，其规模至少不会比前次征服塞林努斯的更小。与此同时，迦太基决定采取一项新举措，在西西里土地上建立一个殖民地。

如果赫摩克拉泰斯的大军继续推进,希麦加可能会如同塞林努斯一样部分地得到恢复;但如今希麦拉的毁灭者在周围建立了一座城市,完全取代了希麦拉。在品达歌颂的"宁芙女仙的温泉"之上的山丘上,迦太基殖民者建立了一座城镇。但该城未能长久保存腓尼基人特征。随着希腊人被允许入城居住,该城逐渐变成了一座希腊式的城市。希麦拉的泰尔麦(Thermae)城保留着人们对希麦拉的记忆,城里的居民被不加区分地称为泰尔麦人或希麦拉人。

迦太基在泰尔麦建立了一个殖民地,公元前407年

阿克拉加斯面朝迦太基,因此成为侵略者进攻的第一个目标,这次

阿克拉加斯准备应战

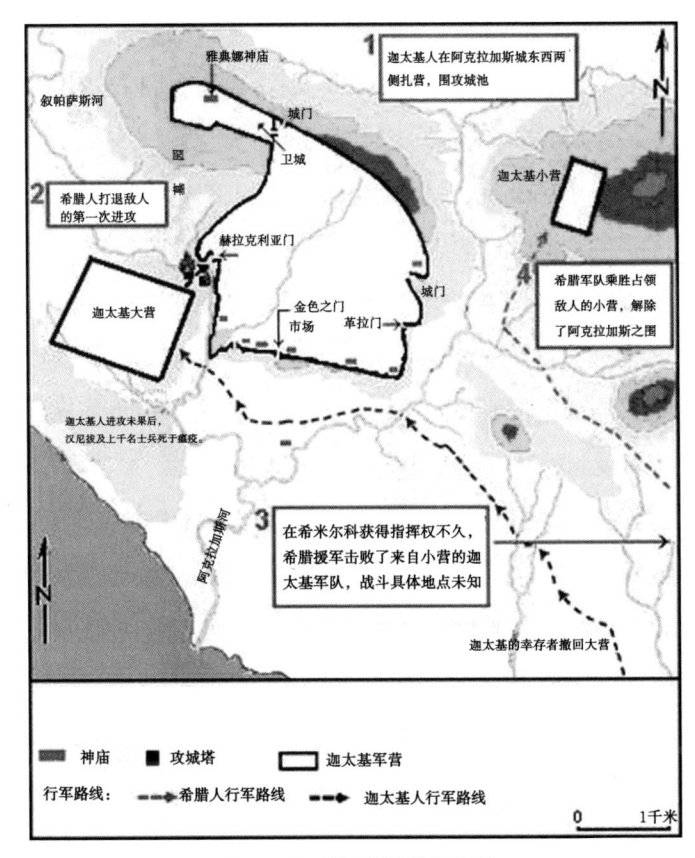

图 15-3 阿克拉加斯战役相关情况

(据 J.B. Bury, *A History of Greece*, fig. 92, p.620 编译)

第十五章 叙拉古帝国及其与迦太基的争夺　　781

迦太基人想征服并奴役西西里所有希腊人。自泰隆以来，阿克拉加斯都力图使自己超然于岛上的各种纷争，如今她正处于城邦发展最辉煌的时代。但是，长久的和平和奢侈的生活使她失去了斗志和活力。当大限之期来临之际，她才发现自己什么都非常缺乏。阿克拉加斯人能在多大程度上忍受军事生活的艰辛？从他们通过的法律上可见一斑。该法就是为应对当前的危险而制定的。法律规定，在瞭望塔值守的公民所带物件仅限于一床褥子、两个枕头和一条被子。这就是阿克拉加斯人的"节俭生活"！但至少他们非常尊崇斯巴达人，尽管二者的生活方式极为不同。受到邀请，当时居于革拉的一位名为德克斯普斯（Dexippus）的斯巴达人担负起指导阿克拉加斯人防卫的职责。【620】阿克拉加斯人招雇了一队坎帕尼亚（Campanians）士兵，并接受了宿敌叙拉古人的援助，其他希腊城市也伸出了援手，因为岛上所有希腊人都充分认识到，阿克拉加斯面临的危险也是他们的危险。阿克拉加斯人的表现非常出色。尽管他们一直生活懒散、超然事外，但如今他们拒绝了侵略者的诱惑，不愿以保持中立为前提而免于侵害。阿克拉加斯人展现了所属种族优越的一面。当多利亚人与伊奥尼亚人战斗时，他们或许会置身事外；但当西西里所有希腊人都受到腓尼基人威胁时，那又是另外一回事了。

<small>围困阿克拉加斯，公元前406年</small>

　　汉尼拔再一次担任迦太基大军统帅，因觉得他年龄太大，所以城邦任命其堂兄弟希米尔科（Himilco）为副手。迦太基人扎营于叙帕萨斯河（Hypsas）右岸【621】城市西南角之外；他们还派出一哨人马驻扎在阿克那加斯河对岸城东的山丘上，以防东来的希腊援军。迦太基人将城西正门附近的一处城墙作为主攻对象。此地虽地势较低，但对进攻来说，仍非常困难。为了更有效地向城墙发起攻击，汉尼拔决定修筑一条规模巨大的长堤。附近坟地的墓穴为他们提供了修建长堤所需的大量石材；但是，当他们正在拆毁泰隆坟墓时，天上突然传来一声

霹雳。在占卜官的建议下，他们放过了这个坟墓。不久，迦太基军营中暴发瘟疫，汉尼拔本人也命丧于此。似乎诸神也发怒了，需要一个人作为牺牲。希米尔科点燃神使莫洛科（Moloch）之火，向诸神祭献了一个男童。后来，迦太基人终于修好长堤，但他们再也没有动附近的坟墓。

瘟疫暴发，汉尼拔丧命

一支由叙拉古、革拉和卡曼利纳人组成的援军已在途中，共有3000名步兵和5000名骑兵。当他们接近阿克拉加斯城时，与驻扎在东部山地上的拦截军队发生了战斗。希腊人获胜，占领了迦太基人较小的这座营帐。此时，战败的蛮族人纷纷向大本营逃窜。当他们逃经城南墙外的道路时，阿克拉加斯人要求主动出击，将逃兵围歼，但将军们并未接受这个建议。战机稍纵即逝。不过当将军们正竭力安抚激动的守军时，人们纷纷拥出东门，迎接他们得胜友军的到来。接下来出现一幅奇怪场景。人们吵吵闹闹，在城墙外召开了一次公民大会；阿克拉加斯的指挥官被控失职；当将军们试图自我辩护时，人们的愤怒爆发了出来，4位将军当场被石头砸死。如今，指挥城市防卫的职责就由城内的德克斯普斯和城外叙拉古军队统领达弗奈乌斯（Daphnaeus）共同分担。虽然敌人的大营还非常稳固，暂时无法攻破，但战局朝有利于阿克拉加斯的方向发展。布匿人的军队虽在瘟疫中有所消耗，但最令其无法忍受的是补给匮乏。看来，即将发生的饥饿和士兵哗变可能迫使希米尔科中止攻城。这时，希米尔科得知从叙拉古到阿克拉加斯的补给船将于近期到来；于是他急忙命停泊在帕诺姆斯和摩提亚的水师派出40条三列桨战船拦截敌人的补给船。此举不但使他的围攻得以继续，而且使战局发生了逆转。如今，被困的阿克拉加斯城开始遭受缺粮之苦。随着补给物资开始短缺，【622】阿克拉加斯人自身的问题也显现出来。他们发现急需这支雇佣军的帮助，但随着补给逐渐耗尽，雇佣军不愿再继续效力。坎帕尼亚人受到蛊惑，很快舍弃了

援军到来

阿克拉加斯人杀害了他们的将军

雇佣军和盟军抛弃了阿克拉加斯

第十五章　叙拉古帝国及其与迦太基的争夺　783

阿克拉加斯，转而为迦太基效力。但这还不算完。与其他海外效力的斯巴达人类似，德克斯普斯也无力抵制贿赂的诱惑。按一般的说法，他收受了希米尔科送来的 15 塔兰特金钱，鼓吹目前的阿克拉加斯就如同一艘即将沉没的船只；在他的鼓动下，来自意大利和西西里的其他盟军抛弃了阿克拉加斯。但是，不管德克斯普斯言行多么卑鄙，人们舍弃该城的背信弃义之举都不能完全赖在他的身上。

在获得外力援助 8 个月后，如今城市的防务又完全留给了阿克拉加斯人。很快，他们就表现出自己与塞林努斯人不同的意志品质。他们决定克服绝望无助的心理，暂时放弃自己的城市和城邦的神祇，但一定要救得自己的性命。如此巨大的一座城市做出这样的抉择，在希腊历史上独一无二。这似乎与拒绝了汉尼拔提议的那些人性格大不相同，但这对于杀害自己将军的人来说似乎是再正常不过的事。城里所有的人，包括男人、妇女、儿童在内，乘着夜色逃离了城市，敌人并未发觉，也并未加以阻拦。"他们被迫将那些让他们过上幸福生活的所有物品都留了下来，成为敌人争相抢劫的战利品。"老弱病残无法长途跋涉抵达最终的避难地革拉，因此落在了后面；还有一些人选择留了下来与阿克拉加斯共存亡，他们不愿生活在另一个地方。次日清晨，希米尔科的军队进入城里，大肆抢劫，将发现的所有人都统统杀死；他们还劫掠并焚毁神庙。欧罗巴最大的一座希腊神庙奥林匹亚的宙斯神庙，当时还未完工；希米尔科大军的洗劫使其定格在那里，再也没能完工。但是，阿克拉加斯并未如塞林努斯一样被完全摧毁。迦太基人准备将其改造为一座迦太基人城市，由迦太基人控制。希米尔科在此扎营过冬。当春天来临时，革拉将成为他的下一个进攻目标。

阿克拉加斯人的逃跑

公元前 406/405 年

第三节　狄奥尼修斯的崛起

对于发生在阿克拉加斯的灾难,叙拉古的将军应负主要责任,因为他们在关键时刻将其抛弃。阿克拉加斯人也应对其不光彩的逃亡负责。叙拉古人觉得,在如今西西里面临危险境地的情况下,这些将军皆非他们能够托付的人。【623】但是,有一个人在危险之中看到了实现雄心壮志的好机会。此人就是狄奥尼修斯。他出身低微,曾在城邦担任过书记员一职。他是赫摩克拉泰斯的支持者,在最后一场致命内斗中,他就站在领袖身旁,最后身受重伤,被当作死人才捡回一条性命。最近发生在阿克拉加斯城的战斗中,他精力充沛,作战勇敢,逐渐为人所知。眼见城邦民主政府软弱无能,他洞察到趁着当前的危局,有将其颠覆的可能;于是他决定付诸行动,推翻民主政府。叙拉古人召开了一次公民大会讨论当前形势。狄奥尼修斯站起身来,发表了慷慨激昂的演说,严厉控诉将军们的背叛行为。他试图通过演说激起听众们的愤怒,号召人们行动起来,将这些卖国贼不经审判处死。虽然他激烈的言辞违背了宪法关于公民大会上个人行为的规定,但主持人并无权加以制止。只能对其施以罚款,这也是他们唯一能做的事情。但是,狄奥尼修斯一位家境富裕的朋友,历史学家菲利斯图斯(Philistus),上前来为他缴纳了罚款;并要求他继续发言,承诺只要再受罚款,马上就有人替他交付。狄奥尼修斯终于达成所愿。所有将军都被免职,公民大会任命一个新委员会负责城邦大事,狄奥尼修斯就是其中一员。这只是通往僭政道路上的第一步。接下来,他成功获准召回被流放在外的赫摩克拉泰斯的支持者。老战友的回归有利于其计划的实施。同时,他寻找机会败坏同僚的名声;但他自己却与他们完全划清界线,并大肆传播同僚对叙拉古不忠的流言。不久,他公开指控这些人,人民遂选举他为城邦的唯一将军,授予他全权处理当前危局的生杀大权。

狄奥尼修斯

第一次发言,及其措辞严厉的演说

历史学家菲利斯图斯

升任僭主的步骤:1.成为将军

2.成为独裁将军

Ⅱ　第十五章　叙拉古帝国及其与迦太基的争夺　　785

此前格伦和耶罗也曾担任过这种权力极大的职务,但他们并未使自己超越法律之上,也未使其成为一个不合法的职位,我们甚至可将其与罗马的独裁官相提并论。但这仍只是他成为僭主的第二步。正如历史留给我们的教训,接下来就是拥有一支卫队,庇西特拉图就是这样的。叙拉古的公民大会或许已开始后悔将如此大的权力交到一个人手中,当然不会再让他拥有成为僭主的工具。但是,狄奥尼修斯足智多谋,以另外一种方式获得了他想要的一切。他命令叙拉古军队进军此时已成为叙拉古属邦的列奥提尼,并扎营于该城附近。晚上流言就到处传开了,说有人企谋害将军,如今他被迫到卫城寻求庇护。次日召开公民大会,但这只是一次名义上的全体叙拉古人公民大会。当狄奥尼修斯挫败了政敌的计划后,【624】对其俯首帖耳的"公民大会"通过决议,为其组建一支600人的卫队。不久,他将卫队人数增加到1000人。同时他争取到了雇佣军的支持。

3. 得到一支卫队

这就是使狄奥尼修斯成为叙拉古主宰的三个步骤。他首先通过阴谋使自己成为一位将军,其次成为城邦的唯一将军,拥有无上军事权力,最后获得一支卫队。叙拉古人满怀懊恼之情交出手中权力,对此,他们既不情愿也深感困窘,如今他们受制于双重危险,国内是雇佣军,国外是迦太基人。当然,从外在形式上看,民主政体仍未被推翻,狄奥尼修斯也未担任有违政体的官职。如同庇西特拉图统治下的雅典一样,一切事情仍正常进行,公民大会仍在举行,大会仍通过法令选举官吏。

形式上民主政体仍在继续

围攻革拉,公元前405年

狄奥尼修斯所获权力的合法性在于,叙拉古人需要一位出类拔萃的领袖带领他们抵抗迦太基,支持者也将他描绘成另一个格伦。但是,虽然后来狄奥尼修斯证明他确实是西西里希腊人抵抗布匿人进攻的领袖之一,但面临危机时他的表现尚无法达到人们的期望,与希麦拉英雄格伦相形见绌。迦太基人已结营于革拉境内。他们要做的第一件事是将一尊竖立在城西山坡上俯瞰大海的阿波罗巨像移除。革拉人以满腔的热情和不屈的勇气守卫着他们的城池。当狄奥尼修斯率领一支由意大利人和西西里的希腊人组成的大军,在 50 艘铁甲战船配合下,赶往支援时,革拉似乎可避免阿克拉加斯的厄运。他制订了一套周密计划,准备对驻扎在城市西郊的迦太基大营发起联合进攻。但是,由于各方力量未能协调一致,这个计划遭到失败。进攻敌营东侧的西西里的希腊人未能按时到达进攻地点;当他们发现敌人时,意大利人和南侧、西侧舰船发起的进攻都已被击退,迦太基人可以集中全力对付他们。其实,计划实施过程中,他们所遇到的问题并不只是一次偶然失误。狄奥尼修斯带领雇佣军从革拉西城门冲出,赶走了围城之敌,而他手下的其他队伍进攻敌军大营。然而,狄奥尼修斯在这次战斗中似乎并未发挥太大作用,他声称在从东城门到西城门沿途遇到了种种困难,因而被耽搁下来。我们甚至可以断定,正是他行事拖沓才导致西西里的希腊人未能与意大利人协同战斗。遭受败绩后采取的行动表明,他对这次战斗其实也是三心二意。在一次私下讨论中,他做出决定,要效仿狄奥克莱斯在希麦拉采取的举措,放弃防守,将全体革拉人安全撤出。【625】在当晚更夫发出第一次呼喊声后,他让所有人突围出城,午夜时分跟着他开始撤退。而且他要求卡曼利纳人放弃家园,因此这些人也开始撤离。在前往叙拉古的道路上,到处都挤满了这两座城市无助的难民。

协同进攻计划及其失败

狄奥尼修斯的奇怪之举

革拉和卡曼利纳全城撤离

一般认为狄奥尼修斯的奇怪之举是与蛮族相互勾结、狼狈为奸的结果,正是他故意将防御严密的革拉出卖,而卡曼利纳在未受攻击的情况下也被他出卖。意大利的同盟者虽奋勇向前,但在他们看来战争事实上已经结束,于是只得立即返回家乡。叙拉古骑兵抓住这个机会,孤注一掷,要推翻这位新上台的僭主。战后,他们迅速返回城内,抄了狄奥尼修斯的家,并凌虐了他的妻子,尽管她是赫摩克拉泰斯的女儿。听到这个消息后,狄奥尼修斯急忙带领一小队人马赶回叙拉古。当他深夜到达阿克拉狄那门时,守门军士不许他入城,于是他从附近的沼泽地砍来芦苇,放

对狄奥尼修斯诚信的质疑

骑兵的反叛

第十五章　叙拉古帝国及其与迦太基的争夺　　787

狄奥尼修斯平定了叛乱	一把大火焚毁了这座城门。在市场上,他不费吹灰之力打败一支叛军,其余的反叛者逃往埃特那。如今的埃特那就"恰如推翻 30 僭主后埃琉西斯的翻版"。
埃特那	
狄奥尼修斯的政策	对于这位叙拉古僭主私下与迦太基里通外合的指责,确实有不利于他的充分证据,事实就明摆在那里。但这不过是他背叛希腊人和欧洲人大业的临时举措,将来他还会为其立下卓著的功勋。他首要的动机完全是自私自利的想法,即如何当上僭主,而且他需要时间为其在叙拉古岌岌可危的权力夯实稳定的基础。在他看来,得到迦太基人的认可将给他强有力的支持。叙拉古贵族中的亲布匿派与斯巴达长老中的亲米底派一样肆无忌惮,二者在东西两个方向遥相呼应。
迦太基与狄奥尼修斯之间的协议,公元前 405 年	以"土地占有保障原则"(uti possidetis)为基础,希米尔科与狄奥尼修斯订立了一项和平协议。双方各自保有目前事实控制的地区。叙拉古承认迦太基对北部和南部沿海地区所有希腊人城市的统治权,并认可其对西坎人聚居区的宗主权;自此之后,阿克拉加斯、塞林努斯、革拉、卡曼利纳由布匿人控制;在北部沿海地区,迦太基已将前哨阵地推进到了希麦拉,并在此建立了第一个迦太基殖民地。① 【626】但并非所有城市都与迦太基保持着同样关系。与泰尔麦一样,阿克拉加斯和塞林努斯是完全意义上的附属城邦;但革拉与卡曼利纳只是不设城防的纳贡城邦。虽然协议并未提及埃利米亚人城镇的地位,但鉴于塞格斯塔已被迦太基降为附属城邦,有理由相信埃利克斯大概也同样沦为了附属邦。
迦太基在西西里的控制区	
附属城邦和纳贡城邦	
独立城邦:列奥提尼的情况	协议的相关条款规定了西凯尔人共同体和墨西拿的独立地位。但协议也规定列奥提尼享有独立地位,该城的独立有违"土地占有保障原则",因为列奥提尼已成为叙拉古的一块属地。显然该条款是对狄奥尼修

---

① 在该协议中,原来与迦太基互为姊妹城邦的腓尼基人殖民地似乎自动成为迦太基的子邦。

斯的敲诈勒索，是希米尔科故意强加给叙拉古人的难堪。另一方面，作为让步，协议并未提及那克索斯或卡塔奈的地位，于是，叙拉古可以放手对付宿敌，而不用担心会有违协议规定。这就是迦太基第二次入侵结束后对西西里政治版图的新安排。这次战争带来的一个意外结果，就是将狄奥尼修斯推上叙拉古僭主之位。这一出人意料的结果使希米尔科更轻松而迅速地完成了他的工作，他根本没有想到迦太基人毫不费力就取得了如此辉煌的成果。迦太基人确保维持狄奥尼修斯的统治，虽然后来此人成为他们最强大的对手之一。对狄奥尼修斯而言，"叙拉古人必须臣服于狄奥尼修斯"的条款是协议中最重要的内容，虽然有学者认为这只是一则秘密条款。正是因为得到迦太基人的认可及暗示，并得到提供支持的承诺，狄奥尼修斯才会卑躬屈膝地出卖西西里的希腊人。下面我们将看到，他是如何为自己寡廉鲜耻的权宜之举赎清罪过，在欧罗巴建立了那一个时代最强大的希腊城邦的。

保障性条款

第四节　狄奥尼修斯最初的统治

　　在雅典帝国覆灭半个世纪后，似乎欧罗巴的命运将由西部地中海世界的一个希腊城邦来决定。在新统治者狄奥尼修斯的领导下，叙拉古已成为一个比此前在欧罗巴出现过的任何城邦都更强大的国家；其力量和统治范围，其影响力和发展潜力都超过希腊本土所有城邦；遍观地中海沿岸各地，她已俨然成为欧罗巴首屈一指的强国。政治预言家或许得出这样的结论，接受波斯大王颁发和平敕令的希腊各邦如今处在两大强权势力的合力夹击之下:【627】苏撒和叙拉古的君主从东西两个方向威胁着希腊本土各邦的自由，这些城邦注定会走向毁灭。那些试图探知未来的人可能会推测，西西里的统治者将会把势力范围扩张到东部希腊和爱

叙拉古的地位

|| 第十五章　叙拉古帝国及其与迦太基的争夺　　789

琴海地区；继而成为欧罗巴之主；最后他将与亚细亚的统治者一决高下，完成征服波斯的壮举。虽然后来历史进程并非如此，虽然西西里扩张受到了阻碍，而征服亚细亚的那个国家崛起于希腊本土的边缘地区，但正如我们即将会谈到的，狄奥尼修斯的君主制成为了腓力二世和亚历山大所推行的君主制的前兆。正是在西西里而非希腊本土，我们看到了新时代到来的第一缕曙光；那是一个大国征服小邦，君主制取代民主制的时代。

狄奥尼修斯的治国之才及其长期统治的秘密

狄奥尼修斯当了38年僭主，一直到他去世为止。在当政的所有时间里，他都是靠武力维持统治；在当政的所有时间里，人们都认为他违背了宪政原则，践踏了人民的自由权利。虽然他仍然保留民主政体的外在形式，也继续召开公民大会，人民仍享有投票权，狄奥尼修斯也是每年都重新参加竞选并被任命为全权将军，但这只不过是一种形式。他所处的实际地位与宪法精神完全背离，正是因其所处的独尊地位，宪法徒具其表。人民大众之所以服从于他，并不是因为自觉自愿，而是因为迫于无奈。由外国雇佣军组成的卫队是其权力的支柱。虽然人们曾不止一次地试图挣脱他强加于身的枷锁，但他高超的政治手腕和充沛的精力击溃了政敌最坚决的斗争。狄奥尼修斯发现并倾心于僭政的秘诀，凭借他超凡的能力（而不只是招之则来的雇佣军）将自己的非法统治扩张到一位僭主所能达到的无以复加的程度。虽然为了达到政治目的，他时常行事残暴，但他却从不曾为满足一己之私而草菅人命。他总是行事小心翼翼，力图避免在个人生活中傲慢无礼；正是私人生活不检点，才使希腊各地的僭主声名狼藉。许多僭主都是因其父兄或情人的原因而被人赶下了宝座；其至亲至爱之人的不光彩行径激起了民愤，迫使人们最终铤而走险。狄奥尼修斯避免了这样的错误。他所犯之罪和所树之敌都是政治上的。当他的儿子引诱一名已婚妇女时，这位小心谨慎的僭主狠狠叱责了他。他的儿子非常不满，说："您当然可以叱责我。要是您有一位当僭主的父亲，就不会批评我了。"狄奥尼修斯驳斥说："如果你继续做这种事情,你的儿子定然不可能继续做僭主。"【628】在私人生活中狄奥尼修斯中正节制,这大概正是其僭政长久的主要原因。除非是具有强烈爱国热情的热血志士,人们很难燃起满腔怒火,冒着生命危险,把匕首插入僭主的心窝。除了行事谨慎让人觉得他的统治可以忍受外,他在对外斗争中取得的胜利也起着重要作用,人们逐渐认识到他的统治对于保护叙拉古免遭敌人侵犯非常必要。下面我们将会看到,外敌入侵对于维护他本人的安全也有助益,对此狄奥尼修斯也是心知肚明,因为只有这样,人们才会明白叙拉古需要一位保护者。

  这位新近上台的僭主首先考虑的是要为自己建造一座堡垒。此前所述,叙拉古卫城与其他城市的卫城不同,不是建在山上,而在一座岛上。狄奥尼修斯要将这座岛屿修建成他的城堡。在岛屿北端与大陆相连的地峡上,他修筑一道设有角楼的城墙,从而封锁了从大陆到奥提吉亚岛的必经之路;此外,他还建起两座城堡,其中一座在地峡旁边,另一座在岛屿的南端。要从阿克拉狄那门到岛上必须连续穿过 5 道城门。除狄奥尼修斯的朋友及其支持者外,任何人不得在岛上居住。他还加固了小港的防御设施,新建了船坞,使其成为叙拉古水师的主要军火库。海港的入口处完全被防波堤包围起来,船只的进出皆需通过一道水门,其宽度仅容一艘船只通行。 为内岛筑墙设防

  除了用坚石硬弩防卫自身的安全外,狄奥尼修斯还向朋友和雇佣军发放优厚报酬,以确保他们的忠诚,从而强化其统治地位;此外,他授予一批释奴公民权,使他们成为一个新的公民阶层。通过剥夺政敌的财产,他拥有了充沛的资金,为顺利实施上述两方面的政策打下了经济基础。

  不久发生了一件令狄奥尼修斯感到不快的事情,考验着堡垒的防御能力及其支持者的抗压力。对任何企图推翻僭主统治的人来说,起事的 反狄奥尼修斯的起义

> 围攻叙拉古，公元前403年

最好机会是叙拉古军队开赴前线之时。当公民们手握武器组成战阵时，爱国者的几句言辞就可能轻易激起人们采取行动；但如果在家里和平生产劳作，策动起义就会更难。狄奥尼修斯率军攻打西凯尔人的城市赫贝苏斯（Herbessus）。一路上反叛的言论暗流涌动，满腹牢骚的公民杀死僭主手下一名斥责他们的军官。不久，全军哗变，狄奥尼修斯匆匆赶回叙拉古，把自己关在城堡里。【629】义军随即赶到，围攻自己的城市。他们还派出信使到墨西拿和瑞吉昂，要求他们提供支持，赢回属于他们的自由。作为回应，上述两城派出80艘三列桨战船。义军从海、陆两路大举进攻狄奥尼修斯藏身的城堡，他手下的一些雇佣兵也加入义军一方，眼看僭主马上就陷入无可挽救的绝望之中。狄奥尼修斯把最信任的朋友召集起来召开了一次会议。其中一些人要求他骑快马逃走，另一些人建议他待在岛上，抵抗到底。赫罗利斯（Heloris）规劝他的话很快就成为一句名言："君王之权不过是一块花哨的裹尸布。"狄奥尼修斯接受了坚守的建议。他大耍政治手腕，结果取得的成功超出他的想象。他答应与围城的义军谈判，要求带着自己的家产离开叙拉古。义军爽快地答应了他的要求，并允许他带走5艘三列桨战船。结果义军轻信了此人，将从埃特那赶来增援的一队骑兵也遣散回家。但是，与此同时，狄奥尼修斯秘密派出一名信使，到希米尔科留在西西里某地的坎帕尼亚雇佣军大营。迦太基人答应派出1200名雇佣兵帮助僭主，因为在最近签署的协议中，迦太基人认可并确保狄奥尼修斯对叙拉古的统治权。围城的义军认为战事已经结束，将一半的盟友遣散回家，其他军队也完全是一盘散沙。结果，坎帕尼亚人占领了埃皮波莱高地。狄奥尼修斯率队返回，不用吹灰之力就在剧场（此地是城市的中心，最初发现时被称为"新城"）附近打败义军，取得了决定性胜利。然而，狄奥尼修斯对于起义者的处置相对温和。他们中的许多人逃到了埃特那，拒绝再为叙拉古效力；返回之人得到友好对待，并未受

> 起义被坎帕尼亚雇佣军镇压

到惩罚。拯救狄奥尼修斯的坎帕尼亚人并未回迦太基，而是来到西西里西部西坎人的城市恩泰拉（Entella）定居。他们诱使当地人使其成为新公民，一天晚上，坎帕尼亚人动手杀死所有男人，娶当地的妇女为妻。就这样，西西里土地上出现了第一个意大利人殖民地。

<small>恩泰拉：意大利在西西里的第一个殖民地</small>

如前所述，起义爆发时，狄奥尼修斯正准备进攻一座西凯尔人的城市。这位僭主具有雄心大志，他的目标是扩张叙拉古的势力。为了实现这个目标，他采取的第一步措施是降服东海岸的希腊诸城邦及附近西凯尔人的城镇。西凯尔人的城镇越来越具有希腊特征，狄奥尼修斯的统治将这些城市的希腊化进程推进到一个新的高度。可以看到，与希腊城邦一样，【630】西凯尔人城市中也存在不同政治派别；赫那城（Henna）由一位有着希腊人姓名的僭主统治。事实上，攻打西凯尔人违背了与迦太基签署的协议，但是，就目前来看，狄奥尼修斯还没取得什么胜利，迦太基人觉得还没有干预的必要。狄奥尼修斯攻下了赫那城，但他仅仅是推翻了僭主，让居民获得了自由；接着，他又进攻赫比塔（Herbita），但并未成功。不过攻打沿途的希腊城市时，他取得了节节胜利。首先，他占据了埃特那，这里是叙拉古流亡者和持不同政见者的避难所；打下该城后，僭主那些危险的政敌不知所踪。接着，他又进攻两座伊奥尼亚人城市——卡塔奈和那克索斯。为了预防叙拉古可能发动的进攻，卡塔奈与叙拉古以前的属地列奥提尼结成同盟。关于上述两城结盟的唯一证据是一枚精美的银币，上面有头戴桂冠的阿波罗和两城之名，这是她们共同发行的钱币，打印上了盟约的象征。但是，得到列奥提尼的支持也并未产生什么实际效果。卡塔奈和那克索斯都不是沦陷在敌人的刀剑之下，而是敌人的金钱下，叛徒为这位多利亚僭主打开了城门。

<small>狄奥尼修斯在西凯尔斯人地区计划</small>

<small>夺取埃特那</small>

<small>卡塔奈与列奥提尼结盟，公元前404年</small>

<small>因叛徒出卖卡塔奈和那克索斯陷落</small>

处置这些城市的过程中，狄奥尼修斯展现了僭主最丑恶的一面。那克索斯和卡塔奈的所有居民都被抓到叙拉古奴隶市场上卖为奴隶。僭主

<small>卡塔奈和那克索斯的命运</small>

| 第十五章　叙拉古帝国及其与迦太基的争夺　　793

将卡塔奈送给坎帕尼亚雇佣兵居住，使其成为意大利人在西西里的第二座城镇。作为西西里最古老的城市，那克索斯并未被送给外族人居住，但城墙和房屋全部被毁，土地赠送给了西凯尔人，仅有该城旧址附近的一座小村庄仍保留着人们对于这座古城名称的些许记忆。虽然狄奥尼修斯是一位有能力的统帅，率领西西里希腊人与腓尼基人进行战斗，【631】但在这里，他将一位破坏者的性格特征展现得淋漓尽致，他对希腊文明破坏之大，甚至会使我们误以为这一切出自敌人腓尼基人之手。当然，他施加给这些城市的严厉惩罚是出于某种特定目的，因为狄奥尼修斯此前对敌人的惩罚并不残酷。我们不妨推想一下他的目的是什么。对这位叙拉古僭主来说，征服那克索斯和卡塔奈的重要性远不及恢复列奥提尼。在他眼中，夺回叙拉古失去之地是首要目标。狄奥尼修斯要求列奥提尼投降，但遭到拒绝。或许他认为围攻一个地方冗长乏味。事实上，在攻下那克索斯和卡塔奈时，他正要派兵围攻列奥提尼。当亲率大军到达后，他再次要求列奥提尼人移居到叙拉古，授予他们叙拉古公民权，成为他的臣民。眼见其他两座城池的悲剧，列奥提尼人毫不犹豫地做出了选择，他们不得不接受身份的改变，而不敢冒险抵抗，使自己遭受比卡塔奈人和那克索斯人更悲惨的命运。

　　如果快速浏览一下此刻的西西里地图，我们会不由得感到震惊。雅典人侵时，所有享有独立主权的西西里希腊城邦，如今除两个城邦外，都已不复独立。其中一个是叙拉古，另一个是墨西拿，该城仍守卫着以其城市命名的海峡。迦太基人和狄奥尼修斯之间的独立城市被他们一扫而光。

　　对叙拉古人和他们的主人来说，重获列奥提尼的土地是一个胜利，令他们感到欢欣鼓舞。事实上，这是对迦太基的公然挑战，因为协议规定该城享有独立。但是，狄奥尼修斯知道，与迦太基的战争在所难免，他只是不愿让战争来得太快。他下定决心武装叙拉古，以便能与即将与之对阵的敌人一较高下。在接下来的时间里，我们发现这位僭主将所有时间和精力都投入大规模修筑城防的工作中。为岛屿修筑工事主要是为了保障不受国内之敌的侵扰，确保僭主的自身安全；如今他从事的工程是为了保障城市而非僭主私人的安全。雅典的围攻教会了叙拉古人一些永远铭记于心的教训：千万不能让敌人夺取城市的制高点埃皮波莱高地。为此，务必要让该地成为叙拉古城的一部分，必须将其纳入叙拉古城墙囊括的范围之内；此外，优里亚鲁斯西侧的地区也至关重要，有必要在那里修建一座坚固的堡垒，因为此地被称为"埃皮波莱和整个叙拉古城的钥匙"。【632】在狄奥尼修斯亲自指挥下，6000 名自由人在令人难以置信的有限时间内建好了城墙。他激励公民们要将他们的城市修建成整个希腊世界最坚固的城池。北面的城墙，即从泰卡到优里亚鲁斯之间的距离超过 3 英里，但人们仅用 20 天就完成了这项工程。位于优里亚鲁斯的堡垒规模巨大，且下面建有错综复杂的地下室。保留至今的废墟仍令人惊叹，这成为这位僭主统治留下的难以磨灭的纪念；其实这些工程更是一座丰碑，成为叙拉古是此时欧罗巴最强大国家的见证。

实施如此浩大的城防工程体系绝非小事一桩，正是这些防御工事，使叙拉古城成为所有希腊城市中面积最大的一个。尽管如此，为了应对即将到来的攻防战，狄奥尼修斯展现出非凡的精力，提供了充沛的物质资源作为保障。在军事改革上，他是伟大的马其顿人的先驱，也是后来马其顿人所采用作战方式的创始人。他最先设计出如何让一支军队的不同兵种——陆军与海军、骑兵与步兵、重装兵与轻装兵——紧密而系统地协同作战，以使整支军队融为一个有机整体，而且他还将此法教给手下将官。他让手下的工程师发明了投石器，并将这种新型的作战工具引入实战。投石器的使用为攻城战带来了革命性的变革，为军事活动增添了一种新兵种；这种武器产生的革命性影响甚至可与火药的使用相提并

狄奥尼修斯对作战方式的改进

论。在两军近战时，突然出现一种能将重达200~300磅的石头掷到200~300码之外的武器，其杀伤力相当令人生畏。他也是一位海战战术的创新者。他建造的5列桨战船比此前的任何船只都更庞大。他还大幅度地增加战船的数量，叙拉古各类大小船只加在一起，数量可能大约有300艘。

第五节　狄奥尼修斯的第一次迦太基战争

第一次布匿战争，公元前398/397年

　　当一切准备就绪后，狄奥尼修斯着手做此前任何西西里希腊领导人都未曾做过的事情。他不但要将希腊城市从腓尼基人的统治中解救出来，而且还要征服西西里的腓尼基人。大军沿着岛屿的南部沿岸向前推进，不但解放了迦太基的纳贡城市革拉和卡曼利那，而且还解救了属邦阿克拉加斯；僭主的行动获得臣服于迦太基的希腊人的一片欢呼。位于北部海岸的泰尔麦加入了他的队伍。两座埃利米亚人城市中，埃利克斯接受了他的援助，而塞格斯塔仍保持着对布匿主人的忠诚。狄奥尼修斯带领8万步兵、3000骑兵——如此的军力对希腊军队而言已是极其庞大——向摩提亚开进，而他本人行进在队伍的最前面。（摩提亚及周边地区，参见图15-4）【633】他将用摩提亚城墙检验新发明攻城器械的威力。与原来的叙拉古城类似，摩提亚也是一座岛上之城；不过，虽然该城也有一条堤道与大陆相连，但她并未如叙拉古一样发展到大陆上。这是她第一次也是最后一次作为大书特书事件的主角出现在历史舞台中。全岛四周都修建有城墙，如今仍保留着一些遗迹；岛屿所在的海湾外有一个长长的半岛，保护着她使其免受风浪之苦。摩提亚人决心尽其所能全力抵抗侵略者。他们采取的第一项措施是拆毁与大陆相通的堤道，使其完全与大陆隔离开来。在此情况下，他们相信狄奥尼修斯只能完全依靠船只攻城，叙拉古人的强弓硬弩将无用武之地。但是，他们不明白狄奥尼修斯的战略计划，也不知道他手下工程师制造的新式武器。这位僭主决定从陆地上发起攻城之战，并将他那令人恐怖的武器推到靠近城墙的地方。他命舰船上的水手赶修一条防波堤，其规模比摩提亚人毁掉的那条堤道大得多。鉴于战船在攻城行动中并不能发挥什么作用，他命其集结在北部海湾里。狄奥尼修斯在摩提亚修建的堤道比我们在后面即将见到的另一条著名的堤道早了若干年；那一条堤道比狄奥尼修斯修建的更大，且修建在一座比摩提亚历史更悠久、声名更显赫的腓尼基人城市前。

防波堤

可与亚历山大在推罗修建的防波堤相比较

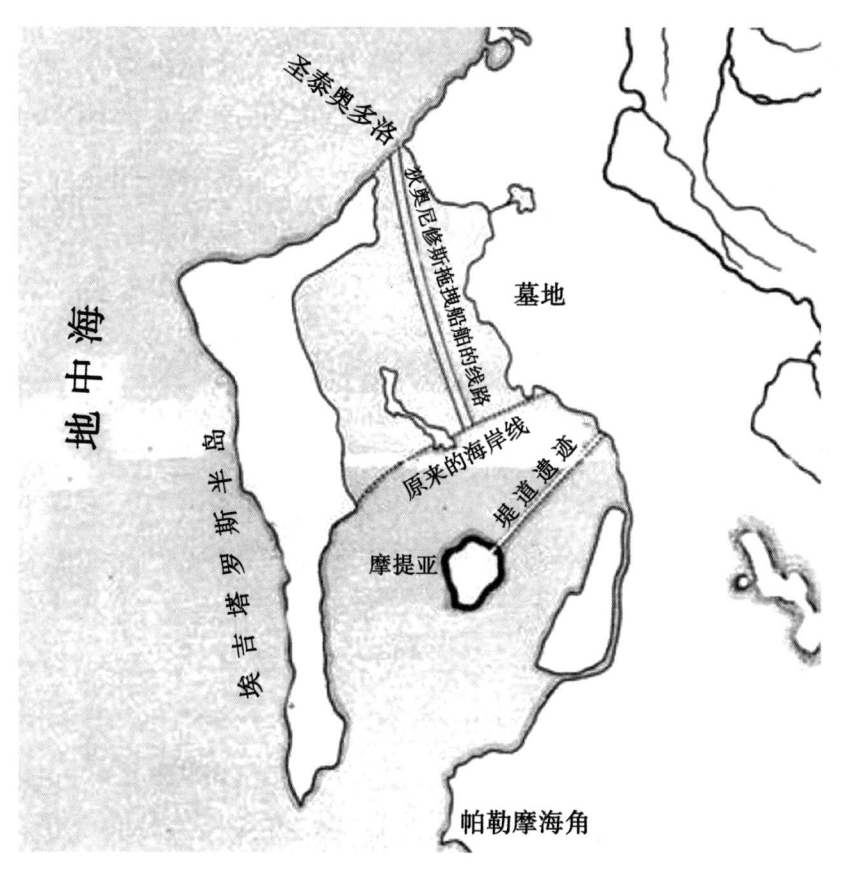

图 15-4　摩提亚及周边地区

（据 Jeremy Dummett, *Syracuse: City of Legends*, London: I.B.Tauris & Co Ltd, 2010, p.51 编译）

|| 第十五章　叙拉古帝国及其与迦太基的争夺　　797

修建堤道的同时，狄奥尼修斯还对附近地区进行了征伐。他迫使西坎人叛离迦太基转而归顺叙拉古；他还攻打埃利米亚人城市塞格斯塔和坎帕尼亚人的城市恩泰拉。上述两城都击退了他的进攻，当堤道完工后，他命人对摩提亚围而不攻，而他亲率大军赶了回来。此时，迦太基也在准备派兵解救这座岌岌可危的城市。迦太基采用围魏救赵之策，派遣了几艘舰船前往叙拉古，毁坏了停泊在大港的几艘船只。但是，狄奥尼修斯并未因此分心。无疑，他早已预见到敌人的进攻只是诱兵之计，事实上并无真正危险。迦太基大将希米尔科发现狄奥尼修斯不为所动，只得率领一支大军前往摩提亚增援。迦太基军队首先来到海湾，企图摧毁拖拽上岸的叙拉古舰船。狄奥尼修斯似乎遭到了敌人的突然袭击。不知什么原因，他并未让舰船重新下水，而只是在最可能受到攻击的船只上安排了一些弓箭手和投石手。他将叙拉古军队布置在海湾西侧的半岛上，【634】并在军队驻扎的海滩上布下他的新式武器。投石器掷出的一排排巨大的石头给希米尔科的战船造成了致命打击。布匿人的水手对于这种杀伤力巨大的新式投掷武器毫无思想准备，全都仓皇失措，迦太基人被迫撤退。在力图将海战变为陆战时，狄奥尼修斯也做好了海战准备，他命人将战船置于滚木之上，推过海湾北侧半岛最窄处的地峡，然后下水驶入开阔海域。但是，希米尔科并未等在那里与叙拉古水师交战，而是仓皇返回迦太基，使摩提亚人再次陷入孤立无援的境地，只得接受命运的惩罚。

　　由于城市地处海岛之上，需要一条特别的道路才可到达，因此也需一种特别的进攻武器才可攻破其建筑。摩提亚城的空间有限，居住在城里的富人不得不将住房修得如同高耸入云的尖塔。为了攻打这些高层建筑，狄奥尼修斯搭建起同等高度的攻城塔；此塔共有6层，下有车轮，攻城时将其推到城墙之旁即可。这种在中世纪被称为"冲击塔"（belfries）的木制塔楼并非狄奥尼修斯首创，但此前人们从未将其修得如此之高；直

攻城塔

到马其顿时代，人们才广泛使用这种武器；就此而言，狄奥尼修斯仍可算作马其顿人的先驱。我们会看到摩提亚攻防战中人们在半空作战的奇异景象。处于石塔中守城的摩提亚人占据优势；他们可投掷燃木和沥青，烧毁敌人的木塔。但是，狄奥尼修斯的布置十分周详，摩提亚人的火攻并未产生什么效果；叙拉古人的投石器威力无比，腓尼基人根本无法守卫在城墙上；同时，叙拉古人使用撞锤猛击城墙。不久，狄奥尼修斯的军队在城墙上撞开了一道缺口，双方的战斗进入白热化。摩提亚人毫无投降的打算，直到最后，他们都一直在无畏地守卫着城邦的每一条街道和每一间房屋。当希腊人经过每一条街道时，投枪和箭矢如暴雨般朝他们的头上飞来；每一幢高楼都不得不如同一座微型城市一样逐个攻破。希腊人将攻城塔推进到城里；他们从攻城塔的顶端接桥冲进敌人楼房的高层；面对着孤注一掷的摩提亚居民，冲锋在前的希腊士兵不禁觉得有些头晕目眩，有的士兵被敌人扔到下面的街上。深夜时分，战斗停了下来，攻防双方都精疲力竭，不得不休整一番。战争的结果已不言而喻，不管摩提亚人作战多么勇敢，他们在人数上都处于绝对劣势。不过，战争仍日复一日以同样的方式进行着，叙拉古人还是未能攻克摩提亚城。希腊人损失巨大，狄奥尼修斯也日渐焦躁。他决定发起一次夜袭，摩提亚人对此并未留意，结果他取得了胜利。一支敢死队借助梯子偷偷爬进处于摩提亚人防守的区域，【636】队员们打开城门，放大队人马冲入城内。经过一番短暂而激烈的战斗，大屠杀开始了。此时，希腊人根本不想抢夺战利品，他们只想复仇。如今，腓尼基人的城市第一次落入希腊人手中；此时人们对于汉尼拔在希麦拉的暴行还记忆犹新，他们决定要像腓尼基人对待希腊城市那样残忍无情。最后，狄奥尼修斯制止了屠杀，因为这并不合他的心意，毕竟尸体没有俘虏值钱。接着，胜利者开始抢劫这座城市，所有值钱的东西都被洗劫一空，一点也没有留下。除希腊雇佣军外，所有俘虏都被

占领摩提亚，公元前398年

卖作奴隶；希腊雇佣兵因出卖希腊人的利益被处以十字之刑。狄奥尼修斯留下一队西凯尔人驻守这座刚被占领的城市。

> 狄奥尼修斯的第二次战役，公元前397年

在取得这场西西里历史上从未有过的伟大胜利后，狄奥尼修斯撤回到叙拉古过冬。次年春，他再次进军，强化对此前已被围困的塞格斯塔的进攻。与此同时，摩提亚的陷落使迦太基认识到必须采取行动；如果不想让整个西西里岛从手中溜走，她必须奋发图强，主动出击。迦太基人任命

> 迦太基人远征西西里，公元前397年

希米尔科为执政，将拯救西西里布匿人的重任交给了他。他招募了一支大军，人数并不会少于狄奥尼修斯手下的战斗人员，然后带着密令扬帆前往帕诺姆斯。虽然迦太基一支小分队所乘船只被狄奥尼修斯的兄弟、叙拉古水师统帅莱普提涅斯（Leptines）率军击沉，但大军主力仍安全

> 希米尔科占领埃利克斯和摩提亚

到岸。接下来的事情一件接一件地发生，难以逐一解释。希米尔科首先通过收买叛徒夺取了埃利克斯；然后进军并占领了摩提亚；随着摩提亚失守，狄奥尼修斯被迫撤销对塞格斯塔的包围，返回叙拉古。埃利克斯失守无可厚非，但很难理解为何狄奥尼修斯不去解救摩提亚。不应忘记，一年前，为了占领该城，他付出了巨大的代价。此外，我们也很难理解为何在迦太基人从帕诺姆斯向埃利克斯和摩提亚的进军途中他未加拦阻。只有更坚决地限制希米尔科的行动，才能更有效围攻塞格斯塔。由于当时的具体情况隐晦难明，我们甚至都不清楚双方的军力，所以无法判断狄奥尼修斯的行动是否恰当。但可能的推断是，从性格看，狄奥尼修斯是一个除非自己处于明显优势，否则不愿冒险激战的人。不应忘记，他赢得的历次胜利要么是通过围攻和突袭，要么是通过外交手段或权谋；这位伟大的军事改革家之名从未与某一次著名野战联系在一起。【637】既然能听任摩提亚被人占领，他的撤退也就不足为奇；因为在西西里岛西部他并无任何根据地，有迹象表明，此时叙拉古的补给也出现了问题。如今，

> 摩提亚的终结

他丧失了在第一次战斗中获得的所有胜利成果。摩提亚既非一座希腊人

的城市，也不再是一个西凯尔人的据点，迦太基人将其从腓尼基城市名录中一笔抹掉。希米尔科决定不再恢复这个古老的殖民地，而在附近建立一座新城取而代之。在摩提亚湾南部大陆一个海角上崛起了一座城市名为利利瓦伊昂，自此后，该城成为迦太基人在岛屿西部一个重要据点。该城两面临海，在另外两面的城墙外，人们从石头中挖掘出两条巨大的壕沟。利利瓦伊昂是摩提亚历史的继续，但她从未曾遭到希腊人或罗马人的进攻。

利利瓦伊昂的建立

在将入侵者赶出腓尼基人的地盘并为利利瓦伊昂新城奠基后，希米尔科决定把军队开入敌人的地盘，择机攻打叙拉古。（公元前397年第二次西西里之战迦太基人的行军路线，参见图15-5）但是，他并未径直前往叙拉古。在进攻这座坚城之前，他要先完成占领墨西拿这项比较轻松的任务。墨西拿的陷落对希腊是一记沉重打击，但绝不是对攻占摩提

希米尔科占领并摧毁墨西拿

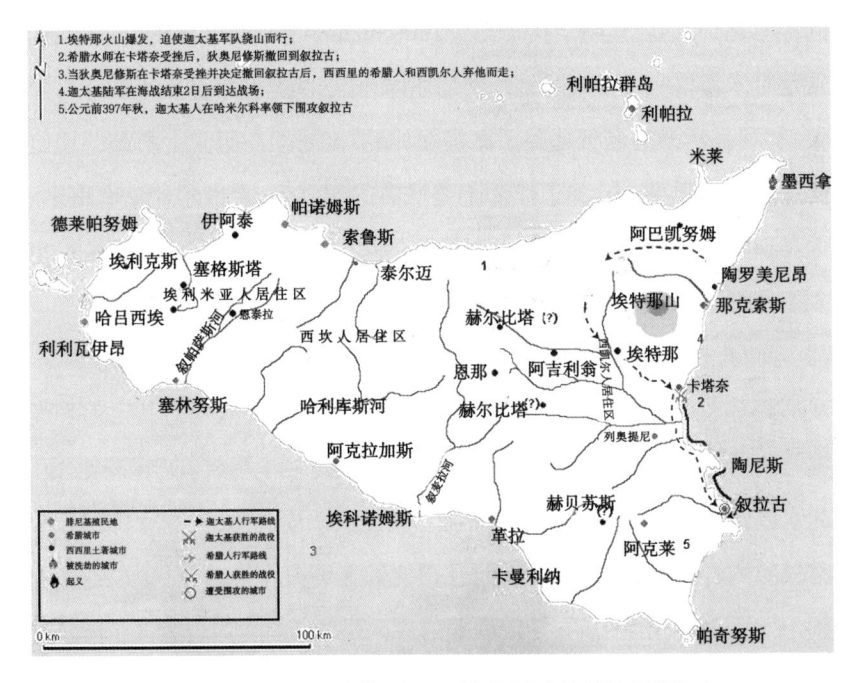

图15-5 公元前397年第二次西西里之战中迦太基人的行军路线

第十五章 叙拉古帝国及其与迦太基的争夺　　801

亚的报复。狄奥尼修斯对于墨西拿城的沦陷只能采取听之任之的态度，因为该城对迦太基人来说是一个容易得手的猎物。墨西拿陷落后，城里大部分居民逃到附近山区的一个城堡里躲藏起来。因为城里居民成功逃脱，这位迦太基将领只能拿石头出气。他将所有城墙和建筑物完全夷为平地；据史料记载，破坏是如此巨大，以至于没有人还能认出这个地方。

如果说成功夷毁这座守望海峡的西西里城市给了希腊人沉重一击，那么希米尔科还同时试图在西西里的另一个地方建立一座新城，借此进一步打击希腊人。希米尔科的政策是发展与西凯尔人的友好关系，煽动他们对叙拉古僭主的憎恨。狄奥尼修斯也在努力发挥对西西里土著的影响，以便赢得他们的支持，此前他将那克索斯赠予西凯尔人就是明证。这位迦太基将军想要为那克索斯的西凯尔人建立一座新城，城址就选在原址后面的陶罗斯（Taurus）高地。该城有两座石质堡垒，是西西里最美丽的地方之一。这就是陶罗美尼昂（Tauromenion）这座坚城的奇怪起源。这是希米尔科在一年内所建的第二座城市，这两座城市在未来都非常繁荣。利利瓦伊昂的名气远胜于摩提亚，陶罗美尼昂在历史上所占的地位比那克索斯重要。【638】作为上述城市的建立者，希米尔科享有盛名。他与狄奥尼修斯一样，既是一位的建设者，也是一位破坏者。不管是希腊人还是腓尼基人，创建新城，毁灭旧城，成为这个时代的典型特征。

陶罗美尼昂的建立

此时，狄奥尼修斯正忙于完成保护叙拉古的准备工作。如今，叙拉古水师拥有大约200艘坚固的战船，僭主将水师的指挥权交给其兄弟莱普提涅斯；狄奥尼修斯命水、陆两路大军向北推进到卡塔奈。在卡塔奈附近的水域，双方爆发了一场海战，希腊军队遭受败绩，损失惨重。事实上，希腊战船的数量远超腓尼基人；而且在装备上也占优势，腓尼基人还使用了一批运输船充当战船；导致惨败的原因是莱普提涅斯糟糕的指挥，他甚至都没有让战船保持队形，相互保护。狄奥尼修斯在岸边亲眼目睹了

卡塔奈海战

这次溃败。他本可以通过一场陆战的胜利弥补海战的失利,但是,希米尔科率领的军队并未到达战场,因为埃特那火山爆发,损坏了直达的道路,腓尼基人不得不绕了一个大圈。虽然西西里人都渴望与腓尼基人一战,但狄奥尼修斯不愿冒险,于是将军队撤回叙拉古的城墙之内。如今,叙拉古成为西西里岛上希腊人最后的一座堡垒,希腊文明的发展面临着生死存亡的危险境地。该是邀请其他地方的希腊人前来助阵了。狄奥尼修斯遣使前往意大利、科林斯、斯巴达等地请求他们提供紧急援助。

狄奥尼修斯的撤退

不久,迦太基水师携胜利余威驶入叙拉古的大港,迦太基大军也沿阿那普斯河沿岸地区安营扎寨。(双方的兵力部署,参见图 15-6)士兵们在靠近沼泽的地方宿营,而将军则将大帐安扎在波利克那高地奥林匹亚的宙斯神庙之内。这是对希腊人宗教的侮辱,但更亵渎神灵的行为是,希米尔科抢劫了埃皮波莱南坡德墨特尔和科瑞两女神的神庙。不少迦太基士兵在瘟疫肆虐的沼泽地中死去,这是对他们冒犯神灵的处罚。可以肯定,围城者离叙拉古的城墙还有一段距离。狄奥尼修斯的信使赶到伯罗奔尼撒,并带回一支援军——由一位拉凯戴梦将领率领的 30 艘战船。此时,希米尔科建了 3 座堡垒,保护海、陆两军的安全,一座在波利克那高地,他的大本营附近,一座在港口西海岸的达斯孔,另一座在普兰米利昂海岬。希腊人的援军到达后,双方为抢夺一艘布匿人运粮船在港区发生了一场小规模海战;【639】参战的迦太基人只投入几艘船只,结果叙拉古人取得胜利。

围攻叙拉古产生的恐慌

叙拉古城内,人们对狄奥尼修斯本人及其指挥非常不满,他们指望得到伯罗奔尼撒盟军的同情,帮助他们摆脱僭主的枷锁。在僭主参加的一次公民大会上,人们公开表达了他们的不满情绪;狄奥尼修斯不但从人们的语言中听到了对他的不满,而且还在人们的脸上看到了对他出自内心的憎恨。但是,这次革命行动被伯罗奔尼撒人制止。斯巴达人告诉他

叙拉古人对僭主的不满

们，此次前来的任务是帮助狄奥尼修斯对抗迦太基人，而不是帮助叙拉古人推翻狄奥尼修斯。虽然危险就这样过去，但僭主得到了一次警告，他不得不装出和善的样子，竭力讨好人民大众。

迦太基军营里的瘟疫

　　随着夏天的到来，气温逐渐上升，沼泽地里的致命瘴气开始发挥作用。希米尔科的军队饱受瘟疫折磨；不久死亡的士兵越来越多，他们都来不及掩埋尸体。到沼泽地开始发挥破坏作用时，城里的士兵也该出击了。在此情况下，这位叙拉古统治者的能力和智慧得到了最大限度的激发，他最好的一面也得以充分表现出来。他以高超的智慧设计了这次进攻计划。

狄奥尼修斯攻打迦太基人

他命莱普提涅斯和斯巴达将领率领 80 艘战船攻打停泊在达斯孔海岸的迦太基水师；在一个漆黑的夜晚，他亲率陆军迂回行进，黎明时分突然出现在布匿军营的西侧；他命 1000 名雇佣兵攻打敌军营帐，同时他给骑兵下达了秘密指令，要求在雇佣兵与敌激战时马上撤回，迅速赶到敌军东侧，最后双方在东侧决战。进军大营西侧只是佯攻，以便将敌军的注意力吸引到那里。为此，狄奥尼修斯决定牺牲那些他并不信任的雇佣军的性命。双方在达斯孔和波利克那这两座要塞展开了决战。达斯孔要塞受到骑兵和渡海而来的一支水师的攻击；狄奥尼修斯亲自率队攻打波利

迦太基人的失败

克那要塞。整个作战计划进展得极其顺利。1000 名雇佣兵全军覆灭，但两座要塞相继被攻占；在陆战获胜的同时，叙拉古人重创迦太基水师。在迦太基水手还没来得及上船就位之前（更别说划船进入深海），叙拉古战船就发起了进攻。叙拉古人的三列桨战船冲入毫无抵抗的敌船之中。【640】几乎没有经过什么战斗，大屠杀就开始了。陆军因刚刚取得的胜利精神焕发，也冲到海边，向停泊在岸边的运输船和其他船只放火。此时，劲风急吹，火焰四起，缆绳很快被烧断，达斯孔海湾里到处是四散漂浮的火船；水里陷入绝望的迦太基人挣扎着游向岸边。

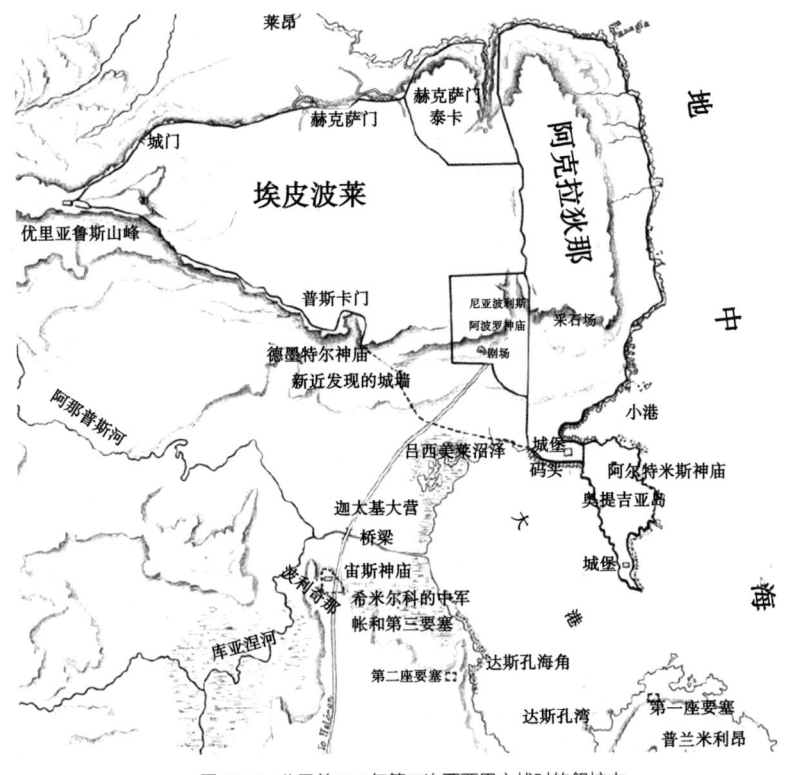

图 15-6　公元前 396 年第二次西西里之战时的叙拉古

（据 J.Dummett,*Syracuse: City of Legends*,London:I.B.Tauris, 2010, p.44 编译）

命运之神已将野蛮人交到希腊人手中；希腊人决心要极尽所能报复墨西拿的毁灭者，将他们彻底根除。狄奥尼修曾宣称他是格伦的继承者，确实在达斯孔，海陆两军的双双胜利使他有资格与希麦拉战役的胜利者相提并论。但是，狄奥尼修斯没有能力完全忠诚于他作为希腊人领袖者应担负的职责，他不能自始至终地充当一个坚贞的叙拉古爱国者。这是他作为僭主的致命弱点，他知道独裁的基础并不牢固。虽然在与迦太基战斗，但他明白不应该把西西里岛上迦太基人的力量彻底击溃。布匿人的威胁是他维持僭政的保障，能够使人们认识到他对叙拉古的不可或缺。叙拉古人必须仰仗他，把他视为保护者，带领人们抵抗时刻威胁着其

狄奥尼修斯的狡诈

第十五章　叙拉古帝国及其与迦太基的争夺　805

他对迦太基的政策

生存的蛮族敌人。这是狄奥尼修斯发现的又一个保持僭政的秘密。作为布匿人,希米尔科敏锐地抓住了狄奥尼修斯的要害,僭主的过往经历使他受到启发;迦太基人看到,他们的安全取决于与狄奥尼修斯的讨价还价。双方的密使频繁往来。狄奥尼修斯同意希米尔科带着迦太基公民趁夜逃走。

在狄奥尼修斯的默许下希米尔科逃走

作为这次交易的报答,僭主获得了 300 塔兰特金银。狄奥尼修斯命正在攻打敌营的将士停止进攻,人们极不情愿地撤出战团,接下来的 3 天,双方保持和平,停止战斗。第 4 天晚上,希米尔科带领 40 条三列桨战船驶出大港,遗弃了同盟者和雇佣军,听任希腊人的宰割。正是这次惨痛经历使雇佣军在未来为迦太基人效力的过程中经常开小差。这位精明的僭主无疑也预见到了这一点。但是,这支逃亡的船队并非毫发无伤地逃之夭夭。驶出港区时,他们摇橹发出的声音惊动了科林斯人;科林斯人立即向狄奥尼修斯发出警示。但是,狄奥尼修斯在准备过程中故意拖拖拉拉,不耐烦的科林斯人还没接到他的命令就主动出击,击沉了几艘落在后面的布匿战船。纵容希米尔科逃走后,僭主全力对付被遗弃的队伍。西凯尔人同盟者已逃回家乡,如今只剩下雇佣军。他们要么被杀,要么沦为奴隶,【641】只留下一些身强力壮、勇猛好战的伊比利亚人为僭主效力。

　　狄奥尼修斯与迦太基的第一次战争就此以希腊人的完胜告终。如今这个阿非利加城邦的统治范围被限制在了原来的岛屿西部角落;西西里其他地方大多直接或间接地臣服于叙拉古的统治者。西西里岛上希腊人和蛮族人各有一座著名城市被彻底摧毁。但是,摩提亚以附近的利利瓦伊昂的名义获得了重生,而墨西拿不久之后也会在其废墟上重新崛起。

第六节　第二次迦太基战争及狄奥尼修斯对西凯尔人的征服

大胜之后狄奥尼修斯的所作所为清楚表明，他在与迦太基的对抗中采取了模棱两可的政策。在双方几百年的斗争中，此时是将蛮族彻底赶走的最好时机，完全可使西西里从东海岸到西海岸变成一座希腊人的岛屿。迦太基不可能再聚集起刚遭重创的那样一支庞大队伍。任何一个全心全意投身于希腊事业，并以此为唯一奋斗目标的领导人都不会放过这样的机会；他定然会乘势进军西西里西部以取得更大胜利。但是，维持岌岌可危的僭主地位是狄奥尼修斯的指导原则；在岛上蛮族统治的一角，他看到了维护自身权力的保护神。

下一次布匿战争爆发在 5 年之后；其间的这段时间，狄奥尼修斯忙于扩张他在西凯尔人居住区的权力。他吞并了摩甘提那、凯法罗伊狄昂和赫那，与阿吉里昂和肯图里帕的僭主及其他城市签署协定。但是，在所有西凯尔人城市中，对他最重要，同时也是他最想赢得的是迦太基人新近建立的位于陶鲁斯高地上的那座城市。他于冬天围攻陶罗美尼昂。冬季发动进攻是狄奥尼修斯统治时期的一个重要特征，这使他区别于旧希腊的习惯，但与马其顿君主制时代联系起来。在一个月黑风高的夜晚，僭主亲自带领手下士兵沿着峭壁攀爬入城。他们占领其中的一座卫城，并让军队进驻卫城里。但是，叙拉古战士人数太少，反而被人包围，600 人被杀，其余人被赶下绝壁。狄奥尼修斯就是其中之一。他们从峭壁上连滚带爬跌落下来，到达山脚时，已是奄奄一息。

【642】在北部海岸扩张权力的过程中，狄奥尼修斯的军队推进到腓尼基人控制的那一个角落；在叛徒的帮助下，他占领了 3 座腓尼基城市中最东的城市索鲁斯。对于具体情况我们了解不多，但征服该城可能更多的是靠运气，而非这位希腊僭主精心构思的计划。在打败希米尔科后，

狄奥尼修斯征服西凯尔人居住区，公元前396—前393年间

进攻陶罗美尼昂未果

征服索鲁斯

第十五章　叙拉古帝国及其与迦太基的争夺　807

迦太基与叙拉古之间似乎并未签署什么协议,因此占领索鲁斯也并不违背和平条约;只不过该事件重新唤起双方的敌意,如果双方心照不宣,或许和平会持续更久。无论如何,占领索鲁斯与双方重新开战必定有某些联系,虽然对于战争重新开始的原因文献中并没有什么记载。

> 第二次布匿战争,公元前392年

第二次战争开始时,只有一位迦太基将领在指挥西西里岛上的腓尼基军队;据我们所知,地处非洲的迦太基并没有派军前往。这位将领名为玛哥(Mago),他是前次战争的水师提督。在人们看来,其军队实力无疑远逊于狄奥尼修斯所能召集的军队。在此情况下,狄奥尼修斯会毫不犹豫与其作战,将其击败。迦太基觉察到必须给予更积极的支持,于是向玛哥调拨了一支大军——据说达8万人——以将功补过。为了对付侵略者,狄奥尼修斯与西凯尔人最强大的统治者阿吉里昂的僭主阿吉里斯(Agyris)结成紧密的同盟。这是第二次布匿战争的特色之一:欧罗巴的事业得到了岛上两个欧罗巴政权,即西凯尔人和希腊人,结成同盟的支持。迦太基军队推进到西凯尔人境内,企图占领其城镇。但阿吉里斯及其手下采用了一种非常有效的作战方式,利用对当地山区地形熟悉之利,切断敌人所有可能获得的劫掠来源,使迦太基人的生活补给日益紧张。但似乎叙拉古人对这种见效缓慢的方法并不满意,因为这完全不符合狄奥尼修斯的胃口。接下来发生的事情并不明了,但我们知道,叙拉古人撤离了战场,狄奥尼修斯武装一批奴隶取代撤走的士兵。此后,希腊人和西凯尔人很有可能获得了胜利,但文献中并未记载;也有可能,迦太基军队因为缺粮,消耗太大,最终玛哥向希腊人提出和平请求。

> 狄奥尼修斯的胜利
> 狄奥尼修斯与阿吉里斯结盟

> 和约的条款

虽然按照双方的说法,和约是以12年前狄奥尼修斯制定的条款为基础,但事实上,二者的内容完全不同,因为双方的力量对比发生了逆转。如今,所有西西里希腊城邦都被置于叙拉古直接或间接控制之下。【643】迦太基的影响被限制在西部一隅。和约并未提及索鲁斯的地位,可能此前玛哥已将其收复,或者叙拉古已将其送还给了迦太基。和约中最引人注目的条款是明确规定将西凯尔人交给狄奥尼修斯统治。和约未谈及阿吉里昂,很有可能狄奥尼修斯出卖了阿吉里斯,因为此后他的名字再也没有出现。和约中有一项特别条款规定了陶罗美尼昂的归属。按此条款,狄奥尼修斯获得了该城的控制权。他赶走城里的西凯尔人,将其改建成为一个雇佣军驻守的城堡,设置雇佣军聚居点是他统治时代的一个显著特征。这就是两次布匿战争的最终结果,事实上这两次战争归根结底可视为一次战争,只不过其间双方沉寂了一段时间。

狄奥尼修斯获得陶罗美尼昂

第七节　狄奥尼修斯的帝国

在成为西西里所有希腊人的统治者后,这位叙拉古僭主开始将勃勃野心指向岛外的其他地区。他开始规划征服意大利的希腊人。迄今为止,虽然西西里的城市经常与意大利大陆的殖民地有往来,但她们从来未曾试图侵略或征服岛屿之外的其他任何地方。把西西里人的雄心限制在西西里境内是赫摩克拉泰斯所宣扬理论的一个方面;另一方面他强调也不允许海峡对面的希腊人干预西西里的事务。美国对于美洲的政策很大程度上就是遵循了这一原则。与处理其他事务一样,狄奥尼修斯在处理这个问题上也有创新,为越海征服其他地方树立了一个榜样。为了征服意大利,他必须首先要安排好海峡上的两座希腊城市——墨西拿和瑞吉昂。

墨西拿再次成为一座城市,该城由狄奥尼修斯亲自出面重建。他将来自洛克里和意大利麦德玛的殖民者安置在这座新城,另外将来自希腊本土被斯巴达赶出瑙帕克图居无定所的 600 名美塞尼亚人也吸纳到城里。但是,他对美塞尼亚人的善意引发了斯巴达人的极度不满。面对斯巴

重建墨西拿,公元前 396 年

达人的抗议，他被迫做出让步，从而维护了与斯巴达的友谊。狄奥尼修斯将这些流亡者迁出墨西拿，在一个安全但并不那么引人注目的地方将他们安家置业。他在米莱西部的一座高山上建立廷达瑞斯（Tyndaris）城，该城的城防坚固，城墙和塔楼保存至今，是狄奥尼修斯城防建筑的一个很好的范本。

> 狄奥尼修斯创立廷达瑞斯城，公元前395年

对海峡对岸的伊奥尼亚人来说，墨西拿的重建和廷达瑞斯的兴起使他们如芒在背；【644】对瑞吉昂而言，这些新近出现的城市就是叙拉古人对她发出的威胁。作为反制措施，瑞吉昂人试图在廷达瑞斯与墨西拿之间建立一座城市。他们把卡塔奈和那克索斯的流亡者聚集起来，将其安置在米莱半岛。但这个定居点存在时间很短；米莱城几乎才刚建成就被邻近的墨西拿攻占，流亡者被逐出城市，继续他们的流亡生活。

> 米莱的建立，公元前394年

据说，对瑞吉昂采取敌对行为，除基于政治因素外，也源于狄奥尼修斯的私人仇怨。据说，他曾要求瑞吉昂人将一位美貌少女嫁给他为妻，但瑞吉昂人说除刽子手的女儿外，他休想娶到一个瑞吉昂女子。瑞吉昂的邻邦洛克里答应了僭主的要求，就这样，洛克里成为他忠诚的同盟者。如今，已与迦太基签署了和平条约，狄奥尼修斯可以腾出手来，开始实施他的意大利计划。他把洛克里作为对意大利战争的基地。第一个目标是占领瑞吉昂；除个人恩怨外，扼海峡要冲的地理位置成为决定性因素。于是，水、陆两路大军从洛克里出发进攻瑞吉昂。但是，意大利沿岸各同盟城邦为瑞吉昂提供援助，盟军在海峡附近或海峡中打败了狄奥尼修斯的水师，狄奥尼修斯九死一生才逃回对岸。

> 瑞吉昂被围，公元前391年
>
> 狄奥尼修斯在海战中吃了败仗

瑞吉昂就此得救，但狄奥尼修斯也因此对意大利同盟怀恨在心。他与卢卡尼亚人（Lucanians）结成同盟，希望与其海陆两路协同进攻意大利诸城。按照协定，卢卡尼亚人侵入图里伊。图里伊人发起反击，一支大军反攻入卢卡尼亚人境内；但他们惨败于蛮族人之手。大多数图里伊人

> 狄奥尼修斯与卢卡尼亚结盟：联合行动，公元前390年
>
> 图里伊人被卢卡尼亚人击败

被杀，一些人逃到海岸，游到停泊在岸边的船上。巧合的是，这些船只属于僭主的兄弟莱普提涅斯所率的叙拉古水师。他不但收留了这些逃亡者，而且还为他们提供进一步的帮助。他命舰船停靠岸边，从卢卡尼亚人手中将被俘者赎回。他所做的还不只这些。在莱普提涅斯的安排下，卢卡尼亚人与意大利人签订停战协议。他这样做已明显越权，狄奥尼修斯派其前往的目的是与卢卡尼亚人协同攻打意大利人；未经兄长的同意，他无权缔结条约。因此，狄奥尼修斯随即免除了莱普提涅斯水师提督之职。

莱普提涅斯签订停战协议，后被免职

【645】次年，狄奥尼修斯亲赴战场。他率军围攻洛克里北部邻邦考伦尼亚。在克罗同的积极倡导下，意大利人组成一支由 15000 名步兵和 2000 名骑兵组成的军队前往救援，意大利盟军的指挥者是赫罗利斯，他是一名作战勇敢的叙拉古流亡者，对僭主怀着深仇大恨。盟军从克罗同出发前往救援考伦尼亚。（考伦尼亚的银币，参见图 15-7）得到这个消息后，狄奥尼修斯决定前往拦截，因为在他看来，叙拉古有 2 万名步兵和 3000 名骑兵，占有很大的人数优势。命运之神也在眷顾于他。当大军行进到流经考伦尼亚和克罗同之间的埃莱波鲁斯河（Elleporus）附近时，僭主打探到消息，说敌人在距此不到 5 英里外扎营，于是他命令士兵立即结成战阵，准备迎战；赫罗利斯并不知情，带领 500 人走在大军主力之前，突然发现叙拉古大军就在眼前。尽管如此，他并未胆怯逃窜，而是命令传令官催促大军主力疾行向前，他亲率小队站稳阵脚抵抗侵略者的先头部队。赫罗利斯被杀身亡；虽然盟军主力一队接一队急匆匆赶来，但其阵形一片散乱，结果也被狄奥尼修斯轻易击败。一万溃败之卒逃到附近一座高山上，但此山并不利于防守，上面没有泉水，也无有利地形可供组织有效防御。当天晚上，狄奥尼修斯命令大军严密监视着山上的一举一动；次日清晨，被困者请求僭主释放他们，并愿意为此偿付赎金。狄奥尼修斯拒绝了他们的请求，他只接受对方无条件投降。不过，出乎意料的是，狄奥

狄奥尼修斯围攻考伦尼亚

埃莱波鲁斯之战，公元前 389 年

出于政治的考虑，狄奥尼修斯宽恕了他们

第十五章　叙拉古帝国及其与迦太基的争夺　811

尼修斯宽恕了他们,提出的条件之低几乎令他们难以置信。当被困者下山时,狄奥尼修斯手拿短棒逐个清点人数,每个人都认为等待着他们的命运要么是受到奴役,要么是被处死。但是,狄奥尼修斯让他们自行离去,甚至都没有收取任何赎金。此次宽大的举动不但与僭主其他行为形成鲜明的对照,而且与那一个时代人们的普遍做法也大为不同,因而产生了极大的轰动效应。我们不能将其归于僭主突发奇想的宽宏大度,这不过是他故意而为的一个政治策略。狄奥尼修斯并不想对失败者大发慈悲,但是,他希望意大利人能视其为慷慨之人,从而赢得他们的支持。为

> 他与意大利城市
> 缔结的和约

了达到此目的,他决定牺牲这一万人的赎金。他的聪明之举很快见到了成效。战俘所属城邦对他感恩戴德,纷纷通过法令授予他金冠,并分别与

> 瑞吉昂投降,考
> 伦尼亚被攻占,
> 公元前389年

他订立了和约。通过这种方法,他达到了目的。不过,他仍继续与瑞吉昂、考伦尼亚和希波尼昂(Hipponion)交战;但如今这些城邦已孤立无援,同盟也就此破裂。迫于压力,瑞吉昂交出所有战船,停止了战争。【646】

> 希波尼昂被攻占,
> 公元前388年

考伦尼亚很快被攻占并被毁城,其土地交由洛克里管辖。希波尼昂也被占领并遭摧毁。上述两城的公民被迁到叙拉古,成为叙拉古公民。

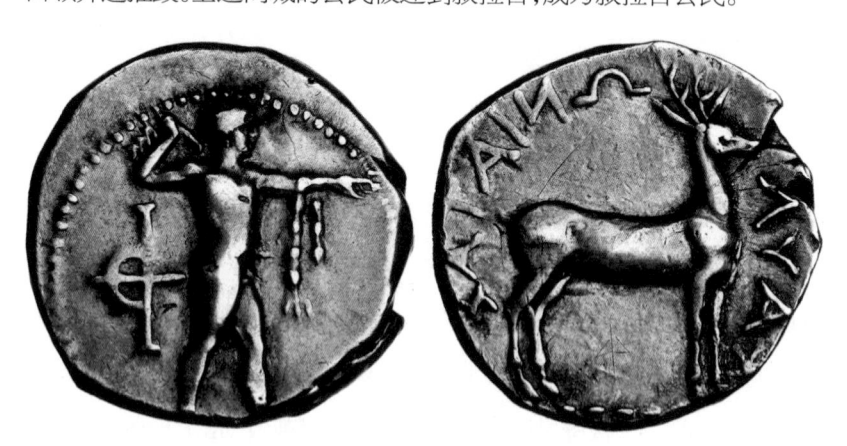

图15-7 考伦尼亚的银币(公元前400—前388年)

> 攻占瑞吉昂,公
> 元前387年

但是,狄奥尼修斯与瑞吉昂之间的战事还没有停息。他找到一个托

辞，重新开启了战端，并很快包围该城。如今，已无人为瑞吉昂人提供援助；但在将军菲敦（Phyton）的率领下，他们经受住了僭主的威逼利诱，坚持了10个月之久，最终因缺衣少食，被迫投降。狄奥尼修斯让有钱人缴纳赎金赎身，其余居民全被卖为奴隶。菲敦被特意挑出，受尽折磨。他被当众施以鞭笞之刑，最终与所有亲属被活活溺死。就这样，狄奥尼修斯满足了他最迫切的奢望，占领了这座长期以来仇视且公然蔑视他的城市。如今，他控制着海峡两岸，也占领了意大利希腊人的前哨堡垒。8年后，他攻占了克罗同，使其在意大利的势力达到了顶峰。

同时，这位总不安分的叙拉古僭主又将眼光转到另一个更遥远的战场。如果不是因为别的因素，那就是对金钱的需求促使他热衷商贸发展。在此，我们将触及古代商业问题，该问题在本书此前部分一直都没有什么涉及，这是因为古代作家从不愿考虑每天发生在他们眼前的日常商业事务。如果我们能对古希腊的商业运作了解更多，如今一知半解的许多事情可能就会变得清晰明了。在亚德里亚海东西两岸，狄奥尼修斯看到了发展西西里商贸的突破口，此前科基拉、雅典和塔拉斯的商船也曾来往于该海域。他打算通过在沿岸广建殖民地和缔结同盟，使亚德里亚海成为叙拉古的内湖。他在阿普里亚（Apulia）建立了几个殖民地，或许还希望最终把该地区纳入其统治之下。此外，鉴于伊萨岛（Issa）重要的战略位置，他在此建立了一个殖民地，并设立一个水师基地。后来的历史发展过程中，伊萨岛的重要性不止一次地凸显出来，再次证明这位僭主独到的眼光。他与帕洛斯人在距离伊萨岛不远的另一个岛屿法罗斯（Pharos）联合殖民。叙拉古还在安科那（Ancona）建立一个殖民地，虽然有人说此地的殖民者都是被狄奥尼修斯流放或敌视他的人，但可以肯定的是，叙拉古商船停靠在安科那的码头也一定会受到欢迎。商船继续向北就来到了波河河口附近，该地已是山南高卢地区希腊商品的集散

狄奥尼修斯的亚德里亚海计划

伊萨

法罗斯

安科那

地，其辐射范围越过阿尔卑斯山甚至抵达北欧。这就是威尼西亚的哈德利亚城（Hadria），该城沼泽密布，河渠纵横。【647】如今，狄奥尼修斯在此殖民，使其成为威尼斯城的前身，正如有学者曾恰当地评论说，此时该城甚至已有后世威尼斯的某些特征。正是在这座希腊世界的边远城镇，历史学家菲利斯图斯（Philistus）创作了他的著作；多亏有他的记述，该阶段西西里的历史才免于沉寂于历史的长河。菲利斯图斯在狄奥尼修斯帐下任职，深得僭主的信任；他还曾是叙拉古卫城的指挥官。但暮年时因触怒僭主，或者受到僭主猜忌，他被流放到亚德里亚海地区的某一座城市；菲利斯图斯被流放之城可能就是哈德利亚。对于僭主在亚德里亚海地区的计划，我们只有一些残篇断句。除在该地区殖民外，狄奥尼修斯还与摩洛西亚国王阿尔凯塔斯结成同盟；阿尔凯塔斯因在国内统治不稳，也愿意成为强大的叙拉古统治者的附庸。就这样，狄奥尼修斯在亚德里亚海的入海口也取得了支配性的影响。

摩洛西亚

叙拉古帝国的最大范围及其特征。I. 直接统治区。1. 叙拉古的疆域；2. 军事；3. 同盟城邦

与其他大多数帝国一样，在叙拉古扩张到极致时，帝国由直接统治区和附属国两部分构成。帝国的直接统治区既包括西西里岛，也涵盖大陆的一部分地区；具体而言，包括西西里岛的大部分地区和意大利半岛的南部，可能向北延伸到克拉提斯河（Crathis）。但是，叙拉古政府各部门对不同地区的统治方式并非完全一致。首先是叙拉古共和国原来所属地区。其次是若干军事殖民地，狄奥尼修斯实行的军事殖民地制度可与罗马奉行的制度相提并论，属于此种类型的有大陆上的克罗同、西西里岛上的赫那和墨西拿及亚德里亚海沿岸的伊萨等。除上述两类直接控制的区域外，处于第三位的是同盟城市；这些城市虽完全臣服于狄奥尼修斯，但一些次要事务的管理权仍掌握在城市手中，西西里岛上原来的希腊城邦属于此种类型，譬如革拉和卡曼利那；此外新建殖民地（譬如廷达瑞斯）和西凯尔人的城邦（譬如阿吉里昂和赫比塔）也属于此种类型。

除直接统治区外,还有附属城邦,即那些没有明确表明但暗含隶属关系的同盟者。这主要包括克拉提斯河以北的意大利同盟,譬如图里伊和其他一些城邦;意大利半岛脚跟处的一些伊阿皮吉安人(Iapygians)的城邦、伊奥尼亚海以东的摩洛西亚、亚德里亚海沿岸的某些伊利里亚城邦也属于这种类别。可以把克拉提斯河看作划分狄奥尼修斯帝国内外两部分的分界线。值得注意的是,曾一度,他计划在半岛最窄处的斯库莱提昂修筑一道城墙并在城墙外开挖一道壕沟,连通另一边的海洋。【648】此处仅宽 20 英里,如果该工程能够完成,将使半岛的脚趾与其他部分断绝开来,从而使这一部分成为一个类似于西西里的岛屿。

II. 附属城邦

在意大利半岛最窄处修建城墙的计划

狄奥尼修斯需要应对庞大的开支,帝国的扩张与维持、舰船和船坞的修造、雇佣军的花费、叙拉古城内岛屿和附近山地大规模的城防工程、政府的日常开支、僭主宫廷的费用,所有这一切都得花钱。为了应对这些支出,狄奥尼修斯被迫经常采取一些特别手段。首先,他强迫叙拉古人缴纳重税。他向叙拉古人征收战争特别税、舰船税,并引入负担沉重的牲口税。据说,叙拉古公民每年须向国库缴纳的赋税占其总资产的 20%。其次,发行赝币,使钱币贬值。他发行的 4 德拉克玛钱币以铅充银;有一次因为财政吃紧,他在每一枚钱币上加印官方记号,使钱币的面值比其真实币值翻了一番,并以此偿还向公民所借钱财。但是,仅靠这种权宜之计还远远不够。狄奥尼修斯是一个无耻的神庙劫掠者。当攻下克罗同后,他命人将赫拉神庙的财宝一抢而空。在上台之初的那段时间,他像海盗一样纵横于第勒尼安海,抢劫伊特鲁里亚,突袭阿吉拉港(Agylla)的一座富裕神庙,夺走的战利品价值高达 1500 塔兰特。抢劫远处蛮族人的神庙可能还是小事一桩,但狄奥尼修斯对神灵毫无敬畏感,计划劫掠希腊人的宗教圣地。他曾打算伙同伊利里亚人和摩洛西亚人劫掠德尔斐圣库,但该计划最终流产。毫无疑问,这位僭主在其母邦一定是恶名昭彰。

狄奥尼修斯的财政状况

第八节 狄奥尼修斯之死 功过评述

<small>第三次布匿战争，公元前383年</small>

这位叙拉古僭主统治如此广袤区域的局面只维持了很短时间。刚占领了克罗同城及周边土地后不久，他在西西里岛的西部边界就被迫向东退却。与迦太基的战争再次爆发；如果说狄奥尼修斯不是首先的拔剑者，至少这次战争也是由于他的挑衅激起了双方的敌意。他与一些隶属于迦太基的城邦（可能是塞格斯塔或者是埃利克斯）结成同盟。除结果外，我们对于战争的进程几乎一无所知。首先，我们发现在与僭主的斗争中，

<small>卡巴拉之战；克罗尼昂之战，公元前379年；达成和平，公元前378年</small>

迦太基帮助了意大利人；接着玛哥率领一支迦太基军队进军西西里。双方在卡巴拉（Cabala，具体地点不明）遭遇了一场激战，叙拉古人获得大胜，玛哥被杀。就在商谈和平时，【650】双方又在帕诺姆斯附近的克罗尼昂（Cronion）爆发了战争，这一次命运发生了逆转。狄奥尼修斯的大军遭受了极其惨痛的伤亡，被迫订立了一个相当不利的和约。西西里岛上，希腊人与布匿人的边界从玛扎鲁斯河（Mazarus）向东推进到了哈利库斯河（Halycus）。这意味着塞林努斯和泰尔迈的解放者把两座城池

<small>拉斯－迈尔卡特</small>

又交还给了野蛮人。哈利库斯河口希腊人建立的古老城市赫拉克利亚－米诺亚（Heraclea Minoa）如今更名为布匿名称拉斯－迈尔卡特（Ras Melkart），成为布匿军队的一个主要据点。

<small>第4次布匿战争，公元前368年</small>

此后10年，西西里的历史几乎是一片空白。但就在10年之后，狄奥尼修斯试图重新夺回在克罗尼昂战役中遭受的巨大损失，于是再次发起对迦太基的战争，第二次入侵布匿人在西西里的势力范围。他解放了希腊人的城市塞林努斯，赢得了恩泰拉之战的胜利，并占领了埃利米亚人的城镇埃利克斯及其港口德莱帕农（Drepanon）。接着，他试图重演与迦太基人第一次战斗的伟大成就。如今虽然已没有了摩提亚，但他围攻了摩提亚的替身利利瓦伊昂。不过，因为城池太坚固，他被迫放弃这次进

攻。在攻城受挫不久,叙拉古人又遭遇一次海战失利,在德莱帕农港他们的大部分战船被一位年富力强的迦太基水师提督歼灭。

这就是这位伟大的"西西里统治者"最后一次战斗。他并未亲眼目睹双方再一次缔结和约;该和约确认哈利库斯河为双方的界河。僭主之死与他具有的一个尚未展现在我们面前的性格特征有关。这位叙拉古僭主在文学史中小有名气。他是一位戏剧诗人,经常参加雅典的悲剧竞赛,曾获得过二等奖和三等奖,但他最渴望获得的是一等奖。最终他实现了这个愿望。通过《赫克托尔的救赎》,他在列那节的赛会上获得了头奖,这在一定程度上弥补了他在利利瓦伊昂和德莱帕农遭受的失败。为了庆祝赛会的胜利,平时很少饮酒的他却开怀畅饮。由于饮酒过量,他患上了热病。医生给他开了一剂安神催眠的药物,服用后他就沉沉睡去,再也没有醒来。

狄奥尼修斯并未完全置身于希腊本土的政治事务之外。他与斯巴达有同盟关系,被围困时斯巴达给予了他援助,因此他也曾多次履行对斯巴达的义务。在科基拉及周边地区,【651】他的帝国与母邦科林斯有着直接的联系。但是,上述政治关系在他的统治中并未占据重要地位。总体而言,狄奥尼修斯的统治与希腊本土同时代的政治生活并无太多交集。但是,从另外一个角度看,他的帝国对希腊历史和欧洲历史的影响更甚于当时斯巴达和雅典的作用。

首先,作为一位叙拉古的统治者,狄奥尼修斯在亚洲人与欧洲人争夺西西里统治权的长期斗争中占有重要地位。他完成了此前任何一位领导人都未曾完成的事情,率军攻入敌人控制的区域。他几乎实现了一个意大利共和国应该达到的目标,几乎将整座岛屿纳入欧洲人的统治范围,并几乎逐出了闪米特人侵略者。其次,他不但使自己的城市统治了希腊人居住的西西里,而且还越海统治其他地方,使他的帝国成为希腊世

狄奥尼修斯之死,公元前367年

作为悲剧诗人的狄奥尼修斯

狄奥尼修斯时代西西里与东地中海世界的关系

狄奥尼修斯的历史地位:是欧洲与闪米特人斗争的领导者

建立了一个超西西里的帝国

|| 第十五章　叙拉古帝国及其与迦太基的争夺　　817

界最强大的城邦和欧洲最具潜力的国家。他将前人制定的西西里政策扔在一边,使叙拉古成为一个大陆国家,一只手伸向她在地理上所属岛屿对岸的半岛,另一只手伸到半岛另一边的亚德里亚海。再次,虽然就政治体制的外在形式看,与后来的罗马帝国非常近似,但狄奥尼修斯的帝国事实上属于君主制,预示着马其顿君主制的出现和欧洲历史新时代的到来。再其次,在战争艺术方面,狄奥尼修斯开创了诸多新战术和新战法,半个世纪后被人们广泛使用。他指挥的一些军事行动似乎使我们提前进入亚历山大大帝及继业者的时代。最后,狄奥尼修斯以另外一种方式预示着君权神化时代的到来。他命人竖起他的雕像,将其塑造成酒神狄奥尼索斯的模样。事实上,这并非他所处时代的独创。斯巴达人莱桑德也曾被封神。

> 预示着马其顿君主制的出现

> 军事技术的提高

> 君权的神化

但是,在另一个方面,狄奥尼修斯还远不是一个马其顿君主的先行者:他并不是一个积极或刻意传播希腊文化的布道者。恰恰相反,他更像是一个希腊文化的破坏者。他摧毁希腊人的城市,建立意大利人的城邦取而代之;他发展与高卢人和卢卡尼亚人的友谊,并利用他们进攻希腊人,而不是将他们教化为希腊人。狄奥尼修斯政策的这一面,即在西西里建立意大利人的定居点,暗示着另一面——意大利扩张的即将到来,虽然就其本意而言,这完全是无心之举。【652】在他去世一个多世纪后,意大利人完成了征服西西里的伟业。

> 狄奥尼修斯并不是一个希腊主义者

> 标志着意大利人的第一次扩散

作为一个开拓者,狄奥尼修斯具有重要影响。但还有一些问题需进一步讨论。虽然他是一位创造者,也是一位成功者,虽然他做出了影响深远的事情,但是,我们仍情不自禁地希望他能建立更伟大的功勋。虽然他拥有丰富的政治智慧,是一位富于想象力的创造者,拥有不竭的精力,在个人生活习惯上中正节制,但他却全然凌驾于法律之上,这妨碍了他取得更大成就。僭主的天性限制了他进一步开展工作。他总是首先确保自

> 为何狄奥尼修斯不能更进一步

己的非法统治,没有一刻忘记他是一个令人可憎的独夫。因此,他不可能全身心完成任何一项任务,或解决任何一个问题;而一位合法君主则不必分心检视统治基础是否稳固。我们曾一再看到,在与迦太基人的战斗中,僭主曾屡次受制于类似的私人顾虑。叙拉古僭主政体取得的成就确实远比民主政体更大;作为一位僭主,狄奥尼修斯发挥的作用也比任何一位政治家在公民大会上通过合法活动所产生的影响更大。作为一个未来统治广土众民大国君主制的开拓者,狄奥尼修斯的例子证明了此前我们注意到的一个事实:从性质上看,希腊城邦的僭主制和民主制都不适合创立和维持一个大帝国。

第九节 小狄奥尼修斯

用狄奥尼修斯自己的话说,他已用"坚如磐石的锁链"——强大的陆军、强大的海军和坚固的城墙——将帝国牢牢地锁住;如今狄奥尼修斯将帝国传给他的儿子小狄奥尼修斯。这个年轻人性格懦弱,虽然天性良善,但容易在善恶之间摇摆,是善是恶主要取决于指导者的教诲。最初,小狄奥尼修斯受狄昂(Dion)影响较深。在老狄奥尼修斯统治后期,此人是僭主最信任的属下,担任水师提督。他与僭主家族有着双重姻亲关系。僭主娶狄昂之妹阿里斯托玛赫(Aristomache)为妻,而狄昂娶了自己的外甥女,也即狄奥尼修斯与阿里斯托玛赫之女阿瑞特(Arete)为妻。僭主的另一个女儿嫁给同父异母兄长小狄奥尼修斯。狄昂具有强烈的自尊心,家境殷实,才能卓绝,他本可把小狄奥尼修斯晾在一边;即便他自己不去夺取僭主之权,【653】也可确保其姊妹之子(也是其妻之弟兄)希帕利努斯(Hipparinus)和尼萨乌斯(Nysaeus)获得权力。然而,与其他人不同,狄昂志向高洁,待人无私。他的目标不是确保任何一个人稳坐

狄昂:老狄奥尼修斯的妻弟兼女婿

狄昂的政治抱负

僭主之位，而是完全废除僭主制。但是，所有这一切都不能通过暴力革命完成；就狄昂而言，在专制制度废墟上建立的民主制也同叙拉古现存的僭主制一样都是罪恶。狄昂吸收并完全相信其朋友、哲学家柏拉图的政治教义。他渴望在叙拉古建立一种尽可能遵循柏拉图理论的政治制度，即在某种程度上与斯巴达政制类似的有限君主制。单凭叙拉古公民的投票不可能形成这种理想政体，必须提升公民们的美德才能实现。因此，当前唯一可行之事就是劝说僭主对自身的绝对权力进行自我限制，并严格按规定的政治制度行事。柏拉图说："给我一个由僭主统治的城邦，这位僭主必须年轻、头脑聪明、勇敢而大度，就可能使他走向正确的道路，成为一位优秀的立法者。"这样城邦就可能长治久安。狄昂在年轻的狄奥尼修斯身上看到了他希望塑造的性格特征，而这种特征可能在亲生侄儿希帕利努斯和尼萨乌斯身上并不具备。因此，他忠心辅佐狄奥尼修斯，亲自启迪这位年轻僭主对哲学的爱好，并要求他严己奉公，忠于职守；僭主对他的高尚品德和丰富的人生阅历也非常崇敬。然而，实现其理想的希望主要在于让僭主能被一个个性同样突出的哲人吸引，从而使这位哲人最终能对僭主产生具有决定性的持久影响。虽然前一次出访西西里时柏拉图在老狄奥尼修斯手下受到了优厚待遇，但他并不愿再回到那里。尽管仍不情愿，但这位年轻统治者的盛情邀请和狄昂的热切期待使他最终做出让步；狄昂告诉他，使其理想城邦变成现实的时刻终于就要来到。

柏拉图的理论是一位"空想家不切实际的美好梦幻"。或许令人感到奇怪，像狄昂那样一位实际阅历丰富，知晓人之本性的政治家竟然会被如此不切实际的想法所支配。通晓2000多年人类发展历史，见证过数百个王朝兴替的当代人自然会对此幡然警醒。事实上，整个事件确实非常奇怪，以至于有学者认为狄昂企图以此剥夺狄奥尼修斯的权力，所谓的哲学计划只不过是阴谋的一部分，【654】柏拉图不知不觉成为阴谋者的工具。但是,狄昂的忠诚似乎毋庸置疑。我们必须牢记,按哲学原则建立一个城邦在当时是一种时新观念,对痴迷哲学的政治家而言,以此观念为指导的城邦并非注定会走向失败,因为从来还没有人尝试过,此前也没有失败的例子。相反,以类似理念为指导的斯巴达无疑是一个成功典型。那一个时代的政治思想家总是对斯巴达偏爱有加,将其视为一个高度协调的国家;他们相信,斯巴达的政体、纪律形成和确立都是出自一位禀赋超凡的立法家个人意志和命令。那么,恰如莱库古在拉凯戴梦成就的那样,在柏拉图指导下,为什么狄奥尼修斯和狄昂不能同样在叙拉古建立一番不朽功业呢?无疑,狄昂认为,他丰富的经历能够很好适应这种观念的要求,从而大致实现哲学家的治国理想。

柏拉图受到最热烈的欢迎。狄奥尼修斯对他又是尊敬又是崇拜。这位年轻的僭主很快就认识到僭主政治的堕落和可耻,希望创建一种新政体。如果柏拉图能更多地劝谏他的学生,如果他能将理论付诸实践,或许在叙拉古就已开始其理想城邦的试验了。狄奥尼修斯的性格易于受到影响和感染,能够对新事物充满热情,但缺乏坚持不懈的精神,不愿将满腔热情付诸实践。如果柏拉图只是满足于传授他在《理想国》中阐释得如此引人入胜的一般原则,那么狄奥尼修斯大概也能尝试在叙拉古创立一个非常模糊的理想国轮廓。即便这种模糊轮廓不太可能维持长久,但至少狄奥尼修斯进行过尝试。但是,柏拉图坚持要对他的学生进行系统哲学训练,而且一切还得从几何学开始。这位僭主急不可待地开始了他的学习,宫廷政务也被几何学占据,最后他对几何学终于感到了厌倦。最后,教学产生的影响与狄昂和柏拉图的计划背道而驰。

柏拉图传授的内容

小狄奥尼修斯上台最初所做的事情之一是召回流亡在外的历史学家菲利斯图斯。菲利斯图斯完全反对改革,希望僭主政体能按原来的发展轨迹继续前行。他与支持者含沙射影地指出,狄昂的真正目的是确保

菲利斯图斯被召回:反对狄昂的计划

小狄奥尼修斯死后，狄昂的子侄中有一个人能登上僭主之位。他们尽其所能，极力诋毁狄昂，最终狄昂所写的一封不够审慎的书信使这帮人获得了成功。此时，叙拉古与迦太基正在商谈和平，狄昂写信给迦太基执政，告诉他们行动之前务必征得他的同意。【655】这封信被人拦截，虽然该书信并无任何不纯动机，但这帮人将其恶意解读为叛国行为。狄昂被逐出西西里，但他可继续保有财产；菲利斯图斯一帮人在朝中占据上风。柏拉图仍在岛上待了一段时间，狄奥尼修斯非常忌恨柏拉图对狄昂的尊敬，他渴望柏拉图也能对他如此尊敬。但是，这位哲学家眼见这次来访又归于失败，渴望回到雅典，最终狄奥尼修斯答应了他的要求。

狄昂被逐

柏拉图回到雅典

建立一个理想城邦的伟大计划就此终结，狄奥尼修斯意识到，如果按此计划的要求解散了雇佣军，叙拉古帝国也会就此倾覆。有人可能会嘲笑柏拉图与这位年轻僭主打交道的过程中不讲策略，有人也可能会奚落他是一个书呆子，分不清学校和宫廷。但是，柏拉图也完全达到了目的。他前往西西里的唯一动机就是为建立一个与他构想的类似完美城邦做准备。建立如此一个城邦的首要前提是让国王成为哲学家。因此，作为理想城邦的国王，狄奥尼修斯而不是柏拉图应该成为哲学家。柏拉图并未只是向这位僭主传授些许肤浅的哲学知识，以此蒙骗他组建一个柏拉图似的城邦。因为还缺乏哲学王这一首要前提，没有一位真正的哲学家领导，所以柏拉图式的理想城邦只能胎死腹中。如果狄奥尼修斯不是一位真正的哲学家，而只是一个赝品，进行这样的试验也无济于事。柏拉图采用了唯一可靠的合理方案，遵循着自己的奋斗目标行事。

第十节　狄昂

柏拉图第三次到访叙拉古

经历上述两次不快后，在狄奥尼修斯的盛情邀请下，柏拉图似乎再次回到西西里,好像有点奇怪。他肯定不会再指望这位僭主能成为一个哲学家,此行的主要动机大概是促成召回狄昂,实现二人的和解,而这位僭主似乎也答应考虑他的请求。和此前一样,柏拉图受到了最盛大的欢迎和最盛情的款待,但他此行并未达到目的。或许,僭主打探到消息,说狄昂此时正在动用家产,悄无声息地准备打回叙拉古,推翻僭主制。因此,为了谨慎起见,狄奥尼修斯剥夺了狄昂的所有财产。眼见如此,柏拉图尽快返回了雅典。狄昂亲自来到希腊本土,【656】并将雅典作为他展开活动的大本营。此时,这位僭主又犯了一宗多此一举的暴行,他强迫狄昂的妻子阿瑞特嫁给另一个人。终于,狄昂认识到行动时刻已经到来。他只带领很小一支队伍——所有人马总计还没有装满 5 艘商船——从扎金苏斯出发,不久他将遭遇狄奥尼修斯的庞大军队。僭主已预料到狄昂的到达,水师提督菲利斯图斯率领战船在意大利海域做好埋伏。但是,狄昂直接跨越开阔海域到达帕奇努斯(Pachynus)海角。他计划在西西里西部登陆,以便得到尽可能多的援军后再进攻叙拉古。这个计划非常大胆冒险,但狄昂知道僭主天性懦弱,叙拉古人渴望从僭政中解脱出来。一场暴风雨把他的队伍刮到了利比亚,最终他们来到了西西里西南部迦太基控制下的港口赫拉克利亚 – 米洛亚。在此,狄昂得知狄奥尼修斯已率 80 艘战船前往意大利。于是,他不失时机地向叙拉古进军,一路上得到了包括希腊人和西凯尔人在内的大量援军。驻守在埃皮波莱的坎帕尼亚雇佣军被他用计支开。经过通宵达旦的急行军,狄昂及其军队从阿卡莱攻入叙拉古,全城人民奔走相告,欣喜异常。公民大会将城邦的管理权交到 20 名将军之手,狄昂也被选为 20 将军之一。狄昂的军队控制了埃皮波莱要塞,整个叙拉古只有"卫城之岛"还在狄奥尼修斯控制之下。为了限制岛内负隅顽抗的僭主军队,狄昂在大港与小港之间修建了一道防御城墙。7 天后,狄奥尼修斯也回到叙拉古。

狄昂来到雅典

狄昂扬帆驶往西西里,公元前 357 年 8 月

进入叙拉古

狄奥尼修斯占据着岛屿

| 第十五章　叙拉古帝国及其与迦太基的争夺　　823

当人民为获得解放弹冠相庆时，这位解放者还被视为民族英雄；但是，狄昂并不是一个善于讨人民欢心的人，因为他对人极其傲慢，常常令人反感。人们发现他在管理叙拉古事务上专横独断，他们的自由将遥遥无期。虽然被囚禁在岛上，狄奥尼修斯仍大耍诡计，使公民对狄昂猜忌日盛。在此情况下，一个强有力的竞争对手出现了，他在民众中比狄昂享有更大声望。此人名为赫拉克利德斯（Heraclides），曾遭僭主的放逐，如今他带着几条战船和一些士兵也回到叙拉古。公民大会选举此人为水师提督。狄昂否决了公民的选举结果，强调任何决议皆须征得他的首肯。后来，经狄昂亲自提议，赫拉克利德斯才当上水师提督。狄昂此举使他在民众中的声望进一步降低，叙拉古人并不希望再见到一位独裁者的出现。不久，赫拉克利德斯获得一场重要海战的胜利，打败了菲利斯图斯从意大利带回的船队。这位年迈的历史学家被抓获，并被处以严酷的极刑。就这样，狄奥尼修斯丧失了他最有可能获得的援军。不久，他逃离卫城，

【657】 带走所有三列桨战船，只留下幼子阿波罗克拉泰斯（Apollocrates）率领一队雇佣军驻守于此。

就在这次战役后不久，狄昂的影响力进一步降低，叙拉古人免除了他将军之职，任命了另外25名将军，其中就包括赫拉克利德斯。他们也拒绝为随同狄昂前来解放他们的伯罗奔尼撒人支付任何报酬。如果狄昂稍有表示，伯罗奔尼撒人立即就会与叙拉古人反目相向；不过，狄昂虽刚愎自用，但他是一个真正的爱国者，不愿意进攻祖国，于是他带领3000名忠于他的士兵撤退到列奥提尼。

叙拉古人继续围攻岛屿上的堡垒，里面的驻军无法抵抗他们强大的进攻，决定缴械投降。叙拉古人本已派出传令官宣布处理决定，但次日凌晨，援军赶来。在尼普西乌斯（Nypsius），一位来自那不勒斯的坎帕尼亚人的率领下，增援的士兵和物资躲过敌船的监视，驶入大港中。形势发

生了变化,正在进行的谈判也被立即中止。最初,叙拉古人得到命运的眷顾,赫拉克利德斯率船出海,再次赢得一场海战胜利,击沉或捕获狄奥尼修斯留下的所有船只和尼普西乌斯带来的舰船。因为这次胜利,全城欣喜若狂,人们通宵达旦地开怀畅饮。破晓之前,所有士兵和将军都醉得沉沉睡去;这时,尼普西乌斯带领军队从岛上城门冲出,登上云梯,翻越狄昂所建的城墙,杀死看守的卫兵,占领了阿克拉狄那城门以南的所有地方和市场。被攻占的城区遭到洗劫,将领允诺雇佣兵为所欲为;他们抢走妇女,夺走儿童,席卷了一切可以带走的东西。次日,躲在埃皮波莱和阿克拉狄那城门外的所有公民只能无助地看着这一切;眼见野蛮人又要开始展开新一轮的暴行时,公民们一致决定召回狄昂,恳请他前来拯救叙拉古。信使马不停蹄疾驰前往,傍晚时分到达了列奥提尼。狄昂把信使带到剧场。他们向聚集于此的所有人讲述了敌人的暴行,恳请狄昂和伯罗奔尼撒人宽恕并忘记叙拉古人的忘恩负义,尽快为他们提供支援。狄昂发表了一通感人肺腑的演说。他说不管叙拉古人如何待他,他都会义无反顾地前往;如果不能拯救父母之邦,他宁愿自焚于祖国的废墟上;但是,伯罗奔尼撒人有可能会拒绝为如此怠慢他们的民族效力。他的演说结束,下面传来阵阵高呼:"拯救叙拉古!拯救叙拉古!"于是,狄昂又一次率领着伯罗奔尼撒人前往拯救叙拉古。他们即刻动身,经过一夜行军,黎明时,来到了距离叙拉古仅有 5~6 英里的麦加拉。【658】就在此时,传来了令人惊骇的消息。尼普西乌斯知道援军就在路上,眼见机不可失,半夜时分再次纵兵入城。这一次,他们根本不是抢劫财物,而是杀人放火。听到这个消息,救援大军未做任何休整,径直赶去拯救还能救到的人。狄昂的军队从城北赫克萨皮隆门(Hexapylon)入城,击败沿途阻截的敌人,来到阿克拉狄那门,最后大军到达了狄昂此前修建的用以防御岛上进攻的横墙。如今,这道横墙已经倒塌,在破损横墙的废墟后面,尼

狄昂的回归

拯救叙拉古

普西乌斯带领着雇佣军列好战阵,双方的决战即将展开。狄昂的大军突破横墙,将敌军赶回到奥提吉亚岛的要塞中。

狄昂还未逃走的政敌在他面前威风扫地。赫拉克利德斯恳请他的宽恕,结果狄昂放过了他,并未将其处死,但此举留下了后患。总之,他的宽宏大量看似愚蠢之举。狄昂接受了人民的安排,担任陆军总指挥,赫拉克利德斯任水师提督。没过多久,二人原有的不和再次爆发;一位名为盖叙鲁斯(Gaesylus)的斯巴达人调解了双方的矛盾,并迫使赫拉克利德斯庄严承诺不得再做不利于狄昂的事情。

岛上驻军投降 尼普西乌斯似乎从战场中突然消失;不久,狄奥尼修斯之子疲于漫长的围城,决定将该岛献给狄昂。在这场令人痛苦的内战中,狄昂的姊妹阿里斯托玛赫和妻子阿瑞特一直被囚禁在岛上。如今,狄昂终于迎回了自己的妻子。

狄昂的政治目标 终于该是狄昂实现政治目标的时候了。他曾公开宣称要逐渐归还叙拉古人自由;但他给予的自由并不是人民希望得到的自由。叙拉古人渴望恢复民主制,但是,对狄昂来说,民主制与僭主制一样坏。鉴于过去的经历已给了他教训,他不再梦想实现柏拉图式的理想政体;他希望建立与斯巴达类似的政体,拥有一位或多位国王且受民众制约的寡头制。带着这个目的,他派人前往科林斯请来一些顾问和援助者。为了表达对科林斯寡头制的偏爱,他发行以科林斯佩伽西(Pegasi)为模版的飞马硬币。虽然狄昂希望建立一种少数精英统治多数人的政体,但他犯下了一个严重错误,没有立即打消人们将他视为一位自私的权力追求者的疑虑。叙拉古人渴望立即拆毁僭主的堡垒。如果狄昂遵循民意,或许他能确保自己拥有持久影响力。但是,虽然他并未住在堡垒里,却允许其保留下

狄昂成为僭主 来,【659】堡垒的存在就意味着存在僭主制复辟的危险。狄昂并不打算让叙拉古人自由自主,对权力的无度追求腐蚀了他。他的权威只受制于

与他联合当权的赫拉克利德斯，最终经其默许，竞争对手被人暗杀身亡。此后，虽然他可能在口头上还会批驳僭主制，但已全然是一个僭主了。

与他一同从希腊本土前来解放叙拉古的勇士中，有一人名为卡利普斯（Callippus），此人是柏拉图的弟子，深受狄昂的信任，但如今也密谋推翻狄昂的统治。阿里斯托玛赫和阿瑞特都怀疑此人，指责他有叛逆之心。这两个女人一直都不相信他，直到他立下了凡人所能立下的最严正的誓言。卡利普斯来到德墨特尔和佩尔塞福涅两女神的神庙；祭司们用女神的紫袍将他全身包裹起来，并交给他一支燃着的火炬；装扮成这样后，他发誓说他绝不会从事不利于狄昂的恶毒阴谋。但卡利普斯对于神灵一点也不敬畏，他选择在纪念两女神的节日当天实施阴谋。他收买了一些扎金苏斯人，利用他们杀死狄昂，然后攫取了叙拉古的权力。

卡利普斯的僭政持续了大约一年。当他攻打卡塔奈时，老狄奥尼修斯第二个妻子所生的儿子希帕利努斯和尼萨乌斯来到叙拉古，占领了奥提吉亚岛。这两兄弟是一对毫不成器的败家子，成天酒醉醺醺，风流放荡。希帕利努斯占据该岛长达两年。在一次酩酊大醉时，他被人暗杀。尼萨乌斯继承兄长之位，并统治奥提吉亚岛5年多。在奥提吉亚岛之外的叙拉古这些僭主能在多大范围行使其统治权，并不清楚。

在所有这些政治变动中，狄奥尼修斯一直住在他母亲的故乡洛克里，并在那里实行僭主统治。他对待该城的自由民少女极其残忍，极尽凌辱，结果民怨沸腾。终于他等到了重夺叙拉古的机会。他将其妻子、女儿留在洛克里，派一小队人马保护她们；他亲率舰船驶向奥提吉亚岛，驱逐了尼萨乌斯。他刚走，洛克里人就奋起斗争，轻易打败了他留下的雇佣军。从洛克里人残忍的报复行为中，人们可看出僭主犯下的暴行有多大。人们把压抑已久的怨恨统统发泄到狄奥尼修斯妻子和女儿们的身上；她们遭受了最可怕的折磨和羞辱，最后被人勒死；整个过程中，没有人为她

卡利普斯的密谋

他的誓言

狄昂被杀，公元前354年6月

卡利普斯的僭政，公元前354—前353年；希帕利努斯的僭政，公元前353—前351年；尼萨乌斯的僭政，公元前351—前346年

狄奥尼修斯的第二次僭政，公元前346年

其妻子儿女的命运

第十五章　叙拉古帝国及其与迦太基的争夺

们求情，没有人对此加以干预，也没有人愿意为她们缴纳赎金；最后她们被烧成灰烬，扔进大海。

第十一节　提摩勒昂

此时，僭主制盛行于西西里。除叙拉古外，墨西拿、列奥提尼、卡塔奈及许多西凯尔人的城市都由僭主统治。叙拉古人最终取得了部分自由，狄奥尼修斯只占据着奥提吉亚岛。如今，叙拉古缺少一位领袖带领他们与本国的僭主斗争，于是他们寻求列奥提尼僭主的帮助和指引。此人名为希克塔斯（Hiketas），曾是狄昂的追随者；他是一个很难对付的野心家，狄昂去世后，他将其妻子和姊妹溺死水中，而自己逃回到伯罗奔尼撒。希克塔斯的目标是成为叙拉古僭主，他想借助迦太基的力量实现自己的目标。不过，他将计划掩饰起来；当西西里的希腊人向科林斯求助时，他支持人们的要求。西西里人向科林斯求助，一方面是为对抗岛上肆虐的僭主制，另一方面是为对抗迦太基。因为腓尼基人正调集一支大军，准备入侵这座动荡不安的岛屿。在此情况下，叙拉古人选举希克塔斯担任将军。

科林斯一直非常热心于子邦事务，因此收到叙拉古人请求后就满口答应下来，如今唯一的问题是找出一个适合之人担任指挥。公民大会上，一个名为提摩勒昂（Timoleon）的人灵机一动，站了起来；他的父亲是提摩德姆斯（Timodemus），出身名门，本人因品德高雅为人所知。因提摩勒昂做过一件颇有争议的事情，有人对他高度赞赏，有人对他深恶痛绝，所以他的生活一直笼罩在奇怪的阴云下。他曾在战场上不顾自身安危拯救其弟兄的性命，但后来他的这位弟兄阴谋自立为僭主，提摩勒昂和几个朋友将其处死。他的母亲和其他一些人将他视为杀死亲生弟兄的仇人憎恨万分；而另一些人将其视为弑僭主者仰慕有加。根据他后来的所作所为，我们可以判定提摩勒昂处死其弟兄时是受到最崇高责任感的激励。自惨剧发生的那一天起，他就一直隐退，很少参与公共事务。公民大会提名他担任指挥官的方案获得一致通过。科林斯一位颇具影响力的人泰列克利德斯（Teleclides）的话代表了大众的看法，他说："如果他成功当选，我们把他看作弑僭主者；如果他未能当选，我们把他看作弑兄者。"这次远征将是对提摩勒昂的严酷考验。

提摩勒昂率领着 10 艘战船和一些公民，另加 1000 名雇佣兵，越过伊奥尼亚海。据说船队的前头插着一支熊熊燃烧的火炬，象征着西西里女神德墨特尔和佩耳塞福涅。在瑞吉昂——该城已摆脱了僭主的统治——他受到人们的热情欢迎。【661】但是，他发现一支迦太基舰队和希克塔斯的使者也在那里等待着他。希克塔斯的使者要求他率领舰船和士兵返回科林斯，因为迦太基人不允许他们在西西里海域巡行。提摩勒昂本认为希克塔斯会欣然接受自己的援助和建议，完全没有料到会听到这样的坏消息。他率军前来的目的不是帮助希克塔斯在叙拉古建立统治，也不是来听取希腊宿敌的发号施令。如今他反而害得下锚地瑞吉昂面临着布匿人舰船进攻的威胁。此时，提摩勒昂充分表现出他的谨慎和智慧。他假意答应对方的要求，但要求使者当着全体瑞吉昂人之面把希克塔斯的打算和盘托出。在瑞吉昂人的暗中配合下，迦太基人和希克塔斯的使者被阻在公民大会上，大量的时间被耗在会上；直到科林斯的舰船离港出海，提摩勒昂偷偷溜出会场，最后一个登上船只，大会才宣告结束。提摩勒昂率军径直前往陶罗美尼昂。

提摩勒昂起航，公元前 344 年

此前已述，陶罗美尼昂是希米尔科为西凯尔人所建的一座城市，后老狄奥尼修斯将其占领，作为雇佣军的屯兵之所。在僭主去世后的混乱形势下，该城获得了独立，一位名为安德罗玛库斯（Andromachus）的公民成为城邦公共事务中最有影响力的人物。安德罗玛库斯说服公民为无

提摩勒昂来到陶罗美尼昂

| 第十五章 　叙拉古帝国及其与迦太基的争夺　　　　829

安德罗玛库斯安置那克索斯人　家可归的那克索斯人提供一个安身立命之所。那克索斯人纷纷返回，居住在一座可以俯瞰他们原来故土的山城里；就这样，在陶罗美尼昂，那克索斯又复活了。那克索斯人是最先欢迎科林斯解放者到来的西西里人。在哈德拉努姆（Hadranum），提摩勒昂获得了第一场胜利。哈德拉努姆是

哈德拉努姆之战　西凯尔人的一座城镇，因西西里的火神哈德拉努斯的神庙而得名。哈德拉努姆人内部出现分歧，有人向希克塔斯发出邀请，而有人又欢迎提摩勒昂；结果希克塔斯和提摩勒昂都率军前来。双方为率先到达哈德拉努姆展开了竞争；结果，后到的提摩勒昂趁敌人在城外休息之际发起突然袭击；尽管科林斯人以一敌五，但仍然取得了胜利。他们随即占领了哈德拉努姆，并将其作为提摩勒昂的大本营。不久，希克塔斯收买了两个杀手企图刺杀这位科林斯将军，但阴谋都在最后一刻遭到挫败。此后，不少人坚信提摩勒斯身边有神灵庇佑。火神哈德拉努斯也屡现神迹，支持这位陌生人的正义事业。如今，其他城市纷纷与提摩勒昂结盟。不久，小狄奥尼修斯派人送来信息，打算交出奥提吉亚岛，【662】他唯一的要求是带上财产，安全退往科林斯。提摩勒昂马上答应了他的请求；这座堡垒、驻守堡垒的雇佣军及所有作战器械都转交给了提摩勒昂。此后，小狄奥尼

狄奥尼修斯的最后结局　修斯在科林斯默默无闻地度过了余生。有许多关于其生活琐事和隽语箴言的趣闻逸事。有人要他比较与其父的命运，他说："我父亲上台时，人们讨厌民主制；但我上台时，人们厌恶僭主制。"

在叙拉古的迦太基人支持希克塔斯　在以超乎人们想象的速度轻易夺得奥提吉亚岛后，提摩勒昂还需解放叙拉古及其他被希克塔斯控制的地方。但是，希克塔斯拥有强援。在玛哥的率领下，150艘迦太基战船驶入大港，另外一支迦太基陆军也获准进入城内。此时，提摩勒昂仍在哈德拉努姆，驻守在奥提吉亚的指挥官受到了来自敌人的强大军事压力；但趁玛哥和希塔克斯离开叙拉古前去攻打卡塔奈之机，涅昂（Neon）成功突破敌人的封锁，占领了阿克拉狄

那。科林斯派出的援军虽在意大利遭到迦太基人的袭扰，耽搁了一些时日，但也在此时到达西西里。如今，轮到提摩勒昂亲自前往叙拉古主持大局了。他在城南阿那普斯河畔安营扎寨。接着，幸运之神再次眷顾了他。提摩勒昂和希塔克斯手下的希腊雇佣兵经常会在百无聊赖时去阿那普斯河口捕捉鳝鱼；虽然在战场上为了佣金双方拼得你死我活，但这个时候他们并无私人仇怨，经常会相互友好攀谈。在闲聊时提摩勒昂手下的一个士兵无意说起，希腊人应联合起来抵抗野蛮人；结果这句话传到玛哥耳中，从此他开始怀疑希克塔斯；一天，他突然率领所有舰船驶回迦太基；但回去后不久，他就自杀身亡，迦太基人用十字之刑羞辱了他的尸体。不过，这种说法不可能完全解释玛哥的奇怪举动。

　　就这样，因为不用担心最可怕的敌人，提摩勒昂很快地就将希克塔斯赶出埃皮波莱，叙拉古终于获得了完全的自由。叙拉古人找到了一个全心全意为他们服务的解放者。他不似狄昂，并不想成为叙拉古的主人。狄奥尼修斯的城堡也被推倒。毁掉城堡之举确保了他们的解放成果。但是，如今城市人烟稀少，满目疮痍，市场里野草丛生。提摩勒昂的首要任务是迁入新公民。在希腊本土举行的节庆赛会上，科林斯人发出号召，邀请人们前往叙拉古再殖民。听到这个消息，被僭主们驱逐的人们成群结队返回叙拉古；来自东西各方的 6 万名（包括妇女儿童）希腊人聚集到叙拉古；【663】这样一来，城市的力量得到了恢复。人们重申狄奥克莱斯制定的法律，民主政体重获新生，并且人们还在某些方面对其进行修订。其中最重要的创举是设置安菲波洛斯（amphipolos），即奥林匹亚 - 宙斯的祭司，使其成为城邦的最高长官。该祭司每年选任，任职一年，但由于该职只能从 3 个氏族抽签产生，所以将安菲波洛斯提升为共和国首席长官对于民主制起着一定的限制作用。叙拉古重新焕发了活力；此时发行的硬币上，刻着一匹纵横驰骋的无缰骏马，这是人们对重获自由的最

叙拉古再移民

民主制

第十五章　叙拉古帝国及其与迦太基的争夺　　831

废除西西里的僭主

好诠释。

接着,提摩勒昂继续前往西西里其他城市,以图继续他已在叙拉古完成的解放事业。许多僭主投降;甚至撤至列奥提尼的希克塔斯也甘愿屈服。提摩勒昂还需做好抵抗迦太基的工作,因为腓尼基人意图重夺失地,准备再次发动战争将希腊人逐出西西里。就在提摩勒昂登陆西西里5年之后,一支大军从迦太基出发,驶往利利瓦伊昂。这支军队拥有200艘战船和1000条运输船,战马1万匹(其中一些用来拉战车),陆军据说多达7万人。这支军队最精锐的部队是由出身高贵、家资富有的2500名迦太基公民组成的"圣队"。军队的指挥官哈密尔卡和哈斯德鲁巴尔(Hasdrubal)决定径直横穿西西里,进攻叙拉古。但是,提摩勒昂并不是在叙拉古被动等待,而是力图到哈利库斯河以西布匿人的地盘而不是希腊人的地盘迎敌。在尽力招募了不到1万名士兵后,他就率军出发。行军途中,雇佣兵吵要拖欠的工资,而且还抱怨提摩勒昂率领他们去攻打如此强大的敌人,结果1000名雇佣兵半途弃提摩勒昂逃走。他费尽口舌说服余下的队伍继续前进。迦太基人驻扎在克利米苏斯河(Crimisus)西岸;该河并非流经阿克拉加斯的那条同名河流,而是叙帕萨斯河的一条支流,流经塞林努斯境内。由坎帕尼亚人控制的恩泰拉也位于克利米苏斯河畔。布匿人大军在此停留,希望顺势攻下该城。

克利米苏斯之战,是年6月

克利米苏斯河畔希腊人与腓尼基人交战的具体位置现已不可知。交战当天清晨,希腊人登上了与敌隔河相望的那座小山;一路上,他们碰到许多满载野芹的骡车,这是人们准备用来装饰墓碑的植物。士兵们认为这是不祥之兆,很是沮丧;但是,这种野草也被用来制作地峡运动会获胜者的花环;提摩勒昂急忙解释说这是他们即将获胜的大吉之兆。【664】于是他用野芹制成花环戴在头上,全体士兵也学着他的模样。接着,天上飞过两只苍鹰,其中一只嘴中叼着一条蛇,又是一个幸运之兆。希腊人

迦太基远征西西里,公元前339年

在山顶停了下来，此时山上浓雾弥漫；当浓雾消散时，他们看到敌人正在渡河。战车走在最前面，后面跟着"圣队"。提摩勒昂一看机不可失，决定对敌人发起半渡而击。他命骑兵冲在最前，亲率领步兵紧随其后。战车阻挡着骑兵靠近"圣队"。于是，提摩勒昂命骑兵掉头进攻敌军侧翼；让步兵当中，发起进攻。史料并未记载步兵是如何扫清敌人的战车队伍，总之他们成功地靠近了"圣队"。迦太基人的阵形紧密，牢不可破，抵挡住希腊人长枪的进攻；眼看长枪的冲刺既无法刺穿敌人的盾墙，也无法将其驱退，希腊人扔掉长枪，拔出短剑。在短兵相接的战斗中，铠甲的厚重和个人的英勇已不再重要，战争的胜败更多地取决于正确的战术和行动的轻便。由于希腊人在这方面更占优势，终于打败了"圣队"。此时，布匿人的其他军队也刚刚过河，虽然精锐被歼，但他们的数量仍然占优。命运再一次眷顾了提摩勒昂。一时天空乌云密布，云压山顶；突然间电闪雷鸣，狂风夹着暴雨冰雹铺天盖地吹落。希腊人背对狂风；而暴雨和冰雹正好砸在敌人的脸上，嘈杂之中迦太基人听不见将官发出的指令。当地面变得泥泞时，希腊人的轻盾使他们比敌人占据着更大优势；敌人在泥泞里行动笨拙，身上的重甲将他们压倒。最终，迦太基人再也无法守住阵地，当他们转身逃窜时，发现卡利米苏斯河已成为他们的葬身之地。由于天降大雨，河水猛涨，如今河流已变成一条狂暴的激流，将迦太基的人马尽数卷走。据说，此战 1.5 万人被俘，1 万人在战场上被杀，淹死河中的人不计其数。希腊人还在敌人营帐中抢获大量的金银器物和其他战利品。他们从缴获的武器中精挑细选，将部分战利品送回地峡，祭献给波塞冬神庙。

　　战争结局与人们预料的完全相反。提摩勒昂获得一场大胜，其成就堪比格伦在希麦拉取得的伟大胜利。但他并没有乘胜追击，也未能根除腓尼基人在西西里的统治。提摩勒昂未能继续采取行动，这或许不是出

卷土重来的僭主制受到镇压

第十五章　叙拉古帝国及其与迦太基的争夺　　833

于他本人的意愿,【665】而是因为叙拉古受到了威胁。此前本已投降的卡塔奈僭主如今向他宣战;希克塔斯再次攫取列奥提尼僭主之位;提摩勒昂不得不与两位得到迦太基雇佣军援助的僭主——玛麦库斯(Mamercus)和希克塔斯鏖战。最后,两位僭主终被俘获。叙拉古人将他们处死,并杀死希克塔斯的妻子和女儿以报狄昂的妻子和姊妹被虐杀之仇。墨西拿人也用残酷的手段处死了压迫他们的僭主希蓬(Hippon),学童也来到剧场目睹僭主之死。其他受僭主制之苦的城市相继获得解放;人们对另外一些人口锐减的城邦,譬如阿克拉加斯和革拉,进行了第二次殖民。经历20年动荡后,西西里终于获得了暂时的喘息之机。迦太基眼见继续支持希腊城邦的僭主无济于事,因此不得不与提摩勒昂缔结和平条约,双方再次将哈利库斯河划定为界河。

与迦太基的和平条约

如今,提摩勒昂已将西西里从国内僭主的奴役下解放出来,赶走了异邦敌人,完成了获得权力时定下的任务。在希腊历史上的诸位伟人中,他占据着特殊的位置,因为激励他实现上述目标的既不是个人野心,也不是爱国热情。他不是为个人名利,而是为一块陌生土地上的城邦浴血奋战,虽然这里可能会接纳他,但毕竟不是他的祖国。确实,在他代表希腊与腓尼基人战斗时,广义的爱国主义或许会激发他勇敢战斗的精神,但在取得同样伟大成就的希腊领导者中,没有哪位像提摩勒昂一样,完全是出于忠于职守的信念。叙拉古人在城边分给他一块地产,此后他就一直居住在那里;克利米苏斯战役结束两年后,他终老于叙拉古。这两年里,他时常会到城里走走,居民们不时向他请教;后来他逐渐双目失明,到城里的机会也就越来越少。全西西里的希腊人都为他的去世悲痛不已,叙拉古建立了一组以他命名的公共建筑以示怀念。

提摩勒昂泰翁

提摩勒昂去世后,西西里平静了20年;但他的直接成果并没有持续那么久。不久,又出现了一位僭主,奉行比老狄奥尼修斯更残暴的政策,而且他将魔爪重重压在西西里人身上。但是,僭主阿伽托克勒斯（Agathocles）的统治已超出本书所涉及的时间范围。

第十二节　大希腊的重要事件

在那些岁月里,居于意大利的希腊人遭受的苦难和危险不亚于他们在西西里岛上的同胞。与岛上一样,大陆上希腊之名几乎也快被人抹掉了。【666】在岛上是腓尼基人和意大利人雇佣军,在大陆上则是土著居民。老狄奥尼修斯的强大实力控制住了卢卡尼亚人、麦萨比人、伊阿皮吉安人及周边给大希腊带来压力的部族。但是,当他的儿子被狄昂赶下台后,叙拉古帝国也土崩瓦解;由于再无大国让他们畏惧,意大利的野蛮人开始重新出山,侵扰海边的希腊人定居点。居于半岛脚趾一带的许多部族团结起来,组成一个同盟,将康申提亚（Consentia）定为首府。该同盟名为布莱提安同盟（Brettian League）,其目标是征服半岛上所有希腊城邦。泰利那、希波尼昂、特拉伊斯的新叙巴里斯及其他一些地方相继被该同盟占领。人们并不是没有看到西部希腊所面临的危险,知道那里有被蛮族浪潮吞噬的可能;柏拉图和狄昂的目标之一就是把所有蛮族雇佣军赶出西西里。但是,意大利希腊人面临的危险最大,急需外部力量的帮助。叙拉古请求母邦科林斯和提摩勒昂增援的做法启发了塔拉斯人;由于深受周边部族的骚扰,他们也决定向母邦斯巴达求助。由于斯巴达在希腊本土没有任何政治目标,国王阿奇达姆斯渴望抓住这个机会,恰如其父 60 年前与蛮族人战斗一样,到西部为希腊人建功立业。他从神圣战争中的佛基斯幸存者中招募了一批雇佣军,然后启程前往意大利。在接下来的 4~5 年里,他似乎一直在与野蛮人战斗,但并未赢得决定性的胜利,最后在曼多尼亚（Mandonia）与卢卡尼亚人的战斗中被杀。阿奇达

国王阿奇达姆斯扬帆前往意大利,公元前 343 年

曼多尼亚战役

姆斯徒劳无功的劳师远征与提摩勒昂的辉煌成就形成鲜明对比。但塔拉斯人并没有对他所做出的努力忘恩负义。为了纪念斯巴达的援助,塔拉斯人打制了精美的金币,上面刻画着婴儿塔拉斯在拉哥尼亚的泰那鲁斯角请求波塞冬的图画。另外一组钱币暗示着他们恳请斯巴达人的悲伤结局,用无与伦比的优雅形式表达出悲伤的意境。塔拉斯骑着他的海豚,满怀忧伤地注视着一副头盔,这就是命丧疆场的斯巴达国王的头盔。

不久,塔拉斯不得不再次寻找新的保护者。她邀请来亚历山大大帝的舅舅,摩洛西亚国王亚历山大。国王发现并抓住在西部建立一个帝国的机会——他在此处建立的功业较小,而其侄在亚洲将建立更加辉煌的功勋。【667】亚历山大颇有能力,治军有方。在意大利东部沿岸,他征服了麦萨比人,向北推进并占领了西波顿(Sipotum)。他率军继续向西,击败了布莱提安同盟,夺取了康申提亚和泰利那。亚历山大的影响在半岛南部如此强大,以至于罗马不得不与他签订和平协议;他可能有进军西西里的打算。塔拉斯的硬币上也反映出人们对与国王结盟和对这位解放者的欢迎,上面打制了一只多多那雄鹰立于王座之上,手握霹雳的天神宙斯站在一旁。但是,不久塔拉斯人发现他们的自由受到这位征服者的威胁,要求解除同盟关系。结果导致双方的战争,所有南意的希腊人城邦中,只有图里伊人支持亚历山大。蛮族在希腊人反抗这位征服者的战斗中趁火打劫,在潘多西亚(Pandosia)与摩洛西亚人开战。战斗中,一位效力于塔拉斯军队的卢卡尼亚流亡者刺中国王的后背;随着国王的去世,一个跨越亚德里亚海的埃皮鲁斯帝国就此终结。该帝国的覆灭就发生在推翻波斯国王统治的高伽美拉(Gaugamela)战役后不久。尽管如此,亚历山大的所作所为并非徒劳,此后在与附近意大利部族的斗争中,塔拉斯总是能占得上风。

第十六章

马其顿的崛起

曼丁尼亚战役结束之后，底比斯不再奉行扩张政策，雅典成为希腊本土最重要的城邦。如果不是两个地处边缘的王国突然兴起，打败雅典，遏制了帝国的发展，或许雅典就能毫无悬念地成功实现其对外政策的主要目标，放手在爱琴海北岸和本都地区重新恢复影响力。卡里亚和马其顿分别位于希腊世界的两端，都实行君主制，并在一定程度上已希腊化。马其顿是一个陆上强国；卡里亚海、陆两军皆具一定规模，对雅典构成威胁的是其海上力量。就这两大强国相较而言，卡里亚似乎潜力更大，因而成为雅典的一个强劲竞争对手；而文明开化的希腊人很少虑及马其顿，雅典认为能轻松应对这个新兴的国家。任何一个洞察力超凡的预言家在他声名鼎盛之时可能也无法预料到，30年后，卡里亚将会重新沦为一个无足轻重的城邦，只留下国王的陵墓还能证明她曾经的辉煌；而马其顿承载着希腊举世瞩目的艺术和智慧，并将其传播到世界的尽头。

第一节　雅典重获克尔松尼斯和优卑亚

虽然伊帕米农达之死使雅典摆脱了最危险最强有力劲敌的威胁，但他生前在北部地区的一系列行动此时仍留下阵阵余波，使雅典进退维谷。菲莱僭主亚历山大是底比斯的盟友，此时他率领掠私船占领了佩帕莱图斯岛（Peparethus），并打败了莱奥斯泰涅斯（Leosthenes）指挥的雅典水师。紧接着，他再一次做了与斯巴达人泰琉提亚斯类似的滔天恶行，迅速率军驶入比雷埃夫斯，劫掠港口的商铺后，满载着丰厚的战利品扬长而去。作为反击，雅典人与色萨利联邦结成紧密的攻守同盟。记载盟约的石碑如今仍保存完好，缔约方为雅典和色萨利联邦。【669】盟约规定，未经雅典人同意，色萨利人不得单独与亚历山大停战，同样地，"未经色萨利执政官及其联邦会议的同意"，雅典人也不得与之单独缔结和约；由雅典城邦圣库出资，拆毁色萨利联邦与亚历山大此前结盟的石碑。

>色萨利人与雅典结盟

但是，雅典人也只能在自己的城墙里发泄胸中怒火。自奥罗浦斯被占以来，人们一直对负责此事的领导人耿耿于怀。卡利斯图斯因奥罗浦斯事件受到指控，虽然最终被无罪开释，但他的声誉严重受损；亚历山大在雅典国门发动的突然袭击激起了强烈的民愤，所有政客连同吃了败仗的水师提督均被判处死刑。幸亏他们及时逃走，才免于一死。就这样，公元前4世纪雅典最有能力的政治家退出了历史舞台，人们对他甚至没有一丝同情。多年后，眼看国人的愤怒逐渐淡去，卡利斯图斯冒着生命危险回到祖国。人们的愤怒之情的确已经消散，对他代之以惋惜之情。他一到达雅典，就跑到12主神的祭坛寻求庇护；但是并没有人提议赦免他，就这样，刽子手执行了人民的判决将他处死。雅典人总是对他们的政治家非常严厉，有时我们甚至会觉得，他们总是没来由地希望可以不劳而获；当然，在很多情况下，事实上我们缺乏对当时情况前因后果的全面了解，因此很难准确判断雅典人的判决公允与否。

>卡利斯图斯被判有罪，遭到了流放

民众本就因菲莱僭主的胆大妄为感到义愤填膺，来自色雷斯的坏消息如同火上浇油，更使他们感到怒不可遏。奥德里西亚王国的复兴者科提斯成功地控制了塞斯托斯。尽管此地有雅典水师驻防，但他仍占领这

>色雷斯的克尔松尼斯

个扼守通往普罗蓬提海入口的几乎整个半岛。不久,老国王遭人谋杀,其统治的区域被三个儿子瓜分。形势的变化有利于雅典,因为她可挑起色雷斯诸王子之间的相互争斗。普罗蓬提海沿岸地区落入了凯索布勒普泰斯(Cersobleptes)控制之下,此人得到了雇佣兵首领优卑亚人卡利戴姆斯的支持;而这位雇佣兵首领经常受雇于雅典;与伊菲克拉特斯一样,他也娶了色雷斯国王的一个女儿。凯索布勒普泰斯试图将除卡尔迪亚(该城是雅典的宿敌,仍保有独立)之外的整个克尔松尼斯半岛交给雅典。但是,此时雅典舰船并不在此,无法让王公完全实现其承诺;不久,当雅典人派出一位水师统领到达时,卡利戴姆斯将其击败。最终,雅典派出一位宿将——卡莱斯(Chares)前往,此人作战勇猛、放荡不羁,是一位身经百战的老兵。【670】他很快攻下塞斯托斯,残酷屠杀当地居民,以报复他们对雅典的不忠。凯索布勒普泰斯被迫改变了对雅典的态度,整座半岛就此重归雅典。雅典人采用了与萨摩斯同样的政策,派出大量的军事移民前往克尔松尼斯。同年,优卑亚重新加入了雅典同盟。他们甚至看到了收复丧失已久的城市安菲波利斯的希望,实现这一目标最能够令他们感到欣喜。但是,在某种程度上说,雅典人针对安菲波利斯的计划开启了希腊历史的一段崭新篇章。

> 科提斯之死,公元前360—前359年;凯索布勒普泰斯及其弟兄继承科提斯的王国

> 公元前357年,恢复了克尔松尼斯,并建立军事移民地

> 恢复对优卑亚的控制,公元前357年

第二节 马其顿的腓力二世

马其顿等待已久的人物终于出场了。在本书所讲述的历史中,我们曾再三遇到过这个既具有希腊身份但又并非完全属于希腊的国家的诸位国王:在普拉提亚战役中,亚历山大扮演着双面角色;在斯巴达与雅典的战争中,柏第卡斯以圆滑的外交手腕游走于二者之间。但是,如今属于马其顿的时代已经到来。(马其顿版图的变迁,参见图 16-1)因此,有必

要深入了解该国早期的历史,以便能从中发现她是如何不但改变了希腊世界的历史,而且改变了东方世界的面貌。

马其顿

自古以来,居于埃盖(Aegae)城堡的马其顿诸王统治着泰尔玛湾北部和西北沿岸的大片土地,这是严格意义上马其顿所属的范围。结合其传统及语言中留下的蛛丝马迹可见,马其顿人及其国王属于希腊人。马其顿人勇猛尚武,一直试图向西和向北扩张其势力,征服周边的山地部族;因此,从广义上看,马其顿向西与伊利里亚相连,向北与派奥尼亚接壤。周边的奥瑞斯提亚人(Orestians)、林凯斯提斯人(Lyncestians)及其他山地部族属于伊利里亚民族。他们一直在寻找机会摆脱埃盖国王强加于其身的桎梏。在伊利里亚和派奥尼亚,他们与其他部族结成了同盟,时刻准备支援他们发动起义。那些半心半意臣服的诸侯和尚武的敌人使马

图 16-1　马其顿版图的变迁

(据 Joseph Roisman and Ian Worthington eds., *A Companion to Macedonia*, Malden: Blackwell Publishing Ltd, 2010, p.xxi, map 3 编译)

其顿时刻面临着巨大的威胁,完全限制了她在希腊世界发挥着引人注目的重要作用。

因此,马其顿王国由两个异质部分组成,而马其顿的国王也具有两种不同的性格特征。国王直接统治着靠近希腊的那一部分马其顿人,他们是隶属于国王的臣民,是国王的"战友";国王间接统治着伊利里亚的山地部民,这些人臣属于各部族酋长,【671】而酋长们是国王难以驾驭的臣僚。显然,只有当这些部族完全臣服,并被纳于国王的直接控制之下,且只要当周边的伊利里亚人和派奥尼亚人被狠狠地教训后,马其顿才可能成为一个强大的国家。上述艰巨任务等待着一位巨人来完成,只有他才能缔造伟大的马其顿。马其顿诸王一直在努力将希腊文明引入他们的国土。柏第卡斯的继承者阿奇劳斯(Archelaus)大兴工程,修房建屋,铺设道路;他以希腊僭主为榜样,将其在佩拉的宫殿打造成著名艺术家和诗人聚集的中心。悲剧诗人欧里庇德斯、新音乐流派最著名的领军人物提摩修斯、画家泽乌克西斯(Zeuxis)及其他许多名流都曾离开有着高度文明的南部城市来到这里。在当地清新的空气下,他们不再是战战兢兢的政治家,暂时享受到了难得的身体放松和精神愉悦。人们经常认为,此时马其顿的发展仍处于荷马时代的水平。在某些方面可能确实如此,但其国王完全不同于史诗中的巴西琉斯。马其顿的君主不受制于任何法律的约束,他的意志对所有臣民具有强制性;在君主面前,臣民只享有唯一一项权力,即未经公民大会同意,君主不能处死任何一个马其顿人。这就是马其顿的"自由宪章"。战争和狩猎是这支精力充沛民族的主要职业。没有杀过人的马其顿人会在腰间围上一根绳子;除非杀死过一头野猪,否则他不能与他人同席而餐。与色雷斯人一样,马其顿人嗜酒如命,因此他们引入了狄奥尼索斯秘仪。正是在马其顿的那种氛围下,在卢狄亚斯(Ludias)湖畔,欧里庇德斯获得了"酒神的伴侣"一剧的灵感。

阿奇劳斯国王

> 柏第卡斯成为唯一的国王，公元前365年；前359年被杀

如前所述，柏第卡斯杀死了自己的继父兼监护人托勒密，成为唯一的统治者。6年后，伊利里亚人突袭马其顿，柏第卡斯战死疆场。这时，马其顿王国处于生死攸关的关键时刻，国土四境强敌环视。派奥尼亚人威胁着北部边境，色萨利派出了一支军队从东推进，试图支持一个王位觊觎者。合法的王位继承人、被杀身亡的国王之子阿明塔斯还只是一个孩子。但是，在马其顿国内，有一个人享有几乎与阿明塔斯同样的王位继承权，那就是其叔父腓力。在此关键时刻，他将国家的实际统治权和年幼国王的监护权掌握在手。前面已经谈到，腓力曾作为人质被带到了底比斯。

> 腓力成为阿明塔斯的摄政王，公元前359年

他在那里待了几年，深受伊帕米农达和佩罗皮达斯军事和政治智慧的影响。文献并未交代为何在托勒密去世后不久他就被允许返回自己的祖国。或许，底比斯人认为他已成为一个完全的亲底比斯分子，【672】让其返回马其顿更有利于底比斯。

> 腓力回归马其顿，公元前364年

当人们对腓力寄予厚望，期待着他来拯救祖国和家族的王朝统治时，他只有24岁。他面临着诸多敌人的挑战，既有外族的入侵者，也有国内的王位觊觎者，还有外部力量支持的篡位者。腓力采取的第一个步骤是用一大笔金钱买通了派奥尼亚人，他接下来的目标是除掉所有的篡权者。其中一人名为阿伽欧斯（Argaeus），此人得到了雅典一支强有力水师的支持。他未收任何赎金，释放了所有在战场中抓获的雅典俘虏；同时宣布放弃对安菲波利斯的所有权，尽管此前其兄柏第卡斯曾派兵占领了该城。他再次发挥黄金的作用，轻易地收买色雷斯人放弃了对篡位者的支持。

> 腓力处置各种觊觎者，公元前359年

但是，派奥尼亚只消停了不长一段时间；伊利里亚人仍驻扎在马其顿境内围攻其城市。很有必要与这些敌人一决胜负，从而一劳永逸地解决后顾之忧，并以此检验马其顿军队的战斗力。对于战争艺术，腓力有着全新的理解，他花了整个冬天重组并训练自己的军队。当春天到来时，他

已拥有 1 万名步兵和 600 名骑兵，军队纪律严明，兵强马壮。他率领这支军队向北，一战击溃了派奥尼亚人。而此时伊利里亚人仍拒绝撤出其占据的林凯斯提斯城镇。于是他兵锋西向，双方爆发了一场激战；战斗中腓力验证了他全新的军事理念。最后，伊利里亚人在战场上扔下了 7000 具尸体后仓皇逃走；支持侵略者的诸山地部族被降为奴隶。

> 打败派奥尼亚人和伊利里亚人，公元前 358 年

当他征服附属部族，清除国内的反叛者后，腓力不失时机地向东方的色雷斯进军。【673】促使他迅速东进的根本动机是获得更多金银。没有黄金，腓力不可能发展他的国家，也无法实施其军事计划。但马其顿人并非是一个商业民族，因此对黄金的需求只能寄希望于占领能生产贵金属的土地。在马其顿东部边境的潘盖攸斯山（Pangaeus Mt.）蕴藏着丰富的金矿。在腓力的煽动下，居住在对面海中的许多塔索斯人渡海来到了潘盖攸斯山区的克莱尼德斯（Crenides），建立了一个聚居点。他这样做是因为塔索斯人精通掘山开矿之术。但是要控制这些新开的矿山，就必须控制斯特里梦地区的咽喉，也即很多城邦都垂涎已久的安菲波利斯。这样，腓力的利益与雅典的利益发生了直接冲突。对此，腓力展现了高超的外交技巧。当释放雅典俘虏时，他表示愿意放弃对安菲波利斯的权力。以此为基础，他与雅典协商订立了一份和平条约。当该和约签订时，双方达成了一项秘密协定，腓力为雅典攻占安菲波利斯，雅典将自由城市皮德那让给腓力。很有可能，这份秘密协定直到腓力真正攻打安菲波利斯时才付诸实施；与马其顿相较，安菲波利斯人更愿意接受雅典的控制，因此他们派人前往雅典求助。然而，机不逢时，雅典的军队无法从克尔松尼斯抽身，错过了这个最好的机会，雅典人只得相信腓力的承诺。当然，腓力欺骗了雅典人；雅典人也不值得同情，他们自己行为龌龊，背叛了盟邦皮德那。雅典人或许会表面上发表演说，谴责马其顿人背信弃义；事实上他们把腓力当成了一个傻瓜，认为他落入了雅典人设计的阴谋之中；但

> 塔索斯在克莱尼德斯建立聚居点，公元前 359 年

> 腓力与雅典的和约及秘密协定

> 腓力攻打安菲波利斯，公元前 357 年

第十六章　马其顿的崛起　　845

是腓力在外事上的表现证明他不是雅典人的玩偶，而是他们的主宰。

在夺得安菲波利斯后，腓力将色萨利人在克莱尼德斯的居民点扩建成一座城池，并以自己的名字将该城命名为腓力比（Philippi）。通过上述措施，他构筑了两座城池保护着潘盖攸乌斯山；这里的金矿也很快投产，每年可产出黄金1000塔兰特。希腊还没有任何一个城邦如此富庶。于是，他放弃了原来的国都埃盖或埃德萨（Edessa），将政府所在地迁到了佩拉，这里也是阿奇劳斯所钟爱的居所。将国都从埃盖迁至佩拉对马其顿历史具有重要意义，开启了一个崭新的时代。

腓力占领皮德那和波提狄亚，公元前356年

不久，腓力攻占了皮德那。对雅典来说，如果腓力夺取安菲波利斯对她是一个伤害，那么攻占皮德那就是明目张胆的羞辱。接着，他又占领了波提狄亚，但他并未将该城据为己有，【674】而是拱手送给了奥林图斯人，同时还把安泰姆斯城（Anthemus）送给了他们。但奥林图斯人被腓力在斯特里梦的行动所警醒，向雅典提议共同行动，对抗马其顿。雅典人仍对腓力心存幻想，拒绝了奥林图斯人的提议。但是，当雅典人发现受到捉弄时，他们决定答应与奥林图斯人合作。为了预防这两个城邦联合与己对抗，腓力决定给予奥林图斯人一些好处，尽管他已打算在将来的某一天将其吞并。如今，除了麦托涅，雅典在泰尔玛海湾已无任何立足之地。

利用色雷斯人对于马其顿占领克莱尼德斯的不满，雅典人促成了双方的结盟；他们还与派奥尼亚和伊利里亚的诸位国王结成同盟，因为最近遭到的失败还使国王们心里隐隐作痛。① 但是，腓力阻止了该同盟的共同行动。他迫使派奥尼亚成为马其顿的附属国；腓力麾下最有能力的将军——他曾说这是他唯一的将军——帕麦尼奥（Parmenio）重创伊利

伊利里亚遭受惨败，公元前356年秋

---

① 这份盟约签订于公元前356年夏，结盟方包括雅典、色雷斯国王凯特利波利斯及其弟兄们（Cetriporis，这些王公是凯索布勒普泰斯的子侄，统治着色雷斯西部地区）、派奥尼亚国王吕佩乌斯（Lyppeius）、伊利里亚国王格拉布斯（Grabus），如今这份盟约仍保存完好。

里亚;色雷斯再次被他收买,放弃了对潘盖攸乌斯山的一切权利。

  上述成功并未使腓力的实力遭到太大耗损。在矿区的克莱尼德斯城建立不久,他夺取了王位,将其侄儿晾在了一旁。在接下来的几年里,他全力加强了王国的实力,创建了一支国民军。也正是在这些年里,他使马其顿走向了繁荣。前面已经谈到,他的任务是使山地部族与他所掌握的马其顿海岸地区团结起来,融合成一个统一的国家。他实现这个任务的方法是在军事建制方面进行改革。为此,他征招山地民为职业士兵,使他们一直在军队里服役。这些人受尚武精神的感染,受朋辈竞争和升迁野心的诱惑,忘记了自己是奥瑞斯提亚人或林凯斯提斯人,逐渐融合成为性情相同的马其顿人。完全实现这个任务会耗时日久,但腓力清楚地认识到了该项工作的重要性,并立即着手实施。"一支具有民族精神的职业军队——那是一种全新的理念。"事实上,无论步兵还是骑兵都是按区域为单位组建的;或许腓力还不能一开始就冒险采用其他建制方式成军。但是,战士们拥有共同的荣誉感,他们都渴望胜利,也希望得到进一步升迁;他们的共同愿望易于消除相互之间的差异,在腓力之子亚历山大时,这些差异都已不复存在。重装骑兵被称为国王的战友(Hetairoi)和"国王"的士兵,他们比步兵更受人尊敬。在步兵中,【675】有一支王家卫队,他们手持银盾,被称为"银盾兵"(Hypaspistae)。

  腓力训练的马其顿方阵非常出名,但其实不过是寻常希腊方阵的变化。在马其顿方阵中,士兵的站位更加自由,结成一种开放的战阵,他们使用的长矛更长。虽然方阵仍然非常笨拙,但整个部队行动较原来更易指挥;马其顿方阵的威力不仅表现在人员密集产生的强大压力,而且还来自士兵能更熟练地使用各种武器。马其顿方阵不是如伊帕米农达厚纵深方阵那样在战场上决定胜负,其优势在于压制敌军的前锋部队;起决定作用的是骑兵,他们组成楔形战阵,从侧翼直刺敌人的腹心。正是运用

> 使马其顿走向繁荣

> 战友
> 王家卫队

这种战术,腓力击败了伊利里亚人获得了胜利。

但是,其他地方的希腊人对腓力的所作所为并未留意。事实上,雅典本应激发腓力的敌人伊利里亚人和派奥尼亚人尽快行动,催促色雷斯人将其从潘盖攸乌斯山赶走,但是,虽然受过欺骗,但雅典人仍只是将他看作与科提斯或凯索布勒普泰斯类似的货色;他们想当然地认为在过去100年里,对付马其顿可谓游刃有余;因此,希腊人一点也不担心,认为只要抽出时间,就可再次轻易地应对马其顿人。当腓力娶埃皮鲁斯王公之女奥林匹亚斯(Olympias)为妻时,并未引起什么轰动;一年后,他们的儿子呱呱坠地时,这则消息并未激荡起任何希腊人的心弦。不管如何大胆地推断,都不会有人预见到这位刚刚出生的马其顿婴孩会成为最伟大的征服者。如果那年秋天,有人透露说一个伟大的国家已横空出世,会将历史引入一条全新的发展道路,人们不会把目光投向佩拉,而是转向哈利卡那苏斯。

亚历山大的出生,大约公元前356年10月

第三节 卡里亚的摩索拉斯

与马其顿类似,卡里亚也居住着两个不同部族,即卡里亚的土著和沿海地区的希腊殖民者。但与伊利里亚人相较,卡里亚的土著与希腊人的差异更大:伊利里亚人的语言与希腊人的语言同属于印欧语系;卡里亚人属于一支更古老的种族,在希腊人和伊利里亚人到来之前,他们就已定居在爱琴海地区。尽管如此,卡里亚人与希腊的联系比马其顿人更紧密。卡里亚的希腊人总是与希腊文明同步前行,他们已逐渐教化并开始同化居住于此的土著人。特拉莱斯(Tralles)和米拉萨(Mylasa)与希腊城市的外观如出一辙,希腊语成为该地区的通用语言。虽然卡里亚是波斯帝国的一个省区,但她仍拥有一个独立的宗教共同体,【676】将该地的城市团结在一个以拉吉那（Lagina）的宙斯神庙为中心的近邻同盟周围。虽然该同盟有时被用作实现某些共同政治诉求的工具，但它主要是一个宗教团体。卡里亚的政治统一不是通过同盟而是通过君主制实现的。在提萨佛涅斯去世后不久，米拉萨人赫卡托姆努斯（Hecatomnus）成功地在卡里亚全境建立了统治，波斯大王考虑再三，认为承认"卡里亚统治者"的合法地位并任命他担任总督是最妥当的举措。无论是赫卡托姆努斯还是其子摩索拉斯（Mausolus 或 Maussollos）都一直向苏撒的国库缴纳贡赋，对波斯大王表示臣服。只有一次，当帝国西部所有总督都起义时，摩索拉斯的忠诚有所动摇。虽然从来都没有僭称王号，但卡里亚的统治者在境内都可自由行事。对于卡里亚境内各城市的政治制度，统治者一概不加干预。甚至在他们所在的城市米拉萨，公民大会仍可通过法令，且法令并不需摩索拉斯的批准，而需一个名为"三部落"的贵族议事会批准。事实上，赫卡托姆努斯和摩索拉斯与卡里亚诸城市的关系类似于庇西特拉图及其儿子在雅典的地位。他们是事实上的统治者，但并不体现在官职上。二者的不同在于，卡里亚的统治者担任了波斯官方任命的总督，并是许多相互独立城市的共同僭主。

> 赫卡托姆努斯，公元前395或前390年到前377年

> 卡里亚僭主享有超越法律的地位

　　这两位出生卡里亚本土的总督逐渐将沿海城市哈利卡那苏斯、伊阿苏斯、克尼多斯，或许还包括米利都，都置于控制之下；摩索拉斯还吞并了邻近的吕西亚。因此，在腓力二世登上马其顿王位时，一个富裕而雄心勃勃的王国在爱琴海东南沿岸地区兴起。为了扩张势力，摩索拉斯急欲赢得对沿岸岛屿的统治权，为此他组建了一支强大的水师。此外，他还将总督的驻地从米拉萨迁到哈利卡那苏斯。该举措具有重要的政治意义，表明卡里亚即将会成为一个海上强国。摩索拉斯在城外的小岛泽菲利昂（Zephyrion）兴建了一座坚固的城堡，并在岛上修建了两座港口，其中一座港口停驻战船，另一座停靠商船。

摩索拉斯对罗德斯、科斯和开俄斯等面积较大的岛屿垂涎已久,不过这些岛屿属于雅典同盟。碰巧的是最近以来,同盟内部对于雅典的霸权颇为不满,盟邦的不满有充分的理由。【677】雅典人在其邻近的萨摩斯及较远的波提狄亚重拾军事移民政策,使加入同盟的城邦对未来深感担忧;此外,雅典人经常征招雇佣军为其作战,却不能按时向他们支付薪酬,导致雇佣兵经常强取豪夺、不负责任;这使同盟者对雅典颇有抱怨。寡头派在上述城邦中势力较强,他们乐见城邦断绝与雅典的同盟关系。卡里亚僭主的计划是首先说服上述岛邦脱离雅典,然后再将其纳入自己的控制之下。在他极力煽动的不满情绪的鼓动下,这三座岛屿联合起来反叛了雅典,他们的行动得到了拜占廷的支持。

开俄斯、科斯和罗德斯的反叛,公元前357年

雅典立即派出舰船,在是年两位将军——卡布利阿斯和卡莱斯的率领下前往开俄斯。雅典人从水、陆两路对开俄斯城发起了进攻。但是,卡布利阿斯率军力图进入港区时,遭到敌人四面围攻,战死疆场。雅典人失去了最英勇的战士,也失去了一位深受公民爱戴的将军,据说他总是严于律己,宽以待人。于是,雅典人被迫放弃进攻开俄斯的计划;开俄斯人受胜利的鼓舞,随即派出100艘战船准备攻打雅典在萨摩斯的军事移民,并封锁了萨摩斯岛。卡莱斯手下只有60艘船,不敢妄自行动。因此,雅典人派出了更多战船,在提摩修斯和伊菲克拉特斯的率领下星夜前往驰援。对于3位经验丰富的将军指挥这样一支大军行动,雅典人寄予了厚望;在他们看来,随便派出其中一人即可一战而胜。3位将军解除了萨摩斯之围,并准备前往普罗蓬提海,希望夺取拜占廷,但未能成功。接着雅典人驶往开俄斯,计划从开俄斯岛与大陆之间的海峡发起进攻。但是,当日浓雾弥漫。提摩修斯和伊菲克拉特斯这两位经验丰富的将军认为在此情况下贸然进攻太过于鲁莽;但卡莱斯不听他们的劝阻,贸然对敌人发起了进攻;结果在没有得到支援的情况下,损兵折将,被开俄斯人打败。

雅典进攻开俄斯;卡布利阿斯之死,公元前357年

公元前356年

恩巴塔之战

两位声名在外、值得依赖的将军率领着足够的兵力前往,结果却屡战无功,这使雅典人极为失望。卡莱斯对两位同僚将军的行为大为光火,正式以叛国罪起诉他们;卡莱斯的指控得到了演说家阿里斯托芬的支持。指控书上说两位将军是因接受开俄斯人和罗德斯人的贿赂才按兵不动。尽管提摩修斯和伊菲克拉特斯对卡莱斯提起反诉,但雅典人将同情之心全给了那位冒失的指挥官。不过,伊菲克拉特斯没有什么政治影响,因此没有像提摩修斯那样树敌众多,而且他知道如何取悦民众,因此被无罪释放。但提摩修斯总是目中无人,在民众中声望不佳,【678】对于这次审判他也一如既往的高傲,不愿做出丝毫让步;阿里斯托芬乘机落井下石,对其大肆打压。最终他被罚款100塔兰特。虽然他非常富有,但仍不可能支付如此巨额的罚款,因此他逃到卡尔基斯,不久客死他乡。在一年之内,雅典失去了两位缔造第二帝国的主将——卡布利阿斯和提摩修斯。不久,雅典人就认识到他们对待提摩修斯的举措过于严厉,于是他们让提摩修斯受牵连的儿子交付了10塔兰特,然后就此作罢。

审判提摩修斯和伊菲克拉特斯,公元前356年

提摩修斯被判有罪;他的离世

如今,卡莱斯作为唯一的指挥官,继续与反叛的同盟者作战,不过城邦并未给他提供军费。因此,他不得不向小亚细亚诸希腊城邦分派,以弥补亏空。位于赫勒斯滂地区的弗里吉亚总督阿塔巴佐斯树旗造反,但其军力不足以与波斯国王的大军相抗衡。卡莱斯带兵前往救援,在与前往清剿阿塔巴佐斯的波斯军队的战斗中取得一场辉煌胜利;作为答谢,阿塔巴佐斯给了他一大笔钱;利用这笔钱,他终于能够偿还士兵工资,维持雅典军队的正常运转。雅典人对取得的胜利和筹得金钱颇为满意,但雅典人的干预却使阿塔薛西斯非常生气。不久,消息传到了雅典,说波斯大王正在叙利亚和西利西亚厉兵秣马,准备带领一支庞大的军队报复卡莱斯的胆大妄为之举。我们并不知道该传言是否有依据,但却激起了雅典人的爱国热情,为雅典的演说家们抨击时政和慷慨陈词提供了素材。

卡莱斯在小亚细亚,公元前355年

第十六章 马其顿的崛起

人们开始认真讨论实现伊索克拉底梦想的可行性,要求举行泛希腊的会议,武装起来与野蛮人斗争。这时,德摩斯提尼刚开始在公共事务中崛起,他发表了一席演说,该演说辞比他后来发表的那些著名演说更切中实际。他认为,现在说形势已迫在眉睫还为时尚早,此时派人到希腊各邦游说是愚蠢之举;"你们派出的使节将毫无作为,不过是在周游列国的过程中吟诗作赋罢了。"事实上,此时雅典绝不可能参加到一场大战中,她没有那样雄厚的经济实力。在一本著名的小册子中,伊索克拉底亲自大声疾呼和平,该篇演说辞言辞清雅,视野开阔,与他其他的作品颇为不同。他严厉地谴责了雅典人奉行的帝国主义思想,超越了当下的一时之变,展望未来大势,他大胆地宣称,拯救雅典的唯一希望是放弃海上帝国这个不切实际的梦想。他说:"正是因为如此,使我们遭到了目前的危机;也正是因为如此,导致了过去我们的民主制遭受覆灭。"他指出,雅典帝国和斯巴达帝国为两个城邦自身和整个希腊带来了灾难。但是,值得一提的是,【679】当他乐见的希腊人联合一致进攻波斯的那一刻最终到来时,他又能审时度势,不再重提和平之议。此时,他认为色雷斯而非波斯是安置挣扎在生死线上嗷嗷待哺的希腊人的理想之地。

最终,老成持重的议事会成员占据了上风,他们召回了卡莱斯,并与反叛的同盟者举行谈判,最终达成了和平。① 雅典承认开俄斯、科斯、罗德岛三岛及拜占廷的独立地位。不久,列斯堡也从雅典同盟中独立而出。就这样,同盟丧失了爱琴海东部所有的重要成员。而在西部地区,科基拉大概也于此时独立。

所有这一切都如摩索拉斯预见的那样发生了。他帮助上述各地的寡头派推翻了民主政府,并派兵加以保护。但是,这位君主也未能活着看到

---

① 因为 ὁ συμμαχικός πολεμος,人们一般将这次好不容易停息下来的战争误译为"Social War"。这种拉丁式转化形式还是在历史研究中少用为妙。

其帝国的发展。就在对抗雅典的政策成功不久,他就与世长辞,将国家留给了他的寡妻阿特米西娅。罗德岛的民主派抓住这个机会重获自由,并请求雅典给予支持。然而,时过境迁,他们已没有什么权利指望雅典人再听其发言;在明智而主张和平的政治家主导下,公民大会拒绝了罗德岛人的请求;德摩斯提尼曾为此发表了热情洋溢、甚至稍带感伤的演说,他极力主张,无论何时只要其他城邦提出要求,雅典就应干预其事,支持民主派与寡头派的斗争,但他的主张已没有了市场。阿尔特米亚娅很快重获对罗德岛的控制权。

公元前353年

虽然在此后的20年中,赫卡托姆努斯家族继续统治着卡里亚,直到最终被亚历山大大帝征服,但是摩索拉斯极力倡导的扩张卡里亚影响的目标并未实现。虽然我们对其性格一无所知,但却熟悉摩索拉斯的外貌,在伦敦大英博物馆内,有他全身的塑像及其王后头部缺损的塑像。其巨大的塑像最迟不过是他去世不久后制作的;其形貌儒雅,是典型的卡里亚人而非希腊人;其头发卷曲,从额头向后整齐披散。摩索拉斯和阿尔特米西娅的塑像置放在陵墓之中,这座王陵可能是他在世时就开始修建,到女王统治时才最终完工。这座王陵似乎将我们带入了希腊的史前时代,其外形与散居在哈利卡那苏斯半岛上勒勒吉人的古老墓室几乎一模一样。【680】这座巨大建筑的顶端装饰着一架战车,耸立于哈利卡那苏斯港口之旁,从海上眺望非常引人注目。该建筑有带状文饰,出自当时4位最出名的雕塑家之手,其中就有大名鼎鼎的雕塑家斯科帕斯(Scopas)。上述艺术品虽然有破损,但仍是卡里亚人馈赠给人类的不朽遗产。上述艺术珍品及因这座陵墓衍生出的新词丰富了欧洲的词汇。

摩索拉斯和阿尔特米西娅的塑像,如今在大英博物馆

摩索拉斯王陵

上面的饰带,如今在大英博物馆

mausoleum 一词的最初来源

|| 第十六章　马其顿的崛起　　853

第四节　佛基斯与神圣战争

与此同时，北希腊的另一座城邦似乎有可能赢得霸主之位，此前的色萨利曾几乎占据这个位置，而底比斯确确实实当了几年的霸主。如今，轮到佛基斯挺身而出了。她也曾在短时间内向外扩张和征服，但如同一道闪电，转瞬即逝。继菲莱人伊阿宋和底比斯人伊帕米农达后成为民族领袖的是埃拉泰亚（Elatea）人奥诺玛库斯（Onomarchus）。

佛基斯所处的形势　　佛基斯的向外扩张并非出于征服的贪欲，而是受邻邦的侵略推动。佛基斯人从来都不是底比斯同盟的狂热追随者，他们是在留克特拉战役之后被迫入盟的；伊帕米农达去世后，他们就疏远了与底比斯的关系。不过，虽然底比斯不再能够维持在希腊范围内的霸权，但一个独立佛基斯的存在仍是其在波奥提亚同盟主导地位的一个潜在威胁，因为同盟西部的城市总是以佛基斯为据点，并试图寻求佛基斯人支持她们的独立事业。因此，底比斯的政治人物认为有必要敲打敲打其西邻。伊帕米农达提升底比斯在北希腊影响力的一个工具是操纵古老的近邻同盟，在过去100年里，该宗教同盟从未消失在历史视野之外。在留克特拉战役之后的一次同盟会议上，底比斯人指控斯巴达人在和平时期抢占卡德米亚。斯

斯巴达被罚款　　巴达人受到近邻同盟的审判，最终被罚款500塔兰特，虽然斯巴达人不可能缴纳这笔罚款，但无疑他们还是被逐出了德尔斐。底比斯人决定使用收拾斯巴达人同样的方法对付佛基斯。他们所找的具体托词是什么现已不得而知，总之他们找到了佛基斯人的一宗不当之举，在其宿敌色萨利人和洛克里人看来，这足以成为制裁佛基斯人的正当理由。许多富裕

佛基斯人被罚款　　而显赫的佛基斯人被判犯有渎神罪，【681】并被处以巨额罚款；当缴纳罚款的最后期限到来时，他们并未交上这笔款项。近邻同盟据此出台法令，剥夺了被罚款者的土地，奉献给德尔斐的阿波罗神。相关处罚条款被

刻在一块石碑上，竖立于德尔斐。

受这桩所谓渎神案牵连的人决定反抗。在商讨佛基斯各城市共同利益的联邦会议上，他们号召同胞起来保护自己及其财产，与强加给他们灾难的敌人进行斗争。带领人们反抗的领袖是莱冬（Ledon）城的一位公民，此人名为菲罗麦鲁斯（Philomelus）。他明白要保卫佛基斯不受底比斯人、洛克里人和色萨利人的侵略，必须要请雇佣军提供援手，因此，他提出一个大胆而有效的计划，那就是占领德尔斐，因为德尔斐圣库的金银可为战争提供充足的经费。显然他不可能公开宣称占据德尔斐的真正原因，但是他可以提出佛基斯人对"多山的皮托"古已有之的所有权——希腊人的圣典《荷马史诗》[①]是支持其声索权的最高权威，他可据此指出经德尔斐人之口宣布的近邻同盟法令不具公正性。佛基斯人接受了菲罗麦鲁斯的建议，并任命他为军队的全权将军。菲罗麦鲁斯采取的第一个措施是拜访斯巴达，因其不但是底比斯的敌人，而且与他们同样遭受了不公的对待，近来都被近邻同盟审判。国王阿奇达姆斯自然响应这位佛基斯全权代表的提议，但如今斯巴达自身处境尴尬。此前，她一直支持德尔斐人独立于佛基斯。譬如，在伯里克利时代，当佛基斯人在雅典支持下驱逐德尔斐人后，正是斯巴达使他们重新回到故土。因此，如今要不利于德尔斐人，这显然有违斯巴达对外政策的一贯性。阿奇达姆斯无法公开宣称支持佛基斯人的事业，但私下赠予了菲罗麦鲁斯 50 塔兰特。用阿奇达姆斯给他的 50 塔兰特和他自己的 15 塔兰特金钱，菲罗麦鲁斯征招到一支雇佣军。在雇佣军的帮助下，佛基斯人占领了德尔斐。德尔斐人本来派人前往邻近的洛克里城市安菲萨（Amphissa）求援，但援军来得太迟，被佛基斯人击退。菲罗麦鲁斯并未伤害德尔斐人，而只是将极端仇视佛

菲罗麦鲁斯

公元前 450 年及其后

佛基斯人占领德尔斐，大约公元前 356 年

[①] 在《伊利亚特》第二卷的"船表"中，皮托的所有权属于两位佛基斯酋长。

第十六章 马其顿的崛起　　855

基斯人的特拉基戴（Thracidae）家族处死。

【682】菲罗麦鲁斯的第一个目标是争取希腊城邦对其所采取行动的同情。他已得到了斯巴达暗中的支持，或许他还可能得到雅典的友谊，因她一直是佛基斯的同盟者，如今与底比斯为敌。因此，菲罗麦鲁斯派人前往斯巴达、雅典和底比斯，解释佛基斯人的处境。他要求使者向上述城邦解释，佛基斯人夺取德尔斐，只不过是恢复对阿波罗神庙古已有之但被他人篡夺的权力；他要求使者向她们声明，佛基斯人只是这座泛希腊神庙的管理者，如今他们已将里面的金银珍宝称重编号，并向希腊人保证圣库财物的安全。作为这次出使的成果，斯巴达采取了更进一步的行动，公开与佛基斯结成同盟；雅典及其他小邦也承诺给予他们支持；但底比斯人及其在近邻同盟中的友邦决定发起一场战争。

菲罗麦鲁斯驻防德尔斐

与此同时，菲罗麦鲁斯环绕德尔斐神庙修建了一道城墙，并征招了一支5000人的雇佣军，他认为，凭借这支军队守住此地并不困难。一旦有人前往问询阿波罗神，那只神秘的三足鼎就会以神谕的形式给予人们答复。他希望自己的问询也会如往常一样获得神的应答，并急切地盼望着从神那里得到支持或鼓励的答复。但是，德尔斐的女祭司对这位佛基斯的入侵者非常排斥，拒绝为其发布神谕。菲罗麦鲁斯强迫她坐到那只三足鼎上，由于受到胁迫，她只得如其所愿，为其发布了神谕。他急于理解神谕告知的每一个字的寓意，并将其作为自己行动的准则。过了不久，虽然面临着筹钱支付雇佣军薪酬的难题，但是他仍尽其所能不动神庙圣库的金银，而是强制德尔斐的富户捐输。最初，菲罗麦鲁斯只需对付洛克里人，在德尔斐城后的法埃德里亚德（Phaedriad）绝壁附近，经过一场激战，他最终打败了洛克里人。在这场战斗中，洛克里人损失惨重，一些人被赶下了绝壁，还有一些人被扔下了山崖。

打败洛克里人

底比斯准备行动

这次胜利迫使底比斯不得不准备积极介入其中。近邻同盟成员在温泉关召开会议，决定组建一支军队强制执行同盟针对佛基斯人的法令，并将德尔斐从佛基斯军队的控制下拯救出来。菲罗麦鲁斯凭手中的军队或许可以与洛克里人相抗衡，但还不是他即将面临的那支队伍的对手。只有两种方法可以拯救佛基斯。其一是获得雅典或斯巴达的支持，如果二者一同支持当然更好；其二是组建一支更强大的雇佣军。鉴于雅典和斯巴达都不愿立即伸出援手，佛基斯人只能选择另一种途径。【683】正如菲罗麦鲁斯最初就预见到的那样，如果不能掌控巨额金钱，单凭佛基斯各城市的国库或德尔斐有产者的捐输，都不可能征召到大量的雇佣军。佛基斯人没有其他资源，只能挪用神庙圣库的金银。最开始时，显然菲罗麦鲁斯还十分小心谨慎，只是向神"借"足够的钱弥补当前之需。但是，随着初时敬畏感的钝化，需求越来越急迫，佛基斯人形成了习惯，随便使用神庙的圣物，大肆挥霍圣库的金银祭品，就如同这一切都是他们自己的一样。由于待遇优厚，菲罗麦鲁斯征召到了一支10000人的雇佣军，而这些士兵唯利是图，毫无忠诚感可言。底比斯与佛基斯多次交战，但都未能给予对方致命打击，直到在帕那苏斯山北麓城镇涅昂（Neon）附近，佛基斯人终遭重创。佛基斯的全权将军拼死作战，多处负伤，被逼到一个悬崖的边缘；他要么被俘，要么自杀，结果他选择了跳下悬崖，至死不屈。

涅昂之战，公元前354年；菲罗麦鲁斯之死

底比斯人认为菲罗麦鲁斯之死意味着佛基斯人反抗的结束，因此他们撤出了战场。情况却并非如此。协助指挥大军的埃拉泰亚人奥诺玛库斯成为了一位与菲罗麦鲁斯同样有能力的继承者。敌人的撤退使奥诺玛库斯有时间重新组建军队，并争取更多的援军。他不但将神庙里的金银饰品打制成钱币，而且还用人们贡奉的铜铁打造战士们的武器。此后，他取得了巨大而短暂的成功。在西方，他迫使洛克里的安菲萨投降；在北方，他征服了多利斯，跨过奥伊塔山成为温泉关的主宰，并占领了关隘东

奥诺玛库斯继承菲罗麦鲁斯的事业

第十六章　马其顿的崛起　　857

部出口附近的洛克里城市特隆尼昂；在东方，他夺取了奥科麦鲁斯城，并将10年前从底比斯人刀剑下逃得性命的居民召回。

这时，底比斯人也深受缺钱之苦，他们既没有腓力那样的矿山，也没有如佛基斯那样控制着的富裕神庙，于是，他们决定派出一支军队为外邦人效力，以此填补财政的空虚。此前已述，雅典人和斯巴达人都曾采取过类似措施筹集军费，在庞麦涅斯（Pammenes）的率领下，底比斯士兵获得总督阿塔巴佐斯的招雇，此前雅典人卡莱斯曾为总督赢得了一场关键胜利，打败大王的军队。庞麦涅斯也取得了同样的成功，但是，此次受雇出征，他并没有为底比斯财政赢得太多收益。这是因为不久他受到了阿塔巴佐斯的怀疑，并被关进了大狱。

在奥诺玛库斯用德尔斐金银所行诸事中，最重要的是买通菲莱僭主，赢得同盟关系。通过这项政策，他使色萨利内部发生了分裂；色萨利同盟受制于菲莱人的敌视，无法完全与底比斯结成同盟，共同抵抗佛基斯人。色萨利人受到了极大的压力，转而向其北邻马其顿的腓力求助，腓力对奥林玻斯山以南地区的干预使"同盟战争"进入一个新的阶段。

腓力大举进攻麦托涅，雅典援军赶往解围，结果他们来得太晚，就这样，腓力剥夺了雅典在泰尔玛湾的最后一个盟邦。应色萨利人之请，他欣然答应了担任将军之职。这是一个绝佳的向南推进的时机，可为马其顿在希腊建立霸权奠定基础，事实上，腓力的这个宏伟计划如今已进入实际操作阶段。单凭菲莱僭主吕科弗戎（Lycophron）的力量，与支持色萨利同盟的腓力大军相抗衡，他根本没有任何获胜的希望。除非他能得到此前给予他金钱支持的佛基斯人的军事援助，否则这位菲莱僭主必定会全军覆灭。佛基斯人也不可能不为其提供援助。如今奥诺玛库斯的军队兵强马壮，他甚至可以抽出7000人在北方发起一场新战役。其弟兄法伊鲁斯（Phayllus）被委以军队的指挥大权，但他在色萨利境内被腓力击败。

腓力攻占麦托涅，公元前353年
进军色雷斯

打败一支佛基斯军队

于是，奥诺玛库斯亲自带领佛基斯大军（大约 2 万人）冲锋在前，以解其盟友之困。由于在人数上占据绝对优势，奥诺玛库斯在接下来的两次战斗中重创马其顿军队，腓力被迫撤回马其顿，奥诺玛库斯将整个色萨利交给了吕科弗戎。

> 腓力遭到两次失败，被奥诺玛库斯逐出色雷斯

此时，佛基斯人的实力达到了鼎盛。其势力范围南及科林斯湾海岸，北到奥林玻斯山麓。他们控制着温泉关，在波奥提亚西部拥有两座重要的港口，这是因为除原有的奥科麦努斯港外，在色萨利远征后，他们很快又获得了科罗奈。如果他们取得的成就处于另一个时代，或许佛基斯人的统治可以持续一段时间，其能力卓著的领导人之名或许会更为后人熟知。但是，奥诺玛库斯生不逢时，他及其领导的弱小民族在随后的历史进程中被一个更强大的国家及其伟大的领导人击败。

> 佛基斯霸权的鼎盛期，公元前353/352 年
>
> 科罗奈

马其顿人腓力迅速地洗清了在佛基斯人手中遭受的耻辱。次年，他再次带兵进入色萨利，奥诺玛库斯也前往支援其盟友或属邦。在接下来的战斗中，腓力占领了帕加萨港，并派兵驻守于此。【685】该港不但对菲莱至关重要，对雅典而言也是战略要地，不能落入腓力的控制之下；因此，卡莱斯带领一支雅典水师前往协助佛基斯人，以图重夺该港的控制权。在帕加萨湾附近一个不知名的地方，展开了一场决定性的战斗。双方参战的步兵势均力敌，但腓力的骑兵及其采取的战术占据了上风。佛基斯军队中，超过三分之一的人被杀或沦为俘虏，奥诺玛库斯本人也战死。接着，菲莱城被马其顿人占领，吕科弗戎被逐；就这样，腓力成为了色萨利的主宰。接着他准备向南进军，将阿波罗神庙从佛基斯人的控制下解救出来；他宣称，佛基斯人是亵渎神灵的僭越者。

> 腓力将佛基斯人逐出色萨利

在斯巴达、阿凯亚和雅典看来，盟友佛基斯急需支援，因此，她们决定给予积极的援助，绝不允许马其顿人跨过温泉关。当时在雅典处于支配地位的政治家是优布鲁斯（Eubulus），其主导思想是尽力维持和平。但

> 优布鲁斯拯救佛基斯

第十六章 马其顿的崛起

是,此时他迅速采取行动,派出瑙西克勒斯(Nausicles)带领一支大军驻防于温泉关。腓力意识到强攻温泉关极其危险,因此他决定撤军。腓力并非是一个急躁冒进之人,他知道审时度势,明白何时应该等待,何时应该进攻。佛基斯暂时获救了,她应该感谢斯巴达和阿凯亚,因为她们派出了援军,但她最应该感谢的还是雅典。

在支持佛基斯一事上,斯巴达人有自己的小算盘。他们并未放弃赢回美塞尼亚和摧毁麦伽罗波利斯的愿望。因此,奉行支持佛基斯的政策是为了让佛基斯人完全拖住底比斯,这样他们就可放手在伯罗奔尼撒半岛上自由行动,而不必担心底比斯人横加干预。奥诺玛库斯第一次远征色萨利的成功鼓舞着斯巴达人加快行动的步伐。麦伽罗波利斯意识到了危险,于是向雅典求救。任何一个有见识的政治家都不愿考虑这样的请求,当然更不可能让优布鲁斯这样明智的政治家将其付诸实施。像德摩斯提尼这样专与优布鲁斯唱反调的演说家或许会老调重弹,强调削弱斯巴达应是雅典自古奉行的基本政策;但这种思想已不合时宜,因为如今的斯巴达不可能再成为一个可怕的敌人。雅典的政策就是与斯巴达保持友好关系,并与其合作,援助佛基斯对抗底比斯、色萨利和马其顿。这正是优布鲁斯所遵循的原则。

腓力受阻于温泉关后不久,在伯罗奔尼撒半岛爆发了一场战争。【686】雅典保持中立,阿凯亚、爱利斯、弗琉斯和曼丁尼亚站在了斯巴达一方,佛基斯也派出3000人为后援。但是,美塞尼亚、阿卡狄亚和阿尔哥斯的人数仍占优势,而且底比斯也派出了一支数量可观的援军。双方激战多场,但任何一方都未能取得决定性胜利。最终美塞尼亚和阿卡狄亚的首府得以保全,拉凯戴梦人的计划受挫。

奥诺玛库斯去世后,其弟兄法伊鲁斯成为了佛基斯同盟的领袖。最初佛基斯人仅能勉强保住他们在波奥提亚西部的几座要塞;当派往伯罗奔尼撒的援军返回后，他们征服了埃皮克奈米狄亚的洛克里人，围攻并占领了那瑞克斯（Naryx）。法伊鲁斯领导了佛基斯大约两年，后来因病去世。继承其位的是他的侄儿，奥诺玛库斯之子法莱库斯（Phalaecus）。在法莱库斯的领导下，战争又拖了几年，双方都未能取得值得一提的战果。底比斯人虽偶有胜利，并经常蹂躏佛基斯的国土，但佛基斯人仍牢牢地控制着波奥提亚的西部。

公元前 350 年
法莱库斯

　　佛基斯迅速崛起并成为此时希腊威震一时的大国之一，主要取决于两个前提，即控制着德尔斐和能够征召到一支强大的雇佣军。公元前 4 世纪之前，雇佣兵制还不盛行，显然，那时佛基斯不可能那么引人注目。但是，支撑佛基斯强盛的两个必要因素都留下了恶名，无论是占据德尔斐还是征召雇佣军。历史学家也对此进行过猛烈的抨击，他们的看法与佛基斯的敌对者如出一辙；他们的记载给人很坏的印象，认为在神圣战争期间，阿波罗神庙掌握在不敬神灵、贪婪无度的野蛮人手中。在他们的书中，有不少关于为满足佛基斯将军一己私欲，随意占用神庙祭品的记载。譬如，菲罗麦鲁斯将一顶金冠送给了一位舞女；法伊鲁斯将一口银杯赠送笛手。这些流言蜚语是真是假并不重要；即便是真的，也不过证明这些将军挪用了一点公款。但是，可以肯定的是，佛基斯人并非是阿波罗神庙的野蛮亵渎者。他们对德尔斐的声索权与过去人们利用古事索取自己的权利一样，也理由充分。他们必定也希望维护这座泛希腊神庙及其神谕高贵而神圣的地位，也能如此前一样管理好这座圣殿。但是，他们不但将德尔斐神庙看作一座泛希腊的圣所，而且还将其当作是一座佛基斯的圣地；他们认为，与伯罗奔尼撒战争时期一样，既然雅典人可将神庙的金银用于战争，【687】那么佛基斯人将阿波罗的圣产用于保卫城邦的利益也完全合乎情理。在整个战争过程中，佛基斯的领导人一再声明，他们只是借用圣产；待恢复和平后，他们将逐步偿还所借款项。

佛基斯所处的形势及实施的政策

原来的观点强调奥诺玛库斯和法伊鲁斯之流是一帮盗匪,在神圣之所纵情狂欢。但出土于德尔斐铭文记载的原始文献全然反驳了这种看法,事实真相终于大白于天下。* 阿波罗的神庙是由阿尔克迈昂家族所建,在佛基斯人夺取神庙的大约20年前,这里被一场地震摧毁。虽然地震后不久,就开始了神庙的重建工作,但进展极其缓慢。当菲罗麦鲁斯占领德尔斐时,神庙离竣工还为时尚早。整个工程是在一个名为"神庙建筑者"(ναόποιοι)的委员会指导下进行的。在该委员会中,所有近邻同盟的成员都派出了代表,专门拨付的工程经费由该委员会管理。在佛基斯人占领期间,"神庙建筑者"委员会仍照常举行会议,工程仍在进行之中,来自科林斯及其他地方的能工巧匠仍在准备石料,并将其运送到德尔斐,所有事情都如同什么也没有发生过一样有条不紊地运行着。委员会仍正常为工程支付款项,并保存下工程的收支账目,如今我们还可看到其中的一部分。近邻同盟中与佛基斯交战的那些城邦,譬如底比斯和色萨利,虽然没有派出代表参加到委员会中,但其中有德尔斐的代表出席。材料显示,在洛克里被法伊鲁斯征服后,他们也派出代表参加了会议。① 因此,在佛基斯人控制神庙期间,阿波罗神庙的修建工程并没有受到影响,多利亚和伊奥尼亚诸邦仍继续参与这座泛希腊工程的指导工作,在希腊世界的这个中心,似乎什么事情都没有发生一样。

德尔斐神庙第二次被毁,公元前373年

佛基斯人控制期间,阿波罗神庙的修建工程没有中断

---

* 关于这份铭文的具体内容及相关释读,可参见P. J. Rhodes and Robin Osborne eds., *Greek Historical Inscriptions, 404–323 BC*., No. 66, Oxford: Oxford University Press, 2003, pp. 328~336.——译者注

① 公元前351/350年出席委员会的代表有德尔斐、西吉昂和科林斯代表各一位,另还有两位代表来自阿尔哥斯。公元前349/348年的代表中,德尔斐、雅典、麦加拉、埃皮道鲁斯、拉凯戴梦、科林斯各有一人,洛克里和佛基斯各有两人。

第五节　马其顿的推进

如今,这位马其顿君主不但是泰尔马湾周边地区及斯特里梦河口的主人,掌控着帕加萨盆地,而且还开始组建水师。他的掠私船在爱琴海北部横冲直撞,截取雅典的运粮船,冲到列姆诺斯、音布罗斯、优卑亚等雅典的领地或属邦抢劫,有一次甚至骚扰了阿提卡沿岸地区。【688】与雅典利益生死攸关的地区是赫勒斯滂和普罗蓬提;为此雅典需与色雷斯国王凯索布勒普泰斯结成密切的同盟关系,以共同抗击这位崛起于色雷斯之畔的北方强国的不断进袭。这时,阿里斯托克拉特斯(Aristocrates)提议嘉奖雇佣军首领卡利戴姆斯(此人已是这位色雷斯国王的妹夫和重要大臣),其目标就是朝这个方向进一步努力。该项提议因非法受到指控,年轻的政治家德摩斯提尼替指控者书写了演说辞。虽然从法律层面令人信服,但指控者或许可明智地将讨论的内容限制在就事论事的范围内。他们接着抨击提议者的私心,指控阿里斯托克拉特斯的演说辞是迄今为止德摩斯提尼独立发表的最有政治影响力的一篇演说,其目的在于离间色雷斯内部的关系,驯服该邦对雅典的利益极为重要。

> 德摩斯提尼"反阿里斯托克拉特斯",公元前352年

但是,该篇演说收效甚微。从色萨利返回后,腓力马上向色雷斯进军。在另一位色雷斯王公及拜占廷、佩林图斯的支持下,腓力推进到了普罗蓬提海沿岸地区,围攻凯索布勒普泰斯的首府所在地赫莱昂－提科斯(Heraeon-Teichos),最终迫使他承认了马其顿的宗主权。腓力的行动如此迅速,以至于雅典完全没有时间前往拯救色雷斯。当消息传到雅典时,引发了一阵恐慌,人们决定派出一支军队挽救克尔松尼斯。就在这时,新消息传来,腓力生病了;接着有人传言他已经暴毙;派军一事也就此耽搁了下来。腓力生病一事确是事实,这迫使他停止采取进一步的行动;就这样,克尔松尼斯获救了。

> 腓力在色雷斯的行动,公元前352年秋

> 凯索布勒普泰斯向腓力投降

公元前352年年末腓力所处的形势

自腓力登基成为马其顿国王以来,虽然时间还不到8年;但他改变了希腊世界的力量对比,也改变了希腊世界的发展前景,对此,所有明眼人都能够有所洞察。他创建了一支强大的军队,掌控着丰盈的国库收入;他使自己成为了自温泉关到普罗蓬提海之间几乎整个爱琴海北部沿岸地区的主人。在这个地区,没有直接或间接受其统治的地区仅有克尔松尼斯和卡尔基狄克同盟。他渴望成为全希腊公认的霸主,野心勃勃地打算像雅典、斯巴达和底比斯最强盛之时那样占据霸主之位,并组建一个类似于提洛同盟那样的城邦同盟,掌控大批附属城邦。甚至有流言说他的最终目标是带领一支泛希腊军队远征波斯——菲莱僭主伊阿宋也有同样的计划。【689】

腓力的希腊主义情怀

在某种意义上,希腊城邦将腓力视为外来者,一方面是因为此前马其顿一直置身于希腊的政治事务之外,另一方面是因为人们讨厌专制君主制。但是,不应忘记,腓力一直希望让马其顿获得希腊世界的认同,并力图将其祖国提升到这些文明程度远远超出其水平的国家之列。一生之中,他对雅典敬重有加,希望获得雅典的友谊,并认为被迫与雅典为敌是一件憾事。腓力深受希腊文化的浸润。这位精力充沛的马其顿人喜欢生活在稍显粗犷的社会中,与来自祖国的战友们一醉方休;但是他也知道如何使自己与阿提卡的哲学家或文化人意气相投,乐于表达对他们的敬意。他让一位在雅典受过良好教育的学识渊博的人——斯塔吉拉人亚里士多德——担任其子亚历山大的老师。事实上,仅凭这一事实,腓力就已成为一位有意识传播希腊文化的推动者。

雅典所处的形势

虽然希腊人未必能完全理解这意味着什么,但他们都满怀警惕地看着马其顿势力的不断发展。除雅典之外,还没有一个城邦直接受到过马其顿的打击——尽管卡尔基狄克已危在旦夕。如今,无论雅典靠自己的力量还是联合其他城邦去恢复她失去的显要地位,都为时已晚;雅典面临的敌人是一个国库丰盈、军队训练有素的城邦,其领导者是那一个时代最伟大的将军和最有手腕的纵横家。如今,能够妨碍马其顿前进的唯一障碍只有腓力的去世。但是雅典人并没有领悟到这一点,他们仍然梦想着恢复安菲波利斯。在雅典人看来,目前最好的选择是与马其顿达成和平并与其结盟。毫无疑问,腓力乐于向雅典人保证克尔松尼斯和粮道的安全;对腓力而言,克尔松尼斯的重要性不及安菲波利斯和泰尔马湾沿岸的城镇。

这些年里,指导雅典大政方针的是优布鲁斯。他是一位谨小慎微的政治家,也是一位能力非凡的理财家,曾连续4年被任命为观剧津贴管理员。该职务掌控着城邦所有财政收支,因为城邦收入的所有盈余都流向观剧津贴。虽然优布鲁斯奉行和平政策,但也正是他曾给予了腓力沉重的一击,【690】阻止了马其顿人通过温泉关。他明智地使雅典避免误陷伯罗奔尼撒半岛或小亚细亚的不必要战争,坦然接受与同盟者签订的和平条约。雅典的民众对于这位审时度势的理财家衷心拥护,因其使城邦收支平衡,并将城邦的大笔经费用于了民众的节庆福利。或许,腓力在色雷斯连战连捷的消息暂时削弱了他的影响力。雅典人觉得他放松了对赫勒斯滂地区利益的关注,其政敌趁机抓住这个好机会大肆抨击城邦消极无为的政策。

优布鲁斯掌管观剧津贴,公元前354—前350年,甚至可能到前350—前346年

在他的政敌中,最著名的当数德摩斯提尼,他因最近在公民大会上的一次发言而小有声名。(德摩斯提尼半身像,参见图16-2)德摩斯提尼之父是雅典的一位作坊主,其母具有斯基泰血统。当德摩斯提尼还是一个孩童时,父亲就已去世。去世时其父为他留下了一大笔财产,但被监护人侵吞盗用。成年后,他决定要从监护人手中争回本属于自己的财产。为达此目的,他投身于伊萨叔斯(Isaeus)门下,接受法律和演说术的训练。虽然德摩斯提尼获得的祖产不多,但通过实际训练,他的演说能力得到了提升,这在伊索克拉底学究式的教育中是无法获得的。他曾讲述如何

德摩斯提尼,大约出生于公元前384年

通过对着镜子练习手势，口含石头诵读诗歌的方式，克服说话和秉性中天生的缺陷。终于，他成为了普尼克斯最伟大的演说家。或许他最大的不足是演讲风格稍显夸张。德摩斯提尼最初的政治演说并不一定算得上演说中的不朽作品。他是优布鲁斯政策的反对者，支持援助罗德岛和麦伽罗波利斯。腓力在普罗蓬提地区的不断推进给了他一个绝佳时机，要求雅典人采取更积极主动的行动，因为此地直接关系着他们的切身利益。德摩斯提尼为此进行了极大努力，在名为《反腓力辞》（第一篇《反腓力辞》）慷慨陈词的演说中，他号召雅典人积极投身于与"我们的敌人"腓力的战斗中，在这篇最杰出的最见成效的演说辞中，德摩斯提尼将国人的冷漠与腓力的积极行动进行对比。他说："腓力不是一个满足既得利益的人，他总是要不断地征服他人；当我们坐在家里踟蹰不前时，他已为

第一篇《反腓力辞》

图16-2　德摩斯提尼半身像

波吕克托斯的作品，此为罗马复制品，现藏于哥本哈根 Ann Ronam Picture Library.

我们布下了圈套。"在另一处他说:"腓力死了吗？没有！他病了。但这和你们有什么关系？因为,即便腓力死了,你们的冷漠也会很快让第二个腓力崭露头角。"【671】德摩斯提尼提议增强城邦的军力,最重要的是派出军队前往色雷斯,这支军队的士兵务必是雅典公民,指挥者也必须是雅典人。当前,雅典人选出的许多将军只是在国内服役:"你们选出的军官不是在战场上作战,而是像市场的玩偶一样供人们参观展览。"

德摩斯提尼获得了阵阵掌声,但雅典人却什么也没有做。他渴望人们具有伯里克利时代雅典人的激情,但他却生活在优布鲁斯时代。公元前4世纪,雅典人能在原来的朋友和敌人之间泰然处之,无论他们是斯巴达人、底比斯人还是爱琴海上的岛民。在伊菲克拉特斯和卡莱斯这样的将军领导下,他们用雇佣军代替公民作战,仍能够维持着雅典在希腊世界一流强国的地位。但是,要与一支人数众多,朝气蓬勃,令人生畏的陆上力量作战,雅典人取胜的机会马上就微乎其微。因为,自帝国倾覆以来,雅典人心思定,不愿再战;他们不会再受帝国宣传的鼓舞;德摩斯提尼力图唤起的辉煌往昔已无力再激发人们采取实际行动。德摩斯提尼的演说无论多么让人热血澎湃,无论被人们广泛地争相传诵,都不能够改变国人的禀赋;对他的宣传雅典人没有在行动上做出响应,在思想上也没有被他极力宣传的危局打动,他们认为没有必要采取大规模的军事行动。事实上,雅典的处境也没有优布鲁斯的政敌所刻画的那么糟糕。在优布鲁斯的领导下,雅典水师力量不断加强,城邦开始修建一座新的兵工厂,也开始着手建造一个新船坞。总之,雅典的军事力量在各方面都有所提高。她仍是爱琴海地区最强大的海上强国,完全足以保护城邦的商业利益。

接下来,马其顿的发展步骤是吞并卡尔基狄克。腓力大病初愈,立即将注意力转向这里。如果奥林图斯人能够善待腓力,愿意成为马其顿的属邦，或许他们还能作为一个领土完整、享有自治权的城邦保留下来。但是，奥林图斯人对雅典和腓力都表现得傲慢无礼。他们首先与腓力结成紧密的同盟关系，以图劫掠雅典；但是，当从腓力手中获得安泰姆斯和波提狄亚后，他们却倒向雅典，与她订立了和平条约，并承认雅典对安菲波利斯的权利，而此时腓力正在与雅典交战。然而此时腓力正忙于与雅典人交战，一时无暇顾及；但3年后，他就派人前往奥林图斯，要求交出其同父异母的弟兄；此人是一名马其顿王位觊觎者，目前正藏身于奥林图斯。奥林图斯人拒绝了腓力的要求。于是，腓力进军卡尔基狄克。奥林图斯同盟的城市一座接一座地打开了城门，【692】不战而降；如果拒不投降，她们将会如斯塔吉亚一样，很快被腓力攻占。

> 卡尔基狄克同盟与雅典的和约，公元前352年

> 腓力征服卡尔基狄克，公元前349年

> 雅典与奥林图斯结盟

在极其危险的情况下，奥林图斯要求与雅典建立同盟；这一次，雅典公民大会上两派的首领与战争政策的倡导者取得一致意见。在辩论结盟事宜的过程中，德摩斯提尼发表了关于奥林图斯的系列演说辞；促使他完成奥林图斯演说的精神与《反腓力辞》完全一致，事实上它们也是属于《反腓力辞》式的演说辞。在此关头，雅典人似乎突然觉醒，认识到必须要采取行动阻止腓力的进一步前进；德摩斯提尼大胆地抛出了一项不受欢迎的提议，要求将观剧津贴用于军事目的；他再一次重复了恢复公民兵制的倡议。雅典人与奥林图斯人缔结了盟约，命令卡莱斯和卡利戴姆斯（如今已不再为凯索布勒普泰斯效力）带领雇佣军前往卡尔基狄克半岛。接下来，雅典人定然派出了更多军队。腓力处境尴尬，此时，凯索布勒普泰斯反叛。但是，腓力成功地将雅典人的注意力转移到另外一个方向，迫使其兵分两路。长期以来，他一直在策动优卑亚。此时厄律特利亚反叛，驱逐了雅典人扶持的傀儡，即僭主普鲁塔克（Plutarch）；邻近的城邦卡尔基斯及岛屿北部的奥莱奥斯（Oreos）也步其后尘；整座优卑亚岛都陷入叛乱中。如果雅典听任优卑亚的事态发展，将所有兵力集中于卡

> 优卑亚的反叛

尔基狄克，或许她能够拯救奥林图斯。兵分两路无疑是雅典人的致命失误；德摩斯提尼反对此时干预优卑亚，在这一点上，他的看法非常值得称道。但是，如果不采取措施重获这座邻近阿提卡的岛屿，而举全国之力支援一个盟邦，那么雅典人的意志确实也太坚强了。远征优卑亚的重担交给了将军福基昂（Phocion），但是这次远征并不明智。不过事先并无任何征兆表明雅典人会无功而返。福基昂唯一的成果是在塔米奈（Tamynae）摆脱危险处境，赢得一次战斗；但他并未收复任何一座叛乱城市就返回雅典。敌人却俘获了很多雅典人，为此，城邦不得不支付了一笔多达50塔兰特的赎金。雅典人别无他法，只得承认优卑亚的独立，只剩下卡利斯图斯仍对雅典保持忠诚。

远征优卑亚，公元前348年春

优卑亚宣布独立

　　与此同时，腓力对奥林图斯施加了更大的压力，奥林图斯人向雅典发出紧急求助信。这一次，德摩斯提尼说服了雅典人，城邦派出了2000名由公民组成的队伍向北朝奥林图斯进军。但是，他们来得太晚。在雅典人到达之前，奥林图斯已被攻占。腓力对于这座蒙骗他的城市毫不留情。【693】整座城市被彻底摧毁，所有居民被强制驱离故土，散居于马其顿各地，其中一些人沦为奴隶，在王家地产里劳作。卡尔基狄克同盟的其他城市事实上并入马其顿，但她们仍作为一个自治城市存在，可自行管理当地的日常事务。无论如何，这些城市并未遭受灭顶之灾。

奥林图斯的陷落，公元前348年

　　德摩斯提尼一直反对远征优卑亚，因此衍生出一段史话。德摩斯提尼与优布鲁斯的支持者雅典富户美狄亚斯（Meidias）结怨颇深。围绕远征优卑亚一事，双方私人仇恨再次被唤起。在一次狄奥尼西亚节大庆的宴会上，美狄亚斯当众羞辱了他的对头。此时，德摩斯提尼正承担公益捐献，负责他所在部落合唱队的开支用度。就在合唱队表演的那一天，当他穿着合唱队长的圣服出现时，美狄亚斯给了他狠狠一耳光。美狄亚斯的无礼之举牵涉对宗教庆典的不敬和蔑视，因此，德摩斯提尼提起诉讼，控

德摩斯提尼被美狄亚斯羞辱，公元前348年

| 第十六章　马其顿的崛起　　869

告美狄亚斯。在他为此而撰写的演说辞中,包含着许多对美狄亚斯尖酸刻薄的人身攻击。其中,他描写了美狄亚斯厚颜无耻地大肆炫富,这可能也是当时世态人情的真实写照。他质问说:"他阔绰的开支用到哪里了?就我而言,除了下面这些,我真没有看到他还用于了别的地方。他在埃琉西斯建造了一座豪宅,其面积之大足以让周围四邻黯然失色,自愧不如;他养了两匹产自西吉昂的白色骏马,让妻子坐着去参加密仪或去其他他认为可以招摇显摆的场合;他带着三四个男仆到市场上东游西逛,大谈他家里的碗是多么名贵,角杯花了多少个明那,小碟做工多么精致,他们谈话的声音如此之大,好像生怕过路的人没有听到似的。"但是,在诉诸公堂之前,德摩斯提尼答应让步,将大事化小。无疑,德摩斯提尼的让步是出于政治上的考量。在奥林图斯陷落后,不同的政治派别团结在一起,同意相互之间进行合作。不管他多么不情愿,政治上的新联合要求德摩斯提尼必须尽力弥合个人与美狄亚斯的宿怨。

第六节　菲洛克拉特和约

近来持续不断的军事行动使雅典的财政陷入枯竭,国库里甚至没有足够金钱为陪审员发放每日的薪酬。显然,缔结和平是当务之急,对此优布鲁斯定然有充分的认识。但是,雅典人对于奥林图斯的陷落满怀愤恨,认为雅典遭受了一场灾难,因为不少俘虏就是雅典人。【694】鉴于此,雅典人要求与腓力一决高下。由于民众舆论的压力,优布鲁斯被迫支持一些政治家的倡议,派使者到伯罗奔尼撒各城邦,以便能组成全希腊的联合阵线,对抗这位摧毁了奥林图斯城的野蛮人。或许倡议的发起者就是德摩斯提尼,在此后的时间里,举全希腊之力对抗腓力是他最希望实现的理想。优布鲁斯深知,这注定是一个失败之举。不过此时这个倡议对他有用，可以使他避免遭到与腓力私下交好的怀疑。就是在这次派往伯罗奔尼撒执行任务的过程中，演说家埃斯基涅斯（Aeschines）开始崭露头角，此人后来成为德摩斯提尼长久的对手。埃斯基涅斯最初只是其父开设学校的一个小厮，接着成为一名悲剧演员，最后当上了城邦的一名书记员。雅典人派他前往伯罗奔尼撒半岛，以激起那里的希腊人对马其顿的愤恨之情。在伯罗奔尼撒，尤其在麦伽罗波利斯，他运用高超的语言驾驭能力，竭力诋毁腓力，根本没有人会把他与"亲腓力"联系在一起。然而，鉴于雅典人最近拒绝了麦伽罗波利斯人的请求，如今却派使者前往此地；该事实使人不得不怀疑优布鲁斯派出使节不过是表明一个姿态，其目的不外乎是迎合国内的舆论。与其他政治家一样，德摩斯提尼也看到了和平的必要性，因而尽力促成和平的到来。

埃斯基涅斯在麦伽罗波利斯，公元前347年

此时，腓力希望达成两件事情，那就是与雅典缔结和平并成为近邻同盟的一员。底比斯已为其铺好了通向第二个目标的道路。与色萨利人一起，底比斯发表了一则声明，请求腓力前来领导近邻同盟，打败佛基斯。在佛基斯国内，最近出现了内争。法莱库斯被免除将军之职，但他仍拥有一支属于自己的队伍，利用天险控制着温泉关及其周边地区。当听说腓力即将受底比斯之请向南进军时，佛基斯人邀请雅典和斯巴达再次帮助他们镇守希腊的门户，雅典和斯巴达再次答应了佛基斯的请求。但是，邀请是由法莱库斯的政治对头发出的；当斯巴达人或雅典人抵达时，他拒绝让他们进入温泉关。鉴于此前法莱库斯似乎曾援助过优卑亚的敌人，雅典的政治家或许此时有所不安，怀疑法莱库斯可能会成为一个叛徒，将希腊的门户出卖给腓力。这成为促成雅典接受和平的另一个原因。

底比斯寻求腓力的干预

法莱库斯的模糊地位

和平最初是由雅典提出的。使团成员由雅典同盟10个议事区（synedrion）各派一名代表组成，【695】他们前往佩拉与马其顿国王

第一次出使马其顿，公元前347年

第十六章　马其顿的崛起　　871

协商和平条款。成员中有菲罗克拉特斯（Philocrates）、埃斯基涅斯和德摩斯提尼，菲罗克拉特斯是这次出使活动的提案者。双方最终达成了如下条款：雅典与马其顿按达成和平时的实际控制范围确定各自的疆界；缔约时双方应对天盟誓。和约同样适用于马其顿和雅典的同盟者，但两个地方除外。腓力拒绝将色萨利的哈鲁斯（Halus，即哈伦奈苏斯岛 Halonnesus）和佛基斯纳入其中，前者是他最近才攻下的地方，而后者是他决定马上就要征服的地方。

哈伦奈苏斯岛

条款明文规定，雅典放弃对安菲波利斯的权力（尽管此前她一直宣称对该城拥有权力），但另一方面腓力也明确承认雅典对克尔松尼斯拥有主权。腓力将上述两地排除在外是在所难免的。事实上，哈鲁斯只是一个无关痛痒的小地方，很难吸引人们的注意力；但是该岛却是马其顿进攻佛基斯计划的重要组成部分。马其顿国王对于使团成员非常友好，在佩拉给予他们殷勤而谦恭的招待，还在私下向成员们暗示他没有进攻佛基斯的计划。或许成员中不少人希望腓力能拿出诚意，确保承诺的可信度。但事实上，雅典政治家不愿为佛基斯的事劳神费力；他们中的一些人，譬如底比斯在雅典的"代办"（proxenos）德摩斯提尼更倾向于支持底比斯。尽管雅典最近与盟邦的关系变得有些紧张，但她仍需在表面上表现出保护她们的样子；但是，无论是优布鲁斯还是德摩斯提尼，他们根本没有想过因支持佛基斯对抗马其顿而放弃和平。

腓力急于在和平缔结之前攻下原来属于凯索布勒普泰斯的几座城堡。使团一离开佩拉，在确保雅典克尔松尼斯的权利后，他就立即动身前往色雷斯。使团回到了雅典，并带回了一封腓力致雅典公民的友好书信。几天后，马其顿国王的3位代表也来到了雅典。他们受派前往，见证雅典人及其同盟者对和约的盟誓。这次和平谈判对腓力的重要性从代表团成员的组成可见一斑，其中二人是他最著名的属僚，帕麦尼奥和安提帕特。

双方在雅典盟誓并批准了和约，公元前346年3月在菲洛克拉特斯的提议下，雅典人接受了腓力提出的和平条约。虽然还有人对于将哈鲁斯和佛基斯排除在外的做法发出了不同声音，但优布鲁斯告诉人们，如果拒绝了上述条款，双方必将重启战端。优布鲁斯一语中的的演说，使窃窃私语的反对之声顿时安静下来。有几名使团成员还向人们宣传腓力的非正式承诺，【696】说他不会消灭佛基斯并将帮助雅典赢回优卑亚和奥罗浦斯。最终，和约中并未提及佛基斯，尽管没有言明，但双方已心照不宣地将其排除在外。①

如今，雅典一方已缔结了和平条约，接下来雅典需派员前往马其顿，主持腓力及其同盟的宣誓仪式。尽快完成该仪式符合雅典的利益，因为在宣誓遵守和平条约之前，他有可能发起新的征服战争，事实上他也正在色雷斯忙于新的征服战争。前一次前往马其顿商谈和平的那些使者如今再一次被派往主持宣誓仪式。

此时，腓力已夺取了那几座他打算攻占的色雷斯城堡，并将凯索布勒普泰斯降为了马其顿的一个臣属。回到佩拉后，腓力不但会见了雅典的使团，而且还召见了来自希腊其他城邦的使节，他们各怀鬼胎等待着他的回来。此时他已开始被人们视为北希腊事务的仲裁者。

第二次出使马其顿，使团出发时间：公元前346年4月

单就和平条约的正式缔结而言，雅典人并未遇到什么困难。但是，使团出发之前他们获得授权，可与腓力进一步商谈如何解决佛基斯及北希腊事务。双方缔结的协定既是和平条约，又是同盟条约，如果腓力愿意更进一步，该同盟的成员本可以结成一种亲密的朋友加兄弟般的合作关系。优布鲁斯及其党派也正谨慎地朝这个方向前行，如今雅典或许可将自己定位为与腓力一道成为处理近邻同盟诸邦事务的联合仲裁者。在削弱底比斯问题上，腓力与雅典有着共同的利益；在佛基斯事务上，雅典不

---

① 也没有必要明确表达要将其排除在外，因为从严格意义上说，佛基斯并不属于雅典同盟的一员，在雅典同盟议事会中她也没有发言权。

希望将其完全摧毁，而腓力对其也无特别的仇怨，再加上佛基斯此时也已势单力孤。佛基斯人亵渎神灵只不过是干涉行动的一个便利借口，腓力可借此取代佛基斯入主德尔斐的近邻同盟。双方就上述共同事务进行了充分讨论，或许腓力与使团成员很快就达成共识。双方共同行动的基础是宽大处理佛基斯，并强迫底比斯承认波奥提亚各邦的独立；双方还提及恢复普拉提亚独立城邦地位的问题。腓力承诺确保雅典重新控制优卑亚和奥罗浦斯，而雅典支持马其顿加入近邻同盟。【697】埃斯基涅斯是优布鲁斯集团的主要代言人。但是，德摩斯提尼极力反对与马其顿建立全方位的同盟关系。由于德摩斯提尼在雅典公民大会上的影响力与日俱增，对腓力而言，与使团大多数成员签订的任何确定性的协议都不安全。德摩斯提尼的策略是放弃佛基斯，任其自生自灭，雅典应与底比斯走得更近一些；当财政状况好转后，雅典就可与底比斯一道联合抵抗马其顿咄咄逼人的扩张。由于存在诸多难以弥合的分歧，使团成员内部不合时宜地争吵起来，因此，这次出使除主持宣誓仪式外，并未取得其他成果。使团成员陪同国王来到色萨利，在菲莱举行马其顿同盟者色萨利人的宣誓仪式。在双方就哈伦奈苏斯问题达成和解后，使者们返回雅典，腓力也自行回到了马其顿。

如今，我们即将看到，优布鲁斯到底是让公民大会听从他的建议，采取理性的政策，与马其顿合作，还是在公民大会上被那位才华横溢的年轻对手击败。腓力下一步的行动取决于雅典公民大会的决定。

不幸的是，在此关键时刻，没有一个强有力的人物能为城邦指明前进的方向。公民大会摇摆于两种对立的观点之间，德摩斯提尼的演说无可辩驳，而优布鲁斯在过去的8年中对城邦事务享有至高无上的影响力。当使者们返回后，德摩斯提尼不失时机地谴责与其一同出使的其他成员与腓力勾结，控告他们出卖城邦利益。他的谴责暂时获得了成功，公民大会取消了对使团成员致谢的投票。但是，他的成功只是暂时的。埃斯基涅斯及其同伴在公民大会上为自己的行动辩护，并最终获得了胜利。显然，他们与腓力商讨的计划使雅典公民非常满意。公民大会通过法令，确定将与马其顿订立的和约及盟约延及腓力的子孙。法令进一步强调，雅典应正式呼吁佛基斯人撤出德尔斐，并将其归还给近邻同盟；如果该建议遭到了拒绝，雅典将派兵干预。似乎德摩斯提尼并未就关于佛基斯的相关措施提出异议，与腓力合作的政策似乎也即将付诸实施。

此时，腓力的大军向南推进。处于法拉库斯控制下的温泉关因拉凯戴梦援军的到达力量有所增强。【698】但是几个月前法拉库斯就已开始与佩拉秘密谈判，雅典公民大会发出的威胁促使他决定向腓力投降，他提出的条件是不受限制地离开温泉关，到他想去的地方。

在出发前往温泉关之前，腓力写了两封友好书信，邀请雅典派出一支军队，以便协助解决佛基斯和波奥提亚事务。因为雅典公民不乐意离开家乡外出服役，所以人们听信了德摩斯提尼捏造的荒谬恫吓之词，认为腓力会扣留雅典的军队作为人质。因此，雅典人决定派出一个使团，将公民大会上通过的关于佛基斯的法令呈送给腓力，德摩斯提尼自愿屈尊充当信使。由于雅典人总是摇摆于德摩斯提尼与优布鲁斯之间，结果他们在一些事情上做得太多，但在关键的事情上却一事无成。他们抛弃了佛基斯，同时也放弃了本应拥有也本可能拥有的处理北希腊政治事务的发言权。

温泉关向腓力开放，公元前346年7月

显然，鉴于德摩斯提尼的态度，雅典准备与宿敌底比斯协同行动，因此腓力不可能再相信雅典。原被佛基斯控制的波奥提亚西部诸城已重新加入了波奥提亚同盟。在近邻同盟成员举行的会议上，将决定佛基斯人的最后命运。如果按某些成员的提议，该邦所有可以从军的男子都将被推下悬崖摔死。但是，腓力不能让他们自由行事，最终佛基斯人得到的处罚比人们预料的要轻得多。佛基斯人被剥夺了近邻同盟成员的资格;除阿拜(Abae)城外,其境内的所有城市都被夷为乡村,使其不再对德尔斐构成威胁;他们必须每年偿还神庙60塔兰特,直到还清夺取的所有金银为止。拉凯戴梦人也因支持佛基斯而受到了处罚,丧失了在同盟投票的资格,将其投票权交给多利斯派出的两位代表的其中一位。作为对腓力在驱逐神庙亵渎者中所做贡献的认可,佛基斯在同盟议事会中腾出的位置被转交给马其顿。

雅典此前发布了反对佛基斯的声明,这使她避免了在同盟会议中受到与斯巴达类似的惩罚。但是这只能算是一个小小的安慰。当意识到他们什么也没有得到,而底比斯却获得了希望得到的一切时,雅典人对城邦政治家的领导乏术满是怒气。他们行事的徒劳无功主要应归罪于德摩斯提尼,他尽其所能反对优布鲁斯的政策,【699】如今又抓住机会诽谤优布鲁斯一派的政治家及其党派。德摩斯提尼煽动起了国人的恐惧之心,他们担心腓力会入侵阿提卡;雅典全国都陷入恐慌之中,人们甚至将家庭和所有能搬得动的物品都从乡村搬到城里。虽然腓力的亲笔信驱散了人们的恐惧之情,但德摩斯提尼成功地激起了人们对腓力的不信任感。不久雅典人就找到了一个表达对腓力不信任感的机会。

腓力主持公元前346年的皮提亚赛会

当来自希腊各地的人汇聚一起时,腓力得到了一个当众展示其刚获得的领导权的机会。就在缔结和平的那一年,碰巧举行皮提亚赛会。我们可能还记得,原来的菲莱僭主在成为色萨利的统治者后,也曾准备前往德尔斐主持皮提亚庆典,但那时他遇刺身亡了。如今,菲莱僭主的雄心和计划转移到佩拉君王的身上;此前希腊人对于色萨利僭主提出的要求深感担忧,如今他们却被迫屈膝跪倒在马其顿国王的面前。对此,雅典人心生愠怒,并未派人参加近邻同盟会议;会上腓力被选为赛会主持人;后来雅典也未派人参加此次赛会。雅典人的缺席是对允许马其顿加入近邻同盟的抗议,腓力对此心知肚明。但是,他还不希望和雅典闹翻,仍希望最终获得雅典的好感。为此,他并未进军阿提卡。如果进军,其色萨利、底比斯的友邦一定会欣然跟随。腓力只是派出一个使者,通知雅典人近邻同盟已让他成为成员之一,并邀请雅典人与其合作共事。其实,这道邀请函是最后通牒。随着德摩斯提尼成功地煽动起人们的反马其顿情绪,优布鲁斯及其党派已失去了影响力。但是雅典人的情绪走向了极端,德摩斯提尼也难以将人们的狂热之情平复下来。还没有人动员,公民大会就准备拒不承认近邻同盟通过的决议。德摩斯提尼被迫行动起来,将城邦从狂热的激情中解救出来。他忠告民众"现在就进军,将德尔斐从僭主的魔掌中解救出来"的想法是愚蠢而荒谬的。雅典还很少被置于如此进退失据的困境下,这还得"感谢"这位杰出的演说家,正是他将雅典引向了这条布满荆棘的险途。从这时起,德摩斯提尼成为了雅典最有影响力的政治人物。

雅典人的易变性

德摩斯提尼关于和平的演说

　　无论是巧舌如簧的演说家德摩斯提尼还是精明能干的理财家优布鲁斯都不能洞察未来。【700】那个时代唯一能用世界眼光抓住时局变化的可能只有一个人,只有他能超脱希腊世界,深谙马其顿的地位,进而认识到了希腊在世界的位置,这个人就是年逾九旬的伊索克拉底。在党派政治的喧嚣中,他不敢贸然说出自己的想法,只能明珠暗藏,不使其暴露在普通大众的污言秽语中;当他屈尊为希腊提出政治性意见时,就容易招致二流政客及其他政治投机者的嘲笑,说他只不过是一个书斋学者,没有任何实践经验就想步入政坛。其实伊索克拉底洞悉世事变迁;演说家们虽会在普尼克斯慷慨陈词,但却往往错误连篇。他对菲洛克拉特斯和约签订后形势变化的看法与后来历史的发展不谋而合。在写给腓力的一封信中,他阐明了自己的看法。他早已发现,一直以来,希腊世界体系就处于无穷无尽的徒劳折腾中,这种坏印象深深地印在了人们的记忆

伊索克拉底的政治洞察力和预见力

| 第十六章　马其顿的崛起　　877

中：希腊世界分裂成若干小邦，相互之间争执不休；在他看来，为了共同的利益这些城邦理应组成一个单一的国家。他认为，统一希腊的时候已经到来，如今崛起了一位伟人，他富有头脑，手握大权，掌控着充盈的财富，是统一运动的中枢。城邦的自治和独立虽可保留，但每个城邦应在共同愿望和对共同领袖忠诚的基础上结为一体。在腓力这位伟人的领导下，希腊的前景将会更光明。这样的前景不仅能够实现个人的抱负，而且也是一项利国利民的伟大事业，可以解决日益严峻的社会危机。如前所述，长期以来，希腊各地充斥着一批批无以为业的过剩人口，他们以充任雇佣兵为生，并不附属于某一个城邦，而是将自己出卖给任何一个需要战斗人员的城邦。这些浪迹天涯的无业游民成为社会上的一个巨大威胁。正如伊索克拉底认识到的，将他们殖民到一片全新的土地是解决该问题的唯一可行之策，而这片土地必须从蛮族手中夺取。如今，应是希腊进攻波斯的时候了！腓力的任务就是带领希腊军队从事这宗辉煌壮丽的伟大事业。如果不能摧毁大王的整个帝国，他至少也可以将"从西利西亚到辛诺普"以西的小亚细亚并入希腊世界，将这块地方拨出以供希腊人之需。

10年之后，伊索克拉底为腓力规定的任务开始实施，当然不是腓力本人，而是他的继承者。我们会在适当的地方看到这一次完成的任务远远超出了这位雅典预言家所抱有的最大愿望。不过，毫不夸张地说，伊索克拉底已觉察到新时代即将到来的某些迹象，【701】并注意到历史发展的大势所趋。他看到，自"特洛伊战争"以来就已存在的欧亚之间根深蒂固的争端是一个历久不变的事实；他预见到双方的争执很快会终见分晓；在漫长一生的最后岁月，他一直期盼着那一天的到来。居鲁士远征和阿格西劳斯在小亚细亚的战争预示那一天即将来临；菲莱的伊阿宋曾一度被他视为阿伽门农或客蒙的继承者。如今，这个日子终于来临。命运之神选择了这位马其顿人。伊索克拉底明白，希腊的扩张将会满足希腊现实的主要需求。将伊索克拉底的明智及其对希腊形势实实在在的看法与他同时代的某些具有奇思妙想的保守思想家相比较，会颇具启发性。演说家德摩斯提尼极好地表现了这种保守主义思想；他误以为通过雄辩的口才和强大的影响力，就可将其所处时代的雅典从形式和性质上转变为伯里克利时代那样的城邦。他对形势的误读是因并未考虑到世事已变，雅典城邦的性质也发生了变化。伟大的政治家或脚踏实地的思想家不太可能会被这种不切实际的看似高贵的幻想所误导。伊索克拉底不仅没有被其误导，他还领悟到了历史发展的大势，预见到了希腊的扩张；随着希腊的扩张，世界也在不断发展。

第七节　和平期与备战（公元前346—前341年）

自从为马其顿在希腊宗教同盟中获得觊觎已久的位置后，腓力在接下来的两三年中努力发展其规模较小的水师，加强对色萨利的管理，并力图在伯罗奔尼撒半岛获得一定的影响力。可以说，如今色萨利已通过私人关系加入了马其顿。色萨利诸城选举马其顿国王担任执政官——随着菲莱僭主遇刺，塔古斯这一古老的称号也被弃之不用——腓力将色萨利划分为4个大区，并派出4位总督管辖。科林斯地峡以南，腓力采用了底比斯原来的政策，向那些反斯巴达的城邦提供援助。通过谈判，美塞尼亚、麦伽罗波利斯、爱利斯和阿尔哥斯与马其顿建立了密切的关系。在麦伽罗波利斯，人们为腓力树立了一座铜像。而阿尔哥斯与马其顿保持着一种特别的关系，因为阿尔哥斯宣称她是马其顿国王的故土。

<small>腓力被选为色萨利的执政官；色萨利的四总督制</small>

调和与雅典的关系是腓力的主要目标，对此他收获的也并非全是失望。在行贿受贿上，没有人比他更老到。【702】可以肯定，在花钱收买雅典支持者上，他毫不吝啬。自然，雅典人希望得到的是和平而非战争，愿

<small>雅典的主和派</small>

|| 第十六章　马其顿的崛起　　879

意与腓力保持友好关系党派的势力仍然强大，随时都有可能重新掌权。一方面，资深的政治家优布鲁斯虽然在某种程度上淡出了城邦的公共事务，但他的影响仍在；另一方面，埃斯基涅斯、菲洛克拉特斯等在商谈和平条约过程中的活跃人物已逐渐走到前台；不受腐败侵蚀的战士福基昂虽不愿在军事或政治上出人头地，但如今还是成为雅典一位举足轻重的人物。与时人相比，福基昂为人真诚，不受任何金钱的利诱。因对城邦的忠诚（在这方面很少人能做到），雅典人曾多次对他进行嘉奖；虽然其军事才能不会超过一名合格的队长，但他曾45次当选将军；他对常识（演说之术无论如何夸夸其谈也无法改变常识）有着敏锐的认识；因超乎寻常的清廉，他成为所属党派的中流砥柱。

主战派

在雅典，有一个人坚信和平不可能持久，只不过是准备下一次战争中间的一个间歇期。在希培里德（Hypereides）、莱库古及其他一些人的支持下，德摩斯提尼不遗余力地煽动国人对腓力的仇恨，并力图诋毁和抹黑政治对手主和派。这些年来，主战、主和两派展开了激烈的斗争，德摩斯提尼经常占据上风，并最终获得了胜利。

德摩斯提尼指控埃斯基涅斯，公元前346/345年

就在腓力成为近邻同盟议事会成员之后，德摩斯提尼不失时机地给予政治对手一记沉重打击。他控告埃斯基涅斯收受来自马其顿国王的贿赂，在商谈和约的过程中出卖雅典的利益。当时雅典人正被底比斯的胜利所激怒。要不是犯下了致命错误，德摩斯提尼或许可以利用人们的愤怒，让埃斯基涅斯成为替罪羔羊。一位名为提玛库斯（Timarchus）的雅典公民年轻时曾有过令人不耻之行为，本应被剥夺公民权。在指控提玛库斯的案件中，德摩斯提尼受到了牵连。通过指控提玛库斯，揭露其不堪入目的私生活，埃斯基涅斯轻易地摆脱了德摩斯提尼的攻击。因此，德摩斯提尼的控诉案未能获得大多数陪审员的支持，他被迫将此事暂时放在了一旁。

埃斯基涅斯控告提玛库斯

一两年后，德摩斯提尼出使伯罗奔尼撒诸城，试图通过演讲消减腓力的影响。然而，他的演说并未能激起人们的积极回应。对于这位来自与马其顿缔结了和平并结成同盟的城邦的代表不当的谩骂，【703】腓力有充分的理由提出抗议。佩拉派出一个使团前往雅典，告诫他们不要再三曲解马其顿人的动机。德摩斯提尼抓住这个机会，发表了他那篇毫不妥协的反马其顿的著名演说。该篇《反腓力辞》及接下来几年政治演说的立论基础，是腓力渴望并不惜一切代价地颠覆雅典。然而，他的立论基础并无任何确切证据，正如随后发生的事情表明的那样，德摩斯提尼的宣传纯属子虚乌有。

我们并不清楚雅典是如何答复佩拉的，但人们可能会抱怨最近签署的和平条约的一些条款不那么公平，他们尤其提到了哈鲁斯岛的所有权。哈鲁斯岛是一座远离色萨利的小岛，该岛原本属于雅典同盟，并无什么价值可言。后来它被海盗占领，接着腓力的队伍将海盗从其岛上驱逐。腓力派出一个使团，礼貌地向雅典人告知了该消息，请求雅典修订和约条款，并答应将哈鲁斯岛奉还给雅典。但是，该地无论对雅典还是其他城邦都无太大作用，只是一个外交争执的好借口。德摩斯提尼劝说雅典人拒绝按腓力提出的条件接受哈鲁斯岛，他强调不应是腓力将其"给予"而应是"归还"给雅典。除了要恢复这座几无价值的岛屿外，雅典主张变更和约的基础，各方不应按缔约时实际控制的地域确定范围，而应按该区域在法律上的归属而确定。雅典人的提议非常荒谬可笑，如果纠缠于所有争议问题，就无法达成任何和平，和约的目标就是要解决争议问题。雅典还抱怨说，谈判开始后，腓力又占据了几座色雷斯城堡。在这个问题上，即便从法理层面腓力也无可指责，但他还是答应就此问题提请仲裁。雅典人拒绝了他的提议，借口说无法找到合适的仲裁者。上述言行表明雅典人并无诚意，他们想要达到的目标与其提议一样不具任何建设

德摩斯提尼在伯罗奔尼撒半岛，公元前344年

第二篇"反腓力"

哈鲁斯岛

第十六章　马其顿的崛起

性。德摩斯提尼应对城邦的态度负责，其意在继续保持和马其顿的紧张关系，阻止双方达成任何和解。

如今，由于德摩斯提尼及其追随者占据优势，他们可以大胆地打压政敌，从而让腓力产生挫败感。希培里德指控菲洛克拉特斯犯有叛国罪，此人之名与和约密切相连。目前的大众舆情使审判前景一片黯淡，菲洛克拉特斯只得逃走。【704】但他还是因藐视法庭而被判处死刑。受到希培里德指控成功的激励，德摩斯提尼再次控告埃斯基涅斯；不过，埃斯基涅斯仍坚持到底。这是雅典大众留给我们最著名的古代政治审判。双方撕下面子，彼此大肆揭短，以图蒙骗陪审员。因审判之后，双方都刊发了各自的演说辞，在教谕后人的同时，也让事实本身变得更加扑朔迷离，真伪难辨。也正是在这两篇充满着政治仇恨的演说辞中，当今的历史学家剔除了其中的谎言和对事实歪曲的部分，发现了导致菲洛克拉特斯和约谈判的整个过程。

德摩斯提尼控诉埃斯基涅斯的诉讼辞是诡辩术的一次伟大胜利。没有哪一位政治家比他更清楚，普通民众虽然亲自见证并参与政治事件的讨论和投票，但他们对于这些事情的记忆是多么短暂；也没有哪一个人能够如此明目张胆地利用人性的弱点来达到自己的目的。自和约签订以来，时间才不过短短 4 年，德摩斯提尼就已确信听众对于事实的记忆不那么准确，因而他对不久前还在雅典街头巷尾众所周知的事实大肆歪曲，他这样做并不会冒什么风险。谈判的过程中，他想尽办法以图促成和平，如今他断然否认自己在整个过程中负有任何责任，并对和约百般诋毁；他声称佛基斯被人们可耻地抛弃，并将佛基斯人的悲惨命运嫁祸给埃斯基涅斯。事实上，他指控埃斯基涅斯的诸多罪证并无真凭实据，关于收受腓力贿赂的控告也无任何实际证据。从演说术的角度看，埃斯基涅斯的辩护词也并不逊色，其中的内容也是半真半假。优布鲁斯和福基昂

控告菲洛克拉特斯，及此人逃走，公元前 343 年

控告埃斯基涅斯，公元前 343 年

德摩斯提尼关于使团渎职的诉讼词

埃斯基涅斯被无罪释放

都是品行高尚之人,他们支持埃斯基涅斯,但此时民众对腓力非常敌视,结果被控者仅以微弱的优势得以幸免。

或许可以相信,埃斯基涅斯及党派的其他成员确实收了腓力的金钱,但是德摩斯提尼反复强调的事实并没有确凿证据。不过,收受腓力的金钱是一回事,出卖雅典的利益是另一回事。德摩斯提尼必须要证明埃斯基涅斯为了获得大笔金银,牺牲了祖国显见的利益或者抛弃了他自己的政治信仰。希腊大众认为,如果外国人对其政策满意,一个人收受几塔兰特金银也并非完全不可。虽然也有那么几个政治人物为自己定下规矩,在与政治相关的活动中绝不收取他人的一分一厘,这样的人受到人们的尊敬,被视为具有超越人类的美德;不过德摩斯提尼并不属于其中一员。腓力曾用金银叩开许多城市的城门,【705】无疑在对待支持马其顿利益的党派时,他出手定然会相当阔绰;另外一种可能是,埃斯基涅斯及其同伴家境并不富裕,如果腓力不给他们的钱包里多塞金钱,这些人可能就无法全身心地投入政治事务中。

这时,腓力试图对阿提卡的两个邻邦——西方的麦加拉和东北的优卑亚施加更大影响,并想在这两个地方策动不利于雅典的政变。在镇压一次革命后,麦加拉决定与其邻邦也是宿敌雅典结成同盟。但在优卑亚岛,得到马其顿支持的革命运动进展更顺利。厄律特利亚和奥琉斯相继建立了寡头政府,事实上成为腓力的附属国。但在战略位置更重要的卡尔基斯民主派占据优势,他们寻求与雅典建立关系平等的同盟,对此,雅典人欣然应允。

雅典与麦加拉和卡尔基斯结盟,公元前343/342年;优卑亚岛上的亲马其顿寡头政府

在希腊世界的另一端,许多小邦团结在雅典的周围,德摩斯提尼梦想的反马其顿同盟几乎就要成功建立。通过与埃皮鲁斯一位公主结婚,在岳父去世后,腓力自然得到了干预埃皮鲁斯王位继承的资格。腓力支持妻兄亚历山大反对叔丈阿里巴斯(Arybbas),并派兵进入埃皮鲁斯,助

腓力在埃皮鲁斯

第十六章 马其顿的崛起 883

亚历山大获得了统治权。如今埃皮鲁斯已成为马其顿的附属国，腓力将其视为一条进入科林斯湾和从西侧进入希腊的通道。他采取的第一个步骤是吞并卡索庇亚（Cassopia）（此地位于阿凯隆河与奥罗浦斯河之间），将其交给妻兄领导的埃皮鲁斯同盟管辖。接着，他盯上了安布拉基亚，该地是埃皮鲁斯向南扩张的一个障碍。但他最想占领的地方还是瑙帕克图，这是科林斯湾的门户，如今控制在阿凯亚人的手中。埃托利亚人是他实现这个任务的天然盟友，因为他们也对瑙帕克图觊觎已久，并愿意为他守护这个地方。而且，埃托利亚人与安布拉基亚人、阿卡那尼亚人势成水火，腓力正好希望将二者置于埃皮鲁斯的控制之下。腓力明目张胆的计划使居住于此地的所有部族都警觉起来，不但安布拉基亚、阿卡那尼亚和阿凯亚，而且科基拉也寻求与雅典结成同盟。

然而，腓力认为在这西侧采取进一步行动的时机还没有到来。凯索布勒普泰斯近来的频繁活动使他决定转到另一项重大的任务，即征服色雷斯。自从波斯人遭受败绩撤出欧洲以来，【706】色雷斯就处于当地王公的统治之下，其中几位王公，譬如泰莱斯、西塔尔凯斯、科提斯等统治着从斯特里梦河到多瑙河之间的整个地区。如今，这里将被置于一位外族人的统治之下，不过这位新主人是欧洲人，他将带领色雷斯战士征战亚洲，以报复东方人奴役其祖先的耻辱。正如大流士远征色雷斯一样，我们对于腓力远征色雷斯也知之甚少。与大流士不同，他并未渡过北方的那几条河流，也没有入侵斯基泰，但这次战斗持续了10个月。在那块寒冷刺骨的土地上马其顿人度过了严冬，忍受着疾病和严寒。在战场上，腓力也同样遭受到了困苦和危险。若干年后，在一段著名的篇章中，德摩斯提尼这样描写腓力不竭的精力和对自己的冷酷无情，他说："为了获取权力，建立帝国，他被人打瞎了一只眼睛，他的锁骨被人打断，胳膊和大腿都已残废。他听任身体任何一部分接受命运的安排，而使尊贵和荣誉与

腓力发起的色雷斯远征，公元前342年夏；前341年春

身体其他部分融为一体。"

色雷斯国王遭到废黜,其王国成为马其顿的一个纳贡省区。在这块土地上有一座城市以腓力命名,成为这次伟大但记载不明的战役最引人注目的记忆。赫布鲁斯河畔的腓力勃波利斯(Philippopolis)是由这位征服者建立的,是马其顿在色雷斯发挥影响力的主要城市。

建立腓力勃波利斯

这次征服并未违背和约,因为凯索布勒普泰斯没有获准成为雅典的同盟者签署和约。不过这次行动严重地影响着雅典在黑海门户的地位。如今马其顿的前沿阵地已推进到与克尔松尼斯直接接壤之处,不再有色雷斯王公可供雅典用以与腓力相抗衡。事态的恶性发展逃不脱德摩斯提尼的眼睛,虽然雅典与腓力都不愿相互敌视,但这位演说家仍决定挑起一场战争。德摩斯提尼说服雅典人派出几条战船装载着一支雇佣军,在一位名为狄奥佩泰斯(Diopeithes)的恶棍率领下前往克尔松尼斯,保护雅典在此地的利益。雅典与卡尔迪亚就双方交界处的归属存有争端,于是狄奥佩泰斯不失时机地发起了对卡尔迪亚的进攻。如今根据和约的明文规定,卡尔迪亚是腓力的一个盟邦,狄奥佩泰斯的行动违背了和约。更可恶的是,此人乘机侵入腓力管辖的色雷斯地盘,在此情况下腓力向雅典提出严正抗议。狄奥佩泰斯的行动明显失当,雅典人本打算宣布与其脱离关系。但德摩斯提尼救了此人一命,他说服雅典人继续支持狄奥佩泰斯。【707】在发表这篇关于克尔松尼斯的演说后,他继续号召人们发起对腓力的战争,为此他发表了著名的演说辞,即第三篇《反腓力辞》。在该篇演说辞中,德摩斯提尼谴责道,腓力对雅典的仇视根深蒂固,希望将她摧毁,虽然腓力明地里大谈和平,却暗地里挑起战争;在分析腓力所有行动后,德摩斯提尼得出的结论是,雅典必须马上行动起来。他呼吁雅典人做好战争的准备,派军前往克尔松尼斯,组建一个希腊同盟抵抗"卑劣无耻的马其顿人"。

德摩斯提尼关于克尔松尼斯的演说,公元前341年

第三篇《反腓力辞》

第十六章 马其顿的崛起   885

德摩斯提尼在拜占廷,公元前341年

雅典派出使者到处散播消息,提醒人们防范马其顿人。德摩斯提尼亲自前往普罗蓬提海,成功地帮助拜占廷和佩林图斯摆脱了与马其顿的同盟关系。与此同时,雅典派出军队前往优卑亚,推翻了奥琉斯和厄律特利亚的寡头政府,将这些城市联合成为一个独立的优卑亚同盟,议事会驻地在卡尔基斯。这样,该岛不但从马其顿的控制下获得了解放,而且也摆脱了雅典的控制,获得了独立。

优卑亚同盟,公元前341年

腓力围困佩林图斯,公元前340年

上述敌对行动并未公然违背雅典与腓力订立的和约。但是,拜占廷和佩林图斯脱离马其顿对腓力是一个打击,使他不能平心静气地坦然接受。处理好色雷斯各省区事务后,他开始从海陆两路围困佩林图斯。驻扎在赫勒斯滂的雅典军队禁止马其顿水师通过海峡,但腓力派出一支军队驶往克尔松尼斯,成功地转移了雅典人的注意力,通过调虎离山之计,腓力的战船顺利通过海峡。围困佩林图斯标志着东部的希腊人也开始采用新近发展起来的围城武器,而西西里人早已运用这些武器并取得了很大成功。虽然腓力使用了各种器械,建造攻城塔,挖掘地道,但仍未能占领居于半岛悬崖之畔的佩林图斯。因马其顿人从海上围困的成效有限,佩林图斯人依然能够不断得到来自拜占廷的人员和物资补给。雅典人还在观望中。他们抗议腓力侵犯克尔松尼斯并夺取雅典的战船。腓力在回信中列举了雅典针对他的诸多敌对行动。决战时刻终于到来。马其顿国王突然撤销对佩林图斯的围困,转而攻打拜占廷,希望通过突然袭击占领该城。当博斯普鲁斯海峡上这个位置关键的城市处于危险时,雅典再也不能继续观望。他们拔掉了记载和约的石碑,对马其顿正式宣战。卡莱斯率领一队人马援助拜占廷,不久福基昂率领第二支船队随即赶到;罗德岛和开俄斯也派出了援军。【708】腓力被迫撤退回色雷斯,他对佩林图斯和拜占廷两城的进攻都被挫败。这是德摩斯提尼在与其首要敌人对抗中获得的第一次胜利,雅典公民大会也因此当众向他表达了谢意。

进攻拜占廷

人们不禁会问,雅典的水师为何不能更快速更有效地出现。马其顿的水师并不强大,虽可对商船造成破坏,也可劫掠一处海岸,但还无法掌握制海权,控制海洋。雅典水师有 300 条坚固的战船,控制着爱琴海北部,但在这些关键的年份,似乎并无军队长期驻防于赫勒斯滂。这并非是雅典人忽视海上事务。前面谈到,优布鲁斯曾建造新的船坞,并开始在宙亚湾着手修建一所巨大的兵工厂,以便存放战船的风帆、索具和其他装置。但是,如果战船本身缺乏效率,船上配备的桨手缺乏配合,上述豪华的设施都形同虚设。很久之前,德摩斯提尼就希望改变这种已实行了 17 年之久的水师制度。根据原来的制度,雅典最富裕的 1200 人应承担舰船捐税,每艘三列桨战船所需费用由一个纳税小组承担,小组内每位成员承担数额相同的费用。如果城邦需大批战船,每个纳税小组的成员仅有 5 人;如果所需战船较少,每个小组可有 15 人。这种纳税制度让小组内财富较少的成员难以承受,因为他们所付的款项与富人相同,最终会导致他们破产。对城邦而言,最大的伤害是那些财富稍逊的成员,他们经常无法及时缴纳承担的那一部分款项,结果导致需出海作战的三列桨战船迟迟无法完成装配。如今,虽然雅典的富人强烈反对,但德摩斯提尼声望巨大,仍引入一条新法规,规定装配战船的花费应根据每个公民财产的多寡落到每个公民头上。如果一位公民财产超过 30 塔兰特,就必须承担三条战船和一艘小船的费用,而不是原来一条船费用的五分之一或者十五分之一。

德摩斯提尼对水师运作体系的改革

因为在优卑亚和拜占廷取得的成功,德摩斯提尼的声望日炽,有能力完成更宏伟的业绩。许多年前,他曾谨慎地暗示,作为权宜之计,将观剧津贴用于军费。如今,虽然反对声音很大,但他仍说服了雅典人采取该措施。为了节省开支,正在修建的兵工厂和船坞又被打断。

此时,腓力再次撤退到色雷斯的旷野之中。居住在多瑙河口附近的

腓力在色雷斯的行动,公元前 340—前 339 年

斯基泰人已经反叛，【709】他跨过巴尔干的崇山峻岭前去征讨斯基泰人。返回马其顿的途中，腓力经过半岛中部的特利巴利人的土地。在此，他指挥了几场痛苦的山地战，结果大腿不幸受到重创。但是，如今色雷斯终于获得了安全，腓力也可腾出手来随心所欲地处理与希腊相关的事务。

第八节　喀罗尼亚战役

腓力决定与雅典一战

菲洛克拉特斯和约订立前后，腓力一直渴望与雅典建立友好关系，如今，实现这个愿望已几乎如水中望月，因为那位永不妥协的演说家在雅典正春风得意。在德摩斯提尼一再煽动下，双方的关系日益冷淡，争端不断，已经走到战争边缘；而马其顿的扩张也受到了明显限制。如今，马其顿已别无选择，只能积极应战，调遣精锐骑兵，进攻可能会给雅典带来致命打击的两个地方：其一是攻打雅典城，其二是进攻出入黑海的咽喉要道，扼断其粮道。但是，作为一个陆上强国，除非同盟者为其提供一支强有力的水师，否则马其顿不可能在普罗蓬提地区展开有效的行动。在围攻佩林图斯和拜占廷时，腓力已印证过这一事实。如今他不但必须考虑雅典的海上力量，还必须考虑小亚细亚周边岛邦的水师，它们的规模虽然不大，但不久前也赶往救援那两座受到威胁的城市。既然雅典已从沉睡中苏醒，非常明显，马其顿能给她带来致命打击的地方只能是阿提卡。

雅典的危险处境

就雅典而言，她完全没有做好战争的准备，既未充分估量战争的花费，又未制订出周详的计划。事实上，雅典人并不希望战争，他们既无迫切的需要，也无不可逆转的激情，任何对于当前形势的理性分析都不可能让他们同意参战。但是，德摩斯提尼及其同伙的一再煽动将他们一步步逼到了战争边缘。这个北方新近崛起的番邦大国使雅典人坐卧不宁，那位巧言令色的演说家及其同伙刻意地培养和滋生人们对马其顿的疑虑之情,最后使这种情绪发展成为一种对马其顿国王不可理喻的仇恨,腓力的性格、目标、智谋都被完全歪曲。【710】但是,如今双方已经宣战,雅典人的行动计划是什么呢?雅典甚至没有一位将军能将全国的力量整合起来。无疑,雅典控制着海洋,她可以将优卑亚作为基地摆脱马其顿的封锁;从岛屿南部的卡尔基斯出发,雅典可以在与波奥提亚的对抗中占据一些优势;从奥琉斯,她可以劫掠色萨利的海岸并在帕加萨湾采取一些行动。但是,当腓力向南进军,通过已在马其顿掌控下的温泉关后,雅典的海上优势将毫无用处,因为这样马其顿军队之间的联系不再取决于海洋。如果军队推进到阿提卡,雅典甚至无法组织起有效的抵抗;雅典公民不可能如波斯战争时期地米斯托克利对他们发出的指令一样,也听从德摩斯提尼的指令,举家搬迁到海上。德摩斯提尼一直想当然地认为,腓力的首要目的是入侵阿提卡,摧毁雅典城。如果情况确实如德摩斯提尼预言的那样,等待雅典人的只能是乡村被毁,城池被围。如何应对可能发生的危险?事实上,雅典人处于孤立无援的状态,大陆上没有一个强大的城邦会为其提供支援。在抵抗腓力及其同盟者的战争中,麦加拉人、科林斯人、安布拉基亚人或阿凯亚人能为他们做什么?在此生死危急的时刻,许多雅典人肯定会嘀咕说:"啊,要是我们是岛民就好了!"不幸的是,雅典地处大陆,这与荷兰的情况类似。随着危机的日益临近,我们越来越真切地感受到这些年来雅典执行的政策是多么鼠目寸光、毫无远见。如果雅典接受马其顿的友谊,一直在普罗蓬提地区维持着强大的海上力量,毫无争议地掌控着她所关心的粮道,雅典的安全将会稳如泰山。从战略上看,一个海上力量占据优势的城邦拥有一支强大的水师队伍就等同于取得了一系列的胜利,但是,在这段时间里几乎没有见到过雅典舰船有任何行动,我们不禁怀疑雅典水师是否得到了有效管理。

一直到拜占廷被围,德摩斯提尼都没有腾出手来;但直到此时为止,他除了煽动人们的情绪外，其他什么事情也没做。当最终获得指导雅典政策制定的完全话语权时，他的精力和能力令人感到惊异。我们不禁会问，他把一支侵略大军招惹进自己的国家，让城市受到围困，他准备担负起这一切责任的希望到底是什么？可能的答案是，他将希望寄托在仅有的一个机会上。自开始从政以来，德摩斯提尼就有着强烈的亲底比斯倾向，前面已经谈到，他是底比斯在雅典的"代办"。【711】这种偏向性使他在公共场合发言时非常小心谨慎，因为雅典人对底比斯并不友好。对于佛基斯人遭受到的命运，德摩斯提尼象征性地流下了几滴眼泪，但这并不会有违他对于佛基斯仇敌（底比斯）的偏爱，因为直到悲剧最终发生，他也从来没有为受底比斯之害的佛基斯人发出支持之声。德摩斯提尼奉行的政策目标是让雅典与底比斯结盟。实现这个目标困难重重，而且具有强烈的不确定性。底比斯真会转变政策，对抗作为盟友的马其顿？毕竟腓力最近才确认了底比斯在波奥提亚享有的完全霸权，而且她还有充分的理由相信，腓力会继续给予支持，使其成为钳制阿提卡的一个邻邦。德摩斯提尼孤注一掷，将所有希望押到与底比斯结盟之上，然而这个机会似乎也微乎其微。如果底比斯站在了腓力一边，甚至听任马其顿大军自由通过底比斯，那么阿提卡失败的命运将不可逆转。但是，如果他能说服底比斯抛弃腓力，雅典军队和训练有素的底比斯军队联合在一起，或许能够成功阻止腓力的进攻。

德摩斯提尼的亲底比斯倾向

马其顿的入侵并未耽搁得太久，而且这次入侵是以一种奇怪的方式爆发的。在不久前发生的神圣战争中，雅典人将普拉提亚胜利后敬献给德尔斐神庙的祭品擦拭一新，并再次举行了祭拜仪式，他们奉献的祭品是几块金质盾牌，上面的铭文写着："从波斯人和底比斯人那里获得，他们一道与希腊人为敌。"此时德尔斐还在佛基斯人的掌控中，而佛基斯人因亵渎神灵受到了声讨；雅典人的祭拜活动也被看作是冒犯宗教信仰

近邻同盟会议，公元前340年秋

的举动。无论如何，底比斯人及其盟友找到了正当理由报复雅典人在祭品上所写的无礼铭文，投降波斯人使他们担负了一个半世纪的耻辱。底比斯人并没亲自出面，其盟友安菲萨的洛克里人在秋天举行的近邻同盟会议上控告雅典人，并提议对其罚款50塔兰特。这次会议上，埃斯基涅斯是雅典的代表之一，是他发现有人准备发起不利于雅典的行动。埃斯基涅斯是一个颇有辩才的政治家，他决定先发制人，阻止洛克里人的指控。其实，煽动议事会指控雅典的洛克里人本身犯了渎神之罪，他们在一些原本属于克利萨但如今受诅咒的土地上种植庄稼。会议中，埃斯基涅斯站起来，发表了一次令人印象深刻而且很具说服力的演说，深深地打动了在场听众，他号召同盟处罚那些人亵渎神明的行为。次日，天刚拂晓，近邻同盟和德尔斐的军队带着铁镐，行进下山，发现原来应抛荒的土地确实已被人非法种植；【712】当他们准备铲除地里的庄稼时，安菲萨人从城里看到平原上发生的事情，对他们发起了攻击。同盟议事会决定在温泉关举行一次特别会议，商讨处罚洛克里人的措施；如今他们除非法耕种外，又加上了一条对近邻同盟代表进行人身攻击的罪责。

> 埃斯基涅斯发言反驳洛克里人对雅典渎神的指控

通过埃斯基涅斯迅速果敢的行动和令人信服的演讲，雅典获得了一场大胜。全靠这位演说家，雅典才转败为胜，挫败了安菲萨和底比斯的阴谋；他们本准备借助近邻同盟发动一场针对雅典的战争，并确信雅典会必败无疑，最后只能乖乖地交上罚金。当然，安菲萨和底比斯指望其行动能得到腓力的支持。但是，如今轮到雅典率领同盟成员发起一场对安菲萨的神圣战争；这是雅典与腓力和解的绝佳时机，雅典可借此联合腓力对抗底比斯，而不是任由腓力与底比斯联合进攻雅典。埃斯基涅斯为雅典赢得了优势，但他的努力并未受到德摩斯提尼的欢迎，因为德摩斯提尼的目标是避免与底比斯发生纠纷。因此，他劝说

> 雅典没有朝埃斯基涅斯努力的方向前进

第十六章 马其顿的崛起　891

雅典人不要派代表去参加近邻同盟的特别会议,也不要参与进攻安菲萨的行动。他斥责埃斯基涅斯企图"将一次近邻同盟的战争带到阿提卡来";但事实正好颠倒,正是埃斯基涅斯才避免了一次针对雅典的神圣战争。

虽然在底比斯的鼓动下,腓力进攻雅典的计划仍在准备之中,但通过德摩斯提尼的活动,事情逐渐发生了一些转变,雅典与底比斯关系日渐密切。雅典和底比斯都没派人参加这次特别会议。按会议决定,同盟军队发起对安菲萨的进攻,但是因同盟本身的实力不够强大,无法对安菲萨处以决议所规定的惩罚。于是,在次年秋天举行的会议上,同盟决定邀请腓力南进,再次带领他们进行神圣战争。

这次,腓力一刻也没有耽搁。此次神圣战争中,雅典和底比斯都保持了中立,腓力需速战速决。到达温泉关时,他决定从山路行进,经多利斯到达安菲萨,为了保证道路的畅通,他可能还派出一支小分队占据沿途的主要城镇库提尼昂(Cytinion)。经过温泉关峡谷后,他进入佛基斯北部,占领并重新修建了原来被毁的城市埃拉泰亚(Elatea)。他此举的目的是保护自己在进攻安菲萨时不会被波奥提亚人抄后路,并保证军队返回温泉关时沿途联系的畅通。当大军停驻在埃拉泰亚时,【713】他派出使者试探底比斯的意图,并向底比斯人透露他打算进攻阿提卡,号召与他们一道入侵雅典;如果他们不愿意,能否让马其顿军队借道通过波奥提亚。这是腓力的外交策略,迫使底比斯选边站队;但这并不能完全证明腓力已真正打算进军阿提卡,后来的行动表明他似乎还没有考虑过采取这个步骤。

但是,当马其顿军队进驻埃拉泰亚的消息传到雅典时,人们陷入了恐慌,他们的警觉再次被唤醒。腓力的快速行动使马其顿人进入中希腊的时间比人们的预料更早;随着消息传播开来的还有流言,说他即将借

近邻同盟进军安菲萨,公元前339年

同盟对腓力发出了邀请,公元前338年

雅典敲响了警钟

道底比斯进攻雅典。虽然埃拉泰亚与温泉关一样，与进攻阿提卡没有必然联系，但是满怀恐惧的雅典人将占领埃拉泰亚与他们臆想的腓力的进攻计划一下联系起来。在那一整天里，城市里到处都是惊慌失措的人群，这也成为一个著名的历史场景；几年后，德摩斯提尼利用他天才的演说能力，向人们回顾当时的场景和人们的惊恐之情，他的描绘是如此绘声绘色，以至于任何演说家都难以将其超越。

在德摩斯提尼的提议下，雅典派出 10 名使者前往底比斯；如今雅典人所能指望的就是底比斯脱离马其顿同盟，至少这个目标还有实现的可能。因为至少在底比斯还有一些人对雅典友好，尽管他们人数不多；此外，底比斯还有一些颇具影响力的人明显敌视马其顿；更重要的是，由于腓力占领了温泉关附近城镇尼凯亚（Nicaea），并以色萨利人代替底比斯人镇守，对此底比斯也感到非常愤慨。德摩斯提尼是使团成员之一，雅典人要求他们尽可能做出让步，不要企图从底比斯那里索取任何东西。

> 雅典派出 10 名使者到底比斯

结果，雅典与马其顿的使者在波奥提亚的首府撞到了一起，底比斯公民大会轮流听取了双方的陈述。虽然认为希腊的命运就全由这次公民大会来决定的说法有些太过，但毫不夸张地说，底比斯人的投票不但决定着他们的命运，而且决定着那件即将影响希腊走向的大事未来到底如何发展。

到目前为止，我们都是站在佩拉或雅典的立场上讨论马其顿崛起对形势带来的变化；现在需暂时站在底比斯的角度讨论这个问题。底比斯与雅典长期以来相互竞争，彼此间的仇恨也郁积已久，【714】这是促使底比斯抓住机会与马其顿结盟的动机，他们希望这样可使雅典不再危害其利益。但是削弱宿敌也会严重危及底比斯自身的位置，这不需要高瞻远瞩的政治家指导就可发现。只要腓力还不得不面临强大的雅典，他就必须善待底比斯；但是，如果雅典被征服，底比斯就没有什么价值，她将

> 底比斯的形势

完全受制于马其顿人;接下来马其顿人很有可能采取的第一步举措就是解放波奥提亚诸邦,使她们摆脱底比斯的控制。简言之,底比斯能够以独立的态度维持与马其顿的友好关系,这得益于雅典的完整。底比斯与雅典所处的位置明显不同:即便底比斯与腓力保持着友好关系,雅典也可以独自作为腓力的敌人而不受处罚;但一旦没有雅典这个敌人的存在,底比斯也就不可能安然地维持与腓力的友好关系。导致二者差异的原因在于雅典是一个海上强国。

对任何一位有远见的底比斯政治家来说,雅典被征服就是底比斯衰落的前兆。在德摩斯提尼极具煽动性的演说影响下,底比斯人很快就明白了这个道理。雅典提出的条件也让他们难以拒绝:雅典人承担三分二的军费,放弃对奥罗浦斯的声索权,并承认底比斯对波奥提亚的统治权。此前,雅典人还一直谴责底比斯的统治权是对波奥提亚各城邦自由权利的践踏。如今通过德摩斯提尼之口,雅典虽声称自己是维护希腊人自由权利的领导者,但她却毫无顾虑地牺牲波奥提亚城市的自由。通过上述让步,雅典确保了与底比斯的同盟,德摩斯提尼赢得了他从未取得过的最伟大的外交胜利,实现了他梦寐已久的外交政策。

> 底比斯与雅典结成反腓力的同盟,公元前338年春

腓力首要考虑的是完成近邻同盟成员要求他做的事情。但是,在攻打安菲萨的战役中,他完全消失在我们的视线之外。我们只知道他进入佛基斯,在两次战斗中取得一定的优势。后来的结果是,他不但击败了雅典派出增援的一支雇佣军,攻下安菲萨,而且还夺取了瑙帕克图,在进攻伯罗奔尼撒半岛的准备行动中占据了有利位置。然后他率军返回,准备与波奥提亚的战争。当大军到达波奥提亚靠近喀罗尼亚的西部界关时,他发现雅典与波奥提亚联军驻守着通过底比斯的道路,准备与马其顿人决战。此时,腓力拥有30000名步兵,2000名骑兵,在兵力上比对手略微占优。(喀罗尼亚战役示意图,参见图16-3)

> 腓力占领安菲萨,公元前338年夏

马其顿军队按战斗队列排开,绵延超过了三英里半,【715】其左翼靠喀罗尼亚,右翼傍凯菲索斯河。底比斯重装步兵的指挥官是泰阿根尼斯(Theagenes),他并未如伊帕米农在留卡特拉和曼丁尼亚获胜时那样排兵布阵,没有占据大军的左翼,而是将主力布置在他们认为更尊荣的右翼,圣队列阵于最前面。大军中央排列着盟军中实力较弱的阿凯亚、科

喀罗尼亚之战,公元前338年8月

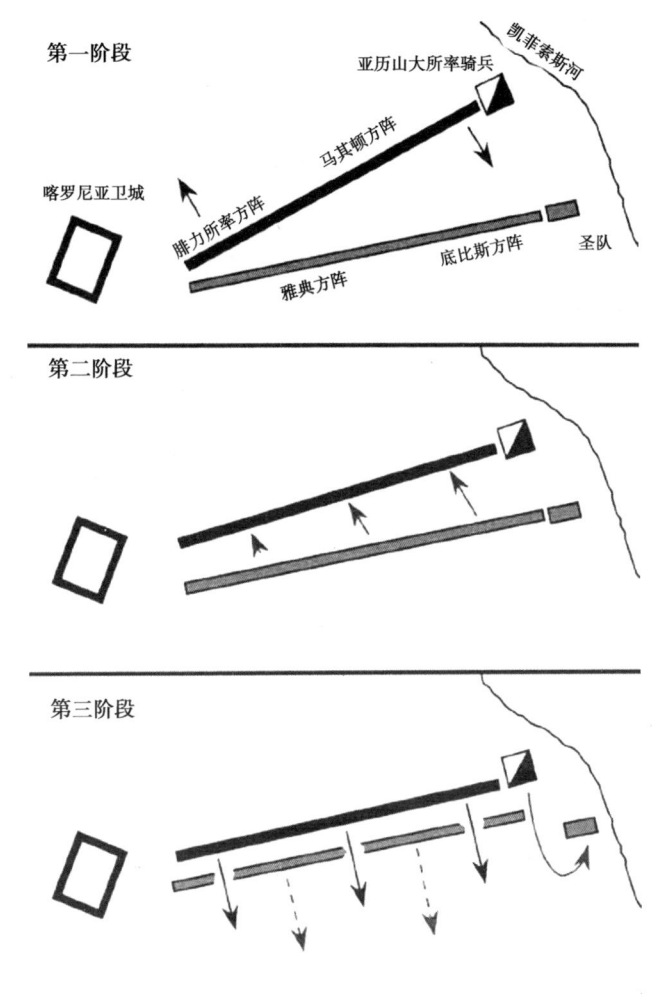

图 16-3 喀罗尼亚战役示意图

(据 John Montagul, *Battles of the Greek and Roman Worlds*, p. 99 编译)

第十六章 马其顿的崛起　895

林斯、佛基斯军队及其他军队，德摩斯提尼号召这些城邦团结起来为希腊的解放事业而战斗。大军的右翼是雅典军队，由卡莱斯、吕西克勒斯（Lysicles）和斯特拉托克勒斯（Stratocles）3名将军率领。3人中，卡莱斯是一名值得尊敬的老兵，经验丰富，但天赋稍逊；另外两人还不能胜任将军之职；德摩斯提尼作为一名重装步兵也列于方阵之中。

与希腊历史上具有同样重要地位的其他战役相比，我们对于喀罗尼亚之战的了解相对较少，但仍可大致勾勒出腓力的战略战术。对方战阵中，战斗力最强的是底比斯方阵；因此，他将其左翼方阵纵深拉得更长，配备上长矛，以马其顿新式方阵与希腊最有战斗力的旧式方阵相抗衡。在这一侧，他辅之以重装骑兵，当双方的战阵陷入胶着时，重装骑兵再冲入底比斯阵中。马其顿的骑兵司令官是亚历山大，此时他才刚刚18岁；数百年后，在河畔人们还会看到"亚历山大的橡树"。马其顿的右翼相对较弱，腓力料想在面对雅典人的进攻时，这一侧可能会逐渐败退；但即使这样，也可将雅典人吸引出来，使其与同盟军队分隔开来。腓力让右翼示弱退却的战术使我们想到了伊帕米农达，但是使用骑兵决定战斗是腓力在这场战争中最显著的特征。

雅典人奋力向前，一厢情愿地幻想着他们将击败敌人获得胜利，斯特拉托克勒斯大声催促："冲啊，直捣马其顿！"但就在这时，底比斯人已被亚历山大的骑兵冲乱了阵形，其领袖战死，但圣队的战友们仍无助地坚守着自己的位置。这时战局初定，腓力已能腾出一些步兵；他命令这些步兵向雅典人的侧翼和后队发起进攻。在训练有素的马其顿军队进攻下，雅典人顿时陷入孤立无援的境地。1000人被杀，2000人被俘，其他人仓皇逃走，德摩斯提尼逃得最快。但是，底比斯圣队并没有逃走。他们英勇战斗，直到全部战死；正是他们的英勇无畏，为喀罗尼亚战役赢得了自由之战的美名。如今，当旅客踏上从佛基斯到底比斯的大道，经过喀罗尼亚城时，他就会看到路旁埋葬英雄的坟墓，【716】以及与他们的尸骨长久相伴的残破狮子雕像。

在为纪念雅典死难者而作的一篇墓志铭上写着，只有神才能永远立于不败，凡人必须做好失败的准备。事情确实如此，但这一次，他们不能将失败归咎于时不我与。战争之初，雅典人的前景并非一片黯淡、毫无取胜的可能。如果领导者是一位称职的将军，他们或许在佛基斯的山谷和洛克里的山地里就使马其顿军队陷入了困境。但是，雅典人用于与智谋超群的腓力相抗衡的将领能力最强的也只有卡莱斯。在洛克里，由于雅典将军和底比斯将军的平庸，战斗的最终结局事实上此时就已决定。正是将军们的盲目自信和愚蠢妄动，才造成了这一次在喀罗尼亚遭到的灭顶之灾。开始之时，希腊同盟在人数已经处于劣势。当在喀罗尼亚面对敌人进攻时，他们面对的敌将是如此声名显赫，所有有利于他们的条件都已变化，等待希腊人的只有失败。如果没有称职的领导人，人们必须要做好失败的准备。

喀罗尼亚战役的重要性：1.军事上

如果说喀罗尼亚之战的军事意义被人为夸大，那么其政治意义常被人误解。喀罗尼亚战役与羊河之战、留克特拉之战属于同一个类型。希腊城邦的霸权相继从雅典转到斯巴达，接着转到底比斯，如今转到了马其顿。有人认为希腊的自由在喀罗尼亚平原遭到了终结，这种说法与断言希腊的自由在留克特拉的战场或羊河的海岸终结一样，既可以说是正确，也可以说是错误。每当一个希腊城邦成为霸主时，她必然会用霸权压制一些城邦，并将另外一些城邦降为属国和附庸。雅典被马其顿降到次要地位，底比斯的境遇更糟糕；但是，我们不应忘记，斯巴达在成功时是如何处置雅典的，底比斯甚至提出更令人可怕的处置方式。就马其顿而言，由于特殊的背景，她的胜利似乎比从前历次建立的霸权更具有致命性。

2.政治上

马其顿被希腊人看作一个外来者，南部希腊人一直持有这种看法，

希腊人对马其顿的看法

第十六章 马其顿的崛起 　897

当伊阿宋在色萨利建立霸权,对南部希腊产生威胁时,他们也曾将色萨利看作外来者。无论从政治上、历史上还是地理上,马其顿比色萨利离他们更远。如果色萨利都没有被视为希腊政治的核心圈子,显然马其顿就更处于这一个圈子的外面。对雅典、斯巴达、科林斯、阿尔哥斯、底比斯等历史悠久的政治力量来说,【717】她们有着共同的邦际关系史,互为朋友或敌人,强大的马其顿犹如一个突然闯入的暴发户。另一方面,马其顿的霸权是一位专制君主对奉行自由共和政体的胜利,希腊城邦屈从于马其顿君主就被夸张地贴上遭受僭主奴役的标签;从某种意义上说,人们不会以这样的标签来描写雅典或斯巴达对其他城邦的征服。鉴于上述原因,喀罗尼亚战败的消息让整个希腊世界感到了一种前所未有的震惊。随后的历史在一定程度上印证了人们认为腓力的胜利有不同意味的印象;自此之后,希腊的共和城邦走到尽头,她们再也无法重新崛起成为主宰希腊命运的一流强国。

第九节　泛希腊大会　腓力二世之死

喀罗尼亚战败的消息传来不久,伊索克拉底就去世了。或许他认为尽管自己的同胞战死疆场,但如今希腊的统一获得了保证,他们的灵魂也可得到些许安慰。但是,他梦想的统一还前途未卜。马其顿的霸权与雅典或斯巴达霸权一样,不过就是将一些城邦联合在一起,限制另一些城邦的独立主义倾向。腓力是如何最大限度地利用胜利成果呢?

腓力严惩底比斯　他处置底比斯的方式与腓比达斯突袭卡德米亚后斯巴达采用的方式如出一辙。底比斯的领导人或被处死,或被罚没财产,一支马其顿军队进驻卡德米亚,解散波奥提亚同盟,所有城邦获得了独立,并恢复奥科麦努斯和普拉提亚独立城邦的地位。如果说他对待底比斯并没有超越一个

对待雅典宽大

希腊城邦处置另一个失败竞争对手的一般方式,那么他处理雅典的方式可谓异乎寻常的宽大。事实上,此时的雅典并非毫无抵抗之力,因此不一定甘愿臣服在他的脚下。或许他可以入侵并蹂躏阿提卡;但如果他企图围攻雅典或比雷埃夫斯,就会发现这将是一项非常艰巨的任务,可能如同在佩林图斯和拜占廷一样遭到失败。拯救雅典的并不是腓力对学术的尊崇,而是其强大的海上力量。如今通过出乎意料的仁慈,腓力或许终于可以赢得雅典忠诚和物质的支持,这是他长久以来梦寐以求的事情。此时,雅典人也乐于听取有人提出的和平倡议。德摩斯提尼的政策破产了,人们最渴望的是救回2000名俘虏,并避免敌人入侵阿提卡的国土。希培里德提议授予15万奴隶公民权,并将他们武装起来;但已无人愿意倾听他的建议。【718】在俘虏中,有一位天赋超凡的演说家。此人名为德玛戴斯(Demades)。他属于和平派,认识到马其顿的霸权不可逆转。有一则逸事说,战争结束的当天晚上,腓力在狂欢晚宴上喝得酒醉醺醺,摇摇晃晃地走到关押俘虏的地方,嘲笑他们时运不济,并挖苦伟大的德摩斯提尼临阵逃脱。这时,德玛戴斯站起来,大胆反驳说:"哦,国王!命运让你成为阿伽门农,但你却行了泰尔西提斯的龌龊事!"德玛戴斯的挖苦话让这位醉酒的胜利者顿时清醒,他立即扔掉头上戴的花环和身上穿着的庆功服饰,释放了这位直言不讳的演说家。不论故事是真是假,德玛戴斯在政治上是腓力的支持者,并受国王的委托与雅典商谈和平事宜。

腓力承诺不要任何赎金立即放回所有俘虏,并不会派兵入侵阿提卡;雅典答应解散同盟,加入腓力倡议建立的新希腊同盟。就土地而言,奥罗浦斯回归雅典,但克尔松尼斯由马其顿管辖。根据上述条款,双方订立了和平条约,这样的结果还算令雅典人感到满意。腓力派出他的儿子和两位主要军官将战死者的尸体送回雅典。他们的到来受到了雅典人热烈的欢迎,人们在市场上为马其顿国王竖立雕像,这一次人们的感激

雅典与马其顿之间的和平条约

之情可能是出自真心。后来,德摩斯提尼也承认腓力对雅典人确实宅心仁厚。

腓力在伯罗奔尼撒

接下来,马其顿必须获得伯罗奔尼撒诸邦对其霸权的认可。腓力带兵进入伯罗奔尼撒半岛,沿途并未受到任何抵抗。只有斯巴达拒绝服从,腓力率领大军向前推进,力图迫使她改革政体,取消独特的双王制;因为在腓力看来,这种制度不过是黑暗时代留下的老古董。但是,突然发生了一件奇怪的事情,迫使他放弃了进攻计划。那时,埃皮道鲁斯的诗人伊塞鲁斯还是一个孩子,许多年后,他告诉人们医神阿斯克勒庇俄斯(Asklepios)是如何干预并拯救了斯巴达——

埃皮道鲁斯人伊塞鲁斯

当腓力王来到斯巴达时
决定废止斯巴达国王高贵的名号

虽然国王得以保全,但在腓力的手下,斯巴达遭到了比伊帕米农入侵时更大的痛苦,拉哥尼亚受到洗劫,国土面积进一步缩小。【719】与其他城邦相邻的东、北、西三个方向的土地分别并入了阿尔哥斯、泰格亚、麦伽罗波利斯和美塞尼亚。在南希腊展示其武力和统治力后,马其顿国王邀请温泉关之内的所有希腊城邦派代表到科林斯出席一次大会。除斯巴达外,其他城邦都顺从了他的命令,派人参会。

在科林斯举行的泛希腊大会,公元前338年

这是一次由马其顿领导的联盟会议,是在科林斯召开的泛希腊联盟的第一次大会。从最初人们就明白联盟的目的,但似乎直到一年后举行的第二次联盟会议上,腓力才宣布对波斯作战的决定。他代表全体希腊人及诸神宣布,解放亚洲的希腊人,惩罚野蛮人在薛西斯时犯下的亵渎神灵的恶行。正是这次正式的宣告使亚洲与欧洲的永恒之战即将开始步入一个新的阶段,如今欧洲人找到了一位领袖,有机会报复亚洲人犯下

第二次泛希腊大会,公元前337年

的诸多傲慢无礼的行为。联盟成员投票赞成对波斯开战,并选举腓力为他们的全权将军。会议还对各城邦应派出加入这支泛希腊军队的人数和舰船数量进行了讨论,雅典人的任务是派出一支数量可观的水师。

  这次由马其顿组织领导的同盟的优势在于她向成员明确宣布了奋斗目标,一般认为,该目标符合所有成员的共同利益。但是,如果说地米斯托克利认识到用共同的恐惧感难以将希腊城邦团结在一起,那么腓力试图用共同的愿望达此目的将会更加困难,而且马其顿所宣传的泛希腊观念成效甚微,很难激发人们的热情。不过,科林斯会议仍有其重要性。150年前,当野蛮人的军队从东方滚滚碾压而来时,整个希腊世界都在颤抖,这时人们相聚在科林斯地峡商讨如何应对波斯人。如今举行的这次会议大致可与此前的会议相提并论。时间已过去太久,希腊人几乎忘记了那些让他们颤抖的艰难岁月。但是随着命运之轮的逆转,复仇之日终于到来,希腊人再一次相聚在地峡,要将其祖辈感受的因恐惧而生的颤栗感加倍偿还给波斯人。这个新同盟并未以伊索克拉底希望的那种方式实现统一。虽然所有城邦都共同依附于马其顿,但他们对于这个北方强国的目标并没有热情,也不把她当作希腊的指导者和领导人而忠心耿耿。每一个城邦都各行其是,希腊各城邦的利益仍和以前一样大相径庭。由这些成员组成的同盟不可能团结一心;如果没有驻扎在各地的军队,由同盟强制规定的和平也不能够维持太久。【720】腓力在希腊的重要地方驻有三支军队:驻扎在阿布拉基亚的军队监督西部诸邦;驻扎在科林斯的军队扼守伯罗奔尼撒半岛的咽喉;驻扎在卡尔基斯的军队控制东部希腊。

  腓力的征服计划可能不会超过小亚细亚的西部,但是命中注定这宗丰功伟绩不是由他完成。泛希腊大会结束后的第二年春天,他的作战计划已基本部署完成,于是派遣帕麦尼奥及其他将领率领先头部队提前出

公元前480年与前338年两次泛希腊大会的比较

统一希腊的愿望并未实现

腓力在希腊的驻军

帕麦尼奥、阿明塔斯和阿塔鲁斯入侵小亚细亚,公元前336年

第十六章　马其顿的崛起　　901

发,以保证大军顺利通过赫勒斯滂,并在特洛亚德和比提尼亚占据一个立足点。其他军队在他指挥下将很快随即前往。

但是,正如一位生性率直的科林斯朋友告诉他的那样,腓力在自己家里装满了不和与怨恨。虽然不能指望马其顿国王会永远忠于自己的妻子,但他所娶的那位性格高傲而暴躁的王后对于他公然的不忠非常不耐烦。其实她自己也不见得好到哪里,甚至有人还谣传亚历山大并非腓力之子。腓力爱上了一位名为克利奥帕特拉(Cleopatra)的马其顿女孩,她是将军阿塔鲁斯(Attalus)的侄女,出身低微,甚至都无法成为国王的侧妃。因为激情作祟,他抛弃了奥林匹娅斯,庆祝他的第二次婚姻。在婚宴上,阿塔鲁斯因酒壮言,邀请贵族们祈求神灵,祝福国王早日生下一个合法的王位继承人。亚历山大当面将一只酒杯扔向了这个侮辱其母的醉鬼。腓力站起身来,拔出宝剑刺向他的儿子。但是由于他喝得头晕脑涨,跌倒在地。亚历山大讥笑说:"看吧,这就是那个要从欧洲打到亚洲的人,他的旅途不过就是从一张床爬到另一张床。"佩拉已不再是亚历山大应该继续待下去的地方。他带着被父亲抛弃的母后前往埃皮鲁斯,居住在林凯斯提斯群山里,直到腓力将他召回。但是,这位受到伤害的母亲策划了几次阴谋,很快引发了人们的争论。这时克利奥帕特生下一个男孩,引起了亚历山大的担忧,因为这危及他的王位继承权。腓力极其渴望修复与奥林匹娅斯的兄长埃皮鲁斯国王的关系,以免他叛变投敌。为达此目的,他将自己的女儿嫁给埃皮鲁斯国王。为庆祝这次婚姻,在动身前往亚洲之前,腓力在佩拉举办了盛况空前的庆典。奥林匹娅斯疾恶如仇,一旦时机出现,她会毫不迟疑地采取行动。很快她就轻易地找到了一个工具,可以帮助她报复腓力的现任妻子,并确保亚历山大顺利继承王位。保桑尼阿斯是一个毫无功绩声名、地位也不显赫的人,他曾受过阿塔鲁斯的冤枉。因国王拒绝为其伸张正义,他对国王又恨又气。【721】婚礼当天举

腓力与奥林匹娅斯离婚,娶克利奥帕特拉

行的游行仪式上,进入剧场时,腓力稍稍走在了保镖们的前面。这时保桑尼阿斯手持一把凯尔特匕首从座位上冲了下来,在剧场入口处将腓力杀死。谋杀者被当场抓获,并被处以极刑,但真正的谋杀者是奥林匹娅斯,不过,亚历山大摘获了所有果实。我们非常愿意相信,他对整宗阴谋全然不知,一个具有如此超凡天赋的人还不至于堕落到犯下弑父之罪。除了毫无根据的谣传外,没有任何不利于他的确切证据。当然我们也不能轻率地认为他完全清白。

<small>腓力被杀,公元前336年夏</small>

世界历史上伟大的统治者中,没有哪位如同腓力一样受到如此不公平的待遇。他未能得到人们的赞赏,大概是因为如下两方面的原因(也可以说三个原因)。其子的伟大无与伦比,腓力在他面前黯然无光,使人们看不到腓力的光芒。但要不是腓力在世时的艰苦奋斗,亚历山大也不可能获得如此巨大的成就。此外,对于腓力的所作所为,我们几乎全来自雅典的演说家,尤其是德摩斯提尼;而这些演说家的主要目的是对其歪曲和丑化。还可加上一点,对于他最艰难的行动,也是最伟大的成绩之一——征服色雷斯的相关史实,我们几乎没有任何材料。后人对此的了解或是通过偶然的机会,或是通过对手的诽谤谩骂;但从他所作所为产生的结果看,作为马其顿的缔造者和扩张者,作为色雷斯和希腊的征服者,在世界历史上他并未占据应有的地位。除非对其子实施政策所产生的结果进行充分研究,否则不可能完全理解腓力事迹的重要意义。亚历山大是腓力业绩最可靠的证明。

<small>后人对腓力的不公评价</small>

但是,生活在那个时代的一位著名人物运用其聪明才智把握住了腓力在历史上的重要地位。伊索克拉底的学生,开俄斯人泰奥庞普斯(Theopompus)在城邦政治生活中颇具影响。因受腓力功绩的激励,他决定撰写一部他所生活的那个时代的历史,腓力是其中的中心人物。遗憾的是,这部叙事翔实的作品已经佚遗。在其中,泰奥庞普斯公正不倚地揭

<small>泰奥庞普斯的"腓力史"</small>

第十六章　马其顿的崛起

露了国王的缺点和胡作非为，但是作者也宣称欧洲从来没有一个人有阿明塔斯之子那么伟大。

对腓力评价不公，部分原因在于他所统治时代的希腊历史常常不过被人们当作是德摩斯提尼的个人传记。只有对手才可能否定德摩斯提尼是最能言善辩的演说家，也是最具有爱国心的雅典公民。但是，他最擅长的演说术恰恰是希腊政治的灾难之一。【722】在一个自由的共和国，说服之术不可或缺。当被伯里克利、克里昂或色诺芬这样的政治家或将军使用时，演说术是一种高贵而有益的工具。但是，一旦这种艺术不再只是辅助手段，它就变成了一件危险而有害的武器。发生在雅典的情况正是如此。演说术已臻于完善，年轻人将最美好的时光都用于学习这门技艺；当步入政坛时，他成为了一个尽善尽美的演说者，但却是一个蹩脚的政治家。演说家取代政治家，德摩斯提尼就是这个阶层中最出名的人。这类人都能想出深奥的、具有政治智慧的、发人深省的话语，但是他们在学校所习的知识无法与这位反马其顿的政治家一较高低。在行动的巨人面前，巧言令色者恰如一个小孩一样毫无还手之力。雅典人乐于听取和批评演说家们的鸿篇大论，德摩斯提尼的能言善辩虽然很受人们欢迎，但在行家眼里，他对当时时局施加的影响比其对后代施加的影响要小得多。一个资质平庸的人常常能够轻易揭露出他的强词夺理。他也曾亲口说过，生性坦率的福基昂是那一个时代的"斧头"。

德摩斯提尼用其卓绝的演说天才为城邦的事业服务。不过他恣意而为，不知审时度势，只是按其理解的方式行事，然而指导他行事的只是盲目的爱国激情。他行事高调，公开宣称腓力是威胁希腊及其神灵的野蛮人。从世界历史角度看，德摩斯提尼所奉行的政策毫无疑问开了历史的倒车，阻碍了历史前进的步伐。我们可以不带偏见地批评他没有看到希腊扩张的日子已经到来，而任何一个现存的希腊共和城邦都没有能力担负起领导扩张的重任,在这个问题上,他甚至还没有伊索克拉底认识得深刻。如果说他确实也模糊地意识到了希腊发展的前途,那么他也只是以另外一种方式看待这个问题。他所看到的,至少他所关心的只是马其顿的发展意味着雅典实力的消减,因此他毕生的政治活动就是煽动人们限制马其顿不可逆转的发展壮大。但是他的所有活动也不过就是日复一日,年复一年地挑唆和煽动,虽不时会取得一定的成效,但总体而言,他没有周详的计划,总是忙于无谓的奔波。一位狂热的爱国主义者不会成为一位伟大的政治家。虽然德摩斯提尼能够提出对某些特定部门进行改革的措施,也能告诫国人将思想付诸行动,但他未能完全抓住那一个时代出现的新问题,也未能创造出一种切实可行的政策和思想。一位天才政治家或许应对雅典的政体进行彻底改革,使其在新时代中扮演新的角色,从而令人信服地为雅典注入新的生命活力。然而,并没有出现这样的一位政治家,【723】这一事实或许只能说明雅典作为希腊历史主角的时代已告终结。人们常说德摩斯提尼时代的雅典人已无药可救。德摩斯提尼当然无法拯救他们;归根结底,德摩斯提尼也只不过是一个典型的德摩斯提尼时代的雅典人。

第十七章

征服波斯

第一节　亚历山大第一次进击希腊

刚登上马其顿王位,亚历山大就发现自己受到了来自各方敌人的威胁。科林斯同盟的成员、色雷斯各纳贡部族、顽固不化且深怀敌意的伊利里亚人都将腓力之死看作是一个千载难逢的绝佳机会,以图乘机摆脱马其顿的控制;在亚洲,阿塔鲁斯声称克利奥帕特拉之子才是王位的合法继承人。如今亚历山大面临着与其父原来同样的困境,被层层危机团团包围。父子二人处理危险的不同方式表现了他们不同的性格特征。如果亚历山大采用与其父同样稳妥而缓慢的方法,他或许就应该买通北边的野蛮人,与阿塔鲁斯达成和解,并将希腊人的问题一直拖到他完全在马其顿立住脚为止。如果那样,他可能就会花几年才能恢复腓力赢得的版图,然后才可能逐步开展腓力万事俱备的远征波斯计划。但如此谨小慎微与腓力这位行事更大胆的儿子不相符。他拒绝向任何敌人屈服,而是要勇敢面对每一个危险并将它们全部克服。(亚历山大头像参见图17-1)

亚历山大被敌人包围

采取与腓力不同的方法

首先,他返回希腊,因为这里的情况看起来非常严重。对于腓力的死讯,雅典人毫不掩饰地弹冠相庆,为此德摩斯提尼提议通过一则法令要求城邦纪念这位弑杀僭主的勇士。人们吹响了战斗的号角,并派出使者

图 17-1　亚历山大头像

吕西波斯作品的罗马复制品，现藏于卢浮宫博物馆，普鲁塔克说吕西波斯所雕刻的亚历山大最真实可信

飞奔前往阿塔鲁斯的驻地和波斯王宫以图与他们结成同盟；在雅典的激励下，希腊人纷纷要求挣脱马其顿的枷锁。安布拉基亚驱逐了马其顿驻军，底比斯也试图采取同样的行动。

色萨利的重要性　　与南部城邦充满敌意的鼓噪相比，色萨利的反叛危害更大。色萨利骑兵是马其顿军队价值无量的好帮手，对马其顿国王而言，做色萨利同盟的执政官比当科林斯同盟的全权将军能在物质上获得更多利益。【725】但在处理帝国其他地方的事务之前，迅速确保对色萨利的控制并没有让亚历山大将希腊事务搁在一旁，当务之急是将希腊留在帝国之中。在鼓噪声完全发展为叛乱之前，如果他能及时出现，或许就可避免希腊城邦犯下不可挽回的错误，那样等待她们的只能是应得的甚至是相当严厉的惩罚。他向南进军不是为了惩处或审判希腊人，而是安抚他们，并获得他们的认可，承认他是腓力在德尔斐近邻同盟及科林斯同盟中的合法继承人。

当他率军到达坦佩峡谷时，发现色萨利人已牢牢据守在这里。他并未试图强行从这道可能一时无法攻克的关隘强行通过，而是率军沿着海岸向南，沿奥萨（Ossa）陡峭的山坡登上山顶，在群山之中艰苦前行，然后下山来到了敌人身后的佩琉斯（Peneus）平原。整个过程并没有流一滴血。色萨利公民大会选举亚历山大继续担任执政官，他保证色萨利享有其父在世时同样的权利和优待。与色萨利的和解使他不费一兵一卒降服了南边的玛利斯（Malis）和多洛比亚（Dolopia）。在温泉关，这位年轻的国王获得了近邻同盟成员的认可。在他继续向南推进的过程中，没有一个城邦起兵反抗。他的突然出现使希腊人还没有做好抵抗的准备。雅典派出一个使团向国王表达了忏悔之意，亚历山大欣然接受了他们的忏悔，没有提及其父去世时雅典人当众庆祝的罪行。泛希腊同盟集会于科林斯，选举亚历山大代替其父将军之职。

亚历山大被选为希腊人入侵亚洲的全权将军；大会还宣布，他是阿喀琉斯的后代和继承者而不只是马其顿国王。作为全希腊的领导者，他渴望带兵前往征服波斯。在科林斯的泛希腊同盟选他担任将军之事与其说具有重要的政治意义，不如说更具历史的合理性。作为同盟者，希腊城邦提供的军队人数很少，远征的宣传无法激起人们的民族情怀。不过，虽然在科林斯会议上人们给予亚历山大的欢迎是半心半意甚至是虚情假意，但他们的欢迎和投票结果（虽然只是走过场，但还是选他为希腊人的统帅）为希腊的扩张和希腊文化的传播适时地拉开了序幕，命运之神

公元前336年夏末

亚历山大被选为希腊人的将军

选择他来实现这个目标。就这样,他被正式认可为全希腊的代表,事实上他确实也是希腊的代表。【726】在科林斯,围绕在他身边的贵族青年有人用奇怪的眼神注视着他,有人用甜言蜜语讨好着他;或许其中一些预见到他会成为大片土地的征服者,但没有人会猜想到他的征服会在多大程度上改变着世界,因为几乎没有人意识到这个世界正在等着人们去改变。有则著名的故事说,在科林斯城门外,国王见到了举止乖张的哲学家第欧根尼(Diogenes)坐在一个木桶里,这个木桶就是他的住所。国王询问他想得到什么恩惠,这位哲学家简短回答说:"不要挡住我的阳光。"国王对随行人员说:"如果我不是亚历山大,我宁愿成为第欧根尼。"或许这事并未发生过,但这则逸事愉快地使两位狂热者有了面对面交谈的机会,其中的一个人将个人自由发挥到极致,而另一个人梦想着把帝国扩张到世界的每一个角落。第欧根尼用近乎讽刺的方式展现了个人主义,其实这不过是亚历山大帝国即将促成的世界主义精神的孪生姊妹。

与此同时,国内的一些危险也被人以暴力的手段清除,进一步扫清了他前进的道路。他的继母克利奥帕特拉、继母的父亲及继母所生的孩子都被人杀害。遵照亚历山大的命令,阿塔鲁斯在亚洲被处死。但他不应对其继母及异母胞弟之死负责。这是奥林匹娅斯的杰作,她渴望报仇,于是把孩子杀死在母亲的怀中,并迫使克利奥帕特拉用自己的腰带上吊自尽。

第二节 亚历山大出征色雷斯和伊利里亚

色雷斯已露出躁动不安的征兆,伊利里亚也有暴风雨即将来临的迹象;如果色雷斯的反叛抄了他的后路,马其顿完全暴露给来自西方的攻击,这位年轻的国王将不可能侵入亚洲。看来教训色雷斯人在所难免,尤其是特利巴利人,因为腓力采取的姑息政策,他们还没有受过惩罚。特利

亚历山大攻打特利巴利人,公元前335年

912　希腊史 Ⅲ

巴利人住在海姆斯山（Haemus）之外，当亚历山大率军越过罗德佩山（Rhodope），来到海姆斯山西侧一个关隘的山脚时，他发现陡峭的峡谷里已有山民据守。山民们将许多战车拖到山顶关隘，打算让其滚向马其顿大军，等到马其顿人阵形溃乱时，山民就从山上冲锋而下，一举歼灭入侵者。此地别无他途，再困难也必须攻而克之。亚历山大再次展现出他在坦佩山谷时的禀赋和智谋。【727】当他下定决心实现一个目标时，会毫不犹豫地采用最大胆最新奇的方法。他命令步兵沿着山路向上行进，中间空出几列使战车可从中滚落；如果道路太窄，战车可能会压到士兵时，他要求人们跪倒在地，举起盾牌结成一堵盾墙，这样战车滚落时就不会伤到人。这种办法获得了成功。疾驶而下的战车叮叮当当地砸到盾墙上，虽然势头很猛，看着吓人，但并没有一个士兵因此遇害。当特利巴利人用完这些笨重滑车时，夺取关隘已成轻而易举的事情，很快马其顿人翻越了海姆斯山，进入特利巴利人居住的地方。听到亚历山大即将到来的消息，特利巴利人将妻子、儿女送到多瑙河中一座名为佩乌凯（Peuce）的岛屿上。等到马其顿人攻入国土后，他们潜行其后，再次占领返回时必经的关隘。得知野蛮人的动向后，亚历山大迅速率军回击，迫使敌军与其战斗，并最终打败特利巴利人，宰杀甚众。接着，他率军北行，到达多瑙河畔。他已预见到必须要在多瑙河一带采取一些行动，以震慑北岸的盖塔人（Getae）；他甚至准备好了大流士在著名的色雷斯远征时采用的应急计划（搭建浮桥？），并命令盟邦拜占廷派出舰船溯流而上。但是，驻扎于佩乌凯岛上的军队得到河流左岸斯基泰友军的支持，亚历山大认识到除非占领斯基泰人的河岸，否则单凭拜占廷人的几条战船根本没有希望攻克这座岛屿。他面临的困难是如何让军队渡过河流而不会让敌人发现，因此他决定在一个漆黑的夜晚开展渡河行动。由于船只太少，他将附近所有渔船都收缴过来，并将帐篷卷起来，填充上干草，牢牢地捆扎在一

西普卡关

到达多瑙河畔，5月

|| 第十七章　征服波斯　　913

起，排列成行渡过河流。黎明时分，一大队骑兵和步兵在国王亲自率领下登陆到达河对岸，斯基泰人醒来时看到马其顿方阵已在他们面前排好阵势。对于对手的迅捷和面前令人生畏的方阵斯基泰人又惊又怕，不得不撤退到他们城防羸弱的市镇。当亚历山大带领骑兵尾随而至时，他们只得骑上战马仓皇逃窜到极北的荒原。多瑙河以北的国家并不是亚历山大觊觎之地，因此他并没有乘胜追击。在北岸征服之地，他为宙斯－索特尔、赫拉克勒斯和河神举行庄严的献祭仪式，并划定了北部的疆域。

凯尔特人的使团

【728】这次行动使岛上的特利巴利人最终投降，多瑙河南岸附近各部族也纷纷臣服于这位年轻的国王。在河流上游某地（可能在达尔玛提亚山区）居住着一支身材魁梧、充满自信的凯尔特人。他们听说亚历山大的功绩后深感佩服，派出一个使团，愿意和他交朋友。亚历山大对于马其顿之名在这些遥远部族心目中是一个什么印象很是奇怪，于是问他们最担心什么。使者应答说："如果天不塌下来，我们什么也不怕。"后来亚

凯尔特人后来定居在加拉提亚

历山大评价说："真是一帮不知天高地厚的吹牛大王！"但是时间过了不到两代人，这些四肢发达的吹牛大王就如潮水般涌入希腊罗马，在亚历山大征服的地方上争夺一块属于他们的居住地。

来自伊利里亚的危险

亚历山大在色雷斯进展一帆风顺，但当他撤军回国时，得知伊利里亚人已快要攻入马其顿的国门；如果要让国土不受侵略，亚历山大一刻也不能停留。为了保证伊利里亚边境的安全，腓力在哈利阿克蒙河和阿普斯河源头附近修建了许多城堡。佩利昂是这些城堡中最牢固的一座，

亚历山大进军佩利昂

也是镇守马其顿西部国门的关键城池。但是，该城堡如今也落到伊利里亚首领克利图斯（Clitus）之手。亚历山大的目标是在克利图斯的盟友陶兰提涅斯人（Taulantines）到来之前，尽快赶到佩利昂。马其顿人行军过程中受到了克利图斯派出拦截他们的另一支敌对部族奥塔里亚提人（Autariats）的威胁。但是对马其顿友好的阿格瑞安人（Agrianes）在其国

王的率领下侵入奥塔里提亚，并完全占领了这支好战部族的国土。在快速穿过埃里哥努斯（Erigonus）峡谷后，亚历山大在佩利昂附近安营扎寨。周围高山上满山都是伊利里亚人；克利图斯按老规矩，在战前为战神祭献了3对童男童女和3只黑色山羊。但是，就在他们即将真正发起进攻之际，伊利里亚人感到了恐惧，放弃有利的地理位置，扔下摆上不久的祭品，匆匆撤回城堡里。次日，亚历山大打算包围佩利昂，封锁这个地方，但是一大队陶兰提涅斯人刚巧赶到。眼见自己手下战斗人员数量太少，不能同时应付城内外夹击的敌人，而且马其顿的物资也不足以应付迁延日久的围城战，亚历山大知道必须尽快从当前的位置撤退。但要想从这一道道河谷中撤退会面临相当大的危险，因为佩利昂的敌人断了他们的后路，而陶兰提涅斯的军队占据着河谷两旁的山坡和高地。不过，靠着迅捷的行动和训练有素的马其顿士兵的不懈努力，他们还是成功完成了撤退任务。【729】敌人被他们从侧翼驱散；虽然遇到了不小的麻烦，但他们还是毫发无伤地渡过河流。在河对岸，亚历山大的一切联系畅通无阻，只要他愿意，就可随时获得充足的物资和人员补充。因此，他泰然自若地等待着时机的到来，准备给敌人致命一击。不久，战机出现了。敌人看到亚历山大撤军，认为他胆怯了，因此完全疏于防范；而且他们在城堡大门之前安下营寨，并未修筑任何防御墙或哨所。亚历山大亲率一部分士兵突进，命令其余军队随后跟进；深夜时分乘着敌人酣睡之际，马其顿人对敌营发起了突然袭击。随后而来的是一场激战，蛮族人惨遭屠杀，马其顿人将溃败之敌一直追到了陶兰提涅斯群山里。一见到战局不利，克利图斯冲出佩里昂，将该城付之一炬，然后逃之夭夭。

马其顿军队脱离危险之地

马其顿人的胜利

　　与色雷斯远征一样，打败伊利里亚人同样是亚历山大超凡能力的重要例证。3个月的连续征战为他赢得了喘息之机，但是这位年轻的国王还不能停息下来。还没离开色雷斯时，伊利里亚危机的消息已传到了他那里;当他还在佩利昂鏖战时,又传来了底比斯反叛的消息。如今他必须迅速赶往底比斯,恰如此前他仅用7天就赶到伊利里亚山区一样。当务之急是趁着底比斯人的起义还没在全希腊漫延开来之前就将其扑灭。

第三节 亚历山大第二次进击希腊

希腊城邦与波斯
商谈共御马其顿

在过去的一年中,煽动人们反马其顿的运动并没有在希腊各城邦停息,如今煽动者又得到波斯的鼓励和金钱资助。5年前,也就是在喀罗尼亚之战爆发之前,雅典派出使者前往苏撒请求阿塔薛西斯的金钱资助,但那时波斯还不愿与腓力撕破脸皮,拒绝了他们的要求,写了"一封无礼至极且文理不通的书信",并将使者遣返回国。不过,当佩林图斯处于危险时,弗里吉来总督提供了一笔不小的援助,虽然这可能只是总督的个人行为,但波斯大王也逐渐认识到马其顿是一个危险的邻邦。波斯新王大流士意识到有必要在欧洲给亚历山大制造一些麻烦,以便让这位年轻的国王无暇渡海到亚洲,从而避免帕麦尼奥率领进入亚洲的军队坐大。为达此目的,他在希腊各地挑动人们的战争情绪,并给希腊各城邦送来金钱。波斯人的做法受到了希腊城邦的欢迎,底比斯对此欢迎尤盛,困境中的马其顿驻军成为他们心中抹不掉的阴影。波斯准备送给雅典300塔兰特,公民大会拒绝接受;但是德摩斯提尼私下接受了这笔金钱,并将其用于维护大王利益诸事的用度。【730】虽然不是每个希腊城邦都与波斯有正式接触,但双方商谈的基础是为期50年的大王和约,希腊人承认波斯帝国对其亚洲同胞的统治权,而亚洲的希腊人带着不同的心态等待着马其顿解放者的到来。

亚历山大去世的
传闻

正如希腊的爱国者们经常祷告让腓力早早死去一样,如今他们也渴望腓力年轻的儿子尽快死去。他们臆想着这父子俩去世后马其顿将永远重回原来不值一提的地位。很快就有流言说他们的愿望实现了。有消息说亚历山大在色雷斯被杀。德摩斯提尼甚至找到了一个见证人,向人们讲述亚历山大死亡的过程。流亡在雅典的底比斯人急忙赶回祖国,号召人们挣脱马其顿的枷锁。马其顿驻军的两位将官在卡德米亚外被人抓住并杀死;接着,底比斯人在卫城南侧没有城墙的地方修建起一道双层壁垒准备围困卫城;全希腊的人们纷纷行动起来,响应底比斯的首义;德摩斯提尼、莱库古及其他雅典爱国者也对人们的行动大加支持和鼓励。在爱利斯和埃托利亚,人们发起了反抗马其顿的运动;阿卡狄亚人朝地峡进军;雅典虽未派出公民,但仍派出雇佣军前往底比斯。爱国者们的热情高涨,似乎卡德米亚旦夕可下。

底比斯人围攻卡德米亚

就在这时,突然有消息说一支马其顿军队驻扎在了离底比斯几英里之遥的昂凯斯图斯(Onchestus)。既然亚历山大已死,这支军队的指挥者只能是安提帕特,于是底比斯的领导人告诉公民们少安毋躁。但是,打探消息的人很快回来告诉人们那确实是亚历山大。领导人断言:不可能;亚历山大已死,这只可能是林凯斯提斯的亚历山大。

亚历山大在昂凯斯图斯

然而,那确实是马其顿国王亚历山大。不到两周时间,他就从佩利昂赶到了昂凯斯图斯。次日凌晨,他已君临底比斯城下。亚历山大首先率军在城东北侧邻近底比斯英雄伊奥拉俄斯(Iolaus)的神庙前停驻下来。其目的是给城内的公民一些时间让他们赶快投降。但是,底比斯人不愿投降,反而派出一支轻装步兵冲出城门进攻马其顿大营的外围。次日,亚历山大将全军转移到城市南门外,紧邻卡德米亚扎下大营。他并未对底比斯的城墙发起任何进攻,仍希望城里的人能够投降。但是,底比斯的命运被一位名为柏第卡斯的将官定格下来。柏第卡斯掌管驻扎在卡德米亚附近大营的防卫军队,他的人马驻守在底比斯城内离城墙几英尺的地方,还未得到命令,他就率军冲出外层壁垒,对马其顿军队发起进攻。【732】

攻占底比斯,公元前335年9月初

第十七章　征服波斯　917

另一位军官也加入其中;亚历山大注意到了已经发生的事情,立即派出弓箭手和轻装步兵援助受攻击的军队。驻防在壁垒之后的底比斯人被驱赶着沿溪谷退却,最后退回城墙之外的赫拉克勒斯神庙。退到神庙后,底比斯人重振士气,迎战进攻的马其顿人,将其击败,并沿空谷将他们赶了回去。但底比斯人并未乘胜追击,因他们自己的队列也已散乱。亚历山大观察了一会儿,派出马其顿方阵加入战团,并将底比斯人赶进埃莱克特兰门。在底比斯人还没来得及关闭城门时,一些马其顿人也随败退者挤进城里。城墙内并没有人去射杀挤进来的马其顿人,因为防守城墙的士兵都被派去围困卫城了。进入城内的马其顿人取道前往卡德米亚,加入驻守在卫城的军队;他们一同朝安菲昂(Ampheion)方向靠近,这里也是底比斯大军集结之处。另外一些马其顿人登上城楼,帮助城外的战友爬上城墙;就这样,马其顿军队冲进了市场。该城门如今已在马其顿人的控制之下,城内到处都是亚历山大手下的将士,国王也奔走于城内各处。底比斯的骑兵同样被驱散,顺着街道和敞开的城门逃到外面的平地;步兵也在尽力逃命;残忍的大屠杀开始了。最热衷于杀人的并不是马其顿人,而是底比斯的宿敌佛基斯人、普拉提亚人和其他波奥提亚城邦的公民,他们借机发泄世代以来对这座骄傲的七门之城的不满,报复底比斯人所干的坏事和对他们的羞辱。当亚历山大命令停止屠杀时,6000名底比斯人已经命丧黄泉。次日,他召集科林斯同盟成员开会,讨论这座叛乱之城的命运。裁决的结果是让底比斯接受此前她试图施加给雅典的处罚。底比斯被夷为灰烬,土地被同盟成员瓜分;城内剩余居民,除诸神的祭司和与马其顿人保持着客谊关系的人外,无论男女老幼皆被卖为奴隶;卡德米亚卫城由马其顿派兵驻守。(底比斯被毁后的废墟,参见图17-2)从底比斯遭到如此严厉的处罚可见,欺压弱小城邦的上邦大国是多么令人憎恨。最终上述严厉处罚措施都得到了严格执行;如果

空谷

安菲昂和泽图斯之墓

底比斯被毁

马其顿驻军从卫城的城墙向下俯瞰，就会发现在残破的废墟中孤零零地竖立着一间房屋，使孤寂之景越发荒凉。那就是品达的住所，亚历山大命人将其保存了下来。

图 17-2　底比斯被毁后的废墟

【733】波奥提亚诸城最终从主人专横跋扈的枷锁中解脱出来。普拉提亚和奥科麦努斯在废墟中重新崛起。底比斯的覆灭顿时使希腊所有反马其顿运动烟消云散，阿卡狄亚人的部队撤出地峡，爱利斯和埃托利亚也马上改变敌对态度。当消息传到雅典时，正值秘仪庆典举行之时。雅典人立即中止正在举行的庄严仪式，匆忙召开一次公民大会。在德玛戴斯的提议下，雅典人决定派出一个使团恭贺亚历山大从北方的战争中安全返回，并祝贺他公正地处罚了底比斯。令人可笑的是，通过这则法令的正是几天前经德摩斯提尼提议决定派兵援助这座不幸城市的那群公民们。亚历山大要求将德摩斯提尼、莱库古及其他几名对马其顿充满敌意的政治人物绑送给他。这些人对底比斯的灾难负有主要责任，亚历山大的要

雅典就底比斯的覆灭祝贺亚历山大

求并不过分,因为只要这些人仍逍遥法外,就无法保证雅典不被卷入其他的蠢行妄动中。当他的要求提交公民大会时,德摩斯提尼用精练的话语表达了他对时局的看法,建议人们不要将他们这些"牧羊犬"交给贪婪无度的狼。福基昂的看法率直明了,他认为应不惜一切代价与亚历山大达成和解,要求那些被马其顿点名的人表现出爱国热情,为城邦的利益勇于牺牲自己。但是,最终公民大会决定让与国王交好的德玛戴斯率领另一个使团再次前往马其顿,请求亚历山大允许雅典人用公正的法律处罚这些罪犯。亚历山大仍对雅典关爱有加,决定收回成命,只要求雅典驱逐在色雷斯恶名昭著的冒险家卡利戴姆斯。

随着底比斯的覆灭,亚历山大在欧洲的战争就此结束,他的余生将在亚洲度过。虽然在欧洲的这几次战争历时不过一年有余,虽然这些战役与他在亚洲的成就相比微不足道,但也同样辉煌而重要,足以使任何一位将军留名青史。他曾两次进击希腊,第一次是安抚,第二次是惩罚;也曾远征多瑙河,并与伊利里亚人进行战斗。在这些战役中,他表现出异乎寻常的战略能力和创造力,他大胆的决断力和快捷的行动能力也使马其顿军队连战连捷。很快,在征服东方无垠的未知世界中,他为自己的上述优秀品质及其他方面的天才能力找到了一个更广阔的展示空间。

第四节　亚历山大筹备远征波斯

亚历山大花了整个冬天做好了军事上的准备,然后对王国事务进行了妥当安排。次年春天出发,亚历山大开始了征服亚洲的伟业。对于他的计划和安排我们知之甚少,但可以肯定的是,他对征服规划有过周详的思考,而不是像一个冒险者那样走到哪里就打到哪里。后来他可能将最初的征服计划与第二次也是更大的一个征服计划合并在一起。显然刚从

亚历山大征服亚洲的计划

马其顿出发时,他并没有关于亚洲中部地区的必要地理知识,因此也不可能厘定出后来规模更大的征服计划。在第一个计划中,他的目标是征服波斯帝国,废黜波斯大王,让自己取而代之,同时报复薛西斯在位时波斯对马其顿及希腊其他地方犯下的罪恶。为了实施这个计划,他必须首先确保色雷斯不会从后面捅刀子,这件事现在已完全处理妥当。整个征服活动分为 3 个阶段:第一个阶段是征服小亚细亚;第二个阶段是征服叙利亚和埃及;第三个阶段是在前两个阶段的基础上向巴比伦和苏撒进军。这意味着前两个阶段的目的不仅仅是获取土地,而且是为进一步的征服战争打下战略基础。亚历山大远征事业的弱点是缺乏一支强大的水师与波斯舰船(此时波斯有 400 多条坚固的战船)相抗衡。科林斯同盟本应为马其顿提供水师,单凭雅典一邦也可装备超过 200 条战船。亚历山大无疑也指望最终获得雅典和其他希腊城邦的帮助,但亚历山大希望,希腊人为其提供的援助完全是出于一片好心,而不是马其顿人为获得舰船或水手,向他们强征的结果。组织松散的科林斯同盟曾答应要为他提供固定数量的军队,但希腊人的承诺并未得到严格的执行。

急需一支水师

为了保证不在之时马其顿能震慑住邻国或臣属国,亚历山大留下一部分军队,其数量可能达到总兵力的一半。留守政府委托给其父的总管安提帕特。据说出发之前,恰如一个意识到再也不会回来的人那样,国王对大小事务进行了周详安排。他将所有皇家领地、森林、收入分给他的朋友。当柏第卡斯问为他自己留下什么时,亚历山大回答说是希望。于是,柏第卡斯放弃了他分得的那一部分,大声叫嚷说:"我们这些与您共同战斗的人只需分享您的希望就行了!"【735】这则逸事至少表明,在出征前夕,亚历山大用热情感染着他的朋友和麾下的军官,因此贯穿于征服过程中的这种积极向上的信念和他们取得的成果一样精彩。

将马其顿政府委托他人

波斯的状况

　　如今的波斯已经衰落,帝国组织松散,统治者是一位软弱的君王。自两代人之前色诺芬万人远征以来,希腊人将波斯的孱弱一直铭记在心。而且至此以后,正如前面谈到,帝国西部长期因总督的叛乱而处于分裂和动荡中。阿塔薛西斯·奥库斯比前面的历任国王拥有更强大的统治力。

奥库斯（前358年继位）征服埃及

他恢复了波斯在小亚细亚的统治,平定了腓尼基和塞浦路斯的起义,甚至重新征服了埃及。对于埃及,波斯一直试图重新恢复统治,但都化为泡影。埃及法老尼克塔尼波斯二世被他从尼罗河口的佩鲁西昂（Pelusium）追赶到孟菲斯,然后又从孟菲斯追到埃塞俄比亚。但是,波斯国王并没有想过要善待他控制的这一片尼罗河沿岸土地;一旦将孟菲斯掌握在手,他就表现出火神崇拜者褊狭的性格。他淹死圣牛阿皮斯,宣布驴为埃及的圣兽。他的愚蠢之举使波斯在埃及的统治比以往任何时候都更令人厌弃。奥库斯因宫廷阴谋被人谋杀。经过两到三年的激烈争夺,王位最终落入阿黑门尼德家族的一个旁系成员手里。

奥库斯被杀,公元前338年

大流士继位,公元前335年

他就是与其伟大的先驱者同名的大流士·科多曼努斯（Darius Codomannus）,也是王朝最后一任统治者。此人文弱但品德高尚,深受追随者的喜爱,但是,无论思想还是意志他都太软弱,难以胜任命运赋予他的重任。

在即将到来的战斗中波斯一方的优势

　　不能否认,如果大流士在战争中能力更强,或者经验更丰富;如果他能更知人善任,波斯的优势将会非常明显而巨大。首先,他手下臣民的数量占据绝对优势。如果将征调来的难以计数的人按每30人一组分成小队,而亚历山大手下每一名士兵被分配到每个波斯小队中担任斟酒人,那么将还会有许多波斯小队没有斟酒人。其次,据说在亚历山大踏足亚洲之前,佩拉的金库已空空如也,但大王掌握着难以计数的财富。苏撒国库充盈,在波塞波利斯（Persepolis）窖藏着永不枯竭的黄金。再次,波斯拥有一支水师,控制着小亚细亚、叙利亚、埃及等地的海域,如果指挥得力,将会给任何水师实力稍逊的入侵者带来难以克服的麻烦。最后,虽然在这个庞大帝国没有太强的凝聚力,中央对地方的控制也不够严密,但正是因为如此,各地方省区也没有什么不满情绪。埃及是一个特例,这里反复发生的起义不属于民族运动范畴,【736】而是野心勃勃的省区总督对诸多问题不满的反映;如果说波斯君主不受人爱戴,但至少他也不会被人憎恨。虽然来自远赫卡尼亚(far Hycania)或乌浒河畔的东方好战民族总是以反叛者为榜样,希望通过战斗成为一邦之主,但就各省区人们高涨的爱国热情来看,在帝国范围内组织一次有效的防卫是完全可能的。但如果缺乏一位优秀的领导者,没有控制一切的意志,所有优势都将化为乌有。没有领导,大众将毫无用处,金钱也不能创造出敏锐的思想。此外,波斯的战争艺术已落在时代后面,没跟上过去 50 年来希腊军事发展的步伐;虽然波斯也花钱征召希腊雇佣军,而且这也是波斯军队中很有价值的一部分,但雇佣军对这支东方大军的战略战术并未产生什么影响。波斯的指挥者没有研究对手战术的意识,也不会寻求新的战法与敌人周旋。他们不知道制订战略计划,只是被动等着敌人突然行动。他们想法简单,力图通过人海战术或个人的勇敢取胜,长柄大刀武装的战车也是他们用以取胜的法宝。库那克萨战役带给他们唯一的教训就是要征召希腊雇佣军。

> 波斯的致命弱点

据说,亚历山大率领入侵波斯的兵力包括 30000 名步兵和 5000 名骑兵,骑兵在军队中占据较大比例,这也是腓力在军事上的主要创举之一。前面曾谈到腓力如何组建起一支马其顿的国防军,其主要兵种包括方阵步兵、轻装步兵或称银盾兵、重装骑兵。亚历山大率领 6 个军团前往亚洲,在决定波斯命运的历次大型战斗中,这些重装步兵是他的中坚力量。为其提供支援的还有来自希腊的重装步兵,包括雇佣军和同盟者组成的方阵。雇佣军由米南德(Menander)指挥,同盟者由安提哥努斯(Antigonus)指挥。银盾兵由帕麦尼奥之子尼卡诺尔(Nicanor)指挥,这支军队驻守

> 亚历山大的兵力

> 重装步兵

> 马其顿的轻装兵

在大军的右翼,其中第一个军团是国王的卫队,被称为阿格玛(Agema)。帕麦尼奥的另一个儿子菲罗塔斯(Philotas)是重装骑兵的指挥官,骑兵共编为 8 个中队。其中,王家中队由克利图斯率领,与轻装步兵中的阿格玛相对应。马其顿骑兵总被布置在右翼,大军的左翼是卡拉斯(Callas)率领的色萨利骑兵,一队希腊人组成骑兵中队隶属其中。左、右两翼布置着马步两种轻装兵,他们随时机动为骑兵提供支援;轻装兵的装备因各邦的习惯不同而相异,他们分别来自色雷斯、派奥尼亚和伊利里亚半岛的其他城邦。

重装骑兵

轻装兵

第五节　征服小亚细亚

帕麦尼奥取得的成果,公元前335 年

亚历山大因欧洲战事被耽搁下来时,曾派帕麦尼奥率领一支军队前往亚洲,这支军队经过不懈的努力已在爱奥利斯和米西亚占据了一个立足点,为大军进一步行动提供了基础性的保障。波斯大王赋予雇佣军首领、罗德岛人门农(Memnon)抵抗马其顿先头部队入侵之职;自此这位为波斯效力的希腊人逐渐走到前台。对波斯而言,当务之急是重新夺回居齐库斯,如今该城已落入帕麦尼奥之手。经过激战,门农虽未获得成功,但他占领了兰普萨库斯,迫使马其顿人不得不去解皮塔涅(Pitane)之围。希腊雇佣军打败了马其顿援军,并将帕麦尼奥的军队赶回到赫勒斯滂海岸边。然而,他不能也无法保持优势地位,因为亚历山大的大军不久就会将那一片海滩纳入马其顿人的掌控中。

渡过赫勒斯滂,公元前 334 年

舰船将大军从塞斯托斯装运到阿比多斯。亚历山大亲自前往埃拉尤斯,为普罗泰西劳斯(Protesilaus)的坟茔献祭。特洛伊战争的传说中,此人是第一个登上亚洲土地的希腊英雄,也是第一个在战争中丧生的希腊人。亚历山大祈祷他会比普罗泰西劳斯更幸运。然后乘船前往位于海峡中部的"阿凯亚人之港",奠祭波塞冬和海洋女仙涅瑞伊得斯(Nereids)。到达米亚西海岸后,他首先穿过特洛伊平原,登上伊利昂山。在山上,他向神庙里的雅典娜女神献祭。此时的特洛伊城破烂不堪,下面埋藏着6座史前古城的废墟。据说,他将自己的全套甲胄献给了女神,并从墙上取下一些古代纪念普里阿摩与阿伽门农战争的盔甲。他还特地向普里阿摩献祭,以避免特洛伊老王将愤怒之火发泄到他这位涅奥普托勒姆斯后人的身上。他为自己祖先阿喀琉斯的坟茔加上了冠冕,并让自己的亲密伙伴赫法伊斯提昂(Hephaestion)为阿喀琉斯的密友帕特洛克勒斯的坟墓献上花环。亚历山大许诺要让伊利昂再次从废墟中崛起,成为一座令人称羡、享有自治且完全免税的城市。在特洛伊山上进行的一系列祭拜活动展现了这位年轻国王在即将到来的征服活动中秉承的精神,因而具有重要意义。这次活动还表现了他深受希腊人的圣经《荷马史诗》和希腊传统的浸润;证明了他将作为阿喀琉斯苗裔视为自己生活的一部分,鼓舞着他不断奋进。通过上述展现其先祖光辉业绩的一系列活动,他力图向世人证明自己才是这一个时代的天命英雄,将率领希腊人在历史发展的另一幕中取得同样的成就。

亚历山大在特洛伊

【738】此时,波斯驻小亚细亚的几位总督组织起一支人数超过4万的军队防守他们的辖区。要是大王能将指挥大权交给罗德岛人门农,波斯人大概可以进行更有效的防御。但是他犯了一位波斯君主通常会所犯的典型错误,将军队交由几位将军共同指挥,其中主要包括门农和帝国西部的各位总督。波斯指挥者嫉妒这位希腊人,因而拒绝了他的建议,决定立即冒险与马其顿人一战。因此,波斯军队从大本营泽莱(Zelea)出发,推进到阿德拉斯泰亚(Adrastea)平原;格拉尼库斯河从平原流过,注入普罗蓬提海。大军屯聚于河流左岸的峭壁之上,试图在此阻击敌人过河。亚历山大率领军队从阿比多斯向东推进,沿途的兰普萨库斯和格拉尼库

一支波斯军队推进到格拉尼库斯河

亚历山大进军

|| 第十七章　征服波斯　925

斯河口的普利阿普斯（Priapus）相继归降。就当前的形势看，一场大战对亚历山大在所难免，而波斯人对此也期待已久。对这位年轻国王而言，他不可能麾军南下，将大队波斯人马留在后面紧紧追击。（格拉尼库斯之战示意图，参见图17-3）亚历山大比波斯人更渴望立即交战，因为对他而言，最糟糕的事情是，如果敌军一直挡在他的前面拒不交战，马其顿人所带的物资将很快耗尽，大祸将降临在他们的头上，对此门农也非常清楚。

双方军队的部署

亚历山大将重装步兵列成两队，骑兵保护着两个侧翼，大军穿过阿德拉斯泰亚平原。波斯军队部署了一个怪阵，骑兵列于河岸之旁，而将希腊雇佣兵列于其后的山坡上。亚历山大敏锐地观察到波斯军队部署中存在的问题，因为骑兵在进攻中发挥的优势比防守更大。于是他与敌人针锋相对，也将己方的骑兵投入了战斗，他坚信用此战术必将获得胜利。帕麦尼奥建议他等到次日凌晨，在敌人还没列好战阵时再过河进攻。国王说："我们已经渡过宽阔的赫勒斯滂，如今竟然在格拉尼库斯这样的小河前踯躅不前，对此我会感到羞愧难当的。"亚历山大喜欢说类似的话，在冒失大胆的表象下隐藏着强烈的自信心，这与他独到的战略眼光相得益彰。

格拉尼库斯河之战，公元前334年5—6月

亚历山大仍按通常的方式部署军队，6个重装步兵方阵居于大军正中，帕麦尼奥统领左翼的骑兵，右翼的骑兵由他亲自率领；亚历山大率领的轻装骑兵首先过河，与敌军的最左翼交上了锋；接着马其顿的重装骑兵与波斯骑兵的中军展开了激烈的拼杀。亚历山大身先士卒，不惧生死，冲锋在战斗最激烈的地方。双方在陡峭的河岸边经过一阵激烈的混战后，波斯骑兵被冲乱了阵形，处于被动挨打的局面。【739】这时，马其顿重装步兵方阵也渡过河流，与居于骑兵身后的希腊雇佣军交上了锋。这时，大获全胜的骑兵从侧翼切断了雇佣军与波斯其他军队的联系。

亚历山大以疯狂的激情投入战斗中，战斗很快结束。在这次胜利中马其顿人仅付出很少人员伤亡的代价，就清除了试图阻止他们向小亚细

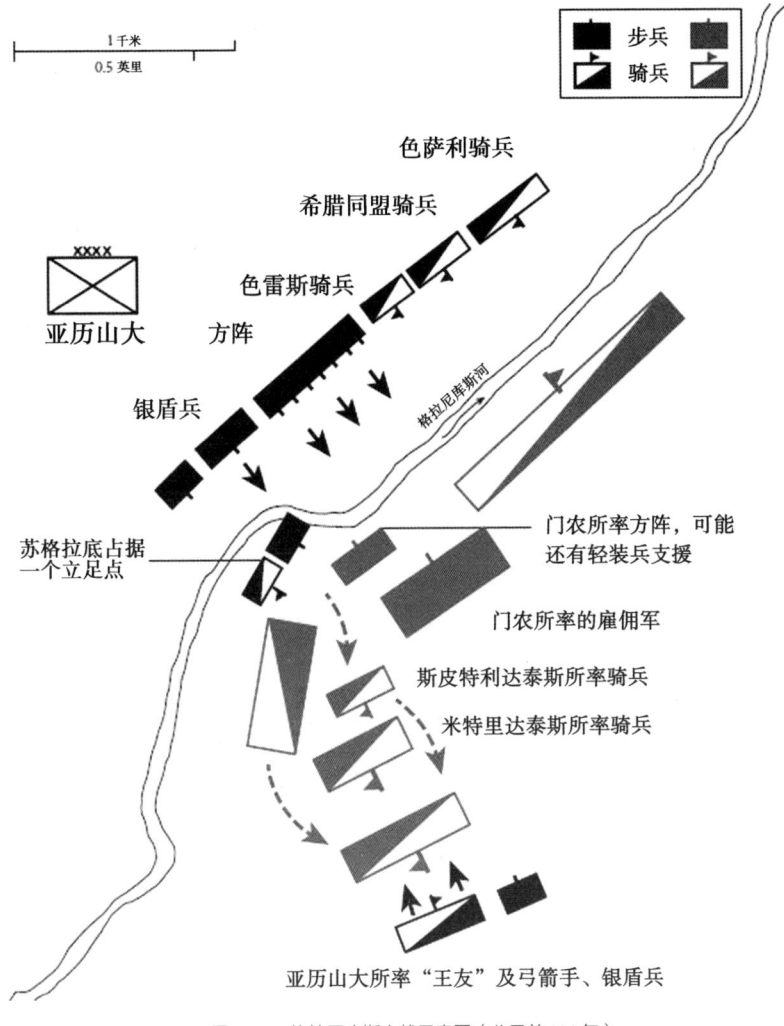

图 17-3 格拉尼库斯之战示意图（公元前 334 年）

（据 Ian Worthington, *By the Spear*, p.147 编译）

亚进军的唯一的一支波斯军队。但是，征服小亚细亚全境还为时尚早，在海岸边有许多坚固的堡垒需逐个拔除，而这些地方往往得到波斯水师强有力的支持。这时，如果雅典水师能提供援助，将会是对亚历山大最大的帮助，对此他还暗怀希望。格拉尼库斯河战役后分配战利品时，亚历山大

‖ 第十七章　征服波斯　　927

为雅典送去了300副波斯甲胄，作为献给雅典娜女神的祭品。祭品上写着："腓力之子亚历山大及全体希腊人（除拉凯戴梦人之外）夺自亚洲的野蛮人。"但是，雅典人对希腊人和亚历山大征服野蛮人的事业根本不抱太大热情。

吕底亚投降

亚历山大将管理赫勒斯滂的弗里吉亚的职责交给卡拉斯，他仍沿用波斯的管理方法，并没有进行太大改变。大军接着向南占领了吕底亚省区和建于岩石之上有三层围墙环绕的萨狄斯城。大约200年前，居鲁士推翻了吕底亚王国，萨狄斯成为帝国西部诸行省波斯力量汇聚的主要城市。萨狄斯的卫城坚固，易守难攻，但是如今波斯人并未进行任何抵抗，就拱手将该城连同城里的金银珠宝全都送给这位希腊的征服者。因投降迅速，吕底亚人获得了自由，恢复了古时的政体制度，而在波斯统治的漫长时间里这一切都被中止。亚历山大决定在卫城修建一座奥林匹亚的宙斯神庙。据说王宫所在地突然下了一场雷阵雨，向他昭示了建立神庙的恰当位置。就在这个地方还曾下过另一场著名的雷阵雨，浇灭了准备烧死吕底亚末王的火堆。

在任命帕麦尼奥的弟兄阿桑德（Asander）为萨狄斯总督后，亚历山大转向南方处理伊奥尼亚诸城的事务。正如亚历山大预想到的那样，该地区所有事务都取决于不同政治派别的力量对比。民主派欢迎希腊解放者，但寡头派支持波斯的统治；如果寡头派得势，就会允许波斯人在其国内驻军。在以弗所，寡头派占据优势，但随着亚历山大军队不断推进，波斯驻军撤出了以弗所城，人们开始屠杀寡头派人士。亚历山大平息了城内的动乱，建立了民主政体。他在以弗所待了一段时间。就在他停驻的这段时间，画家阿佩勒斯（Apelles）为国王绘制了一幅手持闪电的著名画像，【740】并将其挂在了阿尔特米斯神庙里。

围攻并占领米利都，公元前334年

亚历山大前进的下一站是米利都，在此他第一次遭遇到了激烈抵抗。当地波斯驻军的指挥官是一个希腊人，最初他本来考虑过投降，但当得知波斯水师就在近旁，会给予全力支持时，他决定勇敢地面对马其顿人的围攻。在此前讲述欧亚对抗的过程中，我们曾见证过发生在拉提米安（Latmian）和米利都港的令人难以忘却的激烈战斗，不过由于海平面下降，现在这两个地方在地图上都已不再是海港。拉戴岛——在此亚洲人曾获得胜利——对欧洲人的胜利发挥着举足轻重的作用。在敌军舰船到达之前，马其顿的160艘船只已驶入了海湾，并占据着拉戴港。当波斯舰船开到时，发现被马其顿人抢先了一步，因此只得停靠在米卡列海角之外的海面上。米利都城由两部分组成，亚历山大到达后轻而易举占领了外城，但是内城的城池坚固，城墙下有宽阔的护城河。于是，马其顿人在内城的外面匆匆修建了一道壁垒，并将军队安置在拉戴岛上。米利都城被马其顿人的攻城器械轻易轰开，水师封锁城池港口，不让波斯人向里面输送援助的人员和物资。

虽然敌人的舰船几乎可以三敌一，但帕麦尼奥仍力劝国王冒险从水路解决战斗。亚历山大婉拒了他的建议。他已全盘考虑过当时的形势，决定从陆上歼灭波斯水师。如果雅典为他提供水上增援，情况可能会完全不同，但如今他对雅典提供援助一事已是心灰意冷。他认为没有必要耗费巨额军费供养160条战船，因为这一数量与敌人的400艘相比简直是杯水车薪，所以在攻陷米利都后，他就解散了马其顿水师。在接下来的战斗中，他都是通过占领沿海城池或要塞来封锁海洋。实施这个任务花了他两年的时间，但也为他带来了丰厚的回报，使他相继征服了小亚细亚、叙利亚和埃及。

亚历山大解散水师

解散水师的明显弊端是如果与波斯大王决战却不能获胜，大军将被迫撤退，这时他将没有船只把马其顿人从亚洲运回欧洲；敌人的舰船将会切断普罗蓬提海上的归路，可以说这完全是自绝后路的做法。但亚历山大对其战略绝对自信,他知道马其顿人不会被迫撤退。

就小亚细亚而言,接下来需征服卡里亚,占领哈利卡那苏斯,这将是他面临的最艰巨的任务。格拉尼库斯河战役中逃回的残兵败将和罗德岛人门农的手下都聚集于此,【741】他们企图将摩索拉斯这座坚固的城市及其3座巨大的城堡作为据守小亚细亚的最后希望。如今,波斯大王将海、陆两路大军的总指挥权都交给门农;门农命人绕哈利卡那苏斯城挖掘一道深壕,在城内储存着充足的食物以备长期困守之需,并在周边城镇派出驻军以便与该城形成掎角之势。哈利卡那苏斯即将成为一个抵抗马其顿人进攻的战斗中心。

摩索拉斯王朝最后的统治者

亚历山大曾有机会以个人身份成为哈利卡那苏斯的统治者。摩索拉斯的一个弟兄皮克索达鲁斯(Pixodarus)希望与马其顿王室结成婚姻之盟,亚历山大曾考虑娶这位王公之女为妻。但腓力未答应这门亲事,于是皮克索达鲁斯将其女儿许配给了一位波斯贵族。在岳父去世后,此人继承了摩索拉斯王朝。事实上,有资格继承王位的还有一人,她就是伊德利乌斯(Idrieus)的姊妹和妻子阿达(Ada)。她已继承丈夫之位,成为哈利卡那苏斯的统治者,但后来却被其弟兄皮克索达鲁斯赶下了台。现在她前往亚历山大那里寻求庇护。亚历山大决定在攻下哈利卡那苏斯后任命她为卡里亚总督。看来,命中注定女人将代表卡里亚在希腊与波斯的两次重大冲突中出场,在亚历山大时代阿达的归顺为薛西斯时代阿尔特米西娅的"勇敢"赎清了罪恶。

阿达

围攻哈利卡那苏斯,公元前334年秋

在攻打明都斯无功而返后,亚历山大命人填平门农绕城挖掘的壕沟,并运来攻城塔和其他攻城器械,准备强攻哈利卡那苏斯。不久,城池东北侧通往米拉萨城门附近的城墙被撕开一道口子,但是亚历山大仍希望促成城里的人投降,并未因此命令马其顿人发动总攻。但是方阵里的两名士兵几乎迫使他改变计划。一天,这二人在营帐里喝酒,大肆吹嘘自己的能耐。因为喝了一些酒，加上相互竞争激起的豪情，二人穿上甲胄冲到城下，叫嚷着要敌人出来与他们单打独斗。城墙上的人见到只有这两个醉鬼，就从城里冲出大批人马。这两个冒失的家伙立即感觉到敌人太多，眼看就要抵抗不住，这时马其顿士兵急忙赶来拯救他们，双方在城下展开激战。但是，即便这个时候，亚历山大仍未命令对敌人敞开的城门发起攻击。被困者建起了一道月墙，将被攻破的两处城墙连在一起。就这样，他们又在城里困守了一段时间。最终，被困者从两个方向对马其顿人的大营发起突然袭击，但在两面都被打得乱成一团，相继被赶了回去。一些人刚逃进城里就关掉城门，留在外面的不少人被杀死。此时如果乘胜发起进攻，肯定会攻克这座城池，让马其顿人顺利入城，但亚历山大发出撤退信号，仍试图挽救该城。【742】门农看到继续坚守哈利卡那苏斯的希望渺茫，决定将城里的驻军撤退到萨尔玛西斯（Salmacis）要塞及港口附近岛屿的王家城堡里。在撤离前夜，他在城里四处纵火，当马其顿人进入时，城里到处大火弥漫。亚历山大摧毁了大火烧剩下的东西，留下一支由托勒密率领的雇佣军封锁萨尔玛西斯，并协助女王统治卡里亚。

> 分兵

冬天即将来临，亚历山大将大军一分为二；其中一支由帕麦尼奥率领在吕底亚过冬，而他亲率另一支军队进入吕西亚。他让新近结婚的几名年轻军官返回马其顿与家人团聚，并命他们春天返回时带来更多援军，同时划定弗里吉亚的戈狄昂（Gordion）为全军集合之处。

> 吕西亚投降
>
> 从庞菲利亚到皮西狄亚

亚历山大进军过程中并未受到吕西亚同盟的任何抵抗，他仍让同盟保持原有的政体。从富裕的边境城市法塞利斯出发，他率军沿庞菲利亚海岸前行，佩盖（Perge）、阿斯蓬都斯及其他沿海城市相继投降；到达佩盖后，他率军转向内陆。经过皮西狄亚山区时遇到好战的山地民萨格拉苏斯人（Sagalassus）的一些骚扰。马其顿人打败了他们，然后继续前进。不久，大军行进到庞菲利亚总督驻地，坚固而陡峻的凯莱奈城。他留下一

第十七章　征服波斯　931

支军队驻守于此,自己亲率大军前进到桑格里乌斯(Sangarius)的戈狄昂城,该城曾是弗里吉亚古国的首府所在地。

爱琴海上发生的事情

当亚历山大在吕西亚和弗里吉亚行省节节胜利时,他在爱琴海上暂时遭受了一些损失。自被任命为波斯水师提督后,门农攻占了开俄斯,征服了列斯堡岛大部,并开始围攻米提列涅。虽然围城过程中门农去世,但米提列涅不久投降。接着特涅多斯也被迫承认接受"大王规定的和平条约"。对亚历山大而言,最大的危险是波斯人的这些成功可能会激发希腊人的反叛。10艘波斯战船甚至驶到西弗诺斯,其目的就是煽动希腊人赶快行动起来。但是其中8艘战船被正在卡尔基斯训练的马其顿战船捕获,因此波斯劝说希腊人造反的计划并未得到有效实施。

在戈狄昂,公元前333年

在他指定的集合地戈狄昂,马其顿大军重新聚集在一起,来自马其顿的增援部队轮换了那些驻扎在降服地的驻军。戈狄昂卫城上有戈狄乌斯(Gordius)和弥达斯王宫的遗址。亚历山大登上卫城,参观了戈狄乌斯的战车和系在牛轭上的著名结套。茱萸树皮制成的线绳套成了一个结,而线绳的末端被巧妙地隐藏起来。【743】有一则神谕说解开这个结套的人将统治亚洲。亚历山大也试图去解开它,但并未成功;于是他拔出宝剑,砍断结套,从而实现了神谕。从戈狄昂出发,亚历山大的军队从安卡拉附近进入卡帕多西亚。当帕弗拉哥尼亚投降后,亚历山大认为夺取卡帕多西亚的价值不大,于是他决定向南行军占领提亚那(Tyana),进

进军西利西亚

而威胁着西利西亚关。确实亚历山大可能就只想在小亚细亚中部地区展现一下马其顿的实力,至于征服这些蛮荒之地及本都南部海岸或许应该向后拖上一段时间。凭借总督阿萨麦斯(Arsames)在该关隘留下的驻军,守住进入西利西亚的门户并非难事。亚历山大带着银盾兵和其他轻装兵趁夜攀上关口,对那里的哨所发起突袭,而大队人马留在大营。守卫的士兵一听到马其顿人的脚步声就仓皇逃走。接着,亚历山大率领骑兵迅速

抵达塔尔苏斯,阿萨麦斯对于马其顿人的突然出现大感惊讶,还未交战就急忙逃窜。

在此发生了一件不幸的事情,差点改变了历史进程。在一次烈日暴晒的长距离行军后,国王到塞德努斯(Cydnus)的一处流经塔尔苏斯的冷泉洗澡。结果他受了风寒,全身高烧,彻夜难眠。亚历山大手下的医生束手无策,已经放弃了拯救他生命的希望。但阿卡那尼亚人菲利浦推荐的一种泻药救了国王的命。菲利浦以医术高明著称,当他在国王的大帐里准备药剂时,一封书信交到亚历山大手中。这封信来自帕麦尼奥,提醒国王提防菲利浦,据称大流士已买通此人来药杀亚历山大。但是,亚历山大拿起药杯,将信交给菲利浦,信还没读完,亚历山大就已一口气喝掉了药剂。他的自信完全物有所值,在菲利浦的照料下,国王很快从疾病中恢复过来。

在塔尔苏斯

第六节 伊苏斯之战

波斯大王带领着一支庞大的人马渡过幼发拉底河。他虽可听任侵略者征服小亚细亚,但如今不得不亲率大军阻止敌人的进一步前进。亚历山大并不急着与敌交战,后面我们将看到,他的迁延观望带来了意想不到的好处,达到了出其不意的效果。他首先派帕麦尼奥带领一部分队伍守住从西利西亚通向叙利亚的关隘,然后亲自率部征服西利西亚西部地区。马其顿人首先前进到安基阿鲁斯(Anchialus),这里因亚述国王萨达那帕鲁斯(Sardanapalus)及其铭文而闻名。铭文写道:"萨达那帕鲁斯在同一天创建了安基阿鲁斯城和塔尔苏斯城,【744】但是,陌生人啊,世事无常,尽情地吃、喝、玩、乐吧,其他一切都是无益之举。"在此阅读了对他自己雄心勃勃梦想的评价后,亚历山大继续前往梭利城(Soli),这是一座"不通文理的"城市;虽然她曾是一座地地道道的希腊移民城市,

征服西利西亚,
在安基阿鲁斯

在梭利城

|| 第十七章 征服波斯 933

但那里的人们几乎忘记了希腊的政体制度和语言。在此,他对西利西亚的山地民族发动进攻,7天之内征服了整个地区。然后亚历山大转兵向东,向阿玛努斯山下的伊苏斯挺进。

到达伊苏斯,前333年

大流士已到达山另一侧的索科伊(Sochoi)平原,这里非常适合其庞大的队伍展开阵地战。从伊苏斯到叙利亚有两条道路。一条经过群山中层层通行困难的关隘直达叙利亚,另一条沿着米利安德鲁斯蜿蜒曲折的沿海道路向南,然后跨过阿玛努斯山也可到达。(伊苏斯之战,参见图17-4)此前小居鲁士和色诺芬所走的就是第二条道路,如今亚历山大也选了这条路。他将伤员留在伊苏斯养病,自己率军继续朝米利安德鲁斯推进,但暴雨延缓了马其顿人前进的步伐,因为此时已是初冬时节。波斯大王得到阿萨麦斯传来的消息,说亚历山大的军队正在快速向前推进;于是,他每天都等待着这位马其顿人翻过高山来到平原上与之决战。波斯大王左等右等未见敌人到来,他认为马其顿人害怕了,不敢离开海岸(其实是因为在西利西亚被大雨耽搁了)。因此,大流士和他手下的贵族决定前去寻找亚历山大作战。波斯军队穿过阿玛努斯山靠北的关隘,抵达伊苏斯,大肆折磨留在此处养伤的希腊人,并最后将希腊伤员处死。对于这次灾难,我们不能责备亚历山大,因为他完全没有预见到敌人会犯如此令人难以置信的军事错误,放弃能让波斯大军完全展开的开阔地形,选择一个地形促狭的地方,让千军万马挤成一团,完全无法行动。对亚历山大来说,大流士攻入伊苏斯是一个不能再好的消息,以至于他几乎都难以置信。为了确认此事,他派出一艘小船前往打探消息。当确信敌人已被掌握于股掌之间时,他率领马其顿人从米里安德斯经海门返回伊苏斯平原。

米利安德鲁斯

波斯人推进到伊苏斯

亚历山大回军伊苏斯

在伊苏斯双方军队的情况

伊苏斯平原被皮那鲁斯河(Pinarus)一分为二,该河在即将到来的战斗中所起的作用与发生在阿德拉斯泰亚平原的那次战役中格拉尼库

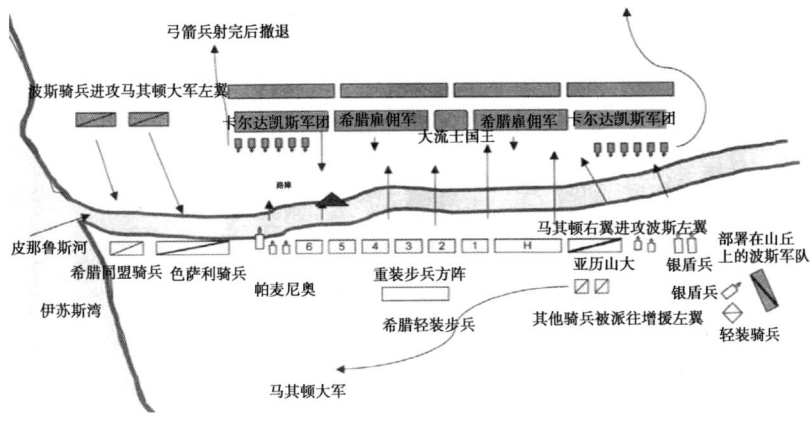

图 17-4-1 伊苏斯之战（战前部署）

斯河所起的作用类似。与前次战役一样，由亚历山大向波斯人发起进攻，而波斯人并无周详的防御计划；其实与前次战役相同，波斯本可依托陡峭河岸这道天然工事组织防守。马其顿大军在拂晓时分向平原进军。得知敌人正在进军的消息时，大流士命5万名骑兵和轻装兵渡过河流，列阵于河对岸以便从侧面保护准备参战的大部队。鉴于波斯军队人数多达数十万，【745】而整个平原仅有3英里见方，结果大多数波斯部队只能留在后面作为预备队。列于阵前的是重装步兵方阵，包括3万名希腊雇佣兵和来自东方的卡尔达凯斯（Kardakes）*军团，左翼紧靠阿玛鲁斯山的缓坡，并沿山势弯曲向南，以便能对敌军右翼侧方形成威胁。当波斯战阵列好后，骑兵被召回到河流北岸，部署在大军右翼靠近海边之处，因为这里的地形最适合骑兵行动。

---

* 一般认为卡尔达凯斯军团是自公元前378年起波斯效仿希腊军制组建的密集重装步兵战阵，多由子承父业的军户组成，另一说认为是库尔德山民组成的雇佣军。相关讨论参见Pierre Briant, *From Cyrus to Alexander: A History of the Persian Empire*, Winona Lake: Eisenbrauns, 2002, pp.1036~1037.——译者注

第十七章　征服波斯　　935

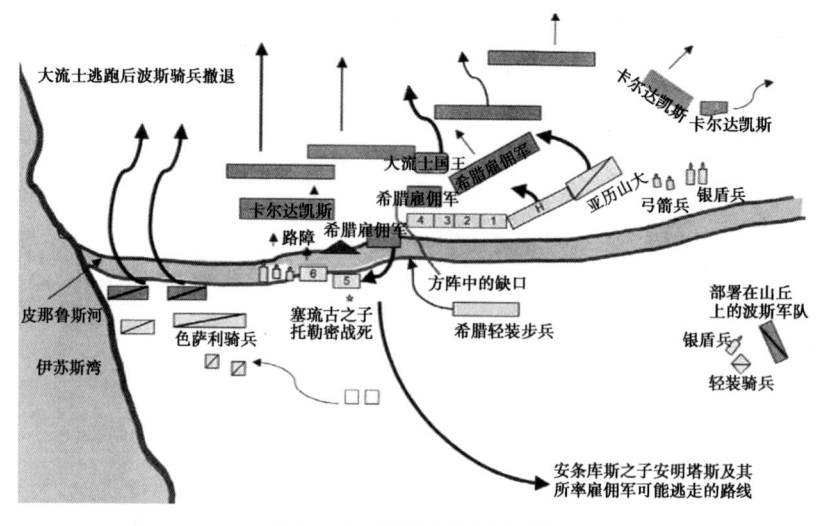

图 17-4-2 伊苏斯之战（战斗过程）

（据 Waldemar Heckel, *The Conquests of Alexander the Great*, Cambridge University Press, 2008, pp. 62-63 编译）

亚历山大军队的部署

　　亚历山大的军队仍按往常的部署推进，方阵位于阵中，银盾兵位于右翼。最初，他把色萨利骑兵和马其顿骑兵都部署在右翼，以便能增加其攻击力；但是，当看到所有波斯骑兵都集中在海边时，他被迫将色萨利骑兵调回到他们往常的位置，即大军的左翼。为了应对波斯军队可能从山坡上发起的进攻，从而威胁到马其顿大军右翼侧方及后队的安全，他将一队轻装兵放置在最右边，形成了第二支先头部队。与格拉尼库斯河战役一样，重装骑兵将从敌人阵线的左翼居中处发起战斗。不过，亚历山大的这次部署是一次危险而大胆的冒险。那些读过描写库那克萨之战故事的人或许会轻视亚洲人，但大流士手下有 3 万希腊雇佣兵，他们深谙希腊人的战术和部署。如果被波斯人击败，亚历山大就失去了后撤之路。

战斗过程

　　波斯军队的左翼未能抵住亚历山大所率骑兵的攻击。紧随其后的方阵行动迟缓，在过河和爬上陡峭河岸的过程中，方阵出现了一些混乱；尤其是在攀爬河岸时，希腊雇佣军给马其顿方阵施加了很大压力。如果方阵被赶了回去,亚历山大所率的本胜利在望的右翼将完全暴露在敌人的进攻之下,整个战斗将会以失败告终。但是,方阵里的重装步兵顽强坚持站住了位置,直到银盾兵抽出身来,从侧翼对希腊雇佣军发起进攻,方阵才终于取得优势。而在此时,亚历山大向波斯大王所乘战车及护卫在周边的波斯贵族发起猛烈进攻。战斗异常激烈,场面一阵大乱,亚历山大的大腿也被刺伤。就在这时,大流士掉转战车,仓皇逃走。这导致波斯大军左翼全体战斗人员纷纷败退。在傍海一侧,波斯骑兵渡过河流,所向披靡;但就在快要取胜时,大王逃走的呼叫声动摇了他们的决心,很快他们也仓皇回撤;色萨利骑兵在后面紧紧追赶。波斯大军匆忙逃向北方的阿玛努斯关,【746】成千上万的波斯战士都死于紧追其后的马其顿人刀剑之下。大流士一刻也不敢停留,他甚至忘记了在伊苏斯大营中还有自己的母亲和妻子。他逃到山上,跳下战车,脱掉甲胄和披风,将这些东西扔在一边后,骑上一匹脚力更快的牝马继续逃命。

大流士的逃窜

亚历山大在后面紧追不舍,直到夜幕降临,这时他发现了大流士扔在路旁的甲胄和披风,决定不再追赶,率军返回到伊苏斯波斯人的营帐中。当他正在几天前大流士驻扎的大营中用餐时,听到不远处传来了女人的哀号声。他问手下是哪些女人在哭泣,为什么她们住得离他这么近;最后手下人告知他这就是已经逃跑的那位波斯大王的母亲、妻子和孩子。当她们听说亚历山大带回大流士的甲胄和披风时,认为国王已经殒命,就忍不住失声痛哭。亚历山大派一名战友安慰她们,说大流士还活着;而且告诉她们,【747】只要她们还在亚历山大的保护下,就会得到王家贵妇应得的尊敬和照顾;因为亚历山大与大流士并无个人恩怨。对时人而言,亚历山大的所作所为,对待敌手家人的慷慨或许会最让人感到惊讶。他理想中的英雄阿喀琉斯想必也无法抗拒被俘的斯塔提拉(Statira)王后的美貌,她是那个时代最美丽的女人。但美色对亚历山大

第十七章 征服波斯　937

没有吸引力,他对待被俘者的态度不仅是因为他与生俱来的仁爱之心和慷慨大度,还是因为一位高贵征服者的本性和奉行的政策理应如此。

<small>在伊苏斯建立亚历山大里亚城,或称亚历山德里塔</small>

这就是波斯军队,他们前来的目的是"踏平"亚历山大和他不堪一击的军队,结果在伊苏斯平原几乎全军覆灭。为纪念这场胜利,他在海门之北筑造了一座城池,如今该城之名仍保留着亚历山大的名号。作为这场战役的直接后果,通往叙利亚的道路已畅通无阻。恰如格拉尼库斯河那次小规模的战斗清除了通向小亚细亚的道路一样,在皮那鲁斯河畔的这场战斗扫平了征服叙利亚和埃及的主要障碍。接下来要做的事情将由一次次乏味的围城战组成。除了直接后果外,在亚历山大获得的巨大荣耀中,伊苏斯的胜利也至关重要。他打败了这支由大王亲率的人数超过马其顿人 10 倍的波斯军队,迫使大王仓皇逃入群山之中;另外,他还抓获了大王的母亲、妻子和孩子。大流士放下他不可一世的波斯式高傲,一口气逃到幼发拉底河以东的安全地带。然后大王写了一封信,抱怨亚历山大是一个无故挑衅的侵略者,请求放回被俘的王室成员,并声称愿意与马其顿缔结友好同盟条约。对一位波斯国王来说,写这样一封信已算是颜面扫地;这样的一封屈身恳请的书信同样也需一封措辞严厉的回信。非常幸运的是,文献保留下亚历山大的回信,这可以算作是他对亚欧两地人民发布的一篇宣言。回信的内容如下:

<small>亚历山大写给大流士的书信,公元前 333 年</small>

"虽然我们从来未曾侵略过波斯,但你的祖先侵略过马其顿和希腊其他地区,对我们造成了极大伤害。我已被任命为全希腊总司令,率军进入亚洲,目的是一雪前耻。是你们首先入侵了欧洲。此外,你曾帮助佩林图斯人触怒我的亲父;奥库斯(Ochus)曾派兵侵入属于马其顿的色雷斯;你还曾指使杀手杀害了我父亲,对此你竟然还在信中大吹大擂。【748】不要忘记,你曾借助巴哥亚斯(Bagoas)之手暗杀阿西斯(奥库斯之子),以不正当之手段篡夺王位。即便按波斯法律,这也是非法之举。你曾卑鄙

地写信给希腊人,教唆他们向我宣战。你还给拉凯戴梦人以及其他希腊人送去大笔金钱;除拉凯戴梦人外,其他城邦都未接受你的贿赂。最后你竟然派人收买并腐蚀我的朋友,妄想破坏我在全希腊促成的和平局面。直到这时,我才忍无可忍,拿起武器来对付你。挑起争端的是你!现在,既然我已经在战场上先把你的将领和总督征服,接着又将你本人和你的部队击溃,进而占领这一片地区,这是天意使然。既然打了胜仗,我就应当对你那些未战死沙场而投奔于我的所有人员负责。他们投奔到我这里完全是出于自愿,而且还将自愿在我部队中服役。因此,你应当尊我为亚洲之主,前来拜谒。如果担心来到之后我会对你无礼,那你可先派手下亲信前来获得各种保证。等你前来拜谒时,提出请求,就可领回你的母亲、妻子和孩子以及你希望得到的其他东西。只要认为你提出的要求合理,我都可以赏赐给你。将来,无论你派人来还是送信来,都要承认我是亚洲之主。不论你向我提出什么要求,都不能以平等的地位相称,要承认我是你一切事务的主宰。不然,我就会把你当作一个冒犯者对待。如果对这块土地的归属有争议,那你就韬光养晦以利再战吧,万不可闻风而逃。因为,不论你逃到哪里,我都会进军攻打你。"[1]

在经过阿玛努斯山时,大流士已将带到叙利亚的金银珠宝安全地存放在大马士革(Damascus)。因此,亚历山大派帕麦尼奥前去夺得了这些财宝。在大马士革,帕麦尼奥发现伊苏斯战前不久一些希腊使节曾到大王的营帐拜谒,其中有一位斯巴达人、一位雅典人和两位底比斯人。亚历山大将斯巴达人收监,将雅典人奉为朋友,将底比斯人释放。他对底比斯人的宽厚是因为他总觉得处理该城时采取的措施太过于严厉,对此他颇感内疚。出于私人原因,他对这位名为伊菲克拉特斯的雅典人颇有好感,

希腊人与波斯国王密谋

---

[1] Arrian, *Anabasis*. 2. 14.

第十七章　征服波斯　939

此人正是雅典那位同名伟大将军的儿子,他在马其顿很受人尊敬。该事件表明,虽然希腊人表面上已选举亚历山大为领导人,但暗地里仍与波斯有所勾结。当听说大流士已跨过幼发拉底河时,雅典人热切希望并乞求上苍让波斯的铁蹄踏平马其顿人。100艘波斯快船出现在西弗诺斯,斯巴达国王阿基斯前往拜会诸位指挥官,向他们要求金钱和船只,以图起兵反抗马其顿。【749】在雅典,希培里德煽动人们对马其顿开战,但德摩斯提尼稍微谨慎,他建议同胞们略作等待,等到亚历山大惨败的消息得到确认后再动手。然后,消息传来,希腊人的领袖取得了一场辉煌的胜利,全希腊不得不把失望之情隐藏起来。波斯船队急忙返回,拯救在亚洲海岸他们能够救得的波斯人。离开时,他们分出30塔兰特金钱和10艘战船留给阿基斯,斯巴达国王将这些钱物用于了确保对克里特岛的控制。

波斯舰船在西弗诺斯;阿基斯的行动

希腊对伊苏斯传来的消息感到失望

第七节 征服叙利亚

亚历山大征服的战略计划

或许人们会认为伊苏斯战役的胜利者会趁大流士未能聚集足够兵力之前,继续追击并将其彻底击溃。如果大流士是亚历山大,他也会这样做的。但是,只要叙利亚和埃及还未被征服,只要波斯水师还控制着地中海沿岸地区,马其顿人贸然孤军深入波斯帝国腹心地带,就会犯下战略上的大错误。伊苏斯之战的胜利并没诱使亚历山大改变既定战略;在他看来,这场战斗的胜利只不过打开了通向叙利亚和埃及的大门。正如征服小亚细亚是进军叙利亚和埃及的战略前提一样,征服叙利亚和埃及是进军美索不达米亚和伊朗的前提。按此逻辑顺序逐次征服更有必要,因为腓尼基人是波斯水师的主要提供者,只有征服腓尼基各城镇才能有效摧毁波斯的海上力量。如果出现了有利的进攻时机,没有人会比亚历山大行动更迅速。但是,最能体现其高超战争指挥艺术的,是【750】他任由大流士逃走,而自己却一步一个脚印地实施既定的征服计划。

波斯历任国王承诺只要腓尼基水师随时听候调遣,就会允许其商人按原来方式生活,他对这些繁荣的商业城市一般很少干预。由于这些城市位于沿海的半孤立地区,黎巴嫩的高山将其与内陆宗主国分隔开来,如果这些强大而富裕的城市组成一个稳固联盟,在波斯帝国衰落之时,她们可轻易获得完全的独立。然而,虽然推罗、西顿和阿拉杜斯(Aradus)通过同盟关系保持着密切联系,但该地区各城市之间的商业利益存在冲突,相互之间时有嫉妒,任何真心实意组建统一国家的努力都会受阻。最近发生的一件事情证明了上述论断。在阿塔薛西斯·奥库斯统治期间,西顿人发动了起义,反抗波斯,另外两座与其结盟的城市在同盟会议上承诺誓与西顿人共存亡。但是,推罗和阿拉杜斯都在私下算计,如果西顿被灭,该邦掌握的商贸机会就会落到她们手中,因此这两个城邦一直让西顿独自对抗波斯。最终,奥库斯剿灭了西顿起义,并焚毁该城,西顿就此丧失了一个城邦享有的权利。

腓尼基的情况

阻止腓尼基人成为统一国家、保持她们各自为政的状态对亚历山大有利。如果腓尼基联合舰队积极防御沿海地区(虽然如今在爱琴海水域并不那么奏效)不受马其顿的入侵,要攻克他们的城市将非常困难,即便是亚历山大也可能无能为力。但是那些城市互不信任。作为西顿地位的代替者,毕布洛斯和阿拉杜斯主动向伊苏斯的征服者投降;西顿虽被夷为平地,但她仍向马其顿水师提供了几条舰船,希望得到波斯之敌的恩惠,以恢复其原有位置。亚历山大并没有让西顿人失望,【751】恢复了她的政体和领土。

大约此后不久,一位西顿国王长眠之地出现了一件与这位伟大征服者有联系的艺术品。(石棺彩绘"亚历山大猎狮像",参见图17-5)最近在西顿列王墓葬群出土了一具雕花石棺。该石棺是最精美的希腊艺术

石棺,俗称亚历山大石棺

第十七章 征服波斯　941

品之一。但是，或许我们应该将其与亚历山大而不是这位默默无闻的腓尼基王公联系在一起。因为石棺两侧的彩色浮雕所反映的两处生动场景中，都出现了亚历山大骑在马背上的图画。其中一侧表现的是伊苏斯战役：战争陷入了胶着，亚历山大正在攻击一侧；另一名将军（可能是帕麦尼奥）正在攻打另一侧。另一幅画面是猎狮场景，如果亚历山大没有以国王的头饰标出，我们大概也可从他急切而紧张的脸庞将其认出。

推罗挑衅亚历山大，公元前333年

亚历山大继续向南推进，抵达了推罗。城邦派出的使节在通往城市的路上拜谒了他，宣称推罗人已准备好了按其意愿行事。亚历山大表示他希望能拜会这座城市，以便为城里著名的赫拉克勒斯神庙献祭。但是，推罗人不希望马其顿人进入他们的城市。此时波斯还未被征服，推罗人的政策是静观其变，力图避免授人以提前与马其顿勾结的口实。推罗人相信他们的岛屿牢不可破，除游弋于爱琴海上的船队外，他们还拥有80艘战船。因此，他们邀请亚历山大到推罗位于大陆上的古城献祭，拒绝"在城里接待任何一个波斯人或马其顿人"。

图 17-5 石棺彩绘"亚历山大猎狮像"

（据 Ian Worthington, *Demosthenes of Athens and the Fall of Classical Greece*, Oxford: Oxford University Press, 2012, p.47）

正如在亚历山大主持召开的一次将官会议上解释的那样，征服推罗势在必行。只要波斯人还掌握着制海权，无论是进军埃及还是追击大流士都不安全。夺取波斯人制海权的唯一办法就是占领推罗这一个沿海地区最重要的水军基地。一旦推罗灭亡，占波斯水军数量最多、力量最强的腓尼基舰船就会归于马其顿麾下，这样一来，当腓尼基桨手无桨可摇、战斗人员没有栖身之所时，他们将不得不为马其顿人效力。而且在接下来征服塞浦路斯和埃及的过程中，马其顿人将不会有后顾之忧。亚历山大认识到推罗是整个战局的要点所在。

必须占领推罗！说起来容易做起来难。马其顿人没有水师，如何能实现这一个艰巨的任务？这或许是亚历山大面临的最艰巨的军事任务之一。推罗城四面为修葺精良的石制高墙环绕，【752】位于一座孤岛之上，与大陆中间隔着一道宽达半英里多的海峡。（围攻推罗示意图，参见图 17-6）在靠近大陆一侧有两座海港：位于北部的被称为西顿港，仅有一道狭窄的水道可以进入；位于南部的被称为埃及港。对于水战完全处于劣势的敌人来说，攻陷这座石头海岛完全没有任何希望。事实上，一个陆上国家想攻占该城只能采取一个方法，那就是修建一座桥梁，将海岛与大陆连在一起。亚历山大并没有过多迟疑，就组织人手开始修筑通向岛上的堤道。工程开始部分并不困难，因为那里的水还比较浅；但当堤道逐渐靠近海岛时，海峡的水越来越深，而且修建堤道的工人也处于岛民的攻击范围之内，【753】工程中最艰巨的部分开始了。推罗人派出三列桨战船从两个港湾出发，向正在修建的人员发射各种投掷武器。为了保护工人，亚历山大在修好的堤道上搭建了两座塔楼，把投掷军械运送到塔楼之上，还击靠近的推罗战船。此外，他还在两座塔楼之间拉上皮制护顶，这样既可保护塔楼又能保护下面作业的工人，使他们不会受城内投掷武器的伤害。但是，推罗人也足智多谋。他们赶制了一艘火船，在里面

围攻推罗，公元前332年6—7月

| 第十七章　征服波斯　943

填满干柴和其他易燃物品；当西风劲吹时，他们将这艘火船拖到大坝附近，点燃火船。推罗人的方法成功了，火船的烈焰很快引燃了塔楼和所有军械；拖拽火船的三列桨战船向前来救火的马其顿人拼命投掷标枪。推罗人趁机乘坐小船过来，扒掉了堤道上还未完工的木桩。

看来这个计划毫无实现的可能了。但是，亚历山大并未因此而沮丧，他以更旺盛的精力继续进行堤道的修建工程。既然必须要攻占推罗，他坚信就一定能攻下推罗。亚历山大决定将整条堤道加宽，以便在完工之前能在上面放置更多塔楼和军械。这时，他认识到有必要利用舰船协助他的堤道修建工程。于是他前往西顿，调来几艘停泊于此的战船。就在此时，事情突然出现了转机，亚历山大的海上力量得到增强，在与推罗人的对抗中取得了有利于他的局势。阿拉杜斯和毕布洛斯在爱琴海上执行任务的水师听说自己的城邦已归顺亚历山大，纷纷前往马其顿选定的海港西顿。返回的腓尼基舰船大约有 80 艘；同时从罗德岛来了 9 艘战船，从吕西亚和西利西亚来了 10 艘。随后塞浦路斯诸王的归顺，为驻扎在西顿的水师再添 120 艘战船。如今亚历山大可以指挥的三列桨船已大约有 250 艘，在海上力量上已比推罗商人的力量更强大。虽然围攻如此坚固的要塞仍是一件艰巨任务，但已不再遥不可及了。

当水师还在西顿整装待发时，马其顿的工兵制造出一些新型攻城器械，以便能砸毁推罗的城墙。亚历山大亲率轻装步兵，教训了骚扰安提利巴隆（Antilibanon）山区的当地匪帮，使沿海到内陆的交通得以畅通。或许就在此时，他接见了一个波斯大王派出的使团。【754】该使团愿意缴纳丰厚的赎金，赎回被俘的王室成员；并答应让出幼发拉底河以西所有土地；提议将大流士之女嫁给亚历山大，并与其结成同盟。国王将波斯人的提议提交军事会议讨论，帕麦尼奥说，如果他是亚历山大，就会接受这些条款。亚历山大说："如果我是帕麦尼奥，我也会接受这些条款。"但亚

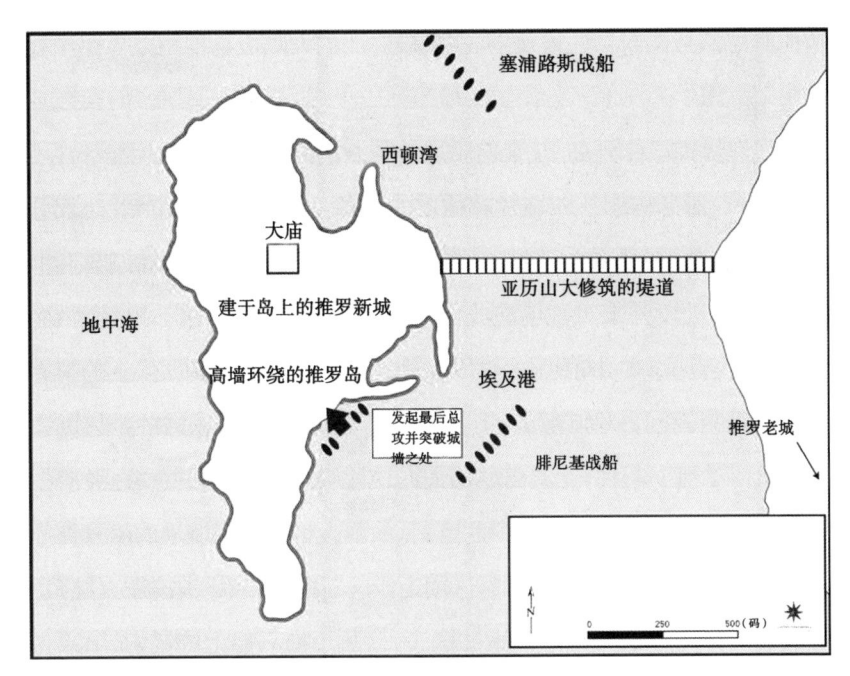

图 17-6 围攻推罗示意图

（据 J.B.Bury, *A History of Greece*, fig. 108, p.752 编译）

历山大决定将征服计划进行到底，不会答应任何妥协措施。他告诉使者说，他既不会接受金钱也不会接受几个行省，他要的是大流士的整个帝国，大流士所有的土地和财产都是他的；如果他有这种意愿，也会娶大流士的女儿为妻，不管大流士是否同意；如果大流士希望得到什么好处，他必须亲自前来，当面要求。

亚历山大将所有舰船都从西顿带到推罗，并希望诱使推罗人与他进行决战。水师右翼由他亲自率领，左翼由克拉泰鲁斯（Craterus）和塞浦路斯的萨拉米斯国王普尼塔哥拉斯率领。当舰船进入视线时，推罗人又惊又怕，陷入了失望。此前他们乐于发起进攻，但看到敌船如此之多，他们完全没有获胜的机会时，就将其战船密集停靠在港口里，封锁进入港口的水道。亚历山大命令位于堤道以北的塞浦路斯舰船封锁西顿港，南

|| 第十七章 征服波斯 945

边的腓尼基战船封锁住埃及港。在港口对面的大陆上是他用以指挥作战的中军大帐。

现在堤道已修到岛上，来自腓尼基和塞浦路斯的优秀工兵准备好了战争器械。对岛屿东部城墙发起猛攻的准备工作已经一切就绪。一部分攻城器械安放在堤道上，另外一些装载在运输船上或废弃的战船上。但是，他们的进攻并未对城墙造成什么损害，因为城墙的这一侧高达150英尺而且特别厚实。被围困的推罗人用一排排安放在高高城垛上的强有力的弓弩射箭回击马其顿人的进攻。此外，装载着攻城器械的船只因安放在水下的巨石阻拦，无法离城墙太近，难以发起更有效的进攻。亚历山大决定不惜一切代价搬掉水下的巨石。他派人将安装了辘轳的船只停靠在那里力图将水下的巨石拖走。这项工作进展缓慢，最终被推罗人挫败。上面装有顶盖的船只从港口里冲出来，砍断了拖石船上的锚索，结果这些船只被海浪冲走。亚历山大试图将一些小船靠近抛锚处充作甲板，但即便这样马其顿人还是没有成功，因为推罗的潜水者游到水下，割断了缆绳。【755】亚历山大最后想到的办法是将拖石船的锚固定在铁链而不是绳索上；通过这种办法，巨石最终被拖走，进攻船只终于能够靠近城墙。

推罗人只得动用最后一招。他们将行驶在北部海港入口处的所有船只风帆展开，使敌人无法看到他们在干什么；在这道帆墙后面他们用城里最勇敢最出色的水手武装了7艘三列桨战舰、3艘五列桨战船和3艘四列桨战船；中午时分希腊人一般都会下船休息，亚历山大也常退回自己的大帐；这时推罗人小声地将他们全副武装的船只划到塞浦路斯船队的驻地，发起突然袭击，马上击沉了一些船只，并将其余船只赶到海滩上。碰巧那天亚历山大在大帐里停留的时间比平时短。当他回到腓尼基船只停靠在堤道以南的基地时，发现事情不对，他命令船队主要舰船靠近埃及港,防止推罗人在这一侧采取进一步行动,并带领一些五列桨战船和5艘快船绕海岛航行。城里的人发现了亚历山大,并看到他做的一切,立即向正在捣毁搁浅塞浦路斯舰船的水手发出信号。不过他们既没看到也没听到城里哨兵发出的信号,直到亚历山大已经靠近他们,但此时为时已晚。当他们见到亚历山大靠近时,立即停止了破坏行动,全速向海港方向逃窜;但是,就在到达海港入口之前,大多数船只被亚历山大的舰船捣毁。自此之后,推罗的舰船就只能毫无用处地待在港口里,无法对防御海岛做出任何贡献。

接下来就是推罗工兵与亚历山大手下工兵的角逐和对抗。所有攻城器械和攻城措施都拿堤道面对的这道城墙没有办法;东城墙靠北的那一部分,虽然水下的巨石已被清除,但也同样难以攻克。因此,围攻者都聚集到南侧埃及港附近。终于一小段城墙被撕开了一道口子;双方在裂口处展开一场激战,但推罗人还是轻松击败了马其顿人的进攻。这次攻城给亚历山大带来鼓励,使他认识到了城墙的薄弱环节。两天后,他准备要发起一次规模巨大、至关重要的攻击战。

装载攻城器械的船只被派往南侧城墙,同时两艘三列桨战船在附近待命,其中一艘装载着阿德麦图斯(Admetus)率领的银盾兵,另一艘装载着一队重装步兵;【756】两队人马在城墙边等候,一旦出现缺口后就向里面冲锋。马其顿的舰船也停泊在两个港口的前面,准备伺机强行攻入港口内;其他船只装载着轻装步兵,配备着攻城器械,散布在岛屿四周,对守城者进行骚扰和迷惑,使其无法集中兵力应对主要的攻击点。很快南侧城墙被轰出一道很宽的缺口,两艘三列桨船迅速划到缺口处,放下船舷,阿德麦图斯率领银盾兵冲在前面,首先登上了城墙。虽然阿德麦图斯被长矛刺中,但亚历山大取代了他的位置,将推罗人赶下缺口。城内一个又一个塔楼相继被攻陷,不久整个南侧城墙都掌握在马其顿人手

占领推罗,公元前332年8月

第十七章 征服波斯

中。亚历山大攻破了一个又一个城垛，直扑王宫，为攻占该城占据了一个最佳据点。马其顿人也从其他地方攻入城内。西顿港和埃及港的防御链被塞浦路斯和腓尼基舰船突破，推罗人的战船丧失了行动能力，军队也被逼入城内。城内的居民在一个名为阿格诺里昂（Agenorion）的地方进行了最后的殊死一搏。据说 8000 人被杀，其余大约 3000 人被卖为奴隶，只有国王阿泽米尔科（Azemilco）和其他几个地位显赫之人获得释放。

虽然围攻推罗时间漫长，令人乏味，但亚历山大付出的时间和精力还是非常值得。推罗的沦陷使亚历山大不但很快占领叙利亚和埃及，而且还获得了东地中海世界的制海权。他去往此前被拒的赫拉克勒斯神庙献祭，并举行火炬游行和竞技比赛。伊苏斯战役后还未降服的叙利亚及巴勒斯坦诸邦，譬如大马士革，在推罗沦陷后也投降了。因此，亚历山大南进埃及途中并未遭遇任何抵抗，直到他到达边境地区的一个重要据点——菲利士丁人的城市加沙（Gaza）。

亚历山大继续南进

加沙位于一块台地之上，周围修建着坚固的城墙。因为该城与海岸之间隔着一片超过 2 英里宽的沙地，所以舰船对围城并无太大帮助。大流士命他信任的宦官巴提斯（Batis）驻守加沙，城里囤积着大量食品物资，足以支撑长期困守。巴提斯凭借着坚固的城防拒绝投降；工兵一看城池所处的较高位置，就断言大型攻城器械在此派不上用场。不过如今亚历山大已习惯于完成看似不可能完成的事情，这位攻克推罗的征服者并不准备因加沙的高墙而退缩。【757】他绝不容忍从大马士革到埃及途中还有如此重要的一个据点掌握在敌人手中。他命令迅速绕城修建一座座土墙，以便让攻城器械能架到与城墙一样高的地方。城南一侧稍显薄弱，因此那里的工程也迅速推进。当攻城器械置放在土墙之上后，亚历山大献上祭品，一只猛禽从祭坛上方飞过，一颗石子掉到国王戴着花环的头顶上。预言师解释这道卜卦说："国王啊，您能够攻陷这座城市，但必须

特别注意您自身的安全。"开始时亚历山大还对自己的安全颇为上心，但当敌人冲出城门，攻打正在土墙上安放攻城器械的马其顿工兵时，亚历山大眼见前方吃紧，便亲自带兵冲过去增援，这时一支弩箭射中了他的手臂。就这样，预言的一部分实现了，另一部分也会很快实现。用以攻打推罗城的器械从海上运送到这里，土墙越修越宽，也越来越高；马其顿人还挖掘了地道直达城墙之下。在攻城器械的轰击下，在地道的破坏下，城墙多处出现坍塌，但直到发起第四波攻击后，马其顿人才成功攀登上城墙进入城内。加沙的屠城更甚于推罗，所有妇孺和孩童全都被卖为奴，自此，这里也成为马其顿的一个要塞。

第八节　征服埃及

现在埃及已完全与波斯分隔开，这一片与外界隔绝的地方已向亚历山大敞开大门，他只需率军进入即可。一方面，埃及人无力抵抗希腊人的侵略；【758】另一方面，波斯驻埃及总督玛扎凯斯（Mazaces）眼见腓尼基和叙利亚已落入亚历山大掌控之下，马其顿的舰船也在佩鲁西昂（Pelusium）抛锚停泊，如果抵抗将别无他援，因此他认为只有投降才可能赢得征服者的宽恕。亚历山大命令水师沿尼罗河的支流佩鲁西亚克河（Pelusiac）上溯到孟菲斯与其会合，他率军途经赫利奥波利斯。在埃及法老的首都，他向阿皮斯和其他当地神灵献祭，人们将他的虔诚与波斯国王奥库斯的惨杀圣牛的偏执进行比较；亚历山大的所作所为赢得当地人的好感，为他在此称王铺平了道路。虽然这位新国王展现了他尊重当地宗教和风俗的一面，但他也以行动向人们证明希腊文化从此进入尼罗河这个具有排他性的地方。他在孟菲斯举办体育竞技和诗歌比赛，来自希腊最著名的艺术家纷纷前往参赛。

亚历山大进军埃及，公元前332年11月

在孟菲斯

第十七章　征服波斯　　949

建立亚历山大里亚城，大约公元前331年1月

亚历山大从孟菲斯沿河而下抵达卡诺普斯（Canopus），在此他采取一项重要措施；即便他一生中并未做过其他任何事情，单凭该项举措也足以使他青史留名。（公元前30年左右的亚历山大里亚规划图，参见图17-7）他选定在拉科提斯（Rhacotis）以东，玛莱奥提斯湖（Mareotis）与大海之间，法罗斯岛的对面大陆建立一座新城；荷马颂诗中法罗斯岛已略有声名，不久因岛建起的第一座灯塔而声名远扬，成为古代世界的七大奇迹之一。据说，国王曾亲自参与亚历山大里亚城规划的草拟工作，城内建有市场、伊西斯神庙、希腊诸神的神庙，并修建坚固的城墙环绕其外。他命人修筑了一条宽7斯塔狄亚（大约1英里）的堤道，将法罗斯岛与大陆连在一起，并在堤道两侧建起两个港口。其后2000多年的历史发展证明，亚历山大里亚的建城者在为这座最出名的新城选址时确实具

图 17-7　公元前30年左右的亚历山大里亚规划图

有独到眼光。虽然该城作为一个世界市场所起的巨大作用远远超过亚历山大的目标和期望，但建城时他持有明确的目的毋庸置疑。在他看来，亚历山大里亚城并不准备取代埃及首都孟菲斯的位置，其主要作用是取代推罗成为西亚和东地中海的商贸中心。亚历山大的政策是让世界贸易尽可能落入希腊人之手，他有充分的理由让商贸航线从腓尼基转移到埃及地中海沿岸地区；但是无论推罗还是西顿，鉴于腓尼基人的经商天赋，在废墟上重新崛起的商港将又会被他们主导；而在埃及沿岸地区，希腊商人不会受到类似竞争。【759】正是出于这样的考虑，为了照顾希腊人的商贸利益，亚历山大在埃及建立了这个港口。

在埃及君主政体的官僚体系下，法老是阿蒙神之子，作为法老的继承人，亚历山大也获得了同样的称号。因此，为了显示其身份，有必要从官方角度让阿蒙神证明亚历山大确实是神的儿子。为了得到这样的一个证明，并完全满足祭司阶层需要的正式仪礼，亚历山大亲往位于西瓦（Siwah）绿洲发布神谕的阿蒙神庙。虽然上述动机足以解释他的这次远征的原因，但或许亚历山大的头脑中，还有其他想法。他一直隐地认为自己的身世与神灵有一定关系，认为与阿喀琉斯一样，其母亲怀孕时也发生了神秘之事，因此他并非一个平凡人。他率军沿海岸到达帕莱托尼昂（Paraetonium），在此他遇到并接见了库涅列派来称降的使团。库列涅的归顺使马其顿帝国的西部边界扩展到与迦太基统治之地接壤。亚历山大跨过沙漠抵达那座闻名于希腊世界的埃及神庙（希腊人通常将其称为宙斯·阿蒙神庙）。沿途并无任何路标，因为那一个季节盛行的南风卷起黄沙，将所有道路标识尽皆掩埋；有不少故事讲述各种不可思议的神迹为这位受到神灵庇佑的将军指明前进方向。后来成为从埃及到利比亚这块地方统治者的拉古斯（Lagus）之子托勒密（Ptolemy）在回忆录中记载说两条蛇在大军前面带路；而国王的另一位战友阿里斯托鲁斯

阿蒙·拉神

亚历山大拜会宙斯·阿蒙神庙，公元前331年最初几月

第十七章　征服波斯　951

（Aristobulus）说为他们带路的是两只乌鸦。总之，这次远征仍笼罩着神秘面纱。据说亚历山大并未告诉任何人他问了神什么问题，也没有告诉人们神的回答是什么，不过神的回答无疑令他很满意。可以肯定的是祭司解释说阿蒙神确认他确实是神的儿子。亚历山大返回孟菲斯的具体道路并不清楚，因为他两位战友的记述各不相同：托勒密说他们径直穿过了沙漠；阿里斯托鲁斯说他们回到了帕莱托尼昂。

埃及的政府机构组织情况　　在孟菲斯，亚历山大组建了埃及的政府机构，任命两位当地王公统治埃及，并指派两位希腊总督分别管辖邻近的阿拉伯和利比亚。但是他将埃及的财政事务交给瑙克拉特斯人克利奥蒙尼（Cleomenes of Naucratis）掌管。同时任命了几位军事长官，或许他还设置了几位互不隶属的长官，其目的是防止当地人的反叛。【760】因为埃及特殊的地理位置，一位野心勃勃的将领可能会拥兵自重，独霸埃及，与其主上对抗。埃及作为波斯行省的历史证明处理此地事务并非易事。如果事实确实如此，那么亚历山大开创了一种新的统治政策，在后来的历史发展中，作为继承者的罗马人采用另外一种类似的形式统治征服地。

第九节　高加米拉会战以及征服巴比伦

亚历山大渡过幼发拉底河，向底格里斯河进军　　次年春，这位埃及和叙利亚的新主人回到推罗。沿海所有地方都在他控制之下，此外他还掌控着东地中海的制海权，应该是向波斯帝国腹地进军的时候了！他在这座腓尼基城市待了几个月，忙于处理各种政策和管理方面的事务，同时拟订下一步的行动计划。当一切准备就绪后，他率领4万名步兵和7000名骑兵继续前进，8月初大军到达幼发拉底河畔的塔普萨库斯（Thapsacus）。此前，马其顿人早已开始在河上修造两座桥梁，但波斯人玛扎乌斯（Mazaeus）驻扎在河对岸，干扰着桥梁的顺利竣工。当亚历山大的大军到达后，波斯人立即撤退，桥梁也顺利完成，大军渡过了河流。亚历山大的目标是巴比伦。在该年的这个时节，妄图沿居鲁士和万人远征军的道路，即直接顺幼发拉底河而下，无疑是疯狂之举。因此，亚历山大选择了另一条道路，沿美索不达米亚北部地区顺底格里斯河东岸南行。在远征亚洲的全过程中，亚历山大的运输和补给组织极佳，但更令我们感到奇怪的是当他行进在陌生的土地上时，似乎在他前面摆放着沿途各地的翔实地图。可以肯定，他的情报部门运作效率非凡，虽然文献并未提供任何提示，但可以想见，他很有可能得到了犹太人的帮助，因为这些人自巴比伦之囚后就流落在米底和巴比伦各地。当然，亚历山大在建造埃及海港亚历山大里亚时也特别照顾了以色列的这支民族；他曾邀请犹太人在那里建立一个殖民地，让他们享有完全的公民权；不过这些犹太人仍散居各地，保持着独特的民族传统。

从俘虏的波斯哨兵口中得知，大流士纠集着一支比在伊苏斯打垮的那支队伍人数更多的军队；如今波斯人正列阵于河对岸，决定誓死阻击马其顿人的前进。亚历山大渡过了底格里斯河，不过不是在惯常渡河的尼尼微，而是在上游的贝扎巴德（Bezabde）。就在当天晚上发生了月食。【761】人们急切想从异常天象中发现一些征兆，以便能预见即将到来的争夺亚洲主宰的战争中的生死命运。

月食，公元前331年9月20日

经过几天向南行军，亚历山大得知大流士已在布谟都斯河畔的高伽美拉（Gaugamela）平原安营扎寨。据报道，波斯大军共有100万步兵，4万骑兵。亚历山大决定让士兵休整4天，然后乘着夜色向前行军；在一座可以俯瞰敌军大营的小山上，马其顿人停了下来。亚历山大举行了一次军事会议，讨论是否立即发起进攻。帕麦尼奥建议一天后再战，以便完全侦察清楚敌军的部署，并发现敌人是否在地上挖掘了陷阱或者铺设了篱笆桩。亚历山大听从了帕麦尼奥的建议，部队按即将进行的战斗队形驻

亚历山大到达高伽美拉平原

第十七章 征服波斯　　953

9月30号　　扎。亚历山大骑马来到平原上,发现波斯人已将所有灌木和有可能妨碍骑兵和影响战车运动的障碍物全部清除。

战斗前夜　　当天夜晚,波斯人全副武装,彻夜不眠,因为他们的营帐周围没有修筑防御矮墙,担心马其顿人的夜袭。帕麦尼奥确实也提议进行夜袭,但亚历山大更愿意相信他手下将领的决议和马其顿军队严密的纪律,而不愿冒险夜战。他对帕麦尼奥说:"我不能去偷取胜利",正如他平时的风格,在看似勇敢的回答背后暗含着他做决定时的审慎和深思熟虑。白天开阔战场上对波斯军队取得的胜利比夜袭具有更大影响,有利于他在亚洲建立声望。(高伽美拉战斗情况,参见图17-8)

高伽美拉之战,公元前331年10月1日

按照惯例,波斯大王仍居于大军的正中,周围是他的亲族和卫队。大王两旁是希腊雇佣军,骑坐在大象之上的印度辅兵和世居于上亚细亚的卡里亚人列于大王的周围。庞大中央队列的周边因来自巴比伦的军

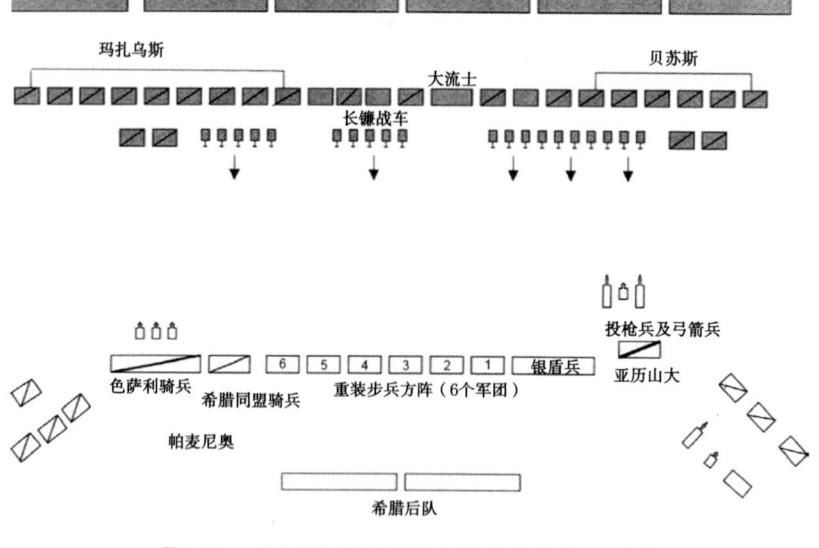

图17-8-1　高伽美拉战役爆发时双方的部署(公元前331年)

队、波斯湾沿岸的民族、居于苏撒以东乌克西安人（Uxian）和西塔凯尼斯人（Sitacene）的加入而力量更强，纵深更厚，他们是组成护卫中军大帐的第二道防线。波斯大军左翼居中的是来自里海之滨的卡都西安人（Cadusian）和苏撒人；紧接着是波斯骑兵和步兵组成的混合部队；居于最左侧的是来自阿拉霍西亚（Arachosia）和巴克特里亚的遥远的东方部队；在此还有1000名巴克特里亚骑兵、100辆长镰战车和来自咸海沙漠地区的斯基泰骑兵掩护。右翼有来自里海周边部族组成的队伍，里海东岸的叙尔卡尼亚人（Hyrcanian）和塔普利亚人（Tapurian）【762】，帕提亚人（他们将来会在远东建立一个君主国），来自兴都库什山地的萨卡埃人（Sacae）、米底人及来自美索不达米亚和北叙利亚的居民。

据说，单单是波斯人的骑兵人数就与马其顿所有士兵人数相当。面对这样一支大军，亚历山大在拂晓时分就率军下山。与往常一样，左翼统帅仍是帕麦尼奥，他率领的主要是色萨利和同盟者组成的骑兵；中军是6个重装步兵方阵军团；右翼部署着银盾兵和8个马其顿战友组成的中队，克利图斯率领的国王卫队居于最右侧。此外，一些轻装兵、投枪兵和弓箭手保护着大军右边侧翼。由于敌军人数远远超过马其顿人，所以波斯人在两翼延展更远。正如在伊苏斯战役中一样，亚历山大最担心的是大军的后队和侧翼受到敌人攻击。在伊苏斯时，只有右翼受到了威胁；如今两翼都处于危险之中。他采取的应对方式是在每一个侧翼再配备一支机动队伍，以这支队伍列成弧形或半圆形，相机而动，保护着队伍的侧翼或后队。在左翼的后面，他安排了色雷斯的骑兵和步兵、希腊同盟者的骑兵及雇佣军的骑兵；在右翼的后面，他安排了克莱安德（Cleander）率领的是一直跟随他作战的希腊雇佣军、马其顿弓箭手、阿格里安人（Agrianes）投枪手、骑马的枪兵和派奥尼亚的轻装骑兵；在大军的最右侧，他安排了新近征召的麦尼达斯（Menidas）率领的雇佣军，防止

马其顿人的战斗部署

敌人从侧面发起攻击。

当亚历山大向前推进时,他率领的右翼正好与敌方中军相对,其侧翼完全暴露在敌方左翼大军的攻击下。然而,他仍带领军队斜刺向右,即便斯基泰骑兵赶过来与他的轻装兵交上了锋,他还是继续带领重装骑兵向这个方向前进。看到这里,大流士担心如果任由敌人前进,马其顿大军的右翼将会冲出他精心设计的包围圈,使他的长镰战车不能发挥威力。他对这支战车部队寄予了厚望,指望凭此给马其顿人致命一击。于是,他命令斯基泰骑兵和巴克特里亚骑兵掉转头来,从侧面向亚历山大的队伍发起进攻,以便阻止其继续向右前进。与其交锋的是麦尼达斯率领的新招雇佣军。但因人数太少,这支队伍很快就支持不住;这时,派奥尼亚人和服役已久的雇佣军及时赶来给予他们支持。野蛮人战败撤退,但是不久更多敌人聚拢过来,斯基泰人和巴克特里亚人返回继续战斗。战斗进入白热化。如果马其顿人能够抵抗住人数远远超过己方的敌人,守住阵地,战局将对他们有利。

长镰战车的进攻被挫败

【763】就在此时,大流士派出长镰战车队,以图破坏敌方战友中队和银盾兵方阵的阵形。但弓箭手和阿格里安投枪手发射了密集的箭矢和标枪;一些行动快捷的山民夺得战车马缰,将上面的驭手拽下座位;行动迅捷、大胆无畏的银盾兵割断了套在马上的横枷,令人生畏的战车丁零当啷地散落在地。

亚历山大发起进攻

现在,波斯的整个战线都在向前推进,发起了对马其顿人的全面进攻。亚历山大暂时停了下来,以应对骑兵所受的攻击。他不得不派出骑马枪兵协助正遭斯基泰人和巴克特里亚人猛烈攻击的轻装骑兵;大流士也派出一队波斯骑兵以图截阻马其顿援军。由于这队骑兵冲出,波斯中军的左侧出现一道缺口;亚历山大抓住良机,率领骑兵大队楔入缺口,将波斯的阵线分隔两断。这样,敌人中军的左侧就立即暴露在马其顿人的攻

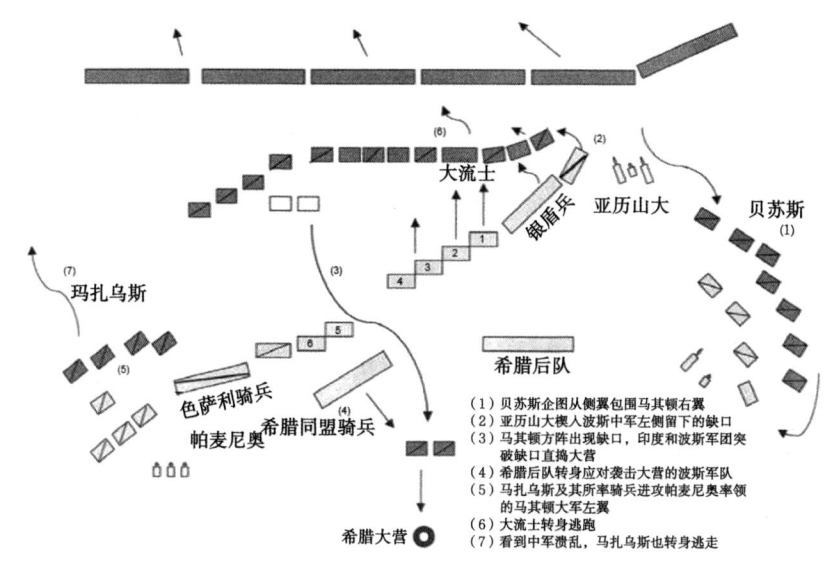

图 17-8-2　高伽美拉战役决战时刻双方的形势

（据 Waldemar Hackel, *The Conquests of Alexander the Great*, pp. 76-77 编译）

击之下；亚历山大斜刺向前推进，攻入这支队伍中。此时，长矛密集的重装步兵方阵也向前推进，很快与波斯中军的另一部分展开了近身搏斗。战斗就在波斯大王身边激烈地展开，砍杀声、吼叫声和哀号声使他胆战心惊；发生在伊苏斯的一幕再一次发生在高伽美拉。大王掉转车头，仓皇逃窜。波斯人也跟在他后面纷纷逃走，原来置于后队的部队见大王逃跑也赶紧逃走。

大流士逃跑了

就这样，波斯的中军及紧邻的左翼部队被马其顿的重装步兵方阵、银盾兵和"战友"中队杀死或击败。与此同时，发生在最左侧轻装骑兵之间的战斗也以马其顿人获胜而告终。

在快速推进中，重装步兵方阵的各军团未能保持好队形。位于最左侧的克拉泰鲁斯所率军团因与敌缠斗已远远地推进到前面；而本应位于其旁的西米亚斯（Simmias）所率军团却落在后面。从其所在的位置，西

方阵中缺口

第十七章　征服波斯　　957

米亚斯看到位于左翼的色萨利骑兵受到敌人很大压力,于是他命军团停下来,向骑兵靠近以便能为其提供援手。但是,敌人阵中的印度骑兵和波斯骑兵楔入两个军团中间留下的缺口,径直冲向马其顿大营。敌军骑兵被左翼后队拦阻,他们根本没预料到敌人会从那个方向攻入。大营里的俘虏眼见生机,杀死守卫在此的色雷斯人,冲出来帮助友军。位于后队的色雷斯人和希腊雇佣军很快知道了正在发生的事情;【764】他们转过身来,攻打后面的入侵者,并最终战而胜之。

> 马其顿大营受到攻击

与此同时,帕麦尼奥也处境艰难。波斯大军中居于最右侧的美索不达米亚人和叙利亚人从侧翼和后面对他所率的骑兵发起进攻。帕麦尼奥被迫派出一位传令官向亚历山大请求援助;亚历山大停止追击逃跑之敌,返回战场,占据着大军的左翼。就在他带领战友中队返回时,遭遇到全速撤退但队形仍保持完好的大队骑兵,里面有波斯人、帕提亚人和印度人。双方展开殊死搏斗,这或许是整场战斗中最令人窒息的搏杀,波斯人不是为胜利而战,而是为逃生而战。亚历山大的60名战友丧生,但他再一次取得胜利。接着他赶往支援帕麦尼奥。不过,帕麦尼奥已不再需要他的援助了。在当日取得的众多辉煌胜利中,色萨利骑兵卓越的战斗值得大书特书。他们不但抵抗住了导致帕麦尼奥发出求救的敌人后备部队,而且在亚历山大赶来之前就已打败了敌人。马其顿人获得了战争的胜利,波斯帝国覆灭的命运已经注定。

> 马其顿右翼取得胜利

亚历山大没有在战场上逗留,他马不停蹄地继续追踪刚被他放弃的逃跑者。整个夜晚他们都在沿着波斯国王留下的车辙向东追赶,第二天追到了阿尔贝拉(Arbela)。在伊苏斯碰到的事情再一次重演。在阿尔贝拉,他没有抓获大王,但是发现了他的战车、甲胄和弓箭。大流士逃入米底的群山中,阿里奥巴泽尼斯带领着一支败军向南匆匆逃回波斯。亚历山大既未追击大王,也没追赶总督,而是继续向巴比伦方向前进。

> 追击大流士一直到阿尔贝拉

或许人们会认为,恰如推罗人对伊苏斯的胜利者进行殊死抵抗一样,巴比伦人因坚固的城墙会对高伽美拉的胜利者进行顽强抵抗。对此,亚历山大似乎也做好了打算。但是,事情的进展令他始料不及。当他率军推进到城下,列好战阵准备战斗时,城门打开了,巴比伦人在祭司和首脑人物的带领下鱼贯而出。总督玛扎乌斯虽在刚结束的战斗中勇敢作战,但如今他主动献出了城市和卫城。亚历山大在巴比伦采取了与埃及相似的政策。他以巴比伦传统宗教保护者的形象出现,而此前因拜火教信徒的压制和轻视,传统宗教已经式微。他重建了巴比伦被摧毁的神庙,其中最重要的是在其亲自指挥下重建的金碧辉煌的贝尔神庙。遭到萨拉米斯败绩后,薛西斯带着满腔怒火回到了巴比伦,这座竖立于8座高塔上的神庙成为他发泄怒火的出气筒。【765】波斯人玛扎乌斯仍留任其位,担任巴比伦总督。

巴比伦投降亚历山大

第十节 征服苏撒和波西斯

亚历山大让军队在幼发拉底河畔这座奢靡繁华的城市稍作休整后,继续向东南方向的波斯夏宫苏撒进军。抵达阿尔贝拉时,亚历山大就派菲罗克塞努斯(Philoxenus)率一支轻骑兵前往苏撒,如今该城已在马其顿控制之下。在苏撒卫城,人们发现了数量惊人的金银和紫色染料。在苏撒发现的众多珍宝中,还有弑僭主者哈摩狄乌斯和阿里斯托格同的群雕像,这是薛西斯此前从雅典抢夺而来的。亚历山大非常乐意地将这件具有历史意义的纪念物送返故乡,如今这件珍品因曲折的经历更加珍贵。

亚历山大在苏撒,公元前331年12月

哈摩狄乌斯和阿里斯托格同的塑像

虽然已是隆冬时节,但亚历山大仍不得不离开苏撒,去继续完成更艰巨的胜负难料的冒险。虽然他得到了苏撒的财富,但在波斯高原的腹

第十七章 征服波斯 959

心地带，居鲁士和大流士的王宫中还有更丰富的财宝等着他；那里不但有险峻的山间道路阻碍着马其顿人，而且还有阿里奥巴泽尼斯从高伽美拉捡回的残兵败将拱卫着。或许亚历山大急急忙忙攻打波西斯（Persis）的原因是担心如果不尽快打败阿里奥巴泽尼斯，大流士可能会从米底率领一支生力军赶来。但是，无论是什么原因，对他来说最重要的是立即夺取波西斯。马其顿人行进在通往东南方的道路上，在渡过帕西底格里斯河后，他们碰到的第一个障碍是保持着独立地位的部族乌克西安人，对于这些山地部族，波斯大王通常是赠送大量礼物以换取他们不来捣乱。野蛮人控制着马其顿人所行道路必经的关隘；不过，经过一夜艰苦的山地行军，亚历山大发起突然袭击，将他们击败；自此后，乌克西安人被迫每年向这位亚洲新主人赠送礼物，包括100匹马、500头耕牛、3000头绵羊。

乌克西安关口

如今，马其顿大军已进入希腊地图上从未标注过的未知之地。亚历山大向前推进的过程不但是一次征服之旅，而且也是一次发现之旅，开启了地理科学的一个新时代，使欧洲人开始了解中亚的情况。

亚历山大将一半的队伍留给了帕麦尼奥，令其沿大路缓缓行进，【766】自己率领剩余的一半（包括马其顿的骑兵和步兵）翻山越岭抄近路抵达一道狭窄的山谷，因是进入波西斯的门户，所以该山谷被称为"波斯门"。（"波斯门"战略示意图，参见图17-9）阿里奥巴泽尼斯率领4万步兵和700骑兵驻守于此。为了守好这道乱石嶙峋的关隘，他在此修建了一堵城墙。亚历山大发起进攻，但被轻易击败，波斯人试图向他证明这是一道不可逾越的关隘；但是马其顿必须攻而克之，因为这是进入波斯皇城的唯一通道。亚历山大也曾一度陷入困惑；他从来没有被如此令人绝望的问题难倒过，更别说推罗战役之前。但是，他从一个俘虏口中听到，在漫山遍野的密林中，有一条极其危险的羊肠小道可通向关隘之后。这时，天刚降大雪，这条小路更加危险，身负重甲的士兵行走其上几乎是

突袭"波斯门"，公元前330年1月

不可想象的事情，但这是他们唯一的希望，亚历山大毫不迟疑将其付诸实践。他留下克拉泰鲁斯率领一部分军队驻扎在关前，并命令他听到山后马其顿军号吹响后就立即发起进攻。亚历山大带领着余下部队，包括大部骑兵、3个军团的重装步兵、银盾兵和其他轻装兵，趁夜出发，一路上沟壑纵横，在险峻且铺满厚厚积雪的山路上，马其顿人行进了11英里。当他们终于走出小路到达关后，即将下山向波斯大营发起进攻时，亚历山大再次将所率部队分为几部分。他派遣其中一支分队向前，架桥经过阿拉克塞斯河（Araxes），截断波斯人的后路。天亮之前，他亲率银盾兵、王家卫队的"战友团"、一个军团的重装步兵方阵和一部分轻装兵冲向敌营，连拔三座前哨阵地。由于波斯人的哨兵散布于群山之中，没能举号警示，当马其顿的军号在工事旁吹响时，阿里奥巴泽尼斯大吃一惊。波斯人腹背受敌，关前克拉泰鲁斯所率军队猛攻城墙，关后亚历山大直捣波斯大营，许多波斯人在战斗中被杀死或掉入悬崖之下。阿里奥巴泽尼斯带领着几个残兵败将逃到山里。

  波斯的王宫位于美尔维达什特（Mervdasht）山谷，此地古时相当富庶，如今已荒无人烟；波斯王宫也离伊斯塔赫城（Istachr）不远，波斯人认为该城是世上最古老的城市。现在亚历山大正全速赶往波斯王宫。伊斯塔赫城里也有一座王宫，这座宫殿位于山下的一个陡峭台地上，周围全是黝黑山石。欲接近宫殿所在的高台，需先攀登很长一段宏伟的台阶。除了魁伟的山门外，主要还有4栋大型建筑物，【767】分别是大流士的偏殿、薛西斯的次殿和两座巨型柱厅。从令人印象深刻的废墟中，专业建筑史专家可以大致重构出这座王家建筑的构造图。毫无疑问，此处所见的阿黑门尼德时代的建筑成就非凡，比亚历山大此前在苏撒所见的宫殿面积更大，比他即将在埃克巴塔那所见的更宏伟辉煌。希腊人将波斯王国发祥地所有城市和宫殿群统称为"波塞波利斯"（Persepolis），其意为

波斯的宫殿，波塞波利斯

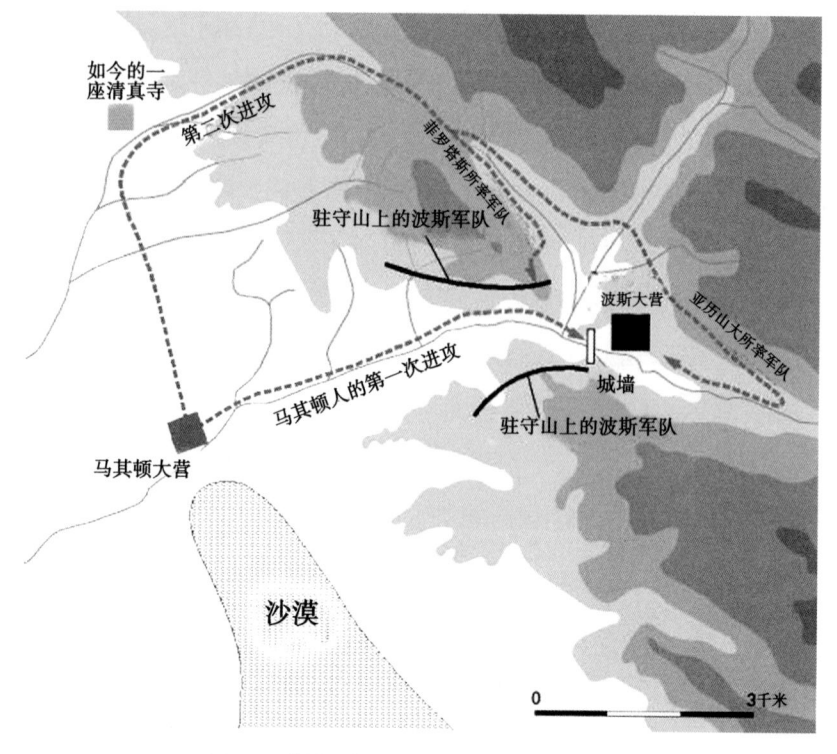

图 17-9 "波斯门"战略示意图（公元前 330 年）

"天底下最富庶的城市"。据说马其顿人在该地波斯国库中发现了 12 万塔兰特黄金，他们不得不动用骡队和驼队搬运战利品。贮藏于此的黄金原来并未流入市场，如今随着巨额黄金的突然涌入，世界市场受到了严重干扰。

帕萨伽戴　　离此不远，沿蜿蜒曲折的穆尔格哈布（Murghab）峡谷，向北大约行进两日路程，就能到达居鲁士之城帕萨伽戴（Pasargadae）。波斯帝国的缔造者将其宫殿建在他打败米底国王的地方。如今这里还有居鲁士的王陵，在废墟中的一些石头上，旅行者或许能在上面读到这样的铭文，"朕乃阿黑门尼德氏族的居鲁士大王"。在帕萨伽戴，亚历山大也发现了许多金银珠宝。

在接下来的 4 个月中，他以波斯王宫作为大本营，其间接受了卡拉曼尼亚（Caramania 或称 Kirman）的归顺，惩罚了骚扰周边山区的一些强盗。但在波塞波利斯驻跸期间，发生的最著名事件是薛西斯宫被焚毁。据说一天晚上，亚历山大与其战友在一次宫廷宴会上喝得酩酊大醉，当时陪侍一旁的阿提卡妓女塔伊斯（Thais）想到了她的祖国，对于薛西斯的暴行非常愤恨，于是怂恿这些醉鬼烧掉仇敌的住所，报复他焚毁希腊神庙的渎神行为。这个女人的疯话激起人们胸中的怒火，醉鬼们纷纷向前，手持火把，结果就做出了这样的野蛮行为。亚历山大投了第一把火，宫殿里用雪松木建造的房屋瞬间被熊熊大火吞噬。但是，就在大火快要燃烧起来时，国王的头脑清醒了，他命令人们赶来灭火。根据这一举动，认为薛西斯宫被焚是马其顿人的故意而为无疑是荒谬的。这不过是一时疯狂的反常之举，事后他们定会忏悔不已。

公元前 330 年 1—4 月

薛西斯宫殿被焚

第十一节　大流士之死

此时，大流士仍在埃克巴塔那，在他周围还有一批拥护他的忠诚者，【768】主要是还未被征服的那些地方的总督，包括米底、叙坎尼亚（Hyrcania）、阿雷亚（Areia）、巴克特里亚、阿拉科西亚（Arachosia）、德兰吉那（Drangiana）等。高伽美拉战役之后，亚历山大或许希望收到作为手下败将的波斯大王更顺从更合他的心意的提议。他可能准备让大流士保留国王称号，作为马其顿的附属国继续统治东部地区；他已满意于赢得的那一部分帝国（包括苏撒和波塞波利斯在内）。或许是因为一直在等待大流士的提议，结果他在波西斯耽搁了很久。但是大流士并未有任何行动的迹象。米底是一个进可攻退可守的地方，帝国北部的省区为他补充了大量军队；如果情况危急，不得不撤走，他还可退往巴克特里亚。

当亚历山大离开波西斯向埃克巴塔那推进时,已是次年春天。从苏撒到那里并无直达道路,必须向东很远绕道帕莱塔凯涅(Paraetacene)。当消息传来,说大流士正带领一支大军驻守埃克巴塔那时,亚历山大命令大军全速前进,准备战斗。但是,经过连续的急行军,接近埃克巴塔那城时,他发现大流士已带着家眷、辎重、金银细软,向东逃走,转移到了"里海之门"。据说,大流士撤走的原因是卡杜西亚人(Cadusia)和斯基泰人军队未能按时到达。进入米底首府后,亚历山大因需安排诸多事情,而且还需为追击逃到北部荒野的对手做好准备,所以马其顿人在此耽搁了下来。他为色萨利军队和其他希腊同盟者提供了酬金,赠送给他们相当丰厚的金钱,并护送他们回到爱琴海地区。但是任何愿继续为其效力并同他一同继续远征的人皆可选择留下,结果相当多的人留了下来。帕麦尼奥被委以重任。亚历山大要求他小心监管,首先将波西斯的金银珠宝运送到埃克巴塔那,并存入那里的保险室;接着,继续留在那里,负责监管财务官哈帕鲁斯(Harpalus)和一大队马其顿军队。后来,帕麦尼奥率军向北,准备征剿卡杜西亚人,在里海岸边,他遇到了国王。

> **亚历山大在埃克巴塔那**

亚历山大率领大军主力,马不卸鞍,人不解甲,急急赶路,决意要抓获大流士。当到达拉盖(Ragae),即今伊朗首都德黑兰不远处,马其顿人发现大王已逃往"里海门"以东,到达那里需向东行军一整天。亚历山大对抓到大流士已不抱什么希望,于是在拉盖休整了几天,然后经过里海关,向帕提亚境内前进。不过,这时大流士却遭到了另一种形式的厄运。追随者们开始怀疑厄运盯上了大王,【769】当他提议不应继续撤退到巴克特里亚,而应停下来与马其顿人再决生死时,除希腊雇佣军外,所有人都拒绝接受他的提议;他所征召的希腊雇佣军不怕接受破坏希腊人事业的恶名,仍忠诚于雇主。巴克特里亚总督贝苏斯(Bessus)是大流士的亲族。许多人认为,鉴于大流士已不能支撑残局,此人或许能带领他们

> **大流士被贝苏斯劫持**

渡过时艰，重振阿黑门尼德家族。贝苏斯策动了一场阴谋，一天夜里将大流士抓捕并囚禁起来，塞入一顶轿子，沿着前往巴克特里亚的道路匆匆撤走。贝苏斯的举动分化了波斯大军。希腊雇佣军脱离了队伍，向北进军，来到黑海周边的山区；许多波斯人返回波斯，寻求与亚历山大和解并希望得到他的恩惠。这些波斯人发现亚历山大在"黑海门"靠近帕提亚一侧扎下了大营，就向他汇报了波斯军队的最新变化。当发现老对手已沦为阶下囚，而贝苏斯成为新对手时，亚历山大决定全速追击。他让主力部队在后缓行，而自己亲率骑兵和一部分轻装兵，黉夜急行；第二天中午稍作休整后，仍以同样速度继续前行。经过两昼夜的急行军，第三天拂晓时分，亚历山大追抵塔拉（Thara）。该地是大王被拘禁之地，从因生病留于此地的通译口中得知，如果亚历山大紧追不舍，贝苏斯及其追随者可能会交出大流士。现在马其顿人需更快行动，他们昼夜兼程，不少人马因困乏倒下了。中午时分，他们追到了前一天贝苏斯停留的村庄。亚历山大得知，敌人将趁夜逃窜。他询问当地人是否有近路；有人告诉他确有近路，但沿途没有水源。亚历山大当即命 500 名骑兵下马，将骏马让给一同前往的身强体壮的步兵。当天下午他率领这些人出发，经过一个夜晚 45 英里的追击，黎明时分终于追上了敌人。此时，野蛮人乱成一团，许多人甚至都未穿上甲胄。一些人稍作抵抗后就逃之夭夭；大多数人看到亚历山大后转身就跑。贝苏斯及其同伙命令大流士骑上马（此时他并未戴上锁链）。大流士拒绝了他们的无礼要求。篡权者恼羞成怒，拔剑刺伤了他，强令上路，还刺伤了拉轿的骡子，杀死了赶车的马夫。受伤的骡子又痛又渴，向前蹿了半里路，掉到旁边的一个山谷里。一位饥渴难耐的马其顿士兵在山谷的一口泉水边发现了骡车。此时大流士已命在旦夕。如果大流士会讲希腊语，或者这个士兵懂波斯语，【770】或许他会向征服者送上感激的话语。弥留之际他想到的是自己的母亲和妻子，而亚历山大对她

追踪大流士

第十七章　征服波斯　965

们宽厚有加。后来，人们毫不顾忌地捏造说，这位垂死国王的口中说出了许多感激的话。令人欣慰的是，在大限来临之际，他得到了一杯水，国王通过眼神向这位马其顿士兵表达了感激之情。亚历山大看着大流士的尸体，出于同情，将自己的战袍盖在他的身上。对亚历山大来说，发现大流士已死也算是幸事一桩；因为如果将其活捉，他不可能将之处死，这样的一个俘虏将会成为令他左右为难的棘手事。他派人以最高礼仪将国王的尸体送给了太后，阿黑门尼德最后一位国王被葬在波塞波利斯的祖坟里。

第十二节　亚洲之王亚历山大政策的实质

亚历山大目标的变化

　　在跟随亚历山大继续远征，发现那时欧洲人还从未见过的远东世界之前，我们或许应停下来看看作为一位国王和亚洲的统治者，他有何想法。因为在自高伽美拉到追击大流士这关键的几个月里，亚历山大对担负责任和政治目标的理解都发生了显著改变。

他的宽容政策

　　最初之时，他对于被征服行省表现出极其宽容的态度，这不但体现了他宽厚的为人，也是他基于政治智慧的考量。他并不准备将某种武断政策施加于所有地区，而允许每个地区保留本民族原有的统治方式。事实上，他也在一个原则上进行了变革，即分权。这种原则显著提高了波斯原有统治形式的效率。波斯帝国时，总督通常是地方的唯一统治者，他们不但掌管民政事务，而且还负责财政和军事事务。在大多数情况下，亚历山大仅将民政事务委托给总督，同时任命不受总督辖制的财务官和军事司令官。这种分权形式可以确保当地不会发生反叛。如上所述，在埃及和巴比伦，亚历山大对待宗教事务心胸开阔，相当宽容。

作为波斯大王继承者他所采取的政策

　　但是，亚历山大不但是马其顿国王，也是希腊联军总指挥；他率领希腊人对野蛮人而战;他是欧洲人的统帅,要打败柔弱的亚洲人;他是更高发展水平民族的代表,要征服发展水平更低下的民族。所有跟随他的希腊人和马其顿人都认为东方世界应是欧洲人劫掠和抢劫的对象,【771】因为欧洲人更聪明勇敢,东方人天生低下,理应成为他们的奴隶。在亚历山大的老师亚里士多德看来,他们就是"天生的奴隶"。在欧洲人看来,伊苏斯和高伽美拉战役的胜利证实了他们具有无可比拟的优越性。但是,随着亚历山大不断向前推进,他的眼界越来越宽广。在看待亚洲的问题上,他的认识也达到了一个更高水平。他开始超越人们所熟知的东西有别的观念,认识到事实上尚不能就此问题盖棺定论。关于帝国的性质,他也形成了自己的见解。他认为这个帝国既属于亚洲人也属于欧洲人,亚洲人不应受入侵者欧洲人的统治,欧洲人和亚洲人一样都享有同样地位,应尊奉同一位君主,二者之间不应有差别。高伽美拉战役后,他的这种看法开始有所体现;投降的波斯贵族和总督受到了他的善待和信任;亚历山大认识并开始欣赏波斯贵族的优雅品质。他将一些东部行省委托给波斯总督治理,譬如他任命玛扎乌斯继续担任总督;出入于亚历山大营帐的也不再仅仅是欧洲人。在侍臣们的鼓吹下,亚历山大也开始逐渐引入东方式的宫廷制度。在这位亚洲新主之前,人们开始行跪拜之礼;在宫廷礼仪中,亚历山大也穿上波斯帝王的朝服,以便在亚洲臣民面前尽量减少陌生感。亚历山大所推行的这些政策新奇而大胆,与他力图贯彻的宏伟目标相得益彰,那就是要推倒东方与西方之间的障碍。但是,该过程中也伴随着一定自我吹捧的危险苗头,这在亚历山大此前的政治生涯中还从来没有出现过。此举让他受到了希腊人和马其顿人的质疑,为他带来了一些麻烦。马其顿人强烈反对国王奉行的新政策;他们不愿看到亚洲贵族的影响力对他们构成威胁;他们对于亚历山大经常穿着东方服饰感到非常震惊。事实上,马其顿自身的王家礼仪与亚历山大的帝王之尊极不相称；问题是除了波斯皇家礼仪外，他也没有其他形式可效法；而波斯礼仪与希腊人的自由精神又是那么格格不入。亚历山大花了一生的时间来解决一系列政治和军事上的难题。但最困难的问题是创造一种新的君主制度，既不触犯西方人的利益，又能与东方人的庄重礼仪相符合。

第十八章

征服远东

第一节　叙尔卡尼亚　阿雷亚　巴克特里亚　粟特

杀害大流士的两位凶手分别逃往不同地方，贝苏斯逃到了巴克特里亚，那巴扎涅斯（Nabarzanes）逃到了叙尔卡尼亚（Hyrcania）；二人逃跑的方向决定着亚历山大的进军路线。只要身后的里海地区还有敌人存在，他就不可能追击贝苏斯，因此他第一步行动是率军越过分隔里海南岸与帕提亚的厄尔布尔士（Elburz）山脉，征服塔普利亚人（Tapurian）和马尔狄人控制的地区。撤退至此的波斯守军向马其顿人投降，他们获得宽厚的对待，那巴扎涅斯也被宽免。躲避在塔普利亚山区的希腊雇佣军也随即投降；在科林斯泛希腊同盟建立之前就已为波斯效力的希腊人获得释放；其余人等必须为马其顿人服役，不过他们仍可获得大流士给予的相同待遇。亚历山大深知密林丛生的里海南岸地区非常重要，因此他命帕麦尼奥从埃克巴塔那出发，占领里海西南沿岸的卡杜西亚。亚历山大并未在此耽搁太久。大军在扎德拉卡塔（Zadracarta）休整两周，其间举办了竞技赛会。然后，马其顿人继续向东朝阿雷亚（Areia）以北的城镇苏西亚（Susia）进军。阿雷亚总督萨提巴尔扎涅斯（Satibarzanes）率队前往投降，马其顿人占领了他的辖区。不久就传来消息，贝苏斯已

征服叙尔卡尼亚，公元前330年

僭登波斯王位,自命为阿塔薛西斯。亚历山大决定立即向巴克特里亚进军。大军即将经过木鹿(Merv),此地位于中亚荒野,地处东西方交通要冲,几千年来几乎仍保持原样。大军才刚出发,亚历山大就得到消息,萨提巴扎涅斯在后方发起叛乱。因此他别无选择,只得返回,以保证阿雷亚地区的安全,因为该地区的叛乱必然会得到周边阿拉霍西亚和德兰吉那(Drangiana)的支持,而德兰吉那省区总督巴塞恩泰斯(Barsaentes)也是杀害大流士的凶手之一。【773】亚历山大率领一支精锐部队急行军,两天之内出现在阿雷亚首府阿托科亚那(Artocoana)。萨提巴扎涅斯匆匆逃往巴克特里亚,试图加入贝苏斯的队伍,但其军队逃亡途中遭到追击,终被全歼。马其顿人在此并未遭遇太大抵抗,因此继续向南进军到德兰吉那。几乎可以肯定,亚历山大所率大军是沿从赫拉特(Herat)到锡斯坦(Seistan)的道路行进。很有可能赫拉特是新建行省阿雷亚的亚历山大里亚的首府所在地。他不费吹灰之力占领了德兰吉那,其总督逃往印度,但被当地人捉住并交给亚历山大,随后被处以死刑。

<small>阿雷亚的亚历山大里亚</small>

<small>占领德兰吉那,处决巴塞恩泰斯</small>

<small>可能是锡斯坦的法拉赫</small>

在德兰吉那,首府普罗弗塔西亚(Prophthasia)发生了一场悲剧,孰是孰非,因资料太少,无法做出判断。有流言说帕麦尼奥之子菲罗塔斯阴谋起兵造反,谋害亚历山大。国王召集马其顿将官大会,指控菲罗塔斯。菲罗塔斯承认,确实听说过一宗针对国王的阴谋,但他对这宗阴谋的具体情况只言不提。此外针对他的还有其他一些指控。许多马其顿人虽对亚历山大在东方奉行的政策不满,但他们仍认定菲罗塔斯有罪。就这样,菲罗塔斯被人用长矛刺死。无论帕麦尼奥是否参与菲罗塔斯的阴谋,鉴于儿子已被处死,让父亲活着似乎也不安全。亚历山大派出一名使者,全速前往米底,命帕麦尼奥手下的几名将官将老将军处决。如果菲罗塔斯的罪行确定无疑(事实大概也确实如此),那么我们就不能指责亚历山大采取的措施严厉无情,这样的极端举措定然也让他悲苦不堪。或许,如

<small>菲罗塔斯的阴谋</small>

<small>帕麦尼奥的最终结局</small>

果事情发生在马其顿,此类罪行有可能得到宽免,但在离开本土遥远的军营里,忠诚和纪律是胜利和安全的保障,统帅不可能行事迟疑不决。但是,帕麦尼奥之死只是因为受到不忠的怀疑,这种预防性的武断行为难免有失偏颇。毕竟没有任何不利于他的确凿证据,当然也没有经过严格审判。

这时,亚历山大改变计划,决定不再按原来打算直接进军巴克特里亚,而是绕一个大弯,穿越并征服阿富汗,到达兴都库什山,并从东进军乌浒河平原。他首先向南进军,占领锡斯坦和俾路支(Baluchistan)的西北地区,该地当时名为盖德罗西亚(Gedrosia)。居住于锡斯坦南部地区的阿里阿斯帕人(Ariaspae)是一支爱好和平、待人友善的民族,希腊人称其为"恩主"。亚历山大在此度过了冬天的一部分时间;【774】因该民族待人友好,亚历山大稍微扩大了其辖地,并让他们享有自由,不受任何总督统治。周边的盖德罗西亚人主动称降,亚历山大在此设立一个总督辖区,驻于普拉城(Pura)。当春天来临时,马其顿人向东北行进,穿过哈尔曼德(Halmand)山谷,抵达坎大哈(Candahar)。坎大哈之名的发音与这位征服者的读音颇为类似;因为亚历山大在阿拉霍西亚地区建立的主要城市可能就在坎大哈,而坎大哈似乎就是亚历山大里亚一词的误读。大军继续沿山路向北,经过加兹尼(Ghazni),进入了喀布尔河上游山谷地区。至此,亚历山大来到兴都库什山最高峰的山脚之下。从世界屋脊分出几道巨大山脉——帕米尔山脉、兴都库什山脉、喜玛拉雅山脉,将中亚与南亚、东亚与西亚分隔开来,希腊人将这些山脉都归于高加索山名下。但是,他们也特别用帕罗帕尼苏斯(Paropanisus)称呼兴都库什山,用伊毛斯(Imaus)称呼喜玛拉雅山。在兴都库什山下,马其顿人度过了冬天,并在喀布尔以北的某地建起另一座亚历山大里亚城,以确保对该地区的统治;我们将其称为高加索地区的亚历山大里亚。当他还在上述地区活

亚历山大在锡斯坦过冬,公元前330—前329年

阿拉霍西亚的亚历山大里亚城

高加索地区的亚历山大里亚城,公元前329—前328年

第十八章 征服远东　　973

动时，就得知萨提巴尔扎涅斯逃到了阿雷亚，煽动当地人造反；于是他派出一些人马前往镇压，经过一场战斗，萨提巴尔扎涅斯战败被杀。

在早春时节翻越高加索山区面临诸多困难，需忍受严寒和物资短缺之苦，因此，马其顿人在此取得的成就不亚于汉尼拔翻越阿尔卑斯山的创举。士兵们不得不以生肉为食，将罗盘草当作他们的面包。最终他们来到了德拉普萨卡（Drapsaca），该地位于兴都库什山的北坡，海拔高，是巴克特里亚的边防前沿。在此，亚历山大让因长年行军而人困马乏的部队稍作休整，大军随即下山，经奥尔努斯（Aornus）要塞进入平原地区；在经过一片贫瘠的地区后，马其顿人来到该地区的主要城市巴克特拉（Bactra）；如今这座城市仍在原址，但已改名为巴尔赫（Balkh）。

可能是现在的昆都士

占领巴克特里亚

为了阻止马其顿人前进，僭位者贝苏斯·阿塔薛西斯已对直到山脚下的整个巴克特里亚坚壁清野。眼见亚历山大日渐临近，他逃窜到乌浒河北岸，其手下的当地骑兵也弃他而去。由于无人抵抗这位征服者，另一个省区未战而降，归入马其顿帝国治下。亚历山大不失时机，继续追踪，贝苏斯不得不逃窜到粟特(Sogdiana)。粟特位于乌浒河与药杀水(Jaxartes, R.）之间，【776】该地区的名称源自河流索加德河（Sogd R.）；这条河流经这块土地，撒玛尔罕（Samarcand）和布哈拉（Buchara）是沿河而建的重要城市；在还未汇入乌浒河之前，索加德河就消失在沙漠之中。贝苏斯焚毁了所有船只；因此，当亚历山大的军队经过两三日疲惫的行军到达乌浒河岸时，他不得不命令士兵乘坐中亚土著一直使用的简易皮筏过河。马其顿人不向皮筏上的羊皮袋充气，而是在里面填满灯芯草。他们在克利夫（Kilif）过河；此处河面变窄，仅有大约三分二英里宽。过河后，军队向该地区的主要城市玛拉坎达（Maracanda）进军，不难看出这就是后来的撒玛尔罕城。

在乌浒河以北，贝苏斯得不到任何支持。他本来拥有一批粟特同盟者，为首者是斯皮塔美涅斯（Spitamenes）和达塔弗涅斯（Dataphernes），但他们不愿为了僭位者的利益牺牲自己的国土。考虑到亚历山大的唯一目标是抓捕贝苏斯，粟特人认为他一旦实现目标就会撤出，并以乌浒河作为帝国的北部边界。于是，粟特人派出一名使者，答应交出僭位者。国王派拉古斯之子托勒密率6000精兵捉拿贝苏斯。此时贝苏斯被其粟特朋友抛弃，困于四面建有围墙的村庄里。亚历山大命令，让僭位者全身赤裸，戴上脚镣手梏，行走在大军经过的道路右侧。经过时，亚历山大在被俘者旁边停下了脚步，询问他为何要抓捕并谋杀他的国王和恩主大流士。贝苏斯回答说，他也是与其他波斯贵族一起行动，其目的是为了赢得征服者的欢心。听到这个答复，亚历山大挥鞭暴揍了他一顿，然后将其送到巴克特拉，让他等待着大限之期的到来。

但是，亚历山大并未停止向前，他决定要吞并粟特，让药杀水而不是乌浒河成为帝国的北部边界。沙漠上的民众将这条河流称为塔那伊斯（Tanais）。据说希腊人误以为同样以塔那伊斯命名但注入亚速海的河流与其是同一条河流，因此将它当成亚欧两洲的界河；他们还认为居于该河之北的牧民是"欧洲的斯基泰人"。但事实上，人们不太可能犯这样的错误，因为希腊人一直将黑海看作是大洋的一个海湾；如果这样，这两个错误的看法就会自相矛盾。在占领并驻防撒玛尔罕后，马其顿大军继续沿向东北方向延伸的道路（该道路至今未变）前进，占领7座粟特人用为防止北部游牧民族入侵而建的要塞。这条道路一直延伸到药杀水河岸；该河的水流源自菲伽那谷（Fergana），【777】然后掉头北向，流经广阔的草原。该地区极其重要，因为菲伽那河谷是联系西南亚与中国的必经通道，也是出天山的一条交通要道，另一端就可抵达喀什噶尔。亚历山大以深邃的战略眼光，决定将帝国的边界确定于此，并在药杀水畔建立

药杀水

今霍占德，公元前328年

第十八章　征服远东　　975

一座新城，命名为亚历山大里亚-埃斯卡泰（Alexandria Eschate）。学者们对于该城的位置确定无疑，那就是后来的霍占德（Khodjend）。

鉴于在征服阿拉霍西亚和巴克特里亚的过程并未遭遇什么困难，亚历山大似乎并未构想渡过药杀水后应如何行动。但粟特人的首领并不像波斯贵族那样软弱无力，为了争取自由，他们已准备好与来自欧洲的入侵者决一死战。当他还在设计新城时，亚历山大听到后方粟特人造反的消息。斯皮塔美涅斯是反抗运动的领导者，他得到奥克叙阿泰斯人（Oxyartes）和其他粟特重要部族的支持。留在7座要塞中的几个马其顿士兵远远不够，撒玛尔罕的驻军被围困在卫城里。从沙漠西部地区传来消息说，马萨格泰人（Massagetae）和其他斯基泰部族云集于此，准备赶走入侵者。亚历山大处于生死存亡的危急时刻。他首先掉转兵锋收复了几座要塞。不到两天，他占领并焚毁其中5座要塞。在攻打最大的要塞居鲁波利斯城（Cyrupolis）时，马其顿人遇到了一些麻烦。但亚历山大带领几名战友，潜行于城墙之下干涸的河床，发动突然袭击，为部队打开城门。城里的居民进行了猛烈抵抗，混战中国王受了伤。随着居鲁波利斯陷落，最后一座要塞也投了降。几座城池中幸存者都被披枷戴锁，送往新建的亚历山大里亚城为奴。

接下来的任务本应是解撒玛尔罕之围，但是，亚历山大发现面临着一个新威胁，只能派几千人解救城内被围的驻军。来自北方的游牧民族蜂拥而至，杀到了药杀水北岸，准备过河骚扰马其顿人的后队。在击退游牧民族，确保药杀水安全之前，亚历山大不可能继续行动。马其顿人匆匆用未经烧制的泥砖筑造亚历山大里亚的城墙，在短短20天里，这座城池就已可供人居住。与此同时，北岸列着乱哄哄吵成一团的大队野蛮人；亚历山大决定过河进击。占卜时获得的征兆并不吉利。卜者告知，根据祭品反映出的征兆，国王的人身会受到威胁。【778】但是，亚历山大未受凶

粟特人反抗亚历山大

公元前328年夏，乌拉图贝城

兆的影响,命马其顿人带着巨大的投掷器械来到河边;对岸的牧民看到石头和标枪从如此远的地方飞向他们,几个士兵瞬间坠马身亡,不得不远远撤离河岸。马其顿人抓住有利时机,迅速渡过药杀水;斯基泰人遭受败绩;亚历山大带领骑兵,一直将他们追到草原深处。但是,因受到盛夏酷暑煎熬,国王喝了沙漠里的脏水,染上恶疾。献祭中的征兆就这样实现了。

　　幸运的是,亚历山大很快地恢复了健康。这时又从南方传来坏消息。当救援部队快要到达玛拉坎达时,斯皮塔美涅斯已向西逃窜到粟特城,他的举动可能得到了布哈拉人的响应。马其顿人在后面紧追不舍,希望能将他完全赶出这块土地,但由于疏忽,整个分遣队被敌人断了后路。得知这个不幸消息后,亚历山大急忙率领骑兵和轻装兵星夜兼程赶往撒玛尔罕。据说马其顿人以每日50~60英里的速度急行军,仅用3天就返回到撒玛尔罕,对步兵来说,无论装备多轻,在粟特夏日的骄阳炙烤下,这几乎是不可能完成的任务。斯皮塔美涅斯本已带领援军返回,准备继续围攻撒玛尔罕,但一见亚历山大到来,他急忙又向西逃走。亚历山大在后面紧紧追踪。一路上,国王路过索加德河畔马其顿战士牺牲的地方,埋葬了战死者的遗体;接着渡过索加德河,继续追击逃窜的酋首及其斯基泰同盟者,一直将他们赶到大漠尽头。马其顿人横扫粟特,蹂躏了这片土地,接着向西南方向进军,抵达乌浒河边。大军渡过河流,进入巴克特里亚西部地区,并在扎利亚斯帕(Zariaspa)过冬。巴克特里亚的城市扎利亚斯帕和巴克特拉的关系与粟特城市撒玛尔罕和粟特的关系类似。

亚历山大在粟特西部过冬,公元前328—前327年;在扎利亚斯帕

　　在扎利亚斯帕,贝苏斯因杀害大流士而受到正式审判;他先受劓鼻割耳之刑,之后被押送到埃克巴塔那受十字之刑处死。与当今西方人一样,希腊人认为毁人面目的肉刑是一种野蛮刑罚,看到亚历山大不顾希腊人的同情之心,我们不免心生愤懑之情。但是,他不过是采用东方处

贝苏斯之死

罚方式对待东方人，这必须与其广泛采用其他东方习俗的政策联系起来考虑。每一个打败其他民族的征服者都会发现面临尴尬境地。他是违背自己的理想和目标，放弃自己的风俗习惯，默许各种与己相异的奇怪行为方式，还是严守自身的文明准则，不做任何变通，从而断绝与新臣民接触和交流？他是采用一种全新政策，以便有效管理被征服的土地，还是继续实施在其祖国行之有效的政策，【779】尽管这种政策在其他地方可能收效甚微乃至会造成致命伤害？亚历山大并未采用第二种方法。他毕生的事业是在东方传播希腊文明。但他明白这不可能由一个外来人完成，无论是一位希腊将军还是马其顿国王，他必须按东方人的原则，满足东方人的愿望，他必须要成为一个东方式的君主。在东方传播希腊文化最稳妥的方法，是必须顾及他们固有的观念，并对此持宽容之心。因此，亚历山大以大流士的继承者自居，按波斯大王的统治方式行事；在其周围充斥着东方式的繁文缛节和奢华场景；在其面前臣民必须谦恭有礼；奉行君权神授的观念，神化君王个人。由于将自己视为大流士的继承者，所以他将杀害大王的凶手当作是与己相关的犯罪行为，因为这违背了忠诚的基本原则。就此而言，他以东方的方式处理杀害国王凶手的举动也是他既定政策的体现，能为东方臣民留下深刻印象。

亚历山大采用东方式的统治方式，并力图以对待波斯人的宽厚方式对待东方人。尽管如此，他仍极不受马其顿人欢迎。他不得不以一副面孔对待马其顿的战友，而以另一副面孔对待波斯臣属，对他而言，总是保持着双面人的形象将非常困难；永远维持这种差异也绝非亚历山大的长久之策。他希望最终能处理好马其顿人、波斯人与他们共同的国王之间的和谐关系。在战争间隙，马其顿人内部的不满情绪也在不断发酵中。虽然人们仍然忠诚于国王，并对征服了幅员辽阔的国土非常自豪，但马其顿人觉得亚历山大对待他们已不如率军取得格拉尼库斯战役胜利时那般亲和。对东方专横作风的喜爱已将他完全改变,而处决深受信任的将领帕麦尼奥被认为是转变发生的重要节点。

  大约就在这个时候,人们的不满情绪偶然找到了一个发泄口。粟特人的反叛迫使亚历山大在冬天结束之前再次返回乌浒河畔,在撒玛尔罕待了一段时间。在乌浒河地区长时间的逗留引发了严重的恶果,其中最不幸的是酗酒之风在军队日渐盛行。夏日极端干旱的天气使人经常产生难以忍受的干渴感,如果不想饮用沙漠里盐分很高的泉水或城里恶臭的脏水,马其顿人只能靠不停喝酒解渴,但此处的葡萄酒酒性极强。从这时起,亚历山大的酒瘾越来越大,对他而言,酗酒已习以为常。一天夜里,在撒玛尔罕的城堡里,喧闹的酒宴一直持续到深夜。当天的宴会是为纪念狄奥斯库里。随军的希腊诗人唱颂亚历山大的丰功伟绩,【780】认为他功盖狄奥斯库里。亚历山大的义兄弟克利图斯此时已喝得面红耳赤。听到诗人阿谀奉承之词时,他突然站起来,大声斥责歌者亵渎神灵的言辞。一旦打开了话匣子,他就将胸中压抑已久的指责言辞倾泻而出,后来转向谴责并诋毁亚历山大。他说,亚历山大取得的胜利得益于帕麦尼奥和菲罗塔斯为代表的马其顿人,而且他本人也曾在格拉尼库斯河救过亚历山大的性命。克利图斯谈到的两点深深地刺痛了亚历山大,激起了他的满腔愤怒。他迈开脚步,打算召来银盾兵;但因已醉酒,没有人愿意遵从他的命令。托勒密和其他参加宴会的人生拉活拽把克利图斯拉出了大厅,而另一些人则设法平息国王的愤怒之情。但是,克利图斯挤了回来,在门道里大声朗诵几句欧里庇德斯的骂人诗歌,暗指士兵们在疆场上卖命,但将军却独享所有荣耀。亚历山大跳了起来,从卫兵手中抢过一支长矛,冲向他的义兄。虽然他已酒醉醺醺,但其目标是确定无疑的。克利图斯无力地瘫坐在地,就此死去。当明白过来时,亚历山大陷入了痛苦和自责中。在接下来的3天,他躺在帐篷里,不吃不喝,诅咒自己杀害了最亲

亚历山大在撒玛尔罕,公元前327年最初几月

克利图斯之死

密的朋友。马其顿人对他的不幸深感同情；他们决定审判去世的克利图斯，认为他的死罪有应得。人们将这次悲剧归因于狄奥尼索斯的愤怒，因为当天本是酒神节，但马其顿人却在这天纪念狄奥斯库里。

这次因醉酒引发的争吵而最终导致的悲剧是亚历山大一生中的一个污点，但与他在入侵粟特过程中做的一件事情比较起来，这还只是小事一桩。在讲述他渡过乌浒河追击贝苏斯时，我们并未停下来讲述他如何对待挡在他面前的一座著名城市。布兰齐戴家族是掌管米利都城 20 英里外阿波罗神庙和神谕的祭司。他们因侵吞神庙的圣产受到指控。看到米利都人的愤怒，他们如继续生活在那里，生命将无法得到保障；于是薛西斯将该家族送到中亚，这样希腊人将无法追踪并报复他们。该家族被安置在粟特，离亚历山大渡河的地方不远。隐居于此的这批希腊人虽然远离希腊，但仍保留了希腊的宗教和习俗，仍讲希腊语。不难想象，希腊军队的到来会给他们带来多么巨大的喜悦。人们愉快地前来欢迎亚历山大，并向他宣誓效忠。但是，亚历山大只记得一件事情，那就是这些人的祖先犯下亵渎阿波罗的大罪，并曾帮助波斯与希腊为敌。米利都人也从未忘记这事儿。国王号召米利都人带上武器，前来审判布兰齐达伊人。

【781】米利都人不能达成一致的意见，于是亚历山大决定由他来裁决这座城镇的命运。他派出一支军队包围了该城，将城内所有居民屠杀殆尽，并将该城夷为平地，或许仅有几个祖辈曾犯下大罪的小孩活了下来。大多数被害者已是犯下罪恶者的第五代子孙。不敢想象，还有更野蛮的法则会要求将先祖的罪恶延及如此遥远的后代。这样一桩骇人听闻的悲剧将会严重损及亚历山大的英名。幸运的是，我们能够放心地将其抛在一边，将其当作不实传闻。因为在最古老最权威的回忆录中，即托勒密和阿里斯托布鲁斯的记叙，都未谈及此事。亚历山大确实做过一些残忍的事情，但没有任何一件事情会比这宗所谓的大屠杀更可怕。

布兰齐达伊人居住的城镇

在巴克特里亚西部和粟特西部,敌对情绪更强。直到最后,斯基泰人慑于亚历山大的节节胜利,为讨好他,杀死了斯皮塔美涅斯后,情况才有所好转。随着斯皮塔美涅斯之死,抵抗运动也逐渐停息。如今只剩下粟特东南名为帕莱塔凯涅(Paraetacene)的一片崎岖山地有待征服。"粟特之石"镇守着进入该地区关隘,占据此地的是一位名为奥克叙阿泰斯(Oxyartes)的粟特人。一队马其顿士兵乘着夜色,历尽千辛万苦爬到山崖上,占领了"粟特之石"。在俘虏中,有奥克叙阿泰斯之女罗克珊(Roxane)。亚历山大本来对妇女不感兴趣,但如今也被罗克珊的美貌和她那粟特女子的独特风姿所吸引,深深地爱上了她。虽然屈尊与这位异族女子结婚有伤马其顿人的自尊心,会招致诸多不利的负面评价,但亚历山大还是决定娶其为妻。在攻占帕莱塔凯涅的其他城池后,亚历山大回到了巴克特拉,按当地风俗与新娘分食一个面包,大排筵宴,庆祝他们的婚礼。除了对罗克珊的爱慕外,二者的结合也带有一定政治目的。这次婚姻代表着亚欧之间结为一体,野蛮人与希腊人之间的障碍已被打破,同时也宣布亚历山大从形式上取得了东方君王的地位。

征服帕莱塔凯涅

亚历山大与罗克珊结婚,公元前327年

大约就在此时,亚历山大还试图规范宫廷礼仪。在此之前,每当波斯贵族见到国王时都必须行五体投地的跪拜礼,然而马其顿人和希腊人却只需行屈膝礼。对于亚历山大新近规定的礼仪,大多数希腊人还算顺从,但是一位地位显赫的学者站了出来,据理力争,反对行跪拜礼。他就是亚里士多德之侄卡利斯提尼(Callisthenes)。此人曾写过一本记载亚历山大诸战役的历史,在书中,他对国王历次战斗赞不绝口。【782】他也曾加入马其顿军队,但用他的话说,这样做的目的是为了使亚历山大的功绩为人知晓,而不是为作者赢得声名。书中谈到,赫法伊斯提昂(Hephaestion)和其他一些人定下一个计谋,准备在一次要求客人行跪拜礼的宴会上采取突然行动。亚历山大端起金杯,向每位客人逐一敬酒,这次秘密计划的

奥林图斯人卡利斯提尼

第十八章 征服远东　981

拒绝跪拜

几位参加者也在被敬酒客人之列。每一位客人都站起身来,向国王行跪拜礼,然后国王逐个亲吻他们。当轮到卡利斯提尼时,他将杯中酒一饮而尽,然后就跑到国王面前接受亲吻,未行跪拜礼。亚历山大并未亲吻他,而卡利斯提尼也就转身走开,说:"得到这样的吻我会变得更加可悲。"诸如此类的故事使国王与这位历史学家的关系越来越冷漠。卡利斯提尼及其他随军哲学家、诗人的一个重要职责是教育侍奉国王的马其顿青年侍从,其中许多年轻人深受卡利斯提尼的影响。

侍从谋反

一天在围猎野猪时,一名叫赫摩劳斯(Hermolaus)的侍从行事鲁莽,抢先国王一步杀死了野猪。因违背礼节,他遭受了鞭刑,并被剥夺骑战马的权利。赫摩劳斯因受到的侮辱伤心难过,于是纠集几个同伙,准备等国王入睡时将其刺杀。但在约定的那个晚上,亚历山大整夜都与人喝酒,直到凌晨时分。次日阴谋暴露,阴谋者被捕。经全军审判,所有参与者都被判处死刑。

卡利斯提尼受到违法指控并被处决

卡利斯提尼也被认定为同伙受到指控,并被收监,后被处以绞刑。确实,赫摩劳斯是他最狂热的崇拜者,但我们并不清楚不利于历史学家的证据到底是什么。一方面,托勒密和阿里斯托布鲁斯都分别认为,虽然侍从招供卡利斯提尼是背后指使,但他们都受到行刑逼供。另一方面,亚历山大的一封信中说酷刑也没让侍从们交代任何同伙姓名。更深层次的原因,可能是亚历山大怀疑卡利斯提尼是希腊反马其顿派的代理人。

亚历山大在西方各位亚洲征服者中的地位

夏季还未结束时,亚历山大已离开巴克特里亚,继续踏上征服印度的征程。自大流士去世以来,战事已历经3年。这3年在世界历史中占据着独特的地位。在这段时间里,这位来自西方世界的征服者打乱了亚洲历史的发展周期,征服了阿富汗,将统治的枷锁强加到药杀水北岸游牧民族的身上。他是西方世界第一个也是最后一个征服阿富汗的人;他是第一个但不是最后一个入侵亚洲的欧洲人。同时,他也是第一个入侵并征服乌浒河以北地区的欧洲人,这比在当今这一代人记忆中还保留着某些记忆的征服活动早了 2000 多年。亚历山大的下一个行动目标是征服印度的西北部。【783】但是，英国是从南部开始的征服活动，俄罗斯的入侵肇始于北部；而亚历山大是唯一一个从西部直接侵入印度和乌浒河地区的欧洲征服者。

作为波斯帝国的继承者，这位马其顿国王在巴克特里亚和粟特的行动势在必行。他建起了一道对抗沙漠地区永不安分部族的屏障，使南方的文明地区获得了暂时的安宁。在该地区，他建立了许多殖民地，不但可以用作屯军之所，而且还希望借此驯化那些桀骜不驯的游牧民族，让他们逐渐过上安定的生活。如果他的想法确实如此，那么这只能是空想。历史证明，只有一种方式可以迫使牧民勉强地成为耕种土地的定居者：直到游牧者四周都被文明社会包围，他们的游牧空间被压缩在一个狭窄的地理空间范围内时，出于生存的需要，这些人才会过上稳定而艰辛的农耕生活。俄罗斯征服的巨大压力正逐渐压缩着中亚游牧民族的生存空间。但在亚历山大时代，他们身后还有无垠的广阔空间，在他们的前面，未来之路还模糊不清，并未确定。

第二节　征服印度

在返回阿富汗时，亚历山大似乎走的是从巴尔赫到喀布尔的大道，他们跨过兴都库什山时所经关隘比去时的位置更靠西。在花费 10 天时间到达亚历山大里亚后，大军继续前行，来到了另一座城市尼凯亚（Nicaea），该城如果不是由他重建，至少也是他重新命名，根据位置判断，这很有可能就是喀布尔。大军一直在此待到 11 月中旬，忙于组建行省机构，并准备下一步征程。他将一支庞大的队伍留在巴克特里亚，不过他征召了一支人数更多的军队，大约有 3 万人；士兵主要是来自该地区的亚

停驻于尼凯亚，公元前 327 年

第十八章　征服远东　983

洲人，包括巴克特里亚人、粟特人、达赫人（Dahae）、塞人（Sacae）。如今，他即将率领进入印度的军队在人数上至少是 7 年前通过赫勒斯滂时的两倍。随着大军的推进，人数不断增加。增加的人数远远超过留在每一个新建行省的军队和因战争或疾病造成的伤亡。

亚历山大的营帐　　在这些年里，亚历山大的营帐就是他的宫廷和首都，是帝国政治中心，这座巨大的城市在中亚群山和溪流之间移动。从事各种职业的人也随其前行，其中一些是国王及其军队必需的，另一些是看到士兵手中战利品及其有利可图的美好前景自愿随行的。随军各色人等中，有各种工匠、工程师、医生、占卜者；【785】还有商贩和银钱兑换者；学者、诗人、乐师、竞技者、小丑；书记员、办事人员、宫廷侍从；一大群妇女和奴隶也必不可少。在大军停驻过的许多地方，会举行体育或音乐竞技比赛，以便激发希腊人对家乡的思念之情，同时在野蛮人心中留下深刻印象。卡尔迪亚人优门奈斯（Eumenes）模仿波斯宫廷日志，定期记录亚历山大宫廷每日发生的事情，亚历山大所有政治信函也由此人代为处理。

印度的状况　　亚历山大对于印度半岛的外形和范围几乎一无所知，他拟订的征服印度的计划或许只局限于喀布尔河（Cophen）和印度河（Indus）盆地。他并非是第一个操雅利安语的外来入侵者。很久很久以前，雅利安游牧民族就逐渐从西北山区进入印度河平原，并在此安身立命。这些人来自中亚兴都库什山区，带来了本民族的颂诗，其中一些诗歌保留至今。他们来到印度河平原这一片"财富的伟大赐予者"后，就逐渐放弃了逐水草而居的游牧生活，过上了日出而作日落而息的农耕生活。奇怪的是，这支在印度北部兴起的崇拜帝奥斯·皮塔（Dyaus pitar）的文明与在爱琴海沿岸同样操印欧语系的崇拜宙斯－天父（Zeus Pater）的文明有很大不同。他们奉行婆罗门、刹帝利等严格的种姓制度，要求婆罗门过极不人道的禁欲生活，宗教人士在很大程度上支配着政治生活。自由而性格开朗的希腊人肯定会觉得印度人的生活非常怪异，并极有可能对此持排斥态度。波斯伟大君主大流士吞并了印度河地区的一部分土地，该地区也为波斯帝国历任统治者提供了大量兵源。卡吕安达（Caryanda）人斯库拉克斯（Scylax）曾受大流士的派遣顺印度河而下，他可能就此写过一本航行志。书中记述的关于印度的奇闻逸事激发了希腊探险家的好奇心。他们认为，在印度土地上居住着正直公允的人民，生长着奇异的动、植物，地下蕴藏着丰富的金银宝石。人们还普遍认为，印度是世上最靠东的地方，与俄刻阿诺斯（Oceanus）海相接。

此时，印度西北部分布着许多小邦和农村公社。在该地区北部，即印度河与叙达斯佩斯河（Hydaspes，如今被称为杰赫勒姆河）之间的地区，由一位名为奥姆菲斯（Omphis）的王公统治，其首府是位于印度河畔的坦叉始罗（Taxila）。此人的弟兄阿比萨莱斯（Abisares）统治着哈扎拉（Hazara）及邻近的克什米尔。在叙达斯佩斯河对岸是强大的波鲁斯（Porus）王国，其统治区域远达阿凯西尼斯河（Acesines，或称黑水河，今称杰纳布河），与"五水之地"相接。在杰纳布河（Chenab）河以东，拉维埃河（Ravee）与希法西斯河（Hyphasis）之间的地区，也分布着若干小邦。【786】此外，这里还生活着一些"无王"的自由部族，他们不受任何人管辖。这些小邦国和部族生活方式各异，宗教信仰不同，也无任何统一或联合的发展趋向。自由部族害怕并憎恨国王，而小王公之间相互征战不已。这些邦国并不属于同一个种族。其中大多数属于雅利安人。但一些邦国，譬如玛里（Malli），却由古老的达罗毗荼人所建；即便在旁遮普，雅利安人也未能完全驱逐或征服达罗毗荼人。因此，入侵者不用担心会受到当地人团结一致的抵抗，只需要逐个收拾沿途遇到的每个邦国，而且因其中一些邦国与邻邦有仇，马其顿人的侵略甚至会得到他们的欢迎。坦叉始罗的统治者希望马其顿征服者消灭老对头波鲁斯，以便从中

奥姆菲斯

雅利安人和达罗毗荼

第十八章　征服远东　985

得到一些好处。因此,他亲自到尼凯亚拜访亚历山大,将自己及其王国拱手让与这位伟大的帝王,并承诺在征服印度的过程中为马其顿人提供力所能及的援助。印度河东岸的其他王公也主动向亚历山大称降。(亚历山大在中亚和印度的征服,参见图18-1)

亚历山大从喀布尔高原直接进入旁遮普地区的道路是沿喀布尔河右岸前行,然后穿过从中亚进入南亚次大陆最重要的关隘——开伯尔山口(Khyber Pass)。但是,如果不能确保联系畅通,马其顿人不大可能抵达印度河地区。为此

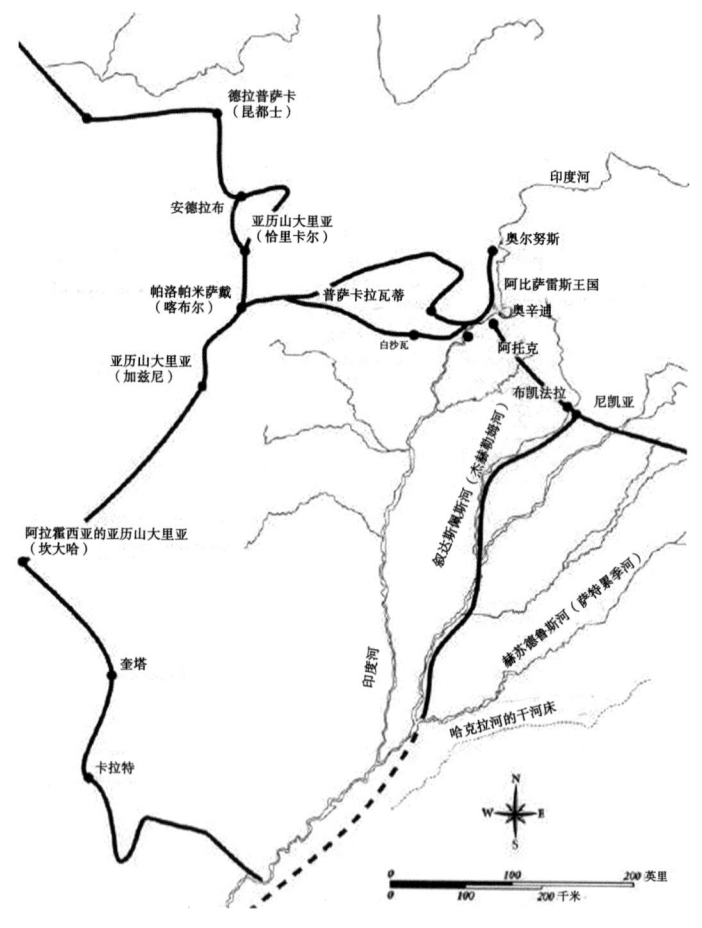

图 18-1　亚历山大在中亚和印度的征服

(据 Waldemar Heckel, *The Conquests of Alexander the Great*, p.93 编译)

必须征服喀布尔河左岸的河谷地区及喜玛拉雅山脉的西侧山坡诸邦。

马其顿大军行经了离贾拉拉巴德（Jelalabad）不远的尼萨城（Nysa）。该城之名立刻使所有希腊人想到酒神狄奥尼索斯。在从宙斯大腿出生后，狄奥尼索斯就被送到一座神秘的山峰尼萨由宁芙女仙抚养。希腊人一般认为，尼萨山在色雷斯境内，但是一则古老颂诗将其定位在"尼罗河附近"。在旅行者的图鉴中并未标明该地的具体位置。如今他们知道这才是真正的尼萨。在尼萨城不远处有一座名字发音类似于 μηρός 的山丘，该词在希腊语中意为"大腿"，山坡上到处生长着葡萄藤。因此他们说尼萨城是由狄奥尼索斯所建，酒神作别故乡来到东方征服了印度。如今亚历山大也只不过是循着酒神的足迹前行。随着希腊人和马其顿人向前进一步推进，他们发现了更多酒神留下的遗迹。

尼萨

为了这次战斗，亚历山大将大军兵分两路。赫法伊斯提昂率领三个重装步兵军团、一半马其顿骑兵、所有雇佣军骑兵从开伯尔山口通过，这支军队的主要任务是在印度河上搭建一座过河的桥梁。国王率领其余部队及轻装兵楔入河流以北的群山之中。【787】整个冬天都是在与好战的山地部族战斗中度过，其中尤以阿斯帕西安人（Aspasians）和阿萨凯奈斯人（Assacenes）最难驯服；马其顿人占领了库那尔（Kunar）地区、奇特拉尔（Chitral）边区、旁遮普及斯瓦特（Swat）河谷许多固若金汤的要塞。虽然追寻马其顿人在此蛮荒之地的战斗可能会很吸引人，但我们无法肯定地指认出每一个地方的具体位置。玛萨伽（Massaga）是阿萨凯奈斯人在斯瓦特河谷最重要的要塞，如今也被亚历山大攻占。狄尔塔（Dyrta）是阿萨凯奈斯人的另一个要塞，虽然我们并不能在地图上明确将其标注，但它可能位于迪尔（Dir）地区。这次征服活动中最精彩的行动当数攀登并占领奥尔努斯（Aornus），该地可能在印度河右岸阿姆布（Amb）附近，位于喀布尔河与印度河交汇处上游大约60英里。在亚历山

亚历山大在奇特拉尔等地的战斗

奥尔努斯

第十八章 征服远东 987

大胆大心细、沉着冷静的指挥下,马其顿人攻占了这座要塞;不过国王不得不离开迪尔地区,返回镇压阿萨凯奈斯人的反叛。

> 在阿托克附近渡过印度河,公元前326年

经过一个冬天艰苦的战斗,大军在印度河右岸休整,一直到次年初春。在举办隆重的竞技比赛和献祭仪式后,大军渡过河流,向东经过3日行军,到达了呾叉始罗。与巴克特里亚和粟特牧民的简易住所相较,居住在这片富裕土地上的雅利安人生活富足而愉悦。呾叉始罗的王公以近似谄媚的浮华仪式迎接亚历山大的到来,居住在附近的小王公也来到城里表示效忠。亚历山大对新近征服之地的管理进行了安排。他任命玛卡塔斯(Machatas)之子腓力为印度河以西省区的总督;并在呾叉始罗及印度河以东地区驻扎军队,由腓力负责指挥调度这里的驻军。这表明亚历山大的政策发生了变化。印度河即将成为他直接管辖地区的最东界。河流以东不再组建行省,而是设置一系列保护国,由居于边疆地区的总督全面监管。

> 亚历山大与波鲁斯分列叙达斯佩斯河两岸

亚历山大率军向南,向叙达斯佩斯地区推进,在此试图阻止其行进的只有一支武装。波鲁斯国王向马其顿人发出挑战书,他聚集起一支3万~4万人马的队伍,陈兵于叙达斯佩斯河左岸,以图阻止亚历山大过河。此外,虽然克什米尔的阿比萨莱斯曾向亚历山大表示效忠,但他仍答应为波鲁斯提供援助。按亚历山大的命令,已在印度河上建造好的运兵船按其大小被锯成两三段,并用货车运送到叙达斯佩斯河。由于热带季风,大雨磅礴,行军非常缓慢而艰苦。【788】经过艰难行军,马其顿人到达叙达斯佩斯河右岸,在贾拉尔普尔(Jalalpur)附近安营扎寨。河对岸是波鲁斯的战阵,面目狰狞的象阵保护着他们,这也是他们最恐怖的战斗武器。(马其顿人渡河示意图,参见图18-2-1)面对这种阵势,过河的打算只能无奈暂时放弃,因为战马不能忍受大象的味道和嘶鸣声,一旦过河,必然会受到惊吓而溺死河中;叙达斯佩斯河的河岸狭窄而陡峭,在敌人密集的弓弩投枪下,战士们也几乎不可能登陆上岸。亚历山大派人

考察周边浅滩,采用各种办法试图欺骗和迷惑敌人。他命人运来大批粮食,以便给敌人要进行持久战的假象。他还命人散播流言,说马其顿人会在此等待,直到雨季结束。同时,命部队保持机动,并派分遣队到处行动,以使敌人疲于奔命。一天晚上,马其顿军营里突然吹响军号,骑兵也聚集到岸边,似乎大军即将过河。波鲁斯立即派出战象来到岸边,命令军队列成战斗队列,严阵以待。但事实证明这只不过是让敌人虚惊一场的花招。马其顿人组织了一次又一次类似的佯攻。每天晚上马其顿军营里都在行动,似乎他们马上就要涉水过河;因此每天晚上印度人也不得不长时间站在狂风暴雨下紧张地等待着马其顿人的进攻。如此反复多次后,波鲁斯看到马其顿人只是虚张声势而并无行动,对每晚无用的守卫活动感到倦怠,不再保持高度的警惕心,认为敌人不过是一伙胆小怕事的懦夫。乘波鲁斯疏于防卫,亚历山大的计划日渐成熟,即将付诸实施。

在离宿营地上游大约 16 英里处,叙达斯佩斯河转了一个弯,河流从原来自北向南转为了向西流淌。在转弯处的河心之中,形成了一个灌木密布的小岛。河流右岸也覆盖着密林。亚历山大决定从此处过河。他命人将船只运送到此,在靠近深壑的密林下,将原来锯为几段的船只修好,然后按照渡过乌浒河时的办法,往船里填上秸秆。当进攻时机到来时,亚历山大亲率一支军队来到丛林密布的河流突出处。为了避免被敌人发现,他们又向上游行走了相当长一段距离。同时,他命克拉泰鲁斯率一支人数可观的部队镇守大帐,原地待命。等到波鲁斯率全军离开驻地或被击败时,克拉泰鲁斯再率队过河。其余部队驻扎在马其顿大营与小岛之间,等待恰当的时机过河援助亚历山大所率部队。当晚下半夜,亚历山大所率部队到达预定地点。虽然整晚风雨交加,但他仍指挥人们做好过河准备。在叙达斯佩斯河右岸,他布置一个重装步兵方阵军团随其前往,【789】以防阿比萨莱斯可能派来的援军。

亚历山大的计谋

图 18-2-1 马其顿人渡河示意图（公元前 326 年）

（据 Ian Worthington, *By the Spear*, p.245 编译）

当晚的狂风暴雨有效掩盖了马其顿人行军的声音，使驻扎在河对岸的敌人根本没有察觉。黎明时分，风雨有所减小。这时，马其顿人马开始过河。亚历山大乘坐一艘 30 桨战船，冲在大军最前面。他们安全通过了小岛。但是，当还未登上对面河岸时，印度哨兵发现了他们的行踪，急忙将消息告诉了酋首。亚历山大是第一个跳下战船登陆上岸的人。他在此等待着骑兵登陆并结成战阵。但是,随着大军向前推进,亚历山大发现,他登陆的地方并非河岸,而是岸边的一座小岛。小岛与河岸之间尚有一条狭窄的水道,如今因为下雨,水位暴涨。大军费了一段时间才通过这条水道,因为涉水而过可能会被敌人发现,而且河道的水位齐胸。终于,大军安全登上对面的河岸。亚历山大命战士为即将到来的战斗做好准备。这是他一生中三次最重要战役中的第三次。这次战役中他没有任何重装步兵,只有 6000 名银盾兵、4000 名轻装步兵、5000 名骑兵,另外还有 1000 名斯基泰弓箭手。他率领所有骑兵迅速冲向波鲁斯大营,轻装兵紧随其后。如果波鲁斯举全军之力与其决战,亚历山大不得不等待轻装兵的到来。但一旦敌人表现出撤退迹象,他将率具有优势的骑兵冲入敌阵中。不久,他见到一支敌军前来应战。率军者是波鲁斯之子,阵前是 1000 名骑兵和 60 辆战车。不过印度人来得太晚,已无法阻止马其顿人登陆上岸了。亚历山大一看敌军人数较少,马上发起攻击,杀死了领军的王子和 400 名战士,并将敌人赶了回去。

波鲁斯命一小队人马镇守河岸,预防克拉泰鲁斯过河。他亲率主力,准备与亚历山大一决高下。(叙达佩斯河之战示意图,参见图 18-2-2) 印度人到达沙地后,就扎住阵角,因为这里适合骑兵和战车作战。在大军最前方,他将 200 头战象列于阵前,每头大象之间相距 100 英尺。在战象后面稍远之处是印度步兵,人数超过 2 万。印度军队的右翼是骑兵,大约有 4000 骑。亚历山大等银盾兵到来后,将其布置在大军最前面,与象阵相对。无论是骑兵还是步兵都不可能与战象对阵,因为这些庞然大物如同一座座高耸的塔楼,它们是印度军队真正的威力之所在。马其顿人唯一的办法只能是利用一支骑兵从侧翼发起进攻。亚历山大命令,塞琉古(Seleucus)和其他步兵统领等在后面,暂不向前推进。当看到敌人的骑兵和步兵因侧翼受到攻击陷入混乱时,他们再采取行动。国王决定集中兵

叙达斯佩斯河之战

第十八章　征服远东　991

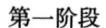

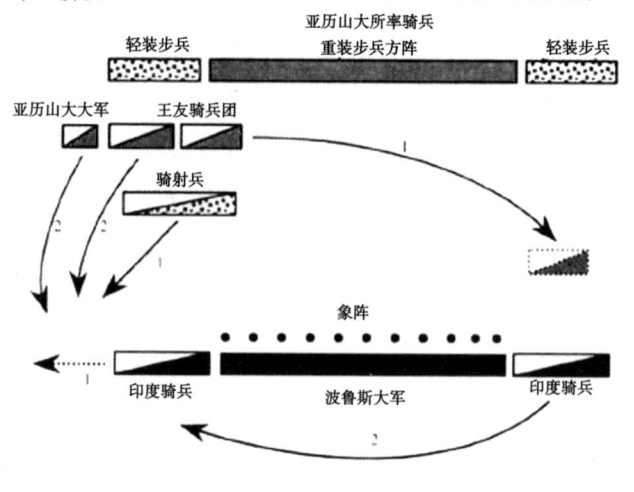

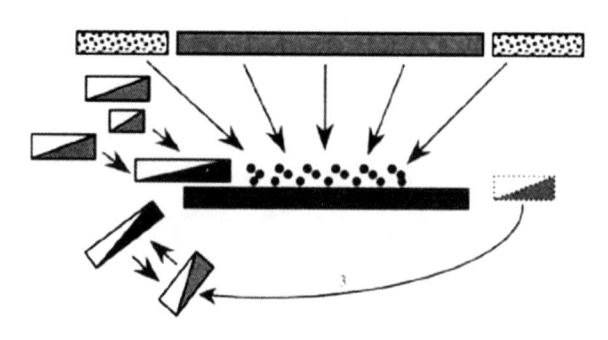

图 18-2-2 叙达佩斯河之战示意图

（据 John Montagul, *Battles of the Greek and Roman Worlds*, p.105 编译）

力,【790】从敌军左翼发起进攻。这或许因为作战地点位于河边,他能够更容易得到对岸己军的支援。因此,他将所有骑兵部署在右翼。亚历山大将其中一队交由科伊努斯（Coenus）指挥,命其守住右翼,并伺机对敌人的后队发起进攻,同时提防敌人右翼的骑兵,阻止其掉转方向驰援受攻击的左翼。斯基泰弓骑兵径直向前,向敌人的骑兵发起进攻,而此时印度骑兵正列成纵向队形,没有来得及展开。弓骑兵的主要目的是利用密集的箭矢骚扰敌人骑兵。亚历山大亲率余下重装骑兵向敌阵左边侧翼发起进攻。波鲁斯的部署犯致命错误,并未在侧翼设防,只能听任马其顿人向那里发起进攻;为了弥补缺陷,他急忙调遣右翼其余骑兵支援。科伊努斯所率军队已行进到紧靠河岸处,他们及时赶过去,从后方对支援骑兵发起进攻。如今印度人腹背受敌。亚历山大抓住时机,猛攻敌军侧翼。印度人的左翼支撑不住,纷纷跑到战象队伍后面寻求保护。这时,居于左翼的驭者驱赶着战象向马其顿骑兵发起进攻。【791】马其顿的步兵(银盾兵)迅速向前,向正在转向的战象发起进攻。但是,队列中其他战象也冲进银盾兵阵中,横冲直撞,给马其顿人造成极大伤亡。由于受到战象阵获胜的激励,印度骑兵重新聚集起来,发起了新一轮进攻。但他们很快被马其顿骑兵击败。此时,马其顿骑兵组成密集阵形,躲在象阵之后。如今许多大象因受伤变得异常狂暴,印度人也很难将它们控制住,其中一些战象的驭者战死,另一些因陷入混战,敌友不分,到处踩踏。印度人周围全是战象,他们被愤怒的大象限制在一个狭小范围内,所以他们受到的伤害最大,而马其顿人可以从大象的侧面和后面发起进攻。当大象转向他们时,可以逃向开阔的地带,所以他们受损较小。最后,当大象逐渐疲乏,进攻势头越来越微弱时,亚历山大指挥军队向它们靠近。他命银盾兵盾牌连着盾牌,结成密集阵形,同时,重新组织队伍,从侧翼直插印度战阵中。此时敌人骑兵的斗志已越来越衰弱,阵形也开始混乱,无法抵挡住马其顿人的双面打击,很快被分割为几个部分。银盾兵奋勇向前,与敌人的步兵展开了短兵相接的肉搏战。印度步兵尽管迄今还未在战场上发挥作用,但也很快被马其顿人打败,四散逃窜。与此同时,河对岸的克拉泰鲁斯和其他将领所率部队看到胜利女神在向亚历山大招手,开始渡过河流,一路上他们并未受到任何抵抗,到达战场时正赶上胜利,于是他们也开始追击逃兵。波鲁斯虽是一位平庸的统帅,但是一个勇敢的

印度人重新聚集

第十八章 征服远东　993

战士。当看到军队分崩离析，战象死在地上或因驭者战死到处乱窜时，他并未逃走；在这方面，两次逃跑的大流士与他不可同日而语。他坐在一头高大的战象上继续战斗，直到右肩受伤，这也是他全身唯一没有盔甲保护的地方。眼见自己受伤，他才急忙掉转象头，仓皇逃走。亚历山大对于此人的勇猛大为钦佩，派出使者追上了他，试图说服他回来与马其顿人达成和解。亚历山大亲自骑马到外面迎接这位上了年岁的老王公。见到他时，亚历山大为其挺拔的身躯和英俊的面容所折服，并问他希望得到什么样的款待。波鲁斯说："像一位国王那样对待我吧。"亚历山大回答说："为了我自己，我也会那样做的。请为你自己请求一件恩惠吧。"波鲁斯回答说："那就够了。"

亚历山大对待这位俘虏如同国王一样，不但把王国归还给他，使其此后成为附属于马其顿的一个保护国，而且还拓宽了王国的疆域。虽然这种宽厚待遇一定程度上满足了亚历山大乐善好施的冲动，但更多是受其统治政策的激发。在印度河对岸，【792】确保统治的最好方法是让两位实力相当的王公相互嫉敌视。此前他已为呾叉始罗找了一位既强大又忠诚于他的统治者，恢复竞争者波鲁斯的统治是维持其忠诚的最佳保证。在叙达斯佩斯河两岸战场附近，亚历山大建立了两座城市，以此作为马其顿人在属国驻军的治所。河流右岸之城以亚历山大死于此处的良驹（可能因年老或疲乏在战争爆发前不久死去）命名为布凯法拉（Bucephala），左岸之城以胜利女神命名为尼凯亚（Nicaea）。

亚历山大留下克拉泰鲁斯修筑这两座城池，他亲自率军向北，前往征服克什米尔边界的山地民格劳塞人（Glausae），同时对阿比萨莱斯统治之地施加威胁。靠近山区边缘时，他渡过阿凯西尼斯河进入波鲁斯之侄（与波鲁斯同名）统治的地区。在渡过这条宽度超过 1.5 英里的河流时，马其顿人历经巨大的危险，遭到较大的伤亡。这位小波鲁斯因受制于

亚历山大在叙达斯佩斯河谷建立的城市

亚历山大进军旁遮普

其叔父，因而与其关系不睦；在叙达斯佩斯战役之前，他曾派人向亚历山大称降，但如今眼见这位征服者对其叔父恩宠有佳，他又是失望又是害怕，于是决定向东逃走。亚历山大亲率大军追击其后。在轻松渡过叙德拉奥提斯河（Hydraotis，R.）后，他命赫法伊斯提昂率领一支军队南进，征服小波鲁斯所辖区域及两条河流之间的自由村舍，并将两河交汇处以北的地区纳入老波鲁斯所统治的王国。这时，亚历山大听到消息，说此前波鲁斯和阿比萨莱斯未能征服的自由、尚武的部族卡塔亚人（Cathaeans）要与之决战，因此亚历山大不得不停止追击，准备战斗。马其顿人向卡塔亚人的主要城镇桑加拉（Sangala）推进。该城筑有坚固的城墙，一边靠山，一边临湖，易守难攻。该城可能位于拉合尔（Lahore）西北，阿姆利则（Amritsar）附近。在周边一些部族的支持下，卡塔亚人沿山用大车围成三道围栏。经过激烈战斗，马其顿人突破围栏。印度人被迫撤入城内。他们企图乘着夜色乘船从湖上逃走，但亚历山大觉察到其伎俩，派兵陈于湖岸。不久，这座城池被攻破，周边部族纷纷投降。这里所有被征服土地同样被划归波鲁斯统治。就这样，亚历山大将旁遮普地区，也即所谓"四河之地"的统治进行了划分，其中最大的一块地方，即印度河与杰赫勒姆河之间的土地，隶属于咀叉始罗的奥姆菲斯。其他三块地方，即杰赫勒姆河与希法西斯河（今称贝亚斯河，Beas）之间的土地，归波鲁斯统治。

攻占桑加拉

接着，亚历山大继续向希法西斯河（Hyphasis）进军，马其顿人抵达该河与萨特累季河（Sutlej）交汇处以北地区。两河汇流后形成了卡塔德鲁，或称"百泉之河"。【793】这是亚历山大远征到达的最远之处。他本希望继续向前进军，探寻恒河流域周边土地，但意想不到的问题出现了。经过多年艰苦战斗，马其顿人身心俱疲，他们也厌倦了对未知之地永无休止的征伐。此外，军队不断减员，幸存的士兵也随时间的流逝和伤病不断，逐渐衰老。自渡过印度河以来，暴雨持续不断，马其顿人备受煎

亚历山大进军的终点

第十八章　征服远东　　995

熬。大雨成为压垮马其顿人意志的最后一根稻草。正如一位参战老兵讲述的那样,他们的装备已是千疮百孔;经过持续不断的长距离行军,他们所骑战马的马蹄都被磨穿;他们的武器因艰苦的战斗而不再锋利甚至折断;老兵们身上穿着印度人的破衣服,他们的希腊服装已破旧不堪无法再穿。所有人都渴望西归返乡。马其顿人赢得的荣耀已经那么辉煌,为何还要继续艰苦战斗,冒着一次又一次的生命危险? 在希法西斯河畔,危机出现了。马其顿军士决定不再继续向前进军。他们听说如果要抵达恒河平原的膏腴之地,还必须至少在印度沙漠中跋涉11天,这则消息坚定了他们抗命的决心。亚历山大为此召开了一次军事会议,会上科伊努斯代表普通士兵表达了他们的祈愿。国王对此感到非常不快,宣布散会。第二天,他再次召集将官,说他决定独立前往,但也不会限制其他人随他一同征战,同时他负气说,就让马其顿人返乡吧,回去告诉父老乡亲他们是如何在险恶之地舍弃国王于不顾,然后他就回到自己的营帐。在接下来的两天里,他拒绝见任何战友,希望借此动摇马其顿战士的决心。然而,国王的怨气虽让人不快,但马其顿人并未做出让步,也没有收回他们的愿望。第三天,亚历山大奉献了祭品,准备过河。但机缘巧合,祭品显示出不吉之兆。国王决定做出让步,向态度坚定的战士们宣布,他决定率军返乡。当疲惫不堪的老兵听到这个消息后,都发出愉快的欢呼声,许多人流下了兴奋的泪水。士兵们聚集在大帐之外,祝福他们战无不胜的国王,感谢他应允人们的要求,承认仅有的一次失败,那就是依马其顿人的愿望行事。在希法西斯河畔,亚历山大命人建起12座祭塔,献给奥林波斯12主神,感谢诸神使他一路上捷报频传,带领着他安全抵达世界的尽头。

世界的尽头就在前面,但却没有到达;亚历山大站在希法西斯河边,一丝惆怅涌上心头。为了更好地理解他到底多失望,有必要了解一下他的地理观。【794】他并不知道亚洲还会向南延伸形成一个巨大的印度半岛，也不知道印度以东还存在众多面积巨大的岛屿；他完全没有想到会有一个幅员辽阔的中国，对西伯利亚更是一无所知。他认为恒河注入大地最东边的海洋中，正如大西洋位于世界最西端一样；在他的想象中，世界极东之海冲刷着兴都库什山和帕米尔山脉的另一侧；这一片汪洋大海与斯基泰人居住的北边之海相连，里海也与此海洋相通。亚历山大打算从印度河口乘船从南部之海到达阿拉伯湾（今亚丁湾）；或许他甚至还准备绕过利比亚，从西边驶往赫拉克勒斯柱（今直布罗陀海峡）；他也有可能梦想着出恒河河口，泛舟极东之海，从北方征服斯基泰和叙尔卡尼亚。似乎在亚历山大心灵深处一直没有放弃征服并吞并希法西斯河以东地区的梦想。然而，随行的军力不足，因为他已将大队人马驻扎在从杰赫勒姆河到贝亚斯河之间的各座城市；他还指望恒河流域的居民爱好和平，对其友善。总之，他的远征首先是一次探险之旅，不过因环境不同也可能成为一次征服之行。

人们经常把亚历山大看作是一个战争狂人，沉醉于狂妄的统治欲和令人昏眩的荣耀感，为填满永无止境的欲壑，他总是为征伐而征伐。在熟知世界轮廓的现代人看来，他的计划确实显得颇为狂妄；但要评价他的计划，就必须考虑到他对世界的认识存在错误和缺陷的事实。如果世界的外形和特征确实如他所描绘的那样，20年时间足以让帝国与世界的尽头相连，他就可统治从极东之海到极西之海的整个世界，也可将斯基泰的最北端与利比亚最南的海洋囊括在同一个帝国中。如果那样，他就可能将世界三大洲置于普遍和平下，在适于人居的世界各地广建希腊城市。虽然亚历山大野心勃勃，但他并未被野心蒙蔽，仍能敏锐地从平凡事物中发现闪光之处。大军推进到印度河地区并不只是肆意妄为的侵略扩张，而是为到印度的贸易建立安全畅通的道路体系，此前的商人受野蛮的山地部族之害。同样地，征服旁遮普地区对于保障印度河边界地区的

第十八章　征服远东　　997

安全也很有必要。支撑这位马其顿征服者野心的基础是利益不菲的商业贸易。腓尼基商人时刻跟随着马其顿军队行进，这看来不无道理。

亚历山大将军队撤退到叙达斯佩斯河畔。赫法伊斯特昂在阿凯西涅斯河畔建好一座新城后，也随大军一同撤退。【795】当他们撤至叙达斯佩斯河畔时，克拉泰鲁斯不但已在战争爆发之处建好了两座城池，而且还准备好大量的运输船。这些船只将装载一部分将士顺印度河而下，到达海洋。这支船队由尼阿库斯（Nearchus）率领，国王乘坐的船只由奥涅西克里图斯（Onesicritus）驾驶，此人后来写了一本关于亚历山大远征的小册子。其余军队分成两队，由赫法伊斯提昂和克拉泰鲁斯率领，沿印度河两岸行进。

大军一边向前推进，一边征服河流交汇处以南未归顺的部族。唯一对马其顿人进行有力抵抗的是居于拉维埃河两岸尚武的玛里人。在河流南岸打败印度人大队人马后，亚历山大继续追击，一直追踪到他们居住的主要城市（可能在现在木尔坦周围）。后来拉维埃河的河道发生了改变。而在亚历山大时代，该河在木尔坦（Multan）以南不远处注入杰纳布河。就在这里，亚历山大经历了一场非常危险的战斗。外城很快被攻陷，不过印度人退守卫城。马其顿人找来两架梯子，试图登上城墙，但敌人从城上射下的枪林弹雨使人无法将梯子搭到城墙上。眼见大军受阻，亚历山大极其焦躁，他抓过一架梯子，手举盾牌，往上攀登。佩乌凯斯塔斯（Peucestas）手持从伊利昂神庙获得的圆盾和莱昂那图斯（Leonnatus）一起紧随国王之后；阿布里阿斯（Abreas）也登上另一架梯子。亚历山大一登上城垛，就将驻守于此的印度人杀死或扔了下来。银盾兵看到国王已站在城墙之上，也纷纷跑向两架梯子。然而，由于人数太多，梯子难以承受其重，硬生生折断了。在梯子折断之前，只有佩乌凯斯塔斯、莱昂那图斯和阿布里阿斯登上了城头。战友们恳求他跳下城墙，他却跳到敌

围攻木尔坦

人阵中,以此回答他们的恳请。他独自背靠城墙,迎战密不透风的敌人。这时,印度人也认出这就是大王。亚历山大用宝剑砍倒敌首及其他几个胆敢冲向他的人,用石头砸倒另外两人。其他人看到他如此勇猛,不敢靠近,只是用手中的投枪掷向他。这时,他的3位战友清除了城墙上防守的士兵,也跳下来帮助他们的国王。阿布里阿斯被一支标枪击中当场丧命,亚历山大的胸部也受了伤。短时间内,他还能坚持战斗,但终于还是因失血过多而倒在了盾牌上面。佩乌凯斯塔斯手执取自特洛伊的圣盾站在他身旁,莱昂那图斯站在另外一侧保护着他,就这样他们一直坚持到援军到来。由于没了梯子,马其顿人不得不在城墙上钉上木钉(以作登城之用),【796】有几个人以最快速度登上城墙,跳入城中,加入战团;另一些人则成功打开了一座城门,不久马其顿人占领了这座城池。由于战士们认为他们的国王已战死于此,他们愤怒异常,将城里所有人(包括妇孺儿童)全部杀死,一个不剩。不过,虽然受伤严重,亚历山大还是苏醒过来。当他去世的流言传到大军驻扎地时,即拉维埃河与杰纳布河交汇处,人们陷入了一片惊愕和极度绝望之中,以至于当接到可靠消息时,人们完全不敢相信。亚历山大不得不叫人抬着他来到拉维埃河边,乘船顺江而下,回到大军停驻的中军帐中。当船只即将到达时,他命人揭去船尾遮掩睡床的华盖。仍心存疑虑的士兵认为看到的只是他的尸体。直到船只靠岸,他向人们挥手致意时,全军才发出阵阵兴奋的欢呼声。当被人抬到岸边时,他命人扶着他在马背上坐了一会儿,以便让所有战士都能更好地看到他,然后他走了几步,众人才终于放下心来。

亚历山大受伤

这次冒险是展现亚历山大弱点的一个极端事例,在其他场合下他的这个弱点也常有所体现。每当激战正酣时,只要周围有一队战士,他总是容易忘记自己领袖者的职责。虽然他是世界上最优秀的统帅之一,但他最喜爱的还是在短兵相接的情况下与敌人一决高低,或者冲在骑兵的最

亚历山大常以身犯险

第十八章　征服远东　　999

前面,而不太愿意调兵遣将或者出谋划策。他脑海里"满是战斗的宏伟,眼睛所及都是长枪的红缨、矛尖的熠熠光芒和儿郎健硕的身材"。他无法抵御冒险的诱惑,没有一次战斗他会安然而返,不带一点伤痕。最不能容忍的是在最后一次战斗中,当他亲密的战友斥责其举动更像一个士兵而非一位统帅时,他受到了深深的伤害,因为道德心刺痛了他,让他的人身安全受到威胁是对整支队伍的犯罪。

<small>公元前325年</small>

玛里人彻底投降,其南部以好战而闻名的近邻奥克叙德拉凯斯人(Oxydraces)也步其后尘,投降归顺。旁遮普南部地区并未划归波鲁斯的统治,而是直接被置于腓力所统辖省区。当亚历山大从伤病中恢复过来时,船队已顺流而下,驶过希法西斯河与印度河的交汇处,沿途的印度部族纷纷归降,向他献上具有印度特色的农产品、【797】宝石、精纺棉布、驯化的狮子和老虎。在4条支流汇入滚滚的印度河之处,国王为一座新亚历山大里亚城举行了奠基仪式,该城也成为拱卫腓力统辖省区南部的

<small>旁遮普的亚历山大里亚城</small>

<small>粟特的亚历山大里亚</small>

前哨阵地。大军继续向南,抵达位于印度河之畔的粟特首府。亚历山大重建了该城,将其作为希腊人的一个殖民地,同时在此修建码头。该城被称为粟特的亚历山大里亚,后成为统治范围远达海边的南部省区的治所。该省区由阿格诺尔之子佩冬(Peithon)出任总督。

南方信德地区各邦国人民富庶、人烟稠密,婆罗门享有巨大的政治权力,这与北方诸邦有很大不同。印度的种姓制度对于外来者极为排斥,在该制度影响下,各地王公公然与亚历山大为敌,即便他们最初归顺,也会很快叛变。此年春天,马其顿人在征服这一地区中度过。亚历山大到达

<small>帕塔拉,今海得拉巴</small>

印度河口的帕塔拉城(Patala)时,已快到仲夏时节。这时亚历山大得到阿拉霍西亚叛乱的消息,于是派遣克拉泰鲁斯率领一支规模可观的队伍跨过波兰关(Bolan)挺进阿富汗南部,镇压那里的起义。亚历山大打算亲自率军行经俾路支(Baluchistan),并命令克拉泰鲁斯在波斯湾入口附

近的基尔曼（Kirman）等候他。其他士兵乘船经大海驶往底格里斯河口。国王决定将帕塔拉建成帝国在印度最著名的城市，恰如亚历山大里亚在埃及一样。他命赫法伊斯提昂为卫城修建城墙，并为该城修造一个宽大的码头。然后亚历山大乘船向南，体验了一次在南部大洋的海上旅行。这个季节正值赤道西南季风盛行，马其顿人习惯了在平静的地中海上航行，最初他们对于海浪的大起大落感到非常迷惑。这个季节印度河干流入口附近的浪潮也尤其巨大猛烈，有几艘船只甚至被巨浪卷走。不过水手们很快掌握了时令和潮汐变化的秘密，亚历山大也挥别印度河，驶入大洋。在此他为波塞冬举行献祭仪式，同时用金杯奠酒，为涅瑞伊德女仙、狄奥斯库里、其先祖阿喀琉斯之母忒提斯（Thetis）等诸神献祭，然后将这只金杯抛入海浪之中。这次祭奠仪式开启了西方到远东地区的海上贸易。开辟海路的重任就交给了尼阿库斯。此人是国王的亲密战友之一，掌握着军队的机密。初秋时分，亚历山大开始率军从陆上行进。【798】为了等待有利于航行的东南季风，尼阿库斯及船队需要等到 10 月。

亚历山大驶入印度洋

第三节　亚历山大回到巴比伦

在亚历山大的征途中，没有哪一次能比经过盖德罗西亚（此地如今被称为麦克兰）沙漠时那样死伤惨重但毫无价值。对于该地区恶劣的气候，他肯定有所耳闻，但他没有想到行军过程中会有如此巨大的困难和危险在等待着他。他选择这条路线的动机是为了让陆军在海岸某些地方挖井储粮，为船队的安全航行提供必要保证。他还希望征服居于荒漠东部山区的好战民族奥利塔伊人（Oritae）。但如果只是想征服奥利塔伊人，只需从帕塔拉发动一次远征即可轻易完成。穿行于麦克兰（Mekran）的

第十八章　征服远东　　1001

大军和航行于大洋中的尼阿库斯船队都成为这次军事冒险相互依存的组成部分；当时海员能力相当有限，船只在未知水域的航行比陆军在沙漠中的行军要危险得多。

亚历山大的军队通过麦克兰，公元前325年8—10月

亚历山大率领大约3万人，越过印度河三角洲以西的陡峭山坡，渡过阿尔比斯河（Arbis），很快征服了奥利塔伊人。他以该地一个较大村镇兰巴西亚（Rambacia）为基础，建立了一个殖民地，命名为奥利泰的亚历山大里亚，该城是他所设计海上航路的重要据点之一。接下来，大军深入了盖德罗西亚沙漠。一路上未受到什么抵抗，因为没有人会对马其顿人的侵入感到不满。沿途山上偶有几处不值一提的小村庄，海边的小渔村更加简陋。大军艰苦地行走在戈壁和沙漠之中，没有淡水，贫瘠荒芜。他们必须将从当地强夺的非常有限的给养存放在海边，以接济即将到来的舰船。【799】有时他们必须跋涉深可及肩的黄沙，这是一项几乎无法完成的工作。白天骄阳似火，无情的酷暑迫使他们只能晚上行军。有时因为必须到达下一处有泉水的地方才能停息，所以行军经常会令人感到难以忍受的漫长。据说亚历山大一路上也是徒步跋涉，与士兵们同甘共苦。无疑非战斗人员和随军平民受苦更甚。终于，大军穿过了沙漠，离开海岸，向北前往普拉（Pura），这是盖德罗西亚省区首府所在地。据载，与两个月前离开印度时相比，幸存者只占少数，而且他们都已筋疲力尽，形容枯槁。通过可怕的盖德罗西亚沙漠时丧命的人数，超过了亚历山大历次战役伤亡人数总和。不过，人们也可能夸大这次灾难性进军的折损情况。

尼阿库斯的海上航行，公元前325年10—12月

在普拉休整后，国王率军前往基尔曼。克拉泰鲁斯在镇压阿拉霍西亚的叛乱后，也来到这里与大军会合。不久，消息传来，马其顿船队也驶往基尔曼海岸，尼阿库斯来到中军大帐拜见，解除了亚历山大的忧虑。航行过程中，船队也历经艰辛和风险。亚历山大离开后，印度人对他们非常敌视，距东风吹拂季节还有一个月时，马其顿船队就被迫启航，迎面而来

的南风使他们不得不在距离三角洲不远的一个港口待了 24 天。在科卡拉（Cocala），一场风暴掀翻了 3 艘舰船。在余下的航程中，水手们急需补充淡水和给养。尽管如此，对于他们最终安全抵达，亚历山大还是兴奋不已。他要求尼阿库斯返回，继续完成波斯湾的航程，然后上溯帕西底格里斯河（Pasitigris）*前往苏撒，并派赫法伊斯提昂率领一支队伍沿海岸行进。亚历山大亲率余下部队翻山越岭，经波塞波利斯和帕萨伽戴向西前行。

可能是卡拉奇

亚历山大的回归正是时候。因为不管在哪个地方，几乎没有一位总督，不论是波斯人还是马其顿人，能够通过武力和强权将管理的省区压服；还有一些总督料想国王绝不可能从远东地区回来，他们已在策划组建自己的独立王国。无论是在基尔曼、佩西斯还是苏撒，国王最急迫的工作是重建权威，毫不留情地惩处那些被发现犯有谋反和叛国罪的总督和官员们。许多总督被废黜，还有一些被处死。米底总督阿特罗帕泰斯（Atropates）是为数不多的几个忠诚于他的官员之一。但米底驻军表现恶劣。因为驻军抢劫该省区的神庙和坟墓，亚历山大处决了两位带队将领和 600 名士兵。在此关键时刻，亚历山大通过严明法纪，有效树立了权威。【800】或许在驻军的诸多恶行中，最使他苦恼的是有人打开并劫掠帕萨伽戴的居鲁士王陵。这不只是一起普通的渎神事件，而是对波斯列代帝王的公然侮辱。他将看守坟茔的玛古术士（Magians）大加拷问，但仍未发现始作俑者。

亚历山大所派总督的胡作非为及其处理他们的办法

一见到亚历山大回来，他手下的一名犯有过错的官员就逃走了。此人是财务官哈帕鲁斯，此前他曾不听国王的命令行事，但后获国王赦免，并被指派担任驻波斯财务官。哈帕鲁斯在巴比伦生活奢侈放荡，大肆浪

哈帕鲁斯逃走

---

* 即今伊朗境内的库伦河（Kurun），旧约称其为比逊河（Pishon）。——译者注

第十八章 征服远东　1003

费国王的钱财。由于这些丑事已传到还在印度的亚历山大耳中,哈帕鲁斯认为还是小心为妙,决定往西逃窜。他卷走大笔金钱,逃到西利西亚,征召一支 6000 人组成的雇佣军,并和雅典的交际花格利凯拉(Glycera)在塔尔苏斯过着帝王般的生活。随着亚历山大的回归,塔尔苏斯也不安全。于是他又逃到希腊,接下来我们还会谈到此人在希腊的活动。

亚历山大的政策:促进希腊人与亚洲人的融合

在使用严厉手段一视同仁严惩那些施行暴政的总督(既有马其顿人也有波斯人)后,亚历山大开始实施打破东西方界线的计划。此前,他已在知识和商贸交流等方面为地中海世界各种族认识东方扫清了障碍,但其目标并不止于此。他力图促进亚欧两洲的融合,使两个地方成为一个同质国家。为实现这个目标,他采用了各种方法。他建议将一批希腊人和马其顿人移居亚洲,而将亚洲人移居欧洲,并让他们在移民地定居下来。通过在远东地区建立一系列各种族混居的城市,该计划确实得到了部分实现。第二种方法是促进波斯人与马其顿人通婚。他在苏撒举办隆重的仪式,开始实施该项政策。亚历山大娶国王大流士的女儿斯塔提拉(Statira, younger);其密友赫法伊斯提昂娶斯塔提拉的姊妹;许多马其顿军官各娶波斯贵族的女儿。是日,按波斯习俗举办了盛大的婚礼。据载,亚历山大款待了 9000 位客人。另外 1 万名马其顿普通士兵以其长官为榜样,迎娶了亚洲新娘。他们所有人都获得亚历山大的慷慨奖赏。国王期待着亚欧结合所生下的后代会进一步促进民族融合。值得注意的是,亚历山大此前已与一位粟特公主结婚,如今他采纳波斯的一夫多妻制。后来他又娶了一位波斯王族女性,即奥库斯之女帕吕萨提斯(Parysatis)。这些婚姻皆出于政策需要,其目的是为人们树立榜样;因为亚历山大从来未受妇女左右。【801】苏撒新娘是大规模政治婚姻的一个典范。

采取的方法:
1. 移民和殖民

2. 通婚

3. 平等的兵役权

但将两个民族更紧密联系在一起的最有效办法是平等地服军役。为了实现这个目标,在大流士死后不久,亚历山大颁布规定,所有东方省区的当地青年必须学习使用马其顿武器,并按马其顿纪律和训练方式操练。事实上,在所有省区都建立了希腊式的军事学校。5年之后,亚历山大就拥有了一支3万人的希腊化蛮族军队。遵照他的命令,这支军队向苏撒集结。他们的到来自然而然使马其顿人心生不满。虽然滋生这种情绪没有任何道理,但凭直觉他们暗自揣度,亚历山大的目的是不让马其顿人当兵打仗。他改变军队性质的计划还表现在将波斯人、巴克特里亚人、阿雷亚人和其他东方人征召入马其顿重装骑兵队伍中。此外他在国王卫队阿格玛(Agema)中征召9名地位显赫的波斯人。马其顿人的不满并未因国王慷慨偿清士兵所有债务(数量可能多达2百万*)而有所缓解。

次年春天,亚历山大离开苏撒前往埃克巴塔那。他乘船顺帕西底格里斯河抵达波斯湾,考察了沿岸部分地区,接着上溯底格里斯河,消除了波斯人修建的用以阻碍航行的堰坝。途中,他与大军汇集,并在奥皮斯(Opis)稍事停留。在此亚历山大举行马其顿人的公民大会,宣布正式遣散老弱病残等所有不再适合作战的士兵,人数大约一万。国王承诺会让他们过上舒适的生活。他天真地认为,此话一出定会受到人们的热烈欢迎,但这一次他失望了。酝酿已久的不满情绪如今找到了发泄的出口。有人大声疾呼:"我们所有人都被遣散了!"另有人讥讽地加了一句:"去和你的父亲阿蒙一起征服世界吧!"对此,亚历山大或许会感到吃惊和迷惑。在希法西斯河畔,马其顿人抱怨说他们已被艰苦的行军、满身的伤病和持续不断的战斗折磨得筋疲力尽,渴望返回家乡;同样是这些老兵,当他要将其体面遣散时,却表现得愤怒异常。亚历山大从讲坛上跳下来,冲进喧嚣的人群中。他点出13个闹得最厉害的士兵,命令银盾兵将这些

公元前324年

马其顿人在奥皮斯的兵变

---

* 2百万德拉克玛还是2百万塔兰特?伯里在此并未交代。不过,因为数量惊人,可能的单位想必应是德拉克玛。——译者注

人抓起来立即处死。其余人退缩了。在一阵死一般的沉寂后,国王重新登上讲坛,满怀苦涩之情遣散了整支部队,然后回到自己的宫殿中。3天之后,他决定召见波斯和米底贵族,对他们委以重任,并指派他们担任此前只有马其顿人才能充任的显赫职务,【802】马其顿军团的名号转给野蛮人新组建的队伍。马其顿人仍逗留在他们的营地,满怀悲痛和疑虑之情,不知是走是留。这时他们听到上面的消息,一起拥到国王宫廷外。他们全都恭顺地放下手中的武器,恳请国王出来和他们见面。亚历山大出来了。双方都泪流满面,很快达成和解。为此他们举行献祭,分享盛宴。与希法西斯河畔的军队哗变一样,这次戏剧性的事件并无太大历史意义。它唯一的重要性在于标志着马其顿人最后一次反对国王的宽容政策也无疾而终。马其顿人认识到在新秩序的构建中,他们只能默默接受国王的安排。自此以后,再也没有出现类似的抗议事件。

老兵们被送回马其顿　　在克拉泰鲁斯和波利佩孔(Polyperchon)的带领下,老兵们开始返乡。他们将与亚洲女子所生的子女留了下来,国王答应会以马其顿的方式将他们抚养成人。回到马其顿后,克拉泰鲁斯取代安提帕特成为摄政,安提帕特则率领新补充的军队前往亚洲。这种安排是恰当的,因为安提帕特与皇太后的关系日渐疏远,在写给亚历山大的信中,二人总是相互指责。

亚历山大在埃克巴塔那

赫法伊斯提昂之死;亚历山大的悲痛　　大军在米底首府度过了夏天和初冬。在此,亚历山大经历了一场悲剧,这也是他经历过的最悲惨的事情。从希腊来了3000名职业演奏家,人们一般称之为酒神艺术家(Dionysiac artists)。埃克巴塔那洋溢着节日的氛围,人们举办戏剧表演和酒神狂欢节。就在庆祝活动期间,赫法伊斯提昂病倒了,并在经历7天折磨后死去。(亚历山大和赫法伊斯提昂像,参见图18-3)因知心朋友的辞世,亚历山大陷入伤心和绝望中,整整3日不吃不喝;整个帝国也沉浸在悲痛中。据说他将那位医术不够精湛的医生施以十字之刑。倍感孤独的亚历山大伤心欲绝。他或许还有其他战友，还有其他忠诚的参谋和可靠的奴隶，但不可能再找到另一个赫法伊斯提昂；对赫法伊斯提昂来说，亚历山大只是"我的朋友"而不是"我的国王和主人"。赫法伊斯提昂的遗体被送往巴比伦焚化。国王拨出一万塔兰特用于这次奢华无比的葬礼开销。

年末，在动身前往巴比伦的途中，亚历山大对卢里斯坦（Luristan）杀人掠货的山地部族科塞安人（Cossaeans）穷追猛打。最终这些抢劫犯被追到山中巢穴里尽数诛灭。阿里安将这次行动描述为亚历山大对赫法伊斯提昂亡魂的祭奠。随着亚历山大即将到达巴比伦，来自远方的使节纷纷前往他的大帐拜谒。【803】布鲁提人（Bruttians）、卢卡尼亚人、伊特鲁里亚人、迦太基人、腓尼基人在西班牙的殖民者、凯尔特人、黑海沿岸的斯基泰人、利比亚人、埃塞俄比亚人等都派出使节表达友好之情。在他们看来，亚历山大如今已成为世界一半土地的主人。整个西方世界都开始感到一阵阵恐惧，担心这位东方世界的征服者会在不久掉头向西。迦太基唯恐他会率领西西里的希腊人向其发起进攻，如同消灭母邦推罗一样将其征服。每每想到这件事，迦太基人或许就会全身发抖。但意大利那一座注定会摧毁迦太基、部分继承亚历山大帝国的城市并没有派出使节。

就在亚历山大率军向前，已能从远处遥望巴比伦城时，城内充任祭司的占星师派出一名代表，建议他不要进入城内，因为神灵巴尔（Bel）已向他们显圣，说进城将于国王不利。他用欧里庇德斯的一句诗回答迦勒底人——"最好的占卜者猜得准"，然后走在军队的最前面，进入了巴比伦城。他最先关注的事情之一是采取措施重建巴尔神的神庙；因迦勒底祭司故意怠慢，这项工作被延误下来。这些祭司不愿将收入用于神庙修建中。有人认为他们试图阻止国王进入巴比伦，其动机或许也与修建工程中的延慢有关。

降服科塞安人，公元前 324/323 年冬

来自西方和南方的使节

罗马没有派出使节

到达巴比伦，巴尔神庙和迦勒底人的警告

第四节　筹备远征阿拉伯半岛　亚历山大之死

亚历山大计划征服阿拉伯

自从尼阿库斯海上航行成功以来，亚历山大的头脑里一直在思考海上征服计划。他一心想着去探索北方之海和南方之海，并已派赫拉克利德斯率领一队船工前往叙尔卡尼亚山脉，到森林里伐木造船，组建一支船队，准备驶航于黑海，探索那里到所谓东方之海的通道。但是，他最急迫且着力最大的计划是绕航阿拉伯并征服该半岛。只要这个半岛仍在控制之外，他的东方帝国就不完整。虽然他知道阿拉伯-费利克斯（Arabia Felix）[*①]是香料盛产之地，但对于半岛上面积广阔的沙漠没有任何概念，不知道征服阿拉伯将会非常困难且几乎无利可图。不过，拥有这片黄沙之地并非他的主要目标，而只是他宏伟计划的一个小插曲。远征印度和尼阿库斯航行的成功带来了新思路，他想让南部之海成为另一个类似于地中海的巨大商业之海，计划使波斯湾滨海之地成为另一个腓尼基，

【804】并将叙利亚沿岸的海员殖民到那里的大陆和岛屿。同时，他还希望建立从印度河到两河流域的固定海上商业航线，开凿运河，沟通尼罗河到红海的水运线路。如果亚历山大能活更久，他可能就会重启埃及法老尼科二世的工程，在苏伊士湾凿开一条水道。繁荣的巴比伦将会与这条新开辟的海上商道保持密切联系，从亚历山大里亚或帕塔拉启航的规模庞大的商船队将可以驶往巴比伦的码头。亚历山大决定将巴比伦定为帝国的首都，无疑这是一个明智的选择。同时，该城的特征也会就此发生转变，成为一个商港和海上贸易中心。亚历山大命人开挖一个可以容纳

---

* 根据字面意思，拉丁语Arabia Felix也可译为"阿拉伯福地"。罗马人将阿拉伯半岛分成3个地区，即"阿拉伯沙漠"、"阿拉伯-佩特拉"（Arabia Petraea，即罗马统治下的阿拉伯行省）和"阿拉伯·费利克斯"。"阿拉伯福地"一般指半岛南部地区，有时也仅限于指也门及其周边地区。——译者注

上千条船只的巨大港口,并请人设计和修建码头。

尼阿库斯的船队沿幼发拉底河上溯巴比伦,在此他拜谒了国王。但是,对于即将到来的海上冒险,这支船队的数量尚显不足。于是,他命腓尼基人立即新建战船:12 艘三列桨船、3 艘四列桨船、4 艘五列桨船和 30 艘稍小的三十桨船。腓尼基人只需修建船只的各个部件,通过陆路运送到幼发拉底河畔的塔普萨库斯,然后在此组装成船。此外,他还另派人在巴比伦用雪松木修造更多船只。这次海上远征即将于夏天启航。利用中间的间隙,国王乘船沿幼发拉底河而下,参观了帕拉科帕斯运河(Pallacopas canal)。每年暮春时节,北亚美尼亚山脉的积雪融化,往往会导致幼发拉底河水泛滥,漫过河堤,淹没巴比伦尼亚平原。在巴比伦以南大约 90 英里处,人们挖掘了一条运河,将泛滥的河水疏通导入绵延西南的

他的准备工作

亚历山大乘船来到巴比伦沼泽

图 18-3 亚历山大(左)和赫法伊斯提昂(右)像
现藏于加利福尼亚马里布盖提庄园博物馆

第十八章 征服远东　1009

沼泽地。秋天时关闭水闸，使河里的水流不再注入运河。但如今这道水闸无法再正常运行，于是亚历山大设计了一个更好的方案，使运河在他处与河道相通。他沿运河泛舟，曾一度在茫茫沼泽地中迷失了方向，接着他选定一个地方建造新城，很快修建工程破土动工。可以推断，他打算从巴比伦跨过沙漠到红海的沿途修建一连串要塞，该城就是其中的第一座。

当他返回巴比伦时，发现来自卡里亚和吕底亚等西部地区一批新征召的战士业已到达，另外佩乌凯斯塔斯招募的一支由2万名波斯人组成的军队也前来报到。他决定对军事制度进行一次彻底改革，其实这个想法他肯定酝酿已久。这次改革是对其父所创方阵的一次根本改造，事实上也是对希腊方阵体系大刀阔斧的变革。【805】此前亚历山大已在方阵的操练方法上小试牛刀，但战争经验告诉他，这离他理想的步兵方阵还相距甚远。方阵在力量和强度上的优势被机动性的欠缺抵消。亚历山大创造出一种新战斗方式，使方阵尽可能不减少强度，又能增加机动性。他按如下方式将新征召的2万名波斯人嵌入马其顿方阵中。方阵仍保留原来16人的纵深，但其中只有4名是马其顿枪兵，他们分列前三列和最后一列。中间的12列，即第4列到第15列是波斯的轻装步兵，他们手持本民族的弓箭和投枪。这种新方阵需要一种新战术。首先需将队形展开，使弓箭手和投枪者机动到两军之间，发射弓箭，投掷标枪，接着队形合拢，使方阵重新结成密集队形，每列有3人将长枪竖立（原来是5人）。这完全是他独创性的战斗理念，将重装兵与轻装兵结合到统一的战斗队伍中。亚历山大的变革完全改变了原来的战斗序列，只有精通各种技能的伟大军事家才可能使其臻于完善。奇怪的是，这种全新的作战方式是亚历山大在即将启程远征阿拉伯之前才引入的。我们不禁会怀疑，或许他已进行过类似的试验，不应忘记此前在苏撒他曾按马其顿的战斗方式训练了一支3万人的军队。战术上的变革也具有其政治意蕴。这是朝

重装步兵方阵的改革

马其顿人与波斯人融合迈进的另一个步骤,正如前述的让欧洲战士娶亚洲女子一样。

动身之前,还有一件事情萦绕在国王的心头,那就是赫法伊斯提昂的葬礼。他派人去问询阿蒙神应该给予逝者何种礼遇,神谕说应以英雄之礼葬之。于是按神谕的规定,亚历山大命人在埃及亚历山大里亚和其他城市为逝去的好友建起圣堂。没有哪一次葬礼能比此次在巴比伦举行的仪式更辉煌壮观,火葬堆连同上面摆放的祭品堆垒高达 200 英尺。

赫法伊斯提昂的葬礼,公元前323 年 5 月

南征的一切准备工作终于全部就绪。6 月初的一天,为了给即将扬帆远行的尼阿库斯及水师送行,宫廷里大排宴席。在晚些时候,亚历山大回到自己的房间。但过不多会儿,一位名为麦狄乌斯(Medius)的朋友又带他出去与人畅饮了一整夜。次日,他睡了很久。傍晚时他与麦狄乌斯共进晚餐,【806】接着他们又开怀畅饮,再次喝得酩酊大醉。第二天一早,在洗澡和用过早餐后,他倒在床上,昏昏欲睡,高烧不退。醒来后,他坚持按照习惯准备每日的献祭活动。不过他仍发着高烧,甚至都无法走动,人们不得不用一张卧榻抬着他来到祭坛。他躺在床上,与尼阿库斯热烈地讨论着远征事宜,准备 4 天后就出发。傍晚时分,天气稍凉,他叫人陪他来到船上,划船到河对岸的花园别墅。在接下来的 6 天中,他都躺在那里,高烧持续。但他仍定期举行献祭,每天都不得不决定将水师出发的日期推迟到第二天。这天,他的身体状况开始恶化,人们将他抬回宫殿中,回来后他稍微睡着了一会儿,但高烧仍未缓解。当军官们看望他时,发现他已不能言语,病情变得更加严重。马其顿士兵中有流言传开,说亚历山大已经去世。他们冲到宫殿大门外大声吵嚷,要求见国王一面,卫兵们被迫听之任之。人们一个接一个从年轻的国王身边走过,但他已不能与他们交谈,他只能微微地抬起头,用眼神向他们示意。佩乌凯斯塔斯和其他战友在塞拉皮斯(Serapis)神庙里度过了一整夜,询问神灵他们是否应将

亚历山大生病了,戴西乌斯月16 日,大概公历6 月 1 日

17 日

18 日

19—24 日

25 日

第 27 日

|| 第十八章 征服远东　　1011

病人抬到神庙里；如果可以，他或许在神灵庇佑下幸运地得以痊愈。一个声音警告他们不要抬进来，而应让他就待在现在居住的地方。在 6 月的一个傍晚，他离开了人世，是年他还未满 33 岁。这就是对亚历山大最后一次生病情况详细而真实的叙述，这些事实记载在王宫日志中。然而这仍不足以使我们找到导致他丧命的疾病的确切性质。

> 亚历山大去世，戴西乌斯月 28 日，即公历 6 月 13 日

> 他做过的事情和他本应做的事情

一般而言，在此特殊时刻，最高统治者的英年早逝往往会对事情的发展和走向产生巨大影响。然而，没有哪一位君主的去世会如亚历山大的离开那样明显而彻底地改变历史发展的进程。他只花了 12 年就征服了西亚，但留下的印迹在此后很多个世纪都未淡去。他的工作才刚刚开始。他力图从政治上革新亚洲帝国的若干计划已经启动；这些计划展现了他勇于创新的观念，也凸显他掌握知识的广博；他能牢牢抓住事实，有效组织人员，心思缜密，思维敏捷。但是所有一切计划和方针政策尚需在他的设计和指导下经过多年的发展才能完善。国家统一是亚历山大总体设计的一个基本组成部分，然而在他去世后，统一的局面随即土崩瓦解。帝国被若干名头脑冷静的马其顿人瓜分，他们虽才干卓绝且拥有实权，【807】但天赋远不及帝国的创立者。他们继续坚持由亚历山大开创的宽容的希腊化政策，他留下的经验和教训也并未被继业者丢弃。因此亚历山大的所作所为并非完全徒劳，过去 12 年取得的不可思议的成就为罗马统治东方扫平了道路，并为世界性宗教的传播奠定了基础。

以如实展现亚历山大的丰功伟绩为目的书写其历史不太可能，因为在我们所拥有的相关记述中，亚历山大作为将领或士兵的身份占据着整个舞台，而作为政治家的身份被排除在外。行政管理的细节淹没在军号声和长矛的铿锵撞击声中。但是，历史研究者渴望了解的是行政管理和政治组织细节，尤其是他在远东地区各新建城市中采取的政治制度及其为促进马其顿人、希腊人和东方人毗邻而居，和睦相处而采用的新尝试。

但是，为亚历山大撰写回忆录的战友们对这些问题都三缄其口，不经意地抹杀了他的功劳。因此普遍流行着一种不公平的看法，认为他只知道也只关心征战杀伐。

这位在各方面都受过优良训练的杰出君主很有可能会在不久的将来开拔远征西方世界，对此人们几乎不存任何争论。我们也丝毫不会怀疑他将吞并西西里和大希腊，征服迦太基，席卷整个意大利半岛，虽然他的一位后继者在半岛上遭受了败绩。为了理解亚历山大之死对欧洲的意义，我们大可不必做过多玄思冥想。他肯定会重回印度，带上生力军，继续探险之旅，去此前被筋疲力尽的军队放弃的恒河河谷。然而，事实是他并未给印度文明留下任何不可磨灭的影响，继业者很快就放弃了旁遮普的据点。不用说，如果亚历山大再活 25 年，他定会拓展人们对地理知识的认识。里海的真正属性想必会得到圆满的答案；印度半岛最南边界大概也已被人发现；他或许会再次派人重复腓尼基人的创举，环行非洲。如果真能活得更久，亚历山大也大不可能在进军药杀水之外的地区遭到失败，他一定能知晓亚洲大陆东部和北部更多情况，甚至可以一窥神奇的中华文明。

他的突然辞世并不能怪罪命运的反复无常，而是他性格和行为的自然结果。他将几身几世的精力浓缩到 13 年中。如果他能安于一位将军或政治家的职责，【808】虽然履行这些职责也会劳心劳力，但以其非同寻常的体格，或许他会活得更久。不过，虽然才华横溢的禀赋和英勇无畏的战斗精神能使他深得战友们的钟爱，但恰是良好的人缘毁掉了他的健康。他全身都是伤疤；或许他从来没有从木尔坦所受的重创中完全恢复过来，这也是他越俎代庖的致命代价。无论在战场上还是在宴会上，他都从来不会顾惜自己，就此而言，亚历山大注定会英年早逝。

第五节 马其顿统治下的希腊

世界历史的浪潮将我们卷离了希腊海岸之畔。随着马其顿人取得一次又一次胜利,我们振臂欢呼呐喊,无暇顾及那些希腊小邦正在发生的事情;希腊人以极其复杂的心态看着他们的文明在世界上到处传播。亚历山大在伊苏斯的胜利及随之而来获得制海权的事实,让许多希腊人学会行事须小心谨慎。因此科林斯同盟向他递交了一封贺信和一顶金冠。一年后,当志大才疏的斯巴达国王阿基斯重启与马其顿的战端时,他并未得到伯罗奔尼撒半岛之外其他城邦的支持。雅典一些言辞激烈的政治家提议支持斯巴达人,但在福基昂、德玛戴斯和德摩斯提尼的劝说下,人民经过审慎的讨论,制止了类似的提案。阿基斯说服了阿卡狄亚人(除麦伽罗波利斯外)、阿凯亚人(除培林涅人外)和爱利斯人加入反马其顿阵营;此外,他还到处征召雇佣军;聚集起一支人数可观的队伍。此时,亚历山大派驻马其顿的摄政正忙于镇压色雷斯人的起义;因此在他还未南下伯罗奔尼撒半岛之前,阿基斯取得了几次胜利。反马其顿同盟者的主要目标是夺取麦伽罗波利斯;因此阿卡狄亚联邦首府处于一种尴尬境地,遭到阿卡狄亚人的围攻。色雷斯的情况一好转,安提帕特就腾出手来,向南挺进以解麦伽罗波利斯之围。在该城附近经过一场战斗后,马其顿人轻松镇压了同盟者,阿基斯战死,其他人并未继续抵抗。斯巴达被迫向亚历山大交出人质,而亚历山大并未刁难这些吃了败仗的希腊人,与他们订立了条件相当宽松的停战协定。

<small>麦伽罗波利斯之战,公元前331年</small>

只要大流士还活着,不少希腊人就还会暗揣希望,期待命运发生不利于亚历山大的逆转。他们继续与波斯暗通声息,密谋起事。但是,随着波斯大王去世消息的传来,这样的希望就此破灭,希腊世界顿时安静了下来。【809】直到亚历山大从印度返回,再也没有发生过什么威胁和平

的事件。此时希腊世界也获得一个休养生息的环境,这种环境本应早在两代人之前就该获得。亚历山大的征服为希腊过剩人口打开一片广阔的天地,人们数以万计,更准确地说数以十万计地拥入亚洲,在那里安身立命,甚至成家立业。

对雅典而言,从底比斯陷落到亚历山大之死中间的 12 年是一个异常富足和平的时期。公共事务的大政方针掌握在那一个时代最可敬的两位政治家——福基昂和莱库古手中。在演说家德玛戴斯的支持下,福基昂能够说服人们不要发动任何草率莽撞的军事冒险。德摩斯提尼清楚地认识到他不能为和平添乱,而必须对和平政策鼎力支持。福基昂可能也未对德摩斯提尼赢得对老对头埃斯基涅斯的标志性胜利怀恨在心,因为这次胜利仅限于私人恩怨,不具政治意义。就在腓力去世前不久,克泰西丰(Ctesiphon)提议,因德摩斯提尼一直对城邦做出贡献,尤其慷慨解囊,修缮城墙的义举,城邦应对其奖励;他建议在剧场当众授予德摩斯提尼一顶金冠。议事会通过决议,建议实施该提议;但是,埃斯基涅斯对提议者提出指控(严格从法律意义上讲,他启动了"反诉"程序),因此议事会的决议并未提交公民大会。双方的矛盾搁置了大约 6 年,任何一方都不敢将之提请最终解决,埃斯基涅斯不敢提起诉讼,而克泰西丰也不敢迫使对手将案件诉诸公堂。阿基斯反马其顿人的失败可能激发埃斯基涅斯选择直面对手。在一篇措辞激烈、颇具说服力的演说辞中,埃斯基涅斯回顾了德摩斯提尼从政的经历,证明他不过是一个背信弃义之人,应对雅典遭受的所有灾难负责。德摩斯提尼对此进行回击,他的演说感染了在场的陪审员,成为演说辞中无与伦比的杰作。埃斯基涅斯甚至未能得到五分之一的赞成票,被迫离开雅典,自此在雅典政坛销声匿迹。公平地讲,是作为演说家的德摩斯提尼而非作为政治家的德摩斯提尼说服了雅典的陪审员。"金冠辞"也被描写为希腊自由的葬礼演说辞。除这篇演

雅典

德摩斯提尼的态度

"金冠辞",公元前 330 年

第十八章　征服远东　1015

说辞外，德摩斯提尼在接下来几年中也几乎了无声息；或许他看到公共事务中已无自己的用武之地，也或许他是在蛰伏待机。

埃斯基涅斯对关于发生在他生活那个时代奇怪事情的描述

在这两篇与金冠有关的演说中，最有趣的段落是埃斯基涅斯对于最近地球表面发生变化的记载。【810】我们想知道希腊人对于这些令人惊叹的变化的看法；我们还想知道，当希腊人看到世风轮转，看到原本在他们看来非常重要且非常有价值的事情，如今却已无足轻重时，他们内心会有什么想法。埃斯基涅斯通过下面的方式表达了人们的惊讶：

> 所有从未曾见过的奇异风俗都出现在我们的生活中。对后来者而言，我们与众不同的经历可能将如同一个专门讲述奇迹的神怪故事。波斯大王曾在阿托斯海角开凿运河，曾架桥渡过赫勒斯滂，曾向希腊人要求送上土和水，还曾胆敢在书信中宣称："朕是从日出到日落之地整个世界的主宰者。"如今，不可一世的波斯大王不再是为控制其他民族而战斗，而是在为保住自己的身家性命而负隅顽抗。甚至我们的近邻底比斯在短短一天之内就被人从希腊世界扔了出去，不过这是公平合理的，因为其政策确实有误；然而可以肯定的是，她是受到了与生俱来的优越感蒙蔽，而不是因人类邪恶的误导。可怜的拉凯戴梦人曾升任希腊人的领袖，如今却不得不派人到马其顿做人质，不得不乞求这位君王的怜悯和宽恕。我们的城邦曾经是希腊世界的庇护者，所有人都在此寻求帮助，如今也已不再为争取希腊世界的领导权而努力奋斗，因为她已自身难保，危在旦夕。

雅典在西部希腊的活动

马其顿帝国持续时间不长，未能将地中海变为畅通无阻的贸易新通道，雅典的贸易仍非常繁荣。城邦在亚德里亚海岸某个未名之地建立一个殖民地以做保护商人的一个基地，因为伊特鲁里亚的海盗船是航行于该海域商人们持续不断的威胁。虽然雅典奉行和平政策,但是她也没有忽视为战争做好准备;一旦时机有利,革命的环境酝酿成熟,雅典将努力重获制海权。雅典人将钱花到水师上,据说其船舶数量几乎增加到400艘,他们还为此新建了一个船坞。由建筑家菲罗(Philo)设计的美观的"贮存战船装备的大理石军械库"建在宙亚港。它清楚地向人表明,排列在墙上和三通道柱廊柱子上的柜子应该开着,"以便让路过的人能够看到存放在里面的装备。"

> 菲罗设计的军械库

对水师开支负主要责任的是莱库古。对雅典精神气质具有重要意义的是,此时福基昂和德玛戴斯在公民大会上的影响力举足轻重,【811】而财政权掌控在一个敌视马其顿并被亚历山大要求自首的那样一位政治家手中。在这些年里,财政官职的构成状况发生了相当大的变化。优布鲁斯曾作为观剧津贴管理员负责城邦财政管理。但如今我们发现,城邦收支掌握在财政管理员手中,他们由公民大会选举产生,任职4年,即从一届泛雅典娜节任职到下一届。莱库古担任该职长达12年,第一个任期由他亲自担任。接下来两个任期,虽然担任财政管理员的是他的儿子和另一位公民,但他才是实际的管理者。当然,他与议事会协同展开工作,不过这样一位长期任职且经验丰富的管理员不可避免会产生巨大影响。非常明显,与原来的方式相比,这种新体制显著提升了财政管理水平。由一位精通业务、不受同僚钳制且任期不受一年期限限制的政治家管理城邦收入,无疑比原来的制度更具优势。事实上该职务还负责城邦的公共工程,莱库古任期的一个突出特征就是修建公共工程。在伊利苏斯河南岸,他修建了一座泛雅典娜节竞技场;命人重建了吕卡昂体育馆,那些年里哲学家亚里士多德每天早晚带领"逍遥学派"的弟子们在此散步教学。这座体育馆位于城东莱卡贝图斯山下的某个地方。但由莱库古兴建的、让人印象最深刻的建筑物是狄奥尼修斯剧场。(雅典狄奥尼修斯大剧场

> 莱库古对财政的管理

> 公元前338—前326年

> 竞技场;阿波罗神庙的体育馆,即吕卡昂

> 剧场

第十八章 征服远东 1017

悲剧诗人的权威版本

遗址,见图18-4)是他命人在卫城陡峭的山坡上建了一排排大理石座椅,恰如我们今天所见的一样。虽然后世进行大量的扩建和改建,但他最初所建的舞台仍可在废墟中辨认出来。很有可能,他在剧场为3位悲剧诗人——埃斯库罗斯、索福克勒斯、欧里庇德斯——竖立了雕像,并采取措施由城邦出资将他们的作品校勘并保存起来。

图18-4 雅典狄奥尼索斯大剧场遗址

开采劳里昂银矿

与雅典的繁荣和大规模开销密切相关的是公元前4世纪下半叶重新开采劳里昂(Laurion)银矿。此前当斯巴达人占领狄凯里亚后,银矿被迫关闭。公元前4世纪前半叶,因缺乏资金,人们丧失了进取心,矿井就此被废弃。雅典人似乎主要按一种类似于私人公司的原则对此进行管理。历史学家色诺芬曾写了一本小册子,【812】该书的主旨认为,雅典忽视了将银矿作为创收的重要来源,我们并不知道这项产业的复兴是否直接或间接地受他规劝的影响。

色诺芬的《雅典的收入》,公元前355年

1018　希腊史Ⅲ

喀罗尼亚战败后采取的诸多措施中,最显著的是创立了一种新制度——通过军事生活方式训练刚获公民权的年轻人。当年轻人达到18岁到所在德莫登记入册时,他们就开始接受训练,训练时间持续两年。在这两年中,这位年轻公民被称为埃菲波斯(εφηβος)。除明确规定的几种情况外,他们不得以原告或被告身份出现在法庭诉讼中。履行监督指导阿提卡所有埃菲波斯的教官被称为科斯麦泰斯(κόσμετες),他们由雅典公民大会选举产生,在他手下有10位负责埃菲波斯纪律的助手(σῶφρωνισται),每个部落各选任一名。埃菲波斯服役时须做的第一件事情就是在教官指挥下参拜神庙。然后他们在穆尼基亚和海岸边的哨所里戍边一年,同时定期接受教官们的军事指导。【813】教官们带领他们操练重装步兵方阵的作战技巧,并传授他们如何拉弓射箭,如何投掷标枪,如何使用投石器。每个部落的埃菲波斯在军营里一起吃饭,就餐的纪律由教官的助手负责。一年后,年轻人需到剧场接受公民大会的检阅;在当众演示娴熟的弓马技术后,每个年轻人会获得城邦颁发给的盾牌和长矛。第二年,埃菲波斯在陆地前哨阵地巡哨或看守监狱。此前阿提卡的驻防和巡哨任务也常交给年轻人,但如今他们需按严明的纪律组织到一起。其实这是雅典人对斯巴达人严格训练体制的一种模仿,不过严格程度相对缓和。因受雇佣军制的影响,公民军人数日渐缩减。不难理解,埃菲波斯制是雅典人有意挽回这种局势的一种尝试。参加埃菲波斯训练的队员身着黑色斗篷,头戴宽檐帽子,其服饰成为此后雅典人社会生活和艺术创作具备典雅特征的象征。

非常重要的是,因喀罗尼亚惨败激发起的全面复兴还表现在宗教上。莱库古出生于祭司家族,为人非常虔敬。在掌管城邦大政方针的过程中,他身体力行,给人留下了深刻印象。在过去100年中,雅典还未曾如此热心地关注过祭拜神灵的活动。莱库古时代的两座标志性的建筑——

> 埃菲波斯制,公元前336年

泛雅典娜节竞技场和狄奥尼索斯剧场——都是用作宗教而非世俗用途的建筑。

在莱库古的精心治理下，雅典物质生活富足，人们敬奉神灵，唯一困扰雅典的问题是粮食欠缺。然而，随着亚历山大返回苏撒，发生了两件事情，威胁着希腊安定的政治环境。

流亡者
公元前324年

当时希腊各邦的流亡者超过了2万人。亚历山大承诺让他们能回归自己的祖国。他派尼卡诺尔到希腊人聚会庆祝的奥林匹亚庆典，命各邦接回他们被放逐的公民。各派别达成普遍和解本是一项公正合理的政治举措，但按科林斯同盟的相关条款，马其顿国王无权对盟员内部事务横加干预。只有雅典和埃托利亚两个城邦提出不同意见。她们反对的原因在于，如果按国王敕令行事，其非法获得的利益将被剥夺。埃托利亚人曾驱逐阿卡那尼亚人将奥伊尼亚戴据为己有；按亚历山大的敕令，如今该地的合法居民将回到本属于他们的城市，而入侵者将会遭到驱逐。雅典在萨摩斯的情况与此类似；【814】萨摩斯人如今将重回故土，而雅典的殖民者不得不离开。雅典和埃托利亚都准备进行抵抗。

亚历山大被封神

此时，亚历山大表达了另一个愿望，要求希腊人承认他是神，对此人们只能默许。据说斯巴达人的回答颇为冷漠："如果他喜欢，我们允许他自称为神。"雅典也没有一个明智之人考虑过对此提出反对意见；即便最忠诚的爱国者也承认他是"宙斯或波塞冬之子，或者其他任何一个他选定的神灵的儿子"。如果科林斯同盟的希腊人将亚历山大当成他们的首领或保护者而尊敬，这还情有可原，毕竟这确为他们理应对待他的方式；从官方角度将他视为神灵也并无不妥之处。自从荷马时代以来，国王就"被人民视为神灵一样受人尊敬"，对希腊人来说，宣布一个受人敬畏的权威为神没有什么厌恶之感或古怪之感。莱桑德曾受到过神一样的尊敬；希腊人按亚历山大的意愿行事，就如同阿卡德米的学生为老师柏拉图建立一座祭坛那样自然。

第六节　哈帕鲁斯事件与希腊的反抗

　　就在此时发生了一件大事。该事件使雅典的一些爱国者得出错误判断，认为亚历山大帝国的基础已摇摇欲坠。哈帕鲁斯携带着 5000 塔兰特、一支雇佣军和 30 条船驶往阿提卡海岸附近。他的目的是激发希腊人反叛其主子亚历山大。虽然他通过向雅典赠送一批粮食正式获得了雅典公民权，但雅典人还是谨慎地拒绝了他借此入港停靠的要求。因此，哈帕鲁斯率领队伍驶离阿提卡，停靠在冒险者经常躲风避雨的塔埃那隆（Taenaron）海角，并将他手下的船只和队伍也留在那里，然后他带着 700 塔兰特回到雅典。如今因其并未率领全副武装的队伍前来，雅典人就接纳了他。但是不久，马其顿摄政王和亚历山大在西亚的财务官菲罗克塞努斯分别送来消息，要求雅典交出此人。虽然保护这位逃逸的财务官及其盗取的钱财就意味着战争，但雅典人在德摩斯提尼的提议下采纳了一个聪明办法。他们逮捕了哈帕鲁斯并没收了他的钱财，并明确声称会将他交给亚历山大派来的官员。但事实上雅典既未将他交给菲罗克塞努斯，也未交给安提帕特。不久，哈帕鲁斯逃走了，回到塔埃那隆海角，随后被一个同伙杀死。

　　哈帕鲁斯盗取的钱财存放在雅典卫城，【815】交由几名城邦特别指定的官员看管，德摩斯提尼是其中之一。从报告可知，哈帕鲁斯留下的钱财大约有 700 塔兰特，但令人奇怪的是，德摩斯提尼及其同僚既不将其交给政府，也不汇报具体数目。突然有人发现卫城里事实上只剩下 350 塔兰特了。人们马上对这些颇有影响的政治家提出指控，声称钱存放进卫城之前他们就已收受了 350 塔兰特的贿赂。反对的一方，譬如德玛戴

哈帕鲁斯在希腊，公元前 324 年春

雅典接受了他

哈帕鲁斯之死

哈帕鲁斯丑闻

受贿罪和侵吞公款罪

斯和德摩斯提尼,受到怀疑。除受到收受贿赂的怀疑外,德摩斯提尼还因犯有明显的渎职嫌疑而受到指控,这是因为存放即将交还亚历山大钱财的保险柜由他看管。他要求对此进行调查。在他的提议下公民大会责成战神山议事会负责调查此事。菲罗塞努斯将他掌握的哈帕鲁斯的账簿提交出来。根据上面的记载,证明确实有700塔兰特存入了卫城,这份账目使真相大白于天下,表明此前确有雅典人收受了贿赂,但德摩斯提尼不在其中,还必须要有其他证据说明700塔兰特的一半如何消失的。我们并不知道相关证据到底是什么,但战神山议事会找到了令人信服的证据,表明许多主要政治人物都收受了数量可观的钱财。在议事会所报侵吞公款者的名单中,出现了德摩斯提尼,其侵吞数额为20塔兰特。这些不利证据让他无可辩驳,因为他亲口承认自己的行为有失检点,但他辩称说已将这20塔兰特提前作为观剧津贴支出,动用这笔钱不过是偿还他提前支出的部分。他的借口太过牵强,不足为信,因为人们不禁会问,为何在没有征得批准的情况下,他就私自挪用亚历山大的钱财弥补城邦亏欠他的款项?毫无疑问,德摩斯提尼挪用这笔钱并非是为一己之私,而是为其党派利益服务。他所在的党派必须立即与其划清界线,以免受到这宗腐败案的牵连。因此,我们发现希培里德站了出来,作为公诉人控告德摩斯提尼。希培里德控告演说词的相当一部分保存了下来。我们还拥有另一篇完整的指控词,由另一位指控人延请蹩脚的演说家狄那库斯(Dinarchus)所写。对德摩斯提尼的指控集中在两方面:挪用公款,疏于汇报存入的数目;并忽视对看守者的管理。就因为第二条指控他被判以重刑。如果考虑到他的行为会使城邦在面对亚历山大时陷入非常尴尬的境地,判决并不特别严重。【816】他被判罚款50塔兰特。由于不能支付这笔款项,他受到了监禁,不久逃了出去。在希腊人的眼中,政治家的贪贿行为是不可饶恕的罪行,即便他并未因此伤害祖国。在公众看来,德摩斯提尼的道德品质并未因这件扑朔迷离的贪贿案件而受太大损伤,毕竟他与尼西阿斯和福基昂那种富贵不能淫的人物不在同一个水平。尽管如此,那时从未有人会怀疑他的清廉。两种因素使该事件激化:德摩斯提尼分到的这笔钱是雅典即将查封并准备归还亚历山大的赃款;他自己就是负责这笔款项安全的一名特别官员。因此,该案件远非一宗普通的贪腐案。

如果亚历山大还活着,雅典人或许能说服他,听任他们占有萨摩斯,因为他总是对雅典宽厚有加。当亚历山大去世的消息传达雅典时,人们几乎无法接受这个事实。演说家德玛戴斯说:"如果他确实去世了,整个世界定然会闻到他尸体的味道。"爱国人士凭借着心中一丝微弱的希望,试图密谋起事,结果导致最严重的灾难落到了雅典头上。此前人们认识到,与亚历山大对抗无异于以卵击石的疯狂举动;但如今似乎正可以乘亚历山大之死带来的动荡时局为自由而战。雅典反叛了马其顿,埃托利亚和北希腊许多城邦也加入其中;才从亚历山大的军队中遣返回来的8000名雇佣兵也愿意为反叛者效力。叛军的将官之一,雅典人莱奥斯泰涅斯(Leosthenes),率军占据温泉关。安提帕特听到消息,立即聚集起一支队伍。他刚赶到这里,在关隘附近的希腊联军就发起进攻,战斗中希腊人略占上风。色萨利骑兵拒不听从安提帕特的调遣。除波奥提亚外,北希腊所有城邦都不再忠诚于马其顿。摄政王安提帕特被围困在一座牢固的山城拉米亚(Lamia)中。该城位于与温泉关相对的奥提鲁斯(Othrys)山坡上。莱奥斯泰涅斯围困马其顿人时正值隆冬,他的胜利吸引了一些伯罗奔尼撒人加入。如果希腊人在海上的力量更强大一些,或许他们的事业就会取得胜利,至少在短时间内会有所斩获。但是,令人奇怪的是,尽管最近十多年来雅典水师的设施有所改进,但她似乎最多只能派出170条战船与马其顿人的240艘战舰相抗衡。形形色色的同盟者召开一

希腊人叛离马其顿,公元前323年

安提帕特被困拉米亚,公元前323—前322年

次军事会议（这让我们想到了波斯入侵时的情况），但军事会议束缚了勇敢的将军莱奥斯泰涅斯。即便如此，如果围攻时他没有被一块石头结束性命，【817】同盟者的事业很有可能会取得成功。次年春天，赫勒斯滂的弗里吉亚总督莱昂那图斯率领一支军队前来解拉米亚之围。希腊人进军色萨利，以便在援军与安提帕特汇合之前，将其聚而歼之。双方展开了激烈战斗，希腊人占据了上风，但莱昂那图斯受到重创，不治身亡。次日，安提帕特率军赶到，与败军合而为一，撤回到马其顿，等待着克拉泰鲁斯从东前来支援。当克拉泰鲁斯大军到来后，马其顿联军再次进入色萨利。在发生于克兰农的战斗中，双方损失不大，马其顿人稍占优势。显然，这次战斗决定了整个战局。但使希腊人无法继续战斗的真正原因，并不是发生在克兰农的无关紧要的战斗，而是他们缺乏团结，缺乏一位令他们完全信服的领袖。希腊城邦被迫逐个与马其顿人缔结和约，都希望得到宽大处理。

克兰农之战，公元前322年8月

希培里德为这次令人绝望的战争中的死难者发表了一次葬礼演说。他是一位演说大师，这次演说的风格清新，有别于其他类似演说。演说中他给予莱奥斯泰涅斯恰如其分的评价，认为他"在从事的战斗中取得了胜利，但最终无法逃脱多舛的命运"。希培里德的描述虽然有违历史事实本身，但充分展现了爱国主义精神，不失为一篇完美无瑕的葬礼演说辞。"我们不禁会问，在漆黑一片的幽冥之地，谁会向我们这位无畏的将军伸出右手致敬？向他致以热烈欢迎的难道不是手握武器在特洛伊战斗的半神吗？呜呼！我相信在那里等待着他的将是米泰雅德和地米斯托克利，还有那些为希腊自由而战的名满天下的英雄。"

希培里德的葬礼演说

当安提帕特进军波奥提亚，准备入侵阿提卡时，雅典就投了降。为了重振旗鼓，这一次雅典付出了惨重代价。安提帕特不是亚历山大。他是一位精明能干的马其顿人，热衷于马其顿王室的事业，但不似亚历山大一样欣赏希腊文化，在他内心深处并没有为雅典过去的辉煌和优秀传统留下一席之地。他看到，除非采取强有力的无情手段，否则被镇压的希腊人将会反反复复起义，马其顿的安全不可能得到保障。因此，他提出了3个条件，即必须按财产资格更改民主政体，马其顿人在穆尼基亚驻军；逮捕战争的煽动者德摩斯提尼、希培里德及其同伙。福基昂和德玛戴斯被迫接受了上述条款。

<small>强加于雅典的条款</small>

【818】德摩斯提尼运用如簧的巧舌，游走于伯罗奔尼撒各地，以图说服人们支持他建立希腊同盟的倡议，但就在此时他被召回雅典。城邦一宣布投降，德摩斯提尼和其他演说家就逃离了雅典。希培里德与他的两个同伙庇身于埃吉那的阿埃库斯（Aeacus）神庙，在此他们被人抓获，押送到马其顿，被安提帕特处死。德摩斯提尼逃到卡劳利亚岛的波塞冬神庙。当安提帕特的先头部队出现在此，要求他走出神殿时，根据一则记载，他拿出藏在一支笔里的毒药，吞了下去，就这样他得以幸免死于刽子手的屠刀下。

<small>德摩斯提尼之死，公元前322年10月</small>

在马其顿将军的命令下，雅典对政治体制进行变革。在亚里士多德看来，这种政体是一个进步。虽然城邦的根本制度保留下来，但原来的民主制转变成为有限民主制，公民权被限定在一定范围内。而这正是泰拉麦涅斯为之孜孜以求的制度。财产达不到2000德拉克玛的雅典人被剥夺公民权，据说该举措使1.2万人丧失了公民权，如今仍拥有雅典公民权的人数仅有9000。许多被剥夺权利的贫困者离开阿提卡，前往色雷斯定居，在那里安提帕特给予他们一块土地。或许这批殖民者中包括一些前往萨摩斯的军事移民。如今他们被迫离开该岛，流离失所，通过再一次殖民才成为合法的土地所有者。

<small>雅典引入财产资格</small>

第十八章　征服远东　1025

第七节　亚里士多德与亚历山大

通过一宗偶然事件,亚历山大与另一个重要人物产生了联系,此人是那一个时代最富天才的巨匠,注定会推动世界的发展。亚里士多德的父亲是阿明塔斯二世的宫廷御医,亚里士多德打算子承父业。17岁时他来到雅典,一个名为普罗克塞努斯(Proxenus)的雅典人成为他的庇护者。普罗克塞努斯之子名为尼卡诺尔,此人在奥林匹亚宣布了亚历山大的敕令,后将其唯一的女儿嫁给了亚里士多德。最初,亚里士多德在伊索克拉底的修辞学校学习。但当柏拉图从西西里回到雅典后,亚里士多德受到了这位哲学家理念的影响,决定终身研究哲学。在他看来,这才是唯一完美快乐的生活,也是他成年后对于人生深思熟虑的结果。柏拉图去世后,他在爱琴海北部沿岸地区的阿索斯(Assos)和米提勒涅待了几年。接着他受到腓力的邀请,开始教育王储亚历山大。不过,鉴于他此时还没有因智慧和博学而声名远扬,【819】腓力选择他可能是因其父曾与马其顿宫廷的联系。亚里士多德向亚历山大传授的可能主要是语言和文学,他更多的是被马其顿人当作一位教师而不是哲学家。对于这位才华横溢的老师与杰出学生之间的相互关系我们知之甚少。二人性格相异,志趣不同。或许我们可以推断,亚里士多德更愿意限制而不是激发亚历山大无穷无尽的好奇心。所以,此后就没有任何关于二人关系密切的记载。但如果柏拉图是他的老师,情况可能就会根本不同。回到雅典后,亚里士多德创立了他的哲学学校,很快吕卡昂取代了阿卡德米。事实上自柏拉图在西西里两次无疾而终的努力后,阿卡德米学园就逐渐淡出公众的视野。亚里士多德在吕卡昂从事教学长达12或13年,在这些年里无疑他在哲学上取得了丰硕成果。亚历山大去世不久,亚里士多德也离开了人世。

在历史上还没有哪一个时代比亚历山大和亚里士多德所生活的时

代更令人感到惊叹，他们二人的思想似乎在永无休止地发展。可以毫不夸张地说，在高等教育方面，欧洲受惠最多的当数亚里士多德。如今人们仍主要按他最初设计出来的方式传授科学思维法则，他论述伦理学和政治学的专著至今仍是这两门学科最经典的读本；他的哲学体系主导着中世纪最敏锐者的思想，虽然这些人将推理能力局限在狭义的神学解释上，但这种能力仍惊人的强大和微妙。

欧洲受惠于亚里士多德

虽然亚里士多德在抽象逻辑推理方面享有至高无上的地位，虽然他热衷于收集并分析确凿的事实证据，但他也并不是没有偏见。当还是一个孩子时，他生活在一个相对遥远封闭、沉迷于自给自足的小城邦斯塔吉拉。他潜移默化地接受了整个卡尔基狄克地区人们对雅典公开或秘密的厌恶情绪。虽然定居雅典，但他从来没有克服对雅典人的不信任感；他总是以一个斯塔吉拉公民自居，以一个外侨的身份生活在雅典。鉴于这种与生俱来的偏见，他不可能以完全不偏不倚的态度评判雅典的政体，而将其视为暴民政体的典型。他对马其顿也心存偏见。卡尔基狄克人认为其近邻马其顿的文明程度远逊于己，亚里士多德曾在佩拉宫廷里工作过，一定多次见证过腓力与奥林匹亚斯为龌龊不堪的事情发生的争吵；因此他对马其顿人的印象也不好。所以，他对亚历山大的事业完全置之事外，漠不关心。【820】他不但对此不能产生共鸣，而且也不赞成亚历山大的远征和政策。因为他的理想是小国寡民的希腊共和城邦，反对广土众民的大帝国。他坚信，希腊人天生比其他民族优越，因此反对以平等的政策统治希腊人和野蛮人，尽管该方针是亚历山大政策的最初出发点和最具开明特征的内容。因为对马其顿人的冷漠和不信任，他失去了一次好机会。亚历山大东征为自然史的科学研究开辟了一片崭新天地。可以想象，如果亚里士多德要求他的学生收集不同国家不同气候条件下所见到的浩如烟海的动、植物，那么这将让这位年轻国王付出多少

亚里士多德的偏见

对雅典的偏见

对马其顿的偏见

对蛮族的偏见

第十八章　征服远东　1027

巨大的努力啊。

亚里士多德的理想国家

比较亚历山大勾勒的理想国家与同时代那一位最具智慧的学者设计的理想城邦，将会给人一种不可思议的感觉。亚里士多德希望建立一个小国寡民的城邦，该邦应地处北方，国土紧凑，易守难攻；城郭离海较近，但不能位于海岸之畔；邦内应有一座离城不太远的海港，但二者不能连在一起，以便使城区居民不致堕落，不受常见于海港码头的形形色色外来者、商贩、海员的干扰。亚里士多德构建的城邦不是一个商业中心，物品的输入输出仅仅是为满足最严格意义上的个人需求。而且这个城邦不能太大，公民的数量不能太多，所有公民之间都能相互熟知。每位公民享有平等权利，他们的青年时代会服军役；进入中年后，可以担任公职；进入老年后，可以出任祭司。工匠和商人不能享有公民权，他们是公民的臣属。土地中收获的产品一部分归公家所有，以维持对诸神的献祭和作为公餐之用。另一部分产品成为公民的私有财产。土地由非希腊人的奴隶或劳动者耕种。这就是亚里士多德设计的具有强烈排他性的小城邦。而他这位从前的学生力图沟通世界范围的商业贸易，摧毁分隔民族与民族之间交流的障碍，建立一个广土众民的大帝国，建立由各色人等交错杂居的城市，披荆斩棘，解决亚里士多德未曾想到的诸多新政治难题。亚里士多德理想中的共和国不如柏拉图的思想那样具有原创性，它不过是希腊人老生常谈的贵族政体。不过这种贵族政体经亚里士多德的精心修剪后已无锋利爪牙；经其富于哲理的提炼，【821】亦无任何扩张活力；这种政体与斯巴达类似，并没有为公民的个人发展留下空间。如果希腊城邦确实按亚里士多德塑造和设计的那种模式发展，将不可能对西方文明产生如此巨大的影响。

我们不知道亚里士多德去世之前是否认识到希腊城邦在人类历史上将不再具有最终决定权。或许更可能的是，亚历山大的英年早逝使他再一次相信,原来所有的一切将很快恢复如初。事实上,希腊城邦的辉煌时代骤然谢幕,让人们感到有些措手不及。出生于文明鼎盛时期的人们,不愿意也不会承认丧失独立地位的时刻已经到来。如果说面对历史的变迁兴衰,希腊人被迫沦为臣属者,对此他们虽心有不甘,但无能为力,这还情有可原。但历史的无情法则总是成王败寇。希腊城邦建立了不朽功勋,向人类社会展现了许多独一无二的创举;其中首要也是最珍贵的成就当数无畏的思想自由。

大事年表

以下时间除特别说明外皆指公元前

大约 3000—2000 年　克里特进入青铜时代。克里特文明的于早期"米诺斯"时代;操希腊语的民族占领希腊

大约 2200—2000 年　"米诺斯"时代中期,即中期"米诺斯"I;克诺索斯和法埃斯图斯最初的宫殿修建。特洛伊第 2 期(砖墙)

大约 2160—2000 年　埃及第 11 王朝

大约 2200—1400 年　克里特成为爱琴海地区的主导力量

大约 2000—1300 年　赫梯在小亚细亚占据主导

大约 2000—1850 年　"米诺斯"时代中期,即中期"米诺斯"II;埃及第 12 王朝

大约 1850—1600 年　"米诺斯"时代中期,即中期"米诺斯"III

大约 1600—1500 年　"米诺斯"时代晚期,即晚期"米诺斯"I

大约 1600—1100 年　希腊大陆的"迈锡尼"时代

1580—1321 年　埃及第 18 王朝(图特摩斯三世,1500—1450;阿蒙霍特普三世,1414—1383;阿蒙霍特普四世,

1383—1350）

大约 1500 年　特洛伊第 6 期

大约 1500—1400 年　"米诺斯"时代晚期,即晚期"米诺斯"II

大约 1400 年　克诺索斯和法埃斯图斯衰落

大约 1400—1100 年　"米诺斯"时代晚期,即晚期"米诺斯"III。迈锡尼鼎盛时期,阿凯亚人在伯罗奔尼撒半岛和克里特建立一些小国

1287 年　埃及与赫梯爆发卡叠什之战。达尔达尼亚人与赫梯人并肩与埃及人战斗

大约 1250 年　特洛伊第 7 期

1225—1215 年　门普塔统治埃及

1223 年　阿凯亚人参与劫掠埃及

大约 1200—1180 年　特洛伊战争

大约 1180—1100 年　关于特洛伊战争的早期诗歌流传

大约 1180—700 年　爱琴海的贸易部分掌握在腓尼基人手中

大约 1130—1100 年　色萨利和波奥提亚被征服。阿凯亚人开始移民到小亚细亚。开始进入铁器时代

大约 1100—1000 年　伊奥尼亚人在小亚细亚殖民。多利斯人征服伯罗奔尼撒半岛和克里特。希腊人在塞浦路斯殖民。多利斯人在小亚细亚殖民

大约 900—800 年　荷马编写《伊利亚特》和《奥德赛》

大约 800—700 年　全希腊兴起了贵族政体

大约 750 年　赫西俄德

776 年　相传第一届奥林匹亚赛会,希腊有可靠纪年的开始

735 年　传（西西里）那克索斯建立

734 年　传科基拉建立

734 年　传叙拉古建立

728 年　传卡塔奈和列奥提尼建立

728 年　传（西西里叙普拉山）麦加拉建立

721 年　传叙巴里斯建立

715 年　传赞克列建立

707 年　传塔拉斯建立

703 年　传克罗同建立

688 年　传格拉建立

648 年　传希麦拉建立

708 年　亚述国王萨尔贡在塞浦路斯勒石记事

大约 700 年　弗里吉亚国王弥达斯在位。

戴奥凯斯在米底建立君主制

雅典征服埃琉西斯

687—652 年　吕底亚王巨吉斯在位

683/682 年　雅典开始有一年一任的执政官

679 年　阿萨尔哈冬击败泰乌斯帕（Teuspa）率领的西麦利人

大约 672 年　亚述征服埃及

668—626 年　亚述处于阿舒尔巴尼巴的统治下

668 年　叙西埃战役的传统年代，阿尔哥斯击败斯巴达

664 年　科林斯与科基拉爆发海战的传统年代

664 年　普萨美提库斯一世在埃及修建了达弗奈（也称 Defenneh）要塞

660—620 年　阿尔哥斯国王菲冬统治的可能年代

650—600 年　希腊立法者时代

在伊奥尼亚僭主政制崛起。西吉昂、科林斯、麦加拉相继建立了僭主政治

阿尔迪斯和萨狄阿提斯统治吕底亚。阿尔迪斯逐出西麦利人

卡劳利亚同盟

大约650—625年　米底处于弗拉奥泰斯的统治下

645年　埃及摆脱亚述人的统治

大约632年　基伦企图在雅典建立僭主政治

大约635年　瑙克拉特斯建立

大约630年　库涅列建城

630—600年　斯巴达征服美塞尼亚的可能年代

625年　那波勃拉萨尔建立新巴比伦王国

大约621年　雅典德拉古立法

612年　尼尼微陷落。巴比伦的那波勃拉萨尔和米底的库亚克萨莱斯征服并瓜分米底

大约610年　特拉叙布鲁斯在米利都建立僭主政治

605年　尼布甲尼撒继承那波勃拉萨尔的王位

大约600年　雅典与米提列涅在赫勒斯滂沿岸爆发战争。米提列涅的萨福、阿尔凯俄斯和皮塔库斯盛年

594—589年　普萨美提库斯二世远征努比亚。希腊雇佣兵在阿布·辛贝的铭文

594/593年　梭伦任雅典执政官，颁布"解负令"（Seisachtheia）

593—591年　梭伦立法

590—589年　对克利萨的神圣战争。

克里斯提尼活跃在西吉昂

585 年　日食（5月28日）。米底国王库亚克萨莱斯与吕底亚国王阿尔迪斯之间战争终止。

泰利士盛年

583—581 年　达玛西亚斯任雅典执政官

582 年　第一届皮提亚赛会

572 年　爱利斯人赢得对奥林匹亚赛会的控制权

大约 570 年　雅典征服萨拉米斯

569 年　阿玛西斯继任埃及法老

562 年　尼布甲尼撒去世

560 年　克洛伊索斯继承吕底亚王位

大约 560—550 年　斯巴达与泰格亚交战

561/560 年　科美亚斯（Comeas）担任执政官。庇西特拉图成为僭主

大约 559—556 年　米泰雅德成为色雷斯的克尔松尼斯的僭主

556/555 年　庇西特拉图第一次流亡

550/549 年　庇西特拉图恢复僭主制。第二次流亡

大约 550 年　斯巴达征服提莱亚提斯

548/547 年　德尔斐阿波罗神庙被焚

564 年　波斯国王居鲁士征服吕底亚，占领萨狄斯

546/545 年　波斯征服小亚细亚的希腊人

540/539 年　庇西特拉图第二次恢复僭主制

538 年　居鲁士占领巴比伦城

528/527 年　庇西特拉图去世

526 年　萨摩斯僭主波吕克拉特斯放弃与阿玛西斯的同盟，转而与波斯结盟

埃及法老阿玛西斯去世

波斯征服埃及：佩鲁西昂（Pelusion）战役

约525年　斯巴达进攻萨摩斯

约523年　波吕克拉特斯被处死

522年　波斯国王冈比西斯去世

521年　大流士继位

520年　大流士一夺巴比伦

519年　大流士二夺巴比伦

514年　哈摩狄乌斯和阿里斯托格同阴谋

大约512年　大流士第一次远征欧洲：占领色雷斯

510年　庇西特拉图家族的僭政覆灭。斯巴达入侵阿提卡。雅典加入伯罗奔尼撒同盟

叙巴里斯与克罗同交战

508/507年　伊萨哥拉斯担任执政官。在克利奥蒙尼率领下，斯巴达人入侵阿提卡；围攻卫城。克里斯提尼改革

506年　伯罗奔尼撒同盟军队入侵阿提卡

雅典打败波奥提亚人和卡尔基斯人：获得卡尔基斯平原

雅典获得奥罗浦斯（格莱亚人的土地）

503/502年　克里斯提尼历法的第一年

501年　雅典10将军委员会制度确立

499年　伊奥尼亚起义爆发

大约498年　雅典与埃吉那交战

大约497年　伊奥尼亚人及其同盟者进攻萨狄斯，并纵火焚烧萨狄斯

496年　色雷斯起义；斯基泰人将米泰雅德赶出克尔松尼斯

494 年　拉戴战役；波斯人占领米利都

约 494 年　塞佩亚战役，克利奥蒙尼率领斯巴达人打败阿尔哥斯人

493/492 年　地米斯托克利任执政官

约 492 年　雅典强迫埃吉那服从。

　　　　　赫洛鲁斯河战役

492 年　玛尔多纽斯征服色雷斯和马其顿

约 491 年　格伦成为格拉僭主

490 年　在达提斯率领下波斯远征希腊。摧毁厄律特利亚。马拉松战役

489 年　米泰雅德远征帕洛斯

约 489 年　克利奥蒙尼去世

488 年　格伦在奥林匹亚战车竞赛中获胜

487 年　陶片放逐庇西特拉图家族的希帕库斯

　　　　雅典与埃吉那重启战端

487/486 年　开始通过抽签选任执政官。将军委员会取代军事执政官

486 年　陶片放逐美伽克勒斯

　　　　品达创作第 7 首"皮提亚颂"

486/485 年　埃及反波斯起义

485 年　大流士去世，薛西斯继位

484 年　陶片放逐阿里弗隆（Arriphron）之子桑提普斯

484/483 年　波斯恢复对埃及的统治

483 年　波斯开凿通过阿托斯山的运河

483/482 年　雅典在劳里昂矿区发现新的银矿富矿脉

482 年　阿里斯提德遭陶片放逐

雅典舰船数量增加。

耶罗在皮提亚赛会夺得马术桂冠

481 年　薛西斯抵达萨狄斯

480 年　春：雅典召回被流放的公民

8 月：薛西斯进入希腊。阿特米西昂战役和温泉关战役

9 月：萨拉米斯海战

10 月 2 日：日食

卡尔基斯人获赠奥林图斯

迦太基入侵西西里，希麦拉战役

479 年　玛尔多纽斯入侵阿提卡

8 月：普拉提亚战役；米卡列战役。伊奥尼亚人反波斯起义

478 年　雅典攻占塞斯托斯，并于该年冬天建立提洛同盟

格伦去世：其弟耶罗继位。

耶罗在皮提亚赛会中获得马术桂冠，品达创作第 3 首"皮提亚颂"

478—476 年　雅典修筑城墙

477/476 年　保桑尼阿在拜占廷：被客蒙驱逐

476 年　拉凯戴梦人远征色萨利

耶罗在奥林匹亚获得赛马桂冠，品达创作第 1 首"奥林匹亚颂"，巴库利德斯第 5 首"颂歌"

476/475 年　客蒙攻占埃昂

474 年　库麦之战

474/473 年　客蒙夺取斯基洛斯

472 年　耶罗和泰隆在奥林匹亚赛会分别夺得赛马和赛车桂冠。品达创作第 3 首"皮提亚颂"

埃斯库罗斯《波斯人》上演

472/471年　雅典降服卡利斯图斯

地米斯托克利遭陶片放逐

阿克拉加斯僭主泰隆去世

爱利斯和曼丁尼亚的统一运动

大约471年　地米斯托克利逃走

狄派亚之战

471/470年　耶罗与阿克拉加斯人特拉叙戴乌斯交战

470年　耶罗在皮提亚赛会赛车中获胜，品达为此创作了第1首"皮提亚颂"，巴库利德斯第4首"颂歌"

470/469年　那克索斯反叛并被降服

468年　耶罗在奥林匹亚赛会中获得赛车桂冠，巴库利德斯创作了第3首"颂歌"

一位梯林斯男子在奥林匹亚儿童拳击比赛中获胜

优里梅敦战役

468/467年　阿尔哥斯吞并梯林斯

467年　耶罗去世

465年　塔索斯反叛

465/464年　雅典试图在"九路"殖民

464年　斯巴达地震，希洛特起义。围攻伊托姆

阿塔薛西斯继承波斯王位

463年　塔索斯投降

463/462年　客蒙来到美塞尼亚

463—461年　厄菲阿尔特在雅典发挥重要影响，战神议事会被剥夺权力

462—460 年　阿尔哥斯降服迈锡尼

　　　　　　雅典引入陪审员津贴制度

　　　　　　伯里克利开始发挥影响

461 年　客蒙遭到陶片放逐

461/460 年　雅典与阿尔哥斯结盟

459 年　雅典占领麦加拉，修建麦加拉长城，并远征埃及

　　　　斯巴达占领伊托姆，美塞尼亚人被安置到瑙帕克图

　　　　雅典人占领孟菲斯

459/458 年　哈利伊斯之战；凯克吕法莱亚之战

458 年　埃斯库罗斯的"奥瑞斯提亚三部曲"上演。双牛级公民获

　　　　准担任执政官。与埃吉那的战斗。在麦加利德的战斗

　　　　雅典修建长城

457 年　拉凯戴梦人远征佛基斯和波奥提亚，泰格亚之战

　　　　雅典征服波奥提亚（秋，奥伊诺菲塔之战）

457/456 年　雅典征服埃吉那

456 年　麦伽比佐斯带领水陆大军抵达埃及

456/455 年　托尔米德斯远征科林斯湾

454 年　雅典在埃及的远征军全军覆没

454/453 年　提洛同盟金库从提洛岛迁到雅典

453 年　伯里克利远征科林斯湾

453—446 年　阿凯亚被纳入雅典帝国

452/451 年　阿尔哥斯与拉凯戴梦人订立三十年和约；雅典与伯罗

　　　　　　奔尼撒同盟订立五年和约

451/450 年　雅典通过公民权法案

450/449 年　客蒙在塞浦路斯，客蒙之死

448 年　与波斯订立和平条约。神圣战争。雅典邀请希腊人重建被焚毁的神庙

447 年　雅典失去波奥提亚（科罗奈战役）。向克尔松尼斯、优卑亚派驻军事移民

447/446 年　优卑亚反叛并被降服。雅典失去麦加拉

446/445 年　雅典与伯罗奔尼撒同盟订立三十年和约
建立新叙巴里斯

443 年　建立图里伊

443/442 年　雅典同盟被划分为 5 个纳税区

442 年　美莱西亚斯（Melesias）之子修昔底德被陶片放逐

440 年　萨摩斯和拜占廷反叛

439 年　降服萨摩斯

438 年　帕特农神庙的雅典娜的黄金象牙巨像建成

436 年　建立安菲波利斯

436/435 年　埃皮丹努斯骚乱

435 年　春，海战中科基拉取得对科林斯的胜利

433 年　雅典与科基拉订立防御性同盟。秋，叙波塔战役。雅典与瑞吉昂和列奥提尼缔结同盟

433/432 年　冬，波提狄亚反叛

432 年　秋，雅典通过"麦加拉法令"。约 9 月，波提狄亚之战

432/431 年　在斯巴达举行同盟大会决定战和

431 年　伯罗奔尼撒战争第一年——底比斯进攻普拉提亚（3 月）。伯罗奔尼撒人第一次侵入阿提卡（5 月）。雅典占领索利昂和凯法伦尼亚；占领特隆尼昂阿塔兰塔岛；并将埃吉那人逐出埃吉那岛

430年　战争第二年——雅典爆发瘟疫。伯罗奔尼撒人第二次入侵阿提卡。伯里克利远征阿尔哥利斯，在埃皮道鲁斯受挫。伯里克利被罢黜将军之职，受到审判，并被罚款；后被重新任命为将军。福尔米奥在西部地区的活动：占领安菲洛奇亚人居住的阿尔哥斯。波提狄亚投降

429年　战争第三年——伯罗奔尼撒人围攻普拉提亚。福尔米昂获得海战的胜利。伯里克利去世（秋）

428年　战争第四年——第三次入侵阿提卡。米提列涅反叛

427年　战争第五年——第四次入侵阿提卡。米提列涅投降。普拉提亚投降。科基拉内战爆发。雅典占领米诺亚。拉凯斯远征西西里

426年　战争第六年——德摩斯提尼的埃托利亚远征。奥尔派之战。提洛岛的被除

425年　战争第七年——第五次入侵阿提卡。雅典派出一支军队远征西西里。占领派罗斯；俘虏在斯法克特里亚的斯巴达人。科基拉民主派取胜。雅典攻取阿那克托里昂，并占领麦托涅。雅典提高盟邦的贡金。引入三奥波尔津贴制。阿里斯托芬《阿卡奈人》上演。安提丰"论合唱队男童"（Chorcuta）发表。革拉会议召开

424年　战争第八年——雅典攻占奥伊尼亚戴要塞，占领尼萨亚、麦加拉长城和基特拉。雅典人入侵波奥提亚。德利昂之战。布拉西达抵达色雷斯。阿堪图斯、安菲波利斯及其他城市反叛。历史学家修昔底德被放逐。阿里斯托芬喜剧《骑士》

423年　战争第九年——商谈和平。一年停战协议（3月）。斯基奥涅反叛。阿里斯托芬喜剧《云》。列奥提尼被叙拉古吞并

422 年　战争第十年——安菲波利斯之战。商谈和平。阿里斯托芬创喜剧《马蜂》

421 年　尼西阿斯和约（3 月）。阿里斯托芬喜剧《和平》。占领斯基奥涅

421/420 年　雅典与斯巴达缔结防御性同盟

420 年　雅典与阿尔哥斯缔结同盟

418 年　曼丁尼亚战役。阿尔哥斯与斯巴达结成同盟。埃琉西斯法令

417 年　陶片放逐叙佩波鲁斯。尼西阿斯在卡尔基狄克

416 年　征服米洛斯。塞格斯塔使者来到雅典

415 年　雅典的赫尔迈神像遭到破坏。雅典远征西西里。召回亚西比德

414 年　春：阿里斯托芬喜剧《鸟》。围攻叙拉古。吉利浦斯抵达西西里

413 年　斯巴达人占据狄凯里亚。雅典第二次远征西西里。在叙拉古大港的大战（9 月 9 日）。雅典人遭到灭顶之灾

412 年　雅典同盟者纷纷反叛。米利都协议（斯巴达与波斯之间的协议）。亚西比德离开斯巴达

411 年　赛姆战役（1 月）。罗德岛反叛。皮桑德在雅典的活动（大约 2 月）。阿比多斯和兰普萨库斯反叛（4 月）。在科罗努斯召开公民大会，拟订新政体（5 月）。400 人议事会就职（6 月初），统治持续到 9 月。优卑亚反叛（9 月）。400 人政体被推翻，公民政体确立（9 月）。库诺塞玛之战。阿里斯托芬喜剧《吕西斯特拉特》、《地母节妇女》。埃瓦哥拉斯成为萨拉米斯国王

410 年　居齐库斯之战。雅典恢复民主制。雅典重新控制塔索斯。(伪

大事年表　1043

吕西亚斯）的"为波吕斯特拉图斯辩护"

409年　雅典重新控制科洛丰；失去对派罗斯和尼萨亚的控制
　　　　迦太基人入侵西西里。摧毁塞林努斯和希麦拉

408年　雅典重新控制卡尔克顿和拜占廷。高尔吉亚出席奥林匹亚
　　　　赛会。赫摩克拉泰斯在西西里西部的战斗

407年　居鲁士抵达萨狄斯。诺提昂战役。亚西比德在雅典
　　　　米提列涅之战。赫摩克拉泰斯去世。建立泰尔迈

406年　阿吉努塞战役。审判将军。围攻阿克拉加斯

406/405年　开俄斯的插草者之谋

405年　莱桑德任水师统帅。居鲁士被召回苏撒。羊河之战（夏末）
　　　　狄奥尼修斯成为叙拉古僭主，与迦太基达成和平

405/404年　斯巴达人围困雅典

404年　雅典投降。长城被毁（4月）。恢复德拉孔立法（夏）并将雅
　　　　典置于"三十寡头"统治之下。特拉叙布鲁斯占领菲列要塞。
　　　　卡塔奈与列奥提尼结盟

404/403年　"三十寡头"第一次进攻特拉叙布鲁斯。泰拉麦涅斯
　　　　　　被杀

403年　拉凯戴梦在雅典驻军。第二次进攻特拉叙布鲁斯（5月）
　　　　特拉叙布鲁斯占领比雷埃夫斯。"三十寡头"倒台（9月）。
　　　　召回莱桑德。吕西亚斯发表《反埃拉托色尼》
　　　　叙拉古人发动反狄奥尼修斯的起义

403/402年　欧几里德任执政官

403—400年　狄奥尼修斯发动对西凯尔人的战争，并降服那克索斯
　　　　　　和卡塔奈

401年　居鲁士东征。库那克萨之战（夏）

400 年　　提布隆抵达小亚细亚（夏末）

399 年　　德凯利达斯取代提布隆任统帅，并占领特洛亚德。斯巴达与爱利斯交战。苏格拉底之死

398 年　　斯巴达与小亚总督订立停战协议，并派使者前往苏撒。阿格西劳斯继位。狄奥尼修斯攻占摩提亚

398/397 年　德凯利达斯抵达克尔松尼斯；占领小亚细亚城市阿塔奈乌斯（397 年年初）

397 年　　德凯利达斯在卡里亚，与周边总督订立停战协议。科农被任命为波斯水师提督。斯巴达爆发基那冬（Cinadon）起义 希米尔科远征西西里，围攻叙拉古，建立利利瓦伊昂

396 年　　阿格西劳斯在弗里吉亚的第一次战斗（秋）。重建墨西拿。阿科里斯（Acoris）成为埃及法老

396—393 年　狄奥尼修斯与西凯尔人交战

395 年　　阿格西劳斯在吕底亚作战。提萨佛涅斯去世。阿格西劳斯在弗里吉亚的第二次战斗。罗德岛反叛。斯巴达与波奥提亚爆发战争。哈利亚图斯之战，莱桑德战死。阿格西波里斯继承斯巴达王位。雅典开始重建长城。修建廷达瑞斯城

395/394 年　雅典、底比斯等邦结成的同盟与斯巴达交战

394 年　　科林斯战争（7 月）。克尼多斯之战（8 月）。日食（8 月 14 日）。科罗奈之战（8 月）。建立米莱要塞

393 年　　雅典长城竣工

392 年　　科林斯与阿尔哥斯合并。麦加拉长城之战。安塔基达斯第一次到苏撒。狄奥尼修斯的第二次布匿战争

391 年　　斯巴达人攻占莱凯昂港。狄奥尼修斯围攻瑞吉昂

390 年　　阿格西劳斯主持地峡运动会，并攻占皮莱昂港

大事年表　1045

伊菲克拉特斯战胜斯巴达重装步兵。泰琉提亚斯截获一支雅典船队。埃瓦哥拉斯叛离波斯。雅典与埃瓦哥拉斯和阿科里斯结盟。赫卡托姆努斯成为卡里亚总督（395—390）

390/389年　雅典征收四十分之一税和战争税

389年　特拉叙布鲁斯在赫勒斯滂取得胜利。狄奥尼修斯攻打考伦尼亚。埃莱波鲁斯河之战。阿里斯托芬的喜剧《妇女公民大会》上演

388年　特拉叙布鲁斯之死（年初）。阿那克西比乌斯与伊菲克拉特斯在赫勒斯滂交锋

388/387年　安塔基达斯第二次赴苏撒

387年　狄奥尼修斯攻占瑞吉昂。卡布利阿斯被派往援助埃瓦哥拉斯

387/386年　"大王和约"

386年　埃瓦哥拉斯在基提昂遭受败绩。卡布利阿斯前往埃及

386—384年　波斯攻打塞浦路斯的萨拉米斯

386/385年　曼丁尼亚被强令解散

384年　吕西亚斯在奥林匹亚赛会上发表演说（7—8月）。波斯统帅奥隆泰斯（Orontes）与埃瓦哥拉斯缔结和约

384—382年　卡尔基狄克同盟成立

383—378年　狄奥尼修斯的第三次布匿战争

383年　阿科里斯去世

382年　斯巴达人占领底比斯卫城（夏）

382/381年　普拉提亚复国

381年　斯巴达人在奥林图斯败绩。开始围攻弗琉斯。波斯与埃瓦哥拉斯签署和约。尼克塔尼波斯一世继埃及法老位

380 年　克利奥姆布罗图斯继位成为斯巴达国王。伊索克拉底为奥林匹亚赛会撰写《泛希腊集会辞》

379 年　卡尔基狄克同盟被镇压。西西里岛上的卡巴拉之战和克罗尼昂之战

379/378 年　斯巴达人被从底比斯卫城驱逐（冬）。斯弗德利亚斯劫掠阿提卡

378 年　雅典与底比斯结盟。阿格西劳斯入侵波奥提亚。伊菲克拉特斯在色雷斯的活动；他与色雷斯公主结婚。叙拉古与迦太基达成和平

378/377 年　第二次雅典同盟建立。雅典征收战争税

377 年　阿格西劳斯入侵波奥提亚。腓比达斯败绩。摩索拉斯成为卡里亚总督

376 年　那克索斯之战。提摩修斯在西部地区的远征。提洛岛反叛。伊菲克拉特斯为波斯效力

375—373 年　伊菲克拉特斯和法那巴佐斯在埃及战斗。菲莱僭主伊阿宋成为雅典同盟的一员

374 年　雅典与斯巴达之间缔结和约。埃瓦哥拉斯去世。尼科克勒斯继位

374/373 年　和约破裂。拉凯戴梦人进攻科基拉

373 年　伊菲克拉特斯被派往科基拉。审判提摩修斯
　　　　希腊发生地震，毁坏了德尔斐的神庙

371 年　卡利阿斯和约（6 月）。留卡特拉战役（7 月）。阿格西波里斯二世继承斯巴达王位

371—369 年　阿卡狄亚联邦成立，麦伽罗波利斯建立

370 年　伊帕米农达成为波奥提亚长官。曼丁尼亚重新建城。菲莱僭

主伊阿宋去世。克利奥姆布罗图斯二世继承斯巴达王位

370/369 年　波奥提亚人第一次入侵伯罗奔尼撒

369 年　伊帕米农达再次被选为波奥提亚长官。美塞尼城建立（年初）。雅典与斯巴达结盟（春）。波奥提亚人第二次入侵伯罗奔尼撒。佩罗皮达斯第一次远征色萨利

369/368 年　马其顿国王亚历山大被杀，伊菲克拉特斯干预其事

368 年　赫莱亚和奥科麦努斯加入阿卡狄亚联邦。德尔斐大会（夏）。"无泪之战"。西吉昂僭主优弗隆上台。佩罗皮达斯第二次远征色萨利，他被俘虏。为营救他发动了第一次远征。狄奥尼修斯的第四次布匿战争

367 年　伊帕米农达再次担任波奥提亚长官。希腊使者前往苏撒。发动第二次营救佩罗皮达斯的远征。狄奥尼修斯一世去世
　　　　阿里奥巴泽尼斯反叛波斯

366 年　波奥提亚人第三次入侵伯罗奔尼撒。底比斯占领奥罗浦斯。雅典与阿卡狄亚结盟。吕科美德斯去世。提摩修斯在爱琴海东部活动。伊索克拉底撰写《阿奇达姆斯》

366/365 年　伯罗奔尼撒半岛实现部分和平

365 年　提摩修斯夺回萨摩斯。马其顿摄政托勒密被杀。提摩修斯夺回波提狄亚和卡尔基狄克地区的其他城镇。阿卡狄亚与爱利斯爆发战争

364 年　伊帕米农达再次担任波奥提亚长官。伊帕米农达发动海上远征。佩罗皮达斯发动第三次色萨利远征。日食（7月13日）。库诺斯克法莱之战。奥科麦努斯被摧毁。比萨人主持奥林匹亚赛会；祭坛之战。雅典夺取塞斯托斯。提摩修斯围攻安菲波利斯

363 年　提摩修斯重新控制拜占廷。塔科斯继尼克塔尼波斯成为埃及法老

363/362 年　提摩修斯再次围攻安菲波利斯。波斯总督反叛

362 年　伊帕米农达再任波奥提亚长官。曼丁尼亚之战。雅典水师被派往赫勒斯滂。阿里奥巴泽尼斯被处以十字之刑

361 年　阿格西劳斯在埃及战斗。尼克塔尼波斯二世继位。佩帕莱图斯之战

361/360 年　阿格西劳斯去世

360/359 年　国王科提斯去世，色雷斯一分为三

359 年　柏第卡斯去世，阿明塔斯继位

358 年　腓力打败派奥尼亚人和伊利里亚人。阿塔薛西斯二世去世，阿塔薛西斯三世奥库斯继位

357 年　雅典重获克尔松尼斯和优卑亚。腓力占领安菲波利斯。开俄斯、科斯、罗德岛反叛雅典。卡布利阿斯去世。狄昂返回西西里

356 年　腓力在伊利里亚取得胜利。恩巴塔之战。佛基斯人夺取德尔斐。阿塔巴佐斯和奥隆泰斯反叛波斯。尼普西乌斯抵达叙拉古

356/355 年　腓力攻占皮德那和波提狄亚。亚历山大出生。色诺芬撰写《雅典的收入》

355 年　卡莱斯在小亚细亚活动，打败提特劳斯泰斯。伊索克拉底撰写《论和平》。审判提摩修斯和伊菲克拉特斯

355/354 年　雅典与罗德斯、科斯等签署和平。伊索克拉底撰写《战神山议事会颂》

354 年　涅昂之战。菲罗麦鲁斯之死。狄昂被杀

354/353 年　德摩斯提尼发表《论战税征纳小组》。卡利普斯在叙拉古施行僭政

354—350 年　优布鲁斯负责观剧津贴

353 年　腓力占领麦托涅。奥诺玛库斯在色萨利掌权。优布鲁斯阻止腓力攻打佛基斯。德摩斯提尼发表《为麦伽罗波利斯人辩护》。摩索拉斯去世。德摩斯提尼发表《为罗德岛人自由辩护》

353—351 年　希帕利努斯在叙拉古称僭主

352 年　凯索布勒普泰斯向马其顿称降。德摩斯提尼撰写《反阿里斯托克拉特斯》。阿塔巴佐斯逃到马其顿，阿塔薛西斯与奥隆泰斯达成和解

351 年　腓尼基和塞浦路斯反叛波斯。德摩斯提尼发表第一篇《反腓力》。伊德利乌斯继承阿特米西娅成为卡里亚的统治者。尼萨乌斯成为叙拉古僭主

350 年　福基昂抵达塞浦路斯帮助镇压起义

349 年　福基昂在优卑亚。腓力征服卡尔基狄克。雅典与奥林图斯结盟。德摩斯提尼发表《论奥林图斯》

348 年　优卑亚的独立地位得到认可。腓力攻占奥林图斯

347 年　雅典第一次派使拜见腓力（年末）。柏拉图去世

346 年　菲洛克拉特斯和约。第二次派使拜见腓力（春）。腓力抵达温泉关。佛基斯被击溃。腓力主持皮提亚赛会。德摩斯提尼发表《论和平》。伊索克拉底写信给腓力。狄奥尼修斯第二次当僭主

346/345 年　德摩斯提尼指控埃斯基涅斯。埃斯基涅斯发表《反提玛库斯》

345—343 年　波斯恢复对埃及的统治

344 年　德摩斯提尼出使伯罗奔尼撒半岛。发表第二篇《反腓力辞》。提摩勒昂驶往西西里。哈德拉努姆之战

343 年　菲洛克拉特斯和埃斯基涅斯受到指控。斯巴达国王阿奇达姆斯前往意大利

343/342 年　麦加拉与雅典结盟。腓力入侵埃皮鲁斯。亚里士多德前往马其顿任亚历山大老师

342/341 年　腓力征服色雷斯

341 年　雅典派狄奥佩泰斯前往克尔松尼斯。德摩斯提尼发表《论克尔松尼斯》和第三篇《反腓力辞》。德摩斯提尼前往拜占廷。优卑亚同盟成立

340 年　围攻佩林图斯和拜占廷。雅典水师管理制度改革。近邻同盟大会的激进措施（秋）

339 年　腓力远征色雷斯。近邻同盟决定向安菲萨开战。克利米苏斯之战

338 年　腓力进军希腊。他在佛基斯和洛克里的战斗。喀罗尼亚战役（8 月）

　　　　腓力进军伯罗奔尼撒半岛。科林斯同盟成立。伊索克拉底去世。曼多尼亚之战

338/337 年　阿塔薛西斯被杀，阿尔塞斯（Arses）继位

338—334 年　莱库古担任雅典财务官

337 年　全体希腊人在科林斯召开第二次同盟大会

336 年　马其顿军队进入小亚细亚。腓力被杀，亚历山大继位（夏）亚历山大第一次进军希腊，并被选为希腊人联军司令官

335 年　亚历山大在色雷斯和伊利里亚的战斗；第二次进军希腊。摧

大事年表　1051

毁底比斯（10月）。大流士三世（也即科多曼努斯）继位。门农在小亚细亚抵抗马其顿人的入侵。亚里士多德开始在雅典从事教学

334年　亚历山大开始远征波斯（春）。格拉尼库斯之战。征服吕底亚。围攻米利都。围攻哈利卡那苏斯。埃皮鲁斯国王亚历山大远征意大利

334/333年　征服吕西亚、庞菲利亚和皮西狄亚

333年　亚历山大在戈狄昂。征服西利西亚。伊苏斯之战（11月）

332年　围攻推罗（1—6月）。叙利亚和犹太归降。围攻加沙（10）。征服埃及

331年　建立亚历山大里亚。库列涅归顺。月食（9月20日）。高加美拉之战（10月1日）。亚历山大在巴比伦（10月）；在苏撒（12月）。麦伽罗波利斯之战

331/330年　潘多西亚之战

330年　亚历山大在佩西斯（1—4月）；在埃克巴塔那。大流士去世（7月）。征服叙尔卡尼亚、阿雷亚、德兰吉那。建立阿雷亚的亚历山大里亚城和普罗弗塔西亚。处决菲罗塔斯和帕麦尼奥埃斯基涅斯《反克泰西丰》和德摩斯提尼《金冠词》相继发表。莱库古发表《反莱奥克拉泰斯》

330/329年　亚历山大在德兰吉那过冬

329年　盖德罗西亚部分归顺。征服阿拉霍西亚。建立阿拉科西亚的亚历山大里亚

329/328年　亚历山大在喀布尔地区过冬。在高加索山下建立一座亚历山大里亚城

328年　亚历山大进抵兴都库什地区；征服巴克特里亚和粟特。建立

埃斯卡泰 - 亚历山大里亚

328/327 年　亚历山大在扎利亚斯帕过冬

327 年　亚历山大进抵撒玛尔罕（年初）；克利图斯被杀。征服粟特东部地区。

　　亚历山大迎娶罗克姗。侍从谋反，处决卡利斯提尼

　　亚历山大再次翻越兴都库什山，准备远征印度

327/326 年　在库那尔（Kunar）、奇特拉尔和斯瓦特一带过冬

326 年　亚历山大渡过印度河。叙达斯佩斯之战。征服旁遮普

325 年　征服玛里。在印度河下游地区建立城镇。亚历山大扬帆驶往印度洋。穿越盖德罗西亚（8—10 月）。尼阿库斯在印度洋上航行（10—12 月）

324 年　马其顿人在奥皮斯发动兵变。亚历山大进驻埃克巴塔那。赫法伊斯提昂去世。哈帕鲁斯逃到希腊（春）。在奥林匹亚赛会宣布所有城邦务必召回流放者（7—8 月）。雅典审判哈帕鲁斯行贿案。希培里德和戴那库斯为此发表演说

324/323 年　征服科塞安人

323 年　亚历山大在巴比伦。赫法伊斯提昂的葬礼（5 月）。亚历山大去世（6 月 13 日）。希腊叛离马其顿

323/322 年　拉米亚之围

322 年　克兰农之战。希培里德发表葬礼演说。变更雅典政体。德摩斯提尼之死（10 月）。亚里士多德去世。莱库古去世

大事年表　1053

索　引（后面的页码均为原书页码）

A

阿拜（Abae）佛基斯（Phocis）境内的城镇，698

阿邦泰斯人（Abantes）色雷斯诸部族中的一支，53

阿布德拉（Abdera）色雷斯爱琴海沿岸城镇，219

阿巴尼斯（Abarnis）兰普萨库斯（Lampsacus）附近一海角，488

阿比萨莱斯（Abisares）印度山地诸部落的首领，785，787，789，792

阿布里阿斯（Abreas）一位马其顿人，795

阿布罗科玛斯（Abrocomas）波斯军队驻叙利亚统帅，505

阿布·辛贝（Abu Simbel）埃及南部一地名，~铭文，108

阿比多斯（Abydus）赫勒斯滂海峡亚细亚岸边城市，85，476，481，516，530，537，738

阿堪图斯（Acanthus）城镇，位于卡尔基狄克半岛，428，543

阿卡纳尼亚（Acarnania）希腊中部一地区，342，400—401，405，406，408，534，705

阿塞尼斯河（Acesines）即今奇纳布河，785，792

阿凯亚（Achaea）伯罗奔尼撒半岛一地区，52; 殖民地，95; 附于，343; 重获独立，347; 一度依附于底比斯，595; 支持斯巴达，596，606; 五邦同盟的成员，608; 与雅典结盟，705; 派军前往喀罗尼亚，715; 派军反抗马其顿，808

阿凯亚人（Achaeans）入侵希腊，5 sq., 37 sq.; 在克里特，37; 在阿尔哥利斯，37; 移居小亚细亚，56 sqq; 移居伯罗奔尼撒半岛，51; 在弗提亚，38; ~ 谱系，73

阿凯乌斯（Achaeus）弗提乌斯（Phthius）之父，传说中的英雄，72

阿卡奈（Acharnae）阿提卡境内的村镇，31，495

阿喀琉斯（Achilles）特洛伊战争中的英雄，44，61; ~ 之盾，43; 在本都沿岸的 ~ 崇拜，85

阿卡莱（Acrae）西西里城镇，由叙拉古人所建，94，656

阿克拉加斯（Acragas）即阿格里真特（Agerigentum），在西西里，由革拉人所建，94，286; 在特隆（Theron）治下，288，292，294，395，459; 迦太基征服 ~，619—621，626，665

阿尔哥利斯半岛（*Acte* of Argollis），550

阿库西劳斯（Acusilaus）阿尔哥斯人，散文作家，72

阿达（Ada）卡里亚女王，741

阿戴曼图斯（Adeimantus）科林斯人，266

阿戴曼图斯（Adeimantus）雅典将军，488

阿德麦图斯（Admetus）色萨利的英雄，74

阿德麦图斯（Admetus）亚历山大的卫队长，755

摩洛西亚国王阿德米塔斯（Admetus of Molossia），320

阿德拉米提昂（Adramyttion）提洛人移居到此，409

阿德拉斯特亚（Adrastea）平原，738

阿德拉斯图斯（Adrastus）阿尔哥斯英雄，七雄中的唯一生还者，148，151

埃盖（Aegae）城镇，位于埃奥利斯，670，673

爱琴文明（Aegean civilization）早期，6

埃吉戴（Aegidae）斯巴达一部落，114

埃吉米乌斯（Aegimius）居于色萨利的多利亚人首领，73

埃吉那（Aegina）岛屿，位于萨罗尼克湾，55;~ 的钱币，106—107，143;卡劳利亚同盟成员，169;度量单位，170;~ 与雅典的战争，195，245—247;在萨拉米斯，266，272;在 ~ 的雅典娜神庙，273;~ 之战，337;被雅典征服，339;从 ~ 被逐出的居民，386;雅典在 ~ 殖民，534

埃吉提昂（Aegition）埃托利亚一地名，406

埃哥斯波达米（Aegospotami）羊河，位于色雷斯（Thrace）的克尔松尼斯半岛（Chernonese），羊河之战，487

埃奥鲁斯（Aeolus）埃奥利亚人的名祖，72

埃斯基涅斯（Aeschines）十大演说家之一。~ 的生世，694;在麦伽罗波利斯，694;出使马其顿，695—695;优布鲁斯的党羽，693;为其政策辩护，697;受到指控，702;"反提玛库斯"，702;再次受到指控，704;"为出使辩"，同上;收受腓力的金钱，704—705;在德尔斐指控洛克里人，712;"反克泰西丰"，809;关于亚历山大征服的描述，从前引

埃斯库罗斯（Aeschylus）三大悲剧作家之一，240，285，293;"波斯人"，294;"欧墨尼德斯"，333;"奥瑞斯提亚"，336;官方编订 ~ 的著作，811

民选独裁官（*Aesymnetes*）列斯堡对立法者的尊称，141

埃特那（Aetna）西西里城镇，294，296，625

埃托利亚（Aetolia）中希腊一地区，被伊利里亚化，49;雅典人攻打 ~，

405 sq., 813

阿富汗（Afghanistan），773，782

阿非利加（Africa）即非洲，腓尼基人在～的殖民地，91

阿伽门农（Agamemnon），相传为希腊远征特洛伊的联军统帅，42

阿伽莉斯塔（Agarista）西吉昂人，克里斯提尼之女，148

阿伽莉斯特（Agariste）伯里克利之母，332

阿伽提尔西人（Agathyrsi）斯基泰人的一支部族，227

阿格玛（*Agema*）马其顿国王的卫队，736

阿吉山德里达斯（Agesandridas）斯巴达海军将领，480

阿格西劳斯（Agesilaus）斯巴达国王，阿奇达姆斯（Archidamus）之子，519；继承王位，520；在亚洲的战争，521 sqq.；在波奥提亚，528—529；在地峡，532—533；在阿卡那尼亚，534；仇恨底比斯，521，537，577；支持"大王和约"，540；降服弗琉斯，545；保护斯弗德利亚斯，548；入侵波奥提亚，552；在"卡里阿斯和约"中的行动；558；584；在曼丁尼亚战役中，606 sqq.；征埃及并故去，610—612

阿格西波里斯（Agesipolis）斯巴达国王，保桑尼阿之子，534，540，544

阿基德斯（Agids）斯巴达王族之一，73，114

阿基斯（Agis I.）伯罗奔尼撒战争时期的斯巴达国王，442—423，460，480，487，488，519，526

阿基斯（Agis II.）公元前5世纪末到前4世纪初的斯巴达国王，748，808

阿哥拉（Agora）集会，荷马时代的，47

阿格瑞安人（Agrianes）在派奥尼亚（Paeonia），728，762，763

农业（Agriculture），48，100

阿格里真特（Agrigentum），94。另见阿克拉加斯

1058　希腊史 Ⅲ

阿吉拉港（Agylla）伊特鲁里亚地区的一个港口，648

阿吉里昂（Agyrion）西西里城邦，91，641，642

阿吉里斯（Agyris）阿吉里昂的僭主，642

阿吉里奥斯（Agyrrhius）公元前5世纪末至前4世纪初雅典的一位政治家，574

阿拉里亚（Alalia）科西嘉岛上一城市，219，285;~之战，前引

阿尔凯俄斯（Alcaeus）抒情诗人，140

阿尔凯塔斯（Alcetas）埃皮鲁斯地区的一位统治者，550，555，576，647

亚西比德（Alcibiades），441-2，449—52，454，472，475，484

阿尔基达玛斯（Alcidamas）雅典的一位演说家，595

阿尔基达斯（Alcidas）伯罗奔尼撒战争期间斯巴达的一位海军将领，397，402

阿尔克迈昂家族（Alcmaeonids），~的亵渎，171，379；兴建德尔斐神庙，197；推翻庇西特拉图家族，198—199;~谱系，199

阿尔克曼（Alcman）抒情诗人，123

阿勒泰斯（Aletes）希波泰斯（Hippotes）之子，科林斯的征服者，54

色萨利阿琉阿德家族（Aleuadae of Thessaly），311

埃皮鲁斯的亚历山大（Alexander of Epirus），666，705，720

林凯斯提斯的亚历山大（Alexander of Lyncestis），730

菲莱的亚历山大（Alexander of Pherae）色萨利斐莱的僭主，597，668-9

亚历山大一世（Alexander I. of Macedon）马其顿之王，阿明塔斯之子，274，283，329，364

亚历山大二世（Alexander II. of Macedon）马其顿国王，伯第卡斯之父，597

亚历山大三世（Alexander III. the Great）即亚历山大大帝。出生，675；教

Ⅱ 索 引　1059

育，689，818；在喀罗尼亚，715；撤退到林凯斯提斯，720；~的统治和征服，724 sqq.（参见目录）；~的足智多谋，725，726；迅速行动，723；性格，736；~的军队，737；受到希腊神话的激励，737—738；在塔尔苏斯生病，743；在粟特，778；~的鲁莽，796；~的战马（布凯法拉），792；~征服波斯的计划，734，749；石棺上的形象，764—766；阿佩勒斯为~所做的肖像画，740；~建立的城市，745—747，758，773，774，777，683，792，797，798；写给大流士的书信，747；作为亚洲之王的政策，770—771，779；宽容，770；醉酒，779；~移营，783；宫廷日志，785，806；对印度的政策，787，794；地理概念，794；关于融合欧亚的规划；800—801；军事改革，804—805；婚姻，781，800；死亡，805—806；~封神，759，781，813；关于希腊流亡者的敕令，从前引

阿拉霍西亚的亚历山大里亚（Alexandria, Arachosian），774

阿雷亚的亚历山大里亚（Alexandria, Areian），773

埃及的亚历山大里亚（Alexandria, Egyptian），758

埃斯卡泰的亚历山大里亚（Alexandria, Eschate），777

伊苏姆的亚历山大里亚（Alexandria at Issum），745

奥利泰的亚历山大里亚（Alexandria, Orite），798

粟特的亚历山大里亚（Alexandria, Sogdian），797

乌克的亚历山大里亚（Alexandria Uchh），797

希腊字母（Alphabet, Greek），71；Attic，190

阿尔亚特斯（Alyattes）吕底亚国王，克洛伊索斯之父，140，211

阿玛努斯山（Amanus, Mt.）位于小亚细亚与叙利亚交界处，505

阿玛西斯（Amasis）埃及法老，220

阿玛图斯（Amathus）在塞浦路斯，65，233

阿玛宗人（Amazons）希腊神话中的女人族，75

安布拉基亚（Ambracia）科林斯人的殖民地，143，146，390，400，407－8，705，720，724

阿蒙霍特普二世（Amenhotep II）埃及法老，11

阿蒙霍特普三世（Amenhotep III）埃及法老，11，33

阿蒙霍特普四世（Amenhotep IV）埃及法老，11

阿蒙诺菲斯（Amenophis）参见阿蒙霍特普

阿米苏斯（Amisus）希腊人的殖民地，位于泰尔摩冬河（Thermodon）附近，75

阿蒙－宙斯神（Ammon, Zeus），~的神谕，500，759，805

阿蒙法莱图斯（Amompharetus）一位作战勇敢的斯巴达人，牺牲于普拉提亚战役，281

阿摩哥斯（Amorgos）爱琴海中的一座岛屿，16

安菲亚劳斯（Amphiaraus）传说中的希腊英雄，以预言而见称。~的预言，500，759，805

近邻同盟（Amphictionic League）希腊东北部一些城邦组成的政治军事同盟，其同盟会议称为安菲克提奥涅斯（Amphictiones）。安泰拉的~，149，150；斯巴达对~的态度，311，680；~与佛基斯人的战争，682 sqq.；成员，687，694；诅咒佛基斯人，697；马其顿成员~的成员，699；前340年的集会，711；打击安菲萨的行动，712

安菲洛奇亚人（Amphilochians）伯罗奔尼撒东北部的一支非希腊语部族，另见阿尔哥斯

安菲翁和泽图斯（Amphion and Zethus）《奥德赛》所载的底比斯城的建立者，74

安菲波利斯（Amphipolis）斯特里梦河口雅典人建立的殖民地。建立，365；~的反叛，429—430；~的位置，435；~之战，436；雅典即将恢复对

~的统治，437；并未恢复，440；尼基阿斯未能占领~，445；雅典重占~的努力，599，600；~被腓力攻占，673

安菲萨（Amphissa）洛克里人的城镇，681，683，711，712，714

阿姆利则（Amritsar）旁遮普地区城镇，792

阿米克莱（Amyclae）拉哥尼亚南部一地名，29，113；在~的阿波罗神庙，437

阿明塔斯二世（Amyntas II）马其顿国王，亚历山大一世之父，542-3，545，596

阿明塔斯（Amyntas）马其顿国王，柏第卡斯二世之子，671

阿那克里翁（Anacreon）泰奥斯（Teos）抒情诗人，196，221

阿那克托里昂（Anactorion）科林斯在西部希腊建立的殖民地，143，376，408，437

阿那克萨哥拉斯（Anaxagoras）哲学家，332，391

阿那克桑德里达斯（Anaxandridas）斯巴达成国王，与克洛伊索斯同时代，199

阿那克西比乌斯（Anaxibius）斯巴达水师提督，513，535-6

阿那克西拉斯（Anaxilas）赞克列僭主，286，288

阿那克西曼德（Anaximander）哲学家，224

安基阿鲁斯（Anchialus）西利西亚境内城镇，743

安基摩利乌斯（Anchimolius）斯巴达将领，198

锚（anchor），102

安科那（Ancona）意大利半岛南部城镇，为叙拉古人所建，646

安达尼亚（Andania）美塞尼亚北部一地区，121

安多基德斯（Andocides）雅典将军，346

安多基德斯（Andocides）演说家，452，534

安德罗玛库斯（Andromachus）一位陶罗美尼昂人，661

安德罗斯（Andros）爱琴海的岛屿，86，144，271，350

安塔基达斯（Antalcidas）斯巴达海军将领，政治家，534，536

安坦德鲁斯（Antandrus）小亚细亚西北部特洛亚斯（Troas）一城市，535

安特诺尔（Antenor）雕塑家，198

安泰冬（Anthedon）伯罗奔尼撒半岛城镇，170

安泰拉（Anthela）温泉关附近的一村镇，149

安提哥努斯（Antigonus）弗里吉亚总督，阵亡于伊苏斯，736

安提帕特（Antipater）马其顿摄政，695，734，802，808，814，816—818

安提丰（Antiphon）演说家，409，474，477，479，480

安提萨（Antissa）列斯堡岛上的城市，396

阿尼图斯（Anytus）一位雅典人，493，565

奥尔努斯（Aornus）巴克特里亚一城市，774

奥尔努斯（Aornus）印度一城市，787

阿帕图里亚（Apaturia）伊奥尼亚人的一个宗教节日，在雅典历的普亚诺普西昂月（Pyanopsion）7日举行，60，157

阿佩拉（Apella）斯巴达的公民大会，116

阿佩勒斯（Apelles）画家，739

阿芙洛狄特（Aphrodite）爱神、美神，65，70

阿皮斯（Apis）埃及的神牛，735

建城者阿波罗（Apollo archegetes），~的祭坛，91；在阿提卡，162；~与极北乐土，216

阿波罗克拉泰斯（Apollocrates）叙拉古僭主狄奥尼修斯之子，657

卡尔基狄克的阿波罗尼亚（Apollonia in Chalcidice），543

埃皮鲁斯的阿波罗尼亚（Apollonia in Epirus），143

阿波泰奥西斯（Apotheosis），500，813

阿普苏斯（Apsus）伊里利亚地区的一地名，728

阿拉伯（Arabia），803

阿拉科西亚（Arachosia）巴克特里亚的一个地名，774，797

阿拉杜斯（Aradus）黎凡特的一个城市，750，753

阿尔贝拉（Arbela）根据另一说法是高加美拉战役的发生地，764; 关于~之战，参见高加美拉，584 sqq., 730, 733, 808

阿凯西劳斯一世（Arcesilaus I.）库涅列国王，109

阿凯西劳斯二世（Arcesilaus II.）库涅列国王，110

阿凯迪丝（Archedice）美伽克勒斯之女，198

阿凯普托勒姆斯（Archeptolemus）奥伊诺伊（Oenoe）要塞的守卫者，480

阿齐亚斯（Archias）叙拉古的建立者，92

阿齐亚斯（Archias）底比斯执政官，546

阿齐达姆斯一世（Archidamus I.）斯巴达国王，312，378，385，392

阿齐达姆斯二世（Archidamus II.）斯巴达国王，580，592，603，666，681

阿齐洛库斯（Archilochus）一位帕洛斯（Paros）人，98，111; ~对巨吉斯的描述，105，139，143

代表团捐（Architheouia），335

雅典的执政官（Archons at Athens），~制度，161; ~的职能，163; 成员，168; ~的任命，在梭伦时代，177; 在庇西特拉图时代，186; 在克里斯提尼时代，204; 马拉松战役之后，247—248; 在伯里克利时代，334

阿尔迪斯（Ardys），巨吉斯（Gyges）之子，吕底亚国王，105，211

阿雷亚（Areia）阿富汗的一个地区，772—773

阿莱奥帕古斯（Areopagus）即战神山议事会，164，249，330，333，815

阿瑞忒（Arete）狄奥之妻，652，656，658，659

阿伽欧斯（Argaeus）马其顿王位的觊觎者，672

阿吉鲁斯（Argilus）安德罗斯的殖民地，428，437

阿吉努塞（Arginusae）城镇，在米提涅列对面。～之战，485

阿尔哥利斯（Argolis）伯罗奔尼撒半岛东北部地区。～半岛，550

阿尔哥英雄（Argonauts）的传奇故事，38，41，76，82

阿尔哥斯（Argos）的安菲洛奇亚人，390，407-8

阿尔哥斯（Argos）希腊北部地区皮拉斯吉人居住的一块平原，38

阿尔哥斯（Argos）希腊南部地区伯罗奔尼撒半岛上的一块平原。～的道路，36，38，42，60；谱系，73

阿尔哥斯（Argos）伯罗奔尼撒半岛上的城邦，36，54，74；在前7世纪，133，135，137；与西吉昂的战争，148；与斯巴达，194；没有阿提卡陶器，195；被斯巴达打败，246；重获独立，312；收复迈锡尼，330；与雅典结盟，336；与斯巴达签订"30年和约"，343；与雅典结盟，442；在～的革命，445；与科林斯合并，531；～棍棒党，583，593；派使节到苏撒，594，595，603；从斯巴达手中获取土地，719

阿吉拉斯皮德斯（*Argyraspides*）神庙建造者，687

阿里阿斯帕人（Ariaspae）居于巴克特里亚的一支部族，773

阿里奥巴泽尼斯（Ariobarzanes）弗里吉亚总督，592，598，611，765，766

阿里翁（Arion）神话中的游吟歌手，145

阿里斯塔哥拉斯（Aristagoras）米利都人，伊奥尼亚起义的策动者，230-1

阿里斯泰乌斯（Aristeus）斯巴达的一名将领，377

阿里斯提德（Aristides）雅典人，吕西玛库斯之子，249，258，268，269，278;组织提洛同盟，314;~ 的政策，319;~ 之死，328.

阿里斯提昂（Aristion）一位雅典公民，184

阿里斯托鲁斯（Aristobulus）亚历山大的战友，759

贵族政体（Aristocracies）~ 的兴盛，68 sqq.

阿里斯托克拉特斯（Aristocrates）雅典将军，曾被德摩斯提尼指控，688

阿里斯托德姆斯（Aristodemus）第一次美塞尼亚战争的英雄，120

阿里斯托德姆斯（Aristodemus）神话中拉哥尼亚的征服者，73

阿里斯托格同（Aristogiton）雅典人，希帕库斯的谋杀者之一，196，198

阿里斯托玛赫（Aristomache）狄昂之姐妹，嫁给叙拉古僭主狄奥尼修斯，652，658，659

阿里斯托美尼斯（Aristomenes）美塞尼亚起义军首领，121

阿里斯托芬（Aristophanes）雅典人，著名喜剧作家，412，426，438—439，448，455，567，572

阿里斯托丰（Aristophon）一位雅典公民，曾起诉将军提摩修斯，677

阿里斯托特勒斯（Aristoteles）雅典公民，第二次雅典同盟议案的提议者，549

亚里士多德（Aristotle），689，818 sqq.

亚美尼亚（Armenia），510

盔甲（armour），23 sq.，37，122

阿尔涅（Arne）位于波奥提亚境内，或许就是格拉（Gla），32

阿拉巴伊乌斯（Arrhabaeus）上马其顿林凯斯提斯（Lyncestis）国王，428，434

阿萨麦斯（Arsames）波斯总督，死于伊苏斯，743

阿塔巴佐斯（Artabazus）一位波斯的送信人，273，283

阿塔巴佐斯（Artabazus）弗里吉亚总督，678，683

阿塔佛涅斯一世（Artaphernes I 或称 Artafrana）波斯总督，大流士的同父异母兄弟，229—230，233，235

阿塔佛涅斯（Artaphernes II）阿塔佛涅斯一世之子，235

阿塔薛西斯一世（Artaxerxes I.）薛西斯之子，波斯国王。~继位，320，338，344

阿塔薛西斯二世（Artaxerxes II.），也称朗吉曼努斯，501，507；反对~的起义，610—611

阿塔薛西斯三世（Artaxerxes III.）也称阿塔薛西斯·奥库斯，波斯国王，729，735

阿特米西娅（Artemisia）卡里亚女王，269

阿特米西娅（Artemisia）摩索洛斯之妻，679

阿特米西昂（Artemisium）优卑亚北部海角。~之战，260 sqq.

雅利安人（Aryans），6，44

阿里巴斯（Arybbas）埃皮鲁斯人，705

阿桑德（Asander）亚历山大任命的萨狄斯总督，739

阿斯克拉（Ascra）位于波奥提亚境内，赫西俄德的家乡，100

小亚细亚（Asia Minor），在迈锡尼时代~的西部沿海，38 sq.；在~的殖民，57 sqq.

亚细亚牧场（Asian meadow）对萨狄斯附近凯斯特（Cayster）河谷平原的美称，60

阿尔哥斯的阿辛（Asine in Argolic），53，143

拉哥尼亚的阿辛（Asine Laconian），590

阿斯克勒庇俄斯（Asklepios）阿波罗之子，医神。~的神迹，718

|| 索 引 1067

阿索普斯河（Asopus R.）在波奥提亚，276

阿斯帕西娅（Aspasia）伯里克利的情妇，391

阿斯帕西安人（Aspasians）旁遮普西北部一部族，787

阿斯蓬都斯（Aspendus）庞菲利亚（Pamphylia）境内的城市，478，535，742

阿萨凯奈斯人（Assacenes）旁遮普西北部一部族，787

阿萨尔哈冬（Assarhaddon）亚述国王，104，107，208

阿萨尔里克（Assarlik）即特麦拉（Thermera），在卡里亚境内，63

阿西纳鲁斯河（Assinaros, R.）西西里岛上的河流，466; 阿西纳鲁斯赛会，467

阿索斯（Assos）小亚细亚西海岸的一个城镇，818

阿舒尔巴尼普（Assurbanipal）亚述国王，105，107，208

亚述（Assyria）西亚古代帝国。~与吕底亚的关系，104;~与埃及，107，208—209;~的衰落，209

阿斯泰亚基斯（Astyages）米底国王，211，213

阿斯泰奥库斯（Astyochus）斯巴达海军将领，478，480

阿塔兰塔岛（Atalanta, island）与奥普斯（Opus）相对的一个小岛，386，437

阿塔奈乌斯（Atarneus）小亚细亚爱奥利斯人的一个城镇，518

雅典娜（Athena）智慧女神，12主神之一。在雅典对~的崇拜，156; 在泰格亚，281; 在斯巴达，311; 卫城博物馆~的塑像，389

雅典（Athens）迈锡尼文明时代的~，31;~的皮拉斯基人，前引; 安菲克提奥涅同盟的成员（作为伊奥尼亚人的代表），149; 参战神圣战争，150; 史前时代的~卫城，155; 名字的来由，前引;~的发展，157 sqq.;~的执政官，161，163，247;~的四个伊奥尼亚部落，162; 前8—前7世纪的商业和手工业，166; 战神山议事会，164，332; 司法执政官，168;~的法庭，172;11 人制，175; 币制，175，469; 陪审员，176，335; 前 6 世纪的政治党派，181; 税制，187; 泛雅典娜节，191; 与埃吉那的战争，195，245—247，333，339; 财务官，202; 历法，203; 与斯巴达、波奥提亚、卡尔基斯的战争，206—207;~ 在伊奥尼亚起义中的作用，232; 波斯远征~，235 sqq.; 水师，251，265; 被波斯占领，266;~ 的防御工事，315 sq.; 长城，317，360;; 水师，317; 神庙，318 sq.; 卫城的防御，332; 第一次~帝国的组织结构，313，324—327; 民主改革，332 sqq.; 公民权法，334; 与阿尔哥斯结盟，336; 与科林斯的竞争，336—337;~ 帝国的最大范围，342; 与波斯订立和平，344 sq.; 与伯罗奔尼撒同盟的"五年停战和约"，343;~ 的挫败，345—346; 与伯罗奔尼撒同盟的"30 年和约"，346—347;~ 的海外领地，349—350; 重建神庙，351 sqq.;~ 的寡头党派，349;~ 的商贸，361 sqq.，570; 人口，360，380—390，571; 与科基拉结盟，374; 与科林斯的战争（前 433 年），375; 与伯罗奔尼撒同盟的战争，377 sqq.; 伯里克利的理想~，387 sq.;~ 的瘟疫，389; 财产税，396;~ 的寡头党，409; 将军所处的地位，前引; 违宪诉讼，445; 十人团，470; 前 411 年的寡头革命，473 sqq.;~ 的政体，480; 恢复民主制，481; 审判将军（前 406 年);485;~ 被围并投降，488—489;~ 的 30 寡头制，491 sqq.;~ 的十人委员会，496; 恢复民主制，497; 长城被毁，489; 重建长城，530; 征税，534—535; 第二次~同盟，560 sqq.; 出席公民大会者的津贴，572; 观剧津贴，572，689，708; 变革公民大会主持权，573; 与斯巴达结盟（前 369 年），591; 德摩斯提尼关于水师的改革，708; 亚历山大送往~的波斯甲胄，739; 哈摩狄乌斯和阿里斯托格同的雕像回归~，765; 莱库古治下的~，810 sqq.; 财政管理员，811;~的埃菲波斯制，812—813;~的新政体（前 322 年），817—818

建筑物和地名。阿玛宗奈昂，75；雅典娜神庙，190，318；宙斯神庙，191；狄奥尼索斯神庙，192；引水桥，193；~ 的城墙，193，316；潘神之洞，241；叙诺萨格斯，241；壁画柱廊，242，358；比雷埃夫斯，250—251；埃琉西尼昂，299；"原帕特农神庙"，319；阿尔特米斯·阿里托布莱神庙，319；百足之屋，191，319；三足鼎之路，336；雅典娜·普洛玛科，352；帕特农神庙，前引；雅典娜·尼刻神庙，355；赫淮斯托斯神庙，从前引；奥狄昂剧场，357；山门，从前引；提修昂，前引；阿那凯昂，前引；埃莱克修昂，446，482；阿斯克勒庇昂，446；菲洛军械库，810；泛雅典娜节竞技场，811；吕卡昂，从前引；大理石剧场，从前引

阿托斯山（Athos, Mt.）在卡尔基狄克，235，253，481

原子论（Atomic theory），469

阿托萨（Atossa）居鲁士之女，先后为冈比西斯和大流士的王后，223，225

阿特罗帕泰斯（Atropates）波斯将军，799

阿塔吉努斯（Attaginus）底比斯人，276

阿塔鲁斯（Attalus）马其顿将领，720，724，726

阿提卡（Attica）31，57，60；被雅典征服，157—158；~ 的统一，158，162；~ 的党派，181；克里斯提尼对 ~ 的行政区划，201—202

奥塔利阿特人（Autariats）伊利里亚的一支部族，728

阿泽米尔科（Azemilco）推罗国王，756

B

巴比伦城（Babylon）。尼布甲尼撒治下的 ~，209—210；大流士围攻 ~，222；亚历山大在 ~，764—765，803—805

巴比伦尼亚（Babylonia）幼发拉底河谷地区，由南部的苏美尔和北部的阿卡德组成。新～王国，209—210; 波斯征服～，219;～的城防，506

巴比伦的重量单位（Babylonian weights），16，105

巴奇阿德家族（Bacchiads）科林斯的王族，68

巴库利德斯（Bacchylides）抒情诗人，出生于凯奥斯（Ceos），216，287，293

巴克特拉（Bactra）阿富汗境内一城镇，巴克特里亚首都所在地，778

巴克特里亚（Bactria）即大夏，769，772 sqq

柱子崇拜（Baetyl worship），18

巴奇兹（bakids）一名男术士，298

俾路支（Baluchistan）地名，包括今巴基斯坦西南部和伊朗东南角，797

巴尔干半岛（Banks），571

异语之族（Barbarians），98

巴尔卡（Barca）利比亚的一城镇，109，110

巴塞恩泰斯（Barsaentes）德兰吉那（Drangiana）总督，772

巴西琉斯（Basileus）国王或王者执政官，Homeric, 46 sqq.

巴提斯（Batis）大流士三世手下的一名宦官，驻守加沙的长官，756

巴图斯一世和巴图斯二世（Battus I. And Battus II.）库列涅的统治者，109

贝西斯敦（Behistun）波斯境内一城镇。～铭文，222

贝勒罗丰（Bellerophon）希腊神话中的英雄，44，75

贝苏斯（Bessus）巴克特里亚总督，劫持并杀害大流士三世，768—769，772，776

比亚斯（Bias）希腊七贤之一，219

二层桨战舰（Bireme）。～的发明，109

|| 索 引 1071

波昂山（Boeon, Mt.）埃皮鲁斯境内，52

波奥提亚（Boeotia）。~境内的迈锡尼遗址，31 sq.; 波奥提亚人征服~，52;~的方言，52;~的联合，152;~执政官，前引及424; 与雅典的战争，206—207; 在~斯巴达支持底比斯，340; 被雅典征服，341; 雅典丧失~，345; 雅典人入侵~，423; 底比斯在~的霸权及问题，537; 成为一个民族国家（？），584; 另参见 Thebes

波盖斯（Boges）一位波斯将领，321

波加兹－凯乌伊（Boghaz-Keui）即皮特里亚（Pteria）别名，位于卡帕多西亚境内，39

博斯普鲁斯海峡（Bosporus）或称博斯福鲁斯海峡（Bosphorus）。在~征收的通航费，535

博斯普鲁斯王国（Bosporus）位于克里米亚，364

婆罗门（Brahmans），785，797

布兰齐达伊（Branchidae, the）米利都境内的神托所，234，780

布拉西达（Brasidas）斯巴达将领，386，415，423，427，431 sqq.，433 sq.，435 sq.

布劳隆（Brauron）阿提卡境内一地名，184

布莱亚（Brea）色雷斯境内一地名，350

布伦泰西昂（Brentesion）在意大利，即今之布林迪西（Brindisi），97

布莱提安同盟（Brettian League）南部意大利人建立的同盟，首府在康申提亚（Consentia），666—667，802

布利亚柔斯（Briareus）海洋之神，波塞冬的敌手，战船的发明者，102

贿赂（bribery），704—705

青铜时代（bronze age），10，11，23

布隆迪西昂（Brundusium）即布伦泰西昂，97

布凯法拉（Bucephala）亚历山大大帝的战马，也指以此战马命名的城镇，792

布哈拉（Buchara）位于中亚的一座城市，776，778

布列（Boule）议事会。希腊历史早期的~，46; 参见雅典"战神山议事会"及斯巴达"格鲁西亚"

葬礼（Burial），史前时代的~，44，46

毕布洛斯（Byblus）黎凡特的城市，750，753

拜占廷（Byzantium），83，227，233; 波斯人被逐出~，309; 客蒙在~驱逐保桑尼阿，310;~反叛雅典，366—367，483，535; 第二次雅典同盟中的~，550; 反叛，677，679; 被腓力围困，707

C

卡巴拉（Cabala）西西里岛上一地名，648

喀布尔（Cabul 或 Kabul），783

卡叠什（Cadesh），~之战，39

卡德米亚人（Cadmeans）随卡德摩斯移居希腊的腓尼基人及其后裔，31，52

卡德谟斯（Cadmus）推罗人，阿格诺尔之子，欧罗巴之兄，34，69，74，75，76

卡杜西亚（Cadusia）里海沿岸一城镇，768

卡劳利亚同盟（Calauria, league of）萨洛尼卡湾和阿尔哥斯湾附近信奉波塞冬的城邦组成的宗教同盟，152，169，555，818

历法（Calendar）雅典的节日历和主席团历，204

卡拉斯（Callas）色萨利骑兵将领，736，739

卡利阿斯（Callias）客蒙的姻亲兄弟，以其命名的和约(448 B.C.), 345

卡利阿斯和约（Callias, Peace of）公元前371年雅典与斯巴达订立的和约，557—559

卡利比乌斯（Callibius）斯巴达驻雅典卫城军队的将领，494，499

卡利克拉泰斯（Callicrates）建筑师，352

卡利克拉提达斯（Callicratidas）斯巴达水师提督，485

卡利玛库斯（Callimachus）马拉松战役期间雅典的军事执政官，230 sqq.

卡利努斯（Callinus）以弗所抒情诗人，105

卡利波利斯（Callipolis）大希腊殖民地，97

卡利普斯（Callippus）柏拉图的学生，叙拉古僭主，659

卡利斯提尼（Callisthenes）历史学家兼哲学家，拒绝向亚历山大行匍匐礼，781—782

卡利斯特拉图斯（Callistratus）公元前4世纪雅典政治家，演说家，459，555，556，557，574，669

卡吕刻（Calyce）埃奥鲁斯之女，74

卡吕冬（Calydon）位于埃托利亚，因"狩猎野猪"的神话而著称，49

卡曼利纳（Camarina）西西里岛上的城邦，94，286，287，453，625

冈比西斯（Cambyses）居鲁士之子，波斯国王，220—221，222—223

卡米库斯（Camicus）西西里城镇，相传米诺斯死于此地，89

卡米鲁斯（Camirus）多利亚人在罗德岛建立的城市，70

坎帕尼亚人（Campanians）意大利中部地区一部族，629，630，650，656，657

坎大哈（Candahar）阿富汗境内的城市，774

坎道勒斯（Candaules）吕底亚国王，103

坎诺努斯（Cannõnus）一位雅典政治家，提出法令（psephism），486

卡帕多西亚（Cappadocia）小亚细亚南部一地区，39，743

卡拉曼尼亚（Caramania）小亚细亚南部一地区，767

卡赫米什（Carchemish）小亚细亚与叙利亚交界之地的一个城镇。~之战，210

卡尔迪亚（Cardia）色雷斯克尔松尼斯半岛上的一个城镇，85，599，601，669，706 sq.

卡尔杜奇亚山（Carduchia）位于米底北部地区，510

卡里亚（Caria）小亚细亚西南沿海地区，39，41，61，63，70，232；

卡奈亚节（Carnean feast）纪念阿波罗而举办的音乐竞技节，是拉凯第梦人最重要的宗教节日之一，123

迦太基（Carthage）腓尼基人建立的殖民城邦。~的扩张，285—286；对西西里希腊的威胁，286；在哈米尔卡率领下远征西西里，288 sqq;~的出口产品，361；在汉尼拔率领下入侵西西里，615 sqq.；远征阿克拉加斯，619 sqq.；与狄奥尼修斯订立条约，626；与狄奥尼修斯的战争，632 sqq.；支持希克塔斯，660；远征西西里（前339年），663，803

卡利斯图斯（Carystus）优卑亚岛南部的一座城市，236，271，323，692

卡斯门奈（Casmenae）西西里一城镇，94

里海关口（Caspian Gates）由里海去帕提亚的关口，769

里海（Caspian Sea），794，803

卡索庇亚（Cassopia）位于优庇鲁斯的一个地区，705

荷马船表（Catalogue of the Ships, Homeric），17，30，151

卡塔奈（Catane）西西里岛上的一个城邦，92，138，451，453，630;~之战，638，659，662，665

卡塔亚人（Cathaeans）印度境内的一支部族，792

高加索山（兴都库什山）（Caucasus (Hindu-Kush)），774

考伦尼亚（Caulonia）罗克里人在意大利建立的殖民地，96，645

考努斯（Caunus,）小亚细亚城市，距卡里亚和吕西亚不远，518

凯斯特平原（Cayster Plain）伊普苏斯附近的一座城市，503

凯布伦（Cebren）城市，在特洛亚德（Troad，也称 Troas），517

凯克罗佩斯（Cecropes）居住在雅典的早期希腊人，156

凯克罗普斯（Cecrops）雅典国王，50，156

凯克吕法莱亚（Cecryphalea）埃吉那岛附近的一个小岛。~之战，337

凯莱奈（Celaenae）弗里吉亚境内的城市，503，742

凯尔特雇佣军（Celtic mercenaries），591

凯尔特人（Celts）欧洲最西端的民族，728

肯克莱（Cenchrea）科林斯的一个港口，530

肯图里帕（Centuripa）西西里西凯尔人（Sicels）的城镇，91，641

凯奥斯（Ceos）基克拉底斯群岛中的一座小岛，144，601

凯法伦尼亚（Cephallenia）科林斯海峡附近的一个岛屿，275，386，526，553

凯法罗伊狄昂（Cephaloedion）西西里岛上的一个城市，89，641

凯法鲁斯（Cephalus）阿提卡英雄，155

凯拉蒙·阿哥拉（Ceramon Agora）弗里吉亚城市，503

凯拉苏斯（Cerasus）黑海沿岸的希腊人殖民地，由辛诺普人所建，512

凯狄利昂山（Cerdylion）在安菲波利里斯附近，435—436

凯林图斯山（Cerinthus）优卑亚岛上的一座山峰，144

凯索布勒普泰斯（Cersobleptes）色雷斯国王，669—670，674，688，692，695，705

凯特利波利斯（Cetriporis）色雷斯国王，凯索布勒普泰斯之侄，统治西部色雷斯，674

卡布利阿斯（Chabrias）雅典将军，534，553，555，574，601，611，677

喀罗尼亚（Chaeronea）在波奥提亚，52，345，424，552;~之战，714 sqq.

卡尔克顿（Chalcedon）黑海海峡小亚细亚一侧的希腊城邦，83，227，483，513，535

卡尔基狄克半岛（Chalcidice）在色雷斯，85，376，427，440;~同盟，543，545，600;被腓力征服，691

科林斯海峡的卡尔基斯（Chalcis on Corinthian Gulf），342

卡尔基斯（Chalcis）优卑亚岛的一个城邦。~的殖民，85，91—92;~的商贸，95，103，143;被雅典打败，206;雅典在~的军事殖民，207，346，692，705;优卑亚同盟的中心，707，710，720

卡莱斯（Chares）雅典将军，669，677，678，679，685，691，707，715，716

提奇乌萨人卡莱斯（Chares of Teichiussa）伊奥尼亚的一位僭主，234

卡利戴姆斯（Charidemus）优卑亚人，雇佣军首领，600，669，688，692，733

卡戎（Charon）一位富裕的底比斯公民，546

卡戎达斯（Charondas）卡塔奈的立法者，138

克尔松尼斯（Chersonesus）也称赫拉克利亚（Heraclea），今乌克兰刻赤港（Kerch），85

克尔松尼斯半岛（Chersonesus, Tauric）今克里米亚半岛南部，85，364

克尔松尼斯半岛（Chersonesus, Thracian）位于色雷斯，今土耳其加利波得半岛（Gallipoli），85，188，234，332;在~的军事殖民，350，536，670;雅典恢复对~的影响，601，669—670;受到腓力的威胁并获得援救，688，689;再次受到，706，707

奇琉斯（Chileus）泰格亚（Tegea）人, 275

奇隆（Chilon）斯巴达人,"七贤"之一, 194, 306

奇奥尼德斯（Chionides）早期的喜剧作家, 368

开俄斯（Chios）爱琴海上的一个重要岛屿, 59, 60, 61; 奴隶市场, 111; 在伊奥尼亚起义中的~, 233; 作为雅典同盟的一员, 324; 反叛, 471, 472; 受到修昔底德的赞扬, 471; 插草者之谋, 486;~ 的德尔斐尼昂要塞, 485; 第二次雅典同盟中的~, 550, 601; 反叛, 677, 679, 707, 709, 742

奇特拉尔（Chitral）今巴基斯坦北部地区, 786

合唱捐（Choregia）, 336

克吕索波利斯（Chrysopolis）博斯普鲁斯海峡沿岸城镇, 483

西利西亚（Cilicia）小亚细亚东南沿岸地区, 503, 743

西麦利人（Cimmerians）即克里米亚人, 83, 104—105, 211

客蒙（Cimon）米太雅德之子, 公元前5世纪雅典著名政治家, 310, 321 sqq.; 性格, 328; 受审, 同引;~ 在美塞尼亚, 329; 被陶片放逐, 330; 在塔那格拉, 340; 被召回, 341; 在塞浦路斯, 343;~ 之死, 同引

老客蒙（Cimon the elder）（考莱莫斯 Koalemos）, 328

客蒙（Cimon）雕刻家, 468

基奈冬（Cinaethon）斯巴达人, 史诗作家, 123

基尔哈（Cirrha）, 参阅克利萨（Crisa）

基提昂（Cition）塞浦路斯岛上的城市, 65; 在~ 的亚述石碑, 208; 被客蒙围攻, 343

城市（City）~的起源, 48;~ 生活的影响, 66—67

氏族（Clans）, 45

克拉佐门奈（Clazomenae）伊奥尼亚人在小亚细亚建立的城市, 60,

85，105，535

克莱安德（Cleander）亚历山大麾下的将军，762

克利尔库斯（Clearchus）拉凯戴梦人的将官，501 sqq.

克莱利达斯（Clearidas）斯巴达将领，436

克雷皮德斯（Cleippides）雅典将领，396

克里斯提尼（Cleisthenes）美伽克勒斯之子，雅典民主政治的改革家，198，199，200—204

克里斯提尼（Cleisthenes）西吉昂（Sicyon）僭主，148-51

林都斯人克利奥布鲁斯（Cleobulus of Lindus）"七贤"之一，306

克利奥克里图斯（Cleocritus）埃琉西斯祭司的传令官，495

克利奥姆布罗图斯（Cleombrotus）斯巴达国王克利奥蒙尼的异母兄弟，199，265，270

克利奥姆布罗图斯（Cleombrotus）公元前4世纪的一位斯巴达国王，曾率军与底比斯人交战，547，548，552，577 sqq.

克利奥蒙尼（Cleomenes）斯巴达国王，199—200，205—206，231，245—247

克利奥蒙尼（Cleomenes of Naucratis）瑙克拉提斯人，亚历山大大帝驻埃及的财务官，759

克里昂（Cleon）雅典民主派首领，398，410—411;～的财政政策，411—412;～在派罗斯，418 sqq.;反对和平，431;不利于斯基奥涅的法令，433;修昔底德关于～的评述，418，435;～在色雷斯，435 sqq.;～之死，436;其政策的审慎，438

克利奥奈（Cleonae）位于科林斯地峡的一座城镇，36，151

克利奥帕特拉（Cleopatra）马其顿人阿塔鲁斯（Attalus）之侄女，菲力二世之妻，720，726

索 引　1079

克利奥丰（Cleophon）雅典的"煽动家"（demagogue），482，486，489

军事殖民地（Cleruchies），183，349—350，445

克利图斯（Clitus）伊利里亚国王，亚历山大麾下将领，728—729，736，780

克奈穆斯（Cnemus）斯巴达将军，400

克尼多斯（Cnidus）爱琴海岛屿，285，472;~ 之战，534，538，676

克诺索斯（Cnossus）克里特岛上的主要城市，9，12 sqq.;20，37，130

科卡拉（Cocala）今巴基斯坦西南沿海的一城镇，799

科德鲁斯（Codrus）雅典国王，74，160—161

科伊努斯（Coenus）马其顿将领，790，793

币制（Coinage），106—107; 梭伦在雅典改革~，175; 克洛伊索斯的~，212; 同盟通用币制，538—539; 在西西里的腓尼基~，618

科尔齐斯（Colchis）黑海东岸的希腊城邦，75

殖民活动（Colonisation），57 sqq.; 第二章第 1—3 节;143

科罗努斯（Colonus）雅典附近，因波塞冬神庙而闻名，476

科洛丰（Colophon）小亚细亚伊奥尼亚人建立的城市，60，104，483

科罗塞（Colossae）弗里吉亚境内的一城镇，503

喜剧（Comedy），367—368; 前 4 世纪的 ~，560

共产主义（Communism），285，567，571

《荷马史诗》中的王友（Companions, of Homeric kings），47

科农（Conon）雅典将军，485，487—488，518，524，527，530—531，534，535

康申提亚（Consentia）南部意大利希腊人建立的城市，666

科派斯湖（Copais, L.），~ 的史前文明，32

科基拉（Corcyra）希腊半岛西部的一座岛屿，92; 最早的海战，103; 与科林斯的关系，143；伯里安德治下的～，146；与科林斯的战争（前435年），374 sqq.；与雅典结盟，375；～的内战与大屠杀，402 sqq.；第二次雅典同盟中的～，550，553；受到斯巴达的攻击，554 sqq.，577，705

科林斯（Corinth）位于科林斯地峡的城邦。多利亚人征服～，54；～的寡头制，68；～的谱系，75；～的殖民地，92；最早的海战，103；居普塞洛斯家族的统治，141 sqq.；伯罗奔尼撒同盟中的～，195；对波吕克拉特的敌视，221；～人在萨拉米斯，271；与雅典的战争，337 sqq.；与科基拉的争端（前435年）和战争，374 sqq.；与雅典结盟对抗斯巴达，528；～之战，前引；～战争，530 sqq.；与阿尔哥斯合并，531；解体，538；雅典阴谋夺取～，595；与底比斯订立和约，595；与雅典共同对抗马其顿，715；马其顿人领导下的～同盟，718—719，725—726，732，734

科罗奈（Coronea）波奥提亚境内的一座城市，52；～之战（前447年），345；～之战（前394年），529，578，684

库奥埃布斯（Couoebus）一名建筑师，356

科西嘉岛（Corsica）地中海第四大岛屿，286

科斯（Cos）基克拉底斯群岛中的一个岛屿，以盛产红铅而出名，63，472，676，679

科塞安人（Cossaeans）波斯卢里斯坦（Luristan）山区的一支部族，802

科提斯（Cotys）色雷斯国王，555，601

议事会（Counicl）即布列，46，67

克兰农（Crannon）色萨利境内一地名，51，596，817

克拉泰鲁斯（Craterus）马其顿将领，后与安提帕特一起统治马其顿，754，763，766，788，792，795，797，799，802，817

克拉提斯河（Crathis, R.），647

考提努斯（Cuatinus）公元前 5 世纪雅典的喜剧作家, 357, 363, 368

克莱玛斯提（Cremaste）阿卑多斯附近的一座城镇, 536

火葬（Cremation）, 44

克莱尼德斯（Crenides）色雷斯一城镇, 673, 674

克里特岛（Crete）~ 的早期文明, 6—9, 11 sqq.;~ 海上力量, 16; 对希腊大陆的影响, 33—34; 阿凯亚人在 ~, 37; 多利亚人在 ~, 53;~ 的政体及机构, 129—133, 749

克莱泰乌斯（Cretheus）希腊神话中爱奥鲁斯之子, 74

克琉西斯（Creusis), 波奥提亚的港口, 553, 578, 581

克里米亚（Crimea）, 104

克利米苏斯河（Crimisus, R.）, ~ 之战, 663

克利萨（Crisa）中希腊的一个城镇, 德尔斐神庙的最初控制者, 149, 150, 711

克利托泰（Crithote), 克尔松尼斯半岛上的城镇, 599

克里提亚斯（Critias）雅典"三十寡头"的头目, 490—495

克洛伊索斯（Croesus）吕底亚国王, 212—216

克隆米昂（Crommyon）科林斯地峡的一城镇, 533

克戎衣（Cromnon）伯罗奔尼撒半岛西部一城镇, 603

克罗尼昂（Cronion）西西里岛上一城镇 (in Sicily), ~ 之战, 648

克罗同（Croton）南意大利的一个希腊城邦, 96, 225, 302—303, 538, 645, 647, 648

克吕皮泰伊阿（Crypteia）斯巴达针对希洛特的秘密警察制度, 124

克泰西阿斯（Ctesias）公元前 4 世纪的历史学家, 508, 518

克泰西丰（Ctesiphon）雅典公民, 建议授予德摩斯提尼桂冠, 809

库麦（Cumae）参见 Cyme

库那克萨（Cunaxa）巴比伦周边的城镇，~之战，506—507

库利昂（Curion）塞浦路斯岛上的城市，65

库亚努斯（cyanus）一种蓝色玻璃建筑饰品，14，20，43

库亚克萨莱斯（Cyaxares）米底国王，209—210

基克拉底斯群岛（Cyclades），9；~方言，60，236

凯克罗佩安建筑（Cyclopean masonry）即巨石建筑，17，36

库多尼亚人（Cydonians）克里特第三等级的居民，130

库莱涅（Cyllene）爱利斯的港口，526

基伦（Cylon）雅典人，企图建立僭政，170—171

基伦（Cylon）克罗同人，民主派的领袖，303

库麦（Cyme）爱奥利斯人的城邦，57，59，100，471，516

库麦（Cyme）优卑亚岛上的城邦，59，87

库麦（Cyme）南部意大利的希腊城邦，88；~之战，293

库奈吉鲁斯（Cynegirus）马拉松战役中的雅典阵亡者，埃斯库罗斯的兄弟，241，243

库诺斯克法莱（Cynoscephalae）色雷斯境内的村落，~之战，601

库诺塞玛（Cynossema）濒临赫勒斯滂的一个城镇，~之战，480

库帕利西亚（Cyparissia）拉哥尼亚境内的村落，590

塞浦路斯（Cyprus）在恩科米的坟墓，14，64；~的早期文明，64—65；希腊人和腓尼基人在~的殖民，65；音节文字，65；向亚述称臣，208；反抗大流士，233；保桑尼阿远征~，309；客蒙在~，343；腓尼基主导着~，345，535，537；埃瓦哥拉斯治下的~，541—512；~水师加入亚历山大的队伍，753

居普塞洛斯（Cypselus）科林斯僭主，141 sqq.；~之箱，145

库列涅（Cyrene）利比亚希腊人建立的殖民地，109—110，94，342，

611, 759

库鲁波利斯（Cyrupolis）巴克特里亚境内的城市，777

居鲁士大帝（Cyrus the Great）波斯帝国的创立者，213—215，217—220;～之墓，767，800

小居鲁士（Cyrus）大流士二世之子。～在小亚细亚，483；让莱桑德管理辖区，487；起兵反叛其兄长，501 sqq.;～之死，507

基特拉（Cythera）伯罗奔尼撒南部岛屿，70，113，137，421，437，440

库提尼昂（Cytinion）中希腊的一个城镇，712

居齐库斯（Cyzicus）马尔马拉海小亚细亚沿岸城市，85;～的钱币，106;～之战，481，538，737

D

达玛莱塔（Damareta）阿卡拉加斯僭主泰隆之女，叙拉古僭主格伦（Gelon）之妻，288；达玛莱塔钱币，292；后来发行的～钱币，468

大马士革（Damascus）叙利亚首都，748

达玛西亚斯（Damasias）雅典执政官，180

达蒙（Damon）音乐家，332

达奈人（Danai）对早期希腊人的称呼，38，75

达那乌斯（Danaus）伊俄（Io）之孙，希腊人的名祖，38，75

达弗奈（Daphnae）埃及的一座城镇，107

达弗奈乌斯（Daphnaeus）叙拉古将领，621

大流克（Daric）古波斯金币，505

大流士（Darius the Great）波斯国王，叙斯塔斯佩斯之子，222，225；对小亚细亚的管理，222；远征色雷斯，226 sqq.；伊奥尼亚起义反抗～，

228 sqq.; 第二次远征色雷斯，235; 远征希腊，235 sqq.;~ 之死，252; 一个希腊陶瓶上的~，243，785

大流士二世（Darius II.）波斯国王，483，487，501

大流士三世（Darius III.）也即科多曼努斯（Codomannus），波斯国王，729，735，744 sqq.; 写给亚历山大的书信，747; 第二次遣使亚历山大，753，760 sqq.，768—770

达斯孔（Dascon）西西里岛一海湾，639-40

达斯库利昂（Dascylion）位于普罗滂提海沿岸的一座城市，103，223

达塔弗涅斯人（Dataphernes）粟特人的一支，776

达提斯（Datis）波斯将领，236，241

十人团（*Decarchies*）莱桑德派驻海外各邦的统治者，499

狄凯里亚（Decelea）雅典以北的一个重要村镇，460，469

德芬奈（Defenneh）达弗奈的埃及原称，107

封神（Deification）。莱桑德~，500; 狄奥尼修斯~，652; 亚历山大~，759，814

戴奥凯斯（Deioces）米底国王，209

德利昂（Delium）波奥提亚一地名，424—426

提洛岛（Delos）爱琴海上的一个小岛，以阿波罗圣所而著称。~ 的节庆，189，236，283;~ 同盟，313 sqq.，324，325; 被除，409; 雅典恢复控制~，531; 叛乱，553

德尔斐（Delphi）中希腊的一个城镇，以阿波罗的神托所而著称，53，81; 科林斯在~的圣库，145; 其位置，149; 与克利萨的战争，149 sq.;~ 赛会，150; 影响，152; 前 6 世纪的神庙，197; 西弗诺斯的圣库，197; 雅典的柱廊，207; 克洛伊索斯奉献的祭礼，242; 波斯人入侵~的传说故事，264; 庆祝普拉提亚胜利的三角鼎，283; 格伦敬献的三角鼎，

索引　1085

293; 被佛基斯人占领, 345; 克尼多斯人在～修建的演讲厅, 358; 斯巴达在～的影响, 432; 尼西阿斯和约关于～的条款, 437; 关于苏格拉底的神谕, 564; 前370年在～的恐慌, 581; 阿卡狄亚人奉献的塑像, 591;～代表大会（前368年）, 592; 被佛基斯人占领, 681; 佛基斯人占领下的～, 681—687; 阿波罗的新神庙, 687;"神庙建筑者", 同引;～庆典（前346年）, 699;"～的阴影", 699; 普拉提亚战后雅典的祭品, 711

德尔斐尼昂（Delphinion）在开俄斯岛, 485

德玛戴斯（Demades）十大演说家之一, 雅典政治家, 718, 733, 808, 809, 810, 815, 816, 817

德玛拉图斯（Demaratus）斯巴达国王, 205, 246, 266

德墨特尔（Demeter at Eleusis）丰产和农业女神, 165, 298

公共服务者（*Demiurgi*）贵族统治时代雅典三阶层之末, 其他二层分别为贵族（*Eupatridae*）和农民（*Georgi*）, 166, 168

德摩凯戴斯（Democedes）一位克罗同的名医, 225

德谟克利特（Democritus）哲学家, 提出了原子论, 369

德谟（Demos, deme）村镇。～的来源, 45; 阿提卡的～, 202

德摩斯提尼（Demosthenes）伯罗奔尼撒战争时斯的一位雅典将领。在西部希腊和埃托利亚的战斗, 405 sqq.; 在派罗斯, 412 sqq.; 在麦加拉, 422; 在波奥提来, 423; 在西西里, 460 sqq.

德摩斯提尼（Demosthenes）演说家、政治家。"论战税征纳小组", 678;"论罗德岛人", 679;"论麦伽罗克勒斯人", 685; 阿里斯托克拉特斯, 688; 出生及教育, 690; 第一篇"反腓力", 690;"论奥林图斯", 692; 受辱于美狄亚斯, 693; 关于和平的演说, 693; 第一次出使马其顿, 694; 第二次出使马其顿, 696; 亲底比斯的政策, 697, 710—711;

对待佛基斯问题的态度，697，698；激起人们对腓力的不信任，698，699；"论和平"，699；影响，697，702；指控埃斯基涅斯，702；第二篇"反腓力"，703；再次指控埃斯基涅斯和埃斯基涅斯的"为出使辩"，704；在伯罗奔尼撒半岛，702；"论克尔松尼斯"，706；第三篇"反腓力"，从前引；在拜占廷，从前引；~的水师改革计划，708；"论观剧津贴"，从前引；煽动人们的反马其顿，709；出使底比斯，713—714；在喀罗尼亚，716，718；作为一个演说家和一个政治家的~，721—722；收受来自波斯的金钱，730；煽动人们反亚历山大，从前引；亚历山大要求~投降，733；~于前333年提出的审慎忠告，478，808；"金冠辞"，809；被涉哈帕鲁斯贿赂丑闻，814—815；~之死，818

德凯利达斯（Dercyllidas）斯巴达将领，516—519

德达斯（Derdas）上马其顿国王，544

丢卡利翁（Deucalion）希伦（Hellen）之父，传说中希腊人的名祖之一，38，72

五骑士像（Dexileos）树立于雅典狄皮伦门外的纪念希波战争的战士像，528

德克斯普斯（Dexippus）斯巴达人，协助阿克拉加斯人防卫，619，622

方言（Dialects），6，52，60

狄卡埃奇亚（Dicaearchia）在南部意大利，波提奥利（Puteoli）的原名，87

狄凯乌斯（Dicaeus）一位雅典人，266

狄克泰山（Dicte, Mt.）在克里特岛，9

狄涅凯斯（Dienekes）一位斯巴达人，264

狄伊特莱菲斯（Diitrephes）一位色雷斯将领，470

狄米尼（Dimini）帕加萨（Pagasae）附近的一个地方，33

狄那库斯（Dinarchus）雅典的演说家、政治家，815

二奥玻尔津贴（Diobelia）克利奥丰提议为参加公民大会者提供的津贴，482

狄奥克莱斯（Diocles）叙拉古的民主派，同名者是一位早期的立法者，615，663

狄奥克莱斯（Diocles）政治家，615，616，618

第欧根尼（Diogenes）哲学家，726

狄昂（Dion）叙拉古人。性格和目标，652—655；流亡，654；回归，655；在叙拉古和列奥提尼，656—657；拯救叙拉古，657；~的僭政及死亡，658

酒神艺术家（Dionysiac artists），802

狄奥尼修斯一世（Dionysius I.）叙拉古僭主，536，537；~派往奥林匹亚的代表团，544；派军前往科基拉，554，556；前往伯罗奔尼撒，592，593；~的崭露头角，624；~在政体中所处地位，623；~采取的反迦太基行动及与其订立的条约，624—626；政策与治国之才，627；为叙拉古构筑城防，628，631—632；反~的起义，628—629；在西西里扩张势力，629—631；军事革新，632；第一次布匿战争，632 sqq.；第二次布匿战争，641 sq.；第三次、第四次布匿战争，648—650；成功打败西凯尔人，641；围攻陶罗美尼昂，从前引；与西凯尔人结盟，642；与墨西拿和瑞吉昂的关系，643，644；在意大利的征服，644 sq.；在亚德里亚海的计划，646；~帝国的基本情况，647；财政，647—648；文学作品，650；~之死，同前旨；功过评述，650—651

狄奥尼修斯二世（Dionysius II.）叙拉古僭主，603；他的第一次僭政，652—657；第二次僭政，659—662；在科林斯，662

狄奥尼修斯（Dionysus）酒神，192，297；扎格琉斯，300，336，786

狄奥佩泰斯（Diopeithes）雅典公民，706

狄奥斯库里（Dioscurias）一对孪生兄弟，水手、战士的保护神，85

狄派亚（Dipaea）阿卡狄亚的城镇，～之战，312

狄皮伦陶瓶（Dipylon vases）晚期几何陶的代表作，166

酒神颂歌（Dithyramb），145

多多那（Dodona）位于埃皮鲁斯，以宙斯的神托所而著称，49，81

多伦奇（Dolonci）色雷斯人的一支部族，188

多奇斯（Dorcis）斯巴达将领，311

多利亚人（Dorians）希腊人的一支。～的征服，53 sqq.；在小亚细亚的殖民，53 sqq.，63 sq.，68；其部落，54；～的世系，72 sq.；与"伊奥尼亚人"的对立，327

多利欧斯（Dorieus）斯巴达国王克利奥蒙尼之子，199，286

多利斯（Doris）小亚细亚的一个地区，62 sq.

多利斯（Doris）北希腊的一个地区，斯巴达人的故乡，53，56，340

多利斯库斯（Doriscus）在色雷斯沿岸，256，321

多鲁斯（Dorus）多利亚人的名祖，72

德拉孔（Dracon）雅典的立法者，172—173；虚构的～政体，474

德拉孔提德斯（Dracontides）雅典三十寡头成员之一，490

德兰吉那（Drangiana）阿富汗的一部分，772

德拉普萨卡（Drapsaca）阿富汗境内一地区，774

德莱帕侬（Drepanon）西西里岛上的一个港口，650

德利奥佩斯（Dryopes）波奥提亚的一支部族，53

德利奥斯凯法莱（Dryoscephalae）也称"橡子头"（Oak's Heads），阿提卡境内的一个关隘，277

杜凯修斯（Ducetius）西凯尔人（Siceliots）的领袖，296

索 引　1089

狄尔塔（Dyrta）阿富汗境内的一个要塞，787

E

地震（Earthquakes），329

埃克巴塔那（Ecbatana）波斯首都之一，768，778，802

日食（Eclipses, of sun），648 B.C.，760

教育（Education），368 sqq.

埃提奥尼亚（Eetionea）比雷埃夫斯港区北部防波堤，317，479

埃及（Egypt）~各王朝的时间次序，11，12；与爱琴海的早期交往，11，14，16，33；对爱琴海周边地区艺术的影响，13，16，31，33；受到岛民和北方民族的侵略，38；亚述统治下的~，107；开启与希腊地区的商贸，108，211；阿玛西斯治下的~，220；波斯对~的征服，220，252；雅典远征~，338—339，341—342；~反阿塔薛西斯二世的起义，610—611；奥库斯治下的~，735；被亚历山大征服，757—760

埃昂（Eion）斯特里梦河口的城镇，321，364，429

战争税（Eisphora）雅典的~，550

埃拉尤斯（Elaeus）克尔松尼斯半岛的城镇，599

埃拉泰亚（Elatea）佛基斯一座城镇，712，713

合金钱币（Electron coins），106

埃琉西斯（Eleusis）阿提卡宗教中心，有崇拜德墨特尔的秘仪，31，165，266，299—301，356；雅典关于~崇拜的法令，446；独立，495—497

爱利斯（Elis）伯罗奔尼撒西北部城邦，奥林匹克赛会举办地，48，50，135；~的统一运动，312；尼西阿斯和约后的~，440 sqq.；被阿基斯攻占，526；统治特利菲利亚，593，603；与阿卡狄亚的战争，603 sqq.，

埃莱波鲁斯河（Elleporus, R.）在西西里。~之战, 645

爱尔皮尼塞（Elpinice）客蒙的异母姊妹, 328, 343

埃利米亚人（Elymians）据传是特洛伊人在西西里的后裔, 89, 94

恩巴塔（Embata）小亚细亚西海岸一地名, ~之战, 677

恩培多克勒（Empedocles）哲学家, 295, 368

恩尼亚皮罗伊（Enneapyloi）"九路"，安菲波利斯的原名, 256

恩泰拉（Entella）西西里一城镇, 629, 650

伊帕米农达（Epaminondas）底比斯军队的统帅, 546—547; 性格及影响, 551; 在留克特拉, 578, 583; 入侵拉哥尼亚, 588 sq.; 建立美塞尼城, 589; 第二次和第三次入侵伯罗奔尼撒半岛, 591, 593; 在色萨利, 598; 作为一名水师提督, 600; 第四次入侵伯罗奔尼撒半岛, 605 sqq.;~之死, 608; 功过, 609

埃帕里托伊（Eparitoi）阿卡狄亚联邦的常备军, 586, 605

埃派安斯（Epeans）多利亚人在伯罗奔尼撒半岛的第一个定居点, 50

埃菲波斯（*Ephebi*），公元前4世纪中后期雅典18—20岁青年接受军事训练的制度, 812—813

以弗所（Ephesus）伊奥尼亚人在小亚细亚建立的城邦, 60; 西麦利人在~, 105;~的僭主政治, 140; 阿尔特米斯神庙, 212, 360, 484, 514;~发行的同盟钱币, 538; 在亚历山大治下的~, 739

埃菲泰（*Ephetae*）德拉孔时代选任的51名充当法官的贵族, 172

厄菲阿尔特（Ephialtes）公元前5世纪雅典民主派领袖之一, 329, 330

监察官（Ephors）斯巴达有5名监察官, 117—118, 124, 131

埃菲莱（Ephyre）海洋之神俄开阿努斯（Oceanus）之女，被认为是科林斯的创立者, 54, 74

埃皮阿尔泰斯（Epialtes）一位玛利斯人（Malian），262

编年史诗（Epic Cycle），62，110

埃皮丹努斯（Epidamnus）科林斯人建立的殖民地，143;~的党争，374—375

埃皮道鲁斯（Epidaurus）阿尔哥利斯的城邦。~与科林斯的战争，146，170;与雅典的战争，337—338;雅典远征~，390;阿尔哥斯与雅典攻打~，442

埃皮麦尼德斯（Epimenides）来自克里特的方士，171，298

埃皮鲁斯（Epirus）希腊半岛西北部地区。被伊利里亚化，49;与马其顿腓力的关系，705

埃皮塔达斯（Epitadas）斯巴达将领，镇守斯法克特里亚，415

埃皮亚克萨（Epyaxa）西利西亚女王，503

埃拉托色尼（Eratosthenes）希腊化时代的学者。~的时间年表，76—77

埃莱克泰德部落（Erechtheid tribe），~铭文，339

埃莱克修斯（Erechtheus）阿提卡英雄，156

埃莱苏斯（Eresus）列斯堡岛上的城邦，396

厄律特利亚（Eretria）优卑亚岛上的城邦，52，86，143，186，188，232;~被焚，236;~之战（前411年），480，692，705，707

埃哥克勒斯（Ergocles），雅典人，特拉叙布鲁斯（Thrasybulus）的朋友，535

埃利达努斯河（Eridanus, river）雅典城内一条干涸的河流，155

厄律特莱（Erythrae）在波奥提亚(Boeotia)，277

厄律特莱（Erythrae）伊奥尼亚人在小亚细亚建立的城邦(Ionia)，60，70，324，397

埃利克斯（Eryx）西西里西部的要塞，89，632，636，648

1092　希腊史 Ⅲ

埃泰奥—卡帕提安人（Eteo-Carpathians）克里特土著居民的一支，130

克里特土著（Eteocretes），130，cp.7

埃泰奥尼库斯（Eteonicus）斯巴达将领，486

伊特鲁里亚人（Etruscans）意大利土著之一。与迦太基结盟，285—286，293;与雅典的贸易，361

优卑亚（Euboea）爱琴海西部主要岛屿，52;~方言，60;~币制，106;在~的战争，143;叛离雅典，346—347，348;反叛（前411年），480;第二次雅典同盟中的~，550;反叛，692;独立，692，696;马其顿在~的阴谋，705;寡头制，从前引;~联盟，707

西西里岛的优卑亚（Euboea, Sicilian），288

优布鲁斯（Eubulus）公元前4世纪中后期雅典重要的政治人物，574，685，689，690，693，695，697，698，702，704，708

优克莱斯（Eucles）雅典将领，镇守安菲波利斯，429

优达米达斯（Eudamidas）斯巴达将军，543

优伽蒙（Eugammon）库列涅史诗作家，110

优门奈斯（Eumenes）卡尔迪亚人，785

优帕林努斯（Eupalinus）麦加拉建筑师，221

优帕特利戴伊（*Eupatridae*）雅典的贵族阶层，166

优帕特利戴伊家族（Eupatridae, family），166

优弗隆（Euphron）西吉昂僭主，593

优弗罗尼乌斯（Euphronius）一名陶工，142，193

欧波利斯（Eupolis）喜剧作家，410

欧里庇德斯（Euripides）三大悲剧作家之一，371;~的精神，372;他的巨大影响，560—561，567;~在马其顿，671;官方编订的~著作，811

欧里庇德斯（Euripides）雅典人，534

‖ 索 引　1093

欧罗巴（Europa）推罗国王阿格诺尔之女, 34, 69, 75

优利比亚达斯（Eurybiadas）斯巴达将领, 258, 261, 266, 268

优利狄柯（Eurydice）马其顿国王亚历山大二世的养母, 597

优利罗库斯（Eurylochus）斯巴达将领, 407

优里梅敦（Eurymedon）雅典将领, 403, 404, 412, 460 sqq.

优里梅敦河（Eurymedon, river）, battle of, 322

优利蓬提德斯（Eurypontids）斯巴达王族之一, 73, 114, 117

优克辛（*Euxine*）"友好"之义, 82

埃瓦伊奈图斯（Evaenetus）叙拉古人，建筑大师, 468

埃瓦哥拉斯（Evagoras）塞浦路斯岛萨拉米斯国王, 488, 518, 534, 536, 541—542

埃克塞奇亚斯（Exekias）雅典著名陶工, 192

F

家庭（Family）, ~组织结构, 44; 财产, 46

菲伽那谷（Fergana）阿富汗境内的山谷, 777

G

伽达泰斯（Gadates）伊奥利亚总督, 234

加的斯（Gades）腓尼基人在西班牙建立的殖民地, 91

盖叙鲁斯（Gaesylus）一位斯巴达人, 658

伽摩利（*Gamori*）即叙拉古的贵族, 287

高伽美拉（Gaugamela）现伊拉克境内的一个村镇, ~之战, 761 sqq.

高卢人（Gauls），狄奥尼修帐下的～，651

加沙（Gaza）巴勒斯坦南部地区。围攻～，756—757

盖德罗西亚（Gedrosia）即现在的俾路支（Baluchistan），773，798—799

革拉（Gela）西西里岛上的城邦，是罗德岛人建立的殖民地，94，287，458，624—625，665

格伦（Gelon）叙拉古僭主，286，287—293

谱系（Genealogies），～的建构，71

氏族（*Genos*），45

格伊利（*Geori*）农民，王政和贵族统治时期阿提卡的第二个阶层，166，168

格尔吉斯（Gergis）波斯将领，517

格鲁西亚（*Gerusia*）或称格戎泰斯（gerontes），斯巴达长老会议，116

加兹尼（Ghazni）阿富汗境内的城市，774

格拉（Gla）科派斯湖的别称，32

格劳塞人（Glausae）克什米尔境内的一支部族，792

格利凯拉（Glycera）雅典人，哈帕鲁斯的情妇，800

龚吉鲁斯（Gongylus）科林斯将领，458

戈狄昂（Gordion）弗里吉亚（Phrygia）境内的城镇，742—743

高尔吉亚（Gorgias）列奥提尼（Leontini）人，演说家、哲学家，371，483

戈尔戈（Gorgo）斯巴达国王克利奥蒙尼之女，232

戈尔戈帕斯（Gorgopas）斯巴达驻埃吉那的军事统帅，534

戈尔廷（Gortyn）克里特岛上的城邦，130;～法典，138

格拉布斯（Grabus）伊利里亚（Illyrian）国王，674

格莱亚人（Graeans）居于奥罗浦斯（Oropus），87—88

索 引　1095

文法（Grammar），370

格拉尼库斯人（Granicus）小亚细亚西北部的一条河流，现名科卡巴斯河（Kocabas）。~ 之战，738—739

违法提案指控（*Graphe Paranomon*），249，445，490，815

希腊（Greece），~ 的地理特征，1 *sqq*.;~ 的气候和物产，4; 大 ~，98

希腊人（*Greek*），名称的来源，88

古罗布（Gurob）埃及的城镇，33

巨吉斯（Gyges）吕底亚国王，104—105，139

吉利浦斯（Gylippus）斯巴达将领，454，458 *sqq*.

吉姆尼亚斯（Gymnias）小亚细亚城镇，位于特拉佩宗附近，511

吉泰昂（Gytheion）拉哥尼亚的主要港口，589，592

H

哈德拉努姆（Hadranum）西西里岛一城镇，661

哈德利亚（Hadria）威尼斯附近一城镇，646

哈格农（Hagnon）雅典人，安菲波利斯殖民地的创建者，436，474

哈利亚图斯（Haliartus）底比斯附近一城镇，527

哈利卡那苏斯（Halicarnassus）小亚细亚多利亚人建立的殖民城邦，63，472，676，680，741—742

哈利伊斯（Halieis）位于阿尔哥利斯的城镇。~ 之战，337

哈鲁斯（Halus）即哈伦奈苏斯（Halonnesus），爱琴海北部的一座小岛，695，703

哈利库斯河（Halycus, R.）西西里岛上的河流，650

哈密尔卡（Hamilcar）迦太基执政（shophet），289—291

汉尼拔（Hannibal）迦太基将领, 615 sqq., 621

哈摩狄乌斯（Harmodius）希帕库斯谋杀者之一, 196, 198

哈摩斯特（Harmost）斯巴达驻庇里阿西人居住区或海外殖民地的军事统领, 113, 499

哈帕古斯（Harpagus）波斯将领, 218

哈帕鲁斯（Harpalus）亚历山大驻埃及的财务官, 768, 800, 814

赫卡泰伊乌斯（Hecataeus）米利都人, 散文作家, 72, 76, 224, 225, 232, 233

赫卡托姆努斯（Hecatomnus）米拉萨（Mylasa）人, 676

赫格西斯托拉图斯（Hegesistratus）庇西特拉图之子, 又名泰萨鲁斯（Thessalus）, 185

"六一农"（*Hektemoroi*）梭伦改革前阿提卡的负债农奴, 166, 173, 175, 187

攻城塔（Helepoleis）, 634

赫利埃亚（*Heliaea*）陪审员, 172, 176;~ 津贴, 334;~ 的工作, 335

希腊（*Hellas*）, 名称, 98

希伦（Hellen）希腊人的名祖, 72

希伦奈斯（Hellenes）居于北希腊的一支早期希腊人, 38

希腊人（Hellenes）等同于 Greeks, 72; 使用该称呼的来源, 98

希腊人司库（*Hellenotamiae*）雅典收取盟邦贡金的官员, 314

赫勒斯滂海峡（Hellespont）即现在的黑海海峡, 254

赫罗利斯（Heloris）狄奥尼修斯的支持者, 629

赫洛鲁斯河（Helorus）西西里岛上的河流。~ 之战, 286

希洛特（Helots）斯巴达的农奴, 120, 124, 310;~ 大起义, 329

赫那（Henna）西西里城镇, 630, 641

赫法伊斯提昂（Hephaestion）亚历山大的密友，737，786，792，795，799，802，805

赫淮斯托斯（Hephaestus）匠神、火神。阿提卡的~崇拜，157，355

赫拉克利亚（Heraclea）在克尔松尼斯，85

赫拉克利亚－米诺亚（Heraclea Minoa）西西里岛上一城镇，650，656

赫拉克利亚（Heraclea）在本都，麦加拉人建立的殖民地，83，512

赫拉克利亚（Heraclea）在特拉奇斯(Trachis)，斯巴达建立的殖民地，405，427，528

赫拉克勒斯（Heracles）大力神，神话中的英雄，70，73；在雅典，195；~抉择的寓言，370；钱币上的~，538

赫拉克利戴（Heraclidae）赫拉克勒斯的子孙们。~的回归，73 sq.

赫拉克利德斯（Heraclides）叙拉古将领，656-9

赫拉克利图斯（Heraclitus）哲学家，305

赫莱亚（Heraea）在阿卡狄亚，592

赫莱昂－提科斯（Heraeon-Teichos）色雷斯城市，688

赫拉神庙（Heraeum）在阿尔哥斯，36

赫贝苏斯（Herbessus）西西里城镇，628

赫比塔（Herbita）西西里城镇，630，647

赫耳麦（Hermae）上有赫耳墨斯头像的方形石柱界碑。捣毁~，452

赫耳米奥涅（Hermione）神话中墨涅拉俄斯与海伦之女，后指阿尔哥利斯海岸的一城市，53，170

赫摩克拉泰斯（Hermocrates）叙拉古政治家，449，453，455，461，464，467，613，618—619

赫尔米普斯（Hermippus）雅典喜剧作家，391

赫摩劳斯（Hermolaus）亚历山大的侍从，782

希罗多德（Herodotus）历史学家，228，232，252，253—256，272，284，309

赫西俄德（Hesiod）希腊诗人，100—101

赫西俄德风格的诗歌（Hesiodic school），72—101

六步格诗歌（Hexameter），~的发明，44

耶罗（Hiero）叙拉古僭主，292 sqq.

希克塔斯（Hiketas）叙拉古人，660—663，665

希麦拉（Himera）西西里岛一希腊城邦，92，288 sqq.，617—618，619

希米尔科（Himilco）迦太基人，汉尼拔的堂兄弟，621—622，626，633—640

希帕库斯（Hipparchus）庇西特拉图之子，雅典僭主，185，195—196

希帕库斯（Hipparchus）雅典人卡尔穆斯（Charmus）之子，249

希帕利努斯（Hipparinus）叙拉古人，狄昂的子侄，653，659

骑士级（*Hippes*）梭伦改革后雅典的第二等级公民，168

希庇亚斯（Hippias）庇西特拉图之子，185，195—198，229，236，237，243

希庇亚斯（Hippias）爱利斯人，智者学派的代表人物之一，370

希波城（Hippo, city）北非的城市，91

希波克雷德斯（Hippocleides）阿伽莉斯塔的求婚者之一，149

希波克鲁斯（Hippoclus）兰普萨库斯人，226

希波克拉底（Hippocrates）雅典将军，422，424

希波克拉底（Hippocrates）革拉僭主，286

希波达穆斯（Hippodamus）米利都的建筑家，360，363

希蓬（Hippon）墨西拿僭主，665

希波尼昂（Hipponion）意大利南部一城镇，645，666

|| 索 引　1099

希萨利克山（Hissarlik）参见特洛伊

希斯提埃亚（Histiaea）优卑亚岛北部的一个城邦，52，346

希斯提埃亚人（Histiaeans），51—52

希斯提埃奥提斯（Histiaeotis）色萨利西北地区，51

希斯提埃乌斯（Histiaeus）米利都的统治者，226，229，231，233

赫梯帝国（Hittites, empire of），39，56

荷马（Homer）诗人。~诗歌中反映的文明与迈锡尼的关系，43 sqq.;《伊利亚特》的来源，61—62;~描述的社会政治制度，44 sqq.;~提及的文字书写，44; 对~的篡改，183，190; 庇西特拉图组织编订的~史诗，190

杀人罪（Homicide），137

霍普勒泰斯（Hopletes）米利都四部落之一，162

重装步兵（Hoplites）~的引入，12

叙达涅斯（Hydarnes）波斯万人不死军的统帅，263

叙达斯佩斯河（Hydaspes, R.）又名杰赫勒姆河（Jhelum），在克什米尔，785，787-8

叙德拉奥提斯河（Hydraotis, R.）又名拉维河埃（Ravee）在克什米尔，792

叙德鲁斯（Hydrus）南意大利东海岸的希腊城邦，又名奥特兰托（Otranto），97

叙卡拉（Hykkara）在西西里，89

叙鲁斯（Hyllus）神话中赫拉克勒斯之子，73

银盾兵（Hypaspistae）国王的卫队，手拿银色盾牌，675，736

叙佩波鲁斯（Hyperbolus）雅典政客，441，445，448，478

希培里德（Hypereides）雅典政治家，十大演说家之一，703，749，815，

817，818

希法西斯河（Hyphasis (Beas), R.）印度河的一条支流，793

叙西埃（Hysiae）在伯罗奔尼撒半岛。~ 之战，137，312

叙西埃（Hysiae）在基泰隆 (Cithaeron)，206，278

I

伊阿库斯（Iacchus）埃琉西斯秘仪崇拜神灵之一，299

伊阿吕苏斯（Ialysus）罗德岛上的城市，32，33

伊阿皮吉安人（Iapygians）意大利南部一部族，647

伊阿苏斯（Iasus）小亚细亚希腊城邦，538

伊阿沃涅斯（Iavones），参见伊奥尼亚

伊比利亚雇佣军（Iberian mercenaries），640

伊科尼昂（Iconium）小亚细亚城镇，503

伊克提努斯（Ictinus）建筑师，352，356，358

伊达山（Ida）在克里特，神话中宙斯幼年居住之地，15

伊达利昂（Idalion）塞浦路斯中部城市，65

伊多麦涅（Idomene）奥尔派（Olpae）以北的山峰，407

伊德利乌斯（Idrieus）哈利卡那苏斯的王公，阿达的丈夫，741

伊利昂（Ilion）或伊利俄斯（Ilios）。参见特洛伊

伊利里亚人（Illyrians）49—50，728—729

音布洛斯（Imbros）爱琴海东北部的岛屿，228，234，236，531

不死军（Immortals）波斯国王的卫队，264

伊那库斯（Inachus）传说中海洋之神俄开阿努斯之子，流经阿尔哥斯的河流，74

伊那罗斯（Inaros）利比亚统治者，338—339，342

印度（India），亚历山大时代的～，785 sqq.

印度河（Indus），785，797

利息（Interest）利率，571

伊俄（Io）宙斯的情人之一，75

伊奥尔库斯（Iolcus）色萨利城镇，41，74

伊翁（Ion）传说中克苏托斯（Xuthus）之子，伊奥尼亚人的名祖，72

伊奥尼亚（Ionia）小亚细亚西海岸中部地区，主要居住着伊奥尼亚人，59 sqq.，70;～十城，60;～总督辖区，223

伊奥尼亚人（Ionians），59 sqq.，70;～的世系，72;～对阿提卡的影响，167;波斯征服～，217—218;～居住地的总督辖区，223;～的起义，228 sqq.;阿塔佛涅斯重新组织～，235;～与多利亚人的敌对，327，447

伊奥丰（Iophon）庇西特拉图之子，185

伊菲克拉特斯（Iphicrates）雅典将军，532—533，536;在色雷斯，555;在科基拉，556;在埃及，从前引;雇佣兵，574;被阿明塔斯采用，597;干预马其顿事务，599;被提摩修斯取代，600;帮助色雷斯人对抗雅典，601;恩巴塔，677;审判～，从前引

伊菲克拉特斯（Iphicrates）雅典将军之子，478

伊皮图斯（Iphitus）比萨国王，据传与斯巴达人莱库古一道恢复了奥林匹亚的竞技赛会。～铁圈，129

伊兰涅斯（Iranes）斯巴达 20—30 岁的青年；麦利兰克斯（mellirancs）斯巴达 18—20 岁的青年，125

伊朗人（Iranians），209

铁和铁器时代（Iron, and Iron age），29，33，49，62

伊萨攸斯（Isaeus）十大演说家之一，690

伊萨哥拉斯（Isagoras）雅典人，克里斯提尼的政敌，200

伊丝美尼亚斯（Ismenias）底比斯人，科林斯战争中的主要领导人，528，544

伊索克拉底（Isocrates）十大演说家之一。"泛希腊集会辞"，541；"论埃瓦哥拉斯"，542；"论普拉提亚"，557，560；一所学校的主导者，568；政论家，569；世界主义，从前引；关于雅典，从前引；"战神山议事会颂"，569；"阿奇达姆斯"，595；"论和平"，678；对～所处时代历史的看法，700—701；写给腓力的书信，700

伊萨（Issa）亚德里亚海上的小岛，646，647

伊苏斯（Issus）位于小亚细亚东南，505；～之战，744 sqq.

科林斯地峡（Isthmus of Corinth）～的地理重要性，2—3，36；地峡运动会，151，532；"代表大会"，257；圣所，271，528

伊斯通山（Istone, Mt.）在科基拉，404

伊斯特鲁斯（Istrus）希腊人在伊斯特（Ister）河口建立的城邦，85

伊塞鲁斯（Isyllus）埃皮道鲁斯诗人，718

南意同盟（Italiot league）意大利南部希腊殖民城邦建立的同盟，644，647

意大利（Italy），名字使用范围最初的扩大，95；希腊人在～的殖民，95 sqq.；狄奥尼修斯计划使脚趾处成为一座岛屿，648。参见大希腊

伊托麦（Ithome）美塞尼亚的城镇，120，329—330

伊乌利斯（Iulis）凯奥斯岛上的主要城镇，601

J

玉（Jade）白～，10

贾拉尔普尔（Jalalpur）位于印度, 788

伊阿宋（Jason）色雷斯菲莱僭主 of Pherae, 550, 557, 576, 580—582

雅克萨泰斯河（Jaxartes, R.）即锡尔河, 也名药杀水, 中亚主要河流之一, 776

耶路撒冷（Jerusalem）巴勒斯坦地区的城市, 210

犹太人（Jews）～与亚历山大大帝的关系, 756, 760

犹大国（Judaea）向亚历山大臣服, 756

K

卡莱－阿克泰（Kale Akte）位于西西里, 296

卡尔达凯斯（Kardakes）波斯效仿希腊军制组建的密集重装步兵战阵, 多由子承父业的军户组成, 另有一说认为是库尔德山民组成的雇佣军, 745

凯弗提乌人（Keftiu）埃及人对希腊人的称呼, 13, 16

《大王和约》公元前 386 年波斯国王强令希腊诸邦接受的自治条约, 537

科斯莫伊（Kosmoi）克里特 10 名最高城邦长官, 131

L

迷宫（Labyrinth）克诺索斯的～, 15

拉凯斯（Laches）雅典西西里远征的将领之一, 433, 443, 448

拉哥尼亚（Laconia）伯罗奔尼撒中南部地区, 斯巴达的主体组成部分, 29, 54; 另见斯巴达

拉戴（Lade）岛屿, 在米利都附近。～之战, 233, 740

拉吉那（Lagina）在小亚细亚的卡里亚境内，宗教中心，676

拉玛库斯（Lamachus）西西里远征时的雅典将领之一，451，458

拉米亚（Lamia）中希腊的城镇。~之围，816（所谓的拉米亚之战）

拉姆蓬（Lampon）雅典神谶解释人（exegete），363

兰普萨库斯（Lampsacus）黑海海峡小亚细亚城邦，85，189，360，476，487，538，737，738

希腊土地制度（Land system in Greece），早期~，80，99

拉奥斯（Laos）意大利南部城镇，95

拉帕图斯（Lapathus）塞浦路斯北京城镇，65

拉皮泰人（Lapiths）与赫拉克勒斯战斗的野蛮人，73

拉里萨（Larisa）位于阿尔哥斯的城镇，36

拉里萨（Larisa）位于色萨利的城镇，51，596

拉西翁（Lasion）伯罗奔尼撒半岛西北部一个要塞，603

拉苏斯（Lasus）赫耳米奥涅的诗人，196

劳里昂（Laurion）阿提卡南部苏尼昂半岛的一个地区，以盛产银矿而著称，87，251，408，469，811

法律（Law），荷马时代的初步发呢，47—48;~ 的发展，69; 立法者和成文~，137，171，179

雅典的法庭（Law-courts at Athens），172，176; 陪审员津贴，333;~ 的缺陷，335

莱巴戴人（Lebadea）居于波奥提亚，后移居到伊奥尼亚，52

莱贝都斯（Lebedus）伊奥尼亚城镇，60

莱凯昂（Lechaeon）科林斯的港口城市，530，532-3

雷普叙德利昂（Leipsydrion）阿提卡一村镇，197

利兰丁战争（Lelantine war）优卑亚诸城邦为争夺利兰西平原而引发的

索 引　1105

战争，143

勒勒吉人（Leleges）前希腊人的一支，39，40，60，63

勒姆诺斯（Lemnos）爱琴海北部岛屿。波斯治下的～，228；被米泰雅德占据，234，236，354，531

莱昂（Leon）雅典萨拉米斯人，被三十寡头逮捕，492

李奥尼达（Leonidas）斯巴达国王，199，258，259 sqq.

莱昂那图斯（Leonnatus）马其顿将领，795，817

莱昂提亚达斯（Leontiadas）一位底比斯人，544，546

列奥提尼（Leontini）也称伦提尼（Lentini），西西里岛上的希腊城邦，92，294；与雅典缔结条约，385，447，449，451，623；隶属于叙拉古，626，630—631；狄昂在～，657；希克塔斯，663，665

莱奥斯泰涅斯（Leosthenes）雅典将军，拉米亚战役时镇守温泉关，816—817

莱奥提奇达斯（Leotychidas）斯巴达国王，246，247，273，284，311

莱普瑞昂（Lepreon）伯罗奔尼撒西北部城镇，440，443

莱普提涅斯（Leptines）叙拉古人，僭主狄奥尼修斯的兄弟，636，638，639，644

莱罗斯（Leros）米利都附近的一座岛屿，233

列斯堡（Lesbos）爱琴海东北部岛屿。阿凯亚征服～，57，233；雅典同盟下的～，324；统一运动，395—396；在～的军事殖民地，400；反叛，470；雅典恢复对～的控制，472；伯罗奔尼撒人封锁～，485；雅典重获控制权，535

琉卡斯（Leucas）在希腊西北部，科林斯的殖民地，32，143，144，401，405—406

琉凯岛（Leuce, island）多瑙河口的一座小岛，上有阿喀琉斯的神庙，85

留克特拉（Leuctra）在底比斯。~之战，578—581

利卡斯（Lichas）一位斯巴达人，阿格西劳斯之子，475

利利瓦伊昂（Lilybaeum）西西里岛上的一海岬，285，637，650

利帕拉（Lipara）西西里北部海外一个城邦，285

公益捐献制度（Liturgies）雅典的~，335—336

洛克里人（Locrians）在埃皮克奈米狄亚 (Epicnemidian)，53，683，686

洛克里人（Locrians）在埃皮泽斐利亚 (Epizephyrian)，96，138，644，646，659

洛克里人（Locrians）在奥彭提亚 (Opuntian)，53，342，528，588，680 sqq.

洛克里人（Locrians）在奥佐利亚 (Ozolian)，53，406，588，681，683。参见 Amphissa

洛克里（Locris）位于优卑亚西海岸地区，53

散文作家（Logographers），72

抽签（Lot）使用~任命官吏，178，334

卢卡尼亚人（Lucanians）意大利南部一部族，644，666，667

卢利斯坦（Luristan）伊朗西南部山区，802

吕卡奥尼亚（Lycaonia）小亚细亚中部城镇，503

吕西亚人（Lycians）小亚细亚西南地区的部族，9;~入侵埃及，46; 赫梯治下的~，39; 与~的贸易，41; 阻止希腊人的扩张，63，80; 加入雅典同盟，322; 卡里亚僭主治睥~，676

吕科美德斯（Lycomedes）一位曼丁尼亚人，584，593，594

吕科弗戎（Lycophron）科林斯僭主伯里安德（Periander）之子，146

吕科弗戎（Lycophron）一位菲莱人（Pherae），684，685

吕科弗戎（Lycophron）一位智者。论奴隶制，567

II 索引　1107

莱库古（Lycurgus）雅典人，平原派首领，181

莱库古（Lycurgus）斯巴达立法者，129

莱库古（Lycurgus）十大演说家之一，雅典政治家，730，733，809，810—811，813

吕底亚（Lydia）小亚细亚的文明古国。~ 的早期历史，103 sqq.;~ 的币制，105;与米底的战争，210;克洛伊索斯治下的 ~，211 sqq.;归降亚历山大，739

吕格达米斯（Lygdamis）纳克索斯僭主，庇西特拉图的朋友，186，221

林凯斯提安人（Lyncestians）居于伊利里亚的一支部族，670

吕佩乌斯（Lyppeius）派奥尼亚（Paeonian）国王，674

七弦琴（Lyre）。在克里特，43; 泰潘德尔发明的 ~，123

莱桑德（Lysander）斯巴达水师统帅，484;水师统帅的秘书，486;对小居鲁士的影响，从前引;胜利，488;封锁比雷埃夫斯并降服雅典，488—489;30 寡头制，490;在埃琉西斯，496;建立斯巴达帝国，499;被召回，500;受到崇拜，从前引;~ 的革命性计划，519;支持阿格西劳斯，519;在赫勒斯滂，521;~ 之死，527

吕西亚斯（Lysias）十大演说家之一，492，545

吕西克勒斯（Lysicles）雅典将军，715

吕图斯（Lyttus）位于克里特西北部，130

M

马其顿（Macedonia）希腊北部地区，47; 马其顿保留王权，63;~ 被波斯征服，228;对雅典敌视，329;前 5 世纪后期与雅典的关系，427;向斯巴达求助，427—428;前 4 世纪的 ~，542—543，596 sqq.;~ 的政治

情况，670—671；阿奇劳斯治下的～，671；腓力治下的～，672 sqq.；对希腊人的态度，716

麦奥尼亚（Maeonia）吕底亚王族，103

大希腊（Magna Graecia）意大利半岛南部希腊人建立殖民城邦的总称，98，644—645，647，666—673

玛格涅斯（Magnes）早期喜剧作家，368

玛格涅西亚（Magnesia）海尔姆斯河（Hermus）傍爱奥利斯人建立的城镇，57，321

玛格涅西亚（Magnesia）麦安德河（Maeander）傍色雷斯人建立的城镇，60，104，105，534

玛格涅泰斯（Magnetes）色雷斯城镇，60

玛哥（Mago）迦太基统帅，642，648，662

玛尔库斯（Malchus）迦太基将领，285

玛里人（Malli）印度旁遮普的一支部族，786，795—796

玛麦库斯（Mamercus）卡塔奈僭主，665

曼多尼亚（Mandonia）意大利卢卡尼亚的城镇。～之战，666

曼多罗克莱斯（Mandrocles）萨摩斯人，226

玛尼娅（Mania）达尔达努斯（Dardanus）的一位妇女，泽尼斯（Zenis）的寡妻，517

曼丁尼亚（Mantinea）阿卡狄亚的一座城市，193；～的统一运动，312；与阿尔哥斯结盟，440；与雅典结盟，442；～之战（前418年），443；被肢解，540；重建，584；脱离阿卡狄亚同盟，604 sqq.；发生～的骑兵战，606—607；～之战（前362年），607—608

地图（Maps）早期的～，224

玛拉坎达（Maracanda）中亚城市，即今撒玛尔罕（Samarcand），776，

索引　1109

778

马拉松（Marathon）阿提卡东北部地区，155;~ 平原，237;~ 之战，238 sqq

玛尔多纽斯（Mardonius）大流士的女婿，波斯驻希腊军队的统帅，235，253，273 sqq.;~ 之死，282

玛莱奥提斯湖（Mareotis）埃及尼罗河口附近，758

玛西斯提乌斯（Masistius）波斯将领，278

玛萨伽（Massaga）斯瓦特（Swat）河谷的一处要塞，787

玛萨格泰人（Massagetae）里海以北的一个民族，219

马赛利亚（Massalia）高卢南部沿海的希腊城邦，即今之马赛，285

摩索拉斯（Mausolus 或 Maussollos）卡里亚的统治者，676—679

玛扎凯斯（Mazaces）波斯驻埃及总督，758

玛扎乌斯（Mazaeus）波斯驻巴比伦总督，760，764，765

玛扎鲁斯河（Mazarus, R.）西西里岛上的河流，650

麦库贝尔那（Mecyberna）在卡尔基狄克，437

美狄亚（Medea）科尔奇斯公主，伊阿宋的妻子，75

米底（Media）位于亚述以东，伊朗高原北部。~ 的崛起和实力的发展，209—211;~ 衰落，213; 被亚历山大征服，768

麦斗（Medimnus）古希腊容量单位，124

暗通波斯者（Medism）词源，213

麦狄乌斯（Medius）亚历山大的朋友，805

麦德玛（Medma）大希腊的城镇，96

麦冬（Medon）和麦冬提德斯（Medontids）雅典最初的执政官，161—162

麦伽巴泰斯（Megabates）波斯将领，230

麦伽巴佐斯（Megabazus）波斯将领，227

麦伽比佐斯（Megabyzus）波斯军队驻埃及的统帅，341，344

美伽克勒斯（Megacles）雅典人，西吉昂僭主克里斯提尼的女婿，148—149，181，185，249

美伽克勒斯（Megacles）希波克拉底之子，伯里克利之祖父，199，249

麦伽罗波利斯（Megalopolis）阿卡狄亚联邦的首府，584 sqq.，603，685，694，701，719；~之战，808

麦加拉（Megara）多利亚人的城邦，毗邻阿提卡，55；~的殖民，83，93；~的僭政，147，171；与雅典的战争，182—183；普拉提亚战役中的~人，278；被雅典占据，337；~长城，从前引；反叛雅典，364；雅典的反~法令，377；雅典进攻~，422—423；发生在~的革命，423；与雅典结盟，705

麦加拉（Megara）麦加拉人在西西里叙普拉山（Hybla）建立的城邦，93，288，657

美狄亚斯（Meidias）雅典人，德摩斯提尼的政敌，693

美狄亚斯（Meidias）斯凯普西斯（Scepsis）人，517

麦克兰（Mekran）今巴基斯坦和伊朗交界地区，798

麦兰图斯（Melanthus）科德鲁斯之父，160

麦莱亚格尔（Meleager）希腊神话人物，49

麦利凯泰斯（Melicertes）希腊神话人物，源于腓尼基神话人物麦尔卡特（Melkart），后大致等同于赫拉克勒斯，70

美利莎（Melissa）科林斯僭主伯里安德之妻，146

麦尔卡特（Melkart）腓尼基神话人物，70

米洛斯（Melos）爱琴海南部岛屿，7，9，53；雅典征服~，445—446

门农（Memnon）罗德岛人，波斯希腊雇佣军的首领737，738，741，

索 引　1111

742

孟菲斯（Memphis）埃及中部城市，339，341，735，758，759

麦奈努姆（Menaenum）在西西里，296

米南德（Menander）波斯希腊雇佣军将领，736

门德（Mende）卡尔基狄克上的城邦，434

麦涅克利达斯（Meneclidas）底比斯人，伊帕密农达的政敌，591，600

麦涅拉伊昂（Menelaion）位于斯巴达境内的要塞，29

麦涅劳斯（Menelaus）库列涅附近的一个港口，611

麦涅劳斯（Menelaus）斯巴达国王，海伦之夫，29，37，42

麦尼达斯（Menidas）波斯希腊雇佣军将领，762

麦农（Menon）小居鲁士麾下的希腊雇佣军将领，504，509

雇佣军（Mercenaries）在埃及的~，38，108；色雷人在希腊充当~，517；波斯境内的~，501 sqq.，575，624，629

孟纳戴（Mermnadae）吕底亚的一个氏族，103

门普塔（Mernptah）埃及法老，11，38

麦塞姆布里亚（Mesembria）色雷斯城市，85

墨西拿（Messana）西西里城镇，92，286，453，626；哈米尔科夺取~，637，643，665

麦萨比人（Messapians）居于塔林顿附近，据说源自克里特，95，98，666，667

美塞尼（Messene）美塞尼亚境内的主要城市，120

美塞尼（Messene）新建的~城，589，685

美塞尼亚（Messenia）位于伯罗奔尼撒半岛西南部，73；土地，120；被斯巴达征服，120 sqq.；~的起义（第三次~战争），330；居于瑙帕克图的~人，330；在派罗斯的~人和雅典人；420—421；恢复~，590

sq.; 在美塞尼，644，686，719

麦塔皮奥伊人（Metapioi）参见麦萨比人

麦塔蓬提昂（Metapontion）大希腊的城市，在克罗同附近，97

麦托涅（Methone）在阿尔哥利斯，421

麦托涅（Methone）在美塞尼亚，386

麦托涅（Methone）在马其顿的皮埃利亚（Pierian），86，427，437，600，634

麦提姆那（Methymna）列斯堡上的城市，141，395，400，485，550

麦特克（Metics）外邦侨民。居于雅典的～，317

弥达斯（Midas）弗里吉亚国王，103

米利都（Miletus）伊奥尼亚城邦，41，61;～的商贸，83;～的殖民地，83，85；吕底亚进攻～，104;～的钱币，107;～的商贸，从前引;～在埃及的殖民地，108;～的僭主政治，140，143，188；与吕底亚的关系，211，230；波斯围攻～，233-4；与萨摩斯的争端，366；反叛雅典，471；与斯巴达和波斯订立的条约，471，516；被亚历山大占领，740，780

米伦（Milon）一位毕达哥拉斯学派的学者，303

老米泰雅德（Miltiades, elder）雅典人，统治色雷斯的克尔松尼斯，188—189

小米泰雅德（Miltiades, younger）雅典人，马拉松战役的指挥者，226，229，234，236 sqq.，238，244

敏涅姆斯（Mimnermus）科洛丰或士麦那的哀歌体（elegiac）诗人，104

明达鲁斯（Mindarus）斯巴达海军将领，481

矿藏（Mines）色雷斯的～，364。另参见劳立昂和西弗诺斯

米诺亚（Minoa）据米诺斯命名的多处地名，16，34，422

米诺斯（Minos）克里特国王，16，34，37，87

米诺陶（Minotaui）米诺斯之子，牛首人身怪物，15

米尼亚人（Minyae）居于爱琴海地区的前希腊民族之一，31；铁拉岛上的~，109

姆那西普斯（Mnasippus）斯巴达海军将领，554—555

姆涅西克莱斯（Mnesicles）建筑师，357

姆诺伊戴（*Mnoitae*）克里特的国家奴隶，131

摩洛西亚（Molossia）埃皮鲁斯的一支部族，320

货币（Money）克里特的~，16；斯巴达的~，127；雅典的~，170。加参见钱币

摩甘提那（Morgantina）西西里岛上的要塞，91，641

摩托涅斯（*Mothones*）斯巴达人与希洛特妇女所生的私生子，125

摩提亚（Motya）腓尼基人在西西里的城市，95，633 sqq.

摩提卡（Motyca）西西里岛上的要塞，89

穆尼基亚（Munychia）比雷埃夫斯西部的山丘，155，196；~之战，495

米卡列（Mycale）小亚细亚的一个海角。~之战，283

米卡列苏斯（Mycalessus）在波奥提亚，470

迈锡尼（Mycenae）阿尔哥利斯的一个城镇，18，36，43—44；~被焚，54，259，275，330，330

迈锡尼人（Mycenaean）~的约定含意，17

米科努斯（Myconus）爱琴海提洛岛附近的一个岛屿，397

米莱（Mylae）西西里北部的一个要塞，92，644

米拉萨（Mylasa）卡里亚的城镇，676，741

明都斯（Myndus）特洛伊曾人在小亚细亚西海岸建立的城邦，63，741

米狄努斯（Myrdinus）色雷斯境内的城镇，230

米利安德鲁斯（Myriandrus）叙利亚北部的沿海城镇，505，744

米罗尼德斯（Myronides）雅典将军，338，341

米西鲁斯（Myrsilus）米提列涅僭主，140

密仪（Mysteries），298 sqq.，475，484

米提列涅（Mytilene）列斯堡岛上的城邦，140，188，231; 反叛雅典，395 sqq.; 在~的军事殖民地，399;~的起义，471; 科农封锁~，485; 加入第二次雅典同盟，550; 受到门农的围攻，742

米乌斯（Myus）伊奥尼亚城市，60

N

那巴扎涅斯（Nabarzanes）大流士三世的谋杀者之一，772

那波勃拉萨尔（Nabopolassar）新巴比伦国王，209

那不勒斯（Naples）意大利中南部城镇，87

瑙克拉利埃（Naucrariae）舰区，每个部落分成12个舰区，每个舰区提供一条战舰，169

瑙克拉提斯（Naucratis）埃及尼罗河口附近的城市，108; 成为一座城市，220

瑙帕克图（Naupactus）科林斯湾附近的城市，53; 被雅典占领，330，337，342; 美塞尼亚人居于~，330，399，401; 德摩斯提尼在~，406，526; 腓力图谋~，705; 腓力占领，714

瑙普里亚（Nauplia）阿尔哥斯湾附近的城镇，170

瑙西尼库斯（Nausinicus）雅典执政官，549

航海（Navigation），102

那克索斯（Naxos）爱琴海上的岛屿，91;~的僭主政治，186; 阿里斯托哥拉斯进攻~，230; 波斯占领~，236; 反叛雅典，323; 在~的军事殖

索引　1115

民地, 350;~ 之战（前 376 年）, 552

那克索斯（Naxos）西西里岛上的一个城邦 (Sicilian), 91, 447, 451, 630;~人, 637, 661

尼亚波利斯（Neapolis）那不勒斯的原称, 87

尼阿库斯（Nearchus）亚历山大麾下海军将领, 795, 797, 799, 804

尼布甲尼撒（Nebucadnezar）巴比伦国王, 210

尼科（Necho）埃及法老, 108, 144

尼克塔尼波斯二世（Nektanebos）埃及法老, 611, 735

尼莱德斯（Neleids）米利都的统治家族, 74, 160

涅琉斯（Neleus）科德鲁斯之子，带领雅典人移民伊奥尼亚, 74

尼米亚（Nemea）伯罗奔尼撒东北部城镇, 442, 528, 606

尼米亚赛会（Nemean games）泛希腊四大赛会之一, 151

涅奥达摩德斯（Neodamodes）新人，因战功获释的希洛特, 125

涅昂（Neon）提摩涅昂手下的将官, 662

涅昂（Neon）佛基斯的城镇, 683

涅斯托尔（Nestor）荷马史诗中的英雄，庇西特拉图的先祖。~之杯, 43, 74

尼凯亚（Nicaea）温泉关附近的城镇, 713

尼凯亚（Nicaea），阿富汗境内的城镇, 783

尼凯亚（Nicaea），印度境内的城镇, 792

尼卡诺尔（Nicanor）马其顿银盾兵的指挥官, 736, 813, 818

尼凯拉图斯（Niceratus）雅典海军将领, 434, 492

尼西阿斯（Nicias）~的性格, 408, 450, 462; 克里昂的政敌, 417—418; 赢得麦托涅和基特拉, 421; 商谈和平, 432;~ 在色雷斯, 434;~ 和约, 437;~ 的反对者, 441;~ 在色雷斯, 445; 反对西西里远征, 450; 被任命为将军，450;~ 在西西里，451 sqq.

尼科克勒斯（Nicocles）塞浦路斯萨拉米斯国王，伊索克拉底的学生，542

尼科克莱昂（Nicocreon）塞浦路斯萨拉米斯人，542

尼科德罗姆斯（Nicodromus）一位埃吉那人，247

尼科斯提拉图斯（Nicostratus）雅典海军将领，402，443

尼罗河（Nile）迈锡尼艺术中的~，62

尼萨（Nisa）麦加拉的原称，55

尼萨亚（Nisaea）麦加拉的港口(Megara)，55，183，337，347，422，438，483

尼叙罗斯（Nisyros）爱琴海上的岛屿，位于科斯岛以南，70

贵族（Nobles）荷马时代的~，47，67—68

立法者（Nomothetes）雅典的~，396，480

诺提昂（Notion）伊奥尼亚城邦科洛丰的港口。~ 之战，484

尼普西乌斯（Nypsius）那不勒斯将领，657

尼萨（Nysa）阿富汗贾拉拉巴德（Jelalabad）境内的城市，786

尼萨乌斯（Nysaeus）狄昂之侄，653，659

O

奥阿鲁斯河（Oaros, river）多瑙河的支流，227

黑曜石（Obsidian），7，27

奥德苏斯（Odessus）色雷斯黑海沿岸的城邦，85

奥德修斯（Odysseus）特洛伊战争的希腊英雄，足智多谋，32，82

《奥德赛》（*Odyssey*）荷马史诗之一，44，61，62，82

奥伊涅乌斯（Oeneus）传说中的卡吕冬国王，49

奥伊尼亚戴（Oeniadae）阿卡纳尼亚海岸一要塞，342，401，408，813

奥伊诺伊（Oenoe）阿提卡北部村镇，386，480

奥伊诺毛斯（Oenomaus）传说中卡吕冬国王，49

奥伊诺菲塔（Oenophyta）波奥提亚境内的城镇。~之战，341

奥尔比亚（Olbia）第聂伯河入海口的希腊城邦，85

奥尔派（Olpae）阿卡纳尼亚境内城镇，407

奥林匹亚（Olympia）位于伯罗奔尼撒西北部的城镇，奥林匹克赛会举办地，50，133，293，330;~的神庙和宙斯像，358;派奥尼乌斯在~的胜利女神像，421;高尔吉亚在~，483，514;伊索克拉底在~，540;吕西亚斯在~，545

奥林匹亚赛会（Olympian games），133—136;~庆典（前428年），396;前384年的~，545;前364年的~，603 sq.

奥林匹娅斯（Olympias）亚历山大之母，675，720，726，802

奥林图斯（Olynthus）卡尔基狄克半岛上的城市，270，377，427;卡尔基狄克同盟的领导者，543，545;~在伯罗奔尼撒同盟，550，600;与腓力结盟，673;与雅典结盟，692;被腓力征服，692

奥姆菲斯（Omphis）旁遮普的地方统治者，785

昂凯斯图斯（Onchestus）在底比斯附近，730

奥诺玛克利图斯（Onomacritus）雅典人，在波斯王宫服务，196，301

奥诺玛库斯（Onomarchus）埃拉泰亚（Elatea）人，683—685

奥皮斯（Opis）底格里斯河岸城镇，801

奥普斯（Opus）中希腊的城镇，53

神谕（Oracles），81，149，152，302，389，432

奥科麦努斯（Orchomenus）阿卡狄亚国王(Arcadian)，133，592

奥科麦努斯（Orchomenus）波奥提亚(Boeotian)的一座城市，31—33，52; 附属于波奥提亚同盟，153; 卡劳利亚同盟的成员，170; 拉凯戴梦人驻军~，552;~被毁，602，683; 恢复~，717

奥琉斯（Oreus）优卑亚北部城镇，346，480，692，707

奥格昂涅斯（Orgeones）雅典农民或工匠组成的宗教组织中的成员，163

奥利塔伊人（Oritae）居于盖德罗西亚地区的一支部族，798

奥涅埃（Orneae）阿尔哥斯境内村镇，312

奥洛浦斯（Oropus）阿提卡与底比亚交界的城镇，144; 被并入波奥提亚，153; 雅典赢得~，207，480; 雅典收复~，552; 被底比斯夺走，594，696; 重归雅典，718

俄耳菲斯教（Orphic religion）将狄奥尼索斯、秘仪、告知崇拜结合在一起的希腊宗教崇拜仪式，297，301—303

奥塔哥拉斯（Orthagoras）相传为西吉昂首位僭主，147

奥提吉亚（Ortygia）西西里沿海的一个岛屿，93

陶片放逐法（Ostracism），248—249，319，445

陶片（Ostraka），319

奥特吕亚德斯（Othryades）斯巴达战士，与阿尔哥斯人作战，194

奥提斯（Otys）帕弗拉哥尼亚国王，523

奥克叙阿泰斯（Oxyartes）粟特人，781

奥克叙德拉凯斯人（Oxydraces）印度境内的一支部族，796

奥克叙鲁斯（Oxylus）一位独眼的埃托利亚人，73

索引　1119

P

帕凯斯（Paches）雅典将领，396 sqq.

帕库努斯（Pachynus）也即帕萨罗海角，在西西里，656

派奥尼亚人（Paeonians）居于色雷斯境内的一支部族，41，227，670，672，674

派奥尼乌斯（Paeonius）一名雕塑师，421

帕盖（Pagae）麦加拉的港口，347

帕加萨（Pagasae）色萨利的玛格尼西亚沿海的一个港口城镇，33，51，684

帕冈达斯（Pagondas）底比斯人，波奥提亚执政官，424

绘画（Paintings）历史～，358

宫殿（Palaces）克里特和迈锡尼的～比较，20

帕雷斯（Paleis）基法伦尼亚的城镇，275

巴勒斯坦（Palestine）黎凡特南部地区，16，756

帕利卡（Palica）西西里的城镇，296

帕拉科帕斯运河（Pallacopas canal）连接幼发拉底河与巴比伦城的运河，804

帕拉斯（Pallas）巨人族之一，155

帕列涅（Pallene）阿提卡的村镇之一，186

庞麦涅斯（Pammenes）底比斯将领，683

庞菲利亚（Pamphylia）小亚细亚南部，位于吕西亚与西利西亚之间。在～的希腊殖民地，63，332，742

潘神（Pan）牧神。在雅典的～崇拜，241

帕那科敦（Panacton）雅典边境的一个要塞，437

潘多拉（Pandora）希腊神话人物，72

潘多西亚（Pandosia）大希腊的殖民城邦，96

潘盖攸斯山（Pangaeus Mt.）希腊北部山脉，673，675

泛希腊（Panhellenes）早期~的事例，151;~化的发展，152

帕尼奥尼昂（Panionion）在米卡涅附近，是伊奥尼亚人举行宗教仪式之所，218

帕诺姆斯（Panormus）西西里的城市，94;~的钱币，618

帕诺姆斯（Panormus）阿凯亚的一个港口 (in Achaea)，401

潘提卡帕昂（Panticapaeum）陶利克·克尔松尼斯半岛的主要城市，85，364

帕弗斯（Paphos）塞浦路斯西部城市，65

帕莱塔凯涅（Paraetacene）粟特（Sogdian）东南部地区，781

帕莱托尼昂（Paraetonium）埃及亚历山大里亚西部的一港口，759

帕里翁（Parion）黑海海峡小亚细亚沿岸城邦，85

巴门尼德（Parmenides）前苏格拉底哲学家，305

帕麦尼奥（Parmenio）马其顿将军，674，695，720，737，738，754，761，764，765，768，772，773

帕罗帕尼苏斯（Paropanisus）兴都库什山的别称，774

帕罗斯（Paros）基克拉底斯群岛中的一个岛屿，16，244

帕泰尼埃（Partheniae）处女之子，斯巴达妇女的非婚生子，97

帕吕萨提斯（Parysatis）奥库斯之女，800

帕吕萨提斯（Parysatis）大流士二世之妻，小居鲁士之母，501，518，523

帕萨伽戴（Pasargadae）波斯北部地区，767，800

帕西昂（Pasion）雅典最著名的银行家，557，571

帕塔拉（Patala）在印度河三角洲地区，797

保桑尼阿（Pausanias）马其顿叛乱者，597

保桑尼阿（Pausanias）菲力二世的谋杀者，721

保桑尼阿（Pausanias）斯巴达国王，496，526—527

保桑尼阿（Pausanias）斯巴达摄政，280，279 sqq.，309 sqq.，320

佩提亚斯（Peithias）科基拉民主派人士，402

佩冬（Peithon）阿格诺尔之子，797

皮拉吉孔（Pelargikon）皮拉斯吉人在雅典修建的城墙，31，156

皮拉斯吉人（Pelasgians）爱琴海地区的前希腊人之一，31；特洛亚德的～部族，40；关于该部族的看法，51，156

皮拉斯吉奥提斯（Pelasgiotis）色萨利境内的地名，51

佩利亚斯（Pelias）海神波塞冬与萨尔摩纽斯（Salmoneus）所生的双生子之一，74

佩利昂（Pelion）伊利里亚境内的要塞，728

佩拉（Pella）马其顿的首府，543，671，673

培林涅（Pellene）伯罗奔尼撒半岛阿凯亚地区的城邦，588，592，808

佩罗皮达斯（Pelopidas）底比斯政治家，546—547，551—552，579，597，598，601，693

伯罗皮德斯（Pelopids）麦锡尼的伯罗普斯王朝，37

伯罗奔尼撒同盟（Peloponnesian League），195；雅典加入～，198；前4世纪重组～，550

伯罗奔尼撒（Peloponnesus）～名称的来源，50

伯罗普斯（Pelops）神话英雄，来自弗里吉亚，是迈锡尼王朝的缔造者，37，50，76

佩尔泰（Peltae）小亚细亚西部城镇，503

佩鲁西昂（Pelusium）尼罗河口的城镇，758

佩涅斯泰（Penestae）色萨利的农奴，51

五百麦斗级（Pentacosiomedimni），167

彭塔特鲁斯（Pentathlus）来自克尼多斯的殖民者，285

彭泰康泰斯（Penteconters）即50桨战船，102

彭泰西莱（Penthesilea）阿玛宗女王，75

佩帕莱图斯（Peparethus）爱琴海上的小岛，668

柏第卡斯一世（Perdiccas I.）马其顿国王，376，427—428，434，671

柏第卡斯二世（Perdiccas II.）阿明塔斯之子，597，599，671

伯第卡斯（Perdiccas）亚历山大麾下将军，734

佩盖（Perge）小亚细亚南部城镇，742

伯里安德（Periander）科林斯僭主，希腊"七贤"之一，143 sqq.，151

伯里克利（Pericles）雅典政治家。崭露头角，329—333；性格，332；民主改革举措，334 sqq.；远征科林斯湾，343；与客蒙的和解，343；降服优卑亚，346; ~的帝国主义政策，348 sqq.; ~建立的军事殖民地，349 sq.；建议召开一次泛希腊大会，350；重建阿提卡境内的神庙，351 sqq.; ~的反对者，356；改善比雷埃夫斯的设施，360；派人前往意大利建立殖民地，362；巡航优克辛海，364; ~的政治地位，365；降服萨摩斯，366—367；对喜剧采取一些限制措施，367；与普罗泰哥拉关系密切，370；颁布"麦加拉法令"，377，379；修昔底德对~的崇敬，381; ~的政策与地米斯托克利政策的比较，382；坚壁清野的策略，383—384，386；贮备资金，387；葬礼演说，387；理想化的雅典，387，560，568；远征埃皮道鲁斯，390；将军之职被黜并被判有罪，390—391; ~之死，391

小伯里克利（Pericles, the younger）伯里克利之子，391，485

佩林图斯（Perinthus）黑海海峡沿岸希腊城邦，227，325，707，729

庇里阿西人（Perioeci）拉哥尼亚境内没有公民权的自由人，113，118，

佩里波罗伊（Peripoloi）阿提卡的巡防者，422

佩海比人（Perrhaebi）色萨利北部原著部族，51

佩尔塞福涅（Persephone）德墨特尔之女，哈德斯之妻，298

波塞波利斯（Persepolis）波斯帝国首都之一，位于波斯南部地区，766

波斯（Persia）~的崛起，213；对~帝国治下部族的描述，255；与迦太基的关系，289；前412年后及其后与希腊的关系，471 sqq.；前4世纪的状况，735；马其顿征服~，734 sqq.

波斯人（Persians）~的性格，13，217

波西斯（Persis）波斯南部地区，亚历山大征服~，766

佩塔罗伊（Petthaloi）希腊北部的一支原始希腊人，51

佩乌凯斯塔斯（Peucestas）马其顿将领，795，804，806

法埃斯图斯（Phaestus）克里特南部城镇，130

法莱库斯（Phalaecus）佛基斯人，奥诺玛库斯之子，686，694，698

法兰图斯（Phalanthus）传说中的塔林顿英雄，97

方阵（Phalanx）马其顿~，675，804

法拉利斯（Phalaris）阿克拉哥拉斯僭主，285

法那哥利亚（Phanagoria）亚述海东岸城市，85

法涅斯（Phanes）希腊神灵，智慧之神哈利卡那苏斯钱币上~，106

法拉克斯（Pharax）斯巴达海军将领，518

法那巴佐斯（Pharnabazus）波斯赫勒斯滂·弗里吉亚总督，471，480，483，500，513，516—518，523—525，530，535—537

法罗斯（Pharos）亚德里亚海沿岸城镇，646

法萨鲁斯（Pharsalus）色萨利城镇，576

法塞利斯（Phaselis）吕西亚境内希腊城市，325，742

法西斯（Phasis）黑海东岸希腊城邦, 85, 512

法伊鲁斯（Phayllus）奥诺玛库斯之弟兄, 684, 686

菲狄亚斯（Pheidias）参见 Phidias

菲狄皮德斯（Pheidippides）参见 Philippides

菲冬（Pheidon）阿尔哥斯僭主, 133, 135

菲莱（Pherae）色萨利城镇, 51, 576; 参见 Jason and Alexander, 684, 685, 697

菲狄亚斯（Phidias）建筑师, 354, 358, 391

菲狄提亚（Phiditia）斯巴达男性公民的共餐制, 126

菲伽利亚（Phigalia）伯罗奔尼撒半岛上的一地名, 358

腓力二世（Philip II.）马其顿国王, 597; 阿明塔斯的监护人, 671; 成功打败伊利里亚人, 672, 674; 夺取安菲波利斯, 673; 皮德那、波提狄亚, 674; ~的矿藏, 673; ~的军事改革, 675; 攻打佛基斯人, 684—685; ~在色雷斯, 688; 前352年扩张其势力, 688; ~的希腊主义, 689; 德摩斯提尼刻画的~, 690, 706; 征服卡尔基狄克和奥林图斯, 691—692; 受邀前往干预佛基斯, 694; 迎接雅典来的使团, 694—695; 与雅典订立和约, 695; 降服凯索布勒普泰斯, 695; 温泉关, 698; 打败佛基斯人, 从前引; 主持皮提亚赛会, 699; 伊索克拉底对~的态度, 700; 成为色萨利的执政官, 701; 派员前往雅典对她的不友好提出抗议, 703; 贿赂雅典支持马其顿的人, 704—705; ~在优卑亚的影响, 705; 在埃皮鲁斯和西部希腊的行动, 705—706; 远征色雷斯（前342或前341年）, 706; 围攻佩林图斯和拜占廷, 707; 对雅典的感情, 709, 719; 受到安菲克提奥涅同盟的邀请（前338年）, 712; 喀罗尼亚之战, 714 sqq.; 对希腊的处理, 718 sqq.; 计划进攻波斯, 719; 内部问题, 719—720; ~被暗杀, 721; 其功绩, 721 sqq.

腓力（Philip）一位医生, 743

腓力（Philip）马其顿将领, 玛卡塔斯（Machatas）之子, 787, 796—797

腓力比（Philippi）马其顿境内城镇, 673

菲利皮德斯（Philippides）也即斐迪皮德斯（Pheidippides）马拉松胜利的报信人, 237

菲利勃波利斯（Philippopolis）色雷斯境内的城市, 706

菲利普斯（Philippus）底比斯军事执政官, 546

菲利士丁人（Philistines）入侵巴勒斯坦的海上民族, 16, 70

菲利斯图斯（Philistus）叙拉古将领, 历史学家, 647, 654, 656

菲罗克拉特斯（Philocrates）一位雅典人。~和约, 695;~受到指控, 703

菲罗麦鲁斯（Philomelus）佛基斯的一位富裕公民, 681—683

哲学（Philosophy）伊奥尼亚~, 303 sqq., 368—371

菲罗塔斯（Philotas）马其顿将领, 帕麦尼奥之子, 736, 773

菲罗克塞努斯（Philoxenus）马其顿将领, 765, 815

弗琉斯（Phlius）阿尔哥斯的城镇, 54, 442, 545; 帮助斯巴达对抗底比斯, 588; 保持中立, 594; 五邦结盟的成员之一, 606

福凯亚（Phocaea）伊奥尼亚人的城邦, 59—60, 219;~人, 285

佛基斯人（Phocians）, 34, 49—50; 进攻多利斯, 340; 与雅典结盟, 341; 占领德尔斐, 346; 退出与雅典结成的同盟, 从前引; 寡头政体, 从前引; 与洛克里的纷争, 526, 528; 与底比斯结盟, 528; 前4世纪时的势力, 680 sqq.; 夺占德尔斐, 681; 地位和政策, 686—687; 霸权达到顶点, 684; 衰落, 694; 雅典与腓力协商关于对~的政策, 696; 被腓力征服并受到安菲克提奥涅同盟的审判, 698

福基昂（Phocion）雅典将军, 692; 性格, 702, 704; 德摩斯提尼对~的评价, 721; 亲马其顿政策, 733; 亚历山大时代的影响, 808, 809, 816, 817

佛基斯（Phocis）中希腊科林斯湾北部城邦，53

腓比达斯（Phoebidas）斯巴达将领，544，552

腓尼基人（Phoenicians）希腊人对居于现黎巴嫩和叙利亚地中海沿岸操闪米特语的航海民族的称呼，69 sqq.；西班牙的～，91；西西里的～，91，94；非洲的～，91，749 sqq.

腓尼凯斯（Phoenikes）原意指克里特褐色皮肤居民，34，71

腓尼克斯（Phoenix）据克里特传说，为欧罗巴之父，34

佛罗埃高地（Pholoe）阿卡狄亚与爱利斯之间的山地，514，603

福尔米奥（Phormio）雅典将军，390，401

佛罗斯（Phoros）缴纳贡金的盟邦成员，314；贡金表中的对～所纳贡金的估价，325，348；增加贡金数，411

弗拉奥泰斯（Phraortes）米底国王，209

胞族（Phratra 或 phratria），45；雅典的～，162

赫勒斯滂的弗里吉亚（Phrygia, Hellespontine）波斯小亚细亚西北部省区，739

弗里吉亚人（Phrygians）小亚细亚中部偏西的居民，37；～的迁徙，40；弥达斯治下的～，103，104，742

弗吕尼库斯（Phrynichus）雅典的一位寡头派，475，479

弗吕尼库斯（Phrynichus）悲剧作家，234，272

弗提亚（Phthia）色萨利南部地区，38，51

弗提奥提斯（Phthiotis）居于色萨利南部地区，51

菲娅（Phye）一位雅典妇女，庇西特拉图用其冒充雅典娜，185

菲拉科皮（Phylakopi）米洛斯岛上的一个定居点，9

菲拉克斯（Phylarchs）骑兵队长，318

菲列要塞（Phyle, fort）阿提卡与波奥提亚交界的一座要塞，493，495

索引　1127

菲列（Phyle）罗马人对部落的称呼，45

菲利达斯（Phyllidas）底比斯人，546

菲敦（Phyton）瑞吉昂将军，646

品达（Pindar）底比斯抒情诗人，281，282，293，294

海盗（Piracy），48

皮莱昂（Piraeon）科林斯湾的一个港口，532

比雷埃夫斯（Piraeus）阿提卡的主要港口城市，250，317 sq.，358，479，489; 特拉叙布鲁斯占据～，495，496; 突袭～，534

比萨（Pisa）伯罗奔尼撒半岛西北部城邦，50，121，135，607

皮桑德（Pisander）雅典人，一位寡头派，474，475

皮桑德（Pisander）斯巴达水师提督，524

皮西狄亚人（Pisidia）小亚细亚南部的一支山地部族，501，742

庇西特拉图（Pisistratus）雅典僭主。麦加拉战争的领导者，183;～的僭主政治，184—193;～之死，195;～的妻儿，185—186

皮塔涅（Pitane）小亚细亚爱奥利斯人赫勒斯滂附近城镇，737

皮塔库斯（Pittacus）米提列涅的立法者，希腊"七贤"之一，141，188

皮克索达鲁斯（Pixodarus）哈利卡那苏斯统治者摩索拉斯之兄弟，741

瘟疫（Plague）雅典的～，389—390; 叙拉古的～，639

普拉提亚（Plataea）波奥提亚南部城镇，153; 与雅典的关系，206;～之战，277 sqq.; 底比斯进攻～（前431年），384 sq.; 围攻并占领～，392 sqq.; 摧毁～，394，恢复～，544;～居民被逐，557; 恢复，718

柏拉图（Plato）哲学家，561，565，567，568，572; 第一次前往西西里，653; 第二次前往西西里，654; 第三次前往西西里，655，818

普雷斯塔库斯（Pleistarchus）李奥尼达之子，斯巴达国王，346，432，437

普兰米利昂（Plemmyrion）与叙拉古相对的一个海角，459

普琉戎（Pleuron）埃托利奥的城镇，49

普鲁塔克（Plutarch）雅典安插在埃律特里亚的僭主，692

普尼塔哥拉斯（Pnytagoras）萨拉米斯国王埃瓦哥拉斯之子，542，754

普尼克斯（Pynx）雅典公民大会举行之地，333

军事执政官（Polemarch）参见 Archons

波莱玛库斯（Polemarchus）演说家吕西亚斯之兄，492

波莱蒙（Polemon）一位古典作家，《论拉西戴梦的城市》（on Lacedaemon cities）的作者，117

波莱泰（Poletae），雅典的一个地名，175

政体（Polity）特别意义的～，474，476，480，494，818

波利斯（Pollis）斯巴达水师提督，553

波利比阿达斯（Polybiadas）优达米达斯之兄弟，544

波利吉诺图斯（Polygnotus）塔索斯人，著名画家，358

波利佩孔（Polyperchon）马其顿将领，802

波利莱尼昂（Polyrrhenion）"多羊之地"指克里特岛西北地区，130

波利扎鲁斯（Polyzalus）西西里僭主格伦的兄弟，288，292，293

波菲利翁（Porphyrion）巨人族之一，155

波鲁斯（Porus）印度的一个王国，785—792

小波鲁斯（Porus, the younger）波鲁斯之侄，792

波塞冬尼亚（Posidonia）大希腊的城邦，95

波提狄亚（Potidaea）卡尔基狄克半岛上的城市，85，143，271；反叛雅典，376；～之战，377，387；向雅典投降，391；加入卡尔基狄克同盟，543，600；被腓力占领，674

陶器（Pottery）参见 Vases

普莱苏斯（Praesus）克里特岛的城镇，130

普拉西埃（Prasiae）阿提卡的一个地名，31，170

普拉西亚斯湖（Prasias, lake）位于安菲波利斯附近，364

普拉克西塔斯（Praxitas）斯巴达将领，驻守西吉昂，531

普拉克西泰勒斯（Praxiteles）建筑师，569

普利阿普斯（Priapus）格拉尼库斯河口的城镇，738

价格（Prices）前6世纪的～，173；前5世纪的～，361

普列涅（Priene）伊奥尼亚城市，60，211，366，534

普罗布利（Probuli）"十人团"，雅典寡头派的统治机构，470，474，476

普罗克勒斯（Procles）阿里斯托德姆斯之子，73

普罗克勒斯（Procles）埃皮道鲁斯僭主，146

普罗狄库斯（Prodicus）哲学家，370

普罗米修斯（Prometheus）希腊神话人物，72

普罗弗塔西亚（Prophthasia）德兰吉那的主要城市，773

普罗索皮提斯（Prosopitis）埃及孟菲斯附近的一个江中小岛，341

普罗泰哥拉（Protagoras）哲学家，370—371

普罗泰岛（Prote, island）斯法克特里亚附近的一个小岛，416

普罗泰西劳斯（Protesilaus）特洛伊战争中死亡的第一位希腊英雄，737

普罗图斯（Prothous）一位斯巴达人，577

普罗克塞努斯（Proxenus）亚里士多德青年时代生活在雅典时的监护人，818

普萨麦提库斯一世（Psammetichus I.）埃及法老，108，144

普萨麦提库斯（Psammetichus）科林斯人，伯里安德的继承人，144，146

普叙塔莱岛（Psyttalea）萨拉米斯与阿提卡之间的一个小岛，267

普泰列昂（Pteleon）色萨利城镇，437

皮特里亚（Pteria）卡帕多西亚境内的城镇，214 另见波加兹—凯乌伊

托勒密（Ptolemy）拉古斯（Lagus）之子，埃及托勒密王朝的创立者，759，76，780

托勒密（Ptolemy）奥罗鲁斯（Alorus）之子，企图谋杀亚历山大，597，598，599

普托昂山（Ptoon, Mt.）科派斯湖之北，32

惩罚（Punishment）惩罚的合理性问题，370

普拉（Pura）盖德罗西亚（Gedrosia）的首府，774，799

波提奥利（Puteoli）大希腊的港口城市，87

皮德那（Pydna）色雷斯沿海城镇，86，600，673

皮莱（Pylae）巴比伦的前沿堡垒，506

皮鲁斯（Pylus）伊奥尼亚海沿岸城镇，32，60，412 sqq.，437，440，483

毕达哥拉斯（Pythagoras）哲学家，302—303

皮提亚赛会（Pythian games）德尔斐为纪念阿波罗而举办的泛希腊赛会，150，699。参见 Delphi

皮提昂（Pythion）一位麦加拉人，346

皮提乌斯（Pythius）卡帕多西来人，波斯帝国首富，254

皮克苏斯（Pyxus）大希腊的城镇，98

R

拉盖（Ragae）波斯西北部一城镇，768

拉美西斯二世和拉美西斯三世（Ramses II. And III.），11，63

理性主义（Rationalism），370—372

宗教（Religion）前希腊时代克里特的～，15，279 sqq.；俄耳菲斯～，300

sqq.

共和政体（Republics）希腊~的出现，68 sq.

莱凯鲁斯（Rhaecelus），马其顿临海的一个地区，186

瑞吉昂（Rhegium），92；与雅典订立条约，385，447，451，644，645，660

罗德岛（Rhodes），32，63，472，524，550，676，679，707，709

道路（Roads），史前时代的~，36，101；御道，223

罗马（Rome）罗马共和国，803

罗克珊（Roxane）奥克叙阿泰斯之女，亚历山大之妻，781

王权（Royalty）早期希腊的~，45 sqq.；衰落~，66 sqq.；马其顿的~，670—671

S

圣队（Sacred Band）由同性恋者组成的军队。底比斯的~，550，714；迦太基的~，664

神圣战争（Sacred Wars）围绕德尔斐控制权而展开的战争，共有三次，149，345

萨多卡斯（Sadocas）色雷斯国王西塔尔凯斯之子，426

萨莱图斯（Salaethus）一位斯巴达人，397

萨拉米尼亚（Salaminia）雅典的圣船，452，556

萨拉米斯岛（Salamis island）爱琴海萨洛尼克湾（Saronic Gulf）内的一个岛屿，65，147；被雅典征服，182—183；关于~的法令，183；~之战，266 sqq.

萨拉米斯（Salamis）塞浦路斯岛的城市，64—65，344，541—542，754

萨尔玛西斯（Salmacis）哈利卡那苏斯的要塞，742

萨尔蒙奈乌斯（Salmoneus）传说中爱奥鲁斯之子，74

撒玛尔罕（Samarcand）中亚城市。参见 Maracanda

萨摩斯（Samos）爱琴海东部岛屿，60，144；波吕克拉特斯治下的～，220—221；在～的波斯舰船，283；雅典同盟中的～，324；～的反叛，366—367；前411年雅典民主派的大本营，474 sqq.；莱桑德征服～，489；莱桑德在～被封神，500；～的同盟钱币，538；被提摩修斯攻占，599；在～的军事殖民地，599；被开俄斯人封锁，677，813，816，818

萨摩色雷斯（Samothrace）爱琴海北部的岛屿，535

萨涅（Sane）卡尔基狄克半岛上的城镇，430，437

桑加拉（Sangala）旁遮普北部的城镇，792

萨福（Sappho）米提列涅抒情诗人，141

萨达那帕鲁斯（Sardanapalus）亚述国王，743。参见 Assurbanipal

撒丁尼亚（Sardinia）地中海第二大岛屿，218，233，286

萨提巴扎涅斯（Satibarzanes）阿雷亚的统治者，772，773，774

总督（Satrapies），223

萨提鲁斯（Satyrus）三十僭主时期的"11人"（Eleven）首领，491

斯凯普西斯（Scepsis）特洛亚德的城镇，518

斯奇里亚岛（Scheria）《奥德赛》中法伊基亚人（Phaeacian）的城市，86

斯基德鲁斯（Scidrus）大希腊的城镇，95

科学（Science）前5世纪～的发展，368 sqq.

斯基鲁斯（Scillus）色诺芬在斯巴达的封地，514

斯基奥涅（Scione）卡尔基狄克半岛的城市，433，445

斯科鲁斯（Scolus）卡尔基狄克半岛的城镇，437

斯科帕斯（Scopas）雕塑师，680

雕塑（Sculpture）克里特的～，13; 前4世纪～的特征，569

斯库拉克斯（Scylax）卡里亚卡吕安达（Caryanda）人，航海家，785

斯库莱提昂（Scylletion）大希腊城镇，96，647

斯库利亚斯（Scyllias）斯基奥涅人，262

斯基洛斯岛（Scyrus）爱琴海北部一座岛屿，322，531

斯基泰（Scythia）黑海以北地区。波斯远征～的故事，227 sqq.; 与色雷斯的关系，364，708，727; 亚洲的～，776 sqq.

塞格斯塔（Segesta）西西里岛的城镇，埃米利亚人的主要城市，89，447，449，451，614，618，632，636

减负令（Seisachtheia）梭伦颁布的一系列解除人身债务奴隶的法令，174

锡斯坦（Seistan）今伊朗、阿富汗、巴基斯坦交界的地区，773

塞琉古（Seleucus）亚历山大麾下将领，789

塞林农（Selinon）"野芹菜"，塞林努斯因此而得名，93，663

塞林努斯（Selinus）西西里的城邦，93，290，295，449，614;～被毁，615; 在～重新有人居住，619，650

塞拉西亚（Sellasia）拉哥尼亚境内城镇，588

塞利（Selli）多多那宙斯神谕的发布者，81

塞林布里亚（Selymbria）克尔松尼半岛上的希腊城邦，83，483

塞佩亚（Sepeia）在阿尔哥斯梯林斯附近。～之战，246

农奴制（Serfdom），48，124，131

塞斯托斯（Sestos）克里松尼斯半岛的城市，284，310，487，599，669

塞乌提斯（Seuthes）色雷斯王公，奥德里塞王，513

七贤（Seven Wise Men），306

舰船（Ships），102

西比尔（Sibyls）女预言家，298

西坎斯（Sicans）西西里土著居民之一，89，94—95

西凯尔人（Sicels）西西里土著居民之一，89，629，641，661

西西里（Sicily）地中海第一大岛。史前时代与爱琴海地区的贸易，16;~的殖民，88 sqq.; 多利欧斯在~的活动，199; 前5世纪上半叶的~，280 sqq.;~的出口物资，361; 雅典与~的关系，466 sqq.; 雅典远征~，450 sqq.; 与迦太基的斗争，614 sqq.; 前4世纪~的历史，632 sqq.

西西努斯（Sicinnus）地米斯托克利的奴隶，268，271

西吉昂（Sicyon）伯罗奔尼撒北部城市，54; 克里斯提尼在~的僭主政治，147 sqq.; 雅典针对~的企图，342，531—533，588，591; 优弗戎治下的~，593—594

西顿（Sidon）黎凡特城市，70，750—751，753

西顿（Sidon）萨洛尼克湾沿岸城镇，533

西革翁（Sigeum）特洛亚德的要塞，188

罗盘草（Silphion）产于库列涅的一种药用草本植物，109

西蒙尼德斯（Simonides）凯奥斯诗人，196，272，292

辛盖（Singe）卡尔基狄克半岛的城镇，437

辛诺普（Sinope）本都地区的希腊城邦，83，104，224，364，512

西法伊（Siphae）泰斯皮亚的港口，424

西弗诺斯（Siphnos）爱琴海上的岛屿，16，197，742，748

西波顿（Sipotum）意大利半岛北部城镇，667

塞里斯（Siris）大希腊的城镇，98，112，362

西叙弗斯（Sisyphus）神话人物，74

西塔尔凯斯（Sitalces）色雷斯奥德里赛（Odrysai）国王，426

奴隶制（Slavery），111；受到质疑，372；关于～革命性的观点，567

斯美尔迪斯（Smerdis）居鲁士之子，222

士麦那（Smyrna）小亚细亚爱奥利斯建立的城邦，211

同盟战争（Social War）雅典第二海上同盟者之间的战争，677—679

社会主义（Socialism），567，571

苏格拉底（Socrates）哲学家，441，492，561—566

索格第（Sogdi）印度境内城镇，797

粟特（Sogdiana）中亚阿姆河和锡尔河流域地区，776 sqq.

粟特城（Sogdiana），778

梭利（Soli）西利西亚境内城镇，744

索利昂（Sollion）萨洛尼克湾沿岸城镇，438

梭伦（Solon）及其改革，173—180；关于萨拉米斯，183；～之死，185；与～相关的传奇故事，215—216；后世寡头派对他的看法，474

索鲁斯（Solus）西西里的城镇，94，642

智者（Sophists），369 sqq.

索福克勒斯（Sophocles）雅典三大悲剧作家之一。～"安提戈涅"，372；官方编订的～著作，811

索福克勒斯（Sophocles）雅典将军，404

西班牙（Spain），16；腓尼基人在～，91

斯巴达（Sparta）南希腊一重要城邦，29；建立塔拉斯，97；～的政体，113 sqq.；征服美塞尼亚，118 sqq.；征服泰格亚和提莱亚提斯，193—194；振兴伯罗奔尼撒同盟，194；伊奥尼亚人向～求救，219；攻打萨摩斯，221；阿里斯塔哥拉斯在～，231；马拉松战前雅典向～求救，231；战后得到来自～的帮助，241；与阿尔哥斯的战争（前494年），246；与雅典和埃吉那的关系，245 sqq.；在波斯战争中的行动，256 sqq.；拖延不前，275; 波斯战后的地位和政策，307 sqq.; 希洛特起义，329; 伯罗奔尼撒战争后在~举行的大会，378; 与雅典的战争，379 sqq.; 与波斯的协定，475 sqq.; 在希腊的霸权，498 sqq.; 不适宜建立帝国，499;~ 城镇第一次受到底比斯的威胁，588; 第二次威胁，606;~ 人口缩减，588; 被安菲克提奥涅同盟罚款，680，698; 支持佛基斯人，681—682; 企图攻打阿卡狄亚和美塞尼亚，685; 马其顿人腓力在~，718

斯帕托鲁斯（Spartolus）卡尔基狄克半岛的城镇，437

斯法克特里亚（Sphacteria）伯罗奔尼撒西南的一个岛屿，412 sqq.

斯弗德利亚斯（Sphodrias）斯巴达将领，547

斯皮塔美涅斯人（Spitamenes）粟特人的一支，777，778

斯皮特利达泰斯（Spithridates）一名波斯贵族，523

斯塔吉拉（Stagira）卡尔基狄克半岛的城镇，428，692，819

斯塔提拉（Statira, elder）大流士三世之妻，747

斯塔提拉（Statira, younger）大流士三世之女，800

斯泰西科鲁斯（Stesichorus）出生于卡拉布利亚的抒情诗人，297

斯泰涅莱达斯（Sthenelaidas）斯巴达监察官，378

将军（Strategoi）雅典的，204，248，318

斯特拉托克勒斯（Stratocles）雅典将军，715

斯特鲁塔斯（Struthas）斯巴达将领，534

斯特里梦河（Strymon, R.），雅典在~建立的殖民地，321

苏尼昂（Sunium）阿提卡南部的半岛，355; 筑防，470

苏萨（Susa）波斯首都之一，223，765，801

苏西亚（Susia）阿雷亚北部城镇，772

宝剑（Swords）迈锡尼时代的~，32; 阿凯亚的~，37

叙巴里斯（Sybaris）大希腊的殖民地，95，302，362

新叙巴里斯（Sybaris, New）即图里伊（Thurii），362，666

叙波塔（Sybota）科基拉附近的一个小岛。~之战，376

叙恩涅西斯（Syennesis）大流士二世的侍臣，西利西亚总督，504

赛姆（Syme）东爱琴海的一个小岛，~之战，472

纳税小组（Symmories）为筹集舰船税和战争税而将富人分为若干个纳税小组。雅典的~，551

统一节（Synoikia）雅典为纪念阿提卡统一创办的节日，158

叙拉古（Syracuse）西西里东部城邦。~的建立，92—93；殖民地，93；格伦治下的~，286 sqq.；耶罗治下的~，293 sqq.；城市的扩大，287，447，455；攻占列奥提尼，449；雅典远征~，449 sqq.；~的城防，455；~的钱币，468；民主化改革，614；赫摩克拉泰斯进攻~，619；狄奥尼修斯一世治下的~，622 sqq.；新城，629；狄奥尼修斯二世和狄昂治下的~，652—658；提摩勒昂解放了~，661；新的民主政体，663；钱币，从前引

T

塔科斯（Tachos）埃及法老，611

泰那鲁斯（Taenarus）拉哥尼亚南端一海角，310，814

塔古斯（Tagos）色萨利战时的联军统帅，51，576，700

塔米奈（Tamynae）优卑亚的一个地方，692

塔那格拉（Tanagra）波奥提亚境内的城市。~之战，340

塔那伊斯（Tanais）顿河口附近的希腊城邦，85

坦塔罗斯（Tantalus）神话人物，75

塔普利亚人（Tapurian）帕提亚的一支部族，772

塔拉斯（Taras）大希腊城邦，97，122，225，666—667

塔林顿（Tarentum）也即塔拉斯，参见 Taras

他施（Tarshish）《圣经》中的一古国，91

塔尔苏斯（Tarsus）小亚细亚东南部城镇，504，743，800

陶兰提涅斯人（Taulantines）伊利里亚的一支部族，728

陶罗美尼昂（Tauromenion 或称 Taormina）西西里东部城镇，637，641，643，661

塔克西阿奇斯（Taxiarchs）步兵队长，318

坦叉始罗（Taxila）印度河北部沿岸城镇，785，787

无泪之战（"Tearless battle"）公元前368年夏，一支斯巴达军队入侵阿卡狄亚，以零伤亡成功击败阿卡狄亚同盟军，是为无泪之战，592

泰吉亚（Tegea）伯罗奔尼撒半岛北部城镇。与斯巴达的战争，193—194;~人在普拉提亚战役，278，281;斯巴达国王的避难地，311，527;与阿尔哥斯结盟，312;被斯巴达击败，从前引，443，584;加入阿卡狄亚同盟，586;反斯巴达，605;伊帕米农达在~，606;~的土地增加，719

泰古拉（Tegyra）波奥提亚城镇，552

泰列克利德斯（Teleclides）科林斯一位颇有声望的政治人物，660

泰琉提亚斯（Teleutias）阿格西劳斯之弟，斯巴达水师统领，532，534，544，668

泰吕斯（Telys）叙巴里斯的僭主，302

泰麦努斯（Temenus）传说为赫拉克勒斯的后代，多利亚人的一位国王，54，73

泰麦萨（Temesa）意大利南部第勒尼安海沿岸城镇，96

坦佩（Tempe）色萨利北部山谷，259，725

神庙建筑（Temple building），145

泰涅亚（Tenea）科林斯地峡上的城镇，36

索 引　1139

特涅多斯（Tenedos）赫勒斯滂海峡附近的岛屿, 396, 742

泰诺斯（Tenos）爱琴海基克拉底斯群岛中的岛屿, 144

泰奥斯（Teos）小亚细亚西海岸伊奥尼亚人的城邦, 59—60, 218, 471

泰莱斯（Teres）色雷斯王公, 350, 364

泰利鲁斯（Terillus）希麦拉僭主, 286, 288—289

泰利那（Terina）意大利半岛南部第勒尼安海沿岸城镇, 96, 666, 667

泰麦拉（Termera）小亚细亚吕西亚境内村镇, 63

泰潘德尔（Terpander）列斯堡人, 相传为竖琴的发明者, 123

泰特拉科摩伊（Tetrakomoi）比雷埃夫斯、法勒隆等四个信奉赫拉克勒斯的村镇合四为一, 155

泰特拉波利斯（Tetrapolis）四合一的城邦, 马拉松、奥伊诺伊及其他两个城镇合为一个城邦, 155, 158

泰利士（Thales）米利都自然哲学家, 211, 218

塔普萨库斯（Thapsacus）幼发拉底河畔城市, 760, 804

塔普苏斯（Thapsus）西西里东部城镇, 547

塔拉（Thara）里海南部沿岸城镇, 769

塔格利亚（Thargelia）雅典为纪念提洛岛的阿波罗和阿尔特米斯而举办的节日, 163

塔索斯（Thasos）爱琴海北部岛屿。~的殖民, 112; 波斯征服~, 235; 反叛雅典, 323, 483, 535, 673

泰阿根尼斯（Theagenes）底比斯将领, 715

泰阿根尼斯（Theagenes）麦加拉僭主, 146, 170

底比斯（Thebes）中希腊波奥提亚最主要的城邦, 相传由卡德摩斯所建（Boeotian）, 52, 70; 关于~的传奇, 74; 在波斯战争中的活动, 264, 276—277; ~进攻普拉提亚, 384; 在波奥提亚同盟中的地位, 424, 537,

558; 被斯巴达攻占, 544; 重获自由, 546 sq.; 与雅典结盟, 548—550; 圣队, 551;~ 的霸权, 582 sqq.; 被牵涉到神圣战争中, 682 sqq.; 煽动腓力, 694; 雅典的亲~派别, 694, 697;~ 成功的政策, 701; 与雅典结盟, 713—714; 腓力对~ 的处理, 717, 724; 被围和被毁, 730—733

底比斯（Thebes）埃及中部城市 (Egyptian), 32, 33

泰米斯提斯（Themistes）合符正义, 48

地米斯托克利（Themistocles）雅典政治家。在马拉松, 240, 249; 其政治才能, 250—251, 在阿特米西昂, 262; 萨拉米斯战争前, 265—269; 萨拉米斯战后, 271—273, 312; 其政治地位, 314; 筑防雅典, 315 sq.; 和比雷埃夫斯, 317 sq.; 被陶片放逐, 319; 逃走, 320;~ 之死, 从前引,

泰奥格尼斯（Theognis）麦加拉抒情诗人, 144, 147

泰奥庞普斯（Theopompus）开俄斯人, 历史学家, 伊索克拉底的学生, 721

观剧津贴（Theoric Fund at Athens）雅典为公民参加城邦节庆、祭祀、娱乐等公共活动而发放的津贴, 572—573, 689, 708

铁拉岛（Thera）爱琴海南部岛屿。史前时代的遗物, 29; 多利亚人在~, 53, 108

泰拉麦涅斯（Theramenes）雅典将军, 政治家, 后为三十寡头政府成员之一, 474, 477, 479, 480

泰尔玛（Therma）马其顿爱琴海沿岸城镇, 即今塞萨洛尼基港, 256

泰尔麦（Thermae）西西里的城镇, 619, 650

温泉关（Thermopylae）连接中希腊与北希腊的关隘, 259, 684, 697, 725, 816

泰隆（Theron）阿克拉加斯人, 格伦之岳父, 286, 288, 292, 294

泰桑德（Thersander）奥科美努斯人, 276

泰尔西提斯（Thersites）荷马史诗中平民的代表，67

提秀斯（Theseus）传说中雅典的创立者。~与阿玛宗人，75;将阿提卡的统一归于~的名下，158;瓶画上的~，193;~的遗骨，322

司法执政官（Thesmothetae），168

泰斯皮亚人（Thespians）波奥提亚城邦泰斯皮亚的公民，263

色萨利人（Thessalians），51

色萨利奥提斯（Thessaliotis）居于色萨利的西南部，51

泰萨鲁斯（Thessalus）(参见 Hegesistratus)，195

泰萨鲁斯（Thessalus）客蒙之子，452

色萨利（Thessaly）泛指希腊本土北部地区。~史前时代的遗迹，32;~的落后，从前引;在~境内的阿凯亚殖民地，37—38;从~移出，56;色萨利人征服~，50;~的语言，51，123，253;波斯战争中的~，257—259;斯巴达远征~，311;伊阿宋治下的~，576;~的一部分由马其顿统治，596;~的落后，596;~同盟，从前引;底比斯远征~，596—601;依附于波奥提亚，601;与雅典结盟，668;佛基斯在~境内的势力，683—684;交由马其顿统治，685;腓力在~，696;腓力成为~的执政官，701;~的四执政官制，701;起兵反叛亚历山大，725;亚历山大去世后的反叛，816

泰提斯（Thetes）雅典第四等级公民，169;梭伦治下的~，175，334

提布隆（Thibron）斯巴达将领，516，534

托利库斯（Thoricus）阿提卡南部城镇，31

图特摩斯三世（Thothmes III.）埃及法老，23，31

色雷斯（Thrace）巴尔干半岛北部地区。波斯征服~，225 sqq.;泰莱斯王国，364;西塔尔凯斯王国，426—427;马其顿在~的征服，696，706，708;亚历山大在~的战斗，727—728

特拉叙布鲁斯（Thrasybulus）雅典将军，478，481，493，596—597，535，573

特拉叙布鲁斯（Thrasybulus）叙拉古僭主耶罗之兄弟，288，295

特拉叙布鲁斯（Thrasybulus）米利都僭主，140，144

特拉叙戴乌斯（Thrasydaeus）希麦拉僭主，292，295

特拉叙鲁斯（Thrasyllus）阿尔哥斯将军，442

特拉叙鲁斯（Thrasyllus）雅典驻萨摩斯将军，478，481，485

特拉叙麦利达斯（Thrasymelidas）斯巴达海军将领，415

特隆尼昂（Thronion）位于埃皮鲁斯，53，386，683

修昔底德（Thucydides）历史学家，309，314，378；与希罗多德的对照，380；对伯里克利的同情，381，385，387；关于瘟疫的记载，389；偏袒的事例（？），389；关于革命精神的论述，403—404；关于尼西阿斯，409；关于克里昂，418—419；远征色雷斯的将军，429；被逐，430；关于雅典征服米洛斯的论述，446；引用的描写段落，464，465;400人革命，477；关于安提丰，474，478；被召回，486

修昔底德（Thucydides）雅典政治家，伯里克利的政敌，349，356

图里伊（Thurii）也即新叙巴里斯，雅典人在大希腊建立的殖民地，363，447，644，667

提摩卡莱斯（Thymochares）雅典将领，480

提摩埃塔戴（Thymoetadae）阿提卡一胞族，161

提尼亚人（Thynians）比提尼亚（Bithynians）的一支部族，164

提莱亚提斯（Thyreatis）伯罗奔尼撒东北村镇，194，387

提伊（Ti, or Taia）埃及王后，33，34

提玛库斯（Timarchus）雅典公民，受到埃斯奇涅斯的指控，702

提摩（Timo）帕罗斯德墨特尔神庙的祭司，245

提摩克拉泰斯（Timocrates）罗德岛人，526

提摩莱昂（Timoleon）科林斯人，带领西西里的希腊人与迦太基人战斗，660 sqq.

提摩那萨（Timonassa）阿尔哥斯人，庇西特拉图之妻，185

提摩修斯（Timotheus）科农之子，雅典将军，553 sqq.，556—557，574，599，600—601，677—678

提利巴佐斯（Tiribazus）波斯驻吕底亚总督，534，541

梯林斯（Tiryns）阿尔哥利斯的城镇。~前迈锡尼时代的村落，17;~ 的城堡，17;~ 王宫，20;~ 的绘画，20，31;~ 列王，36;~ 被毁，54，137，275，312

提萨佛涅斯（Tissaphernes）波斯不死军首领，后成为驻吕底亚和卡里亚总督，471，474，481，483，501，507，509—510，516—517，522

提特劳斯泰斯（Tithraustes）波斯驻萨尔狄斯总督，523，526

托尔米德斯（Tolmides）第一次伯罗奔尼撒战争时的雅典将军，342，345

墓葬（Tombs）史前时代的~，21—23，29

托洛涅（Torone）卡尔基狄克半岛上的城市，430，437，600

悲剧（Tragedy）~ 的来源，192

特拉佩宗（Trapezus）黑海东岸米利都人建立的城邦，83，511

特莱利亚人（Trerians）色雷斯境内一部族，104

特利巴利人（Triballi）巴尔干半岛北部的一支部族，709，726

部落（Tribes）希腊的~，45

舰船捐（Trierarchy）雅典富人单独或与人共同承担一条舰船一年的使用和维护费用，318，335

特利波伦（Tribbolon）字面义为"三奥玻尔"，克里昂将陪审员的津贴

1144　希腊史 III

由一奥玻尔提升到三奥玻尔，412

特利菲利亚（Triphylia）伯罗奔尼撒半岛西北城镇，514，593，602

特利普托列姆斯（Triptolemus）埃琉西斯国王，由德墨特尔教会了种植稼穑，299

三列桨战舰（Triremes）~的发明，102；雅典~的水手，317

特里米利（Trmmili）吕西亚的原称，63

特洛亚德（Troad）也称特洛亚斯（Troas），小亚细亚赫勒斯滂沿岸地区，516

特洛伊曾（Troezen）阿尔哥利斯境内的城镇，95，170，341，342

特洛伊战争（Trojan war），42 sqq.；61—63

特罗弗尼乌斯（Trophonius）神话英雄，在波奥提亚莱巴戴有神托所。~的神谕，81

特洛伊（Troy）位于小亚细亚希萨利克山（Hissarlik）的一座古代城市。~ I，9；~ III 和 ~IV，39；~ V，40，42；~ VI（普里阿摩斯的城池），40；~的陷落，42；财富的来源，41；~的附属部族，从前引；陷落的传统日期，42，76；亚历山大大帝在~，737

图尔萨人（Tursha）来自第勒尼安海的一支海上民族，38

廷达瑞斯（Tyndaris）西西里北部城镇，643，647

僭政（Tyrannis）与僭主（tyrants），139 sqq.

推罗（Tyre）黎凡特地区的主要城市，69，750—751；围攻~，751 sqq.

第勒尼安人（Tyrrhenians）泛指来自西地中海非希腊人，38

提尔泰俄斯（Tyrtaeus）第二次美塞尼亚战争时期的斯巴达抒情诗人，121，122—123，129

U

乌提卡（Utica）今突尼斯境内城市，腓尼基人在北非建立的最早殖民地，91

V

瓦菲奥（Vaphio）拉哥尼亚优罗塔斯河畔的村落。~之杯，29。参见 Amycles

陶瓶（Vases）克里特的~，11，14；迈锡尼的~，27；在埃及境内的~，32—34；狄皮隆~，166；前6—前5世纪的~，192

葡萄（Vine）~的种植，4，45

W

书写（Writing）爱琴海地区早期的~，7，15，44；引入字母文字~，70

X

桑提普斯（Xanthippus）雅典民主派首领之一，伯里克利之父，249，258，284，314，319

色诺芬尼（Xenophanes）科洛丰人，哲学家、诗人，225，303

色诺芬（Xenophon）史学家，军事家。《长征记》，501，508；~率领万人军，510 sqq.；隐退，513—514；在科罗奈，529；批评斯巴达，545；对斯巴达的崇敬，566；关于留克特拉，581；《论收入》，811

伪色诺芬（Xenophon, Pseudo-）亦称"老寡头"，公元前 5 世纪中后期《雅典政制》的作者, 410

薛西斯（Xerxes）波斯国王, 252 sqq., 320

克苏图斯（Xuthus）传说中希伦之子, 伊翁（Ion）和阿凯乌斯（Achaeus）之父, 72

Z

扎布河（Zab, rivers）底格里斯河的支流, 509

扎金苏斯（Zacynthus）伊奥尼亚海上的一个岛屿, 位于科林斯湾的入口附近, 415, 538, 554, 656, 659

扎琉库斯（Zaleucus）西洛克里的立法者, 138, 363

赞克列（Zancle）西西里的城邦, 后改名为墨西拿, 92

扎利亚斯帕（Zariaspa）阿富汗北部城镇, 778

泽尼斯（Zenis）特洛阿德的波斯统领, 516

双牛级（Zeugitae）梭伦改革后雅典的第三等级, 168, 334

宙斯（Zeus）众神之王, 6, 15, 49; 好客之神, 48; 拉凯戴梦人的～, 115; 乌拉诺斯, 从前引

琐罗亚斯德（Zoroaster）琐罗亚斯德教的创立者, 209

译后记

本稿的人名地名等专有名词依据相应的拉丁化形式译出，除"雅典"、"羊河"、"温泉关"等通用译名外，一般按"《剑桥古代史》、《新编剑桥中世纪史》翻译工程"拟订的"简化拉丁语希腊语译音表"（第4稿）译出。相关专有名词的略解及对照译名可参见第三卷索引。

本译文采用的图片和地图一般没有使用伯里的原稿，一方面因为译者手中使用的原稿图片效果不佳，另一方面随着学术研究的开展，原稿中的某些图片和地图已经稍显落伍。译者使用的图片一般从相关博物馆网站获取；地图和战斗示意图引自相关专著。如果读者需要对此进一步了解，可以从相关网站和专著中查找。

接到翻译伯里的名著《希腊史》任务时，译者倍感诚惶诚恐。一方面限于译者的学识和理解能力，恐难完全表达伯里的意思；另一方面时间紧促，恐难吃透文本内容。因此，每遇难解之处，就通过邮件向恩师绍祥先生请教，由于请教次数太多，想必他已不胜其扰了。初稿完成后，刘小青博士花了半年时间通读全文，提出了诸多中肯的意见，对于提高译文的质量助益良多。当然，书中所有不当和错误，一概由译者负责。翻译过程中，还得到我的硕士导师西南大学徐松岩教授的鼓励；信阳师范学院李晓城老师、倪德青女士也参与了一部分的校对工作。在此致以深深的谢意。在本书编辑过程中,吉林出版集团北京分公司顾学云编辑付出了极大心血,在此一并谢过。

由于译者水平和能力有限,翻译过程中一定还有很多不当甚至错误之处,恳请各位学界同仁批评指正,如果您对本书的翻译有任何意见或建议,请将您宝贵的建议发送至本人邮箱 chensiweis2004@163.com。

陈思伟

2015 年 9 月